2026

브랜드 만족 1위

7·9급 공무원 시험대비

박문각 공무원

기본서

합격까지 함께

세법 완벽 정리 단권화 기본서

법조문과 효율적인 기출 연계 학습

최신 개정법령 반영 / 부록 – 핵심 체크하기

신은미 편저

동영상 강의 www.pmg.co.kr

신은미 세법개론

박문각

PREFACE

이 책의 머리말

공무원 세법은 세무직렬을 준비하는 수험생들이 가장 어려워하는 과목 중에 하나이다. 세법이라는 과목의 명칭만 본다면, 직접적으로 세액을 계산하여 답안을 찾는 과목으로 여겨질 수 있으나 실제로는 세법의 법조문을 읽고 이를 해석할 수 있는가를 묻는 과목이므로 법문을 읽어본 경험이 많지 않다면 문항의 의미를 파악하는 데에도 많은 시간이 소요될 수밖에 없다.

또한, 쉬운 용어로 풀어서 선지를 구성하는 것이 아니라 법조문을 그대로 출제하기 때문에 어렵더라도 법조문을 자주 읽고 이와 친숙해지는 과정이 반드시 요구된다고 하겠다.

이에 따라, 본 교재는 법조문을 읽는 과정이 보다 수월할 수 있도록 가독성을 높이는 방향으로 교재를 구성하였고, 실제 법조문이 기출문제에서는 어떻게 제시되었는지를 비교할 수 있도록 최신 기출문제들을 조문 바로 옆에 배치하였다.

더불어, 세법이 개정된 부분이 있다면 참고 표시나 괄호 등을 통해 이를 충분히 인지할 수 있도록 배열하였다. 또한, 의미 있는 판례들이 있는 경우 주요 판결내용을 수록하여 법조문의 실제 해석 사례도 읽어 볼 수 있도록 하였다.

공무원 세법은 세무직을 준비하는 수험생이라면 반드시 제대로 공부해 두어야 한다. 공무원 시험에 합격한 뒤 세법을 학습해서는 업무를 수행함에 있어서의 어려움이 많은 것은 물론, 납세자와의 마찰도 피할 수가 없게 된다.

비록 어려운 과목이기는 하나 앞으로 실제 공직활동 수행은 물론, 납세의무를 이행하는 납세자로서도 필수다! 라는 마음가짐으로 자세히 관련 내용을 학습할 수 있도록 노력해 주시기 바란다.

마지막으로 세무직 공무원 합격을 위해 본 교재를 선택해 주신 많은 수험생들이 꼭 원하시는 결과를 얻고, 새로운 인생을 준비하는 일에 미약하지만 본 교재가 도움이 될 수 있기를 기원한다.

2025년 5월

신은미

GUIDE

출제경향 분석

9급 공무원

2016 ~ 2025. 국가직 9급 10개년 출제율

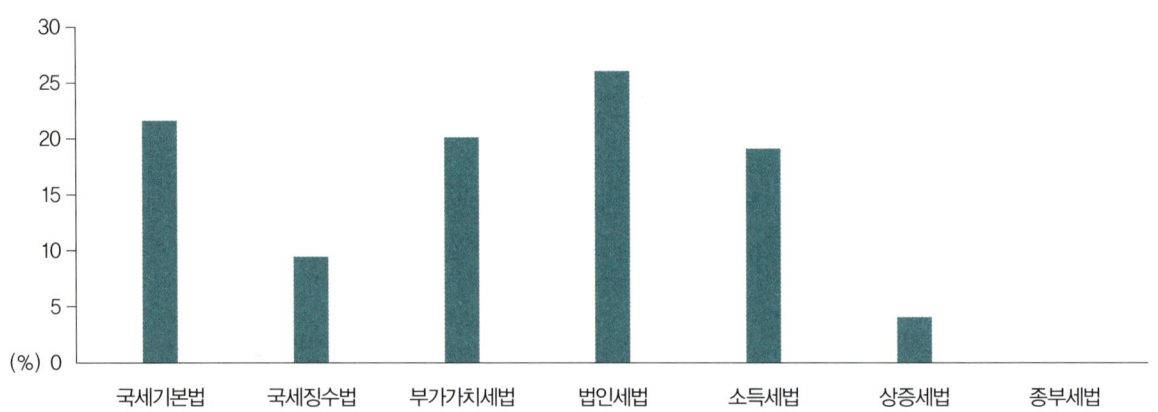

구분	2016	2017	2018	2019	2020	2021	2022	2023	2024	2025	합계 (문항수)
국세기본법	3	4	4	4	5	5	5	4	5	4	43
국세징수법	2	2	2	2	2	2	1	2	2	2	19
부가가치세법	3	4	4	4	5	4	4	4	4	4	40
법인세법	7	5	5	5	5	4	6	5	5	5	52
소득세법	4	4	4	4	3	4	4	4	3	4	38
상증세법	1	1	1	1		1		1	1	1	8
종부세법											
합계	20	20	20	20	20	20	20	20	20	20	200

7급 공무원

2015 ~ 2024. 국가직 7급 10개년 출제율

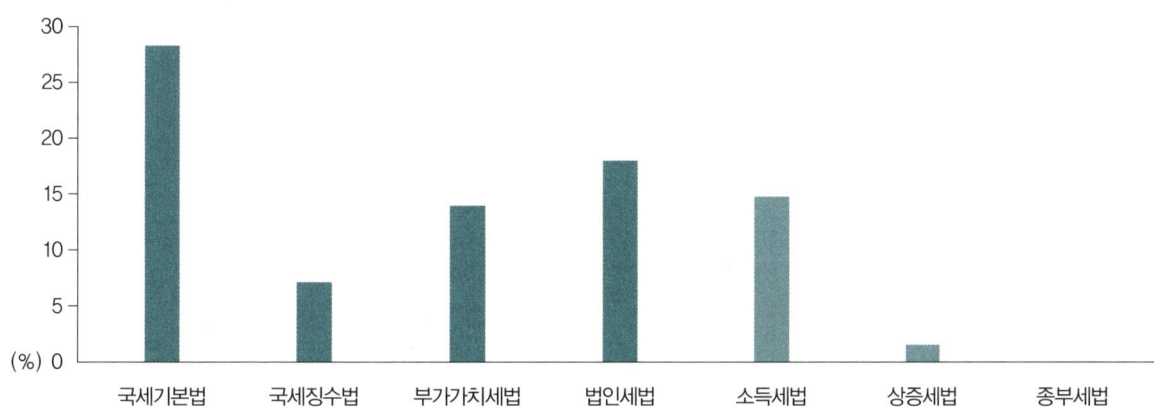

구분	2015	2016	2017	2018	2019	2020	2021	2022	2023	2024	합계 (문항수)
국세기본법	7	6	6	6	6	7	9	8	9	9	73
국세징수법	2	2	3	2	2	2	2	4	2	3	19
부가가치세법	3	3	3	3	4	4	4	4	4	4	36
법인세법	4	4	4	4	4	4	6	5	6	5	46
소득세법	4	4	3	4	4	3	4	4	4	4	38
상증세법		1	1	1							3
종부세법											
합계	20	20	20	20	20	20	25	25	25	25	215

CONTENTS

이 책의 차례

제1편 조세총론

Chapter 01 조세총론   12
제1절 조세의 개념과 분류   12
제2절 조세법의 기본원칙   14

제2편 국세기본법

Chapter 01 국세기본법 통칙   18
제1절 「국세기본법」 총칙   18
제2절 기간과 기한   22
제3절 서류의 송달   25
제4절 인격   28

Chapter 02 국세부과와 세법적용   30
제1절 국세부과의 원칙   30
제2절 세법적용의 원칙   33
제3절 중장기 조세정책운용계획   35

Chapter 03 납세의무   36
제1절 납세의무의 성립   36
제2절 납세의무의 확정   37
제3절 납세의무의 소멸   39

Chapter 04 납세의무의 확장   46
제1절 납세의무의 승계   46
제2절 연대납세의무   47
제3절 제2차 납세의무   49
제4절 양보담보 및 기타 고려사항   52

Chapter 05 국세와 일반채권과의 관계   54

Chapter 06 과세와 환급   60
제1절 관할관청   60
제2절 수정신고, 경정 등의 청구 및 기한후신고   60
제3절 가산세의 부과와 감면   66

Chapter 07 국세의 환급   72
제1절 국세환급금의 처리절차   72
제2절 충당   74
제3절 국세환급금의 지급   75
제4절 국세환급가산금   76
제5절 국세환급금의 반환청구와 소멸시효   77
제6절 물납재산의 환급   78

Chapter 08 조세불복절차   79
제1절 조세불복제도의 개요   79
제2절 불복청구   81
제3절 불복청구의 절차   83
제4절 불복청구에 대한 심리와 결정   85

Chapter 09 납세자의 권리, 보칙   91
제1절 납세자의 권리   91
제2절 보칙   103

제3편 국세징수법

Chapter 01 국세징수법의 목적 및 적용순위   108
제1절 「국세징수법」 총칙   108
제2절 간접적 납세보전제도   109

Chapter 02 신고납부, 납부고지 등   118
제1절 납부고지   118
제2절 독촉   121
제3절 납부의 방법   122
제4절 납부기한 등의 연장   123
제5절 납세담보   127
제6절 체납액 징수 관련 사실행위의 위탁   130

Chapter 03 강제징수   132
제1절 통칙   132
제2절 압류   136
제3절 압류재산의 매각 및 공매   150
제4절 수의계약(67조)   161
제5절 매수대금의 납부와 권리의 이전(제4관)   162
제6절 청산   163
제7절 압류·매각의 유예   166

제4편 부가가치세법

Chapter 01 부가가치세 총칙 170
- 제1절 부가가치세의 기본개념 170
- 제2절 납세의무자 173
- 제3절 신탁 관련 납세의무자 175
- 제4절 과세기간과 납세지 179
- 제5절 사업자등록 187

Chapter 02 과세거래 193
- 제1절 과세거래의 개요 193
- 제2절 재화의 공급 193
- 제3절 용역의 공급 202
- 제4절 재화의 수입 204
- 제5절 부수재화·용역의 공급 205

Chapter 03 재화 및 용역의 공급시기 및 공급장소 206
- 제1절 재화의 공급시기 206
- 제2절 용역의 공급시기 207
- 제3절 공급시기 특례 208
- 제4절 재화의 수입시기 209
- 제5절 공급장소 210

Chapter 04 영세율과 면세 211
- 제1절 영세율 211
- 제2절 면세 215

Chapter 05 부가가치세 과세표준 222
- 제1절 부가가치세 과세표준 222
- 제2절 재화의 수입에 대한 과세표준 226
- 제3절 공급가액 계산 특례 227
- 제4절 부동산 임대용역에 대한 과세여부 230

Chapter 06 세금계산서 233
- 제1절 거래징수 233
- 제2절 세금계산서 233
- 제3절 영수증 241
- 제4절 세금계산서 및 영수증의 발급의무 면제 243
- 제5절 세금계산서합계표의 의의 및 제출 245

Chapter 07 부가가치세 납부세액 246
- 제1절 매입세액 공제 246
- 제2절 겸영사업자의 공통매입세액 253
- 제3절 과세사업 전환시 매입세액공제 255
- 제4절 대손세액공제 257
- 제5절 기타 세액공제 258

Chapter 08 부가가치세 신고 및 납부 261
- 제1절 부가가치세 신고 및 납부 261
- 제2절 대리납부제도 264
- 제3절 지방소비세 268

Chapter 09 결정·경정·징수 269
- 제1절 부가가치세 결정·경정 및 징수 269
- 제2절 부가가치세 환급 271
- 제3절 가산세 272

Chapter 10 간이과세 274
- 제1절 간이과세제도의 개요 274
- 제2절 과세유형의 변경 275
- 제3절 간이과세의 적용포기 276
- 제4절 간이과세자 납부세액 278

제5편 소득세법

Chapter 01 소득세법 총설 284
- 제1절 소득세 개요 및 과세원칙 284
- 제2절 원천징수제도 및 분리과세 대상소득 285
- 제3절 납세의무자 287
- 제4절 과세기간과 납세지 290
- 제5절 종합소득세 계산구조 292

Chapter 02 이자소득 293

Chapter 03 배당소득 298
- 제1절 배당소득 298
- 제2절 배당소득에 대한 이중과세 조정 302
- 제3절 이자소득과 배당소득에 대한 과세방법 304

CONTENTS

이 책의 차례

Chapter 04 사업소득 306
- 제1절 사업소득 306
- 제2절 사업소득에 대한 과세방법 309

Chapter 05 근로소득, 연금소득, 기타소득 321
- 제1절 근로소득 321
- 제2절 연금소득 329
- 제3절 기타소득 336
- 제4절 종교인소득에 대한 과세제도 342

Chapter 06 소득금액계산의 특례 346

Chapter 07 종합소득과세표준의 계산 354
- 제1절 종합소득공제의 기본구조 354
- 제2절 인적공제 354
- 제3절 물적공제 358
- 제4절 종합소득공제의 배제 및 소득공제 종합한도 365

Chapter 08 종합소득세의 계산 366
- 제1절 일반적인 종합소득산출세액 366
- 제2절 종합소득세액계산의 특례 367
- 제3절 세액감면 370
- 제4절 세액공제 371

Chapter 09 퇴직소득세 386
- 제1절 퇴직소득세의 계산구조 386
- 제2절 퇴직소득의 범위 386

Chapter 10 종합소득세의 납세절차 390
- 제1절 과세기간 중도의 신고, 납부, 결정 및 징수 390
- 제2절 사업장 현황신고 395
- 제3절 과세표준확정신고 및 납부 397
- 제4절 성실신고확인제도 398
- 제5절 결정 및 경정 400
- 제6절 징수, 환급 및 가산세 402

Chapter 11 양도소득세 405
- 제1절 양도소득의 범위 405
- 제2절 양도소득세의 계산 415
- 제3절 양도소득 산출세액 426
- 제4절 양도소득세의 납세절차 429
- 제5절 국외자산 양도에 대한 양도소득세 433
- 제6절 거주자의 출국시 국내주식 등에 대한 과세특례 435

Chapter 12 비거주자의 납세의무 439

제6편 법인세법

Chapter 01 법인세법 총설 444
- 제1절 법인세의 과세소득 및 납세의무자 444
- 제2절 사업연도 및 납세지 446

Chapter 02 법인세의 계산구조 451
- 제1절 법인세의 계산구조 451
- 제2절 세무조정 451
- 제3절 소득처분 454
- 제4절 익금과 손금의 개념 460

Chapter 03 익금 461
- 제1절 익금과 익금불산입 461
- 제2절 의제배당 469
- 제3절 배당소득에 대한 이중과세의 조정 472

Chapter 04 손금 475
- 제1절 손금과 손금불산입 475
- 제2절 제세공과금 479
- 제3절 인건비 481
- 제4절 기업업무추진비 484
- 제5절 기부금 488
- 제6절 업무용승용차 관련비용 493
- 제7절 지급이자 496

Chapter 05 손익의 귀속사업연도와 자산·부채의 평가 501
- 제1절 손익의 귀속사업연도 501
- 제2절 자산의 취득가액 및 자산·부채의 평가기준 508

Chapter 06 감가상각비 515
제1절 감가상각대상자산의 범위 515
제2절 감가상각비의 시부인 계산구조 516
제3절 감가상각범위액의 결정요소 518
제4절 상각범위액의 계산방법 521

Chapter 07 충당금 및 준비금 528
제1절 퇴직급여충당금 528
제2절 퇴직연금충당금 530
제3절 대손금과 대손충당금 532
제4절 일시상각충당금과 압축기장충당금 535
제5절 준비금 537

Chapter 08 부당행위계산의 부인 538
제1절 부당행위계산의 부인 일반 538
제2절 가지급금 인정이자 542
제3절 사택의 제공 545
제4절 불공정자본거래로 인한 이익의 무상이전 546

Chapter 09 법인세 과세표준 및 세액의 계산 548
제1절 과세표준의 계산 548
제2절 산출세액의 계산 552
제3절 세액감면 554
제4절 세액공제 556
제5절 최저한세 562

Chapter 10 법인세의 납세절차 566
제1절 사업연도 중도의 신고·납부와 결정·징수 566
제2절 법인세 과세표준의 신고와 자진납부 569
제3절 결정, 경정과 징수 및 환급 572
제4절 가산세 574

Chapter 11 합병 및 분할 등에 대한 특례 578
제1절 합병에 대한 특례 578
제2절 분할 585

Chapter 12 그 밖의 법인세 590
제1절 비영리법인의 각 사업연도 소득에 대한 법인세 590
제2절 청산소득에 대한 법인세 594
제3절 연결납세제도 597

제7편 상속세 및 증여세법

Chapter 01 상속세 606
제1절 상속세 총론 606
제2절 상속세 과세가액 609
제3절 상속세 과세표준의 계산 613
제4절 상속세 신고납부세액의 계산 618
제5절 상속세의 납세절차 621

Chapter 02 증여세 624
제1절 증여세 총설 624
제2절 증여세 과세가액의 계산 627
제3절 증여세 과세표준과 세액의 계산 629
제4절 증여추정 633

Chapter 03 재산의 평가 635
제1절 재산의 평가 개요 635
제2절 부동산 등의 보충적 평가방법 637
제3절 주식 및 출자지분에 대한 보충적 평가방법 638
제4절 기타의 재산에 대한 보충적 평가방법 641

부록

제2편 국세기본법 핵심 체크하기 646
제3편 국세징수법 핵심 체크하기 662
제4편 부가가치세법 핵심 체크하기 676
제5편 소득세법 핵심 체크하기 694
제5편 소득세법 – 양도소득세 핵심 체크하기 711
제6편 법인세법 핵심 체크하기 715

신은미 세법개론

합격까지 박문각

PART 01

조세총론

Chapter 01 조세총론

CHAPTER 01 조세총론

제1절 조세의 개념과 분류

I 조세의 개념

조세란 **국가나 지방자치단체**가 그 경비에 충당할 **재정수입**을 조달할 목적으로 **법률에 규정**된 과세요건을 충족한 모든 자에게 **직접적인 반대급부 없이** 강제적으로 부과·징수하는 **금전급부**이다.

구분	내용
(1) 부과의 주체	국가 또는 지방자치단체 ⊙ 공과금: 공공단체가 공공사업에 필요한 경비에 충당하기 위해 부과하는 것이므로 조세가 아니다(예 상하수도 요금, 전기료 등).
(2) 조세부과의 목적	국가 또는 지방자치단체의 경비충당을 위한 재정수입을 조달하는 목적이다. ⊙ 벌금, 과료, 과태료: 위법행위에 대한 제재가 주된 목적이므로 조세가 아니다.
(3) 조세부과의 대상	법률에 규정된 과세요건을 충족한 모든 자에게 부과한다. ⊙ 법률에 규정된 과세요건을 충족하면 당사자의 의사와 관계없이 조세가 부과되는 것이므로 과세권자나 납세의무자의 의사는 개입되지 않는다.
(4) 무보상성	조세는 직접적인 반대급부(개별적 보상)가 존재하지 않는다. 납세의무자는 국가로부터 국방·치안, 사회복지 등의 혜택을 받기는 하지만 납부한 조세와 비례한 만큼의 혜택을 받는 것이 아니며 단지 일반적인 보상만 제공한다. ⊙ 수수료·사용료·특허료: 특정한 용역에 대한 대가로 수령하는 해당 대가는 조세가 아니다.
(5) 금전납부	조세는 금전납부하는 것이 원칙이다. 다만, 일부 세법(상속세, 지방세 중 재산세)에서는 물납을 허용하고 있다.

II 조세의 분류

분류기준	내용
(1) 과세주체	① 국세: 국가가 부과하는 조세 예 법인세, 소득세, 부가가치세, 상속세, 증여세, 종합부동산세 등 ② 지방세: 지방자치단체가 부과하는 조세 예 취득세, 재산세, 지방소득세 등
(2) 세수의 용도	① 보통세: 세수의 용도를 특정하지 않고 일반경비에 충당하는 조세 ② 목적세: 세수의 용도를 특정하여 특정경비에만 충당하는 조세 예 교육세, 농어촌특별세, 교통·에너지·환경세, 지역자원시설세, 지방교육세 등
(3) 조세부담의 전가	① 직접세: 납세의무자가 조세를 직접 부담하는 조세(납세의무자 = 담세자) ② 간접세: 납세의무자에게 부과된 조세가 다른 자에게 전가될 것으로 입법상 예정되어 있는 조세(납세의무자 ≠ 담세자) 예 부가가치세, 개별소비세, 교통·에너지·환경세, 주세 등

(4) 독립된 세원의 존재여부	① 독립세: 독립된 세원에 대해 부과되는 조세 ② 부가세: 다른 조세에 부가되는 조세 　예 교육세, 농어촌특별세 등	
(5) 과세물건의 측정단위	① 종가세: 과세표준을 화폐단위로 측정하는 조세 ② 종량세: 과세표준을 수량으로 측정하는 조세 　예 인지세, 석유류에 대한 개별소비세 등	
(6) 인적사항에 대한 고려	① 인세: 납세의무자의 인적 측면을 고려하여 부과되는 조세 ② 물세: 과세물건의 물적 측면을 고려하여 부과되는 조세	

우리나라 현행 조세체계

구분				세목	근거법률
국세	독립세	내국세	직접세	소득세	「소득세법」
				법인세	「법인세법」
				종합부동산세	「종합부동산세법」
				상속세, 증여세	「상속세 및 증여세법」
			간접세 일반소비세	부가가치세	「부가가치세법」
			개별소비세	개별소비세	「개별소비세법」
				주세	「주세법」
				교통·에너지·환경세	「교통·에너지·환경세법」
			유통세	인지세	「인지세법」
				증권거래세	「증권거래세법」
		관세		관세	「관세법」
	부가세			교육세	「교육세법」
				농어촌특별세	「농어촌특별세법」
지방세	보통세			취득세	「지방세법」
				등록면허세	
				주민세	
				지방소득세	
				지방소비세	
				재산세	
				자동차세	
				레저세	
				담배소비세	
	목적세			지역자원시설세	
				지방교육세	

제2절 조세법의 기본원칙

I 조세법률주의

조세법률주의의 원칙의 선언
헌법 제 38조 "모든 국민은 법률이 정하는 바에 의하여 납세의 의무를 진다."
헌법 제 59조 "조세의 종목과 세율은 법률로 정한다."

조세법률주의란 입법부가 제정한 법률의 근거 없이는 국가는 조세를 부과·징수할 수 없고, 국민은 법률에 의해서만 납세의무를 진다는 원칙을 말한다. 이는 행정부의 조세권 남용으로부터 국민의 재산권을 보호함과 더불어 국민의 법적안정성과 예측가능성을 보장하고자 하는 데 그 목적이 있다. 조세법률주의는 다음 사항들을 구체적 내용으로 하고 있다.

구분	내용
(1) 과세요건 법정주의	납세자, 과세물건과 그 귀속, 과세표준, 세율 등 납세의무를 성립시키고 변경·소멸시키는 조세실체법적 사항과 조세의 부과·징수 절차에 관한 조세절차법적 사항 및 조세의 환급·불복·벌칙 등에 관한 조세구제와 처벌에 관한 사항은 모두 법률에 규정되어야 한다. 단, 모든 과세요건과 부과·징수 절차를 법률로 규정하는 것은 현실적으로 불가능하므로 시행령 또는 시행규칙에 이를 위임할 수 있다. ⊙ 포괄위임(백지위임): 과세요건 법정주의를 위배하므로 허용되지 않는다. ⊙ 개별위임: 구체적, 개별적으로 위임범위를 정하는 개별위임은 허용된다.
(2) 과세요건 명확주의	과세요건이나 조세의 부과징수절차 등을 법률로 정함에 있어서 그 내용을 명확하고 상세하게 규정함으로써 과세당국의 자의적 해석, 적용의 여지가 존재하지 않도록 하여야 한다.
(3) 소급과세의 금지	당해 세법의 시행 이전에 완결된 과세요건사실에 대해서는 당해 세법을 소급하여 적용해서는 안 된다. 이는 조세법률주의의 중요한 기능인 국민 경제생활의 예측가능성과 법적안정성을 보장하기 위한 것이다.
(4) 세법의 엄격해석	세법은 그 문언에 따라 충실하게 해석해야 하며, 해석에 있어서 자의적 보충이나 보정은 원칙적으로 허용되지 않는다. ⊙ 문리해석만으로 의미를 확정할 수 없는 경우에 한정하여 보충적, 제한적으로 논리해석이 허용되나 확장해석이나 유추해석은 허용되지 않는다.
(5) 합법성의 원칙	과세요건법정주의와 과세요건명확주의에 의하여 결정된 조세채권은 반드시 합법적 절차에 의하여 부과·징수되어야 한다. 조세의 감면에 관한 명문의 규정이 없는 한 과세관청에 조세채무를 감면하거나 징수하지 않을 재량은 없다.

II 조세평등주의

Point

수직적 평등	소득이 많은 납세자가 더 많은 조세를 부담해야 한다.
수평적 평등	동일한 조건의 납세자는 동일한 조세를 부담해야 한다.

조세평등주의란 조세의 부담이 국민의 담세력에 따라 공평하게 배분되도록 세법을 제정하여야 하고(입법상의 조세공평), 조세법률관계의 각 당사자로서의 국민은 세법의 적용에 있어서 평등하게 취급되어야 한다(세법의 해석·적용상의 공평)는 원칙이다. 이는 조세부담 공평의 원칙이라고도 하는데, 헌법질서의 근본이 되고 있는 평등의 원칙 내지 불평등취급금지의 원칙에 그 근거를 두고 있다.

⊙ 조세평등주의를 구현하기 위한 하부원칙: 실질과세의 원칙, 부당행위계산의 부인 등
⊙ 조세평등주의를 위배하는 제도: 비과세, 간이과세제도, 감면제도 등

MEMO

신은미 세법개론

합격까지 박문각

PART
02

국세기본법

Chapter 01 국세기본법 통칙
Chapter 02 국세부과와 세법적용
Chapter 03 납세의무
Chapter 04 납세의무의 확장
Chapter 05 국세와 일반채권과의 관계
Chapter 06 과세와 환급
Chapter 07 국세의 환급
Chapter 08 조세불복절차
Chapter 09 납세자의 권리, 보칙

CHAPTER 01 국세기본법 통칙

제1절 「국세기본법」 총칙

I 「국세기본법」 총칙

(1) 「국세기본법」

「국세기본법」은 ① 국세에 관한 기본적이고 공통적인 사항과 납세자의 권리·의무 및 권리구제에 관한 사항을 규정함으로써 ② 국세에 관한 법률관계를 명확하게 하고, ③ 과세(課稅)를 공정하게 하며, ④ 국민의 납세의무의 원활한 이행에 이바지함을 목적으로 한다.

「국세기본법」의 성격	내용
국세에 관한 총칙법	국세에 관한 기본적이고 공통적인 사항을 규정한다. ◎ 각 세법의 중복적인 규정을 피하고 세법체계의 일관성을 유지하기 위함이다.
권리구제 절차법	국세에 관한 위법 또는 부당한 처분에 대한 불복절차를 규정한다.

(2) 용어의 정의

① 국세

국가가 부과하는 조세 중 다음 각 목의 것을 말한다(예 소득세, 법인세, 상속세와 증여세, 종합부동산세, 부가가치세, 개별소비세, 교통·에너지·환경세, 주세, 인지세, 증권거래세, 교육세, 농어촌특별세).
◎ 「국세기본법」상 '국세'라 함은 내국세만을 의미하므로 '관세'는 포함하지 않는다.

② 지방세

"지방세"(地方稅)란 「지방세기본법」에서 규정하는 세목을 말한다.

③ 세법

국세의 종목과 세율을 정하고 있는 법률과 「국세징수법」, 「조세특례제한법」, 「국제조세조정에 관한 법률」, 「조세범 처벌법」 및 「조세범 처벌절차법」을 말한다.

> **참고**
>
> 「국세기본법」, 「지방세법」, 「관세법」 등도 세법에 속하지만, 「국세기본법」에 따른 '세법'에는 포함하지 않는다. 또한, <u>「국세기본법」상 "세법"의 범위에 「국세기본법」 자신은 포함하지 않는다.</u>

④ 원천징수

세법에 따라 원천징수의무자가 국세(이와 관계되는 가산세는 제외한다)를 징수하는 것을 말한다.

⑤ 가산세

이 법 및 세법에서 규정하는 의무의 성실한 이행을 확보하기 위하여 세법에 따라 산출한 세액에 가산하여 징수하는 금액을 말한다.

기출 Check 12년 9급

01 「국세기본법」 제1조(목적)에 대한 설명으로 옳은 것을 모두 고른 것은?

ㄱ. 국세에 대한 기본적이고 공통적인 사항을 규정
ㄴ. 위법 또는 부당한 국세처분에 대한 불복 절차를 규정
ㄷ. 국세의 징수에 관하여 필요한 사항을 규정하여 국세 수입을 확보
ㄹ. 납세자의 부담능력 등에 따라 적정하게 과세함으로써 조세부담의 형평을 도모
ㅁ. 국세에 대한 법률관계를 명확하게 함

① ㄱ, ㄴ, ㄹ ② ㄱ, ㄴ, ㅁ
③ ㄱ, ㄹ, ㅁ ④ ㄴ, ㄷ, ㄹ

❺ ②
해설 ㄷ : 「국세징수법」의 목적
ㄹ : 「소득세법」의 목적

⑥ 강제징수비

「국세징수법」 중 강제징수에 관한 규정에 따른 재산의 압류, 보관, 운반과 매각에 든 비용(매각을 대행시키는 경우 그 수수료를 포함한다)을 말한다.

⑦ 공과금

「국세징수법」에서 규정하는 강제징수의 예에 따라 징수할 수 있는 채권 중 국세, 관세, 임시수입부가세, 지방세와 이와 관계되는 강제징수비를 제외한 것을 말한다.

⑧ 납세의무자

세법에 따라 국세를 납부할 의무(국세를 징수하여 납부할 의무는 제외한다)가 있는 자를 말한다.

⑨ 납세자

납세의무자(연대납세의무자와 납세자를 갈음하여 납부할 의무가 생긴 경우의 제2차 납세의무자 및 보증인을 포함한다)와 세법에 따라 국세를 징수하여 납부할 의무를 지는 자를 말한다.

⑩ 제2차 납세의무자

납세자가 납세의무를 이행할 수 없는 경우에 납세자를 갈음하여 납세의무를 지는 자를 말한다.

⑪ 보증인

납세자의 국세 또는 강제징수비의 납부를 보증한 자를 말한다.

⑫ 과세기간

세법에 따라 국세의 과세표준 계산의 기초가 되는 기간을 말한다.

⑬ 과세표준

세법에 따라 직접적으로 세액산출의 기초가 되는 과세대상의 수량 또는 가액(價額)을 말한다.

⑭ 과세표준신고서

국세의 과세표준과 국세의 납부 또는 환급에 필요한 사항을 적은 신고서를 말한다.

⑮ 법정신고기한

세법에 따라 과세표준신고서를 제출할 기한을 말한다.

⑯ 세무공무원

㉠ 국세청장, 지방국세청장, 세무서장 또는 그 소속 공무원
㉡ 세법에 따라 국세에 관한 사무를 세관장(稅關長)이 관장하는 경우의 그 세관장 또는 그 소속 공무원

⑰ 정보통신망

「전기통신기본법」 제2조 제2호에 따른 전기통신설비를 활용하거나 전기통신설비와 컴퓨터 및 컴퓨터의 이용기술을 활용하여 정보를 수집, 가공, 저장, 검색, 송신 또는 수신하는 정보통신체계를 말한다.

⑱ 전자신고

과세표준신고서 등 이 법 또는 세법에 따른 신고 관련 서류를 국세청장이 정하여 고시하는 정보통신망(이하 "국세정보통신망"이라 한다)을 이용하여 신고하는 것을 말한다.

기출 Check 12년 7급

02 「국세기본법」상 용어의 정의로 옳지 않은 것은?

① 국세란 국가가 부과하는 조세로서 소득세, 법인세, 부가가치세, 관세, 주세, 증권거래세 등을 말한다.
② 가산세란 세법에서 규정하는 의무의 성실한 이행을 확보하기 위하여 세법에 따라 산출한 세액에 가산하여 징수하는 금액을 말한다.
③ 과세표준이란 세법에 따라 직접적으로 세액산출의 기초가 되는 과세대상의 수량 또는 가액을 말한다.
④ 전자신고란 과세표준신고서 등 「국세기본법」 또는 세법에 따른 신고 관련 서류를 국세정보통신망을 이용하여 신고하는 것을 말한다.

❻ ①

해설 「국세기본법」상 "국세"라 함은 내국세만을 의미하므로 "관세"는 포함하지 않는다.

💡 과세표준수정신고서
당초에 제출한 과세표준신고서의 기재사항을 수정하는 신고서를 말한다.

⑲ 세무조사

국세의 과세표준과 세액을 결정 또는 경정하기 위하여 질문을 하거나 해당 장부·서류 또는 그 밖의 물건(이하 "장부 등"이라 한다)을 검사·조사하거나 그 제출을 명하는 활동을 말한다.

⑳ 특수관계인

본인과 다음 각 목의 어느 하나에 해당하는 관계에 있는 자를 말한다. 이 경우 이 법 및 세법을 적용할 때 본인도 그 특수관계인의 특수관계인으로 본다.

특수관계인의 범위

구분	내용
혈족, 인척 등 친족관계	㉠ 4촌 이내의 혈족 및 3촌 이내의 인척 ㉡ 배우자(사실상의 혼인관계에 있는 자 포함) ㉢ 친생자로서 다른 사람에게 친양자 입양된 자 및 그 배우자·직계비속 ㉣ 혼인 외 출생자의 생부나 생모(본인의 금전이나 그 밖의 재산으로 생계를 유지하는 자 또는 생계를 함께하는 자로 한정)
임원, 사용인 등 경제적 연관관계	㉠ 임원과 그 밖의 사용인 ㉡ 본인의 금전이나 그 밖의 재산으로 생계를 유지하는 자 ㉢ 위 ㉠ 및 ㉡의 자와 생계를 함께하는 친족
주주, 출자자 등 경영지배관계	㉠ 본인이 개인인 경우 　ⓐ 본인이 직접 또는 그와 친족관계 또는 경제적 연관관계에 있는 자를 통하여 법인의 경영에 대하여 지배적인 영향력을 행사하고 있는 경우 그 법인 　ⓑ 본인이 직접 또는 그와 친족관계, 경제적 연관관계 또는 ⓐ의 관계에 있는 자를 통하여 법인의 경영에 대하여 지배적인 영향력을 행사하고 있는 경우 그 법인 ㉡ 본인이 법인인 경우 　ⓐ 개인 또는 법인이 직접 또는 그와 친족관계 또는 경제적 연관관계에 있는 자를 통하여 본인인 법인의 경영에 대하여 지배적인 영향력을 행사하고 있는 경우 그 개인 또는 법인 　ⓑ 본인이 직접 또는 그와 경제적 연관관계 또는 ⓐ의 관계에 있는 자를 통하여 어느 법인의 경영에 대하여 지배적인 영향력을 행사하고 있는 경우 그 법인 　ⓒ 본인이 직접 또는 그와 경제적 연관관계, ⓐ 또는 ⓑ의 관계에 있는 자를 통하여 어느 법인의 경영에 대하여 지배적인 영향력을 행사하고 있는 그 법인 　ⓓ 본인이 「독점규제 및 공정거래에 관한 법률」에 따른 기업집단에 속하는 경우 그 기업집단에 속하는 다른 계열회사 및 그 임원

참고 경영에 대한 지배적 영향력

특수관계인의 세부내용 중 경영지배관계의 판단에 있어서 다음에 해당하는 경우에는 법인의 경영에 대하여 지배적인 영향력을 행사하고 있는 것으로 본다.

1. **영리법인인 경우**
   ① 법인의 발행주식총수 또는 출자총액의 30% 이상을 출자한 경우
   ② 임원 임면권 행사, 사업방침 결정 등 법인 결정에 대해 사실상 영향력을 행사하고 있다고 인정되는 경우

2. **비영리법인인 경우**
   ① 법인의 이사의 과반수를 차지하는 경우
   ② 법인의 출연재산(설립을 위한 출연재산만 해당)의 30% 이상을 출연하고 그 중 1인이 설립자인 경우

Ⅱ 다른 법률과의 관계

(1) 세법과의 관계

① 국세에 관하여 세법에 별도의 규정이 있는 경우를 제외하고는 「국세기본법」에서 정하는 바에 따른다(세법이 「국세기본법」보다 우선한다).
② 개별세법이 「국세기본법」과 다르게 별도의 규정을 두고 있는 사례는 다음과 같다.

구분	개별세법의 별도 규정 사례
실질과세	「상속세 및 증여세법」상 명의신탁재산의 증여의제
연대납세의무	㉠ 「소득세법」상 공동사업에 대한 각 거주자별 종합소득 과세 ㉡ 「소득세법」상 공동소유자산에 대한 각 거주자별 양도소득 과세
납부의무의 소멸	「조세특례제한법」상 영세개인사업자의 체납액 납부의무 소멸특례
국세의 우선	「부가가치세법」상 신탁재산 강제징수시 수탁자의 필요비, 유익비 우선변제
제2차 납세의무	㉠ 「조세특례제한법」상 벤처기업 출자자의 제2차 납세의무 면제 ㉡ 「조세특례제한법」상 정비사업조합에 대한 과세특례
물적납세의무	「부가가치세법」상 신탁 관련 수탁자의 물적납세의무
경정 등의 청구	「상속세 및 증여세법」상 후발적 사유에 따른 경정청구의 특례
기한후신고	「법인세법」상 비영리법인의 이자소득에 대한 분리과세 특례
가산세	「조세특례제한법」상 근로장려금의 경정에 따른 가산세 배제
국세환급금	㉠ 「법인세법」상 사실과 다른 회계처리로 인한 경정에 따른 세액공제 ㉡ 「부가가치세법」상 환급에 관한 규정
국세환급가산금	「조세특례제한법」상 근로장려금 환급시 국세환급가산금 배제
조세의 불복	「농어촌특별세법」상 지방세를 본세로 하는 농어촌특별세의 불복절차
고지금액 최저한	개별세법상 과세최저한 규정

(2) 「관세법」과의 관계

「관세법」과 「수출용원재료에 대한 관세 등 환급에 관한 특례법」에서 세관장이 부과·징수하는 국세에 관하여 「국세기본법」에 대한 특례규정을 두고 있는 경우에는 그 법에서 정하는 바에 따른다.

(3) 다른 불복절차법과의 관계

① 「행정심판법」과의 관계

「국세기본법」은 「행정심판법」에 우선하여 적용한다. 「행정심판법」은 행정청의 위법이나 부당한 처분 또는 공권력 등으로부터 국민의 권리와 이익을 보호·구제하기 위하여 제정된 법으로서 국세관련 처분도 「행정심판법」이 적용되어야 하겠지만, 국세에 관한 불복청구에 대해서는 「행정심판법」의 특별법적 지위에 있는 「국세기본법」의 규정을 적용한다.

② 「감사원법」과의 관계

「국세기본법」과 「감사원법」은 선택적 지위에 있다. 납세자는 국세에 대한 위법 또는 부당한 처분에 대하여 「국세기본법」에 의한 불복절차와 「감사원법」에 의한 불복절차 중 하나를 선택할 수 있다.

제2절 ❖ 기간과 기한

I 기간의 계산

기간의 계산은 「국세기본법」 또는 세법에 특별한 규정이 있는 것을 제외하고는 「민법」에 따른다.

(1) 기산점

기간을 일, 주, 월 또는 연으로 정한 때에는 기간의 초일은 산입하지 않는다(초일불산입의 원칙). 다만, 그 기간이 오전 0시부터 시작하는 때와 「국세기본법」 또는 세법에 특별한 규정이 있는 경우에는 그러하지 아니하며, 연령계산에는 출생일을 산입한다.

(2) 만료점

① 기간을 일, 주, 월 또는 연으로 정한 때에는 기간말일의 종료로 기간이 만료된다.
② 기간을 주, 월 또는 연으로 정한 때에는 역(曆)에 의하여 계산한다. 즉, 평년·윤년 및 월의 대소에 관계없이 1년 또는 1월로 계산한다.
③ 주, 월 또는 연의 처음으로부터 기간을 기산하지 아니한 때에는 최후의 주, 월 또는 연에서 그 기산일에 해당하는 날의 전일로 기간이 만료한다.
④ 월 또는 연으로 기간을 정한 경우에는 최종의 월에 해당일이 없는 때에는 그 월의 말일로 기간이 만료한다.
⑤ 기간의 말일이 공휴일에 해당하는 때에는 그 익일로 기간이 만료한다.

> **참고 기간의 만료**
>
> 1. **공시송달의 서류 공고일시가 2024년 4월 1일 오전 9시인 경우 서류송달의 효력발생시기**
>   기산일은 2024년 4월 2일부터이며, 공시송달의 효력은 공고한 날부터 14일이 지난 때이므로 2024년 4월 16일이 효력발생시기가 된다.
> 2. **세무조사 결과통지를 받은 날이 2024년 7월 10일인 경우 과세전적부심사의 청구기한**
>   과세전적부심사는 세무조사 결과통지를 받은 날부터 30일 이내에 청구할 수 있으므로 기산일인 2024년 7월 11일부터 2024년 8월 9일까지가 청구기한이 된다.

Ⅱ 기한의 특례

(1) 기한이 공휴일·토요일 및 대체공휴일에 해당하는 경우

「국세기본법」 또는 세법에서 규정하는 신고·신청·청구 그 밖에 서류의 제출·통지·납부 또는 징수에 관한 기한이 토요일 및 일요일, 공휴일 및 대체공휴일, 근로자의 날일 때에는 토요일 및 일요일, 공휴일 및 대체공휴일, 근로자의 날의 **다음날**을 기한으로 한다.

(2) 국세정보통신망의 가동이 정지되는 경우

「국세기본법」 또는 세법에서 규정하는 신고기한 만료일 또는 납부기한 만료일에 국세정보통신망이 대통령령으로 정하는 장애로 가동이 정지되어 전자신고나 전자납부(이 법 또는 세법에 따라 납부할 국세를 정보통신망을 이용하여 납부하는 것을 말한다)를 할 수 없는 경우에는 그 장애가 복구되어 신고 또는 납부할 수 있게 된 날의 다음날을 기한으로 한다.

Ⅲ 서류제출의 효력발생시기

(1) 우편신고

① 우편으로 과세표준신고서, 과세표준수정신고서, 경정청구서 또는 과세표준신고·과세표준수정신고·경정청구와 관련된 서류를 제출 – 발신주의

<u>「우편법」에 따른 우편날짜도장이 찍힌 날(우편날짜도장이 찍히지 아니하였거나 분명하지 아니한 경우에는 통상 걸리는 배송일수를 기준으로 발송한 날로 인정되는 날)에 신고되거나 청구된 것으로 본다.</u>

② 불복청구 – 발신주의

불복청구기한 내에 우편으로 제출한 불복청구서가 불복청구기간을 경과하여 도달한 경우에는 그 기간 만료일에 적법한 청구가 있었던 것으로 본다.

(2) 전자신고

과세표준신고서, 과세표준수정신고서, 경정청구서 등을 국세정보통신망을 이용하여 제출하는 경우에는 해당 신고서 등이 국세청장에게 **전송된 때**(입력된 때가 아님)에 신고되거나 청구된 것으로 본다.

> **참고** 전자신고 또는 전자청구된 경우
>
> 전자신고 또는 전자청구된 과세표준신고 또는 과세표준수정신고와 관련된 서류 중 대통령령으로 정하는 서류(예 수출대금입금증명서, 「부가가치세법」에 따른 조기환급에 필요한 서류의 제출기한 등)에 대해서는 대통령령으로 정하는 바에 따라 10일의 범위에서 제출기한을 연장할 수 있다.

기출 Check 20년 7급

03 「국세기본법」상 기간과 기한에 대한 설명으로 옳은 것은?

① 우편으로 과세표준신고서를 제출한 경우 그 신고서가 도달한 날에 신고된 것으로 본다.

② 「국세기본법」 또는 세법에서 규정하는 신고기한 만료일에 국세정보통신망이 대통령령으로 정하는 장애로 가동이 정지되어 전자신고를 할 수 없는 경우에는 그 장애가 복구되어 신고할 수 있게 된 날을 신고기한으로 한다.

③ 「국세기본법」 또는 세법에서 정한 납부기한 만료일 3일 전에 납세자의 납부기한 연장 신청에 대하여 세무서장이 신청일로부터 3일 이내에 승인여부를 통지하지 아니한 때에는 그 3일이 되는 날에 납부기한의 연장을 승인한 것으로 본다.

④ 납부고지서를 송달한 경우에 도달한 날에 이미 납부기한이 지난 때에는 그 도달한 날을 납부기한으로 한다.

6 ③

해설 ① 우편으로 과세표준신고서를 제출한 경우 그 신고서를 발송한 날에 신고된 것으로 본다.

② 그 장애가 복구되어 신고 또는 납부할 수 있게 된 날의 다음날을 기한으로 한다.

④ 납부고지서의 송달이 지연되어 도달한 날에 이미 납부기한이 지난 때에는 도달한 날부터 14일이 지난 날을 납부기한으로 한다.

IV 천재 등으로 인한 기한의 연장

(1) 기한 연장의 사유

① 신고·신청·청구 그 밖에 서류의 제출·통지를 정해진 기한까지 할 수 없다고 인정하는 경우나 납세자가 기한 연장을 신청한 경우에는 관할 세무서장은 그 기한을 연장할 수 있다(납세자의 신청도 가능하고, 관할 세무서장의 직권연장도 가능하다).

② 해당 사유
㉠ 납세자가 화재, 전화(戰禍) 그 밖의 재해를 입거나 도난을 당한 경우
㉡ 납세자 또는 그 동거가족이 질병이나 중상해로 **6개월 이상의 치료**가 필요하거나 사망하여 상중인 경우
㉢ **정전, 프로그램의 오류** 그 밖의 부득이한 사유로 한국은행(그 대리점 포함) 및 체신관서의 정보통신망의 정상적인 가동이 불가능한 경우
㉣ 금융회사 등(한국은행 국고대리점 및 국고수납대리점인 금융회사 등만 해당) 또는 체신관서의 휴무, 그 밖의 부득이한 사유로 정상적인 세금납부가 곤란하다고 국세청장이 인정하는 경우
㉤ **권한 있는 기관에 장부나 서류가 압수 또는 영치된 경우**
㉥ 납세자의 장부 작성을 대행하는 세무사(세무대리를 수행하는 세무법인, 공인회계사, 회계법인 포함)가 화재, 전화, 그 밖의 재해를 입거나 도난을 당한 경우
㉦ 위 ㉠, ㉡, ㉤에 준하는 사유가 있을 경우

(2) 기한 연장의 범위

위 사유에 따른 **기한 연장은 3개월 이내**로 하되, 당해 기한 연장의 사유가 소멸되지 않는 경우 관할세무서장은 1개월의 범위에서 그 기한을 다시 연장할 수 있다. 다만, 신고와 관련된 기한 연장은 **9개월을 넘지 않는 범위에서** 관할세무서장이 이를 연장할 수 있다.

(3) 기한 연장의 신청

① 기한 연장을 받으려는 자는 **기한만료일 3일 전까지** 해당 행정기관의 장에게 신청하여야 한다. 이 경우 당해 행정기관의 장은 기한 연장을 신청하는 자가 **기한만료일 3일 전까지 신청할 수 없다고 인정하는 때에는 기한의 만료일까지** 신청하게 할 수 있다.
② 기한 연장의 신청을 받은 관할 세무서장은 기한을 연장하였을 경우 문서로 지체 없이 관계인에게 통지하여야 하며, 기한 만료일 3일 전까지 한 기한 연장 신청에 대해서는 기한 만료일 전에 그 승인 여부를 통지해야 한다.

> **참고** 통지의 예외: 관보 또는 일간신문에 공고
>
> 1. 정전, 프로그램의 오류, 그 밖의 부득이한 사유로 한국은행 및 체신관서의 정보통신망의 정상적인 가동이 불가능한 경우에 해당하는 사유가 전국적으로 일시에 발생하는 경우
> 2. 기한연장의 통지대상자가 불특정다수인 경우(예 코로나 19)
> 3. 기한연장의 사실을 그 대상자에게 개별적으로 통지할 시간적 여유가 없는 경우

기출 Check 07년 9급

04 「국세기본법」상 천재지변 등으로 인한 기한의 연장 등에 관한 설명으로 옳은 것은?
① 기한을 연장하는 경우 신고와 관련된 기한연장은 9월을 초과하지 아니하는 범위 안에서 관할세무서장이 이를 연장할 수 있다.
② 천재지변 등의 사유로 인하여「국세기본법」또는 세법에 규정하는 신고를 정하여진 기한까지 할 수 없다고 인정하는 경우에도 납세자의 신청이 있는 경우에 한하여 연장할 수 있다.
③ 납세자가 화재·전화 기타 재해를 입거나 도난을 당하여 납부기한을 연장하는 경우 관할세무서장은 납부할 금액에 상당하는 담보의 제공을 요구할 수 있다.
④ 납세자가 그 사업이 중대한 위기에 처한 때에는「국세기본법」또는 세법에 규정하는 신고기한을 연장할 수 있다.

❻ ①

해설
② 천재지변 등의 사유로 인한 기한연장은 관할세무서장의 직권도 가능하다.
③ 화재·전화 기타 재해를 입거나 도난을 당하여 납부기한을 연장하는 경우 관할세무서장은 납부할 금액에 상당하는 담보의 제공을 요구할 수 없다.
④ 납세자 사업의 중대한 위기는 신고기한 연장사유에 해당하지 않는다.

제3절 ✦ 서류의 송달

I 서류송달의 기본내용

(1) 송달받아야 할 자 및 송달장소

① 「국세기본법」 또는 세법에서 규정하는 서류는 그 **명의인**(그 서류에 수신인으로 지정되어 있는 자)의 주소 또는 영업소(주소·거소·영업소 또는 사무소, 전자송달인 경우에는 명의인의 전자우편주소)에 송달한다.

② 연대납세의무자 – 대표자
대표자가 없을 때에는 연대납세의무자 중 국세를 징수하기에 유리한 자를 명의인으로 한다.
  ⊙ 단, 납부의 고지와 독촉에 관한 서류는 연대납세의무자 모두에게 각각 송달하여야 한다.

③ 상속의 개시 – 상속재산관리인
상속이 개시된 경우 상속재산관리인이 있을 때에는 상속재산관리인의 주소 또는 영업소에 송달한다.

④ 납세관리인이 있을 때에는 납부의 고지와 독촉에 관한 서류는 그 납세관리인의 주소 또는 영업소에 송달한다.

⑤ 송달받아야 할 사람이 **교정시설 또는 국가경찰관서의 유치장에 체포·구속 또는 유치된 사실이 확인**된 경우에는 해당 **교정시설의 장 또는 국가경찰관서의 장**에게 송달한다.

(2) 송달받을 장소의 신고

서류의 송달을 받을 자가 주소 또는 영업소 중에서 송달받을 장소를 정부에 신고한 경우에는 그 **신고한 장소**에 송달하여야 한다. 이를 변경한 경우에도 또한 같다.

II 서류송달의 방법

서류송달은 교부, 우편 또는 전자송달의 방법으로 한다.

구분		내용	효력발생
원칙	교부송달	해당 행정기관의 소속 공무원이 서류를 송달할 장소에서 송달받아야 할 자에게 서류를 교부하는 방법	도달한 때
	우편송달	서류를 등기우편이나 통상우편에 의하여 송달하는 방법	
	전자송달	서류를 정보통신망을 이용하여 수신인으로 지정된 자의 전자우편주소로 송달하는 방법 ⊙ 단, 전자송달의 경우에는 송달받을 자가 지정한 전자우편주소에 **입력된 때(국세정보통신망에 저장하는 경우에는 저장된 때)**에 그 송달을 받아야 할 자에게 도달한 것으로 본다.	
예외	공시송달	일정한 사유로 인하여 교부송달이나 우편송달이 불가능한 경우에 서류의 주요내용을 공시함으로써 송달의 효력을 발생하게 하는 방법	서류의 주요내용을 공고한 날부터 14일이 지난 때

기출 Check 23년 7급

05 국세기본법령상 서류의 송달에 대한 설명으로 옳지 않은 것은?

① 연대납세의무자에게 납부의 고지에 관한 서류를 송달할 때에는 그 대표자를 명의인으로 한다.
② 납부의 고지와 관계되는 서류의 송달을 우편으로 할 때에는 등기우편으로 하여야 하나, 「소득세법」에 따른 중간예납세액이 50만 원 미만인 경우 납부고지서를 일반우편으로 송달할 수 있다.
③ 교부송달의 경우 서류를 송달할 장소에서 송달받아야 할 자를 만나지 못하였을 때에는 그 사용인이나 그 밖의 종업원 또는 동거인으로서 사리를 판별할 수 있는 사람에게 서류를 송달할 수 있다.
④ 서류를 송달받아야 할 자의 주소 또는 영업소가 분명하지 아니한 경우 서류의 주요 내용을 공고한 날부터 14일이 지나면 서류 송달이 된 것으로 본다.

6 ①
해설 연대납세의무자에게 서류를 송달할 때에는 그 대표자를 명의인으로 하며, 대표자가 없을 때에는 연대납세의무자 중 국세를 징수하기에 유리한 자를 명의인으로 한다. 다만, 납부의 고지와 독촉에 관한 서류는 연대납세의무자 모두에게 각각 송달하여야 한다.

기출 Check 20년 9급

06 국세기본법령상 서류의 송달에 대한 설명으로 옳지 않은 것은?

㉠ 독촉에 관한 서류는 연대납세의무자 모두에게 각각 송달하여야 한다. (○)
㉡ 상속이 개시된 경우 상속재산관리인이 있을 때에는 세법에서 규정하는 서류는 그 상속재산관리인의 주소 또는 영업소에 송달한다. (○)

기출 Check 17년 9급

07 「국세기본법」상 서류의 송달에 대한 설명으로 옳지 않은 것은?

① 교부에 의한 서류 송달은 해당 행정기관의 소속 공무원이 서류를 송달할 장소에서 송달받아야 할 자에게 서류를 교부하는 방법으로 해야 하지만 송달을 받아야 할 자가 송달받기를 거부하지 아니하면 다른 장소에서 교부할 수 있다.
② 전자송달은 송달받을 자가 지정한 전자우편주소에서 해당 서류를 열람한 것으로 확인되었을 때 그 송달받아야 할 자에게 도달한 것으로 본다.
③ 서류를 송달받아야 할 자의 주소 또는 영업소가 분명하지 아니한 경우에는 공시송달을 할 수 있고 서류의 주요 내용을 공고한 날부터 14일이 지나면 「국세기본법」 제8조에 따른 서류송달이 된 것으로 본다.
④ 국세정보통신망에 접속하여 서류를 열람할 수 있게 하였음에도 불구하고 해당 납세자가 3회 연속하여 전자송달된 해당 서류의 납부기한까지 열람하지 아니한 경우에는 세 번째로 열람하지 아니한 서류의 납부기한의 다음날에 전자송달 신청을 철회한 것으로 본다.

❻ ②
해설 전자송달의 경우에는 송달받을 자가 지정한 전자우편주소에 입력된 때(국세정보통신망에 저장하는 경우에는 저장된 때)에 그 송달을 받아야 할 자에게 도달한 것으로 본다.

(1) 교부송달

① 서류의 교부에 있어서 송달을 받아야 할 자가 **송달받기를 거부하지 아니하면** 송달장소 이외의 다른 장소에서 교부할 수 있다.
② 송달할 장소에서 서류를 송달받아야 할 자를 만나지 못하였을 때에는 그 **사용인이나 그 밖에 종업원 또는 동거인으로서 사리를 판별할 수 있는 사람**에게 서류를 송달할 수 있다.
③ 서류를 송달받아야 할 자 또는 그 사용인이나 그 밖의 종업원 또는 동거인으로서 사리를 판별할 수 있는 사람이 정당한 사유 없이 서류 수령을 거부할 때에는 **송달할 장소에 서류를 둘 수 있다**(유치송달).
④ 서류를 송달하는 경우에 송달받아야 할 자가 주소 또는 영업소를 이전하였을 때에는 **주민등록표 등으로 이를 확인하고 이전한 장소에 송달하여야 한다.**
⑤ 서류를 교부하였을 때에는 송달서에 수령인이 서명 또는 날인하게 하여야 하며, 이 경우 수령인이 서명 또는 날인을 거부하면 그 사실을 송달서에 적어야 한다.

(2) 우편송달

① 등기우편(강제)
    납부의 고지·독촉·강제징수 또는 세법에 따른 정부의 명령에 관계되는 서류의 송달을 우편으로 할 때는 등기우편으로 하여야 한다.
② 일반우편
    다음 경우로서 **50만 원 미만**에 해당하는 납부고지서는 **일반우편**으로 송달할 수 있다.
    ㉠ 「소득세법」상 중간예납 규정에 따른 **중간예납세액**의 납부고지서
    ㉡ 「부가가치세법」상 **예정고지납부** 규정에 따라 징수하기 위한 납부고지서
        ✓ 법인세의 중간예납세액의 납부고지서는 일반우편으로 송달할 수 없다.
    ㉢ 신고납부 국세에 대한 과세표준신고서를 법정신고기한까지 제출하였으나 과세표준신고액에 상당하는 세액의 전부 또는 일부를 납부하지 아니하여 발급하는 납부고지서

(3) 전자송달

① 전자송달은 서류를 송달받아야 할 자가 **신청한 경우에만 가능**하다.

> **참고** 전자송달을 신청한 것으로 간주하는 경우
>
> 납부고지서가 송달되기 전에 납세자가 **국세정보통신망을 통해 소득세 중간예납세액, 부가가치세 예정고지세액·예정부과세액을 확인**한 후 계좌이체의 방법 또는 신용카드 등으로 **세액을 전액 자진납부한 경우** 납부한 세액에 대해서는 **자진납부한 시점에 전자송달을 신청한 것으로 본다.**

② 국세정보통신망의 장애로 전자송달을 할 수 없는 경우나 그 밖에 대통령령으로 정하는 사유가 있는 경우에는 교부 또는 우편의 방법으로 송달할 수 있다.
③ 전자송달 신청의 자동철회
    납세자가 3회 연속하여 전자송달(국세정보통신망에 송달된 경우에 한정한다)된 서류를 열람하지 아니하는 경우에는 대통령령으로 정하는 바에 따라 전자송달의 신청을 철회한 것으로 본다. 다만, 납세자가 전자송달된 고지서 및 독촉장에 의한 세액을 그 납부기한까지 전액 납부한 경우에는 그러하지 아니하다. 전자송달을 철회한 것으로 보는

시점은 세 번째로 열람하지 않은 서류에 대한 다음의 구분에 따른 날의 **다음날이다.**
  ㉠ 해당 서류에 납부기한 등의 기한이 정하여진 경우
  ㉡ 위 ㉠ 외의 서류: 국세정보통신망에 해당 서류가 저장된 때부터 1개월이 되는 날
④ 전자송달을 할 수 있는 서류의 구체적인 범위 및 송달 방법 등에 관하여 필요한 사항은 대통령령으로 정한다.
⑤ 전자송달의 개시 및 철회는 신청서를 접수한 날의 다음 날부터 적용한다.
⑥ 전자송달의 신청을 철회한 자가 전자송달을 재신청하는 경우에는 철회 신청일부터 30일이 지난 날 이후에 신청할 수 있다.

(4) 공시송달

공시송달은 우편이나 교부의 방법으로 송달이 불가능한 경우에 한하여 서류의 주요 내용을 공고(公告)함으로써 송달에 갈음하는 절차를 말한다.

① 공시송달의 해당 사유 ★
  ㉠ 주소 또는 영업소가 **국외에 있고 송달하기 곤란**한 경우
  ㉡ 주소 또는 영업소가 분명하지 아니한 경우
  ㉢ 서류를 **등기우편**으로 송달하였으나 수취인이 부재중인 것으로 확인되어 **반송됨**으로써 납부기한 내에 **송달이 곤란**하다고 인정되는 경우
  ㉣ 세무공무원이 **2회 이상 납세자를 방문**하여 서류를 교부하려고 하였으나 **수취인이 부재중**인 것으로 확인되어 **납부기한까지 송달이 곤란**하다고 인정되는 경우
    ⊙ 단, 2회 이상 방문시 처음 방문한 날과 마지막 방문한 날 사이의 기간이 3일(공휴일, 대체공휴일, 토요일 및 일요일은 산입하지 아니함) 이상이어야 한다.

② 공시송달의 방법
국세정보통신망, 세무서의 게시판이나 그 밖의 적절한 장소, 해당 서류의 송달장소 관할관청의 홈페이지, 게시판이나 그 밖의 기타 적절한 장소에 **게시하거나 관보 또는 일간신문에 게재**하여야 한다. <u>이 경우 국세정보통신망을 이용하여 공시송달을 할 때에는 다른 공시송달 방법과 함께 하여야 한다.</u>

(5) 송달의 효력발생

송달하는 서류는 송달받아야 할 자에게 도달한 때부터 효력이 발생한다. 다만, 전자송달의 경우에는 송달받을 자가 지정한 전자우편주소에 입력된 때(국세정보통신망에 저장하는 경우에는 저장한 때)에 그 송달을 받아야 할 자에게 도달한 것으로 본다.

제4절 인격

I 법인으로 보는 단체

법인은 설립등기를 하여야 법인격을 갖게 된다. 다만, 설립등기를 하지 않아 법인격을 취득하지 못한 사단, 재단 또는 단체는 자연인으로 보고 「소득세법」을 적용할 것인지 법인으로 보아 「법인세법」을 적용해야 할 것인지 규정할 필요가 있다.

(1) 당연법인 의제

법인이 아닌 사단, 재단, 그 밖의 단체("법인 아닌 단체") 중 다음 어느 하나에 해당하는 것으로서 수익을 구성원에게 분배하지 아니하는 것은 법인으로 보아 「국세기본법」 및 세법을 적용한다.

① 인·허가 또는 등록된 미등기단체
　주무관청의 허가 또는 인가를 받아 설립되거나 법령에 따라 주무관청에 등록한 사단·재단 그 밖의 단체로서 등기되지 아니한 것
② 공익목적의 미등기재단
　공익을 목적으로 출연된 기본재산이 있는 재단으로서 등기되지 아니한 것

> **참고** 재단법인
>
> 재단법인은 재산으로 구성된 법인으로 무조건 비영리법인이다(예 학교법인).

(2) 승인에 의한 법인의제

위 (1)에 해당하는 단체 외의 법인 아닌 단체 중 **다음의 요건을 모두 갖춘 것**으로서 대표자나 관리인이 관할세무서장에게 **신청하여 승인을 받은 것**도 법인으로 본다. 이 경우 해당 단체의 계속성과 동질성이 유지되는 것으로 본다.

① 단체의 조직과 운영에 관한 규정을 가지고 대표자나 관리인을 선임하고 있을 것
② 단체 자신의 계산과 명의로 **수익과 재산을 독립적으로 소유·관리**할 것
③ **단체의 수익을 구성원에게 분배하지 아니할 것**
　◎ 법인으로 신청한 단체는 그 신청에 대하여 관할세무서장의 승인을 받은 날이 속하는 과세기간과 그 과세기간이 끝난 날부터 3년이 되는 날이 속하는 과세기간까지는 거주자 또는 비거주자로 변경할 수 없다. 다만, 요건을 갖추지 못하게 되어 승인취소를 받는 경우에는 그러하지 아니하다.

(3) 법인으로 보는 단체의 납세의무

① 법인으로 보는 단체는 「법인세법」상 **비영리법인**에 해당한다.
② 법인으로 보는 단체의 국세에 관한 의무는 그 **대표자나 관리인이 이행**하여야 한다.
③ 법인으로 보는 단체는 대표자나 관리인을 선임하거나 변경한 경우 이를 관할 세무서장에게 신고하여야 하며, 신고를 하지 아니한 경우 관할 세무서장은 그 단체의 구성원 또는 관계인 중 1명을 국세에 관한 의무를 이행하는 사람으로 **지정할 수 있다.**

> **참고** 전환 국립대학 법인의 납세의무
>
> 전환 국립대학 법인(국립학교 또는 공립학교로 운영되다가 법률에 따라 국립대학 법인으로 전환된 법인)에 대한 국세의 납세의무(국세를 징수하여 납부할 의무는 제외)를 적용할 때에는 전환 국립대학 법인을 별도의 법인으로 보지 아니하고 국립대학 법인으로 전환되기 전의 국립학교 또는 공립학교로 본다. 다만, 교육·연구활동에 지장이 없는 범위 외의 수익사업을 하는 경우의 납세의무에 대해서는 그러하지 아니하다.

Ⅱ 법인으로 보는 단체 이외의 단체

법인 아닌 단체 중 법인으로 보는 단체 이외의 단체에 대해서는 「소득세법」에 따라 해당 단체를 1거주자 또는 1비거주자로 보아 과세하거나, **해당 단체의 구성원이 공동으로 사업을 영위하는 것으로 보아 구성원별로 과세한다.**

(1) 거주자
① 국내에 주사무소 또는 사업의 실질적인 관리장소를 두고 있는 경우 거주자로 본다.
② 구성원 간 이익의 분배방법이나 비율이 정해져 있고 사실상 이익이 분배되는 경우에는 그 단체의 구성원이 공동으로 사업을 영위하는 것으로 본다. 단체를 통하여 구성원들이 분배받은 소득에 대해서 각자 소득세 납세의무를 진다.

(2) 비거주자
국내에 주사무소 또는 사업의 실질적인 관리장소를 두고 있지 않은 경우 「소득세법」의 비거주자 규정을 적용한다.

(3) 공동사업자
구성원 간 이익의 분배방법이나 분배비율이 정해져 있지 않거나 확인되지 않은 경우에는 그 단체를 1거주자(또는 1비거주자)로 본다. 이 경우 해당 단체가 구성원과 독립하여 소득세 납세의무를 진다.

기출 Check 15년 9급

08 「국세기본법」상 법인 아닌 단체에 대한 설명으로 옳지 않은 것은?
① 「국세기본법」에 의하여 법인으로 보는 법인 아닌 단체는 「법인세법」에서 비영리법인으로 본다.
② 주무관청의 허가 또는 인가를 받아 설립된 단체로서 수익을 구성원에게 분배하지 않는 경우에는 대표자나 관리인이 관할 세무서장에게 신청하여 승인을 받아야 법인으로 본다.
③ 법인 아닌 단체가 「국세기본법」에 의하여 법인으로 의제되지 않더라도 「소득세법」에 의하여 그 단체를 1거주자로 보아 과세할 수도 있다.
④ 법인으로 보는 법인 아닌 단체의 국세에 관한 의무는 그 대표자나 관리인이 이행하여야 한다.

6 ②
해설 주무관청의 허가 또는 인가를 받아 설립된 단체로서 수익을 구성원에게 분배하지 않는 경우에는 당연 법인으로 의제한다(신청 후 승인에 의한 법인에 해당하지 아니한다).

CHAPTER 02 국세부과와 세법적용

국세부과의 원칙	세법적용의 원칙
1. 실질과세의 원칙 2. 신의성실의 원칙 3. 근거과세의 원칙 4. 조세감면의 사후관리	1. 세법 해석의 기준 2. 소급과세의 금지 3. 세무공무원의 재량의 한계 4. 기업회계의 존중

제1절 국세부과의 원칙

I 실질과세의 원칙

(1) 내용

실질과세의 원칙이란 법적 형식과 경제적 실질이 다른 경우에는 **경제적 실질**에 따라 과세하여야 한다는 원칙을 말한다. 이러한 실질과세의 원칙은 다음의 내용으로 구성된다.

① 귀속에 관한 실질과세

과세의 대상이 되는 소득, 수익, 재산, 행위 또는 거래의 귀속이 명의일 뿐이고 사실상 귀속되는 자가 따로 있을 때에는 **사실상 귀속되는 자를 납세의무자**로 하여 세법을 적용한다.

② 거래내용에 관한 실질과세

세법 중 과세표준의 계산에 관한 규정은 소득, 수익, 재산, 행위 또는 거래의 명칭이나 형식에 관계없이 그 실질내용에 따라 적용한다.

③ 제3자를 통한 간접적인 방법이나 둘 이상의 행위 또는 거래를 거치는 방법으로 「국세기본법」 또는 세법의 혜택을 부당하게 받기 위한 것으로 인정되는 경우에는 그 **경제적 실질내용에 따라 당사자가 직접 거래를 한 것으로 보거나 연속된 하나의 행위 또는 거래를 한 것**으로 보아 「국세기본법」 또는 세법을 적용한다.

(2) 한계

실질과세의 원칙은 조세평등주의를 실현하기 위해 필요한 요소이지만, 납세자의 법적안정성과 예측가능성의 보호를 위해 조세법률주의를 침해하지 않는 범위 내에서 적용되어야 한다. 실질과세의 원칙은 개별세법을 우선 적용한다(예 명의신탁증여의제). 즉, 세법에서 「국세기본법」상 실질과세원칙에 대한 특례규정을 두고 있는 경우에는 그 세법에서 정하는 바에 따른다.

기출 Check 16년 9급

09 「국세기본법」상 실질과세의 원칙에 대한 설명으로 옳지 않은 것은?

① 세법 중 과세표준의 계산에 관한 규정은 소득, 수익, 재산, 행위 또는 거래의 명칭이나 형식에 관계없이 그 실질내용에 따라 적용한다.
② 과세의 대상이 되는 소득, 수익, 재산, 행위 또는 거래의 귀속이 명의일 뿐이고 사실상 귀속되는 자가 따로 있을 때에는 명의자를 납세의무자로 하여 세법을 적용한다.
③ 제3자를 통한 간접적인 방법이나 둘 이상의 행위 또는 거래를 거치는 방법으로 「국세기본법」 또는 세법의 혜택을 부당하게 받기 위한 것으로 인정되는 경우에는 그 경제적 실질내용에 따라 당사자가 직접 거래를 한 것으로 보거나 연속된 하나의 행위 또는 거래를 한 것으로 보아 「국세기본법」 또는 세법을 적용한다.
④ 세법에서 「국세기본법」상 실질과세원칙에 대한 특례규정을 두고 있는 경우에는 그 세법에서 정하는 바에 따른다.

답 ②

해설 과세의 대상이 되는 소득·수익·재산·행위 또는 거래의 귀속이 명의일 뿐이고 사실상 귀속되는 자가 따로 있을 때에는 **사실상 귀속되는 자를 납세의무자**로 하여 세법을 적용한다.

Ⅱ 신의성실의 원칙

(1) 내용

신의성실의 원칙이란 권리의 행사나 의무의 이행에 있어서 상대방의 신뢰에 어긋나지 않도록 신의에 따라 성실하게 행동하여야 한다는 원칙으로서, 신의칙이라고도 한다. 「국세기본법」은 "납세자가 그 의무를 이행할 때에는 신의에 따라 성실하게 하여야 한다. **세무공무원이 직무를 수행할 때에도 또한 같다.**"고 규정하고 있다(신의성실의 원칙은 납세자보다 세무공무원에게 더 강하게 요구되는 원칙이다).

(2) 적용대상

신의성실의 원칙은 과세관청과 납세자 **쌍방 모두**에게 적용되는 원칙이다. 다만, 납세자가 과세관청의 신뢰를 배반한 경우에는 세법상 각종 제재장치가 마련되어 있으므로 **신의성실의 원칙은 주로 납세자보다는 과세관청에 적용되는 원칙이며, 과세관청에서 보다 더 엄격하게 준수하여야 할 원칙이라고 할 수 있다.**

(3) 과세관청에 대한 신의성실의 원칙의 적용요건

① 납세자의 신뢰의 대상이 되는 과세관청의 공적 견해표시가 있을 것
② 납세자가 과세관청의 견해표시를 신뢰하고, 그 신뢰에 납세자의 귀책사유가 없을 것
③ 납세자가 과세관청의 견해표시에 대한 신뢰를 기초로 경제적 거래나 세무상 처리 등의 행위를 할 것
④ 과세관청이 당초의 견해표시에 반하는 적법한 행정처분을 하여야 하며, 그러한 배신적 처분에 의하여 납세자가 불이익을 받을 것

(4) 납세자에 대한 신의성실의 원칙의 적용요건

① 객관적으로 모순되는 행태가 존재한다.
② 그 행태가 납세의무자의 심한 배신행위에 기인하였다.
③ 그에 기하여 야기된 과세관청의 신뢰가 보호받을 가치가 있다.

(5) 한계

신의성실의 원칙은 개별요건을 충족한 특정 납세자의 신뢰를 보호하기 위한 것으로서 개별적·구체적 사안에 한하여 제한적으로 적용되는 원칙이다. 신의성실의 원칙은 조세법률주의와 상충되는 것으로 조세법률주의의 제약하에 개별적으로 납세자의 신뢰를 보호할 가치가 큰 경우에 한해서만 적용되는 개념이다.

기출 Check 09년 7급

10 「국세기본법」상 신의성실의 원칙에 관한 판례의 내용으로 옳은 것은?

① 과세관청이 납세의무자에게 부가가치세 면세사업자용 사업자등록증을 교부하였다면 그가 영위하는 사업에 관하여 부가가치세를 과세하지 아니함을 시사하는 언동이나 공적인 견해를 표명한 것으로 볼 수 있다.
② 조세법률주의에 의하여 합법성이 강하게 작용하는 조세실체법에 대한 신의성실의 원칙 적용은 합법성을 희생하여서라도 구체적 신뢰보호의 필요성이 인정되는 경우에 한하여 허용된다.
③ 납세의무자가 자산을 과대계상하거나 부채를 과소계상하는 등의 방법으로 분식결산을 하고 이에 따라 과다하게 법인세를 신고·납부하였다가 그 과다납부한 세액에 대하여 취소소송을 제기하여 다툰다는 것만으로도 신의성실의 원칙에 위반될 정도로 심한 배신행위를 하였다고 할 수 있다.
④ 과세관청에게 신의성실의 원칙을 적용하기 위해서는 객관적으로 모순되는 행태가 존재하고, 그 행태가 납세의무자의 심한 배신행위에 기인하였으며, 그에 기하여 야기된 과세관청의 신뢰가 보호받을 가치가 있는 것이어야 한다.

❻ ②

해설 ① 과세관청이 납세의무자에게 부가가치세 면세사업자용 사업자등록증을 교부하였더라도 그가 영위하는 사업에 관하여 부가가치세를 과세하지 아니함을 시사하는 언동이나 공적인 견해를 표명한 것으로 볼 수 없다.
③ 납세의무자가 자산을 과대계상하거나 부채를 과소계상하는 등의 방법으로 분식결산을 하고 이에 따라 과다하게 법인세를 신고·납부하였다가 그 과다납부한 세액에 대하여 취소소송을 제기하여 다툰다는 것만으로는 신의성실의 원칙에 위반될 정도로 심한 배신행위를 하였다고 할 수 없다.
④ 과세관청의 신의성실원칙의 적용요건이 아니라 납세자에게 적용하기 위한 요건에 해당한다.

> **참고** 신의성실의 원칙에 관한 판례
>
> 1. 과세관청의 신의성실의 원칙 관련 판례(대법2001두9370, 2002.09.04.)
>   과세관청이 납세의무자에게 면세사업자등록증을 교부하고, 수년간 면세사업자로서 한 부가가치세 예정신고 및 확정신고를 받은 행위만으로는 과세관청이 납세의무자에게 그가 영위하는 사업에 관하여 부가가치세를 과세하지 아니함을 시사하는 언동이나 공적인 견해를 표명한 것이라고 할 수 없다.
> 2. 납세자의 신의성실의 원칙 위반 관련 판례(대법2005두6300, 2006.01.26.)
>   납세의무자가 자산을 과대계상하거나 부채를 과소계상하는 등의 방법으로 분식결산하고 이에 따라 과다하게 법인세를 신고·납부하였다가 그 과다납부한 세액에 대하여 취소소송을 제기하여 다툰다는 사정만으로 신의성실의 원칙에 위반될 정도로 심한 배신행위를 하였다고 볼 수는 없는 것이고, 과세관청이 분식결산에 따른 법인세 신고를 그대로 믿고 과세하였다고 하더라도 이를 보호받을 가치가 있는 신뢰라고 할 수도 없다.

Ⅲ 근거과세의 원칙

(1) 내용

근거과세의 원칙이란 조세를 부과하는 경우에는 **장부, 증빙 등의 자료에 근거하여 납세의무를 확정**하여야 한다는 원칙을 말한다.

(2) 실지조사결정

납세의무자가 세법에 따라 장부를 갖추어 기록하는 경우에는 해당 국세의 과세표준의 조사와 결정은 그 장부와 이에 관계되는 증거자료에 의하여야 한다.

(3) 추계결정에 대한 납세의무자의 보호

국세를 조사·결정할 때 장부의 기록내용이 사실과 다르거나 장부의 기록에 **누락된 것이 있을 때에는 그 부분에 대해서만 정부가 조사한 사실에 따라 결정할 수 있다.** 이 경우 정부가 조사한 사실과 결정의 근거를 결정서에 적어야 하며, 납세의무자 또는 그 대리인이 요구하면 해당 결정서를 열람 또는 복사하게 하거나 그 등본 또는 초본이 원본과 일치함을 확인하여야 한다.

Ⅳ 조세감면의 사후관리

정부는 국세를 감면한 경우에 그 감면의 취지를 성취하거나 국가정책을 수행하기 위하여 필요하다고 인정하면 세법에서 정하는 바에 따라 감면한 세액에 상당하는 자금 또는 자산의 운용범위를 정할 수 있으며 그 운용범위를 벗어난 자금 또는 자산에 상당하는 감면세액은 세법에서 정하는 바에 따라 감면을 취소하고 징수할 수 있다.

제2절 세법적용의 원칙

세법적용의 원칙은 세법의 해석과 적용시 공무원이 따라야 할 기본적인 지침이다. 세법적용의 원칙은 과세관청에만 요구되는 원칙이므로 개별세법에 그 적용에 대한 특례를 두지 않는다.

I 세법 해석의 기준

(1) 세법을 해석·적용할 때에는 과세의 형평과 해당 조항의 합목적성에 비추어 **납세자의 재산권이 부당하게 침해되지 아니하도록 하여야 한다.**

(2) 또한, 세법 외의 법률 중 국세의 부과·징수·감면 또는 그 절차에 관하여 규정하고 있는 조항은 세법해석의 기준과 소급과세금지원칙을 적용함에 있어 세법으로 본다.

> **참고** 세법 해석에 관한 질의회신의 절차와 방법
>
> 1. 기획재정부장관 및 국세청장은 세법의 해석과 관련된 질의에 대하여 세법해석의 기준에 따라 해석하여 회신하여야 한다.
> 2. 국세청장은 위의 질의가 국세예규심사위원회의 심의대상에 해당하는 경우에는 기획재정부장관에게 의견을 첨부하여 해석을 요청하여야 하며, 기획재정부장관의 해석에 이견이 있는 경우에는 그 이유를 붙여 재해석을 요청할 수 있다.

> **참고** 국세예규심사위원회
>
> 1. 다음 각 사항을 심의하기 위하여 기획재정부에 국세예규심사위원회를 둔다.
>   ① 세법의 해석 및 이와 관련되는 「국세기본법」의 해석에 관한 사항
>   ② 「관세법」의 해석 및 이와 관련되는 「자유무역협정의 이행을 위한 관세법의 특례에 관한 법률」 및 「수출용 원재료에 대한 관세 등 환급에 관한 특례법」의 해석에 관한 사항
> 2. 국세예규심사위원회의 위원은 공정한 심의를 기대하기 어려운 사정이 있다고 인정될 때에는 위원회 회의에서 제척되거나 회피하여야 한다.
> 3. 국세예규심사위원회는 다음 사항 중 위원장이 위원회의 회의에 부치는 사항을 심의한다.
>   ① 입법 취지에 따른 해석이 필요한 사항
>   ② 기존의 해석 또는 일반화된 국세 및 관세 행정의 관행을 변경하는 사항
>   ③ 그 밖의 납세자의 권리 및 의무에 중대한 영향을 미치는 사항

기출 Check 08년 7급

11 「국세기본법」상 세법적용의 원칙에 관한 설명으로 옳은 것은?

① 2 이상의 행위 또는 거래를 거치는 방법으로 세법의 혜택을 부당하게 받기 위한 것으로 인정되는 경우에는 그 경제적 실질내용에 따라 연속된 하나의 행위 또는 거래를 한 것으로 보아 세법을 적용한다.
② 납세자가 그 의무를 이행함에 있어서는 신의에 좇아 성실히 하여야 한다. 세무공무원이 그 직무를 수행함에 있어서도 또한 같다.
③ 납세의무자가 세법에 의하여 장부를 비치·기장하고 있는 때에는 당해 국세의 과세표준의 조사와 결정은 그 비치·기장한 장부와 이에 관계되는 증빙자료에 의하여야 한다.
④ 세무공무원이 그 재량에 의하여 직무를 수행함에 있어서는 과세의 형평과 당해 세법의 목적에 비추어 일반적으로 적당하다고 인정되는 한계를 엄수하여야 한다.

6 ④

해설 ① 실질과세의 원칙: 국세부과의 원칙
② 신의성실의 원칙: 국세부과의 원칙
③ 근거과세의 원칙: 국세부과의 원칙
④ 세무공무원 재량의 한계: 세법적용의 원칙

Ⅱ 소급과세의 금지

(1) 입법에 의한 소급과세금지

국세를 납부할 의무가 이미 성립한 소득·수익·재산·행위 또는 거래에 대해서는 그 성립 후의 새로운 세법에 따라 소급하여 과세하지 아니한다. 이는 조세법의 기본원칙인 조세법률주의의 하부원칙이라고 할 수 있다.

(2) 행정상의 소급과세금지

세법의 해석이나 국세행정의 관행이 일반적으로 납세자에게 받아들여진 후에는 그 해석이나 관행에 의한 행위 또는 계산은 정당한 것으로 보며, 새로운 해석이나 관행에 의하여 소급하여 과세되지 아니한다. 이는 신의성실의 원칙을 보다 구체화한 것이라고 할 수 있다.

(3) 소급과세의 추가 고려사항

① 이미 성립한 납세의무에 대해서 그 이후의 새로운 법령이나 해석에 의해 소급하여 과세(진정소급)하는 것은 허용되지 않지만, **과세기간 중에 세법이 개정된 경우에 과세기간 개시일로 소급하여 과세(부진정소급)하는 것은 허용된다.**

> **참고** 소급과세 여부의 판정시점 : 납세의무의 성립일 기준
>
> - 이미 성립된 납세의무 : 소급 ×
> - 아직 성립되지 않은 납세의무 : 소급가능

② 소급과세의 금지는 소급과세로 인하여 납세자에게 불이익이 초래되는 것을 방지하는데 그 목적이 있으므로 납세자에게 유리한 소급효는 인정된다는 것이 통설이다.

Ⅲ 세무공무원의 재량의 한계

세무공무원이 재량으로 직무를 수행할 때에는 과세의 형평과 해당 세법의 목적에 비추어 일반적으로 적당하다고 인정되는 한계를 엄수하여야 한다.

Ⅳ 기업회계의 존중

세무공무원이 국세의 과세표준을 조사·결정할 때에는 해당 납세의무자가 계속하여 적용하고 있는 기업회계의 기준 또는 관행으로서 일반적으로 공정·타당하다고 인정되는 것은 존중하여야 한다. **다만, 세법에 특별한 규정이 있는 것은 그러하지 아니한다**(세법을 우선 적용하고 세법의 규정이 없는 경우에만 기업회계기준 또는 관행을 적용한다).

기출 Check 16년 7급

12 「국세기본법」상 국세부과의 원칙과 세법적용의 원칙에 대한 설명으로 옳지 않은 것은? (다툼이 있는 경우 판례에 의함)

① 국세를 조사·결정할 때 장부의 기록 내용이 사실과 다르거나 장부의 기록에 누락된 것이 있을 때에는 그 부분에 대해서만 정부가 조사한 사실에 따라 결정할 수 있다.
② 과세기간 진행 중 법률의 개정이나 해석의 변경이 있는 경우 이미 진행한 과세기간 분에 대하여 소급과세하는 것은 원칙적으로 허용되지 아니한다.
③ 납세자가 그 의무를 이행할 때에는 신의에 따라 성실하게 하여야 한다. 세무공무원이 직무를 수행할 때에도 또한 같다.
④ 과세의 대상이 되는 소득, 수익, 재산, 행위 또는 거래의 귀속이 명의일 뿐이고 사실상 귀속되는 자가 따로 있을 때에는 사실상 귀속되는 자를 납세의무자로 하여 세법을 적용한다.

답 ②
해설 과세기간 중에 세법이 개정된 경우에 과세기간 개시일로 소급하여 과세(부진정소급)하는 것은 허용된다.

제3절 중장기 조세정책운용계획

I 중장기 조세정책운용계획의 수립

(1) 기획재정부장관은 효율적인 조세정책의 수립과 조세부담의 형평성 제고를 위하여 매년 해당연도부터 5개년도 이상의 기간에 대한 중장기 조세정책운용계획을 수립하여야 한다. 이 경우 중장기 조세정책운용계획은 「국가재정법」에 따른 국가재정운용계획과 연계되어야 한다.

(2) 기획재정부장관은 중장기 조세정책운용계획을 수립할 때에는 관계 중앙관서의 장과 협의하여야 하며, 수립한 중장기 조세정책운용계획을 국회 소관 상임위원회에 보고하여야 한다.

II 중장기 조세정책운용계획의 내용

중장기 조세정책운용계획은 다음 각 사항이 포함되어야 한다.
① 조세정책의 기본방향과 목표
② 주요 세목별 조세정책 방향
③ 비과세·감면제도 운용 방향
④ 조세부담 수준
⑤ 그 밖에 대통령령으로 정하는 사항

CHAPTER 03 납세의무

📌 납세의무의 성립 및 확정

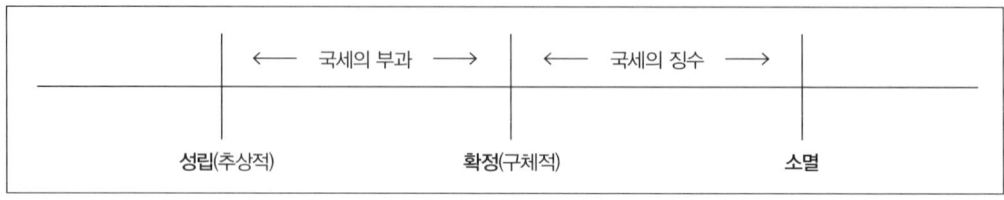

제1절 납세의무의 성립

I 원칙적인 납세의무 성립시기

국세를 납부할 의무는 「국세기본법」 및 세법이 정하는 **과세요건이 충족되면 성립**한다.

구분		납세의무의 성립시기
(1) 기간과세 (과세기간이 정해진 국세)	① 소득세	**과세기간이 끝나는 때** ㉠ 청산소득에 대한 법인세: 그 법인이 해산하는 때 ㉡ 수입재화에 대한 부가가치세: 세관장에게 수입신고를 하는 때
	② 법인세	
	③ 부가가치세	
(2) 수시과세국세 (특정 행위에 대해 부과하는 국세)	① 상속세	상속이 개시되는 때
	② 증여세	증여에 의하여 재산을 취득하는 때
	③ 개별소비세, 주세, 교통·에너지· 환경세	과세물품을 제조장으로 반출하거나 판매장에서 판매하는 때, 과세장소에 입장하거나 과세유흥장소에서 유흥음식행위를 하는 때 또는 영업장소에서 영업행위를 하는 때 ㉢ 수입물품의 경우: 세관장에게 수입신고를 하는 때
	④ 인지세	**과세문서를 작성한 때**
	⑤ 증권거래세	해당 매매거래가 확정되는 때
(3) 보유세	종합부동산세	과세기준일(6월 1일)
(4) 부가세 (본세에 부가 하여 징수하는 국세)	① 교육세	**국세에 부과되는 교육세는 해당 국세의 납세의무가 성립하는 때**(단, 금융·보험업자의 수익금액에 부과되는 교육세는 해당 과세기간이 끝나는 때)
	② 농어촌특별세	본세의 납세의무가 성립하는 때

기출 Check 13년 9급

13 「국세기본법」상 납세의무의 성립시기에 관한 설명으로 옳지 않은 것은?
① 납세조합이 징수하는 소득세와 예정신고납부하는 소득세는 과세표준이 되는 금액이 발생한 달의 말일이 된다.
② 금융·보험업자의 수익금액에 부과되는 교육세는 과세기간이 끝나는 때가 된다.
③ 청산소득에 대한 법인세는 당해 법인이 해산하는 때가 된다.
④ 상속세는 상속신고를 완료하는 때가 된다.

🔑 ④
해설 상속세는 상속을 개시하는 때 납세의무가 성립한다.

단, 가산세의 납세의무 성립시기는 다음과 같다.

구분	성립 시기
(1) 무신고가산세 및 과소신고·초과환급신고가산세	법정신고기한이 경과하는 때
(2) 납부지연가산세 지연이자 부분 및 원천징수 등 납부지연가산세 지연이자 부분(1일 2.2/10,000 과세 부분)	법정납부기한 경과 후 1일마다 그 날이 경과하는 때
(3) 납부지연가산세 체납제재 부분(3% 과세 부분)	납부고지서상 납부기한이 경과하는 때
(4) 원천징수 등 납부지연가산세 체납제재 부분(3% 과세 부분)	법정납부기한이 경과하는 때
(5) 그 밖의 가산세	가산할 국세의 납세의무가 성립하는 때

위의 (2)와 (3)의 경우 출자자의 제2차 납세의무 규정을 적용할 때에는 '법정납부기한이 경과하는 때'를 납세의무 성립시기로 한다.

Ⅱ 예외적인 납세의무 성립시기

구분	성립시기
(1) 원천징수하는 소득세·법인세	소득금액 또는 수입금액을 지급하는 때
(2) 납세조합이 징수하는 소득세와 예정신고납부하는 소득세	그 과세표준이 되는 금액이 발생한 달의 말일
(3) 중간예납하는 소득세·법인세 또는 예정신고기간·예정부과기간에 대한 부가가치세	중간예납기간 또는 예정신고기간·예정부과기간이 끝나는 때
(4) 수시부과하여 징수하는 국세	수시부과할 사유가 발생한 때

제 2 절 ✦ 납세의무의 확정

납세의무의 성립은 과세요건이 충족되면 추상적인 납세의무가 발생하는 것인 반면, 납세의무의 확정은 과세관청이나 납세의무자에 의해 추상적인 납세의무가 구체적인 납세의무로 확정되는 것을 의미한다. 납세의무가 확정되어야 세액을 납부할 수 있다.

Ⅰ 납세의무 확정의 일반적 유형

(1) 정부부과제도

정부(과세관청)의 부과처분에 의하여 납세의무를 확정하는 제도이다. 납세의무의 확정 권한이 과세권자에게 있으므로 해당 국세의 과세표준과 세액을 정부가 **결정**하는 때 그 세액이 확정된다. 정부부과제도의 세목은 결정통지서가 납세의무자에게 도달되는 시점에 확정의 효력이 발생한다.

① 상속세·증여세

상속세·증여세는 정부부과 세목임에도 불구하고 납세의무자가 신고하여야 한다. 다만, **신고를 하였다고 해서 납세의무가 확정되는 것이 아니고** 해당 세목의 특성상 확인해야 할 거래 등이 많기 때문에 납세의무자에게 정부의 결정에 필요한 근거자료 등을 신고를 통해 협력하도록 하는 것이며, 이후 **정부의 결정에 따라 납세의무가 최종 확정**된다.

② 종합부동산세

종합부동산세의 확정시기는 정부가 종합부동산세의 과세표준과 세액을 **결정하는 때**로 한다. 다만, 납세자가 종합부동산세의 과세표준과 세액을 정부에 신고하는 방법을 선택할 수 있기 때문에 **납세자가 이를 신고하는 경우** 확정시기는 **신고하는 때**로 한다.

(2) 신고납세제도

납세의무자의 신고에 의하여 납세의무를 확정하는 제도이다. 다만, 납세의무자가 과세표준과 세액을 신고하지 않거나 신고한 과세표준과 세액이 세법이 정하는 바에 맞지 않은 경우에는 정부가 과세표준과 세액을 결정하거나 경정하는 때에 그 결정 또는 경정에 따라 확정된다. <u>다만, 기한후신고는 해당 국세의 납세의무를 확정시키는 효력이 없다.</u>

구분	신고납세제도	정부부과제도
확정권자	납세의무자	정부(과세관청)
확정절차	과세표준신고서의 제출	정부의 조사결정, 납부고지
확정시기	납세의무자가 과세표준과 세액을 정부에 신고했을 때	과세표준과 세액을 정부가 결정하는 때
적용세목	소득세, 법인세, 부가가치세, 개별소비세, 교통·에너지·환경세, 주세, 증권거래세, 교육세	상속세, 증여세, 종합부동산세 등 신고납세제도 이외의 세목

II 자동확정

다음에 해당하는 국세는 **납세의무가 성립하는 때에 특별한 절차 없이 그 세액이 확정**된다.
① 인지세 ★: 과세문서를 작성하는 때
② 원천징수하는 소득세 또는 법인세 ★: 소득금액 또는 수입금액을 지급하는 때
③ 납세조합이 징수하는 소득세: 그 과세표준이 되는 금액이 발생한 달의 말일
④ 중간예납하는 법인세(세법에 따라 정부가 조사·결정하는 경우는 제외): 중간예납기간이 끝나는 때
⑤ 납부지연가산세 및 원천징수 등 납부지연가산세(납부고지서에 따른 납부기한 후의 가산세로 한정함): 납부고지서에 따른 납부기한이 지난 후 1일마다 그 날이 경과하는 때

기출 Check 21년 9급

14 「국세기본법」상 납세의무가 성립하는 때에 특별한 절차 없이 그 세액이 확정되는 국세만을 모두 고르면?

ㄱ. 예정신고납부하는 소득세
ㄴ. 납세조합이 징수하는 소득세
ㄷ. 중간예납하는 법인세(세법에 따라 정부가 조사·결정하는 경우는 제외한다)
ㄹ. 원천징수 등 납부지연가산세(납부고지서에 따른 납부기한 후의 가산세로 한정한다)
ㅁ. 중간예납하는 소득세
ㅂ. 수시부과하여 징수하는 국세

① ㄱ, ㄴ, ㄷ
② ㄴ, ㄷ, ㄹ
③ ㄷ, ㄹ, ㅁ
④ ㄴ, ㄹ, ㅁ, ㅂ

❻ ②
해설 ㄱ. 예정신고납부하는 소득세는 자동확정 국세에 해당하지 아니한다.

Ⅲ 수정신고 및 경정의 효력

(1) 수정신고의 효력

신고납세제도 국세의 수정신고(과세표준신고서를 법정신고기한까지 제출한 자의 수정신고로 한정한다)는 당초의 신고에 따라 확정된 과세표준과 세액을 **증액하여 확정하는 효력**을 가지며, 이 경우 해당 수정신고는 당초 신고에 따라 확정된 세액에 관한 「국세기본법」 또는 세법에서 규정하는 권리·의무관계에 영향을 미치지 아니한다.

(2) 경정 등의 효력

① 세법에 따라 당초 확정된 세액을 증가시키는 경정은 당초 확정된 세액에 관한 「국세기본법」 또는 세법에서 규정하는 권리·의무관계에 영향을 미치지 아니한다.
② 세법에 따라 당초 확정된 세액을 감소시키는 경정은 그 경정을 통해 감소되는 세액 외의 세액에 관한 「국세기본법」 또는 세법에서 규정하는 권리·의무관계에 영향을 미치지 아니한다.

제3절 납부의무의 소멸

Ⅰ 납부의무의 소멸사유

납부의무의 소멸사유		내용
(1) 납부의무가 실현되어 소멸	① 납부	세액을 국고에 납입하는 것
	② 충당	납부할 세액을 국세환급금과 상계하거나 강제징수절차에 의한 공매대금으로 체납세액에 충당하는 것
(2) 납부의무가 미실현상태에서 소멸	③ 부과취소	유효하게 성립한 부과처분에 대하여 그 성립에 하자가 있음을 이유로 당초 부과시점으로 소급하여 그 처분의 효력을 상실시키는 것
	④ 국세의 부과제척기간 만료	정부가 결정·경정 등을 통하여 국세를 부과할 수 있는 권리의 행사가능기간이 만료하는 것
	⑤ 국세징수권 소멸시효 완성	정부가 고지·독촉 등을 통하여 국세를 징수할 수 있는 권리를 일정 기간 행사하지 않음으로써 그 권리가 소멸하는 것

① "납부"라 함은 당해 납세의무자는 물론 연대납세의무자, 제2차 납세의무자, 납세보증인, 물적납세의무자 및 기타 이해관계가 있는 제3자 등에 의한 납부를 말한다. 납부는 금전납부가 원칙이지만 상속세의 경우에는 물납도 인정된다.
② **결손처분**(일정한 사유로 조세를 징수할 수 없다고 인정되는 경우에 과세관청에서 그 조세채권을 소멸시키는 것)과 **부과철회**(납부고지서 등을 송달할 수 없는 경우에 부과결정을 철회하는 것)는 납부의무의 소멸사유가 아니다. 따라서 결손처분이나 부과철회 후에도 납세자의 재산이나 행방을 발견한 때에는 지체없이 부과·징수의 절차를 밟을 수 있다.

기출 Check 20년 9급

15 국세를 납부할 의무의 확정 또는 그 관련 쟁점에 대한 설명으로 옳은 것은?

① 기한후신고는 과세표준과 세액을 확정하는 효력을 가진다.
② 세법에 따라 당초 확정된 세액을 증가시키는 경정은 당초 확정된 세액에 관한 「국세기본법」 및 기타 세법에서 규정하는 권리·의무관계에 영향을 미치지 아니한다.
③ 과세표준신고서를 법정신고기한까지 제출한 자가 수정신고를 하는 경우, 당해 수정신고에는 당초의 신고에 따라 확정된 과세표준과 세액을 증액하여 확정하는 효력이 인정되지 아니한다.
④ 상속세는 상속이 개시되는 때, 증여세는 증여에 의하여 재산을 취득하는 때에 각각 납세의무가 성립하고, 「상속세 및 증여세법」에 따라 납부의무가 있는 자가 신고하는 때에 확정된다.

답 ②
해설 ① 기한후신고는 과세표준과 세액을 확정시키는 효력이 없다.
③ 당해 수정신고에는 당초의 신고에 따라 확정된 과세표준과 세액을 증액하여 확정하는 효력을 가진다.
④ 상속세 및 증여세는 납세의무자의 신고만으로 세액을 확정하는 효력은 없다.

기출 Check 17년 7급

16 「국세기본법」상 국세를 납부할 의무가 소멸되는 사유로 옳지 않은 것은?

① 세무서장이 국세환급금으로 결정한 금액을 체납된 국세에 충당한 때
② 국세를 부과할 수 있는 기간에 국세가 부과되지 아니하고 그 기간이 끝난 때
③ 국세의 부과결정이 철회된 때
④ 국세징수권의 소멸시효가 완성된 때

답 ③
해설 부과철회는 납부의무의 소멸사유가 아니다. 부과철회 후에도 납세자의 재산이나 행방을 발견한 때에는 지체없이 부과·징수의 절차를 밟을 수 있다.

II 국세의 부과제척기간

(1) 일반적인 부과제척기간

국세를 부과할 수 있는 기간("부과제척기간")은 국세를 부과할 수 있는 날부터 다음에 제시된 기간으로 한다.

① 일반 세목

내용	제척기간
㉠ 일반적인 경우[2]	5년(역외거래[1] 7년)
㉡ 법정신고기한까지 과세표준신고서를 제출하지 않은 경우[2]	7년(역외거래[1] 10년)
㉢ 부정행위로 국세를 포탈하거나 환급·공제받은 경우[3]	10년(역외거래[1] 15년)
㉣ 부정행위로 가산세 부과대상이 될 때 해당 가산세[4]	10년

1) 역외거래는 「국제조세조정에 관한 법률」에 따른 국제거래 및 거래 당사자 양쪽이 거주자(내국법인, 외국법인의 국내사업장 포함)인 거래로서 국외 자산의 매매·임대차, 국외 제공 용역과 관련된 거래를 말한다.
2) 위 ㉠과 ㉡에서 규정한 기간이 끝난 날이 속하는 과세기간 이후의 과세기간에 「법인세법」·「소득세법」에 따라 이월결손금을 공제하는 경우 그 결손금이 발생한 과세기간의 소득세·법인세의 부과제척기간은 이월결손금을 공제한 과세기간의 법정신고기한으로부터 1년으로 한다.
3) **부정행위로 포탈하거나 환급·공제받은 국세가 법인세이면 이와 관련하여 「법인세법」에 따라 소득처분된 금액에 대한 소득세 또는 법인세에 대해서도 10년(역외거래에서의 부정행위인 경우는 15년)의 제척기간을 적용한다.**
4) 해당 가산세는 「소득세법」, 「법인세법」, 「부가가치세법」상의 계산서·세금계산서 등 불성실 가산세(계산서·세금계산서 등의 미발급, 거래 없이 가공발급·수취, 다른 사업자의 명의로 허위 발급·수취)를 말한다.
5) 세액공제액을 부과제척기간 만료 이후 이월하여 공제하는 경우 해당 세액공제액 관련 부과제척기간은 이월공제한 과세기간으로부터 1년으로 한다.

> **참고** 부정행위(사기나 그 밖의 부정한 행위)
>
> 다음 중 어느 하나에 해당하는 행위로서 조세의 부과와 징수를 불가능하게 하거나 현저히 곤란하게 하는 적극적 행위를 말한다.
> 1. 이중장부의 작성 등 장부의 거짓 기장
> 2. 거짓 증빙 또는 거짓 문서의 작성 및 수취
> 3. 장부와 기록의 파기
> 4. 재산의 은닉, 소득·수익·행위·거래의 조작 또는 은폐
> 5. 고의적인 장부 미작성 또는 계산서·세금계산서 및 그 합계표의 조작
> 6. 전사적 기업자원 관리설비의 조작 또는 전자세금계산서의 조작
> 7. 그 밖에 위계에 의한 행위 또는 부정한 행위

② 상속세 및 증여세

내용	제척기간
㉠ 일반적인 경우	10년
㉡ 부정행위로 상속세·증여세를 포탈하거나 환급·공제받은 경우	15년
㉢ 과세표준신고서를 제출하지 않은 경우	
㉣ 과세표준신고서를 제출한 자가 거짓신고 또는 누락신고한 경우 (거짓신고 또는 누락신고한 부분*만 해당함)	

* 거짓신고 또는 누락신고한 경우란 다음 중 어느 하나의 경우를 말한다.
  ⓐ 상속·증여재산가액에서 가공의 채무를 공제하여 신고한 경우
  ⓑ 권리의 이전이나 그 행사에 등기 등(등기, 등록, 명의개서 등)이 필요한 재산을 상속인 또는 수증자의 명의로 등기 등을 하지 않은 경우로서 그 재산을 상속·증여재산의 신고에서 누락한 경우
  ⓒ 예금, 주식, 채권, 보험금 그 밖의 금융자산을 상속·증여재산의 신고에서 누락한 경우

단, **부담부증여**에 따라 증여세와 함께 양도소득세에 대한 소득세가 과세되는 경우 그 **소득세의 부과제척기간은 증여세에 대하여 정한 기간**을 따른다.

(2) 특례 부과제척기간

① 상속세·증여세의 특례 부과제척기간

납세자가 **부정행위**로 상속세·증여세를 포탈하는 경우로서 다음 중 어느 하나에 해당하는 경우 과세관청은 일반적 부과제척기간에도 불구하고 <u>해당 재산의 상속 또는 증여가 있음을 안 날부터 1년 이내에</u> 상속세 및 증여세를 부과할 수 있다.

다만, 상속인이나 증여자 및 수증자가 사망한 경우와 포탈세액 산출의 기준이 되는 재산가액(다음 각 항목의 재산 합계액을 말한다)이 **50억 원 이하**인 경우에는 그러하지 아니하다.
㉠ **제3자의 명의**로 되어 있는 피상속인 또는 증여자의 재산을 상속인이나 수증자가 취득한 경우
㉡ 계약에 따라 피상속인이 취득할 재산이 **계약이행기간에 상속이 개시**됨으로써 등기·등록·명의개서가 이루어지지 아니하고 상속인이 취득한 경우
㉢ **국외에 있는 상속재산이나 증여재산**을 상속인이나 수증자가 취득한 경우
㉣ **등기·등록·명의개서가 필요하지 아니한** 유가증권·서화·골동품 등의 상속재산 또는 증여재산을 상속인이나 수증자가 취득한 경우
㉤ 수증자의 명의로 되어 있는 증여자의 금융자산(**차명계좌**)을 수증자가 보유하고 있거나 사용·수익한 경우
㉥ 비거주자인 피상속인의 국내재산을 상속인이 취득한 경우
㉦ 명의신탁재산의 증여의제에 해당하는 경우
㉧ 상속재산 또는 증여재산인「특정 금융거래정보의 보고 및 이용 등에 관한 법률」에 따른 가상자산을 같은 법에 따른 가상자산사업자(같은 법 제7조에 따라 신고가 수리된 자로 한정한다)를 통하지 아니하고 상속인이나 수증자가 취득한 경우
  예 해외거래소 또는 개인간 거래(P2P) 등의 방법

기출 Check 15년 9급

17 「국세기본법」상 국세 부과의 제척기간에 대한 설명으로 옳지 않은 것은?
① 법정신고기한까지 소득세 과세표준신고서를 제출하지 아니한 경우에는 소득세를 부과할 수 있는 날부터 7년간을 부과의 제척기간으로 한다.
② 이중장부의 작성에 의하여 소득세를 포탈한 경우에는 소득세를 부과할 수 있는 날부터 10년간을 부과의 제척기간으로 한다.
③ 사기나 그 밖의 부정행위로 법인세를 포탈한 경우「법인세법」제67조에 따라 처분된 금액에 대한 소득세에 대해서도 그 소득세를 부과할 수 있는 날부터 10년간을 부과의 제척기간으로 한다.
④ 「민사소송법」에 따른 민사소송에서 명의대여 사실이 확인되는 경우에는 그 판결이 확정된 날부터 1년 이내에 언제든지 명의대여자에 대한 부과처분을 취소하고 실제로 사업을 경영한 자에게 경정결정이나 그 밖에 필요한 처분을 할 수 있다.

6 ④
[해설] 조세쟁송에 대한 결정 또는 판결에 의하여 명의대여 사실이 확인되는 경우 당초의 부과처분을 취소하고 그 결정 또는 판결이 확정된 날부터 1년 이내에 실제로 사업을 경영한 자에게 경정이나 그 밖에 필요한 처분을 할 수 있다.

② 조세쟁송 등으로 인한 특례 부과제척기간

일반적 부과제척기간에 불구하고 다음 각 경우의 구분에 따른 기간이 지나기 전까지 경정결정이나 그 밖에 필요한 처분을 할 수 있다.

㉠ 「국세기본법」에 의한 불복청구, 「감사원법」에 의한 심사청구 또는 「행정소송법」에 따른 소송에 대한 결정이나 판결이 확정된 경우: **결정 또는 판결이 확정된 날부터 1년**

㉡ 위 ㉠의 결정이나 판결이 확정됨에 따라 그 결정 또는 판결의 대상이 된 과세표준 또는 세액과 연동된 다른 세목(같은 과세기간으로 한정한다)이나 연동된 다른 과세기간(같은 세목으로 한정한다)의 과세표준 또는 세액의 조정이 필요한 경우: 결정 또는 판결이 확정된 날부터 1년

㉢ 「형사소송법」에 따른 소송에 대한 판결이 확정되어 「소득세법」상 뇌물 또는 알선수재 및 배임수재에 의하여 받는 금품의 소득이 발생한 것으로 확인된 경우: 판결이 확정된 날부터 1년

㉣ 조세조약에 부합하지 아니하는 과세의 원인이 되는 조치가 있는 경우 그 조치가 있음을 안 날부터 3년 이내(조세조약에서 따로 규정하는 경우에는 그에 따른다)에 그 조세조약의 규정에 따른 상호합의가 신청된 것으로서 그에 대하여 상호합의가 이루어진 경우: **상호합의 절차의 종료일부터 1년**

㉤ 다음에 해당하는 경정청구·조정권고가 있는 경우: 경정청구일·조정권고일부터 **2개월**
  ⓐ 「국세기본법」에 따른 경정청구
  ⓑ 「국제조세조정에 관한 법률」에 따라 간주배당에 대해 외국납부세액공제를 소급 적용 받기 위한 경정청구
  ⓒ 「국제조세조정에 관한 법률」에 따라 국세의 정상가격과 관세의 과세가격 간 조정을 위한 경정청구 및 이에 대한 조정권고

㉥ 위 ㉤의 경정청구·조정권고가 있는 경우 그 경정청구·조정권고의 대상이 된 과세표준 또는 세액과 연동된 다른 과세기간의 과세표준 또는 세액의 조정이 필요한 경우: 해당 경정청구일·조정권고일부터 2개월

㉦ 최초의 신고·결정 또는 경정에서 과세표준 및 세액의 계산 근거가 된 거래 또는 행위 등이 그 거래·행위 등과 관련된 소송에 대한 판결(판결과 같은 효력을 가지는 화해나 그 밖의 행위 포함)에 의하여 다른 것으로 확정된 경우: **판결이 확정된 날부터 1년**

㉧ 역외거래와 관련하여 일반적 부과제척기간이 지나기 전에 「국제조세조정에 관한 법률」에 따라 조세의 부과와 징수에 필요한 조세정보를 외국의 권한 있는 당국에 요청하여 조세정보를 요청한 날부터 2년이 지나기 전까지 조세정보를 받은 경우: 조세정보를 받은 날부터 1년

㉨ 「국제조세조정에 관한 법률」에 따른 국가별 실효세율이 변경된 경우: 국가별 실효세율의 변경이 있음을 안 날부터 1년

③ 실질과세 관련 특례 부과제척기간

일반적 부과제척기간에 불구하고 「국세기본법」에 의한 불복청구, 「감사원법」에 의한 심사청구 또는 행정소송에 대한 결정 또는 판결에 의하여 다음 중 어느 하나에 해당하게 된 경우에는 당초의 부과처분을 취소하고 그 **결정 또는 판결이 확정된 날부터 1년 이내**에 다음 구분에 따른 자에게 경정이나 그 밖에 필요한 처분을 할 수 있다.

기출 Check 23년 7급

18 국세기본법령상 국세 부과제척기간에 대한 설명으로 옳지 않은 것은?

① 과세표준과 세액을 신고하는 국세(「종합부동산세법」에 따라 신고하는 종합부동산세는 제외)의 경우 해당 국세의 과세표준 신고기한의 다음 날을 국세 부과제척기간의 기산일로 한다. 이 경우 중간예납·예정신고기한과 수정신고기한은 과세표준 신고기한에 포함된다.

② 경정청구가 있는 경우 원칙적인 부과제척기간에도 불구하고 지방국세청장 또는 세무서장은 경정청구일부터 2개월이 지나기 전까지 해당 경정청구에 따라 경정이나 그 밖에 필요한 처분을 할 수 있다.

③ 소득공제를 받은 금액에 상당하는 세액을 의무불이행으로 인하여 징수하는 경우 국세 부과제척기간의 기산일은 해당 공제세액을 징수할 수 있는 사유가 발생한 날로 한다.

④ 상속세 및 증여세의 납세의무자가 해당 세액에 대한 연부연납을 신청하더라도 그 부과제척기간은 정지되지 않는다.

6 ①
해설 과세표준과 세액을 신고하는 국세(종합부동산세법에 따라 신고하는 종합부동산세는 제외)의 경우 해당 국세의 과세표준과 세액에 대한 신고기한 또는 신고서 제출기한(이하 "과세표준신고기한"이라 한다)의 다음 날을 국세 부과제척기간의 기산일로 한다. 이 경우 중간예납·예정신고기한과 수정신고기한은 과세표준신고기한에 포함되지 아니한다.

㉠ 명의대여 사실이 확인된 경우: 실제로 사업을 경영한 자
㉡ 과세의 대상이 되는 재산의 귀속이 명의일 뿐이고 사실상 귀속되는 자가 따로 있다는 사실이 확인된 경우: 재산의 사실상 귀속자
㉢ 「소득세법」 및 「법인세법」에 따른 국내원천소득의 실질귀속자가 확인된 경우: 국내원천소득의 실질귀속자 또는 「소득세법」 및 「법인세법」에 따른 원천징수의무자

(3) 부과제척기간의 기산일

	구분	부과제척기간의 기산일
원칙	과세표준과 세액을 신고하는 국세(종합부동산세 제외)	과세표준신고기한 또는 신고서 제출기한의 **다음날**
	종합부동산세·인지세	**납세의무 성립일**
예외	원천징수의무자 또는 납세조합에 대하여 부하는 국세	당해 원천징수액 또는 납세조합징수액 법정납부기한의 **다음날**
	과세표준신고기한 또는 법정납부기한이 연장되는 경우	그 연장된 기한의 다음날
	공제·면제·비과세 또는 낮은 세율의 적용 등에 따른 세액을 의무불이행 등의 사유로 징수하는 경우	공제·면제·비과세 또는 낮은 세율을 적용받은 국세를 징수할 수 있는 사유가 발생한 날

① 과세표준과 세액을 신고하는 국세란 신고에 의해 납세의무가 확정되는 국세뿐만 아니라 과세표준신고의무가 부여된 모든 국세를 말한다.
② 과세표준과 세액을 신고하는 국세의 부과제척기간 기산일인 과세표준신고기한의 다음날은 당해 국세의 정기분 과세표준과 세액에 대한 **확정신고기한의 다음날**을 말한다. 따라서 **중간예납·예정신고 및 수정신고기한의 다음날은 부과제척기간의 기산일이 될 수 없다.**
③ 종합부동산세는 예외적으로 신고납부를 신청할 수 있으나 부과징수방법과의 과세형평을 위하여 제척기간의 기산일은 신고여부에도 불구하고 납세의무 성립일로 한다.

(4) 국세의 부과제척기간 만료의 효과

① 국세의 부과제척기간이 만료되면 국세부과권은 **미래를 향하여 소멸**된다. 따라서 국가는 부과제척기간 만료일 이후에는 더 이상 결정·경정결정·재경정결정·부과취소를 할 수 없다.
② 부과제척기간이 만료되면 납세의무는 확정 없이 소멸되므로 결손처분절차를 필요로 하지는 않는다.
③ 제척기간은 **중단과 정지가 인정되지 않는다.**
④ 부과제척기간의 만료는 납세자의 신청 없이도 당연히 소멸한다.

Ⅲ 국세징수권의 소멸시효

(1) 국세징수권의 소멸시효

① 국세의 징수를 목적으로 하는 국가의 권리("국세징수권")는 이를 **행사할 수 있는 때부터 5년(5억 원* 이상의 국세는 10년)간 행사하지 않으면 소멸시효가 완성된다.** <u>국세징수권의 소멸시효는 국세의 부과제척기간과는 달리 각 세목별 차이는 없으며 특례기간도 존재하지 않는다.</u>

* 5억 원은 가산세를 제외한 금액으로 한다.

② 소멸시효에 관하여는 「국세기본법」 또는 세법에 특별한 규정이 있는 것을 제외하고는 「민법」에 따른다.

(2) 소멸시효의 기산일

국세징수권은 납세의무가 확정되어야 행사할 수 있다.

구분		소멸시효의 기산일
① 원칙	㉠ 과세표준과 세액의 신고에 의하여 납세의무가 확정되는 국세의 경우 신고한 세액	그 법정 신고납부기한의 다음날
	㉡ 과세표준과 세액을 정부가 결정·경정·수시부과결정하는 경우 납부고지한 세액	그 고지에 따른 납부기한의 다음날
② 예외	㉢ 원천징수의무자 또는 납세조합으로부터 징수하는 국세의 경우 납부고지한 원천징수세액 또는 납세조합징수세액	그 고지에 따른 납부기한의 다음날
	㉣ 인지세의 경우 납부고지한 인지세액	
	㉤ 위 ㉠의 법정 신고납부기한이 연장되는 경우	그 연장된 기한의 다음날

① 신고납세제도를 채택하고 있는 세목의 경우에는 위 ㉠을 적용하며, 정부부과제도를 채택하고 있는 세목의 경우에는 위 ㉡을 적용한다.

② 신고납세제도를 채택하고 있는 세목이라 하더라도 **무신고 또는 과소신고에 따라 정부가 과세표준과 세액을 결정·경정·수시부과결정하여 고지한 경우에는 위 ㉡을 적용한다.**

기출 Check   11년 9급

19 「국세기본법」상 국세부과 제척기간과 국세징수권 소멸시효에 대한 설명으로 옳지 않은 것은?

① 국세부과의 제척기간이란 국세부과권의 법정존속기간을 말하며, 국세징수권의 소멸시효란 국가가 징수권을 일정기간 행사하지 아니하면 당해 권리를 소멸시키는 제도를 말한다.
② 국세부과의 제척기간이 만료된 경우와 국세징수권이 소멸시효의 완성에 의하여 소멸하는 경우 형식상 결손처분을 거치게 된다.
③ 국세징수권 소멸시효의 중단사유는 납부고지·독촉·교부청구·압류가 있다.
④ 국세징수권의 소멸시효는 분납기간, 징수유예기간, 체납처분유예기간, 연부연납기간 또는 세무공무원이 「국세징수법」에 따른 사해행위취소의 소를 제기하여 그 소송이 진행 중인 기간에는 진행되지 아니한다.

ㅂ ②

해설 국세부과의 제척기간이 만료된 경우는 부과권 자체를 행사하지 못하였으므로 결손처분절차를 필요로 하지 않으나, 국세징수권은 소멸시효 완성시 형식상 결손처분이 필요하다.

(3) 소멸시효의 중단과 정지

소멸시효에는 부과제척기간과 달리 중단이나 정지제도가 존재한다.

구분	소멸시효의 중단	소멸시효의 정지
의미	권리행사로 볼 수 있는 사실이 있는 경우에 이미 경과한 시효기간의 효력을 상실시키는 제도	일정기간 동안 시효의 완성을 유예하는 제도
사유	① 납부고지 ② 독촉 ③ 교부청구 ④ 압류	① 세법에 따른 **분납기간** ② 세법에 따른 납부고지의 유예, 지정납부기한·독촉장에서 정하는 기한의 **연장, 징수 유예기간** ③ 세법에 따른 압류·매각의 **유예기간** ④ 세법에 따른 **연부연납기간** ⑤ 세무공무원이 「국세징수법」에 따른 사해행위취소 소송이나 「민법」에 따른 채권자대위 소송을 제기하여 그 **소송이 진행 중인 기간*** ⑥ 체납자가 국외에 **6개월 이상** 계속 체류하는 경우 해당 **국외 체류기간**
효과	중단된 소멸시효는 고지한 납부기한, 독촉에 의한 납부기한, 교부청구 중의 기간, 압류해제까지의 기간이 지난 때로부터 **새로** 진행한다.	소멸시효가 정지된 경우에는 이미 진행한 소멸시효가 효력을 잃어버리지 않고 정지의 사유가 종료한 후 잔여기간만의 진행에 의해 **시효가 완성**된다.

* 사해행위 취소소송 또는 채권자대위 소송의 제기로 인한 시효정지의 효력은 <u>소송이 각하·기각 또는 취하된 경우에는 효력이 없다.</u>

(4) 국세징수권의 소멸시효완성의 효과

국세징수권의 소멸시효가 완성되면 기산일에 소급하여 **징수권이 소멸**된다. 이 경우 **국세**를 포함하여 시효기간 중에 발생한 당해 국세에 대한 강제징수비 및 이자상당세액도 동반 **소멸된다**. 납세의무가 확정된 후 소멸되는 것이므로 **형식상 결손처분절차**가 필요하다.

📖 핵심정리

구분	국세의 부과제척기간	국세징수권 소멸시효
1. 개념	국세부과권(형성권)의 존속기간	국세징수권(청구권)의 불행사기간
2. 기간	5년, 7년, 10년, 15년, 특례	5년, 10년
3. 기산일	국세를 부과할 수 있는 날	국세징수권을 행사할 수 있는 날
4. 중단과 정지제도	없음	있음
5. 기간만료의 효과	미래를 향해 부과권 소멸 (소급효가 없음)	기산일로 소급하여 징수권 소멸 (소급효가 있음)
6. 결손처분절차	불필요함	필요함
7. 시효의 이익포기	불가함	
8. 납세자의 원용	불필요함	

CHAPTER 04 납세의무의 확장

기출 Check 16년 7급

20 「국세기본법」상 납세의무의 승계에 대한 설명으로 옳지 않은 것은?

① 법인이 합병한 경우 합병 후 존속하는 법인은 합병으로 소멸된 법인이 납부할 국세 및 강제징수비에 대하여 납부할 의무를 진다.
② 상속이 개시된 때에 그 상속인은 피상속인이 납부할 국세 및 강제징수비를 상속으로 받은 재산의 한도에서 납부할 의무를 진다.
③ 피상속인에게 한 처분은 상속으로 인한 납세의무를 승계하는 상속인에 대해서도 효력이 있다.
④ 상속으로 납세의무를 승계함에 있어서 상속인이 2명 이상일 때에는 각 상속인은 피상속인이 납부할 국세 및 강제징수비를 상속분에 따라 나누어 계산하여 상속으로 받은 재산의 한도에서 분할하여 납부할 의무를 진다.

6 ④
해설 상속인 등이 2명 이상일 때에는 각 상속인은 피상속인에게 부과되거나 그 피상속인이 납부할 국세 및 강제징수비를 각자의 상속분에 따라 나누어 계산한 국세 및 강제징수비를 상속으로 받은 재산의 한도에서 연대하여 납부할 의무를 진다.

제1절 납세의무의 승계

납세의무의 승계란 본래의 납세자의 납세의무가 일정한 사유로 인하여 다른 자에게 이전되는 것을 말한다. 납세의무의 승계는 당사자의 의사와 무관하게 법정 요건이 충족되면 별도의 처분이나 행위가 없이도 승계된다.

구분	법인의 합병으로 인한 납세의무의 승계	상속으로 인한 납세의무의 승계
대상	피합병법인에 부과되거나 그 법인이 납부할 국세 및 강제징수비	피상속인에게 부과되거나 그 피상속인이 납부할 국세 및 강제징수비
승계인	합병법인	상속인(수유자 포함) 또는 상속재산관리인
한도	한도없이 전액 승계	상속으로 받은 재산 (= 상속자산총액 − 부채총액 − 상속세)
범위	납세의무가 성립된 국세는 그 확정여부에 관계없이 모두 승계	

I 법인의 합병으로 인한 납세의무의 승계

(1) 법인이 합병한 경우 합병 후 존속하는 법인 또는 합병으로 설립된 법인은 합병으로 소멸된 법인(피합병법인)에 부과되거나 그 법인이 납부할 국세 및 강제징수비를 납부할 의무가 있다.

(2) **성립된 국세**

납세의무의 확정 여부와 관계없이 성립된 국세는 모두 승계된다.

(3) 승계되는 국세는 별도의 한도가 없으며 피합병법인의 국세 등을 전액 승계한다.

II 상속으로 인한 납세의무의 승계

(1) **납세의무 승계자**

상속이 개시된 때에 그 상속인(수유자 포함) 또는 상속재산관리인은 피상속인에게 부과되거나 납부할 국세 및 강제징수비를 납부할 의무를 진다.

(2) **승계되는 국세**

성립 또는 확정된 국세 등을 모두 포함한다.

(3) **승계한도**

상속인은 피상속인의 국세 및 강제징수비를 상속으로 받은 재산의 한도에서 납부할 의무를 진다. 상속으로 받은 재산은 상속으로 받은 자산총액에서 부채총액과 상속세를 차감한 가액을 말하며, 자산총액과 부채총액의 가액은 「상속세 및 증여세법」의 규정을 준용하여 평가한다.

(4) 기타 고려사항

① 납세의무 승계를 회피하고자 피상속인이 상속인을 수익자로 하는 보험계약을 체결하고 상속인은 「민법」에 따라 상속을 포기한 것으로 인정되는 경우로서 **상속포기자가 사망보험금을 받는 때에는 상속포기자를 상속인으로 보고, 보험금을 상속재산으로 보아 납세의무 승계 규정을 적용**한다.

② **상속인 등이 2명 이상**일 때에는 각 상속인은 피상속인에게 부과되거나 그 피상속인이 납부할 국세 및 강제징수비를 각자의 **상속분에 따라 나누어 계산한 국세 및 강제징수비를 상속으로 받은 재산의 한도에서 연대하여 납부할 의무를 진다.**

㉠ 대표자 신고: 각 상속인은 그들 중에서 피상속인의 국세 및 강제징수비를 납부할 대표자를 정하여 상속개시일부터 30일 이내에 관할 세무서장에게 신고하여야 하며, 신고가 없을 경우 세무서장은 상속인 중 1명을 대표자로 지정할 수 있다.

㉡ 상속인의 존재 여부가 불분명한 경우: 상속인의 존재가 불분명한 경우 상속인에게 해야 하는 납부의 고지·독촉이나 그 밖에 필요한 사항은 상속재산관리인에게 한다. 상속재산관리인도 없는 경우에는 세무서장은 상속개시지를 관할하는 법원에 상속재산관리인의 선임을 청구할 수 있다.

㉢ 피상속인에게 한 처분 또는 절차는 상속으로 인한 납세의무를 승계하는 상속인이나 상속재산관리인에 대해서도 효력이 있다.

제2절 | 연대납세의무

I 연대납세의무의 개요

연대납세의무란 여러 명의 납세의무자가 납세의무 전부를 각자 이행할 의무가 있고, 그 중 어느 한 납세의무자가 납세의무를 이행하는 경우 다른 납세의무자의 납세의무도 소멸하는 형태의 납세의무를 말한다. 「국세기본법」 또는 세법에 따라 국세 및 강제징수비를 연대하여 납부할 의무에 관하여는 「민법」의 규정을 준용한다.

> **참고** 연대납세의무에 관한 「민법」의 준용
>
> 1. **각 연대납세의무자에 대한 이행청구**: 국가는 어느 연대납세의무자에 대하여 또는 모든 연대납세의무자에 대하여 납세의무의 전부나 일부의 이행을 청구할 수 있다.
> 2. **효력의 상대성**: 어느 연대납세의무자에 관한 사항은 다른 연대납세의무자에게 효력이 없으며 따라서 어느 연대납세의무자에 대한 법률행위의 무효나 취소의 원인은 다른 연대납세의무자의 납세의무에 영향을 미치지 아니한다.
> 3. **절대적 효력**: 효력의 상대성에도 불구하고 다음의 경우에는 절대적 효력이 있다.
>   ① 이행청구의 절대적 효력: 어느 연대납세의무자에 대한 이행청구는 다른 연대납세의무자에게도 효력이 있다. 단, 납부의 고지와 독촉에 관한 서류는 연대납세의무자 모두에게 각각 송달하여야 한다.
>   ② 면제의 절대적 효력: 어느 연대납세의무자에 대한 납세의무 면제는 그 연대납세의무자의 부담부분에 한하여 다른 연대납세의무자의 이익을 위하여 효력이 있다.
>   ③ 소멸시효의 절대적 효력: **어느 연대납세의무자에 대하여 소멸시효가 완성된 때에는 그 부담부분에 한하여 다른 연대납세의무자도 납세의무를 면한다.**
> 4. **구상권**: 어느 연대납세의무자의 변제 기타 자기의 출재로 인해 모든 연대납세의무자가 납세의무를 면하게 된 때에는 다른 연대납세의무자의 부담부분에 대하여 구상권을 행사할 수 있다.

기출 Check 11년 9급

21 「국세기본법」상 연대납세의무에 대한 설명으로 옳지 않은 것은?

① 공유물 및 공동사업에 관계되는 국세 및 강제징수비는 공유자 또는 공동사업자가 연대하여 납부할 의무를 진다.

② 법인이 분할되는 경우 분할되는 법인에 대하여 분할일 이전에 부과되거나 납세의무가 성립한 국세는 분할되는 법인과 분할로 설립되는 법인 및 존속하는 분할합병의 상대방 법인이 연대하여 납부할 책임을 진다.

③ 연대납세의 고지와 독촉에 관한 서류는 그 대표자를 명의인으로 하여 송달하여야 한다.

④ 연대납세의 고지의 효력이 어느 연대납세의무자 1인에 대하여 발생한 경우 나머지 연대납세의무자 전원에 대해 그 효력이 미친다.

6 ③
해설 연대납세의 고지와 독촉에 관한 서류는 연대납세의무자 모두에게 각각 송달하여야 한다.

Ⅱ 연대납세의무의 내용

(1) 공유물·공동사업 등에 관한 연대납세의무

공유물·공동사업 또는 그 공동사업에 속하는 재산과 관계되는 국세 및 강제징수비는 그 공유자 또는 공동사업자가 연대하여 납부할 의무를 진다.

> **참고** 예외:「소득세법」의 공동사업과세
>
> 「소득세법」은 공동사업의 경우 각 거주자별로 납세의무를 부담하는 것으로 규정하고 있으므로 공동사업자에게 소득세를 과세하는 경우 그 구성원간 연대납세의무는 존재하지 않는다.

(2) 분할·분할합병에 관한 연대납세의무

구분	불완전 분할	완전 분할
대상	분할등기일 이전에 분할법인에 부과되거나 납세의무가 성립한 국세 및 강제징수비	분할법인에 부과되거나 분할법인이 납부하여야 할 국세 및 강제징수비
연대납세의무자	① 분할법인 ② 분할신설법인 ③ 분할합병의 상대방법인	① 분할신설법인 ② 분할합병의 상대방법인
한도	분할로 승계된 재산가액	분할로 승계된 재산가액

(3)「채무자 회생 및 파산에 관한 법률」에 따른 신회사의 연대납세의무

법인이「채무자 회생 및 파산에 관한 법률」에 따라 신회사를 설립하는 경우 기존의 법인에 부과되거나 납세의무가 성립한 국세 및 강제징수비는 신회사가 연대하여 납부할 의무를 진다.

> **참고** 「국세기본법」 및 개별세법에 규정되어 있는 연대납세의무 사례
>
> 1. 「국세기본법」: 피상속인의 국세 및 강제징수비에 대하여 이를 승계한 공동상속인의 연대납세의무
> 2. 「소득세법」: 공동사업합산과세의 경우 합산대상 공동사업자의 연대납세의무 및 우회양도에 따른 부당행위계산부인에 있어서 증여자와 그의 특수관계인인 양도인의 연대납세의무
> 3. 「법인세법」: 각 연결사업연도의 법인세에 대한 연결법인의 연대납세의무
> 4. 「소득세법」 및 「법인세법」: 법인이 해산한 경우 원천징수하여야 할 법인세·소득세를 징수하지 아니하였거나 징수한 법인세·소득세를 납부하지 아니하고 잔여재산을 분배한 때에 청산인과 잔여재산의 분배를 받은자의 연대납세의무
> 5. 「상속세 및 증여세법」: 공동상속의 경우 상속세에 대한 공동상속인의 연대납세의무 및 특정 경우에 있어서 증여세에 대한 증여자와 수증자의 연대납세의무

제3절 ✦ 제2차 납세의무

I 제2차 납세의무의 특징

제2차 납세의무란 **주된 납세의무자의 재산에 대하여 강제징수를 하여도 징수하여야 할 조세에 부족한 경우 주된 납세의무자와 일정 관계에 있는 제3자에게 보충적으로 납세의무를 부담하게 하는 제도**로서 다음과 같은 특징을 지닌다.

(1) 부종성

제2차 납세의무는 주된 납세의무의 존재를 전제로 성립하고 **주된 납세의무에 관하여 발생한 사유는 제2차 납세의무에도 효력**이 미친다.

(2) 보충성

제2차 납세의무자는 주된 납세의무자의 재산에 강제징수를 하여도 징수할 금액에 부족한 경우 그 **부족분에 대하여만 납부책임**을 진다.

II 제2차 납세의무의 내용

(1) 청산인 등의 제2차 납세의무

구분	내용
요건	법인이 해산하여 청산하는 경우에 그 법인에 부과되거나 그 법인이 납부할 국세 및 강제징수비를 납부하지 아니하고 해산에 의한 잔여재산을 분배하거나 인도하였을 때에 그 법인에 대하여 강제징수를 하여도 징수할 금액에 미치지 못하는 경우
주된 납세의무자	해산된 법인
제2차 납세의무자	① 청산인 ② 잔여재산을 분배·인도받은 자
한도액	① 청산인: 분배·인도한 재산의 가액 ② 잔여재산을 분배·인도받은 자: 각자가 받은 재산의 가액 ⊙ 재산의 가액은 청산 후 남은 재산을 분배·인도한 날 현재의 시가로 한다.
대상국세	확정 불필요

기출 Check 23년 9급

22 국세기본법령상 제2차 납세의무의 한도에 대한 설명으로 옳지 않은 것은?

① 잔여재산을 분배받거나 인도받은 자의 제2차 납세의무는 각자가 받은 재산의 가액을 한도로 한다.
② 과점주주의 제2차 납세의무는 법인의 재산으로 그 법인이 납부할 국세에 충당하여도 부족한 경우, 그 부족한 금액을 법인의 발행주식 총수(의결권이 없는 주식도 포함) 또는 출자총액으로 나눈 금액에 해당 과점주주가 실질적으로 권리를 행사하는 주식 수(의결권이 없는 주식도 포함) 또는 출자액을 곱하여 산출한 금액을 한도로 한다.
③ 법인의 제2차 납세의무는 법인의 자산총액에서 부채총액을 차감한 금액을 발행주식 총액 또는 출자총액으로 나눈 금액에 출자자의 소유주식 금액 또는 출자액을 곱하여 산출한 금액을 한도로 한다.
④ 사업장별로 그 사업에 관한 모든 권리(미수금에 관한 것은 제외한다)와 모든 의무(미지급금에 관한 것은 제외한다)를 포괄적으로 승계한 자로서 양도인과 특수관계인인 자의 제2차 납세의무는 양수한 재산의 가액을 한도로 한다.

6 ②

해설 과점주주의 제2차 납세의무는 법인의 재산으로 그 법인이 납부할 국세에 충당하여도 부족한 경우, 그 부족한 금액에 지분율을 곱하여 산출한 금액을 한도로 한다. 단, 지분율에 의결권 없는 주식은 제외한다.

(2) 출자자의 제2차 납세의무

구분	내용
요건	법인의 재산으로 그 법인에 부과되거나 그 법인이 납부할 국세 및 강제징수비에 충당하여도 부족한 경우
주된 납세의무자	법인(유가증권시장 및 코스닥시장에 주권이 상장된 법인은 제외)
제2차 납세의무자	해당 국세의 납세의무 성립일 현재 ① 무한책임사원 및 ② 과점주주, 과점조합원
한도액	① 무한책임사원 : 부족한 금액 전액 ② 과점주주 : 부족한 금액 × 지분율(의결권 없는 주식은 제외)
대상국세	확정 불필요

① 무한책임사원
　합명회사의 사원 또는 합자회사의 무한책임사원을 말한다.

② 과점주주
　주주 또는 유한책임사원 1인과 그의 특수관계인으로서 그들의 소유주식(또는 출자액) 합계가 해당 법인의 발행주식총수(또는 출자총액)의 50%를 초과하면서 법인의 경영에 지배적인 영향력을 행사하는 자를 말한다. 50% 초과 여부 판단시 의결권이 없는 주식은 제외한다. 이때 주주들 사이에 특수관계가 없다고 하더라도 당사자 개개인을 모두 과점주주로 본다. 과점주주는 그 법인의 운영을 실질적으로 지배하는 위치에 있음을 요하므로 형식상 법인의 주주명부 등에 등재되어 있는 것만으로는 과점주주라고 할 수 없다.
　과점주주는 그 부족한 금액을 그 법인의 발행주식총수(의결권이 없는 주식은 제외) 또는 출자총액으로 나눈 금액에 해당 과점주주가 실질적으로 권리를 행사하는 주식 수(의결권이 없는 주식수 제외) 또는 출자액을 곱하여 산출한 금액을 한도로 한다.

(3) 법인의 제2차 납세의무

납세의무자의 재산이 주식만 남아 이를 납부의무에 충당하려고 하는 경우에 주로 발생한다.

구분	내용
요건	국세(둘 이상의 국세의 경우에는 납부기한이 뒤에 오는 국세)의 **납부기간 만료일 현재 법인의 무한책임사원 또는 과점주주의 재산으로 그들이 납부할 국세 및 강제징수비에 충당하여도 부족한 경우로서 다음 중 어느 하나에 해당하는 경우** ① 정부가 출자자의 소유주식 또는 출자지분을 재공매하거나 수의계약으로 매각하려 하여도 매수희망자가 없는 경우 ② 그 법인이 외국법인인 경우로서 출자자의 소유주식 또는 출자지분이 외국에 있는 재산에 해당하여 「국세징수법」에 따른 압류 등 강제징수가 제한되는 경우 ③ 법률·정관에 의해 출자자의 소유주식·출자지분의 양도가 제한된 경우(이의신청·심사청구·심판청구 또는 행정소송 중이어서 공매할 수 없는 경우는 제외)
주된 납세의무자	① 무한책임사원, ② 과점주주
제2차 납세의무자	해당 국세의 납부기간 만료일 현재 법인 ⊘ 법인은 주권상장여부와 관계없이 **모든 법인**이 해당된다.
한도액	$$법인의\ 순자산가액 \times \frac{출자자의\ 소유주식금액(또는\ 출자금액)}{발행주식총수(또는\ 출자총액)}$$ ⊘ 순자산가액 산정시 자산·부채총액은 해당 국세의 **납부기간 종료일 현재의 시가**로 한다. ⊘ 출자금액과 출자총액에는 의결권 없는 주식을 포함한다.
대상국세	확정된 것에 한한다.

기출 Check 24년 9급

23 「국세기본법」상 제2차 납세의무에 대한 설명으로 옳지 않은 것은?

① 법인이 해산하여 청산하는 경우에 청산인의 제2차 납세의무는 분배하거나 인도한 재산의 가액을 한도로 한다.
② 법인이 해산하여 청산하는 경우에 잔여재산을 분배받거나 인도받은 자의 제2차 납세의무는 각자가 받은 재산의 가액을 한도로 한다.
③ 사업을 양도한 경우에 사업양도인은 양도한 대가를 한도로 제2차 납세의무를 진다.
④ 국세의 납세의무 성립일 현재 합명회사의 사원은 법인의 재산으로 그 법인에 부과되거나 그 법인이 납부할 국세 및 강제징수비에 충당하여도 부족한 경우에는 그 부족한 금액에 대하여 제2차 납세의무를 진다.

답 ③

해설 사업을 양도한 경우 사업양수인은 양수한 재산의 가액을 한도로 제2차 납세의무를 진다.

(4) 사업양수인의 제2차 납세의무

구분	내용
요건	사업이 양도·양수된 경우에 양도일 이전에 양도인의 **납세의무가 확정된** 그 사업에 관한 국세 및 강제징수비를 양도인의 재산으로 충당하여도 부족할 때
주된 납세의무자	사업양도인
제2차 납세의무자	사업양수인
한도액	양수한 재산의 가액
대상국세	확정된 것에 한한다.

① 사업의 양수

계약의 명칭이나 형식에 관계없이 사업장별로 그 사업에 관한 모든 권리(미수금에 관한 것은 제외)와 모든 의무(미지급금에 관한 것은 제외)를 포괄적으로 승계하는 것을 말한다. 사업의 양도·양수계약이 대상목적에 따라 부분별, 시차별로 별도로 이루어졌다 하더라도 결과적으로 사회통념상 사업전부에 관하여 행하여진 것이라면 사업의 양도·양수에 해당한다.

② 사업양수인의 제2차 납세의무 대상국세(그 사업에 관한 확정된 국세)

주된 납세의무자인 사업양도인의 납세의무가 양도일 이전에 확정된 그 사업에 관한 국세인 경우만 해당한다. **양도일 이전에 확정되지 아니한 국세와 사업에 관한 국세가 아닌 부동산을 양도함으로써 납부하여야 할 양도소득세에 대하여는 제2차 납세의무를 지지 않는다.**

③ 사업양수인

사업장별로 그 사업에 관한 모든 권리(미수금 제외)와 모든 의무(미지급금 제외)를 포괄적으로 승계한 자로서 다음 중 어느 하나에 해당하는 자를 말한다.
㉠ 양도인과 특수관계인
㉡ 양도인의 조세회피를 목적으로 사업을 양수한 자

④ 양수한 재산의 가액
㉠ 사업양수인이 사업양도인에게 지급하였거나 지급하여야 할 금액이 있는 경우에는 그 금액
㉡ 위 ㉠의 금액이 없거나 불분명한 경우에는 양수한 자산 및 부채를 「상속세 및 증여세법」 규정을 준용하여 평가한 후 그 자산총액에서 부채총액을 뺀 가액
  ⊙ 단, 위 ㉠의 금액과 시가의 차액이 3억 원 이상이거나 시가의 30% 이상인 경우에는 위 ㉠과 ㉡ 중 큰 금액

⑤ 둘 이상의 사업장 중 한 사업장만 승계시

양수한 사업장과 관계되는 국세 및 강제징수비에 대해서만 제2차 납세의무를 진다. 만일 둘 이상의 사업장에 공통되는 국세 및 강제징수비가 있는 경우에는 양수한 사업장에 배분되는 금액(소득금액에 따라 안분계산하며 소득금액을 계산할 수 없을 경우에는 수입금액에 따라 안분계산)에 대해서만 제2차 납세의무를 진다.

제4절 양도담보 및 기타 고려사항

I 양도담보권자의 물적납세의무

양도담보란 채권의 담보수단으로 채무자(양도담보설정권자)의 재산의 법적소유권을 채권자(양도담보권자)에게 이전하였으나, 채무자가 담보로 제공한 자산을 계속 사용·수익하는 것을 말한다.

> **참고 양도담보재산**
>
> 당사자 간의 계약에 의하여 납세자가 그 재산을 양도하였을 때에 실질적으로 양도인에 대한 채권담보의 목적이 된 재산

납세자가 국세 및 강제징수비를 체납한 경우에 그 납세자에게 양도담보재산이 있을 때에는 그 양도담보재산으로써 납세자의 국세 및 강제징수비를 징수할 수 있다. 다만, 그 국세의 법정기일 전에 담보의 목적이 된 양도담보재산에 대해서는 그러하지 아니하다.

(1) 물적납세의무의 성립요건
① 국세 및 강제징수비를 체납한 납세자(양도담보설정자)의 다른 재산에 대하여 강제징수를 하여도 징수할 금액에 미치지 못하는 경우이어야 한다.
② 양도담보의 설정시점이 양도담보설정자가 체납한 국세의 법정기일 이후여야 한다.

(2) 물적납세의무자에 대한 납부고지
① 관할 세무서장은 양도담보설정자의 체납액을 물적납세의무를 부담하는 자(양도담보권자)로부터 징수하는 경우 양도담보권자에게 납부고지서를 발급하여야 한다.
② <u>납부고지를 받기 전에 양도담보권을 실행하여 소유권을 취득하고 양도담보권자의 대금채무와 양도담보설정자의 피담보채무를 상계하였으면 양도담보권은 이미 소멸한 것이므로 물적납세의무를 지울 수 없다.</u>
③ 양도담보권자에게 **납부고지가 있은 후** 납세자가 양도에 의하여 실질적으로 담보된 채무를 불이행하여 해당 재산이 양도담보권자에게 확정적으로 귀속되고, **양도담보권이 소멸하는 경우에는 납부고지 당시의 양도담보재산이 계속하여 양도담보재산으로서 존속하는 것으로 본다.**

(3) 양도담보권자의 물적납세의무 한도 — 양도담보한 재산가액

(4) 징수절차
세무서장은 양도담보설정자의 체납액을 양도담보권자로부터 징수하고자 할 때에는 납부고지서에 의하여 고지하여야 한다. **양도담보권자가 고지된 납부기한까지 물적납세의무를 이행하지 아니한 경우에는 납부최고 없이 바로 압류할 수 있다.**

기출 Check 20년 7급

24 양도담보와 관련된 설명으로 옳지 않은 것은?
① 「국세기본법」상 납세자가 국세 및 강제징수비를 체납한 경우에 그 납세자에게 국세의 법정기일 후 담보의 목적이 된 양도담보재산이 있을 때에는 그 납세자의 다른 재산에 대하여 체납처분을 집행하여도 징수할 금액에 미치지 못하는 경우에만 「국세징수법」에서 정하는 바에 따라 그 양도담보재산으로써 납세자의 국세 및 강제징수비를 징수할 수 있다.
② 「국세기본법」상 세무서장은 납세자가 제3자와 짜고 거짓으로 재산에 양도담보 설정계약을 하고 그 등기를 함으로써 그 재산의 매각금액으로 국세를 징수하기가 곤란하다고 인정할 때에는 그 행위의 취소를 법원에 청구할 수 있다.
③ 「국세기본법」에서 양도담보재산이란 당사자 간의 계약에 의하여 납세자가 그 재산을 양도하였을 때에 실질적으로 양도인에 대한 채권담보의 목적이 된 재산을 말한다.
④ 부가가치세법령상 양도담보의 목적으로 부동산상의 권리를 제공하는 것은 재화의 공급으로 본다.

❻ ④
해설 부가가치세법령상 양도담보의 목적으로 부동산상의 권리를 제공하는 것은 재화의 공급으로 보지 아니한다.

Ⅱ 기타 고려사항

(1) 양도소득세 과세 제외

양도담보로 자산을 양도하는 것은 실질적인 양도가 아니므로 양도소득세를 과세하지 아니한다. 다만, 양도담보계약을 체결한 후 그 계약을 위배하거나 채무불이행으로 인하여 해당 자산을 변제에 충당한 때에는 실질적 양도에 해당하므로 양도소득세를 과세한다.

(2) 부가가치세 과세 제외

사업자가 양도담보의 목적으로 동산·부동산 및 부동산상의 권리를 제공한 경우에도 이는 채권담보목적에 불과하므로 재화의 공급으로 보지 아니한다. 재화의 공급에 해당하지 않는 경우 부가가치세는 과세하지 아니한다.

CHAPTER 05 국세와 일반채권과의 관계

Ⅰ 국세와 다른 채권의 우선순위

(1) 원칙

① **국세 및 강제징수비**는 다른 공과금이나 그 밖의 채권에 우선하여 징수한다. 국세우선권은 국세 등이 공과금 기타 채권에 우선한다는 것이므로 조세채권 상호 간에는 적용되지 않는다.

② 국세우선권의 적용시점: 납세자의 재산을 **강제환가절차에 의해 매각(또는 추심)한 이후에 발생하는 매각대금(또는 추심금액) 중에서 국세 등을 우선하여 징수하는 것**이므로 강제매각(또는 추심)절차 개시 전에 납세자가 국세 보다 다른 채권을 우선하여 변제하는 부분에 대해서는 적용되지 아니한다.

(2) 우선순위 요약

국세우선의 원칙에 대한 일부 예외규정(국세우선권의 제한)을 고려할 경우 국세와 다른 채권의 우선순위는 다음과 같다.

순위	내용
1	① **강제집행비용(강제집행·경매·파산절차에 든 비용)** ② 선집행된 지방세·공과금의 체납처분비 또는 강제징수비 및 국세의 강제징수비
2	① 임대차 보증금 중 「주택임대차보호법」 또는 「상가건물 임대차보호법」에 따른 최우선변제액 ② 특정 임금채권(최종 3개월분 임금채권·최종 3년분 퇴직금과 재해보상금)
3	① 해당 재산에 대하여 부과된 상속세·증여세·종합부동산세 ② 법정기일이 담보권 등 권리 설정일 이전인 국세
4	담보권 등 권리에 의해 담보된 채권 또는 임대차보증금반환채권
5	일반 임금채권
6	법정기일이 담보권 등 권리 설정일 이후인 국세
7	공과금과 기타 일반채권

① 지방세는 조세채권 간의 우선순위에 따라 판정하여야 하며, 공과금은 국세에 우선하지 못한다.

② 담보권 등 권리는 다음 중 어느 하나에 해당하는 권리를 말한다.
　㉠ 전세권, 질권 또는 저당권
　㉡ 「주택임대차보호법」 또는 「상가건물 임대차보호법」에 따라 대항요건과 확정일자를 갖춘 임차권
　㉢ 납세의무자를 등기의무자로 하고 채무불이행을 정지조건으로 하는 대물변제의 예약에 따라 채권 담보의 목적으로 가등기(가등록 포함)를 마친 가등기 담보권

③ 해당 재산에 대하여 부과된 상속세·증여세 및 종합부동산세는 담보권 등 권리설정일에 관계없이 담보채권 또는 임대차보증금반환채권에 우선한다. (당해세 우선) 단, 「주택임대차보호법」에 따라 대항요건과 확정일자를 갖춘 임차권에 의하여 담보된 임대차보증금반환채권 또는 같은 법 제2조에 따른 주거용 건물에 설정된 전세권에 의하여 담보된 채권(이하 이 항에서 "임대차보증금반환채권등"이라 한다)은 해당 임차권 또는 전세권이 설정된 재산이 국세의 강제징수 또는 경매 절차를 통하여 매각되어 그 매각금액에서 국세를 징수하는 경우 **그 확정일자 또는 설정일보다 법정기일이 늦은 해당 재산에 대하여 부과된 상속세, 증여세 및 종합부동산세의 우선 징수 순서에 대신하여 변제될 수 있다.** 이 경우 대신 변제되는 금액은 우선 징수할 수 있었던 해당 재산에 대하여 부과된 상속세, 증여세 및 종합부동산세의 징수액에 한정하며, 임대차보증금반환채권등보다 우선 변제되는 저당권 등의 변제액과 제3항에 따라 해당 재산에 대하여 부과된 상속세, 증여세 및 종합부동산세를 우선 징수하는 경우에 배분받을 수 있었던 임대차보증금반환채권등의 변제액에는 영향을 미치지 아니한다.

④ 전세권 등이 설정된 재산이 양도, 상속 또는 증여된 후 해당 재산이 국세의 강제징수 또는 경매절차를 통하여 매각되어 그 매각금액에서 국세를 징수하는 경우 종전 소유자에게도 각 권리보다 앞서는 국세체납이 있는 경우 해당 재산에 설정된 전세권 등에 의하여 담보된 채권 또는 임대차보증금반환채권은 해당 재산의 직전 보유자가 전세권 등의 설정 당시 체납하고 있었던 국세 등을 고려하여 대통령령으로 정하는 방법에 따라 계산한 금액의 범위에서는 국세를 우선하여 징수한다.

> ⊙ 직전 보유자가 해당 재산을 보유하기 전에 해당 재산에 설정된 전세권 등이 없는 경우 : 직전 보유자 보유기간 중의 전세권 등 설정일 중 가장 빠른 날보다 법정기일이 빠른 직전 보유자의 국세 체납액을 모두 더한 금액
> ⓒ 직전 보유자가 해당 재산을 보유하기 전에 해당 재산에 설정된 전세권 등이 있는 경우 : 0 (영)원

⑤ 법정기일 후에 가등기를 마친 사실이 입증되는 경우 그 재산을 압류한 날 이후에 그 가등기에 따른 본등기가 이루어지더라도 그 국세는 그 가등기에 의해 담보된 채권보다 우선한다. 세무서장은 가등기가 설정된 재산을 압류하거나 공매할 때에는 그 사실을 가등기권리자에게 지체 없이 통지하여야 한다.

(3) 집행비용 등의 우선

① 집행비용 우선

강제집행·경매 또는 파산 절차에 따라 재산을 매각할 때 그 매각대금 중에서 국세 및 강제징수비를 징수하는 경우의 그 강제집행, 경매 또는 파산 절차에 든 비용은 국세 및 강제징수비보다 우선 변제된다.

② 선집행 지방세·공과금의 강제징수비 우선

지방세나 공과금의 강제징수시 그 체납처분 또는 강제징수 금액 중에서 국세 및 강제징수비를 징수하는 경우의 그 **지방세나 공과금의 체납처분비 또는 강제징수비는 국세 및 강제징수비보다 우선 징수된다.**

(4) 피담보채권 - 저당권 등에 의해 담보된 채권 우선

법정기일 전에 다음 중 어느 하나에 해당하는 권리가 설정된 재산을 국세의 강제징수 또는 경매 절차를 통하여 매각되어 그 매각금액에서 국세를 징수하는 경우 그 권리에 의하여 담보된 채권 또는 임대차보증금반환채권은 국세보다 우선 변제된다. 법정기일 이후에 담보된 채권은 국세보다 우선하여 변제되지 않는다.

- 국세의 법정기일 > 담보물권 설정일: 국세 > 피담보채권
- 국세의 법정기일 < 담보물권 설정일: 국세 < 피담보채권

II 국세의 법정기일

구분	법정기일
과세표준과 세액의 **신고**에 따라 납세의무가 확정되는 국세(중간예납하는 법인세와 예정신고납부하는 부가가치세 및 예정신고납부하는 양도소득세 포함)의 경우 신고한 해당 세액	**신고일**
과세표준과 세액을 정부가 결정·경정 또는 수시부과 결정을 하는 경우에 고지한 해당 세액(납부지연가산세 중 납부고지서에 따른 납부기한 후의 납부지연가산세 및 원천징수 등 납부지연가산세 포함)	**납부고지서 발송일**
인지세와 원천징수의무자나 납세조합으로부터 징수하는 국세	납세의무 확정일
제2차 납세의무자(보증인 포함)의 재산에서 징수하는 국세	납부고지서 발송일
양도담보재산에서 징수하는 국세	납부고지서 발송일
납세자의 재산을 확정전 보전압류한 경우에 그 압류와 관련하여 확정된 국세 ⊙ 확정전 보전압류: 「국세징수법」상 납부기한 전 징수 사유가 있어 국세가 확정된 후에는 그 국세를 징수할 수 없다고 인정될 때 국세의 확정 전에 행하는 압류	압류등기(등록)일
「부가가치세법」상 신탁 관련 수탁자의 물적납세의무에 따라 신탁재산에서 징수하는 부가가치세 등	납부고지서 발송일
「종합부동산세법」에 따라 신탁재산에서 징수하는 종합부동산세 등	납부고지서 발송일

⊙ 신고납세제도의 국세 중 '신고한 세액' 부분에만 적용되므로 신고납세제도의 국세라 할지라도 **무신고·과소신고세액** 부분의 법정기일은 **납부고지서 발송일**이 된다.

(1) 가등기에 의해 담보된 채권

① 국세의 법정기일 이후에 설정된 가등기 - 국세가 우선

납세의무자를 등기의무자로 하고 채무불이행을 정지조건으로 하는 대물변제의 예약에 의하여 권리이전 청구권의 보전을 위한 가등기나 그 밖에 이와 유사한 담보의 목적으로 가등기가 설정된 재산을 압류하는 경우, 그 **가등기에 따른 본등기가 압류 후에 행하여진 때에는 그 국세는 가등기에 의해 담보된 채권보다 우선한다.**

② 국세의 법정기일 이전에 설정된 가등기 - 가등기 담보된 채권이 우선

③ 예외

해당 재산에 부과된 국세는 항상 가등기 담보채권보다 우선한다. 해당 재산에 부과된 상속세, 증여세 및 종합부동산세는 법정기일 전에 설정된 가등기담보권에 의하여 담보된 채권보다 우선한다.

> 재산에 부과된 국세 > 법정기일 전 설정된 가등기 담보채권 > 국세 > 법정기일 후에 설정된 가등기 담보채권

기출 Check 16년 7급

25 「국세기본법」상 국세의 법정기일로 옳지 않은 것은? (단, 확정전 보전압류는 고려하지 않는다)
① 양도담보재산에서 국세를 징수하는 경우: 그 납세의무의 확정일
② 과세표준과 세액의 신고에 따라 납세의무가 확정되는 국세의 경우: 신고한 해당 세액에 대해서는 그 신고일
③ 원천징수의무자나 납세조합으로부터 징수하는 국세와 인지세의 경우: 그 납세의무의 확정일
④ 제2차 납세의무자의 재산에서 징수하는 국세: 그 납부고지서 발송일

답 ①

해설 양도담보재산에서 징수하는 국세는 그 납부고지서의 발송일을 법정기일로 한다.

(2) 소액임차보증금 등의 우선

① 소액임차보증금

임대차에 관한 보증금 중 일정 금액으로 「주택임대차보호법」 또는 「상가건물 임대차보호법」에 따라 임차인이 우선하여 변제받을 수 있는 금액은 국세보다 우선 변제된다.

② 그 외 보증금

㉠ 법정기일 전에 「주택임대차보호법」 또는 「상가건물 임대차보호법」에 따라 대항요건과 확정일자를 갖춘 임차권이 설정된 재산을 매각하여 그 매각금액에서 국세를 징수하는 경우 그 임차권에 의하여 담보된 임대차보증금반환채권은 국세보다 우선 변제된다. 그러나 법정기일 후에 대항요건과 확정일자를 갖춘 임차권의 경우에는 국세가 우선 변제된다.

㉡ 다만, 해당 재산에 대하여 부과된 상속세, 증여세 및 종합부동산세는 법정기일 전에 설정된 대항요건과 확정일자를 갖춘 해당 임차에 의하여 담보된 임대차보증금반환채권 또는 주거용 건물에 설정된 전세권에 의하여 담보된 채권(임대차보증금반환채권 등)은 해당 임차권 또는 전세권이 설정된 재산이 국세의 강제징수 또는 경매 절차를 통하여 매각되어 그 매각금액에서 국세를 징수하는 경우 그 확정일자 또는 설정일보다 법정기일이 늦은 해당 재산에 대하여 부과된 상속세, 증여세 및 종합부동산세의 우선 징수 순서에 대신하여 변제될 수 있다.

(3) 임금채권

① 우선 변제되는 임금채권

㉠ 「근로기준법」 또는 「근로자퇴직급여 보장법」에 따라 변제되는 임금, 퇴직금, 재해보상금, 그 밖에 근로관계로 인한 채권은 국세에 우선하여 변제된다.

㉡ 국세에 항상 우선하는 임금채권은 **최종 3개월분의 임금, 최종 3년간의 퇴직급여, 재해보상금** 등이다.

② 이외의 임금채권

담보된 채권 및 담보된 채권에 우선하는 조세·공과금에는 우선하지 못한다.

> 강제징수비 > 최종 3개월 분 임금 등 > 법정기일이 먼저인 국세 > 피담보채권 > 일반임금채권 > 법정기일이 담보설정일 이후인 국세 > 기타채권

Ⅲ 담보권설정에 대한 취소청구

세무서장은 **납세자가 제3자와 짜고 거짓으로 재산에 전세권·질권 또는 저당권의 설정계약, 가등기 설정계약 또는 양도담보 설정계약**을 하고 그 등기 또는 등록을 하거나, 「주택임대차보호법」 또는 「상가건물 임대차보호법」에 따른 **대항요건과 확정일자를 갖춘 임대차 계약**을 체결함으로써 그 재산의 매각금액으로 국세를 징수하기가 곤란하다고 인정할 때에는 **그 행위의 취소를 법원에 청구할 수 있다.**

기출 Check 23년 7급

26 「국세기본법」상 국세와 일반채권의 관계 및 국세 상호 간의 관계에 대한 설명으로 옳지 않은 것은?

① 강제집행·경매 또는 파산 절차에 따라 재산을 매각할 때 그 매각금액 중에서 국세 및 강제징수비를 징수하는 경우의 그 강제집행, 경매 또는 파산 절차에 든 비용은 국세 및 강제징수비보다 우선하여 징수한다.

② 해당 재산에 대하여 부과된 상속세, 증여세 및 종합부동산세는 법정기일 전에 저당권이 설정된 경우에도 담보 있는 채권에 우선한다.

③ 과세표준과 세액의 신고에 따라 납세의무가 확정되는 국세(중간예납하는 법인세와 예정신고납부하는 부가가치세 및 예정신고 납부하는 양도소득세를 포함한다)의 경우 신고한 해당 세액의 법정기일은 그 신고일이다.

④ 조세 상호 간의 우선순위를 다툴 때에는 압류한 국세, 담보 있는 국세, 교부청구한 국세의 순서로 징수한다.

6 ④

해설 조세 상호 간의 우선순위를 다툴 때에는 담보 있는 국세, 압류한 국세, 교부청구한 국세의 순서로 징수한다.

(1) 취소청구의 적용요건

① 납세자가 제3자와 짜고 거짓으로 해당 국세의 법정기일 전에 담보권을 설정하여야 하며, 이 경우 제3자의 범위에는 제한이 없다.
② 해당 재산의 매각금액으로 국세를 징수하기 곤란하다고 인정되어야 한다.

(2) 통정허위계약의 입증책임

통정허위계약의 입증책임은 원칙적으로 세무서장에게 있다. **다만, 납세자가 국세의 법정기일 전 1년 내에 친족 등 일정한 특수관계인**과 전세권·질권 또는 저당권 설정계약, 임대차 계약, 가등기 설정계약 또는 양도담보 설정계약을 한 경우에는 **이를 짜고 한 허위계약으로 추정**한다. 따라서 **이때에는 납세자가 담보권설정이 짜고 한 거짓계약이 아니라는 사실을 입증**하여야 한다.

기출 Check 19년 7급

27 A은행은 저당권에 의하여 담보된 채권(종합부동산세의 법정기일 전에 저당권 설정을 등기한 사실이 증명됨) 1억 7천5백만 원을 회수하기 위하여 의류업을 하는 채무자 甲의 주택을 강제경매신청하고 경매개시결정에 따라 압류하였다. 첫 매각기일까지 경매법원에 배당을 요구한 비용과 채권은 다음과 같다. 甲의 주택매각대금이 3억 원일 경우 甲의 납세지 관할세무서장이 배당받을 수 있는 금액은?

- A은행이 해당 주택을 경매하는 데 든 비용 1천5백만 원
- 주택 임대차에 관한 보증금 중 일정 금액으로서 「주택임대차보호법」 제8조에 따라 임차인 乙이 우선하여 변제받을 수 있는 금액 1천만 원
- 경매개시결정된 주택에 대하여 甲에게 부과된 종합부동산세 2천만 원
- 甲이 종업원에게 변제하여야 할 근로관계로 인한 채권 중 「근로기준법」에 따른 최종 3개월분의 임금과 재해보상금 1억 원
- 저당권에 의하여 담보된 A은행의 채권 1억 7천5백만 원

① 0원 ② 1천만 원
③ 1천5백만 원 ④ 2천만 원

해설

순위	사유	금액
1순위	A은행이 해당 주택을 경매하는 데 든 비용	1천5백만 원
2순위	• 「근로기준법」에 따른 최종 3개월분의 임금과 재해보상금 • 「주택임대차보호법」 제8조에 따라 임차인 乙이 우선하여 변제받을 수 있는 금액 (최우선변제액)	1억 1천만 원
3순위	경매개시결정된 주택에 대하여 甲에게 부과된 종합부동산세(**해당 재산 자체에 대해 부과된 상속세, 증여세, 종합부동산세**)	2천만 원
4순위	저당권에 의하여 담보된 A은행의 채권	1억 5천5백만 원

⇨ 甲의 납세지 관할세무서장이 배당받을 수 있는 국세의 금액은 종합부동산세 2천만 원이다.

④

기출 Check 14년 7급

28 甲세무서장은 법인세를 체납하고 있는 乙회사에 대하여 회사 소유 A부동산을 압류하고 이를 매각한 금액으로 법인세를 충당하려고 한다. 그런데 乙회사에게는 체불임금도 있고, A부동산을 담보로 한 丙은행 대출채권도 있다. 이 경우 A부동산의 매각대금에 대한 변제 순위가 빠른 순서대로 바르게 나열된 것은?

① A부동산에 법인세의 법정기일 이전에 저당권이 설정된 경우: 丙은행 대출채권 > 법인세 > 최종 3월분 이외의 임금채권
② A부동산에 법인세의 법정기일 이전에 저당권이 설정된 경우: 최종 3월분 이외의 임금채권 > 丙은행 대출채권 > 법인세
③ A부동산에 법인세의 법정기일 이후에 저당권이 설정된 경우: 법인세 > 丙은행 대출채권 > 최종 3월분 이외의 임금채권
④ A부동산에 법인세의 법정기일 이후에 저당권이 설정된 경우: 최종 3월분 이외의 임금채권 > 법인세 > 丙은행 대출채권

해설
① A부동산에 법인세의 법정기일 이전에 저당권이 설정된 경우: 丙은행 대출채권 > 최종 3월분 이외의 임금채권 > 법인세
② A부동산에 법인세의 법정기일 이전에 저당권이 설정된 경우: 丙은행 대출채권 > 최종 3월분 이외의 임금채권 > 법인세
④ A부동산에 법인세의 법정기일 이후에 저당권이 설정된 경우: 법인세 > 丙은행 대출채권 > 최종 3월분 이외의 임금채권

🔑 ③

Ⅳ 조세채권 간의 우선순위

조세채권이 서로 경합하는 경우에는 동 순위로 변제되는 것이 원칙이다. 그러나 납세담보가 있거나 강제징수에 따라 납세자의 재산을 압류한 경우에는 다음의 순서에 의하여 변제된다.

> 1순위: 납세담보를 받은 국세와 지방세
> 2순위: 압류에 관계된 국세와 지방세
> 3순위: 교부청구(참가압류를 한 경우 포함)된 국세와 지방세

(1) 압류선착수주의

국세 상호 간 또는 국세와 지방세 상호 간에는 기본적으로 우열은 없으며 동순위로 징수하는 것이 원칙이다. 다만, 압류를 우선 신청한 경우 압류선착수주의를 따른다.

(2) 담보 있는 국세의 우선

납세담보물을 매각하였을 때는 담보에 관계된 국세 및 강제징수비는 다른 국세 및 강제징수비와 지방세에 우선하여 징수한다.

CHAPTER 06 과세와 환급

제1절 관할관청

관할관청은 국세에 관한 사무를 담당하는 행정기관을 말한다.

구분	과세표준신고의 관할	결정·경정결정의 관할
내용	과세표준신고서는 그 신고당시 해당 국세의 납세지를 관할하는 세무서장에게 제출하여야 한다. ⊙ 전자신고를 하는 경우에는 지방국세청장이나 국세청장에게 제출할 수 있다.	국세의 과세표준과 세액의 결정 또는 경정결정은 그 처분당시 그 국세의 납세지를 관할하는 세무서장이 한다.
관할을 위반한 경우	관할세무서장 이외의 세무서장에게 제출된 경우에도 그 신고의 효력에는 영향이 없다(당해 신고는 유효하다).	관할세무서장 이외의 세무서장이 행한 결정 또는 경정결정처분은 효력이 없다.

관할관청에 대한 「국세기본법」상의 규정은 세법에 특별한 규정이 있으면 세법의 규정을 따른다(개별세법 우선).

제2절 수정신고, 경정 등의 청구 및 기한후신고

I 수정신고

수정신고란 이미 신고한 과세표준 및 세액이 과소(또는 이미 신고한 결손금액 또는 환급세액이 과대)한 경우 또는 이미 신고한 내용이 불완전한 경우 납세의무자가 이를 스스로 정정하는 신고를 말한다.

(1) 대상자

과세표준신고서를 법정신고기한까지 제출한 자 및 기한후과세표준신고서를 제출한 자

⊙ 법정신고기한까지 제출한 자: 연말정산대상소득(연말정산으로 과세가 종결되어 과세표준 확정신고 의무가 면제된 자 포함), 퇴직소득 등 「소득세법」상 과세표준확정신고의 예외가 인정되는 경우에 해당하는 자를 포함한다.

기출 Check 14년 9급

29 「국세기본법」상 수정신고와 경정청구에 대한 설명으로 옳지 않은 것은?
① 과세표준신고서를 법정신고기한까지 제출한 자는 과세표준신고서에 기재된 과세표준 및 세액이 세법에 따라 신고하여야 할 과세표준 및 세액보다 큰 경우 과세표준수정신고서를 제출할 수 있다.
③ 과세표준신고서를 법정신고기한까지 제출한 자는 과세표준신고서에 기재된 환급세액이 세법에 따라 신고하여야 할 환급세액을 초과할 때는 법에 정한 바에 따라 과세표준수정신고서를 제출할 수 있다.

6 ①
해설 과세표준신고서를 법정신고기한까지 제출한 자는 과세표준신고서에 기재된 과세표준 및 세액이 세법에 따라 신고하여야 할 과세표준 및 세액에 미치지 못한 경우 과세표준수정신고서를 제출할 수 있다.

(2) 사유

① 과세표준신고서 또는 기한후과세표준신고서에 기재된 과세표준 및 세액이 세법에 따라 신고하여야 할 과세표준 및 세액에 미치지 못할 때
② 과세표준신고서 또는 기한후과세표준신고서에 기재된 결손금액 또는 환급세액이 세법에 따라 신고하여야 할 결손금액이나 환급세액을 초과할 때
③ 원천징수의무자가 정산과정에서의 누락, 세무조정 과정에서의 누락 등 불완전한 신고를 하였을 때
④ 국고보조금·공사부담금에 상당하는 금액을 익금과 손금에 동시에 산입하지 아니한 경우
⑤ 과세이연요건을 충족하는 합병, 분할, 물적분할 및 현물출자에 따른 양도차익 및 합병·분할평가차익의 전부 또는 일부에 상당하는 금액을 익금과 손금에 동시에 산입하지 아니한 경우

(3) 기한

관할세무서장이 당해 국세의 과세표준과 세액을 결정 또는 경정하여 통지하기 전으로서 일반적 부과제척기간이 끝나기 전까지 과세표준수정신고서를 제출할 수 있다.

(4) 효력

구분	납세의무의 확정 효력
신고납세제도 세목에 대한 수정신고	○
정부부과제도 세목에 대한 수정신고	×

① 신고납세제도
  ㉠ 신고납세제도를 취하는 국세의 경우 당초의 신고는 확정력을 가지므로 해당 국세의 수정신고는 **당초 신고에 따라 확정된 과세표준과 세액을 증액하여 확정하는 효력**을 가진다.
  ㉡ 다만, 신고납세제도 세목에 대한 수정신고시 납세의무의 확정 효력이 있는 것은 과세표준신고서를 법정신고기한까지 제출한 자의 수정신고로 한정한다. 즉, **기한후신고에 대한 수정신고는 세액이 확정되는 효력이 없다(기한후신고의 수정신고는 정부의 결정에 의해 확정된다).**
  ㉢ 수정신고는 당초 신고에 따라 확정된 세액에 관한 「국세기본법」 또는 세법에서 규정하는 권리·의무관계에 영향을 미치지 않는다.

② 정부부과제도
정부부과세목은 정부의 경정에 의하여 확정되므로 수정신고만으로는 세액이 확정되는 효력이 없다.

(5) 수정신고로 인한 자진납부

과세표준수정신고서를 제출한 납세자는 이미 납부한 세액이 과세표준수정신고액에 미달하는 경우 그 부족액과 「국세기본법」 및 세법에서 정하는 가산세를 추가로 납부하여야 한다.

Ⅱ 경정 등의 청구

경정 등의 청구란 이미 신고·결정·경정된 과세표준 및 세액 등이 과대(또는 이미 신고·결정·경정된 결손금액 또는 환급세액이 과소)한 경우 과세관청으로 하여금 이를 정정하여 결정 또는 경정하도록 촉구하는 납세의무자의 청구를 말한다.

(1) 통상적인 경정 등의 청구

① 대상자

과세표준신고서를 법정신고기한까지 제출한 자 및 기한후과세표준신고서를 제출한 자, 종합부동산세를 부과·고지받은 납세자

② 사유

㉠ 과세표준신고서 또는 기한후과세표준신고서에 기재된 과세표준 및 세액(결정 또는 경정이 있는 경우에는 해당 결정 또는 경정 후의 과세표준 및 세액)이 세법에 따라 신고하여야 할 과세표준 및 세액을 **초과한 때**

㉡ 과세표준신고서 또는 기한후과세표준신고서에 기재된 결손금액 또는 환급세액(결정 또는 경정이 있는 경우에는 해당 결정 또는 경정 후의 결손금액 또는 환급세액)이 세법에 따라 신고하여야 할 **결손금액 또는 환급세액에 미치지 못할 때**

㉢ 세액공제 금액을 과소신고한 경우

③ 기한

구분	경정 등의 청구 기한
최초신고 및 수정신고한 과세표준 및 세액에 대한 경정청구	법정신고기한이 지난 후 5년 이내
결정·경정으로 인하여 증가된 과세표준 및 세액	해당 처분이 있음을 안 날·통지받은 날부터 3개월 이내(법정신고기한이 지난 후 5년 이내에 한함)

(2) 후발적 사유로 인한 경정 등의 청구 ★

① 대상자

과세표준신고서를 **법정신고기한까지 제출한 자** 또는 국세의 과세표준 및 세액의 **결정을 받은 자**(후발적 사유로 인한 경정 등의 청구는 법정신고기한 내 과세표준신고서를 제출하지 않은 경우도 포함한다)

② 사유

㉠ 최초의 신고·결정 또는 경정에서 과세표준 및 세액의 계산근거가 된 거래 또는 행위 등이 그에 관한 심사청구, 심판청구, 「감사원법」에 따른 심사청구에 대한 결정이나 소송**에 대한 판결**(판결과 같은 효력을 가지는 화해나 그 밖의 행위를 포함한다)에 의하여 다른 것으로 확정되었을 때

㉡ 소득이나 그 밖의 과세물건의 귀속을 **제3자에게로 변경시키는 결정 또는 경정**이 있을 때

㉢ **조세조약에 따른 상호합의**가 최초의 신고·결정 또는 경정의 내용과 다르게 이루어졌을 때

기출 Check 21년 9급

30 국세기본법령상 후발적 사유에 의한 경정청구에 대한 설명으로 옳지 않은 것은?

① 과세표준신고서를 법정신고기한까지 제출한 자는 소득이나 그 밖의 과세물건의 귀속을 제3자에게로 변경시키는 결정 또는 경정이 있을 때에는 후발적 사유에 의한 경정을 청구할 수 없다.

② 국세의 과세표준 및 세액의 결정을 받은 자는 조세조약에 따른 상호합의가 최초의 신고·결정 또는 경정의 내용과 다르게 이루어졌을 때에는 후발적 사유에 의한 경정을 청구할 수 있다.

③ 과세표준신고서를 법정신고기한까지 제출한 자는 최초의 신고·결정 또는 경정에서 과세표준 및 세액의 계산 근거가 된 거래 또는 행위 등이 그에 관한 소송에 대한 판결에 의하여 다른 것으로 확정되었을 때에는 후발적 사유에 의한 경정을 청구할 수 있다.

④ 후발적 사유가 발생하였을 때에는 그 사유가 발생한 것을 안 날부터 3개월 이내에 결정 또는 경정을 청구할 수 있다.

6 ①

해설 과세표준신고서를 법정신고기한까지 제출한 자는 소득이나 그 밖의 과세물건의 귀속을 제3자에게로 변경시키는 결정 또는 경정이 있을 때에는 후발적 사유에 의한 경정을 청구할 수 있다.

② 결정 또는 경정으로 인하여 그 결정 또는 경정의 대상이 된 과세표준 및 세액과 연동된 다른 세목(같은 과세기간으로 한정한다)이나 연동된 다른 과세기간(같은 세목으로 한정한다)의 과세표준 또는 세액이 세법에 따라 신고하여야 할 과세표준 또는 세액을 초과할 때

⑩ 다음에 해당하는 사유가 해당 국세의 법정신고기한이 지난 후에 발생하였을 때
  ⓐ 최초의 신고·결정 또는 경정을 할 때 과세표준 및 세액의 계산 근거가 된 거래 또는 행위 등의 효력과 관계되는 관청의 허가나 그 밖의 처분이 취소된 경우
  ⓑ 최초의 신고·결정 또는 경정을 할 때 과세표준 및 세액의 계산 근거가 된 거래 또는 행위 등의 효력과 관계되는 계약이 **해제권의 행사에 의하여 해제되거나 해당 계약의 성립 후 발생한 부득이한 사유로 해제 또는 취소된 경우**
  ⓒ 최초의 신고·결정 또는 경정을 할 때 **장부 및 증거서류의 압수, 그 밖의 부득이한 사유로 과세표준 및 세액을 계산할 수 없었으나 그 후 해당 사유가 소멸한 경우**

③ 기한
통상적인 경정청구 등 청구기한에도 불구하고 <u>그 사유가 발생한 것을 안 날부터 3개월 이내에</u> 결정 또는 경정을 청구할 수 있다.

(3) 연말정산세액에 대한 경정 등의 청구

① **과세표준신고의 의무가 없는 원천징수대상자**에 대하여 원천징수의무자가 연말정산 또는 원천징수한 소득세·법인세를 납부하고 지급명세서를 제출기한까지 제출한 경우 당해 원천징수의무자 또는 원천징수대상자는 **통상적 경정청구 및 후발적 사유로 인한 경정청구의 규정을 준용하여 경정 등의 청구를 할 수 있다.**

② 대상자
  ㉠ 과세표준신고의 의무가 없는 원천징수대상자: 연말정산대상소득, 퇴직소득 및 분리과세 대상 소득 등 「소득세법」상 과세표준확정신고의 예외가 인정되는 경우 및 분리과세되는 국내원천소득이 있는 비거주자나 외국법인을 말한다.
  ㉡ **원천징수대상자가 비거주자나 외국법인인 경우** 경정청구는 원천징수의무자가 하여야 하고 부도·폐업 등 원천징수의무자의 경정청구가 어려운 경우에는 **원천징수대상자가 경정 등을 청구한다.**
  ㉢ 원천징수대상자가 분리과세 소득에 경정 등을 청구하는 경우 비거주자나 외국법인인 원천징수대상자가 경정 등을 청구하는 경우 해당 경정청구서는 원천징수의무자의 납세지 관할 세무서장에게 제출하여야 한다.

③ 요건 및 기한
  ㉠ 연말정산세액 또는 원천징수세액의 납부기한이 지난 후 5년 이내에 경정을 청구할 수 있다.
  ㉡ 원천징수의무자가 연말정산 또는 원천징수에 의하여 근로소득자 등에 대한 소득세 또는 법인세를 납부하고 지급명세서를 제출기한까지 제출한 경우에만 경정청구할 수 있다.

기출 Check 15년 9급 수정

31 「국세기본법」상 경정청구제도에 대한 설명으로 옳지 않은 것은?

① 근로소득만 있어서 소득세 과세표준확정신고를 하지 않은 납세자도 일정한 경우에는 「국세기본법」 제45조의2 제1항에 따라 경정청구를 할 수 있다.
② 법정신고기한까지 과세표준신고서를 제출한 납세자가 「국세기본법」 제45조의2 제1항에 따라 경정청구를 하려면(결정 또는 경정처분을 받은 경우는 제외) 법정신고기한이 경과한 후 3년 이내에 청구를 해야 한다.
③ 최초의 신고를 할 때 과세표준 및 세액계산의 근거가 된 거래 행위의 효력과 관계되는 계약이 해제권의 행사에 의하여 해제된 경우에는 후발적 사유에 의한 경정청구를 할 수 있다.
④ 후발적 사유에 의한 경정청구는 그 사유가 발생한 것을 안 날로부터 3개월 이내에 할 수 있다.

6 ②
해설 법정신고기한까지 과세표준신고서를 제출한 납세자는 법정신고기한이 지난 후 5년 이내에 관할 세무서장에게 경정청구를 할 수 있다.

(4) 종합부동산세에 관한 경정청구

「종합부동산세법」에 따른 납세의무자로서 종합부동산세를 부과·고지받은 자의 경우에도 통상적 및 후발적 사유로 인한 경정청구가 가능하다.

(5) 경정청구 등의 절차

① 결정 또는 경정의 청구 및 통지 절차에 관하여 필요한 사항은 대통령령으로 정한다.

② 결정 또는 경정청구서의 제출

경정 등의 청구를 하려는 자는 청구인의 성명과 주소(또는 거소), 결정 또는 경정 전의 과세표준 및 세액, 결정 또는 경정 후의 과세표준 및 세액, 결정 또는 경정의 청구를 하는 이유, 그 밖에 필요한 사항을 기재한 결정 또는 경정청구서를 납세지 관할 세무서장에게 제출하여야 한다.

③ 보정 요구

경정 청구서를 제출받은 세무서장이나 제5항에 따라 다른 세무서장으로부터 경정청구서를 송부받은 세무서장은 그 경정청구의 내용에 대해 보정할 필요가 있다고 인정되는 때에는 30일 이내의 기간을 정하여 보정할 것을 요구할 수 있다. 이 경우 보정기간은 법 제45조의2 제3항에 따른 기간에 산입하지 않는다. 보정요구는 보정할 사항, 보정을 요구하는 이유, 보정할 기간, 그 밖에 필요한 사항을 모두 기재한 문서로 해야 한다.

④ 세무서장의 통지

㉠ 결정 또는 경정의 청구를 받은 세무서장은 **그 청구를 받은 날로부터 2개월 이내**에 과세표준 및 세액 등을 결정·경정하거나 결정·경정하여야 할 이유가 없다는 뜻을 그 청구를 한 자에게 통지하여야 한다.

㉡ 청구를 한 자가 2개월 이내에 아무런 통지를 받지 못한 경우 통지를 받기 전이라도 **그 2개월이 되는 날의 다음날부터 「국세기본법」에 따라 이의신청·심사청구·심판청구 또는 「감사원법」에 따른 심사청구를 할 수 있다.**

⑤ 결정 또는 경정이 곤란한 경우

결정 또는 경정의 청구를 받은 세무서장은 그 청구를 받은 날로부터 2개월 이내에 과세표준 및 세액의 결정 또는 경정이 곤란한 경우 청구를 한 자에게 관련 진행사항 및 통지를 받지 못하더라도 2개월이 되는 날의 다음날부터 「국세기본법」에 따라 이의신청·심사청구·심판청구 또는 「감사원법」에 따른 심사청구를 할 수 있다는 사실을 통지하여야 한다.

(6) 경정 등의 청구 효력

① **경정 등의 청구는 납세의무자의 '청구'일 뿐 납세의무를 확정하는 효력이 없다.**

② 경정 등의 청구를 한 당해 납세의무자는 신고납부세목, 정부부과세목을 불문하고 세무서장이 결정 또는 경정하여 통지한 때에 확정의 효력이 발생한다.

Ⅲ 기한후신고

기한후신고란 법정신고기한까지 신고서를 제출하지 아니한 자가 법정신고기한 경과 후 결정하여 통지하기 전에 자진하여 신고서를 제출하는 것을 말한다.

(1) 대상

법정신고기한까지 과세표준신고서를 제출하지 아니한 자는 관할세무서장이 세법에 따라 해당 국세의 과세표준과 세액(가산세 포함)을 **결정하여 통지하기 전까지** 기한후과세표준신고서를 제출할 수 있다. 납부세액이 발생하지 않고 결손금이 발생하거나 환급세액이 있는 경우에도 기한후신고를 할 수 있다.

(2) 세액의 납부

기한후과세표준신고서를 제출한 자로서 세법에 따라 납부하여야 할 세액이 있는 자는 그 세액을 납부하여야 한다.

(3) 효력

① 기한후과세표준신고서를 제출하거나 기한후과세표준신고서를 제출한 자가 과세표준수정신고서를 제출한 경우 관할세무서장은 세법에 따라 **신고일부터 3개월 이내에** 해당 국세의 과세표준과 세액을 결정 또는 경정하여 신고인에게 통지하여야 한다. 다만, 조사에 장기간이 걸리는 등 부득이한 사유로 신고일부터 3개월 이내에 결정 또는 경정할 수 없는 경우에는 그 사유를 신고인에게 통지하여야 한다.

② <u>기한후신고는 신고납부 세목과 정부부과 세목을 막론하고 납세의무를 확정하는 효력이 없다.</u>

Ⅳ 신용카드 등으로 하는 국세납부

(1) 신용카드 등으로 하는 국세납부

납세자는 세법에 따라 신고하거나 과세관청이 결정·경정하여 고지한 세액을 국세납부대행기관을 통하여 신용카드 등(직불카드·통신과금서비스 포함)으로 납부할 수 있다.

(2) 납부시점

신용카드 등으로 국세를 납부하는 경우 **국세납부대행기관의 승인일을 납부일로 본다.**

(3) 국세납부대행기관

국세납부대행기관이란 정보통신망을 이용하여 신용카드 등에 의한 결제를 수행하는 기관으로 지정받은 자를 말하며, 국세납부대행기관은 납세자로부터 신용카드 등에 의한 국세납부 대행용역의 대가로 해당 납부세액의 1% 이내에서 납부대행수수료를 받을 수 있다.

기출 Check 18년 9급

32 「국세기본법」상 기한후신고에 대한 설명으로 옳지 않은 것은?

① 납세자가 적법하게 기한후과세표준신고서를 제출한 경우 관할 세무서장은 세법에 따라 신고일부터 30일 이내에 해당 국세의 과세표준과 세액을 결정하여야 한다.
② 적법하게 기한후과세표준신고서를 제출한 자로서 세법에 따라 납부하여야 할 세액이 있는 자는 그 세액을 납부하여야 한다.
③ 적법한 기한후신고가 있다고 하더라도 그 신고에는 해당 국세의 납세의무를 확정하는 효력은 없다.
④ 납세자가 적법하게 기한후과세표준신고서를 제출한 경우이지만, 세무서장이 과세표준과 세액을 결정할 것을 미리 알고 그러한 신고를 한 경우에는 기한후신고에 따른 무신고가산세 감면을 해주지 않는다.

6 ①
해설 관할 세무서장은 세법에 따라 신고일부터 3개월 이내에 해당 국세의 과세표준과 세액을 결정 또는 경정하여 신고인에게 통지하여야 한다.

제3절 가산세의 부과와 감면

I 가산세

(1) 가산세의 개념
① 가산세란 세법에서 규정한 의무의 성실한 이행을 확보하기 위하여 그 세법에 따라 산출한 세액에 가산하여 징수하는 금액을 말한다. 이러한 가산세는 세법이 정한 각종 의무의 불이행에 가해지는 벌과금적 성격을 가지고 있다.
② 가산세는 해당 의무가 규정된 세법의 해당 국세의 세목으로 한다. 다만, **해당 국세를 감면하는 경우에는 가산세는 그 감면대상에 포함시키지 아니하는 것으로 한다.** 따라서 국세를 감면하더라도 당해 국세에 대한 가산세는 감면되지 않는다.

(2) 가산세의 부과
① 국가와 지방자치단체·지방자치단체 조합의 경우 가산세를 적용하지 않는다는 명시적인 규정이 없으므로 정부는 세법에서 규정한 의무를 위반한 경우 국가 등에게도 「국세기본법」 또는 세법에서 정하는 바에 따라 가산세를 부과할 수 있다.
② 「국세기본법」에서 규정하는 가산세는 신고의무나 납부의무 위반에 대한 세법의 기본적이고 공통적인 사항이다.
③ 개별 세법에서 각각 규정한 의무 위반에 대한 가산세는 해당 개별세법에서 정하고 있다.
④ **가산세는 납부할 세액에 가산하거나 환급받을 세액에서 공제한다.**

II 「국세기본법」상 가산세

(1) 무신고가산세
납세의무자가 법정신고기한까지 국세의 과세표준신고(예정신고·중간신고를 포함하며 「교육세법」에 따른 신고 중 금융·보험업자가 아닌 자의 신고와 「농어촌특별세법」·「종합부동산세법」에 따른 신고는 제외)를 하지 않는 경우 다음의 가산세를 부과한다.

구분	내용
① 법인세* 및 복식부기 의무자의 소득세 * 청산소득에 대한 법인세는 아래 ②의 방법을 적용한다.	㉠ 일반적인 경우: Max[ⓐ, ⓑ] 　ⓐ 무신고납부세액 × 20% 　ⓑ 수입금액 × $\frac{7}{10,000}$ ㉡ 부정행위에 해당하는 경우: Max[ⓐ, ⓑ] 　ⓐ 무신고납부세액 × 40% (역외거래에는 60%) 　ⓑ 수입금액 × $\frac{14}{10,000}$
② 이외의 세목	㉠ 일반적인 경우: 무신고납부세액 × 20% ㉡ 부정행위에 해당하는 경우: 무신고납부세액 × 40%(역외거래는 60%) ◉ 부가가치세 영세율과세표준 누락이 있는 경우 해당 과세표준의 0.5%를 위 금액에 더한다. ◉ 「부가가치세법」상 간이과세자로서 납부의무가 면제되는 경우에는 무신고가산세를 적용하지 아니한다.

① 무신고납부세액은 과세표준 신고를 하지 아니한 경우 그 신고로 납부하여야 할 세액을 의미하며, 여기에 가산세 및 이자 상당 가산액은 제외한다.
② 신고에는 예정신고와 중간신고를 포함한다. 예정신고 및 중간신고와 관련하여 가산세가 부과되는 부분에 대해서는 확정신고와 관련하여 가산세를 적용하지 아니한다.

(2) 과소신고·초과환급신고가산세

납세의무자가 법정신고기한까지 국세의 과세표준 신고(예정신고·중간신고를 포함하며 「교육세법」에 따른 신고 중 금융·보험업자가 아닌 자의 신고와 「농어촌특별세법」에 따른 신고는 제외)를 한 경우로서 납부세액을 과소신고하거나 환급세액을 초과신고한 경우 다음의 가산세를 부과한다.

구분	내용
① 법인세* 및 복식부기 의무자의 소득세 * 청산소득에 대한 법인세는 아래 ②의 방법을 적용한다.	㉠ 일반과소신고가산세 = 일반과소신고납부세액 × 10% ㉡ 부정과소신고가산세: Max[ⓐ, ⓑ] 　ⓐ 부정과소신고납부세액 × 40% (역외거래는 60%) + 과소신고납부세액 등에서 부정행위로 인한 과소신고납부세액 등을 뺀 금액의 100분의 10에 상당하는 금액 　ⓑ 부정과소신고 수입금액 × $\frac{14}{10,000}$
② 이외의 세목	㉠ 일반과소신고·초과환급신고가산세 = 일반과소신고납부세액 × 10% ㉡ 부정과소신고·초과환급신고가산세 = 부정과소신고납부세액 × 40% 　(역외거래에는 60%) ◎ 부가가치세 영세율과세표준 누락액이 있는 경우 해당 과세표준의 0.5%를 위 금액에 더한다.

① 과소신고납부세액은 납부할 세액을 신고하여야 할 세액보다 적게 신고하거나 환급받을 세액을 신고하여야 할 금액 보다 많이 신고한 경우 그 과소신고한 납부세액과 초과신고한 환급세액을 합한 금액을 의미하며 여기에 가산세 및 이자 상당 가산액은 제외한다.
② 과소신고납부세액에 일반과소신고납부세액과 부정과소신고납부세액이 모두 존재하는 경우로서 구분이 곤란한 경우 부정과소신고납부세액을 다음과 같이 계산하고 그 나머지를 일반과소신고납부세액으로 한다.

$$\text{부정과소신고납부세액} = \text{과소신고납부세액} \times \frac{\text{부정행위로 과소신고한 과세표준}}{\text{신고하여야 할 과세표준}}$$

③ 부가가치세의 경우 사업자가 아닌 자가 환급세액을 신고한 경우에도 적용한다.

(3) 납부지연가산세

납세의무자(연대납세의무자, 제2차 납세의무자 및 보증인 포함)가 법정납부기한까지 국세(인지세 제외)의 납부(중간예납·예정신고납부·중간신고납부 포함)를 하지 않거나 과소납부하거나 초과환급받은 경우 다음의 가산세를 부과한다.

납부지연가산세: ① + ②
① 지연이자 부분 = 미납부·과소납부세액(또는 초과환급세액) × 기간 × $\frac{2.2}{10,000}$
② 체납제재 부분 = 미납부·과소납부세액 × 3%

① 지연이자 부분의 기간
  ㉠ 법정납부기한의 다음날(초과환급받은 경우는 환급받은 날의 다음날)부터 납부일까지의 일수를 말한다. 단, 납부고지일부터 납부고지서에 따른 납부기한까지의 기간은 제외한다.
  ㉡ 납부고지서에 따른 납부기한의 다음날부터 납부일까지의 기간(「국세징수법」에 따라 지정납부기한·독촉장에 정하는 기한을 연장한 경우 그 연장기간은 제외)이 **5년을 초과하는 경우에는 그 기간은 5년으로 하며, 납부고지서상 고지세액이 납부고지서별·세목별 150만 원 미만인 경우 납부고지서에 따른 납부기한의 다음날부터 지연이자 부분은 적용하지 아니한다.**

② 체납제재 부분
  체납제재 부분은 국세를 납부고지서에 따른 납부기한까지 완납하지 아니한 경우에 한정한다.

③ 부가가치세
  ㉠ 사업자가 아닌 자가 부가가치세액을 환급받은 경우에도 적용한다.
  ㉡ 「부가가치세법」상 사업자가 납부기한까지 어느 사업장에 대한 부가가치세를 다른 사업장에 대한 부가가치세에 더하여 신고납부한 경우에는 지연이자 부분(법정납부기한의 다음날부터 납부고지일까지의 기간에 한정)을 적용하지 아니한다.

④ 법인세·소득세·부가가치세
  과세기간을 잘못 적용하여 신고납부한 경우에는 실제 신고납부한 날에 그 금액의 범위에서 당초 신고납부하였어야 할 과세기간에 대한 국세를 자진납부한 것으로 본다. 다만, 부정무신고와 부정과소신고에 해당하는 경우에는 그러하지 아니하다.

⑤ 상속세 및 증여세
  상속세 또는 증여세를 신고·납부한 경우로서 법정신고기한 이후 평가심의위원회를 거쳐서 상속재산 또는 증여재산을 평가하여 과세표준과 세액을 결정·경정한 경우에는 납부지연가산세를 적용하지 아니한다.

⑥ 인지세
  인지세(부동산 소유권 이전에 관한 증서에 대한 인지세는 제외한다)의 납부를 하지 않거나 과소납부한 경우에는 미납부·과소납부세액의 300%(법정납부기한이 지난 후 3개월 이내에 납부한 경우 100%, 3개월 초과 6개월 이내에 납부한 경우 200%)를 가산세로 한다.

(4) 원천징수 등 납부지연가산세

국세를 징수하여 납부할 의무(법인세·소득세의 원천징수 납부, 납세조합의 소득세 징수납부, 부가가치세 대리납부)를 지는 자가 **징수하여야 할 세액(납세조합은 징수한 세액)을 법정납부기한까지 납부하지 아니하거나 과소납부한 경우** 다음의 가산세를 부과한다.

$$\text{원천징수 등 납부지연가산세} = \text{미납부·미달납부세액} \times \text{Min}\left[3\% + \text{기간} \times \frac{2.2}{10,000},\ 50\%\right]$$

① 기간
  ㉠ 납부기한 다음날부터 납부일까지의 일수를 적용하되, 납부고지일부터 납부고지서상 납부기한까지의 기간은 제외한다.
  ㉡ 단, 납부고지서에 따른 납부기한 다음날부터 납부일까지의 기간(「국세징수법」에 따라 지정납부기한·독촉장에 정하는 기한을 연장한 경우 그 연장기간은 제외)이 5년을 초과하는 경우 그 기간은 5년으로 한다.
② 납부기한 다음날부터 납부고지일까지는 총한도율을 10%로 한다.
③ 2025년 1월 1일 및 2026년 1월 1일이 속하는 각 과세기간에 발생한 금융투자소득의 원천징수세액에 대한 납부지연가산세는 가산세율을 50% 감면한다.

> 가산세 = 미납세액 × 1.5% + 미납세액 × 미납일수 × 0.011%
> ※ 한도: 미납세액의 50%

Ⅲ 중복적용 배제

(1) 무신고가산세 및 과소신고·초과환급신고가산세 등 신고관련 가산세와 「법인세법」 또는 「소득세법」에 의한 무기장가산세가 동시에 적용되는 경우에는 각각 그 중 큰 금액에 해당하는 가산세만을 적용하고, 가산세액이 같은 경우에는 신고관련 가산세만을 적용한다.

(2) 다음 중 어느 하나의 사유로 상속세·증여세 과세표준을 과소신고한 경우 과소신고·초과환급신고가산세를 적용하지 아니하며 4의 경우 납부지연가산세도 적용하지 아니한다.

> 1. 신고 당시 소유권에 대한 소송 등의 사유로 상속·증여재산으로 확정되지 아니하였던 경우
> 2. 상속공제·증여공제의 적용에 착오가 있었던 경우
> 3. 「상속세 및 증여세법」의 규정에 따라 평가한 가액으로 과세표준을 결정한 경우
> 4. 법인세 과세표준 및 세액의 결정·경정으로 「상속세 및 증여세법」상 증여의제이익이 변경되는 경우(부정행위로 인하여 법인세 과세표준 및 세액을 결정·경정하는 경우는 제외)
> 5. 부담부증여 시 양도로 보는 부분에 대한 양도소득세 과세표준을 결정·경정한 경우(부정행위로 양도소득세의 과세표준을 과소신고한 경우는 제외)

✓ 단, 부정행위로 상속세·증여세의 과세표준 및 세액을 신고한 경우는 제외한다.

(3) 위 (2)항목 4에 해당하는 사유로 「소득세법」상 양도소득세 과세대상인 주식의 취득가액이 감소된 경우 이와 관련하여 과소신고한 부분에 대해서는 과소신고·초과환급신고가산세 및 납부지연가산세를 적용하지 아니한다.

(4) 원천징수 등 납부지연가산세가 적용되는 경우에는 납부지연가산세를 적용하지 아니한다.

(5) 예정신고 및 중간신고와 관련하여 무신고가산세 또는 과소신고·초과환급신고가산세가 부과되는 부분에 대해서는 확정신고와 관련하여 해당 가산세를 부과하지 아니하며 중간예납, 예정신고납부 및 중간신고납부와 관련하여 납부지연가산세가 부과되는 부분에 대해서는 확정신고납부와 관련하여 해당 가산세를 부과하지 아니한다.

> 💡 증여의제이익
> 특수관계법인과의 거래를 통한 이익의 증여 의제, 특수관계법인으로부터 제공받은 사업기회로 발생한 이익의 증여 의제, 특정법인과의 거래를 통한 이익의 증여 의제를 의미한다.

(6) 「부가가치세법」상 대손세액공제와 관련하여 공급받는 사업자가 대손세액을 매입세액에서 빼지 아니함으로써 공급받는 사업자의 부가가치세 과세표준을 결정 또는 경정하는 경우 대손세액에 상당하는 부분에 대해서는 무신고가산세, 과소신고·초과환급신고가산세 및 납부지연가산세를 적용하지 아니한다.

Ⅳ 가산세의 감면

(1) 가산세를 부과하지 않는 경우

① 그 부과의 원인이 되는 사유가 **천재지변** 등으로 인한 기한 연장 사유에 해당하는 경우
② 납세자가 의무를 이행하지 아니한 데에 **정당한 사유**가 있는 경우
③ 세법해석에 관한 질의·회신에 따라 신고·납부하였으나, 이후 다른 과세처분을 하는 경우
④ 「공익사업을 위한 토지 등의 취득 및 보상에 관한 법률」에 따른 토지 등의 수용 또는 사용, 「국토의 계획 및 이용에 관한 법률」에 따른 도시·군계획 또는 그 밖의 법령 등으로 인해 세법상 의무이행을 할 수 없게 된 경우
⑤ 「소득세법」 시행령에 따라 실손의료보험금을 의료비에서 제외할 때에 실손의료보험금 지급의 원인이 되는 의료비를 지출한 과세기간과 해당 보험금을 지급받은 과세기간이 달라 해당 보험금을 지급받은 후 의료비를 지출한 과세기간에 대한 소득세를 수정신고하는 경우(해당 보험금을 지급받은 과세기간에 대한 종합소득 과세표준 확정신고기한까지 수정신고하는 경우로 한정한다)

(2) 가산세를 감면하는 경우

① 가산세를 감면받으려는 자는 신청서를 관할 세무서장에게 제출하여야 한다.
② 과세표준신고서를 법정신고기한까지 제출한 자가 이를 **수정신고한 경우** 과소신고·초과환급신고가산세를 다음과 같이 감면한다(단, 경정할 것을 미리 알고 수정신고하는 경우는 제외한다). 또한, 수정신고만 하고 납부하지 않은 경우에도 수정신고에 의한 가산세를 감면한다.

내용	감면율
㉠ 법정신고기한이 지난 후 1개월 이내에 수정신고한 경우	90% 감면
㉡ 법정신고기한이 지난 후 1개월 초과 3개월 이내에 수정신고한 경우	75% 감면
㉢ 법정신고기한이 지난 후 3개월 초과 6개월 이내에 수정신고한 경우	50% 감면
㉣ 법정신고기한이 지난 후 6개월 초과 1년 이내에 수정신고한 경우	30% 감면
㉤ 법정신고기한이 지난 후 1년 초과 1년 6개월 이내에 수정신고한 경우	20% 감면
㉥ 법정신고기한이 지난 후 1년 6개월 초과 2년 이내에 수정신고한 경우	10% 감면

③ 과세표준신고서를 법정신고기한까지 제출하지 아니한 자가 **기한후신고한 경우** 무신고가산세를 다음과 같이 감면한다(단, 결정할 것을 미리 알고 기한후신고하는 경우는 제외한다). 기한후신고만 하고 세액을 납부하지 않은 경우에도 기한후신고에 의한 가산세를 감면한다.

기출 Check 18년 7급

33 「국세기본법」상 수정신고에 대한 설명으로 옳지 않은 것은?
① 「소득세법」 제73조 제1항 제1호(근로소득만 있는 자)에 따라 소득세 과세표준확정신고의무가 면제되는 자는 수정신고를 할 수 있는 자에 해당한다.
② 적법한 수정신고를 하였더라도 그 신고로 인하여 납세의무 확정효력이 발생하지 않는 경우도 있다.
③ 과세표준신고액에 상당하는 세액을 자진납부하는 국세에 관하여 수정신고를 한 자는 과소신고세액 등을 추가로 납부하여야 하는데 이를 납부하지 않은 경우에는 수정신고에 따른 과소신고가산세를 감면해주지 않는다.
④ 납세자의 과소신고에 대해 관할 세무서장이 해당 세법에 따라 과세표준과 세액을 경정하여 통지한 경우 그 경정통지한 부분에 대해서는 수정신고를 할 수 없다.

➡ ③
해설 신고서를 제출한 것에 관하여 가산세를 감면하는 것이므로 수정신고만 하고 납부하지 않은 경우에도 과소신고가산세를 감면한다.

내용	감면율
㉠ 법정신고기한이 지난 후 1개월 이내에 기한후신고를 한 경우	50% 감면
㉡ 법정신고기한이 지난 후 1개월 초과 3개월 이내에 기한후신고를 한 경우	30% 감면
㉢ 법정신고기한이 지난 후 3개월 초과 6개월 이내에 기한후신고를 한 경우	20% 감면

④ 예정신고 누락분을 확정신고기한까지 신고한 경우의 가산세 감면

다음 중 어느 하나에 해당하는 경우 해당 가산세액에서 다음의 금액을 감면한다. 다만, 과세표준과 세액을 경정·결정할 것을 미리 알고 과세표준신고를 한 경우는 제외한다.

내용	감면율
㉠ 세법에 따른 예정신고기한(또는 중간신고기한)까지 예정신고(또는 중간신고)를 하였으나 과소신고하거나 초과신고한 경우로서 확정신고기한까지 과세표준을 수정하여 신고한 경우	해당 기간에 부과되는 과소신고·초과환급신고가산세×50%
㉡ 세법에 따른 예정신고기한(또는 중간신고기한)까지 예정신고(또는 중간신고)를 하지 않았으나 확정신고기한까지 과세표준신고를 한 경우	해당 기간에 부과되는 무신고가산세×50%

⑤ 과세전적부심사 결정·통지 지연에 따른 가산세 감면

과세전적부심사 결정·통지기간에 그 결과를 통지하지 않은 경우에는 결정·통지가 지연됨으로써 해당 기간에 부과되는 납부지연가산세의 50%를 감면한다.

⑥ 제출 등 의무이행의 조기협력에 따른 가산세 감면

세법에 따른 제출, 신고, 가입, 등록, 개설(이하 "제출 등")의 기한이 지난 후 1개월 이내에 해당 세법에 따른 제출 등의 의무를 이행하는 경우 제출 등의 의무위반에 대하여 세법에 따라 부과되는 가산세의 50%를 감면한다.

(3) 경정할 것을 미리 알고 제출하는 경우

과세표준과 세액을 경정할 것을 미리 알고 과세표준수정신고서를 제출한 경우에는 감면대상에서 제외한다.

① 해당 국세에 관하여 세무공무원이 조사를 착수할 것을 알고 과세표준신고서 또는 기한후과세표준신고서를 제출한 경우

② 해당 국세에 관하여 관할 세무서장으로부터 과세자료 해명 통지를 받고 과세표준수정신고서를 제출한 경우

Ⅴ 가산세 한도

「소득세법」, 「법인세법」, 「부가가치세법」, 「상속세 및 증여세법」, 「조세특례제한법」에 따른 가산세 중 지급명세서제출불성실가산세, 법정증빙미수취가산세 등 단순 협력의무위반에 관련된 가산세에 대해서는 그 **의무위반의 종류별로 각각 5천만 원(비중소기업은 1억 원)** 을 한도로 한다. 이 경우 법인세, 소득세, 부가가치세는 그 과세기간 단위로, 상속세 및 증여세는 동법에 따라 의무를 이행하여야 할 기간 단위로 구분하여 가산세 한도규정을 적용한다. 다만, 해당 의무를 **고의적으로 위반한 경우에는 그러하지 아니하다.**

기출 Check 15년 7급

34 「국세기본법」상 가산세에 대한 설명으로 옳지 않은 것은?

① 세법에 따른 제출기한이 지난 후 1개월 이내에 해당 세법에 따른 제출의무를 이행하는 경우 제출의무 위반에 대하여 세법에 따라 부과되는 해당 가산세액의 100분의 50에 상당하는 금액을 감면한다.

② 납세자가 의무를 이행하지 아니한 데 대한 정당한 사유가 있는 때에는 해당 가산세를 부과하지 아니한다.

③ 가산세는 해당 의무가 규정된 세법의 해당 국세의 세목으로 하며, 해당 국세를 감면하는 경우에는 가산세도 그 감면대상에 포함한 것으로 한다.

④ 가산세 부과의 원인이 되는 사유가 「국세기본법」에 따른 기한연장 사유에 해당하는 경우에는 해당 가산세를 부과하지 아니한다.

6 ③

해설 가산세는 해당 의무가 규정된 세법의 해당 국세의 세목으로 하며, 해당 국세를 감면하는 경우에는 가산세는 그 감면대상에 포함시키지 않는다.

CHAPTER 07 국세의 환급

제1절 국세환급금의 처리절차

I 국세환급금의 결정

(1) 세무서장은 납세의무자가 국세 및 강제징수비로서 납부한 금액 중 잘못 납부하거나 초과하여 납부한 금액이 있거나 세법에 따라 환급하여야 할 환급세액이 있을 때에는 **즉시 이를 국세환급금으로 결정하여야 한다.** 이 경우 착오납부·이중납부로 인한 환급청구는 국세환급신청서에 의한다.

(2) 법인세, 소득세, 부가가치세의 **과세기간을 잘못 적용하여 신고납부한 경우는 납부지연가산세의 대상에서 배제됨과 아울러 국세환급결정의 대상에서도 제외된다.**

II 국세환급금의 종류

(1) **잘못 납부한 금액**

   납부 또는 징수의 기초가 된 신고(신고납세의 경우) 또는 부과처분(부과과세의 경우)이 부존재하거나 당연무효임에도 불구하고 납부 또는 징수된 세액을 말한다.

(2) **초과납부액**

   신고 또는 부과처분이 당연무효는 아니나 그 후 취소 또는 경정됨으로써 그 전부 또는 일부가 감소된 세액을 말한다.

(3) **환급세액**

   적법하게 납부 또는 징수되었으나 그 후 국가가 보유할 정당한 이유가 없게 되어 각 개별세법에서 환급하기로 정한 세액을 말한다.

   > **참고** 환급세액이 발생하는 경우
   >
   > 1. 당초에 적법하게 중간예납이나 원천납부한 금액 등이 최종적으로 확정된 세액을 초과하는 경우
   > 2. 적법한 납부 후에 감면을 받거나 법령이 개정되어 납부의무가 소멸되는 경우
   > 3. 부가가치세에 있어서 매입세액이 매출세액을 초과하는 경우

Ⅲ 국세환급청구권의 확정

국세환급금은 모두 조세채무가 처음부터 존재하지 않거나 그 후 소멸되었음에도 불구하고 국가가 법률상 원인 없이 수령하거나 보유하고 있는 부당이득에 해당한다.

(1) 잘못 납부한 금액
부당이득의 반환을 구하는 것이므로 처음부터 법률상 원인이 없었으니 납부 또는 징수시에 이미 확정되어 있다.

(2) 초과납부액
신고 또는 부과처분의 취소 또는 경정에 의하여 조세채무의 전부 또는 일부가 소멸한 때에 확정된다.

(3) 환급세액
각 개별세법에서 규정한 환급 요건에 따라 확정된다.

Ⅳ 국세환급금 발생일

① 착오납부, 이중납부 또는 납부의 기초가 된 신고 또는 부과의 취소·경정에 따라 환급하는 경우: 그 국세의 납부일(분할납부된 것인 경우에는 그 마지막 납부일)
   중간예납액 또는 원천징수에 따른 납부액인 경우에는 그 세목의 법정신고기한 만료일을 납부일로 한다.
② 적법하게 납부된 국세의 감면으로 환급하는 경우: 그 감면 결정일
③ 적법하게 납부된 후 법률이 개정되어 환급하는 경우: 그 개정된 법률의 시행일
④ 「소득세법」, 「법인세법」, 「부가가치세법」, 「개별소비세법」, 또는 「주세법」에 따른 환급세액의 신고 또는 신고한 환급세액의 경정으로 인하여 환급하는 경우: 그 신고일(다만, 환급세액을 신고하지 아니하여 결정에 따라 환급하는 경우에는 해당 결정일로 한다)
⑤ 원천징수의무자가 연말정산 또는 원천징수하여 납부한 세액을 경정청구에 의하여 환급하는 경우: 연말정산세액 또는 원천징수세액 납부기한의 만료일
⑥ 근로장려금을 환급하는 경우: 근로장려금의 결정일

기출 Check 21년 9급

35 국세기본법령상 국세환급금의 발생일로 옳지 않은 것은?

① 적법하게 납부된 후 법률이 개정되어 환급하는 경우: 당초 과세표준 신고일
② 원천징수의무자가 원천징수하여 납부한 세액을 「국세기본법」 제45조의2 제5항에 따른 경정청구에 따라 환급하는 경우: 원천징수세액 납부기한의 만료일
③ 「조세특례제한법」에 따라 근로장려금을 환급하는 경우: 근로장려금의 결정일
④ 적법하게 납부된 국세의 감면으로 환급하는 경우: 그 감면 결정일

답 ①
해설 적법하게 납부된 후 법률이 개정되어 환급하는 경우: 그 개정된 법률의 시행일

제2절 충당

충당이란 결정된 **국세환급금과 납세자의 조세채무를 상계**하는 것을 말한다. 충당으로 납세의무는 소멸한다.

I 신청에 의한 충당

납부고지에 의하여 납부하는 국세(납부기한 전 징수 사유에 해당하는 경우는 제외)와 세법에 따라 자진납부하는 국세는 **납세자가 동의하는 경우에 한하여 충당**한다. 이 경우 **충당청구를 한 날에 해당 국세를 납부한 것으로 본다.**
단, 납부고지에 의해 납부하는 국세의 경우 납부기한 전 징수 사유에 해당하면 동의 없이 충당이 가능하다.

II 세무서장에 의한 직권충당

체납된 국세 및 강제징수비(다른 세무서에 체납된 부분 포함)와 납부기한 전 징수사유에 해당하는 납부고지에 의하여 납부하는 국세는 납세자의 의사와 관계없이 세무서장이 직권으로 충당한다. 이 경우 체납된 국세 및 강제징수비와 국세환급금은 체납된 국세의 법정납부기한과 국세환급금 발생일 중 늦은 때로 소급하여 대등액에 관하여 소멸한 것으로 본다(소급효 인정).

III 국세환급금 충당 순서

(1) 국세환급금을 충당할 경우 **체납된 국세 및 강제징수비에 우선 충당하여야 한다.**

(2) 다만, 납세자가 납부고지에 의하여 납부하는 국세에 충당하는 것을 동의하거나 신청한 경우에는 납부고지에 의하여 납부하는 국세에 우선 충당하여야 한다.

(3) 충당할 국세환급금이 2건 이상인 경우에는 소멸시효가 먼저 도래하는 것부터 충당하여야 한다.

IV 원천징수세액 간의 충당

(1) 원천징수의무자가 원천징수하여 납부한 세액에서 환급받을 환급세액이 있는 경우 그 환급액은 그 원천징수의무자가 원천징수하여 납부하여야 할 **세액에 충당하고 남은 금액을 환급**한다.

(2) 다른 세목의 원천징수세액의 충당은 「소득세법」에 따른 원천징수이행상황신고서에 그 충당·조정명세를 기재하여 신고한 경우에만 충당할 수 있다.

(3) 다만, 그 원천징수의무자가 즉시 환급해 줄 것을 요구하는 경우나 원천징수하여 납부하여야 할 세액이 없는 경우에는 즉시 환급한다.

제3절 국세환급금의 지급

I 지급기한

(1) 세무서장은 국세환급금 중 충당한 후 남은 금액은 **국세환급금의 결정을 한 날부터 30일 이내**에 납세자에게 지급(계좌이체 지급 또는 현금지급)하여야 한다.

(2) 세무서장은 해당 연도의 소관세입금 중에서 납세자에게 이를 지급하도록 한국은행에 통지해야 한다.

(3) 계좌이체 방식으로 지급할 수 없는 경우 현금으로 지급하며, 지급금액, 지급이유, 수령방법, 지급장소, 지급요구일, 그 밖에 필요한 사항을 명시한 **국세환급금통지서**를 납세자에게 송부하여야 한다.

(4) 국세환급금통지서는 등기우편으로 송달하되 **5만 원 미만**의 금액을 현금지급 방식으로 지급하는 경우에는 **일반우편**으로 송달할 수 있다.

II 소액 잔여금의 충당

국세환급금 중 충당한 후 남은 금액이 **20만 원 이하**이고, **지급결정을 한 날부터 1년 이내**에 환급이 이루어지지 아니하는 경우에는 이를 **납부고지에 의하여 납부하는 국세에 충당**할 수 있으며 **이 경우 납세자의 동의가 있는 것으로 본다.** 이 경우 국세환급금이 발생한 세목과 같은 세목이 있는 경우 같은 세목에 우선 충당하며, 국세환급금이 2건 이상인 경우에는 소멸시효가 먼저 도래하는 것부터 충당하여야 한다. 국세환급가산금은 지급결정을 한 날까지 기산한다.

III 실질귀속자에 대한 환급

과세의 대상이 되는 소득, 수익, 재산, 행위 또는 거래의 귀속이 명의일 뿐이고 실질귀속자가 따로 있어 명의대여자에 대한 과세를 취소하고 실질귀속자를 납세의무자로 하여 과세하는 경우 **명의대여자 대신 실질귀속자가** 납부한 것으로 확인된 금액은 실질귀속자의 **기납부세액으로 먼저 공제**하고 남은 금액이 있는 경우에는 실질귀속자에게 환급한다.

IV 국세환급금 권리의 양도

납세자는 **국세환급금에 관한 권리를 타인에게 양도할 수 있다.** 이 경우 납세자는 **세무서장이 국세환급금통지서를 발급하기 전에 문서로** 세무서장에게 양도를 요구하여야 하며, 이와 같은 요구를 받은 세무서장은 양도인 또는 양수인이 납부할 국세 및 강제징수비가 있으면 그 국세 및 강제징수비에 충당하고, 남은 금액에 대해서는 양도의 요구에 지체 없이 따라야 한다.

제4절 국세환급가산금

I 국세환급가산금의 개념

국세환급가산금이란 **국세환급금을 충당하거나 지급할 때 이에 가산하는 법정이자 상당액**을 말한다. 다만, 경정 등의 청구 및 이의신청, 심사청구, 심판청구, 감사원 심사청구 또는 행정소송 등을 제기하지 아니한 사항에 대하여 과세관청의 직권처분을 요청하는 <u>**고충민원의 처리에 따라 국세환급금을 충당하거나 지급하는 경우에는 국세환급가산금을 지급하지 아니한다.**</u>

II 국세환급가산금의 계산

> 국세환급가산금 = 국세환급금 × 이자율 × 이자계산기간

(1) 이자율

시중은행의 1년 만기 정기예금 평균 수신금리를 고려하여 기획재정부령으로 정하는 이자율을 말한다. 다만, 납세자가 「국세기본법」상 불복청구, 「감사원법」상 심사청구, 「행정소송법」상 소송을 제기하여 그 결정·판결에 따라 국세환급금을 지급하는 경우로서 그 결정·판결이 확정된 날부터 40일 이후에 국세환급금을 지급하는 경우에는 이자율을 1.5배를 할증하여 적용한다.

(2) 이자계산기간

① 국세환급가산금은 **다음에 정하는 날의 다음날**을 기산일로 하여 충당하는 날 또는 지급결정을 하는 날까지의 기간에 대하여 계산한다.
② 구분
  ㉠ 착오납부, 이중납부 또는 납부 후 그 납부의 기초가 된 신고 또는 부과를 경정하거나 **취소함에 따라 발생한 국세환급금**: **국세납부일**(분할납부된 것에 대해서는 그 마지막 납부일로 하되, 환급액이 마지막 납부액을 초과하는 경우에는 그 금액이 될 때까지 납부일 순서로 소급하여 계산한 국세의 각 납부일)
  ㉡ 적법하게 납부된 국세의 감면으로 발생한 국세환급금: **감면 결정일**
  ㉢ 적법하게 납부된 후 법률이 개정되어 발생한 국세환급금: **그 개정된 법률의 시행일**
  ㉣ 「소득세법」,「법인세법」,「부가가치세법」,「개별소비세법」,「주세법」 또는 「교통·에너지·환경세법」에 따른 환급세액의 신고, 경정 또는 결정으로 인하여 환급하는 경우: 신고를 한 날(신고한 날이 법정신고기일 전인 경우에는 해당 법정신고기일)부터 30일이 지난날 [다만, 환급세액을 법정신고기한까지 신고하지 않음에 따른 결정으로 인하여 환급하는 경우에는 해당 결정일부터 30일이 지난날(세법에서 환급기한을 정하고 있는 경우에는 그 환급기한의 다음날)]

제5절 국세환급금의 반환청구와 소멸시효

I 국세환급금의 반환청구

세무서장이 국세환급금의 결정이 취소됨에 따라 이미 충당 또는 지급된 금액의 반환을 청구하는 경우에는 「국세징수법」상의 고지·독촉 및 강제징수의 절차를 따른다.

II 국세환급금의 소멸시효

(1) 소멸시효의 완성

① 납세자의 국세환급금과 국세환급가산금에 관한 권리는 **이를 행사할 수 있는 때(국세환급가산금의 기산일)부터 5년간 행사하지 않으면 소멸시효가 완성**된다.
② 다만, 납부 후 그 납부의 기초가 된 신고 또는 부과를 경정하거나 취소하는 경우에는 경정결정일 또는 부과취소일부터 소멸시효를 기산한다.

(2) 소멸시효의 중단

① 과세환급금의 소멸시효에 관하여 「국세기본법」 또는 세법에 특별한 규정이 있는 경우를 제외하고는 「민법」에 따른다. 이 때 국세환급금과 국세환급가산금을 과세처분의 취소 또는 무효확인청구의 소 등 행정소송으로 청구한 경우 시효의 중단에 관하여 「민법」상 소멸시효의 중단사유 중 하나인 '청구'를 한 것으로 본다.
② 다만, 소멸시효는 세무서장이 환급청구를 촉구하기 위하여 **납세자에게 하는 환급청구의 안내·통지 등으로 인하여 중단되지 아니한다**.

기출 Check 20년 7급

36 「국세기본법」상 국세의 환급에 대한 설명으로 옳지 않은 것은?

① 국세환급금의 소멸시효는 세무서장이 납세자의 환급청구를 촉구하기 위하여 납세자에게 하는 환급청구의 통지로 인하여 중단되지 아니한다.
② 국세환급금과 국세환급가산금을 과세처분의 취소 또는 무효확인청구의 소 등 행정소송으로 청구한 경우 시효의 중단에 관하여 「민법」에 따른 청구를 한 것으로 본다.
③ 납세자가 상속세를 물납한 후 그 부과의 전부 또는 일부를 취소하거나 감액하는 경정 결정에 따라 환급하는 경우에는 해당 물납재산으로 환급하면서 국세환급가산금도 지급하여야 한다.
④ 2020년 1월 1일 이후 국세를 환급하는 분부터 과세의 대상이 되는 소득의 귀속이 명의일 뿐이고 실질귀속자가 따로 있어 명의대여자에 대한 과세를 취소하고 실질귀속자를 납세의무자로 하여 과세하는 경우 명의대여자 대신 실질귀속자가 납부한 것으로 확인된 금액은 실질귀속자의 기납부세액으로 먼저 공제하고 남은 금액이 있는 경우에는 실질귀속자에게 환급한다.

6 ③
해설 물납재산에 대한 환급시 국세환급가산금을 지급하지 않는다.

제6절 물납재산의 환급

I 물납재산의 환급 개요

(1) 납세자가 「상속세 및 증여세법」의 규정에 의하여 상속세를 물납한 후 그 부과의 전부 또는 일부를 취소하거나 감액하는 경정결정에 따라 환급하는 경우에는 **해당 물납재산으로 환급**하여야 한다.

(2) **물납재산으로 환급하는 경우에는 국세환급가산금을 지급하지 아니한다.**

II 물납재산의 환급순서

물납재산을 환급하는 경우 환급의 순서에 관하여 납세자의 신청이 있는 때에는 그 ① 신청에 의하여 관할세무서장이 환급하고, 납세자의 신청이 없는 때에는 ② 「상속세 및 증여세법」에서 규정하는 **물납충당재산의 허가순서의 역순**으로 환급한다.

III 물납재산의 관리비용 및 과실의 귀속

(1) 물납재산을 환급하는 경우에 국가가 물납재산을 유지 또는 관리하기 위하여 지출한 비용은 **국가의 부담**으로 한다. 다만, 국가가 물납재산에 대하여 「법인세법」의 규정에 의한 **자본적 지출을 한 경우에는 이를 납세자의 부담으로 한다.**

(2) 물납재산을 환급하는 경우 **물납재산의 수납 이후 발생한 법정과실(임대료, 이자 등)과 천연과실(과일, 달걀, 우유 등)은 납세자에게 환급하지 아니하고 국가에 귀속된다.**

IV 물납재산의 환급이 적용되지 않는 경우(예외적으로 금전으로 환급)

당해 물납재산이 다음에 해당하는 경우에는 물납재산의 환급에 관한 규정을 적용하지 아니하고 일반적인 환급규정을 적용하여 금전으로 환급해야 한다.
① 당해 물납재산이 **매각**된 경우
② 당해 물납재산이 **성질상 분할하여 환급하는 것이 곤란**한 경우
③ 당해 물납재산이 **임대 중에 있거나 다른 행정용도로 사용**되고 있는 경우
④ 사용계획이 수립되어 당해 물납재산으로 환급하는 것이 곤란하다고 인정되는 경우 등 국세청장이 정하는 경우

CHAPTER 08 조세불복절차

제1절 조세불복제도의 개요

I 조세불복제도

「국세기본법」은 과세관청의 위법 또는 부당한 처분으로 인하여 권리나 이익을 침해 당한 자를 구제하기 위하여 조세불복제도에 관한 규정을 두고 있다. 불복청구는 이처럼 「국세기본법」 또는 세법에 따른 처분으로 인하여 권리나 이익을 침해당한 자가 그 처분의 취소 또는 변경이나 필요한 처분을 청구하는 것을 말한다.

II 국세불복절차

불복청구인은 「국세기본법」 및 「감사원법」의 규정에 따라 다음 중 하나의 불복절차를 선택하여야 한다. 이 경우 **이의신청은 임의절차이므로 생략이 가능하다**(원칙적 1심급, 선택적 2심급).

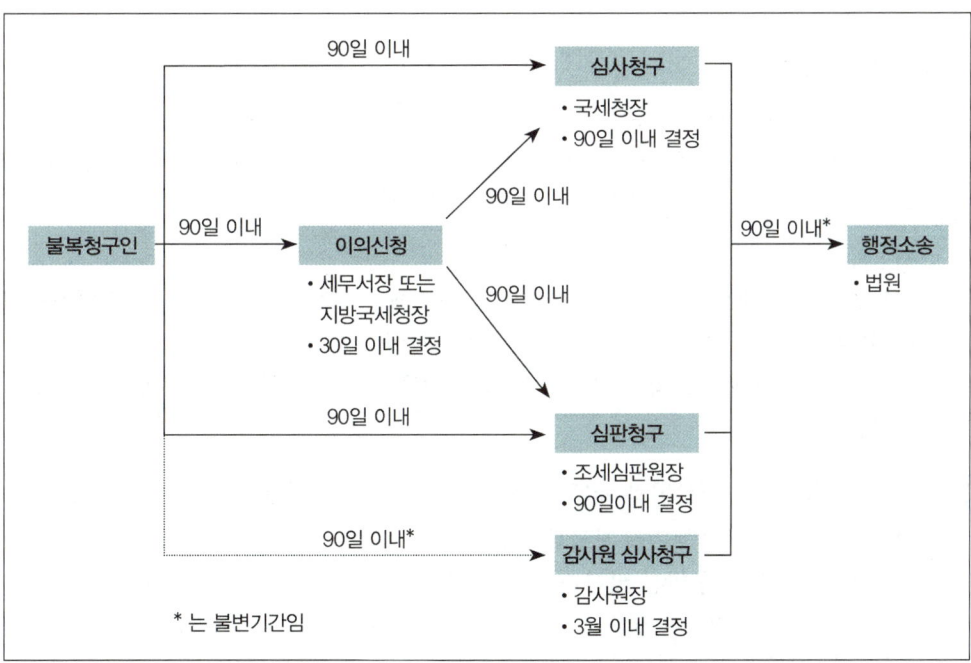

기출 Check	13년 9급

37 「국세기본법」상 불복절차에 대한 설명으로 옳지 않은 것은?
① 세법상의 처분에 의해 권리나 이익의 침해를 당한 자가 행정소송을 제기하기 위해서는 「국세기본법」상의 심사청구 또는 심판청구를 거치거나 「감사원법」상의 심사청구를 거쳐야 한다.
② 제2차 납세의무자로서 납부고지서를 받은 자나 보증인도 이해관계인으로서 위법한 처분을 받은 자의 처분에 대하여 취소 또는 변경을 청구할 수 있다.
③ 국세청장의 과세표준 조사·결정에 따른 처분에 대하여 불복하려는 자는 이의신청을 거친 후에 또는 이의신청을 거치지 아니하고, 심사청구 또는 심판청구를 제기할 수 있다.
④ 세법상의 처분에 대한 불복으로 「행정심판법」상의 행정심판을 청구할 수 없다.

❻ ③
해설 불복의 대상인 처분이 국세청장이 조사·결정 또는 처리하였거나 하였어야 할 것인 경우에는 이의신청이 배제된다.

(1) 원칙적 1심급

「국세기본법」에 따른 불복은 국세청장에 대한 심사청구 또는 조세심판원장에 대한 심판청구에 의한다. 동일한 처분에 대하여 심사청구와 심판청구를 중복하여 제기할 수 없다. 또한, 「감사원법」에 따라 심사청구를 하는 경우에는 「국세기본법」에 의한 심사청구 또는 심판청구를 할 수 없다(「국세기본법」과 「감사원법」은 선택적 지위에 있어 둘 중 하나를 선택할 수 있다).

(2) 선택적 2심급

불복청구인은 심사청구 또는 심판청구 이전에 소관 세무서장 또는 소관 지방국세청장에게 이의신청을 할 수도 있다. 이의신청에 따른 결정 이후에 심사청구 또는 심판청구를 제기할 수 있으므로 이의신청을 거친 이후에 심사청구 또는 심판청구를 제기할 경우 2심급이 된다. 다만, 불복의 대상인 처분이 국세청장이 조사·결정 또는 처리하였거나 하였어야 할 것인 경우에는 이의신청이 배제된다(국세청장이 소관 세무서장, 지방국세청장보다 상위 조직이므로 상위조직의 조사·결정을 하급 조직에서 이의신청으로 다룰 수 없기 때문이다).

> **참고** 이의신청을 관할 지방국세청장에게 제기하여야 하는 경우
> 1. 지방국세청장의 조사에 따라 과세처분을 한 경우
> 2. 세무서장에게 과세전적부심사를 청구한 경우

Ⅲ 행정소송

(1) 행정심판전치주의

위법한 처분에 대한 행정소송은 「국세기본법」 또는 「감사원법」에 의한 불복절차를 경유하지 아니하면 제기할 수 없다. 다만, 심사청구 또는 심판청구에 대한 재조사 결정에 따른 처분청의 처분에 대한 행정소송은 그러하지 아니하다.

(2) 행정소송

국세처분에 대한 행정소송은 「행정소송법」의 규정에 불구하고 심사청구·심판청구에 대한 결정의 통지를 받은 날부터 90일 이내에 제기하여야 한다.
다만, 결정기간 내에 결정의 통지를 받지 못한 경우에는 그 결정기간이 지난날부터 행정소송을 제기할 수 있다.

(3) 재조사 결정에 따른 처분청의 처분에 대한 행정소송 제기 기한

① 심사청구 또는 심판청구를 거치지 아니하고 제기하는 경우: 재조사 후 행한 처분청의 처분의 결과 통지를 받은 날부터 90일 이내 [다만, 처분기간(조사의 연기, 조사기간 연장, 조사 중지의 경우 해당 기간 포함)에 처분청의 처분 결과 통지를 받지 못하는 경우에는 그 처분기간이 지난날부터 행정소송을 제기할 수 있다]
② 심사청구 또는 심판청구를 거쳐 제기하는 경우: 재조사 후 행한 처분청의 처분에 대하여 제기한 심사청구 또는 심판청구에 대한 결정의 통지를 받은 날부터 90일 이내 (다만, 결정기간에 결정의 통지를 받지 못하는 경우에는 그 결정기간이 지난날부터 행정소송을 제기할 수 있다)

제2절 불복청구

I 불복청구

(1) 불복청구의 대상

「국세기본법」 또는 세법에 따른 처분으로서 위법 또는 부당한 처분을 받거나, 필요한 처분을 받지 못함으로 인하여 권리나 이익을 침해당한 자는 그 처분의 취소 또는 변경을 청구하거나 필요한 처분을 청구할 수 있다(개괄주의). 다만, 다음의 경우는 그러하지 아니하다.

> ① 「조세범 처벌절차법」에 따른 통고처분
> ② 「감사원법」에 따라 심사청구를 한 처분이나 그 심사청구에 대한 처분
> ③ 「국세기본법」 및 세법에 따른 과태료 부과처분

(2) 불복청구의 제한

① 심사청구 또는 심판청구에 대한 처분에 대해서는 이의신청, 심사청구 또는 심판청구를 제기할 수 없다. 다만, 재조사 결정에 따른 처분청의 처분에 대해서는 해당 재조사 결정을 한 재결청에 대하여 심사청구 또는 심판청구를 제기할 수 있다.
② **이의신청에 대한 처분과 재조사 결정에 따른 처분청의 처분에 대해서는 이의신청을 할 수 없다.**
③ 동일한 처분에 대해서는 심사청구와 심판청구를 중복하여 제기할 수 없다.

II 불복청구인 및 대리인

(1) 불복청구인

① 불복청구를 할 수 있는 자는 위법 또는 부당한 처분을 받거나 필요한 처분을 받지 못하여 권리나 이익을 침해당한 **직접적인 당사자뿐만 아니라 다음의 이해관계인도 포함**된다.
② 포함되는 이해관계인
  ㉠ **제2차 납세의무자로서 납부고지서를 받은 자**
  ㉡ 양도담보권자의 물적납세의무를 지는 자로서 납부고지서를 받은 자
  ㉢ 「부가가치세법」상 신탁 관련 수탁자의 물적납세의무를 지는 자로서 납부고지서를 받은 자
  ㉣ 「종합부동산세법」상 신탁주택·신탁토지 관련 수탁자의 물적납세의무를 지는 자로서 납부고지서를 받은 자
  ㉤ 보증인

(2) 대리인

① 일반적인 경우
불복청구인과 처분청은 변호사, 세무사 또는 「세무사법」에 따라 등록한 공인회계사를 대리인으로 선임할 수 있다.

통고처분
통고처분은 세무서장 등이 범칙자에게 벌금 등을 납부할 것을 통지하는 행위이다. 지방국세청장 또는 세무서장은 조세범칙행위의 확증을 얻었을 때에는 그 대상이 되는 자에게 벌금상당액, 몰수, 몰취 물품, 추징금에 해당하는 금액을 납부할 것을 통고할 수 있다.

기출 Check 16년 7급
38 「국세기본법」상 불복에 대한 설명으로 옳지 않은 것은?
① 이의신청을 하는 경우에 조사한 세무서장과 과세처분한 세무서장이 서로 다른 경우에는 과세처분한 세무서장의 관할 지방국세청장에게 하여야 한다.
② 이의신청, 심사청구 또는 심판청구의 재결청은 결정서에 그 결정서를 받은 날부터 90일 이내에 이의신청인은 심사청구 또는 심판청구를, 심사청구인 또는 심판청구인은 행정소송을 제기할 수 있다는 내용을 적어야 한다.
③ 대리인은 본인을 위하여 그 신청 또는 청구에 관한 모든 행위를 할 수 있으므로 그 신청 또는 청구의 취하에 있어서도 특별한 위임을 받을 필요는 없다.
④ 이의신청, 심사청구 또는 심판청구는 세법에 특별한 규정이 있는 것을 제외하고는 해당 처분의 집행에 효력을 미치지 아니하나 해당 재결청이 필요하다고 인정할 때에는 그 처분의 집행을 중지하게 하거나 중지할 수 있다.

❻ ③
해설 대리인은 본인을 위하여 그 신청 또는 청구에 관한 모든 행위를 할 수 있다. 다만, 그 신청 또는 청구의 취하는 특별한 위임을 받은 경우에만 할 수 있다.

② 청구의 대상이 소액인 경우(대리인 선임)
  ㉠ 불복청구인은 불복청구의 대상이 5천만 원(지방세는 2천만 원) 미만인 경우에는 그 배우자, 4촌 이내의 혈족 또는 그 배우자의 4촌 이내의 혈족을 대리인으로 선임할 수 있다.
  ㉡ 대리인은 본인을 위하여 그 신청 또는 청구에 관한 모든 행위를 할 수 있다. 다만, 그 신청 또는 청구의 **취하는 특별한 위임을 받은 경우에만 할 수 있다.**
  ㉢ 대리인의 권한은 서면으로 증명해야 한다. 대리인을 해임한 경우 그 사실을 서면으로 해당 재결청에 신고하여야 한다.

(3) **국선대리인**
  ① 이의신청인 등은 재결청에, 과세전적부심사 청구인은 해당 통지를 한 세무서장이나 지방 국세청장에게 다음 요건을 모두 갖추어 변호사, 세무사 또는 「세무사법」에 따라 등록한 공인회계사를 국선대리인으로 선정하여 줄 것을 신청할 수 있다.
    ㉠ 불복청구인의 「소득세법」에 따른 **종합소득금액이 5천만 원 이하**이고, 소유 재산의 합계액이 5억 원 이하일 것
    ㉡ 영세법인에 해당할 것 : 수입금액의 경우 3억 원 이하이고 자산가액의 경우 5억 원 이하일 것
    ㉢ **5천만 원 이하인 신청 또는 청구일 것**
    ㉣ **상속세, 증여세 및 종합부동산세가 아닌 세목에 대한 신청 또는 청구일 것**
  ② 재결청은 국선대리인 선정 신청이 요건을 모두 충족하는 경우 **지체 없이** 국선대리인을 선정하고, 신청을 받은 날부터 5일 이내에 그 결과를 불복청구인과 국선대리인에게 각각 통지하여야 한다.
  ③ 국선대리인은 본인을 위하여 그 신청 또는 청구에 관한 모든 행위를 할 수 있다. 다만, <u>그 신청 또는 청구의 취하는 특별한 위임을 받은 경우에만 할 수 있다.</u>

> 소유 재산은 토지, 건축물 및 주택, 승용자동차, 전세금(임차보증금 포함), 골프회원권 및 콘도미니엄회원권, 주식 또는 출자지분을 말한다.

> 종합소득금액은 소득세 신고기한 이전에 국선대리인 선정을 신청하는 경우 그 신청일이 속하는 과세기간의 전전 과세기간의 종합소득금액을 대상으로 하고, 그 신고기한 이후에 신청하는 경우 그 신청일이 속하는 과세기간의 직전 과세기간의 종합소득금액을 대상으로 한다.

Ⅲ 불복청구가 집행에 미치는 효력

(1) **집행부정지의 원칙**

불복청구를 하더라도 세법에 특별한 규정이 있는 것을 제외하고는 **해당 처분의 집행에 효력을 미치지 아니한다.**

(2) **집행부정지의 원칙의 예외**
  ① 재결청이 필요하다고 인정할 때
    ㉠ 재결청이 처분의 집행 또는 절차의 속행 때문에 불복청구인에게 **중대한 손해**가 생기는 것을 예방할 필요성이 긴급하다고 인정할 때에는 처분의 집행 또는 절차 속행의 전부 또는 일부의 정지를 결정할 수 있다.
    ㉡ 재결청은 집행정지 또는 집행정지의 취소에 관하여 심리·결정하면 지체 없이 당사자에게 통지하여야 한다.

② 「국세징수법」상 공매

「국세기본법」에 의한 불복청구가 계류 중인 때에는 국세의 체납으로 인하여 압류한 재산에 대하여는 그 신청 또는 청구에 대한 결정이 확정되기 전에는 <u>그 압류한 재산을 공매할 수 없다.</u> 다만, 그 재산이 부패·변질 또는 감량되기 쉬운 재산으로서 속히 매각하지 아니하면 그 재산가액이 감손될 우려가 있는 때는 예외로 한다.

제3절 불복청구의 절차

Ⅰ 불복청구기한

(1) 원칙

① 불복청구를 하고자 하는 자는 **당해 처분이 있은 것을 안 날(처분 또는 결정의 통지를 받은 때에는 그 받은 날)부터 90일 이내**에 제기하여야 한다.
② 이의신청을 거친 후 심사청구를 하려면 이의신청에 대한 결정의 통지를 받은 날부터 90일 이내에 제기하여야 한다. 다만, 다음 각 호의 어느 하나에 해당하는 경우에는 해당 호에서 정하는 날부터 90일 이내에 심사청구를 할 수 있다.

> ㉠ 결정기간(30일) 내에 결정의 통지를 받지 못한 경우 : 그 결정기간이 지난 날
> ㉡ 이의신청에 대한 재조사 결정이 있은 후 처분기간(60일) 내에 처분결과의 통지를 받지 못한 경우 : 그 처분기간이 지난 날

(2) 청구기한의 예외

① 청구기한의 연장

불복청구인이 기한의 연장 사유로 인하여 90일 이내에 불복청구를 할 수 없는 때에는 **그 사유가 소멸한 날부터 14일 이내**에 이의신청·심사청구 또는 심판청구를 할 수 있다. 기한의 연장 사유는 신고, 신청, 청구, 그 밖의 서류의 제출, 통지에 관한 기한연장 사유만 해당한다.

② 상호합의절차 및 조정권고 진행기간의 불산입

「국제조세조정에 관한 법률」에 따른 상호합의절차의 개시일부터 종료일까지의 기간 및 조정권고의 조정신청일로부터 그 통지일까지의 기간은 「국세기본법」 또는 「지방세법」상 불복청구기간과 결정기간에 이를 산입하지 않는다.

③ 우편에 의한 불복청구서의 송부

㉠ 불복청구서는 청구기간 계산시 세무서장에게 해당 불복청구서가 제출된 때 불복청구를 한 것으로 한다. 관할 세무서장 외의 세무서장·지방국세청장·국세청장에게 제출된 경우에도 또한 같다.
㉡ 청구기한까지 우편으로 제출한 불복청구서가 청구기간을 지나서 도달한 경우에는 <u>그 기간의 만료일에 적법한 청구를 한 것으로 본다(발신주의).</u>

Ⅱ 불복청구 제기

(1) 불복청구서 제출
① **이의신청**: 해당 처분을 하였거나 하였어야 할 소관 세무서장에게 하거나 세무서장을 거쳐 관할 지방국세청장에게 제기하여야 한다.
② **심사청구**: 소관 세무서장을 거쳐 국세청장에게 하여야 한다.
③ **심판청구**: 소관 세무서장이나 조세심판원장에게 하여야 한다.
  ㉠ 그러나 불복청구서가 소관 세무서장 외의 세무서장·지방국세청장·국세청장에게 제출된 경우에도 적법한 불복청구를 한 것으로 본다.
  ㉡ 이의신청인, 심사청구인, 심판청구인 또는 처분청(처분청의 경우 심판청구에 한정한다)은 그 신청 또는 청구에 관계되는 서류를 열람할 수 있으며 해당 재결청에 의견을 진술할 수 있다.

(2) 정보통신망을 이용한 불복청구
불복청구인은 국세청장 또는 조세심판원장이 운영하는 **정보통신망을 이용**하여 불복청구서를 제출할 수 있다. 이 경우 국세청장 또는 조세심판원장에게 불복청구서가 **전송된 때**에 적법하게 제출된 것으로 본다.

(3) 의견서·답변서의 송부 및 항변
① 의견서·답변서
  이의신청을 받은 세무서장, 지방국세청장, 심사청구를 받은 국세청장, 심판청구를 받은 조세심판원장은 처분의 근거·이유, 처분의 이유가 된 사실 등이 구체적으로 기재된 의견서(심판청구의 경우는 답변서)를 해당 불복청구인에게 송부하여야 한다.
② 증거서류 또는 증거물
  ㉠ 불복청구인은 송부받은 의견서·답변서에 대하여 항변하기 위하여 증거서류나 증거물을 제출할 수 있다. 불복청구인은 세무서장, 지방국세청장, 심사청구를 받은 국세청장, 심판청구를 받은 조세심판원장이 증거서류나 증거물에 대하여 기한을 정하여 제출할 것을 요구하는 경우 그 기한까지 해당 증거서류 또는 증거물을 제출하여야 한다.
  ㉡ 세무서장, 지방국세청장, 심사청구를 받은 국세청장, 심판청구를 받은 조세심판원장은 증거서류가 제출되면 증거서류의 부본을 지체 없이 해당 세무서장·지방국세청장 또는 피청구인에게 송부하여야 한다.
③ 의견진술
  ㉠ 불복청구인은 해당 재결청에 의견을 진술할 수 있다. 심판청구에 있어서는 심판청구인뿐만 아니라 해당 처분청도 의견을 진술할 수 있다.
  ㉡ 의견진술 신청을 받은 재결청은 출석일시 및 장소와 필요하다고 인정되는 진술시간을 정하여 국세심사위원회, 조세심판관회의 또는 조세심판관합동회의의 개최일(이의신청의 경우에는 결정을 하는 날) 3일 전까지 신청인에게 출석통지를 하여 의견진술의 기회를 부여하여야 한다. 다만, 이의신청, 심사청구 또는 심판청구를 최초로 심의하는 경우에는 국세심사위원회 또는 조세심판관회의의 회의개최일 7일 전까지 통지하여야 한다. 이 경우 의견진술은 진술하려는 의견을 기록한 문서의 제출로 갈음할 수 있다.

제4절 ✦ 불복청구에 대한 심리와 결정

Ⅰ 불복청구에 대한 심리

(1) 심리절차

① 요건심리: 청구의 형식적 요건의 충족여부를 심리하는 것이다.
② 본안심리: 청구의 내용에 대해 본안을 심리하는 것이다.

(2) 청구서의 보정

① 재결청은 불복청구의 내용이나 절차가「국세기본법」또는 세법에 적합하지 아니하나, 보정할 수 있다고 인정되면 다음의 기간을 정하여 보정할 것을 요구할 수 있다. 다만, **보정할 사항이 경미한 경우에는 직권으로 보정할 수 있다.**
  ㉠ 이의신청·심사청구: 20일 이내
  ㉡ 심판청구: 상당한 기간
② 보정요구를 받은 불복청구인은 보정할 사항을 서면으로 작성하여 제출하거나, 국세청에 출석하여 보정할 사항을 말하고 소속공무원이 기록한 서면에 서명 또는 날인함으로써 보정할 수 있다.

Ⅱ 불복청구에 대한 결정

(1) 결정기간

불복청구를 받은 재결청은 다음에 제시된 기한 내에 불복청구에 대한 결정을 하여야 한다. 이 경우 **보정기간은 결정기간에 산입하지 아니한다.**

① 이의신청

세무서장 또는 지방국세청장이 국세심사위원회의 심의를 거쳐 **청구일로부터 30일 이내**에 결정한다. 이의신청인이 송부받은 의견서에 대하여 30일 이내에 항변하는 경우에는 이의신청을 받은 날부터 60일 이내를 결정기간으로 한다.

② 심사청구

국세청장이 국세심사위원회의 의결에 따라 청구일로부터 **90일 이내에 결정**한다. 다만, 국세청장은 국세심사위원회의 의결이 법령에 명백히 위반된다고 판단되는 경우 구체적인 사안을 적어 서면으로 국세심사위원회로 하여금 한 차례에 한정하여 다시 심의할 것을 요청할 수 있다.

③ 심판청구

조세심판관회의가 심리하여 청구일로부터 **90일 이내**에 결정한다.

> **참고** 불복방법의 통지
>
> 1. 불복청구의 재결청은 결정서에 그 결정서를 받은 날부터 90일 이내에 이의신청인은 심사청구·심판청구를, 심사청구인·심판청구인은 행정소송을 제기할 수 있다는 내용을 적어야 한다.
> 2. 불복청구의 재결청은 그 신청 또는 청구에 대한 **결정기간이 지나도 결정을 하지 못하였을 때에는** 이의신청인은 심사청구·심판청구를, 심사청구인·심판청구인은 행정소송 제기를 결정의 **통지를 받기 전이라도** 그 결정기간이 지난날부터 할 수 있다는 내용을 서면으로 지체 없이 그 신청인 또는 청구인에게 통지하여야 한다.

(2) 결정의 종류

① 각하
요건심리의 결과 신청·청구가 **형식적으로 부적법**한 경우 본안심리를 하지 않고 그 신청·청구를 각하하는 결정을 한다.

> **참고** 각하결정의 사유
>
> 1. 심판청구를 제기한 후 심사청구를 제기하는 경우
> 2. 청구기간이 지난 후에 청구된 경우
> 3. 청구 후 보정기간에 필요한 보정을 하지 않은 경우
> 4. 그 청구가 적법하지 않은 경우
> 5. 불복청구의 대상이 되는 처분이 존재하지 않는 경우
> 6. 불복청구 대상 처분에 의해 권리나 이익을 침해당하지 않은 경우
> 7. 대리인이 아닌 자가 대리인으로서 불복을 청구하는 경우
> ⊙ 심사청구와 심판청구를 같은 날 제기한 경우에는 **심사청구를 각하**한다.

② 기각
본안심리의 결과 **신청·청구가 이유 없다고 인정**될 때에는 그 신청·청구를 기각하는 결정을 한다.

③ 인용
㉠ 본안심리의 결과 신청·청구가 **이유 있다고 인정**될 때에는 그 신청·청구의 대상이 된 처분의 취소·경정 결정을 하거나 필요한 처분의 결정을 한다.
㉡ 다만, 취소·경정 또는 필요한 처분을 하기 위하여 사실관계 확인 등 추가적으로 조사가 필요한 경우에는 처분청으로 하여금 이를 재조사하여 그 결과에 따라 취소·경정하거나 필요한 처분을 하도록 하는 재조사 결정을 할 수 있다.

> **참고** 재조사 결정
>
> 1. 재조사 결정이 있는 경우 처분청은 재조사 결정일로부터 60일 이내에 결정서 주문에 기재된 범위에 한정하여 조사하고, 그 결과에 따라 취소·경정하거나 필요한 처분을 하여야 한다.
> 2. 이 경우 처분청은 조사를 연기하거나 조사기간을 연장하거나 조사를 중지할 수 있다.
> 3. **처분청은 재조사 결과 심사청구인의 주장과 재조사 과정에서 확인한 사실 관계가 달라 당초의 처분을 유지할 필요가 있거나 심사청구인의 주장에 대한 사실 관계를 확인할 수 없는 경우에는 해당 심사청구의 대상이 된 당초의 처분을 취소·경정하지 아니할 수 있다.**
> 4. 처분청은 재조사 결과에 따라 청구의 대상이 된 처분의 취소·경정을 하거나 필요한 처분을 하였을 때에는 그 처분결과를, 당초의 처분을 취소·경정하지 않았을 때에는 그 사실을 지체 없이 서면으로 심사청구인에게 통지하여야 한다.

결정의 종류

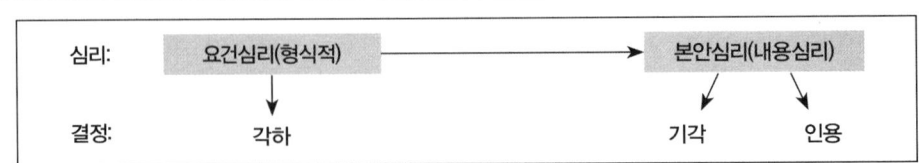

- 각하 : 청구인의 청구가 형식적 요건을 갖추지 못하여 청구 자체를 배척하는 것
- 기각 : 본안심리 후 신청·청구가 이유가 없다고 인정되어 그 청구인의 주장을 배척하는 것
- 인용 : 본안심리 후 신청인의 청구가 이유 있다고 인정될 때 청구인의 주장을 수용하는 것

기출 Check 20년 7급

39 「국세기본법」상 심사와 심판에 대한 설명으로 옳은 것으로만 묶은 것은?

ㄱ. 심사청구가 이유 있다고 인정되어 행한 재조사 결정에 따른 처분청의 처분에 대한 행정소송은 심사청구와 그에 대한 결정을 거치지 아니하면 제기할 수 없다.
ㄴ. 「감사원법」에 따라 심사청구를 한 처분이나 그 심사청구에 대한 처분에 대해서는 「국세기본법」에 따른 처분의 취소 또는 변경을 청구하거나 필요한 처분을 청구할 수 없다.
ㄷ. 국세청장은 심사청구의 내용이나 절차가 「국세기본법」 또는 세법에 적합하지 아니하나 보정(補正)할 수 있다고 인정되면 20일 이내의 기간을 정하여 보정할 것을 요구할 수 있고, 보정할 사항이 경미한 경우에는 직권으로 보정할 수 있다.
ㄹ. 심판청구를 제기한 후 같은 날 심사청구를 제기한 경우에는 심사청구를 기각하는 결정을 한다.

① ㄱ, ㄴ   ② ㄱ, ㄹ
③ ㄴ, ㄷ   ④ ㄷ, ㄹ

6 ③
해설 ㄱ: 심사청구 또는 심판청구에 대한 재조사 결정에 따른 처분청의 처분에 대한 행정소송은 심사청구 또는 심판청구를 거치지 않고도 제기할 수 있다.
ㄹ: 심사청구와 심판청구를 같은 날 제기한 경우에는 심사청구를 각하한다.

(3) 결정의 효력

① 기속력

재결청의 결정은 불복청구인과 관계행정청을 그 결정의 **취지에 따르도록 하는 기속력** 또는 구속력을 갖는다. 따라서 당해 행정청은 결정의 취지에 따라 즉시 필요한 처분을 하여야 한다.

② 불가쟁력

불복청구에 대한 결정에 대하여 당사자가 일정 청구기간 내에 다음 심급에 대한 불복청구나 행정소송을 제기하지 않으면 그 결정은 형식적으로 확정되며, 이 경우 당해 결정에 하자가 있더라도 후심 쟁송절차에서 그 결정의 효력을 다툴 수 없다.

③ 불가변력

불복청구에 대한 결정은 **재결청 자신도 이에 구속**되며 그 결정을 철회하거나 변경할 수 없다. 다만, 각하결정의 경우에는 내용을 심리한 것이 아니므로 불가변력이 적용될 여지가 없으며 오기나 계산착오 등 단순오류임이 명백한 경우에는 직권 또는 불복청구인의 신청에 의해서 이를 경정할 수 있다.

(4) 불고불리의 원칙 및 불이익변경의 금지

① 불고불리의 원칙

불복청구에 대한 결정을 할 때 **해당 청구를 한 처분 외의 처분에 대해서는 그 처분의 전부 또는 일부를 취소 또는 변경하거나 새로운 처분의 결정을 하지 못한다.**

② 불이익변경의 금지

불복청구에 대한 결정을 할 때 **해당 청구를 한 처분보다 청구인에게 불리한 결정을 하지 못한다.**

> **참고** 국세심사위원회
>
> 1. 심사청구, 이의신청 및 과세전적부심사 청구사항을 심의 및 의결하기 위하여 세무서, 지방국세청 및 국세청에 각각 국세심사위원회를 둔다.
> 2. 국세심사위원회의 위원 중 공무원이 아닌 위원은 지방국세청장이 위촉하는 사람(세무서에 두는 국세심사위원회) 또는 국세청장이 위촉하는 사람(지방국세청 및 국세청에 두는 국세심사위원회)이 된다. 국세심사위원회 위원 중 공무원이 아닌 위원은 형법의 관련된 규정을 적용할 때에는 공무원으로 본다.
> 3. 국세심사위원회의 위원은 공정한 심의를 기대하기 어려운 사정이 있다고 인정될 때에는 위원회 회의에서 제척되거나 회피하여야 한다.

기출 Check 24년 9급

40 국세기본법령상 재조사 결정에 대한 설명으로 옳은 것은?

① 심판청구에 대한 재조사 결정에 따른 처분청의 처분에 대해서는 심판청구와 그에 대한 결정을 거치지 아니하면 행정소송을 제기할 수 없다.
② 재조사 결과 심판청구인의 주장과 재조사 과정에서 확인한 사실관계가 다른 경우라 하더라도 심판청구의 대상이 된 당초의 처분을 취소·경정하여야 한다.
③ 재조사 결정이 있는 경우 처분청은 재조사 결정일로부터 90일 이내에 결정서 주문에 기재된 범위에 한정하여 조사하고, 그 결과에 따라 취소·경정하거나 필요한 처분을 하여야 한다.
④ 심판청구에 대한 재조사 결정에 따른 처분청의 처분에 대해서 심판청구를 거쳐 행정소송을 제기하는 경우 재조사 후 행한 처분청의 처분에 대하여 제기한 심판청구에 대한 결정의 통지를 받았다면 그 통지를 받은 날로부터 90일 이내에 행정소송을 제기하여야 한다.

6 ④

해설 ① 심판청구에 대한 재조사 결정에 따른 처분청의 처분에 대해서는 심판청구와 그에 대한 결정을 거치지 아니하더라도 행정소송을 제기할 수 있다.
② 처분청은 재조사 결과 심사청구인의 주장과 재조사 과정에서 확인한 사실관계가 달라 당초 처분을 유지할 필요가 있거나 심사청구인의 주장에 대한 사실관계를 확인할 수 없는 경우 해당 심사청구의 대상이 된 당초의 처분을 취소·경정하지 아니할 수 있다.
③ 재조사 결정이 있는 경우 처분청은 재조사 결정일로부터 60일 이내에 결정서 주문에 기재된 범위에 한정하여 조사하고, 그 결과에 따라 취소·경정하거나 필요한 처분을 하여야 한다.

III 조세심판원

(1) 조세심판원

① 심판청구에 대한 결정을 하기 위하여 국무총리 소속으로 조세심판원을 둔다.
② 조세심판원은 그 권한에 속하는 사무를 독립적으로 수행한다.
③ 조세심판원에 원장과 조세심판관을 두되, 원장과 원장이 아닌 상임조세심판관은 고위공무원단에 속하는 일반직공무원 중에서 국무총리의 제청으로 대통령이 임명하고, 비상임조세심판관은 대통령령으로 정하는 바에 따라 위촉한다. 이 경우 원장이 아닌 상임조세심판관(경력직공무원으로서 전보 또는 승진의 방법으로 임용되는 상임조세심판관은 제외한다)은 임기제공무원으로 임용한다.
④ 조세심판관은 조세·법률·회계분야에 관한 전문지식과 경험을 갖춘 사람으로서 대통령령으로 정하는 자격을 가진 사람이어야 한다.
⑤ 상임조세심판관의 임기는 3년으로 하며, 한 차례만 중임할 수 있다.
⑥ 비상임조세심판관의 임기는 3년으로 하며, 한 차례만 연임할 수 있다.
⑦ 조세심판관이 다음 각 호의 어느 하나에 해당하는 경우를 제외하고는 그 의사에 반하여 임명을 철회하거나 해촉할 수 없다.

> ㉠ 심신쇠약 등으로 장기간 직무를 수행할 수 없게 된 경우
> ㉡ 직무와 관련된 비위사실이 있는 경우
> ㉢ 직무태만, 품위손상이나 그 밖의 사유로 조세심판관으로서 적합하지 아니하다고 인정되는 경우
> ㉣ 회피사유에도 불구하고 회피하지 아니한 경우

(2) 조세심판관회의

① 의결

조세심판원장은 심판청구를 받으면 조사와 심리를 담당할 주심조세심판관 1명과 배석조세심판관 2명 이상을 지정하여 조세심판관회의를 구성하게 한다. 조세심판관회의는 담당 조세심판관 3분의 2 이상의 출석으로 개의하고, 출석 조세심판관 과반수의 찬성으로 의결한다.

② 조세심판관회의 – 비공개

조세심판관회의는 공개하지 아니한다. 다만, 조세심판관회의의 장이 필요하다고 인정할 때에는 공개할 수 있다.

(3) 주심조세심판관

다음의 경우에는 조세심판관회의의 심리를 거치지 않고 주심조세심판관이 이를 심리하여 결정할 수 있다.
① 청구기간이 지난 후에 심판청구를 받은 경우
② 심판청구금액이 **5천만 원(지방세의 경우 2천만 원)** 미만의 것으로서 청구사항이 법령의 해석에 관한 것이 아니거나, 청구사항이 법령의 해석에 관한 것으로서 유사한 청구에 대하여 이미 조세심판관회의의 의결에 따라 결정된 사례가 있는 경우
③ 심판청구가 과세표준 또는 세액의 결정에 관한 것 외의 것으로서 유사한 청구에 대하여 이미 조세심판관회의의 의결에 따라 결정된 사례가 있는 경우

기출 Check 22년 7급

41 「국세기본법」상 국세의 불복절차에 대한 설명으로 옳지 않은 것은?
① 조세심판관회의는 심판청구에 대한 결정을 할 때 심판청구를 한 처분 외의 처분에 대해서는 그 처분의 전부 또는 일부를 취소 또는 변경하거나 새로운 처분의 결정을 하지 못한다.
② 심사청구 또는 심판청구의 대상이 된 처분에 대한 재조사 결정에 따른 처분청의 처분에 대해서는 해당 재조사 결정을 한 재결청에 대하여 심사청구 또는 심판청구를 제기할 수 있다.
③ 담당 조세심판관에게 공정한 심판을 기대하기 어려운 사정이 있다고 의심될 때에는 심판청구인은 그 조세심판관의 제척을 신청할 수 있다.
④ 「감사원법」에 따른 심사청구를 한 처분에 대하여는 「국세기본법」에 따른 취소 또는 변경을 청구할 수 없다.

▶ ③

해설 담당 조세심판관에게 공정한 심판을 기대하기 어려운 사정이 있다고 의심될 때에는 심판청구인은 그 조세심판관의 기피를 신청할 수 있다.

(4) 조세심판관합동회의

조세심판원장과 상임조세심판관 모두로 구성된 회의의 의결이 다음 중 어느 하나에 해당한다고 인정하는 경우에는 조세심판관합동회의가 심리를 거쳐 결정한다.
① 해당 심판청구서에 관하여 세법의 해석이 쟁점이 되는 경우로서 이에 관하여 종전의 조세심판원 결정이 없는 경우
② 종전에 조세심판원에서 한 세법의 해석·적용을 변경하는 경우
③ 조세심판관회의 간에 결정의 일관성을 유지하기 위한 경우
④ 해당 심판청구사건에 대한 결정이 다수의 납세자에게 동일하게 적용되는 등 국세행정에 중대한 영향을 미칠 것으로 예상되어 국세청장이 조세심판원장에게 조세심판관합동회의에서 심리하여 줄 것을 요청하는 경우
⑤ 그 밖에 해당 심판청구사건에 대한 결정이 국세청장이나 납세자의 권리·의무에 중대한 영향을 미칠 것으로 예상되는 경우

(5) 제척·회피 및 기피
① 제척
조세심판관(또는 심판조사관)은 다음 중 어느 하나에 해당하는 경우 심판관에서 제척된다.
㉠ 심판청구인 또는 대리인인 경우(대리인이었던 경우 포함)
㉡ 위 ㉠에 규정된 사람의 친족이거나 친족이었던 경우 또는 위 ㉠에 규정된 사람의 사용인이거나 사용인(청구일 기준 최근 5년 이내 사용인으로 한정)이었던 경우
㉢ 불복의 대상이 되는 처분, 처분에 대한 이의신청에 관하여 증언 또는 감정을 한 경우
㉣ 심판청구일 전 최근 5년 이내에 세무공무원으로서 불복의 대상이 되는 처분, 처분에 대한 이의신청 또는 그 기초가 되는 세무조사(「조세범 처벌절차법」에 따른 조세범칙조사 포함)에 관여하였던 경우
㉤ 위 ㉢, ㉣에 해당하는 법인·단체에 속하거나 심판청구일 전 최근 5년 이내에 속하였던 경우
㉥ 그 밖에 심판청구인 또는 그 대리인의 업무에 관여하거나 관여하였던 경우
② 회피
조세심판관(또는 심판조사관)은 자신에게 제척의 원인이 있을 때에는 주심조세심판관 또는 배석조세심판관의 지정에서 회피해야 한다.
③ 기피
담당 조세심판관(또는 심판조사관)에게 공정한 심판을 기대하기 어려운 사정이 있다고 인정될 때에는 심판청구인은 그 조세심판관(또는 조세심판관)의 기피를 신청할 수 있다. 기피신청은 담당 조세심판관(또는 심판조사관)의 지정 또는 변경통지를 받은 날부터 7일 이내에 일정한 사항을 기재한 문서로 해야 한다. 조세심판원장은 기피 신청이 이유 있다고 인정될 때에는 이를 승인해야 한다.

(6) 심리원칙

① **사건의 병합과 분리**

조세심판관은 필요하다고 인정하는 경우 여러 개의 심판사항을 병합하거나 병합된 심판사항을 여러 개의 심판사항으로 분리할 수 있다.

② **질문·검사권**

담당 조세심판관은 심판청구에 필요한 조사와 심리를 위하여 직권으로 또는 심판청구인의 신청에 의하여 다음의 행위를 할 수 있다.

> ㉠ 심판청구인·처분청·관계인 또는 참고인에 대한 질문
> ㉡ 위 ㉠에 열거된 자의 장부·서류 또는 그 밖의 필요한 물건에 대한 제출 요구
> ㉢ 제출된 위 ㉡에 대한 검사 또는 감정기관에 대한 감정의뢰

담당 조세심판관 외의 조세심판원 소속 공무원은 조세심판원장의 명에 따라 위 ㉠과 ㉢을 할 수 있다. 다만, 장부, 서류 그 밖의 물건의 제출 요구(㉡)는 할 수 없다.

심판청구인이 위 요구를 정당한 사유 없이 따르지 아니하여 해당 심판청구의 전부 또는 일부에 대하여 심판하는 것이 현저히 곤란하다고 인정되는 경우에는 그 부분에 관한 심판청구인의 주장을 인용하지 아니할 수 있다.

③ **자유심증주의**

④ **불고불리의 원칙**

조세심판관회의(또는 조세심판관합동회의)는 심판청구에 대한 결정을 할 때 심판청구를 한 처분 외의 처분에 대해서는 그 처분의 전부 또는 일부를 취소 또는 변경하거나 새로운 처분의 결정을 하지 못한다.

⑤ **불이익변경의 금지**

조세심판관회의(또는 조세심판관합동회의)는 심판청구에 대한 결정을 할 때 심판청구를 한 처분보다 청구인에게 불리한 결정을 하지 못한다.

(7) 행정소송과 조세심판 간 일관성 제고

조세심판을 거친 행정소송에 대해 국세청·관세청·지방자치단체(지방세의 경우)는 다음의 사항을 반기마다 그 다음 달 15일까지 조세심판원장에게 알려야 한다.

> ① 행정소송이 제기된 사건 목록과 해당 사건의 처리 상황 및 결과
> ② 행정소송 결과 원고의 승소판결이 확정된 경우 그 판결문 사본

CHAPTER 09 납세자의 권리, 보칙

제1절 납세자의 권리

I 납세자권리헌장

국세청장은 납세자의 권리보호에 관한 사항을 포함하는 납세자권리헌장을 제정하여 고시하여야 하며 **세무공무원은 다음 중 어느 하나에 해당하는 경우에는 납세자권리헌장의 내용이 수록된 문서를 납세자에게 내주어야 한다.**

> (1) 사업자등록증을 발급하는 경우
> (2) 세무조사(「조세범 처벌절차법」에 따른 조세범칙조사 포함)를 하는 경우

세무공무원은 세무조사를 시작할 때 조사원증을 납세자 또는 관련인에게 제시한 후 납세자권리헌장을 교부하고 그 요지를 **직접 낭독**해 주어야 하며, 조사사유, 조사기간, 납세자보호위원회에 대한 심의 요청사항·절차 및 권리구제 절차 등을 설명하여야 한다.

II 납세자의 성실성 추정

세무공무원은 납세자가 다음의 수시선정에 따른 조사사유에 해당하는 경우를 제외하고는 **납세자가 성실하며 납세자가 제출한 신고서 등이 진실한 것으로 추정**하여야 한다.

> **참고** 수시선정에 따른 조사사유(납세자의 성실성 추정이 깨어지는 경우)
>
> 1. 납세자가 세법에서 정하는 신고, 성실신고확인서의 제출, 세금계산서 또는 계산서의 작성·교부·제출, 지급명세서의 작성·제출 등의 납세협력의무를 이행하지 아니한 경우
> 2. **무자료거래, 위장·가공거래 등 거래내용이 사실과 다른 혐의가 있는 경우**
> 3. 납세자에 대한 **구체적인 탈세제보**가 있는 경우
> 4. 신고내용에 탈루나 오류의 혐의를 인정할 만한 명백한 자료가 있는 경우
> 5. 납세자가 세무공무원에게 직무와 관련하여 **금품을 제공하거나 금품 제공을 알선**한 경우

III 세무조사

(1) 세무조사권 남용 금지

① 세무공무원은 적정하고 공평한 과세를 실현하기 위하여 **필요한 최소한의 범위에서 세무조사(조세범칙조사 포함)**를 하여야 하며, 다른 목적 등을 위하여 조사권을 남용해서는 아니된다.
② 재조사 금지
세무공무원은 다음의 경우를 제외하고는 **같은 세목 및 같은 과세기간에 대하여 재조사를 할 수 없다.**

기출 Check 19년 9급

42 「국세기본법」상 납세자의 권리에 대한 설명으로 옳지 않은 것은?
① 세무공무원은 법령에서 정한 경우를 제외하고는 납세자가 성실하며 납세자가 제출한 신고서 등이 진실한 것으로 추정하여야 한다.
② 납세자는 세무조사를 받는 경우에 세무사로 하여금 조사에 참여하게 하거나 의견을 진술하게 할 수 있다.
③ 세무조사는 납세자의 사업과 관련하여 세법에 따라 신고·납부의무가 있는 세목별로 나누어 실시하는 것이 원칙이다.
④ 세무공무원은 납세자가 세무공무원에게 직무와 관련하여 금품을 제공한 경우에는 같은 세목 및 같은 과세기간에 대해서 재조사할 수 있다.

6 ③
해설 세무조사는 납세자의 사업과 관련하여 세법에 따라 신고·납부의무가 있는 세목을 통합하여 실시하는 것을 원칙으로 한다(「국세기본법」 81조의11 1항).

> **참고** 재조사를 할 수 있는 예외사항
>
> 1. **조세탈루의 혐의를 인정할 만한 명백한 자료**가 있는 경우
> 2. **거래상대방에 대한 조사**가 필요한 경우
> 3. **2개 이상의 과세기간**과 관련하여 **잘못**이 있는 경우
> 4. 이의신청·심사청구·심판청구 및 과세전적부심사 청구에 대한 재조사 결정에 따라 조사를 하는 경우 (결정서 주문에 기재된 범위의 조사에 한정)
> 5. 납세자가 **세무공무원에게 직무와 관련하여 금품을 제공**하거나 금품제공을 알선한 경우
> 6. 통합조사 원칙의 예외로서 부분조사를 실시한 후 해당 조사에 포함되지 아니한 부분에 대하여 조사하는 경우
> 7. 부동산투기, 매점매석, 무자료거래 등 경제질서 교란 등을 통한 **세금탈루 혐의가 있는 자에 대해 일제조사**를 하는 경우
> 8. 과세관청 외의 기관이 직무상 목적을 위하여 작성하거나 취득하여 과세관청에 제공한 자료의 처리를 위해 조사하는 경우
> 9. 국세환급금 결정을 위한 확인조사를 하는 경우
> 10. 「조세범 처벌절차법」에 따른 **조세범칙행위의 혐의를 인정할 만한 명백한 자료**가 있는 경우(다만, 해당 자료에 대하여 조세범칙조사심의위원회가 조세범칙조사의 실시에 관한 심의를 한 결과 조세범칙행위의 혐의가 없다고 의결한 경우에는 조세범칙행위의 혐의를 인정할 만한 명백한 자료로 인정하지 않는다)

③ 세무공무원은 세무조사를 하기 위하여 **필요한 최소한의 범위에서 장부 등의 제출을 요구**하여야 하며, 조사대상 세목 및 과세기간의 과세표준과 세액의 계산과 관련 없는 장부 등의 제출을 요구해서는 아니 된다.

④ 누구든지 세무공무원으로 하여금 법령을 위반하게 하거나 지위 또는 권한을 남용하게 하는 등 공정한 세무조사를 저해하는 행위를 하여서는 아니된다.

(2) 세무조사시 조력을 받을 권리

납세자는 세무조사(「조세범 처벌절차법」에 따른 조세범칙조사 포함)를 받는 경우에 변호사, 공인회계사, 세무사로 하여금 조사에 참여하게 하거나 의견을 진술하게 할 수 있다.

(3) 세무조사 관할

세무조사는 **납세지 관할 세무서장 또는 지방국세청장**이 수행한다. 다만, 다음에 해당하는 경우에는 **국세청장**(같은 지방국세청 소관 세무서 관할 조정의 경우에는 지방국세청장)이 그 관할을 조정할 수 있다.

① 납세자가 사업을 **실질적으로 관리하는 장소의 소재지와 납세지가 관할을 달리하는 경우**

② 일정한 지역에서 주로 사업을 하는 납세자에 대하여 공정한 세무조사를 실시할 필요가 있는 경우 등 납세지 관할 세무서장 또는 지방국세청장이 세무조사를 수행하는 것이 부적절하다고 판단되는 경우

③ 세무조사 대상 납세자와 출자관계에 있는 자, 거래가 있는 자 또는 특수관계인에 해당하는 자 등에 대한 세무조사가 필요한 경우

④ 세무관서별 업무량과 세무조사인력 등을 고려하여 관할을 조정할 필요가 있다고 판단되는 경우

(4) 세무조사 대상자 선정
① 정기선정

세무공무원은 다음 중 어느 하나에 해당하는 경우에 정기적으로 신고의 적정성을 검증하기 위하여 대상을 선정하여 세무조사를 할 수 있다. 이 경우 세무공무원은 **객관적 기준에 따라 공정하게 그 대상자를 선정**하여야 한다.

㉠ 국세청장이 납세자의 신고내용에 대하여 과세자료, 세무정보 및 「주식회사의 외부감사에 관한 법률」에 따른 감사의견, 외부감사 실시내용 등 회계성실도 자료 등을 고려하여 **정기적으로 성실도를 분석한 결과 불성실혐의**가 있다고 인정하는 경우
㉡ **최근 4과세기간 이상 같은 세목의 세무조사를 받지 아니한 납세자**에 대하여 업종, 규모, 경제력 집중 등을 고려하여 신고 내용이 적정한지를 검증할 필요가 있는 경우
㉢ **무작위추출방식으로 표본조사**를 하려는 경우

② 소규모 성실사업자 정기세무조사 면제

업종별 수입금액이 3억 원 이하인 법인 및 간편장부대상자에 해당하는 개인으로서 성실성 요건을 모두 충족하는 소규모 성실사업자에 대하여는 정기선정에 의한 세무조사를 실시하지 아니할 수 있다. 다만, 객관적인 증빙자료에 의하여 과소신고한 것이 명백한 경우에는 그러하지 아니하다.

③ 수시선정

세무공무원은 정기선정에 의한 조사 외에 다음 중 어느 하나에 해당하는 경우에는 세무조사를 할 수 있다.

㉠ 납세자가 세법에서 정하는 신고, 성실신고확인서의 제출, 세금계산서 또는 계산서의 작성·교부·제출, 지급명세서의 작성·제출 등의 납세협력의무를 이행하지 아니한 경우
㉡ 무자료거래, 위장·가공거래 등 거래 내용이 사실과 다른 혐의가 있는 경우
㉢ 납세자에 대한 구체적인 탈세제보가 있는 경우
㉣ 신고 내용에 탈루나 오류의 혐의를 인정할 만한 명백한 자료가 있는 경우
㉤ 납세자가 세무공무원에게 직무와 관련하여 금품을 제공하거나 금품제공을 알선한 경우

④ 과세표준과 세액의 결정을 위한 조사

세무공무원은 **과세관청의 조사결정에 의하여 과세표준과 세액이 확정되는 세목의 경우 과세표준과 세액을 결정하기 위하여 세무조사를 할 수 있다.**

(5) 세무조사의 통지와 연기신청
① 사전통지

세무공무원은 세무조사를 하는 경우에는 조사를 받을 납세자(납세자가 납세관리인을 정하여 신고한 경우에는 납세관리인)에게 **조사를 시작하기 20일 전에**(재조사를 하는 경우에는 7일) 조사대상 세목·과세기간, 조사기간 및 조사사유, 부분조사인 경우 그 범위 등을 **통지하여야 한다. 단, 「조세범 처벌절차법」에 따른 조세범칙조사는 사전통지의 대상이 아니다.**

② 사전통지의 예외

사전통지를 하면 **증거인멸 등으로 조사 목적을 달성할 수 없다고 인정되는 경우에는 사전통지를 하지 않을 수 있다.** 다만, 이 때에는 세무조사를 개시할 때 다음 각 사항이 포함된 세무조사통지서를 세무조사를 받을 납세자에게 교부하여야 한다.

㉠ 사전통지 사항
㉡ 사전통지를 하지 아니한 이유

③ 세무조사 개시 통지서 교부 배제 사유
ㄱ 납세자가 세무조사 대상이 된 사업을 폐업한 경우
ㄴ 납세자가 납세관리인을 정하지 않고 국내에 주소 또는 거소를 두지 않는 경우
ㄷ 납세자가 세무조사통지서 수령을 회피하거나 거부하는 경우

④ 연기신청
사전통지를 받은 납세자가 다음 중 어느 하나에 해당하는 사유로 인하여 조사를 받기 곤란한 경우에는 관할 세무관서의 장에게 **조사를 연기해 줄 것을 신청**할 수 있다.
ㄱ 천재지변
ㄴ **화재 기타 재해로 사업상 심한 어려움이 있을 때**
ㄷ **납세자 또는 납세관리인의 질병·장기출장** 등으로 세무조사가 곤란하다고 판단될 때
ㄹ 권한있는 기관에 장부·증빙서류가 압수 또는 영치된 때
ㅁ 기타 위에 준하는 사유에 해당하는 때
연기신청을 받은 세무공무원은 연기신청 승인여부를 결정하고 그 결과를 **조사개시 전까지** 통지하여야 한다.

⑤ 연기기간 만료 전 조사 개시
관할 세무관서의 장은 다음 각 호의 어느 하나에 해당하는 사유가 있는 경우에는 연기한 기간이 만료되기 전에 조사를 개시할 수 있다.
ㄱ 연기 사유가 소멸한 경우
ㄴ 조세채권을 확보하기 위하여 조사를 긴급히 개시할 필요가 있다고 인정되는 경우
관할 세무관서의 장은 조사를 개시하려는 경우에는 조사를 개시하기 5일 전까지 조사를 받을 납세자에게 연기 사유가 소멸한 사실과 조사기간을 통지하여야 한다.

(6) 세무조사 기간

① 세무조사 기간
세무공무원은 조사대상 세목·업종·규모, 조사 난이도 등을 고려하여 **세무조사 기간이 최소한이 되도록 하여야 한다.**

② 세무조사 기간의 연장 ★
다음의 경우에는 세무조사 기간을 연장할 수 있다. 세무조사 기간을 연장하는 경우에는 그 사유와 기간을 납세자에게 문서로 통지하여야 한다.
ㄱ 납세자가 장부·서류 등을 **은닉하거나 제출을 지연하거나 거부하는 등 조사를 기피하는 행위가 명백한 경우**
ㄴ **거래처 조사, 거래처 현지확인 또는 금융거래 현지확인이 필요**한 경우
ㄷ **세금탈루 혐의가 포착**되거나 조사 과정에서 「조세범 처벌절차법」에 따른 조세범칙 조사를 개시하는 경우
ㄹ 천재지변이나 노동쟁의로 조사가 중단되는 경우
ㅁ 납세자보호관·담당관이 세금탈루혐의와 관련하여 추가적인 사실확인이 필요하다고 인정하는 경우
ㅂ 세무조사 대상자가 세금탈루혐의에 대한 해명 등을 위하여 세무조사 기간의 연장을 신청한 경우로서 납세자 보호관 등이 이를 인정하는 경우

③ 세무조사 기간 제한

조사대상 과세기간 중 연간 수입금액 또는 양도가액이 가장 큰 과세기간의 연간 수입금액 또는 양도가액이 100억 원 미만인 납세자에 대한 **세무조사 기간은 20일 이내**로 하며, 해당 기간을 **최초로 연장**하는 경우에는 **관할 세무관서 장의 승인**을 받아야 하고, **2회 이후 연장의 경우에는 관할 상급 세무관서 장의 승인을 받아 각각 20일 이내에서 연장할 수 있다.**

④ 세무조사 기간 제한의 예외

다음에 해당하는 사유가 있는 경우 세무조사 기간의 제한 및 세무조사 연장기간의 제한을 받지 않는다.
  ㉠ 무자료거래, 위장·가공거래 등 **거래 내용이 사실과 다른 혐의**가 있어 실제 거래 내용에 대한 조사가 필요한 경우
  ㉡ **역외거래**를 이용하여 세금을 탈루하거나 국내 탈루소득을 해외로 변칙유출한 혐의로 조사하는 경우
  ㉢ 명의위장, 이중장부의 작성, 차명계좌의 이용, 현금거래의 누락 등의 방법을 통하여 세금을 탈루한 혐의로 조사하는 경우
  ㉣ 거짓계약서 작성, 미등기양도 등을 이용한 부동산 투기 등을 통하여 세금을 탈루한 혐의로 조사하는 경우
  ㉤ 상속세·증여세 조사, 주식변동 조사, 범칙사건 조사 및 출자·거래관계에 있는 **관련자에 대하여 동시조사**를 하는 경우

⑤ 세무조사의 중지

세무공무원은 다음에 해당하는 사유로 세무조사를 진행하기 어려운 경우에는 세무조사를 중지할 수 있다. 이 경우 **중지기간은 세무조사 기간 및 세무조사 연장 기간에 산입하지 않으며, 중지기간 중에는 납세자에 대하여 국세의 과세표준과 세액을 결정·경정하기 위한 질문을 하거나 장부 등의 검사·조사 또는 제출을 요구할 수 없다.** 세무공무원은 세무조사를 중지하는 경우에는 그 사유를 통지하여야 한다.
  ㉠ 세무조사 연기신청에 해당하는 사유가 있어 납세자가 조사중지를 신청한 경우
  ㉡ 국외자료의 수집·제출 또는 세무조사 기간 중 상호합의절차 개시에 따라 외국과세기관과의 협의가 필요한 경우
  ㉢ 다음 각 사유로 인해 세무조사를 정상적으로 진행하기 어려운 경우
    ⓐ 납세자의 소재가 불명한 경우 또는 해외로 출국한 경우
    ⓑ 납세자가 장부·서류 등을 은닉하거나 그 제출을 지연 또는 거부한 경우
    ⓒ 노동쟁의가 발생한 경우
  ㉣ 납세자보호관 또는 담당관이 세무조사의 일시중지를 요청하는 경우

⑥ 세무조사의 재개

세무공무원은 세무조사를 **중지한 사유가 소멸하게 되면 즉시 조사를 재개**하여야 한다. **다만, 조세채권의 확보 등 긴급히 조사를 재개하여야 할 필요가 있는 경우에는 세무조사를 재개할 수 있다.** 세무공무원은 세무조사를 재개하는 경우에는 그 사유를 문서로 통지하여야 한다.

기출 Check 22년 9급

43 「국세기본법」상 세무조사 중 통합조사의 원칙에 대한 설명으로 옳지 않은 것은?

① 세금탈루 혐의 등을 고려하여 특정 세목만을 조사할 필요가 있는 경우에는 특정한 세목만을 조사할 수 있다.
② 조세채권의 확보 등을 위하여 특정 세목만을 긴급히 조사할 필요가 있는 경우에는 특정한 세목만을 조사할 수 있다.
③ 명의위장, 차명계좌의 이용을 통하여 세금을 탈루한 혐의에 대한 확인이 필요한 경우에 해당하는 사유로 인한 부분조사는 같은 세목 및 같은 과세기간에 대하여 2회를 초과하여 실시할 수 있다.
④ 「국세기본법」에 따른 경정 등의 청구에 대한 처리를 위하여 확인이 필요한 경우에는 부분조사를 실시할 수 있다.

6 ③
해설 명의위장, 차명계좌의 이용을 통하여 세금을 탈루한 혐의에 대한 확인이 필요한 경우에 해당하는 사유로 인한 부분조사는 같은 세목 및 같은 과세기간에 대하여 2회를 초과하여 실시할 수 없다.

⑦ 세무조사의 조기종결

세무공무원은 세무조사 기간을 단축하기 위해 노력하여야 하며, 장부기록 및 회계처리의 투명성 등 납세성실도를 검토하여 **더 이상 조사할 사항이 없다고 판단될 때에는 조사기간 종료 전이라도 조사를 조기에 종결할 수 있다.**

(7) **세무조사 범위확대의 제한**

세무공무원은 다음 경우를 제외하고는 **조사 진행 중 세무조사의 범위를 확대할 수 없다.** 세무공무원이 다음 중 어느 하나에 해당하여 세무조사의 범위를 확대하는 경우에는 그 사유와 범위를 문서로 통지하여야 한다.

① **다른 과세기간·세목 또는 항목에 대한 구체적인 세금탈루 증거자료가 확인**되어 이에 대한 조사가 필요한 경우
② **명백한 세금탈루 혐의** 또는 세법 적용의 착오 등이 있는 조사대상 과세기간의 특정 항목이 **다른 과세기간**에도 있어 동일하거나 유사한 세금탈루 혐의 또는 세법 적용 착오 등이 있을 것으로 의심되어 다른 과세기간의 그 항목에 대한 조사가 필요한 경우

(8) **통합조사의 원칙** ★

① 통합조사

세무조사는 **납세자의 사업과 관련하여 세법에 따라 신고·납부의무가 있는 세목을 통합하여 실시하는 것을 원칙**으로 한다. 다만, 다음 중 어느 하나에 해당하는 경우에는 특정 세목만을 조사할 수 있다.

> **참고** 특정한 세목만 조사하는 사유
>
> 1. 세목의 특성, 납세자의 신고유형, 사업규모 또는 세금탈루 혐의 등을 고려하여 특정 세목만을 조사할 필요가 있는 경우
> 2. **조세채권의 확보 등을 위하여 특정 세목만을 긴급히 조사할 필요가 있는 경우**
> 3. 그 밖에 세무조사의 효율성 및 납세자의 편의 등을 고려하여 특정 세목만을 조사할 필요가 있는 경우로서 대통령령으로 정하는 경우

② 부분조사

통합조사의 원칙에도 불구하고 다음 중 어느 하나에 해당하는 경우에는 각 사항에 대한 확인을 위하여 **필요한 부분에 한정한 조사**를 실시할 수 있다.

부분조사 사유	횟수
㉠ 경정 등의 청구에 대한 처리 또는 국세환급금의 결정을 위하여 확인이 필요한 경우	조사횟수의 제한이 없음
㉡ **불복청구에 대한 재조사결정 또는 과세전적부심사에 대한 재조사 결정에 따라 사실관계의 확인 등이 필요한 경우**	
㉢ 거래상대방에 대한 세무조사 중에 거래 일부의 확인이 필요한 경우	같은 세목 및 같은 과세기간에 대하여 2회를 초과하여 실시할 수 없음
㉣ 납세자에 대한 **구체적인 탈세 제보**가 있는 경우로서 해당 탈세 혐의에 대한 확인이 필요한 경우	
㉤ 명의위장, 차명계좌의 이용을 통하여 세금을 탈루한 혐의에 대한 확인이 필요한 경우	
㉥ 그 밖에 세무조사의 효율성 및 납세자의 편의 등을 고려하여 특정 사업장, 특정 항목 또는 특정 거래에 대한 확인이 필요한 경우로서 다음의 경우 ⓐ 법인이 주식 등을 고가나 저가로 거래하거나 「법인세법」상 불공정자본거래를 통해 이익을 분여하거나 받은 구체적인 혐의가 있는 경우로서 확인이 필요한 경우 ⓑ 무자료거래, 위장·가공거래 등의 혐의가 있는 경우로서 긴급조사가 필요한 경우 ⓒ 과세관청 외의 기관이 직무상 목적을 위해 작성하거나 취득하여 과세관청에 제공한 자료의 처리를 위해 조사하는 경우	

기출 Check 15년 7급

44 「국세기본법」상 납세자의 권리에 대한 설명으로 옳지 않은 것은?

① 세무공무원은 특정 항목의 명백한 세금탈루 혐의 또는 세법 적용 착오 등이 다른 과세기간으로 연결되어 그 항목에 대한 다른 과세기간의 조사가 필요한 경우에는 조사 진행 중 세무조사의 범위를 확대할 수 있다.
② 세무공무원은 무자료거래 등 거래 내용이 사실과 다른 혐의가 있어 실제 거래 내용에 대한 조사가 필요한 경우 관할세무관서의 장의 승인을 받아 세무조사 기간을 연장할 수 있으나, 그 기한은 20일 이내여야 한다.
③ 납세자에 대한 구체적 탈세제보가 있는 경우는 세무공무원이 납세자의 성실성을 추정해야 하는 경우에서 제외된다.
④ 세무공무원은 조세탈루의 혐의를 인정할 만한 명백한 자료가 있는 경우 같은 세목 및 같은 과세기간에 대해서 재조사를 할 수 있다.

6 ②

해설 무자료거래, 위장·가공거래 등 거래 내용이 사실과 다른 혐의가 있어 실제 거래 내용에 대한 조사가 필요한 경우에는 세무조사 기간의 제한을 받지 않는다.

(9) 장부 등의 보관 금지

① 세무공무원은 세무조사(조세범칙조사 포함)의 목적으로 **납세자의 장부 등을 세무관서에 임의로 보관할 수 없다.** 다만, 세무조사 대상의 수시선정 사유에 해당하는 경우에는 조사 목적에 필요한 최소한의 범위에서 납세자, 소지자 또는 보관자 등 정당한 권한이 있는 자가 임의로 제출한 장부 등을 **납세자의 동의를 받아 세무관서에 일시 보관할 수 있다.**

② 납세자의 장부 등을 세무관서에 일시 보관하려는 경우 납세자로부터 일시 보관 동의서를 받아야 하며, **일시 보관증을 교부**하여야 한다. 납세자 등은 조사목적이나 조사범위와 관련이 없는 등의 사유로 일시 보관에 동의하지 아니하는 장부 등에 대해서는 세무공무원에게 일시 보관할 장부 등에서 제외할 것을 요청할 수 있으며 이 경우 세무공무원은 정당한 사유 없이 해당 장부 등을 일시 보관할 수 없다.

③ 납세자의 반환 요청

  ㉠ 일시 보관하고 있는 장부 등에 대하여 납세자가 반환을 요청한 경우 **반환을 요청한 날부터 14일 이내에 장부 등을 반환하여야 한다. 해당 규정에도 불구하고 세무공무원은 세무조사에 지장이 없다고 판단될 때에는 요청한 장부 등을 즉시 반환해야 한다.**

  ㉡ 납세자에게 장부 등을 반환하는 경우 세무공무원은 장부 등의 사본을 보관할 수 있고, 그 사본이 원본과 다름없다는 사실을 확인하는 납세자의 서명 또는 날인을 요구할 수 있다.

  ㉢ 다만, 조사 목적을 달성하기 위하여 필요한 경우에는 **납세자보호위원회의 심의를 거쳐 한 차례만 14일 이내의 범위에서 보관 기간을 연장**할 수 있다.

(10) 세무조사의 결과통지

① 세무공무원은 세무조사를 마쳤을 때에는 **그 조사를 마친 날부터 20일(공시송달 사유 중 어느 하나에 해당하는 경우에는 40일)** 이내에 다음 사항이 포함된 조사결과를 납세자에게 설명하고, 이를 서면으로 통지하여야 한다.

  ㉠ 세무조사 내용
  ㉡ 결정 또는 경정할 과세표준, 세액 및 산출근거
  ㉢ 세무조사 대상 세목 및 과세기간
  ㉣ 과세표준 및 세액을 결정 또는 경정하는 경우 그 사유
  ㉤ 가산세의 종류, 금액 및 그 산출근거
  ㉥ 관할세무서장이 결정 또는 경정하여 통지하기 전까지 수정신고가 가능하다는 사실
  ㉦ 과세전적부심사를 청구할 수 있다는 사실

② 세무조사 결과통지의 의무가 없는 경우

  ㉠ **납세관리인을 정하지 않고 국내에 주소 또는 거소를 두지 않은 경우**
  ㉡ 불복청구 및 과세전적부심사 청구에 대한 **재조사결정에 의한 조사를 마친 경우**
  ㉢ **세무조사결과통지서 수령을 거부하거나 회피하는 경우**

③ 세무조사의 부분 통지

다음 중 어느 하나에 해당하는 사유로 위의 기간 이내에 조사결과를 통지할 수 없는 부분이 있는 경우에는 납세자가 동의하는 경우에 한정하여 조사결과를 통지할 수 없는 부분을 제외한 조사결과를 납세자에게 설명하고, 이를 서면으로 통지할 수 있다.

㉠ 「국제조세조정에 관한 법률」 및 조세조약에 따른 국외자료의 수집·제출 또는 상호합의절차 개시에 따라 외국 과세기관과의 협의가 진행 중인 경우
㉡ 해당 세무조사와 관련하여 세법의 해석 또는 사실관계 확정을 위하여 기획재정부장관 또는 국세청장에 대한 질의 절차가 진행 중인 경우

상호합의절차의 종료, 세법의 해석 또는 사실관계 확정을 위한 질의에 대한 회신 등 위의 사유가 해소된 때에는 그 사유가 해소된 날부터 20일(공시송달 사유 중 어느 하나에 해당하는 경우에는 40일) 이내에 통지에서 제외되었던 부분에 대한 조사결과를 납세자에게 설명하고, 이를 서면으로 통지하여야 한다.

Ⅳ 기타사항

(1) 비밀유지

세무공무원은 납세자의 과세정보를 **타인에게 제공 또는 누설하거나 목적 외의 용도로 사용해서는 안 된다.**

다만, 다음 중 어느 하나에 해당하는 경우에는 그 사용목적에 맞는 범위에서 납세자의 과세정보를 제공할 수 있다. 이 경우 과세정보를 제공받은 자는 과세정보 유출 방지시스템 구축 등 과세정보의 안정성 확보를 위한 조치를 하여야 한다.

① 국가행정기관, 지방자치단체 등이 법률에서 정하는 조세, 과징금의 부과·징수 등을 위하여 사용할 목적으로 과세정보를 요구하는 경우
② 국가기관이 조세쟁송이나 조세범의 소추를 위하여 과세정보를 요구하는 경우
③ 법원의 제출명령 또는 법관이 발부한 영장에 의하여 과세정보를 요구하는 경우
④ 세무공무원 간에 국세의 부과·징수 또는 질문·검사에 필요한 과세정보를 요구하는 경우
⑤ 통계청장이 국가통계작성 목적으로 과세정보를 요구하는 경우
⑥ 「사회보장기본법」에 따른 사회보험의 운영을 목적으로 설립된 기관이 관계 법률에 따른 소관 업무를 수행하기 위하여 과세정보를 요구하는 경우
⑦ 국가행정기관, 지방자치단체 또는 공공기관이 급부·지원 등을 위한 자격의 조사·심사 등에 필요한 과세정보를 당사자의 동의를 받아 요구하는 경우
⑧ 「국정감사 및 조사에 관한 법률」에 따른 조사위원회가 국정조사의 목적을 달성하기 위하여 조사위원회의 의결로 비공개회의에 과세정보의 제공을 요청하는 경우
⑨ 다른 법률의 규정에 따라 과세정보를 요구하는 경우

위의 규정(③, ④ 제외)에 따라 과세정보의 제공을 요구하는 자는 문서로 해당 세무관서의 장에게 요구하여야 하며, 세무공무원은 이러한 규정에 위반하여 과세정보의 제공을 요구받으면 그 요구를 거부하여야 한다.

(2) 납세자 권리 행사에 필요한 정보의 제공

납세자 본인의 권리 행사에 필요한 정보를 납세자(세무사 등 세무업무를 위임받은 자 포함)가 요구하는 경우 세무공무원은 신속하게 정보를 제공하여야 한다.

(3) 국세청장의 납세자 권리보호

① 국세청장은 직무를 수행함에 있어 납세자의 권리가 보호되고 실현될 수 있도록 성실하게 노력하여야 한다.

② 납세자의 권리보호를 위하여 국세청에 납세자 권리보호업무를 총괄하는 납세자보호관을 두고, 세무서 및 지방국세청에 납세자 권리보호업무를 수행하는 담당관을 각각 1인을 둔다. 납세자보호관은 조세·법률·회계 분야의 전문지식과 경험을 갖춘 사람으로서 세무공무원이나 세무공무원으로 퇴직한 지 3년이 지나지 아니한 사람은 대상에서 제외한다.

> **참고** 납세자보호관의 직무 및 권한
>
> 1. 위법·부당한 세무조사 및 세무조사 중 세무공무원의 위법·부당한 행위에 대한 일시중지 및 중지
> 2. 세무조사 과정에서 위법·부당한 행위를 한 세무공무원 교체 명령 및 징계 요구
> 3. 위법·부당한 처분(세법에 따른 납부의 고지는 제외)에 대한 시정요구
> 4. 위법·부당한 처분이 행하여 질 수 있다고 인정되는 경우 그 처분 절차의 일시중지 및 중지
> 5. 납세서비스 관련 제도·절차 개선에 관한 사항
> 6. 납세자의 권리보호업무에 관하여 세무서 및 지방국세청의 납세자보호담당관에 대한 지도·감독
> 7. 세금 관련 고충민원의 해소 등 납세자 권리보호에 관한 사항
> 8. 그 밖에 납세자의 권리보호와 관련하여 국세청장이 정하는 사항

(4) 납세자의 협력의무

납세자는 세무공무원의 적법한 질문·조사, 제출명령에 대하여 성실하게 협력하여야 한다.

(5) 납세자보호위원회

① 납세자 권리보호에 관한 사항을 심의하기 위하여 세무서, 지방국세청 및 국세청에 납세자보호위원회를 둔다.

② 세무서 납세자보호위원회 및 지방국세청 납세자보호위원회의 심의사항

㉠ 중소규모납세자 이외의 납세자에 대한 세무조사(조세범칙조사는 제외) 기간의 연장(다만, 조사대상자가 해명 등을 위하여 연장을 신청한 경우는 제외한다.)

㉡ 중소규모납세자 이외의 납세자에 대한 세무조사 범위의 확대

㉢ 세무조사 기간 연장 및 범위 확대에 대한 중소규모납세자의 세무조사 일시중지 및 중지 요청

㉣ 위법·부당한 세무조사 및 세무조사 중 세무공무원의 위법·부당한 행위에 대한 납세자의 세무조사 일시중지 및 중지 요청

㉤ 납세자의 반환요청에 대한 장부 등의 일시 보관 기간 연장

㉥ 그 밖에 납세자의 권리보호를 위하여 납세자보호담당관이 심의가 필요하다고 인정하는 안건

> **중소규모납세자**
> 세무조사 대상 과세기간 중 연간 수입금액 또는 양도가액이 가장 큰 과세기간의 연간 수입금액 또는 양도가액이 100억 원 미만(부가가치세에 대한 세무조사의 경우 1과세기간 공급가액의 합계액이 50억 원 미만)인 납세자

③ 납세자보호위원회에 대한 납세자의 심의 요청 및 결과 통지

> ⓐ 납세자는 세무조사 기간이 끝나는 날까지 세무서장 또는 지방국세청장에게 위 ②의 ⓒ 또는 ⓔ에 해당하는 사항에 대한 심의를 요청할 수 있다.
> ⓑ 세무서장 또는 지방국세청장은 위 ②의 ㉠부터 ㉤까지의 사항에 대하여 세무서 납세자보호위원회 또는 지방국세청 납세자보호위원회의 심의를 거쳐 결정을 하고, 납세자에게 그 결과를 통지하여야 한다. 이 경우 ②의 ⓒ 또는 ⓔ에 대한 결과는 납세자의 요청을 받은 날부터 20일 이내에 통지하여야 한다.
> ⓒ 납세자는 통지를 받은 날부터 7일 이내에 위 ②의 ㉠부터 ⓔ까지의 사항으로 세무서 납세자보호위원회 또는 지방국세청 납세자보호위원회의 심의를 거친 세무서장 또는 지방국세청장의 결정에 대하여 국세청장에게 취소 또는 변경을 요청할 수 있다.
> ⓓ 납세자의 요청을 받은 국세청장은 국세청 납세자보호위원회의 심의를 거쳐 세무서장 및 지방국세청장의 결정을 취소하거나 변경할 수 있다. 이 경우 국세청장은 요청받은 날부터 20일 이내에 그 결과를 납세자에게 통지하여야 한다.
> ⓔ 납세자보호관 또는 담당관은 납세자가 상기 요청을 하는 경우에는 납세자보호위원회의 심의 전까지 세무공무원에게 세무조사의 일시중지 등을 요구할 수 있다. 다만, 납세자가 세무조사를 기피하려는 것이 명백한 경우에는 그러하지 아니하다.
> ⓕ 납세자보호위원회는 위 ②의 ⓒ 또는 ⓔ에 따른 요청이 있는 경우 그 의결로 세무조사의 일시중지 및 중지를 세무공무원에게 요구할 수 있다. 이 경우 납세자보호위원회는 정당한 사유 없이 위원회의 요구에 따르지 아니하는 세무공무원에 대하여 국세청장에게 징계를 건의할 수 있다.
> ⓖ 상기 요청을 한 납세자는 세무서장, 지방국세청장 또는 국세청장에게 의견을 진술할 수 있다.

④ 국세청 납세자보호위원회의 심의사항

> ⓐ 위 ②의 ㉠ ~ ⓔ사항에 대하여 세무서 납세자보호위원회 또는 지방국세청 납세자보호위원회의 심의를 거친 세무서장 또는 지방국세청장의 결정에 대한 납세자의 취소 또는 변경 요청
> ⓑ 그 밖에 납세자의 권리보호를 위한 국세행정의 제도 및 절차 개선 등으로서 납세보호위원회의 위원장 또는 납세자보호관이 심의가 필요하다고 인정하는 사항

⑤ 납세자보호위원회 위원의 의무

> ⓐ 납세자보호위원회의 위원은 업무 중 알게 된 과세정보를 타인에게 제공 또는 누설하거나 목적외의 용도로 사용해서는 아니 된다.
> ⓑ 납세자보호위원회의 위원은 공정한 심의를 기대하기 어려운 사정이 있다고 인정될 때에는 위원회 회의에서 제척되거나 회피하여야 한다.

⑥ 납세자보호관은 납세자보호위원회의 의결사항에 대한 이행여부 등을 감독한다.

V 과세전적부심사

과세전적부심사란 국세처분을 받기 전 납세자의 청구에 의해 해당 국세처분의 타당성을 미리 심사하는 제도를 말한다. 과세전적부심사는 사전적 권리구제제도에 해당한다.

(1) 과세예고 통지

세무서장 또는 지방국세청장은 다음 중 어느 하나에 해당하는 경우에는 미리 납세자에게 그 내용을 서면으로 통지하여야 한다.

① 세무서 또는 지방국세청에 대한 지방국세청장 또는 국세청장의 **업무감사결과(현지 시정조치의 경우 포함)**에 따라 세무서장 또는 지방국세청장이 과세하는 경우
② **세무조사에서 확인된 것**으로 조사대상자 외의 자에 대한 과세자료 및 현지 확인조사에 따라 세무서장 또는 지방국세청장이 과세하는 경우
③ **납부고지하려는 세액이 1백만 원 이상**인 경우(「감사원법」에 따른 시정요구에 따라 세무서장 또는 지방국세청장이 과세처분하는 경우로서 시정요구 전에 과세처분 대상자가 감사원의 지적사항에 대한 소명안내를 받은 경우 및 기한후과세표준신고서에 기재된 과세표준 및 세액과 동일하게 과세표준 및 세액을 결정하는 경우 제외)

(2) 과세전적부심사의 청구

① 관할 세무서장이나 지방국세청장에 대한 청구
   다음 중 어느 하나에 해당하는 통지를 받은 자는 **통지를 받은 날부터 30일 이내**에 해당 세무서장이나, 지방국세청장에게 통지내용의 적법성에 관한 심사를 청구할 수 있다.
   ⊙ 세무조사결과에 대한 서면통지
   ⓒ 과세예고 통지

② 국세청장에게 과세전적부심사 청구
   다음의 경우는 국세청장에게 과세전적부심사를 청구할 수 있다.
   ⊙ 법령과 관련하여 **국세청장의 유권해석을 변경하여야 하거나 새로운 해석이 필요**한 것
   ⓒ **국세청장의 훈령·예규·고시 등과 관련하여 새로운 해석이 필요한 것**
   ⓒ 세무서 또는 지방국세청에 대한 국세청장의 업무감사결과에 따라 세무서장 또는 지방국세청장이 행하는 과세예고통지에 관한 것
   ㉣ 위 이외의 사항으로 과세전적부심사 청구금액이 5억 원 이상에 해당하는 것
   ㉤ 「감사원법」에 따른 시정 요구에 따라 세무서장 또는 지방국세청장이 과세처분하는 경우로서 시정 요구 전에 과세처분 대상자가 감사원의 지적사항에 대한 소명안내를 받지 못한 것

(3) 과세전적부심사 배제사유

다음 중 어느 하나에 해당하는 경우에는 과세전적부심사를 청구할 수 없다.
① 「국세징수법」에 규정된 납부기한 전 징수 사유 또는 세법에 규정된 **수시부과의 사유가 있는 경우**
② 「조세범 처벌법」 위반으로 고발 또는 통고처분하는 경우(다만, 고발 또는 통고처분과 관련 없는 세목 또는 세액에 대해서는 그러하지 아니하다.)

> **기출 Check** 17년 7급
>
> 45 「국세기본법」상 과세전적부심사에 대한 설명으로 옳지 않은 것은?
> ① 세무서장으로부터 세무조사 결과에 대한 서면통지를 받은 자는 과세전적부심사를 청구하지 아니한 채, 통지를 한 세무서장에게 통지받은 내용의 전부 또는 일부에 대하여 과세표준 및 세액을 조기에 결정하거나 경정결정해 줄 것을 신청할 수 없다.
> ② 세무서장으로부터 세무조사 결과에 대한 서면통지를 받은 자에게 「국세징수법」에 규정된 납기 전 징수의 사유가 있거나 세법에서 규정하는 수시부과 사유가 있는 경우에는 과세전적부심사를 청구할 수 없다.
> ③ 과세전적부심사 청구를 받은 지방국세청장은 해당 국세심사위원회의 심사를 거쳐 결정을 하고 그 결과를 청구를 받은 날부터 30일 이내에 청구인에게 통지하여야 한다.
> ④ 과세전적부심사 청구기간이 지났거나 보정기간에 보정하지 아니한 경우에는 과세전적부심사 청구를 받은 세무서장은 해당 국세심사위원회의 심사를 거쳐 심사하지 아니한다는 결정을 한다.
>
> **6** ①
> **해설** 세무조사 결과의 서면통지 또는 과세예고통지를 받은 자는 과세전적부심사를 청구하지 아니하고 통지를 한 세무서장이나 지방국세청장에게 통지받은 내용의 전부 또는 일부에 대하여 과세표준 및 세액을 조기에 결정하거나 경정결정해 줄 것을 신청할 수 있다.

③ 세무조사 결과 통지 및 과세예고 통지를 하는 날부터 **국세부과 제척기간의 만료일까지의 기간이 3개월 이하인 경우**

④ 「국제조세조정에 관한 법률」에 따라 조세조약을 체결한 상대국이 상호합의절차의 개시를 요청한 경우

⑤ 불복청구 및 과세전적부심사 청구에 대한 재조사 결정에 따른 세무조사인 경우

(4) 과세전적부심사의 효력

과세전적부심사청구서를 제출받은 세무서장·지방국세청장 또는 국세청장은 그 청구부분에 대하여 **과세전적부심사에 대한 결정이 있을 때까지 과세표준 및 세액의 결정이나 경정결정을 유보하여야 한다.** 다만, 과세전적부심사의 배제사유에 해당하는 경우 또는 과세전적부심사 대상인 통지를 받은 자의 조기 결정 신청이 있는 경우에는 그러하지 아니하다.

(5) 과세전적부심사에 대한 결정

① 과세전적부심사청구를 받은 세무서장·지방국세청장 또는 국세청장은 각각 국세심사위원회의 심사를 거쳐 다음과 같이 결정을 하고 그 결과를 **청구를 받은 날부터 30일 이내**에 청구인에게 통지하여야 한다.

② 과세전적부심사 결정·통지기간 내에 그 결과를 통지하지 아니한 경우 결정·통지가 지연됨으로 인해 해당 기간에 부과되는 납부지연가산세의 50%를 감면한다.

③ 결과 종류
  ㉠ 심사거부(심사하지 아니한다는 결정)
    청구기간이 지났거나 보정기간에 보정을 하지 아니하는 경우 등 그 청구가 적법하지 아니한 경우 심사하지 아니하는 결정
  ㉡ 불채택(채택하지 아니하는 결정)
    청구가 이유 없다고 인정되어 채택하지 않는다는 결정
  ㉢ 채택(청구가 이유 있다고 인정되는 경우)
    청구가 이유 있다고 인정되어 채택하거나 일부 채택하는 결정. 다만, 구체적인 채택의 범위를 정하기 위하여 사실관계 확인 등 추가적으로 조사가 필요한 경우에는 과세전적부심사 대상인 통지를 한 세무서장이나 지방국세청장으로 하여금 이를 재조사하여 그 결과에 따라 당초 통지 내용을 수정하여 통지하도록 하는 재조사 결정을 할 수 있다. 재조사 결정이 있는 경우 처분청은 재조사 결정일로부터 60일 이내에 결정서 주문에 기재된 범위에 한정하여 조사하고, 그 결과에 따라 취소·경정하거나 필요한 처분을 하여야 한다. 이 경우 처분청은 「국세기본법」상 세무조사에 관한 규정에 따라 조사를 연기하거나 조사기간을 연장하거나 조사를 중지할 수 있다.

(6) 조기결정·경정 신청

세무조사 결과의 서면통지 또는 과세예고통지를 받은 자는 **과세전적부심사를 청구하지 아니하고** 통지를 한 세무서장이나 지방국세청장에게 통지받은 내용의 전부 또는 일부에 대하여 **과세표준 및 세액을 조기에 결정하거나 경정결정해 줄 것을 신청할 수 있다.** 이 경우 해당 세무서장이나 지방국세청장은 신청 받은 내용대로 즉시 결정이나 경정결정을 해야 한다.

제2절 보칙

I 납세관리인

(1) 납세자가 국내에 주소 또는 거소를 두지 아니하거나 국외로 주소 또는 거소를 이전할 때에는 국세에 관한 사항을 처리하기 위하여 납세관리인을 정하여야 한다. 이 경우 납세자는 국세에 관한 사항을 처리하게 하기 위하여 변호사, 세무사 또는 「세무사법」에 따라 등록한 공인회계사를 납세관리인으로 둘 수 있다.

(2) 납세자는 납세관리인을 정하거나 변경·해임하는 때에는 이를 문서로 관할세무서장에게 신고하여야 하며, 납세자가 신고를 하지 않은 경우 관할 세무서장은 납세자의 재산이나 사업의 관리인을 납세관리인으로 정할 수 있다.

II 고지금액의 최저한도

고지할 국세(인지세는 제외) 및 강제징수비를 합친 금액이 1만 원 미만일 때에는 그 금액은 없는 것으로 본다. 고지할 국세는 본세와 함께 고지하는 교육세, 농어촌특별세를 본세와 합한 것을 말한다.

III 국세행정에 대한 협조

(1) 관계기관의 협조

세무공무원은 직무를 집행할 때 필요하면 국가기관, 지방자치단체 또는 그 소속공무원에게 협조를 요청할 수 있으며, 그 요청을 받은 자는 정당한 사유가 없으면 협조하여야 한다.

(2) 납세지도 교부금

정부는 납세지도를 담당하는 단체에 그 납세지도 경비의 전부 또는 일부를 법적 절차에 따라 교부금으로 지급할 수 있다.

IV 과세자료의 제출과 그 수집에 대한 협조

(1) 세법에 따라 과세자료를 제출할 의무가 있는 자는 과세자료를 성실하게 작성하여 정해진 기한까지 소관 세무서장에게 제출하여야 한다. 다만, 국세정보통신망을 이용하여 제출하는 경우에는 지방국세청장이나 국세청장에게 제출할 수 있다.

(2) 국가기관, 지방자치단체, 금융회사 등 또는 전자계산·정보처리시설을 보유한 자는 과세와 관계되는 자료 또는 통계를 수집하거나 작성하였을 때에는 국세청장에게 통보하여야 한다.

Ⅴ 장부 등의 비치와 보존

(1) 납세자는 각 세법에서 규정하는 바에 따라 모든 거래에 관한 장부 및 증거서류를 성실하게 작성하여 갖춰 두어야 한다. 이 경우 장부 및 증거서류 중 「국제조세조정에 관한 법률」 제16조제4항에 따라 과세당국이 납세의무자에게 제출하도록 요구할 수 있는 자료의 경우에는 「소득세법」 제6조 또는 「법인세법」 제9조에 따른 납세지(「소득세법」 제9조 또는 「법인세법」 제10조에 따라 국세청장이나 관할지방국세청장이 지정하는 납세지를 포함한다)에 갖춰 두어야 한다.

(2) 제1항에 따른 장부 및 증거서류는 그 거래사실이 속하는 과세기간에 대한 해당 국세의 법정신고기한이 지난 날부터 5년간(역외거래의 경우 7년간) 보존하여야 한다.

(3) 납세자는 제1항에 따른 장부와 증거서류의 전부 또는 일부를 전산조직을 이용하여 작성할 수 있다. 이 경우 그 처리과정 등을 대통령령으로 정하는 기준에 따라 자기테이프, 디스켓 또는 그 밖의 정보보존 장치에 보존하여야 한다.

(4) 「전자문서 및 전자거래 기본법」에 따른 전자화문서로 변환하여 공인전자문서센터에 보관한 경우에는 장부 및 증거서류를 갖춘 것으로 본다. 다만, 계약서 등 위조·변조하기 쉬운 장부 및 증거서류로서 대통령령으로 정하는 것은 그러하지 아니하다.

MEMO

신은미 세법개론

합격까지 박문각

PART

03

국세징수법

Chapter 01 국세징수법의 목적 및 적용순위
Chapter 02 신고납부, 납부고지 등
Chapter 03 강제징수

CHAPTER 01 국세징수법의 목적 및 적용순위

제1절 「국세징수법」 총칙

I 목적 및 우선순위

(1) 목적

「국세징수법」은 국세의 징수에 필요한 사항을 규정함으로써 국민의 납세의무의 적정한 이행을 통하여 국세수입을 확보하는 것을 목적으로 한다.

(2) 「국세징수법」의 성격

① 속지주의: 내국인 및 외국인에게도 적용된다.
② 「국세징수법」은 임의적 징수절차 외에도 세무공무원의 자력에 의한 강제적 징수절차로서의 절차를 규정하고 있다.
③ 세법: 국세의 징수절차에 관한 사항을 규정한 세법이다.

(3) 「국세징수법」의 적용순위(개별세법을 먼저 적용)

국세의 징수에 관하여 「국세기본법」이나 다른 세법에 특별한 규정이 있는 경우를 제외하고는 이 법에서 정하는 바에 따른다.

> 예 원천징수의무자가 납세의무자로부터 국세를 징수하지 않은 경우 각 세법이 정하는 바를 우선 적용하며, 「국세징수법」이 적용되지 않는다.

II 용어의 정의

(1) 납부기한

납세의무가 **확정된 국세**(가산세를 포함한다)를 **납부하여야 할 기한**으로서 다음 각 목의 구분에 따른 기한을 말한다.

① **법정납부기한**: 국세의 종목과 세율을 정하고 있는 법률 및 「국세기본법」, 「조세특례제한법」 및 「국제조세조정에 관한 법률」에서 정한 기한
② **지정납부기한**: 관할 세무서장이 납부고지를 하면서 지정한 기한
  ㉠ 「소득세법」에 따라 중간예납세액을 징수하여야 하는 기한
  ㉡ 「부가가치세법」 예정부과징수 규정에 따라 부가가치세액을 징수하여야 하는 기한
  ㉢ 「종합부동산세법」에 따라 종합부동산세액을 징수하여야 하는 기한

(2) 체납자 - 국세를 체납한 자

(3) **체납** – 국세를 지정납부기한까지 납부하지 아니하는 것

단, 지정납부기한 후에 납세의무가 성립·확정되는 「국세기본법」 제47조의4에 따른 납부지연가산세 및 같은 법 제47조의5에 따른 원천징수 등 납부지연가산세의 경우 **납세의무가 확정된 후 즉시 납부하지 아니하는 것을 말한다.**

(4) **체납액** – 체납된 국세와 강제징수비

Ⅲ 체납액 징수 순위

> 1순위: 강제징수비
> 2순위: 국세(가산세는 제외한다)
> 3순위: 가산세

이 중 국세의 징수순위는 교육세, 농어촌특별세, 교통·에너지·환경세, 그 밖의 국세의 순으로 징수한다. 또한, 국세에는 「상속세 및 증여세법」에 따른 연부연납 이자세액 및 「조세특례제한법」에 따라 소득세 또는 법인세에 가산하여 징수하는 이자상당 가산액과 각 세법에 따른 가산세가 포함된다.

기출 Check 12년 9급

01 「국세징수법」상 체납액의 징수 순서로 옳은 것은?
① 강제징수비, 국세, 가산세
② 가산세, 강제징수비, 국세
③ 국세, 가산세, 강제징수비
④ 국세, 강제징수비, 가산세

❻ ①
해설 체납액의 징수 순서는 강제징수비 → 국세 → 가산세 순이다.

제2절 간접적 납세보전제도

간접적 납세보전제도란 납세자가 국세 등을 체납한 경우 과세관청이 강제징수 하기 전에 납세자가 자진하여 세액을 납부하도록 유도하기 위한 다양한 형태의 제재 방법을 말한다. 체납자에게는 강제징수 전에 납부할 수 있는 기회를 줌과 동시에 강제징수 절차에 따른 시간소요 및 체납절차비 등의 지출 없이 세액을 징수함으로써 과세관청에게도 불필요한 지출을 막고 업무효율을 높이기 위한 방법이라고 할 수 있다.

Ⅰ 납세증명서

(1) **납세증명서의 개요**

납세증명서란 납세자(모든 내국인과 납세의무가 있는 외국인)가 국가 등과 일정한 행위를 수행할 때 납세의무를 이행하였다는 사실을 증명하기 위해 제출하는 서류를 말한다.

(2) **납세증명서의 내용**
① 납세증명서는 증명서 발급일 현재 다음의 금액을 제외하고는 다른 체납액이 없다는 사실을 증명하는 문서를 말하며, **재난 등으로 인한 납부기한 등의 연장규정에 따라 지정납부기한이 연장된 경우에는 해당 사실도 기재되어야 한다.**
② 제외되는 금액
  ㉠ 독촉장에서 정하는 기한의 연장에 관계된 금액
  ㉡ 압류 및 매각의 유예금액
  ㉢ 납부고지가 유예된 금액
  ㉣ 「채무자 회생 및 파산에 관한 법률」에 따른 징수유예액 또는 강제징수 규정에 따라 압류된 재산의 환가유예에 관련된 체납액
  ㉤ 「부가가치세법」에 따라 물적납세의무를 부담하는 수탁자가 그 물적납세의무와 관련하여 체납한 부가가치세 등
  ㉥ 「종합부동산세법」에 따라 물적납세의무를 부담하는 수탁자가 그 물적납세의무와 관련하여 체납한 종합부동산세 등
  ㉦ 「국세기본법」상 물적납세의무(양도담보권에 의한 납세의무)

(3) **납세증명서의 제출**
납세자는 다음 중 어느 하나에 해당하는 경우 납세증명서를 제출하여야 한다.
① 내국인이 해외이주를 목적으로 「해외이주법」에 따른 **해외이주신고를 하는 경우**
② 국가, 지방자치단체 또는 감사원의 감사 대상이 되는 법인 또는 단체 등으로부터 대금을 지급받는 경우
③ 「출입국관리법」에 따른 외국인등록 또는 「재외동포의 출입국과 법적 지위에 관한 법률」에 따른 국내거소신고를 한 외국인이 체류기간의 연장허가 등 **체류 관련 허가**를 법무부장관에게 신청하는 경우

(4) **납세증명서 제출의 예외**
다음 중 어느 하나에 해당하는 경우에는 납세증명서를 제출하지 아니할 수 있다.
① **국가**를 당사자로 하는 계약에 관한 법률 시행령 및 **지방자치단체**를 당사자로 하는 계약에 관한 법률 시행령에 해당하는 **수의계약에 따라 대금을 지급받는 경우**
② 국가 또는 지방자치단체가 대금을 지급받아 그 대금이 **국고 또는 지방자치단체금고에 귀속되는 경우**
③ 국세 강제징수에 따른 채권의 압류로 관할 세무서장이 그 대금을 지급받는 경우
④ 납세자가 **계약대금의 전액을 체납세액으로 납부**하거나 **계약대금 중 일부의 금액으로 체납세액 전액을 납부**하려는 경우
⑤ 「채무자 회생 및 파산에 관한 법률」에 따른 파산관재인이 납세증명서를 발급받지 못하여 관할법인이 파산절차를 원활하게 진행하기 곤란하다고 인정하는 경우로서 관할 세무서장이 납세증명서 제출의 예외를 요청하는 경우

(5) 납세증명서의 제출대상자

대금을 지급받는 자가 원래의 계약자 외의 자인 경우에는 다음의 구분에 따라 납세증명서를 제출하여야 한다.
① 채권의 양도로 인한 경우: 채권의 양도인과 양수인 모두의 납세증명서
② 법원의 전부명령에 따르는 경우: 압류채권자의 납세증명서
③ 「하도급거래 공정화에 관한 법률」에 따라 건설공사의 하도급대금을 직접 지급받는 경우
  : 최종적으로 대금을 수취하는 수급사업자의 납세증명서

(6) 납세증명서 발급신청

납세증명서를 발급받으려는 자는 납세자의 주소 또는 거소와 성명, 납세증명서의 사용 목적, 납세증명서의 수량을 적은 문서(전자문서를 포함)를 관할 세무서장에게 제출(국세정보통신망을 통한 제출을 포함한다)하여야 한다. 다만, 국세청장이 납세자의 편의를 위하여 발급세무서를 달리 정하는 경우 그 발급 세무서의 장에게 제출하여야 한다.

구분	내용
① 개인	㉠ 원칙: 주소지 또는 사업장 소재지
	㉡ 주소가 없는 경우(외국인): 거소지 또는 사업장 소재지
② 법인	㉠ 내국법인: 본점소재지
	㉡ 외국법인: 국내 주사업장 소재지

(7) 관할 세무서장 등의 조회

납세자가 납세증명서를 제출하여야 하는 경우에는 해당 주무관서 등이 국세청장(국세정보통신망을 통한 조회만 해당) 또는 관할 세무서장에게 조회하거나 납세자의 동의를 받아 「전자정부법」에 따른 행정정보의 공동이용을 통하여 그 체납사실 여부를 확인함으로써 납세증명서를 제출받은 것으로 볼 수 있다.

(8) 납세증명서의 발급

관할 세무서장은 납세자로부터 납세증명서의 발급을 신청받은 경우 그 사실을 확인한 후 즉시 납세증명서를 발급하여야 한다.

(9) 납세증명서의 유효기간

납세증명서의 유효기간은 그 증명서를 발급한 날부터 **30일간**으로 한다. 다만, 발급일 현재 해당 신청인에게 **납부고지된 국세가 있는 경우 해당 지정납부기한**까지로 할 수 있다. 관할 세무서장은 지정납부기한을 유효기간으로 하는 경우 해당 사유 및 유효기간을 납세증명서에 분명하게 적어야 한다.

기출 Check  17년 9급

02 「국세징수법」상 납세증명서에 대한 설명으로 옳지 않은 것은?

① 납세증명서를 관계 법령에 따라 의무적으로 제출해야 하는 경우 해당 주무관서 등은 납세자의 동의 없이 「전자정부법」 제36조 제1항에 따른 행정정보의 공동이용을 통하여 그 체납사실 여부를 확인함으로써 납세증명서의 제출을 갈음할 수 있다.
② 납세증명서를 발급받으려는 내국법인은 본점 소재지를 관할하는 세무서장(단, 국세청장이 납세자의 편의를 위하여 발급세무서를 달리 정하는 경우에는 그 발급세무서의 장)에게 발급신청에 관한 문서를 제출하여야 한다.
③ 납세증명서의 유효기간은 그 증명서를 발급한 날부터 30일간이며, 납세증명서 발급일 현재 발급 신청인에게 고지된 국세가 있는 경우에는 고지된 국세의 법정납부기한까지로 할 수 있다.
④ 납세자가 국가로부터 받게 될 계약금액 중 일부 금액으로 체납세액 전액을 납부하려는 경우에는 국가에게 납세증명서를 제출하지 아니하여도 된다.

답 ①
해설 납세자가 납세증명서를 제출하여야 하는 경우에는 해당 주무관서 등이 국세청장(국세정보통신망을 통한 조회만 해당) 또는 관할 세무서장에게 조회하거나 납세자의 동의를 받아 「전자정부법」에 따른 행정정보의 공동이용을 통하여 그 체납사실 여부를 확인함으로써 납세증명서의 제출을 갈음하여야 한다.

기출 Check

24년 9급

03 국세징수법령상 미납국세 등의 열람제도에 대한 설명으로 옳은 것은?

① 미납국세 등의 열람제도에 의하면 열람 신청할 수 있는 미납국세 등에는 납부고지서를 발급한 후 지정납부기한이 도래하지 아니한 국세도 포함된다.
② 「상가건물 임대차보호법」에 따른 상가건물을 보증금 1,000만 원에 임차하여 사용하려는 자는 해당 건물에 대한 임대차계약을 하기 전 임대인의 동의 없이 체납액의 열람을 전국 세무서장에게 신청할 수 있다.
③ 「주택임대차보호법」에 따른 주거용 건물을 보증금 3,000만 원에 임대차계약을 체결한 자는 임대차 기간이 시작하는 날까지 임대인의 동의를 받아야 그 자가 납부하지 아니한 국세 또는 체납액의 열람을 임차할 건물 소재지의 관할 세무서장에게 신청할 수 있다.
④ 열람 신청을 받은 세무서장은 신고 후 납부하지 아니한 종합소득세의 경우 신고기한부터 30일이 지났을 때부터 열람 신청에 따라 열람할 수 있게 해야 한다.

➡ ①

해설 ②, ③: 「주택임대차보호법」에 따른 주거용 건물 또는 「상가건물 임대차보호법」에 따른 상가건물 임대차계약을 체결한 임차인으로서 해당 계약에 따른 보증금이 1,000만 원을 초과하는 경우 임대차계약을 체결하고 임대차 기간이 시작하는 날까지 임대인의 동의 없이도 미납국세를 열람할 수 있다. 이 경우 신청을 받은 세무서장은 열람 내역을 지체없이 임대인에게 통지하여야 한다.
④ 열람 신청을 받은 관할 세무서장은 각 세법에 따른 과세표준 및 세액의 신고기한까지 임대인이 신고한 국세 중 납부하지 아니한 국세에 대해서는 신고기한으로부터 30일(종합소득세의 경우에는 60일)이 지났을 때부터 열람 신청에 응하여야 한다.

Ⅱ 미납국세 등의 열람

(1) 개요

부동산 등을 임차하는 경우 임차인은 보증금에 해당하는 금액을 임대인에게 맡기고 임대인은 추후 임대계약이 종료되면 이를 반납한다. 임차인의 경우는 임대계약이 개시될 때 목돈을 맡기고 추후 이를 수령하기 때문에 임대인이 보증금을 문제없이 되돌려 줄 수 있는지 확인하고자 한다. 임대인이 보증금을 돌려주지 못할 가능성이 있다면 임차인은 해당 임대계약을 맺고자 하지 않을 것이다. 이에 임차인은 임대차계약 전에 다음과 같은 미납국세 등을 열람할 수 있도록 하고 있다.

(2) 내용

「주택임대차보호법」에 따른 주거용 건물 또는 「상가건물 임대차보호법」에 따른 상가건물을 임차하여 사용하려는 자는 해당 건물에 대한 임대차계약을 하기 전 또는 임대차계약을 체결하고 임대차 기간이 시작하는 날까지 임대인의 동의를 받아 그 자가 납부하지 아니한 다음 각 호의 국세 또는 체납액의 열람을 임차할 건물 소재지의 관할 세무서장에게 신청할 수 있다. 이 경우 열람 신청은 관할 세무서장이 아닌 다른 세무서장에게도 할 수 있으며, 신청을 받은 세무서장은 열람 신청에 따라야 한다.
① 세법에 따른 과세표준 및 세액의 신고기한까지 신고한 국세 중 납부하지 아니한 국세
② 체납액
③ 납부고지서를 발급한 후 지정납부기한이 도래하지 아니한 국세

(3) 미납국세 열람신청

① 미납국세 등의 열람을 신청하려는 자는 미납국세 등 열람신청서에 임대인의 동의를 증명할 수 있는 서류와 임차하려는 자의 신분증 등을 첨부하여 관할 세무서장에게 제출하여야 한다.
② 임대차계약을 체결한 임차인으로서 해당 계약에 따른 보증금이 1,000만 원을 초과하는 경우 **임대차계약을 체결하고 임대차 기간이 시작하는 날까지 임대인의 동의 없이도 제1항에 따른 신청을 할 수 있다.** 이 경우 신청을 받은 세무서장은 열람 내역을 지체없이 임대인에게 통지하여야 한다.
③ 단, 열람신청을 받은 관할 세무서장은 각 세법에 따른 과세표준 및 세액의 신고기한까지 임대인이 **신고한 국세 중 납부하지 아니한 국세에 대해서는 신고기한으로부터 30일(종합소득세의 경우에는 60일)이 지났을 때부터** 열람신청에 따라 열람할 수 있게 해야 한다.

Ⅲ 체납자료의 제공

(1) 체납자료 제공의 개요

관할 세무서장(지방국세청장을 포함)은 국세징수 또는 공익의 목적을 위하여 필요한 경우 「신용정보의 이용 및 보호에 관한 법률」에 따른 신용정보집중기관, 그 밖에 대통령령으로 정하는 자가 다음 중 어느 하나에 해당하는 체납자료(체납자의 인적사항 및 체납액에 관한 자료)를 요구하는 경우 이를 제공할 수 있다.

① 체납 발생일로부터 1년이 경과하고 체납액이 500만 원 이상인 자
② 1년에 3회 이상을 체납하고 체납액이 500만 원 이상인 자

(2) 체납자료 제공의 배제

단, 다음 중 어느 하나에 해당하는 경우이거나 **체납된 국세와 관련하여 심판청구 등이 계속 중인 경우**에는 체납자료를 제공할 수 없다.

① 납세자가 재난 또는 도난으로 재산에 심한 손실을 입은 경우
② 납세자가 경영하는 사업에 현저한 손실이 발생하거나 부도 또는 도산의 우려가 있는 경우
③ 압류 또는 매각이 유예된 경우
④ 「부가가치세법」에 따른 물적납세의무를 부담하는 수탁자가 해당 물적납세의무와 관련한 부가가치세 등을 체납한 경우
⑤ 「종합부동산세법」에 따라 물적납세의무를 부담하는 수탁자가 해당 물적납세의무와 관련한 종합부동산세 등을 체납한 경우
⑥ 「국세기본법」상 물적납세의무(양도담보권에 의한 납세의무)

(3) 체납관련 자료의 작성

관할 세무서장(지방국세청장 포함)은 체납자료를 전산정보처리조직에 의하여 처리하는 경우 체납자료의 파일(자기테이프, 자기디스크, 그 밖에 이와 유사한 매체에 체납자료가 기록·보관된 것)로 작성할 수 있다.

(4) 체납자료의 요구절차

① 체납자료를 요구하려는 자는 요구자의 이름 및 주소, 요구하는 자료의 내용 및 목적 등을 적은 문서를 관할 세무서장에게 제출하여야 한다. 체납자료의 제공을 요구받은 관할 세무서장은 이에 해당하는 체납자료 등을 파일이나 문서로 제공할 수 있다.
② 제공한 체납자료가 체납액의 납부 등으로 인하여 더 이상 체납자료에 해당하지 아니하게 되는 경우에는 해당 사실을 사유 발생일로부터 15일 이내에 체납자료 요구자에게 통지하여야 한다.

Ⅳ 사업에 관한 허가 등의 제한(관허사업의 제한)

(1) 관허사업 제한의 요건

구분	내용
사전적 제한	관할 세무서장(지방국세청장 포함)은 납세자가 허가 등(인가·면허 및 등록을 포함)을 받은 사업과 관련된 소득세, 법인세 및 부가가치세를 체납한 경우 해당 사업의 주무관청에 그 납세자에 대한 **허가 등의 갱신** 및 그 허가 등에 관한 근거 법률에 따른 **신규 허가 등**을 하지 아니할 것을 요구할 수 있다.
사후적 제한	관할 세무서장(지방국세청장 포함)은 허가 등을 받아 사업을 경영하는 자가 해당 사업과 관련된 소득세, 법인세 및 부가가치세를 3회 이상 체납하고 그 체납된 금액의 합계액이 500만 원 이상인 경우 해당 주무관청에 관련 사업의 정지 또는 허가 등의 취소를 요구할 수 있다. ⓘ 3회 이상의 체납횟수는 **납부고지서 1통을 1회**로 보아 계산한다.

(2) 사업에 관한 허가(관허사업) 등 제한의 예외

다음 중 하나에 해당하는 경우로서 관할 세무서장(지방국세청장 포함)이 인정하는 경우에는 관허사업을 제한하지 않는다.

① 납세자가 **도난 또는 재난** 등으로 인하여 재산에 심한 손실을 입은 경우
② 납세자가 경영하는 사업에 **현저한 손실**이 발생하거나 부도 또는 도산 등의 우려가 있는 경우
③ 납세자 또는 그 동거가족이 질병이나 중상해로 **6개월 이상의 치료**가 필요한 경우
④ 납세자 또는 그 동거가족이 사망하여 **상중**인 경우
⑤ **공시송달의 방법으로 납부고지된 경우**
⑥ 「민사집행법」에 따른 강제집행 및 담보권 실행 등을 위한 경매가 시작되었거나 「채무자 회생 및 파산에 관한 법률」에 따른 파산선고를 받은 경우
⑦ 「어음법」 및 「수표법」에 따른 어음교환소에서 거래정지처분을 받은 경우
⑧ 총 재산의 추산가액이 강제징수비(압류에 관계되는 국세에 우선하는 피담보채권 금액이 있는 경우 이를 포함)를 징수하면 남을 여지가 없어 강제징수를 종료할 필요가 있는 경우
⑨ 「부가가치세법」에 따른 물적납세의무를 부담하는 수탁자가 해당 물적납세의무와 관련한 부가가치세 등을 체납한 경우
⑩ 「종합부동산세법」에 따라 물적납세의무를 부담하는 수탁자가 해당 물적납세의무와 관련한 종합부동산세 등을 체납한 경우
⑪ 「국세기본법」상 물적납세의무(양도담보권에 의한 납세의무)
⑫ 관할 세무서장이 납세자에게 납부가 곤란한 사정이 있다고 인정되는 경우(단, 해당 사유는 사후적인 관허사업의 제한에 대해서만 인정된다)

(3) 관허사업 제한 요구의 철회

① 관할 세무서장은 사업에 관한 허가 등의 제한요구를 한 뒤 해당 국세를 징수한 경우 즉시 해당 요구를 철회하여야 한다.
② 해당 주무관청은 관할 세무서장의 관허사업 제한 요구 등이 있는 경우 정당한 사유가 없으면 이에 따라야 하며, 해당 조치의 결과를 즉시 관할 세무서장에게 알려야 한다.

V 출국금지

(1) 출국금지의 사유

국세청장은 정당한 사유 없이 5천만 원 이상의 국세를 체납한 자 중에서 다음 중 어느 하나에 해당하는 자는 법무부장관에게 「출입국관리법」에 따른 출국금지를 요청하여야 한다. 단, 출국금지를 요청하기 위해서는 관할 세무서장이 압류, 공매, 담보 제공, 보증인의 납세보증서 등으로 조세채권을 확보할 수 없고, 강제징수를 회피할 우려가 있다고 인정되는 사람에 한한다.

① **배우자 또는 직계존비속이 국외로 이주**(국외에 3년 이상 장기체류 중인 경우를 포함)한 사람
② 미화 5만 달러 상당액 이상의 국외자산이 발견된 경우
③ 출국금지 요청일 현재 최근 2년간 미화 5만 달러 상당액 이상을 국외로 송금한 경우
④ 「국세징수법」에 따라 명단이 공개된 고액·상습체납자
⑤ 출국금지 요청일을 기준으로 **최근 1년간 사업 목적, 질병 치료, 직계존비속의 사망 등과 같은 정당한 사유 없이 국외 출입국 횟수가 3회 이상이거나 국외 체류일수가 6개월 이상인 경우**
⑥ 사해행위 취소소송 중이거나 제3자와 짜고 한 거짓계약에 대한 취소소송 중인 경우

출국금지 요청을 받은 법무부장관은 출국금지요청에 따라 출국금지를 한 경우 국세청장에게 그 결과를 정보통신망 등을 통하여 통보하여야 한다.

(2) 출국금지의 해제요청

구분	내용
① 필수적 해제	㉠ 국세청장은 체납액 징수, 체납자 재산의 압류 및 담보 제공 등으로 출국금지 사유가 없어진 경우에는 즉시 법무부장관에게 출국금지의 해제를 요청하여야 한다. ㉡ 국세청장은 출국금지 중인 사람에게 다음 중 어느 하나에 해당하는 사유가 발생한 경우 지체 없이 법무부장관에게 출국금지의 해제를 요청하여야 한다. 　ⓐ 체납액의 납부 또는 부과결정의 취소 등에 따라 체납된 국세가 5천만 원 미만으로 된 경우 　ⓑ 출국금지 요청 사유가 해소된 경우
② 임의적 해제	국세청장은 출국금지 중인 사람에게 다음 중 어느 하나에 해당하는 사유가 발생한 경우로서 강제징수를 회피할 목적으로 국외로 도피할 우려가 없다고 인정되는 경우에는 법무부장관에게 출국금지의 해제를 요청할 수 있다. ㉠ 국외건설계약 체결, 수출신용장 개설, 외국인과의 합작사업 계약의 체결 등 구체적인 사업계획을 가지고 출국하는 경우 ㉡ 국외에 거주하는 직계존비속이 사망하여 출국하는 경우 ㉢ ㉠ 및 ㉡의 사유 외에 본인의 질병 치료 등 불가피한 사유로 출국금지를 해제할 필요가 있다고 인정되는 경우

 14년 9급

04 세법상 체납자로 하여금 간접적으로 국세를 납부하도록 유인하는 제도에 대한 설명으로 옳지 않은 것은?

① 세무서장은 허가 등을 받아 사업을 경영하는 자가 국세를 3회 이상 체납한 경우로서 그 체납액이 500만 원 이상일 때에는 법령으로 정하는 경우를 제외하고 그 주무관서에 사업의 정지 또는 허가 등의 취소를 요구할 수 있다.
③ 국세청장은 정당한 사유 없이 5천만 원 이상의 국세를 체납한 자 중 배우자 또는 직계존비속이 국외로 이주(국외에 3년 이상 장기체류 중인 경우를 포함한다)한 사람에 대하여 법무부장관에게 출국금지를 요청하여야 한다.
④ 체납된 국세가 이의신청·심사청구 등 불복청구 중에 있는 경우에도 체납 발생일부터 1년이 지나고 국세가 5억 원 이상인 체납자의 인적사항은 공개할 수 있다.

6 ④
해설 체납된 국세와 관련하여 심판청구 등이 계속 중인 경우에는 명단을 공개할 수 없다.

Ⅵ 재산조회 및 강제징수를 위한 지급명세서 등의 활용

국세청장, 지방국세청장 또는 관할 세무서장은 「금융실명거래 및 비밀보장에 관한 법률」에도 불구하고 이자소득 또는 배당소득 또는 금융투자소득에 대한 지급명세서 등의 금융거래에 관한 정보를 체납자의 재산조회와 강제징수를 위하여 사용할 수 있다.

Ⅶ 고액·상습체납자의 명단공개

(1) 개요

국세청장은 「국세기본법」상 비밀유지규정에도 불구하고 **체납 발생일부터 1년이 지난 국세의 합계액이 2억 원 이상(가산세 제외)**인 경우 체납자의 인적사항 및 체납액 등을 공개할 수 있다. 이 경우 체납 발생일부터 1년이 지났는지의 여부는 명단공개일이 속하는 연도의 직전 연도 12월 31일을 기준으로 판단한다.

(2) 체납자 명단공개시 공개할 사항

① 체납자가 개인인 경우: 체납자의 성명, 상호(법인의 명칭 포함), 나이, 직업, 주소, 체납액의 세목 및 납부해야 할 기한 및 체납의 요지 등을 공개한다.
② 체납자가 법인인 경우: 위의 내용에 법인 대표자도 함께 공개한다.
　명단공개 대상자의 선정 절차 및 명단공개의 방법, 그 밖의 명단공개와 관련하여 필요한 사항들은 「국세기본법」상 불성실기부금수령단체의 명단공개와 관련된 규정을 준용한다.

(3) 명단공개의 배제사유

다음 중 하나에 해당하는 사유 및 **체납된 국세와 관련하여 심판청구 등이 계속 중인 경우**에는 명단을 공개할 수 없다.
① 다음의 산식에 따라 계산한 결과 최근 2년간의 체납액 납부비율이 50% 이상에 해당하는 경우

$$\text{최근 2년간 체납액 납부비율} = \frac{㉠}{㉠ + ㉡}$$

㉠ 명단공개 예정일이 속하는 연도의 직전연도 12월 31일 당시의 명단공개 대상 예정자의 체납액
㉡ 명단공개 예정일이 속하는 연도의 직전 2개년도 동안 명단공개 대상 예정자가 납부한 금액

② 회생계획인가의 결정에 따라 체납된 국세의 징수를 유예받고 그 유예기간 중에 있거나 체납된 국세를 회생계획의 납부일정에 따라 납부하고 있는 경우
③ 재산상황, 미성년자 해당 여부 및 그 밖의 사정 등을 고려할 때 위원회가 공개할 실익이 없거나 공개하는 것이 부적절하다고 인정하는 경우
④ 「부가가치세법」에 따른 물적납세의무를 부담하는 수탁자가 해당 물적납세의무와 관련한 부가가치세 등을 체납한 경우
⑤ 「종합부동산세법」에 따라 물적납세의무를 부담하는 수탁자가 해당 물적납세의무와 관련한 종합부동산세 등을 체납한 경우
⑥ 「국세기본법」상 물적납세의무(양도담보권에 의한 납세의무)

Ⅷ 고액·상습체납자의 감치

(1) 개요

법원은 검사의 청구에 따라 체납자가 **다음의 사유에 모두 해당하는 경우** 결정으로 30일의 **범위**에서 체납된 국세가 납부될 때까지 해당 체납자를 감치에 처할 수 있다. 이 경우 국세청장은 아래 사유에 모두 해당하는 경우 체납자의 주소 또는 거소를 관할하는 지방검찰청 또는 지청의 검사에게 체납자의 감치를 신청할 수 있다.

① 국세를 **3회 이상 체납**하고 있으며, 체납 발생일부터 **각 1년이 경과**하였고, **체납된 국세의 합계액이 2억 원 이상**인 경우
② 체납된 국세의 납부능력이 있음에도 불구하고 정당한 사유 없이 체납한 경우
③ 「국세기본법」에 따른 국세정보위원회의 의결에 따라 해당 체납자에 대한 감치의 필요성이 인정되는 경우

(2) 체납자의 기본권 보호

① 국세청장은 체납자의 감치를 신청하기 전에 체납자에게 소명자료를 제출하거나 의견을 진술할 수 있는 기회를 주어야 한다. 또한, 체납자는 감치결정에 대해 즉시항고를 할 수 있다.
② 세무공무원은 감치집행시 감치대상자에게 감치사유, 감치기간 및 감치집행의 종료 등 감치결정에 대한 사항을 설명하고 그 밖에 감치집행에 필요한 절차에 협력하여야 한다.

(3) 재감치 금지 및 강제집행의 종료

① 감치에 처해진 체납자는 동일한 체납 사실로 인하여 다시 감치되지 아니한다.
② 감치에 처하는 재판을 받은 체납자가 감치의 집행 중에 체납된 국세를 납부한 경우 감치집행을 종료하여야 한다. 감치에 처하는 재판의 절차 및 그 집행, 그 밖에 필요한 사항은 대법원규칙으로 정한다.

(4) 감치 신청에 대한 의견진술

① 국세청장은 체납자가 소명자료를 제출하거나 의견을 진술할 수 있도록 다음의 사항이 모두 포함된 서면(체납자가 동의하는 경우 전자문서를 포함)을 체납자에게 통지하여야 한다. 이 경우 **의견진술** 기간에 소명자료를 제출하지 아니하거나 의견진술의 신청이 없는 경우에는 의견이 없는 것으로 본다.
  ㉠ 체납자의 성명과 주소
  ㉡ 감치 요건, 감치 신청의 원인이 되는 사실, 감치 기간, 및 관련 법령
  ㉢ 감치의 집행 중에 체납된 국세를 납부하는 경우 감치 집행이 종료될 수 있다는 사실
  ㉣ 체납자가 소명자료를 제출하거나 의견을 진술할 수 있다는 사실과 소명자료 제출 및 의견진술 신청 기간(이 경우 그 기간은 통지를 받은 날부터 30일 이상으로 하여야 한다.)
  ㉤ 그 밖에 소명자료 제출 및 의견진술 신청에 관하여 필요한 사항
② 의견을 진술하려는 자는 의견진술 가능 기간에 국세청장에게 진술하려는 내용을 간략하게 적은 문서(전자문서 포함)를 제출하여야 한다.
③ 의견진술 신청을 받은 국세청장은 국세정보위원회의 회의 개최일 3일 전까지 신청인에게 회의의 일시 및 장소를 통지하여야 한다.

기출 Check 21년 7급

05 「국세징수법」상 고액·상습체납자의 감치 사유와 관련이 없는 것은? (단, 체납된 국세는 2020년 1월 1일 이후 체납된 것으로 가정한다)

① 국세를 3회 이상 체납하고 있고, 체납 발생일부터 각 1년이 경과하였으며, 체납된 국세의 합계액이 2억 원 이상인 경우
② 체납된 국세의 납부능력이 있음에도 불구하고 정당한 사유 없이 체납한 경우
③ 국세정보위원회의 의결에 따라 해당 체납자에 대한 감치 필요성이 인정되는 경우
④ 5천만 원의 국세를 체납한 자로서 직계존비속이 국외로 이주한 경우

6 ④
해설 5천만 원의 국세를 체납한 자로서 직계존비속이 국외로 이주한 경우는 출국금지의 사유에 해당한다.

CHAPTER 02 신고납부, 납부고지 등

📘 징수절차

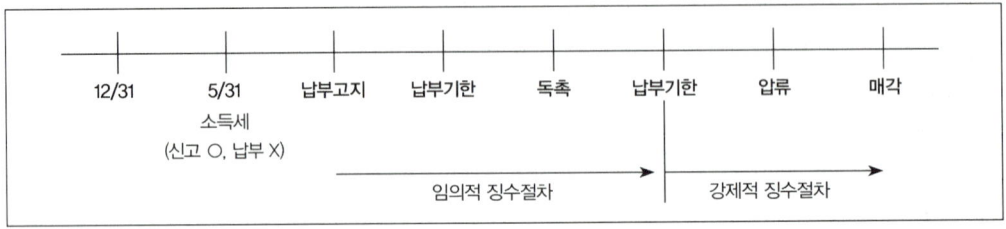

제1절 납부고지

Ⅰ 신고납부

납세자는 세법에서 정하는 바에 따라 국세를 관할 세무서장에게 신고납부하는 경우 그 국세의 과세기간, 세목(稅目), 세액 및 납세자의 인적사항을 납부서에 적어 납부하여야 한다.

Ⅱ 납부고지

납부고지는 **확정된 조세채권**에 대하여 과세관청이 납부기한을 지정하고 그 이행을 청구하는 행위를 말한다. 납부고지는 강제징수절차가 아니다. 납부고지는 아직 과세권자에게 해당 조세채권에 대해 강제로 집행할 수 있는 권리는 부여되지 않은 상태이다. 이에 납부고지는 임의적 징수절차에 속한다.

(1) 납세자에 대한 납부고지

① 관할 세무서장은 납세자로부터 국세를 징수하려는 경우 납부고지서를 납세자에게 발급하여야 한다. 납부고지서에는 다음의 사항이 기재되어야 한다. 이는 필요적 기재사항이므로 일부라도 누락되어서는 안 된다.
  ㉠ 과세기간
  ㉡ 세목
  ㉢ 세액
  ㉣ 산출 근거
  ㉤ **납부하여야 할 기한**(납부고지를 하는 날부터 30일 이내의 범위로 정한다)
  ㉥ 납부장소

💡 필요적 기재사항이 누락되면 효력이 없다.

② 납부고지서 발급의 예외

다만, 「국세기본법」 제47조의4에 따른 납부지연가산세 및 같은 법 제47조의5에 따른 원천징수 등 납부지연가산세 중 지정납부기한이 지난 후의 가산세를 징수하는 경우에는 납부고지서를 발급하지 아니할 수 있다.

③ 강제징수비 고지서

관할 세무서장은 납세자가 체납액 중 국세만을 완납하여 강제징수비를 징수하려는 경우 **강제징수비의 징수와 관계되는 국세의 과세기간, 세목, 강제징수비의 금액, 산출근거, 납부하여야 할 기한(강제징수비 고지를 하는 날부터 30일 이내의 범위로 정한다) 및 납부장소를 적은 강제징수비고지서**를 납세자에게 발급하여야 한다.

> 지정납부기한 후 가산세의 납부고지서는 반드시 발급할 필요는 없다.

(2) 제2차 납세의무자 등에 대한 납부고지

참고 제2차 납세의무 유형(「국세기본법」)

1. 청산인 등의 제2차 납세의무
2. 출자자의 제2차 납세의무
3. 법인의 제2차 납세의무
4. 사업양수인의 제2차 납세의무

① 관할 세무서장은 납세자의 체납액을 '제2차 납세의무자 등'으로부터 징수하는 경우 **징수하려는 체납액의 과세기간, 세목, 세액, 산출 근거, 납부하여야 할 기한(납부고지를 하는 날부터 30일 이내의 범위로 정한다), 납부장소, 제2차 납세의무자 등으로부터 징수할 금액, 그 산출 근거, 그 밖에 필요한 사항**을 적은 납부고지서를 제2차 납세의무자 등에게 발급하여야 한다.
　㉠ 제2차 납세의무자
　㉡ 보증인
　㉢ 「국세기본법」 및 세법에 따라 물적납세의무를 부담하는 자

② 관할 세무서장은 제1항에 따라 제2차 납세의무자 등에게 납부고지서를 발급하는 경우 **납세자에게 그 사실을 통지**하여야 하고, 물적납세의무를 부담하는 자로부터 납세자의 체납액을 징수하는 경우 **물적납세의무를 부담하는 자의 주소 또는 거소를 관할하는 세무서장**에게도 그 사실을 통지하여야 한다.

(3) 연대납세의무자에 대한 납부고지

「국세기본법」에 따른 연대납세의무 및 「상속세 및 증여세법」에 따른 연대납세의무를 지는 자에게 납부고지를 하는 경우 연대납세의무자 전원에 대하여 각각 납부고지서를 발송하여야 한다.

(4) 납부고지서의 발급시기

① 원칙

납부고지서는 **징수결정 즉시 발급**하여야 한다.

② 예외

납부고지를 유예한 경우 유예기간이 끝난 날의 다음날에 발급한다. 발급시기 이후에 **발급된 고지서도 고지서의 효력에는 영향이 없다.**

(5) 납부고지의 효력

① 납부고지는 납세의무를 확정하는 의미를 가지므로 부과처분으로서의 성질과 확정된 조세채무의 이행을 명하는 징수처분으로서의 성질도 갖는다.

② 소멸시효의 중단

납부고지는 국가가 조세채권의 징수를 행사한 것이므로 국세징수권의 소멸시효를 중단하는 효력이 있다. **중단은 소멸시효가 다시 시작**하는 것이므로 기존의 소멸시효는 중단되고 납부고지상 납부기간의 다음날부터 새로 소멸시효가 시작된다.

Ⅲ 납부기한 전 징수

(1) 납부기한 전 징수 ★

① 관할 세무서장은 납세자에게 다음의 어느 하나에 해당하는 사유가 있는 경우 **납부기한 전이라도 이미 납세의무가 확정된 국세를 징수할 수 있다.**

② 원칙적으로 납부기한 동안은 국가는 채무자가 해당 채무를 이행할 것이라고 믿고 기다려야 한다. 다만, 다음의 사례에 해당하는 경우는 납부기한을 기다려서는 조세채권을 확보하기 어렵다고 예상되므로 기한의 이익을 박탈해서라도 국세를 징수하게 되는 것이다.

③ 이러한 사유에 해당하면 채무자는 기한의 이익을 박탈당하기 때문에 충분히 사유를 검토하고 나서 납부기한 전 징수를 결정하여야 한다.

> **참고** 납부기한 전 징수 사유
>
> 1. 국세, 지방세 또는 공과금의 체납으로 **강제징수 또는 체납처분이 시작**된 경우
> 2. 「민사집행법」에 따른 강제집행 및 담보권 실행 등을 위한 **경매가 시작**되거나 「채무자 회생 및 파산에 관한 법률」에 따른 **파산선고**를 받은 경우
> 3. 「어음법」 및 「수표법」에 따른 어음교환소에서 거래정지처분을 받은 경우
> 4. 법인이 해산한 경우
> 5. 국세를 포탈하려는 행위가 있다고 인정되는 경우
> 6. 납세관리인을 정하지 아니하고 국내에 주소 또는 거소를 두지 아니하게 된 경우

(2) 납부기한 전 징수사유의 통지

관할 세무서장은 납부기한 전에 국세를 징수하려는 경우 당초의 납부기한보다 단축된 기한을 정하여 납세자에게 납부고지를 하여야 한다. 또한, 납부고지시 납부고지서에 당초의 납부기한, 납부기한 전 징수사유 및 납부기한 전에 징수한다는 뜻을 부기하여야 한다.

(3) 납부기한 전 징수대상 국세

납부기한 전 징수할 수 있는 국세는 다음과 같이 **확정된 국세**라면 가능하다. 제2차 납세의무자, 납세보증인, 원천징수의무자에게도 납부기한 전 징수를 할 수 있다.

① 납부고지를 한 국세
② 과세표준 결정의 통지를 한 국세
③ 원천징수한 국세
④ 납세조합이 징수한 국세
⑤ 중간예납하는 법인세

💡 관할 세무서장이 납부기한까지 기다려서는 국세를 징수할 수 없다고 판단하면 납부기한 전 징수를 할 수 있다. 확정된 국세면 모두 포함되며, 원천징수는 원천징수된 세액을 지급하는때에 자동확정 되므로 <u>원천징수의무가 있는 세액도 포함</u>된다.

기출 Check 23년 7급

06 국세징수법령상 납부기한 전 징수 및 납부의 방법에 대한 설명으로 옳지 않은 것은?

① 관할 세무서장은 법인이 해산한 경우 납부기한 전이라도 이미 납세의무가 확정된 국세를 징수할 수 있다.
② 관할 세무서장은 납부기한 전에 국세를 징수하려는 경우 당초의 납부기한보다 단축된 기한을 정하여 납세자에게 납부고지를 하여야 한다.
③ 「여신전문금융업법」에 따른 신용카드 또는 직불카드로 국세를 납부한 경우 국세납부대행기관의 승인일을 납부일로 본다.
④ 제3자는 납세자를 위하여 납세자의 명의로 국세 및 강제징수비를 납부할 수 있으며, 국세 및 강제징수비를 납부한 제3자는 국가에 대하여 그 납부한 금액의 반환을 청구할 수 있다.

6 ④
해설 제3자는 납세자를 위하여 납세자의 명의로 국세 및 강제징수비를 납부할 수 있다. 단, 국세 및 강제징수비를 납부한 제3자는 국가에 대하여 그 납부한 금액의 반환을 청구할 수 없다.

(4) 납부기한 전 징수의 효력

① **독촉의 생략**: 납세자가 납부기한 전 징수의 고지를 받고 납부기한까지 완납하지 않으면 **독촉절차를 거치지 않고 납세자의 재산을 압류할 수 있다.**
② 과세전적부심사 청구 배제대상에 해당한다.
③ 국세환급금 직권으로 충당하는 사유에 해당한다.
④ 납부기한 전에 납부고지를 하는 경우 다음의 구분에 따른 날을 납부하여야 할 기한으로 한다.
  ㉠ 단축된 기한 전에 도달한 경우: **단축된 기한**
    예 8월 17일이 단축된 기한인데 8월 15일에 도달: 8월 17일
  ㉡ 단축된 기한이 지난 후에 도달한 경우: **도달한 날**
    예 8월 17일이 단축된 기한인데 8월 19일에 도달: 8월 19일

제2절 독촉

I 독촉의 절차 및 예외

(1) 절차

관할 세무서장은 납세자가 국세를 지정납부기한까지 완납하지 아니한 경우 **지정납부기한이 지난 후 10일 이내에 체납된 국세에 대한 독촉장을 발급**하여야 한다.

(2) 예외 – 독촉장을 발급하지 않을 수 있는 사유

다음 중 어느 하나에 해당하는 경우에는 독촉장을 발급하지 아니할 수 있다.
① 납부기한 전 징수 규정에 따라 **국세를 납부기한 전에 징수**하는 경우
② 체납된 국세가 1만 원 미만인 경우
③ 「국세기본법」 및 세법에 따른 물적납세의무를 부담하는 경우

(3) 독촉장의 납부기한

관할 세무서장은 독촉장을 발급하는 경우 **독촉을 하는 날부터 20일 이내의 범위**에서 기한을 정하여 발급한다. 다만, 독촉장의 발급기한 및 납부기한은 훈시규정이므로 해당 규정을 위반하였다고 하더라도 독촉장의 효력에는 영향이 없다.

II 독촉의 효과

(1) 소멸시효의 중단

독촉은 국가가 조세채권의 징수를 행사한 것이므로 국세징수권의 소멸시효를 중단하는 효력이 있다. **중단은 소멸시효가 다시 시작**하는 것이므로 기존의 소멸시효는 중단되고 납부고지상 납부기간의 다음날부터 새로 소멸시효가 시작된다.

(2) 압류요건 충족

독촉장에 따른 납부기한까지도 납부를 이행하지 아니하면 압류의 요건이 충족된다.

제3절 납부의 방법

I 납부의 방법

국세 또는 강제징수비는 다음 각 호의 방법으로 납부한다.
① 현금(대통령령으로 정하는 바에 따라 계좌이체하는 경우를 포함한다)
② 「증권에 의한 세입납부에 관한 법률」에 따른 증권
③ 국세납부대행기관을 통해 처리되는 결제수단
　㉠ 신용카드 또는 직불카드
　㉡ 통신과금서비스(휴대폰 소액결제)
　㉢ 그 밖에 유사한 것으로서 대통령령으로 정하는 것

> 신용카드, 직불카드 및 통신과금서비스 등으로 국세를 납부하는 경우에는 국세납부대행기관의 **승인일**을 **납부일**로 본다.
>
> **납부대행수수료**
> 국세납부대행기관은 납세자로부터 신용카드 등에 의한 국세납부 대행용역의 대가로 해당 납부세액의 1천분의 10 이내에서 납부대행수수료를 받을 수 있다.

참고 계좌이체

「국고금 관리법」에 따라 국고금 출납사무를 취급하는 금융회사 등에 개설된 계좌에서 다른 계좌로 전자적 장치에 의하여 자금을 이체하는 것(자동이체를 하는 경우를 포함)을 말한다. 이 경우 납세자는 전자적 장치를 활용한 납부확인서 등 납부증명서류를 세법에서 정한 수납기관이 발급한 영수증을 갈음하여 사용할 수 있다.

II 자동이체

납세자는 납부고지를 받은 국세 중 기획재정부령으로 정하는 국세를 금융회사 등에 개설된 예금계좌로부터 자동이체하는 방법으로 납부할 수 있다. 다만, **지정납부기한이 지난 국세는 자동이체하는 방법으로 납부할 수 없다.**

III 제3자의 납부

(1) 제3자는 납세자를 위하여 납세자의 명의로 국세 및 강제징수비를 납부할 수 있다.
　예 부모님이 자식의 체납된 소득세 등을 납부하는 것

(2) 제3자는 제1항에 따라 국세 및 강제징수비를 납부한 경우 국가에 대하여 그 납부한 금액의 반환을 청구할 수 없다.
　예 부모님이 자식의 체납된 소득세를 납부하고 나서 다시 반환을 요구할 수 없다. 부모님은 해당 납부액을 직접 자식에게 반환청구하는 것이지 국가에 요구할 수는 없다는 의미이다.

제4절 납부기한 등의 연장

I 재난 등으로 인한 납부기한 등의 연장

(1) 개요
관할 세무서장은 납세자가 다음 각 호의 어느 하나에 해당하는 사유로 국세를 **납부기한 또는 독촉장에서 정하는 기한까지 납부할 수 없다고 인정**되는 경우 납부기한 등을 연장(세액을 분할하여 납부하도록 하는 것을 포함)할 수 있다.

(2) 사유
① 납세자가 **재난 또는 도난으로 재산에 심한 손실**을 입은 경우
② 납세자가 경영하는 사업에 현저한 손실이 발생하거나 **부도 또는 도산의 우려가 있는** 경우
③ **납세자 또는 그 동거가족이 질병이나 중상해로 6개월 이상의 치료가 필요**한 경우 또는 사망하여 상중인 경우
④ 그 밖에 납세자가 국세를 납부기한 등까지 납부하기 어렵다고 인정되는 경우로서 대통령령으로 정하는 경우
　㉠ 권한 있는 기관에 장부나 서류 또는 그 밖의 물건이 **압수 또는 영치**된 경우 및 이에 준하는 경우
　㉡ 정전, 프로그램의 오류, 그 밖의 부득이한 사유로 다음 각 목의 어느 하나에 해당하는 정보처리장치나 시스템을 정상적으로 가동시킬 수 없는 경우
　　ⓐ 「한국은행법」에 따른 한국은행(그 대리점을 포함한다)
　　ⓑ 「우체국예금·보험에 관한 법률」에 따른 체신관서
　㉢ 금융회사 등·체신관서의 휴무, 그 밖에 부득이한 사유로 정상적인 국세 납부가 곤란하다고 국세청장이 인정하는 경우
　㉣ 「세무사법」에 따라 납세자의 장부 작성을 대행하는 세무사(같은 법에 따라 등록한 세무법인을 포함한다) 또는 세무대리업무등록부에 등록한 공인회계사(「공인회계사법」에 따라 등록한 회계법인을 포함한다)가 화재, 전화(戰禍), 그 밖의 재해를 입거나 해당 납세자의 장부(장부 작성에 필요한 자료를 포함한다)를 도난당한 경우
　㉤ 위 ①에서 ③까지의 규정에 준하는 사유가 있는 경우

기출 Check 24년 7급

07 국세징수법령상 납부기한 등의 연장 등에 대한 설명으로 옳은 것은?
① 권한 있는 기관에 장부나 서류 또는 그 밖의 물건이 압수 또는 영치된 경우는 납부기한의 연장 사유에 해당하지 아니한다.
② 관할 세무서장은 「국세징수법」 제13조에 따른 납부기한의 연장을 한 후 해당 납세자가 국세를 분할납부하여야 하는 각 기한까지 분할납부하여야 할 금액을 납부하지 아니한 경우 그 납부기한의 연장을 취소하고 연장과 관계되는 국세를 한꺼번에 징수할 수 있다.
③ 납부기한 전에 납부고지를 하는 경우에 납부고지서가 단축된 기한이 지난 후에 도달한 경우에는 도달한 날의 다음 날을 납부기한으로 한다.
④ 납세자가 납부고지 또는 독촉을 받은 후에 「채무자 회생 및 파산에 관한 법률」 제140조에 따른 징수의 유예를 받은 경우에는 그 유예 기간 동안 납부지연가산세가 부과된다.

답 ②
해설 ① 권한 있는 기관에 장부나 서류 또는 그 밖의 물건이 압수 또는 영치된 경우는 납부기한의 연장 사유에 해당한다.
③ 납부기한 전에 납부고지를 하는 경우에 납부고지서가 단축된 기한이 지난 후에 도달한 경우에는 도달한 날을 납부기한으로 한다.
④ 납세자가 납부고지 또는 독촉을 받은 후에 「채무자 회생 및 파산에 관한 법률」 제140조에 따른 징수의 유예를 받은 경우에는 그 유예 기간 동안 납부지연가산세를 부과하지 아니한다.

Ⅱ 납부기한 연장 등의 신청

(1) 납부기한 연장 등의 신청기한
납세자는 **납부기한 등의 연장 또는 납부고지의 유예**를 신청하려는 경우 기한(납부기한 등 또는 납부고지 예정인 국세를 납부해야 할 기한) **만료일 3일 전**까지 신청서를 관할 세무서장에게 제출(국세정보통신망을 통한 제출을 포함)한다. 다만, 관할 세무서장이 납세자가 기한 만료일 3일 전까지 신청서를 제출할 수 없다고 인정하는 경우에는 <u>기한 만료일</u>까지 제출할 수 있다.

(2) 제출 내용
① 납세자의 주소 또는 거소와 성명
② 납부할 국세의 과세기간, 세목, 세액과 기한
③ 연장 또는 유예를 받으려는 이유와 기간
④ 분할납부의 방법으로 연장 또는 유예를 받으려는 경우에는 그 분납액 및 분납 횟수

(3) 세무서장의 통지기간 및 방법
① 관할 세무서장은 납부기한 등의 연장 또는 납부고지의 유예 신청을 받은 경우 **납부기한 등의 만료일**까지 대통령령으로 정하는 바에 따라 납세자에게 납부기한 등의 연장 승인 여부를 통지하여야 한다.
② 납세자가 납부기한 등의 **만료일 10일 전**까지 신청을 하였으나 관할 세무서장이 그 신청일부터 10일 이내에 승인 여부를 통지하지 아니한 경우에는 **신청일부터 10일이 되는 날**에 신청을 승인한 것으로 본다.
③ 관할 세무서장은 납부기한 등을 연장하는 경우 즉시 납세자에게 그 사실을 통지하여야 한다.
④ 관할 세무서장은 납부기한 등의 연장 또는 납부고지의 유예를 통지하는 경우 다음 각 사항을 적은 **문서로** 해야 한다.
  ㉠ 연장 또는 유예를 한 국세의 과세기간, 세목, 세액 및 기한
  ㉡ 연장 또는 유예 기간
  ㉢ 분할납부의 방법으로 연장 또는 유예를 한 경우에는 분납금액 및 분납횟수
⑤ 관할 세무서장은 다음 각 호의 어느 하나에 해당하는 경우에는 관보, 일간신문 또는 정보통신망을 통하여 공고하는 방법으로 통지를 갈음할 수 있다.
  ㉠ 납부기한 등 연장사유가 **전국적으로 일시에 발생**하는 경우 예 코로나 19
  ㉡ 연장 또는 유예의 통지 **대상자가 불특정 다수**인 경우
  ㉢ 연장 또는 유예의 사실을 그 대상자에게 개별적으로 통지할 시간적 여유가 없는 경우
⑥ 직권연장
  관할 세무서장은 직권으로 납부고지를 유예하는 경우 즉시 납세자에게 그 사실을 통지하여야 한다.

Ⅲ 납부기한 등의 연장 및 납부고지 유예의 기간 및 분납한도 등

(1) 납부기한 연장 및 납부고지 유예의 기간 및 분납한도

① 관할 세무서장은 납부기한 등의 연장 또는 납부고지의 유예를 하는 경우 그 연장 또는 유예 기간을 **연장 또는 유예한 날의 다음날부터 9개월 이내**로 정하며, 연장 또는 유예 기간 중의 분납기한 및 분납금액을 정할 수 있다.

② 이 경우 관할 세무서장은 **연장 또는 유예 기간이 6개월을 초과하는 경우에는 가능한 한 연장 또는 유예 기간 시작 후 6개월이 지난날부터 3개월 이내에 균등액을 분납할 수 있도록 정해야** 한다.

> 예 납부기한 연장 또는 납부고지의 유예를 한 세액이 9억 원이라고 한다면 6개월 지난 후부터 7개월, 8개월, 9개월 때 3억 원씩 분납할 수 있도록 정해야 한다.

③ 관할 세무서장은 다음의 요건을 모두 갖춘 자가 소득세, 법인세, 부가가치세 및 이에 부가되는 세목에 대하여 납부기한 등의 연장 또는 납부고지의 유예를 신청하는 경우 그 연장 또는 유예의 기간을 **연장 또는 유예한 날의 다음날부터 2년**(제1항에 따라 연장 또는 유예받은 기간에 대해서는 연장 또는 유예를 받은 기간을 포함하여 산정한다) 이내로 정할 수 있고, 연장 또는 유예 기간 중의 분납기한 또는 분납금액을 관할 세무서장이 정할 수 있다.

④ 다음 각 목의 어느 하나에 해당하는 지역에 사업장이 소재해야 한다.
  ㉠ 「고용정책 기본법」 제32조의2 제2항에 따라 선포된 고용재난지역
  ㉡ 「고용정책 기본법 시행령」 제29조 제1항에 따라 지정·고시된 지역
  ㉢ 「지역 산업위기 대응 및 지역경제 회복을 위한 특별법」 제10조 제1항에 따라 지정된 산업위기대응특별지역
  ㉣ 「재난 및 안전관리 기본법」 제60조 제2항에 따라 선포된 특별재난지역(선포된 날부터 2년으로 한정한다)

(2) 납부지연가산세 등 미부과

관할 세무서장은 납부기한 등을 연장하거나 납부고지를 유예한 경우 **연장 또는 유예 기간 동안 「국세기본법」에 따른 납부지연가산세 및 원천징수 등 납부지연가산세를 부과하지 아니한다.** 납세자가 납부고지 또는 독촉을 받은 후에 「채무자 회생 및 파산에 관한 법률」에 따른 징수의 유예를 받은 경우에도 또한 같다.

Ⅳ 납부기한 등의 연장 등에 관한 담보

(1) 담보제공 요구
관할 세무서장은 납부기한 등의 연장 또는 납부고지의 유예를 하는 경우 그 **연장 또는 유예와 관계되는 금액에 상당하는 납세담보의 제공을 요구할 수 있다.**

(2) 담보제공 요구의 예외 ★
다만, 납세자가 사업에서 심각한 손해를 입거나 그 사업이 중대한 위기에 처한 경우로서 관할 세무서장이 그 연장된 납부기한 등까지 해당 국세를 납부할 수 있다고 인정하는 경우 등에는 그러하지 아니하다.
① 납세자가 **사업에서 심각한 손해를 입거나 그 사업이 중대한 위기에 처한 경우**로서 관할 세무서장이 납부해야 할 금액, 납부기한 등의 연장기간, 납부고지의 유예 기간 및 납세자의 과거 국세 납부명세 등을 고려하여 납세자가 그 연장 또는 유예 기간 내에 **해당 국세를 납부할 수 있다고 인정**하는 경우
② 납세자가 **재난 또는 도난**으로 재산에 심한 손실을 입은 경우
③ 정전, 프로그램의 오류, 그 밖의 부득이한 사유로 한국은행(대리점 포함) 및 체신관서(우체국 등)의 정보통신망의 정상적인 가동이 불가능한 경우
④ 금융회사 등 또는 체신관서의 휴무, 그 밖의 부득이한 사유로 정상적인 국세 납부가 곤란하다고 국세청장이 인정하는 경우
⑤ 위 ① ~ ④와 유사한 사유에 해당하는 경우

Ⅴ 납부기한 등의 연장 등의 취소

(1) 취소 사유
관할 세무서장은 납부기한 등의 연장 또는 납부고지의 유예를 한 후 해당 납세자가 다음 중 어느 하나의 사유에 해당하게 된 경우 그 납부기한 등의 연장 또는 납부고지의 유예를 취소하고 연장 또는 유예와 관계되는 국세를 **한꺼번에 징수할 수 있다.**
① 국세를 분할납부하여야 하는 각 기한까지 **분할납부하여야 할 금액을 납부하지 아니한 경우**
② 관할 세무서장의 **납세담보물의 추가 제공 또는 보증인의 변경 요구에 따르지 아니한 경우**
③ 재산 상황의 변동 및 아래의 사유로 납부기한 등의 연장 또는 납부고지의 유예를 할 필요가 없다고 인정되는 경우
　㉠ 정전, 프로그램의 오류, 그 밖의 부득이한 사유로 한국은행(대리점 포함) 및 체신관서(우체국 등)의 정보통신망의 정상적인 가동이 불가능한 경우
　㉡ 금융회사 등(한국은행 국고대리점 및 국고수납대리점인 금융회사 등만 해당) 또는 체신관서의 휴무, 그 밖의 부득이한 사유로 정상적인 국세 납부가 곤란하다고 국세청장이 인정하는 경우
④ 납부기한 전 징수 사유가 있어 그 연장 또는 유예한 기한까지 연장 또는 유예와 관계되는 국세의 전액을 징수할 수 없다고 인정되는 경우

(2) 취소사실의 통지

납부기한 등의 연장 또는 납부고지의 유예를 취소한 경우 납세자에게 해당 사실을 통지하여야 한다.

(3) 재연장 금지

위 ①, ② 또는 ④에 따라 지정납부기한 또는 독촉장에서 정한 기한의 연장을 취소한 경우 그 국세에 대하여 다시 지정납부기한 등의 연장을 할 수 없다.

VI 송달지연으로 인한 지정납부기한 등의 연장

(1) 원칙

납부고지서 또는 독촉장의 송달이 지연되어 다음 중 어느 하나에 해당하는 경우에는 **도달한 날부터 14일이 지난날**을 지정납부기한 등으로 한다.
① 도달한 날에 이미 지정납부기한 등이 지난 경우
② 도달한 날부터 14일 이내에 지정납부기한 등이 도래하는 경우

(2) 납부기한 전 납부고지

납부기한 전에 납부고지를 하는 경우에는 원칙에도 불구하고 다음의 구분에 따른 날을 납부하여야 할 기한으로 한다.
① 단축된 기한 전에 도달한 경우: 단축된 기한
② 단축된 기한이 지난 후에 도달한 경우: 도달한 날

> **기출 Check** 22년 7급
> 08 「국세징수법」상 송달지연으로 인한 지정납부기한등의 연장에 대한 설명으로 옳지 않은 것은?
> ① 납부고지서 또는 독촉장의 송달이 지연되어 도달한 날에 이미 지정납부기한등이 지난 경우에는 도달한 날부터 14일이 지난 날을 지정납부기한등으로 한다(단, 납부 기한 전에 납부고지를 하는 경우를 제외한다).
> ② 납부고지서 또는 독촉장의 송달이 지연되어 도달한 날부터 14일 이내에 지정납부기한등이 도래하는 경우에는 도달한 날부터 14일이 지난 날을 지정납부기한등으로 한다(단, 납부기한 전에 납부고지를 하는 경우를 제외한다).
> ③ 납부기한 전에 납부고지를 하는 경우에 납부고지서가 단축된 기한 전에 도달한 경우에는 그 단축된 기한을 납부하여야 할 기한으로 한다.
> ④ 납부기한 전에 납부고지를 하는 경우에 납부고지서가 단축된 기한이 지난 후에 도달한 경우에는 도달한 날의 다음 날을 납부기한으로 한다.
>
> **6** ④
> **해설** 납부기한 전에 납부고지를 하는 경우에 납부고지서가 단축된 기한이 지난 후에 도달한 경우에는 도달한 날을 납부기한으로 한다.

제5절 납세담보

I 납세담보의 종류 및 평가방법

(1) 납세담보의 종류

① 납세담보는 납세자의 조세채무 불이행에 따른 위험을 대비하고자 국가가 세법에 따라 납세자 또는 제3자로부터 제공받은 담보를 말한다. 납세담보는 세법에 따라 제공하는 다음의 담보를 말하며, 해당 규정에 포함되지 않은 것은 납세담보로서의 효력이 없다.
② 납세담보 종류
   ㉠ 금전
   ㉡ 「자본시장과 금융투자업에 관한 법률」에 따른 국채증권 등 대통령령으로 정하는 **유가증권**
   ㉢ **납세보증보험증권**(보험기간이 대통령령으로 정하는 기간 이상인 것으로 한정한다)
   ㉣ 은행 등 대통령령으로 정하는 자의 **납세보증서**
   ㉤ 토지
   ㉥ 보험(보험기간이 대통령령으로 정하는 기간 이상인 것으로 한정한다)에 든 등기·등록된 건물, 공장재단, 광업재단, 선박, 항공기 또는 건설기계

> **일정한 유가증권**
> 1. 「자본시장과 금융투자업에 관한 법률」에 따른 국채증권, 지방채증권 및 특수채증권
> 2. 증권시장에 주권을 상장한 법인이 발행한 사채권 중 보증사채 및 전환사채
> 3. 증권시장에 상장된 유가증권으로서 매매사실이 있는 것
> 4. 수익증권으로서 무기명 수익증권 및 환매청구가 가능한 수익증권
> 5. 양도성 예금증서

(2) 납세담보의 제공방법

납세담보를 제공하는 경우에는 **담보할 국세의 100분의 120(금전, 납세보증보험증권 또는 은행의 납세보증서로 제공하는 경우에는 100분의 110)** 이상의 가액에 상당하는 담보를 제공하여야 한다. 다만, 국세가 확정되지 아니한 경우에는 국세청장이 정하는 가액에 상당하는 담보를 제공하여야 한다.

종류	담보의 평가	담보의 제공방법★
① 금전	-	공탁하고 그 공탁수령증을 관할 세무서장(「국세징수법」 및 다른 세법에 따라 국세에 관한 사무를 세관장이 관장하는 경우에는 세관장)에게 **제출**하여야 한다. 다만, **등록된 유가증권**의 경우에는 담보제공의 뜻을 등록하고 그 **등록확인증**을 제출하여야 한다.
② 유가증권	담보로 제공하는 날의 전날을 평가기준일로 하여 「상속세 및 증여세법」을 준용하여 계산한 가액	
③ 납세보증보험증권	보험금액	보험증권이나 보증서를 관할 세무서장에게 **제출**하여야 한다.
④ 보증인의 납세보증서	보증금액	
⑤ 토지 ⑥ 보험에 든 등기, 등록된 건물, 공장재단, 광업재단, 선박, 항공기 또는 건설기계	㉠ 토지 또는 건물 : 「상속세 및 증여세법」에 따라 평가한 가액 ㉡ 공장재단, 광업재단, 선박, 항공기 또는 건설기계 : 감정가액 또는 「지방세법」에 따른 시가표준액	그 등기필증, 등기완료통지서 또는 등록필증을 관할 세무서장에게 제시하여야 하며, 관할 세무서장은 이에 따라 저당권 설정을 위한 등기 또는 등록 절차를 밟아야 한다.

① 관할 세무서장은 납세자가 토지, 건물, 공장재단, 광업재단, 선박, 항공기 또는 건설기계를 납세담보로 제공하려는 경우 등기필증, 등기완료통지서 또는 등록필증이 사실과 부합하는지를 조사하여 다음 중 어느 하나에 해당하는 경우에는 다른 담보를 제공하게 하여야 한다.
   ㉠ 법령에 따라 **담보제공이 금지되거나 제한**된 경우. 다만, 주무관청의 허가를 받아 제공하는 경우는 제외한다.
   ㉡ 법령에 따라 **사용·수익이 제한**된 것으로서 담보의 목적을 달성할 수 없다고 인정된 경우
   ㉢ 그 밖에 담보의 목적을 달성할 수 없다고 인정된 경우
② 보험에 든 건물, 공장재단, 광업재단, 선박, 항공기 또는 건설기계를 납세담보로 제공하려는 자는 그 **화재보험증권**을 제출하여야 한다. 이 경우 그 보험기간은 **납세담보를 필요로 하는 기간에 30일 이상을 더한 것이어야 한다.**
   ⊘ 토지는 화재보험증권을 제출할 필요가 없다.
③ 관할 세무서장이 저당권을 설정하기 위한 등기 또는 등록을 하려는 경우 다음의 사항을 적은 문서로 관할 등기소 등에게 촉탁하여야 한다.
   ㉠ 재산의 표시
   ㉡ 등기 또는 등록의 원인과 그 연월일
   ㉢ 등기 또는 등록의 목적
   ㉣ 저당권의 범위
   ㉤ 등기 또는 등록 권리자
   ㉥ 등기 또는 등록 의무자의 주소와 성명

◎ 보증인은 다음 중 어느 하나에 해당하는 자를 말한다.
1. 「은행법」에 따른 은행
2. 「신용보증기금법」에 따른 신용보증기금
3. 보증채무를 이행할 수 있는 자금능력이 충분하다고 관할 세무서장이 인정하는 자

기출 Check 22년 9급
09 국세징수법령상 납세담보에 대한 설명으로 옳지 않은 것은?
① 증권시장에 상장된 유가증권으로서 매매사실이 있는 것은 납세담보로 인정하고 있다.
② 보석 또는 자동차와 같이 자산적 가치가 있는 것은 법에 열거되지 않더라도 납세담보로 인정한다.
③ 납세담보로서 금전을 제공한 자는 그 금전으로 담보한 국세 및 강제징수비를 납부할 수 있다.
④ 관할 세무서장은 납세담보를 제공받은 국세 및 강제징수비가 그 담보기간에 납부되지 않는 경우 납세담보가 납세보증서이면 보증인으로부터 징수절차에 따라 징수한 금전으로 해당 국세 및 강제징수비를 징수한다.

🔑 ②
해설 납세담보로 열거되지 않은 보석 또는 자동차는 자산적 가치가 있더라도 납세담보로서의 효력이 없다.

Ⅱ 납세담보의 변경 및 보충

(1) 납세담보의 변경

납세담보를 제공한 자는 **관할 세무서장의 승인을 받아** 그 담보를 변경할 수 있다. 관할 세무서장은 납세자가 다음 중 어느 하나에 해당하면 이미 제공한 납세담보의 변경승인을 신청하는 경우 **그 변경을 승인해야 한다.**
① 보증인의 납세보증서를 갈음하여 **다른 담보재산을 제공**한 경우
② **제공한 납세담보의 가액이 변동되어 지나치게 많아진 경우**
③ 납세담보로 제공한 유가증권 중 상환기간이 정해진 것이 그 상환시기에 이른 경우

(2) 납세담보의 보충

① 관할 세무서장은 **납세담보물의 가액 감소, 보증인의 자력 감소** 또는 그 밖의 사유로 그 납세담보로는 국세 및 강제징수비의 납부를 담보할 수 없다고 인정할 때에는 담보를 제공한 자에게 **담보물의 추가 제공 또는 보증인의 변경을 요구**할 수 있다.
② 납세담보의 변경 승인 신청 또는 납세담보물의 추가 제공이나 보증인의 변경 요구는 문서로 해야 한다.

Ⅲ 납세담보에 의한 납부와 징수

(1) 납세담보에 의한 납부

납세담보로 금전을 제공한 자는 그 금전으로 담보한 국세 및 강제징수비를 납부할 수 있다. 납세담보로 제공한 **금전으로** 국세 및 강제징수비를 납부하려는 자는 그 뜻을 적은 문서로 관할 세무서장에게 **납부를 신청해야** 한다. 이 경우 신청한 금액에 상당하는 국세 및 강제징수비를 납부한 것으로 본다.

(2) 납세담보에 의한 징수

① 납세담보를 제공받은 국세 및 강제징수비가 그 담보기간에 납부되지 않는 경우 납세담보가 금전이면 그 금전으로 해당 국세 및 강제징수비를 징수하고, 납세담보가 금전 외의 것이면 다음 각 호의 구분에 따른 방법으로 **현금화하거나 징수한 금전으로** 해당 국세 및 강제징수비를 징수한다.
② 납세담보의 징수방법
  ㉠ 유가증권, 토지, 건물, 공장재단, 광업재단, 선박, 항공기 또는 건설기계인 경우: 공매절차에 따라 매각한다.
  ㉡ 납세보증보험증권인 경우: 해당 납세보증보험사업자에게 보험금의 지급을 청구한다.
  ㉢ 납세보증서인 경우: 보증인으로부터 징수절차에 따라 징수한다.
    납세담보를 현금화한 금전으로 징수해야 할 국세 및 강제징수비를 징수하고 남은 금전이 있는 경우 공매대금의 배분방법에 따라 배분한 후 납세자에게 지급한다.

기출 Check 23년 9급

10 국세징수법령상 납세담보에 대한 설명으로 옳지 않은 것은?
① 토지, 건물, 공장재단, 광업재단, 선박, 항공기 또는 건설기계를 납세담보로 제공하려는 자는 그 등기필증, 등기완료통지서 또는 등록필증을 관할 세무서장에게 제시하여야 한다.
② 관할 세무서장은 납세담보물의 가액 감소로 그 납세담보로는 국세 및 강제징수비의 납부를 담보할 수 없다고 인정할 때에는 담보를 제공한 자에게 담보물의 추가 제공을 요구할 수 있다.
③ 납세담보로서 유가증권을 제공한 자는 그 유가증권으로 담보한 국세 및 강제징수비를 납부할 수 있으며, 이 경우 납부하려는 자는 그 뜻을 적은 문서로 관할 세무서장에게 신청해야 한다.
④ 「은행법」제2조 제1항 제2호에 따른 은행의 납세보증서로 납세담보를 제공하는 경우에는 담보할 국세의 100분의 110 이상의 가액에 상당하는 담보를 제공하여야 하되, 그 국세가 확정되지 아니한 경우에는 국세청장이 정하는 가액에 상당하는 담보를 제공하여야 한다.

6 ③
해설 납세담보로서 금전을 제공한 자는 그 금전으로 담보한 국세 및 강제징수비를 납부할 수 있으며, 이 경우 납부하려는 자는 그 뜻을 적은 문서로 관할 세무서장에게 신청해야 한다.

💡 납세담보가 금전인 경우는 납세담보로 납부가 가능하나, 금전 이외의 납세담보는 납세담보에 의한 납부가 허용되지 않는다.

Ⅳ 납세담보의 해제

(1) 관할 세무서장은 「국세징수법」 제23조에 따라 납세담보의 해제를 하려는 경우 그 뜻을 납세담보를 제공한 자에게 통지해야 한다. 이 경우 통지는 문서로 해야 하며, 납세자가 납세담보를 제공할 때 제출한 관계 서류가 있으면 그 서류를 첨부해야 한다.

> **참고** 「국세징수법」 제23조(담보의 해제)
>
> 관할 세무서장은 납세담보를 제공받은 국세 및 강제징수비가 납부되면 지체 없이 담보 해제 절차를 밟아야 한다.

(2) 위 (1)을 적용할 때 납세담보 제공에 따라 저당권의 설정을 위한 등기 또는 등록을 촉탁하여 그 저당권이 설정된 경우에는 같은 조 각 호에 준하는 사항을 적은 문서를 관할등기소장 등에게 제출하는 방법으로 저당권 말소의 등기 또는 등록을 촉탁해야 한다.

제6절 ✦ 체납액 징수 관련 사실행위의 위탁

Ⅰ 체납액 징수 관련 사실행위의 위탁사유

관할 세무서장은 독촉에도 불구하고 납부되지 아니한 체납액을 징수하기 위하여 한국자산관리공사에 다음의 징수 관련 사실행위를 위탁할 수 있다. 이 경우 **한국자산관리공사는 위탁받은 업무를 제3자에게 다시 위탁할 수 없다(재위탁 ×).**
① 체납자의 주소 또는 거소 확인
② 체납자의 재산 조사
③ 체납액의 납부를 촉구하는 안내문 발송과 전화 또는 방문 상담
④ ①~③의 규정에 준하는 단순 사실행위에 해당하는 업무로서 대통령령으로 정하는 사항

Ⅱ 위탁사유 및 절차 및 위탁수수료

(1) 위탁사유

다음 중 어느 하나에 해당하는 경우 세무서장은 한국자산관리공사에 체납액 징수업무를 위탁할 수 있다.
① 체납자별 체납액이 1억 원 이상인 경우
② 관할 세무서장이 체납자 명의의 소득 또는 재산이 없는 등의 사유로 징수가 어렵다고 판단한 경우

(2) 위탁절차

① 관할 세무서장은 체납액 징수 관련 사실행위를 위탁하는 경우 한국자산관리공사에 위탁의뢰서를 보내야 한다(체납자의 주소 또는 거소, 체납자의 성명, 위탁 사유, 체납자가 체납한 국세의 과세기간·세목·세액, 체납자가 체납한 국세의 지정납부기한).
② 관할 세무서장은 체납액 징수 관련 사실행위를 위탁한 경우 즉시 그 위탁 사실을 체납자에게 통지해야 한다.

(3) 위탁수수료

체납액 징수 관련 사실행위를 위탁받은 체납액 중 다음 각 호의 구분에 따른 금액에 100분의 25를 초과하지 않는 범위에서 기획재정부령으로 정하는 비율을 곱한 금액으로 한다.
① 체납자가 체납액의 전부 또는 일부를 납부한 경우: 해당 금액
② 한국자산관리공사가 체납자의 소득 또는 재산을 발견하여 관할 세무서장에게 통보한 경우: 통보한 금액 중 징수한 금액

(4) 가족관계등록 전산정보의 공동이용

관할 세무서장(한국자산관리공사가 공매를 대행하는 경우에는 한국자산관리공사)은 공매를 위하여 필요한 경우「전자정부법」에 따라「가족관계의 등록 등에 관한 법률」에 따른 전산정보자료를 공동이용(「개인정보보호법」에 따른 처리를 포함한다)할 수 있다.

Ⅲ 위탁해지 및 감독

(1) 위탁해지

관할 세무서장은 어느 하나에 해당하는 사유가 발생한 경우 해당 체납액에 대하여 체납액 징수 관련 사실행위의 위탁을 해지해야 한다.
①「국세기본법」제26조에 따라 체납자의 납부의무가 소멸된 경우
② 체납자가 납세담보를 제공하여 체납액 징수가 가능하게 된 경우

(2) 위탁 관련 업무 감독

국세청장은 위탁된 체납액 징수 관련 사실행위의 관리를 위하여 필요하다고 인정하는 경우 한국자산관리공사로 하여금 관할 세무서장이 위탁한 사항을 보고하게 하거나, 필요한 조치를 하도록 요구할 수 있다. 이 경우 한국자산관리공사는 특별한 사유가 없으면 국세청장의 요구에 따라야 한다.

CHAPTER 03 강제징수

제1절 통칙

Ⅰ 강제징수

(1) 강제징수 개요

관할 세무서장(지방국세청장 포함)은 납세자가 독촉 또는 납부기한 전 징수의 고지를 받고 지정된 기한까지 국세 또는 체납액을 완납하지 아니한 경우 재산의 압류(교부청구·참가압류를 포함한다), 압류재산의 매각·추심 및 청산의 절차에 따라 강제징수를 한다. 강제징수는 임의적 징수절차와 달리 국세채권을 세무공무원이 직접 자력 집행할 수 있는 강제적 실현절차이다.

> **참고** 지방국세청장이 강제징수하는 경우(「국세징수법」 제24조)
>
> 체납 발생 후 1개월 이상 지나고 체납액이 5천만 원 이상인 체납자의 경우에는 지방국세청장을 포함한다.

(2) 강제징수의 순서

강제징수는 압류, 교부청구, 참가압류, 매각, 청산이 있으며 이 중 협의의 강제징수에 해당하는 압류, 매각, 청산은 다음의 순서에 따른다.

> 압류 ⇨ 압류재산 매각 ⇨ 청산

교부청구, 참가압류는 광의의 강제징수 행위에 해당한다.

Ⅱ 사해행위의 취소 및 원상회복

관할 세무서장은 강제징수를 할 때 **납세자가 국세의 징수를 피하기 위하여 한 재산의 처분이나 그 밖에 재산권을 목적으로 한 법률행위**(「신탁법」 제8조에 따른 사해신탁을 포함한다)에 대하여 「신탁법」 제8조 및 「민법」 제406조·제407조를 준용하여 **사해행위(詐害行爲)의 취소 및 원상회복**을 법원에 청구할 수 있다.

(1) 사해행위 취소 요건
① 사해행위
체납자가 조세채권자를 해하는 사해행위를 하여야 한다. 또한, 압류를 면하고자 양도한 재산 이외의 다른 자력이 없어 국세를 완납할 수 없어야 한다. 다만, 제2차 납세의무자, 보증인 등으로부터 국세의 전액을 징수할 수 있는 경우에는 납세의무자를 무자력으로 인정하지 않는다.
② 사해의 의사
체납자가 법률 행위를 할 당시 그 행위로 인해 조세채권자를 해하게 됨을 알고 있어야 한다. 행위의 상대방도 체납자가 국세의 징수를 면탈하게 됨을 알고 있어야 한다.

(2) 사해행위 취소방법
세무공무원이 사해행위의 취소를 구하고자 하는 경우 **수익자 또는 전득자를 상대로 민사소송**을 제기하여야 한다.

(3) 사해행위 취소의 효과
① 국가 승소시 강제징수 집행
사해행위취소소송에서 국가가 승소하는 경우 재산권을 목적으로 한 해당 법률행위는 취소되어 원상회복 되므로 과세관청은 해당 자산에 대한 강제징수를 집행할 수 있게 된다.
② 다만, 징수하고자 하는 국세의 금액이 사해행위의 목적이 된 재산의 처분예정가액보다 적은 경우 다음과 같이 처리한다.
  ㉠ 사해행위의 목적이 된 재산이 분할가능한 경우 국세에 상당하는 사해행위의 일부취소와 재산의 일부 반환을 청구하는 것으로 한다.
  ㉡ 사해행위의 목적이 된 재산이 불가분인 때에는 사해행위의 전부취소와 재산의 반환을 청구하는 것으로 한다. 다만, 그 재산의 처분예정가액이 현저히 국세를 초과할 때는 그 재산의 반환 대신 상당액의 손해배상을 청구하여도 무방하다.
③ 국세징수권 소멸시효의 정지
사해행위 취소소송을 제기하여 소송이 진행 중인 기간에는 소멸시효가 진행되지 않는다. 다만, 소송에서 패소하는 경우는 시효 정지의 효력이 없다.

(4) 조세채권 충당 후 반환
사해행위의 취소에 의해 반환받은 재산에 대하여 강제징수를 하고 국세에 충당한 후에도 잔여액이 있는 경우 잔여분은 **재산의 반환을 한 수익자 또는 전득자에게 반환**한다.

기출 Check 08년 7급

11 「국세징수법」상 사해행위의 취소에 관한 설명으로 옳지 않은 것은?
① 납세보증인으로부터 국세의 전액을 징수할 수 있는 경우에는 사해행위취소권을 행사할 수 있다.
② 사해행위의 취소를 요구할 수 있는 경우는 국세의 징수를 면탈하려고 재산권을 목적으로 한 법률행위를 한 재산 이외에 다른 자력이 없어 국세를 완납할 수 없는 경우로 한다.
③ 징수하고자 하는 국세의 세액이 사해행위의 목적이 된 재산의 처분예정가액보다 적은 때에는 사해행위의 목적이 된 재산이 분할가능하면 국세에 상당하는 사해행위의 일부의 취소와 재산의 일부의 반환을 청구하는 것으로 한다.
④ 사해행위의 취소에 의해 반환받은 재산에 대하여 체납처분을 하고 국세에 충당한 후 잔여분이 있는 경우에는 그 재산을 반환한 수익자 또는 전득자에게 반환한다.

6 ①
해설 제2차 납세의무자, 보증인 등으로부터 국세의 전액을 징수할 수 있는 경우에는 납세의무자를 무자력으로 인정하지 않는다.

III 가압류 · 가처분 재산에 대한 강제징수

관할 세무서장은 **재판상의 가압류 또는 가처분 재산이 강제징수 대상인 경우에도 이 법에 따른 강제징수를 한다.** 관할 세무서장(지방국세청장 포함)은 재판상의 가압류 또는 가처분을 받은 재산을 압류하려는 경우 그 뜻을 해당 법원, 집행공무원 또는 강제관리인에게 통지해야 한다. 그 압류를 해제하려는 경우에도 또한 같다.

IV 강제징수의 속행

(1) 사망 또는 합병

① 체납자의 재산에 대하여 강제징수를 시작한 후 **체납자가 사망하였거나 체납자인 법인이 합병으로 소멸된 경우에도 그 재산에 대한 강제징수는 계속 진행하여야 한다.**
② 체납자가 사망한 후 체납자 명의의 재산에 대하여 한 압류는 그 재산을 상속한 <u>상속인에 대하여 한 것으로 본다.</u>

(2) 파산

관할 세무서장은 체납자가 파산선고를 받은 경우라도 **이미 압류한 재산이 있을 때에는 강제징수를 계속 진행**해야 한다.

V 제3자의 소유권 주장

① 압류한 재산에 대하여 소유권을 주장하고 반환을 청구하려는 제3자는 <u>그 재산의 매각 5일 전까지</u> 소유자로 확인할 만한 증거서류를 관할 세무서장에게 제출하여야 한다.
② 관할 세무서장은 제1항에 따라 제3자가 소유권을 주장하고 반환을 청구하는 경우 그 재산에 대한 강제징수를 정지하여야 한다.
③ 관할 세무서장은 제1항에 따른 제3자의 소유권 주장 및 반환 청구가 **정당하다고 인정되는 경우 즉시 압류를 해제**하여야 하고, 부당하다고 인정되면 즉시 그 뜻을 제3자에게 통지하여야 한다.
④ 관할 세무서장은 제3항에 따른 통지를 받은 **제3자가 통지를 받은 날부터 15일 이내에** 그 재산에 대하여 체납자를 상대로 **소유권에 관한 소송을 제기한 사실을 증명하지 아니하면 즉시 강제징수를 계속**하여야 한다.
⑤ 관할 세무서장은 제3항에 따른 통지를 받은 제3자가 체납자를 상대로 소유권에 관한 소송을 제기하여 승소 판결을 받고 그 사실을 증명한 경우 압류를 즉시 해제하여야 한다.

기출 Check 21년 9급

12 「국세징수법」상 강제징수에 대한 설명으로 옳지 않은 것은?
① 관할 세무서장은 재판상의 가압류 또는 가처분 재산이 강제징수 대상인 경우에는 「국세징수법」에 따른 강제징수를 할 수 없다.
② 관할 세무서장은 강제징수를 할 때 납세자가 국세의 징수를 피하기 위하여 한 재산의 처분이나 그 밖에 재산권을 목적으로 한 법률행위(「신탁법」 제8조에 따른 사해신탁을 포함한다)에 대하여 「신탁법」 및 「민법」을 준용하여 사해행위의 취소 및 원상회복을 법원에 청구할 수 있다.
③ 관할 세무서장은 납세자가 독촉 또는 납부기한 전 징수의 고지를 받고 지정된 기한까지 국세를 완납하지 아니한 경우 재산의 압류, 압류재산의 매각·추심 및 청산의 절차에 따라 강제징수를 한다.
④ 체납자의 재산에 대하여 강제징수를 시작한 후 체납자가 사망한 경우에도 그 재산에 대한 강제징수는 계속 진행하여야 한다.

❻ ①
해설 관할 세무서장은 재판상의 가압류 또는 가처분 재산이 강제징수 대상인 경우에도 「국제징수법」에 따른 강제징수를 할 수 있다.

Ⅵ 인지세와 등록면허세의 면제

① 압류재산을 보관하는 과정에서 작성하는 문서에 관하여는 인지세를 면제한다.
② 다음의 등기 또는 등록에 관하여는 등록면허세를 면제한다.
　㉠ 압류의 등기 또는 등록
　㉡ 압류 말소의 등기 또는 등록
　㉢ 공매공고의 등기 또는 등록
　㉣ 공매공고 말소의 등기 또는 등록

Ⅶ 고액·상습체납자의 수입물품에 대한 강제징수의 위탁

(1) 개요

관할 세무서장은 **체납 발생일부터 1년이 지난 국세의 합계액이 2억 원 이상**인 경우 체납자의 수입물품에 대한 강제징수를 **세관장에게 위탁할 수 있다.**

관할 세무서장은 고액·상습체납자에 대하여 **1개월 이내의 기간을 정하여** 체납된 국세를 납부하지 아니하는 경우 강제징수가 세관장에게 **위탁될 수 있다는 사실을 알려야** 한다.

(2) 통지

관할 세무서장은 세관장에게 강제징수를 위탁한 경우 즉시 그 위탁사실을 체납자에게 통지하여야 한다.

(3) 철회

관할 세무서장은 체납자가 **고액·상습체납자의 명단공개에서 제외되는 경우** 즉시 해당 체납자의 수입물품에 대한 강제징수의 위탁을 철회하여야 한다.

Ⅷ 강제징수의 인계

(1) 강제징수의 인계 조건

① 관할 세무서장은 체납자가 관할구역 밖에 거주하거나 압류할 재산이 관할구역 밖에 있는 경우 체납자의 거주지 또는 압류할 재산의 소재지를 관할하는 세무서장에게 강제징수를 인계할 수 있다.
② 다만, **압류할 재산이 채권**이거나 체납자의 거주지 또는 압류할 재산의 소재지가 **둘 이상의 세무서가 관할하는 구역에 걸쳐 있는 경우에는 강제징수를 인계할 수 없다.**

(2) 인수거절

강제징수를 인계받은 세무서장은 압류할 재산이 해당 관할구역에 없는 경우 강제징수의 인수를 거절할 수 있다. 이 경우 체납자가 관할구역에 거주하고 있는 경우에는 수색조서를 강제징수를 인계한 관할 세무서장에게 보내야 한다.

제2절 ✦ 압류

I 통칙

(1) 압류의 개념

압류란 체납자의 특정재산에 대하여 처분을 금지시키는 조세채권을 미리 확보하는 과세관청의 행위이다. 이 경우 압류에 의하여 금지되는 법률상 또는 사실상의 처분은 압류채권자인 국가에 불이익에 관련된 것이므로 **국가에 유리한 처분**(예 다른 담보권자의 담보권 해제)은 포함되지 아니한다.

(2) 압류의 요건

관할 세무서장은 다음 중 어느 하나에 해당하는 경우 납세자의 재산을 압류한다.
① 납세자가 독촉을 받고 **독촉장에서 정한 기한까지 국세를 완납하지 아니한 경우**
② 납세자가 **납부기한 전 징수**에 따라 납부고지를 받고 **단축된 기한까지 국세를 완납하지 아니한 경우**

(3) 확정 전 보전압류

① 관할 세무서장은 납세자에게 **납부기한 전 징수 사유**가 있어 국세가 확정된 후 그 국세를 징수할 수 없다고 인정할 때에는 **국세로 확정되리라고 추정되는 금액의 한도에서 납세자의 재산을 압류할 수 있다.** 이 경우 관할 세무서장은 미리 지방국세청장의 승인을 받아야 하고, 압류 후에는 납세자에게 문서로 그 압류사실을 통지하여야 한다.
② 관할 세무서장은 ①에 따라 재산을 압류한 경우로서 다음 중 어느 하나에 해당하면 **즉시 압류를 해제**하여야 한다.
　㉠ 납세자가 **납세담보를 제공**하고 압류해제를 요구한 경우
　㉡ 압류를 한 날부터 3개월이 지날 때까지 압류에 따라 징수하려는 국세를 확정하지 아니한 경우
③ 관할 세무서장은 ①에 따라 압류를 한 후 압류에 따라 징수하려는 국세를 확정한 경우 압류한 재산이 금전, 납부기한 내 추심 가능한 예금 또는 유가증권에 해당하고 납세자의 신청이 있으면 압류한 재산의 한도에서 확정된 국세를 징수한 것으로 볼 수 있다.
④ 압류한 재산은 **그 압류와 관계되는 국세의 납세의무가 확정되기 전에는 공매할 수 없다.**

(4) 초과압류의 금지

① 관할 세무서장은 국세를 징수하기 위하여 **필요한 재산 외의 재산을 압류할 수 없다.** 다만, **불가분물**(不可分物) 등 부득이한 경우에는 압류할 수 있다.
② 관할 세무서장은 채권을 압류하는 경우 체납액을 한도로 하여야 한다. <u>다만, 압류하려는 채권에 국세보다 우선하는 질권이 설정되어 있어 압류에 관계된 체납액의 징수가 확실하지 아니한 경우 등 필요하다고 인정되는 경우 채권 전액을 압류할 수 있다.</u>

(5) 제3자의 권리보호

관할 세무서장은 압류재산을 선택하는 경우 강제징수에 지장이 없는 범위에서 전세권·질권·저당권 등 체납자의 재산과 관련하여 제3자가 가진 권리를 침해하지 아니하도록 하여야 한다.

Ⅱ 압류의 절차

(1) 압류조서

① 세무공무원은 체납자의 재산을 압류하는 경우 압류조서를 작성하여야 한다. 다만, **참가압류에 압류의 효력이 생긴 경우에는 압류조서를 작성하지 아니할 수 있다.**

② 압류재산이 동산 또는 유가증권, 채권 및 채권과 소유권을 제외한 그 밖의 재산권에 해당하는 경우 압류조서 등본을 체납자에게 내주어야 한다.

③ 압류조서에는 압류에 참여한 세무공무원이 참여자와 함께 **서명날인**을 하여야 한다. 다만, 참여자가 서명날인을 거부한 경우에는 그 사실을 압류조서에 적는 것으로 참여자의 서명날인을 갈음할 수 있다.

④ 세무공무원은 질권이 설정된 동산 또는 유가증권을 압류한 경우 그 동산 또는 유가증권의 질권자에게 압류조서의 등본을 내주어야 한다.

⑤ 압류조서에는 압류한 재산에 관하여 양도, 제한물권의 설정, 채권의 영수(領收) 및 그 밖의 처분을 할 수 없다는 뜻이 기재되어야 한다.

(2) 수색

① 수색방법

㉠ 세무공무원은 재산을 압류하기 위하여 필요한 경우에는 체납자의 주거·창고·사무실·선박·항공기·자동차 또는 그 밖의 장소(이하 "주거 등")를 수색할 수 있고, **해당 주거 등의 폐쇄된 문·금고 또는 기구를 열게 하거나 직접 열 수 있다.**

㉡ 세무공무원은 다음 중 어느 하나에 해당하는 경우 제3자의 주거 등을 수색할 수 있고, 해당 주거 등의 폐쇄된 문·금고 또는 기구를 열게 하거나 직접 열 수 있다.

　ⓐ 체납자 또는 제3자가 **제3자의 주거 등에 체납자의 재산을 감춘 혐의가 있다고** 인정되는 경우

　ⓑ **체납자의 재산을 점유하는 제3자가 재산의 인도를 거부하는 경우**

② 수색기간

㉠ 원칙: 수색은 **해가 뜰 때부터 해가 질 때까지만** 할 수 있다. 다만, 해가 지기 전에 시작한 수색은 해가 진 후에도 계속할 수 있다.

㉡ 예외 - 야간수색

주로 야간에 영업을 하는 장소에 대해서는 해가 진 후에도 영업 중에는 수색을 시작할 수 있다.

> **참고 야간수색 대상 영업**
> 1. 객실을 설비하여 음식과 주류를 제공하고, 유흥종사자에게 손님을 유흥하게 하는 영업
> 2. 무도장을 설치하여 일반인에게 이용하게 하는 영업
> 3. 주류, 식사, 그 밖의 음식물을 제공하는 영업
> 4. 1부터 3까지와 유사한 영업

기출 Check 21년 9급

13 「국세징수법」상 압류에 대한 설명으로 옳지 않은 것은?

① 관할 세무서장은 납세자에게 국세를 포탈하려는 행위가 있다고 인정되어 국세가 확정된 후 그 국세를 징수할 수 없다고 인정할 때에는 국세로 확정되리라고 추정되는 금액의 한도에서 납세자의 재산을 압류할 수 있다.

② 세무공무원은 재산을 압류하기 위하여 필요한 경우에는 체납자의 주거 등의 폐쇄된 문·금고 또는 기구를 열게 할 수는 있으나 직접 열 수는 없다.

③ 세무공무원은 강제징수를 하면서 압류할 재산의 소재 또는 수량을 알아내기 위하여 필요한 경우 체납자와 채권·채무 관계가 있는 자에게 구두 또는 문서로 질문하거나 장부, 서류 및 그 밖의 물건을 검사할 수 있다.

④ 세무공무원은 수색을 하는 경우 그 신분을 나타내는 증표 및 수색통지서를 지니고 이를 관계자에게 보여 주어야 한다.

6 ②

해설 세무공무원은 재산을 압류하기 위하여 필요한 경우에는 체납자의 주거 등의 폐쇄된 문·금고 또는 기구를 열게 하거나 직접 열 수 있다.

③ 수색조서 작성
   ㉠ 세무공무원은 수색을 하였으나 압류할 재산이 없는 경우 수색조서를 작성하고 수색조서에 참여자와 함께 서명날인하여야 한다. 다만, 참여자가 서명날인을 거부한 경우에는 그 사실을 수색조서에 적는 것으로 참여자의 서명날인을 갈음할 수 있다.
   ㉡ 세무공무원은 수색조서를 작성한 경우 그 등본을 수색을 받은 체납자 또는 참여자에게 내주어야 한다.

(3) **질문검사**
① 세무공무원은 강제징수를 하면서 압류할 재산의 소재 또는 수량을 알아내기 위하여 **필요한 경우 체납자, 체납자와 거래관계가 있는 자 등에게 구두 또는 문서로 질문하거나 장부, 서류 및 그 밖의 물건을 검사할 수 있다.**
② 위 ①에 따라 구두로 질문한 내용이 중요한 사항인 경우 그 내용을 기록하고 기록한 서류에 답변한 자와 함께 서명날인하여야 한다. 다만, 답변한 자가 서명날인을 거부한 경우 그 사실을 본문의 서류에 적는 것으로 답변한 자의 서명날인을 갈음할 수 있다.

(4) **참여자**
① 세무공무원은 수색 또는 검사를 하는 경우 그 **수색 또는 검사를 받는 사람, 그 가족·동거인이나 사무원 또는 그 밖의 종업원을 참여시켜야 한다.**
② 위 ①을 적용할 때 참여시켜야 할 자가 없거나 참여 요청에 따르지 아니하는 경우 **성인 2명 이상 또는 특별시·광역시·특별자치시·특별자치도·시·군·자치구의 공무원이나 경찰공무원 1명 이상을 증인으로 참여시켜야 한다.**

(5) **증표 등의 제시**
세무공무원은 압류, 수색 및 질문·검사를 하는 경우 그 **신분을 나타내는 증표 및 압류·수색 등 통지서를 지니고 이를 관계자에게 보여 주어야 한다.** 예 공무원증

(6) **압류·수색 또는 질문·검사 중의 출입 제한**
세무공무원은 압류·수색 및 질문·검사를 하는 경우로서 강제징수를 위하여 필요하다고 인정하는 경우 체납자 및 참여자 등 관계자를 제외한 사람에 대하여 해당 장소에서 나갈 것을 요구하거나 그 장소에 출입하는 것을 제한할 수 있다.

(7) **저당권자 등에 대한 압류 통지**
① 관할 세무서장은 재산을 압류한 경우 전세권, 질권, 저당권 또는 그 밖에 압류재산 위의 등기 또는 등록된 권리자(이하 "저당권자 등")에게 그 사실을 통지하여야 한다.
② 국세에 대하여 우선권을 가진 저당권자 등이 ①에 따라 통지를 받고 그 권리를 행사하려는 경우 **통지를 받은 날부터 10일 이내에 그 사실을 관할 세무서장에게 신고하여야 한다.**

(8) **공유물에 대한 압류**
압류할 재산이 **공유물**인 경우 **각자의 지분이 정해져 있지 아니하면 그 지분이 균등**한 것으로 보아 압류한다.

Ⅲ 압류금지

(1) 압류금지재산 ★

압류 가능한 재산은 압류 당시에 체납자가 소유하는 국내소재재산 중 금전적 가치가 있고 양도가 가능한 것으로 압류금지재산 또는 압류제한급여채권 이외의 자산을 말한다.

이 중 압류금지재산이란 세무공무원이 압류할 수 없는 재산으로 압류금지재산을 압류한 경우 이는 무효 또는 취소 사유가 된다.

(2) 압류 불가능한 재산

① 체납자 또는 그와 생계를 같이 하는 가족(사실상 혼인관계에 있는 사람을 포함한다. 이하 "동거가족")의 생활에 없어서는 아니 될 의복, 침구, 가구, 주방기구, 그 밖의 **생활필수품**
② 체납자 또는 그 동거가족에게 필요한 **3개월간의 식료품 또는 연료**
③ **인감도장이나 그 밖에 직업에 필요한 도장**
④ 제사 또는 예배에 필요한 물건, 비석 또는 묘지
⑤ 체납자 또는 그 동거가족의 장례에 필요한 물건
⑥ 족보·일기 등 체납자 또는 그 동거가족에게 필요한 장부 또는 서류
⑦ **직무 수행에 필요한 제복**
⑧ 훈장이나 그 밖의 명예의 증표
⑨ 체납자 또는 그 동거가족의 **학업에 필요한 서적과 기구**
⑩ **발명 또는 저작에 관한 것으로서 공표되지 아니한 것**
⑪ 주로 자기의 노동력으로 농업을 하는 사람에게 없어서는 아니 될 기구, 가축, 사료, 종자, 비료, 그 밖에 이에 준하는 물건
⑫ 주로 자기의 노동력으로 어업을 하는 사람에게 없어서는 아니 될 어망, 기구, 미끼, 새끼 물고기, 그 밖에 이에 준하는 물건
⑬ 전문직 종사자·기술자·노무자, 그 밖에 주로 자기의 육체적 또는 정신적 노동으로 직업 또는 사업에 종사하는 사람에게 없어서는 아니 될 기구, 비품, 그 밖에 이에 준하는 물건
⑭ 체납자 또는 그 동거가족의 일상생활에 필요한 안경·보청기·의치·의수족·지팡이·장애보조용 바퀴의자, 그 밖에 이에 준하는 신체보조기구 및「자동차관리법」에 따른 경형자동차
⑮ 재해의 방지 또는 보안을 위하여 법령에 따라 설치하여야 하는 소방설비, 경보기구, 피난시설, 그 밖에 이에 준하는 물건
⑯ **법령에 따라 지급되는 사망급여금 또는 상이급여금**
⑰ 「주택임대차보호법」에 따라 우선변제를 받을 수 있는 금액
⑱ 체납자의 생계유지에 필요한 **소액금융재산**으로서 다음의 구분에 따른 금액
　㉠ **사망보험금 중 1천 5백만 원 이하의 보험금**
　㉡ 상해·질병·사고 등을 원인으로 체납자가 지급 받는 보장성보험의 보험금 중 다음에 해당하는 보험금
　　ⓐ 진료비, 치료비, 수술비, 입원비, 약제비 등 치료 및 장애 회복을 위하여 실제 지출되는 비용을 보장하기 위한 보험금

기출 Check 　　12년 9급

14 「국세징수법」상 절대적 압류금지 재산이 아닌 것은?
① 사업에 필요한 기계·기구와 비품
② 체납자와 그 동거가족의 생활에 없어서는 아니 될 의복
③ 직무상 필요한 제복
④ 체납자와 그 동거가족의 학업에 필요한 서적과 기구

6 ①
해설 사업에 필요한 기계·기구와 비품은 절대적 압류금지재산에 해당하지 아니한다.

ⓑ 치료 및 장애 회복을 위한 보험금 중 ⓐ에 해당하는 보험금을 제외한 보험금의 2분의 1에 해당하는 금액
ⓒ 보장성보험의 해약환급금 중 250만 원 이하의 금액
ⓔ 보장성보험의 만기환급금 중 250만 원 이하의 금액
ⓕ 개인별 잔액이 250만 원 미만인 예금(적금, 부금, 예탁금과 우편대체를 포함)

참고 체납자가 보장성보험의 보험금, 해약환급금 또는 만기환급금 채권을 취득하는 보험계약이 둘 이상인 경우

체납자가 보장성보험의 보험금, 해약환급금 또는 만기환급금 채권을 취득하는 보험계약이 둘 이상인 경우 다음의 구분에 따라 ㉠ ~ ㉣ 금액을 계산한다.

㉠, ㉢ 및 ㉣	보험계약별 사망보험금, 해약환급금, 만기환급금을 각각 합산한 금액
㉡의 ⓑ	보험계약별 금액

(2) 급여채권의 압류제한

① 급료, 연금, 임금, 봉급, 상여금, 세비, 퇴직연금, 그 밖에 이와 비슷한 성질을 가진 급여채권에 대해서는 다음 구분에 따른 금액을 압류가 금지되는 금액으로 한다.
  ㉠ 원칙: 총액의 1/2을 압류금지
  ㉡ 예외: 급여채권금액의 1/2 < 250만원: 250만원까지 압류금지
  ㉢ 예외: 급여채권금액의 1/2 > 300만원: 300만원+300만원 초과액의 50%
  ⊘ 월 총급여 600만원 초과분은 1/4만 압류금지효과가 있다.
② 압류금지 월급여총액(250만 원) 산정기준: 「국민기초생활 보장법」에 따른 표준적인 가구의 최저생계비를 고려한다.
③ 최저생계비(250만 원)을 초과하는 경우의 산정기준: 표준적인 가구의 생계비를 고려한다.
④ 퇴직금 등: 퇴직금이나 그 밖에 이와 비슷한 성질을 가진 급여채권에 대해서는 **그 총액의 2분의 1에 해당하는 금액은 압류하지 못한다.**

> **월급여총액**
> 월급여총액 등은 「소득세법」에 해당하는 근로소득의 금액의 합계액(비과세소득의 금액은 제외) 또는 퇴직소득의 금액의 합계액(비과세소득의 금액은 제외)에서 그 근로소득 또는 퇴직소득에 대한 소득세 및 소득세분 지방소득세를 뺀 금액으로 한다.

Ⅳ 압류의 효력

(1) 처분의 제한

① 세무공무원이 재산을 압류한 경우 체납자는 압류한 재산에 관하여 양도, 제한물권의 설정, 채권의 영수, 그 밖의 처분을 할 수 없다. 압류설정 이후 재산의 양도 또는 권리설정 등의 법률상 처분은 국가에 대항하지 못한다.
② 세무공무원이 채권 또는 그 밖의 재산권을 압류한 경우 해당 채권의 채무자 및 그 밖의 재산권의 채무자 또는 이에 준하는 자(이하 "제3채무자")는 체납자에 대한 지급을 할 수 없다.
③ 세무공무원이 예탁유가증권지분 또는 전자등록 주식등을 압류한 경우 해당 체납자에 대하여 계좌대체 및 증권반환을 할 수 없고, 해당 체납자에 대하여 계좌대체 및 전자등록말소를 할 수 없다.

(2) 과실에 대한 압류의 효력

① 압류의 효력은 압류재산으로부터 생기는 **천연과실(天然果實)** 또는 **법정과실(法定果實)**에도 미친다.

천연과실	법정과실
물건의 용법에 의해 수취하는 산출물로 과수나무에서 생기는 열매, 가축의 새끼 등이 이에 해당한다.	물건의 사용대가로 받는 금전 및 기타의 물건으로 건물 임대 후 수취하는 임대료, 이자 등이 이에 해당한다.

② 위 ①에도 불구하고 **체납자 또는 제3자가 압류재산의 사용 또는 수익을 하는 경우** 그 재산의 매각으로 인하여 권리를 이전하기 전까지 **이미 거두어들인 천연과실에 대해서는 압류의 효력이 미치지 아니한다.**

Ⅴ 압류의 본절차

(1) 부동산 등의 압류

① 관할 세무서장은 다음의 재산을 압류하려는 경우 압류조서를 첨부하여 압류등기를 관할 등기소에 촉탁하여야 한다. 그 변경등기에 관하여도 또한 같다.
  ㉠ 「부동산등기법」 등에 따라 등기된 부동산
  ㉡ 「공장 및 광업재단 저당법」에 따라 등기된 공장재단 및 광업재단
  ㉢ 「선박등기법」에 따라 등기된 선박

② 관할 세무서장은 다음의 재산을 압류하려는 경우 압류의 등록을 관계 행정기관의 장 또는 지방자치단체의 장에게 촉탁하여야 한다. 그 변경 등록에 관하여도 또한 같다.
  ㉠ 「자동차관리법」에 따라 등록된 자동차
  ㉡ 「선박법」에 따라 등록된 선박(「선박등기법」에 따라 등기된 선박은 제외한다)
  ㉢ 「항공안전법」에 따라 등록된 항공기 또는 경량항공기(이하 "항공기"라 한다)
  ㉣ 「건설기계관리법」에 따라 등록된 건설기계

③ 관할 세무서장은 압류를 하기 위하여 부동산, 공장재단 및 광업재단의 재산을 **분할하거나 구분하려는 경우 분할 또는 구분의 등기를 관할 등기소에 촉탁**하여야 한다. 그 합병 또는 변경 등기에 관하여도 또한 같다.

④ 관할 세무서장은 등기되지 아니한 부동산을 압류하려는 경우 토지대장 등본, 건축물대장 등본 또는 부동산종합증명서를 갖추어 보존등기를 관할 등기소에 촉탁하여야 한다.

⑤ **관할 세무서장은 제2항에 따라 압류한 자동차, 선박, 항공기 또는 건설기계가 은닉 또는 훼손될 우려가 있다고 인정되는 경우 체납자에게 인도를 명하여 이를 점유할 수 있다.**

⑥ 관할 세무서장은 제1항, 제2항 및 제4항에 따라 압류를 한 경우 그 사실을 체납자에게 통지하여야 한다.

과실에 대한 압류의 효력의 특례
천연과실 중 성숙한 것은 토지 또는 입목과 분리하여 동산으로 볼 수 있다.

기출 Check 23년 9급

15 「국세징수법」상 압류의 효력에 대한 설명으로 옳지 않은 것은?
① 세무공무원이 재산을 압류한 경우 체납자는 압류한 재산에 관하여 양도, 제한물권의 설정, 채권의 영수, 그 밖의 처분을 할 수 없다.
② 압류의 효력은 압류재산으로부터 생기는 법정과실(法定果實)에도 미친다.
③ 체납자 또는 제3자가 압류재산의 사용 또는 수익을 하는 경우 그 재산의 매각으로 인하여 권리를 이전하기 전까지 이미 거두어들인 천연과실(天然果實)에 대해서도 압류의 효력이 미친다.
④ 세무공무원이 채권 또는 그 밖의 재산권을 압류한 경우 해당 채권의 채무자 및 그 밖의 재산권의 채무자 또는 이에 준하는 자는 체납자에 대한 지급을 할 수 없다.

6 ③
해설 체납자 또는 제3자가 압류재산의 사용 또는 수익을 하는 경우 그 재산의 매각으로 인하여 권리를 이전하기 전까지 이미 거두어들인 천연과실(天然果實)에 대해서는 압류의 효력이 미치지 아니한다.

촉탁
대등한 지위의 관청 사이에 행하여지는 위임을 말한다.

(2) 부동산 등의 압류 효력
① 제45조에 따른 압류의 효력은 그 **압류등기 또는 압류의 등록이 완료된 때**에 발생한다.
② 제1항에 따른 압류의 효력은 해당 압류재산의 소유권이 이전되기 전에 「국세기본법」 제35조 제2항에 따른 법정기일이 도래한 국세의 체납액에 대해서도 미친다.

(3) 압류 부동산 등의 사용·수익
① **체납자는** 압류된 부동산, 공장재단, 광업재단, 선박, 항공기, 자동차 또는 건설기계(이하 "부동산 등"이라 한다)를 **사용하거나 수익할 수 있다.** 다만, 관할 세무서장은 그 가치가 **현저하게 줄어들 우려가 있다고 인정할 경우에는 그 사용 또는 수익을 제한할 수 있다.**
② 압류된 부동산 등을 사용하거나 수익할 권리를 가진 제3자의 사용·수익에 관하여는 제1항을 준용한다.
③ 관할 세무서장은 자동차, 선박, 항공기 또는 건설기계에 대하여 강제징수를 위하여 필요한 기간 동안 **정박 또는 정류**를 하게 할 수 있다. 다만, 출항준비(出航準備)를 마친 선박 또는 항공기에 대해서는 정박 또는 정류를 하게 할 수 없다.
④ 관할 세무서장은 제3항에 따라 정박 또는 정류를 하게 하였을 경우 그 **감시와 보존에 필요한 처분을 하여야 한다.**

(4) 동산과 유가증권의 압류
① 동산과 유가증권 압류의 효력
  ㉠ 동산 또는 유가증권의 압류는 세무공무원이 점유함으로써 하고, **압류의 효력은 세무공무원이 점유한 때에 발생한다.**
  ㉡ 세무공무원은 제3자가 점유하고 있는 체납자 소유의 동산 또는 유가증권을 압류하기 위해서는 먼저 그 제3자에게 문서로 해당 동산 또는 유가증권의 인도를 요구하여야 한다.
  ㉢ 세무공무원은 제2항에 따라 인도를 요구받은 제3자가 해당 동산 또는 유가증권을 인도하지 아니하는 경우 제35조 제2항에 따라 제3자의 주거 등에 대한 수색을 통하여 이를 압류할 수 있다.
  ㉣ 세무공무원은 체납자와 그 배우자의 공유재산으로서 체납자가 단독 점유하거나 배우자와 공동 점유하고 있는 동산 또는 유가증권을 제1항에 따라 압류할 수 있다.
② 압류동산의 사용·수익
  ㉠ 제48조에도 불구하고 **운반하기 곤란한 동산은 체납자 또는 제3자에게 보관하게 할 수 있다.** 이 경우 봉인(封印)이나 그 밖의 방법으로 압류재산임을 명백히 하여야 한다.
  ㉡ 제3자에 대한 사용·수익의 허가: 관할 세무서장은 제1항에 따라 압류한 동산을 체납자 또는 이를 사용하거나 수익할 권리를 가진 제3자에게 보관하게 한 경우 강제 징수에 지장이 없다고 인정되면 그 동산의 사용 또는 수익을 허가할 수 있다.
  ㉢ 제2항에 따라 허가를 받은 자는 압류 동산을 사용하거나 수익하는 경우 **선량한 관리자의 주의의무를 다하여야 하며,** 관할 세무서장이 해당 재산의 인도를 요구하는 경우 즉시 이에 따라야 한다.

③ 금전의 압류

관할 세무서장이 금전을 압류한 경우에는 그 **금전 액수만큼 체납자의 압류에 관계되는 체납액을 징수한 것으로 본다.**

④ 유가증권에 대한 채권 추심

관할 세무서장은 유가증권을 압류한 경우 그 **유가증권에 따라 행사할 수 있는 금전의 급부를 목적으로 한 채권을 추심할 수 있다.** 이 경우 관할 세무서장이 채권을 추심하였을 때에는 추심한 채권의 한도에서 체납자의 압류와 관계되는 체납액을 징수한 것으로 본다.

(5) 채권압류

① 채권압류 절차(51조)

㉠ 관할 세무서장은 채권을 압류하려는 경우 그 뜻을 **제3채무자에게 통지**하여야 한다.

㉡ 관할 세무서장은 제1항에 따라 채권을 압류한 경우 그 사실을 **체납자에게 통지**하여야 한다.

② 채권압류의 효력 및 추심(52조)

㉠ 채권 압류의 효력은 제51조 제1항에 따라 **채권 압류 통지서가 제3채무자에게 송달된 때에 발생한다.**

㉡ 관할 세무서장은 제51조 제1항에 따른 통지를 한 경우 체납액을 한도로 하여 체납자인 채권자를 대위(代位)한다.

㉢ 관할 세무서장은 제2항에 따라 채권자를 대위하는 경우 **압류 후 1년 이내에 제3채무자에 대한 이행의 촉구와 채무 이행의 소송을 제기하여야 한다.** 다만, 체납된 국세와 관련하여 「국세기본법」에 따른 이의신청·심사청구·심판청구, 「감사원법」에 따른 심사청구 또는 「행정소송법」에 따른 행정소송(이하 "심판청구 등"이라 한다)이 계속 중이거나 그 밖에 이에 준하는 사유로 법률상·사실상 추심이 불가능한 경우에는 그러하지 아니하다.

㉣ 관할 세무서장은 제3항 단서의 사유가 해소되어 **추심이 가능해진 때에는 지체 없이 제3채무자에 대한 이행의 촉구와 채무 이행의 소송을 제기하여야 한다.**

③ 채무불이행에 따른 절차

㉠ 관할 세무서장은 채권압류의 통지를 받은 제3채무자가 채무이행의 기한이 지나도 이행하지 아니하는 경우 **체납자인 채권자를 대위하여 이행의 촉구를 하여야 한다.**

㉡ 관할 세무서장은 ㉠에 따라 이행의 촉구를 받은 제3채무자가 촉구한 기한까지 채무를 이행하지 아니하는 경우 체납자인 채권자를 대위하여 제3채무자를 상대로 소송을 제기하여야 한다. 다만, 채무이행의 자력이 없다고 인정하는 경우에는 채권의 압류를 해제할 수 있다.

④ 채권 압류의 범위(53조)

관할 세무서장은 채권을 압류하는 경우 **체납액을 한도로** 하여야 한다. **다만, 압류하려는 채권에 국세보다 우선하는 질권이 설정되어 있어 압류에 관계된 체납액의 징수가 확실하지 아니한 경우 등 필요하다고 인정되는 경우 채권 전액을 압류할 수 있다.**

💡 대위

제3자가 다른 사람의 법률적 지위를 대신하여 그가 가진 권리를 얻거나 행하는 일을 말한다.

> **미완성건물 등의 압류재산 분류**
> 1. 미완성 건물, 등기되지 않은 선박, 등록되지 않은 항공기·건설기계·자동차 등: 동산으로 압류
> 2. 화물상환증, 창고증권 또는 선하증권이 발행된 물건: 유가증권으로 압류
> 3. 유가증권이 아닌 것의 압류: 채권의 압류절차에 따라 압류

⑤ 계속적 거래관계에서 발생하는 채권의 압류(54조)

급료, 임금, 봉급, 세비, 퇴직연금 또는 그 밖에 계속적 거래관계에서 발생하는 이와 유사한 채권에 대한 압류의 효력은 **체납액을 한도로 하여 압류 후에 발생할 채권에도 미친다.**

⑥ 조건부채권의 압류

관할 세무서장은 신원보증금, 계약보증금 등의 조건부채권을 그 **조건 성립 전에도 압류할 수 있다.** 이 경우 압류한 후에 채권이 성립되지 아니할 것이 확정된 때에는 그 압류를 지체 없이 해제하여야 한다.

참고 압류의 효력 발생 시기

부동산 등	압류등기 또는 압류의 등록이 완료된 때
동산·유가증권	점유한 때
채권	채권 압류 통지서가 제3채무자에게 송달된 때

(6) 그 밖의 재산권의 압류 절차 등(55조)

① 관할 세무서장은 권리의 변동에 등기 또는 등록이 필요한 그 밖의 재산권을 압류하려는 경우 압류의 등기 또는 등록을 관할 등기소, 관계 행정기관의 장, 지방자치단체의 장(이하 "관할 등기소 등"이라 한다)에게 **촉탁**하여야 한다. 그 변경의 등기 또는 등록에 관하여도 또한 같다.

② 등기 또는 등록이 필요하지 않은 경우

관할 세무서장은 권리의 변동에 등기 또는 등록이 필요하지 아니한 그 밖의 재산권을 압류하려는 경우 그 뜻을 다음 각 호의 구분에 따른 자에게 **통지하여야** 한다.
  ㉠ 제3채무자가 있는 경우: 제3채무자
  ㉡ 제3채무자가 없는 경우: 체납자

③ 관할 세무서장은 제2항에 따라「특정 금융거래정보의 보고 및 이용 등에 관한 법률」제2조 제3호에 따른 가상자산(이하 "가상자산"이라 한다)을 압류하려는 경우 체납자(체납자의 가상자산을 보관하고 있는 경우의 그 제3자)에게 대통령령으로 정하는 바에 따라 해당 **가상자산의 이전을 문서로 요구**할 수 있고, 요구받은 체납자 또는 그 제3자는 이에 따라야 한다. 관할 세무서장은 압류를 한 경우 및 체납자의 가상자산을 보관하고 있는 제3자에게 해당 가상자산의 이전을 요구한 경우 그 사실을 체납자에게 통지하여야 한다.

④ 관할 세무서장은 등기·등록이 필요한 재산을 압류한 경우나 등기·등록이 필요하지 않은 재산을 압류하려는 뜻을 제3자에게 통지한 경우 그 사실을 **체납자에게 통지**하여야 한다.

⑤ 관할 세무서장이 그 밖의 재산권을 압류한 경우 제52조 제3항 및 제4항을 준용하거나 제64조에 따라 매각·추심에 착수한다.

(7) **국가 또는 지방자치단체의 재산에 관한 권리의 압류(56조)**
① 관할 세무서장은 체납자가 국가 또는 지방자치단체의 재산을 매수한 경우 **소유권 이전 전이라도 그 재산에 관한 체납자의 국가 또는 지방자치단체에 대한 권리를 압류**한다.
② 관할 세무서장은 제1항에 따라 압류를 한 경우 그 사실을 **체납자에게 통지**하여야 한다.
③ 제1항의 압류재산을 매각함에 따라 이를 매수한 자는 그 대금을 완납한 때에 그 재산에 관한 체납자의 국가 또는 지방자치단체에 대한 모든 권리·의무를 승계한다.

(8) **예탁된 유가증권 및 전자등록된 주식 등의 압류**
① 관할 세무서장은 「자본시장과 금융투자업에 관한 법률」에 따라 한국예탁결제원(이하 "예탁결제원"이라 한다)에 예탁된 유가증권(같은 법 제310조제4항에 따라 예탁결제원에 예탁된 것으로 보는 경우를 포함한다)에 관한 공유지분(이하 "예탁유가증권지분"이라 한다)을 압류하려는 경우에는 그 뜻을 다음 각 호의 구분에 따른 자에게 통지하여야 한다.
  ㉠ 체납자가 「자본시장과 금융투자업에 관한 법률」에 따른 예탁자(이하 "예탁자"라 한다)인 경우: 예탁결제원
  ㉡ 체납자가 「자본시장과 금융투자업에 관한 법률」에 따른 투자자인 경우: 예탁자
② 관할 세무서장은 예탁유가증권지분을 압류한 경우에는 그 사실을 체납자에게 통지하여야 한다.
③ 예탁유가증권지분 압류의 효력은 그 압류 통지서가 각 호의 구분에 따른 자에게 송달된 때에 발생한다.
④ 관할 세무서장은 「주식·사채 등의 전자등록에 관한 법률」에 따른 전자등록주식등(이하 "전자등록주식등"이라 한다)을 압류하려는 경우 그 뜻을 다음 각 호의 구분에 따른 자에게 통지하여야 한다.
  ㉠ 체납자가 「주식·사채 등의 전자등록에 관한 법률」에 따른 계좌관리기관등인 경우: 전자등록기관
  ㉡ 체납자가 계좌관리기관에 고객계좌를 개설한 자인 경우: 계좌관리기관
  ㉢ 체납자가 특별계좌의 명의자인 경우: 명의개서대행회사등
⑤ 관할 세무서장은 제1항에 따라 전자등록주식등을 압류한 경우 그 사실을 체납자에게 통지하여야 한다.
⑥ 전자등록주식등 압류의 효력은 그 압류 통지서가 송달된 때에 발생한다.

기출 Check
13년 9급

16 「국세징수법」상 세무서장이 압류를 즉시 해제하여야 하는 경우가 아닌 것은?
① 체납자가 압류할 수 있는 다른 재산을 제공하고 압류 해제를 요구한 경우
② 확정 전 보전압류의 통지를 받은 자가 납세담보를 제공하고 압류 해제를 요구한 경우
③ 압류한 재산에 대해 소유권을 주장하는 제3자의 주장이 상당한 이유가 있다고 인정하는 경우
④ 제3자가 체납자를 상대로 소유권에 관한 소송을 제기하여 승소 판결을 받고 그 사실을 증명한 경우

6 ①
해설 체납자가 압류할 수 있는 다른 재산을 제공하고 압류 해제를 요구한 경우는 임의적 해제요건에 해당한다.

VI 압류의 해제

(1) 압류해제의 요건(57조)

① **필요적 해제요건** ★

관할 세무서장은 다음 각 호의 어느 하나에 해당하는 경우 **압류를 즉시 해제**하여야 한다.

㉠ 압류와 관계되는 체납액의 **전부가 납부 또는 충당**(국세환급금, 그 밖에 관할 세무서장이 세법상 납세자에게 지급할 의무가 있는 금전을 체납액과 대등액에서 소멸시키는 것을 말한다)된 경우

㉡ **국세 부과의 전부를 취소한 경우**

㉢ 여러 재산을 한꺼번에 공매(公賣)하는 경우로서 **일부 재산의 공매대금으로 체납액 전부를 징수한 경우**

㉣ 총 재산의 추산(推算)가액이 **강제징수비**(압류에 관계되는 국세에 우선하는 「국세기본법」 제35조 제1항 제3호에 따른 채권 금액이 있는 경우 이를 포함한다)를 **징수하면 남을 여지가 없어 강제징수를 종료할 필요가 있는 경우**(다만, 제59조에 따른 교부청구 또는 제61조에 따른 참가압류가 있는 경우로서 <u>교부청구 또는 참가압류와 관계된 체납액을 기준으로 할 경우 남을 여지가 있는 경우는 제외한다.</u>)

◉ 해당 사유로(㉣항목) 압류를 해제하려는 경우 제106조에 따른 국세체납정리위원회의 심의를 거쳐야 한다.

㉤ 압류금지재산을 압류한 경우(외관상 명백하지 않으나 종국적으로 압류금지 재산으로 판명된 경우 포함)

㉥ 그 밖에 ㉠ ~ ㉤의 규정에 준하는 사유로 압류할 필요가 없게 된 경우

참고 즉시 압류를 해제하는 사례

1. 제3자의 소유권 주장 및 반환 청구가 정당하다고 인정되는 경우
2. 제3자가 체납자를 상대로 소유권에 관한 소송을 제기하여 승소판결을 받고 해당 사실을 증명한 경우
3. 납세자가 납세담보를 제공하고 확정전보전압류의 해제를 요구한 경우
4. 확정전보전압류를 한 날로부터 3개월이 지날 때까지 압류에 따라 징수하여야 하는 국세를 확정하지 않은 경우
5. 조건부채권의 조건이 성립되지 않는 것으로 확정된 경우

② **임의적 해제요건** ★

관할 세무서장은 다음 각 호의 어느 하나에 해당하는 경우 압류재산의 전부 또는 일부에 대하여 **압류를 해제할 수 있다.**

㉠ **압류 후 재산가격이 변동**하여 체납액 전액을 **현저히 초과**한 경우
㉡ 압류와 관계되는 **체납액의 일부가 납부 또는 충당**된 경우
㉢ 국세 부과의 일부를 취소한 경우
㉣ 체납자가 압류할 수 있는 다른 재산을 제공하여 그 재산을 압류한 경우

(2) 압류해제의 절차 등(58조)

① 관할 세무서장은 재산의 압류를 해제한 경우 그 사실을 그 재산의 **압류 통지를 한 체납자, 제3채무자 및 저당권자 등에게 통지하여야 한다.**
② 관할 세무서장은 압류를 해제한 경우 압류의 등기 또는 등록을 한 것에 대해서는 **압류해제 조서를 첨부**하여 압류 말소의 등기 또는 등록을 관할 등기소등에 **촉탁**하여야 한다.
③ 관할 세무서장은 제3자에게 보관하게 한 압류재산의 압류를 해제한 경우 그 **보관자에게 압류 해제 통지**를 하고 압류재산을 체납자 또는 정당한 권리자에게 반환하여야 한다. 이 경우 관할 세무서장이 받았던 압류재산의 보관증은 보관자에게 반환하여야 한다.
④ 관할 세무서장은 제3항을 적용할 때 필요하다고 인정하는 경우 **보관자가 체납자 또는 정당한 권리자에게 그 압류재산을 직접 인도하게 할 수 있다.** 이 경우 체납자 또는 정당한 권리자에게 보관자로부터 압류재산을 직접 인도받을 것을 통지하여야 한다.
⑤ 관할 세무서장은 보관 중인 재산을 반환하는 경우 영수증을 받아야 한다. 다만, 체납자 또는 정당한 관리자에게 압류조서에 영수 사실을 적고 서명날인하게 함으로써 영수증을 받는 것에 갈음할 수 있다.

> **압류해제조서**
> 관할 세무서장은 재산의 압류를 해제하는 경우 압류해제조서를 작성하여야 한다. 다만, 압류를 해제하려는 재산이 동산이나 유가증권인 경우에는 압류조서의 여백에 해제 연월일과 해제 이유를 함께 적음으로써 압류해제 조서를 갈음할 수 있다.

Ⅶ 교부청구(59조)

교부청구란 체납자의 재산에 대하여 이미 타 기관 등에 의해 강제환가절차가 개시된 경우, 동일 재산에 대한 중복압류를 피하고 환가대금 중 조세채권을 징수하여 체납액을 확보하고자 선집행기관에 강제환가대금의 배분을 청구하는 절차를 말한다.

(1) 개요

관할 세무서장은 다음 각 호의 어느 하나에 해당하는 경우 해당 관할 세무서장, 지방자치단체의 장, 「공공기관의 운영에 관한 법률」 제4조에 따른 공공기관의 장, 「지방공기업법」 제49조 또는 제76조에 따른 지방공사 또는 지방공단의 장, 집행법원, 집행공무원, 강제관리인, 파산관재인 또는 청산인에 대하여 **다음 각 호에 따른 절차의 배당·배분 요구의 종기(終期)까지** 체납액(제13조에 따라 지정납부기한이 연장된 국세를 포함한다)의 교부를 청구하여야 한다.

① 국세, 지방세 또는 공과금의 체납으로 체납자에 대한 **강제징수 또는 체납처분이 시작된 경우**
② 체납자에 대하여 「민사집행법」에 따른 강제집행 및 담보권 실행 등을 위한 **경매가 시작**되거나 체납자가 「채무자 회생 및 파산에 관한 법률」에 따른 **파산선고**를 받은 경우
③ **체납자인 법인이 해산한 경우**

(2) 교부청구의 실익

① 교부청구는 과세관청 입장에서 체납자의 재산에 대하여 **중복하여 압류하는 번거로움 없이** 환가대금의 분배를 받을 수 있다.
② <u>교부청구는 압류의 요건을 충족하지 않은 경우에도 할 수 있기 때문에</u> 사전에 독촉장을 발부할 필요가 없다.
③ <u>징수유예기간 중이라 할지라도 교부청구는 가능하다.</u>

(3) 교부청구 대상국세

<u>납세의무가 확정된 국세</u> 등만이 교부청구의 대상이 될 수 있다.

(4) 교부청구의 해제(60조)

① 관할 세무서장은 납부, 충당, 국세 부과의 취소나 그 밖의 사유로 **교부를 청구한 체납액의 납부의무가 소멸된 경우 그 교부청구를 해제하여야 한다.**
② 관할 세무서장은 제1항에 따라 교부청구를 해제하려는 경우 그 사실을 교부청구를 받은 기관에 통지하여야 한다.

(5) 교부청구의 효력

① 교부청구는 강제환가절차에 따른 매각대금의 배분을 요구하는 효력을 가진다.
② 교부청구는 국세징수권의 소멸시효의 진행을 중단시키는 효력이 있다.
③ <u>교부청구를 받은 기관의 강제환가절차가 해제되거나 취소되는 경우에는 교부청구의 효력이 상실된다.</u>
④ 징수유예기간 중에도 교부청구는 가능하다.

> **참고** 파산선고에 따른 교부청구
>
> 관할 세무서장이 파산관재인에게 교부청구를 하는 경우 다음에 따라야 한다.
> 1. 압류한 재산의 가액이 징수할 금액보다 적거나 적다고 인정될 경우 재단채권으로서 파산관재인에게 그 부족액을 교부청구하여야 한다.
> 2. 납세담보물 제공자가 파산선고를 받아 강제징수에 의하여 그 담보물을 공매하려는 경우 「채무자 회생 및 파산에 관한 법률」에 따른 절차를 밟은 후 별제권을 행사하여도 부족하거나 부족하다고 인정되는 금액을 교부청구하여야 한다. 다만, 파산관재인이 그 재산을 매각하려는 경우에는 징수할 금액을 교부청구하여야 한다.

Ⅷ 참가압류(61조)

참가압류란 교부청구와는 달리 선행의 강제환가 절차가 해제 또는 취소되더라도 압류의 효력을 유지할 수 있다. 이에 따라 교부청구보다는 더 확실하게 강제징수를 집행할 수 있는 행정처분이다.

(1) 개요

① 관할 세무서장은 압류하려는 재산이 **이미 다른 기관에 압류되어 있는 경우 참가압류 통지서를 그 재산을 이미 압류한 기관(이하 "선행압류기관"이라 한다)에 송달함으로써** 제59조에 따른 교부청구를 갈음하고 그 압류에 참가할 수 있다.
② 관할 세무서장은 제1항에 따라 참가압류를 한 경우 그 사실을 체납자, 제3채무자 및 저당권자 등에게 **통지하여야** 한다.
③ 관할 세무서장은 권리의 변동에 등기 또는 등록이 필요한 재산에 대하여 참가압류를 하려는 경우 참가압류의 등기 또는 등록을 관할 등기소등에 **촉탁하여야** 한다.

(2) 참가압류의 효력 등(62조)

① 참가압류 후 선행압류기관이 그 재산에 대한 압류를 해제한 경우: 그 참가압류는 다음 각 호의 구분에 따른 시기로 **소급하여 압류의 효력**을 갖는다.
  ㉠ 권리의 변동에 등기 또는 등록이 필요한 재산: **참가압류의 등기 또는 등록이 완료된 때**
  ㉡ 권리의 변동에 등기 또는 등록이 필요하지 아니한 재산: 참가압류 통지서가 **선행압류기관에 송달된 때**

② 둘 이상의 참가압류가 있는 경우(선행우선): 다음 각 호의 구분에 따른 시기로 소급하여 **압류의 효력**이 생긴다.
  ㉠ 권리의 변동에 등기 또는 등록을 필요로 하는 재산: 가장 먼저 참가압류의 등기 또는 등록이 완료된 때
  ㉡ 권리의 변동에 등기 또는 등록을 필요로 하지 아니한 재산: 가장 먼저 참가압류 통지서가 송달된 때

(3) 선행압류기관의 통지 및 압류 해제

① 선행압류기관은 압류를 해제한 경우 압류가 **해제된 재산 목록을 첨부**하여 그 사실을 **참가압류를 한 관할 세무서장에게 통지하여야** 한다.

② 압류를 해제한 재산이 동산 또는 유가증권인 경우
선행압류기관은 해당 재산을 **선행압류기관이 점유하고 있거나 제3자에게 보관하게 한 경우 참가압류를 한 관할 세무서장에게 직접 인도하여야 한다.** 다만, 제3자가 보관하고 있는 재산에 대해서는 그 제3자가 발행한 해당 보관증을 인도함으로써 재산을 직접 인도하는 것을 갈음할 수 있다.

(4) 매각 촉구

① 참가압류를 한 관할 세무서장은 **선행압류기관이 그 압류재산을 장기간이 지나도록 매각하지 아니한 경우 이에 대한 매각을 선행압류기관에 촉구할 수 있다.**

② 선행압류기관을 대신하여 매각
참가압류를 한 관할 세무서장은 매각의 촉구를 받은 선행압류기관이 **촉구를 받은 날부터 3개월 이내에 다음 각 호의 어느 하나에 해당하는 행위를 하지 아니한 경우 해당 압류재산을 매각할 수 있다.**
  ㉠ 제67조에 따라 수의계약으로 매각하려는 사실의 체납자 등에 대한 통지
  ㉡ 제72조에 따른 공매공고
  ㉢ 제103조 제1항에 따라 공매 또는 수의계약을 대행하게 하는 의뢰서의 송부

③ 참가압류를 한 관할 세무서장은 제6항에 따라 압류재산을 매각하려는 경우 그 내용을 **선행압류기관에 통지**하여야 한다.

④ 선행압류기관은 제7항에 따른 **통지를 받은 경우** 점유하고 있거나 제3자에게 보관하게 하고 있는 동산 또는 유가증권 등 압류재산을 제5항에 따라 **매각을 촉구한 관할 세무서장에게 인도하여야** 한다.

(5) 참가압류의 해제(63조)

참가압류의 해제에 관하여는 인지세와 등록면허세의 면제 및 압류 해제를 준용한다.

📖 **교부청구와 참가압류**

구분	교부청구	참가압류
요건	해당 국세가 확정되어 있을 것 (압류의 요건은 충족될 필요 없음)	해당 국세가 압류의 요건을 충족하고 있을 것
효력	① 매각대금을 배분받을 권리가 있음 ② 소멸시효의 중단사유	
	③ 기압류기관의 강제환가절차가 해제되면 효력을 상실 ④ 기집행기관에 대하여 매각최고를 할 수 없음 ⑤ 징수유예기간 중 교부청구 가능	③ 기압류기관의 압류가 해제되면 소급하여 압류효력이 발생 ④ 기압류기관에 대하여 매각최고를 할 수 있음 ⑤ 징수유예기간 중 참가압류 불가능
해제	납부·충당·부과취소 등	압류의 해제사유 준용

제3절 압류재산의 매각 및 공매

I 매각 통칙

(1) 압류재산의 매각 개념

압류재산의 매각이란 체납된 조세채권을 충당할 목적으로 체납자의 의사와 무관하게 강제적으로 압류한 재산의 소유권을 이전하여 압류 재산을 금전으로 환가하는 행정처분을 말한다.

(2) 매각의 착수시기(64조)

① 관할 세무서장은 **압류 후 1년 이내에** 매각을 위한 다음의 어느 하나에 해당하는 행위를 하여야 한다.
  ㉠ 제67조에 따라 수의계약으로 매각하려는 사실의 체납자 등에 대한 통지
  ㉡ 제72조에 따른 공매공고
  ㉢ 제103조 제1항에 따라 공매 또는 수의계약을 대행하게 하는 의뢰서의 송부
  다만, 체납된 국세와 관련하여 심판청구 등이 계속 중인 경우, 이 법 또는 다른 세법에 따라 압류재산의 매각을 유예한 경우, 압류재산의 감정평가가 곤란한 경우, 그 밖에 이에 준하는 사유로 법률상·사실상 매각이 불가능한 경우에는 그러하지 아니하다.
② 관할 세무서장은 심판청구 등 법률상·사실상 매각이 불가능한 사유가 해소되어 매각이 가능해진 때에는 **지체 없이** 제1항 각 호의 어느 하나에 해당하는 행위를 하여야 한다.

(3) 매각방법(65조)
① 압류재산은 **공매 또는 수의계약**으로 매각한다.
② 공매
   공매란 **법률의 규정에 따라 공적 기관에 의하여 강제적으로 이루어지는 매매**를 말하며, 다음 중 어느 하나에 해당하는 방법(정보통신망을 이용한 것을 포함)으로 한다. 한편, 경매의 방법으로 매각하는 경우 경매의 성질에 반하지 아니하는 범위에서 경쟁입찰에 관한 규정을 준용한다.
   ⊙ 경쟁입찰: 공매를 집행하는 공무원이 공매예정가격을 제시하고, 매수신청인에게 **문서로** 매수신청을 하게 하여 공매예정가격 이상의 신청가격 중 **최고가격을 신청한 자**(이하 "최고가 매수신청인"이라 한다)**를 매수인으로 정하는 방법**
   ⊙ 경매: 공매를 집행하는 공무원이 공매예정가격을 제시하고, 매수신청인에게 **구두 등의 방법**으로 **신청가격을 순차로 올려** 매수신청을 하게 하여 **최고가 매수신청인을 매수인으로 정하는 방법**
③ 수의계약
   경쟁계약에 의하지 않고 **임의로 상대를 선택하여 맺는 계약**을 말한다.

(4) 매각의 요건
① 매각대상자산
   ⊙ 관할 세무서장은 압류한 부동산 등, 동산, 유가증권, 그 밖의 재산권과 체납자를 대위하여 받은 물건(금전은 제외)을 공매한다. **다만, 관할 세무서장은 압류한 재산이 증권시장에 상장된 증권인 경우 해당 시장에서 직접 매각할 수 있다.** 가상자산사업자를 통해 거래되는 가상자산은 가상자산사업자를 통해 매각할 수 있다. 관할 세무서장은 압류재산을 직접 매각하려는 경우에는 매각 전에 그 사실을 체납자, 납세담보물소유자, 압류재산에 질권 등 권리를 가진자에게 통지하여야 한다.
   ⊙ <u>금전은 체납액에 직접 충당하므로 매각대상 자산이 되지 않는다.</u>
   ⊙ **채권의 경우 추심에 따라 환가하여야 하므로 매각의 대상이 되지 않는다.** 다만, 압류채권을 추심하여 받는 것이 금전 이외의 재산인 경우에는 매각의 대상이 된다.
② 확정된 조세 등
   ⊙ 확정 전 보전압류에 따라 압류한 재산은 그 압류와 관계되는 국세의 납세 의무가 확정되기 전에는 공매할 수 없다.
   ⊙ 심판청구 등이 계속 중인 국세의 체납으로 압류한 재산은 그 신청 또는 청구에 대한 결정이나 소에 대한 판결이 확정되기 전에는 공매할 수 없다.
   <u>다만, 그 재산이 부패·변질 또는 감량되기 쉬운 재산으로서 속히 매각하지 아니하면 그 재산가액이 줄어들 우려가 있는 경우에는 그러하지 아니하다.</u>

③ 매수인의 제한
  ㉠ 다음 중 어느 하나에 해당하는 자는 **자기 또는 제3자의 명의나 계산으로 압류재산을 매수하지 못한다.**
    ⓐ **체납자**
    ⓑ 세무공무원
    ⓒ 매각 부동산을 평가한 감정평가법인 등(감정평가법인의 경우 그 감정평가법인 및 소속 감정평가사)
  ㉡ 공매재산의 매수신청인이 매각결정기일(매각결정기일이 연기된 경우 연기된 매각결정기일) 전까지 공매재산의 매수인이 되기 위하여 다른 법령에 따라 갖추어야 하는 자격을 갖추지 못한 경우에는 공매재산을 매수하지 못한다.

Ⅱ 공매(66조)

(1) 공매의 주체

① 공매는 관할 세무서장이 행하는 것이 원칙이지만 공매 등에 전문지식이 필요하거나 그 밖에 직접 공매 등을 하기에 적당하지 아니하다고 인정되는 경우 **한국자산관리공사에 공매 등을 대행하게 할 수 있다.** 이 경우 공매 등은 관할 세무서장이 한 것으로 본다. 관할 세무서장은 한국자산관리공사가 공매 등을 대행하는 경우 수수료를 지급할 수 있다.

② 한국자산관리공사가 공매 등의 업무를 대행하는 경우 한국자산관리공사의 직원은 **「형법」이나 그 밖의 법률에 따른 벌칙을 적용할 때 세무공무원으로 본다.**

(2) 전문매각기관 매각대행

① 관할 세무서장은 압류한 재산이 **예술적·역사적 가치**가 있어 가격을 일률적으로 책정하기 어렵고, 그 매각에 전문적인 식견이 필요하여 직접 매각을 하기에 적당하지 아니한 물품인 경우 직권이나 납세자의 신청에 따라 예술품 등의 매각에 전문성과 경험이 있는 기관 중에서 전문매각기관을 선정하여 매각 관련 사실행위를 대행하게 할 수 있다.

② **전문매각기관 및 전문매각기관의 임직원은 직접적으로든 간접적으로든 매각 관련 사실행위 대행의 대상인 예술품 등을 매수하지 못한다.**

③ 관할 세무서장은 전문매각기관이 매각 관련 사실행위를 대행하는 경우 수수료를 지급할 수 있다.

④ 국세청장은 다음의 요건을 모두 충족하는 기관 중에서 전문매각기관으로 선정될 수 있는 대상 기관을 지정하여 관보 및 국세청 홈페이지에 공고하여야 한다. 이 경우 매각대행할 수 있는 기간은 공고일부터 2년으로 한다.
  ㉠ 공고일이 속하는 연도의 직전 2년 동안 예술품 등을 경매를 통하여 매각한 횟수가 연평균 10회 이상일 것
  ㉡ 정보통신망을 이용한 매각이 가능할 것

(3) 공매 장소

공매는 지방국세청, 세무서, 세관 또는 공매재산이 있는 특별자치시·특별자치도·시·군·자치구에서 한다. 다만, 관할 세무서장이 필요하다고 인정하는 경우에는 다른 장소에서 공매할 수 있다.

Ⅲ 공매의 준비(제2관)

(1) 공매예정가격의 결정(68조)

① 관할 세무서장은 압류재산을 공매하려면 그 공매예정가격을 결정하여야 한다.
② 관할 세무서장은 공매예정가격을 결정하기 어려운 경우 대통령령으로 정하는 바에 따라 **감정인(鑑定人)에게 평가를 의뢰하여 그 가액을 참고할 수 있다.**
③ 감정인은 제2항의 평가를 위하여 필요한 경우 건물에 출입하거나 공매재산의 현황과 관련된 질문을 하거나 문서의 제시를 요구할 수 있다.
④ 관할 세무서장은 제2항에 따라 감정인에게 공매대상 재산의 평가를 의뢰한 경우 대통령령으로 정하는 바에 따라 수수료를 지급할 수 있다.

(2) 공매대상 재산에 대한 현황조사(69조)

① 관할 세무서장은 제68조에 따라 공매예정가격을 결정하기 위하여 **공매재산의 현 상태, 점유관계, 임차료 또는 보증금의 액수, 그 밖의 현황을 조사**하여야 한다.
② 세무공무원은 제1항의 조사를 위하여 건물에 출입할 수 있고, 체납자 또는 건물을 점유하는 제3자에게 공매재산의 현황과 관련된 질문을 하거나 문서의 제시를 요구할 수 있다.
③ 세무공무원은 제2항에 따라 건물에 출입하기 위하여 필요한 경우 잠긴 문을 여는 등 적절한 처분을 할 수 있다.

(3) 공매보증(71조)

① 관할 세무서장은 압류재산을 공매하는 경우 필요하다고 인정하면 **공매에 참여하려는 자에게 공매보증을 받을 수 있다.**
② 공매보증은 다음 중 어느 하나에 해당하는 것으로 한다.
  ㉠ 금전
  ㉡ 국공채
  ㉢ 증권시장에 상장된 증권
  ㉣ 「보험업법」에 따른 보험회사가 발행한 보증보험증권
③ 공매보증의 반환
  관할 세무서장은 다음 각각의 경우로 구분하여 해당 구분에 따른 자가 제공한 공매보증을 반환한다.

💡 **공매보증금액**: 공매예정가격의 100분의 10 이상으로 한다.

구분	반환받는 자
㉠ 개찰(開札) 후	최고가 매수신청인을 제외한 다른 매수신청인
㉡ 매수인이 매수대금을 납부하기 전에 **체납자가 매수인의 동의를 받아 압류와 관련된 체납액을 납부하여 압류재산의 매각 결정이 취소된 경우**	매수인
㉢ 차순위 매수신청인이 있는 경우로서 **매수인이 대금을 모두 지급한 경우**	차순위 매수신청인
㉣ 매수신청인이 매각결정기일 전까지 공매재산의 매수인이 되기 위한 자격을 갖추지 못한 경우	매수신청인

④ 충당 후 잔여액 지급

관할 세무서장은 다음의 어느 하나에 해당하는 경우 **공매보증을 강제징수비, 압류와 관계되는 국세의 순으로 충당한 후 남은 금액은 체납자에게 지급**한다.

㉠ 최고가 매수신청인이 개찰 후 매수계약을 체결하지 아니한 경우
㉡ 납부를 촉구하여도 매수인이 매수대금을 지정된 기한까지 납부하지 아니하여 압류재산의 매각결정이 취소된 경우

(4) **공매공고(72조)**

① 관할 세무서장은 공매를 하려는 경우 다음의 사항을 공고하여야 한다.
  ㉠ 매수대금을 납부하여야 할 기한(이하 "대금납부기한"이라 한다)
  ㉡ 공매재산의 명칭, 소재, 수량, 품질, 공매예정가격, 그 밖의 중요한 사항
  ㉢ 입찰서 제출 또는 경매의 장소와 일시(기간입찰의 경우 그 입찰서 제출기간)
  ㉣ 개찰의 장소와 일시
  ㉤ 공매보증을 받을 경우 그 금액
  ㉥ 공매재산이 공유물의 지분 또는 부부공유의 동산·유가증권인 경우 공유자(체납자는 제외한다. 이하 같다)·배우자에게 각각 우선매수권이 있다는 사실
  ㉦ 배분요구의 종기
  ㉧ 배분요구의 종기까지 배분을 요구하여야 배분받을 수 있는 채권
  ㉨ 매각결정기일
  ㉩ 매각으로 소멸하지 아니하고 매수인이 인수하게 될 공매재산에 대한 지상권, 전세권, 대항력 있는 임차권 또는 가등기가 있는 경우 그 사실
  ㉪ 공매재산의 매수인으로서 일정한 자격이 필요한 경우 그 사실
  ㉫ 제77조 제2항 각 호에 따른 자료의 제공 내용 및 기간
  ㉬ 차순위 매수신청의 기간과 절차

② 관할 세무서장은 공매공고를 하는 경우 **동일한 재산에 대한 향후의 여러 차례의 공매에 관한 사항을 한꺼번에 공고할 수 있다.**

③ 공매공고의 방법
  공매공고는 정보통신망을 통하여 하되, **다음의 구분에 따른 게시 또는 게재도 함께 하여야 한다.**
  ㉠ 지방국세청, 세무서, 세관, 특별자치시·특별자치도·시·군·자치구, 그 밖의 적절한 장소에 게시한다.
  ㉡ 관보 또는 일간신문에 게재한다.

④ 배분요구의 종기
  ㉠ 원칙: 절차 진행에 필요한 기간을 고려하여 정하되, **최초의 입찰서 제출 시작일 이전으로 하여야 한다.**
  ㉡ 공매공고에 대한 등기 또는 등록이 지연되거나 누락되는 등 대통령령으로 정하는 사유로 공매 절차가 진행되지 못하는 경우(예외): **최초의 입찰서 제출 마감일 이후로 연기할 수 있다.**

⑤ 매각결정기일
  매각결정기일은 **개찰일부터 7일(토요일, 일요일, 공휴일 및 대체공휴일은 제외) 이내**로 정하여야 한다.

⑥ 경매의 방법으로 재산 공매시

관할 세무서장은 대통령령으로 정하는 바에 따라 경매인을 선정하여 이를 취급하게 할 수 있다.

(5) 공매공고 기간(73조)

공매공고 기간은 10일 이상으로 한다. 다만, 그 재산을 보관하는 데에 많은 비용이 들거나 재산의 가액이 현저히 줄어들 우려가 있으면 이를 단축할 수 있다.

(6) 공매공고에 대한 등기 또는 등록의 촉탁

관할 세무서장은 제72조에 따라 공매공고를 한 압류재산이 권리의 변동에 등기 또는 등록이 필요한 경우 공매공고 즉시 그 사실을 등기부 또는 등록부에 기입하도록 관할 등기소등에 촉탁하여야 한다.

(7) 공매통지(75조)

① 관할 세무서장은 공매공고를 한 경우 즉시 그 내용을 다음의 자에게 통지하여야 한다.
  ㉠ 체납자
  ㉡ 납세담보물 소유자
  ㉢ 다음의 구분에 따른 자
    ⓐ 공매재산이 공유물의 지분인 경우: 공매공고의 등기 또는 등록 전날 현재의 **공유자**
    ⓑ 공매재산이 부부공유의 동산·유가증권인 경우: **배우자**
  ㉣ 공매공고의 등기 또는 등록 전날 현재 공매재산에 대하여 전세권·질권·저당권 또는 그 밖의 권리를 가진 자

② 공매통지의 송달 불능시

위 ①의 자 중 일부에 대한 공매통지의 송달 불능 등의 사유로 동일한 공매재산에 대하여 다시 공매공고를 하는 경우 그 이전 공매공고 당시 공매통지가 도달되었던 자에 대하여 다시 하는 공매통지는 주민등록표 등본 등 공매 집행기록에 표시된 주소, 거소, 영업소 또는 사무소에 등기우편을 발송하는 방법으로 할 수 있다. 이 경우 그 공매통지는 「국세기본법」 제12조 제1항 본문에도 불구하고 송달받아야 할 자에게 발송한 때부터 효력이 발생한다.

(8) 배분요구 등(76조)

① 제74조에 따른 공매공고의 등기 또는 등록 전까지 **등기 또는 등록되지 아니한 다음의 채권**을 가진 자는 제96조 제1항에 따라 배분을 받으려는 경우 **배분요구의 종기까지** 관할 세무서장에게 배분을 요구하여야 한다.
  ㉠ 압류재산과 관계되는 체납액
  ㉡ 교부청구와 관계되는 체납액·지방세 또는 공과금
  ㉢ 압류재산에 설정된 전세권·질권·저당권 또는 가등기담보권에 의하여 담보된 채권
  ㉣ 「주택임대차보호법」 또는 「상가건물 임대차보호법」에 따라 우선변제권이 있는 임차보증금 반환채권
  ㉤ 「근로기준법」 또는 「근로자퇴직급여 보장법」에 따라 우선변제권이 있는 임금, 퇴직금, 재해보상금 및 그 밖에 근로관계로 인한 채권
  ㉥ 압류재산과 관계되는 가압류채권
  ㉦ 집행문이 있는 판결 정본에 의한 채권

② 매각으로 소멸되지 아니하는 전세권을 가진 자 : 배분을 받으려는 경우 배분요구의 종기까지 배분을 요구하여야 한다.
③ 배분요구를 한 자는 배분요구에 따라 매수인이 인수하여야 할 부담이 달라지는 경우 **배분요구의 종기가 지난 뒤에는 이를 철회할 수 없다.**
④ 체납자의 배우자
  공매재산이 제48조제4항에 따라 압류한 **부부공유의 동산 또는 유가증권인 경우 공유지분에 따른 매각대금의 지급을 배분요구의 종기까지 관할 세무서장에게 요구할 수 있다.**
⑤ 관할 세무서장은 공매공고의 등기 또는 등록 전에 등기 또는 등록된 제1항 각 호의 채권을 가진 자(이하 "채권신고대상채권자"라 한다)에게 채권의 유무, 그 원인 및 액수(원금, 이자, 비용, 그 밖의 부대채권을 포함한다)를 배분요구의 종기까지 관할 세무서장에게 신고하도록 촉구하여야 한다.
⑥ 관할 세무서장은 채권신고대상채권자가 제5항에 따른 신고를 하지 아니한 경우 등기사항증명서 등 공매 집행기록에 있는 증명자료에 따라 해당 채권신고대상채권자의 채권액을 계산한다. 이 경우 해당 채권신고대상채권자는 채권액을 추가할 수 없다.
⑦ 관할 세무서장은 제1항 또는 제2항에 해당하는 자와 다음의 기관의 장에게 배분요구의 종기까지 배분요구를 하여야 한다는 사실을 안내하여야 한다.
  ㉠ 행정안전부
  ㉡ 관세청
  ㉢ 「국민건강보험법」에 따른 국민건강보험공단
  ㉣ 「국민연금법」에 따른 국민연금공단
  ㉤ 「산업재해보상보험법」에 따른 근로복지공단
⑧ 제75조에 따른 **공매통지**에 제5항에 따른 **채권 신고의 촉구** 또는 제7항에 따른 **배분요구의 안내에 관한 사항이 포함된 경우에는 해당 항에 따른 촉구 또는 안내를 한 것으로 본다.**

(9) 공매재산명세서의 작성 및 비치 등(77조)

① 관할 세무서장은 공매재산에 대하여 제69조에 따른 현황조사를 기초로 다음의 사항이 포함된 **공매재산명세서를 작성**하여야 한다.
  ㉠ 공매재산의 명칭, 소재, 수량, 품질, 공매예정가격, 그 밖의 중요한 사항
  ㉡ 공매재산의 점유자 및 점유 권원(權原), 점유할 수 있는 기간, 차임 또는 보증금에 관한 관계인의 진술
  ㉢ 제76조 제1항 및 제2항에 따른 배분요구 현황 및 같은 조 제5항에 따른 채권신고 현황
  ㉣ 공매재산에 대하여 등기·등록된 권리, 대항력 있는 임차권 또는 가처분으로서 매수인이 인수하는 것
  ㉤ 매각에 따라 설정된 것으로 보게 되는 지상권의 개요
② 관할 세무서장은 다음의 자료를 **입찰서 제출 시작 7일 전부터 입찰서 제출 마감 전까지** 세무서에 갖추어 두거나 정보통신망을 이용하여 게시함으로써 입찰에 참가하려는 자가 **열람할 수 있게 하여야 한다.**
  ㉠ 제1항에 따른 공매재산명세서
  ㉡ 제68조 제2항에 따라 감정인이 평가한 가액에 관한 자료
  ㉢ 그 밖에 입찰가격을 결정하는 데 필요한 자료

(10) 국세에 우선하는 제한물권 등의 인수 등(78조)

관할 세무서장은 공매재산에 압류와 관계되는 **국세보다 우선하는 제한물권 등이 있는 경우** 제한물권 등을 매수인에게 인수하게 하거나 매수대금으로 그 제한물권 등에 의하여 담보된 채권을 변제하는 데 충분하다고 인정된 경우가 아니면 그 재산을 공매하지 못한다.

(11) 공유자 · 배우자의 우선매수권(79조) ★

① 공유자의 우선매수권
공유자는 공매재산이 **공유물의 지분**인 경우 **매각결정기일 전까지** 공매보증을 제공하고 다음의 구분에 따른 가격으로 공매재산을 우선매수하겠다는 신청을 할 수 있다.
   ㉠ 최고가 매수신청인이 있는 경우: **최고가 매수신청가격**
   ㉡ 최고가 매수신청인이 없는 경우: **공매예정가격**

② 배우자의 우선매수권
체납자의 배우자는 공매재산이 압류한 **부부공유의 동산 또는 유가증권**인 경우 제1항을 준용하여 공매재산을 우선매수하겠다는 신청을 할 수 있다.

③ 우선매수권 행사시 매각결정
관할 세무서장은 우선매수 신청이 있는 경우 **그 공유자 또는 체납자의 배우자에게 매각결정을 하여야 한다.**

④ 다수의 공유자가 우선매수권 행사시
관할 세무서장은 여러 사람의 공유자가 우선매수 신청을 하고 제3항의 절차를 마친 경우 공유자 간의 특별한 협의가 없으면 **공유지분의 비율에 따라 공매재산을 매수하게 한다.**

⑤ 우선매수권 행사자의 매수대금 미납시
관할 세무서장은 제3항에 따른 매각결정 후 매수인이 매수대금을 납부하지 아니한 경우 **최고가 매수신청인에게 다시 매각결정을 할 수 있다.**

(12) 공매참가의 제한(81조)

관할 세무서장은 다음의 어느 하나에 해당한다고 인정되는 사실이 있는 자에 대해서는 그 **사실이 있은 후 2년간 공매장소 출입을 제한하거나 입찰에 참가시키지 아니할 수 있다.** 그 사실이 있은 후 2년이 지나지 아니한 자를 사용인이나 그 밖의 종업원으로 사용한 자와 이러한 자를 입찰 대리인으로 한 자에 대해서도 또한 같다.

① 입찰을 하려는 자의 공매참가, 최고가 매수신청인의 결정 또는 매수인의 매수대금 납부를 **방해**한 사실
② 공매에서 부당하게 가격을 낮출 목적으로 **담합한 사실**
③ **거짓 명의로 매수신청을 한 사실**

Ⅳ 공매의 실시(제3관)

(1) 입찰서 제출과 개찰(82조)

① 입찰서 제출
공매를 입찰의 방법으로 하는 경우 공매재산의 매수신청인은 그 성명 · 주소 · 거소, 매수하려는 재산의 명칭, 매수신청가격, 공매보증, 그 밖에 필요한 사항을 입찰서에 적어 개찰이 시작되기 전에 공매를 집행하는 공무원에게 제출하여야 한다.

기출 Check   20년 7급

17 「국세징수법」상 공매에 대한 설명으로 옳지 않은 것은?
① 「국세기본법」에 따른 심판청구 절차가 진행 중인 국세의 체납으로 압류한 재산이 변질되기 쉬운 재산으로서 속히 매각하지 아니하면 그 재산가액이 줄어들 우려가 있는 경우에는 그 심판청구에 대한 결정이 확정되기 전에도 공매할 수 있다.
② 경매의 방법으로 재산을 공매할 때에는 경매인을 선정하여 이를 취급하게 할 수 있다.
③ 낙찰이 될 가격의 입찰을 한 자가 둘 이상일 때에는 재공매한다.
④ 공매재산이 공유물의 지분인 경우 공유자가 매각결정 기일 전까지 공매보증금을 제공하고 매각예정가격 이상인 최고입찰가격과 같은 가격으로 공매재산을 우선매수하겠다는 신고를 하면 세무서장은 그 공유자에게 매각결정을 하여야 한다.

6 ③
해설 낙찰이 될 가격의 입찰을 한 자(최고가 매수신청인)가 둘 이상이면 즉시 추첨으로 최고가 매수신청인을 정한다.

② 개찰의 방법
개찰은 공매를 집행하는 **공무원이 공개적으로** 각각 적힌 매수신청가격을 불러 입찰조서에 기록하는 방법으로 한다.

③ 공매의 집행
공매를 집행하는 공무원은 **최고가 매수신청인**을 정한다. 이 경우 최고가 매수신청가격이 **둘 이상이면 즉시 추첨**으로 최고가 매수신청인을 정한다.
공매를 집행하는 공무원은 제3항 후단을 적용할 때 해당 매수신청인 중 출석하지 아니한 자 또는 추첨을 하지 아니한 자가 있는 경우 **입찰 사무와 관계없는 공무원으로 하여금 대신하여 추첨하게 할 수 있다.**

④ 재입찰
공매를 집행하는 공무원은 공매예정가격 이상으로 매수신청한 자가 없는 경우 **즉시 그 장소에서 재입찰을 실시할 수 있다.**

(2) **차순위 매수신청(83조)**

① 차순위 매수신청의 의의
최고가 매수신청인이 결정된 후 해당 최고가 매수신청인 외의 매수신청인은 **매각결정 기일 전까지 공매보증을 제공**하고 매각결정이 취소되는 경우 **최고가 매수신청가격에서 공매보증을 뺀 금액 이상의 가격**으로 공매재산을 매수하겠다는 신청(이하 이 조에서 "차순위 매수신청"이라 한다)을 할 수 있다.

② 차순위 매수신청인의 결정
관할 세무서장은 제1항에 따라 차순위 매수신청을 한 자가 **둘 이상**인 경우 **최고액의 매수신청인을 차순위 매수신청인으로 정하고**, 최고액의 매수신청인이 둘 이상인 경우에는 **추첨**으로 차순위 매수신청인을 정한다.

③ 차순위 매수신청인의 결정 통지
관할 세무서장은 차순위 매수신청이 있는 경우 **매각결정을 취소한 날부터 3일(토요일, 일요일, 공휴일 및 대체공휴일은 제외) 이내**에 차순위 매수신청인을 매수인으로 정하여 매각결정을 할 것인지 여부를 결정하여야 한다.

④ 차순위 매수신청인에게 매각결정을 할 수 없는 경우
다만, 제84조 제1항 각 호의 사유(이 경우 같은 항 제2호의 "최고가 매수신청인"은 "차순위 매수신청인"으로 본다)가 있는 경우에는 차순위 매수신청인에게 매각결정을 할 수 없다.
  ㉠ 제79조에 따른 **공유자·배우자의 우선매수 신청**이 있는 경우
  ㉡ 최고가 매수신청인이 제80조에 따른 매수인의 제한 또는 제81조에 따른 공매참가의 제한을 받는 자에 해당하는 경우
  ㉢ 매각결정 전에 제88조에 따른 공매 취소·정지 사유가 있는 경우
  ㉣ 그 밖에 매각결정을 할 수 없는 중대한 사실이 있다고 관할 세무서장이 인정하는 경우

(3) 매각결정 및 대금납부기한 등(84조)

① 매각결정

관할 세무서장은 매각결정을 할 수 없는 사유에 해당하지 않는 경우 **매각결정기일**에 제82조에 따른 **최고가 매수신청인을 매수인으로 정하여 매각결정**을 하여야 한다. 관할 세무서장은 최고가매수신청인이 공매재산의 매수인이 되기 위하여 다른 법령에 따라 갖추어야 하는 자격을 갖추지 못한 경우에는 매각결정기일을 1회에 한정하여 당초 매각결정기일부터 10일 이내의 범위에서 연기할 수 있다.

② 매각결정의 효력

매각결정의 효력은 **매각결정기일에 매각결정을 한 때에 발생**한다.

③ 매각결정 통지서 발급

관할 세무서장은 매각결정을 한 경우 매수인에게 대금납부기한을 정하여 매각결정 통지서를 발급하여야 한다. 다만, **권리 이전에 등기 또는 등록이 필요 없는 재산의 매수대금을 즉시 납부시킬 경우에는 구두로 통지할 수 있다.**

④ 매각대금의 납부기한

매각대금의 **대금납부기한은 매각결정을 한 날부터 7일 이내**로 한다. 다만, 관할 세무서장이 필요하다고 인정하는 경우에는 그 대금납부기한을 **30일의 범위에서 연장할 수 있다.**

(4) 매수대금의 차액납부

① 공매재산에 대하여 저당권이나 대항력 있는 임차권 등을 가진 매수신청인으로서 대통령령으로 정하는 자는 매각결정기일 전까지 관할 세무서장에게 자신에게 배분될 금액을 제외한 금액을 매수대금으로 납부(이하 "차액납부"라 한다)하겠다는 신청을 할 수 있다.

② 제1항에 따른 신청을 받은 관할 세무서장은 그 신청인을 매수인으로 정하여 매각결정을 할 때 차액납부 허용 여부를 함께 결정하여 통지하여야 한다.

③ 관할 세무서장은 제2항에 따라 차액납부 여부를 결정할 때 차액납부를 신청한 자가 다음 각 호의 어느 하나에 해당하는 경우에는 차액납부를 허용하지 아니할 수 있다.

　㉠ 배분요구의 종기까지 배분요구를 하지 아니하여 배분받을 자격이 없는 경우
　㉡ 배분받으려는 채권이 압류 또는 가압류되어 지급이 금지된 경우
　㉢ 배분순위에 비추어 실제로 배분받을 금액이 없는 경우
　㉣ 그 밖에 ㉠~㉢에 준하는 사유가 있는 경우

④ 관할 세무서장은 차액납부를 허용하기로 결정한 경우에는 대금납부기한을 정하지 아니하며, 배분기일에 매수인에게 차액납부를 하게 하여야 한다.

⑤ 관할 세무서장은 차액납부를 허용하기로 결정한 경우에는 그 결정일부터 30일 이내의 범위에서 배분기일을 정하여 배분하여야 한다. 다만, 30일 이내에 배분계산서를 작성하기 곤란한 경우에는 배분기일을 30일 이내의 범위에서 연기할 수 있다.

⑥ 관할 세무서장으로부터 차액납부를 허용하는 결정을 받은 매수인은 그가 배분받아야 할 금액에 대하여 이의가 제기된 경우 이의가 제기된 금액을 배분기일에 납부하여야 한다.

(5) 매수대금 납부의 촉구(85조)

관할 세무서장은 매수인이 매수대금을 지정된 대금납부기한까지 납부하지 아니한 경우 다시 대금납부기한을 지정하여 납부를 촉구하여야 한다.

(6) 매각결정의 취소(86조)

관할 세무서장은 다음의 어느 하나에 해당하는 경우 압류재산의 매각결정을 취소하고 그 사실을 매수인에게 통지하여야 한다.

① 제84조에 따른 매각결정을 한 후 **매수인이 매수대금을 납부하기 전에 체납자가 압류와 관련된 체납액을 납부하고 매각결정의 취소를 신청**하는 경우(이 경우 **체납자는 매수인의 동의를 받아야 한다**)

② 매수인이 배분기일에 차액납부를 하지 아니하거나 이의가 제기된 금액을 납부하지 아니한 경우

③ 제85조에 따라 납부를 촉구하여도 **매수인이 매수대금을 지정된 기한까지 납부하지 아니한 경우**

(7) 재공매(87조)

① 관할 세무서장은 다음의 어느 하나에 해당하는 경우 재공매를 한다.
  ㉠ 재산을 공매하여도 **매수신청인이 없거나 매수신청가격이 공매예정가격 미만인 경우**
  ㉡ 납부를 촉구하여도 매수인이 차액납부를 하지 아니하거나 이의제기된 금액을 납부하지 아니하는 경우 및 매수대금을 지정된 기한까지 납부하지 아니하여 매각결정을 취소한 경우

② 재공매의 입찰가격

관할 세무서장은 재공매를 할 때마다 **최초의 공매예정가격의 100분의 10에 해당하는 금액을 차례로 줄여 공매하며, 최초의 공매예정가격의 100분의 50에 해당하는 금액까지 차례로 줄여 공매하여도 매각되지 아니할 때에는 새로 공매예정가격을 정하여 재공매를 할 수 있다.** 다만, 공매예정가격 이상으로 매수신청한 자가 없어 즉시 재입찰을 실시한 경우에는 최초의 공매예정가격을 줄이지 아니한다.

③ 재공매의 공매공고 기간

재공매의 공매공고 기간은 최초 공매공고의 기간을 준용한다. 다만, **관할 세무서장은 제73조에도 불구하고 공매공고 기간을 5일까지 단축할 수 있다.**

(8) 공매의 취소 및 정지(88조)

① 공매 취소 사유

관할 세무서장은 다음의 어느 하나에 해당하는 경우 공매를 취소하여야 한다.
  ㉠ 해당 재산의 압류를 해제한 경우
  ㉡ 관할 세무서장이 직권으로 또는 한국자산관리공사의 요구에 따라 해당 재산에 대한 공매대행 의뢰를 해제한 경우

② 공매 정지 사유

관할 세무서장은 다음의 어느 하나에 해당하는 경우 공매를 정지하여야 한다.
  ㉠ 압류 또는 매각을 유예한 경우
  ㉡ 「국세기본법」 제57조 또는 「행정소송법」 제23조에 따라 강제징수에 대한 집행정지의 결정이 있는 경우
  ㉢ 그 밖에 공매를 정지하여야 할 필요가 있는 경우로서 대통령령으로 정하는 경우

기출 Check 22년 7급

18 「국세징수법」상 압류재산의 매각에 대한 설명으로 옳은 것은?
① 체납자는 제3자의 계산으로 압류재산을 매수할 수 있다.
② 관할 세무서장이 선정한 전문매각기관의 임직원은 매각관련사실행위 대행의 대상인 예술품등을 직접 매수할 수 있다.
③ 관할 세무서장은 공매재산에 압류와 관계되는 국세보다 우선하는 제한물권 등이 있는 경우 제한물권 등을 매수인에게 인수하게 하거나 매수대금으로 그 제한물권 등에 의하여 담보된 채권을 변제하는 데 충분하다고 인정된 경우가 아니면 그 재산을 공매하지 못한다.
④ 공매를 집행하는 공무원은 공매예정가격 이상으로 매수신청한 자가 없는 경우에 즉시 그 장소에서 재입찰을 실시할 수 없다.

답 ③
해설 ① 체납자는 제3자의 계산으로 압류재산을 매수할 수 없다.
② 관할 세무서장이 선정한 전문매각기관의 임직원은 매각관련사실행위 대행의 대상인 예술품등을 직접 매수할 수 없다.
④ 공매를 집행하는 공무원은 공매예정가격 이상으로 매수신청한 자가 없는 경우에 즉시 그 장소에서 재입찰을 실시할 수 있다.

③ 공매 취소의 공고
관할 세무서장은 매각결정기일 전에 공매를 취소한 경우 공매취소 사실을 공고하여야 한다.

④ 즉시 공매 속행
관할 세무서장은 제2항에 따라 공매를 정지한 후 그 사유가 소멸되어 **공매를 계속할 필요가 있다고 인정하는 경우 즉시 공매를 속행하여야 한다.**

(9) 공매공고의 등기 또는 등록 말소(89조)

관할 세무서장은 다음의 어느 하나에 해당하는 경우 제74조에 따른 공매공고의 등기 또는 등록을 말소할 것을 관할 등기소 등에 촉탁하여야 한다.
① 매각결정을 취소한 경우
② 공매취소의 공고를 한 경우

제4절 ✦ 수의계약(67조)

I 개요

관할 세무서장은 압류재산이 다음의 어느 하나에 해당하는 경우 수의계약으로 매각할 수 있다.
① 수의계약으로 매각하지 아니하면 매각대금이 강제징수비 금액 이하가 될 것으로 예상되는 경우
② **부패·변질 또는 감량되기 쉬운 재산으로서 속히 매각하지 아니하면 그 재산가액이 줄어들 우려가 있는 경우**
③ **압류한 재산의 추산가격이 1천만 원 미만인 경우**
④ 법령으로 소지(所持) 또는 매매가 금지 및 제한된 재산인 경우
⑤ 제1회 공매 후 **1년간 5회 이상 공매하여도 매각되지 아니한 경우**
⑥ 공매가 공익(公益)을 위하여 적절하지 아니한 경우

II 절차

(1) 견적서 수령
① 관할 세무서장은 압류재산을 수의계약으로 매각하려는 경우 **추산가격조서를 작성**하고 2인 이상으로부터 견적서를 받아야 한다.
② 다만, 제1회 공매 후 1년간 5회 이상 공매하여도 매각되지 아니하여 수의계약을 하는 경우로서 그 매각대금이 최종 공매시의 공매예정가격 이상인 경우에는 견적서를 받지 아니할 수 있다.

(2) 수의계약 사실의 통지
관할 세무서장은 압류재산을 수의계약으로 매각하려는 경우 그 사실을 체납자, 납세담보물소유자, 그 재산에 전세권·질권·저당권 또는 그 밖의 권리를 가진 자에게 통지하여야 한다.

기출 Check 17년 7급

19 「국세징수법」상 압류재산의 매각에 대한 설명으로 옳지 않은 것은?
① 매각예정가격 이상으로 입찰한 자가 없을 때에는 즉시 그 장소에서 재입찰에 부칠 수 있다.
② 압류재산이 법령으로 소지가 규제된 재산인 경우에는 수의계약으로 매각할 수 있다.
③ 체납자는 직접적으로든 간접적으로든 압류재산을 매수하지 못한다.
④ 압류한 재산이 예술품 등인 경우라 하더라도 납세자의 신청이 없으면 세무서장은 전문매각기관을 선정하여 예술품등의 매각을 대행하게 할 수 없다.

6 ④
해설 압류한 재산이 예술품등인 경우 세무서장은 전문매각기관을 선정하여 예술품 등의 매각을 대행하게 할 수 있다.

제5절 매수대금의 납부와 권리의 이전(제4관)

I 매수대금의 납부

(1) 공매보증과 매수대금의 납부(90조)

① 공매보증이 금전인 경우

매수인이 공매보증으로 금전을 제공한 경우 그 금전은 매수대금으로서 납부된 것으로 본다.

② 공매보증이 국공채 등인 경우

관할 세무서장은 매수인이 공매보증으로 국공채 등을 제공한 경우 그 국공채 등을 **현금화**하여야 한다. 이 경우 그 현금화에 사용된 비용을 뺀 금액은 공매보증 금액을 한도로 매수대금으로서 납부된 것으로 본다.

③ 현금화한 금액이 부족한 경우

관할 세무서장은 제2항 전단에 따라 현금화한 금액(현금화에 사용된 비용을 뺀 금액을 말한다)이 공매보증 금액보다 적으면 다시 대금납부기한을 정하여 매수인에게 그 **부족액을 납부하게 하여야** 하고, 공매보증 금액보다 **많으면 그 차액을 매수인에게 반환**하여야 한다.

(2) 매수대금의 납부 효과(91조)

① 매수인

매수인은 **매수대금을 완납한 때에 공매재산을 취득**한다.

② 관할 세무서장

관할 세무서장이 **매수대금을 수령한 때에는** 체납자로부터 **매수대금만큼의 체납액을 징수**한 것으로 본다.

II 권리의 소멸과 이전

(1) 공매재산에 설정된 제한물권 등의 소멸과 인수 등(92조)

① 공매재산에 설정된 **모든 질권·저당권 및 가등기담보권은 매각으로 소멸**된다.
② 지상권·지역권·전세권 및 등기된 임차권 등은 압류채권(압류와 관계되는 국세를 포함한다)·가압류채권 및 제1항에 따라 소멸하는 담보물권에 대항할 수 없는 경우 매각으로 소멸된다.
③ 제2항 외의 경우 지상권·지역권·전세권 및 등기된 임차권 등은 매수인이 인수한다. 다만, 전세권자가 배분요구를 한 전세권의 경우에는 매각으로 소멸된다.
④ 매수인은 유치권자(留置權者)에게 그 유치권(留置權)으로 담보되는 채권을 변제할 책임이 있다.

(2) 매각재산의 권리이전 절차(93조)

관할 세무서장은 매각재산에 대하여 체납자가 권리이전의 절차를 밟지 아니한 경우 대통령령으로 정하는 바에 따라 **체납자를 대신하여 그 절차를 밟는다**.

제6절 ✦ 청산

청산은 압류재산의 매각대금 중 **강제징수에 따라 얻은 금전**에 대하여 국세 및 강제징수비와 기타 채권에 배분금액을 확정시키는 처분을 말한다.

I 배분금전과 배분방법 등

(1) 배분금전의 범위(94조)

배분금전은 다음의 금전으로 한다.
① 압류한 금전
② 채권·유가증권·그 밖의 재산권의 압류에 따라 체납자 또는 제3채무자로부터 받은 금전
③ 압류재산의 매각대금 및 그 매각대금의 예치이자
④ 교부청구에 따라 받은 금전

(2) 배분기일의 지정(95조)

① 배분기일의 지정(통상 30일 이내)

관할 세무서장은 제94조 제2호 또는 제3호의 금전을 배분하려면 체납자, 제3채무자 또는 매수인으로부터 **해당 금전을 받은 날부터 30일 이내**에서 배분기일을 정하여 배분하여야 한다. 다만, 30일 이내에 배분계산서를 작성하기 곤란한 경우에는 배분기일을 30일 이내에서 연기할 수 있다.

② 배분사실의 통지

관할 세무서장은 제1항에 따른 배분기일을 정한 경우 체납자, 채권신고대상채권자 및 배분요구를 한 채권자(이하 "체납자 등"이라 한다)에게 그 사실을 통지하여야 한다. 다만, 체납자 등이 외국에 있거나 있는 곳이 분명하지 아니한 경우 통지하지 아니할 수 있다.

(3) 배분방법(96조)

관할 세무서장은 아래와 같이 **금전을 배분하고 남은 금액이 있는 경우 체납자에게 지급한다.** 관할 세무서장은 배분을 할 때 국세보다 우선하는 채권이 있음에도 불구하고 배분 순위의 착오나 부당한 교부청구 또는 그 밖에 이에 준하는 사유로 체납액에 먼저 배분한 경우 그 배분한 금액을 국세보다 우선하는 채권의 채권자에게 국세환급금 환급의 예에 따라 지급한다.

배분금전의 범위	배분방법*
① 압류한 금전 ② 교부청구에 따라 받은 금전	각각 그 압류 또는 교부청구와 관계되는 체납액에 배분한다.
③ 채권·유가증권·그 밖의 재산권의 압류에 따라 체납자 또는 제3채무자로부터 받은 금전	다음의 체납액과 채권에 배분한다. 이 경우 배분요구의 종기까지 배분요구를 하여야 하는 채권의 경우에는 배분요구를 한 채권에 대해서만 배분한다. ㉠ 압류재산과 관계되는 체납액 ㉡ 교부청구를 받은 체납액·지방세 또는 공과금
④ 압류재산의 매각대금 및 그 매각대금의 예치이자	㉢ 압류재산과 관계되는 전세권·질권·저당권 또는 가등기담보권에 의하여 담보된 채권 ㉣ 「주택임대차보호법」 또는 「상가건물 임대차보호법」에 따라 우선변제권이 있는 임차보증금 반환채권 ㉤ 「근로기준법」 또는 「근로자퇴직급여 보장법」에 따라 우선변제권이 있는 임금, 퇴직금, 재해보상금 및 그 밖에 근로관계로 인한 채권 ㉥ 압류재산과 관계되는 가압류채권 ㉦ 집행문이 있는 판결정본에 의한 채권

* 관할 세무서장은 매각대금이 체납액 및 채권의 총액보다 적은 경우 「민법」이나 그 밖의 법령에 따라 배분할 순위와 금액을 정하여 배분하여야 한다.

(4) 국가 또는 지방자치단체의 재산에 관한 권리의 매각대금의 배분(97조)

① 압류한 국가 또는 지방자치단체의 재산에 관한 체납자의 권리를 매각한 경우 다음의 순서에 따라 매각대금을 배분한다.
㉠ 국가 또는 지방자치단체가 체납자로부터 지급받지 못한 매각대금
㉡ 체납액
② 관할 세무서장은 제1항에 따라 **배분하고 남은 금액은 체납자에게 지급**한다.

II 그 밖의 청산절차

(1) 배분계산서의 작성(98조)

① 관할 세무서장은 제96조에 따라 금전을 배분하는 경우 배분계산서 원안(原案)을 작성하고, 이를 배분기일 7일 전까지 갖추어 두어야 한다.
② 체납자 등은 관할 세무서장에게 교부청구서, 감정평가서, 채권신고서, 배분요구서, 배분계산서 원안 등 배분금액 산정의 근거가 되는 서류의 열람 또는 복사를 신청할 수 있다.
③ 관할 세무서장은 제2항에 따른 열람 또는 복사의 신청을 받은 경우 이에 따라야 한다.

(2) 배분계산서에 대한 이의 등(99조)

① 배분기일에 출석한 체납자 등은 배분기일이 끝나기 전까지 자기의 채권과 관계되는 범위에서 제98조 제1항에 따른 배분계산서 원안에 기재된 다른 채권자의 채권 또는 채권의 순위에 대하여 이의제기를 할 수 있다.
② 제1항에도 불구하고 체납자는 배분기일에 출석하지 아니한 경우에도 배분계산서 원안이 갖추어진 이후부터 **배분기일이 끝나기 전까지** 문서로 이의제기를 할 수 있다.
③ 관할 세무서장은 다음의 구분에 따라 배분계산서를 확정하여 배분을 실시하고, 확정되지 아니한 부분에 대해서는 배분을 유보한다.

㉠ 이의제기가 정당한 경우(관할 세무서장이 이의제기가 정당하다고 인정하거나 배분계산서 원안과 다른 내용으로 체납자 등이 한 합의가 있는 경우): 정당하다고 인정된 이의제기의 내용 또는 합의에 따라 배분계산서를 수정하여 확정

㉡ 이의제기가 정당하다고 인정하지 아니한 경우(관할 세무서장이 이의제기가 정당하다고 인정하지 아니하고 배분계산서 원안과 다른 내용으로 체납자 등이 한 합의도 없는 경우): 배분계산서 중 이의제기가 없는 부분에 한정하여 확정

㉢ 이의제기가 없는 경우: 배분계산서 원안대로 확정

④ 배분기일에 출석하지 아니한 채권자는 배분계산서 원안과 같이 배분을 실시하는 데에 동의한 것으로 보고, 그가 다른 체납자 등이 제기한 이의에 관계된 경우 그 이의제기에 동의하지 아니한 것으로 본다.

(3) 배분계산서에 대한 이의의 취하 간주(100조)

배분계산서 중 이의제기가 있어 확정되지 아니한 부분이 있는 경우 이의를 제기한 체납자 등이 관할 세무서장의 배분계산서 작성에 관하여 심판청구 등을 한 사실을 증명하는 서류를 배분기일부터 1주일 이내에 **제출하지 아니하면** 이의제기가 취하된 것으로 본다.

(4) 배분금전의 예탁(101조)

① 관할 세무서장은 다음 각 호의 어느 하나에 해당하는 사유가 있는 경우 그 채권에 관계되는 배분금전을 「한국은행법」에 따른 한국은행(국고대리점을 포함한다)에 예탁(預託)하여야 한다.

㉠ 채권에 정지조건 또는 불확정기한이 붙어 있는 경우

㉡ 가압류채권자의 채권인 경우

㉢ 체납자 등이 제100조에 따라 배분계산서 작성에 대하여 심판청구 등을 한 사실을 증명하는 서류를 제출한 경우

㉣ 그 밖의 사유로 배분금전을 체납자 등에게 지급하지 못한 경우

② 관할 세무서장은 제1항에 따라 예탁한 경우 그 사실을 체납자 등에게 통지하여야 한다.

(5) 예탁금에 대한 배분의 실시(102조)

① 관할 세무서장은 제101조에 따라 배분금전을 예탁한 후 다음 각 호의 어느 하나에 해당하는 사유가 있는 경우 예탁금을 당초 배분받을 체납자 등에게 지급하거나 배분계산서 원안을 변경하여 예탁금에 대한 추가 배분을 실시하여야 한다.

㉠ 배분계산서 작성에 관한 심판청구등의 결정·판결이 확정된 경우

㉡ 그 밖에 예탁의 사유가 소멸한 경우

② 관할 세무서장은 예탁금의 **추가 배분을 실시하려는 경우 당초의 배분계산서에 대하여 이의를 제기하지 아니한 체납자 등을 위해서도 배분계산서를 변경하여야 한다.**

③ 체납자 등은 추가 배분기일에 **이의를 제기할 경우 <u>종전의 배분기일에서 주장할 수 없었던 사유만을 주장할 수 있다.</u>**

제7절 | 압류·매각의 유예

I 압류·매각의 유예(105조)

(1) 개요

납세자에게 **특별한 사정이 있는 경우**에 강제징수의 요건이 이미 충족되어 있음에도 불구하고 **압류·매각을 일시적으로 늦추는 제도**를 말한다.

(2) 압류·매각의 유예 사유

관할 세무서장은 체납자가 다음 각 호의 어느 하나에 해당하는 경우 **체납자의 신청 또는 직권으로** 그 체납액에 대하여 강제징수에 따른 재산의 압류 또는 압류재산의 매각을 대통령령으로 정하는 바에 따라 유예할 수 있다.
① 국세청장이 **성실납세자로 인정**하는 기준에 해당하는 경우
② 재산의 압류나 압류재산의 매각을 유예함으로써 **체납자가 사업을 정상적으로 운영**할 수 있게 되어 **체납액의 징수가 가능하게 될 것**이라고 관할 세무서장이 **인정**하는 경우
관할세무서장은 유예를 하는 경우 필요하다고 인정하면 이미 압류한 재산의 압류를 해제할 수 있다.

(3) 유예기간

① 압류 또는 매각의 유예기간은 그 **유예한 날의 다음날부터 1년 이내**로 한다.
② 2년 이내로 할 수 있는 경우(예외)
관할 세무서장은 고용재난지역, 특별재난지역(선포된 날부터 2년으로 한정) 등에 사업장이 소재하는 중소기업이 압류 또는 매각의 유예를 신청하는 경우(압류 또는 매각의 유예를 받고 그 유예기간 중에 신청하는 경우를 포함) 그 압류 또는 매각의 유예(소득세, 법인세, 부가가치세 및 이에 부가되는 세목에 대한 압류 또는 매각의 유예로 한정한다)의 기간은 **유예한 날의 다음날부터 2년**(압류 또는 매각의 유예를 받은 분에 대해서는 유예받은 기간을 포함하여 산정) 이내로 할 수 있다.

(4) 담보의 제공

관할 세무서장은 재산의 압류를 유예하거나 압류를 해제하는 경우 **그에 상당하는 납세담보의 제공을 요구할 수 있다.** 다만, 성실납세자가 체납세액 납부계획서를 제출하고 국세체납정리위원회가 체납세액 납부계획의 타당성을 인정하는 경우에는 그러하지 아니하다.

(5) 효과

① 압류의 해제
관할 세무서장은 압류·매각유예를 하는 경우 **필요하다고 인정**하면 이미 압류한 재산의 압류를 해제할 수 있다.
② 국세징수권 소멸시효의 정지
압류·매각유예기간 중에는 징수권을 행사하지 못하므로 국세징수권의 소멸시효가 정지된다.

기출 Check 23년 7급

20 국세징수법령상 압류 또는 매각의 유예와 강제징수의 종료에 대한 설명으로 옳지 않은 것은?
① 관할 세무서장은 압류 또는 매각이 유예된 체납세액을 압류 또는 매각의 유예기간 동안 징수할 수 없다.
② 관할 세무서장은 체납자가 국세청장이 성실납세자로 인정하는 기준에 해당하는 경우 직권으로 그 체납액에 대하여 강제징수에 따른 재산의 압류 또는 압류재산의 매각을 유예할 수 있다.
③ 관할 세무서장은 국세 부과의 전부를 취소한 경우 해당 재산의 압류를 즉시 해제하여야 한다.
④ 관할 세무서장은 총 재산의 추산가액이 강제징수비를 징수하면 남을 여지가 없어 강제징수를 종료하고자 압류를 해제하려는 경우에는 국세체납정리위원회의 심의를 거쳐야 한다.

❻ ①
해설 관할 세무서장은 압류 또는 매각이 유예된 체납세액을 압류 또는 매각의 유예기간 동안 분할하여 징수할 수 있다.

③ 분할 징수

관할 세무서장은 압류 또는 매각이 유예된 체납세액을 **압류 또는 매각의 유예기간 이내에 분할하여 징수할 수 있다.**

(6) 압류·매각의 유예 취소

압류·매각의 유예 취소와 체납액의 일시징수에 관하여는 납부기한 등 연장 등의 취소 규정을 준용한다.

Ⅱ 국세체납정리위원회(106조)

구분	내용
(1) 개요	국세의 체납정리에 관한 사항을 심의하기 위하여 지방국세청과 대통령령으로 정하는 세무서에 국세체납정리위원회를 둔다.
(2) 구성	① 국세체납정리위원회는 지방국세청에 두는 지방국세청국세체납정리위원회(이하 "지방국세청위원회"라 한다)와 제78조에 따른 세무서에 두는 세무서국세체납정리위원회(이하 "세무서위원회"라 한다)로 한다. ② 지방국세청위원회는 위원장을 포함한 7명 이상 9명 이하의 위원으로 구성하고, 세무서위원회는 위원장을 포함한 5명 이상 7명 이하의 위원으로 구성한다. ③ 지방국세청위원회 위원장은 지방국세청장이 되고, 세무서위원회 위원장은 세무서장이 된다. ④ 국세체납정리위원회 위원은 해당 지방국세청장 또는 세무서장이 다음의 어느 하나에 해당하는 사람 중에서 임명 또는 위촉한다. 　㉠ 해당 지방국세청 또는 세무서 소속 5급 이상 공무원 　㉡ 변호사·공인회계사 또는 세무사의 자격이 있는 사람 　㉢ 법률·회계 또는 경제에 관하여 학식과 경험이 풍부한 사람으로서 경제계에 종사하는 사람 ⑤ ④의 ㉡, ㉢에 해당하는 위원(이하 "위촉위원"이라 한다)의 **임기는 2년으로 하며, 한 차례만 연임할 수 있다.** ⑥ 국세체납정리위원회의 위원 중 공무원이 아닌 위원은 「형법」 제127조, 제129조, 제132조까지를 적용할 때에는 공무원으로 본다.
(3) 심의사항	지방국세청장과 세무서장은 다음 중 어느 하나에 해당하는 경우 각각 지방국세청위원회 및 세무서위원회의 심의를 거쳐야 한다. ① 총 재산의 추산가액이 강제징수비(압류에 관계되는 국세에 우선하는 피담보채권 금액이 있는 경우 이를 포함한다)를 징수하면 남을 여지가 없어 강제징수를 종료할 필요가 있는 사유로 압류를 해제하려는 경우 ② 그 밖에 「국세징수법」 또는 다른 세법에 따라 국세체납정리위원회의 심의를 거쳐야 하는 경우
(4) 의견 청취	국세체납정리위원회는 의안을 심의하기 위하여 필요하다고 인정하는 경우 체납자, 이해관계인 등의 의견을 들을 수 있다.
(5) 위원의 제척·회피	① 국세체납정리위원회 위원이 다음의 어느 하나에 해당하는 경우에는 체납국세에 관한 의사(議事)에서 제척(除斥)된다. 　㉠ 위원 또는 그 배우자나 배우자였던 사람이 해당 의사의 당사자가 되거나 그 안건의 당사자와 공동권리자 또는 공동의무자인 경우 　㉡ 위원이 해당 의사의 당사자와 친족이거나 친족이었던 경우 　㉢ 위원이 해당 안건에 대하여 증언, 진술, 자문, 연구, 용역 또는 감정을 한 경우 　㉣ 위원이나 위원이 속한 법인이 해당 안건의 당사자의 대리인이거나 대리인이었던 경우 ② 국세체납정리위원회 위원이 위 ①의 제척사유에 해당하는 경우에는 스스로 그 의사에서 회피(回避)해야 한다.

신은미 세법개론

합격까지 박문각

PART 04

부가가치세법

Chapter 01 부가가치세 총칙
Chapter 02 과세거래
Chapter 03 재화 및 용역의 공급시기 및 공급장소
Chapter 04 영세율과 면세
Chapter 05 부가가치세 과세표준
Chapter 06 세금계산서
Chapter 07 부가가치세 납부세액
Chapter 08 부가가치세 신고 및 납부
Chapter 09 결정·경정·징수
Chapter 10 간이과세

CHAPTER 01 부가가치세 총칙

제1절 부가가치세의 기본개념

I 부가가치세의 정의와 과세유형

(1) 용어 정의

① 부가가치: 생산 및 유통의 각 거래단계에서 사업자가 새로이 창출한 가치의 증분이다.
② 재화: 재산 가치가 있는 물건 및 권리를 말한다.
  - 물건이란 상품, 제품, 원료, 기계, 건물 등 모든 유체물과 전기, 가스, 열 등 관리할 수 있는 자연력을 말한다.
  - 권리는 물건 외에 광업권, 특허권, 저작권 등 재산적 가치가 있는 모든 것으로 한다.
③ 용역: 재화 외에 재산 가치가 있는 모든 역무와 그 밖의 행위를 말한다. 다만, 건설업과 부동산업 중 부동산매매업에 해당하는 사업은 재화를 공급하는 사업으로 본다.
④ 사업자: 사업 목적이 영리이든 비영리이든 관계없이 사업상 독립적으로 재화 또는 용역을 공급하는 자를 말한다.
⑤ 간이과세자: 직전 연도의 재화와 용역의 공급대가의 합계액이 8,000만 원(24년 7월 1일부터 1억 4백만 원)에 미달하는 사업자로서, 간편한 절차로 부가가치세를 신고·납부하는 개인사업자를 말한다.
⑥ 일반과세자: 간이과세자가 아닌 사업자를 말한다.

구분	내용	적용범위	부가세 납세의무자
일반과세자	과세사업과 면세사업	사업자(개인·법인)	○
간이과세자	과세사업과 면세사업	1억 4백만 원 미만 개인사업자	○
면세사업자	면세사업만	사업자(개인·법인)	×

⑦ 과세사업: 부가가치세가 과세되는 재화 또는 용역을 공급하는 사업을 말한다.
⑧ 면세사업: 부가가치세가 면제되는 재화 또는 용역을 공급하는 사업을 말한다.
⑨ 부가가치세(Value Added Tax, VAT): 재화나 용역 등을 생산하고 유통하는 과정에서 사업자가 창출한 부가가치에 대해 부과되는 조세이다.
⑩ 비거주자: 「소득세법」에 따른 비거주자를 말한다.
⑪ 외국법인: 「법인세법」에 따른 외국법인을 말한다.

> **부가가치세의 과세목적**
> 부가가치세의 과세 요건 및 절차를 규정함으로써 부가가치세의 공정한 과세, 납세의무의 적정한 이행 확보 및 재정수입의 원활한 조달에 이바지함을 목적으로 한다.

(2) 부가가치세의 과세유형

부가가치세 과세유형은 자본재를 어떻게 처리하고 있느냐에 따라 국민총생산형, 순소득형, 소비형으로 구분할 수 있다.

① 국민총생산형(GNP형)
  ㉠ 부가가치의 개념: 국민총생산액(GNP)
  ㉡ 부가가치의 계산방법

> 부가가치 = 총매출액 − 중간재 구입액

② 순소득형
  ㉠ 부가가치의 개념: GNP − 감가상각비
  ㉡ 부가가치의 계산방법

> 부가가치 = 총매출액 − 중간재 구입액 − 감가상각비 = 임금 + 이자 + 이윤 + 지대

③ 소비형
  ㉠ 부가가치의 개념: GNP − 총 투자액
  ㉡ 부가가치의 계산방법

> 부가가치 = 총매출액 − 중간재 구입액 − 자본재 구입액

> **참고 소비형 부가가치세의 장점**
>
> 1. 실질적으로 한 경제에서 생산된 소비재의 가치만을 과세대상으로 하므로 투자비용을 구입비용과 함께 공제하여 매입시점에서 부담한 부가가치세를 조기에 회수할 수 있게 함으로서 사업자의 자금부담을 완화하여 투자를 촉진하는 효과가 있다.
> 2. 중간재 구입비용 및 자본재 구입비용을 모두 과세대상에서 제외함으로서 매입액의 구분이 불필요하고 부가가치세 계산시 감가상각비를 별도로 계산할 필요가 없어 그 시행이 간편하다.

II 부가가치세의 과세방법

(1) 가산법

일정 기간 동안 사업자의 임금, 지대, 이자, 이윤의 부가가치 합계액에 세율을 곱하여 부가가치세를 산출하는 방식이다.

> 부가가치세 = 부가가치 합계액(임금 + 지대 + 이자 + 이윤) × 세율

(2) 공제법

① 전단계거래액공제법
  일정 기간 동안 사업자가 판매한 매출액에서 매입액을 빼서 부가가치를 계산하는 방법이다.

> 부가가치세 = (매출액 − 매입액) × 세율

② 전단계세액공제법

전단계세액공제법은 과세기간 중 매출세액에서 매입시점에 거래징수한 세액(매입세액)을 공제한 금액을 납부세액으로 하는 방법이다.

$$부가가치세 = 매출세액(매출액 \times 세율) - 매입세액$$

참고 전단계세액공제법의 장점

1. 간편한 세액계산
2. 수출 등에 대하여 완전면세가 가능
3. 거래징수를 통한 세부담의 전가가 명료하여 소비세로서의 성격이 뚜렷
4. 세금계산서 수수에 의하여 거래자료가 양성화
5. 과세기간별로 상호검증이 가능하여 탈세를 방지하고 조세행정의 효율을 도모
6. 부가가치세 과세여부를 품목별로 달리 정할 수 있어 조세정책적 목적에 부합

전단계세액공제법을 적용시 재화나 용역을 공급하는 사업자는 공급가액에 세율을 곱한 매출세액을 공급받는 자로부터 거래징수하여야 한다. 이 때 공급하는 사업자는 공급받는 자로부터 매출세액을 거래징수 하였다는 사실을 입증하기 위해 세금계산서를 발급하여야 한다.

참고 다단계 과세방식

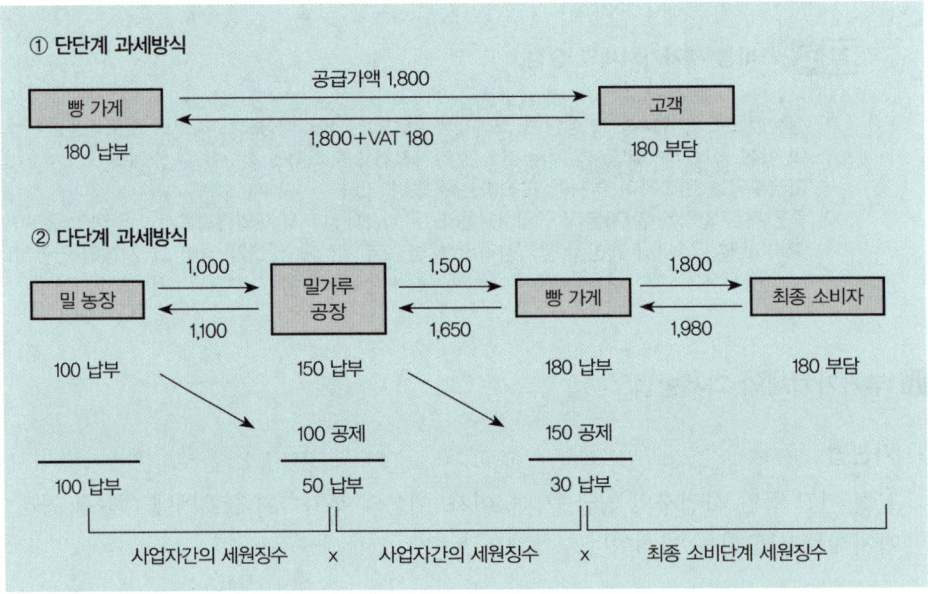

우리나라 부가가치세의 특징

구분	내용
1. 일반소비세	부가가치세는 원칙적으로 모든 재화나 용역의 소비행위에 대하여 과세하기 때문에 일반소비세가 된다. 개별소비세나 주세와 같이 열거된 사항에 한정하여 과세하는 간접세와 구별된다.
2. 간접세	직접세는 납세의무자와 담세자가 동일한 세목을 의미한다. 이에 반해, 부가가치세는 세금에 대한 납세의무를 지는 납세의무자와 그 세금을 실제로 부담하는 담세자가 다른 간접세다. ① 부가가치세의 납세의무자 : 재화나 용역을 공급하는 사업자 ② 부가가치세를 부담하는 담세자 : 최종소비자
3. 다단계 과세방식	부가가치세는 재화나 용역에 대한 생산, 유통에 이르기까지 각 거래단계마다 창출한 부가가치에 과세하는 다단계 과세방식을 따른다. 이러한 다단계 과세방식은 제조 또는 소매단계에만 과세하는 다단계 매상세와 구별된다.
4. 소비형 부가가치세	우리나라는 소비형 부가가치세를 채택하여 자본재에 대해서는 과세하지 않고 소비에 대해서만 계산한다. 즉, 부가가치세는 매출액에서 중간재 매입액과 자본재 매입액을 모두 공제한 금액을 뜻하고, 중간재와 자본재 구입액에 대한 부가가치세 또한 매입세액으로 공제(환급)받을 수 있다.
5. 전단계세액공제법	매출세액에서 매입세액을 공제하여 납부세액을 계산한다. 단, 매입세액을 공제받기 위해서는 세금계산서 등에 의해 거래징수 사실이 확인되어야 한다(세금계산서 발행 및 수취 의무화).
6. 소비지국 과세원칙	생산지국에서는 재화를 수출할 때 과세한 간접세를 면제 또는 환급하고, 수입국에서는 수입한 재화에 대하여 자국물품과 동일하게 간접세를 부과하는 원칙을 말한다. 소비지국 과세원칙을 적용하면 국가마다 간접세율이 다르더라도 자국상품과 수입 상품 간의 간접세 부담이 동일하게 되어 대외경쟁상 조세의 중립성을 유지할 수 있다. 소비지국 과세원칙을 반영하기 위해 다음과 같은 제도를 두고 있다. ① 수출하는 재화·용역 : **영세율 적용** 　재화의 수출, 용역의 국외공급, 외국항행용역에 대하여 영세율을 적용하여 완전면세를 실현한다. ② 수입하는 재화 : **국내 재화와 동일하게 과세대상에 포함한다.** 　재화의 수입을 국내 재화와 동일하게 과세대상에 포함하고 있다.
7. 국세	국가가 과세주체가 되는 국세에 해당한다.

제2절 납세의무자

I 납세의무자의 개념

납세의무자란 다음 중 어느 하나에 해당하는 자로 개인 또는 법인(<u>국가와 지방자치단체·지방자치단체조합을 포함</u>), 법인격이 없는 사단·재단 또는 그 밖의 단체는 부가가치세를 납부할 의무가 있다.

① 사업자
② 재화를 수입하는 자

> 국가와 지방자치단체·지방자치단체 조합은 「부가가치세법」에서는 납세의무자에 해당하지만 「법인세법」에서는 납세의무자에 해당하지 않는다.

Ⅱ 사업자

(1) 사업자의 개념

사업자란 사업 목적이 **영리이든 비영리이든 관계없이** 사업상 독립적으로 재화 또는 용역을 공급하는 자를 말한다. 사업자는 실질적으로 부가가치세의 세부담을 지지는 않지만, 법률에 따라 부가가치세를 거래징수하여 신고·납부할 의무를 부담한다.

(2) 사업자의 요건

① 영리목적은 불문

소득세와 법인세는 소득에 대해 과세하는 세목이지만, 부가가치세는 사업자가 창출한 부가가치에 대해 과세하는 것이므로 고유의 사업이 영리목적인지 여부와 관계없이 부가가치세 납세의무를 부담한다.

② 사업성 요건은 필요

사업성이란 재화 또는 용역의 공급행위가 계속·반복적으로 이뤄져야 한다는 것이며, 사업장의 유무와는 관계없다. 사업성의 요건을 갖추었는가는 형식적인 부분으로 판단하는 것이 아니라 실질에 따른다. 즉, **사업형태를 갖추고 계속적·반복적인 의사로 재화 또는 용역을 공급하는 경우**에는 등록 여부나 거래징수 여부와는 관계없이 사업자로 보아 부가가치세 납세의무를 부담한다.

> **참고** 사업성 요건의 충족여부 사례
>
> 1. **미등록자의 사업자 여부**: 해당 사업자의 사업자등록 여부 및 공급 시 부가가치세의 거래징수 여부에 불구하고 해당 재화의 공급 또는 용역의 공급에 대하여 부가가치세를 신고·납부할 의무가 있다.
> 2. **오픈마켓(옥션 등)에서 재화·용역을 공급하는 자**: 오픈마켓(옥션 등)이 납세의무자가 되는 것이 아니라 해당 오픈마켓에서 실제로 재화 등을 공급하는 판매업자가 부가가치세 납세의무자에 해당한다.

③ 독립성 요건 필요

독립성이란 인적 독립성과 물적 독립성을 모두 만족하여야 한다. **근로계약에 따라 근로용역을 제공하는 종업원은 인적독립성이 없으므로 사업자가 될 수는 없다.**

㉠ 인적 독립성

인적 독립성이란 **자기의 계산과 책임**하에 재화 또는 용역을 공급하는 것을 말한다. 즉, 자기의 계산과 책임이 아니라 고용된 지위관계에서 재화 또는 용역을 공급하는 자는 사업자가 될 수 없다. 따라서 근로자는 사업자가 될 수 없다.

㉡ 물적 독립성

하나의 사업에 부수되거나 단순히 그 사업의 연장에 불과한 행위는 독립적인 사업으로 보지 않기 때문에 이러한 부수적 사업의 경우에는 주된 사업의 과세 유무에 따라 부수되는 사업의 과세 여부도 달라지게 된다.

④ 과세되는 재화 또는 용역의 공급

부가가치세의 과세대상이 되려면 제공하는 재화 또는 용역도 부가가치세의 과세대상이어야 한다. 만약, 사업자가 제공하는 재화 또는 용역이 면세대상이라면 이는 부가가치세의 납세의무자라고 할 수 없다.

기출 Check 18년 9급

01 「부가가치세법」상 납세의무자에 관한 설명으로 옳지 않은 것은?

① 부가가치세 납세의무자인 사업자란 사업상 독립적으로 재화 또는 용역을 공급하는 자로서 그 사업 목적은 영리인 경우에 한한다.
② 위탁자의 채무이행을 담보할 목적으로 대통령령으로 정하는 신탁계약을 체결한 경우로서 수탁자가 그 채무이행을 위하여 신탁재산을 처분하는 경우에는 수탁자가 재화를 공급하는 것으로 본다.
③ 재화를 수입하는 자는 사업자가 아니어도 부가가치세의 납세의무자가 될 수 있다.
④ 위탁자를 알 수 있는 위탁매매의 경우에는 위탁자가 직접 재화를 공급하거나 공급받은 것으로 본다.

답 ①

해설 사업자란 사업 목적이 영리이든 비영리이든 관계없이 사업상 독립적으로 재화 또는 용역을 공급하는 자를 말한다.

> **참고** 농·어가부업
>
> 「소득세법」에 따라 소득세가 과세되지 않는 농·어가부업은 사업을 구분할 때에 독립된 사업으로 보지 아니한다.
>
> | 소득세가 과세되지 않는 농·어가부업 | ① 축산·고공품제조·양어 및 그 밖에 이와 유사한 활동: 독립된 사업으로 보지 않고, 농업의 일부로 보아 부가가치세를 과세하지 않는다.
② **민박, 음식물 판매, 특산물 제조, 전통차 제조 및 그 밖에 이와 유사한 활동**: 독립된 사업으로 보아 부가가치세를 과세한다. |
> |---|---|
> | 소득세가 과세되는 농·어가부업 | 독립된 사업으로 보아 부가가치세를 과세한다. |

Ⅲ 재화를 수입하는 자

(1) **재화를 수입하는 자는 그 재화의 수입에 대한 부가가치세를 납부할 의무가 있다.** 단, 재화를 수입하는 자는 수입하는 자가 사업자인지 소비자인지 일일이 확인하여 과세여부를 판별할 수 없기 때문에 사업자인지와 무관하게 재화를 수입하는 자 모두를 부가가치세 납세의무자로 한다.

(2) 또한, 현행 부가가치세는 소비지국 과세방식을 택하고 있는데, 국내에서 재화·용역을 지급하는 경우 공급자가 이를 거래징수 하지만 재화의 수입은 공급자가 국외에 있어 부가가치세를 거래징수하는 것을 기대하기 어렵다.

이에 따라, 재화의 수입은 **사업자 여부를 불문하고 수입하는 자가 세관장에게 관세를 신고납부하는 때에 재화의 수입에 대한 부가가치세를 함께 신고납부해야 한다.**

제3절 신탁 관련 납세의무자 ★

Ⅰ 「신탁법」상 신탁

「신탁법」상 신탁이란 신탁을 설정하는 자("위탁자")와 신탁을 인수하는 자("수탁자") 간의 신임관계에 기하여 위탁자가 수탁자에게 특정의 재산(영업이나 저작재산권의 일부 포함)을 이전하거나 담보권의 설정 또는 그 밖의 처분을 하고 수탁자로 하여금 일정한 자("수익자")의 이익 또는 특정의 목적을 위하여 그 재산의 관리, 처분, 운용, 개발, 그 밖에 신탁목적의 달성을 위하여 필요한 행위를 하게 하는 법률관계를 말한다.

Ⅱ 신탁관련 부가가치세의 납세의무자

(1) 수탁자를 납세의무자로 보는 경우

① 수탁자의 사업자 등록

수탁자가 납세의무자가 되는 경우 **수탁자**(공동수탁자가 있는 경우 대표수탁자)는 해당 신탁재산을 사업장으로 보아 **사업자등록**을 신청하여야 한다. 이 경우 해당 신탁재산의 등기부상 소재지, 등록부상 등록지 또는 신탁사업에 관한 업무를 총괄하는 장소를 사업장으로 한다.

② 수탁자가 사업자등록을 신청하는 경우로서 다음의 요건을 모두 갖춘 경우에는 둘 이상의 신탁재산을 하나의 사업장으로 보아 신탁사업에 관한 업무를 총괄하는 장소를 관할하는 세무서장에게 사업자등록을 신청할 수 있다.

㉠ 수탁자가 하나 또는 둘 이상의 위탁자와 둘 이상의 신탁계약을 체결하였을 것
㉡ 신탁계약이 다음 각 목의 어느 하나에 해당할 것
  ⓐ 수탁자가 위탁자의 채무이행을 담보하기 위해 위탁자로부터 「자본시장과 금융투자업에 관한 법률」에 따른 재산을 수탁하여 운용하는 신탁계약
  ⓑ 「자본시장과 금융투자업에 관한 법률」에 따른 신탁업자가 무체재산권의 재산을 수탁하여 운용하는 신탁계약
  ⓒ 「저작권법」에 따른 저작권신탁관리업을 영위하는 자가 권리를 수탁하여 운용하는 신탁계약
  ⓓ 「기술의 이전 및 사업화 촉진에 관한 법률」에 따른 기술신탁관리업을 영위하는 자가 같은 호에 따른 기술과 그 사용에 관한 권리를 수탁하여 운용하는 신탁계약

③ 부가가치세 납세의무

㉠ **신탁재산과 관련된 재화 또는 용역을 공급하는 때에는 「신탁법」에 따른 수탁자가** 신탁재산별로 각각 별도의 납세의무자로서 부가가치세를 납부할 의무가 있다.
㉡ 공동수탁자
수탁자가 납세의무자가 되는 신탁재산에 둘 이상의 수탁자("공동수탁자")가 있는 경우 공동수탁자는 **부가가치세를 연대하여 납부할 의무**가 있다. 이 경우 공동수탁자 중 신탁사무를 주로 처리하는 수탁자("**대표수탁자**")가 부가가치세를 신고·납부하여야 한다.

(2) 신탁수익자의 제2차 납세의무

① 개요

수탁자가 납부하여야 하는 부가가치세 등을 **신탁재산으로 충당하여도 부족**한 경우에는 그 신탁의 수익자는 지급받은 수익과 귀속된 재산의 가액을 합한 금액을 한도로 하여 그 부족한 금액에 대하여 제2차 납세의무를 진다.

② 요건

㉠ 주된 납세의무자: 수탁자
㉡ 제2차 납세의무자: 신탁의 수익자(「신탁법」에 따라 신탁이 종료되어 신탁재산이 귀속되는 자 포함)이다.

ⓒ 대상 국세 등

다음 중 어느 하나에 해당하는 부가가치세 등을 말한다.
ⓐ 신탁 설정일 이후에 「국세기본법」에 따른 법정기일이 도래하는 부가가치세로서 해당 신탁재산과 관련하여 발생한 것
ⓑ ⓐ의 금액에 대한 강제징수 과정에서 발생한 강제징수비

ⓓ 징수부족액의 발생

③ 한도

제2차 납세의무는 **지급받은 수익과 귀속된 재산의 가액을 합한 금액**을 한도로 한다. 이 경우 신탁의 수익자에게 귀속된 재산의 가액은 신탁재산이 해당 수익자에게 이전된 날 현재의 시가로 한다.

④ 납부 특례

부가가치세를 납부하여야 하는 수탁자의 관할 세무서장은 제2차 납세의무자로부터 수탁자의 부가가치세 등을 징수하려면 납부고지서를 제2차 납세의무자에게 발급하여야 한다. 이 경우 수탁자의 관할 세무서장은 제2차 납세의무자의 관할 세무서장과 수탁자에게 그 사실을 통지하여야 한다.

Ⅲ 특례 – 납세의무자를 위탁자로 보는 경우

(1) 위탁자의 납세의무

다음 중 어느 하나에 해당하는 경우에는 「신탁법」에 따른 위탁자가 부가가치세를 납부할 의무가 있다.

① **신탁재산과 관련된 재화 또는 용역을 위탁자 명의로 공급하는 경우**
② 위탁자가 신탁재산을 실질적으로 지배·통제하는 경우로서 다음의 경우
  ㉠ 수탁자가 위탁자로부터 부동산개발사업을 목적으로 하는 신탁계약을 체결한 경우로서 그 신탁계약에 따른 부동산개발사업비의 조달의무를 수탁자가 부담하지 않는 경우
  ㉡ 수탁자가 「도시 및 주거환경정비법」 등에 따른 재개발사업·재건축사업 등의 사업대행자인 경우
  ㉢ 수탁자가 위탁자의 지시로 위탁자와 「소득세법」 및 「법인세법」상 특수관계에 있는 자에게 신탁재산과 관련된 재화 또는 용역을 공급하는 경우
③ 그 밖에 신탁의 유형, 신탁설정의 내용, 수탁자의 임무 및 신탁사무 범위 등을 고려하여 대통령령으로 정하는 경우

(2) 수탁자의 물적납세의무

① 개요

부가가치세를 납부하여야 하는 **위탁자가 부가가치세 등을 체납**한 경우로서 그 위탁자의 다른 재산에 대하여 강제징수를 하여도 징수할 금액에 미치지 못할 때에는 해당 신탁재산의 수탁자는 그 신탁재산으로써 위탁자의 부가가치세 등을 납부할 의무가 있다.

② 요건
　㉠ 주된 납세의무자: 위탁자
　㉡ 물적납세의무자: 해당 신탁재산의 수탁자이다.
　㉢ 대상 국세 등: 부가가치세를 납부하여야 하는 위탁자가 체납한 다음 중 어느 하나에 해당하는 부가가치세 등을 말한다.
　　ⓐ 신탁 설정일 이후에 「국세기본법」에 따른 법정기일이 도래하는 부가가치세로서 해당 신탁재산과 관련하여 발생한 것
　　ⓑ ⓐ의 금액에 대한 강제징수 과정에서 발생한 강제징수비
　㉣ 징수부족액의 발생

③ 물적납세의무
해당 신탁재산의 수탁자는 그 신탁재산으로써 위탁자의 부가가치세 등을 납부할 의무가 있다.

④ 납부 특례
　㉠ 납부고지
　　관할 세무서장은 수탁자로부터 위탁자의 부가가치세 등을 징수하려면 납부고지서를 수탁자에게 발급하여야 한다. 이 경우 수탁자의 관할 세무서장과 위탁자에게 그 사실을 통지하여야 한다. 납부고지가 있은 후 납세의무자인 위탁자가 신탁의 이익을 받을 권리를 포기 또는 이전하거나 신탁재산을 양도하는 등의 경우에도 고지된 부분에 대한 납세의무에는 영향을 미치지 아니한다.
　㉡ 납세의무 승계
　　신탁재산의 수탁자가 변경되는 경우에 **새로운 수탁자는 이전의 수탁자에게 고지된 납세의무를 승계**한다. 납세의무자의 관할 세무서장은 최초의 수탁자에 대한 신탁 설정일을 기준으로 수탁자의 물적납세의무에 따라 그 신탁재산에 대한 현재 수탁자에게 납세의무자의 부가가치세 등을 징수할 수 있다.
　㉢ 우선변제권
　　신탁재산에 대하여 「국세징수법」에 따라 강제징수를 하는 경우 「국세기본법」상 국세우선권과 그 예외규정에도 불구하고 **수탁자는 「신탁법」에 따른 신탁재산의 보존 및 개량을 위하여 지출한 필요비 또는 유익비의 우선변제를 받을 권리가 있다.**

(3) 재화의 공급으로 보지 않는 신탁재산의 이전
신탁재산의 소유권 이전으로서 다음 중 어느 하나에 해당하는 것은 재화의 공급으로 보지 않는다.
① 위탁자로부터 수탁자에게 신탁재산을 이전하는 경우
② 신탁의 종료로 인하여 수탁자로부터 위탁자에게 신탁재산을 이전하는 경우
③ 수탁자가 변경되어 새로운 수탁자에게 신탁재산을 이전하는 경우

(4) 위탁자 지위 이전
① 재화의 공급으로 보는 경우
「신탁법」에 따라 위탁자의 지위가 이전되는 경우에는 기존 위탁자가 새로운 위탁자에게 신탁재산을 공급한 것으로 본다.

기출 Check　24년 9급

02 부가가치세법령상 납세의무자에 대한 설명으로 옳은 것은? (단, 신탁재산은 부가가치세법령상 정의를 충족한다)
① 신탁재산과 관련된 재화 또는 용역을 위탁자 명의로 공급하는 경우 「신탁법」 제2조에 따른 수탁자가 부가가치세를 납부할 의무가 있다.
② 「신탁법」에 따른 신탁재산과 관련된 재화 또는 용역을 공급하는 때에는 「신탁법」 제2조에 따른 위탁자가 신탁재산별로 각각 별도의 납세의무자로서 부가가치세를 납부할 의무가 있다.
③ 「신탁법」 제10조에 따른 위탁자의 지위 이전을 신탁재산의 공급으로 보는 경우에는 새로운 위탁자가 해당 공급에 대한 부가가치세의 납세의무자가 된다.
④ 위탁자가 신탁재산을 실질적으로 지배·통제하는 경우로서 「자본시장과 금융투자업에 관한 법률」 제9조제18항제1호에 따른 투자신탁의 경우에는 「신탁법」 제2조에 따른 위탁자가 부가가치세를 납부할 의무가 있다.

🔑 ④
해설 ① 신탁재산과 관련된 재화 또는 용역을 위탁자 명의로 공급하는 경우 신탁법 제2조에 따른 위탁자가 부가가치세를 납부할 의무가 있다.
② 「신탁법」에 따른 신탁재산과 관련된 재화 또는 용역을 공급하는 때에는 「신탁법」 제2조에 따른 수탁자가 신탁재산별로 각각 별도의 납세의무자로서 부가가치세를 납부할 의무가 있다.
③ 「신탁법」 제10조에 따른 위탁자의 지위 이전을 신탁재산의 공급으로 보는 경우 기존 위탁자가 신탁재산을 공급한 것으로 보아 해당 공급에 대한 부가가치세의 납세의무자가 된다.

② 재화의 공급으로 보지 않는 경우

신탁재산에 대한 실질적인 소유권의 변동이 있다고 보기 어려운 경우로서 다음 중 어느 하나에 해당하는 경우에는 신탁재산의 공급으로 보지 아니한다.

㉠ 「자본시장과 금융투자업에 관한 법률」에 따른 집합투자기구의 집합투자업자가 그 위탁자의 지위를 다른 집합투자업자에게 이전하는 경우

㉡ ㉠에 준하는 경우로서 위탁자 지위를 이전하였음에도 불구하고 신탁재산에 대한 실질적인 소유권의 변동이 없는 경우

제4절 과세기간과 납세지

I 과세기간

(1) 일반적인 경우

과세기간이란 **과세표준 계산에 기초가 되는 기간**으로 일반적인 사업자에 대한 부가가치세의 과세기간은 다음과 같다.

① 일반과세자

일반과세자는 6개월을 기준으로 과세기간을 구분한다. 1과세기간을 3개월로 구분하여 '예정신고기간'과 '과세기간 최종 3개월'로 다시 구분한다.

과세기간	과세기간의 구분		신고납부기한
1기 과세기간 (1월 1일 ~ 6월 30일)	1기 예정신고기간	1.1. ~ 3.31.	4.25.
	과세기간 최종 3개월	4.1. ~ 6.30.	7.25.
2기 과세기간 (7월 1일 ~ 12월 31일)	2기 예정신고기간	7.1. ~ 9.30.	10.25.
	과세기간 최종 3개월	10.1. ~ 12.31.	1.25.

② 간이과세자

간이과세자는 1기, 2기로 구분하지 않고 1월 1일부터 12월 31일까지를 과세기간으로 한다.

(2) 신규로 사업을 개시한 경우

신규사업자의 과세기간은 다음과 같다.

구분	최초 과세기간
① 원칙	사업 개시일 ~ 그 날이 속하는 과세기간의 종료일
② 사업 개시일 이전에 사업자등록을 신청한 경우	사업자등록 신청일 ~ 그 날이 속하는 과세기간의 종료일

> **참고** 사업 개시일
>
> 1. 제조업: 제조장별로 재화의 제조를 시작하는 날
> 2. 광업: 사업장별로 광물의 채취 또는 채광을 시작하는 날
> 3. 그 밖의 경우: 재화나 용역의 공급을 시작하는 날

(3) 휴업하는 경우

사업자가 휴업하는 경우의 '휴업일'의 구분은 다음에 따른다.
① 일반적인 경우: 그 사업을 **실질적으로 휴업한 날**을 말한다. 다만, 휴업한 날이 분명하지 아니한 경우에는 휴업신고서의 접수일로 한다.
② 계절적인 사업인 경우: 그 계절이 아닌 기간은 휴업기간으로 본다.

(4) 사업자가 폐업하는 경우 ★

사업자가 폐업하는 경우의 과세기간은 폐업일이 속하는 과세기간의 개시일 ~ 폐업일로 하되, 이때, '폐업일'의 구분은 다음에 따른다.

구분	폐업일
① 합병으로 인한 소멸 시	합병법인의 변경등기일 또는 설립등기일
② 분할로 인한 폐업 시	분할법인의 분할변경등기일
③ 분할로 인한 소멸 시	분할신설법인의 설립등기일
④ 그 밖의 경우	사업장별로 그 사업을 실질적으로 폐업하는 날(다만, 폐업한 날이 분명하지 아니한 경우에는 폐업신고서의 접수일)

(5) 사업 개시일 전에 사업자등록을 한 자가 사업을 실질적으로 시작하지 않는 경우 ★

사업 개시일 전에 사업자등록을 한 자로서 **사업자등록을 한 날부터 6개월이 되는 날까지 재화와 용역의 공급실적이 없는 자**에 대해서는 그 **6개월이 되는 날을 폐업일**로 본다. 다만, 사업장의 설치기간이 6개월 이상이거나 그 밖의 정당한 사유로 인하여 사업 개시가 지연되는 경우에는 그러하지 아니하다.

(6) 청산중인 내국법인과 회생절차를 진행 중인 내국법인

해산으로 청산중인 내국법인 또는 「채무자 회생 및 파산에 관한 법률」에 따라 법원으로부터 회생계획인가 결정을 받고 회생절차를 진행 중인 내국법인이 사업을 실질적으로 폐업하는 날부터 25일 이내에 납세자 관할 세무서장에게 신고하여 승인을 받은 경우에는 **잔여재산가액 확정일**(해산일부터 365일이 되는 날까지 잔여재산가액이 확정되지 아니한 경우에는 그 해산일부터 365일이 되는 날)을 **폐업일로 할 수 있다.**

(7) 과세유형이 변경되는 경우

과세유형이 일반과세자에서 간이과세자로 또는 간이과세자에서 일반과세자로 변경되는 경우 간이과세자 규정을 적용하는 과세기간은 다음과 같다.

과세유형의 변경	간이과세자 규정을 적용하는 과세기간
① 일반과세자 ⇨ 간이과세자	그 변경 이후 7월 1일 ~ 12월 31일
② 간이과세자 ⇨ 일반과세자	그 변경 이후 1월 1일 ~ 6월 30일

(8) 간이과세를 포기한 경우

간이과세자가 간이과세자에 관한 규정의 적용을 포기함으로써 일반과세자로 되는 경우 다음의 기간을 각각 하나의 과세기간으로 한다.

구분	과세기간
간이과세자	간이과세의 적용 포기의 신고일이 속하는 과세기간의 개시일 ~ 그 신고일이 속하는 달의 마지막 날
일반과세자	간이과세의 적용 포기의 신고일이 속하는 달의 다음달 1일 ~ 그 신고일이 속하는 과세기간의 종료일

Ⅱ 납세지

납세지란 부가가치세의 납세의무를 이행하는 장소를 말한다. 부가가치세는 사업장단위과세를 적용하므로 각각의 사업장을 기준으로 납세의무를 이행하도록 하고 있다.

「부가가치세법」상 협력의무	사업장별 과세원칙	주사업장 총괄납부	사업자단위 과세제도
사업자등록	사업장 별로 각각 이행하는 것이 원칙이다.	사업장별로 각각 이행한다.	본점 또는 주사무소에서 이행한다.
세금계산서 발급·수취 등			
과세표준과 세액의 계산			
부가가치세 신고			
부가가치세 납부·환급		주사업장	
결정·경정 및 징수		사업장별로 이행한다.	

(1) 사업장별 과세원칙

사업자의 부가가치세 납세지는 각 사업장의 소재지로 한다. 따라서 사업자는 **사업장마다 사업자등록을 해야 하며**, 사업장별로 세금계산서를 발급·수취, 납부세액 계산 및 신고·납부 등 「부가가치세법」상 제반 의무를 이행해야 한다.

> **참고** 사업장별 과세원칙의 취지
> 1. 부가가치세는 물세이므로 사업장별로 관리하는 것이 각 사업장별 물류흐름의 파악을 용이하게 한다.
> 2. 사업장별로 부가가치세를 신고·납부하게 하면 납세관리가 유리하며, 탈세를 예방할 수 있다.

(2) 사업장

사업장이란 **사업자가 사업을 하기 위하여 거래의 전부 또는 일부를 수행하는 고정된 장소**를 말한다. 만약, **사업장을 두지 않으면 사업자의 주소 또는 거소를 사업장으로 한다.** 사업장의 범위는 다음과 같다.

① 제조업

최종제품을 완성하는 장소(다만, 따로 제품의 포장만을 하거나 용기에 충전만을 하는 장소는 제외한다)

② 건설업·운수업과 부동산매매업
   ㉠ 법인인 경우: **법인의 등기부상의 소재지(지점 포함)**
   ㉡ 개인인 경우: 사업에 관한 업무를 총괄하는 장소
③ 광업
   광업사무소의 소재지(단, 광업사무소가 광구 밖에 있을 때에는 광업사무소에서 가장 가까운 광구에 대하여 작성한 광업원부의 맨 처음에 등록된 광구 소재지에 광업사무소가 있는 것으로 본다)
④ 무인자동판매기를 통하여 재화·용역을 공급하는 사업
   사업에 관한 업무를 총괄하는 장소(무인자동판매기의 설치장소가 아님에 유의하여야 한다)
⑤ 부동산임대업
   ㉠ 원칙: **부동산의 등기부상의 소재지**
   ㉡ 예외: 다음의 경우에는 그 사업에 관한 업무를 총괄하는 장소
      ⓐ 부동산상의 권리만을 대여하는 경우(전대, 전전세 등)
      ⓑ 다음의 사업자가 부동산을 임대하는 경우: 한국자산관리공사, 농업협동조합자산관리회사, 기업구조조정 부동산투자회사, 예금보험공사 및 정리금융기관,「전기사업법」에 따른 전기사업자,「전기통신사업법」에 따른 전기통신사업자, 지방공사, 한국농어촌공사, 한국도로공사, 한국철도시설공단 및 한국토지주택공사
⑥ 다단계판매원이 재화나 용역을 공급하는 사업
   다단계판매원이 관련법에 의하여 등록한 다단계판매업자의 **주사업장의 소재지**(단, 다단계판매원이 상시 주재하여 거래의 전부 또는 일부를 행하는 별도의 장소가 있는 경우에는 그 장소를 사업장으로 한다)
⑦ 비거주자 또는 외국법인의 경우
   「소득세법」·「법인세법」에 따른 국내사업장으로 한다.
⑧ 신탁재산과 관련하여 재화 또는 용역을 공급하는 경우로서 수탁자가 납세의무자가 되는 경우 해당 신탁재산의 등기부상 소재지, 등록부상 등록지 또는 신탁사업에 관한 업무를 총괄하는 장소를 납세지로 한다.
⑨ 기타
   다음의 경우는 '**사업에 관한 업무를 총괄하는 장소**'로 한다.
   ㉠ 수자원을 개발하여 공급하는 사업
   ㉡ 대구시설관리공단이 공급하는 사업
   ㉢ 전기통신사업자가 통신요금 통합청구의 방법으로 요금을 청구하는 전기통신사업
   ㉣ 우정사업조직이 소포우편물을 방문접수하여 배달하는 용역을 공급하는 사업
   ㉤ 전기판매사업자가 전기요금통합청구의 방법으로 요금을 청구하는 전기판매업자
   ㉥ 송유관설치자가 송유관을 통하여 재화나 용역을 공급하는 사업
   ㉦ 한국철도공사가 경영하는 사업
   ㉧ 국가·지방자치단체 또는 지방자치단체조합이 공급하는 일정한 사업
⑩ 재화를 수입하는 자의 부가가치세 납세지
   「관세법」에 따라 수입을 신고하는 세관의 소재지로 한다.

(3) 사업장 추가 등록

사업장 외의 장소도 사업자의 신청에 따라 추가로 사업장으로 등록할 수 있다. 다만, 무인자동판매기를 통하여 재화·용역을 공급하는 사업에 경우에는 추가로 사업장을 등록할 수 없다.

참고 무인자동판매기 설치 사업자는 추가 사업장 등록을 할 수 없는 사유

> 사업장 분산으로 간이과세제도를 악용하여 부가가치세 부담을 회피하는 행위를 방지하고자 함에 있다.

(4) 직매장과 하치장, 임시사업장 ★

직매장은 사업장으로 보지만, 하치장과 임사사업장은 사업장으로 보지 아니한다.

① 직매장

사업자가 자기의 사업과 관련하여 생산 또는 취득한 재화를 **직접 판매**하기 위하여 특**별히 판매시설을 갖춘 장소를 말하며, 직매장은 사업장으로 본다.** 사업자는 직매장을 개설하는 경우 사업자등록을 해야 한다.

② 하치장

㉠ 재화를 보관하고 관리할 수 있는 시설만을 갖춘 장소로서 사업자가 관할 세무서장에게 하치장설치신고서를 통해 그 설치 신고를 한 장소를 말한다.

㉡ 하치장에서는 별도의 부가가치 창출이 이루어지지 않기 때문에 하치장을 사업장으로 보지 않는다.

㉢ 단, 사업자는 하치장을 둔 날부터 **10일 이내**에 하치장설치신고서를 제출하여야 한다. 설치 신고를 받은 하치장 관할 세무서장은 10일 이내에 납세지 관할 세무서장에게 그 사실을 통보해야 한다.

③ 임시사업장

㉠ 사업장이 있는 사업자가 **각종 경기대회나 박람회 등 행사가 개최되는 장소에 개설한 임시사업장**으로서 이러한 임시사업장은 **기존 사업장에 포함**되는 것으로 한다. 임시사업장도 하치장과 마찬가지로 사업장으로 보지 않는다.

㉡ 다만, 임시사업장을 개설하거나 폐쇄하기 위해서는 다음과 같이 신고하여야 한다.

ⓐ 임시사업장 개설 : 임시사업장을 개설하려는 자는 임시사업장 개설 신고서를 해당 임시사업장의 사업개시일부터 **10일 이내**에 임시사업장의 관할 세무서장에게 제출해야한다. <u>다만, 임시사업장의 설치기간이 10일 이내인 경우에는 임시사업장 개설 신고를 하지 않을 수 있다.</u>

ⓑ 임시사업장 폐쇄 : 폐쇄일부터 10일 이내에 임시사업장 폐쇄 신고서를 제출해야 한다.

Ⅲ 주사업장 총괄납부 ★

사업장별 과세원칙에 대한 예외로, 사업장이 둘 이상인 사업자(사업장이 하나이나 추가로 사업장을 개설하려는 사업자를 포함)가 주사업장 관할 세무서장에게 주사업장총괄납부를 신청한 경우에는 **각 사업장의 납부세액 또는 환급세액을 통산하여** 주사업장에서 **총괄하여 납부·환급할 수 있다.**

(1) 주사업장

구분	주사업장
법인	본점(주사무소) 또는 **지점(분사무소)**
개인	주사무소

(2) **주사업장 총괄납부의 신청**

① 원칙(신청 ○, 승인 ×)

주사업장에서 총괄하여 납부하는 사업자가 되려는 자는 그 총괄납부를 하려는 **과세기간 개시 20일 전**에 주사업장총괄납부 신청서를 **주사업장의 관할 세무서장**에게 제출해야 한다.

② 특례

사업자가 총괄납부하려는 경우에는 다음의 기한까지 주사업장총괄납부 신청서를 주사업장의 관할 세무서장에게 제출을 할 수 있다.

㉠ 신규로 사업을 시작하는 자: 주사업장의 **사업자등록증을 받은 날부터 20일 이내**
㉡ 사업장이 하나이나 추가로 사업장을 개설하려는 자: **추가 사업장의 사업 개시일로부터 20일 이내**(추가 사업장의 사업 개시일이 속하는 과세기간 이내로 한정한다)

> 신규로 사업을 개시하는 자가 주사업장총괄납부를 신청하였을 때에는 해당 신청일이 속하는 과세기간부터 총괄납부한다.

(3) **총괄납부의 효력**

① 납부(환급)

납부(환급)만 총괄하고 그 밖의 제반의무는 각각 사업장별로 이행해야 한다.

○ 주사업장에서 종된 사업장분을 합산신고한 경우 종된 사업장분은 무신고가 되고 관할 세무서장 외 세무서장에게 각 사업장별 신고서를 제출한 경우에는 무신고로 보지 않는다.

② 판매목적 타사업장 반출시 재화의 공급의제 배제

판매목적 타사업장 반출시 공급의제로 보지 아니한다. 다만, 사업자가 세금계산서를 발급하고 부가가치세를 예정·확정 신고하는 경우에는 공급의제로 본다.

(4) **총괄납부의 변경사유**

총괄납부사업자는 다음의 사유가 발생한 경우에는 관할 세무서장에게 사업자의 인적사항, 변경사유 등이 적힌 주사업장총괄납부 변경신청서를 제출해야한다. 주사업장총괄납부 변경신청서를 제출하였을 때에는 그 **변경신청서를 제출한 날이 속하는 과세기간부터 총괄하여 납부**한다.

사유	변경신청서의 제출처
① 종된 사업장을 신설하는 경우	그 신설하는 종된 사업장 관할 세무서장
② 종된 사업장을 주사업장으로 변경하려는 경우	주사업장으로 변경하려는 사업장 관할 세무서장
③ 사업자등록 정정사유가 발생하는 경우	그 정정사유가 발생한 사업장 관할 세무서장(법인의 대표자를 변경하는 때에는 주사업장 관할 세무서장)
④ 일부 종된 사업장을 총괄납부대상 사업장에서 제외하려는 경우	주사업장 관할 세무서장
⑤ 기존의 사업장을 총괄납부대상 사업장에 추가하려는 경우	주사업장 관할 세무서장

(5) 총괄납부의 적용 제외

총괄납부사업자가 다음 중 어느 하나에 해당하는 경우에는 총괄납부를 적용하지 않을 수 있다.
① 사업내용의 변경으로 총괄납부가 부적당하다고 인정되는 경우
② 주사업장의 이동이 빈번한 경우
③ 기타 사정변경에 의하여 총괄납부가 적당하지 아니하게 된 경우

(6) 총괄납부의 포기

① 각 사업장에서 납부하고자 하는 경우 **납부하려는 과세기간 개시 20일 전**에 주사업장총괄납부 포기신고서를 주사업장 관할 세무서장에게 제출(국세정보통신망에 의한 제출을 포함)해야 한다.
② 총괄납부의 적용 제외 또는 포기 규정에 따라 주사업장총괄납부를 적용하지 아니하게 되는 경우 해당 과세기간의 **다음 과세기간부터 각 사업장에서 납부**하여야 한다.

IV 사업자단위 과세 ★

사업장이 둘 이상인 사업자(사업장이 하나이나 추가로 사업장을 개설하려는 사업자 포함)는 **사업자 단위**로 해당 사업자의 본점 또는 주사무소 관할 세무서장에게 등록을 신청할 수 있다. 이 경우 **등록한 사업자를 사업자단위 과세 사업자**라 한다.

> **참고** 사업자단위 과세 제도의 도입취지
>
> 전산시스템의 발달로 인해 사업장별 과세원칙을 적용하지 않더라도 물류흐름 파악이나 세원관리가 가능하므로 사업자단위 과세를 허용하여 납세편의를 도모하고자 함에 있다.

(1) 주사업장총괄납부와의 차이점

주사업장총괄납부는 납부(환급)만 주사업장에서 총괄하였던 것에 반해, 사업자단위 과세를 적용할 경우 적용되는 **사업장에 한 개의 등록번호만 부여**되기 때문에 **신고와 세금계산서 발급 등도 본점 또는 주사무소에서 총괄**하여 행하며 결정과 경정도 본점 또는 주사무소의 관할 세무서장이 행한다.

(2) 사업자단위 과세 적용사업장

사업자의 본점 또는 주사무소의 소재지를 부가가치세 납세지로 한다.

(3) 사업자단위 과세 신청

① 원칙

사업장 단위로 등록한 사업자가 사업자단위 과세 사업자로 변경하려면 사업자단위 과세 사업자로 적용받으려는 **과세기간 개시 20일 전까지** 사업자의 본점 또는 주사무소 관할 세무서장에게 변경등록을 신청해야 한다.

> 사업자가 추가로 사업장을 개설하는 경우에 사업 개시일이 속하는 과세기간부터 적용하도록 함으로써 사업자의 납세편의를 도모하고자 함에 있다.

② 특례

사업장이 하나인 사업자가 추가로 사업장을 개설하면서 **추가 사업장의 사업 개시일이 속하는 과세기간부터** 사업자 단위 과세 사업자로 적용받으려는 경우에는 **추가 사업장의 사업 개시일부터 20일 이내**(추가 사업장의 사업 개시일이 속하는 과세기간 이내로 한정)에 사업자의 본점 또는 주사무소 관할 세무서장에게 변경등록을 신청해야 한다.

(4) 사업자단위 과세 효력

① 사업자단위 과세

사업자단위 과세제도를 적용받으려는 사업자는 **본점 또는 주사무소에만 사업자등록**을 하며, 모든 「부가가치세법」에 따른 납세의무에 관한 사항을 **하나의 사업자등록번호로 이행**해야 한다.

② 재화의 공급의제 배제

판매목적 타사업장 반출시 재화의 공급의제 규정의 적용을 배제한다.

(5) 사업자단위 과세 포기

사업자단위 과세 사업자가 각 사업장별로 신고·납부하거나 주사업장 총괄납부를 하려는 경우에는 그 **납부하려는 과세기간이 시작하기 20일 전**에 사업자단위 과세 포기신고서를 제출해야 한다. 사업자단위 과세를 포기한 경우에는 그 **포기한 날이 속하는 과세기간의 다음 과세기간부터** 각 사업장별로 신고·납부하거나 주사업장 총괄납부를 해야 한다.

참고 주사업장 총괄납부와 사업자단위 과세 제도의 비교

구분	주사업장 총괄납부	사업자단위 과세 제도
1. 주된 사업장	① 법인사업자: 본점 또는 지점 선택 ② 개인사업자: 주사무소만 가능	본점 및 주사무소만 가능
2. 신청기한	신규사업자: 주사업장의 사업자등록증을 받은 날부터 20일 이내	신규사업자: 사업 개시일부터 20일 이내
	① 계속사업자: 적용 과세기간 개시일 20일 이전 ② 사업장이 하나이나 추가로 사업장을 개설하려는 자: 추가 사업장의 사업 개시일부터 20일 이내	
3. 납부(환급)	주사업장에서 일괄적으로 납부(환급)함	
4. 신고, 사업자 등록 등 기타 납세의무	각 사업장별로 기타 납세의무를 이행함	사업자단위 과세 적용 사업장에서 일괄적으로 기타 납세의무를 이행함
5. 승인 여부	승인을 요하지 않음	
6. 적용 제외	① 사업내용의 변경으로 총괄납부가 부적당하다고 인정되는 경우 ② 주사업장의 이동이 빈번한 경우 ③ 그 밖의 사정변경으로 인하여 총괄납부가 적당하지 않게 된 경우	규정 없음
7. 포기	다른 방법으로 납부하고자 하는 과세기간 개시일 20일 전에 포기신고	

제5절 사업자등록

I 사업자등록 개요

(1) 사업자등록의 개념
사업자등록이란 부가가치세 업무의 효율적인 운영을 위하여 납세자 스스로 자신의 사업에 관한 일련의 사항을 과세관청의 공부에 등재하거나 과세관청이 직권으로 등록하는 것을 말한다. 개인의 경우 주민등록번호를 부여받는 것처럼 사업자들은 사업자등록을 통해 사업자등록번호를 부여받게 되며, 과세관청은 사업자등록번호를 통해 사업자에 대한 과세자료를 관리하게 된다.

(2) 사업자등록의 목적
사업자등록을 하게 하는 취지는 사업자로 하여금 스스로 사업내용을 관리·통제할 수 있게 함과 동시에 과세관청에게는 납세자의 과세자료를 양성화함으로서 근거과세를 도모하고 공평과세를 실현하는데 그 목적이 있다.

II 사업자등록 법적 성격

(1) 납세의무자 입장
사업자등록은 과세관청에 사업사실을 통지하는 행위로서 **납세협력의무의 이행**에 해당한다.

(2) 과세관청 입장
사업자등록은 등록사실을 확인하고 이를 증명하는 증서의 교부행위에 해당한다.

(3) 사업자등록의 효력 발생시기
사업자등록의 효력은 **사업자등록 신청일**에 발생한다.

III 사업자등록 신청

(1) 원칙 – 사업장마다 사업자등록 신청
① 사업자는 **사업장마다 사업 개시일부터 20일 이내**에 사업장 관할 세무서장에게 사업자등록을 신청해야 한다.
② 신규사업자 ★
  신규로 사업을 시작하려는 자는 **사업 개시일 이전이라도 사업자등록을 신청 할 수 있다.**
③ 관할을 위반한 신고의 효력(효력 ○)
  사업자는 사업자등록의 신청을 사업장 관할 세무서장이 아닌 다른 세무서장에게도 할 수 있다.

기출 Check 20년 9급

03 「부가가치세법」상 사업자등록에 대한 설명으로 옳지 않은 것은?
① 신규로 사업을 시작하려는 자는 사업 개시일 이전이라도 사업자등록을 신청할 수 있다.
② 사업장이 하나이나 추가로 사업장을 개설하려는 사업자는 사업자 단위로 해당 사업자의 본점 또는 주사무소 관할 세무서장에게 등록을 신청할 수 있다.
③ 사업장 관할 세무서장이 사업자가 사업 개시일 이전에 사업자등록신청을 하고 사실상 사업을 시작하지 아니하는 것을 알게 된 경우 해당 세무서장은 20일 이내에 사업자등록을 말소하여야 한다.
④ 사업장 단위로 등록한 사업자가 사업자 단위 과세 사업자로 변경하려면 사업자 단위 과세 사업자로 적용받으려는 과세기간 개시 20일 전까지 사업자의 본점 또는 주사무소 관할 세무서장에게 변경등록을 신청하여야 한다.

⑥ ③
해설 사업장 관할 세무서장은 등록된 사업자가 폐업하거나 사실상 사업을 시작하지 않게 된 경우에는 지체 없이 사업자등록을 회수해야 하며, 등록증을 회수할 수 없는 경우에는 등록말소 사실을 공시해야 한다.

신규사업자는 사업개설을 하는 과정 중에 각종 개업준비비용이 발생한다. 이러한 비용에 대해 매입세액공제를 받을 수 있도록 신규사업자는 사업 개시일 이전이라도 사업자등록신청이 가능하다.

> **참고** 부동산 담보신탁계약의 신탁재산의 사업자등록
>
> 수탁자가 위탁자로부터 「자본시장과 금융투자업에 관한 법률」에 따른 재산을 위탁자의 채무이행을 담보하기 위하여 수탁으로 운용하는 내용으로 부동산 담보신탁계약을 체결한 경우에는 다수의 부동산 담보신탁계약의 신탁재산을 대표하여 하나의 사업자등록을 할 수 있다.

(2) 예외(사업자단위 등록)

① 사업자단위 과세 신청시 해당 사업자의 본점 또는 주사무소 관할 세무서장에게 등록을 신청할 수 있다.

② 사업장 단위로 등록한 사업자가 사업자단위 과세사업자로 변경

사업자단위 과세사업자로 적용 받으려는 과세기간 개시 20일 전까지 사업자의 본점 또는 주사무소 관할 세무서장에게 변경등록을 신청해야 한다. 사업자단위 과세 사업자가 사업장 단위로 등록을 하려는 경우에도 또한 같다.

③ 추가 사업장 개설

사업장이 하나인 사업자가 추가로 사업장을 개설하면서 추가 사업장의 사업 개시일이 속하는 과세기간부터 사업자단위 과세사업자로 적용받으려는 경우에는 추가 사업장의 사업 개시일부터 20일 이내(그 사업 개시일이 속하는 과세기간 이내로 한정)에 사업자 본점 또는 주사무소 관할 세무서장에게 변경등록을 신청하여야 한다.

> **참고** 사업자등록 신청시 첨부서류
>
> | 구분 | 첨부서류 |
> |---|---|
> | ① 법령에 따라 허가를 받거나 등록 또는 신고를 해야 하는 사업의 경우 | 사업허가증 사본, 사업등록증 사본 또는 신고확인증 사본 |
> | ② 사업장을 임차한 경우 | 임대차계약서 사본 |
> | ③ 「상가건물임대차보호법」 적용대상 상가건물의 일부분만 임차한 경우 | 해당 부분의 도면 |
> | ④ 금지금 도매·소매업 및 재생용 재료수집·판매업의 경우 | 사업자금 명세 또는 재무상황 등을 확인할 수 있는 자금 출처 명세서 |
> | ⑤ 석유류 도매·소매업 및 재생용 재료수집·판매업의 경우 | |
> | ⑥ 사업자 단위로 등록하려는 사업자 | 사업자단위 과세 적용 사업장 외의 사업장(이하 '종된 사업장')에 대한 위 ① ~ ④에 따른 서류 및 사업장 소재지·업태·종목 등이 적힌 서류 |
>
> ⊙ 사업자등록을 신청하려는 사업자가 미성년자인 경우에는 기획재정부령으로 정하는 법정대리인 동의서를 추가로 첨부하여야 한다.
> ⊙ 사업자등록이란 부가가치세 업무의 효율적인 운영을 위하여 납세의무자의 사업에 관한 일련의 사항을 세무관서의 공부에 등재하는 것이므로 사업자등록증의 발급이 해당 사업자에게 특정 사업을 허용하거나 사업경영을 할 권리를 인정하는 것은 아니다(부통 8-11-13).
> ⊙ 법령에 따라 허가를 얻어야 하는 사업을 영위하는 자가 사업허가증사본을 첨부하지 아니하고 사업자등록신청서를 제출한 경우 해당 사업장에서 사실상 사업을 영위하는 때는 실지 사업내용대로 사업자등록증을 발급할 수 있다(부통 8-11-13).

기출 Check 23년 9급

04 부가가치세법령상 사업자등록에 대한 설명으로 옳지 않은 것은?
① 신규로 사업을 시작하려는 자는 사업 개시일 이전이라도 사업자등록을 신청할 수 있다.
② 사업장 관할 세무서장은 등록된 사업자가 폐업한 경우에는 지체 없이 사업자등록을 말소하여야 한다.
③ 사업장을 이전하는 경우는 사업자등록의 정정신고 사유이다.
④ 사업자는 사업자등록의 신청을 사업장 관할 세무서장에게만 할 수 있으며, 관할 세무서장이 아닌 다른 세무서장에게 한 사업자등록의 신청은 효력이 없다.

6 ④
해설 사업자는 사업자등록의 신청을 사업장 관할 세무서장이 아닌 다른 세무서장에게도 할 수 있다(관할을 위반한 신고도 효력 ○).

Ⅳ 사업자등록증의 발급

(1) 발급기한
사업자등록 신청을 받은 관할 세무서장은 사업자등록을 하고, 신청일부터 **2일 이내**(추가 5일 이내 연장 가능)에 등록번호가 부여된 사업자등록증을 신청자에게 발급해야 한다. 2일 이내에 토요일·공휴일 또는 근로자의 날이 있는 경우 이는 산정에서 제외한다.

(2) 연장
사업장시설이나 사업현황을 확인하기 위하여 국세청장이 필요하다고 인정하는 경우에는 발급기한을 5일 이내에서 연장하고 조사한 사실에 따라 사업자등록증을 발급할 수 있다.

(3) 보정요구
사업장 관할 세무서장은 사업자등록의 신청 내용을 보정할 필요가 있다고 인정될 때에는 **10일 이내에 기간**을 정하여 보정을 요구할 수 있다. 이 경우 해당 보정기간은 사업자등록 증발급 기간에 산입하지 않는다.

Ⅴ 사업자등록의 직권등록 및 등록거부

(1) 직권등록
사업자가 사업자등록을 하지 않거나 국외사업자 등이 간편사업자등록을 하지 않는 경우에는 납세지 관할 세무서장이 **조사하여 등록할 수 있다.** 사업자등록을 하지 않고 사업활동을 수행하는 경우 등록한 사업자와의 과세형평이 맞지 않을 뿐만 아니라, 미등록사업자의 과세자료를 양성화함으로써 조세회피를 방지하는데 그 취지가 있다.

(2) 등록 거부
사업개시 이전에 사업자등록의 신청을 받은 사업장 관할 세무서장은 신청자가 사업을 사실상 시작하지 않을 것이라고 인정될 때에는 등록을 거부할 수 있다.

Ⅵ 사업자등록의 사후관리

(1) 등록사항 정정 – 관할을 벗어난 정정신고의 효력 ○

사업자는 등록사항 정정사유에 해당하는 경우 **지체 없이** 사업자등록 정정신고서를 관할 세무서장에게 제출해야 한다. 정정신고를 받은 세무서장은 다음의 기한 이내에 변경내용을 확인하고 사업자등록증의 기재사항을 정정하여 재발급해야 한다.

등록사항의 정정사유	재발급기한
① 상호를 변경하는 경우 ② 통신판매업자가 사이버몰의 명칭 또는 인터넷 도메인이름을 변경하는 경우	신고일 당일
③ 법인(또는 법인으로 보는 단체 외의 단체로서 「소득세법」에 따라 1거주자로 보는 단체)의 대표자를 변경하는 경우 ④ 사업의 종류에 변동이 있는 경우 ⑤ 사업장(사업자단위 과세사업자의 경우 사업자단위 과세 적용 사업장)을 이전하는 경우 ⑥ 상속으로 인하여 사업자의 명의가 변경되는 경우 ⑦ 공동사업자의 구성원 또는 출자지분이 변경되는 경우 ⑧ 임대인, 임대차 목적물, 그 면적 보증금, 임차료 또는 임대차기간이 변경되거나 새로 상가건물을 임차한 경우 ⑨ 사업자단위 과세사업자가 사업자단위 과세적용 사업장을 변경하는 경우, 종된 사업장을 신설·이전하는 경우, 종된 사업장의 사업을 휴업·폐업하는 경우	신고일부터 2일 이내

사업장과 주소지가 동일한 사업자가 사업자등록 신청 또는 사업자등록 정정신고서를 제출하면서 「주민등록법」에 따른 주소가 변경되면 사업장의 주소도 변경된 것으로 동의한 경우에는 「주민등록법」에 따른 전입신고를 하면 사업자등록 정정신고서를 제출한 것으로 본다.

(2) 휴업·폐업신고

등록한 사업자는 **휴업 또는 폐업을 하거나, 사업자등록을 한 자가 사실상 사업을 시작하지 않게 될 때에는 지체 없이** 휴업(폐업)신고서를 사업장 관할세무서장에게 신고하여야 한다.

> **참고** 사실상 사업을 시작하지 않게 되는 경우
>
> 1. 사업자가 사업자등록을 한 후 정당한 사유 없이 6개월 이상 사업을 시작하지 않는 경우
> 2. 사업자가 부도발생, 고액체납 등으로 도산하여 소재 불명인 경우
> 3. 사업자가 인가·허가의 취소 또는 그 밖의 사유로 사업을 수행할 수 없어 사실상 폐업상태에 있는 경우
> 4. 사업자가 정당한 사유 없이 계속하여 둘 이상의 과세기간에 걸쳐 부가가치세를 신고하지 아니하고 사실상 폐업상태에 있는 경우
> 5. 그 밖에 사업자가 위와 유사한 사유로 사실상 사업을 시작하지 않는 경우

① 일반적인 휴업·폐업신고

사업자등록한 사업자가 휴업 또는 폐업하는 때(사업 개시일 이전에 등록을 한 자가 사실상 사업을 시작하지 않게 될 때 포함)에는 지체 없이 휴업(폐업)신고서에 사업자등록증(법령에 따라 허가를 받거나 등록 또는 신고를 해야 하는 사업은 폐업신고를 한 사실을 확인할 수 있는 폐업신고확인서도 함께 첨부)을 첨부하여 관할 세무서장이나 그 밖에 신고인의 편의에 따라 선택한 세무서장에게 제출해야 한다. 다만, 폐업을 하는 사업자가 부가가치세 확정신고서에 폐업 연월일 및 그 사유를 적고 사업자등록증을 첨부하여 제출하는 경우에는 폐업신고서를 제출한 것으로 한다.

② **법인이 합병하는 경우**
합병 후 존속하는 법인(신설합병의 경우에는 합병으로 설립된 법인) 또는 합병 후 소멸하는 법인(이하 '소멸법인')이 **법인합병신고서에 사업자등록증을 첨부**하여 소멸법인의 폐업 사실을 소멸법인의 관할 세무서장에게 신고하여야 한다.

③ **법령에 따라 허가를 받거나 등록, 신고 등을 하여야 하는 사업의 경우**
허가, 등록, 신고 등이 필요한 사업의 주무관청에 휴업(폐업)신고서를 제출할 수 있으며, 휴업(폐업)신고서를 받은 주무관청은 지체 없이 관할 세무서장에게 그 서류를 송부(정보통신망을 이용한 송부 포함)하여야 하고, 허가·등록, 신고 등이 필요한 사업의 주무관청에 제출하여야 하는 해당 법령에 따른 신고서를 관할 세무서장에게 제출한 경우에는 관할 세무서장은 지체 없이 그 서류를 관할 주무관청에 송부하여야 한다.

(3) 등록 말소

사업장 관할 세무서장은 등록된 사업자가 폐업(사실상 폐업한 경우 포함)한 경우 및 등록신청을 하고 사실상 사업을 시작하지 아니하게 되는 경우로서 대통령령으로 정하는 경우에는 **지체 없이 사업자등록을 회수**해야 하며, 등록증을 회수할 수 없는 경우에는 등록말소 사실을 공시해야 한다.

> **참고** 등록말소 관련 판례(고법2009누29884)
>
> 사업자등록의 직권말소는 사업자가 실제 폐업상태에 있음에도 폐업신고를 하지 아니한 채 방치하고 있는 경우, 사업자의 실질(폐업상태)과 형식(사업자등록이 유지되는 상태)을 공권적 행위에 의하여 일치시키려는 행정목적을 위한 공부 기재 조치임과 아울러 사업자등록증을 남용하여 부실한 세금계산서를 수수함으로써 거래 질서가 문란해지는 것을 방지하고 선의의 제3자를 보호하기 위한 조치이다.

(4) 등록 갱신

관할 세무서장은 부가가치세 업무의 효율적인 처리를 위하여 필요하다고 인정하는 때에는 사업자등록증을 갱신 발급할 수 있다.

(5) 「개별소비세법」 또는 「교통·에너지·환경세법」 정정신고시 부가가치세 준용

「개별소비세법」 또는 「교통·에너지·환경세법」의 납세의무가 있는 사업자가 「개별소비세법」 또는 「교통·에너지·환경세법」 규정에 따라 다음의 구분에 따른 신고를 한 경우에는 해당 각 구분에 따른 등록신청 또는 신고를 한 것으로 본다.

① 「개별소비세법」 또는 「교통·에너지·환경세법」에 따른 개업신고, 휴업·폐업·변경 신고 : 「부가가치세법」에 따른 사업자등록 신청, 휴업·폐업 신고 또는 등록사항 변경 신고 적용
② 「개별소비세법」 또는 「교통·에너지·환경세법」에 따른 사업자단위 과세사업자 신고 : 「부가가치세법」에 따른 사업자단위 과세사업자 등록 및 변경등록 신청
③ 「개별소비세법」 또는 「교통·에너지·환경세법」에 따른 양수, 상속, 합병 신고 : 「부가가치세법」에 따른 등록변경 신고

Ⅶ 미등록사업자에 대한 제재

(1) 가산세 부과

사업자가 다음 중 어느 하나에 해당하면 해당 가산세를 납부세액에 더하거나 환급세액에서 뺀다.

① 미등록 가산세

사업자가 사업개시일로부터 20일 이내 사업자등록을 하지 않은 경우 다음의 금액을 부과한다. 단, 사업자등록 신청기한이 지난 후 1개월 이내에 신청하는 경우 해당 가산세의 50%를 감면한다.

> 미등록 가산세 = 공급가액의 합계액 × 1%(간이과세자 0.5%)

② 타인 명의 가산세

사업자가 타인의 명의로 사업자등록을 하거나, 그 타인 명의의 사업자등록을 이용하여 사업을 하는 것으로 확인되는 경우 다음의 금액을 부과한다.

> 타인 명의 가산세 = 공급가액의 합계액 × 1%

㉠ 타인의 범위

타인이란 자기의 계산과 책임으로 사업을 경영하지 않는 자(배우자 및 상속개시일부터 상속세 과세표준 신고기한까지 상속인이 피상속인 명의의 사업을 하는 경우 그 피상속인 제외)를 의미한다.

㉡ 공급가액의 합계액

그 타인 명의의 사업개시일부터 실제 사업을 하는 것으로 확인되는 날의 직전일까지의 공급가액의 합계액을 말한다.

(2) 등록 전 매입세액 불공제

사업자등록을 신청하기 전의 매입세액은 매출세액에서 공제하지 않는다. 다만, **공급시기가 속하는 과세기간이 끝난 후 20일 이내에 등록을 신청**한 경우 **등록신청일부터 공급시기가 속하는 과세기간 기산일**(일반과세자의 경우 제1기는 1월 1일, 제2기는 7월 1일이며 간이과세자의 경우 1월 1일을 말함)**까지 역산한 기간 내의 매입세액은 매출세액에서 공제한다.** 단, 이 경우에도 1%의 미등록 가산세는 부과한다.

CHAPTER 02 과세거래

제1절 과세거래의 개요

(1) 과세거래란 부가가치세 매출세액을 산출하기 위한 과세표준을 발생시키는 거래로, 현행 부가가치세는 다음의 거래들에 대해 과세거래라고 정하고 있다.

구분	공급유형	사업자 여부
재화의 공급	실질공급	사업자만 과세
	공급의제	사업자만 과세
용역의 공급	실질공급	사업자만 과세
	공급의제	특수한 경우 사업자만 과세
재화의 수입	실질수입	사업자여부 불문

(2) 특수한 경우란 사업자가 **특수관계인에게 대가를 받지 않고 사업용 부동산의 임대용역을 공급하는 경우**를 말하며, 이 경우 시가를 과세표준으로 하여 사업자에게 부가가치세를 과세한다.

(3) 재화나 용역을 공급하는 사업의 구분은 세법에 특별한 규정이 있는 경우를 제외하고는 통계청장이 고시하는 해당 과세기간 개시일 현재의 한국표준산업분류에 따른다.

> **참고** 용역의 과세
>
> 용역의 과세는 사업자가 공급한 것에 한하여 과세하고 속지주의를 원칙으로 하되, 국외에서 제공하는 용역은 속인주의에 따라 납세지가 국내에 있는 경우에는 과세한다.
>
> | 영위사업 | 납세지 | 과세여부 |
> |---|---|---|
> | 건설업 | 법인의 등기부상 소재지(국내) | 과세한다. |
> | 부동산임대업 | 부동산의 등기부상의 소재지(국외) | 과세하지 않는다. |

제2절 재화의 공급

I 재화의 개념

재화란 **재산 가치가 있는 물건 및 권리**를 말한다.

(1) **재산가치**

재화로 인정받기 위해서는 경제적 교환가치가 있는 것이어야 한다.

例 특수용기에 포장되어 판매되는 산소는 과세대상이지만, 공기 중의 산소는 과세대상이 되지 않는다.

(2) 물건과 권리

물건	① 상품, 제품, 원료, 기계, 건물 등 모든 유체물 ② 전기, 가스, 열 등 관리할 수 있는 자연력
권리	광업권, 특허권, 저작권 등 물건 외에 재산적 가치가 있는 모든 것 예 게임머니, 건설업 면허, 온실가스배출 감축실적 등

> **참고** 특수항목
>
> 1. 수표·어음·상품권 등 화폐대용증권, 주식 등 지분상품, 회사채 등 채무상품: 거래를 위한 지불의 수단이지 과세대상 재화에 해당하지 않는다.
> 2. 창고증권·선하증권·화물상환증: 운송물이나 보관물을 인도하는 효력이 있으므로, 일반적으로 과세대상 재화로 본다.

Ⅱ 재화의 실질적 공급

재화의 공급이란 **계약상 또는 법률상의 모든 원인에 따라 재화를 인도 또는 양도하는 것**을 말한다. 인도 또는 양도는 완성된 계약에 의해 재화를 인도 또는 양도하는 경우만을 말한다. 또한, 해당 거래가 부가가치세 부과대상인 재화의 거래에 해당하는지 여부는 **그 거래가 합법적인지 여부와는 별개의 문제**로 해당 거래가 재화의 공급에 해당하는 이상, 그 합법성 유무는 별론으로 하고 부가가치세의 부과대상이 된다.

구분	실질적 공급의 범위
계약상의 원인	① 매매계약: 현금판매, 외상판매, 할부판매, 장기할부판매, 조건부 및 기한부 판매, 위탁판매와 그 밖의 매매계약에 따라 재화를 인도하거나 양도하는 것 ② 가공계약: 자기가 주요자재의 전부 또는 일부를 부담하고 상대방으로부터 인도받은 재화를 가공하여 새로운 재화를 만들어 인도하는 것 ③ 교환계약: 재화의 인도대가로서 다른 재화를 인도받거나 용역을 제공받는 교환계약에 따라 재화를 인도하거나 양도하는 것
그 밖의 원인	④ 경매, 수용, 현물출자와 그 밖의 계약상 또는 법률상의 원인에 따라 재화를 인도하거나 양도하는 것 ⑤ 보세구역 내 임치물의 국내 재반입: 국내로부터 보세구역에 있는 창고(조달청 지정 창고 및 런던금속거래소에 한정)에 임치된 임치물을 국내로 다시 반입하는 것

(1) 가공계약

구분	내용
① 재화의 공급	**자기가 주요자재의 전부 또는 일부를 부담**하는 가공계약에 의하여 재화를 인도하는 것은 재화의 공급에 해당한다. 단 건설업의 경우, 용역의 공급에 해당하기 때문에 주요 자재의 전부 또는 일부를 부담하더라도 용역의 공급에 해당한다.
② 용역의 공급	**자기가 주요 자재를 전혀 부담하지 아니하고**, 상대방으로부터 인도받는 재화를 단순히 가공만 해주는 것은 용역의 공급에 해당한다.

(2) 소비대차거래

① 원칙

사업자 간에 상품·제품·원재료 등의 재화를 차용하여 사용·소비하고 동종 또는 이종의 재화를 반환하는 소비대차의 경우에 해당 재화를 차용하거나 반환하는 것은 각각 재화의 공급에 해당한다.

② 예외

한국석유공사가 「석유 및 석유대체연료 사업법」에 따라 비축된 석유를 수입통관하지 아니하고 보세구역에 보관하면서 국내사업장이 없는 비거주자 또는 외국법인과 무위험차익거래방식으로 소비대차하는 것은 재화의 공급으로 보지 아니한다.

(3) 경매에 따른 공급

① 사적 경매

사적으로 행해지는 경매는 형식적으로는 경매이지만, **실질적으로는 매매계약**에 해당하기 때문에 **재화의 공급으로 간주**한다.

② 재화의 공급으로 보지 아니하는 경매

다음에 따라 재화를 인도 또는 양도하는 것은 재화의 공급으로 보지 아니한다.
- ⊙ 「국세징수법」에 따른 공매(수의계약에 따라 매각하는 것을 포함)
- ⓒ 「민사집행법」에 따른 경매(같은 법에 따른 강제경매 포함)
- ⓒ 담보권 실행을 위한 경매
- ② 「민법」, 「상법」 등 그 밖의 법률에 따른 경매

(4) 수용에 따른 공급

① 원칙

수용에 따라 재화를 인도하거나 양도하는 것은 재화의 공급으로 간주한다.

② 예외

「도시 및 주거환경정비법」, 「공익사업을 위한 토지 등의 취득 및 보상에 관한 법률」 등에 따른 법적 수용절차에 따라 재화의 소유자가 수용된 재화에 대한 대가를 수취하는 경우, **누가 재화를 철거했는지 여부를 불문하고 재화의 공급으로 보지 않는다.**

(5) 대물변제

차입한 금액을 현금 대신 현물을 통해 변제하는 경우에는 재화(현물)의 공급으로 본다. 다만, **조세를 물납하는 경우에는 재화의 공급으로 보지 않는다.**

(6) 현물출자

사업자가 재화를 법인에 현물출자하는 경우에는 재화의 공급으로 본다. 다만 **개인인 사업자가 법인설립을 위하여 사업장별로 그 사업에 관한 모든 권리와 의무를 포괄적으로 현물출자하는 경우 재화의 공급으로 보지 아니하는 '사업의 양도'로 본다.**

(7) 출자지분

출자자가 자기의 출자지분을 타인에게 양도·상속·증여하는 것은 재화의 공급에 해당하지 않는다. 법인 또는 공동사업자가 출자지분을 현금으로 반환하는 것은 재화의 공급에 해당하지 않지만, 출자지분을 현물로 반환하는 것은 재화의 공급에 해당한다.

(8) 기부채납

① 무상사용·수익권을 얻는 기부채납

사업자가 건물 등을 신축하여 국가 또는 지방자치단체에 기부채납하고 그 대가로 일정기간 동건물 등에 대한 무상사용·수익권을 얻는 경우 해당 건물 등의 공급거래는 과세대상이지만 사업자가 사업을 수행하기 위한 인허가 조건에 의하여 사회기반시설등을 국가나 지방자치단체에 기부채납하는 경우 해당 거래는 부가가치세가 면제된다.

② 대가 없는 기부채납

사업자가 생산·취득한 재화를 국가나 지방자치단체에 아무런 대가관계 없이 **무상으로 기부채납하는 경우 부가가치세가 면제된다**.

Ⅲ 재화의 공급의제(간주공급)

> 재화의 공급의제 취지
> 1. 부가가치세 부담없는 소비행위를 방지
> 2. 재화의 실질공급과의 과세형평을 도모

(1) 자가공급
  ① **면세전용**
  ② **비영업용 자동차 또는 그 유지에 전용**
  ③ **판매목적 타사업장 반출**
(2) 개인적 공급
(3) 사업상 증여
(4) 폐업시 잔존재화

재화의 공급의제란 재화의 실질공급에는 해당하지 않으나, **일정한 요건을 충족할 경우 재화의 공급으로 간주하여 과세하는 제도**를 말한다.

(1) 자기생산·취득재화

자기생산·취득재화란 사업자가 자기의 과세사업과 관련하여 생산하거나 취득한 재화로서 다음 중 어느 하나에 해당하는 재화를 말한다.

① **사업자가 재화를 공급받을 때 매입세액이 공제된 재화**
② 재화의 공급으로 보지 않는 사업양도로 취득한 재화로서 사업양도자가 재화를 공급받을 때 매입세액이 공제된 재화
③ 내국신용장 또는 구매확인서에 의하여 재화를 공급하는 것(금지금 제외)으로서 수출에 해당하여 **영세율을 적용받는 재화**

(2) 자가공급

재화의 자가공급 유형	자기생산·취득재화 여부
면세사업에의 전용	○
비영업용 자동차 또는 그 유지에의 전용	○
판매목적 타사업장 반출	불문

① 면세사업에의 전용

사업자가 자기생산·취득재화를 자기의 면세사업 및 부가가치세가 과세되지 아니하는 재화 또는 용역을 공급하는 사업(이하 "면세사업등"이라 한다)을 위하여 직접 사용하거나 소비하는 것은 재화의 공급으로 본다.

> **참고** 면세사업 전용에 관한 판례(고법2009누19009)
>
> 임대사업을 위해 취득한 재화인 건물을 면세사업인 주택임대용으로 전용하였다고 인정되므로 자가 공급에 해당함

매입세액의 공제는 과세사업에 사용하였거나 사용할 재화만 가능하다. 과세사업에 사용할 것을 전제로 매입세액을 공제받았으나 이를 매입세액 공제의 대상이 아닌 면세사업에 전용하게 되면 매입세액 공제시 적용받은 세감소액을 추징하여야 한다. 다만, 공제된 매입세액을 돌려받는 대신 매출세액에 가산하게 되면 번거로운 활동은 피하고 동일한 세액을 부담하는 효과를 발생시킬 수 있다.

② 비영업용 자동차 또는 그 유지에 전용
  ㉠ 사업자가 자기생산·취득재화를 매입세액이 공제되지 아니하는 개별소비세 과세대상 자동차로 사용·소비하거나 그 자동차의 유지를 위하여 사용·소비하는 것은 재화의 공급으로 의제한다.
  ㉡ 운수업, 자동차판매업, 자동차임대업, 운전학원업, 경비업 등의 사업을 경영하는 사업자가 **자기생산·취득재화 중 개별소비세 과세대상 자동차와 그 자동차의 유지를 위한 재화를 해당 업종에 직접 사용하지 않고 다른 용도로 사용하는 것**은 재화의 공급으로 의제한다.

> **참고** 관련 판례
>
> 사업자가 자기의 사업과 관련하여 비영업용 자동차나 그 유지를 위한 재화를 생산·취득한 경우에는 그에 대한 매입세액이 공제되지 아니할 뿐 재화의 공급으로 의제되지는 않지만, 영업용 자동차나 그 유지를 위한 재화 또는 그 용도가 특정되지 않은 재화를 생산·취득한 경우에는 그에 대한 매입세액은 공제되고 그 이후에 이를 비영업용으로 사용하는 때에 비로소 재화의 공급으로 의제된다고 할 것이다. 그리고 이와 같이 재화의 공급으로 의제되어 과세된 경우라도 사업자가 계약상 또는 법률상의 원인에 의하여 그 재화를 다시 인도 또는 양도하는 경우에는 특별히 면세되거나 비과세한다는 별도의 규정이 없는 한 부가가치세 과세대상 거래에 해당한다.
> 1. 자동차판매회사가 임직원 출장용 등으로 사용 : 비영업용(공급의제 ○)
> 2. 시승용 차량으로 사용 : 영업용(공급의제 ×)
> 3. 출장용 등 사용 후 중고차 판매 : 실질공급

③ 판매목적 타사업장 반출
  ㉠ 재화의 공급의제
    사업장이 둘 이상 있는 사업자가 **자기의 사업과 관련하여 생산 또는 취득한 재화를 판매할 목적으로 자기의 다른 사업장에 반출하는 것은 재화의 공급으로 본다.** 이는 사업장별 과세 원칙에 따라 과세거래를 용이하게 파악하고, 납세자의 자금부담을 완화시켜주려는 데에 있다.
  ㉡ 재화의 공급의제를 적용하지 않는 경우
    다음 중 어느 하나에 해당하는 경우는 재화의 공급으로 보지 아니한다.
    ⓐ 사업자가 사업자단위 과세 사업자로 적용을 받는 과세기간에 자기의 다른 사업장에 반출하는 경우
    ⓑ 사업자가 주사업장 총괄납부의 적용을 받는 과세기간에 자기의 다른 사업장에 반출 하는 경우

> 다만, 세금계산서를 발급하고 예정신고 또는 확정신고 규정에 따라 관할 세무서장에게 신고한 경우에는 재화의 공급으로 본다.

④ 자가공급에 해당하지 않는 경우

사업자가 자기의 사업과 관련하여 생산하거나 취득한 재화를 다음과 같이 사용·소비하는 경우에는 재화의 공급으로 보지 아니한다.
㉠ 자기의 다른 사업장에서 원료·자재 등으로 사용·소비하기 위하여 반출하는 경우
㉡ 자기 사업상의 기술개발을 위하여 시험용으로 사용·소비하는 경우
㉢ 수선비 등에 대체하여 사용·소비하는 경우
㉣ 사후무료서비스를 제공하기 위하여 사용·소비하는 경우
㉤ 불량품 교환 또는 광고선전을 위한 상품 진열 등의 목적으로 자기의 다른 사업장으로 반출하는 경우

(3) 개인적 공급

① 개인적 공급의 요건

사업자가 자기생산·취득재화를 **사업과 직접적인 관계없이 자기의 개인적인 목적이나 그 밖의 다른 목적을 위하여 사용·소비**하거나 그 **사용인 또는 그 밖의 자가 사용·소비하는 것으로서 사업자가 그 대가를 받지 아니하거나 시가보다 낮은 대가를 받는 경우**는 재화의 공급으로 본다.

> **참고** 개인적 공급을 재화의 공급의제로 보는 취지
>
> 사업자는 매입세액의 부담이 제거된 자기생산·취득재화를 개인적 목적으로 소비하게 되면, 부가가치세 부담이 없는 소비행위가 일어난다. 이는 비사업자(일반 개인)들이 동일한 재화를 개인적 목적으로 소비할 때 부가가치세 부담을 하는 것과 비교해볼 때 과세형평을 저해하므로 사용·소비 시점에 재화의 공급으로 보아 부가가치세를 과세하는 것이다.

② 개인적 공급으로 보지 않는 경우

다만, 사업자가 **실비변상적이거나 복리후생적인 목적**으로 그 사용인에게 무상 또는 저가로 다음에 해당하는 재화를 제공하는 것은 재화의 공급으로 보지 아니한다.
㉠ 사업을 위해 착용하는 작업복, 작업모 및 작업화
㉡ 직장연예 및 직장문화와 관련된 재화
㉢ 다음 중 어느 하나에 해당하는 재화를 제공하는 경우(이 경우 각 항목별로 각각 사용인 1명당 연간 10만 원을 한도로 하며, 10만 원을 초과하는 경우 해당 초과액에 대해서는 재화의 공급으로 본다)
  ⓐ 경조사와 관련된 재화
  ⓑ 설날·추석, 창립기념일 및 생일 등과 관련된 재화

(4) 사업상 증여

① 재화의 공급의제

취득 시 매입세액이 공제된 재화를 자기의 고객이나 불특정 다수인에게 증여하는 경우는 재화의 공급으로 본다.

참고 사업자의 장려금품 지급

과세사업자가 자기재화의 판매촉진을 위하여 거래상대자의 판매실적에 따라 일정률의 장려금품을 지급 또는 공급하는 경우

구분	내용
① 금전으로 지급	과세표준에서 공제하지 아니한다.
② 재화로 공급	사업상 증여에 해당하므로 과세한다.

② 공급의제 배제

다음의 경우는 자기의 고객이나 불특정다수인에게 증여하는 경우라도 사업상 증여로 보지 않는다.
㉠ 증여하는 재화의 대가가 주된 거래인 재화 공급의 대가에 포함되는 것
㉡ 사업을 위하여 무상으로 다른 사업자에게 인도하거나 양도하는 견본품
㉢ **「재난 및 안전관리 기본법」의 적용을 받아 특별재난지역에 공급하는 물품**
㉣ 자기적립마일리지 등으로만 전부를 결제 받고 공급하는 재화
㉤ **불특정다수인에게 무상으로 배포하는 광고선전용 재화**

(5) 폐업시 잔존재화

① 재화의 공급의제 적용

사업자가 폐업할 때 자기생산·취득재화 중 남아있는 재화는 자기에게 공급하는 것으로 본다. 사업개시일 이전에 사업자등록을 신청한 자가 사실상 사업을 시작하지 아니하게 된 경우에도 재화의 공급으로 본다.

② 재화의 공급의제 배제

다음의 경우는 폐업 시 남아 있는 재화로 과세하지 않는다.
㉠ 당초 매입 시 매입세액이 공제되지 아니한 것
㉡ 사업자가 사업의 종류를 변경한 경우 변경 전 사업에 대한 잔존재화
㉢ 동일 사업장 내에서 둘 이상의 사업을 겸영하는 사업자가 그 중 일부 사업을 폐지하는 경우 해당 폐지한 사업과 관련된 재고재화
㉣ 개인사업자 2인이 공동사업을 영위할 목적으로 한 사업자의 사업장을 다른 사업자의 사업장에 통합하여 공동명의로 사업을 영위하는 경우에 통합으로 인하여 폐지된 사업장의 재고재화
㉤ 폐업일 현재 수입신고(통관)되지 아니한 미도착재화
㉥ 사업자가 직매장을 폐지하고 자기의 다른 사업장으로 이전하는 경우 해당직매장의 재고재화

IV 위탁매매 등에 의한 공급 특례

(1) 원칙

위탁매매 또는 대리인에 의한 매매를 할 때에는 **위탁자 또는 본인이 직접** 재화를 공급하거나 공급받은 것으로 본다.

🔎 자기적립마일리지 등이란 당초 재화 또는 용역을 공급하고 마일리지 등을 적립하여 준 사업자에게 사용한 마일리지 등을 말한다.

기출 Check 18년 9급

05 부가가치세법령상 재화공급의 특례에 대한 설명으로 옳지 않은 것은?
① 저당권의 목적으로 부동산을 제공하는 것은 재화의 공급으로 본다.
② 사업자가 폐업할 때 자기의 과세사업과 관련하여 생산하거나 취득한 재화로서 매입세액이 공제된 재화 중 남아있는 재화는 자기에게 공급하는 것으로 본다.
③ 사업자가 자기의 과세사업과 관련하여 생산하거나 취득한 재화로서 매입세액이 공제된 재화를 사업을 위하여 증여하는 것 중 「재난 및 안전관리 기본법」의 적용을 받아 특별재난지역에 공급하는 물품을 증여하는 것은 재화의 공급으로 보지 아니한다.
④ 사업자가 자기의 과세사업과 관련하여 생산하거나 취득한 재화로서 매입세액이 공제된 재화를 자기의 면세사업을 위하여 직접 사용하거나 소비하는 것은 재화의 공급으로 본다.

6 ①
해설 저당권의 목적으로 부동산을 제공하는 것은 재화의 공급으로 보지 아니한다.

(2) 예외 – 위탁자 또는 본인을 알 수 없는 경우

해당 거래 또는 재화의 특성상 또는 보관·관리상 위탁자 또는 본인을 알 수 없는 경우에는 수탁자 또는 대리인에게 재화를 공급하거나 수탁자 또는 대리인으로부터 재화를 공급받은 것으로 본다.

> **참고** 위탁매매 관련 매입세액공제
>
> 다음에 해당하는 경우에는 사실과 다른 세금계산서로 보지 아니하므로 공급받는 자는 매입세액공제를 적용받을 수 있다.
> 1. 거래의 실질이 위탁매매 또는 대리인에 의한 매매에 해당하나 거래 당사자 간 계약에 따라 해당 거래를 위탁매매 또는 대리인에 의한 매매로 보지 않고 발급받은 세금계산서로서 그 계약에 따른 거래사실이 확인되고 거래 당사자가 납세지 관할 세무서장에게 해당 과세기간에 납부세액을 신고하고 납부한 경우
> 2. 거래의 실질이 위탁매매 또는 대리인에 의한 매매에 해당하지 않으나 거래 당사자 간 계약에 따라 해당 거래를 위탁매매 또는 대리인에 의한 매매로 보고 발급받은 세금계산서로서 그 계약에 따른 거래사실이 확인되고 거래 당사자가 납세지 관할 세무서장에게 해당 과세기간에 납부세액을 신고하고 납부한 경우

V 재화의 공급으로 보지 않는 거래

(1) 담보 제공

질권, 저당권 또는 양도담보의 목적으로 동산, 부동산 및 부동산상의 권리를 제공하는 것은 재화의 공급으로 보지 않는다. 다만, 담보를 제공한 이후 채무불이행으로 인하여 담보물이 변제에 충당된 경우에는 공급으로 간주한다.

(2) 사업의 포괄양도 ★

① 개요

사업장별로 그 사업에 관한 모든 권리와 의무를 포괄적으로 승계시키는 것은 재화의 공급으로 보지 않는다.

② 취지
  ㉠ 양수자 입장: 환급시점까지 불필요한 자금부담 완화
  ㉡ 양도자 입장: 거래징수에 따른 납세협력 비용 절감
  ㉢ 과세관청 입장: 복잡한 조세행정의 효율화 도모
  ㉣ 이론적 측면: 재화의 개별적 공급이 부가가치세 과세대상이기 때문에 사업의 포괄양도는 재화의 공급이 될 수 없다.

③ 포괄양도의 범위
  ㉠ 다음을 제외하고 승계시킨 경우에도 포괄양도로 본다.
    ⓐ 사업의 일반적인 거래 이외에서 발생한 미수금과 미지급금에 관한 것
    ⓑ 해당 사업과 직접 관련이 없는 토지·건물에 관한 것
  ㉡ 포괄양도에 포함되는 경우
    ⓐ 「법인세법」상 과세이연요건을 갖춘 적격분할에 해당하는 경우
    ⓑ 양수자가 승계받은 사업 외의 새로운 사업의 종류를 추가하거나 사업의 종류를 변경한 경우

기출 Check 16년 7급

06 「부가가치세법」상 재화의 공급에 대한 설명으로 옳지 않은 것은?
① 질권, 저당권 또는 양도담보의 목적으로 동산, 부동산 및 부동산상의 권리를 제공하는 것은 재화의 공급으로 보지 않는다.
② 사업용 자산을 「상속세 및 증여세법」 제73조, 「지방세법」 제117조에 따라 물납하는 것은 재화의 공급으로 보지 않는다.
③ 사업장별로 그 사업에 관한 모든 권리와 의무를 포괄적으로 승계하고, 그 사업을 양수받는 자가 그 대가를 지급하는 때에 그 대가를 받은 자로부터 부가가치세를 징수하여 납부한 경우에는 재화의 공급으로 본다.
④ 사업자가 위탁가공을 위하여 원료를 대가없이 국외의 수탁가공 사업자에게 반출하여 가공한 재화를 양도하는 경우에 그 원료를 반출하는 것은 재화의 공급으로 보지 않는다.

❺ ④
해설 사업자가 위탁가공을 위하여 원료를 대가없이 국외의 수탁가공 사업자에게 반출하여 가공한 재화를 양도하는 경우에는 그 원료의 반출은 재화의 공급에 해당한다.

④ 양수자 대리납부 - 재화의 공급 ○
사업양수 시 **양수자 대리납부제도**에 따라 그 **사업을 양수받는 자가 대가를 지급하는 때**에 그 대가를 받은 자로부터 부가가치세를 징수하여 납부한 경우에는 재화의 공급으로 본다. 사업을 양수한 양수자는 대가를 지급하는 날이 속하는 달의 다음달 25일까지 대리납부 할 수 있다.

⑤ 사업의 포괄양도시 세금계산서를 발급한 경우
  ㉠ 원칙: 수정세금계산서를 발급하여 양도자는 매출세액에서 차감하고, 양수자는 매입세액에서 차감해야 한다.
  ㉡ 예외: 양수자 대리납부 시 재화의 공급으로 본다.

(3) 조세의 물납
사업용 자산을 「상속세 및 증여세법」 및 「지방세법」에 따라 물납하는 것

(4) 법률에 의한 공매·경매
「국세징수법」에 따른 공매(수의계약 포함) 및 「민사집행법」에 따른 경매(「상법」 등에 의한 경매 포함)에 따라 재화를 인도하거나 양도하는 것

(5) 법률에 의한 수용
「도시 및 주거환경정비법」 등에 따른 수용절차에서 수용대상 재화의 소유자가 수용된 재화에 대한 대가를 받는 경우

(6) 임치물의 반환이 수반되지 않는 일정한 창고증권의 양도
① 보세구역에 있는 조달청 창고에 보관된 물품에 대하여 조달청장이 발행하는 창고증권의 양도로서 **임치물의 반환이 수반되지 아니하는 것**
② 보세구역에 있는 런던금속거래소의 지정창고에 보관된 물품에 대하여 같은 거래소의 지정창고가 발행하는 창고증권의 양도로서 임치물의 반환이 수반되지 아니하는 것

> **참고** 창고증권의 양도
>
> 창고증권의 양도는 재화의 공급에 해당하며 국내로부터 보세구역에 있는 조달청 창고나 런던금속거래소 지정창고에 임치된 임치물을 국내로 다시 반입하는 것은 재화의 공급으로 본다.

(7) 위탁가공 원자재 국외 무상반출
사업자가 위탁가공을 위하여 원자재를 국외의 수탁가공 사업자에게 **대가없이 반출하는 것** (단, 해당 재화를 가공한 이후 양도하는 경우, 그 원료의 반출에 대하여는 재화의 공급으로 보아 영세율을 적용한다)

(8) 석유의 소비대차
한국석유공사가 비축된 석유를 수입통관하지 아니하고 보세구역에 보관하면서 국내사업장이 없는 비거주자 또는 외국법인과 무위험차익거래 방식으로 소비대차하는 것

(9) 신탁재산의 일정한 소유권 이전
① 신탁재산의 소유권 이전으로서 다음 중 어느 하나에 해당하는 것은 재화의 공급으로 보지 않는다.

㉠ 위탁자로부터 수탁자에게 신탁재산을 이전하는 경우
㉡ 신탁의 종료로 인하여 수탁자로부터 위탁자에게 신탁재산을 이전하는 경우
㉢ 수탁자가 변경되어 새로운 수탁자에게 신탁재산을 이전하는 경우
② 신탁재산 소유권 이전으로서 위탁자로부터 수탁자에게 신탁재산을 이전하는 경우나 신탁계약의 종료로 신탁재산을 수탁자로부터 위탁자에게 이전하는 경우 등에는 실질적인 재화의 공급에 해당하지 아니하는 것이므로 재화의 공급으로 보지 아니한다.

(10) **기타**

다음은 재화의 공급으로 보지 않는다.
① 화재·도난·재고감모손 등으로 인해 재화가 멸실된 경우
② 각종 원인에 의하여 사업자가 받는 손해배상금

제3절 용역의 공급

I 용역의 개념

용역이란 **재화 외에 재산 가치가 있는** 다음의 사업에 해당하는 **모든 역무 및 그 밖의 행위**를 말한다.

(1) 건설업	(2) 숙박 및 음식점업
(3) 운수업	(4) 부동산업 및 임대업
(5) 사업서비스업 등	

(1) 건설업과 부동산업 등과 유사한 사업은 한국표준산업분류에도 불구하고 용역을 공급하는 사업에 포함되는 것으로 본다.

(2) **수탁가공하는 사업자의 업태**
① 주요자재의 전부 또는 일부 부담
제조업으로 보아 재화의 공급에 해당한다.
② 가공만 하는 것
용역업에 해당하여 용역의 공급으로 본다.

II 용역의 공급

용역의 공급이란 **계약상 또는 법률상의 모든 원인**에 따른 것으로서 **역무를 제공하거나 시설물, 권리 등의 재화를 사용하게 하는 것**을 말한다.

(1) **용역의 공급에 포함되는 것**
① 상대방으로부터 인도받은 재화에 주요자재를 전혀 부담하지 아니하고 단순히 가공만 하여 주는 것

② 건설업의 경우 건설사업자가 건설자재의 전부 또는 일부를 부담하는 것
③ 산업상·상업상 또는 과학상의 지식·경험 또는 숙련에 관한 정보를 제공하는 것

(2) 부동산업 및 부동산임대업의 구분

구분	과세거래	납세지
부동산매매업	재화의 공급	법인: 법인 등기부상 소재지 개인: 업무총괄장소
부동산임대업	용역의 공급	부동산 등기부상 소재지

① 용역의 공급
  ㉠ 부동산업 및 부동산임대업은 용역의 공급에 해당한다.
  ㉡ 용역의 공급에서 제외되는 사업
    ⓐ 전·답·과수원·목장용지·임야 또는 염전 임대업
    ⓑ 「공익사업을 위한 토지 등의 취득 및 보상에 관한 법률」에 따른 공익사업과 관련하여 지역권·지상권을 설정하거나 대여하는 사업
② 재화의 공급
  건설업과 부동산업 중 다음 하나에 해당하는 사업은 재화를 공급하는 사업으로 본다.
  ㉠ 부동산 매매(자영건설 건축물 분양·판매 포함) 또는 그 중개를 사업목적으로 나타내어 부동산을 판매하는 사업
  ㉡ 사업상 목적으로 1과세기간 중에 1회 이상 부동산을 취득하고 2회 이상 판매하는 사업

III 용역의 공급의제

(1) 용역의 자가공급

① **용역의 자가공급에 대하여는 부가가치세를 과세하지 아니한다.** 용역의 자가공급에 대해서는 적용대상을 규정하지 않아 과세되지 아니한다. 용역의 공급의제는 용역의 과세거래에 대한 포착이 어렵기 때문이다.
② 용역의 자가공급 사례
  ㉠ 사업자가 자기의 사업과 관련하여 사업장 내에서 그 사용인에게 음식용역을 무상으로 제공하는 경우
  ㉡ 사업자가 사용인의 직무상 부상 또는 질병을 무상으로 치료하는 경우
  ㉢ 사업장이 각각 다른 수개의 사업을 겸영하는 사업자가 그중 한 사업장의 재화 또는 용역의 공급에 필수적으로 부수되는 용역을 자기의 다른 사업자에서 공급하는 경우

(2) 용역의 무상공급

사업자가 **대가를 받지 아니하고 타인에게 용역을 공급하는 것은 용역의 공급으로 보지 아니한다.** 그러나 <u>사업자가 특수관계인에게 대가를 받지 않고 사업용 부동산의 임대용역을 공급하는 것은 용역의 공급으로 본다.</u>
다만, ① 산학협력단과 대학간 임대용역 및 ② 공공주택사업자와 부동산투자회사 간 부동산임대용역은 과세하지 않는다.

(3) 근로의 제공 – 독립성이 없어 용역의 공급으로 보지 않는다.

(4) 선주와 하역회사 및 화주 간의 거래

① 선주와 하역회사 간 – 하역용역

선주와 하역회사 간의 계약에 따라 조기선적으로 인하여 선주로부터 하역회사가 받는 조출료는 하역용역의 제공에 따른 대가이므로 과세대상이나, 지연선적으로 인하여 하역회사로부터 선주가 받는 체선료는 용역 제공의 대가가 아니므로 과세대상이 아니다.

② 선주와 화주 간 – 항행용역

선주와 화주 간의 계약에 따라 화주가 조기선적을 하고 선주로부터 받는 조출료는 용역 제공에 대한 대가가 아니므로 과세대상이 아니나, 선주가 지연선적으로 인하여 화주로부터 받은 체선료는 항행용역의 제공에 따른 대가이므로 항행용역대가(과세대상)에 포함된다.

(5) 입회금과 특별회비 등

골프장·테니스장 경영자가 동 장소이용자로부터 받는 입회금으로서 일정 기간 거치 후 반환하지 아니하는 입회금은 과세대상이 된다. 다만, 일정기간 거치 후 반환하는 입회금은 그러하지 아니한다. 또한 협회 등 단체가 재화의 공급 또는 용역의 제공에 따른 대가관계 없이 회원으로부터 받는 협회비·찬조비 및 특별회비 등은 과세대상이 아니다.

(6) 분철료

광업권자가 광업권을 대여하고 그 대가로 분철료를 받는 경우에는 과세대상이 된다.

제4절 ◆ 재화의 수입

재화의 수입이란 다음 중 어느 하나에 해당하는 물품을 국내에 반입하는 것(보세구역을 거치는 것은 보세구역에서 반입하는 것)을 말한다.

> (1) 외국으로부터 국내에 도착한 물품으로서 수입신고가 수리되기 전의 것
> (2) 수출신고가 수리된 물품

「부가가치세법」상 수출재화는 선적이 완료된 시점에 수출이 완료된 물품에 해당하므로 이러한 물품을 국내로 다시 반입한다면 이는 재화의 수입에 해당하여 부가가치세가 과세된다. 다만, 수출신고가 수리된 물품으로서 선적되지 않은 물품을 보세구역에서 반입하는 경우에는 제외한다.

참고 보세구역 관련 재화 또는 용역의 공급

1. 외국에서 보세구역으로 재화를 반입하는 것은 재화의 수입에 해당하지 아니한다.
2. 동일한 보세구역 내에서 재화를 공급하거나 용역을 제공하는 것은 재화의 공급 또는 용역의 공급에 해당한다.
3. 보세구역 외의 국내에서 보세구역으로 재화 또는 용역을 공급하는 것은 재화 또는 용역의 공급에 해당한다.
4. 사업자가 보세구역 내에서 보세구역 외의 국내에 외국에서 반입한 재화를 공급하는 것은 재화의 수입인 동시에 공급에 해당한다.

기출 Check 19년 7급

07 부가가치세법령상 재화 또는 용역의 공급에 대한 설명으로 옳지 않은 것은?

① 사업용자산을 「상속세 및 증여세법」 제73조 및 「지방세법」 제117조에 따라 물납하는 것은 재화의 공급으로 보지 아니한다.
② 산업상·상업상 또는 과학상의 지식, 경험 또는 숙련에 관한 정보를 제공하는 것은 용역의 공급으로 본다.
③ 사업자가 자기의 과세사업과 관련하여 취득한 재화로서 「부가가치세법」 제38조에 따른 매입세액이 공제된 재화를 자기의 면세사업을 위하여 직접 사용하는 것은 재화의 공급으로 보지 아니한다.
④ 재화의 공급은 계약상 또는 법률상 모든 원인에 따라 재화를 인도하거나 양도하는 것으로 한다.

답 ③
해설 사업자가 자기의 과세사업과 관련하여 취득한 재화로서 「부가가치세법」 제38조에 따른 매입세액이 공제된 재화를 자기의 면세사업을 위하여 직접 사용하는 것은 재화의 공급으로 본다.

기출 Check 22년 9급

08 「부가가치세법」상 재화의 수입에 대한 설명으로 옳지 않은 것은?

① 재화의 수입시기는 「관세법」에 따른 수입신고가 수리된 때로 한다.
② 외국으로부터 국가, 지방자치단체에 기증되는 재화의 수입에 대하여는 부가가치세를 면제한다.
③ 재화의 수입에 대한 부가가치세의 과세표준은 그 재화에 대한 관세의 과세가격과 관세, 개별소비세, 주세, 교육세, 농어촌특별세 및 교통·에너지·환경세를 합한 금액으로 한다.
④ 재화를 수입하는 자의 부가가치세 납세지는 수입자의 주소지로 한다.

답 ④
해설 재화를 수입하는 자의 부가가치세 납세지는 「관세법」에 따라 수입을 신고하는 세관의 소재지로 한다.

제5절 부수재화·용역의 공급

I 주된 거래 관련 부수재화·용역

주된 재화 또는 용역의 공급에 부수되어 공급되는 것으로서 다음 중 어느 하나에 해당하는 재화 또는 용역의 공급은 **주된 재화 또는 용역의 공급에 포함**되는 것으로 본다.

유형	취급
(1) 해당 대가가 주된 재화 또는 용역의 공급에 대한 대가에 통상적으로 포함되어 공급되는 재화 또는 용역	부수공급의 과세 및 면세 여부는 **주된 거래에 따른다.**
(2) 거래의 관행으로 보아 통상적으로 주된 재화 또는 용역의 공급에 부수하여 공급되는 것으로 인정되는 재화 또는 용역	**주된 거래인 재화 또는 용역의 공급에 흡수되는 것으로 보아 별도의 사업상 증여로 보지 않는다.**

> 관련판례
> 거래관행상 장례식장에서 음식물 제공용역은 부가가치세 면세대상인 장의용역에 통상적으로 부수된다(대법2013두932).
> 또한 면제되는 용역에 포함되는 것으로 보는 부수되는 용역의 범위는 부가가치세가 면제되는 주된 용역을 공급하는 사업자 자신의 거래로만 국한되는 것이다(조심2014서0730).

II 주된 사업에 부수되는 재화·용역

주된 사업에 부수되는 다음 중 어느 하나에 해당하는 재화 또는 용역의 공급은 별도의 공급으로 보되, 과세 및 면세 여부 등은 주된 사업의 과세 및 면세 여부 등을 따른다.

유형	취급
(1) 주된 사업과 관련하여 **우연히 또는 일시적으로 공급되는 재화 또는 용역**	해당 재화 또는 용역이 면세대상이라면 주된 사업이 과세사업이든 면세사업이든 면세되지만, 해당 재화 또는 용역이 과세대상이라면 주된 사업에 따라 판단한다.
(2) 주된 사업과 관련하여 주된 재화의 생산 과정이나 용역의 제공 과정에서 **필연적으로 생기는 재화**	부수공급의 과세 및 면세 여부는 주된 사업에 따른다.

참고 주된 사업에 부수되는 재화·용역 예시

1. 주된 사업과 관련하여 우연히 또는 일시적으로 공급되는 재화·용역

주된 사업	공급하는 재화·용역	과세·면세 여부
과세사업(유통업)	과세대상(건물)	과세
	면세대상(토지)	면세
면세사업(학원업)	과세대상(건물)	면세
	면세대상(토지)	면세

2. 부산물의 과세여부 예시

주된 사업에서 생긴 부산물	과세·면세 여부
참치 통조림(과세) 생산에 필수적으로 생기는 참치알(면세)	과세
밀가루(면세) 생산에 필수적으로 부수되는 밀기울(과세)	면세

> 기출 Check 20년 7급
> 09 「부가가치세법」상 부수재화 및 부수용역의 공급과 관련된 설명으로 옳지 않은 것은?
> ① 주된 재화 또는 용역의 공급에 부수되어 공급되는 것으로서 거래의 관행으로 보아 통상적으로 주된 재화 또는 용역의 공급에 부수하여 공급되는 것으로 인정되는 재화 또는 용역의 공급은 주된 재화 또는 용역의 공급에 포함되는 것으로 본다.
> ② 주된 재화 또는 용역의 공급에 부수되어 공급되는 것으로서 해당 대가가 주된 재화 또는 용역의 공급에 대한 대가에 통상적으로 포함되어 공급되는 재화 또는 용역의 공급은 주된 재화 또는 용역의 공급에 포함되는 것으로 본다.
> ③ 면세되는 재화 또는 용역의 공급에 통상적으로 부수되는 재화 또는 용역의 공급은 그 면세되는 재화 또는 용역의 공급에 포함되는 것으로 본다.
> ④ 주된 사업에 부수되는 주된 사업과 관련하여 주된 재화의 생산 과정에서 필연적으로 생기는 재화의 공급은 별도의 공급으로 보지 아니한다.
>
> 6 ④
> 해설 주된 사업에 부수되는 주된 사업과 관련하여 주된 재화의 생산과정에서 필연적으로 생기는 재화의 공급은 별도의 공급으로 보되, 과세 및 면세 여부는 주된 사업의 과세 및 면세 여부 등을 따른다.

CHAPTER 03 재화 및 용역의 공급시기 및 공급장소

제1절 재화의 공급시기

공급시기는 재화나 용역의 공급이 이루어진 시기를 의미한다. 공급시기는 세금계산서 발급시기를 결정하는 기준이 되며, 법인세 및 소득세를 결정하는 근거자료로서의 역할을 한다.

I 일반적 공급시기

① 재화의 이동이 필요: **재화가 인도되는 때**
② 재화의 이동이 불필요: **재화가 이용가능하게 되는 때**
③ ①, ② 이외의 경우: 재화의 공급이 **확정**되는 때

II 구체적 공급시기 ★

구분	공급시기
(1) 현금판매, 외상판매, 할부판매	재화가 인도되거나 이용가능하게 되는 때
(2) 반환조건부 판매, 동의조건부 판매, 그 밖의 조건부 판매 및 기한부 판매	조건이 성취되거나 기한이 지나 판매가 확정되는 때
(3) 장기할부판매	대가의 각 부분을 받기로 한 때
(4) 완성도기준지급조건부, 중간지급조건부 판매	대가의 각 부분을 받기로 한 때(다만, 재화가 인도되거나 이용가능하게 되는 날 이후에 받기로 한 대가의 부분에 대해서는 재화가 인도되거나 이용가능하게 되는 날)
(5) 전력 등 공급단위를 구획할 수 없는 재화를 계속적으로 공급	대가의 각 부분을 받기로 한 때
(6) 재화의 공급의제 ① 면세전용·비영업용자동차 전용·개인적 공급: 재화를 사용하거나 소비하는 때 ② 판매목적 타사업장 반출: 재화를 반출하는 때 ③ 사업상 증여: 재화를 증여하는 때 ④ 폐업시 잔존재화: 폐업일	
(7) 수출재화 ① 내국물품의 국외반출 및 중계무역방식의 수출: 수출재화의 선(기)적일 ② 원양어업 및 위탁판매수출: 수출재화의 공급가액이 확정되는 때 ③ 외국인도수출 및 위탁가공무역방식의 수출: 외국에서 해당 재화가 인도되는 때	
(8) 내국신용장에 의한 재화	재화를 인도하는 때
(9) 무인판매기를 이용한 재화의 공급	무인판매기에서 현금을 꺼내는 때
(10) 폐업 전에 공급한 재화의 공급시기가 폐업일 이후에 도래하는 경우	폐업일

💡 상품권 등을 현금 또는 외상으로 판매하고 그 후 그 상품권 등이 현물과 교환되는 경우: 재화가 실제로 인도되는 때

> **참고** 장기할부판매 및 완성도기준지급조건부 공급

1. 장기할부판매
재화를 공급하고 그 대가를 월부, 연부 그 밖의 할부의 방법에 따라 받는 것 중 다음 요건을 모두 갖춘 것을 말한다.

> ① 2회 이상으로 분할하여 대가를 받을 것
> ② 해당 재화의 인도일의 다음날부터 최종할부금 지급기일까지의 기간이 1년 이상인 것

2. 완성도기준지급조건부 공급
건물의 건설·선박의 건조·기계의 제작 등과 같이 그 생산에 일정한 기간이 소요되는 재화를 인도하기 전에 재화의 완성비율에 따라 대가를 지급받기로 한 조건의 공급을 말한다.

3. 중간지급조건부 공급
다음 요건을 모두 갖춘 것을 말한다.

> ① 계약금을 받기로 한 날의 다음날부터 재화를 인도하는 날(또는 재화를 이용가능하게 하는 날)까지의 기간이 6개월 이상일 것
> ② 그 기간 이내에 계약금 외의 대가를 분할하여 받는 경우

⊙ 완성도기준지급 및 중간지급조건부로 재화를 공급하거나 용역을 제공함에 있어서 그 대가의 일부로 계약금을 거래상대자로부터 받는 경우에는 해당 계약조건에 따라 계약금을 받기로 한 때를 그 공급시기로 본다. 이 경우 착수금 또는 선수금 등의 명칭으로 받는 경우에도 해당 착수금 또는 선수금이 계약금의 성질로 인정되는 때에는 계약금으로 본다.

📌 **중간지급조건부계약의 잔금에 대한 공급시기**
중간지급조건부계약에 따라 부동산을 공급하는 경우 잔금약정일까지 잔금이 청산되지 아니하여 소유권이전등기가 되지 아니하고 해당 부동산의 사용·수익이 불가능한 경우 잔금의 공급시기는 입주증 교부, 소유권이전등기 등에 따라 해당 부동산이 사실상 이용가능하게 되는 날이 된다.

제2절 용역의 공급시기

Ⅰ 일반적 공급시기

(1) 역무의 제공이 완료되는 때

(2) 시설물, 권리 등 재화가 사용되는 때

📌 **역무의 제공이 완료되는 때**
거래사업자 사이의 계약에 따른 역무제공의 범위와 계약조건 등을 고려하여 역무의 제공사실을 가장 확실하게 확인할 수 있는 시점. 즉, 역무가 현실적으로 제공됨으로써 역무를 제공받는 자가 역무제공의 산출물을 사용할 수 있는 상태에 놓이게 된 시점을 말한다.

Ⅱ 구체적 공급시기

구분	공급시기
(1) 장기할부조건부 또는 그 밖의 조건부, 공급단위를 구획할 수 없는 용역(부동산의 임대)을 계속적으로 공급하는 경우	대가의 각 부분을 받기로 한 때
(2) 외국항행용역을 공급하는 경우로서 「상법」에 따라 발행된 선하증권에 따라 거래사실이 확인	대가의 각 부분을 받기로 한 때(용역의 공급시기가 선하증권 발행일부터 90일 이내인 경우로 한정)
(3) 역무의 제공이 완료되는 때 또는 대가를 받기로 한 때를 공급시기로 볼 수 없는 경우	역무의 제공이 완료되고 그 공급가액이 확정되는 때
(4) 사업자가 부동산 임대용역을 공급하는 경우로서 다음 중 하나에 해당하는 경우: **예정신고기간 또는 과세기간의 종료일** ① 간주임대료 ② 사업자가 둘 이상의 과세기간에 걸쳐 부동산 임대용역을 공급하고 그 대가를 선불 또는 후불로 받는 경우 ③ 사업자가 부동산을 임차하여 다시 임대용역을 제공하는 경우의 간주임대료	

(5) 스포츠센터(수영장, 헬스클럽 등)를 운영하는 사업자가 연회비를 미리 받고 회원들에게 시설을 이용하게 하는 것을 둘 이상의 과세기간에 걸쳐 계속적으로 제공하고 그 대가를 선불로 받는 경우	예정신고기간 또는 과세기간의 종료일
(6) 「사회기반시설에 대한 민간투자법」의 방식을 준용하여 설치한 시설에 대하여 둘 이상의 과세기간에 걸쳐 계속적으로 시설을 이용하게 하고 그 대가를 받는 경우	예정신고기간 또는 과세기간의 종료일

제3절 공급시기 특례

세금계산서는 공급시기에 발급하는 것을 원칙으로 한다. 다만, 다음의 경우에는 예외로 한다.

I 폐업 후 공급시기가 도래한 재화·용역

폐업 전에 공급한 재화 또는 용역의 공급시기가 폐업일 이후에 도래하는 경우에는 그 **폐업일**을 공급시기로 본다.

II 선발급 세금계산서 특례

(1) 받은 대가에 대한 세금계산서 발급

사업자가 재화 또는 용역의 공급시기가 되기 전에 재화 또는 용역에 대한 대가의 전부 또는 일부를 받고, 그 받은 대가에 대하여 세금계산서 등을 발급하면 **세금계산서를 발급하는 때**를 각각 그 재화 또는 용역의 공급시기로 본다.

(2) 세금계산서 발급 후 7일 이내 대가 수령 등

사업자가 재화·용역의 공급시기가 되기 전에 세금계산서를 발급하고 **그 세금계산서 발급일부터 7일 이내에 대가를 받으면 해당 세금계산서를 발급한 때**를 재화·용역의 공급시기로 본다.

(3) 세금계산서 발급 후 30일 이내 대가 수령 등

다음 중 어느 하나에 해당하는 경우에는 재화 또는 용역을 공급하는 사업자가 그 재화 또는 용역의 공급시기가 되기 전에 세금계산서를 발급하고 그 세금계산서 발급일부터 7일이 지난 후 대가를 받더라도 해당 세금계산서를 발급한 때를 재화 또는 용역의 공급시기로 본다.

① 거래 당사자 간의 계약서·약정서 등에 대금 청구시기(세금계산서 발급일)와 지급시기를 따로 적고, 대금 청구시기와 지급시기 사이의 기간이 30일 이내인 경우
② 재화 또는 용역의 공급시기가 세금계산서 발급일이 속하는 과세기간 내(공급받는 자가 조기환급을 받은 경우에는 세금계산서 발급일로부터 30일 이내)에 도래하는 경우

기출 Check 22년 9급

10 부가가치세법령상 용역의 공급시기에 대한 설명으로 옳은 것은? (단, 폐업은 고려하지 않는다)

① 역무의 제공이 완료되는 때 또는 대가를 받기로 한 때를 공급시기로 볼 수 없는 경우에는 예정신고기간 또는 과세기간의 종료일을 공급시기로 본다.
② 사업자가 용역의 공급시기가 되기 전에 세금계산서를 발급하고 그 세금계산서 발급일부터 7일 이내에 대가를 받으면 그 대가를 받은 때를 용역의 공급시기로 본다.
③ 사업자가 다른 사업자와 상표권 사용계약을 할 때 사용대가 전액을 일시불로 받고 상표권을 사용하게 하는 용역을 둘 이상의 과세기간에 걸쳐 계속적으로 제공하고 그 대가를 선불로 받는 경우에는 예정신고기간 또는 과세기간의 종료일을 공급시기로 본다.
④ 완성도기준지급조건부로 용역을 공급하는 경우 역무의 제공이 완료되는 날 이후 받기로 한 대가의 부분에 대해서는 대가의 각 부분을 받기로 한 때를 용역의 공급시기로 본다.

❻ ③
해설 ① 역무의 제공이 완료되고 그 공급가액이 확정되는 때
② 해당 세금계산서를 발급한 때
④ 재화가 인도되거나 이용가능하게 되는 날 이후에 받기로 한 대가의 부분에 대해서는 재화가 인도되거나 이용가능하게 되는 날

(4) 장기할부 등의 선발급 세금계산서

사업자가 다음의 공급시기가 되기 전에 세금계산서 또는 영수증을 발급하는 경우에는 그 **발급한 때**를 각각 그 재화 또는 용역의 공급시기로 본다.
① 장기할부판매로 재화를 공급하거나 장기할부조건부로 용역을 공급하는 경우의 공급시기
② 전력이나 그 밖에 공급단위를 구획할 수 없는 재화를 계속적으로 공급하는 경우의 공급시기
③ 공급단위를 구획할 수 없는 용역을 계속적으로 공급하는 경우의 공급시기
④ 외국항행용역을 공급하는 경우로서 「상법」에 따라 발행된 선하증권에 따라 거래사실이 확인되는 경우의 공급시기(용역의 공급시기가 선하증권 발행일부터 90일 이내인 경우로 한정한다)

Ⅲ 후발급 세금계산서 특례

공급시기 이후에 세금계산서를 발급하면 이를 인정하지 않으나, 다음 중 어느 하나에 해당하는 경우에는 재화·용역의 공급일이 속하는 달의 **다음달 10일까지** 세금계산서를 발행할 수 있다.
① 거래처별로 달의 1일부터 말일까지의 공급가액을 합하여 해당 달의 말일을 작성연월일로 하여 세금계산서를 발급하는 경우
② 거래처별로 달의 1일부터 말일까지의 기간 이내에서 사업자가 임의로 정한 기간의 공급가액을 합하여 그 기간의 종료일을 작성 연월일로 하여 세금계산서를 발급하는 경우
③ 관계 증명서류 등에 따라 실제거래사실이 확인되는 경우로서 해당 거래일을 작성 연월일로 하여 세금계산서를 발급하는 경우

제4절 ✦ 재화의 수입시기

재화의 수입시기는 「관세법」에 따른 수입신고가 수리된 때로 한다.

기출 Check 23년 9급

11 다음은 「부가가치세법」상 재화 및 용역의 공급시기의 특례에 관한 규정이다. (가)~(다)에 들어갈 내용을 바르게 연결한 것은?

> 제17조(재화 및 용역의 공급시기의 특례)
> ③ 제2항에도 불구하고 다음 각 호의 어느 하나에 해당하는 경우에는 재화 또는 용역을 공급하는 사업자가 그 재화 또는 용역의 공급시기가 되기 전에 제32조에 따른 세금계산서를 발급하고 그 세금계산서 발급일부터 (가)일이 지난 후 대가를 받더라도 해당 세금계산서를 발급한 때를 재화 또는 용역의 공급시기로 본다.
> 1. 거래 당사자 간의 계약서·약정서 등에 대금 청구시기(세금계산서 발급일을 말한다)와 지급시기를 따로 적고, 대금 청구시기와 지급시기 사이의 기간이 (나)일 이내인 경우
> 2. 재화 또는 용역의 공급시기가 세금계산서 발급일이 속하는 과세기간 내(공급받는 자가 제59조제2항에 따라 조기환급을 받은 경우에는 세금계산서 발급일부터 (다)일 이내)에 도래하는 경우

해설
(가): 7일
(나): 30일
(다): 30일

제5절 공급장소

공급장소란 재화나 용역의 **공급이 이루어진 장소**를 의미한다. 부가가치세는 대한민국의 주권(과세권)이 미치는 범위 내에서 적용하므로 국외에서 재화를 공급하는 경우에는 부가가치세 납세의무가 없다. 다만, 중계무역 방식의 수출, 위탁판매수출, 외국인도수출, 위탁가공무역방식수출의 방법으로 재화를 공급하는 경우에는 납세의무가 있다.

(1) **재화의 공급장소**

재화가 공급되는 장소는 다음의 구분에 따른 곳으로 한다.
① 재화의 이동이 필요한 경우: 재화의 **이동이 시작되는 장소**
② 재화의 이동이 필요하지 아니한 경우: 재화가 공급되는 시기에 **재화가 있는 장소**

(2) **용역의 공급장소**

용역이 공급되는 장소는 다음 중 어느 하나에 해당하는 곳으로 한다.
① 역무가 제공되거나 시설물, 권리 등 재화가 사용되는 장소
② 국내 및 국외에 걸쳐 용역이 제공되는 국제운송의 경우 사업자가 비거주자 또는 외국법인이면 여객이 탑승하거나 화물이 적재되는 장소
③ 전자적 용역의 경우 용역을 공급받는 자의 사업장 소재지, 주소지 또는 거소지

부가가치세는 대한민국의 주권(과세권)이 미치는 범위 내에서 적용하므로, **국외에서 제공하는 부동산 임대용역, 외국광고매체에 지급하는 광고료 등은 국내에서 부가가치세 납세의무가 없다.**

CHAPTER 04 영세율과 면세

부가가치세의 기본구조

구분	과세	영세율	면세
매출세액	공급가액 × 10%	공급가액 × 0%	–
매입세액	매입가액 × 10%	매입가액 × 10%	매입세액 불공제
납부세액	매출세액 – 매입세액	매입세액 환급	납세의무 없음

제1절 영세율

I 영세율의 개요

(1) 영세율의 개념

영세율이란 법에 따라 규정된 일정한 재화 또는 용역의 공급에 대하여 영퍼센트(0%)의 세율을 적용하는 제도를 말한다. 영세율을 공급가액에 적용하면 매출세액도 영이 되지만 영세율의 적용대상자는 과세사업자이므로 매입세액은 동일하게 환급된다. 이에 따라 사업자가 매입과정에서 부담한 부가가치세를 전부 환급함으로써 **완전면세**가 된다.

(2) 영세율 적용의 취지

① **소비지국 과세원칙**의 구현을 위한 국경세 조정 및 국제적 이중과세 조정
② 수출 촉진 및 외화획득사업 지원
③ 조세정책적 목적

(3) 영세율 적용대상자

① 영세율은 세율만 0%를 적용하는 것이지 「부가가치세법」에서의 과세사업자여야 한다. 그러므로 영세율 적용대상자도 10%의 세율을 적용하는 사업자와 동일하게 **부가가치세의 납세 및 협력의무를 동일하게 이행해야 한다.**
② 영세율은 원칙적으로 거주자 또는 내국법인에 대하여 적용되며, 사업자가 비거주자 또는 외국법인이면 상호주의에 따라 해당 국가에서 대한민국의 거주자 또는 내국법인에 대하여 동일하게 면세하는 경우에만 영세율을 적용한다.
③ 면세사업자가 영세율을 적용받고자 하는 경우 면세포기절차를 거쳐야 한다.

Ⅱ 「부가가치세법」상 영세율 적용대상거래

「부가가치세법」에서 규정하는 영세율이 적용되는 거래는 다음과 같다.

(1) 재화의 수출
(2) 용역의 국외공급
(3) 선박 또는 항공기에 의한 외국항행용역의 공급
(4) 외화 획득 재화 또는 용역의 공급 등

(1) 재화의 수출

재화의 수출에 해당하는 것은 다음의 경우로 한다.

① 내국물품(대한민국 선박에 의하여 채집되거나 포획된 수산물을 포함)을 외국으로 반출하는 것 (직수출, 대행위탁수출)
② 국외에서 재화가 공급되지만 국내사업장에서 계약과 대가 수령 등이 이루어지는 특정 형태의 수출에 해당하는 것
③ 국내에서 거래가 이루어지지만 정책적 목적하에 수출하는 재화에 포함하는 것

① 직수출, 대행위탁수출

㉠ 직수출

직수출과 대행위탁수출은 유무상거래를 불문하고 영세율을 적용한다. 다만, 자기의 사업을 위하여 대가를 받지 아니하고 국외의 사업자에게 견본품을 반출하는 경우에는 재화의 공급으로 보지 아니한다.

㉡ 대행위탁수출

구분	내용
수출품 생산업자가 수출대행계약을 통해 수출업자 명의로 수출하는 경우	영세율 적용 ○
수출대행업자의 수출대행수수료	영세율 적용 ×

② 중계무역방식의 수출 등

구분	내용
㉠ 중계무역방식의 수출 (T/I 발급 X)	수출할 것을 목적으로 물품 등을 수입하여 「관세법」에 따른 보세구역 및 보세구역 외 장치의 허가를 받은 장소 또는 「자유무역지역의 지정 및 운영에 관한 법률」에 따른 자유무역지역 외의 국내에 반입하지 아니하는 방식의 수출을 말한다.
㉡ 위탁판매수출 (T/I 발급 X)	물품 등을 무환으로 수출하여 해당 물품이 판매된 범위에서 대금을 결제하는 계약에 의한 수출을 말한다.
㉢ 외국인도수출 (T/I 발급 X)	수출대금은 국내에서 영수하지만 국내에서 통관되지 아니한 수출물품 등을 외국으로 인도하거나 제공하는 수출을 말한다.
㉣ 위탁가공무역방식의 수출 (T/I 발급 X)	가공임을 지급하는 조건으로 외국에서 가공(제조, 조립, 재성, 개조를 포함)할 원료의 전부 또는 일부를 거래 상대방에게 수출하거나 외국에서 조달하여 이를 가공한 후 가공물품 등을 외국으로 인도하는 방식의 수출을 말한다.
㉤ 위탁가공무역의 원료 반출 (T/I 발급 O)	원료를 대가없이 국외의 수탁가공사업자에게 반출하여 가공한 재화를 양도하는 경우에 그 원료의 반출을 말한다.
㉥ 수입신고수리전 물품의 국외반출 (T/I 발급 X)	「관세법」상 수입의 신고가 수리되기 전의 물품으로서 보세구역에 보관하는 물품을 외국으로 반출하는 것을 말한다.

③ 국외에서 재화가 공급되지만 국내사업장에서 계약과 대가 수령 등이 이루어지는 특정 형태의 수출에 해당하는 것, 정책적 목적에 해당하는 것

다음의 항목들은 국내에서 거래가 이루어지지만 정책상의 목적 등에 의해 수출하는 재화로 간주하여 영세율을 적용한다.

㉠ 사업자가 내국신용장 또는 구매확인서(금지금(金池金)은 제외)에 의해 공급하는 재화
이 경우 공급시기 이후 내국신용장 등이 개설되더라도 공급시기가 속하는 과세기간 종료 후 25일(그 날이 공휴일 또는 토요일인 경우에는 바로 다음 영업일) 이내에 개설하는 경우에는 영세율을 적용한다.

㉡ 사업자가 한국국제협력단, 한국국제보건의료재단, 대한적십자사에 공급하는 재화로서 해당 단체가 외국으로 무상공급하는 것

㉢ 수탁가공무역
수탁가공무역은 다음의 요건을 충족한 거래에 한해 영세율을 적용한다.
ⓐ 국외의 비거주자 또는 외국법인(비거주자 등)과 직접 계약에 따라 공급할 것
ⓑ 대금을 외국환은행에서 원화로 받을 것
ⓒ 비거주자 등이 지정하는 국내의 다른 사업자에게 인도할 것
ⓓ 국내의 다른 사업자가 비거주자 등과 계약에 따라 인도받은 재화를 그대로 반출하거나 제조·가공한 후 반출할 것

(2) 용역의 국외공급(예 해외건설용역 등)

부가가치세는 공급행위가 발생하는 장소를 기준으로 적용하므로 국외에서 제공하는 용역은 과세하지 않는 것이 원칙이다. 다만, 해당 용역을 제공하는 사업자의 납세지가 국내에 있는 경우 거래 상대방이나 대금결제 방법을 불문하고 영세율을 적용한다.

(3) 외국항행용역의 공급

① 선박 또는 항공기에 의한 외국항행용역(상업서류송달용역을 포함)의 공급에 대하여는 영세율을 적용한다. "외국항행용역"이란 선박 또는 항공기에 의해 여객이나 화물을 국내에서 국외로, 국외에서 국내로 또는 국외에서 국외로 수송하는 것을 말한다.

② 외국항행용역을 공급하는 사업자가 자기의 사업에 부수하여 공급하는 재화 또는 용역으로서 다음의 것도 영세율을 적용한다.
㉠ 다른 외국항행사업자가 운용하는 선박 또는 항공기의 탑승권을 판매하거나 화물운송계약을 체결하는 것
㉡ 외국을 항행하는 선박 또는 항공기 내에서 승객에게 공급하는 것
㉢ 자기의 승객만이 전용하는 버스를 탑승하게 하는 것
㉣ 자기의 승객만이 전용하는 호텔에 투숙하게 하는 것

(4) 외화획득 재화·용역의 공급 등

외화를 획득하기 위한 재화 또는 용역의 공급으로서 다음 중 어느 하나에 해당하는 경우에는 영세율을 적용한다.

① 국내에 상주하는 외교공관, 영사기관, 국제연합과 이에 준하는 국제기구 등에 공급하는 재화 또는 용역: 대금결제방법에 관계없이 영세율을 적용한다.

기출 Check 18년 9급

12 「부가가치세법」상 국내에 사업장이 있는 사업자가 행하는 재화 또는 용역의 공급에 대한 영세율 적용과 관련한 설명으로 옳지 않은 것은?
① 외화를 획득하기 위한 것으로서 우리나라에 상주하는 국제연합과 이에 준하는 국제기구(우리나라가 당사국인 조약과 그 밖의 국내법령에 따라 특권과 면제를 부여받을 수 있는 경우에 한함)에 재화 또는 용역을 공급하는 것에 대해서는 영세율을 적용한다.
② 항공기에 의하여 여객을 국내에서 국외로 수송하는 것에 대해서는 영세율이 적용되지 않는다.
③ 국외에서 공급하는 용역에 대해서는 영세율이 적용된다.
④ 내국물품을 외국으로 반출하는 것에 대해서는 영세율이 적용된다.

❻ ②
해설 항공기에 의하여 여객을 국내에서 국외로 수송하는 것에 대해서는 영세율이 적용된다.

기출 Check 22년 7급

13 「부가가치세법」상 영세율을 적용하는 재화 또는 용역의 공급에 해당하는 것만을 모두 고르면? (단, 영세율에 대한 상호주의는 고려하지 않는다.)

ㄱ. 내국물품을 외국으로 반출하는 것에 해당하는 재화의 공급
ㄴ. 부가가치세법 시행규칙으로 정하는 내국신용장에 의한 금지금(金地金)의 공급
ㄷ. 항공기에 의하여 여객이나 화물을 국외에서 국내로 수송하는 용역의 공급
ㄹ. 외화를 획득하기 위한 용역의 공급으로서 우리나라에 상주하는 외교공관에 공급하는 용역

❻ ㄱ, ㄷ, ㄹ
해설 ㄴ: 내국신용장이나 구매확인서에 의하여 공급되는 금지금은 영세율이 적용되지 아니한다. 이는 면세금 납세담보제도에 의거 면세금 탈세를 막고 일부사업자가 수출거래를 가장하여 환급받은 후 국내에 유통시키는 변칙적 거래를 방지하기 위함이다.

---

② 외교공관 등의 소속 직원으로서 공무원 또는 외교부장관으로부터 이에 준하는 신분임을 확인받은 자 중 내국인이 아닌 자에게 공급하는 재화 또는 용역: 대금결제방법에 관계없이 영세율을 적용한다. 단, 상호면세주의에 따른다.

③ 국내에 상주하는 국제연합군 또는 미합중국군대에 공급하는 재화 또는 용역

④ 국내에서 국내사업장이 없는 비거주자 또는 외국법인에 공급되는 일정한 재화 또는 사업에 해당하는 용역: 적용대상 용역을 비거주자·외국법인에게 공급하고 그 대금을 외국환은행에서 원화로 받거나 기획재정부령이 정하는 방법으로 받는 것에 대하여 영세율을 적용한다.

⑤ 비거주자 또는 외국법인의 국내사업장이 있는 경우에 국내에서 국외의 비거주자 또는 외국법인과 직접 계약하여 공급하는 재화 또는 용역 중 일정한 재화 또는 용역: 적용대상 용역을 국외의 비거주자·외국법인과 직접 계약하여 공급하고 그 대금을 외국환은행에서 원화로 받거나 기획재정부령이 정하는 방법으로 받는 것에 대하여 영세율을 적용한다.

⑥ 수출업자와 직접 도급계약에 의한 수출재화임가공용역
수출재화임가공용역에 대하여 영세율을 적용하며, 세금계산서를 발급하여야 한다. 다만, 계약을 체결한 사업자 자신이 임가공하였는지 여부는 불문한다.

⑦ 외국인전용판매장 또는 외국인전용유흥음식점 경영자가 공급하는 재화 또는 용역
다음 중 어느 하나에 해당하는 사업자가 국내에서 공급하는 재화 또는 용역에 대하여 영세율을 적용한다. 다만, 그 대가를 외화로 받고 그 외화를 외국환은행에서 원화로 환전하는 경우로 한정한다.
㉠ 「개별소비세법」에 따른 지정을 받아 외국인전용판매장을 경영하는 자
㉡ 「조세특례제한법」에 따른 주한외국군인 및 외국인선원 전용 유흥음식점업을 경영하는 자

Ⅲ 「조세특례제한법」상 영세율 적용대상거래

① 방산업체가 공급하는 방산물자 등
② 국가 등에게 직접 공급하는 도시철도건설용역
③ 국가 등에게 공급하는 사회기반시설(건설용역 포함)
④ 장애인용 보장구 등
⑤ 농민 등에게 공급하는 일정한 농·축·임업용 기자재(국가 및 지자체, 농협중앙회, 산림조합을 통하여 공급하는 것을 포함한다.)
⑥ 어민에게 공급하는 일정한 어업용 기자재

Ⅳ 영세율 첨부서류

영세율이 적용되는 재화 또는 용역을 공급하는 사업자는 예정신고 및 확정신고를 할 때 예정신고 및 확정신고서에 수출실적명세서 또는 외화입금증명서 등의 서류를 첨부하여 제출해야 한다. 유투버 등에 영세율 적용시에는 국외사업자에게 정보통신망을 통해 영상·오디오 기록물 제작업 등에 해당하는 용역을 제공하였음을 증빙하는 서류(채널이름, URL, 주소, 개설시기 등)를 첨부하여야 한다.

제2절 ✦ 면세

I 면세 적용대상

(1) 개요

면세란 재화 또는 용역의 공급(재화의 수입 포함)에 대하여 **부가가치세를 면제**하는 것을 말한다. 이 경우 그 재화 또는 용역을 생산·취득하기 위하여 부담한 매입세액은 공제받지 못하고 원가에 가산하여 거래상대방에게 전가된다. 따라서, 전단계에서 과세된 부가가치세는 공제받지 못하므로 부가가치세의 부담이 완전히 제거되지 않는 부분면세제도에 해당한다.

(2) 면세제도의 취지

① 부가가치세 역진성 완화, 국민후생의 보장, 문화의 진흥, 공공사업 지원 등 조세정책적 목적이다.
② 부가가치세는 창출한 부가가치에 대해 과세하므로 부가가치의 생산요소(지대, 임금, 이자, 이윤)에 대하여 면세를 해야만 법 이론상 모순이 생기지 아니한다. 따라서, 금융, 근로의 제공, 토지의 공급에 대하여 면세를 적용한다.

(3) 적용대상자

면세는 면세사업자에 대해 적용하며, 면세사업자는 「부가가치세법」상 사업자가 아니다. 다만, 과세사업자도 면세대상 재화·용역을 공급한다.

> **부가가치세가 과세되는 여객운송 용역**
> 1. 항공기, 고속버스, 전세버스, 택시, 특수자동차, 특종선박 또는 고속철도에 의한 여객운송 용역
> 2. 삭도, 유람선 등 관광 또는 유흥 목적의 운송수단에 의한 여객운송 용역

II 면세를 적용하는 재화·용역의 공급 ★

(1) 기초생활필수품 및 용역

① 미가공식료품(식용으로 제공되는 농산물, 축산물, 수산물과 임산물을 포함하며, 1차 가공에 한한다)

㉠ 미가공이란 식용으로 제공되는 농산물·축산물·수산물 또는 임산물, 소금(천일염 및 재제소금을 말함)으로서 **전혀 가공되지 않거나**, 탈곡·정미·정맥·제분·정육·건조·냉동·염장·포장 기타 원생산물의 본래의 성질이 변하지 아니하는 정도의 **1차 가공을 거친 것**을 말한다.

㉡ 미가공식료품은 국산과 외국산 모두에 대해 면세를 적용한다.

㉢ 미가공식료품의 사례

ⓐ 데친 채소류·김치·단무지·장아찌·젓갈류·게장·두부·메주·간장·된장·고추장 등의 단순 가공식료품

ⓑ 원생산물 본래의 성질이 변하지 않는 정도로 1차 가공을 하는 과정에서 필수적으로 발생하는 부산물

ⓒ 미가공식료품을 단순히 혼합한 것

> 단순 가공식료품은 제조시설을 갖추고 판매목적으로 독립된 거래단위로 관입·병입 기타 이와 유사한 형태로 포장하여 공급하는 것을 면세대상에서 제외하되, 단순하게 운반편의를 위하여 일시적으로 관입·병입 등의 포장을 하는 경우에는 면세대상에 포함한다.

ⓓ 쌀에 인삼추출물·키토산 등 식품첨가물을 첨가 또는 코팅하거나 버섯균 등을 배양시킨 것

식용 농·축·수·임산물	비식용 농·축·수·임산물
1. 국산, 외국산 모두 면세 2. 천일염, 재제소금: 면세 3. 공업용소금, 맛소금, 죽염, 설탕: 과세	1. 국산은 면세, 외국산은 과세 2. 비식용 농·축·수·임산물: 관상용 새·열대어·거북이·금붕어·갯지렁이·화초·수목 3. 외국에서 수입한 관상용 새, 열대어, 금붕어 및 거북이는 과세

② 수돗물, 연탄·무연탄, 여성용 생리처리 위생용품 등

③ 여객운송용역[지하철, 시내버스, 시외고속버스(우등고속버스 제외), 일반선박 등]

> **참고** 면세하지 않는 여객운송 용역의 범위
>
> 1. 항공기, 고속버스, 전세버스, 택시, 특수자동차, 특종선박(特種船舶) 또는 고속철도에 의한 여객운송 용역의 경우로 다음 각 목의 어느 하나에 해당하는 것
>   가. 「항공사업법」에 따른 항공기에 의한 여객운송용역
>   나. 여객자동차 운수사업중 다음의 여객자동차 운수사업에 제공되는 자동차에 의한 여객운송 용역
>   1) 시외우등고속버스 및 시외고급고속버스를 사용하는 시외버스운송사업
>   2) 전세버스운송사업
>   3) 일반택시운송사업 및 개인택시운송사업
>   4) 자동차대여사업
>   다. 다음의 선박에 의한 여객운송 용역. 다만, 기획재정부령으로 정하는 차도선형여객선에 의한 여객운송 용역은 제외한다.
>   1) 수중익선(水中翼船)
>   2) 에어쿠션선
>   3) 자동차운송 겸용 여객선
>   4) 항해시속 20노트 이상의 여객선
>   라. 「철도의 건설 및 철도시설 유지관리에 관한 법률」에 따른 고속철도에 의한 여객운송 용역
> 2. 삭도, 유람선 등 관광 또는 유흥 목적의 운송수단에 의한 여객운송 용역의 경우로 다음 각 목의 어느 하나에 해당하는 것
>   가. 「궤도운송법」에 따른 삭도에 의한 여객운송 용역
>   나. 「관광진흥법 시행령」 제2조에 따른 관광유람선업, 관광순환버스업 또는 관광궤도업에 제공되는 운송수단에 의한 여객운송 용역
>   다. 관광 사업을 목적으로 운영하는 「철도의 건설 및 철도시설 유지관리에 관한 법률」에 따른 일반철도에 의한 여객운송 용역(「철도사업법」 제9조에 따라 철도사업자가 국토교통부장관에게 신고한 여객 운임·요금을 초과해 용역의 대가를 받는 경우로 한정한다)

④ 주택과 이에 부수되는 토지의 임대 용역으로서 면세하는 것의 범위
  ㉠ 주택과 이에 부수되는 토지의 임대 용역은 다음 각 호의 임대 용역으로 한다.
    ⓐ 상시주거용(사업을 위한 주거용의 경우는 제외한다)으로 사용하는 건물(이하 이 조에서 "주택"이라 한다)과 이에 부수되는 토지의 임대 용역
    ⓑ 「주택법」 제2조제9호에 따른 토지임대부 분양주택(같은 조 제6호의 국민주택규모로 한정한다)에 부수되는 토지의 임대 용역
  ㉡ ㉠을 적용할 때 토지의 면적이 다음 각 호의 면적 중 넓은 면적을 초과하는 경우 그 초과하는 부분의 임대 용역은 부가가치세 면제 대상이 되는 임대 용역에서 제외한다.
    ⓐ 주택의 연면적(지하층의 면적, 지상층의 주차용으로 사용되는 면적 및 「주택건설기준 등에 관한 규정」 제2조제3호에 따른 주민공동시설의 면적은 제외한다)

ⓑ 건물이 정착된 면적에 5배(「국토의 계획 및 이용에 관한 법률」제6조에 따른 도시지역 밖의 토지의 경우에는 10배를 말한다)를 곱하여 산정한 면적
ⓒ 주택에 부가가치세가 과세되는 사업용 건물(이하 "사업용건물"이라 한다)이 함께 설치되어 있는 경우에는 주택과 이에 부수되는 토지의 임대의 범위는 다음 각 호에 따른다.
ⓐ 주택 부분의 면적이 사업용 건물 부분의 면적보다 큰 경우에는 그 전부를 주택의 임대로 본다. 이 경우 그 주택에 부수되는 토지임대의 범위는 제1항과 같다.
ⓑ 주택 부분의 면적이 사업용 건물 부분의 면적과 같거나 그보다 작은 때에는 주택 부분 외의 사업용 건물 부분은 주택의 임대로 보지 아니한다. 이 경우 그 주택에 부수되는 토지의 면적은 총토지면적에 주택 부분의 면적이 총건물면적에서 차지하는 비율을 곱하여 계산하며, 그 범위는 제1항과 같다.

> **참고** 관련판례(대법2013두1225)
>
> 부가가치세의 면세대상인 주택의 임대에 해당하는지 여부는 임차인이 실제로 당해 건물을 사용한 객관적인 용도를 기준으로 하여 상시주거용으로 사용하는 것인지 여부에 따라 판단해야 하고, 공부상의 용도 구분이나 임차계약서에 기재된 목적물의 용도와 임차인이 실제로 사용한 용도가 다를 경우에는 후자를 기준으로 하여 그 해당 여부를 가려야 한다(법91누12707). 따라서 레지던스업(숙박업)을 영위하고 거래상대방으로부터 받은 운영수수료는 부가가치세 과세대상에 해당한다.

⑤ 「공동주택관리법」에 따른 관리규약에 따라 관리주체 또는 입주자대표회의가 제공하는 복리시설인 공동주택 어린이집의 임대용역: 공동주택 관리주체 및 입주자대표회의의 어린이집 **外** 부동산 임대용역은 부가가치세가 과세된다.

(2) 국민후생 관련 면세

① **의료보건용역**(「의료법」상 의사의 진료용역, 장의업자의 장의용역, 폐기물관리업체의 생활폐기물 처리용역, 사회적기업의 간병·산후조리·보육용역 등)과 **혈액**(치료, 예방, 진단 목적으로 조제한 동물의 혈액을 포함)

> **참고** 부가가치세를 과세하는 의료보건용역
>
> 1. **미용목적의 쌍꺼풀수술**, 코성형수술, 유방확대 및 축소수술(유방암 수술에 따른 유방 재건술은 제외), 지방흡인술, 주름살제거술, 안면윤곽술, 치아성형(치아미백, 라미네이트와 잇몸성형술을 포함) 등 성형수술(성형수술로 인한 후유증 치료, 선천성 기형의 재건수술과 종양 제거에 따른 재건수술은 제외)과 악안면 교정술(치아교정치료가 선행되는 악안면 교정술은 제외)
> 2. **여드름 치료술 등 미용목적 피부시술**: 색소모반·주근깨·흑색점·기미 치료술, 여드름 치료술, 제모술, 탈모치료술, 모발이식술, 문신술 및 문신제거술, 피어싱, 지방융해술, 피부재생술, 피부미백술, 항노화치료술 및 모공축소술
> 3. 수의사의 **애완동물 진료용역** 등
>   다만, 수의사의 경우 다음의 용역은 **면세**한다.
>   ① 「축산물위생관리법」에 따른 가축에 대한 진료용역.
>   ② 「수산생물질병 관리법」에 따른 수산동물에 대한 진료용역
>   ③ 「장애인복지법」에 따른 장애인 보조견표지를 발급받은 장애인 보조견에 대한 진료용역
>   ④ 「국민기초생활 보장법」에 따른 수급자가 기르는 동물의 진료용역
>   ⑤ 그 밖에 질병의 예방을 목적으로 하는 동물의 진료용역으로서 농림축산식품부장관이 기획재정부장관과 협의하여 고시하는 용역

② 교육용역(다음 각 호의 어느 하나에 해당하는 시설 등에서 학생, 수강생, 훈련생, 교습생 또는 청강생에게 지식, 기술 등을 가르치는 것으로 한다.)
  ㉠ 주무관청의 허가 또는 인가를 받거나 주무관청에 등록되거나 신고된 학교, 어린이집(「영유아보육법」에 따른 어린이집을 말하며 국공립어린이집이나 직장어린이집 운영을 위탁받은 자가 제공하는 경우를 포함), 학원, 강습소, 훈련원, 교습소 또는 그 밖의 비영리단체
  ㉡ 청소년수련시설, 산학협력단, 사회적기업 육성법에 따라 인증받은 사회적기업, 과학관, 박물관 및 미술관, 협동조합기본법에 따라 설립인가를 받은 사회적 협동조합

교육용역의 면세 범위에는 **교육용역 제공에 필요한 교재·실습자재·기타 교육용구의 대가를 수강료 등에 포함하여 받거나 별도로 받는 경우도 교육용역의 부수재화·용역으로 보아** 면세한다.

> **참고** 부가가치세가 과세되는 교육용역
>
> 1. 무허가 교육용역
> 2. 무도학원 및 자동차운전학원
> 3. 일반인의 청소년수련시설 이용용역

③ 법 소정 담배, 우표(수집용 제외), 인지, 증지 등

> **참고** 법 소정의 담배
>
> 1. 판매가격이 200원(20개비당) 이하인 담배
> 2. 「담배사업법」에 따른 특수용 담배 중 영세율이 적용되지 않는 것

(3) 문화 관련

다음의 문화관련 재화 또는 용역은 면세한다.
① 도서(도서대여 및 실내 도서열람 용역 포함)·신문·잡지·관보 및 뉴스통신(단, 신문이나 잡지 내에 실린 광고에 대한 광고는 부가가치세가 과세된다.)
② 예술창작품(**골동품은 제외**), 예술행사, 문화행사와 **아마추어 운동경기**

> **참고** 과세되는 예술창작품 및 운동경기
>
> 1. 제작 후 100년이 초과된 골동품과 모조미술품 등은 면세대상에서 제외한다.
> 2. **프로스포츠 경기는 면세 대상에서 제외한다.** 예술행사나 문화행사 등은 영리를 목적으로 하지 않는 것만 면세를 적용한다.

③ 도서관, 과학관, 박물관, 미술관, 동물원, 식물원, 민속문화자원을 소개하는 장소 및 전쟁기념관에 입장하게 하는 것: 동물원, 식물원에는 지식의 보급 및 연구에 그 목적이 있는 해양수족관 등을 포함하나, 오락 및 유흥시설과 함께 있는 동물원, 식물원 및 해양수족관을 포함하지 아니한다(에버랜드는 과세).

(4) 생산요소

부가가치를 생산해 내는 요소(자본, 토지, 인적용역) 자체에는 부가가치세를 과세하지 않는다.
① 토지의 공급

② 인적용역
　㉠ 개인이 물적시설 없이 근로자를 고용(고용 외의 형태로 해당 용역의 주된 업무에 대해 타인으로부터 노무 등을 제공받는 경우를 포함)하지 않고 독립된 자격으로 용역을 공급하고 대가를 받는 인적용역
　　예 저술, 배우, 연출, 직업운동가, 접대부, 보험모집인, 번역 및 교정 등
　㉡ 개인·법인 또는 법인격 없는 사단·재단 기타 단체가 독립된 자격으로 용역을 공급하고 대가를 받는 인적 용역
　　예 국선변호, 국선대리, 학술연구용역, 직업소개소, 중소기업 창업상담, 장애인보조견 훈련용역, 후견사무용역, 가사서비스 용역, 「직업안정법」에 따른 근로자공급용역 등

③ 금융·보험용역
금융·보험용역 외의 사업을 하는 자가 주된 사업에 부수하여 금융·보험용역과 같거나 유사한 용역을 제공하는 경우에도 면세하는 '금융·보험용역'에 포함되는 것으로 보아 부가가치세를 면세한다.

> **참고** 부가가치세가 과세되는 금융·보험용역
>
> 1. 복권·입장권·상품권·지금형주화 또는 금지금에 관한 대행용역(다만, 수익증권 등 금융업자의 금융상품 판매대행용역 등은 제외)
> 2. 기업합병 또는 기업매수의 중개·주선·대리, 신용정보서비스 및 은행업에 관련된 전산시스템과 소프트웨어의 판매·대여용역
> 3. 부동산 임대용역, 감가상각자산의 대여용역(다만, 「여신전문금융업법」에 따른 시설대여업자가 제공하는 시설대여용역은 제외)
> 4. 그 밖에 법에서 정하는 것

(5) **그 밖의 공익 목적**

① 국가나 지방자치단체·지방자치단체조합 등이 공급하는 재화·용역

> **참고** 국가 등이 공급하는 재화·용역 중 과세대상
>
> 해당 재화나 용역의 공급은 다른 사업자들과의 과세형평을 위하여 부가가치세를 과세한다.
> 1. 우정사업조직이 제공하는 다음의 용역 예 우체국택배
> 　① 소포우편물을 방문접수하여 배달하는 용역
> 　② 우편주문판매를 대행하는 용역
> 2. 고속철도에 의한 여객운송용역 예 KTX
> 3. 부동산임대업, 도매 및 소매업, 음식점업, 숙박업, 골프장 및 스키장 운영업, 기타 스포츠 시설 운영업에서 공급하는 재화 또는 용역

② 국가·지방자치단체 또는 공익단체에 무상으로 공급하는 재화·용역

③ 공익목적단체가 공급하는 재화·용역
　㉠ 주무관청의 허가 또는 인가를 받거나 주무관청에 등록된 단체가 그 고유의 사업목적을 위하여 일시적으로 공급하거나 실비 또는 무상으로 공급하는 재화 및 용역
　㉡ 「문화재보호법」에 의한 지정문화재(무형문화재 제외)를 소유 또는 관리하고 있는 종교단체(주무관청에 등록된 종교단체로 한정하되, 그 소속단체를 포함한다)의 경내지 및 경내지내의 건물과 공작물의 임대용역
　㉢ 「저작권법」에 따라 문화체육관광부장관이 지정하는 보상금수령단체가 저작권자를 위하여 실비 또는 무상으로 공급하는 보상금수령 관련 용역

Ⅲ 재화의 수입에 대한 면세

「부가가치세법」에 따른 면세대상	「조세특례제한법」에 따른 면세대상
(1) 미가공식료품 (2) 도서・신문 및 잡지 (3) 학술연구단체・교육기관 또는 문화단체가 과학・교육・문화용으로 수입하는 재화 (4) 종교의식, 자선, 구호, 그 밖의 공익을 목적으로 외국으로부터 종교단체, 자선단체 또는 구호단체에 기증되는 재화 (5) 외국으로부터 국가・지방자치단체 또는 지방자치단체조합에 기증되는 재화 (6) 거주자가 받는 소액물품으로서 관세가 면제되는 재화 (7) 이사, 이민 또는 상속으로 인하여 수입하는 재화로서 관세가 면제되거나 해당 간이세율이 적용되는 재화 (8) 여행자의 휴대품, 별송물품 및 우송물품으로서 관세가 면제 되거나 해당 간이세율이 적용되는 재화 (9) 그 밖에 「부가가치세법」에 따라 열거된 관세가 무세이거나 감면되는 일정한 재화. 다만, 관세가 경감되는 경우에는 경감되는 부분만 해당함	(1) 무연탄 (2) 과세사업에 사용하기 위한 선박(다만, 제3자에게 판매하기 위하여 선박을 수입하는 경우는 제외) (3) 과세사업에 사용하기 위한 「관세법」에 따른 보세건설물품 (4) 각종 국제경기대회의 경기시설 제작・건설 및 경기운영에 사용하기 위한 물품으로서 국내제작이 곤란한 것 (5) 농민이 직접 수입하는 농・축산용 기자재와 어민이 직접 수입하는 어업용 기자재

Ⅳ 「조세특례제한법」상 면세대상거래

(1) 국민주택 및 국민주택건설용역(리모델링용역 포함)

(2) 관리주체, 경비업자 또는 청소업자가 공동주택에 공급하는 일반관리용역・경비용역 및 청소용역

(3) 정부업무대행단체가 고유목적사업을 위하여 공급하는 재화 또는 용역

(4) 시내버스 등으로 공급하는 버스로서 천연가스를 연료로 사용하는 것

(5) 희귀병치료 등을 위한 물품

(6) 영유아용 기저귀와 분유 등

Ⅴ 면세 포기

(1) 개요

면세포기란 사업자가 면세대상 재화 또는 용역을 공급할 때 면세를 적용하는 것이 오히려 불리한 경우에 제한적으로 면세를 포기할 수 있는 제도를 말한다.

> **참고** 면세포기제도의 취지
>
> 부가가치세 면세제도는 원칙적으로 소비자의 세부담 경감을 위한 것으로서, 만약 사업자가 임의대로 면세의 적용을 포기할 수 있도록 허용하면 거래상대방이 그만큼 부가가치세를 거래징수당하게 되므로 면세제도의 취지가 훼손될 여지가 있어 제한적으로 면세포기를 허용하고 있다.

(2) 면세포기 사유

① 면세와 영세율이 동시에 적용되는 경우로서 영세율을 적용하는 것이 유리하다고 판단되는 경우
② 중간단계에서 면세가 적용되는 경우 누적효과와 환수효과로 인하여 가격인상 현상이 발생하는 경우

(3) 면세포기 적용대상

① **영세율이 적용되는 재화·용역**
② 학술 등 연구단체가 그 연구와 관련하여 실비 또는 무상으로 공급하는 재화 또는 용역
③ 정부업무대행단체가 고유목적사업을 위하여 공급하는 재화 또는 용역

(4) 면세포기 절차

① 신고

면세포기는 **시기의 제한이 없으며, 포기신고만으로 효력이 발생**한다. 따라서, 별도의 승인절차를 필요로 하지 않는다.

② 재적용

면세포기 신고를 한 자는 **신고한 날부터 3년간은 다시 면세를 적용받지 못한다.** 3년의 기간 경과 후 부가가치세의 면제를 받고자 하는 때에는 별도의 면세적용 신청을 해야 한다.

(5) 면세포기 범위

① 면세되는 둘 이상의 사업(또는 종목)을 영위하는 사업자는 면세포기 대상 재화 또는 용역의 공급 중 포기하고자 하는 재화 또는 용역의 공급만을 구분하여 면세를 포기할 수 있다.
② 면세포기신고를 한 사업자가 재화의 공급으로 보지 않은 사업을 양도하는 경우에 면세포기의 효력은 사업을 양수한 사업자에게 승계된다.

(6) 면세포기의 효력

면세를 포기하게 되면 과세사업자로 전환되며, 포기 시점부터 해당 사업자는 「부가가치세법」상 신고 및 납세의무를 모두 부담하게 된다. 동시에, 매입세액을 공제 또는 환급 및 영세율을 적용받을 수 있다.

(7) 면세제도의 문제점

① 세금계산서 등 적격증빙의 수취를 어렵게 함으로서 상호검증기능을 약화시키고 전단계세액공제법을 훼손할 여지가 있다.
② 중간거래단계에서 면세가 적용됨으로써 누적효과와 환수효과로 인하여 최종소비자의 부담을 가중한다.
③ 면세범위의 증감에 따라 상대가격체계를 왜곡시켜 경제적 비효율을 초래한다.

CHAPTER 05 부가가치세 과세표준

제1절 부가가치세 과세표준

I 재화·용역의 공급에 대한 과세표준

(1) 부가가치세의 계산구조

매출세액
− 매입세액
= 납부세액
− 경감·공제세액
− 예정신고미환급세액
− 예정고지세액
+ 가산세
= 차가감납부세액

(2) 매출세액 계산구조

구분		과세표준	세율	세액
과세	세금계산서발급분	XXX	10%	XXX
	매입자발행세금계산서	XXX		XXX
	기타	XXX		XXX
영세율	세금계산서발급분	XXX	0%	O
	기타	XXX		O
예정신고누락분		XXX		XXX
대손세액가감				XXX
합 계				XXX

(3) 일반적인 재화·용역의 공급에 대한 과세표준

재화 또는 용역의 공급에 대한 부가가치세의 과세표준은 해당 과세기간에 공급한 재화 또는 용역의 공급가액을 합한 금액으로 한다. **공급가액이란 다음의 가액으로 하되, 대금, 요금, 수수료, 그 밖에 어떤 명목이든 상관없이 재화 또는 용역을 공급받는 자로부터 받는 금전적 가치가 있는 모든 것을 포함하며, 부가가치세는 포함하지 아니한다.**

① 유상공급
　㉠ 금전으로 대가를 받는 경우: 그 대가
　㉡ 금전 외의 대가를 받는 경우: 자기가 공급한 재화 또는 용역의 시가
② 부당행위계산 부인의 유형
　사업자가 특수관계인에 대한 재화 또는 용역(수탁자가 위탁자의 특수관계인에게 공급하는 신탁재산과 관련된 재화 또는 용역을 포함)의 공급이 다음의 어느 하나에 해당하는 경우로서 조세의 부담을 부당하게 감소시킬 것으로 인정되는 경우에는 공급한 재화 또는 용역의 시가를 공급가액으로 본다.
　㉠ 재화의 공급에 대하여 부당하게 낮은 대가를 받거나 아무런 대가를 받지 않은 경우
　㉡ 용역의 공급에 대하여 부당하게 낮은 대가를 받는 경우
　㉢ **용역의 공급에 대하여 대가를 받지 않은 경우로서 과세되는 사업용 부동산 임대용역을 공급한 경우**

> **참고** 시가의 범위
>
> 1. **1순위**: 특수관계인 아닌 자와 해당 거래와 유사한 상황에서 계속적으로 거래한 가격 또는 제3자 간에 일반적으로 거래된 가격
> 2. **2순위**: 사업자가 그 대가로 받은 재화 또는 용역의 가격(공급받은 사업자가 특수관계인 아닌 자와 해당 거래와 유사한 상황에서 계속적으로 거래한 해당 재화 및 용역의 가격 또는 제3자 간에 일반적으로 거래된 가격)
> 3. **3순위**: 「소득세법」 또는 「법인세법」의 부당행위계산의 부인계산시 시가가 불분명할 때에 적용하는 가격

③ 공급가액과 공급대가
　공급가액은 공급대가와는 구분되는 개념이다. 공급대가는 간이과세자의 과세표준에 사용되는 것으로 **공급대가에는 부가가치세를 포함하고 있으나, 공급가액은 부가가치세를 포함하지 않은 금액이다.**
　㉠ 공급가액: 부가가치세가 포함되지 않은 금액
　㉡ 공급대가: 부가가치세가 포함된 금액
④ 부가가치세의 포함여부가 불분명한 경우
　사업자가 재화 또는 용역을 공급하고 그 대가로 받은 금액이 다음에 해당하는 경우에는 그 대가로 받은 금액에 '100/110'을 **곱한 금액**을 공급가액으로 한다.
　㉠ 부가가치세가 포함되어 있는지가 불분명한 경우
　㉡ 공급가액과 부가가치세가 별도 표시되어 있지 아니한 경우

기출 Check
21년 9급

16 부가가치세법령상 과세표준에 대한 설명으로 옳은 것은? (단, 제시된 금액은 부가가치세가 포함되지 않은 금액임)

① 시가 500원, 원가 450원인 재화를 공급하고 시가 480원인 재화를 대가로 받을 경우 과세표준은 480원이다.
② 특수관계인에게 시가 1,000원인 사업용 부동산 임대용역(「부가가치세법 시행령」에서 제외하는 사업용 부동산 임대용역은 아님)을 무상으로 제공한 경우 용역의 공급으로 보지 않으므로 과세표준은 없다.
③ 사업을 위하여 대가를 받지 않고 다른 사업자에게 인도한 견본품의 시가 200원, 원가 150원일 경우 과세표준은 150원이다.
④ 재화의 공급에 해당되는 폐업 시 남아 있는 재화(감가상각자산은 아님)의 시가가 1,000원, 원가 800원일 경우 과세표준은 1,000원이다.

⑥ ④
해설 ① 자기가 공급한 재화 또는 용역의 시가가 과세표준이므로 500원이다.
② 특수관계인에게 사업용 부동산 임대용역을 무상으로 제공하는 것은 용역의 공급에 해당하며, 과세표준은 시가인 1,000원이다.
③ 사업을 위하여 대가를 받지 아니하고 다른 사업자에게 인도하거나 양도하는 견본품은 재화의 공급으로 보지 아니한다.

기출 Check
21년 7급

17 과세사업을 영위하는 ㈜한국이 미국에 $20,000의 제품을 수출한 경우, 부가가치세법령상 ㈜한국의 2023년 제2기 과세기간의 부가가치세 과세표준은?

- 10월 1일 선수금으로 $10,000를 송금받아 당일에 1$당 1,000원에 환가하였다.
- 10월 15일 수출물품을 선적하였고, 당일의 기준환율은 1$당 1,100원이다.
- 10월 30일 수출대금 잔액 $10,000를 외화로 송금받아 1$당 1,200원에 환가하였다.

해설 21,000,000원
제2기 부가가치세 과세표준
= $10,000×1,000원 + $10,000×1,100원 = 21,000,000원

Ⅱ 거래형태별 과세표준

구분	과세표준
(1) 외상판매 및 할부판매	공급한 재화의 총가액
(2) 장기할부판매, 완성도기준지급조건부·중간지급조건부로 재화·용역을 공급하는 경우, 계속적으로 재화·용역을 공급하는 경우	계약에 따라 받기로 한 대가의 각 부분
(3) 둘 이상의 과세기간에 걸쳐 용역을 제공하고 그 대가를 선불로 받는 경우(초월산입, 말월불산입)	선불로 받은 금액 × $\dfrac{\text{각 과세대상기간의 개월 수}}{\text{계약기간의 개월 수}}$
(4) 외국통화로 대가를 받은 경우 ① 공급시기 전 원화로 환가: 환가한 가액 ② 공급시기 이후에 외국통화나 그 밖의 외국환 상태로 보유하거나 지급받은 경우: 공급시기의 「외국환거래법」에 따른 기준환율 또는 재정환율에 따라 계산한 금액	
(5) 기부채납	기부채납된 가액(단, 부가가치세는 제외)
(6) 공유수면 매립용역을 제공한 경우	매립공사 총사업비
(7) 위탁가공무역방식 수출	완성된 제품의 인도가액
(8) BOT방식* 설치시설을 2과세기간 이상 이용시 대가	(지급받은 대가 + 설치가액) × $\dfrac{\text{용역제공 월수}}{\text{계약기간 월수}}$
(9) 마일리지 등으로 대금의 전부 또는 일부를 결제받은 경우	다음의 금액을 **합한 금액**을 과세표준으로 한다. 공급가액 = ① + ② ① 마일리지 등 외의 수단으로 결제받은 금액 ② 자기적립마일리지 등 외의 마일리지 등으로 결제받은 부분에 대해 재화·용역을 공급 받는 자 외의 자로부터 보전받았거나 보전받을 금액
(10) 자기적립마일리지 등 외의 마일리지 등으로 대금의 전부 또는 일부를 결제받은 경우	다음 중 어느 하나에 해당하는 경우에는 공급한 **재화·용역의 시가**를 과세표준으로 한다. ① 자기적립마일리지 등 외의 마일리지 등으로 결제받은 금액을 보전받지 아니하고 자기생산·취득재화를 공급한 경우 ② 자기적립마일리지 등 외의 마일리지 등으로 결제받은 금액과 관련하여 특수관계인으로부터 부당하게 낮은 금액을 보전받거나 아무런 금액을 받지 아니하여 조세의 부담을 부당하게 감소시킬 것으로 인정되는 경우

* BOT방식이란 민간이 민간 소유의 시설물을 건설한 후 일정기간 동안 투자비를 회수한 다음 동 시설물을 국가, 지자체 등에 양도하는 것을 말한다.

> **참고** 마일리지의 개념

1. **마일리지 등**
   마일리지 등이란 ① 재화·용역의 구입실적에 따라 마일리지, 포인트 또는 그 밖에 이와 유사한 형태로 별도의 대가 없이 적립받은 후 다른 재화 또는 용역 구입시 결제수단으로 사용할 수 있는 것과 ② 재화·용역의 구입실적에 따라 별도의 대가 없이 교부받으며 전산시스템 등을 통하여 그 밖의 상품권과 구분 관리되는 상품권을 말한다.

2. **자기적립마일리지 등**
   자기적립마일리지 등이란 당초 재화·용역을 공급하고 마일리지 등을 적립하여 준 사업자에게 사용한 마일리지 등을 말한다. 다만, 여러 사업자가 적립하여 줄 수 있거나 여러 사업자를 대상으로 사용할 수 있는 마일리지 등의 경우 다음의 요건을 모두 충족한 경우로 한정한다.
   ① 고객별·사업자별로 마일리지 등의 적립 및 사용 실적을 구분하여 관리하는 등의 방법으로 당초 공급자와 이후 공급자가 같다는 사실이 확인될 것
   ② 사업자가 마일리지 등으로 결제받은 부분에 대하여 재화·용역을 공급받는 자 외의 자로부터 보전받지 아니할 것

Ⅲ 과세표준 포함 여부

(1) 과세표준의 포함 여부

과세표준에 포함하는 것(공급가액에 포함 ○)	과세표준에 포함하지 않는 것(공급가액에 포함 ×)
① 장기할부판매 또는 할부판매의 **이자상당액** ② **대가의 일부로 받는 운송비, 포장비, 하역비, 운송보험료, 산재보험료 등** ③ 개별소비세, 주세 또는 교통·에너지·환경세가 과세되는 경우 개별소비세, 주세, 교육세·농어촌특별세 및 교통·에너지·환경세 상당액	① **매출에누리, 매출환입, 매출할인** ② 공급받는 자에게 도달하기 전에 파손·훼손되거나 멸실한 재화의 가액 ③ 재화·용역의 공급과 **직접 관련되지 않는 국고보조금과 공공보조금** ④ 공급에 대한 대가의 지급이 지체되었음을 이유로 받는 **연체이자** ⑤ 반환조건부 용기대금과 포장비용(단, 반환조건으로 공급한 용기 및 포장을 회수할 수 없어 변제받는 경우 공급가액에 포함) ⑥ 사업자가 음식·숙박 용역이나 개인서비스 용역을 공급하고 그 대가와 함께 받는 종업원의 봉사료를 세금계산서 등에 그 대가와 구분하여 적고 종업원에게 지급한 사실이 확인된 경우의 그 봉사료 ⑦ 관리비 중 구분징수한 공공요금 대납액

> **참고** 과세표준 포함여부와 관련된 판례(대법2014두144)

공급자가 어떠한 공급과 관련하여 재화나 용역을 공급받는 자가 아닌 제3자로부터 금전 또는 금전적 가치가 있는 것을 받는 경우에 그것이 그 공급과 대가관계에 있을 때에는 부가가치세의 과세표준에 포함될 수 있을 것이나, 그것이 해당공급과 구별되는, 제3자와 공급자 사이의 다른 공급과 관련되어 있을 뿐 해당 공급과 대가관계에 있다고 볼 수 없는 경우에는 해당 공급에 관한 부가가치세의 과세표준에 포함되지 아니한다고 보는 것이 옳다.

> **참고** 에누리와 관련된 판례(대법2011두8178)
>
> 에누리액에는 공급하는 재화 또는 용역의 품질·수량이나 인도 등에 관한 공급조건과 결부된 명시적 또는 묵시적 약정에 따라 그 공급 당시의 통상의 공급가액에서 공제되는 금액뿐만 아니라, 공급계약 등에서 정한 품질·수량이나 인도 등에 관한 공급조건에 따라 공급이 이루어지지 아니하였음을 이유로 **재화 또는 용역의 공급 후에 당초의 공급가액에서 차감되는 금액도 포함**된다고 봄이 타당하다.

(2) 과세표준에서 공제하지 않는 금액

사업자가 재화 또는 용역을 공급받는 자에게 지급하는 **다음의 장려금이나 이와 유사한 금액 및 대손금액은 과세표준에서 공제하지 않는다.**

① 대손금
② 판매장려금
③ 하자보증금

(3) 판매장려금

판매장려금을 현금으로 지급하는 경우에는 과세표준에서 공제하지 않는다.
다만, 판매장려금을 기업의 자사제품 등의 현물로 지급하는 경우에는 사업상 증여규정에 따라 과세표준에 포함한다.

구분		내용
판매장려금 지급 (공급자)	현금지급 또는 외상매출금에서 차감	과세표준에서 공제하지 않음
	현물로 지급	사업상 증여로 보아 과세표준에 포함
판매장려금 수령(공급받는 자)		과세표준에 포함하지 않음

기출 Check 20년 7급

18 부가가치세법령상 과세표준과 관련된 설명으로 옳은 것은?
① 「부가가치세법」상 대손금액은 과세표준에서 공제한다.
② 공급에 대한 대가의 지급이 지체되었음을 이유로 받는 연체이자는 공급가액에 포함한다.
③ 통상적으로 용기 또는 포장을 해당 사업자에게 반환할 것을 조건으로 그 용기대금과 포장비용을 공제한 금액으로 공급하는 경우에는 그 용기대금과 포장비용은 공급가액에 포함하지 아니한다.
④ 사업자가 재화를 공급받는 자에게 지급하는 장려금은 과세표준에서 공제한다.

❻ ③
해설 ①, ④ 대손금, 장려금은 과세표준에서 공제하지 아니한다.
② 연체이자는 공급가액에 포함하지 아니한다.

제2절 재화의 수입에 대한 과세표준

Ⅰ 재화의 수입에 대한 과세표준

> 과세표준 = 관세의 과세가격 + 관세 + 개별소비세·주세·교통·에너지·환경세 + 교육세 및 농어촌특별세

II 보세구역에서의 거래

(1) 국내로부터 보세구역에 있는 창고(조달청 창고와 런던금속거래소의 지정창고로 한정)에 **임치된 임치물을 국내로 다시 반입하는 것은 재화의 공급**에 해당한다.

(2) 다만, 다음의 경우에는 재화의 공급으로 보지 아니한다.
  ① 보세구역에 있는 조달청 창고(조달청장이 개설한 것으로서 세관장의 특허를 받은 보세창고)에 보관된 물품에 대하여 조달청장이 발행하는 창고증권의 양도로서 임치물의 반환이 수반되지 아니한 것(창고증권을 가진 사업자가 보세구역의 다른 사업자에게 인도하기 위하여 조달청 창고에서 임치물을 넘겨받는 경우를 포함)
  ② 보세구역에 있는 런던금속거래소의 지정창고에 보관된 물품에 대하여 같은 거래소의 지정창고가 발행하는 창고증권의 양도로서 임치물의 반환이 수반되지 아니하는 것(창고증권을 가진 사업자가 보세구역의 다른 사업자에게 인도하기 위하여 지정창고에서 임치물을 넘겨받는 경우를 포함)

제3절 공급가액 계산 특례

I 재화의 간주공급

(1) **자기생산·취득재화**

① 원칙: 해당 재화의 시가

② 감가상각자산의 경우

  ㉠ 취득가액: 매입세액을 공제받은 해당 재화의 가액
  ㉡ 경과된 과세기간 수: 양도자의 당초 취득일을 기준으로 산정하며, 여기서 취득한 날이란 재화의 사업에 **실제사용일**을 말한다. 건물·구축물의 경과된 과세기간의 수는 20을, 그 밖의 감가상각자산의 경과된 과세기간의 수는 4를 한도로 한다.

구분	공급가액 또는 과세표준
건물 및 구축물	취득가액 × (1 − 5% × 경과된 과세기간 수)
그 밖의 감가상각자산	취득가액 × (1 − 25% × 경과된 과세기간 수)

  ㉢ 일부 면세 전용

구분	공급가액 또는 과세표준
건물 및 구축물	취득가액 × (1−5% × 경과된 과세기간수) × $\dfrac{\text{일부사용일이 속하는 과세기간 면세공급가액}}{\text{총공급가액}}$
그 밖의 감가상각자산	취득가액 × (1−25% × 경과된 과세기간수) × $\dfrac{\text{일부사용일이 속하는 과세기간 면세공급가액}}{\text{총공급가액}}$

면세공급가액비율이 5% 미만인 경우에는 공급가액이 없는 것으로 본다.

(2) 판매목적 타사업장 반출

구분	공급가액 또는 과세표준
원칙	「법인세법」 또는 「소득세법」 규정에 따른 취득가액
취득가액에 일정액을 가산하여 공급하는 경우	취득가액에 일정액을 더한 금액
개별소비세, 주세, 교통·에너지·환경세가 부과되는 재화의 경우	개별소비세·주세 교통·에너지·환경세의 과세표준 + 개별소비세·주세 교통·에너지·환경세 + 교육세 및 농어촌특별세

Ⅱ 공통사용재화의 공급

사업자가 과세사업과 면세사업 및 부가가치세가 과세되지 아니하는 재화 또는 용역을 공급하는 사업(이하 "면세사업등"이라 한다)에 공통적으로 사용된 재화를 공급하는 경우 대통령령으로 정하는 바에 따라 계산한 금액을 공급가액으로 한다. 다만 휴업 등으로 직전과세기간의 공급가액이 없을 때에는 그 재화를 공급한 날이 속하는 날에 가장 가까운 과세기간의 공급가액으로 계산한다.

(1) 과세 공급가액

$$공급가액 = 해당\ 재화의\ 공급가액 \times \frac{직전\ 과세기간\ 과세공급가액}{직전\ 과세기간\ 총공급가액}$$

> **공통사용재화 공급시 직전 과세기간 공급가액으로 안분하는 이유**
> 사업자는 재화·용역의 공급시기에 세금계산서를 발급해야 하므로 공통사용재화를 기중에 공급하는 경우에도 세금계산서를 발급하여야 한다. 그러나 세금계산서 발급시점에 해당 과세기간의 공급가액 비율을 알 수 없으므로 겸영사업자는 공통사용재화를 공급하는 경우 직전 과세기간의 공급가액 비율로 안분하는 것이다.

(2) 공급가액 전부를 과세표준으로 하는 경우(안분배제)

다음 중 어느 하나에 해당하는 경우에는 공급가액 전부를 과세표준으로 한다.
① 직전 과세기간의 **면세공급가액비율이 5% 미만인 경우**(다만, 해당 재화의 공급가액이 5,000만 원 이상인 경우 안분 계산한다)
② **재화의 공급가액이 50만 원 미만**인 경우
③ 재화를 공급하는 과세기간에 **신규로 사업을 시작**하여 직전 과세기간이 없는 경우

Ⅲ 토지와 건물 등의 일괄공급

(1) 토지와 건물 등의 공급가액이 구분되는 경우(원칙 : 실지거래가액)

면세대상인 토지의 공급과 과세대상인 건물 등의 공급은 구분하여야 한다. 토지와 건물 등의 공급가액이 구분되는 경우 **실지거래가액**을 기준으로 공급가액(과세표준)을 계산한다.

(2) 토지와 건물 등의 공급가액의 구분이 불가능한 경우(예외 : 공급가액 안분계산)
  ① 공급가액 안분계산 : 공급가액의 구분이 불가능한 경우는 다음의 경우를 말한다.
    ㉠ 실지거래가액 중 토지와 건물 등의 가액의 구분이 불분명한 경우
    ㉡ 실지거래가액으로 구분한 토지와 건물 등의 가액이 **안분계산방법에 따라 안분계산한 금액과 30% 이상 차이가 있는 경우**
    ㉢ 다만, 다음 중 어느 하나의 사유에 해당하는 경우는 제외한다.
      ⓐ 다른 법령에서 정한 토지 또는 건물 등의 양도가액에 따라 실지거래가액을 구분한 경우
      ⓑ 건물 등이 있는 토지를 취득하여 그 건물 등을 철거하고 토지만 사용하는 경우
  ② 안분계산의 방법
    ㉠ **감정가액**이 있는 경우에는 그 가액에 비례하여 안분계산한 금액
    ㉡ 감정가액이 없는 경우로서 기준시가가 모두 있는 경우에는 공급계약일 현재의 **기준시가**에 따라 계산한 가액에 비례하여 안분계산한 금액
    ㉢ 기준시가가 없는 경우에는 **장부가액(장부가액이 없는 경우에는 취득가액)**에 비례하여 안분계산한 후 기준시가가 있는 자산에 대해서는 그 합계액을 다시 기준시가에 의하여 안분계산한 금액
    ㉣ 위의 규정을 적용할 수 없는 경우 : 국세청장이 정하는 바에 따라 안분계산한 금액

Ⅳ 부동산임대용역의 과세표준

부동산임대용역을 공급하는 데 있어 일반적으로 과세표준은 다음과 같이 계산한다.

> 과세표준 = 임대료 + 간주임대료 + 관리비수입

(1) 임대료
  ① 원칙 – 약정일
    공급시기 규정에 따라 대가의 각 부분을 받기로 한 때 받기로 약정한 임대료를 과세표준으로 한다.
  ② 예외 – 선불 또는 후불로 받은 경우
    둘 이상의 과세기간에 걸쳐 공급하고 대가를 선불이나 후불로 받는 경우 공급시기 규정에 따라 예정신고기간 또는 과세기간의 종료일에 다음과 같이 안분한 금액을 과세표준으로 한다. 이때, 개시일이 속하는 달이 1개월 미만인 경우 1개월로 하고, 종료일이 속하는 달이 1개월 미만인 경우 산입하지 아니한다.

$$과세표준 = 선불 \text{ 또는 } 후불로 \text{ 수령한 } 임대료 \times \frac{해당 \text{ 과세기간 중 } 임대월수}{총 \text{ 임대계약기간 } 월수}$$

(2) 간주임대료

사업자가 부동산임대용역을 공급하고 임대보증금 등을 받은 경우 간주임대료의 과세표준은 다음과 같이 산출한다.

$$\text{공급가액} = \text{해당기간의 보증금} \times \text{정기예금이자율} \times \frac{\text{과세대상 일수}}{\text{365일(윤년 366일)}}$$

(3) 관리비

사업자가 과세되는 부동산을 임대하고 받는 관리비는 과세표준에 포함한다. 다만, **임차인이 부담하여야 할 보험료·수도료 및 공공요금을 별도로 구분징수하여 납입을 대행하는 경우 그 금액은 과세표준에 포함하지 아니한다.**

제4절 부동산 임대용역에 대한 과세여부

I 부동산임대용역의 개요

(1) 부가가치세가 과세되는 부동산임대용역

사업자가 부동산을 임대하는 경우에는 부동산 임대업에 해당되어 용역의 공급으로 보아 부가가치세가 과세된다.

(2) 부가가치세가 과세되지 않는 임대용역

① 전·답·과수원·목장용지·임야 또는 염전 임대업
② 「공익사업을 위한 토지 등의 취득 및 보상에 관한 법률」에 따른 **공익사업과 관련하여 지역권·지상권을 설정하거나 대여하는 사업**

구분	재화의 공급	용역의 공급
건물	㉠ 원칙: 과세 ㉡ 국민주택규모이하 공급: 면세	㉠ 원칙: 과세 ㉡ 주택 임대: 면세
토지	면세	㉠ 원칙: 과세 ㉡ 주택 부수토지 임대: 면세

II 부동산임대용역의 과세방법

(1) 겸용주택

과세되는 부동산임대용역과 면세되는 주택임대용역을 함께 공급하는 때에는 이를 구분하여 공급가액을 계산한다. 다만, 임대료 등의 구분이 불분명한 경우에는 다음의 계산식을 순차로 적용한다. 이때, 건물가액 또는 토지가액은 예정신고기간 또는 과세기간이 끝난 날 현재의 기준시가에 따른다.

> **참고** 겸용주택의 면세 여부 판정
>
> 1. **주택면적 > 사업용 건물면적인 경우**: 전부 주택 임대(면세)
> 2. **주택면적 ≤ 사업용 건물면적인 경우**: 사업용 건물은 과세. 이 경우 과세에서 제외되는 주택부수토지 면적은 다음과 같이 계산한다.
>
> > 주택부수토지 = 총토지면적 × $\dfrac{\text{주택연면적}}{\text{건물연면적}}$
> >
> > 주택부수토지의 한계면적 = MAX[①, ②]
> > ① 건물이 정착된 면적×5배(도시지역 밖의 토지는 10배)
> > ② 주택의 연면적

(2) 겸용주택 과세방법

① 공급시기
  ㉠ 원칙: 대가의 각 부분을 받기로 한 때
  ㉡ 간주임대료와 선·후불임대료: 예정신고기간 또는 과세기간의 종료일

② 겸용주택의 임대(부동산임대용역과 주택임대용역)
  ㉠ 실지귀속: 과세되는 부동산임대용역
  ㉡ 실지귀속이 불분명한 경우

> [1단계] 겸용주택의 과세·면세 면적비율 계산
> [2단계] 총임대료 계산 = 임대료 + 간주임대료 + 관리비
> [3단계] 총임대료를 예정신고기간·과세기간이 끝난 날의 기준시가를 기준으로 건물과 토지의 임대료로 구분
> [4단계] 건물임대료·토지임대료를 면적비율로 각 과세·면세부분으로 구분
>   A. 임대료 총액 × $\dfrac{\text{건물가액 또는 토지가액}}{\text{건물가액 + 토지가액}}$ = 건물 및 토지의 임대료 상당액
>   B. 공급가액 = ⓐ + ⓑ
>
>   건물 임대료 상당액 × $\dfrac{\text{과세되는 건물 임대면적}}{\text{총 건물 임대면적}}$ = ⓐ 과세되는 건물 임대공급가액
>
>   토지 임대료 상당액 × $\dfrac{\text{과세되는 토지 임대면적}}{\text{총 토지 임대면적}}$ = ⓑ 과세되는 토지 임대공급가액

(3) 세금계산서 발급여부

① 원칙: 부동산 임대용역은 부가가치세가 과세되므로 세금계산서를 발급해야 한다.
② 예외: 간주임대료는 세금계산서 발급의무가 면제된다.

기출 Check 20년 9급

19 다음 자료를 이용할 경우, 부가가치세법령상 2020년 제2기 과세표준에 포함되는 금액은?

구분	금액	인도 시점	대가 수취 시점
전력을 계속적으로 공급	5,000,000원	2020년 6월 25일	2020년 7월 25일
재화의 외상판매	3,000,000원	2020년 6월 25일	2020년 7월 25일
기획재정부령으로 정하는 장기할부판매	4,000,000원	2020년 7월 25일	2021년 7월 25일
재화의 공급시기가 되기 전에 재화의 대가 전부를 받고 즉시 세금계산서를 발급	6,000,000원	2020년 7월 25일	2020년 6월 25일

※ 장기할부판매는 매년 동일한 시점(5년간)에 대가를 수취하고 있음
※ 대가(의 각 부분)를 받기로 한 때와 대가 수취 시점은 동일하며, 제시된 금액은 부가가치세가 포함되지 않은 금액임

① 5,000,000원
② 7,000,000원
③ 9,000,000원
④ 11,000,000원

해설
1. 전력을 계속적으로 공급하는 경우 계약에 따라 받기로 한 대가의 각 부분을 공급가액으로 한다. 즉, 5,000,000원이 대가 수취 시점인 2기 과세표준에 포함된다.
2. 재화의 외상판매는 공급한 재화의 총가액을 인도시점에 과세표준에 포함하므로 3,000,000원은 제1기 과세표준에 포함된다.
3. 장기할부판매의 경우 대가의 각 부분을 받기로 한 때를 공급시기로 보기 때문에 2021년 7월 25일 즉 2021년의 2기 과세표준에 포함한다.
4. 대가를 수령하고 세금계산서를 발급하는 경우 그 세금계산서를 발급하는 때를 공급시기로 보기 때문에 2020년 1기 과세표준에 포함한다.

🔑 ①

기출 Check 18년 7급

20 다음은 도매업을 영위하는 일반과세자인 甲의 2017년 제1기 과세기간 동안 해당 사업에서 발생한 수입내역이다. 2017년 제1기 과세기간의 부가가치세 과세표준을 계산한 것은? (단, 제시된 금액은 부가가치세액이 포함되지 아니한 금액임)

- 매출액은 50,000,000원이며, 매출에누리 1,000,000원이 차감된 금액임
- 위 매출액에는 공급에 대한 대가의 지급이 지체되었음을 이유로 받은 연체이자 500,000원이 포함되어 있음
- 위 매출액에는 공급받는 자에게 도달하기 전에 멸실한 재화의 가액 2,000,000원이 포함되어 있음
- 위 매출액 중 600,000원은 외상 매출한 것으로서 거래처가 파산하여 매출채권을 회수하지 못하였음

① 48,500,000원
② 47,900,000원
③ 47,500,000원
④ 46,900,000원

해설
③ 2017년 제1기 부가가치세 과세표준 = 50,000,000원(매출액) − 500,000원(연체이자) − 2,000,000원(멸실된 재화의 가액) = 47,500,000원

🔑 ③

CHAPTER 06 세금계산서

제1절 거래징수

I 거래징수의 목적

부가가치세의 원활한 징수를 위해 사업자는 재화·용역을 공급하는 경우에는 공급가액에 세율을 적용하여 계산한 부가가치세를 재화 또는 용역을 공급받는 자로부터 징수해야 한다.

II 조세법률관계

(1) **국가**

국가는 부가가치세를 부과·징수할 수 있는 조세채권자다.
또한, 국가는 거래상대방이 최종소비자인 경우 부가가치세의 실질적 부담자에 해당한다.

(2) **납세의무자(공급자)**

공급자는 부가가치세를 신고·납부해야 하는 조세채무자다. 또한, 납세의무자인 공급자는 과세대상인 재화 또는 용역을 공급하는 경우 부가가치세를 거래징수할 권리가 있다. 다만, 사법적인 권리는 아니다. 납세의무자인 공급자가 부가가치세가 과세되는 재화·용역을 공급하면서 부가가치세를 거래징수하지 않았다고 하더라도 부가가치세를 납부해야 한다.

III 거래징수 시기

재화 또는 용역을 공급하는 때에 부가가치세 상당액을 그 공급을 받는 자로부터 징수해야 한다. 따라서, <u>사업자가 공급을 받는 자로부터 실제로 부가가치세 상당액의 거래징수를 하였는지의 여부에 관계없이 그 납세의무를 부담한다.</u>

제2절 세금계산서 ★

I 세금계산서 개요 및 기능

(1) **세금계산서 개요**

세금계산서(tax invoice)란 과세사업자가 재화 또는 용역을 공급할 때 부가가치세를 거래징수하고 이 거래사실과 그 내용을 증명하기 위하여 공급을 받는 자에게 발급하는 세금영수증이다.

(2) 세금계산서의 기능
　① 주된 기능
　　㉠ 공급자: 부가가치세를 전가하는 법적 장치 역할
　　㉡ 공급받는 자: 매입세액을 공제받기 위한 적격증빙 역할
　　㉢ 과세관청: 상호검증을 위한 과세자료 역할(근거과세)
　② 부수적 기능
　　㉠ 부가가치세를 거래징수 하였음을 증명하는 서류(세금영수증)
　　㉡ 사업자의 거래증명자료 및 기장의 기초 자료
　　㉢ 거래송장 및 대금청구서(영수증)

Ⅱ 세금계산서의 기재사항 및 종류

세금계산서에는 다음과 같은 기재사항을 기재하여야 한다.

(1) 필요적 기재사항

필요적 기재사항은 세금계산서에 **반드시 기재**하여야 하는 것으로, 이 중 일부라도 기재되지 않은 세금계산서는 효력이 없다.

① **공급하는 사업자의 등록번호와 성명 또는 명칭**
② **공급받는 자의 등록번호**(단, 사업자가 아니거나 등록한 사업자가 아닌 경우에는 고유번호 또는 공급받는 자의 주민등록번호)
③ **공급가액과 부가가치세액**
④ **작성연월일**

(2) 임의적 기재사항

임의적 기재사항은 일부가 기재되지 않았더라도 세금계산서로서의 효력은 유효하다.

① 공급하는 자의 주소
② 공급받는 자의 상호·성명·주소
③ 단가와 수량
④ 공급연월일 등

(3) 세금계산서의 종류

① 일반세금계산서: 종이세금계산서로 사업자가 발급
② 전자세금계산서: 전자적 방법에 의해 사업자가 발급
③ 수입세금계산서: 세관장이 발급
④ 수정세금계산서: 일정한 사유가 발생시 사업자가 발급
⑤ 수정수입세금계산서: 일정한 사유가 발생시 세관장 발급

Ⅲ 전자세금계산서

부가가치세가 과세되는 재화나 용역을 공급하는 사업자는 재화나 용역을 공급받는 자에게 세금계산서를 발급해야 한다. 단, 일정한 경우 종이세금계산서 대신 전자세금계산서로 세금계산서를 발급해야 한다.

(1) 전자세금계산서

전자세금계산서란 다음 중 어느 하나에 해당하는 방법으로 세금계산서의 기재사항을 계산서 작성자의 신원 및 계산서의 변경 여부 등을 확인할 수 있는 인증시스템을 거쳐 정보통신망으로 발급하는 세금계산서를 말한다.
① 전사적 기업자원관리설비(ERP)
② 전자세금계산서 발급업무 대행사업자의 발급 시스템(ASP)
③ 국세청 전자세금계산서 발급 시스템(홈택스)
④ 현금영수증발급장치 등 국세청장 지정 발급 시스템

(2) 전자세금계산서 발급대상자

① 의무발급 사업자
  ㉠ 법인사업자
  ㉡ 직전 연도 사업장별 공급가액(면세공급가액 포함)의 합계액이 1억 원(2024년 7월 1일부터는 8천만 원) 이상인 개인사업자
② 발급가능 사업자
  전자세금계산서 의무발급 사업자가 아닌 사업자

(3) 전자세금계산서의 발급기간

① 원칙
  다음 해 제2기 과세기간부터 그 다음 해 제1기 과세기간까지 전자세금계산서를 의무발급해야 한다.
② 수정신고 또는 결정 및 경정으로 1억 원 이상이 된 경우
  수정신고 등을 한 날이 속하는 과세기간의 다음 과세기간과 그 다음 과세기간
③ 관할 세무서장은 개인사업자가 전자세금계산서 의무발급 개인사업자에 해당하는 경우에는 **발급해야 하는 기간이 시작되기 1개월 전까지 그 사실을 통지**해야 한다. 만약, 통지를 받지 못한 경우에는 통지서를 수령한 날이 속하는 달의 다음 다음달 1일부터 개인사업자는 전자세금계산서를 발급해야 한다.

(4) 전자세금계산서 발급절차

전자세금계산서를 발급하였을 때에는 **전자세금계산서 발급일의 다음날까지** 전자세금계산서 발급명세를 국세청장에게 전송해야 한다.

(5) 전자세금계산서 발급명세 전송시 혜택

전자세금계산서 발급명세를 전송(지연전송 포함)한 경우에는 예정신고 또는 확정신고시 ① 매출·매입처별세금계산서합계표를 제출하지 않을 수 있으며, ② **5년간 세금계산서 보존의무가** 면제된다.

(6) 전자세금계산서 관련 제재

① **미발급 가산세**

전자세금계산서를 발급해야 할 의무가 있는 자가 세금계산서의 발급시기에 ㉠ 미발급하거나 ㉡ 전자세금계산서 외의 세금계산서를 발급한 경우

> ㉠ 미발급: 공급가액 × 2%, ㉡ 전자 외 세금계산서 발급: 공급가액 × 1%

② **지연전송 가산세**

전자세금계산서 발급명세 전송기한이 지난 후 재화·용역의 공급시기가 속하는 과세기간에 대한 확정신고기한까지 국세청장에게 전자세금계산서 발급명세를 전송하는 경우

> 공급가액 × 0.3%

③ **미전송 가산세**

전자세금계산서 발급명세 전송기한이 지난 후 재화·용역의 공급시기가 속하는 과세기간에 대한 확정신고기한까지 국세청장에게 발급명세를 전송하지 않은 경우

> 공급가액 × 0.5%

Ⅳ 수정세금계산서

(1) 수정세금계산서 개요

① 세금계산서 또는 전자세금계산서의 기재사항을 **착오로 잘못 적거나** 세금계산서 또는 전자세금계산서를 발급한 후 그 기재사항에 관하여 **수정사유**가 발생하면 공급자는 수정세금계산서 또는 수정전자세금계산서를 발급할 수 있다.

② 수정세금계산서를 발급하는 이유는 당초 세금계산서상의 공급가액이 후발적 사유로 증가하거나 감소한 경우 과세관청과 납세자의 편의를 도모하기 위하여 그 사유가 발생한 날을 작성일자로 하여 그에 관한 수정세금계산서를 교부할 수 있게 함으로써 그 공급가액의 증감액을 그 사유가 발생한 날이 속하는 과세기간의 과세표준에 반영하도록 하는 데에 있다.

(2) 수정세금계산서 발급사유 및 절차

발급사유	발급절차
① 처음 공급한 재화가 환입된 경우	**재화가 환입된 날**을 작성일로 적고, 비고란에 처음 세금계산서 작성일을 덧붙여 적은 후 붉은색 글씨로 쓰거나 음의 표시를 하여 발급
② 계약의 해제로 재화·용역이 공급되지 않은 경우	계약이 해제된 때에 그 작성일은 **계약해제일**로 적고, 비고란에 처음 세금계산서 작성일을 덧붙여 적은 후 붉은색 글씨로 쓰거나 음의 표시를 하여 발급
③ 계약의 해지 등에 따라 공급가액에 추가되거나 차감되는 금액이 발생한 경우	**증감 사유가 발생한 날**을 작성일로 적고, 추가되는 금액은 검은색 글씨로 쓰고, 차감되는 금액은 붉은색 글씨로 쓰거나 음의 표시를 하여 발급
④ 재화 또는 용역을 공급한 후 공급시기가 속하는 과세기간 종료 후 25일 이내에 내국신용장이 개설되었거나 구매확인서가 발급된 경우	내국신용장 등이 개설된 때에 그 작성일은 **처음 세금계산서 작성일**을 적고, 비고란에 내국신용장 개설일 등을 덧붙여 적어 영세율 적용분은 검은색 글씨로 세금계산서를 작성하여 발급하고, 추가하여 처음에 발급한 세금계산서의 내용대로 세금계산서를 붉은색 글씨로 또는 음의 표시를 하여 작성하고 발급
⑤ 필요적 기재사항 등이 착오로 잘못 적힌 경우(과세표준 또는 세액을 경정할 것을 미리 알고 있는 경우는 제외)	처음에 발급한 세금계산서의 내용대로 세금계산서를 붉은색 글씨로 쓰거나 음의 표시를 하여 발급하고, 수정하여 발급하는 세금계산서는 검은색 글씨로 작성하여 발급
⑥ 필요적 기재사항 등이 착오 외의 사유로 잘못 적힌 경우(과세표준 또는 세액을 경정할 것을 미리 알고 있는 경우는 제외)	재화나 용역의 공급일이 속하는 과세기간에 대한 확정신고기한까지 세금계산서를 작성하되, 나머지 절차는 ⑤의 절차를 준용
⑦ 착오로 전자세금계산서를 이중으로 발급한 경우	처음에 발급한 세금계산서의 내용대로 음의 표시를 하여 발급
⑧ 면세 등 발급대상이 아닌 거래 등에 대하여 발급한 경우	처음에 발급한 세금계산서의 내용대로 붉은색 글씨로 쓰거나 음의 표시를 하여 발급
⑨ 세율을 잘못 적용하여 발급한 경우(과세표준 또는 세액을 경정할 것을 미리 알고 있는 경우는 제외)	처음에 발급한 세금계산서의 내용대로 세금계산서를 붉은색 글씨로 쓰거나 음의 표시를 하여 발급하고, 수정하여 발급하는 세금계산서는 검은색 글씨로 작성하여 발급

(3) 과세유형 변경시 특례

① 일반과세자 ⇨ 간이과세자

과세유형이 전환된 후 과세유형전환 전에 공급한 재화 또는 용역에 수정세금계산서 발급사유가 발생한 경우에는 원칙적인 절차에도 불구하고 처음에 발급한 세금계산서 작성일을 수정세금계산서 또는 수정전자세금계산서의 작성일로 적고, 비고란에 사유 발생일을 덧붙여 적은 후 추가되는 금액은 검은색 글씨로 쓰고 차감되는 금액은 붉은색 글씨로 쓰거나 음의 표시를 하여 수정세금계산서나 수정전자세금계산서를 발급할 수 있다.

② 간이과세자 ⇨ 일반과세자

과세유형이 전환된 후 과세유형전환 전에 공급한 재화 또는 용역에 수정세금계산서 발급 사유가 발생한 경우에는 원칙적인 절차에도 불구하고 처음에 발급한 세금계산서 작성일을 수정세금계산서 또는 수정전자세금계산서의 작성일로 적고, 비고란에 사유 발생일을 덧붙여 적은 후 추가되는 금액은 검은색 글씨로 쓰고 차감되는 금액은 붉은색 글씨로 쓰거나 음의 표시를 하여 수정세금계산서나 수정전자세금계산서를 발급해야 한다.

기출 Check
17년 9급

21 「부가가치세법」상 세금계산서에 대한 설명으로 옳지 않은 것은?

① 전자세금계산서를 발급하였을 때에는 그 발급일의 다음날까지 전자세금계산서 발급명세를 국세청장에게 전송해야 하며 이 경우 해당 전자세금계산서 보존의무는 면제된다.
② 전자세금계산서 발급 의무가 없는 사업자도 전자세금계산서를 발급할 수 있으며 필요적 기재사항을 착오로 잘못 적은 경우에는 수정전자세금계산서를 발급할 수 있다 (단, 해당 사업자가 과세표준 또는 세액이 경정될 것을 미리 알고 있는 경우 제외).
③ 관계 증명서류 등에 따라 실제거래 사실이 확인되는 경우로서 해당 거래일을 작성연월일로 하여 세금계산서를 발급하는 경우 재화 또는 용역의 공급일이 속하는 달의 다음 달 10일(그 날이 공휴일 또는 토요일인 경우 바로 다음 영업일)까지 세금계산서를 발급할 수 있다.
④ 수탁자가 직접 재화를 인도하는 위탁판매(위탁자를 알 수 없는 경우에 해당하지 않음)의 경우 수탁자가 자신의 명의로 세금계산서를 발급해야 하며 이 경우 위탁자의 등록번호를 덧붙여 적어야 한다.

❻ ④
해설 수탁자가 직접 재화를 인도하는 위탁판매(위탁자를 알 수 없는 경우에 해당하지 않음)의 경우 위탁자가 자신의 명의로 세금계산서를 발급해야 하며 이 경우 수탁자의 등록번호를 덧붙여 적어야 한다.

(4) 수정수입세금계산서

① **발급 사유**

세관장은 다음 중 어느 하나에 해당하는 경우에는 수입하는 자에게 수정수입세금계산서를 발급해야 한다.

㉠ 세관장이 과세표준 또는 세액을 결정 또는 경정하기 전에 수입하는 자가 수정신고 등을 하는 경우

㉡ 세관장이 과세표준 또는 세액을 결정 또는 경정하거나 수입하는 자가 세관공무원의 관세 조사 등이 발생하여 과세표준 또는 세액을 결정 또는 경정할 것을 미리 알고 수정신고하는 경우로서 다음 중 어느 하나에 해당하는 경우

ⓐ 관세협력이사회나 관세품목분류위원회에서 품목분류를 변경하는 경우
ⓑ 합병에 따른 납세의무 승계 등으로 당초 납세의무자와 실제 납세자가 다른 경우
ⓒ 수입자의 단순착오 또는 경미한 과실로 확인되거나 수입자가 자신의 귀책사유가 없음을 증명하는 등의 경우

㉢ 단, 세관장이 결정·경정하거나 관세조사 통지 등 세관장이 결정·경정할 것을 미리 알고 수정신고 등을 하는 경우는 제외한다.

ⓐ 「관세법」에 따라 벌칙이 적용되거나 부정한 행위로 당초 과소신고한 경우
ⓑ 수입자가 동일한 신고오류를 반복하는 등 대통령령으로 정하는 중대한 과실이 있는 경우
- 특수관계거래 관련 과세자료 제출명령에 불응하거나 거짓으로 제출한 경우
- 관세조사 등을 통해 이미 통지받은 오류를 다음 신고시에도 반복하는 경우
- 보정신청 통지에 조치하지 않는 경우
- 수입거래 사항 서류와 증빙 과세자료가 사실과 명백히 다른 경우 등 해당 서류 또는 과세자료에 중대한 하자가 있는 경우

② **발급 절차**

㉠ 세관장이 수정수입세금계산서를 발급하는 경우에는 부가가치세를 납부받거나 징수 또는 환급한 날을 작성일로 적고 비고란에 최초 수입세금계산서 발급일 등을 덧붙여 적은 후 추가되는 금액은 검은색 글씨로 쓰고, 차감되는 금액은 붉은색 글씨로 쓰거나 음의 표시를 하여 발급한다.

㉡ 수입하는 자는 세관장이 수정수입세금계산서를 발급하지 아니하는 경우 국세부과 제척기간 내에 세관장에게 수정수입세금계산서의 발급을 신청할 수 있다. 이 경우 세관장은 2개월 이내에 발급여부를 통지해야 한다.

Ⅴ 매입자발행 세금계산서

(1) 개요

세금계산서 교부의무가 있는 사업자가 발급 시기에 세금계산서를 발급하지 않은 경우 등의 사유가 발생하는 경우 그 **재화 또는 용역을 공급받은 자**는 관할 세무서장의 확인을 받아 세금계산서를 발급할 수 있다.

> **매입자발행 세금계산서 발급 취지**
> 세금계산서를 발급받지 못하면 매입자는 매입세액이 공제되지 아니하고 관련비용도 공제 받지 못하는 불이익을 방지하는데 그 취지가 있다.

(2) 매입자발행 세금계산서 발급 사유

① 사업자가 재화 또는 용역을 공급하고 아래의 ㉠ 또는 ㉡의 사유에 해당할 것
  ㉠ 소재불명 또는 연락두절 상태인 경우
  ㉡ 휴업이나 그 밖의 부득이한 사유로 세금계산서를 발급하는 것이 곤란하다고 국세청장이 인정하는 경우
② 재화 또는 용역을 공급받은 자가 **재화 또는 용역의 공급시기가 속하는 과세기간의 종료일부터 1년 이내**에 관할 세무서장에게 거래사실(**거래 건당 공급대가가 5만 원 이상**인 경우에 한함)의 확인을 신청할 것을 요한다.
③ 재화 또는 용역을 공급받은 자가 관할 세무서장의 확인을 받아 공급자 관할 세무서장이 **확인한 거래일자**를 작성일자로 하여 매입자발행 세금계산서를 발행할 것

(3) 발급절차

① 거래사실의 확인신청
  신청인은 해당 재화 또는 용역의 공급시기가 속하는 과세기간의 종료일부터 1년 이내에 거래사실확인신청서에 거래사실을 객관적으로 입증할 수 있는 서류를 첨부하여 **신청인의 관할 세무서장**에게 거래사실의 확인을 신청해야 한다.
② 보정요구
  신청을 받은 관할 세무서장은 신청서에 재화·용역의 공급자의 인적사항이 부정확하거나 신청서 기재방식에 흠이 있는 경우에는 신청일부터 **7일 이내**에 일정한 기간을 정하여 보정요구를 할 수 있다.
③ 확인거부
  신청인의 관할 세무서장은 다음의 경우에 해당하는 경우 거래사실의 확인을 거부하는 결정을 하여야 한다.
  ㉠ 신청인이 보정기간 이내에 보정요구에 응하지 않는 경우
  ㉡ 신청기간을 넘긴 것이 명백한 경우
  ㉢ 신청서의 내용으로 보아 거래 당시 미등록사업자 및 휴·폐업자와 거래한 것이 명백한 경우
④ 확인절차
  ㉠ 신청인 관할 세무서장은 확인거부결정을 하지 않은 신청에 대해서는 거래사실 확인신청서가 제출된 날(보정을 요구하였을 때에는 보정이 된 날)부터 7일 이내에 신청서와 제출된 증빙서류를 공급자의 관할 세무서장에게 송부해야 한다.
  ㉡ 이때, 신청서를 송부받은 공급자 관할세무서장은 신청인의 신청내용, 제출된 증빙자료를 검토하여 거래사실 여부를 확인해야 하며 입증책임은 신청인에게 있다.

⑤ 결과통지

공급자 관할 세무서장은 **신청일의 다음달 말일**까지 거래사실 여부를 확인하여 다음 구분에 따른 통지를 공급자와 신청인 관할 세무서장에게 해야 한다. 다만, 공급자의 부도, 일시 부재 등 기획재정부령으로 정하는 불가피한 사유가 있는 경우에는 거래사실 확인 기간을 20일 이내의 범위에서 연장할 수 있다.

㉠ 거래사실이 확인되는 경우 : 공급자 및 공급받는 자의 사업자등록번호, 작성연월일, 공급가액 및 부가가치세액 등을 포함한 거래사실 확인 통지를 한다.

㉡ 거래사실이 확인되지 아니하는 경우 : 거래사실 확인불가를 통지한다.

ⓐ 거래사실이 확인되는 경우 : 공급자 및 공급받는 자의 사업자등록번호, 작성 연·월·일, 공급가액 및 부가가치세액 등을 포함한 거래사실 확인 통지를 한다.

ⓑ 거래사실이 확인되지 않은 경우 : 거래사실 확인불가를 통지한다.

⑥ 발급

㉠ 신청인 관할 세무서장으로부터 거래사실 확인 통지를 받은 신청인은 공급자 관할 세무서장이 **확인한 거래일자를 작성일자**로 하여 매입자발행세금계산서를 발행하여 공급자에게 발급해야 한다.

㉡ 다만, 신청인 및 공급자가 관할 세무서장으로부터 거래사실 확인 통지를 받은 경우에는 신청인이 매입자발행세금계산서를 공급자에게 교부한 것으로 본다.

(4) 매입세액공제 특례

매입자발행세금계산서를 발급한 신청인은 예정신고 또는 확정신고 또는 경정청구시 매입자발행세금계산서합계표를 제출한 경우에는 매입자발행세금계산서에 기재된 매입세액을 해당 재화 또는 용역의 공급시기에 해당하는 과세기간의 매출세액에서 매입세액으로 공제받을 수 있다.

Ⅵ 거래형태별 세금계산서 발급

(1) 위탁매매

① 위탁판매 또는 대리인에 의한 판매의 경우 수탁자 또는 대리인이 재화를 인도할 때에는 수탁자 또는 대리인이 위탁자 또는 본인의 명의로 세금계산서를 발급하며, 위탁자 또는 본인이 직접 재화를 인도하는 때에는 위탁자 또는 본인이 세금계산서를 발급할 수 있다. 이 경우 수탁자 또는 대리인의 등록번호를 덧붙여 적어야 한다.

② 위탁매입 또는 대리인에 의한 매입의 경우에는 공급자가 위탁자 또는 본인을 공급받는 자로 하여 세금계산서를 발급한다. 이 경우 수탁자 또는 대리인의 등록번호를 덧붙여 적어야 한다.

구분		세금계산서 발급 시 명의	등록번호
위탁매출	수탁자(대리인)가 재화를 인도	위탁자(본인)의 명의로 세금계산서를 발급	수탁자 또는 대리인의 등록번호를 덧붙여 적어야 한다.
	위탁자(본인)가 직접 재화를 인도	위탁자(본인)의 명의로 세금계산서를 발급	
위탁매입		위탁자(본인)를 공급받는 자로 하여 세금계산서를 발급	

위탁자(본인)를 알 수 없는 경우에는 위탁자(본인)는 수탁자(대리인)에게, 수탁자(대리인)는 거래상대방에게 각각 공급한 것으로 보아 세금계산서를 발급한다.

(2) 리스

납세의무가 있는 사업자가 「여신전문금융업법」에 따라 등록한 시설대여업자로부터 시설 등을 임차하고, 그 시설 등을 공급자 또는 세관장으로부터 직접 인도받는 경우에는 공급자 또는 세관장이 그 사업자에게 직접 세금계산서를 발급할 수 있다.

(3) 합병

① 피합병법인

법인 간의 흡수합병에 있어서 합병등기일 전 실제 합병한 경우 실제 합병일로부터 합병등기일까지 피합병법인의 사업장에서 거래된 재화의 공급 및 매입분에 대하여는 피합병법인 명의로 세금계산서를 발급하거나 발급받고 부가가치세를 신고·납부한다.

② 소멸법인

합병에 따라 소멸하는 법인이 합병계약서에 기재된 합병을 할 날부터 합병등기일까지의 기간에 재화 또는 용역을 공급하거나 공급받는 경우 합병 이후 존속하는 법인 또는 합병으로 신설되는 법인이 세금계산서를 발급하거나 발급받을 수 있다.

제3절 영수증

영수증은 공급받는 자의 등록번호와 부가가치세액을 따로 기재하지 않는 계산서를 말한다. 영수증은 사업자를 대상으로 공급하기보다 부가가치세의 매입세액 공제와 관련 없는 최종소비자를 대상으로 공급하는 경우에 영수증 발급을 허용하고 있다.

I 영수증 발급

(1) 영수증 발급사업자

① 소매업, 음식업점(다과점업 포함). 숙박업, 여객운송업, 미용·욕탕 및 유사서비스업
② 입장권을 발행하여 경영하는 사업
③ 변호사업, 공인회계사업, 세무사업 등 간이과세가 배제되는 사업서비스업 및 행정사업 (사업자에게 공급하는 것은 제외)
④ 우정사업조직이 소포우편물을 방문 접수하여 배달하는 용역을 제공하는 사업

⑤ 면세하지 않는 의료보건용역을 제공하는 사업, 수의사가 제공하는 동물 진료용역
⑥ 무도학원, 자동차 학원사업
⑦ 전자서명인증사업자가 인증서를 발급하는 사업
⑧ 공인인증기관이 공인인증서를 발급하는 사업
⑨ 간편사업자등록을 한 사업자가 국내에 전자적 용역을 공급하는 사업
⑩ 주로 사업자가 아닌 소비자에게 재화 또는 용역을 공급하는 사업으로서 세금계산서 발급이 불가능하거나 현저히 곤란한 사업

> 예 도정업, 떡방앗간, 양복점업, 양화점업, 운수업, 부동산중개업, 주거용 건물공급업 등

(2) 일정요건을 충족하는 간이과세자

간이과세자 중 다음 중 어느 하나에 해당하는 자는 영수증을 발급하여야 한다.
① 직전 연도의 공급대가의 합계액이 4천8백만 원 미만인 자(신규로 사업을 시작한 개인사업자의 경우 환산한 금액)
② 신규로 사업을 시작하는 개인사업자로서 간이과세자로 하는 최초의 과세기간 중에 있는 자

(3) 일정요건을 충족하는 전기사업자 등

「전기사업법」에 따른 전기사업자가 산업용이 아닌 전력을 공급하는 경우 등 대통령령으로 정하는 경우 해당 사업자는 영수증을 발급할 수 있다. 이 경우 해당 사업자가 영수증을 발급하지 아니하면 세금계산서를 발급하여야 한다.

> **참고** 일정한 전기사업자
>
> 1. 임시사업장 개설 사업자가 그 임시사업장에서 사업자가 아닌 소비자에게 재화·용역을 공급하는 경우
> 2. 전기사업자가 산업용이 아닌 전력을 공급하는 경우
> 3. 전기통신사업자가 전기통신역무를 제공하는 경우(부가통신사업자가 통신판매업자에게 부가통신역무를 제공하는 경우는 제외)
> 4. 도시가스사업자가 산업용이 아닌 도시가스를 공급하는 경우
> 5. 집단에너지를 공급하는 사업자가 산업용이 아닌 열 또는 산업용이 아닌 전기를 공급하는 경우
> 6. 방송사업자·인터넷 멀티미디어 방송제공 사업자가 아닌 자에게 방송용역을 제공하는 경우

(4) 영수증 발급 특례

① 공급자의 세금계산서 발급 요구

위 규정에도 불구하고 재화와 용역을 공급받는 자가 사업자등록증을 제시하고, 세금계산서의 발급을 요구하는 경우에는 세금계산서를 발급하여야 한다.

② 등록기의 설치

위 규정에도 불구하고 영수증을 발급하는 사업자는 금전등록기를 설치하여 영수증을 대신하여 공급대가를 적은 계산서를 발급할 수 있다. 이 경우 사업자가 계산서를 발급하고 해당 감사테이프를 보관한 경우에는 영수증을 발급하고 장부의 작성을 이행한 것으로 보며, 현금수입을 기준으로 부가가치세를 부과할 수 있다.

Ⅱ 매입자의 매입세액 공제 문제

(1) 원칙

일반적인 영수증은 세금계산서의 효력을 가지지 못하므로, 영수증을 발급받는 자는 이를 근거로 한 매입세액 공제를 받지 못한다.

(2) 예외

다음의 요건을 모두 충족한 경우에는 영수증 수취 시에도 매입세액 공제가 가능하다.
① 일반과세자(세금계산서 발급금지업종 제외) 또는 세금계산서 발급대상 간이과세자로부터 받은 신용카드매출전표, 현금영수증, 직불카드영수증, 기명식선불카드영수증 등 (이하 "신용카드매출전표 등")
② 공급가액과 부가가치세가 별도로 구분기재
③ 신용카드매출전표등 수령명세서를 제출
④ 해당 신용카드매출전표등을 5년간 보존

제4절 ✦ 세금계산서 및 영수증의 발급의무 면제

다음의 재화나 용역을 공급하는 경우에는 세금계산서 또는 영수증의 발급의무가 면제된다. 이러한 면제대상 사업자는 세금계산서를 발급하지 않더라도 세금계산서불성실가산세를 부과받지 않는다.

Ⅰ 세금계산서 발급의무 면제

세금계산서를 발급하기 어렵거나 불필요한 경우, 최종소비자 대상업종 및 영세율거래 등 다음에 해당하는 경우에는 세금계산서를 발급하지 않을 수 있다.
① 택시운송사업자, 노점 또는 행상을 하는 자, 무인자판기 사업자가 공급하는 재화·용역
② 소매업 또는 미용, 욕탕 및 유사서비스업을 영위하는 자가 공급하는 재화 또는 용역 (다만, 소매업의 경우에는 공급받는 자가 세금계산서 발급을 요구하지 아니하는 경우로 정한다)
③ **재화의 공급의제에 해당하는 경우(다만, 판매목적 타사업장 반출은 제외한다)**
④ 부동산임대용역 중 **간주임대료**

기출 Check 20년 9급

22 부가가치세법령상 공급할 때 세금계산서 발급의무가 면제되는 재화 또는 용역에 해당하지 않는 것은?
① 미용, 욕탕 및 유사 서비스업을 경영하는 자가 공급하는 재화 또는 용역
② 원료를 대가 없이 국외의 수탁가공 사업자에게 반출하여 가공한 재화를 양도하는 경우에 그 원료의 반출로서 국내 사업장에서 계약과 대가 수령 등 거래가 이루어지는 것
③ 물품 등을 무환(無換)으로 수출하여 해당 물품이 판매된 범위에서 대금을 결제하는 계약에 의한 수출로서 국내 사업장에서 계약과 대가 수령 등 거래가 이루어지는 것
④ 국외에서 공급하는 용역으로서, 공급받는 자가 국내사업장이 없는 비거주자 또는 외국법인인 경우

6 ②
해설 원료를 대가 없이 국외의 수탁가공 사업자에게 반출하여 가공한 재화를 양도하는 경우에 그 원료의 반출로서 국내 사업장에서 계약과 대가 수령 등 거래가 이루어지는 것은 영세율을 적용하는 재화의 공급으로 세금계산서를 발급하여야 한다.

⑤ **영세율 적용대상 거래**로서 주로 거래 상대방이 국외에 있는 경우

> **참고** 영세율 적용대상 거래 중 세금계산서를 발급하여야 하는 경우
>
> 1. 내국신용장(구매확인서)에 의한 공급
> 2. 한국국제협력단·한국국제보건의료재단 및 대한적십자사에 대한 공급
> 3. 수출재화임가공용역
> 4. 외국항행선박(국내사업자) 등에 제공하는 재화·용역
> 5. 원료를 대가 없이 국외의 수탁가공 사업자에게 반출하여 가공한 재화를 양도하는 경우 그 원료의 반출

⑥ 인증서 발급 용역
⑦ 간편사업자등록을 한 사업자가 국내에 공급하는 전자적 용역

II 세금계산서 발급 금지

일반과세자 중 영수증 발급대상 사업자라도 재화나 용역을 공급받는 사업자가 사업자등록증을 제시하고 세금계산서의 발급을 요구하는 때에는 세금계산서를 발급해야 한다. 그러나 **다음의 업종은 공급받는 사업자가 세금계산서를 요구하더라도 세금계산서를 발급할 수 없다.**

① **미용, 욕탕 및 유사서비스업**
② **여객운송업(전세버스 운송사업은 제외)**
③ **입장권을 발행**하여 영위하는 사업
④ 의료보건용역 중 부가가치세가 과세되는 쌍꺼풀수술, 코성형수술 등
⑤ 수의사가 제공하는 부가가치세 과세대상인 동물의 진료용역
⑥ 부가가치세가 과세되는 무도학원 및 자동차 운전학원

III 이중발급 불가

사업자가 신용카드매출전표·직불카드영수증·기명식선불카드·현금영수증 등을 발급한 경우에는 세금계산서를 발급할 수 없다.

제5절 세금계산서합계표의 의의 및 제출

I 세금계산서합계표의 의의

세금계산서합계표란 사업자가 세금계산서를 수수한 경우 이를 총합하여 합계표로 작성해 관할 세무서장에 제출해야 하는데 이를 세금계산서합계표라고 한다.

II 세금계산서합계표의 제출

(1) **사업자의 세금계산서합계표 제출의무**

① 사업자는 세금계산서 또는 수입세금계산서를 발급하였거나 발급받은 경우에는 매출처별 세금계산서합계표와 매입처별 세금계산서합계표(이하 "매출·매입처별 세금계산서합계표")를 해당 예정신고 또는 확정신고를 할 때 제출해야 한다.

② 다만, **예정신고를 하는 사업자가 각 예정신고와 함께 매출·매입처별 세금계산서합계표를 제출하지 못하는 경우에는 해당 예정신고기간이 속하는 과세기간의 확정신고와 함께 제출할 수 있다.**

(2) **세관장의 매출처별 세금계산서합계표 제출의무**

수입세금계산서를 발급한 세관장은 매출처별 세금계산서합계표를 해당 세관 소재지를 관할하는 세무서장에게 제출해야 한다.

(3) **국가 또는 면세사업자의 매입처별 세금계산서합계표 제출의무**

세금계산서를 발급받은 국가·지방자치단체·지방자치단체조합, 면세사업자 등은 부가가치세의 납세의무가 없는 경우에도 매입처별 세금계산서합계표를 해당 과세기간이 끝난 후 25일 이내에 납세지 관할 세무서장에게 제출해야 한다.

CHAPTER 07 부가가치세 납부세액

제1절 매입세액 공제

I 매입세액 계산구조

세금계산서수령분 매입세액
+ 예정신고누락분
+ 매입자발행세금계산서매입세액
+ 신용카드매출전표 등 수령분
+ 의제매입세액
+ 과세사업전환 매입세액
+ 재고매입세액
+ 변제대손세액
= 합계
− 공제하지 아니하는 매입세액
− 공통매입세액 중 면세사업분
− 대손처분받은세액
= 매입세액 계

II 매입세액

(1) 공제되는 매입세액

부가가치세가 공제되는 매입세액은 다음의 공제요건을 갖춘 매입세액에 한한다.
① **자기의 과세사업을 위한 매입세액일 것**
② 자기의 사업에 **사용하였거나 사용할 목적**일 것
③ 재화·용역의 공급 또는 재화의 수입에 대한 매입세액일 것

공제되는 매입세액에는 사업의 포괄양도에 따른 사업양수자 대리납부제도에 따라 납부한 부가가치세액을 포함하며, 세금계산서 등에 의해 거래징수 사실이 입증되어야 한다.

(2) 매입세액 공제 시기

실제로 사업에 사용하여야만 공제하는 것이 아니라 매입시점에서 매입세액을 공제한다. **즉, 재화·용역에 대한 매입세액은 재화·용역을 공급받는 시기(또는 재화의 수입시기)가 속하는 과세기간의 매출세액에서 공제한다.**

> **참고** 매입시점에서 매입세액을 공제하는 이유
>
> 1. 사업자의 자금부담 완화
> 2. 자금의 조기 회수로 투자 촉진
> 3. 소비형 부가가치세 제도 부합

Ⅲ 매입세액 불공제

(1) 사업과 직접적인 관련성이 없는 지출에 대한 매입세액

사업 관련성의 유무는 지출의 목적과 경위, 사업의 내용 등에 비추어 그 지출이 사업의 수행에 필요한 것이었는지를 살펴 개별적으로 판단해야 한다.

(2) 매입처별 세금계산서(T/I)합계표 미제출·불분명분 매입세액

1) 원칙 : 매입세액 불공제
① 매입처별 T/I합계표를 제출하지 아니한 경우의 매입세액
② 제출한 매입처별 T/I합계표의 기재사항 중 거래처별 등록번호 또는 공급가액의 전부 또는 일부가 적히지 아니하였거나 사실과 다르게 적힌 경우의 매입세액

2) 예외 : 매입세액 공제
① 매입처별 T/I합계표를 과세표준수정신고, 경정청구, 기한후과세표준신고와 함께 제출하여 관할 세무서장이 결정하는 경우
② 거래처별 등록번호 또는 공급가액이 착오로 사실과 다르게 적힌 경우로서 T/I에 의해 거래사실이 확인되는 경우
③ 관할 세무서장 등이 과세표준과 세액을 경정하는 경우 사업자가 발급받은 세금계산서 등을 경정기관의 확인을 거쳐 해당 경정기관에 제출하는 경우(가산세 있음)

(3) 세금계산서 미수취·불분명분 매입세액

1) 원칙 : 매입세액 불공제
① 세금계산서를 발급받지 아니한 경우의 매입세액
② 발급받은 세금계산서에 필요적 기재사항의 전부 또는 일부가 적히지 아니하였거나 사실과 다르게 적힌 경우의 매입세액(공급가액이 사실과 다르게 적힌 경우에는 실제 공급가액과 사실과 다르게 적힌 금액의 차액에 해당하는 세액)

2) 예외 : 매입세액 공제
① 사업자등록증 신청일부터 발급일까지의 거래에 대하여 사업자의 주민등록번호를 적어 발급받은 경우
② **필요적 기재사항 중 일부가 착오로 사실과 다르게 적혀있으나 나머지 필요적 기재사항 또는 임의적 기재사항으로 보아 거래사실이 확인되는 경우**
③ 재화 또는 용역의 공급시기 이후에 발급받은 세금계산서로서 해당 공급시기가 속하는 과세기간에 대한 확정신고기한까지 발급받은 경우
④ 발급받은 전자세금계산서로서 국세청장에게 전송되지 않았으나 발급한 사실이 확인되는 경우
⑤ 전자세금계산서 외의 세금계산서로서 재화 또는 용역의 공급시기가 속하는 과세기간에 대한 확정신고기한까지 발급받았고, 그 거래사실도 확인되는 경우
⑥ **실제 공급받은 사업장이 아닌 사업장을 적은 T/I를 발급받았더라도 총괄납부·사업자 단위 사업장인 경우로서 실제로 공급한 사업자가 해당 과세기간에 대한 납부세액을 신고·납부한 경우**

> **관련 판례**
> 실제 공급자와 세금계산서상의 공급자가 다른 세금계산서는 공급받는 자가 세금계산서의 명의위장사실을 알지 못하였고 알지 못한 데에 과실이 없다는 특별한 사정이 없는 한 그 매입세액을 공제 내지 환급받을 수 없으며, 공급받는 자가 위와 같은 명의위장사실을 알지 못한 데에 과실이 없다는 점은 매입세액의 공제 내지 환급을 주장하는 자가 이를 입증해야 함(대법 94누13206) ⇨ 선의+무과실 입증

⑦ 재화 또는 용역의 공급시기가 속하는 과세기간에 대한 확정신고기한 이후 세금계산서를 발급받았더라도 그 세금계산서의 발급일이 재화 또는 용역의 공급시기가 속하는 과세기간에 대한 확정신고기한 다음날부터 1년 이내이고 다음 중 어느 하나에 해당하는 경우
  ㉠ 발급받은 세금계산서와 함께 「국세기본법 시행령」에 따른 과세표준수정신고서 및 경정청구서를 제출하는 경우
  ㉡ 거래사실이 확인되어 납세지 관할 세무서장, 납세지 관할 지방국세청장 또는 국세청장이 결정 또는 경정하는 경우
⑧ 재화 또는 용역의 공급시기 이전에 세금계산서를 발급받았더라도 그 세금계산서의 발급일로부터 재화 또는 용역의 공급시기가 6개월 이내에 도래하고 거래사실이 확인되어 납세지 관할 세무서장등이 결정 또는 경정하는 경우
⑨ **거래의 실질이 위탁매매 또는 대리인에 의한 매매에 해당하나 거래 당사자 간 계약에 따라 해당 거래를 위탁매매 또는 대리인에 의한 매매로 보지 않고 발급받은 세금계산서로서 그 계약에 따른 거래사실이 확인되고 거래 당사자가 신고하고 납부한 경우**
⑩ 거래의 실질이 위탁매매 또는 대리인에 의한 매매에 해당하지 않으나 거래 당사자 간 계약에 따라 해당 거래를 위탁매매 또는 대리인에 의한 매매로 보고 발급받은 세금계산서로서 그 계약에 따른 거래사실이 확인되고 거래 당사자가 신고하고 납부한 경우
⑪ 신탁재산과 관련하여 부가가치세를 납부해야 하는 수탁자가 위탁자를 재화 또는 용역을 공급받는 자로 하여 발급된 세금계산서의 부가가치세액을 매출세액에서 공제받으려는 경우로서 그 거래사실이 확인되고 재화 또는 용역을 공급한 자가 납세지 관할 세무서장에게 해당 납부세액을 신고하고 납부한 경우
⑫ 신탁재산과 관련하여 부가가치세를 납부해야 하는 위탁자가 수탁자를 재화 또는 용역을 공급받는 자로 하여 발급된 세금계산서의 부가가치세액을 매출세액에서 공제받으려는 경우로서 그 거래사실이 확인되고 재화 또는 용역을 공급한 자가 납세지 관할 세무서장에게 해당 납부세액을 신고하고 납부한 경우
⑬ 거래의 실질이 용역의 공급에 대한 주선·중개에 해당함에도 불구하고 거래 당사자 간 계약에 따라 용역의 공급에 대한 주선·중개가 아닌 거래로 하여 세금계산서를 발급받은 경우로서 그 거래사실이 확인되고 거래 당사자가 납세지 관할 세무서장에게 해당 납부세액을 신고하고 납부한 경우
⑭ 거래의 실질이 용역의 공급에 대한 주선·중개에 해당하지 않음에도 불구하고 거래 당사자 간 계약에 따라 용역의 공급에 대한 주선·중개로 하여 세금계산서를 발급받은 경우로서 그 거래사실이 확인되고 거래 당사자가 납세지 관할 세무서장에게 해당 납부세액을 신고하고 납부한 경우
⑮ 위탁자의 책임과 계산하에 수탁자가 위탁자를 대신하여 사업비를 단순 대리집행하였음에도 불구하고 거래 당사자 간 계약에 따라 이를 용역의 공급가액에 포함하여 세금계산서를 발급받은 경우로서 그 거래사실이 확인되고 거래 당사자가 납세지 관할 세무서장에게 해당 납부세액을 신고하고 납부한 경우
⑯ 위탁자의 책임과 계산 하에 수탁자가 위탁자를 대신하여 사업비를 단순 대리집행한 것이 아님에도 불구하고 거래 당사자 간 계약에 따라 이를 용역의 공급가액에서 제외하여 세금계산서를 발급받은 경우로서 그 거래사실이 확인되고 거래 당사자가 납세지 관할 세무서장에게 해당 납부세액을 신고하고 납부한 경우

⑰ 매출에누리와 판매장려금 간 착오에 의해 세금계산서를 발급한 경우(단, 매출에누리를 판매장려금으로 보아 공급가액에 포함한 경우로 한정)

(4) 사업자등록 신청 전의 매입세액

사업자등록을 하기 전의 매입세액은 공제되지 않지만, **공급시기가 속하는 과세기간이 끝난 후 20일 이내에 등록을 신청한 경우** 등록신청일부터 공급시기가 속하는 과세기간 기산일까지 역산한 기간 이내의 매입세액은 매출세액에서 공제한다.

(5) 「개별소비세법」에 따른 자동차의 구입과 임차 및 유지에 관한 매입세액

사업자가 개별소비세가 과세되는 자동차[운수업, 자동차판매업, 자동차임대업, 운전학원업, 경비업(출동차량에 한함) 등 직접 영업용으로 사용되는 것은 제외]의 구입·임차하거나 해당 비영업용 자동차의 유지에 관련된 매입세액은 공제되지 않는다.

(6) 기업업무추진비(접대비) 및 이와 유사한 비용의 지출에 관련된 매입세액

(7) 면세사업 등(비과세사업 포함)에 관련된 매입세액(투자관련 매입세액 포함)

(8) 토지와 관련된 매입세액

토지 소유자인 사업자의 토지의 조성 등을 위한 자본적 지출에 관련된 매입세액으로서 다음에 해당하는 세액을 말한다.
① **토지의 취득 및 형질변경, 공장부지 및 택지조성 등에 관련된 매입세액**
② 건축물이 있는 토지를 취득하여 그 건축물을 철거하고 토지만 사용하는 경우에는 철거한 건축물의 취득 및 철거 비용과 관련된 매입세액
③ **토지의 가치를 현실적으로 증가시켜 토지의 취득원가를 구성하는 비용에 관련된 매입세액**

토지관련 매입세액을 불공제 하는 취지는 토지가 「부가가치세법」상 면세재화여서 그 자체의 공급에 대해서는 매출세액이 발생하지 않으므로 그에 관련된 매입세액도 공제하지 않는 것이 타당하다는 데 있다.

> **참고** 토지 조성과 관련한 판례(대법2007두20744)
>
> 토지의 조성 등을 위한 자본적 지출은 토지 소유자인 사업자가 당해 토지의 조성 등을 위하여 한 자본적 지출을 의미하며, 당해 토지의 소유자가 아닌 임차사업자가 토지 조성 등을 위한 자본적 지출의 성격을 갖는 비용을 지출한 경우 매입세액불공제대상인 토지관련 매입세액에 해당하지 않음

IV 매입자발행세금계산서 매입세액

예정신고, 확정신고 또는 경정청구 시 매입자발행세금계산서합계표를 제출하면, 해당 매입세액에 대한 매입세액공제를 적용 받을 수 있다.

기출 Check 18년 9급

23 부가가치세법령상 매입세액공제에 대한 설명으로 옳지 않은 것은?

① 세금계산서의 필요적 기재사항 중 일부가 착오로 사실과 다르게 적혔으나 그 세금계산서에 적힌 나머지 필요적 기재사항 또는 임의적 기재사항으로 보아 거래사실이 확인되는 경우의 매입세액은 매출세액에서 공제한다.
② 재화를 공급받고 실제로 그 재화를 공급한 사업장이 아닌 사업장을 적은 세금계산서를 발급받은 경우 그 사업장이 사업자 단위 과세 사업자에 해당하는 사업장인 경우로서 그 재화를 실제로 공급한 사업자가 부가가치세 확정신고를 통하여 해당 과세기간에 대한 납부세액을 신고하고 납부하였다면 그 매입세액은 매출세액에서 공제한다.
③ 토지의 조성 등을 위한 자본적 지출에 관련된 것으로서 토지의 가치를 현실적으로 증가시켜 토지의 취득원가를 구성하는 비용에 관련된 매입세액은 매출세액에서 공제하지 아니한다.
④ 「부가가치세법」 제8조에 따른 사업자등록을 신청하기 전의 매입세액은 그 공급시기가 속하는 과세기간이 끝난 후 30일 이내에 등록을 신청한 경우에는 해당 세액을 매출세액에서 공제할 수 있다.

6 ④
해설 「부가가치세법」 제8조에 따른 사업자등록을 신청하기 전의 매입세액은 그 공급시기가 속하는 과세기간이 끝난 후 20일 이내에 등록을 신청한 경우에는 해당 세액을 매출세액에서 공제할 수 있다.

기출 Check   23년 9급

24 부가가치세법령상 납부세액 등에 대한 설명으로 옳은 것은?

① 사업자는 부가가치세가 과세되는 재화를 공급하고 외상매출금(부가가치세를 포함한 것을 말한다)의 일부가 공급을 받은 자의 파산으로 대손되어 회수할 수 없는 경우에는 대손금액에 100분의 10을 곱한 금액을 매출세액에서 뺄 수 있다.
② 건축물이 있는 토지를 취득하여 그 건축물을 철거하고 토지만 사용하는 경우에는 철거한 건축물의 취득 및 철거 비용과 관련된 매입세액은 매출세액에서 공제하지 아니한다.
③ 사업자가 자기의 사업을 위하여 사용할 목적으로 공급받은 재화에 대한 부가가치세액은 해당 재화를 사업에 사용한 날이 속하는 과세기간의 매출세액에서 공제한다.
④ 사업자가 과세사업과 면세사업등을 겸영하는 경우에 과세사업과 면세사업등에 관련된 매입세액의 계산은 실지귀속과 관계없이 총공급가액에 대한 면세공급가액의 비율 등 대통령령으로 정하는 기준을 적용하여 안분 계산한다.

▶ ②
해설 ① 사업자는 부가가치세가 과세되는 재화를 공급하고 외상매출금(부가가치세를 포함한 것을 말한다)의 일부가 공급을 받은 자의 파산으로 대손되어 회수할 수 없는 경우에는 대손금액에 110분의 10을 곱한 금액을 매출세액에서 뺄 수 있다.
③ 사업자가 자기의 사업을 위하여 사용할 목적으로 공급받은 재화에 대한 부가가치세액은 해당 재화를 실제로 사업에 사용하는 시점이 아닌 매입시점에 매출세액에서 공제한다.
④ 사업자가 과세사업과 면세사업등을 겸영하는 경우에 과세사업과 면세사업등에 관련된 매입세액의 계산은 실지귀속에 따라 공제여부를 결정한다.

V 신용카드매출전표 등 수령분 매입세액

신용카드매출전표 등을 발급받은 경우에는 공제할 수 있는 매입세액으로 본다.

(1) 신용카드매출전표 등에 의한 매입세액 공제대상자

① 영수증발급대상자(단, 법인사업자와 직전 연도의 공급가액의 합계액이 10억 원을 초과하는 개인사업자는 제외)
② 직전 연도의 공급대가의 합계액이 4,800만 원 미만인 간이과세자
③ 최초의 과세기간 중에 간이과세자로 하는 신규 개인사업자

(2) 공제요건

① 신용카드 발급 금지업종에 해당하지 않는 과세자가 재화나 용역을 공급받고 신용카드매출전표 등을 발급받은 경우로서 다음 요건을 모두 충족할 경우 그 부가가치세액은 매입세액공제를 적용받을 수 있다.
② 적용 요건
  ㉠ **부가가치세가 별도로 구분 가능할 것**
  ㉡ 신용카드매출전표 등 수령명세서를 제출할 것
  ㉢ 신용카드매출전표 등을 거래일이 속하는 거래기간에 대한 **확정신고기한 후 5년간 보관할 것**
  ㉣ 간이과세자가 영수증을 발급해야 하는 기간에 발급한 신용카드매출전표 등이 아닐 것

VI 면세농산물 등 의제매입세액공제 특례

(1) 개요

사업자가 **면세농산물 등을 원재료**로 하여 제조·가공한 재화 또는 창출한 용역의 공급에 대하여 **부가가치세가 과세되는 경우(면세를 포기하고 영세율을 적용받는 경우 제외)**에는 면세농산물 등을 공급받거나 수입할 때 매입세액이 있는 것으로 보아 매입세액으로 공제할 수 있다.

(2) 의제매입세액공제의 적용 취지

부가가치세가 면제되는 농산물 등을 원재료로 하여 과세되는 재화 또는 용역을 공급하는 경우에 중간거래단계에서 재화 또는 용역의 공급에 면세가 적용됨으로서 발생하는 누적효과 및 환수효과 문제를 부가가치세가 과세되는 시점에서 완화시키고자 하는데 있다.

(3) 의제매입세액 공제 요건

의제매입세액공제를 적용받기 위해서는 다음의 요건을 모두 충족하여야 한다.
① 적용대상자
  사업자등록을 한 과세사업 영위 사업자를 대상으로 한다. 업종과 관계없이 겸영사업자의 경우에도 의제매입세액공제를 적용받을 수 있으나, 간이과세자는 적용을 받을 수 없다.
② 과세사업에 사용
  면세농산물 등을 원재료로 하여 제조·가공한 재화 또는 창출한 용역의 공급에 대하여 부가가치세가 과세되어야 한다. 다만, 면세포기를 하고 영세율을 적용받은 경우는 제외한다.

(4) 공제 시기

면세농산물 등의 **구입시점**을 기준으로 예정신고 및 확정신고 시 공제한다. 따라서, 면세농산물 등을 **공급받은 사실을 증명하는** 의제매입세액 공제신고서와 매입처별 계산서합계표, 신용카드매출전표수령명세서, 소득세법·법인세법에 따른 매입자발행계산서합계표를 납세지 관할 세무서장에게 **제출해야 한다**. 단, 제조업자가 농어민으로부터 면세농산물 등을 직접 공급받는 경우에는 의제매입세액공제신고서만 제출한다.

(5) 의제매입세액

- 예정신고시 의제매입세액공제 = 예정신고기간 면세농산물 등 가액 × 공제율
- 확정신고시 의제매입세액공제 = Min[①, ②] − 예정신고시 공제액
① 해당 과세기간 면세농산물 등 가액 × 공제율
② 한도액: 면세농산물 등과 관련된 과세기간 과세표준 × 한도율 × 공제율

① 해당 과세기간의 면세농산물 등의 매입가액
  ㉠ 국내에서 구입하는 경우: **운임 등의 부대비용을 제외한 매입원가**(단, 면세사업자가 면세농산물 등을 운반하고 함께 받는 운임은 별도로 구분하지 않고 부수되는 용역으로 면세되기에 매입가액에 포함한다)
  ㉡ 수입하는 경우: 관세의 과세가격
② 의제매입세액 공제율

구분		공제율
㉠ 음식점업	ⓐ 과세유흥장소 경영자	$\frac{2}{102}$
	ⓑ 위 ⓐ 외의 음식점업자 법인	$\frac{6}{106}$
	ⓒ 위 ⓐ 외의 음식점업자 개인 (과세표준 2억원 이하의 경우 9/109)	$\frac{8}{108}$
㉡ 제조업	ⓐ 과자점업, 도정업, 제분업 및 떡류 제조업 중 떡방앗간을 경영하는 개인사업자	$\frac{6}{106}$
	ⓑ 위 ⓐ 외의 제조업을 경영하는 사업자 중 중소기업 및 개인사업자	$\frac{4}{104}$
	ⓒ 위 ⓐ·ⓑ 외의 사업자	$\frac{2}{102}$
㉢ 위 ㉠·㉡ 외의 사업		$\frac{2}{102}$

③ 한도율

구분	과세표준	한도율	
		음식점 업 2024년 부터	그 외 2024년 부터
개인사업자	1억 원 이하	75%	65%
	2억 원 이하	70%	
	2억 원 초과	60%	55%
법인		50%	

(6) 의제매입세액의 안분계산(겸영사업자)

① 실지귀속을 구분할 수 있는 경우: 해당 과세사업에 사용되었거나 사용될 부분에 대하여 공제한다.

② 실지귀속을 구분할 수 없는 경우: 해당 과세기간의 공급가액 비율로 안분한다.

$$의제매입세액 = 면세농산물 등의 매입가액 \times \frac{당기\ 과세공급가액}{당기\ 총공급가액} \times 공제율$$

(7) 의제매입세액공제 특례(제조업)

① 적용대상 요건

다음의 요건을 모두 충족하는 제조업자의 경우에 제조업자 특례를 적용한다.

㉠ 제1기에 공급받은 면세농산물 등의 가액을 해의 1월 1일부터 12월 31일까지의 공급받은 면세농산물등의 가액으로 나누어 계산한 비율이 **75% 이상이거나 25% 미만**일 것

㉡ 해당 과세기간이 속하는 해의 1월 1일부터 12월 31일까지의 동안 계속하여 제조업을 영위하였을 것: 해당 요건을 모두 충족하는 사업자는 제2기 과세기간에 대한 납부세액을 확정신고할 때, 해의 1월 1일부터 12월 31일까지의 공급받은 면세농산물 등의 가액에 공제율을 곱한 금액에서 제1기 과세기간에 매입세액으로 공제받은 금액을 차감한 금액을 매입세액으로 공제할 수 있다.

② 의제매입세액의 계산

㉠ 제2기 과세기간의 의제매입세액

> 의제매입세액 = MIN[ⓐ, ⓑ] − 제1기에 공제받은 의제매입세액
> ⓐ 그 해의 1월 1일부터 12월 31일에 공급받은 면세농산물 등의 매입가액 × 공제율
> ⓑ 한도: 그 해의 1월 1일부터 12월 31일 면세농산물 등과 관련한 과세표준 합계액 × 한도율 × 공제율

㉡ 한도율

ⓐ 개인사업자의 경우 그 해의 1월 1일부터 12월 31일까지의 과세표준 합계액이 4억원 이하: 65%(25년까지), 이후 50%

ⓑ 개인사업자의 경우 그 해의 1월 1일부터 12월 31일까지의 과세표준 합계액이 4억원 초과: 55%(25년까지), 이후 40%

ⓒ 법인: 50%(25년까지)

(8) 의제매입세액공제 사후관리

사업자가 구입일이 속하는 과세기간에 의제매입세액공제를 받은 면세농산물 등을 다음과 같이 공제요건을 위배하게 되는 경우 공제했던 의제매입세액을 납부세액에 가산하거나 환급세액에서 공제해야 한다.
① 면세농산물 등을 그대로 양도 또는 인도하는 경우
② 면세농산물 등을 면세사업, 그 밖의 목적을 위하여 사용하거나 소비하는 경우

제2절 | 겸영사업자의 공통매입세액

I 공통매입세액의 안분

⑴ 원칙 – 실지귀속

사업자가 과세사업과 면세사업 등을 겸영하는 경우에 과세사업과 면세사업 등에 관련된 매입세액은 실지귀속에 따라 공제여부를 결정한다.

⑵ 공통매입세액 안분 – 공급가액 비율

과세사업과 면세사업 등에 공통으로 사용되어 실지귀속을 구분할 수 없는 매입세액은 다음과 같이 안분하여 계산한다.
① 면세사업 등 관련 매입세액

$$\text{면세사업 등 관련 매입세액} = \text{공통매입세액} \times \frac{\text{해당 과세기간의 면세공급가액(비과세 포함)}}{\text{해당 과세기간의 총공급가액}}$$

② 안분시기

예정신고시에는 예정신고기간의 총공급가액에 대한 면세공급가액 등의 비율에 따라 안분하여 계산하고, 확정신고시 이를 정산한다.

⑶ 같은 과세기간 중에 공급한 재화에 대한 매입세액 안분계산

과세사업과 면세사업 등에 공통으로 사용되는 재화를 공급받은 과세기간 중에 그 재화를 공급하여 직전 과세기간의 공급가액 실적에 따라 과세표준에 포함되는 공급가액을 안분계산한 경우에는 그 재화에 대한 매입세액의 안분계산도 직전 과세기간의 공급가액 실적을 기준으로 한다.

⑷ 안분계산 배제

다음 중 어느 하나에 해당하는 매입세액은 공제되는 매입세액으로 한다.
① 해당 과세기간의 총공급가액 중 면세공급가액이 5% 미만인 경우
  ⊙ 공통매입세액이 500만 원 이상인 경우에는 안분계산한다.
② 해당 과세기간 중의 공통매입세액이 **5만 원 미만**인 경우
③ 해당 과세기간에 신규로 사업을 시작한 사업자가 해당 과세기간에 공급한 공통사용재화인 경우

Ⅱ 공통매입세액의 안분의 예외

(1) 해당 과세기간의 공급가액이 없는 경우 안분계산
① 해당 과세기간 중 과세사업과 면세사업 등의 공급가액이 없거나 그 어느 한 사업의 공급가액이 없는 경우에 해당 과세기간의 안분계산은 다음의 순서에 따른다.
② 순서
  ㉠ 총매입가액(공통매입가액 제외)에 대한 면세매입가액 비율
  ㉡ 총예정공급가액에 대한 면세 예정공급가액 비율
  ㉢ 총예정사용면적에 대한 면세 예정사용면적 비율
③ 다만, 건물 또는 구축물을 신축·취득하여 예정면적을 구분할 수 있는 경우에는 ㉢의 비율을 ㉠·㉡의 비율에 우선하여 적용한다.

(2) 공통매입세액 정산
해당 과세기간의 공급가액이 없는 경우의 안분계산을 한 경우에는 해당 재화의 취득으로 ① 과세사업과 면세사업 등의 공급가액 또는 ② 과세사업과 면세사업 등의 사용면적이 확정되는 과세기간에 대한 납부세액을 확정신고시 다음의 산식에 의하여 정산한다.

① 매입가액(또는 예정공급가액)의 비율로 안분계산한 경우

$$\text{가산(또는 공제)되는 세액} = \text{공통매입세액} \times (1 - \text{공급가액 확정과세기간} \frac{\text{면세공급가액}}{\text{총 공급가액}}) - \text{기 공제세액}$$

② 예정사용면적의 비율로 안분계산한 경우

$$\text{가산(또는 공제)되는 세액} = \text{공통매입세액} \times (1 - \text{사용면적 확정과세기간} \frac{\text{면세사용면적}}{\text{총사용면적}}) - \text{기 공제세액}$$

Ⅲ 공통매입세액의 재계산

(1) 기본개념
과세사업과 면세사업 등에 공통으로 사용되는 감가상각자산에 대하여 취득시에 안분계산한 이후의 과세기간에 면세사업 등에 관련되는 매입세액을 다시 계산하여 재계산한 과세기간의 납부세액에 가산(또는 차감)하거나 환급세액에 가산(또는 차감)하는 제도를 납부세액 또는 환급세액의 재계산이라 한다.

(2) 재계산 취지
① 과세사업의 공급가액 비율이 증가하는 경우에 재계산을 통해 매입세액을 환급함으로서 누적효과를 완화한다.
② 면세사업의 공급가액 비율이 증가하는 경우에 재계산을 통해 매입세액을 추가 납부함으로서 구입시점에서 매입세액공제로 부가가치세를 부담하지 아니하는 문제점을 해결하여 과세의 형평을 도모한다.

(3) 재계산 요건
① 과세사업과 면세사업 등에 공통으로 사용되고 있는 감가상각자산일 것
② 당초 매입세액공제 또는 공통매입세액 안분계산의 대상이 되었던 매입세액일 것
③ 면세비율이 5% 이상 증감하는 경우일 것
④ 증감된 과세기간에 대한 확정신고시에 재계산할 것

(4) 재계산 방법

> 납부·환급세액 = 매입세액×(1−감가율* × 경과된 과세기간 수)×증감된 면세비율

* 감가율: 건물·구축물 = 5%, 그 밖의 감가상각자산 = 25%

(5) 재계산의 배제
① 감가상각자산이 재화의 공급의제에 해당하는 경우
② 과세사업과 면세사업 등에 공통으로 사용되는 감가상각자산을 공급하는 경우

제3절 과세사업 전환시 매입세액공제

I 과세사업 전환 관련 기본개념

(1) 개요
면세사업 등에 사용하던 감가상각자산의 일부 또는 전부를 과세사업에 사용하거나 소비하는 경우, 과세사업에 사용하거나 소비하는 날이 속하는 과세기간에 대한 확정신고와 함께 과세사업전환 감가상각자산 신고서를 작성하여 각 납세지 관할 세무서장에게 신고함으로써 구입 시 공제받지 못한 매입세액을 과세사업전환 시 공제받을 수 있다.

(2) 전부 전환한 경우의 계산
면세사업에 사용하던 감가상각자산을 전부 과세사업에 전환한 경우 공제받을 수 있는 매입세액은 다음의 금액으로 한다.

구분	매입세액공제액
① 건물 및 구축물	취득 당시 해당 재화의 면세사업관련 불공제 매입세액×(1 − 5%×경과 과세기간 수*)
② 기타감가상각자산	취득 당시 해당 재화의 면세사업관련 불공제 매입세액×(1 − 25%×경과 과세기간 수*)

* 경과 과세기간 수는 과세기간 단위로 계산하며, 과세기간 개시일 후에 감가상각자산을 취득하는 경우에는 그 과세기간 개시일에 그 재화를 취득한 것으로 본다.

(3) 일부 전환한 경우의 계산

① 원칙

공제하는 매입세액은 다음과 같이 계산한다. 다만, 과세공급가액비율이 5% 미만인 경우에는 공제세액이 없는 것으로 본다.

구분	매입세액공제액
㉠ 건물 및 구축물	취득당시 해당 재화의 면세사업관련 불공제매입세액 × (1−5% × 경과된 과세기간수) × 일부사용일이 속하는 과세기간의 과세공급가액/총공급가액
㉡ 기타 감가상각자산	취득당시 해당 재화의 면세사업관련 불공제매입세액 × (1−25% × 경과된 과세기간수) × 일부사용일이 속하는 과세기간의 과세공급가액/총공급가액

② 매입세액 안분계산 예외

㉠ 해당 과세기간의 공급가액이 없는 경우 안분계산

공통매입세액과 관련된 해당 과세기간 중 과세사업과 면세사업 등의 공급가액이 없거나 그 어느 한 사업의 공급가액이 없는 경우에 해당 과세기간의 안분계산은 다음의 순서에 따른다.

ⓐ 총매입가액(공통매입가액 제외)에 대한 과세 매입가액 비율
ⓑ 총예정공급가액에 대한 과세 예정공급가액 비율
ⓒ 총예정사용면적에 대한 과세 예정사용면적 비율

다만, 건물 또는 구축물을 신축·취득하여 예정면적을 구분할 수 있는 경우에는 ⓒ의 비율을 ⓐ·ⓑ의 비율에 우선하여 적용한다.

㉡ 공통매입세액 정산

해당 과세기간의 공급가액이 없는 경우의 안분계산을 한 경우에는 해당 재화의 취득으로 ⓐ 과세사업과 면세사업 등의 공급가액 또는 ⓑ 과세사업과 면세사업 등의 사용면적이 확정되는 과세기간에 대한 납부세액을 확정신고시 다음의 산식에 의하여 정산한다.

ⓐ 매입가액의 비율 또는 예정공급가액의 비율로 공제매입세액을 안분하는 경우

> 가산되거나 공제되는 세액
> = 과세사업전환 매입세액 × 과세사업과 면세사업의 공급가액이 확정되는 과세기간의 과세공급가액/총공급가액 − 이미 공제한 매입세액

◎ 여기서 과세사업 전환 매입세액이란 위 (2)에서 계산된 매입세액공제액을 말한다.

ⓑ 예정사용면적의 비율로 공제매입세액을 안분계산하는 경우

> 가산되거나 공제되는 세액
> = 과세사업전환 매입세액 × 과세사업과 면세사업의 사용면적이 확정되는 과세기간의 과세사용면적/총사용면적 − 이미 공제한 매입세액

◎ 여기서 과세사업 전환 매입세액이란 위 (2)에서 계산된 건물의 매입세액공제액을 말한다.

Ⅲ 매입세액 재계산

매입세액공제 후 면세공급가액 비율 또는 면세사용면적 비율과 감가상각자산의 취득일이 속하는 과세기간(재계산한 기간)에 적용되는 면세비율이 5% 이상 증감하는 경우에는 납부세액 재계산 규정을 준용하여 매입세액을 재계산한다.

제4절 ✦ 대손세액공제

Ⅰ 대손세액공제 개요

부가가치세가 과세되는 재화 또는 용역을 공급하고 매출채권의 전부 또는 일부가 공급을 받은 자의 **부도 또는 파산** 등의 사유로 대손되어 회수할 수 없는 경우에는 **대손세액을 그 대손이 확정된 날이 속하는 과세기간의 매출세액에서 뺄 수 있다.**

(1) 대손세액공제 취지

대손세액공제 제도는 부가가치세를 부담한 납세자의 경제적 손실을 방지하기 위한 제도이다. 대손세액 공제를 신청하여 부가가치세를 환급받기 위해서는 납세자에게 대손세액이 있다는 점에 대한 주장·입증책임이 있다고 할 것이고, 재화 등의 공급가액의 회수불능 여부는 구체적인 거래내용과 그 후의 정황, 채무자의 자산상황, 지급능력 등을 종합적으로 고려하여 사회통념에 따라 객관적으로 판단해야 한다.

> **참고** 회수불능 사유
>
> 1. 「법인세법」 및 「소득세법」상 대손사유
> 2. 「채무자 회생 및 파산에 관한 법률」에 따른 법원의 회생계획인가의 결정에 따라 채무를 출자전환하는 경우
>   ⇨ 대손금액 = 출자전환 매출채권의 장부금액 − 취득한 주식 시가

(2) 공제요건

① 부가가치세가 과세되는 재화·용역을 공급하는 일반과세자일 것
② 매출채권의 전부 또는 일부가 공급을 받은 자의 파산·강제집행이나 그 밖에 객관적 회수불능 사유로 대손되어 회수할 수 없는 경우일 것
③ 사업자가 재화·용역을 공급한 후 그 **공급일로부터 10년이 지난날이 속하는 과세기간에 대한 확정신고기한까지 확정되는 대손세액일 것**
④ 부가가치세 **확정신고서**에 대손세액공제신고서와 증명서류를 제출할 것
   ⊙ 예정신고기간에는 대손세액공제 적용은 불가한다.

기출 Check 15년 9급

25 「부가가치세법」상 일반과세사업자인 홍길동이 2015년 제1기에 거래처에 외상으로 재화를 공급하고 이를 과세표준에 포함하여 적절하게 신고하였는데, 거래처 파산으로 인하여 2015년 제2기에 매출채권이 회수불능으로 확정되었다. 거래처 파산으로 인한 대손발생이 2015년 제2기 부가가치세 확정신고 시 과세표준과 납부세액에 미치는 영향으로 옳은 것은? (단, 대손과 관련된 모든 요건은 충족되었다고 가정함)

① 과세표준에는 영향이 없지만 납부세액은 감소한다.
② 과세표준과 납부세액을 모두 감소시킨다.
③ 과세표준과 납부세액에는 모두 영향이 없다.
④ 과세표준을 감소시키지만 납부세액에는 영향이 없다.

6 ①

해설 대손은 공급시기 이후에 발생한 상황이므로 과세표준에는 영향을 주지 않으며, 납부세액만 감소한다.

Ⅱ 대손세액

(1) 매출세액에서 차감하는 대손세액

사업자는 다음의 대손세액을 대손이 확정된 날이 속하는 과세기간의 매출세액에서 뺄 수 있다.

$$대손세액 = 대손금액(부가가치세^* 포함) \times \frac{10}{110}$$

*부가가치세에는 결정 또는 경정으로 증가된 과세표준에 대하여 부가가치세액을 납부한 경우에는 해당 대손세액을 포함한다.

(2) 공급한 사업자

구분	내용
대손 확정	대손이 확정된 날이 속하는 과세기간의 매출세액에서 대손세액을 차감할 수 있다.
대손금액을 다시 회수	회수한 대손금액에 관련된 대손세액을 회수한 날이 속하는 과세기간의 매출세액에 가산한다.

(3) 공급받은 사업자

구분	내용
대손 확정	공급받은 사업자가 폐업 전에 공급자가 대손세액공제를 받은 경우 공급받은 사업자는 대손세액을 대손이 확정된 날이 속하는 과세기간에 매입세액에서 뺀다.
대손금 변제	변제한 대손금액에 관련된 대손세액을 변제한 날이 속하는 과세기간의 매입세액에 더한다.

제5절 기타 세액공제

Ⅰ 신용카드매출전표 등 발행세액공제

(1) 적용개요

영수증발급대상업종을 영위하는 개인사업자로서 보유하는 각 사업장의 직전연도 재화 또는 용역의 공급가액 합계액이 10억 원 이하인 사업자는 과세되는 재화 또는 용역을 공급하고 세금계산서의 발급시기에 신용카드매출전표 등을 발행하거나 전자적 결제수단에 의하여 대금을 결제받는 경우에는 신용카드매출전표 등 발행액의 일정한 금액을 납부세액에서 공제한다.

(2) 적용요건

① 일반과세자 중 주로 사업자가 아닌 자에게 재화 또는 용역을 공급하는 사업을 하는 사업자와 간이과세자에 해당하는 경우일 것. 따라서, 법인사업자와 직전 연도 공급가액의 합계액이 사업장별로 10억 원을 초과하는 개인사업자는 제외한다.
② 부가가치세가 과세되는 재화 또는 용역을 공급하고 세금계산서의 발급시기에 신용카드매출전표 등을 발급하거나 전자적 결제 수단(전자화폐)에 의하여 대금을 결제받는 경우일 것

(3) 발행세액공제 금액의 계산

> 신용카드매출전표 등 발행세액공제 = MIN[①, ②]
> ① 신용카드매출전표 등 발행금액 × 1.3%(2026년 12월 31일까지는 1.3%, 이후 1%)
> ② 한도: 연간 1,000만 원(2026년 12월 31일까지는 1천만 원, 이후 500만 원)

단, 해당 세액공제를 적용하기 전 납부세액을 한도로 공제하며, 한도를 초과한 금액에 대해 환급하지 아니한다.

II 신용카드매출전표 등 수취세액공제

(1) 적용개요

사업자가 일정한 사업자(① 세금계산서 발급금지 업종 영위 일반과세자 및 ② 간이과세자 중 직전 연도 공급대가 4,800만 원에 미달하거나 신규사업자는 제외)로부터 재화 또는 용역을 공급받고 부가가치세액이 별도로 구분되는 신용카드매출전표, 전자화폐 등을 발급받은 경우로서 해당 요건을 모두 충족하는 경우에는 그 부가가치세액은 공제할 수 있는 매입세액으로 본다.

(2) 적용요건

① 부가가치세 신고시 신용카드매출전표 등 수령명세서를 제출할 것
② 신용카드매출전표 등을 그 거래일이 속하는 과세기간에 대한 확정신고를 한 날부터 5년간 보관할 것
③ 간이과세자가 영수증을 발급해야 하는 기간에 발급한 신용카드매출전표 등이 아닐 것

공급자(신용카드 등 매출)	공급받는 자 (매입세액공제 여부)
세금계산서 발급금지 업종 영위하는 경우	공제 ×
간이과세자 중 ㉠ 직전 연도 공급대가가 4,800만 원에 미달 또는 ㉡ 신규사업자인 경우	공제 ×
그 외의 경우	공제 ○

Ⅲ 전자세금계산서 발급 전송에 대한 세액공제

(1) 적용개요

① 직전 연도의 사업장별 재화 및 용역의 공급가액(부가가치세 면세공급가액 포함)의 합계액이 3억 원 미만인 개인사업자 및 해당 연도에 신규로 사업을 개시한 개인사업자가 전자세금계산서를 2027년 12월 31일까지 발급(전자세금계산서 발급명세를 전자세금계산서 발급일의 다음날까지 국세청장에게 전송한 경우로 한정한다)하는 경우에는 일정액을 해당 과세기간의 부가가치세 납부세액에서 공제할 수 있다.

② 이 경우 공제한도는 연간 100만 원으로 한다. 본 규정은 2022년 7월 1일부터 시행하며, 전자세금계산서 발급 대상 영세사업자 부담 경감을 그 목적으로 한다.

(2) 공제액

> 전자세금계산서 발급 전송 세액공제액 = Min[①, ②]
> ① 전자세금계산서 발급건수 × 200원
> ② 연간 100만 원

세액공제를 적용할 때 공제받는 금액이 그 금액을 차감하기 전의 납부할 세액(가산세 제외)을 초과하면 그 초과하는 부분은 없는 것으로 본다.

(3) 세액공제 신청

세액공제를 적용받으려는 개인사업자는 예정신고 또는 확정신고를 할 때 전자세금계산서 발급세액공제신고서를 납세지 관할 세무서장에게 제출하여야 한다.

CHAPTER 08 부가가치세 신고 및 납부

제1절 ◆ 부가가치세 신고 및 납부

Ⅰ 예정신고, 납부

사업자는 **예정신고기간의 종료 후 25일 이내에** 각 예정신고기간에 대한 과세표준과 납부세액(또는 환급세액)을 관할 세무서장에게 신고·납부해야 한다. **다만, 조기환급신고 부분은 제외한다.**

(2) 개인사업자 및 소규모 법인사업자

① 원칙 – 예정고지

개인사업자와 직전 과세기간 공급가액의 합계액이 1억 5천만 원 미만인 법인사업자에 대하여는 사업장 관할 세무서장이 **각 예정신고기간마다 직전 과세기간에 대한 납부세액에 50%를 곱한 금액을 결정**하여 해당 예정신고기간이 끝난 후 25일까지 징수한다. 다만, 다음 중 어느 하나에 해당하는 경우에는 징수하지 아니한다.

㉠ 징수하여야 할 금액이 50만 원 미만인 경우
㉡ 간이과세자에서 해당 과세기간 개시일 현재 일반과세자로 변경된 경우
㉢ 「국세징수법」에 따른 납부기한 등의 연장 사유 중 어느 하나에 해당하는 사유로 관할 세무서장이 징수하여야 할 금액을 사업자가 납부할 수 없다고 인정되는 경우
  ⓐ 납세자가 재난 또는 도난으로 재산에 심한 손실을 입은 경우
  ⓑ 납세자가 경영하는 사업에 현저한 손실이 발생하거나 부도 또는 도산의 우려가 있는 경우
  ⓒ 납세자 또는 그 동거가족이 질병이나 중상해로 6개월 이상의 치료가 필요한 경우 또는 사망하여 상중인 경우
  ⓓ 그 밖에 납세자가 국세를 납부기한 등까지 납부하기 어렵다고 인정되는 경우로서 대통령령으로 정하는 경우

구분	납부고지서 발부기간	납부기한
제1기	4.1. ~ 4.10.	4.25.
제2기	10.1. ~ 10.10.	10.25.

② 예외 – 신고납부

다음의 사유가 있는 개인사업자는 예정신고 후 납부할 수 있다.

㉠ 휴업 또는 사업부진 등으로 인하여 예정신고기간의 공급가액(또는 납부세액)이 직전 과세기간의 공급가액(또는 납부세액)의 1/3에 미달하는 자
㉡ 각 예정신고기간분에 대해 조기환급을 받고자 하는 자

기출 Check 22년 7급

26 부가가치세법령상 신고와 납부 등에 대한 설명으로 옳은 것은? (단, 부가가치세를 징수하지 않거나 휴업 또는 사업부진 등으로 인하여 사업실적이 악화된 경우 등은 고려하지 않는다)

① 납세지 관할 세무서장은 개인사업자에 대하여는 제2기분 예정신고기간분 「부가가치세법」 제48조제3항 본문에 따른 부가가치세액(예정고지세액)에 대하여 10월 1일부터 10월 15일까지의 기간 이내에 납부고지서를 발부해야 한다.
② 세금계산서를 발급받은 국가 또는 지방자치단체는 매입처별 세금계산서합계표를 해당 과세기간이 끝난 후 25일 이내에 납부지 관할 세무서장에게 제출하여야 한다.
③ 개인사업자에 대하여는 각 예정신고기간마다 직전 과세기간 납부세액의 30퍼센트에 상당하는 금액을 결정하여 징수한다.
④ 예정신고를 한 사업자 또는 조기에 환급을 받기 위하여 신고한 사업자는 확정신고를 할 때 이미 신고한 과세표준과 납부한 납부세액 또는 환급받은 환급세액을 포함해서 신고해야 한다.

❻ ②

해설 ① 납세지 관할 세무서장은 개인사업자에 대하여는 제2기분 예정신고기간분 부가가치세액(예정고지세액)에 대하여 10월 1일부터 10월 10일까지의 기간 이내에 납부고지서를 발부해야 한다.
③ 개인사업자에 대하여는 각 예정신고기간마다 직전 과세기간에 대한 납부세액에 50%를 곱한 금액을 결정하여 해당 예정신고기간이 끝난 후 25일까지 징수한다.
④ 예정신고를 한 사업자 또는 조기에 환급을 받기 위하여 신고한 사업자는 이미 신고한 과세표준과 납부한 납부세액 또는 환급받은 환급세액은 신고하지 아니한다.

(3) 예정신고시 적용되지 않는 사항
① 대손세액공제
② 전자신고세액공제: 확정신고시 납부세액에서 1만 원을 공제하거나 환급세액에 가산
③ 환급(조기환급 제외)
④ 과세전용매입세액의 공제

Ⅱ 확정신고·납부

(1) 확정신고 기한

사업자는 각 과세기간에 대한 과세표준과 납부세액(또는 환급세액)을 그 **과세기간 종료 후 25일 이내**(폐업하는 경우 폐업일이 속한 달의 다음달 25일)에 사업장 관할 세무서장에게 신고해야 한다. 다만, 예정신고를 한 사업자 또는 조기에 환급을 받기 위하여 신고한 사업자는 이미 신고한 과세표준과 납부한 납부세액 또는 환급받은 환급세액은 신고하지 아니한다.

(2) 확정신고세액 납부

확정신고시 다음의 금액을 납부세액에서 빼고 납세지 관할 세무서장에게(주사업장총괄납부의 경우 주사업장의 관할 세무서장) 납부하거나 「국세징수법」에 따른 납부서를 작성하여 한국은행 등에 납부하여야 한다.
① 조기 환급을 받을 환급세액 중 환급되지 아니한 세액
② 예정고지에 따라 징수되는 금액, 수시부과한 세액

Ⅲ 재화의 수입에 대한 신고·납부

(1) 수입에 대한 신고 개요

납세의무자가 재화의 수입에 대하여 「관세법」에 따라 관세를 세관장에게 신고하고 납부하는 경우에는 재화의 수입에 대한 부가가치세를 함께 신고하고 납부해야 한다.

(2) 재화의 수입에 대한 부가가치세 납부 유예

① 개요

세관장은 중소·중견사업자가 물품을 제조·가공하기 위한 원재료 등의 재화의 수입에 대하여 부가가치세의 납부유예를 미리 신청하는 경우에는 해당 재화를 수입할 때 부가가치세 납부를 유예할 수 있다. 수출 중소·중견기업의 자금 부담 완화를 위하여 일정 요건을 갖춘 중소·중견사업자에 대해서는 재화를 수입할 때 세관장에게 납부하던 부가가치세의 납부를 유예하고, 이후 세무서장에게 납부세액 등을 신고할 때 납부가 유예된 부가가치세를 납부할 수 있도록 함에 그 목적이 있다.

② 적용대상 중소·중견사업자
　　㉠ 직전 사업연도에 「조세특례제한법」에 따른 제조업을 주된 사업으로 영위하는 중소·중견기업에 해당하는 법인일 것
　　㉡ 직전 사업연도에 영세율을 적용받은 재화의 공급가액의 합계액이 다음 중 어느 하나에 해당하는 경우
　　　　ⓐ 직전 사업연도에 「조세특례제한법」에 따른 중소기업인 경우: 직전 사업연도에 공급한 재화 또는 용역의 공급가액의 합계액 중 수출액이 차지하는 비율이 30% 이상이거나 수출액이 50억 원 이상일 것
　　　　ⓑ 직전 사업연도에 「조세특례제한법」에 따른 중견기업인 경우: 직전 사업연도에 공급한 재화 또는 용역의 공급가액의 합계액 중 수출액이 차지하는 비율이 30% 이상일 것
　　㉢ 최근 3년간 계속하여 사업을 하였을 것
　　㉣ 최근 2년간 국세(관세 포함)를 체납한 사실이 없을 것
　　　　◎ 다만, 납부고지서에 따른 납부기한의 다음날부터 15일 이내에 체납된 국세를 모두 납부한 경우는 제외한다.
　　㉤ 최근 2년간 「조세범 처벌법」 또는 「관세법」 위반으로 처벌받은 사실이 없을 것
　　㉥ 최근 2년간 부가가치세 납부유예가 취소된 사실이 없을 것

③ 신청
　　납부유예를 받으려는 중소·중견사업자는 부가가치세 납부유예 적용 신청서를 관할세관장에게 제출해야 하고, 신청을 받은 관할 세관장은 신청일부터 **1개월 이내에 납부유예의 승인 여부를 결정하여 통지**해야 한다. 이때 납부유예를 승인하는 경우 그 **유예기간은 1년으로 한다.** 납부 유예시 수입세금계산서에는 부가가치세 납부유예를 표시하여 발급한다.

④ 유예 세액의 납부
　　납부유예를 적용받은 중소·중견사업자는 납세지 관할 세무서장에게 **예정신고 또는 확정신고 등을 할 때** 그 납부유예된 세액을 정산하거나 납부해야 한다. 이 경우 납세지 관할 세무서장에게 납부한 세액은 세관장에게 납부한 것으로 본다.

⑤ 납부유예 취소
　　세관장은 부가가치세의 납부가 유예된 중소·중견사업자가 다음의 사유에 해당하는 경우에는 그 납부의 유예를 취소할 수 있다. 이 경우 세관장은 해당 중소·중견사업자에게 그 취소 사실을 통지하여야 한다.
　　㉠ 해당 중소·중견사업자가 국세를 체납한 경우
　　㉡ 해당 중소·중견사업자가 「조세범 처벌법」 또는 「관세법」 위반으로 고발된 경우
　　㉢ 요건을 충족하지 아니한 중소·중견사업자에게 납부유예를 승인한 사실을 관할 세관장이 알게 된 경우

제2절 대리납부제도

I 대리납부제도의 개요

공급자가 국내사업장이 없는 비거주자나 외국법인인 경우 용역 등의 수입과 관련하여 거래징수 등의 납세의무를 부담시키는 것이 현실적으로 불가능하므로 **예외적으로 공급 받는 국내사업자에게 대리납부의무를 부여**하고 있다. 또한, 사업의 포괄양도시 재화의 공급으로 보지 않는 거래임에도 불구하고 예외적으로 사업양수인이 부가가치세를 대리납부 할 수 있는 제도를 두고 있다.

II 국외사업자의 용역 등 공급에 대한 대리납부

(1) 개요

① 국외사업자로부터 용역 또는 권리를 공급받는 자는 그 대가를 지급하는 때에 그 대가를 받은 자로부터 부가가치세를 징수하여 납부해야 한다. 재화를 수입하는 경우에는 세관장이 부가가치세를 거래징수할 수 있으나 용역의 수입에 대하여는 통관절차를 거치지 않으므로 거래사실을 확인하기 어렵다.

② 다만, 용역의 수입에 대해 거래사실을 포착하기 어렵다는 이유로 부가가치세를 징수하지 않는다면 동일한 용역을 공급하는 국내사업자와의 과세형평이 저해되므로 용역 또는 권리를 공급받는 자에게 부가가치세를 대리납부하도록 하고 있다.

③ 이는 과세형평의 도모와 더불어 용역의 수입을 과세함으로써 소비지국 과세원칙을 구현하는 취지도 있다.

(2) 요건

① 적용대상 국외사업자
  ㉠ 「소득세법」·「법인세법」에 따른 국내사업장이 없는 비거주자 또는 외국법인
  ㉡ 국내사업장이 있는 비거주자 또는 외국법인(국내사업장과 관련없이 공급한 경우와 국내사업장에 귀속되지 않은 경우에 한함)

② 대리납부의무자
  비거주자 또는 외국법인으로부터 용역 등을 공급받는 자(비사업자, 면세사업자 등)

③ 대리납부 대상
  국외사업자로부터 공급받는 과세 용역 또는 권리(재화의 수입에 해당하지 않는 경우에 한함)

기출 Check 15년 9급

27 「부가가치세법」상 대리납부제도에 대한 설명으로 옳지 않은 것은?

① 사업의 포괄적 양도에 따라 그 사업을 양수받는 자는 그 대가를 지급하는 때에 그 대가를 받은 자로부터 부가가치세를 징수하여 납부할 수 있다.
② 부가가치세 대리납부신고서는 과세표준신고서가 아니므로 수정신고의 대상이 될 수 없다.
③ 국내사업장이 없는 비거주자로부터 부가가치세 면세대상 용역을 공급받는 자는 부가가치세 대리납부의무가 없다.
④ 국내사업장이 없는 외국법인으로부터 용역을 공급받는 자의 대리납부 시기는 용역제공이 완료되는 때이다.

❻ ④
해설 공급받는 자가 징수한 부가가치세는 해당 대가를 지급한 날이 속하는 예정신고 및 확정신고기간에 대리납부 하여야 한다.

(3) 대리납부세액의 계산

> 대리납부세액 = 용역 등의 공급가액 × 10%

용역 등의 공급가액을 외화로 지급하는 경우 적용환율
① 원화를 외화로 매입하여 지급하는 경우: 지급일 현재 대고객외국환매도율
② 보유 중인 외화로 지급하는 경우: 지급일 현재 기준환율 또는 재정환율

① 과세사업과 면세사업에 공통으로 사용되어 실지귀속이 불분명한 경우에는 면세공급가액 비율로 안분하여 계산한 금액으로 한다.
② 다만, 과세기간 중 과세사업과 면세사업의 공급가액이 모두 없거나 어느 하나의 사업에 공급가액이 없으면 그 과세기간에 있어서의 안분계산은 공통매입세액의 안분계산(㉠ 매입가액비율, ㉡ 예정공급가액비율, ㉢ 예정사용면적비율 순서)과 정산(확정되는 과세기간의 확정신고시점)의 경우를 준용한다.

(4) 납부절차

공급받는 자가 징수한 부가가치세는 해당 **대가를 지급한 날**이 속하는 **예정신고기한 및 확정신고기한까지** 부가가치세 대리납부신고서를 제출하여 부가가치세를 징수한 사업장 또는 주소지 관할 세무서장에게 납부하거나 「국세징수법」에 따른 납부서를 작성하여 한국은행 또는 체신관서에 납부하여야 한다.

대리납부 불성실가산세 = Min[①, ②]
① (미납세액·과소납부세액 × 3%) + (미납세액·과소납부세액 × 기간[1] × $\frac{2.2}{10,000}$)
② 한도액 = 미납세액·과소납부세액 × 50%[2]

1) 납부기한의 다음날부터 자진납부일 또는 납세고지일까지의 기간
2) 납부기한 다음날부터 납세고지일까지의 기간에 해당하는 금액을 합한 금액은 총한도율 10%

> 💡 **대리납부신고서의 경정청구 여부**
> 부가가치세 대리납부신고서는 과세표준신고서에 해당하지 아니하므로 부가가치세 대리납부신고서를 제출한 자는 경정청구를 할 수 없음(2019법령해석기본0579)

Ⅲ 사업의 포괄양도시 양수자 대리납부

사업의 양도(이에 해당하는지 여부가 분명하지 아니한 경우를 포함)에 따라 그 사업을 양수받은 자는 그 대가를 지급하는 때에 그 대가를 받은 자로부터 부가가치세를 징수하여 그 대가를 지급하는 날이 속하는 달의 다음달 25일까지 확정신고를 통해 사업장 관할세무서장에게 납부할 수 있다. 양수받은 자가 대리납부한 매입세액은 매출세액에서 공제받을 수 있다.

Ⅳ 국외사업자의 용역 등 공급에 관한 특례

국외사업자(대리납부대상 용역 등을 공급하는 비거주자 또는 외국법인)가 사업자등록의 대상인 위탁매매인 또는 대리인 등(구매자로부터 거래대금을 수취하여 판매자에게 지급하는 경우에 중개인을 포함)을 통하여 용역 등을 공급하는 경우에는 위탁매매인 또는 대리인 등이 해당 용역 등을 공급한 것으로 본다.

Ⅴ 전자적 용역을 공급하는 국외사업자의 용역공급에 관한 특례

(1) 개요
국내사업장이 없는 비거주자 등이 국내에 전자적 용역을 공급하는 경우에는 국내에서 해당 전자적 용역이 공급되는 것으로 본다.

(2) 납세의무자
국외사업자가 직접 또는 다음 중 어느 하나에 해당하는 제3자를 통하여 국내에 전자적 용역을 제공하는 경우(「소득세법」·「법인세법」에 따라 사업자등록을 한 자의 과세(면세)사업에 대하여 용역을 공급하는 경우 제외)에는 해당 전자적 용역이 국내에서 공급되는 것으로 본다.
① 정보통신망 등을 이용한 오픈마켓이나 그와 유사한 서비스를 제공하는 자
② 전자적 용역 거래의 중개자로서 구매자로부터 대금을 받아 판매자에게 지급하는 자
③ 그 밖에 전자적 용역의 거래에 관여하는 자로서 법령으로 정하는 자

(3) 전자적 용역
간편사업자 등록 대상인 전자적 용역이란 정보통신망을 통하여 이동통신단말장치 또는 컴퓨터 등으로 국내에 제공하는 용역으로서 다음 중 어느 하나에 해당하는 용역을 말한다.
① 콘텐츠 또는 저작물에 따른 정보로 가공 또는 제작되는 것
② 소프트웨어
③ 전자문서
④ 게임·음성·동영상 파일 또는 소프트웨어 등
⑤ 광고를 게재하는 용역
⑥ 클라우드컴퓨팅서비스
⑦ 재화 또는 용역을 중개하는 용역으로서 국내에서 물품 또는 장소 등을 대여하거나 사용·소비할 수 있도록 중개하거나 국내에서 재화 또는 용역을 판매하거나 구매할 수 있도록 중개하는 용역 등

(4) 간편사업자 등록
① 등록신청
국내에 전자적 용역을 공급하는 자는 정보통신망을 이용하여 사업개시일부터 20일 이내에 간편사업자등록을 신청해야 한다.

② 등록 말소
국세청장은 간편사업자 등록을 한 간편사업자가 국내에서 폐업한 경우 간편사업자 등록을 말소할 수 있다. 간편사업자등록자가 사실상 폐업한 것으로 보는 경우는 다음 중 어느 하나에 해당하는 경우로 한다.
㉠ 간편사업자등록자가 등록국가에서 부도, 고액체납 등으로 확인되는 경우로서 소재 불명인 경우
㉡ 간편사업자등록자가 국내 또는 등록국가에서 사업과 관련된 인가·허가의 취소 또는 그 밖의 사유로 사업을 수행할 수 없거나 간편사업자 등록시 입력한 사이버몰을 폐쇄하여 사실상 폐업상태에 있는 경우

ⓒ 간편사업자등록자가 정당한 사유 없이 계속하여 둘 이상의 과세기간에 걸쳐 부가
   가치세를 신고하지 아니하고 사실상 폐업상태에 있는 경우
ⓓ 그 밖에 간편사업자등록자가 ⓐ부터 ⓒ까지의 규정한 유사한 사유로 사실상 폐업
   상태에 있는 경우

(5) 과세표준과 세액계산

① 과세표준

간편사업자등록자가 국내에 공급한 전자적 용역의 대가를 외화로 받은 경우에는 과세기간 종료일(또는 예정신고기간 종료일) 현재 기준환율을 적용하여 환가한 금액을 과세표준으로 할 수 있다.

② 세액계산 특례

간편사업자등록을 한 자는 해당 전자적 용역의 공급과 관련하여 일반적인 매입세액공제 규정에 따라 공제되는 매입세액 외에는 매출세액 또는 납부세액에서 공제하지 아니한다.

(6) 공급시기

공급시기는 ① 또는 ② 중 빠른 때로 한다.

① 구매자가 공급하는 자로부터 전자적 용역을 제공 받은 때
② 구매자가 전자적 용역을 구매하기 위하여 대금의 결제를 완료한 때

(7) 공급장소

용역을 공급받는 자의 사업장 소재지, 주소지 또는 거소지로 한다.

(8) 신고·납부

① 비거주자 등이 제공하는 용역 등에 대한 대리납부규정에 불구하고 간편사업자등록을 한 자는 국세정보통신망에 접속하여 부가가치세 예정신고 및 확정신고를 해야 하며, 외국환은행의 계좌에 납입하는 방식으로 납부한다.
② 간편사업자 등록을 한 자는 전자적 용역의 공급에 대한 거래명세(등록사업자의 과세사업 또는 면세사업에 대하여 용역을 공급하는 경우의 거래명세를 포함한다)를 그 거래사실이 속하는 과세기간에 대한 확정신고기한이 지난 후 5년간 보관하여야 한다.
③ 국세청장은 부가가치세 신고의 적정성을 확인하기 위하여 간편사업자 등록을 한 자에게 전자적 용역 거래명세서를 제출할 것을 요구할 수 있다.

Ⅵ 신용카드 등 결제금액에 대한 부가가치세 대리납부 등

(1) 개요

신용카드업자는 부가가치세 체납률 등을 고려하여 정하여진 특례사업자가 부가가치세가 과세되는 재화 또는 용역을 공급하고 그 신용카드업자로부터 공급대가를 받는 경우에는 그 대가를 특례사업자에게 지급하는 때 일정한 금액을 부가가치세로 징수하여 신용카드사업자의 관할 세무서장에게 납부해야 한다.

(2) 요건
① 부가가치세 대리납부를 안정적으로 운영할 수 있다고 인정되어 국세청장이 지정한 신용카드업자에 해당할 것
② 부가가치세 체납률 등을 고려하여 부가가치세가 과세되는 재화와 용역을 공급하는 사업자로서 유흥주점업을 영위하는 사업자("특례사업자")일 것(단, 간이과세자는 제외한다)
③ 특례사업자가 부가가치세가 과세되는 재화 또는 용역을 공급(신용카드·직불카드 또는 선불카드를 사용한 거래로 한정)하고 그 신용카드업자로부터 공급대가를 받는 경우일 것

(3) 대리납부 시기
공급대가를 특례사업자에게 지급하는 때

(4) 대리납부세액

> 대리납부세액 = 재화 또는 용역의 공급대가 × 4/110

(5) 납세절차
① 신고 시 납부의제
대리납부의무자가 납부한 부가가치세액은 대리납부대상 사업자가 「부가가치세법」에 따른 신고시 이미 납부한 세액으로 본다.
② 세액공제
대리납부대상 사업자는 신용카드업자가 납부한 부가가치세액에서 1% 이자율을 곱한 금액을 신고시 납부세액에서 공제할 수 있다.
③ 결정·징수
대리납부대상 사업자에 대하여 부가가치세를 결정하여 징수하는 경우에는 그 결정세액에서 해당 예정신고기간 또는 예정부과기간 종료일 현재 신용카드업자가 신용카드업자의 관할 세무서장에게 대리납부할 부가가치세를 뺀 금액을 각각 징수한다.
④ 적용대상 통지
관할 세무서장은 사업자가 대리납부대상 사업자에 해당하는 경우에는 과세기간 개시 1개월 전까지 그 사실을 해당 사업자에게 통지해야 한다. 만약, 과세기간 개시 1개월 전까지 해당 사업자가 통지를 받지 못한 경우에는 통지서를 수령한 날이 속하는 달의 다음달 1일부터 적용한다. 또한, 신규로 사업을 시작하는 자에게는 사업자등록증을 발급할 때 그 사실을 통지해야 한다. 이 경우 해당 사업자의 최초 과세기간부터 적용한다.

제3절 지방소비세

지역경제 활성화와 지방자치단체의 세수증대를 목적으로 부가가치세의 23.7%에 해당하는 세액을 지방소비세(지방세)로 전환하여 과세하고 있다.

> 지방소비세 = (부가가치세 납부세액 − 공제·감면세액 + 가산세) × 23.7%

CHAPTER 09 결정·경정·징수

제1절 부가가치세 결정·경정 및 징수

Ⅰ 결정 및 경정 사유

납세지 관할 세무서장 등은 사업자가 다음 중 어느 하나에 해당하는 경우에만 해당 예정신고기간 및 과세기간에 대한 부가가치세의 과세표준과 납부세액 또는 환급세액을 조사하여 결정 또는 경정한다.

(1) 예정신고 또는 확정신고를 하지 아니한 경우
(2) 예정신고 또는 확정신고를 한 내용에 오류가 있거나 내용이 누락된 경우
(3) 확정신고를 할 때 매출·매입처별 세금계산서합계표를 제출하지 아니한 경우
(4) 제출한 매출·매입처별 세금계산서합계표에 기재사항의 전부 또는 일부가 적혀 있지 아니하거나 사실과 다르게 적혀 있는 경우
(5) 그 밖에 아래의 사유로 인해 부가가치세를 포탈할 우려가 있는 경우
  ① 사업장의 이동이 빈번한 경우
  ② 사업장의 이동이 빈번하다고 인정되는 지역에 사업장이 있을 경우
  ③ 휴업 또는 폐업 상태에 있을 경우
  ④ 신용카드가맹점 또는 현금영수증가맹점 가입 대상자로 지정받은 사업자가 정당한 사유 없이 신용카드가맹점 또는 현금영수증가맹점으로 가입하지 아니한 경우로서 사업 규모나 영업 상황으로 보아 신고 내용이 불성실하다고 판단되는 경우
  ⑤ 조기환급 신고의 내용에 오류가 있거나 내용이 누락된 경우

Ⅱ 결정 및 경정 방법

(1) 원칙 – 실지조사(방법의 제한을 두지 않는다)

사업장 관할 세무서장 등은 각 과세기간에 대한 과세표준과 납부세액 또는 환급세액을 결정 또는 경정하는 경우에는 세금계산서, 장부, 기타 증명자료를 근거로 하여 실지조사한다.

(2) 예외 – 추계조사

① 추계 사유
  ㉠ 과세표준을 계산할 때 필요한 세금계산서·장부 기타의 증명자료가 없거나 그 중 요한 부분이 미비한 때
  ㉡ 세금계산서·장부 기타의 증명자료의 내용이 시설규모, 종업원 수와 원자재·상품·제품 또는 각종 요금의 시가에 비추어 거짓임이 명백한 경우
  ㉢ 세금계산서·장부 기타의 증명자료의 내용이 원자재 사용량, 동력(動力) 사용량이나 기타 조업 상황에 비추어 거짓임이 명백한 경우

② 추계 방법
　㉠ 동일 업황의 다른 동업자 권형에 의하여 계산하는 방법
　㉡ 조사한 생산수율이 있는 경우 생산수율을 적용하여 계산하는 방법
　㉢ 영업효율이 있는 경우 영업효율을 적용하여 계산하는 방법
　㉣ 원단위 투입량, 비용관계비율, 상품회전율, 매출총이익률, 부가가치율 중 어느 하나의 기준에 따라 계산하는 방법
　㉤ 추계결정, 경정대상 사업자에 대하여 ㉡ 내지 ㉣의 비율을 산정하여 계산하는 방법
　㉥ 최종소비자 대상 음식·숙박업과 서비스업에 대하여 입회조사기준에 의하여 계산하는 방법

③ 매입세액 공제

공제하는 매입세액은 발급받은 세금계산서를 관할 세무서장에게 제출하고 기재내용이 분명한 부분으로 한정한다. 다만, 재해 또는 그 밖의 불가항력으로 발급받은 세금계산서가 소멸되어 세금계산서를 제출하지 못하게 되었을 때에는 해당 사업자에게 공급한 거래상대방이 제출한 세금계산서에 의하여 확인되는 것을 납부세액에서 공제하는 매입세액으로 한다.

(3) 결정·경정 특례대상

소매업, 음식점업 등과 같이 영수증을 발급해야 하는 업종을 경영하는 사업자로서 같은 장소에서 계속하여 5년 이상 사업을 경영한 자에 대해서는 객관적인 증명자료로 보아 과소하게 신고한 것이 분명한 경우에만 경정할 수 있다.

(4) 결정·경정 기관

부가가치세의 과세표준과 납부세액 또는 환급세액의 결정·경정은 각 납세지 관할 세무서장이 한다. 다만, 국세청장이 특히 중요하다고 인정하는 경우에는 납세지 관할 지방국세청장 또는 국세청장이 결정하거나 경정할 수 있다.

(5) 재결정·경정

납세지 관할 세무서장등은 결정하거나 경정한 과세표준과 납부세액 또는 환급세액에 오류가 있거나 누락된 내용이 발견되면 즉시 다시 경정한다.

제2절 ✦ 부가가치세 환급

환급이란 매입세액이 매출세액을 초과하는 경우 초과하는 부분의 매입세액을 말한다. 주로 영세율이 적용되는 경우나 거액의 설비투자가 있는 경우 또는 재고가 누적되는 경우에 발생한다.

I 환급의 방법

(1) 일반환급

환급세액은 **확정신고기한 경과 후 30일 이내**에 환급해야 한다. 따라서, 예정신고기간의 환급세액은 원칙적으로 환급하지 않고 확정신고시 납부할 세액에서 공제한다.

(2) 조기환급 ★

① 조기환급 대상

납세지 관할 세무서장은 자금부담 완화, 수출 촉진 및 조세정책 목적을 달성하기 위하여 다음 중 어느 하나에 해당하여 환급을 신고한 사업자에게 환급세액을 조기에 환급할 수 있다.
　㉠ 사업자가 영세율을 적용받는 경우
　㉡ 사업자가 사업설비(건물 등 감가상각자산)를 신설·취득·확장 또는 증축하는 경우
　㉢ 사업자가 조기환급기간, 예정신고기간 또는 과세기간 종료일 현재 「조세특례제한법」에 따른 재무구조개선계획승인권자가 승인한 계획을 이행 중인 경우

② 예정신고기간 및 확정신고기간별 조기환급

납세지 관할 세무서장은 조기환급세액을 각 예정신고기간 및 확정신고기간별로 그 **신고 기한이 지난 후 15일 이내**에 신고한 사업자에게 환급해야 한다. 조기환급을 신고할 때 이미 신고한 과세표준과 환급받은 환급세액은 예정신고 및 확정신고 대상에서 제외한다.

③ 조기환급기간별 조기환급

사업자가 한 사업장에서 조기환급사유가 발생하는 경우 해당 사업장의 거래분만을 조기환급신고할 수 있다. 다만, 총괄납부하는 사업자의 경우에는 그렇지 않다.
　㉠ 조기환급기간: 예정신고기간 중 또는 과세기간 최종 3개월 중 매월 또는 매 2월
　㉡ 조기환급신고기한: 조기환급기간이 끝난 날부터 25일 이내

II 결정·경정 시 환급

납세지 관할 세무서장은 결정·경정에 의하여 추가로 발생한 환급세액을 지체 없이 사업자에게 환급해야 한다.

기출 Check　21년 9급

28 부가가치세법령상 환급 및 조기환급에 대한 설명으로 옳지 않은 것은?

① 조기환급신고를 할 때 매출·매입처별 세금계산서합계표를 제출한 경우에는 예정신고 또는 확정신고를 할 때 함께 제출하여야 하는 매출·매입처별 세금계산서합계표를 제출한 것으로 본다.

② 사업자는 각 과세기간에 대한 과세표준과 납부세액 또는 환급세액을 그 과세기간이 끝난 후 25일(폐업하는 경우 폐업일이 속한 달의 다음달 25일) 이내에 납세지 관할 세무서장에게 신고하여야 하며, 조기에 환급을 받기 위하여 신고한 사업자는 이미 신고한 과세표준과 환급받은 환급세액도 신고하여야 한다.

③ 관할 세무서장은 결정·경정에 의하여 추가로 발생한 환급세액이 있는 경우에는 지체 없이 사업자에게 환급하여야 한다.

④ 조기환급이 적용되는 사업자가 조기환급신고기한에 조기환급기간에 대한 과세표준과 환급세액을 관할 세무서장에게 신고하는 경우에는 조기환급기간에 대한 환급세액을 각 조기환급기간별로 해당 조기환급신고기한이 지난 후 15일 이내에 사업자에게 환급하여야 한다.

6 ②

해설 조기에 환급을 받기 위하여 신고한 사업자는 이미 신고한 과세표준과 환급받은 환급세액은 신고하지 아니한다.

제3절 가산세

I 사업자등록 관련 가산세

(1) 미등록 가산세(간편사업자미등록시도 가산세 부과)

공급가액의 합계액 × 1%

- 사업자등록 신청기한이 지난 후 1개월 이내에 신청하는 경우 해당 가산세의 50%를 감면한다. 기한까지 등록을 하지 아니한 경우에는 사업 개시일부터 등록한 날의 직전일까지의 공급가액 합계액의 1퍼센트

(2) 타인 명의 가산세

공급가액의 합계액 × 2%(간이과세자: 1%)

- 타인에는 배우자 및 상속개시일 이후 상속세 신고기한까지 피상속인 명의는 제외한다.

II 세금계산서 관련 가산세

(1) 공급한 사업자

① 부실기재, 지연발급시: 공급가액 × 1%
② 지연전송시: 공급가액 × 0.3%
③ 미전송시: 공급가액 × 0.5%
④ 미발급, 위장발급, 허위발급시: 공급가액 × 2%
⑤ 가공발급시: 세금계산서 등에 적힌 금액 × 3%
⑥ 과다기재시: 과다기재한 부분의 공급가액 × 2%
- 가산세(2%, 3%)의 국세부과제척기간은 10년을 적용한다.

(2) 공급받은 사업자

① 위장수취시: 공급가액 × 2%
② 가공수취시: 세금계산서 등에 적힌 금액 × 3%
③ 과다기재시: 과다기재한 부분의 공급가액 × 2%

III 세금계산서합계표 관련 가산세

(1) 매출처별 세금계산서합계표 제출 불성실 가산세

① 미제출, 부실기재시: 공급가액 × 0.5%
- 제출기한이 지난 후 1개월 이내에 제출하는 경우 해당 가산세의 50%를 감면한다.
② 지연제출시: 공급가액 × 0.3%

(2) 매입처별 세금계산서합계표 제출 불성실 가산세

지연수취, 경정기관 확인시 제출, 공급가액 과다기재: 공급가액 × 0.5%

지연발급
세금계산서를 발급시기가 지난 후 공급시기가 속하는 과세기간에 대한 확정신고기한까지 발급하는 경우를 말한다.

미발급에는 전자세금계산서를 발급해야 할 의무가 있는 자가 세금계산서의 발급시기에 종이세금계산서를 발급(공급가액의 1%적용)하는 경우도 포함한다.

지연제출
매출처별 세금계산서합계표를 예정신고를 할 때 제출하지 못하여 확정신고를 할 때 제출하는 경우를 말한다.

Ⅳ 신고불성실가산세

(1) 무신고가산세

① 부정행위로 인한 무신고시: 부정 무신고 납부세액 × 40%(역외거래: 60%) + 영세율과세표준 × 0.5%
② 일반 무신고시: 일반 무신고 납부세액 × 20% + 영세율과세표준 × 0.5%

(2) 과소신고·초과환급신고가산세

> ① (부정과소신고납부세액 + 부정초과신고환급세액) × 40%(역외거래: 60%)
> ② (일반과소신고납부세액 + 일반초과신고환급세액) × 10%
> ※ 과소신고분 영세율과세표준 × 0.5%를 가산한다.

> **참고** 부정행위
>
> 부정행위란 다음에 해당하는 행위로써 조세의 부과와 징수를 불가능하게 하거나 현저히 곤란하게 하는 적극적 행위를 말한다.
> 1. 이중장부의 작성
> 2. 허위증명·허위기록 또는 허위문서의 작성 및 수취(허위임을 알고 수취한 경우에 한함)
> 3. 장부와 기록의 파기
> 4. 자산의 은닉 또는 소득원천의 은폐
> 5. 통상적인 기록을 피하기 위한 업무의 조작적인 처리
> 6. 기타 부정한 행위

Ⅴ 납부지연가산세

> 납부지연가산세 = ① + ②
>
> ① 원칙: 미납세액 또는 과소납부세액(초과환급세액) × 기간 × $\frac{2.2}{10,000}$
>
>   ⊙ 세법에 따라 가산하여 납부해야 할 이자상당가산액이 있는 경우에는 그 금액을 더한다.
>   ⊙ 기간: 납부기한(환급일)의 다음날부터 자진납부일 또는 납세고지일까지의 기간
> ② 체납액: 미납부·과소납부세액 × 3%

CHAPTER 10 간이과세

제1절 간이과세제도의 개요

I 간이과세제도의 취지

부가가치세를 신고·납부하는 사업자 중 장부의 비치·기장 등 협력의무 이행이 어려운 영세사업자는 과세거래가 발생시 이를 기록하고 관리하는 것이 어렵다. 이러한 영세사업자를 지원하기 위해 간이과세제도를 두고 있다.

또한, 간이과세자가 존재하더라도 이러한 영세사업자는 대부분 최종소비자를 대상으로 재화·용역 등을 공급하고 있으므로 부가가치세 구조를 심각하게 침해할 정도는 아니기 때문에 적용요건을 충족하는 사업자는 간이과세제도를 통해 일반과세자보다는 간편하게 부가가치세의 신고·납부를 수행하도록 하고 있다.

II 간이과세제도의 적용대상 및 절차

(1) 적용대상자

간이과세자는 **직전 1역년 재화와 용역의 공급대가의 합계액이 1억 4백만 원에 미달**하는 자로서 간편한 절차로 부가가치세를 신고·납부하는 개인사업자를 말한다. 그러나, 다음 중 어느 하나에 해당하는 간이과세 배제대상 사업자는 제외한다.
① 일반과세가 적용되는 사업장을 보유
② 간이과세를 적용하지 않는 배제 업종
  ㉠ 광업, 제조업(다만, 과자점업 등 주로 최종소비자에게 직접 재화를 공급하는 사업은 제외)
  ㉡ 도매업(소매업을 겸영하는 경우 포함하되, 재생용 재료수집 및 판매업은 제외) 및 상품중개업
  ㉢ 부동산매매업
  ㉣ 부동산임대업 중 시지역에서 영위하는 일정 규모 이상의 사업
  ㉤ 일정한 개별소비세 과세유흥장소를 경영하는 사업
  ㉥ 변호사, 세무사 등 전문직 사업서비스업
  ㉦ 재화의 공급으로 보지 아니하는 포괄적 사업양도에 따라 일반과세자로부터 양수한 사업(다만, 간이과세 배제업종에 해당하지 아니하는 경우로서 사업을 양수한 이후 공급대가의 합계액이 1억 4백만 원에 미달하는 경우는 제외한다)
  ㉧ 사업장 소재 지역, 사업의 종류, 규모를 고려하여 국세청장이 정하는 기준에 해당하는 사업
  ㉨ 「소득세법」상 전전년도 기준 복식부기의무자가 경영하는 사업

기출 Check 24년 9급

29 부가가치세법령상 간이과세자로 보는 사업자에 해당하는 것은?
① 부동산매매업을 경영하는 자로서 직전 연도의 공급대가의 합계액이 5천만 원인 개인사업자
② 전기·가스사업을 경영하는 자로서 직전 연도의 공급대가의 합계액이 6천만 원인 개인사업자
③ 도배, 실내 장식사업을 경영하는 자로서 직전 연도의 공급대가의 합계액이 7천만 원인 개인사업자
④ 특별시에서 「개별소비세법」 제1조 제4항에 해당하는 과세유흥장소를 경영하는 자로서 직전 연도의 공급대가의 합계액이 5천만 원인 개인사업자

6 ③
해설 부동산매매업, 일정한 개별소비세 과세유흥장소를 경영하는 사업 및 전기·가스·증기 및 수도 사업을 영위하는 자는 금액과 무관하게 간이과세 적용이 배제된다.

ⓒ 전기·가스·증기 및 수도 사업
ⓚ 건설업(다만, 주로 최종소비자에게 직접 재화 또는 용역을 공급하는 사업으로서 기획재정부령으로 정하는 것은 제외한다)
ⓔ 전문, 과학 및 기술서비스업과 사업시설 관리, 사업지원 및 임대 서비스업(다만, 주로 최종소비자에게 직접 용역을 공급하는 사업으로서 기획재정부령으로 정하는 것은 제외한다)

(2) 신규사업자

신규로 사업을 시작하는 개인사업자는 사업을 시작한 날이 속하는 연도의 공급대가의 합계액이 1억 4백만 원에 미달될 것으로 예상되면 사업 개시일부터 20일 이내에 사업자등록을 신청할 때 관할 세무서장에게 간이과세의 적용 여부를 함께 신고하여야 한다. 다만, 간이과세 배제 사업을 영위하는 경우 그러하지 아니한다.

(3) 사업자등록을 하지 않은 사업자

사업자등록을 하지 않은 사업자로 사업을 시작한 날이 속하는 연도의 공급대가의 합계액이 1억 4백만 원에 미달한 경우에만 최초의 과세기간에 간이과세자로 한다. 단, 간이과세 배제 사업을 영위하는 경우 그러하지 아니한다.

제2절 과세유형의 변경

I 과세유형의 변경종류 및 적용기간

(1) 과세유형 변경종류

과세유형의 변경에는 일반과세자가 간이과세자로 변경되는 경우와, 간이과세자가 일반과세자로 변경되는 2가지 유형이 있다.

(2) 과세유형의 적용기간

① 간이과세자에 관한 규정이 적용되거나 적용되지 않게 되는 기간은 해의 1월 1일부터 12월 31일까지의 공급대가가 1억 4백만 원에 미달되거나 그 이상이 되는 해의 **다음해의 7월 1일부터 그 다음해의 6월 30일까지**로 한다.
② 결정 또는 경정한 공급대가의 합계액이 1억 4백만 원 이상인 개인사업자는 그 결정 또는 경정한 날이 속하는 과세기간까지 간이과세자로 본다.
③ 간이과세자가 간이과세배제사업을 신규로 겸영하는 경우에는 **해당 사업의 시작일이 속하는 과세기간의 다음 과세기간부터 간이과세자에 관한 규정을 적용하지 않는다.**

Ⅱ 과세유형의 전환 통지

(1) 관할세무서장의 변경 통지

과세유형이 변경되는 경우에 해당 사업자의 관할 세무서장은 **그 변경되는 과세기간 개시 20일 전까지** 그 사실을 통지해야 하며, 사업자등록증을 정정하여 과세기간 개시 당일까지 발급해야 한다.

(2) 일반과세자 ⇨ 간이과세자

간이과세자에 관한 규정이 적용되는 사업자에게는 과세유형의 변경통지와 관계없이 그 시기에 간이과세자에 관한 규정을 적용한다. 다만, 부동산임대업을 경영하는 사업자의 경우에는 통지를 받은 날이 속하는 과세기간까지는 일반과세자에 관한 규정을 적용한다.

(3) 간이과세자 ⇨ 일반과세자

간이과세자에 관한 규정이 적용되지 않는 사업자에 대해서는 그 **변경통지를 받은 날이 속하는 과세기간까지는 간이과세자에 관한 규정을 적용한다.**

제3절 ✦ 간이과세의 적용포기

Ⅰ 간이과세 적용포기 개요 및 사유

(1) 간이과세 적용포기 개요

간이과세자 또는 간이과세자에 관한 규정을 적용받게 되는 일반과세자는 간이과세를 포기하고 일반과세를 적용받을 수 있다. 간이과세 적용포기로 누적효과를 제거할 수 있기 때문에 간이과세를 적용받을 수 있는 사업자도 이를 포기할 수 있다.

(2) 간이과세 적용포기 사유

① 세금계산서 미발급으로 인한 간이과세자와의 거래 기피
② 거액의 매입세액이 발생한 경우 매입세액 공제를 통한 환급의 불가능
③ 간이과세자 변경시 거액의 재고납부세액으로 인한 세부담
④ 재화나 용역의 공급이 영세율 적용 대상인 경우에도 매입세액 공제를 통한 환급의 불가능

(3) 간이과세 적용포기 절차

간이과세를 포기하고 일반과세를 적용받으려는 자는 **일반과세자에 관한 규정을 적용받으려는 달의 전달 마지막 날까지** 납세지 관할 세무서장에게 간이과세포기신고서를 제출(국세정보통신망에 의한 제출을 포함)하여야 한다. 신규사업자는 사업자등록을 신청할 때 간이과세자에 관한 규정의 적용을 포기할 수 있다.

II 간이과세 적용포기에 따른 과세기간 구분

간이과세자가 간이과세를 포기함으로써 일반과세자로 되는 경우 다음의 구분에 따라 과세기간을 산정한다.

(1) 간이과세자의 과세기간

간이과세 포기 신고일이 속하는 과세기간의 개시일부터 그 신고일이 속하는 달의 마지막 날까지의 기간은 간이과세를 적용한다.

(2) 일반과세자의 과세기간

간이과세 포기 신고일이 속하는 달의 다음달 1일부터 그 날이 속하는 과세기간의 종료일까지의 기간은 일반과세를 적용한다.

III 간이과세 재적용

(1) 간이과세를 포기하여 일반과세자에 관한 규정을 적용받게 된 경우, 다음의 구분에 따른 날부터 **3년이 되는 날이 속하는 과세기간**까지는 간이과세자에 관한 규정을 적용받지 못한다.

(2) **구분**

① 계속사업자가 포기 신고한 경우: 일반과세자에 관한 규정을 적용받으려는 달의 1일
② 신규사업자가 포기 신고한 경우: 사업개시일이 속하는 달의 1일

> **참고 간이과세 재적용**
>
> 간이과세를 포기한 개인사업자가 3년이 되는 날이 속하는 과세기간이 지난 후 다시 간이과세를 적용받으려면 간이과세 적용대상(직전 1역년의 공급대가 합계액이 1억 4백만 원 미만인 개인사업자)에 해당하여야 할 뿐 아니라, 그 적용받으려는 과세기간 개시 10일 전까지 간이과세 적용신고를 하여야 한다.

(3) 간이과세 포기를 신고한 개인사업자 중 직전 연도의 공급대가의 합계액이 4천8백만원 이상 1억 4백만원 미만인 개인사업자 등 대통령령으로 정하는 개인사업자는 과세기간 이전이라도 간이과세자에 관한 규정을 적용받을 수 있다.

(4) 제1항에 따라 간이과세자에 관한 규정을 적용받으려는 개인사업자는 적용받으려는 과세기간 개시 10일 전까지 대통령령으로 정하는 바에 따라 납세지 관할 세무서장에게 신고하여야 한다.

제4절 간이과세자 납부세액

I 간이과세자 납부세액 기본구조

$$납부세액 = 과세표준 \times 해당\ 업종의\ 부가가치율 \times 10\%(또는\ 0\%)$$

(1) 과세표준

간이과세자의 과세표준은 해당 과세기간의 '공급대가'의 합계액으로 한다. 이때 과세기간은 1역년을 말하되, 예정부과기간(1.1. ~ 6.30.)의 세액을 신고하고 납부하려는 경우에는 예정부과기간을 말한다.

(2) 업종의 부가가치율

직전 3년간 신고된 업종별 평균 부가가치율 등을 고려하여 다음의 범위 내에 대통령령으로 정한다.

구분	업종별 부가가치율
① 소매업, 재생용 재료수집 및 판매업, 음식점업	15%
② 제조업, 농업·임업·어업, 소화물 전문 운송업	20%
③ 숙박업	25%
④ 건설업, 운수 및 창고업, 정보통신업, 그 밖의 서비스업	30%
⑤ 금융 및 보험업, 전문·과학 및 기술서비스업(인물사진 및 행사용 영상 촬영업 제외), 사업시설관리·사업지원 및 임대서비스업, 부동산 관련 서비스업, 부동산임대업	40%

(3) 둘 이상의 업종을 겸영하는 간이과세자

둘 이상의 업종을 겸영하는 간이과세자의 경우에는 둘 이상의 업종에 공통으로 사용하던 재화를 공급하여 업종별 실지귀속을 구분할 수 없는 경우에 적용할 부가가치율은 다음 산식에 따라 계산한 율의 합계로 한다. 단, 휴업 등으로 인해 해당 과세기간의 공급대가가 없는 경우 그 재화를 공급한 날에 가장 가까운 과세기간의 공급대가를 적용하여 계산한다.

$$적용\ 부가가치율 = \frac{해당\ 재화관련}{각\ 업종별\ 부가가치율} \times \frac{해당\ 재화공급일이\ 속하는\ 과세기간의\ 공급대가}{해당\ 재화관련\ 각\ 업종의\ 총공급대가}$$

Ⅱ 간이과세자 차가감납부세액

> 차가감납부세액 = 납부세액 + 재고납부세액 − 공제세액 + 가산세 − 예정고지(신고)세액

(1) 재고납부세액(일반과세자 ⇨ 간이과세자)

① 개요

일반과세자가 간이과세자로 변경되는 경우에는 변경 당시의 재고품, 건설중인 자산 및 감가상각자산에 대하여 공제받은 매입세액을 납부세액에 가산하여 납부해야 한다. 사업양도에 의하여 사업양수자가 양수한 자산으로서 사업양도자가 매입세액을 공제받은 재화도 포함한다.

② 재고납부세액의 대상자

직전 1역년 공급대가가 1억 4백만 원에 미달하는 경우로서 간이과세를 포기하지 않는 경우

③ 재고납부세액 계산

구분	재고납부세액
㉠ 재고품	재고금액[1] $\times \frac{10}{100} \times (1 - 0.5\% \times \frac{110}{10})$
㉡ 건설중인 자산	건설중인 자산과 관련하여 공제받은 매입세액 $\times (1 - 0.5\% \times \frac{110}{10})$
㉢ 감가상각 자산	ⓐ 매입한 자산 = 취득가액 $\times (1 - 체감률^{[2]} \times 경과된 과세 기간의 수^{[3]}) \times \frac{10}{100} \times (1 - 0.5\% \times \frac{110}{10})$ ⓑ 직접 제작·건설 또는 신축한 자산 = 제작 등과 관련하여 공제받은 매입세액 $\times (1 - 체감률 \times 경과된 과세 기간의 수)$ $\times (1 - 0.5\% \times \frac{110}{10})$

1) 재고품 등의 금액은 장부 또는 세금계산서에 의해 확인되는 취득가액을 말하며 장부 등으로 확인이 어려운 경우에는 시가에 따른다.
2) 체감률은 건물·구축물은 5%, 그 밖의 감가상각자산은 25%를 적용한다.
3) 경과된 과세기간의 수는 과세기간 단위인 6개월 단위로 계산하며, 과세기간 개시일 후에 취득한 경우에는 해당 과세기간 개시일에 해당 재화를 취득한 것으로 보아 기간을 계산한다.

④ 재고납부세액 납부절차 및 방법

㉠ 신고

일반과세자가 간이과세자로 변경되는 경우에는 그 변경되는 날의 직전 과세기간에 대한 확정신고와 함께 재고품 등을 신고해야 한다.

㉡ 조사 및 승인

신고를 받은 관할 세무서장은 재고금액을 조사·승인하고 간이과세자로 변경된 날부터 90일 이내에 해당 사업자에게 납부할 재고납부세액을 통지해야 한다.

㉢ 납부방법

재고납부세액은 간이과세자로 변경된 날이 속하는 과세기간의 납부세액에 가산하여 납부한다. 간이과세자의 해당 과세기간의 공급대가가 4,800만 원에 미달하여 납부의무가 면제되는 경우에도 재고납부세액은 납부해야 한다.

(2) 재고매입세액(간이과세자 ⇨ 일반과세자)

① 개요

간이과세자가 일반과세자로 변경되는 경우에는 그 변경 당시의 재고품, 건설중인 자산 및 감가상각자산에 대하여 재고매입세액을 매입세액으로 공제한다. 간이과세자의 경우 매입세액에 대해 공제받지 못하지만 일반과세자의 경우 매입세액을 공제받을 수 있으므로 일반과세자로 전환되었을 때 이를 공제받도록 함으로써 중복과세를 배제하고 누적효과를 방지하여 조세의 형평을 기하기 위해 재고매입세액을 공제하는 것이다.

② 사유

㉠ 공급대가가 1억 4백만 원 이상이 되는 경우
  ⓐ 직전 1역년 공급대가의 합계액이 1억 4백만 원 이상이 되는 경우 다음해의 7월 1일부터 그 다음해의 6월 30일까지 일반과세를 적용받게 된다.
  ⓑ 결정 또는 경정한 공급대가의 합계액이 1억 4백만 원 이상인 개인사업자는 그 결정 또는 경정한 날이 속하는 과세기간까지 간이과세자로 본다.

㉡ 간이과세 배제업종을 겸업하는 경우
  ⓐ 간이과세자가 간이과세 배제업종을 추가하는 경우
  ⓑ 간이과세자가 일반과세적용사업장을 추가하는 경우
  ⓒ 사업장 중 하나 이상이 일반과세자로 변경되는 경우
  ⓓ 간이과세자가 일반과세 사업장을 포괄양수하는 경우 등

㉢ 간이과세를 포기 하는 경우

③ 재고매입세액의 계산

구분	재고납부세액
㉠ 재고품	재고금액[1] $\times \dfrac{10}{100} \times (1 - 0.5\% \times \dfrac{110}{10})$
㉡ 건설중인 자산	건설중인 자산과 관련된 공제대상 매입세액 $\times (1 - 0.5\% \times \dfrac{110}{10})$
㉢ 감가상각 자산	ⓐ 매입한 자산 = 취득가액 $\times (1 - $ 체감률[2] $\times$ 경과된 과세 기간의 수[3]$) \times \dfrac{10}{100} \times (1 - 0.5\% \times \dfrac{110}{10})$ ⓑ 사업자가 직접 제작·건설 또는 신축한 자산 = 제작등과 관련하여 공제받은 매입세액 $\times (1 - $ 체감률 $\times$ 경과된 과세 기간의 수$)$ $\times (1 - 0.5\% \times \dfrac{110}{10})$

1) 재고금액: 장부 또는 세금계산서에 의하여 확인되는 취득가액으로 한다. 이때 부가가치세를 포함한 공급대가를 재고금액으로 계산한다.
2) 체감률: 건물 또는 구축물은 10%, 그 외의 자산은 50%를 적용한다.
3) 경과된 과세기간의 수: 과세기간 단위인 1년 단위로 계산하며, 과세기간 개시일 후에 취득한 경우에는 해당 과세기간 개시일에 해당 재화를 취득한 것으로 보아 기간을 계산한다.

기출 Check 15년 9급

30 「부가가치세법」상 간이과세에 대한 설명으로 옳지 않은 것은?

① 간이과세자가 부동산매매업을 신규로 겸영하는 경우에는 해당 사업의 개시일이 속하는 과세기간의 다음 과세기간부터 간이과세자에 대한 규정을 적용하지 않는다.
② 간이과세자의 납부세액은 공급대가에 해당 업종별 부가가치율과 10%를 곱하여 계산하며, 둘 이상의 업종을 겸영하면 각각의 업종별로 계산한 금액의 합계액으로 한다.
③ 일반과세자가 간이과세자로 변경된 후 다시 일반과세자로 변경된 때에 재고납부세액을 납부하지 않은 재고품 등에 대해서는 재고품 등의 신고와 재고매입세액공제에 관한 규정을 적용하지 않는다.
④ 일반과세자가 간이과세자로 변경되는 경우 재고매입세액을 납부세액에 가산하여 납부해야 하며, 가산대상은 매입세액을 공제받은 것으로서 변경 당시의 재고품 및 감가상각자산에 한한다.

ⓑ ④
해설 일반과세자가 간이과세자로 변경되는 경우 재고납부세액을 납부세액에 가산하여 납부해야 하며, 가산 대상은 변경 당시의 재고품, 건설중인 자산 및 감가상각자산이다.

④ 재고매입세액 납세절차와 방법
  ㉠ 재고품 등의 신고(기한후신고하는 경우에도 재고매입세액 공제 가능) : 간이과세자가 일반과세자로 변경되는 경우에는 그 변경되는 날의 직전 과세기간에 대한 확정신고와 함께 재고품 등을 신고해야 한다.
  ㉡ 조사 및 승인 : 신고를 받은 관할 세무서장은 재고금액을 조사·승인하고 재고품 등 신고기한 경과 후 1월 이내에 해당 사업자에게 공제될 재고매입세액을 통지해야 한다. 이 경우 그 기한 내에 통지하지 않으면 해당 사업자가 신고한 재고금액을 승인한 것으로 본다.
  ㉢ 공제방법 : 재고매입세액은 신고한 재고금액의 승인을 얻은 날이 속하는 예정신고기간 또는 과세기간의 매출세액에서 공제한다. 납부할 부가가치세가 없는 경우 재고매입세액공제액은 환급가능하다.
  ㉣ 적용배제 : 일반과세자가 간이과세자로 변경된 후에 다시 일반과세자로 변경되는 경우에는 간이과세자로 변경된 때에 재고납부세액 규정을 적용받지 아니한 재고품 등에 대해서는 재고매입세액 규정을 적용하지 아니한다.

참고 간이과세의 문제점

1. 전단계세액공제법의 부가가치세 기본논리가 훼손된다.
2. 부가가치세의 일부를 국가가 영세사업자에게 보전해주는 숨은 보조금형태로 인하여 일반과세자로의 변경을 기피하는 현상을 초래한다.
3. 간이과세자의 세금계산서 수취 거부로 거래의 투명성이 훼손될 여지가 있다.
4. 일반과세자와의 과세형평 문제가 야기된다.
5. 영세사업자 지원이라는 취지와는 다르게 사업자들이 탈세를 조장할 여지가 있다.
6. 거래상대방이 매입세액공제를 받지 못함으로써 누적효과가 발생하여 경제적 비효율을 야기시킬 수 있다.

신은미 세법개론

합격까지 박문각

PART

05

소득세법

Chapter 01 소득세법 총설
Chapter 02 이자소득
Chapter 03 배당소득
Chapter 04 사업소득
Chapter 05 근로소득, 연금소득, 기타소득
Chapter 06 소득금액계산의 특례
Chapter 07 종합소득과세표준의 계산
Chapter 08 종합소득세의 계산
Chapter 09 퇴직소득세
Chapter 10 종합소득세의 납세절차
Chapter 11 양도소득세
Chapter 12 비거주자의 납세의무

CHAPTER 01 소득세법 총설

제1절 소득세 개요 및 과세원칙

I 과세대상소득

(1) 소득의 종류

소득세는 이자소득, 배당소득, 사업소득, 근로소득, 연금소득, 기타소득, 퇴직소득, 양도소득에 대해 과세한다.

(2) 열거주의

① 소득원천설은 열거된 소득에 대해서만 과세하므로 비정상적인 소득은 과세하지 않는다.
② 일부예외
   다만, 부분적으로 순자산증가설을 수용하고 있다. 이에 따라 기타소득, 퇴직소득, 양도소득과 같은 일시적인 소득도 과세대상에 포함하고 있다.
③ 유형별 포괄주의
   이자소득, 배당소득은 열거되지 않은 것이라도 이와 실질이 유사한 소득이 있다면 이에 대해서도 과세함으로써 포괄주의를 일부 소득에 대해 적용하고 있다.

> **참고** 「소득세법」의 주요 비열거소득
>
> ① 상장주식의 양도차익 및 채권의 양도차익
> ② 유형·무형자산의 양도차익
> ⊙ 단, 토지와 건물의 양도차익은 양도소득으로 과세하며, 복식부기의무자의 유형자산 양도차익은 사업소득으로 과세한다.

(3) 소득세법의 목적

「소득세법」은 개인의 소득에 대하여 소득의 성격과 납세자의 부담능력 등에 따라 적정하게 과세함으로써 조세부담의 형평을 도모하고 재정수입의 원활한 조달에 이바지함을 목적으로 한다.

II 과세방법

종합소득	과세방법
(1) 이자소득 (2) 배당소득 (3) 사업소득 (4) 근로소득 (5) 연금소득 (6) 기타소득	① 원칙 – 종합과세 종합과세란 분리과세 대상 이외의 서로 다른 종류의 소득을 합산하여 합계금액에 대해 누진세율을 적용하는 과세방식이다. ② 예외 – 분리과세 분리과세란 별도의 신고 없이 원천징수만으로 과세가 종결되는 신고방식이다. 분리과세는 원천징수 소득 중 상대적으로 금액적 중요성이 낮은 소득이 대상이다.

구분	과세방법
퇴직소득	원칙 - 분류과세 분류과세란 다른 종류의 소득을 합산하지 않고 각각 누진세율로 과세하는 방식이다. 퇴직소득은 장기간에 걸쳐 발생하는 소득이므로 종합과세가 아닌 별도의 분류과세 방식으로 과세한다. 분류과세가 적용되는 퇴직소득은 신고의무가 있다. 다만, 적법하게 원천징수된 경우 신고의무가 면제된다.
양도소득	원칙: 분류과세 ⊙ 양도소득은 신고의무가 있으며, 신고의무에 대한 면제규정은 없다.

> **참고** 금융투자소득의 신설(2025년 시행 → 폐지)
>
> 2025년부터 주식의 양도, 채권의 양도, 투자계약증권의 양도, 집합투자증권의 환매, 파생결합증권과 파생상품 등으로 발생한 소득을 금융투자소득으로 하여 분류과세하는 것으로 개정되었다.

제2절 원천징수제도 및 분리과세 대상소득

I 원천징수제도

(1) 원천징수의 개요

원천징수란 원천징수대상소득을 지급하는 개인 및 법인에게 소득 지급시 세액상당액을 별도로 징수하여 이를 직접 신고·납부하도록 하는 제도이다.

(2) 원천징수의 필요성

① 원천징수는 원천징수내역을 신고함에 따라 거래내역을 파악할 수 있고 탈세를 방지할 수 있다. 원천징수의 대상자는 주로 개인납세의무자로 개인납세의무자는 그 수가 상당할 뿐만 아니라 세원관리가 어렵고 신고의무를 부과하는 경우 조세행정의 큰 혼란을 초래할 수 있다.

② 다만, 법인 납세의무자는 개인에 비하여 그 수도 현저히 적을 뿐만 아니라 거래에 대해 장부를 작성함에 따라 상대적으로 개인에 비하여 세원 관리가 잘 되어 원천징수의 필요성은 상대적으로 낮다고 할 수 있다.

(3) 원천징수 적용여부

원천징수는 국외에서 지급하는 소득(국외 근로소득 및 퇴직소득 포함)에는 적용하지 않는다.

소득의 구분	원천징수 여부	
	개인	법인
이자소득	○	○
배당소득	○	×
사업소득	×	×
근로소득	○	-
연금소득	○	-
기타소득	○	×
퇴직소득(분류과세)	○	-
양도소득(분류과세)	×	×

① 개인사업자의 사업소득은 부가가치세 과세로 거래내역을 파악할 수 있기 때문에 별도로 원천징수하지 않는다. 단, 의료보건용역 및 부가가치세가 면세되는 일정한 인적용역의 소득 등은 원천징수가 적용된다.
② 퇴직소득의 원천징수세액이란 퇴직소득을 신고할 당시 납부할 세액으로 한다. 즉, 퇴직소득을 지급할 때 납부할 세액을 제외하고 지급한다. 퇴직소득은 원천징수가 적법하게 이루어졌다면 별도로 신고할 필요는 없다.
③ 개인의 양도소득은 주로 토지와 건물을 양도함에 따라 발생하는 소득이므로 등기신고 및 주식거래명세서 등의 제출로 인해 거래내역을 파악할 수 있으므로 별도로 원천징수하지 않는다.
④ 기타소득 중 뇌물, 알선수재 및 배임수재에 의하여 받는 금품, 계약의 위약 또는 해약으로 인하여 받는 위약금과 배상금(계약금이 위약금·배상금으로 대체되는 경우만 해당)은 원천징수를 하지 않는다.

(4) 원천징수제도의 유형

① 완납적 원천징수

원천징수만으로 과세가 종결되는 경우의 원천징수를 의미한다.

예 종합소득 중 분리과세대상소득 및 퇴직소득의 원천징수

② 예납적 원천징수

원천징수가 되었어도 추가적으로 확정신고의무를 부담하는 원천징수를 의미한다. 단, 확정신고시 원천징수된 세액은 기납부세액으로 공제한다.

예 종합소득 중 종합과세되는 소득의 원천징수

Ⅱ 분리과세 대상소득

대상소득	내용
(1) 이자소득 (2) 배당소득	이자소득 및 배당소득의 합계액이 2천만 원 이하인 경우 또는 특정 금융소득
(4) 근로소득	일용근로자의 분리과세
(5) 연금소득	연금소득 1,500만 원 초과 시에도 분리과세 선택 가능
(6) 기타소득	기타소득금액이 3백만 원 이하인 경우 선택가능 + 특정 기타소득

Ⅲ 기타 고려사항

(1) 개인단위과세

① 「소득세법」은 개인단위로 과세한다.
② 단, 예외적으로 공동사업의 합산과세를 적용하는 경우 주된 공동사업자로 합산하여 과세한다.

(2) 신고납세주의

개인의 종합소득세는 5월 1일부터 5월 31일까지의 신고로 확정된다. 단, 원천징수로 과세가 종결되는 경우는 별도의 확정신고 의무는 없다.

제3절 납세의무자

소득세의 납세의무자는 거주자와 비거주자로 구분한다.

Ⅰ 거주자와 비거주자의 구분

(1) 거주자와 비거주자의 개념

구분	개념	과세대상소득
거주자	국내에 주소를 두거나 183일 이상의 거소를 둔 개인	국내 + 국외원천소득
비거주자	거주자가 아닌 개인	국내원천소득

① 주소의 개념

주소란 국내에서 생계를 같이하는 가족 및 국내에 소재하는 자산의 유무 등 생활관계의 객관적 사실에 따라 판정한다.

② 거소

거소는 주소지 이외의 장소 중에서 상당기간에 걸쳐 거주하는 장소로 주소와 같은 밀접한 일반적 생활관계가 형성되지 아니한 장소를 말한다. 예 호텔, 레지던스

③ 거주기간의 계산
  ㉠ 국내에 거소를 둔 기간은 **입국일의 다음날부터 출국일**까지로 한다.
  ㉡ 국내 거주기간이 1과세기간 동안 183일 이상인 경우에는 국내에 183일 이상 거소를 둔 것으로 본다.
  ㉢ 출국의 목적이 관광, 질병의 치료 등으로서 명백하게 **일시적**인 것으로 인정되는 경우에는 해당 **출국기간에도 국내에 거소를 둔 것**으로 본다.
  ㉣ 재외동포가 입국한 경우로서 입국의 목적이 단기 관광, 질병의 치료, 병역의무의 이행 및 친족의 경조사 등 명백하게 일시적인 것으로 인정되는 때에는 국내에 거소를 둔 기간으로 보지 아니한다.

(2) 거주자로 간주하는 경우 - 국내에 주소가 있는 것으로 보는 경우

① 계속하여 183일 이상 국내에 거주하는 직업을 가진 경우
② 국내에 생계를 같이하는 가족이 있고, 직업 및 자산상태에 비추어 계속하여 183일 이상 거주할 것으로 인정되는 경우
③ 외국항행 승무원의 경우 가족과 거주하는 장소 또는 통상 체재하는 장소가 국내인 경우
④ 국외근무 공무원 및 국외사업장 또는 해외현지법인(내국법인이 100% 직접 또는 간접으로 출자한 경우) 파견 임직원
  ⊙ 단, 국외에 거주 또는 근무하는 자가 외국국적을 가졌거나 외국법령에 의하여 그 외국의 영주권을 얻은 자로서 국내에 생계를 같이하는 가족이 없고 그 직업 및 자산상태에 비추어 다시 입국하여 주로 국내에 거주하리라고 인정되지 아니하는 때에는 국내에 주소가 없는 것으로 본다.

(3) 거주자 또는 비거주자가 되는 시기

비거주자가 거주자로 되는 시기	거주자가 비거주자로 되는 시기
① 국내에 주소를 둔 날 ② 국내에 주소를 가진 것으로 보는 사유가 발생한 날 ③ 국내에 거소를 둔 기간이 183일이 되는 날	① 거주자가 주소 또는 거소의 국외이전을 위하여 출국하는 날의 다음날 ② 국내에 주소가 없는 것으로 보는 사유가 발생한 날의 다음날

(4) 주한외교관 등의 특례

다음 중 어느 하나에 해당하는 경우에는 국내에 주소를 두거나 거주기간에도 불구하고 비거주자로 본다.

① 주한외교관과 그 외교관의 세대에 속하는 가족(단, 주한외교관에서 근무하는 대한민국 국민은 제외한다)
② 한미행정협정에 규정한 합중국 군대의 구성원, 군무원 및 그들의 가족

(5) 외국인 단기 거주자 특례

① 외국인 단기 거주자란 해당 과세기간 종료일 10년 전부터 국내에 주소나 거소를 둔 기간의 합계가 5년 이하인 외국인 거주자를 말한다(예 외국인 대표이사).

② 특례사항

외국인 단기 거주자에 해당하는 경우 **국외원천소득 중에서 국내에서 지급되거나 국내로 송금된 소득만 과세**한다. 국내에 거주하는 외국인 단기 거주자에 대해 국내·외 원천소득을 모두 과세하면 우수 인력이 대한민국에 근무하는 것을 꺼릴 수 있으므로 위의 요건에 해당하는 외국인 단기 거주자는 국내 지급분 또는 송금분에 대해서만 과세하여 국내거주에 따른 장애를 해소하는데 목적이 있다.

Ⅱ 법인 아닌 단체

구분	내용
(1) 원칙: 단체 자체를 거주자 또는 비거주자로 본다.	법인 아닌 단체 중 법인으로 보는 단체 외의 단체는 국내에 주사무소 또는 사업의 실질적인 관리장소를 둔 경우 1거주자로, 그 밖의 경우에는 1비거주자로 보아 「소득세법」을 적용한다.

(2) 예외: 단체의 구성원별로 「소득세법」 또는 「법인세법」 적용	법인 아닌 단체가 다음 중 어느 하나에 해당하는 경우 소득구분에 따라 해당 단체의 구성원별로 「소득세법」 또는 「법인세법」(해당 구성원이 「법인세법」에 따른 법인이거나 법인으로 보는 단체인 경우)을 적용한다.
	① 구성원 간 이익의 분배비율이 정하여져 있고 해당 구성원별로 이익의 분배비율이 확인되는 경우
	② 구성원 간 이익의 분배비율이 정하여져 있지 아니하나 사실상 구성원별로 이익이 분배되는 것으로 확인되는 경우
	③ 일부 구성원의 이익분배만 확인되는 경우
	   ㉠ 이익분배가 확인된 부분: 각 구성원별로 소득세 또는 「법인세법」에 대한 납세의무 부담
	   ㉡ 이익분배가 확인되지 아니하는 부분: 해당 단체를 1거주자 또는 1비거주자로 보아 소득세에 대한 납세의무 부담

Ⅲ 신탁재산에 귀속되는 소득세에 대한 납세의무

(1) 원칙(수익자 과세)

신탁재산에 귀속되는 소득은 그 신탁의 이익을 받을 **수익자**(수익자가 사망하는 경우에는 그 상속인)에게 귀속된다.

(2) 예외(위탁자 과세)

원칙에도 불구하고 다음 중 어느 하나에 해당하는 신탁의 경우 그 신탁재산에 귀속되는 소득은 **위탁자**에게 귀속되는 것으로 본다.
① 수익자가 특별히 정하여지지 아니하거나 존재하지 아니하는 신탁
② 다음의 요건을 모두 충족하는 신탁
   ㉠ 위탁자가 신탁을 해지할 수 있는 권리, 수익자를 지정하거나 변경할 수 있는 권리, 신탁 종료 후 잔여재산을 귀속 받을 권리 등을 보유하는 등 신탁재산을 실질적으로 지배·통제할 것
   ㉡ 신탁재산 원본을 받을 권리에 대한 수익자는 위탁자로, 수익을 받을 권리에 대한 수익자는 그 배우자 또는 같은 주소 또는 거소에서 생계를 같이 하는 직계존비속(배우자의 직계존비속을 포함)으로 설정하였을 것

기출 Check 23년 9급

03 소득세법령상 거주자와 비거주자에 관한 설명으로 옳지 않은 것은?
① 거주자나 내국법인의 국외사업장 또는 해외현지법인(내국법인이 발행주식총수 또는 출자지분의 100분의 100을 직접 또는 간접 출자한 경우에 한정한다) 등에 파견된 임원 또는 직원이나 국외에서 근무하는 공무원은 거주자로 본다.
② 비거주자는 국내에 거소를 둔 기간이 183일이 되는 날에 거주자가 된다.
③ 국내에 거소를 둔 기간은 입국하는 날부터 출국하는 날까지로 한다.
④ 국내에 거소를 두고 있던 개인이 출국 후 다시 입국한 경우에 생계를 같이하는 가족의 거주지나 자산소재지등에 비추어 그 출국목적이 관광, 질병의 치료 등으로서 명백하게 일시적인 것으로 인정되는 때에는 그 출국한 기간도 국내에 거소를 둔 기간으로 본다.

☞ ③
해설 국내에 거소를 둔 기간은 입국일의 다음날부터 출국일까지로 한다.

기출 Check 23년 7급

04 소득세법령상 납세의무에 대한 설명으로 옳지 않은 것은?
① 해당 과세기간 종료일 10년 전부터 국내에 주소나 거소를 둔 기간의 합계가 5년 이하인 외국인 거주자에게는 과세대상 소득 중 국외원천소득의 경우 국내에서 지급되거나 국내로 송금된 소득만 과세한다.
② 국외에서 근무하는 공무원 또는 내국법인의 국외사업장에 파견된 임원은 거주자로 본다.
③ 국내에 거소를 둔 기간이 1과세기간 동안 183일 이상인 경우에는 국내에 183일 이상 거소를 둔 것으로 본다.
④ 거주자가 비거주자로 되는 시기는 거주자가 주소 또는 거소의 국외 이전을 위하여 출국하는 날이다.

☞ ④
해설 거주자가 비거주자로 되는 시기는 거주자가 주소 또는 거소의 국외 이전을 위하여 출국하는 날의 다음날이다.

제4절 과세기간과 납세지

I 과세기간

구분		과세기간
(1) 원칙		1월 1일 ~ 12월 31일
(2) 예외	① 거주자가 사망한 경우	1월 1일 ~ 사망일
	② 거주자가 비거주자가 된 경우	1월 1일 ~ 출국일

II 납세지

(1) **일반적인 경우**

① 거주자: 주소지(주소지가 없는 경우 거소지로 한다)
  단, 거주자로 분류되는 해외근무 공무원 및 해외근무 근로자로 국내에 주소가 없는 자는 그 가족의 생활근거지 또는 소속기관의 소재지를 납세지로 한다.

② 비거주자: 국내사업장의 소재지
  국내사업장이 둘 이상인 경우에는 주된 국내사업장의 소재지로 하고, 국내사업장이 없는 경우에는 국내원천소득이 발생하는 장소로 한다.

(2) **원천징수한 소득세의 납세지**

원천징수의무자	납세지
거주자	그 거주자의 주된 사업장 소재지 ① 주사업장 외의 사업장에서 원천징수를 하는 경우: 그 사업장의 소재지 ② 사업장이 없는 경우: 그 거주자의 주소지 또는 거소지
비거주자	그 비거주자의 주된 국내사업장 소재지 ① 주된 국내사업장 외의 국내사업장에서 원천징수를 하는 경우: 그 국내사업장의 소재지 ② 국내사업장이 없는 경우: 그 비거주자의 거류지 또는 체류지
법인	그 법인의 본점 또는 주사무소의 소재지 (단, 법인의 지점, 영업소, 그 밖의 사업장이 독립채산제에 따라 독자적으로 회계사무를 처리하는 경우는 그 사업장의 소재지)

(3) **기타 납세지**

원인	납세지
납세조합이 징수	납세조합이 징수하는 소득세의 납세지는 그 납세조합의 소재지로 한다.
상속 등	거주자 또는 비거주자의 사망으로 상속인이 피상속인에 대한 소득세의 납세의무를 지는 경우: 그 피상속인·상속인 또는 납세관리인의 주소지나 거소지 중에서 상속인 또는 납세관리인이 그 관할 세무서장에게 납세지로서 신고하는 장소로 한다.
비거주자가 납세관리인을 둔 경우	비거주자가 납세관리인을 둔 경우 그 비거주자의 소득세 납세지는 그 국내사업장의 소재지 또는 그 납세관리인의 주소지나 거소지 중에서 납세관리인이 그 관할 세무서장에게 납세지로서 신고하는 장소로 한다.

> **참고** 납세지가 불분명한 경우 납세지의 결정
>
> 1. 주소지가 둘 이상인 경우에는 「주민등록법」에 의하여 등록된 곳을 납세지로 하고, 거소지가 둘 이상인 경우에는 생활관계가 보다 밀접한 곳을 납세지로 한다.
> 2. 국내에 둘 이상의 사업장이 있는 비거주자의 경우 그 주된 사업장을 판단하기가 곤란한 때에는 당해 비거주자가 납세지로 신고한 장소를 납세지로 한다.
> 3. 국내사업장이 없는 비거주자에게 국내의 둘 이상의 장소에서 부동산소득 또는 부동산 등 양도소득에 해당하는 국내원천소득이 발생하는 경우에는 그 국내원천소득이 발생하는 장소 중에서 당해 비거주자가 납세지로 신고한 장소를 납세지로 한다.
> 4. 비거주자가 2 또는 3의 규정에 의한 신고를 하지 아니하는 경우 소득상황 및 세무관리의 적정성 등을 참작하여 국세청장 또는 관할지방국세청장이 지정하는 장소를 납세지로 한다.

(4) 납세지의 지정 및 변경신고

구분	내용
납세지의 지정	국세청장 또는 관할 지방국세청장은 다음의 어느 하나에 해당하는 경우에는 위의 규정에도 불구하고 납세지를 따로 지정할 수 있다. ① 사업소득이 있는 거주자가 사업장 소재지를 납세지로 신청한 경우 ② 위 ① 외의 거주자 또는 비거주자로서 본래의 납세지가 납세의무자의 소득 상황으로 보아 부적당하거나 납세의무를 이행하기에 불편하다고 인정되는 경우
지정 취소	납세지 지정의 사유가 소멸하는 경우 국세청장 또는 관할 지방국세청장은 납세지의 지정을 취소하여야 한다. 다만, 납세지의 지정이 취소된 경우에도 그 취소 전에 한 소득세에 관한 신고, 신청, 청구, 납부, 그 밖의 행위에 관한 효력에는 영향을 미치지 아니한다.
납세지의 변경	거주자나 비거주자는 납세지가 변경된 경우 변경된 날로부터 15일 이내에 그 변경 후의 납세지 관할 세무서장에게 신고하여야 한다. 다만, 주소지가 변경됨에 따라 「부가가치세법」에 의한 사업자등록 정정의 신고를 한 경우 납세지 변경의 신고를 한 것으로 본다(중복신고 ×).

기출 Check

12년 9급

05 「소득세법」상 소득금액에 대한 설명으로 옳지 않은 것은?
① 이자소득금액은 해당 과세기간의 총이자수입금액에서 필요경비를 공제한 금액으로 한다.
② 근로소득금액은 해당 과세기간의 총급여액에서 근로소득공제를 적용한 금액으로 한다.
③ 연금소득금액은 해당 과세기간의 총 연금에서 연금소득공제를 적용한 금액으로 한다.
④ 기타소득금액은 해당 과세기간의 총수입금액에서 이에 사용된 필요경비를 공제한 금액으로 한다.

5 ①
해설 이자소득금액은 총이자수입금액이 곧 소득금액이다(필요경비를 차감하지 않음).

제5절 종합소득세 계산구조

I 종합소득금액

이자소득	배당소득	사업소득	근로소득	연금소득	기타소득
− 비과세 − 분리과세	− 비과세 − 분리과세	− 비과세	− 비과세 − 분리과세	− 비과세 − 분리과세	− 비과세 − 분리과세
= 총수입금액	= 총수입금액 + 귀속법인세	= 총수입금액 − 필요경비	= 총급여 − 근로소득공제	= 총연금 − 연금소득공제	= 총수입금액 − 필요경비
= 이자소득금액 ①	= 배당소득금액 ②	= 사업소득금액 ③	= 근로소득금액 ④	= 연금소득금액 ⑤	= 기타소득금액 ⑥

(1) 종합소득금액 = ① + ② + ③ + ④ + ⑤ + ⑥

(2) 용어의 정리

구분	내용
총수입금액	소득에서 비과세소득을 차감한 금액
종합과세되는 총수입금액	소득에서 비과세소득과 분리과세소득을 차감한 금액
소득금액	소득에서 비과세소득과 분리과세소득 및 필요경비를 차감한 금액

(3) 필요경비 여부

이자소득과 배당소득은 필요경비를 인정하지 않는다. 근로소득과 연금소득도 실제 필요경비가 아닌 근로소득공제와 연금소득공제를 적용한다. 실제 필요경비가 인정되지 않는 소득은 부당행위계산의 부인 규정을 적용하지 않는다.

> **참고** 부당행위계산의 부인 규정 적용대상 소득 = 필요경비를 차감하는 소득 ★
>
> 1. 출자공동사업자의 배당소득(실질이 사업소득임)
> 2. 사업소득
> 3. 기타소득
> 4. 양도소득

II 과세표준 및 세액의 계산

종합소득금액	① + ② + ③ + ④ + ⑤ + ⑥
− 종합소득공제	
= 종합소득과세표준	
× 세율	누진세율(기본세율)을 적용(단, 종합소득에 합산되는 금융소득이 있는 경우 비교산출세액과 비교하여 결정한다)
= 종합소득산출세액	
− 세액감면, 세액공제	
= 종합소득결정세액	
+ 가산세 + 감면분추가납부세액	
= 종합소득결정세액	
− 기납부세액	중간예납세액, 원천징수세액, 수시부과세액, 예정신고세액
= 차가감납부세액	

CHAPTER 02 이자소득

I 이자소득의 범위

이자소득은 해당 과세기간에 발생한 소득으로 다음에 해당하는 소득이다.

(1) 국가나 지방자치단체가 발행한 채권 또는 증권의 이자와 할인액
(2) 국내에서 받는 예금(적금·부금·예탁금 및 우편대체를 포함)의 이자 및 국외에서 받는 예금의 이자(사업자금의 일시예치로 인한 이자수익 포함)
(3) 「상호저축은행법」에 따른 신용계 또는 신용부금으로 인한 이익
(4) 내국법인이 발행한 채권 또는 증권의 이자와 할인액, 외국법인 및 외국법인의 국내지점 또는 국내영업소에서 발행한 채권 또는 증권의 이자와 할인액
(5) 채권 또는 증권의 환매조건부 매매차익
(6) 저축성보험의 보험차익
(7) 직장공제회 초과반환금
(8) 비영업대금의 이익
(9) 위 (1)에서 (8)까지의 소득과 유사한 소득으로서 금전 사용에 따른 대가로서의 성격이 있는 것 (포괄주의 규정)
(10) 위 규정 중 어느 하나에 해당하는 소득을 발생시키는 거래 또는 행위와 파생상품이 결합된 경우 해당 파생상품의 거래 또는 행위로부터의 이익

> **참고** 국채 등의 이자소득
>
> 1. **국가가 발행한 채권이 원금과 이자가 분리되는 경우**: 원금에 해당하는 채권 및 이자에 해당하는 채권의 할인액은 이자소득에 포함(단, 국채, 산업금융채권, 예금보험기금채권, 상환기금채권을 공개시장에서 통합발행하는 경우 해당 채권의 매각가액과 액면가액과의 차액(할인액)은 이자소득에서 제외)
> 2. **물가연동국고채**: 국가가 발행한 채권으로서 그 원금이 물가에 연동되는 채권의 경우 해당 채권의 원금증가분은 이자소득에 포함한다.

(1) 환매조건부 채권·증권의 매매차익

① 금융회사 등이 시장가격에 의하지 아니하고 환매기간에 따른 **사전약정이율**을 적용하여 결정된 가격으로 환매수 또는 환매도하는 조건으로 매매하는 채권·증권의 매매차익은 이자소득이다.
② 일반적인 채권·증권의 매매차익은 비열거소득으로 과세되지 않지만, 환매조건부채권은 시장가격에 의하지 않고 사전약정이율을 적용하여 매매하기 때문에 본질적인 성격은 이자소득에 해당한다.

> **참고** 채권 관련 소득의 구분
>
> | 구분 | | 과세소득 |
> |---|---|---|
> | 채권의 이자·할인액 | | 이자소득 |
> | 채권의 매매차익 | 환매조건부채권 | 이자소득 |
> | | 기타 일반적인 채권 | 과세제외(비열거소득) |

(2) 저축성보험의 보험차익

① 저축성보험의 개념
저축성보험이란 납입한 보험료 보다 만기 때 지급하는 보험금(급부금)이 더 많은 보험을 말한다.

② 저축성보험차익

> 저축성보험의 보험차익 = 만기보험금 또는 중도해지 환급금 − 납입보험료

㉠ 보험차익이란 보험계약에 따라 만기 또는 보험의 계약기간 중에 받는 보험금·공제금 또는 계약기간 중도에 해당 보험계약이 해지됨에 따라 받는 환급금에서 납입보험료를 차감한 금액을 말한다. **단, 보험금에는 피보험자의 사망·질병·부상 그 밖의 신체상의 상해로 인하여 받거나 자산의 멸실 또는 손괴로 인하여 받는 것은 제외한다.**

㉡ 보험계약기간 중에 보험계약에 의하여 받은 배당금 등은 납입보험료에서 차감한다.

③ 저축성보험차익의 과세방법

구분	과세방법
㉠ 장기저축성보험이 아닌 경우(일반적)	이자소득으로 과세(원칙)
㉡ 법 소정의 요건을 갖춘 장기저축성보험 등	과세제외

> **참고** 장기저축성보험(2013년 2월 15일 이후 체결한 저축성보험 보험차익)
>
> 1. 일반 저축성 보험: 보험유지기간이 10년 이상이고, 1인당 납입 보험료의 합계액이 1억 원 이하인 저축성보험
> 2. 월적립식 저축성보험 계약
>   ① 보험유지기간이 10년 이상
>   ② 보험납입기간이 5년 이상인 월적립식 계약
>   ③ 최초납입일부터 매월 납입할 기본보험료가 균등하고, 기본보험료의 선납기간이 6개월 이내
>   ④ 계약자 1명당 월 보험료(보장성보험의 보험료 제외)가 150만 원 이하
> 3. 종신형 연금보험계약
>   ① 만기 후 55세 이후부터 사망시까지 연금으로 지급받는 계약
>   ② 연금 외의 형태로 지급하지 아니하는 계약
>   ③ 사망시 보험계약 및 연금재원이 소멸할 것
>   ④ 계약자와 피보험자 및 수익자가 동일하고, 최초 연금지급개시 이후 사망일 전에 중도해지 불가
>   ⑤ 매년 수령하는 연금액이 한도를 초과하지 아니할 것

④ 기타 보험차익

㉠ 보장성 보험차익: 보장성 보험차익은 사망, 질병, 부상 등의 신체상의 상해나 자산의 멸실로 인해 발생하는 보험차익을 말한다. **일반적인 경우 보장성 보험차익은 비경상적인 사고나 질병 등이 원인이므로 과세하지 않는다.**

㉡ 사업과 관련된 자산의 멸실로 인한 보장성 보험차익: 사업과 관련된 보장성 보험의 보험료를 불입할 때 사업소득의 필요경비로 인정하므로 사업관련 자산의 멸실로 인한 보장성 보험차익은 **사업소득**으로 과세한다.

(3) 직장공제회 초과반환금

① 직장공제회의 개념

관련법에 따라 설립된 공제회·공제조합(이와 유사한 단체를 포함)으로서 동일직장이나 직종에 종사하는 근로자들의 생활안정, 복리증진 또는 상호부조 등을 목적으로 구성된 단체를 말한다. 대표적인 사례로는 군인공제회, 교원공제회 등이 있다.

② 직장공제회 초과반환금의 계산

> 직장공제회 초과반환금 = ㉠ + ㉡
> ㉠ 납입금 초과이익 = 근로자가 퇴직하거나 탈퇴하여 그 규약에 따라 직장공제회로부터 받는 반환금 − 납입공제료
> ㉡ 반환금 추가이익 = 반환금을 분할하여 지급하는 경우 그 지급하는 기간 동안 추가로 발생하는 이익

③ 과세방법

㉠ 직장공제회 초과반환금은 금융기관의 예금과 성격이 유사하므로 이자소득으로 과세한다.

㉡ 무조건 분리과세: 직장공제회 초과반환금은 가입자가 퇴사시 금액을 수령하게 되므로 이를 종합과세하게 되면 세부담이 급격히 늘어날 수 있어 무조건 분리과세한다.

㉢ 수입시기: 약정일
단, 반환금을 분할지급시 납입금을 초과하는 이익은 원본전입일로 한다.

(4) 비영업대금의 이익

① 비영업대금의 이익의 개념

사업성이 없이 금전을 일시적·우발적으로 대여함에 따라 지급받는 이자 또는 수수료 등을 말한다.

② 과세방법

㉠ 이자소득(조건부 과세대상)에 해당하므로 필요경비는 인정하지 않는다.

㉡ 원천징수세율: 25%(단, 금융위원회에 등록한 온라인투자연계금융업자를 통하여 지급받는 이자소득의 원천징수세율은 14%로 한다)

㉢ 소득의 귀속시기: **약정일**
단, 이자지급일의 약정이 없거나 약정에 의한 이자지급일 전에 이자를 지급받는 경우 또는 총수입금액 계산에서 제외하였던 이자를 지급받는 경우에는 그 이자지급일로 한다.

③ 파산 등에 따른 특례

비영업대금의 이익은 총수입금액을 계산할 때 해당 과세기간에 발생한 비영업대금의 이익에 대하여 과세표준확정신고 전에 해당 비영업대금이 채무자의 파산 등 회수할 수 없는 채권에 해당하여 채무자 또는 제3자로부터 원금 및 이자의 전부 또는 일부를 회수할 수 없는 경우에는 **회수한 금액에서 원금을 먼저 차감하여 계산**한다. 이 경우 회수한 금액이 원금에 미달하는 때에는 총수입금액은 이를 없는 것으로 한다.

④ 유사한 이자소득(포괄주의 규정)

㉠ 채권의 대차거래에서 발생한 이자: 거주자가 일정 기간 후에 같은 종류로서 같은 양의 채권을 반환받는 조건으로 채권을 대여하고 해당 채권의 차입자로부터 지급받는 해당채권에서 발생하는 이자에 상당하는 금액은 이자소득으로 한다.

> 기출 Check 14년 9급
>
> **06** 「소득세법」상 이자소득에 해당하지 않는 것은?
> ① 내국법인이 발행한 채권 또는 증권의 이자와 할인액
> ② 대금업을 영위하는 자가 영리를 목적으로 금전을 대여하고 받은 이자
> ③ 국가나 지방자치단체가 발행한 채권 또는 증권의 이자와 할인액
> ④ 비영업대금의 이익
>
> **6** ②
> 해설 대금업을 영위하는 자가 영리를 목적으로 금전을 대여하고 받은 이자는 사업소득에 해당한다.

ⓒ 상업어음할인료: 금융업을 경영하는 사업자 외의 자가 어음을 할인하고 할인료를 수령하는 것으로 이는 비영업대금의 이자소득으로 보아 과세한다.

참고 소득의 구분

구분	과세소득
대금업 외의 자의 자금 대여 이익(비영업대금의 이익)	이자소득
대금업을 영위하는 자가 금전을 대여하고 받은 이자	사업소득

(5) 결합파생상품의 이익

2023년(폐지)부터 소득의 성격에 맞게 파생결합증권으로부터의 이익은 금융투자소득으로, 파생결합사채로부터의 이익은 이자소득으로 각각 구분하여 과세한다.

참고 이자소득으로 분류되지 않는 유사소득

1. 이자소득과 사업소득의 구분

활동	소득구분
① 물품을 매입시 적용받은 매입에누리, 매입할인, 물품을 판매하고 대금의 결제방법에 따라 추가로 지급받는 금액	사업소득
② 장기할부조건으로 판매함으로써 현금거래 또는 통상적인 대금의 결제방법에 의한 거래의 경우보다 추가로 지급받는 금액(할부이자)	사업소득
③ 외상매출금이나 미수금의 지급기일을 연장해 주고 추가로 지급받는 연체이자 예 매출채권 회수약정일을 1개월 경과하여 거래처로부터 수취한 이자	사업소득
④ 외상매출금이나 미수금이 소비대차로 전환된 경우 ⊙ 외상매출금 등의 회수행위가 돈을 빌려주고 돈을 갚는 행위인 소비대차로 전환된 것	이자소득

2. 손해배상금 법정이자

손해배상금의 발생원인	소득구분
① 육체적·정신적·물리적 피해와 관련된 손해배상금	과세제외
② 계약의 위반 또는 해약을 원인으로 하는 손해배상금	기타소득

손해배상금에 대한 이자는 원본에 따른다. 즉, 육체적 피해 등과 관련한 손해배상금에 대한 이자는 이자소득으로 보지 아니하나, 손해배상금의 발생원인이 계약의 위반 등을 원인으로 한다면 그와 관련된 이자는 기타소득으로 본다.

Ⅱ 비과세 이자소득

비과세 이자소득은 다음과 같다.
① 「공익신탁법」에 따른 공익신탁의 이익
② 농어가목돈마련저축의 이자소득
③ 청년우대형주택청약종합저축(모든 금융회사에 납입한 금액을 합하여 연 600만 원을 한도로 함)에서 발생하는 이자소득의 합계액 중 500만 원(가입기간 전체 기준)
④ 노인·장애인 등의 비과세종합저축의 이자소득

⑤ 농협·수협 등의 조합에 대한 예탁금의 이자소득(조합원만 가입가능)
⑥ 재형저축에서 발생하는 이자소득(2015년 12월 31일까지 가입자에 한함)
⑦ 법소정 거주자가 개인종합자산관리계좌(ISA)에 가입 후 발생하는 이자소득과 배당소득의 합계액 중에서 200만 원(또는 400만 원)
⑧ 장병내일준비적금(모든 금융회사에 납입한 금액의 합계액 기준으로 월 40만 원을 한도로 함)에서 발생하는 이자소득(가입일부터 복무기간 종료일까지)

Ⅲ 이자소득금액

이자소득은 필요경비가 인정되지 않으므로 해당 과세기간의 총수입금액이 이자소득금액이 된다.

> 이자소득금액 = 이자소득 총수입금액(비과세, 분리과세 제외)

Ⅳ 총수입금액의 수입시기

이자소득의 수입시기는 다음 구분에 따른 날로 한다.

구분	수입시기
(1) 채권·증권의 이자와 할인액	① 기명채권: 약정에 따른 상환일(약정일) (단, 기일 전에 상환하는 때에는 그 상환일) ② 무기명채권: 그 지급을 받은 날(수령일) ③ 보유기간 이자 상당액: 채권 매도일 또는 이자지급일
(2) 환매조건부채권의 매매차익	① 환매수 또는 환매도 약정일 ② 기일 전에 환매수 또는 환매도하는 경우: 그 환매수일 또는 환매도일
(3) 보통예금·정기예금·적금 또는 부금의 이자	① 원칙: **실제로 이자를 지급 받는 날**(통지예금의 이자는 인출일) ② 원본에 전입하는 뜻의 특약이 있는 이자: 원본전입일 ③ 해약으로 인하여 지급되는 이자: 그 해약일 ④ 계약기간을 연장하는 경우: 계약연장일 ⑤ 기일 전에 상환시: 그 상환일
(4) 저축성보험의 보험차익	① 원칙: 보험금 또는 환급금의 지급일(보험금 수령일) ② 기일 전에 해지하는 경우: 해지일
(5) 직장공제회 초과반환금	① 약정에 의한 납입금 초과이익 및 반환금 추가이익의 지급일 ② 반환금을 분할하여 지급하는 경우 원본에 전입하는 뜻의 특약이 있는 납입금 초과이익: 원본전입일
(6) 유사이자소득 및 이자소득을 발생시키는 파생상품의 거래·행위로부터의 이익	① 약정에 따른 상환일 ② 기일 전에 상환하는 경우: 그 상환일
(7) 상속·증여로 인한 상속재산 이자소득	상속개시일 또는 증여일

기출 Check 21년 9급

07 소득세법령상 이자소득의 수입시기에 대한 설명으로 옳지 않은 것은?
① 채권 등으로서 무기명인 것의 이자는 그 지급을 받은 날로 한다.
② 비영업대금의 이익으로서 약정에 의한 이자지급일 전에 이자를 지급 받는 경우에는 그 이자지급일로 한다.
③ 이자소득이 발생하는 상속재산이 상속되는 경우에는 실제 지급일로 한다.
④ 저축성보험의 보험차익(기일 전에 해지하는 경우 제외)은 보험금 또는 환급금의 지급일로 한다.

6 ③
해설 이자소득이 발생하는 상속재산이 상속되는 경우에는 상속개시일을 수입시기로 한다.

CHAPTER 03 배당소득

제1절 배당소득

I 배당소득의 범위

해당 과세기간에 발생한 배당소득은 다음의 소득으로 한다.

> (1) 내국법인·외국법인으로부터 받는 이익이나 잉여금의 배당 또는 분배금
> (2) **법인으로 보는 단체로부터 받는 배당금 또는 분배금**
> (3) 법인과세 신탁재산으로부터 받는 배당금 또는 분배금
> (4) 의제배당
> (5) 인정배당(「법인세법」에 따라 배당으로 처분된 금액)
> (6) 국내 또는 국외 집합투자기구로부터의 이익, 조각투자상품으로부터의 이익
> (7) 국내 또는 국외에서 받은 파생결합증권 등으로부터의 이익
> (8) 조세피난방지세제 규정에 따라 특정외국법인의 유보소득을 배당으로 간주한 금액
> (9) **출자공동사업자의 배당소득 및 공동사업에서 발생한 소득금액 중 출자공동사업자의 손익분배비율에 해당하는 금액**
> (10) 유사배당소득
> (11) 위 소득을 발생시키는 거래 또는 행위와 파생상품이 결합된 경우 해당 파생상품의 거래 또는 행위로부터의 이익

(1) 의제배당

정규의 이익처분에 의하지 않고 실질적으로 배당과 똑같은 이익이 주주(株主) 또는 출자자에게 돌아가는 경우의 이익배당을 의제배당이라 한다.
① 잉여금 자본전입으로 수령한 무상주 의제배당: 「법인세법」과 동일하다.
② 감자(퇴사, 탈퇴)·해산·합병·분할로 인한 의제배당: 「법인세법」과 동일하나 일부 차이가 존재한다.

> **참고** 감자(퇴사, 탈퇴)·해산·합병·분할로 인한 의제배당 계산시 「법인세법」과의 차이점
>
> 1. **감자시 단기소각주식 특례 적용**: 주식발행초과금을 자본전입으로 취득한 무상주는 단기소각주식에 해당하지 않는다.
> 2. **소멸주식의 취득가액 계산**: 주주가 소액주주에 해당하고, 해당 주식을 보유한 주주의 수가 다수이거나 해당 주식의 빈번한 거래 등에 따라 해당 주식을 취득하기 위하여 소요된 금액의 계산이 불분명한 경우 액면가액을 해당 주식의 취득에 소요된 금액으로 본다(단기소각주식 특례규정이 적용되는 경우 및 해당 주주가 액면가액이 아닌 다른 가액을 입증하는 경우는 해당하지 아니한다).

(2) 집합투자기구로부터의 이익

① **집합투자기구의 범위**

집합투자기구에는 투자신탁, 투자회사, 투자유한회사, 투자합자회사, 투자조합, 투자익명조합, 사모투자전문회사 등이 있다.

② **과세소득**

다음의 요건을 모두 갖춘 집합투자기구 등의 신탁의 이익은 **배당소득**으로 구분한다. 단, 국외 집합투자기구는 다음의 요건을 충족하지 아니하여도 집합투자기구로 본다.

㉠ 「자본시장과 금융투자업에 관한 법률」에 의한 집합투자기구일 것
㉡ 해당 집합투자기구의 설정일부터 매년 1회 이상 결산·분배할 것
㉢ 금전으로 위탁받아 금전으로 환급할 것

③ **집합투자기구로부터의 이익에 대한 과세범위**

집합투자기구로부터의 이익에는 다음의 어느 하나에 해당하는 증권 등의 거래나 평가로 인하여 발생한 손익을 **포함하지 아니한다.** 집합투자기구로부터의 이익은 「자본시장과 금융투자업에 관한 법률」에 따른 각종 보수·수수료 등을 뺀 금액으로 한다.

㉠ 증권시장에 상장된 증권(채권 등 및 외국법에 따라 설립된 집합투자기구의 주식은 제외) 및 상장주식 대상 장내파생상품 포함
㉡ 벤처기업의 주식 또는 출자지분
  ◎ 상장지수증권(ETN)에 투자한 경우에는 그 상장지수증권의 지수를 구성하는 기초자산에 해당하는 주식 등을 말함

참고 집합투자기구와 직접투자의 과세소득 비교

구분	집합투자기구	직접투자
이자수익	배당소득	이자소득
배당금수익	배당소득	배당소득
채권처분손익	배당소득	과세제외
상장주식처분손익	과세제외	과세제외

④ **신탁의 이익에 대한 소득의 구분**

재산권에서 발생하는 소득의 내용별로 소득을 구분한다.

구분	과세소득
㉠ 부동산을 위탁한 재산신탁(일반신탁)에서 부동산을 양도함에 따라 발생한 이익	양도소득
㉡ 부동산을 위탁한 재산신탁(일반신탁)에서 부동산을 임대함에 따라 발생한 이익	사업소득

(3) 출자공동사업자의 배당소득

① 개요

구분	내용
예전	출자공동사업자를 자금대여자로 보아 업무집행사업자가 출자공동사업자에게 지급하는 금액은 이자비용으로 간주하였다. ⇨ 출자공동사업자의 이자소득(비영업대금의 이익)으로 과세: 25%
현재	출자공동사업자에게 지급하는 금액도 공동사업장의 사업소득금액을 분배하는 개념으로 본다. ⇨ **출자공동사업자의 배당소득**으로 분류하여 사업소득과 유사한 방법으로 과세한다.

② 출자공동사업자 배당소득의 계산

$$\text{출자공동사업자의 배당소득} = (\text{공동사업자의 수입금액} - \text{필요경비}) \times \text{손익분배비율}$$

③ 관련 규정

구분	내용
⊙ 과세방법	무조건 종합과세
⊙ 수입시기	총수입금액과 필요경비가 확정된 날이 속하는 과세기간 종료일
⊙ 이중과세 조정	Gross-up 제도를 적용하지 않는다.
⊙ 금융소득이 2천만 원 판단시	조건부종합과세대상 금융소득의 종합과세여부 판단시에 판단대상금액에 포함하지 않는다.
⊙ 부당행위계산 적용여부	부당행위계산 부인규정을 적용한다(실질은 사업소득).
⊙ 원천징수세율	25%(비영업대금의 이익으로 분류했던 과거와 같은 원천징수세율)

④ 출자공동사업자(익명조합원)

공동사업의 경영에 참여하지 아니하고 출자만 한 자로서 다음 중 어느 하나에 해당하지 않는 자를 말한다.
  ⊙ 공동사업에 **성명 또는 상호를 사용하게 한 자**
  ⊙ 공동사업에서 발생한 채무에 대하여 무한책임을 부담하기로 약정한 자

(4) 동업기업과세특례에 따른 동업자 배당소득

동업기업과세특례제도란 인적회사의 성격을 가진 단체가 관할 세무서장에게 동업기업과세특례의 적용을 신청하는 경우, 동업기업의 소득에 대하여는 법인세나 소득세를 과세하지 아니하고, 이를 손익분배비율에 따라 각 동업자에게 배분하여 소득세 또는 법인세를 과세하며, 동업기업의 결손금에 대하여도 이를 손익분배비율에 따라 각 동업자에게 배분하여 각 동업자의 다른 소득에서 공제할 수 있도록 하는 제도이다.

(5) 파생결합증권 등

국내 또는 국외에서 받는 다음의 파생결합증권 또는 파생결합사채로부터의 이익
① 「자본시장과 금융투자업에 관한 법률」에 따른 파생결합증권으로부터 발생한 이익(주가연계증권(ELS), 주가 외 기타자산연계증권(DLS))
② 「상법」에 따른 파생결합사채로부터 발생한 이익(주가연계파생결합사채(ELB), 주가 외 기타자산연계결합사채(DLB))
③ 상장지수증권(ETN)을 계좌 간 이체, 계좌의 명의변경, 상장지수증권의 실물양도의 방법으로 거래하여 발생한 이익

(6) **유사 배당소득**

위 배당소득과 유사한 소득으로서 수익분배의 성격이 있는 것으로 다음의 것을 포함한다.
① 문화펀드, 상장지수펀드(ETF) 등 신종펀드의 배당
② **주식대차거래 배당**: 거주자가 일정 기간 후에 같은 종류로서 같은 양의 주식을 반환받는 조건으로 주식을 대여하고 해당 주식의 차입자로부터 지급받는 해당 주식에서 발생하는 배당에 상당하는 금액

Ⅱ 비과세 배당소득

다음에 해당하는 배당소득은 소득세를 과세하지 아니한다.
① 「공익신탁법」에 따른 공익신탁의 이익
② 노인·장애인 등의 비과세종합저축의 배당소득
③ 일정요건을 충족한 우리사주조합원의 배당소득
④ 농협·수협 등의 조합에 대한 출자금의 배당소득
⑤ 재형저축에서 발생하는 배당소득(2015년 12월 31일까지 가입분에 한함)
⑥ 개인종합자산관리계좌(ISA)에서 발생하는 이자소득과 배당소득의 합계액 중 200만 원(또는 400만 원)

Ⅲ 배당소득금액

배당소득금액은 필요경비가 인정되지 않으므로 배당소득금액은 해당 과세기간의 총수입금액으로 한다. 다만, 이중과세조정대상이 되는 배당소득의 경우에는 해당 과세기간의 총수입금액에 그 배당소득의 10%에 해당하는 금액을 더한 금액으로 한다.

> 배당소득금액 = 배당소득 총수입금액 + 귀속법인세(Gross-up)

Ⅳ 배당소득의 수입시기

구분	수입시기
(1) 일반적인 배당	① 잉여금의 처분에 의한 배당: 잉여금처분결의일 ② 무기명주식: 그 지급을 받은 날(수령일)
(2) 의제배당	① 무상주 의제배당: 자본전입 결의일 ② 감자시 의제배당: 감자 결의일 ③ 해산시 의제배당: 잔여재산가액 확정일 ④ 합병·분할시 의제배당: 합병·분할등기일
(3) 인정배당	해당 법인의 사업연도 결산확정일
(4) 집합투자기구(조각투자상품)로부터의 이익	① 원칙: 그 이익을 지급받은 날(수령일) ② 원본전입의 특약이 있는 분배금: 원본에 전입되는 날
(5) 출자공동사업자의 배당	과세기간 종료일
(6) 파생결합상품, 유사배당소득	① 원칙: 그 이익을 지급받은 날(수령일) ② 원본에 전입하는 뜻의 특약이 있는 경우: 원본전입일
(7) 간주배당	특정외국법인의 해당 사업연도 종료일의 다음날부터 60일이 되는 날

기출 Check 14년 9급

08 「소득세법」상 배당소득의 수입시기에 대한 설명으로 옳지 않은 것은?
① 집합투자기구로부터의 이익 – 이익을 지급받기로 약정된 날
② 법인이 해산으로 인하여 소멸한 경우 의제배당 – 잔여재산의 가액이 확정된 날
③ 출자공동사업자의 배당 – 과세기간 종료일
④ 「법인세법」에 의하여 처분된 배당 – 당해 법인의 당해 사업연도의 결산확정일

답 ①
해설 집합투자기구로부터의 이익
1. 원칙: 그 이익을 지급받은 날
2. 원본전입의 특약이 있는 분배금: 원본에 전입되는 날

기출 Check 24년 9급

09 소득세법령상 거주자의 배당소득에 대한 설명으로 옳은 것은?
① 거주자가 일정 기간 후에 같은 종류로서 같은 양의 주식을 반환받는 조건으로 주식을 대여하고 해당 주식의 차입자로부터 지급받는 해당 주식에서 발생하는 배당에 상당하는 금액은 배당소득에 포함된다.
② 자기주식의 소각 당시 그 시가가 취득가액을 초과하지 않는 경우로서 소각일로부터 2년이 지난 후 자기주식소각이익을 자본에 전입함으로써 취득하는 주식의 가액은 배당으로 본다.
③ 배당소득금액은 해당 과세기간의 총수입금액에서 필요경비를 공제한 금액으로 한다.
④ 채무의 출자전환으로 주식을 발행함으로써 발생하는 주식발행초과금 중 시가를 초과하여 발행된 금액을 자본에 전입함으로써 취득하는 주식의 가액은 배당으로 보지 아니한다.

답 ①
해설 ② 자기주식의 소각 당시 그 시가가 취득가액을 초과하지 않는 경우로서 소각일부터 2년이 지난 후 자기주식소각이익을 자본에 전입하는 경우 취득하는 주식의 가액은 배당으로 보지 아니한다.
③ 배당소득금액은 필요경비를 차감하지 않는다.
④ 채무의 출자전환으로 주식을 발행함으로써 발생하는 주식발행초과금 중 시가를 초과하여 발행된 금액을 자본에 전입함으로써 취득하는 주식의 가액은 배당으로 본다.

제2절 배당소득에 대한 이중과세 조정

Ⅰ 이중과세조정의 기본구조

법인이 주주에게 배당을 지급하는 경우 해당 배당의 재원이 되는 법인의 소득은 이미 법인세가 과세된 뒤의 소득이다. **이미 법인세가 과세된 금액을 재원으로 배당을 받은 주주에게 다시 배당소득세를 과세하는 경우 동일한 소득에 대해 이중과세가 된다.**
이에 따라 배당소득금액 산정시 배당소득에 법인이 납부하였던 법인세(귀속법인세)를 가산하여 주주의 소득을 법인세 납부 전 소득으로 환원하여 주주의 산출세액을 계산하고, 이후 산출세액에서 법인단계에서 납부되었던 귀속법인세를 차감(배당세액공제)하여 이중과세를 조정하고 있다.

Ⅱ 귀속법인세(Gross-up)

(1) 귀속법인세(Gross-up 금액)

귀속법인세 = Min[①, ②] × 10%
① 이중과세조정 배당소득
② 종합과세되는 금융소득 총수입금액 − 2천만 원

(2) Gross-up 적용요건

Gross-up 적용대상 배당소득은 다음의 요건을 모두 충족하여야 한다.
① **내국법인**으로부터 받은 배당소득일 것
  ⊙ 외국법인으로부터 받는 배당소득은 Gross-up 대상소득이 아님
② **법인세가 과세된 소득을 재원**으로 하는 배당소득일 것
③ 종합과세 배당소득으로서 **2천만 원을 초과**한 것

(3) Gross-up 불가능 배당소득

① **내국법인**으로부터 받은 배당소득일 것 또는 ② **법인세가 과세된 소득을 재원**으로 하는 배당소득일 것의 요건을 불충족한 것

구분	내용
위의 ① 요건 불충족	외국법인으로부터 받은 배당소득 및 간주배당
위의 ② 요건 불충족	⊙ 무상주 의제배당 중 다음의 배당(감자, 해산, 합병, 분할시 의제배당은 Gross-up 대상임) 　ⓐ 자기주식소각이익을 재원으로 한 무상주(소각일로부터 2년 이내에 자본전입 또는 소각시 시가 > 취득가액이었던 자기주식소각이익) 　ⓑ 법인이 자기주식을 보유한 상태에서 익금불산입 항목인 자본잉여금을 자본전입함에 따라 당해 법인이 배정받지 아니하여 다른 주주의 지분비율이 증가한 경우 의제배당 　ⓒ 1%의 재평가세율이 적용된 토지분 재평가적립금의 자본전입으로 인한 의제배당 ⓒ 간접투자 금융상품 및 이와 유사한 성격의 배당 중 다음의 배당 　ⓐ 집합투자기구로부터의 이익 　ⓑ 유동화전문회사 등에 대한 소득공제 또는 프로젝트금융투자회사에 대한 소득공제를 적용받은 법인으로부터의 배당 　ⓒ 파생결합증권 또는 파생결합사채로부터의 이익 및 파생상품의 거래행위로부터의 이익 　ⓓ 법인과세 신탁재산으로부터 받는 배당금 또는 분배금 ⓒ 최저한세를 적용받지 않는 세액감면을 적용받은 법인으로부터의 배당 중 다음의 배당 　ⓐ 법인의 공장 및 본사를 수도권 밖으로 이전하는 경우 세액감면을 적용받는 법인으로부터의 배당 중 감면비율 상당액 　ⓑ 외국인투자 및 증자에 따른 법인세 감면을 적용받은 외국인투자법인으로부터의 배당 중 감면비율 상당액 　ⓒ 제주첨단과학기술단지 입주기업, 제주투자진흥지구 또는 제주자유무역지역입주기업에 대한 법인세 등의 배당 중 감면비율 상당액 ② 출자공동사업자의 배당 및 동업기업과세특례를 적용받는 법인으로부터의 배당 ⑩ 유사배당소득

제3절 이자소득과 배당소득에 대한 과세방법

I 무조건 분리과세

다음에 해당하는 금융소득은 이를 지급할 때 원천징수세율을 적용하여 원천징수하고 과세를 종결한다.

구분	원천징수세율
(1) 분리과세를 신청한 장기채권의 이자소득 ① 2012.12.31. 이전 발행 채권: 만기 10년 이상 ② 2013.1.1. 이후 발행 채권: 만기가 10년 이상인 채권의 이자와 할인액으로서 채권을 3년 이상 계속하여 보유하고 매입한 날부터 3년이 지난 후에 발생하는 이자 ③ 2018.1.1. 이후 발행된 채권: 분리과세 신청불가	30%
(2) 직장공제회 초과반환금	기본세율
(3) 비실명 이자·배당소득 ⊙ 「금융실명거래 및 비밀보장에 관한 법률」이 적용되는 경우는 90%	45%(90%)
(4) 「민사집행법에」 따라 법원에 납부한 보증금 및 경락대금에서 발생하는 이자소득	14%
(5) 법인으로 보는 단체 외의 단체 중 수익을 구성원에게 배분하지 아니하는 단체로서 단체명을 표기하여 금융거래를 하는 단체가 금융회사 등으로부터 받는 이자소득 및 배당소득 예 아파트관리사무소의 수선비 예치금 이자	14%
(6) 특정사회기반시설 집합투자기구 배당소득	9%
(7) 투융자집합투자기구 배당소득	14%
(8) 공모부동산집합투자기구(공모부동산투자회사, 부동산집합투자기구 등) 배당소득 ⊙ 거주자별 투자금액의 합계액이 5천만 원을 초과하지 않는 범위에서 지급받는 배당소득으로서 투자일부터 3년 이내에 지급받는 경우에 한정	9%
(9) 개인종합자산관리계좌(ISA)에서 발생하는 이자소득과 배당소득의 합계액 중 200만 원(또는 400만 원) 초과액	9%

참고 특정사회기반시설 및 투융자집합투자기구 배당소득 분리과세 요건

1. 특정사회기반시설 집합투자기구 배당소득
   ① 1명당 1개의 전용계좌만 가입할 것
   ② 납입한도가 2억 원 이하일 것
   ③ 특정사회기반시설 집합투자기구의 지분증권 또는 수익증권에만 투자할 것
2. 투융자집합투자기구 배당소득
   ① 1명당 1개의 전용계좌만 가입할 것
   ② 전용계좌를 통해 투융자집합투자기구의 집합투자증권에 투자하여 배당소득을 지급받을 것
   ③ 전용계좌의 납입한도가 1억 원 이하일 것

II 무조건 종합과세

다음의 금융소득은 2천만 원 이하인 경우에도 무조건 종합과세한다.
① 출자공동사업자의 배당소득
② 원천징수대상이 아닌 국외에서 받은 이자·배당소득
  ⊙ 단, 국내에서 이자·배당소득의 지급을 대리하는 자가 원천징수한 경우에는 조건부종합과세
③ 국내금융소득 중에서 원천징수가 누락된 금융소득

III 조건부 종합과세

(1) 조건부 종합과세 대상
전체 금융소득 중에서 비과세 금융소득과 무조건 종합과세 금융소득을 제외한 금액

(2) 종합과세 대상 여부의 판단
무조건 종합과세 대상과 조건부 종합과세 대상의 합계액을 기준으로 판단한다. 다만, 판단 시 귀속법인세는 제외한 금액으로 한다.
① 종합과세 대상 소득의 합계액 > 2천만 원: 종합과세
② 종합과세 대상 소득의 합계액 ≤ 2천만 원: 분리과세
  ⊘ 종합과세 대상 소득의 합계액이 2천만 원 이하로 분리과세 되더라도 조건부 종합과세 금융소득만 분리과세 되는 것이지 무조건 종합과세 대상 소득은 항상 종합과세한다.

IV 금융소득 종합과세금액에 대한 세율의 적용

거주자의 종합소득과세표준에 포함된 금융소득이 2천만 원을 초과하는 경우에는 그 거주자의 종합소득 산출세액은 다음의 금액 중 큰 금액으로 한다. 한편, 금융소득이 2천만 원을 초과하지 아니하는 경우에는 ②의 금액으로 한다.

> 종합소득 산출세액 = Max[①, ②]
> ① 2천만 원×14% + (종합소득 과세표준 − 2천만 원)×기본세율
> ② 금융소득×14%(비영업대금의 이익 25%) + (종합소득과세표준 − 금융소득금액)×기본세율

> **참고** 문턱효과
>
> 1. 문턱효과의 개념
>   금융소득이 종합과세되는 경우 일반소득과 합산하여 전액 누진세율로 과세하게 되면 기준점인 문턱을 초과하는 시점부터 세부담이 급격히 증가하는 현상이 발생하게 된다. 이를 문턱효과라고 한다.
> 2. 문턱효과의 제거방법
>   문턱효과를 제거하기 위해서는 기준점을 초과하는 경우에도 기준점까지는 기준점 이하의 소득과 같은 과세방법을 적용하고, 이를 초과하는 부분에 대해서만 누진세율을 적용해야 한다.
> 예 거주자 A의 사업소득이 1억 원, 종합과세 대상 금융소득이 2천 1백만 원인 경우: 2천만 원에 대해서는 14%의 세율을 적용하고, 2천만 원을 초과한 1백만 원에 대해서만 거주자 A의 사업소득 1억 원과 합산하여 누진세율을 적용한다.

CHAPTER 04 사업소득

제1절 사업소득

I 사업소득의 범위

사업소득은 해당 과세기간에 발생한 다음의 소득으로 한다. 일부를 제외하고 대부분의 사업활동이 사업소득의 범위에 포함된다.

① 농업(작물재배업 중 곡물 및 기타 식량작물 재배업은 제외)·임업 및 어업에서 발생하는 소득
② 광업, 제조업, 건설업, 운수 및 창고업에서 발생하는 소득
③ 전기, 가스, 증기 및 공기조절공급업에서 발생하는 소득 및 수도, 하수 및 폐기물 처리, 원료 재생업에서 발생하는 소득
④ 도매 및 소매업, 숙박 및 음식점업에서 발생하는 소득
⑤ 정보통신업에서 발생하는 소득
⑥ 금융 및 보험업에서 발생하는 소득
   ⊙ **통신판매중개**를 하는 자를 통하여 물품 또는 장소를 대여하고 연간 수입금액이 **500만 원 이하**의 **사용료**로서 받은 금품을 기타소득으로 원천징수하거나 과세표준확정신고를 한 경우에는 **기타소득**으로 과세한다.
⑦ 부동산업에서 발생하는 소득
   ⊙ 「공익사업을 위한 토지 등의 취득 및 보상에 관한 법률」에 따른 공익사업과 관련하여 지역권·지상권(지하 또는 공중에 설정된 권리를 포함)을 설정하거나 대여함으로써 발생하는 소득은 기타소득에 해당한다.
⑧ 전문, 과학 및 기술서비스업(특정 연구개발업은 제외)에서 발생하는 소득
⑨ 사업시설관리, 사업 지원 및 임대 서비스업에서 발생하는 소득
⑩ 교육서비스업(특정 교육기관은 제외)에서 발생하는 소득
⑪ 보건업 및 사회복지서비스업(특정 사회복지사업은 제외)에서 발생하는 소득
⑫ 예술, 스포츠 및 여가 관련 서비스업에서 발생하는 소득
   ⊙ 연예인 및 직업운동선수 등 사업자가 사업활동과 관련하여 받는 전속계약금은 사업소득으로 한다.
⑬ 협회·단체(특정 협회 및 단체는 제외), 수리·기타 개인서비스업에서 발생하는 소득
⑭ 가구 내 고용활동에서 발생하는 소득(예 가사도우미)
⑮ 복식부기의무자가 차량 및 운반구 등 사업용 유형고정자산을 양도함으로써 발생하는 소득(다만, 양도소득에 해당하는 경우는 제외한다)

> **작물재배업**
> 1. 곡물 및 기타 식량작물 재배업: 벼, 보리, 밀, 수수, 감자, 고구마 재배 등
> 2. 곡물 및 기타 식량작물 재배업 이외의 작물재배업: 채소작물, 화훼작물, 과실작물 등
> 3. 곡물 및 기타 식량작물재배업을 제외한 이외의 농업, 임업 및 어업은 과세함.

> **참고** 사업용 유형자산
>
> 사업용 유형자산이란 차량 및 운반구, 공구, 기구 및 비품, 선박 및 항공기, 기계 및 장치, 동물과 식물을 말한다. 단, 건설기계는 2018년 1월 1일 이후 취득한 경우로 한정한다.
>
> | 구분 | 사업용 유형자산 | 토지·건물 |
> |---|---|---|
> | 복식부기의무자 | 사업소득 | 양도소득 |
> | 간편장부대상자 | - | 양도소득 |

⑯ 위 소득과 유사한 소득으로서 영리를 목적으로 자기의 계산과 책임하에 계속적·반복적으로 행하는 활동을 통하여 얻는 소득

Ⅱ 사업소득의 범위에서 제외되는 사업

다음의 범위에 속하는 사업소득은 과세하지 아니한다.
① 작물재배업 중 곡물 및 기타 식량작물 재배업
② 연구 및 개발업
  - 단, 계약 등에 따라 그 대가를 받고 연구 또는 개발용역을 제공하는 것은 과세한다.
③ 「유아교육법」에 따른 유치원, 「초·중등교육법」 및 「고등교육법」에 따른 학교와 이와 유사한 것
④ 「사회복지사업법」에 따른 사회복지사업 및 「노인장기요양보험법」에 따른 장기요양사업

Ⅲ 비과세 사업소득

다음의 사업소득에 대해서는 소득세를 과세하지 아니한다.

구분	비과세소득의 범위
(1) 논·밭 임대소득	① 작물생산 목적의 논·밭 임대소득 ② 논·밭을 작물생산 외의 용도로 이용하는 경우는 과세 예 창고 용도 등으로 사용
(2) 주택임대소득	1개의 주택을 소유하는 자의 주택임대소득(단, 고가주택 및 국외주택 임대소득은 사업소득으로 과세)
(3) 농어가부업 소득	농·어민이 부업으로 경영하는 축산·고공품 제조·민박·음식물판매·특산물제조·전통차제조 및 그 밖에 이와 유사한 활동에서 발생한 소득 중 다음의 소득을 말한다. ① 법 소정 농가부업규모의 축산에서 발생하는 소득 예 소 50마리, 돼지 700마리, 닭 15,000마리 등 ② 위 ① 외의 소득으로서 소득금액의 합계액이 연 3천만 원 이하인 소득
(4) 어로어업 또는 양식어업소득	연근해어업과 내수면어업 또는 양식어업에서 발생하는 소득으로서 해당 과세기간의 소득금액의 합계액이 5천만 원 이하인 소득
(5) 전통주 제조소득	수도권 밖의 읍·면지역에서 전통주를 제조함으로써 발생하는 소득으로서 소득금액의 합계액이 연 1천 200만 원 이하인 것 [단, 1천 200만 원 초과시 전액과세한다. (문턱효과 제거 ×)]
(6) 산림소득	조림기간 5년 이상인 임지의 임목의 벌채 또는 양도로 발생하는 소득으로서 연 600만 원 이하의 금액

(7) 작물재배업	작물재배업에서 발생하는 소득으로서 해당 과세기간의 수입금액의 합계액이 10억 원 이하인 것

참고 **작물재배업 과세여부 판단**

구분		과세여부
곡물 및 기타 식량작물 재배업		과세제외
이외 작물재배업	총수입금액 10억 원 이하	과세제외
	총수입금액 10억 원 초과	과세

(1) 주택임대소득의 과세여부 판단

구분		임대소득 과세여부
① 1주택 보유(고가주택, 국외주택 제외)		비과세
② 2주택	총수입금액이 2천만 원 이하	과세(분리과세 선택가능)
	총수입금액이 2천만 원 초과	과세(종합과세)
③ 3주택 이상	총수입금액이 2천만 원 이하	과세(분리과세 선택가능)
	총수입금액이 2천만 원 초과	과세(종합과세)

📎 **주택수 계산 사례**
1. 본인 소유 주택 1채 + 배우자 소유 주택 1채: 총 2채
2. 본인 소유 주택 1채 + 딸 소유 주택 1채: 1채(직계비속 주택수는 제외)
3. 본인 소유 주택 1채 + 전세세(임차한 주택을 다시 임대)한 주택 1채: 2채

(2) 주택임대소득 비과세규정 적용시 주택수 계산

구분	주택수 계산
다가구주택	전체를 1개의 주택수로 간주한다(단, 각각 구분등기 된 경우라면 각각을 1개로 간주한다).
공동소유주택	지분이 가장 큰 자의 주택으로 간주한다. 만약, 지분이 가장 큰 자가 2인 이상이라면 합의 후 그 중 1인의 소유로 간주한다. 다만, 다음 중 어느 하나에 해당하는 경우에는 소수지분자임에도 그 사람의 소유로 주택수를 계산한다. 참고 **소수지분자의 주택수로 보는 사유** 1. 공동소유주택 전체 수입금액(해당 공동소유자가 지분을 소유한 기간에 발생한 것에 한정하며, 간주임대료는 제외한다)에 해당 공동소유자의 지분율을 곱한 금액이 연간 6백만 원 이상인 사람 2. 공동소유주택의 기준시가가 12억 원을 초과하는 경우로서 그 주택의 지분을 30% 초과보유하는 사람(과세기간의 종료일 또는 해당 주택의 양도일을 기준으로 판단한다)
전전세한 주택	임차인 또는 전세받은 자의 주택으로 간주한다.
배우자의 주택	본인 소유 주택수와 합산한다(단, 직계존속 또는 직계비속의 주택은 제외한다). 참고 **공동소유주택 중 본인, 배우자 중 1인의 주택으로 계산하는 사례** 공동소유주택에 대하여 본인과 배우자의 각자의 소유 주택으로 계산되는 경우 다음과 같이 본인과 배우자 중 1인의 주택으로 계산한다. 1. 본인과 배우자 중 지분이 더 큰 사람의 소유로 계산 2. 지분이 같은 경우 그들 중 1인을 당해 주택의 임대수입의 귀속자로 합의하여 정한 경우에는 그의 소유로 계산

제2절 사업소득에 대한 과세방법

I 원천징수 및 납세조합 징수

다음의 소득에 한하여 사업소득이지만 원천징수를 한다.

구분	원천징수 및 납세조합 징수
(1) 부가가치세가 면세되는 의료보건용역 및 인적용역	사업소득은 부가가치세의 과세로 거래내역을 파악할 수 있으나 면세되는 의료보건용역 및 인적용역은 이를 파악할 수 없으므로 원천징수로 세액을 징수한다. ① 원천징수의무자 : **사업소득을 지급하는 법인 또는 개인사업자** 　단, 원천징수의무자에 일반개인은 제외된다. 일반개인은 원천징수를 할 수 있는 세무능력이 부족하므로 일반개인에게는 원천징수의무를 부여하지 않는다. ② 원천징수세액 : **수입금액 × 3%** **참고 원천징수세율 특례** 　외국인 직업운동가가 프로스포츠구단과의 계약에 따라 용역을 제공하고 받는 소득은 수입금액에 **20%**의 세율을 적용한다. ③ 간편장부대상자인 보험모집인, 방문판매원, 음료품 배달원의 사업소득에 대하여는 연말정산을 적용한다. 　㉠ 방문판매원 및 음료품 배달원의 경우에는 원천징수의무자가 사업장 관할 세무서장에게 연말정산 신청을 하는 경우에만 해당한다. 　㉡ 연말정산시기 : 익년도 2월분 소득을 지급할 때 연말정산을 수행한다. 단, 해당 사업자와의 거래계약을 해지하는 경우 해지하는 달의 사업소득을 지급할 때 연말정산한다.
(2) 농·축·수산물 판매업자(복식부기의무자 제외) 및 노점상인	납세조합이 **매월 징수**하여 **다음달 10일까지 사업소득세를 납부**한다. 납세조합을 통해 사업소득세를 납부하면 납세조합공제를 적용받는다. 사업소득세는 조합원의 사업소득에 대한 소득세에서 납세조합공제(세액의 5%)를 차감한 이후 금액이다.

II 종합과세

(1) 종합과세

사업소득은 **원천징수 여부에 관계없이 종합과세**한다.

(2) 분리과세 – 예외

해당 과세기간에 주거용 건물 임대업에서 발생한 총수입금액의 합계액이 2,000만 원 이하인 자의 주택임대소득은 분리과세를 신청할 수 있다. 분리과세 주택임대소득은 종합소득 과세표준에 합산하지 않고 별도의 분리과세 주택임대소득에 대한 세액 계산의 특례규정에 따라 과세한다.

Ⅲ 사업소득금액의 계산

사업소득금액은 해당 과세기간의 총수입금액에서 이에 사용된 필요경비를 공제한 금액으로 하며, 필요경비가 총수입금액을 초과하는 경우 그 초과하는 금액을 결손금이라 한다.

직접법	간접법
총수입금액 (−) 필요경비 = 사업소득금액	당기순이익 (+) 총수입금액 산입·필요경비 불산입 (−) 총수입금액 불산입·필요경비 산입 = 사업소득금액

(1) 총수입금액

총수입금액은 해당 과세기간에 수입하였거나 수입할 금액의 합계액으로 한다. 단, 금전 외의 것을 수입할 때에는 그 수입금액을 그 거래 당시의 가액에 의하여 계산한다.

> **참고** 금전 이외의 것을 받는 경우의 수입금액
>
> 1. 제조업자·생산업자 또는 판매업자로부터 그 제조·생산 또는 판매하는 물품을 인도받은 때에는 그 제조업자·생산업자 또는 판매업자의 판매가액
> 2. 제조업자·생산업자 또는 판매업자가 아닌 자로부터 물품을 인도 받은 때에는 시가
> 3. 법인으로부터 이익배당으로 받은 주식은 그 액면가액

1) 총수입금액에 가산하는 항목
① 매출액(매출환입·매출에누리는 제외)
② 판매장려금 수령액
③ 관세환급금 등 필요경비로 지출된 세액이 환입되었거나 환입될 경우에 그 금액
④ 자산수증이익·채무면제이익
  ㉠ 사업과 관련: 총수입금액 산입(단, 이월결손금 보전에 사용되는 경우 총수입금액불산입)
  ㉡ 사업과 무관: 총수입금액불산입(증여세 과세)
⑤ 확정급여형 퇴직연금제도의 신탁계약의 이익 또는 분배금
⑥ 보험차익
  ㉠ 사업용 자산의 멸실로 취득하는 보험차익: 총수입금액 산입
  ㉡ 확정급여형퇴직연금제도의 보험차익: 총수입금액 산입
  ㉢ 단기 저축성보험의 보험차익: 총수입금액 불산입(이자소득으로 과세)
  ㉣ 그 외의 보험차익: 총수입금액 불산입(비열거소득)
⑦ 재고자산(또는 임목)의 가사용소비 또는 종업원 및 타인에게 지급하는 경우

> **참고** 재고자산의 자가소비: 총수입금액에 산입
>
> 재고자산의 자가소비시 재고자산의 시가(소비하거나 지급하는 때의 가액)에 해당하는 금액은 그 소비하거나 지급한 날이 속하는 과세기간의 총수입금액에 산입한다.

⑧ 화폐성 외화자산·부채의 **상환손익**
⑨ 유형자산 및 무형자산 처분손익
  ㉠ 복식부기의무자의 사업용 유형고정자산(토지, 건물은 양도소득세 과세대상 자산이므로 제외)의 매각가액 : 총수입금액 산입(매각시 장부금액은 필요경비에 산입)
    ⊙ 단, 건설기계는 2018.1.1. 이후 취득한 경우로 한정한다.
  ㉡ 이외의 경우 : 총수입금액 및 필요경비 불산입
    ⊙ 부동산의 처분이익 : 양도소득(부동산매매업자의 경우는 사업소득)
      산업재산권 등의 처분이익 : 기타소득
⑩ 그 밖에 사업과 관련된 수입금액으로서 해당 사업자에게 귀속되었거나 귀속될 금액

2) 총수입금액에 불산입하는 항목

① 소득세 또는 개인지방소득세를 환급받았거나 환급받을 금액 중 다른 세액에 충당한 금액
② 거주자의 사업소득금액을 계산할 때 이전 과세기간으로부터 이월된 소득금액
③ 거주자가 무상으로 받은 자산의 가액과 채무의 면제 또는 소멸로 인한 부채의 감소액 중 이월결손금의 보전에 충당된 금액
④ 일정한 자가소비금액
  ㉠ 농업, 임업, 어업, 광업 또는 제조업을 경영하는 거주자가 자기가 채굴, 포획, 양식, 수확 또는 채취한 농산물, 포획물, 축산물, 임산물, 수산물, 광산물, 토사석이나 자기가 생산한 제품을 자기가 생산하는 다른 제품의 원재료 또는 제조용 원료로 사용한 경우 그 사용된 부분에 상당하는 금액
  ㉡ 건설업을 경영하는 거주자가 자기가 생산한 물품을 자기가 도급받은 건설공사의 자재로 사용한 경우
  ㉢ 전기·가스·증기 및 수도사업을 경영하는 거주자가 자기가 생산한 전력·가스·증기 또는 수돗물을 자기가 경영하는 다른 사업의 동력·연료 또는 용수로 사용한 경우 그 사용한 부분에 상당하는 금액
⑤ 화폐성 외화자산·부채 등의 환산손익
  화폐성 외화자산·부채 등의 환산손익은 총수입금액에 불산입하며, 필요경비에도 불산입한다. 단, 화폐성 외화자산, 부채의 상환손익은 총수입금액에 산입한다.
⑥ 이자수익·배당금수익
  이자수익과 배당금수익은 각각 이자수익 및 배당금수익으로 과세하므로 사업소득의 총수입금액에 불산입한다. 다만, 금융업의 경우는 총수입금액에 산입한다.
⑦ **유형자산·무형자산의 평가차익**
⑧ 개별소비세 및 주세의 납세의무자인 거주자가 자기의 총수입금액으로 수입하였거나 수입할 금액에 따라 납부하였거나 납부할 개별소비세 및 주세
⑨ 「국세기본법」에 따른 국세환급가산금, 「지방세기본법」에 따른 지방세환급가산금, 그 밖의 과오납금의 환급금에 대한 이자
⑩ 부가가치세의 매출세액

(2) 필요경비

1) 필요경비 산입 : 수익·비용 대응

① **필요경비는 해당 과세기간의 총수입금액에 대응하는 비용으로서 일반적으로 용인되는 통상적인 것의 합계액으로 한다.**

② 단, 해당 과세기간 전의 총수입금액에 대응하는 비용으로서 그 과세기간에 확정된 것에 대해서는 그 과세기간 전에 필요경비로 계상하지 아니한 것만 그 과세기간의 필요경비로 본다.

2) 필요경비 산입항목

① 판매한 상품 또는 제품에 대한 원료의 매입가격(매입에누리 및 매입할인금액 제외)과 그 부대비용
   ⊙ 재고자산의 자가소비시 원가를 필요경비로 산입한다.

② 판매한 상품 또는 제품의 보관료, 포장비, 운반비, 판매장려금 및 판매수당 등 판매와 관련한 부대비용(판매장려금 및 판매수당의 경우 사전약정 없이 지급하는 경우 포함)

③ 부동산의 양도 당시의 장부가액

④ **종업원 급여, 종업원의 출산 또는 양육 지원을 위해 해당 종업원에게 공통적으로 적용되는 지급기준에 따라 지급하는 금액**

⑤ 임업, 양잠업의 경비, 가축 및 가금비

⑥ 사업용 자산(그 사업에 속하는 일부 유휴시설 포함)의 현상유지를 위한 수선비, 관리비와 유지비, 사업용 자산에 대한 임차료, 사업용 자산의 손해보험료

⑦ 복식부기의무자의 사업용 유형자산의 양도 당시 장부가액

> 세법상 장부가액(필요경비 ○) = 세법상 취득가액 − 세법상 상각비 − 업무무관사용액

⑧ 사업과 관련이 있는 제세공과금(세액공제를 적용하지 아니하는 경우의 외국소득세액을 포함)

⑨ 해당 사업자가 설립한 「근로복지기본법」에 따른 사내근로복지기금, 건설근로자퇴직공제회에 납부한 공제부금

⑩ 「근로자퇴직급여 보장법」에 따라 사용자가 부담하는 부담금, 「중소기업 인력지원 특별법」에 따른 중소기업이 부담하는 기여금, 「고용보험법」에 따른 예술인 또는 노무제공자나 자영업자가 같은 법에 따라 피보험자로서 부담하는 보험료, 「산업재해보상보험법」에 따른 노무제공자 또는 같은 법에 따른 중소기업 사업주가 같은 법에 따라 피보험자로서 부담하는 보험료

⑪ **건강보험료 등(사업자 본인의 고용보험료, 산업재해보상보험료 포함)**

> **참고** 건강보험료 등의 필요경비 인정범위
> 1. 사용자가 부담하는 건강보험료, 고용보험료, 노인장기요양보험료 : 임직원의 보험료 중 50%를 사용자가 부담함에 따라 지급하는 금액
> 2. 직장가입자로서 부담하는 **사용자 본인의** 건강보험료 및 노인장기요양보험료
> 3. 지역가입자로서 부담하는 **사용자 본인의** 건강보험료 및 노인장기요양보험료

⑫ 단체순수보장성보험 및 단체환급부보장성보험의 보험료
⑬ 총수입금액을 얻기 위하여 직접 사용된 부채에 대한 지급이자
⑭ 사업용 유무형자산의 감가상각비
⑮ **판매장려금 지급액**
⑯ 대손금(부가가치세 매출세액의 미수금으로서 회수할 수 없는 것 중 「부가가치세법」에 따른 대손세액공제를 받지 아니한 것을 포함)
⑰ 종업원을 위하여 직장체육비·직장문화비·가족계획사업지원비·직원회식비 등으로 지출한 금액
⑱ 보건복지부장관이 정하는 무료진료권에 의하여 행한 무료진료의 가액
⑲ 업무와 관련이 있는 해외시찰·훈련비
⑳ 「초·중등교육법」에 의하여 설치된 근로청소년을 위한 특별학급 또는 산업체부설 중·고등학교의 운영비
㉑ 「영유아보육법」에 의하여 설치된 직장어린이집의 운영비
㉒ 광고·선전을 목적으로 견본품·달력·수첩·컵·부채 기타 이와 유사한 물품을 불특정다수인에게 기증하기 위하여 지출한 비용[특정인에게 기증한 물품(**개당 3만 원** 이하의 물품은 제외한다)의 경우에는 **연간 5만 원** 이내의 금액으로 한정한다]
㉓ **영업자가 조직한 단체로서 법인이거나 주무관청에 등록된 조합 또는 협회에 지급하는 회비**
㉔ 종업원의 사망 이후 유족에게 학자금 등 일시적으로 지급하는 금액으로서 기획재정부령으로 정하는 요건을 충족하는 것
㉕ 광물의 탐광을 위한 지질조사·시추 또는 갱도의 굴진을 위하여 지출한 비용과 그 개발비
㉖ 위의 경비와 유사한 성질의 것으로서 해당 총수입금액에 대응하는 경비

3) 필요경비 불산입항목
① **소득세**(세액공제를 적용하는 경우의 **외국소득세액을 포함**)와 **개인지방소득세**
② 법률에 따른 의무 불이행
  ㉠ 벌금·과료(통고처분에 따른 벌금 또는 과료에 해당하는 금액을 포함)와 과태료
  ㉡ 「국세징수법」 등에 따른 가산금과 강제징수비
  ㉢ 징수의무 불이행으로 인하여 납부하였거나 납부할 세액(가산세액 포함)
③ 업무 관련 고의 또는 중대한 과실로 지급되는 손해배상금
④ 가사관련경비

구분	내용
가사관련경비	㉠ 사업자가 가사와 관련하여 지출한 비용 ㉡ 초과인출금이자
초과인출금이자	초과인출금이란 사업용자산의 합계액이 부채의 합계액(충당금, 준비금은 제외)에 미달하는 금액을 말한다. 필요경비 불산입액 = 초과인출금적수 × 해당 차입금의 이자율 × 1/365 차입금이 여러 개인 경우 이자율이 높은 것부터 초과인출에 사용한 것으로 간주한다.

기출 Check 19년 7급

10 소득세법령상 거주자가 해당 과세기간에 지급하였거나 지급할 금액 중 사업소득금액을 계산할 때 필요경비에 산입하지 않는 것만을 모두 고르면? (단, 다음 항목은 거주자에게 모두 해당된다)

ㄱ. 통고처분에 따른 벌금 또는 과료에 해당하는 금액
ㄴ. 사업용자산의 합계액이 부채의 합계액에 미달하는 경우에 그 미달하는 금액에 상당하는 부채의 지급이자로서 법령에 따라 계산한 금액
ㄷ. 선급비용
ㄹ. 「부가가치세법」에 따른 간이과세자가 납부한 부가가치세액

① ㄷ, ㄹ ② ㄱ, ㄴ, ㄷ
③ ㄱ, ㄴ, ㄹ ④ ㄱ, ㄴ, ㄷ, ㄹ

6 ②
해설 부가가치세 매입세액은 필요경비로 차감하지 않으나 부가가치세가 면제되거나 일정한 매입세액 불공제액과 부가가치세 간이과세자가 납부한 부가가치세액은 필요경비에 포함한다.

⑤ 업무무관자산 관련이자
  ㉠ 업무무관자산의 차입에 사용한 것이 명백한 경우: 해당이자 전액을 손금불산입
  ㉡ 업무무관자산의 차입에 사용한 것이 불분명한 경우:

  > 필요경비 불산입액 = 업무무관자산적수 × 해당 차입금의 이자율 × 1/365

  참고 지급이자 부인규정의 「법인세법」과 「소득세법」 비교

「법인세법」	「소득세법」
1. 채권자불분명사채이자 2. 비실명채권·증권이자 3. 건설자금이자(특정차입금이자 및 일반차입금이자) 4. 업무무관자산 관련이자	1. 채권자불분명사채이자 2. 건설자금이자(특정차입금이자에 한함) 3. 초과인출금 관련이자 4. 업무무관자산 관련이자(업무무관자산에 대표자 가지급금 제외)

⑥ 기업업무추진비(접대비) 한도초과액
  ㉠ 1개의 사업장만 보유: 「법인세법」과 동일
  ㉡ 2개 이상의 사업장으로 사업장별로 감면을 달리 적용받는 경우: 각 사업장별로 계산
     단, 부동산임대업 법인의 「법인세법」상 기업업무추진비(접대비)에 대한 제재규정(당초 한도의 50%만 인정)은 개인사업자에게는 적용하지 않는다.
  ㉢ 사업장별 한도 계산시 기업업무추진비 한도

  > 기업업무추진비 한도액 = ⓐ + ⓑ
  > ⓐ 기초금액 = 1천2백만 원(3천6백만 원) × $\frac{사업연도월수}{12}$ × $\frac{사업장별 수입금액}{사업장별 수입금액 합계}$
  > ⓑ 수입금액기준 = 사업장별 일반수입금액 × 적용률 + 사업장별 특수관계인수입금액 × 적용률 × 10%

  ✓ 일부사업장의 소득금액에 대하여 추계조사결정 또는 경정을 받은 경우 추계조사결정 또는 경정을 받은 사업장은 수입금액이 없는 것으로 간주한다.

⑦ 각 과세기간에 계상한 감가상각자산의 감가상각비로서 상각범위액을 초과하는 금액
⑧ 평가차손을 인정하는 자산을 제외한 자산의 평가차손
⑨ 부가가치세의 매입세액(단, 부가가치세가 면제되거나 일정한 매입세액 불공제액과 부가가치세 간이과세자가 납부한 부가가치세액은 제외)
⑩ 차입금 중 건설자금에 충당한 금액의 이자
⑪ 채권자불분명 사채이자
⑫ 반출하였으나 판매하지 아니한 제품에 대한 개별소비세 또는 주세의 미납액(단, 제품가액에 그 세액 상당액을 더한 경우는 제외)
⑬ 선급비용
⑭ 대표자의 인건비(단, 해당 사업에 종사하고 있는 대표자 가족의 인건비는 필요경비에 산입한다)
⑮ 각 과세기간에 지출한 경비 중 대통령령으로 정하는 바에 따라 직접 그 업무와 관련이 없다고 인정되는 금액

⑯ 기부금한도초과액 필요경비불산입
⑰ **업무용승용차 관련비용 중 업무 외 사용금액의 필요경비 불산입**

> **참고** 업무용승용차 관련
>
> 1. 복식부기의무자가 업무용승용차의 매각액을 총수입금액에 산입한 경우 매각 당시 장부가액은 필요경비에 산입한다. 이때 감가상각비 중 업무사용금액에 해당하지 아니하는 금액이 있는 경우에는 장부가액 계산시 그 금액을 차감한다.
> 2. 복식부기의무자의 업무용승용차 관련비용 중 업무사용금액에 해당하지 아니하는 금액은 필요경비불산입한다.
> 3. 업무전용 자동차보험에 미가입하였어도 업무에 사용된 금액이라면 필요경비로 산입한다. 다만, 전체 복식부기의무자의 업무용승용차 중 1대를 제외한 차량은 100% 필요경비를 불산입한다. (단, 성실신고확인대상자 또는 전문직 업종사업자가 아닌 경우 2024년, 2025년은 50%만 필요경비를 불산입한다.)

⑱ 법령에 따라 의무적으로 납부하는 것이 아닌 공과금이나 법령에 따른 의무의 불이행 또는 금지·제한 등의 위반을 이유로 부과되는 공과금

> **참고** 유형·무형자산의 처분손익 또는 폐기손실
>
> | 구분 | 법인세 | 사업소득세 |
> |---|---|---|
> | 일반처분 | 인정 ○ | 인정 ×(예외: 복식부기의무자의 사업용 유무형자산은 인정) |
> | 폐기처분 | 인정 ○ | 인정 ○ |
> | 폐기 | 인정 ○(비망기록: 1,000원) | 인정 × |
>
> 1. 폐기처분이란 폐기한 생산설비가 소멸된 것을 의미한다.
> 2. 폐기란 폐기처분과 달리 실물자산이 기업내부에 존재하는 것을 의미한다.
> 3. 다음 중 어느 하나에 해당하는 경우에는 그 자산의 장부가액과 처분가액의 차액을 해당 과세기간의 필요경비에 산입할 수 있다.
>   ① 시설의 개체 또는 기술의 낙후로 생산설비의 일부를 폐기한 경우
>   ② 사업의 폐지 또는 사업장의 이전으로 임대차계약에 따라 임차한 사업장의 원상회복을 위하여 시설물을 철거하는 경우

Ⅳ 부동산임대업의 소득금액

(1) 부동산임대업의 범위

다음 중 어느 하나에 해당하는 부동산임대업에서 발생하는 소득은 사업소득이다. 다만, **부동산임대업(주거용 건물임대업 제외)에서 발생한 결손금**은 종합소득 과세표준을 계산할 때 **다른 소득금액에서 공제하지 아니한다**. 따라서 사업소득과 부동산임대업을 겸영하는 사업자는 그 소득별로 구분하여 회계처리하여야 한다.

범위	내용
① 부동산 또는 부동산상의 권리를 대여하는 사업	단, 「공익사업을 위한 토지 등의 취득 및 보상에 관한 법률」에 따른 공익사업과 관련하여 지역권·지상권을 설정하거나 대여함으로써 발생하는 소득은 **기타소득**으로 분류한다.
② 공장재단 또는 광업재단을 대여하는 사업	공장재단과 기계를 별도로 임대한 경우 ㉠ 공장재단의 대여 : 부동산임대업 소득 ㉡ 기계 대여 : 일반 사업소득
③ 광업권자·조광권자 또는 덕대가 채굴시설과 함께 광산을 대여함으로 인한 소득	광업권자 등이 자본적지출 또는 수익적지출을 제공하는 것을 조건으로 광업권 등을 대여하고 받는 분철료는 일반적인 사업소득으로 분류한다.

(2) 부동산임대업의 소득금액 계산

$$\text{부동산임대업소득금액} = \text{총수입금액(임대료 + 관리비 + 간주임대료)} - \text{필요경비}$$

① 임대료
  ㉠ 일반적인 경우(단기) : 약정금액(약정일)
  ㉡ 선세금의 경우(장기) : 발생주의(초월산입, 말일불산입)
    ◉ 선세금에 대한 총수입금액은 그 **선세금을 계약기간의 월수로 나눈 금액**의 각 과세기간의 합계액으로 한다.

> **참고** 선세금 관련 예제
>
> 20X1년 3월 10일 ~ 20X2년 3월 9일간의 임대기간에 대한 임대료 12,000원을 임대개시일에 일괄 수령한 경우 ⇨ 20X1년의 임대료 = 12,000원 × 10/12 = 10,000원

② 관리비
부동산을 임대하고 임대료 이외에 유지비나 관리비 명목으로 지급받는 금액이 있는 경우에는 이를 총수입금액에 산입한다. 단, **공과금을 대신하여 수령한 경우는 관리비 수입에서 제외**한다. 수령한 공과금이 납부대행 금액보다 초과한다면 그 **초과액은 관리비 수입에 포함**하여 과세한다.
  ㉠ 일반적인 관리비 : **총수입금액에 포함한다.**
  ㉡ 납부대행 공과금(전기세·수도세 등) : **총수입금액 불산입한다.**
  ㉢ 납부대행 공과금을 초과하여 징수한 금액 : 총수입금액에 포함한다.

부동산임대소득에 해당하는 것
1. 광고용으로 건물의 옥상, 측면을 사용하게 하고 받은 대가
2. 자기소유의 부동산을 타인의 담보물로 제공하고 받은 대가

기출 Check 07년 9급
11 「소득세법」상 부동산 임대소득에 관한 설명으로 옳지 않은 것은?
① 부동산을 대여하고 임대료 외에 보증금을 받은 경우에는 임대료만 총수입금액에 산입한다.

6 ①
해설 부동산임대소득의 총수입금액에는 임대료, 관리비, 간주임대료가 모두 포함된다.

③ 간주임대료

부동산을 임대하고 월세를 받는 경우는 총수입금액에 포함되지만 전세 등의 형태로 보증금을 수령하게 되면 총수입금액에 산입되지 않는다. 이에 따라 전세보증금을 금융기관에 예치하였다면 수령하였을 금액을 산출하여 월세수입과의 조세불평등을 해소하기 위해 간주임대료 규정을 두고 있다. 다만,「법인세법」과 간주임대료 적용 대상에 일부 차이가 존재한다.

㉠ 주택 외의 부동산 또는 부동산상의 권리를 대여하는 경우

ⓐ 일반적인 경우(원칙)

> (보증금적수 - 건설비적수) × 정기예금이자율 × 1/365 - 금융수익

⊙ **금융수익에는 이자수익 및 배당수익이 포함된다.**

ⓑ 추계시(예외)

> 보증금적수 × 정기예금이자율 × 1/365

㉡ 주택의 간주임대료

거주자가 **3주택 이상**(기준시가 2억 원 이하 + 40m² 이하인 소형주택 제외)을 소유하고 주택과 주택부수토지(주택부수토지만 임대하는 경우 제외)를 임대하고 받은 **보증금 등의 합계액이 3억 원을 초과**하는 경우에는 다음과 같이 계산한 금액을 사업소득금액 계산할 때에 총수입금액에 산입한다.

ⓐ 일반적인 경우(원칙)

> (보증금 - 3억 원)의 적수 × 60% × 정기예금이자율 × 1/365 - 금융수익

⊙ **금융수익에는 이자수익 및 배당수익이 포함된다.**

ⓑ 추계시(예외)

> (보증금 - 3억 원)의 적수 × 60% × 정기예금이자율 × 1/365

⊙ 보증금을 받은 주택이 2주택 이상인 경우에는 보증금 등의 적수가 가장 큰 주택의 보증금 등부터 순서대로 뺀다.

㉢ 고가주택(기준시가 12억원 초과) 2주택자의 전세보증금(전세보증금 합계액이 12억원 초과시)에 대해 간주임대료를 과세한다. (2026.1.1.부터)

(3) **부동산임대업 소득의 수입시기**

구분	수입시기
① 계약에 따라 지급일이 정해진 경우	약정일
② 계약에 따라 지급일이 정해지지 않은 경우	수령일
③ 임대차계약 및 지역권·지상권 설정에 관한 쟁송으로 수령하는 경우	판결 및 화해 등이 있은 날 (임대료 등에 관한 쟁송의 경우 그 임대료를 변제하기 위하여 공탁된 금액에 대해서는 지급약정일)

(4) 분리과세 주택임대소득에 대한 특례

① 분리과세 주택임대소득

해당 과세기간에 주거용 건물 임대업에서 발생한 수입금액이 2천만 원 이하인 자의 주택임대소득은 종합소득과세표준을 계산할 때 합산하지 아니한다. 이 경우 사업자가 공동사업자인 경우에는 공동사업장에서 발생한 주택임대수입금액의 합계액을 손익분배비율에 의해 공동사업자에게 분배한 금액을 각 사업자의 주택임대수입금액에 합산한다.

② 분리과세 주택임대소득에 대한 사업소득금액

> 분리과세 주택임대소득에 대한 사업소득금액
> = 총수입금액 − 필요경비(총수입금액의 50%) − 2백만 원*

⊘ 2백만 원의 추가 차감은 해당 과세기간의 종합소득금액이 분리과세 주택임대소득을 제외하고 2천만 원 이하일 때만 적용한다.

다만, 등록임대주택을 임대하는 경우에는 해당 임대사업에서 발생한 사업소득금액은 총수입금액에서 필요경비(총수입금액의 60%)를 차감한 금액으로 하되, 분리과세 주택임대소득을 제외한 해당 과세기간의 종합소득금액이 2천만 원 이하인 경우에는 추가로 400만 원을 차감한 금액으로 한다.

③ 주택임대소득에 대한 세액 계산의 특례

분리과세 주택임대소득이 있는 거주자의 종합소득 결정세액은 다음의 세액 중 하나를 선택하여 적용한다.

㉠ 종합과세시 종합소득 결정세액

㉡ (분리과세 주택임대소득에 대한 사업소득금액 × 14% − 소형주택 임대사업자에 대한 세액감면) + 그 외의 종합소득 결정세액

Ⅴ 사업소득의 수입시기

사업소득의 수입시기는 거주자의 총수입금액과 필요경비가 확정된 날이 속하는 과세기간으로 한다.

구분	수입시기
(1) 금융·보험업에서 발생하는 이자 및 할인액	실제로 수입된 날
(2) 무인판매기에 의한 판매	사업자가 무인판매기에서 현금을 인출하는 때
(3) 금전등록기를 설치·사용하는 경우	영수증을 작성·교부할 수 있는 사업자가 금전등록기를 설치·사용하는 경우 해당 과세기간에 수입한 금액을 총수입금액으로 할 수 있다.
(4) 장기할부조건에 의한 상품 등의 판매	① 원칙: 인도기준·명목가액 ② 특례: 현재가치평가 인정, 회수기일도래기준 결산서 계상시 인정(중소기업 회수기일도래기준 신고조정 특례 ×)
(5) 건설·제조 그 밖의 용역의 제공	① 단기건설: 용역제공을 완료한 날(또는 인도한 날) 단, 진행기준도 인정(중소기업의 단기건설 완성기준 신고조정 특례 ×) ② 장기건설: 진행기준
(6) 자산을 임대하거나 지역권·지상권을 설정하여 발생하는 소득	① 계약·관습에 의하여 지급일이 정해진 것(약정이 있는 경우): 정해진 날(약정주의) ② 계약·관습에 의하여 지급일이 정해지지 아니한 것(약정이 없는 경우): 지급받은 날
(7) 인적용역의 제공	① 원칙: 용역대가를 지급받기로 한 날 또는 용역의 제공을 완료한 날 중 빠른 날 ② 연예인 및 직업운동선수 등이 계약기간 1년을 초과하는 일신전속계약에 대한 대가를 일시에 받는 경우: 계약기간에 따라 해당 대가를 균등하게 안분한 금액을 각 과세기간 종료일에 수입한 것으로 한다(초월산입·말월불산입)
(8) 어음의 할인	① 원칙: 그 어음의 만기일 ② 만기 전에 그 어음을 양도하는 때: 그 양도일
(9) 위에 해당하지 않는 자산의 매매	빠른 날(대금청산일, 소유권이전등기·등록일, 사용수익일 중 빠른 날)

Ⅵ 법인과 개인사업자간 비교

(1) 「법인세법」상 익금과의 비교

구분	소득세	법인세
이자수익·배당금수익	① 총수입금액 불산입하고 ② 금융소득으로 과세함	① 모두 익금 ② 배당금수익은 수입배당금 익금불산입 존재
인정이자	업무무관가지급금 ×(인정이자 ×)	인정이자 익금산입 ○
유가증권 처분손익	총수입금액·필요경비 인정 ×	익금 또는 손금으로 인정
고정자산 처분손익	복식부기의무자의 사업용 유형고정자산 처분손익: 총수입금액 또는 필요경비 인정	익금 또는 손금으로 인정
자산의 평가이익	총수입금액 ×	법률에 의한 평가이익만 익금
자산수증이익 채무면제이익	① 사업과 무관: 증여세(총수입금액 불산입) ② 사업과 관련: 총수입금액 ○ (단, 이월결손금 충당 시 총수입금액 불산입)	익금 (단, 이월결손금 보전에 충당시 익금불산입)
재고자산 자가소비 등	재고자산을 가사용으로 소비하거나 종업원 타인에게 지급한 경우 ① 시가: 총수입금액 산입 ② 원가: 필요경비 산입	별도 규정 없음
보험차익	사업관련 재산상 손실에 대한 보장성 보험차익 및 퇴직보험 보험차익: 총수입금액	익금

(2) 간주임대료 비교

구분	「소득세법」	「법인세법」
적용대상자	모든 부동산임대업자	부동산임대업 주업 + 차입금 과다 + 영리내국법인(추계시 모든 법인)
주택임대보증금	3주택 이상 + 3억 원 초과시 적용	추계시만 적용, 그 외는 적용 ×
금융수익	이자수익, 배당금수익	이자수익, 배당금수익, 신주인수권·유가증권 처분이익

CHAPTER 05 근로소득, 연금소득, 기타소득

제1절 근로소득

I 근로소득의 범위

(1) 근로소득의 개념

근로소득이란 근로계약에 따라 종속적인 지위에서 근로의 제공에 대한 대가 및 그 근로의 제공과 밀접한 관계를 가지는 것을 말한다.

(2) 근로소득의 종류

① 근로를 제공함으로써 받는 봉급·급료·보수·세비·임금·상여·수당과 이와 유사한 성질의 급여
② 법인의 주주총회·사원총회 또는 이에 준하는 의결기관의 결의에 따라 상여로 받는 소득
③ 인정상여: 「법인세법」에 따라 상여로 처분된 금액
④ **퇴직함으로써 받는 소득으로서 퇴직소득에 속하지 않는 소득**
⑤ 종업원 등 또는 대학의 교직원이 지급받는 직무발명보상금
   ○ 단, 종업원 등 또는 대학의 교직원이 퇴직한 후에 지급받는 직무발명보상금은 기타소득에 해당한다.
⑥ 사업자나 법인이 생산·공급하는 재화 또는 용역을 그 사업자나 법인(계열회사 포함)의 사업장에 종사하는 임원 등에게 시가보다 낮은 가격으로 제공하거나 구입할 수 있도록 지원함으로써 해당 임원 등이 얻는 이익

(3) 근로소득에 포함되는 것

① 기밀비(판공비 포함)·교제비 기타 이와 유사한 명목으로 받는 것으로서 업무를 위하여 사용된 것이 분명하지 아니한 급여
② 종업원이 받는 공로금·위로금·개업축하금·학자금·장학금(종업원의 수학 중인 자녀가 사용자로부터 받는 학자금·장학금을 포함) 기타 이와 유사한 성질의 급여
③ 근로수당·가족수당·전시수당·물가수당 및 기타 이와 유사한 성질의 각종 수당
④ 보험회사, 투자매매업자 또는 투자중개업자 등의 종업원이 받는 집금수당과 보험가입자의 모집, 증권매매의 권유 또는 저축을 권장하여 받는 대가, 그 밖에 이와 유사한 성질의 급여
⑤ 사택제공이익
⑥ 종업원이 주택(주택에 부수된 토지를 포함한다)의 구입·임차에 소요되는 자금을 저리 또는 무상으로 제공받음에 따라 받은 이익
⑦ 여비의 명목으로 받는 연액 또는 월액의 급여
⑧ 종업원이 계약자이거나 종업원 또는 그 배우자 및 그 밖의 가족을 수익자로 하는 보험·신탁 또는 공제와 관련하여 **사용자가 부담하는 보험료·신탁부금 또는 공제부금**
⑨ 휴가비 기타 이와 유사한 성질의 급여

📌 **직무발명보상금**

직무발명보상금이란 「발명진흥법」에 따른 직무발명으로 받는 다음의 보상금을 말한다.
1. 「발명진흥법」에 따른 종업원 등이 사용자 등으로부터 받는 보상금
2. 대학의 교직원 또는 대학과 고용관계가 있는 학생이 소속 대학에 설치된 산학협력단으로부터 「산업교육진흥 및 산학연협력촉진에 관한 법률」에 따라 받는 보상금

📌 **각종 수당의 예**

출납수당, 직무수당, 급식수당, 주택수당, 피복수당, 기술수당, 보건수당, 연구수당, 시간외근무수당, 통근수당, 개근수당, 특별공로금, 벽지수당, 해외근무수당 등

⑩ 법인세법 시행령에 따라 손금에 산입되지 아니하고 지급받는 퇴직급여(임원퇴직급여 한도초과액: 인정상여)
⑪ 계약기간 만료 전 또는 만기에 종업원에게 귀속되는 단체환급부보장성보험의 환급금
⑫ 법인의 임원 또는 종업원이 **해당 법인 또는 해당 법인과 특수관계에 있는 법인으로부터 부여받은 주식매수선택권을 해당 법인 등에서 근무하는 기간 중 행사**함으로써 얻은 이익(주식매수선택권 행사 당시의 시가와 실제 매수가액과의 차액을 말하며, 주식에는 신주인수권을 포함한다)
  ◎ 단, 해당 요건을 미충족하는 경우 **기타소득**으로 과세한다.
⑬ 공무원 수당 등에 관한 규정, 지방공무원 수당 등에 관한 규정 등에 따라 공무원에게 지급되는 직급보조비
⑭ 공무원이 국가 또는 지방자치단체로부터 공무 수행과 관련하여 받는 상금과 부상

(4) 근로소득으로 보지 않는 것
① 경조금 중 사회통념상 타당하다고 인정되는 범위의 금액
② 퇴직급여로 지급되기 위하여 법소정의 방법으로 적립되는 급여

> **참고** 퇴직급여로 보는 적립방법의 요건
>
> 1. 퇴직급여제도의 가입 대상이 되는 근로자(임원 포함) 전원이 적립
> 2. 근로자가 적립 금액을 임의로 변경할 수 없는 적립 방식을 설정하고 그에 따라 적립할 것
> 3. 적립의 방식이 퇴직연금규약 또는 확정기여형 퇴직연금규약에 명시되어 있을 것
> 4. 사용자가 퇴직연금계좌(기여형)에 적립할 것

(5) 비과세 근로소득
다음의 근로소득에 대해서는 소득세를 과세하지 아니한다.
① 복무 중인 병(兵)이 받는 급여
② 각종 법률에 따라 받는 다음의 급여
  ㉠ 「산업재해보상보험법」에 따라 수급권자가 받는 **요양급여, 휴업급여, 장해급여, 간병급여, 유족급여**, 유족특별급여, 장해특별급여, 장의비 또는 근로의 제공으로 인한 부상·질병·사망과 관련하여 근로자나 그 유족이 받는 배상·보상 또는 위자의 성질이 있는 급여
  ㉡ 「근로기준법」 또는 「선원법」에 따라 근로자·선원 및 그 유족이 받는 **요양보상금, 휴업보상금, 상병보상금, 일시보상금, 장해보상금, 유족보상금, 행방불명보상금, 소지품 유실보상금, 장의비 및 장제비**
  ㉢ 「고용보험법」에 따라 받는 **실업급여**, 육아휴직 급여, 육아기 근로시간 단축 급여, 출산전후휴가 급여, 배우자 출산휴가급여, 제대군인 지원에 관한 법률에 따라 받는 전직지원금, 공무원 또는 「사립학교교직원 연금법」·「별정우체국법」을 적용받는 사람이 관련 법령에 따라 받는 육아휴직수당(「사립학교법」에 따라 임명된 사무직원이 학교의 정관 또는 규칙에 따라 지급받는 육아휴직수당으로서 월 150만원 이하의 금액을 포함한다.)
  ㉣ 「국민연금법」에 따라 받는 **반환일시금**(사망으로 받는 것만 해당) 및 사망일시금

ⓜ 「공무원연금법」, 「군인연금법」, 「사립학교교직원 연금법」 또는 「별정우체국법」에 따라 받는 요양비·요양일시금·장해보상금·사망조위금·사망보상금·유족보상금·유족일시금·유족연금일시금·유족연금부가금·유족연금특별부가금·재해부조금·재해보상금 또는 신체·정신상의 장해·질병으로 인한 휴직기간에 받는 급여

ⓑ 「교육기본법」에 따라 받는 **대학생의 근로장학금(대학에 재학하는 대학생에 한함)**

③ 다음의 요건을 갖춘 학교 및 직업훈련시설의 교육비
  ㉠ 당해 근로자가 종사하는 사업체의 **업무와 관련 있는 교육**을 위하여 받는 것
  ㉡ 당해 근로자가 종사하는 사업체의 규칙 등에 의하여 **정하여진 지급기준에 따라 받는 것**
  ㉢ 교육·훈련기간이 **6월 이상인 경우** 교육·훈련 후 당해 교육기간을 초과하여 근무하지 아니하는 때에는 **지급받은 금액을 반납할 것을 조건**으로 하여 받는 것일 것

④ 실비변상적인 성질의 급여
  ㉠ 일직료·숙직료 또는 여비로서 실비변상정도의 금액 및 **자가운전보조금 중 월 20만 원**

> **참고 자가운전보조금**
>
> 종업원의 소유차량을 종업원이 직접 운전하여 사용자의 업무수행에 이용하고 시내출장 등에 소요된 실제여비를 받는 대신에 그 소요경비를 당해 사업체의 규칙 등에 의하여 정하여진 지급기준에 따라 받는 금액
> 1. 회사업무에 본인 소유의 차량을 사용하고 자가운전보조금으로 30만 원을 수령하는 경우
>   : 20만 원은 비과세, 10만 원은 과세
> 2. 회사업무가 아닌 출퇴근 용도로 사용하고 자가운전보조금을 20만 원 수령시 : 20만 원 모두 과세

  ㉡ 법령·조례에 의하여 제복을 착용하여야 하는 자가 받는 **제복·제모 및 제화** 및 병원·시험실·금융회사 등, 공장·광산에서 근무하는 사람 또는 특수한 작업이나 역무에 종사하는 사람이 받는 작업복이나 그 직장에서만 착용하는 **피복**
  ㉢ 각종 위험수당
  예 경찰공무원이 받는 함정근무수당·항공수당 및 소방공무원이 받는 함정근무수당·항공수당·화재진화수당, 광산근로자가 받는 입갱수당 및 발파수당 등
  ㉣ 다음 중 어느 하나에 해당하는 자가 받는 연구보조비 또는 연구활동비 중 **월 20만원 이내의 금액**
    ⓐ 「유아교육법」, 「초·중등교육법」 및 「고등교육법」에 따른 학교 및 이에 준하는 학교(특별법에 따른 교육기관을 포함)의 교원
    ⓑ 「특정연구기관육성법」의 적용을 받는 연구기관, 특별법에 따라 설립된 정부출연연구기관, 지방자치단체출연연구원에서 연구활동에 직접 종사하는 자(대학교원에 준하는 자격을 가진 자에 한한다) 및 직접적으로 연구활동을 지원하는 자
    ⓒ 중소기업 또는 벤처기업의 기업부설연구소와 연구개발전담부서(중소기업 또는 벤처기업에 설치하는 것으로 한정한다)에서 연구활동에 직접 종사하는 자
  ㉤ 국가 또는 지방자치단체가 지급하는 다음의 금품
    ⓐ 보육교사 인건비
    ⓑ 사립유치원 수석교사·교사의 인건비
    ⓒ 진료과목별 전문의 균형 수급 유도를 위해 지급하는 전공의 수련보조수당

> **기타 교육비**
> 1. 업무와 무관하게 수령하는 교육비(자녀학자금 포함)는 근로소득으로 과세한다.
> 2. 사내근로복지기금으로부터 지급받는 자녀학자금은 비과세한다.

ⓑ 방송, 뉴스통신, 신문사 등의 취재활동과 관련하여 받는 취재수당 중 **월 20만 원** 이내의 금액

ⓢ 근로자가 일정한 벽지에 근무함으로 인하여 받는 **월 20만 원** 이내의 벽지수당

ⓞ 근로자가 천재지변 기타 재해로 인하여 받는 급여

ⓩ 수도권 외의 지역으로 이전하는 공공기관의 소속 공무원이나 직원에게 한시적으로 지급하는 **월 20만 원** 이내의 이전지원금

ⓧ 종교관련종사자가 소속 종교단체의 규약 또는 소속 종교단체의 의결기구의 의결·승인 등을 통하여 결정된 지급 기준에 따라 종교 활동을 위하여 통상적으로 사용할 목적으로 지급받은 금액 및 물품

⑤ 복리후생적 급여

㉠ 다음에 해당하는 사람의 사택제공이익

ⓐ **주주 또는 출자자가 아닌 임원, 소액주주인 임원, 임원이 아닌 종업원**(비영리법인 또는 개인의 종업원을 포함)

ⓑ 국가 또는 지방자치단체로부터 근로소득을 지급받는 사람

> **소액주주**: 「법인세법」 규정에 따른 소액주주 ⇨ 지분율 1% 미만

㉡ 중소기업의 종업원이 주택(주택에 부수된 토지를 포함한다)의 구입·임차에 소요되는 자금을 저리 또는 무상으로 대여 받음으로써 얻는 이익. 다만, 해당 종업원이 중소기업과 다음 각 목의 구분에 따른 관계에 있는 경우 그 종업원이 얻는 이익은 제외한다.

ⓐ 중소기업이 개인사업자인 경우: 국세기본법 시행령에 따른 친족관계

ⓑ 중소기업이 법인사업자인 경우: 지배주주 등(지배주주 등과 친족관계 또는 경영지배관계에 있는 자를 포함)인 관계

중소기업이 「영유아보육법」에 따라 직장어린이집을 설치·운영하거나 위탁보육을 하는 사업주가 그 비용을 부담함으로써 해당 사업자의 종업원이 얻는 이익은 비과세한다.

㉢ 종업원이 계약자이거나 종업원 또는 그 배우자 및 그 밖의 가족을 수익자로 하는 보험·신탁 또는 공제와 관련하여 사용자가 부담하는 보험료·신탁부금 또는 공제부금 중 다음의 보험료 등

ⓐ 종업원의 사망·상해 또는 질병을 보험금의 지급사유로 하고 종업원을 피보험자와 수익자로 하는 보험으로서 **단체순수보장성보험과 단체환급부보장성보험의 보험료 중 연 70만 원 이하의 금액**

ⓑ 임직원의 고의(중과실을 포함한다) 외의 업무상 행위로 인한 손해의 배상청구를 보험금의 지급사유로 하고 임직원을 피보험자로 하는 보험의 보험료

> **보험의 구분**
> 1. **단체순수보장성보험**: 종업원의 사망·상해 또는 질병을 보험금의 지급사유로 하고 종업원을 피보험자와 수익자로 하는 보험으로서 만기에 납입보험료를 환급하지 아니하는 보험
> 2. **단체환급부보장성보험**: 만기에 납입보험료를 초과하지 아니하는 범위 안에서 환급하는 보험
> 3. **임직원 손해배상보험**: 임직원의 고의(중과실을 포함) 외의 업무상 행위로 인한 손해의 배상을 보험금의 지급사유로 하고 임직원을 피보험자로 하는 보험

㉣ **공무원이 국가 또는 지방자치단체로부터 공무 수행과 관련하여 받는 상금과 부상 중 연 240만 원 이내의 금액**

㉤ 종업원 등이 자사·계열사의 재화·용역을 시가보다 할인하여 공급받는 경우 시가의 20%와 240만 원 중 큰 금액

⑥ 국외(북한지역 포함)에서 근로를 제공하고 받는 다음의 급여

㉠ 국외 또는 북한지역에서 근로를 제공하고 받는 다음의 급여(그 근로의 대가를 국내에서 받는 경우 포함): 월 100만 원 비과세

ⓒ 원양어선, 국외항행 선박 또는 국외 건설현장 근로(설계·감리업무 포함)인 경우: **월 500만 원** 비과세
ⓒ 공무원, 대한무역투자진흥공사, 한국관광공사, 한국국제협력단 등의 종사자가 국외 등에서 근무하고 받는 수당 중 해당 근로자가 국내에서 근무할 경우에 지급받을 금액 상당액을 초과하여 받는 실비변상적 성격의 급여로서 외교부장관이 고시하는 금액

⑦ 「건강보험법」, 「고용보험법」 등에 따라 사용자가 부담하는 부담금
「국민건강보험법」, 「고용보험법」 또는 「노인장기요양보험법」에 따라 국가, 지방자치단체 또는 사용자가 부담하는 보험료

구분	「소득세법」
사용자 부담분을 법인이 납부	근로자 비과세
사용인(근로자) 부담분을 근로자가 납부	근로자에게 소득공제
사용인(근로자) 부담분을 법인이 대납한 경우	① 근로자에게 근로소득으로 과세 ② 근로자에게 소득공제 적용

⑧ 다음의 요건을 충족하는 초과근로수당(한도: 연 240만 원)
월정액급여 210만 원 이하로서 직전 과세기간의 **총급여액이 3천만 원 이하**인 근로자(일용근로자를 포함)로서 다음 중 어느 하나에 해당하는 사람을 말한다.
ⓐ 공장 또는 광산에서 또는 어업을 영위하는 자에게 고용되어 근로를 제공하는 자
ⓑ 운전 및 운송 관련직 종사자, 운송·청소·경비 관련 단순 노무직 종사자

참고 월정액급여 계산

매월 급여총액(비과세 근로소득 포함) – 상여 등 부정기적인 급여 – 실비변상적급여 비과세 및 복리후생적 급여 비과세 – 초과근로수당

⑨ 다음에 해당하는 식사 또는 식사대
ⓐ 근로자가 사내급식 또는 이와 유사한 방법(식권 등)으로 제공받는 식사 기타 음식물
ⓑ ⓐ의 **식사 기타 음식물을 제공받지 않는 근로자**가 받는 **월 20만 원 이하**의 식사대

구분	과세 여부
식사	전액 비과세
식사대	월 20만 원까지 비과세 예 현물식대를 제공함이 없이 식대로 25만 원 수령시: 5만 원 과세
식사 + 식사대	식사는 비과세, 식사대는 전액 과세 예 현물식사도 제공받으면서 현금식대 15만 원 수령시: 15만 원 전부 과세

◎ 금전식대의 비과세 여부에 판정을 주는 것은 점심식사로 판별하는 것이므로 야근시 현물식대를 제공받는 것은 금전식대 비과세 여부에 영향을 주지 않는다.

⑩ 출산수당(전액) 또는 6세 이하 자녀 보육수당(한도: 월 20만 원)
근로자 또는 그 배우자의 출산이나 6세 이하(해당 과세기간 개시일을 기준으로 판단) 자녀의 보육과 관련하여 사용자로부터 받는 급여로서 월 20만 원 이내의 금액
◎ 1인당 20만 원이 아니라 자녀 수와 무관하게 월 20만 원 비과세

초과근로수당의 범위
연장시간근로, 야간근로, 휴일근로로 받는 급여

월정액급여
매월 직급별로 받는 봉급·급료·보수·임금·수당, 그 밖에 이와 유사한 성질의 급여(해당 과세기간 중에 받는 상여 등 부정기적인 급여와 실비변상적 성질의 비과세 급여 및 복리후생적 성질의 급여는 제외)의 총액에서 「근로기준법」에 따른 연장근로·야간근로 또는 휴일근로를 하여 통상임금에 더하여 받는 급여 및 「선원법」에 따라 받는 생산수당(비율급으로 받는 경우에는 월 고정급을 초과하는 비율급)을 뺀 급여

기출 Check 15년 9급

12 「소득세법」상 근로소득에 대한 설명으로 옳지 않은 것은?
① 판공비 명목으로 받는 것으로서 업무를 위하여 사용된 것이 분명하지 아니한 급여는 근로소득으로 과세한다.
② 주주인 임원이 법령으로 정하는 사택을 제공받음으로서 얻는 이익이지만 근로소득으로 과세하지 않는 경우도 있다.
③ 근로자가 사내급식의 방법으로 제공받는 식사는 월 20만 원 한도로 근로소득에서 비과세한다.
④ 법령으로 정하는 일용근로자의 근로소득은 원천징수는 하지만 종합소득과세표준을 계산할 때 합산하지는 않는다.

6 ③
해설 근로자가 사내급식의 방법으로 제공받는 식사는 전액 비과세한다.

⑪ 직무발명보상금으로서 연 700만 원 이하의 금액
  ㉠ 「발명진흥법」에 따른 종업원 등이 사용자 등으로부터 받는 보상금. 다만, 보상금을 지급한 사용자등과 대통령령으로 정하는 특수관계에 있는 자가 받는 보상금은 제외한다.
  ㉡ 대학의 교직원이 소속 대학에 설치된 「산업교육진흥 및 산학연협력촉진에 관한 법률」에 따른 산학협력단으로부터 받는 보상금

Ⅱ 근로소득금액의 계산

근로소득금액은 총급여액에서 근로소득공제를 적용한 금액으로 한다.

> 근로소득금액 = 총급여액 − 근로소득공제

(1) 총급여액 = 근로소득 − 비과세근로소득 − 분리과세

(2) 근로소득공제(한도 : 2,000만 원)

근로소득은 실제로 지출된 필요경비를 입증하여 차감하는 것이 현실적으로 어렵고 근로자에게 실제 필요경비를 입증하라고 하는 것 또한 과도한 책임을 부여하는 것이기 때문에 실제 필요경비가 아닌 미리 정한 근로소득공제금액만큼을 필요경비로 보아 총급여액에서 공제한다. 이렇게 산출된 근로소득공제액이 2천만 원을 초과하는 경우에는 2천만 원으로 한다.

총 급여액	근로소득공제액
500만 원 이하	총급여액×70%
500만 원 초과 1천 5백만 원 이하	350만 원 + (총급여액 − 500만 원)×40%
1천 5백만 원 초과 4천 5백만 원 이하	750만 원 + (총급여액 − 1천 5백만 원)×15%
4천 5백만 원 초과 1억 원 이하	1천 200만 원 + (총급여액 − 4천 5백만 원)×5%
1억 원 초과 3억 6,250만원 이하	1천 475만 원 + (총급여액 − 1억 원)×2%
3억 6,250만원 초과	2,000만원

⊙ 2인 이상으로부터 근로소득을 받는 사람(일용근로자는 제외)에 대하여는 그 근로소득의 합계액을 총급여액으로 하여 계산한 근로소득공제액을 총급여액에서 공제한다.

Ⅲ 근로소득의 수입시기

구분	수입시기
(1) 급여	근로를 제공한 날 **예** 20×1.12.1. ~ 20×1.12.31.의 근로제공에 대한 대가를 20×2년 1월에 현금으로 수령한 경우 : 20×1년의 근로소득에 해당
(2) 잉여금처분에 의한 상여	당해 법인의 **잉여금처분결의일**
(3) 인정상여	① 해당 사업연도 중의 근로를 제공한 날 ② 인정상여와 관련하여 월평균금액을 계산한 것이 2년도에 걸친 때에는 각각 해당 사업연도 중 근로를 제공한 날
(4) 주식매수선택권	주식매수선택권을 행사한 날
(5) 「퇴직소득세법」상 임원퇴직급여 한도초과액	퇴직급여 한도초과액을 지급받거나 지급받기로 한 날

> **참고** 확정신고기간 개시일 전에 급여가 확정되지 아니한 경우
>
> 도급 기타 이와 유사한 계약에 의하여 급여를 받는 경우에 당해 과세기간의 과세표준확정신고기간 개시일 전에 당해 급여가 확정되지 아니한 때에는 그 확정된 날에 수입한 것으로 본다. 단, 그 확정된 날 전에 실제로 받은 금액은 그 받은 날로 한다.

Ⅳ 근로소득의 구분 및 과세방법

(Ⅰ) 근로소득의 구분

구분		근로소득의 범위
원천징수대상 근로소득	상용근로자	일용근로자 소득 이외의 소득
	일용근로자	다음 중 ①과 ②의 요건을 모두 충족하는 자의 소득 ① 일당 또는 시간당으로 근로대가를 수령 ② 동일한 고용주에게 3개월(건설공사 종사자 등은 1년)이상 고용되어 있지 않은 자
원천징수 제외대상 근로소득		① 국외에 있는 외국법인 등으로부터 받는 급여(외국법인의 국내지점 등으로부터 받는 급여는 원천징수대상) ② 외국기관 또는 우리나라에 주둔하는 국제연합군(미국군 제외)으로부터 받는 급여

기출 Check 18년 9급 수정

13 「소득세법」상 일용근로자인 거주자 갑의 일당이 190,000원인 경우에 원천징수의무자 A가 징수해야 하는 갑의 근로소득 원천징수세액으로 옳은 것은?

① 1,080원 ② 1,320원
③ 2,160원 ④ 2,400원

ⓧ ①

해설
1. 산출세액 = (190,000원 − 150,000원) × 6% = 2,400원
2. 근로소득세액공제 = 2,400원 × 55% = 1,320원
3. 원천징수세액 = 2,400원 − 1,320원 = 1,080원

기출 Check 22년 9급

14 「소득세법」상 근로소득공제 및 근로소득세액공제에 대한 설명으로 옳지 않은 것은?

① 근로소득이 있는 거주자에 대해서는 총급여액에서 근로소득공제를 적용하여 근로소득금액을 계산한다.
② 일용근로자에게는 1일 15만 원의 근로소득공제를 적용한다(다만, 총급여액이 공제액에 미달하는 경우에는 그 총급여액을 공제액으로 한다).
③ 근로소득이 있는 거주자에 대해서는 그 근로소득에 대한 종합소득산출세액에서 근로소득세액공제하되 한도가 있다.
④ 일용근로자의 근로소득에 대해서 원천징수를 하는 경우에는 근로소득세액공제를 적용하지 아니한다.

ⓧ ④

해설 일용근로자는 매일의 근로대가를 지급할 때 원천징수를 수행하며, 근로소득세액공제를 적용한다.

(2) 원천징수의 방법

① 매월 원천징수로 신고, 납부
근로소득 간이세액표에 따라 소득세를 원천징수한다. 이는 매월분의 급여의 연 환산액을 기준으로 계산된 세액을 원천징수하는 것이다.

② 연말정산
원천징수의무자는 해당 과세기간의 **다음 연도 2월분**의 근로소득 또는 퇴직자의 퇴직하는 달의 근로소득을 지급할 때에는 연말정산을 하여야 한다.
  ㉠ 근로소득에 대한 소득세 결정세액 〉 기납부 세액 ⇨ 납부
  ㉡ 근로소득에 대한 소득세 결정세액 〈 기납부 세액 ⇨ 환급

③ 종합소득신고
  ㉠ 근로소득 외 다른 종합소득이 없는 경우: 과세표준확정신고 ×
  ㉡ 근로소득 외 다른 종합소득이 있는 경우: 과세표준확정신고 ○

(3) 근로자별 과세방법

구분	과세방법
① 상용근로자	㉠ 근로소득간이과세표에 따라 매월 급여 지급시 원천징수 ㉡ 익년 2월분 근로소득 지급시 연말정산을 수행(단, 퇴직하는 경우는 퇴직하는 달의 근로소득 지급시 연말정산) ㉢ 5월 종합소득세 신고기간에 다른 종합과세 되는 소득이 있는 경우 연말정산된 근로소득도 확정신고를 수행하나, 다른 종합과세 되는 소득이 없는 경우 확정신고를 하지 않는다.
② 일용근로자	㉠ 일용근로자는 매일의 근로대가를 지급할 때 다음의 산식에 따른 원천징수를 수행한다. (일급여액 − 근로소득공제) × 6% − 근로소득세액공제 ⓐ 일용근로자에 대한 근로소득공제: 일용근로자에 대한 공제액은 **1일 15만 원**으로 한다. 해당 과세기간의 총급여액이 공제액에 미달하는 경우에는 그 총급여액을 공제액으로 한다. ⓑ 일용근로자에 대한 원천징수세율: 6% ⓒ 일용근로자에 대한 근로소득세액공제: 해당 근로소득에 대한 산출세액의 55%에 해당하는 금액 ㉡ 일용근로자는 원천징수로 모든 납세의무가 종료되므로 종합소득과세표준에 합산하지 아니하고 원천징수로서 과세를 종결한다.
③ 원천징수 제외대상 근로소득	㉠ 원천징수가 제외되는 근로소득은 원천징수하지 않는다. ㉡ 원천징수를 하지 않았으므로 연말정산도 하지 않는다. ㉢ 익년 5월 종합소득세 신고시 확정신고한다. ㉣ 예외: 원천징수제외대상 근로소득을 지급받는 근로자는 납세조합을 조직할 수 있다. 납세조합을 조직하는 경우 1번의 상용근로자와 동일한 방식으로 과세한다.

제2절 연금소득

I 연금과세방식 및 연금소득의 범위

(1) 현행 「소득세법」에서의 연금과세방식

현행 「소득세법」은 연금을 불입하는 당시에는 본인의 불입액을 소득공제 또는 세액공제하고, 추후 연금을 수령할 당시 수령액에 대해 과세하는 방식을 택하고 있다. 추후 연금을 수령할 당시 과세하는 금액은 전제가 불입당시에 소득공제 또는 세액공제를 받아야 하므로 연금을 불입할 당시에 전액을 소득공제 또는 세액공제 받지 못하였다면 연금수령시에도 과세할 수 없으며, 연금을 불입할 당시 소득공제 또는 세액공제 받지 못한 금액을 연금소득 과세금액에서 차감해야 한다.

① 과거의 연금소득: 연금을 불입할 당시 소득공제 ×, 연금수령시 비과세
② 현행 연금소득: 연금을 불입할 당시 소득공제 ○, 연금수령시 과세

(2) 연금소득의 범위

연금소득은 해당 과세기간에 발생한 다음의 소득으로 한다.

구분	내용
① 공적연금소득	공적연금 관련법에 따라 받는 각종 연금(2002.1.1. 이후 납입분을 기초로 지급받는 것에 한함)이다. ㉠ 공적연금 관련법이란 「국민연금법」, 「공무원연금법」, 「군인연금법」, 「사립학교교직원연금법」, 「별정우체국법」 또는 국민연금과 직역연금의 연계에 관한 법률을 말한다. ㉡ 공적연금소득을 지급하는 자가 연금소득의 일부 또는 전부를 지연하여 지급하면서 지연지급에 따른 이자를 함께 지급하는 경우 해당 이자는 공적연금소득으로 본다. ㉢ 공적연금소득은 2002년 1월 1일 이후에 납입된 연금 기여금 및 사용자 부담금(국가 또는 지방자치단체의 부담금을 포함)을 기초로 하거나 2002년 1월 1일 이후 근로의 제공을 기초로 하여 받는 공적연금소득으로 한다.
② 사적연금소득	다음에 해당하는 금액을 그 소득의 성격에도 불구하고 연금저축계좌 또는 퇴직연금계좌에서 연금형태 등으로 인출(연금수령 외의 인출은 연금외수령)하는 경우의 그 연금이다. ㉠ 이연퇴직소득: 연금계좌로 지급 또는 입금되어 원천징수되지 않은 퇴직소득 ㉡ 연금계좌세액공제를 받은 연금계좌 납입액 ㉢ 연금계좌의 운용실적에 따라 증가된 금액

> **연금소득의 과세방식을 변경한 취지**
> 1. 인구의 노령화에 따른 연금소득의 비중이 점차 증대
> 2. 연금은 불입할 당시에 혜택이 발생하는 것이 아니라 실제 수령시점에 혜택이 발생하므로 소득의 발생 시기와 과세시점을 일치시킬 필요성이 존재
> 3. 연금을 불입할 당시에 소득공제 또는 세액공제를 함으로써 연금에 불입하는 금액을 늘려 노후대비를 장려

Ⅱ 공적연금소득

(1) 공적연금소득의 과세체계

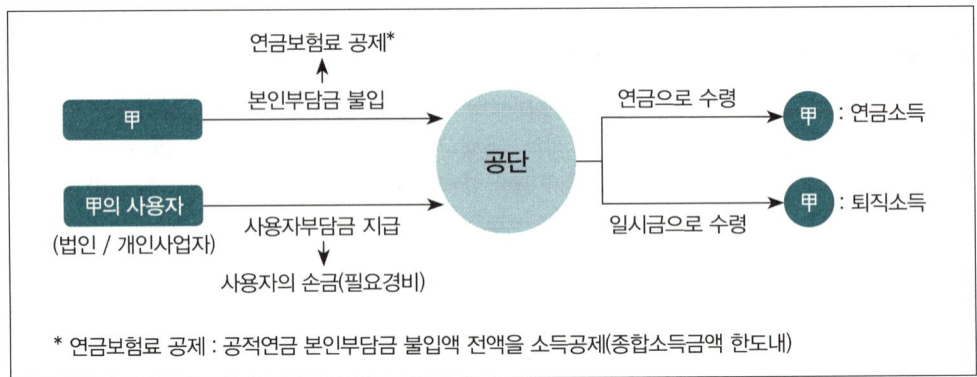

(2) 총연금액의 계산

총연금액은 해당 과세기간에 발생한 연금소득의 합계액(공적연금소득에서 제외되는 금액과 비과세소득은 제외)에서 분리과세연금소득을 뺀 금액이다.

$$\text{총연금} = \text{과세기준금액} - \text{과세제외기여금}$$

○ 과세제외기여금이 당년도 과세기준금액을 초과하는 경우 그 초과하는 금액은 그 다음연도에서 차감한다.

① 과세기준금액(과세기준일: 2002년 1월 1일)

구분	과세기준금액
⊙ 국민연금 및 연계노령연금	과세기간 연금수령액 × $\dfrac{\text{과세기준일 이후 납입기간 환산소득}}{\text{총 납입기간 환산소득}}$
ⓒ 그 밖의 공적연금소득	과세기간 연금수령액 × $\dfrac{\text{과세기준일 이후 기여금 납입월수}}{\text{총 기여금 납입월수}}$

② 과세제외기여금
  ⊙ **과세기준일 이후에 연금보험료공제를 받지 않고 납입한 기여금 또는 개인부담금(연금보험료 소득공제확인서를 발급받아 과세제외기여금 등으로 확인되는 금액만 해당)**을 말한다. 이 경우 과세제외기여금 등이 해당 과세기간의 과세기준금액을 초과하는 경우 그 초과하는 금액은 그 다음 과세기간부터 과세기준금액에서 뺀다.
  ⓒ 과세기준금액을 초과하는 경우
    ⓐ 재임용일 또는 재가입일을 과세기준일로 보아 과세기준금액을 계산한 경우 과세기준일은 재임용일 또는 재가입일로 한다.
    ⓑ 공적연금 불입액이 소득공제 되지 않는 경우란 사업소득금액에 결손금이 발생하여 종합소득금액이 없거나 적은 경우에는 공제할 소득금액이 없으니 공적연금 불입액이라도 공제할 수 없게 된다.

Ⅲ 사적연금소득

(1) 사적연금소득의 과세체계

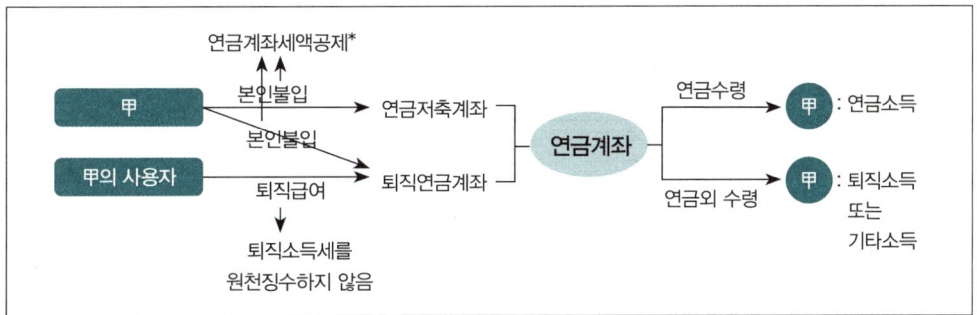

> **참고** 연금계좌세액공제
>
> 연금계좌세액공제 = 연금계좌에 불입한 금액 중 공제대상불입액 × 12%(또는 15%)
>
> 공제대상불입액 = MIN[①, ②]
> ① 연금저축계좌 불입액 + 퇴직연금계좌 불입액
> ② 600만 원 + MIN[퇴직연금계좌 불입액, 300만 원]

(2) 연금계좌의 구성내역 및 인출방법에 따른 소득의 구분

구분	연금소득의 인출방법	
	연금으로 수령	연금외 수령
① 과세제외금액 ⊙ 연금계좌세액공제를 받지 못한 본인불입액	과세 제외	과세 제외
② 이연퇴직소득 ⊙ 퇴직소득세의 과세이연규정에 따라 원천징수되지 않은 퇴직소득	연금소득으로 과세 (단, 무조건 분리과세)	퇴직소득으로 과세 (퇴직소득은 분류과세)
③ 연금계좌세액공제분	연금소득으로 과세 (분리과세 또는 종합과세)	기타소득으로 과세 (분리과세)
④ 운용수익	연금소득으로 과세 (분리과세 또는 종합과세)	기타소득으로 과세 (분리과세)

> **참고** 연금계좌의 종류
>
> 연금계좌란 다음 중 어느 하나에 해당하는 계좌를 말한다.
> 1. **연금저축계좌**: "연금저축"이라는 명칭으로 법에 따른 금융회사 등과 체결한 계약에 따라 설정하는 계좌
> 2. **퇴직연금계좌**: 퇴직연금을 지급받기 위하여 설정하는 다음 중 어느 하나에 해당하는 계좌
>   ① 「근로자퇴직급여 보장법」의 확정기여형 퇴직연금제도에 따라 설정하는 계좌
>   ② 「근로자퇴직급여 보장법」의 개인형퇴직연금제도(IRP)에 따라 설정하는 계좌
>   ③ 「과학기술인공제회법」에 따른 퇴직연금급여를 지급하기 위하여 설정하는 계좌

⊙ 연금계좌 납입요건
1. 연간 1,800만 원 이내의 금액을 납입할 것(연금계좌가 2개 이상인 경우 총합계액)
2. 연금수령 개시 이후에는 연금보험료를 납입하지 않을 것

(3) 연금수령 및 연금외수령의 구분

구분	내용
① 연금수령	연금수령은 다음의 ③ 또는 ⓒ에 따른 인출을 말한다. ③ 일반적인 연금수령요건을 갖추어 인출하는 것 ⓒ 의료 목적 또는 부득이한 인출의 요건을 갖추어 인출하는 것
② 연금외수령	연금수령 이외의 인출을 말한다.

(4) 일반적인 연금수령요건

다음의 요건을 모두 갖추어 인출하는 것이어야 한다.

① 가입자가 **55세 이후** 연금계좌취급자(연금계좌 취급 금융회사)에게 **연금수령 개시를 신청**한 후 인출할 것

② **가입일부터 5년이 경과한 후**에 인출할 것(단, 이연퇴직소득이 연금계좌에 있는 경우에는 그러하지 아니하다)

③ 과세기간 개시일(또는 연금수령 개시신청일) 현재 다음의 **연금수령한도 이내에서 인출**할 것(단, 이 경우 의료목적 등 부득이한 인출요건을 갖추어 인출한 금액은 인출한 금액에 포함하지 아니한다)

$$연금수령한도 = \frac{과세기간\ 개시일\ 현재\ 연금\ 계좌\ 평가액}{11 - 연금수령연차} \times 120\%$$

③ 연금수령한도를 산출하는 방식을 연분연승법이라고 하며, 연금계좌평가액을 10년 동안 분할하여 수령하도록 유도하고자 1년 차 수령시에는 10으로 나누어 계산하도록 하고 있다.

ⓒ 연금수령연차: 최초로 연금수령할 수 있는 날이 속하는 과세기간을 기산연차로 하여 그 다음 과세기간을 누적 합산한 연차를 말한다. 기산연차는 연금수령 개시 신청과는 관계없이 일반적인 연금수령요건에서 규정하는 연령 요건 및 가입기간 요건을 충족하는 과세기간에 해당한다.

ⓒ 기산연차
   ⓐ 원칙: 제1년 차
   ⓑ 2013년 3월 1일 이전에 가입한 연금계좌: 제6년 차(2013년 이전에 가입한 연금저축계좌는 5년만 가입하면 연금수령할 수 있었음)
   ⓒ 배우자가 연금외수령 없이 연금계좌를 상속으로 승계한 경우: 사망일 또는 피상속인의 연금수령연차

(5) 의료목적 또는 부득이한 인출의 요건

다음 중 어느 하나에 따라 연금계좌에서 인출하는 것을 말한다.

구분	요건
① 의료목적	다음의 요건을 모두 충족한 것을 말한다. ㉠ 일반적인 연금수령요건의 ① 및 ②의 요건(시점요건) 충족 ㉡ 의료비세액공제대상 의료비(단, 본인의료비에 한정한다) ㉢ 의료비를 지급한 날부터 6개월 이내에 증빙서류를 제출 단, 이 경우 1명당 하나의 연금계좌만 의료비연금계좌로 지정(해당 연금계좌의 연금계좌취급자가 지정에 동의하는 경우에 한정)하여 인출할 수 있다.
② 부득이한 인출	다음의 어느 하나에 해당하는 사유가 발생하여 해당 사유 발생일부터 6개월 이내에 그 사유를 확인할 수 있는 서류를 갖추어 제출하는 경우 ㉠ 천재지변 ㉡ 연금계좌 가입자의 사망 또는 해외이주 ☑ 이연퇴직소득의 경우 퇴직소득의 연금계좌 입금일로부터 3년 이후에 해외에 이주하는 경우에 한하여 연금수령으로 본다. ㉢ 연금계좌 가입자 또는 그 부양가족[기본공제대상자(연령요건 ○, 소득요건 ×)]이 질병·부상에 따라 3개월 이상의 요양이 필요한 경우 ㉣ 연금계좌 가입자가 파산의 선고 또는 개인회생절차개시의 결정을 받은 경우 ㉤ 연금계좌취급자의 영업정지, 영업 인·허가의 취소, 해산결의 또는 파산선고

(6) 연금계좌의 인출순서

연금계좌에서 일부 금액을 인출하는 경우에는 다음의 금액을 순서에 따라 인출하는 것으로 본다. 단, **인출된 금액이 연금수령한도를 초과하는 경우에는 연금수령분이 먼저 인출되고 그 다음으로 연금외수령분이 인출되는 것으로 본다.**

① 구성항목별 인출순서
㉠ 납입액 중 세액공제받지 아니한 금액
㉡ 이연퇴직소득
㉢ 납입액 중 세액공제받은 부분 + 운용수익

② 수령방법에 따른 인출순서
㉠ 연금수령분
㉡ 연금외수령분

③ 납입한 과세기간에 바로 인출하는 경우
연금계좌납입액(세액공제 한도내)은 납입한 다음 과세기간 개시일부터 세액공제를 받은 납입액으로 본다. 다만, 납입한 과세기간에 연금수령 개시를 신청한 경우에는 연금수령 개시신청일에 세액공제를 받은 납입액으로 본다. 이는 연금수령에 대한 개시신청을 한 연도에는 과세기간 개시일부터 연금수령신청일까지의 납입액을 세액공제하고, 연금수령신청일 이후 인출액은 연금소득으로 과세한다는 의미다.

④ 연금계좌에서 운용손실이 발생한 경우
㉠ 연금계좌의 운용에 따라 연금계좌에 있는 금액이 원금에 미달하는 경우 연금계좌에 있는 금액은 원금이 인출되는 순서와 **반대의 순서**로 차감된 후의 금액으로 본다.
㉡ 연금손실액을 납입액 중 세액공제 받은 부분 + 운용수익 ⇨ 이연퇴직소득 ⇨ 과세제외금액의 순서로 차감함으로써, 인출시 과세되는 금액을 줄이고자 함이다.

(7) 연금계좌의 이체

연금계좌에 있는 금액이 **연금수령이 개시되기 전의 다른 연금계좌로 이체되는 경우에는 이를 인출로 보지 아니한다.** 다만, 다음 중 어느 하나에 해당하는 경우에는 인출로 본다.
① 연금저축계좌와 퇴직연금계좌 상호간에 이체되는 경우
② 2013년 3월 1일 이후에 가입한 연금계좌에 있는 금액이 2013년 3월 1일 전에 가입한 연금계좌로 이체되는 경우
③ 퇴직연금계좌에 있는 일부 금액이 이체되는 경우(이체는 전부이체만 허용한다)

> ① 요건의 예외
> 다음의 요건을 모두 충족한 경우 인출로 보지 아니한다.
> 1. 일반적인 연금수령요건의 ① 및 ②의 요건(시점 요건)을 충족할 것
> 2. 연금저축계좌에서 개인형퇴직연금계좌(IRP)로 전액 이체(연금수령이 개시된 경우 포함) 또는 개인형퇴직연금계좌(IRP)에서 연금저축계좌로 전액 이체(연금수령이 개시된 경우 포함)

(8) 비과세 연금소득

다음에 해당하는 연금소득은 비과세한다.
① 「공적연금 관련법」에 따라 받는 유족연금, 장애연금, 장해연금, 상이연금, 연계노령유족연금 또는 연계퇴직유족연금
② 「산업재해보상보험법」에 의하여 지급받는 각종 연금
③ 국군포로의 송환 및 대우 등에 관한 법률에 따른 국군포로가 지급받는 연금

(9) 연금소득의 계산

연금소득금액은 총연금액에서 연금소득공제를 적용한 금액으로 한다.

① 연금소득금액

> 연금소득금액 = 총연금액(비과세 및 분리과세 제외) − 연금소득공제

② 연금소득공제

연금소득의 경우 필요경비를 입증하기 어렵고 다수의 연금수령자가 존재하기 때문에 연금소득자별로 필요경비를 일일이 확인한다는 것은 쉽지 않다. 이에 따라 연금이 있는 거주자에 대해서는 다음의 표에 규정된 금액을 기반으로 연금소득공제를 적용한다. 다만, 공제액이 900만 원을 초과하는 경우에는 900만 원을 공제한다.

총 연금액	공제액
350만 원 이하	총연금액
350만 원 초과 700만 원 이하	350만 원 + 350만 원을 초과하는 금액의 40%
700만 원 초과 1,400만 원 이하	490만 원 + 700만 원을 초과하는 금액의 20%
1,400만 원 초과 4,100만 원 이하	630만 원 + 1,400만 원을 초과하는 금액의 10%
4,100만 원 초과	900만 원(한도액)

③ 연금소득의 수입시기

구분	수입시기
㉠ 공적연금소득	공적연금 관련법에 따라 연금을 지급받기로 한 날(약정주의)
㉡ 사적연금소득	연금수령한 날(현금주의)
㉢ 그 밖의 연금소득	해당 연금을 지급받은 날

(10) 연금소득의 과세방법

① 분리과세

구분	내용
무조건 분리과세	㉠ 이연퇴직소득의 인출 ㉡ 의료 목적 또는 부득이한 인출의 요건을 갖추어 인출
선택적 분리과세	연금소득의 합계액(무조건 분리과세되는 연금소득은 제외)이 연 1,500만 원 초과 시에도 종합과세 또는 15% 분리과세 선택 가능 (1,500만 원 이하시에는 저율·분리과세 또는 종합과세 중 선택 가능)

② 종합과세

구분	내용
공적 연금	공적연금의 종합과세는 근로소득과 유사하게 적용한다. ㉠ 공적연금을 지급할 때 원천징수의무자가 연금소득 간이세액표의 해당란의 세액을 기준으로 하여 소득세를 **원천징수**한다. ㉡ 연말정산: 해당 과세기간의 다음 연도 1월분 공적연금소득을 지급할 때에 연말정산을 하여야 한다. 단, 공적연금소득을 받은 사람이 해당 과세기간 중에 사망한 경우 원천징수의무자는 그 사망일이 속하는 달의 다음다음달 말일까지의 그 사망자의 공적연금소득에 대한 연말정산을 하여야 한다. ㉢ 종합소득세 신고시 타 종합소득이 없다면 확정신고는 하지 않아도 되나, 합산되는 다른 종합과세 소득이 있다면 확정신고를 수행한다.
사적 연금	사적연금의 종합과세는 금융소득과 유사하게 적용한다. ㉠ 원천징수: 원천징수의무자가 사적연금소득을 지급할 때 사적연금소득의 원천징수 방법에 따라 세액을 원천징수한다.

참고 사적연금소득의 원천징수

1. 이연퇴직소득
   ① 연금 실제 수령연차가 10년 이하인 경우: 연금외수령한 것으로 가정할 때의 이연퇴직소득 원천징수세액의 70%
   ② 연금 실제 수령연차가 10년을 초과하는 경우: 연금외수령한 것으로 가정할 때의 이연퇴직소득 원천징수세액의 60%
2. 이연퇴직소득 외의 사적연금소득: ①과 ②가 동시에 적용되는 경우 낮은 세율을 적용한다.
   ① 연금소득자의 나이에 따른 세율

나이(연금수령일 현재)	원천징수세율
70세 미만	5%
70세 이상 80세 미만	4%
80세 이상	3%

   ② 사망일까지 연금수령하면서 중도에 해지할 수 없는 종신계약에 따라 받는 연금소득: 4%

㉡ 사적연금소득은 연말정산을 적용하지 않는다(연말정산 ×).
㉢ 사적연금소득은 5월 종합소득세 신고시 확정신고하여야 한다(확정신고 ○).

기출 Check 19년 9급

15 소득세법령상 거주자의 연금소득에 대한 설명으로 옳지 않은 것은?

① 공적연금소득만 있는 자는 다른 종합소득이 없는 경우라 하더라도 과세표준확정신고를 하여야 한다.
② 연금소득공제액이 9백만 원을 초과하는 경우에는 9백만 원을 공제한다.
③ 연금소득금액은 해당 과세기간의 총연금액에서 법령에 따른 연금소득공제를 적용한 금액으로 한다.
④ 공적연금 관련법에 따라 받는 각종 연금도 연금소득에 해당한다.

6 ①

해설 공적연금소득만 있는 자는 다른 종합소득이 없는 경우 과세표준확정신고를 하지 않아도 되나, 합산되는 다른 종합과세소득이 있다면 과세표준확정신고를 하여야 한다.

제3절 기타소득

기타소득은 타소득 우선과세의 원칙에 따라 7가지 열거된 소득(이자소득·배당소득·사업소득·근로소득·연금소득·퇴직소득 및 양도소득)에 해당한다면 기타소득으로 열거되어 있는 항목일지라도 기타소득으로 과세하지 않는다.

기타소득은 7가지 열거된 소득 이외의 소득 중에서 중요한 소득을 과세하기 위함이다.

참고 타소득 우선과세

1. 원고료

구분	대상소득
① 소설가의 원고료	사업소득
② 업무와 관련하여 회사로부터 받는 원고료	근로소득
③ 업무와 무관하게 회사로부터 받는 원고료	기타소득
④ 근로자가 신문에 기재하고 받는 원고료	기타소득

2. 강의료

구분	대상소득
① 학원강사(개인사업자)의 강의료	사업소득
② 대학교 시간강사의 강의료	근로소득
③ 정치인의 대학특강 강의료	기타소득

I 기타소득의 범위

(1) 상금·복권 당첨금 등의 불로소득

> ① 상금, 현상금, 포상금, 보로금 또는 이에 준하는 금품
> ② 복권, 경품권, 그 밖의 추첨권에 당첨되어 받는 금품
> ④ 「한국마사회법」에 따른 승마투표권, 「경륜·경정법」에 따른 승자투표권, 「전통소싸움경기에 관한 법률」에 따른 소싸움경기투표권 및 「국민체육진흥법」에 따른 체육진흥투표권의 구매자가 받는 환급금(**발생 원인이 되는 행위의 적법 또는 불법 여부는 고려하지 않음**)
> ⑫ 유실물의 습득 또는 매장물의 발견으로 인하여 보상금을 받거나 새로 소유권을 취득하는 경우 그 보상금 또는 자산
> ⑮ 슬롯머신(비디오게임을 포함한다) 및 투전기(投錢機), 그 밖에 이와 유사한 기구(이하 "슬롯머신 등"이라 한다)를 이용하는 행위에 참가하여 받는 당첨금품·배당금품 또는 이에 준하는 금품(이하 "당첨금품 등"이라 한다)

(2) 인적용역의 제공대가

> ⑳ 다음 각 목의 어느 하나에 해당하는 인적용역(제15호부터 제17호까지의 규정을 적용받는 용역은 제외한다)을 일시적으로 제공하고 받는 대가
> 　가. 고용관계 없이 다수인에게 강연을 하고 강연료 등 대가를 받는 용역
> 　나. 라디오·텔레비전방송 등을 통하여 해설·계몽 또는 연기의 심사 등을 하고 보수 또는 이와 유사한 성질의 대가를 받는 용역

(3) 일시적인 문예창작소득

⑯ 문예·학술·미술·음악 또는 사진에 속하는 창작품(「신문 등의 진흥에 관한 법률」에 따른 신문 및 「잡지 등 정기간행물의 진흥에 관한 법률」에 따른 정기간행물에 게재하는 삽화 및 만화와 우리나라의 창작품 또는 고전을 외국어로 번역하거나 국역하는 것을 포함한다)에 대한 원작자로서 받는 소득으로서 다음 각 목의 어느 하나에 해당하는 것
  가. 원고료
  나. 저작권사용료인 인세(印稅)
  다. 미술·음악 또는 사진에 속하는 창작품에 대하여 받는 대가
  ⊘ 단, 예술가, 소설가 등의 사업적인 창작소득은 사업소득이고, 회사의 업무와 관련한 원고료인 경우는 근로소득

(4) 양도·대여로 인한 소득

⑤ **저작자 또는 실연자·음반제작자·방송사업자 외의 자**가 저작권 또는 저작인접권의 양도 또는 사용의 대가로 받는 금품
  예 저작권 또는 저작인접권을 상속·증여 또는 양도받은 자가 그 저작권 또는 저작인접권을 타인에게 양도하거나 사용하게 하고 받는 대가
  ⊘ **단, 저작권자 본인이 저작권 등을 양도하는 경우는 사업소득**
⑦ 광업권·어업권·양식업권·산업재산권·산업정보, 산업상 비밀, 상표권·영업권(점포 임차권을 포함), 토사석의 채취허가에 따른 권리, 지하수의 개발·이용권, 그 밖에 이와 유사한 자산이나 권리를 양도하거나 대여하고 그 대가로 받는 금품
  ⊘ 단, 사업에 사용하는 토지, 건물 및 부동산에 관한 권리와 함께 양도하는 영업권은 양도소득으로 한다.
⑧ 물품(유가증권을 포함) 또는 장소를 **일시적으로** 대여하고 사용료로서 받는 금품

구분	대상소득
주식 대차거래의 사용료	기타소득
주식 대차거래에서 발생하는 배당상당액	배당소득

⑨ 전자상거래 등에서의 「소비자보호에 관한 법률」에 따라 통신판매중개를 하는 자를 통하여 물품 또는 장소를 대여하고 **연간 수입금액 500만 원 이하의 사용료**로서 받은 금품
⑩ 「공익사업을 위한 토지 등의 취득 및 보상에 관한 법률」에 따른 **공익사업과 관련하여 지역권·지상권(지하 또는 공중에 설정된 권리를 포함)을 설정하거나 대여함으로써 발생하는 소득**

구분	대상소득
지상권·전세권·등기된 부동산 임차권의 양도	양도소득
전세권·임차권의 대여	사업소득

기출 Check  23년 9급

16 소득세법령상 거주자의 소득의 종류에 대한 설명으로 옳지 않은 것은?
① 법인의 임원 또는 종업원이 해당 법인으로부터 부여받은 주식매수선택권을 해당 법인에서 근무하는 기간 중 행사함으로써 얻은 이익(주식매수선택권 행사 당시의 시가와 실제 매수가액과의 차액을 말하며, 주식에는 신주인수권을 포함한다)은 근로소득에 해당한다.
② 「공익사업을 위한 토지 등의 취득 및 보상에 관한 법률」 제4조에 따른 공익사업과 관련하여 지역권·지상권(지하 또는 공중에 설정된 권리를 포함한다)을 설정하거나 대여함으로써 발생하는 소득은 사업소득에 해당한다.
③ 기밀비(판공비를 포함한다)·교제비 기타 이와 유사한 명목으로 받는 것으로서 업무를 위하여 사용된 것이 분명하지 아니한 급여는 근로소득에 해당한다.
④ 「사행행위 등 규제 및 처벌특례법」에서 규정하는 행위(적법 또는 불법 여부는 고려하지 아니한다)에 참가하여 얻은 재산상의 이익은 기타소득에 해당한다.

6 ②
해설 「공익사업을 위한 토지 등의 취득 및 보상에 관한 법률」 제4조에 따른 공익사업과 관련하여 지역권·지상권(지하 또는 공중에 설정된 권리를 포함한다)을 설정하거나 대여함으로써 발생하는 소득은 기타소득에 해당한다.

(5) 기타 일시적인 소득

⑪ 계약의 위약 또는 해약으로 인하여 받는 소득으로서 다음 중 어느 하나에 해당하는 금액
  ㉠ 위약금 및 배상금
  ㉡ 부당이득 반환 시 지급받는 이자
  ㉢ 배상금은 약정여부를 불문하고 금전채무를 포함한 채무의 이행지체로 인하여 지급받는 지연배상금은 계약의 위약 또는 해약으로 인하여 받는 위약금 또는 배상금에 해당한다. 따라서, 대여금의 지연 결제로 인하여 받는 지연이자도 기타소득에 해당한다. 다만, 외상매출금이나 미수금의 회수지연에 따라 받는 연체이자는 사업소득으로 열거되어 있으므로 사업소득에 해당한다.
⑭ 거주자·비거주자 또는 법인의 대통령령으로 정하는 특수관계인이 그 특수관계로 인하여 그 거주자·비거주자 또는 법인으로부터 받는 경제적 이익으로서 급여·배당 또는 증여로 보지 아니하는 금품
  ㉠ 「법인세법」에 따라 법인이 소득금액을 법인이 신고하거나 세무서장이 결정·경정할 때 처분되는 배당·상여 외에 법인의 자산 또는 개인의 사업용으로 제공되어 소득발생의 원천이 되는 자산(사업용자산)을 무상 또는 저가로 이용함으로 인하여 개인이 받는 이익으로서 그 자산의 이용으로 인하여 통상 지급하여야 할 사용료 또는 그 밖에 이용의 대가
  ㉡ 「노동조합 및 노동관계조정법」을 위반하여 노조전임자가 지급받는 급여
⑱ 사례금
⑲ 대통령령으로 정하는 소기업·소상공인 공제부금의 해지일시금
㉑ **「법인세법」 제67조에 따라 기타소득으로 처분된 소득(인정기타소득)**
㉒ 연금계좌 가입자가 납입한 연금보험료 중 연금계좌세액공제를 받은 금액과 연금계좌의 운용실적에 따라 증가된 금액을 그 소득의 성격에도 불구하고 연금외수령한 소득
㉓ **퇴직 전에 부여받은 주식매수선택권을 퇴직 후에 행사하거나 고용관계 없이 주식매수선택권을 부여받아 이를 행사함으로써 얻는 이익**
㉔ 종업원등 또는 대학의 교직원이 퇴직한 후에 지급받는 직무발명보상금
㉕ 뇌물, 알선수재 및 배임수재에 의하여 받는 금품
  ㉢ 뇌물, 알선수재 및 배임수재에 의하여 받는 금품은 이를 벌금으로 모두 몰수함에도 징벌적 효과를 위해 기타소득으로 과세한다.
㉖ 종교관련종사자가 종교의식을 집행하는 등 종교관련종사자로서의 활동과 관련하여 대통령령으로 정하는 종교단체로부터 받은 소득(이하 "종교인소득"이라 한다)
  ㉢ 단, 근로소득으로 원천징수하거나 과세표준확정신고를 한 경우에는 근로소득으로 본다.
㉗ 「특정 금융거래정보의 보고 및 이용 등에 관한 법률」 제2조 제3호에 따른 가상자산(이하 "가상자산"이라 한다)을 양도하거나 대여함으로써 발생하는 소득(이하 "가상자산소득"이라 한다)
㉘ **서화(書畵)·골동품**(골동품은 제작 후 100년을 넘은 것에 한정)**의 양도로 발생하는 소득**(개당·점당 또는 조당 양도가액이 6천만 원 이상인 것을 대상으로 하며, 양도일 현재 생존해 있는 국내 원작자의 작품은 제외)
다만, 다음 중 어느 하나에 해당하는 서화·골동품 양도로 발생하는 소득은 사업소득으로 본다.
  ㉠ 서화·골동품의 거래를 위하여 사업장 등 물적시설(인터넷 등 정보통신망을 이용하여 서화·골동품을 거래할 수 있도록 설정된 가상의 사업장을 포함)을 갖춘 경우
  ㉡ 서화·골동품을 거래하기 위한 목적으로 사업자등록을 한 경우

위약금과 배상금
재산권에 관한 계약의 위약 또는 해약으로 받는 손해배상으로서 그 명목 여하에 불구하고 본래 계약의 내용이 되는 지급 자체에 대한 손해를 넘는 손해에 대하여 배상하는 금전 또는 그 밖의 물품의 가액을 말한다.
이 경우 계약의 위약 또는 해약으로 반환 받은 금전 등의 가액이 계약에 따라 당초 지급한 총금액을 넘지 않는 경우에는 지급 자체에 대한 손해를 넘는 금전 등의 가액으로 보지 아니한다.

기출 Check 18년 9급
17 「소득세법」상 기타소득에 포함되지 않는 것은?
① 종교관련종사자가 종교의식을 집행하는 등 종교관련종사자로서의 활동과 관련하여 대통령령으로 정하는 종교단체로부터 받은 소득(근로소득으로 원천징수하거나 과세표준확정신고를 한 경우는 제외)
② 유가증권을 일시적으로 대여하고 사용료로서 받는 금품
③ 비거주자의 대통령령으로 정하는 특수관계인이 그 특수관계로 인하여 그 비거주자로부터 받는 경제적 이익으로 급여·배당 또는 증여로 보지 아니하는 금품
④ 지상권을 설정함으로써 발생하는 소득(「공익사업을 위한 토지 등의 취득 및 보상에 관한 법률」 제4조에 따른 공익사업과 관련하여 지상권을 설정하는 경우는 제외)

답 ④
해설 1. 지상권을 설정함으로써 발생하는 소득: 사업소득
2. 공익사업과 관련하여 지상권을 설정하는 경우: 기타소득

Ⅱ 비과세 기타소득 및 과세최저한

(1) 비과세 기타소득

① 「국가유공자 등 예우 및 지원에 관한 법률」 또는 「보훈보상대상자 지원에 관한 법률」에 따라 받는 보훈급여금·학습보조비 및 「북한이탈주민의 보호 및 정착지원에 관한 법률」에 따라 받는 정착금·보로금과 그 밖의 금품

② 「국가보안법」에 따라 받는 상금과 보로금

③ 「상훈법」에 따른 훈장과 관련하여 받는 부상이나 그 밖에 국가 또는 지방자치단체로부터 받는 상금과 부상(국가가 주최하는 대회에서 받는 상금을 포함한다)

④ 종업원 등 또는 대학의 교직원이 **퇴직한 후에 지급받거나** 대학의 학생이 소속 대학에 설치된 산학협력단으로부터 받는 직무발명보상금으로서 **연 700만 원 이하**의 금액(해당 과세기간에 근로소득에서 비과세되는 금액이 있는 경우에는 700만 원에서 해당 금액을 차감한 금액으로 한다)

⑤ 「국군포로의 송환 및 대우 등에 관한 법률」에 따라 국군포로가 받는 위로지원금과 그 밖의 금품

⑥ 「문화재보호법」에 따라 국가지정문화재로 지정된 서화·골동품의 양도로 발생하는 소득

⑦ 서화·골동품을 **박물관 또는 미술관에 양도**함으로써 발생하는 소득

⑧ 종교인소득 중 비과세 소득

⑨ 법령·조례에 따른 위원회 등의 보수를 받지 아니하는 위원(학술원 및 예술원의 회원을 포함한다) 등이 받는 수당

(2) 과세최저한

구분	과세최저한
① 일반적인 경우	기타소득금액(연금계좌에서 연금외수령한 소득은 제외한다)이 매건마다 5만 원 이하인 경우 과세최저한에 해당하여 과세하지 않는다.
② 승마투표권 등의 환급금	건별로 승마투표권 등의 합계액이 10만 원 이하이고 다음 중 어느 하나에 해당하는 경우 ㉠ 적중한 개별투표당 환급금이 10만 원 이하인 경우 ㉡ 단위투표금액당 환급금이 단위투표금액의 100배 이하이면서 적중한 개별투표당 환급금이 200만 원 이하인 경우
③ 슬롯머신, 복권	당첨금품 등이 건별로 200만 원 이하인 경우
④ 가상자산소득	해당 과세기간의 가상자산 기타소득금액이 250만 원 이하인 경우

Ⅲ 기타소득금액의 계산

기타소득금액은 해당 과세기간의 총수입금액에서 이에 사용된 필요경비를 공제한 금액으로 한다.

> 기타소득금액 = 총수입금액(비과세소득 및 분리과세소득 제외) - 필요경비

(1) 필요경비의 계산

필요경비는 해당 과세기간의 총수입금액에 대응하는 비용으로서 일반적으로 용인되는 통상적인 것의 합계액으로 한다. 다만, 사례에 따라 실제 필요경비를 적용하지 않고 다음의 산식에 따른 일정금액을 공제하기도 한다.

구분	필요경비
① 승마투표권, 승자투표권, 소싸움 경기투표권, 체육진흥투표권의 구매자가 받는 환급금	구매자가 구입한 적중된 투표권의 단위투표금액
② 슬롯머신 당첨금 등	당첨 당시에 슬롯머신 등에 투입한 금액
③ 가상자산소득	양도되는 가상자산의 실제 취득가액과 부대비용 ⊘ 단, 2027년 1월 1일 전에 이미 보유하고 있던 가상자산의 취득가액은 2026년 12월 31일 당시의 시가와 그 가상자산의 취득가액 중에서 큰 금액으로 한다.
④ 필요경비를 의제하는 대상*	거주자가 받은 금액의 80%(또는 60%)에 상당하는 금액을 필요경비로 한다. 다만, 실제 소요된 필요경비가 80%(또는 60%)에 상당하는 금액을 초과하면 그 초과하는 금액도 필요경비에 산입한다.
⑤ 이외의 경우	실제 소요된 비용

* ④ 필요경비를 의제하는 대상

기타소득 내용	필요경비
㉠ 공익법인의 설립·운영에 관한 법률의 적용을 받는 공익법인이 주무관청의 승인을 받아 시상하는 상금·부상 ㉡ 다수의 순위 경쟁하는 대회에서 입상자가 받는 상금·부상 ㉢ 위약금과 배상금 중 주택입주지체상금	MAX[㉠, ㉡] ㉠ 실제 소요된 필요경비 ㉡ 총수입금액×80%
㉠ 산업재산권 등을 양도·대여하고 그 대가로 받는 금품 ㉡ 공익사업 관련 지역권·지상권을 설정·대여함으로써 발생하는 소득	MAX[㉠, ㉡] ㉠ 실제 소요된 필요경비 ㉡ 총수입금액×60%
㉠ 일시적인 문예창작소득 ㉡ 일시적인 인적용역 제공대가 ㉢ 통신판매중개를 하는 자를 통하여 물품 또는 장소를 대여하고 500만 원 이하의 사용료로서 받은 금품	MAX[㉠, ㉡] ㉠ 실제 소요된 필요경비 ㉡ 총수입금액×60%
서화·골동품의 양도로 발생하는 소득	MAX[㉠, ㉡] ㉠ 실제 소요된 필요경비 ㉡ 다음의 구분에 따른 금액 ⓐ 거주자가 받은 금액이 1억 원 이하: 받은 금액의 90% ⓑ 거주자가 받은 금액이 1억 원을 초과: 9천만 원 + 거주자가 받은 금액에서 1억 원을 뺀 금액의 80%(서화·골동품의 보유기간이 10년 이상인 경우 90%)

기출 Check 22년 9급

18 소득세법령상 거주자 갑의 2021년 귀속 소득 자료에 의해 종합과세되는 기타소득금액을 계산하면? (단, 필요경비의 공제요건은 충족하며, 주어진 자료 이외의 다른 사항은 고려하지 않는다)

- 산업재산권의 양도로 인해 수령한 대가 300만 원(실제 소요된 필요경비는 150만 원임)
- 문예 창작품에 대한 원작자로서 받는 원고료 300만 원(실제 소요된 필요경비는 100만 원임)
- 고용관계 없이 다수인에게 일시적으로 강연을 하고 받은 강연료 400만 원(실제 소요된 필요경비는 100만 원임)
- (주)한국의 종업원으로서 퇴직한 후에 수령한 직무발명보상금 400만 원(실제 소요된 필요경비는 없음)

① 360만 원 ② 400만 원
③ 600만 원 ④ 800만 원

6 ②
해설
1. 산업재산권양도
 = 300만 원×(1 − 60%)
 = 120만 원
2. 원고료
 = 300만 원×(1 − 60%)
 = 120만 원
3. 일시적강연
 = 400만 원×(1 − 60%)
 = 160만 원
4. 직무발명보상금은 연 700만 원 이하인 경우 비과세한다.

Ⅳ 기타소득금액의 과세방법

(1) 원천징수

국내에서 거주자 또는 비거주자에게 기타소득을 지급하는 자는 다음의 세액을 원천징수하여 그 징수일이 속하는 달의 다음달 10일까지 정부에 납부하여야 한다.

대상소득	원천징수세율
① 일반적인 기타소득	기타소득금액×20%
② 소기업·소상공인 공제부금의 해지일시금	기타소득금액×15%
③ 무조건 분리과세 대상소득	
㉠ 복권당첨금, 승마투표권 등의 구매자가 받는 환급금, 슬롯머신 등에서 받는 당첨금품	기타소득금액×20% (단, 3억 원 초과분 30%)
㉡ 연금계좌에서 연금외수령한 기타소득	기타소득금액×15%
㉢ 서화·골동품의 양도로 발생하는 소득	기타소득금액×20%

참고 서화·골동품의 양도로 발생하는 소득의 원천징수납부 특례

서화·골동품의 양도로 발생하는 소득에 대하여 **양수자인 원천징수의무자가 국내사업장이 없는 비거주자 또는 외국법인인 경우**에는 서화·골동품의 양도로 발생하는 소득을 지급받는 자(양도자)를 원천징수의무자로 보아 「소득세법」을 적용한다. 이 규정에 따라 서화·골동품을 양도하는 개인이 양수자인 비거주자 또는 외국법인을 대리하여 해당 원천징수세액을 그 소득을 지급받은 날이 속하는 달의 다음달 10일까지 납부하여야 한다.

(2) 원천징수하지 않는 기타소득

① 뇌물, 알선수재 및 배임수재에 따라 받은 금품
② 계약의 위약 또는 해약으로 받은 위약금과 배상금(단, **계약금이 위약금·배상금으로 대체되는 경우에만 해당**하며, 위약금 등을 위약금의 명목으로 현금수령하는 경우 원천징수를 적용한다)
③ 가상자산소득

(3) 종합과세와 분리과세

분리과세대상 기타소득을 제외한 이외의 기타소득은 종합과세한다.

구분	내용
① 무조건 분리과세	㉠ 복권당첨금, 승마투표권 등의 구매자가 받는 환급금, 슬롯머신 등에서 받는 당첨금품 ㉡ 연금계좌에서 연금외수령한 기타소득 ㉢ 서화·골동품의 양도로 발생하는 소득 ㉣ 가상자산소득
② 선택적 분리과세	㉠ 비과세소득, 무조건 분리과세소득, 무조건종합과세(뇌물, 알선수재 및 배임에 따라 받은 금품, 원천징수가 되지 않은 기타소득) 외의 **기타소득금액이 300만 원 이하**이면서 원천징수된 소득은 납세의무자의 선택에 따라 종합소득과세표준에 합산하지 아니할 수 있다. ㉡ 계약의 위약 또는 해약으로 받은 위약금과 배상금 중 계약금이 위약금·배상금으로 대체되는 소득을 종합소득과세표준에 합산하지 아니하는 경우 그 합산하지 아니하는 기타소득에 대한 결정세액은 해당 기타소득금액에 20% 세율을 적용하여 계산한 금액으로 한다.

Ⅴ 기타소득의 수입시기

구분	수입시기
(1) 일반적인 기타소득	그 지급을 받은 날(현금주의) ⊙ 산업재산권 등의 대여 대가 포함(양도 ×)
(2) 산업재산권 등의 양도	① 그 대금을 청산한 날, 자산을 인도한 날 또는 사용수익일 중 빠른 날 ② 대금을 청산하기 전에 자산을 인도 또는 사용·수익하였으나 대금이 확정되지 않은 경우: 그 대금 지급일
(3) 계약금이 위약금·배상금으로 대체되는 경우의 기타소득	계약의 위약 또는 해약이 확정된 날
(4) 「법인세법」에 따라 처분된 기타소득(인정기타소득)	그 법인의 해당 사업연도의 결산확정일
(5) 연금계좌에서 연금외수령한 기타소득	연금외수령한 날

제4절 | 종교인소득에 대한 과세제도

Ⅰ 종교인소득의 과세구분

종교인소득은 종교관련종사자가 종교의식을 집행하는 등 종교관련종사자로서의 활동과 관련하여 종교단체로부터 받은 소득을 말한다.

(1) 종교인소득의 구분

구분	내용
① 기타소득	종교인소득은 원칙적으로 기타소득으로 구분한다. 단, 종교인소득에는 종교관련종사자가 그 활동과 관련하여 현실적인 퇴직 이후에 종교단체로부터 정기적 또는 부정기적으로 지급받는 소득으로서 현실적인 퇴직을 원인으로 종교단체로부터 지급받는 소득에 해당하지 아니하는 소득을 포함한다.
② 근로소득	종교인소득에 대하여 근로소득으로 원천징수하거나 과세표준확정신고를 한 경우에는 해당 소득을 근로소득으로 본다.
③ 퇴직소득	종교관련종사자가 현실적인 퇴직을 원인으로 종교단체로부터 지급받는 소득은 퇴직소득으로 구분한다.

> **종교단체**
> 종교단체란 다음의 어느 하나에 해당하는 자 중 종교의 보급이나 교화를 목적으로 설립된 단체(그 소속 단체를 포함)로서 해당 종교관련종사자가 소속된 단체를 말한다.
> 1. 「민법」에 따라 설립된 비영리법인
> 2. 「국세기본법」에 따른 법인으로 보는 단체
> 3. 「부동산등기법」에 따라 부동산등기용등록번호를 부여받은 법인 아닌 사단·재단

(2) 비과세 종교인소득

기타소득에 해당하는 종교인소득 중 다음 어느 하나에 해당하는 소득은 비과세소득에 해당한다.

구분	내용
① 학자금	종교관련종사자가 소속된 종교단체의 종교관련종사자로서의 활동과 관련 있는 교육·훈련을 위하여 받는 「초·중등교육법」, 「고등교육법」에 따른 학교(외국에 있는 이와 유사한 교육기관을 포함) 학교 또는 「평생교육법」에 따른 평생교육시설의 입학금·수업료·수강료, 그 밖의 공납금을 말한다.
② 식사 또는 식사대	종교관련종사자가 받는 다음의 식사 또는 식사대 ㉠ 소속 종교단체가 종교관련종사자에게 제공하는 식사나 그 밖의 음식물 ㉡ 식사나 그 밖의 음식물을 제공받지 않는 종교관련종사자가 소속 종교단체로부터 받는 월 20만 원 이하의 식사대
③ 실비변상적 성질의 지급액	㉠ 일직료·숙직료 및 그 밖에 이와 유사한 성격의 급여 ㉡ 여비로서 실비변상 정도의 금액(종교관련종사자가 본인 소유의 차량을 직접 운전하여 소속 종교단체의 종교관련종사자로서의 활동에 이용하고 소요된 실제 여비 대신에 해당 종교단체의 규칙 등에 정하여진 지급기준에 따라 받는 금액 중 월 20만 원 이내의 금액을 포함) ㉢ 종교관련종사자가 소속 종교단체의 규약 또는 소속 종교단체의 의결기구의 의결·승인 등을 통하여 결정된 지급 기준에 따라 종교 활동을 위하여 통상적으로 사용할 목적으로 지급받은 금액 및 물품 ㉣ 천재지변이나 그 밖의 재해로 인하여 받는 지급액
④ 자녀보육수당	종교관련종사자 또는 그 배우자의 출산이나 6세 이하(해당 과세기간 개시일 기준으로 판단) 자녀의 보육과 관련하여 종교단체로부터 받는 금액으로서 월 20만 원 이내의 금액
⑤ 사택제공에 따른 이익	종교관련종사자가 사택을 제공받아 얻는 이익 ㉠ 종교단체가 소유한 것으로서 종교관련 종사자에게 무상 또는 저가로 제공하는 주택 ㉡ 종교단체가 직접 임차한 것으로서 종교관련종사자에게 무상으로 제공하는 주택

Ⅱ 종교인소득의 기타소득금액의 계산

> 기타소득금액 = 종교관련종사자가 해당 과세기간에 받는 금액 - 필요경비

① 종교관련종사자가 해당 과세기간에 받은 금액으로서 비과세소득은 제외한다.
② 필요경비
종교관련종사자가 해당 과세기간에 받은 금액(비과세소득 제외) 중 다음의 금액을 필요경비로 한다. 실제 소요된 필요경비가 다음 표에 따른 금액을 초과하면 그 초과하는 금액도 필요경비에 산입한다.

종교관련종사자가 받은 금액	필요경비
2천만 원 이하	종교관련종사자가 받은 금액의 80%
2천만 원 초과 4천만 원 이하	1,600만 원 + 2천만 원 초과금액 × 50%
4천만 원 초과 6천만 원 이하	2,600만 원 + 4천만 원 초과금액 × 30%
6천만 원 초과	3,200만 원 + 6천만 원 초과금액 × 20%

Ⅲ 종교인소득의 과세방법

(1) 원천징수

구분	내용
① 원천징수	종교인소득을 지급하는 자(원천징수의무자)는 종교인소득을 지급할 때에 기타소득에 대한 원천징수를 하여 그 징수일이 속하는 달의 **다음달 10일**까지 정부에 납부하여야 한다. 이 경우 원천징수의무자가 소득세를 원천징수할 때 종교인소득에 대해서 종교인소득 간이세액표 해당란의 세액을 기준으로 원천징수한다.
② 연말정산	㉠ 종교인소득을 지급하고 그 소득세를 원천징수하는 자는 해당 과세기간의 **다음 연도 2월분의 종교인소득을 지급할 때**(2월분의 종교인소득을 2월 말일까지 지급하지 아니하거나 2월분의 종교인소득이 없는 경우에는 2월 말일) 또는 해당 종교관련종사자와의 **소속관계가 종료되는 달의 종교인소득을 지급할 때** 해당 과세기간의 종교인소득에 대한 소득세 결정세액에서 이미 원천징수하여 납부한 소득세를 공제하고 남은 금액을 원천징수한다. ㉡ 종교인소득에 대한 연말정산, 소득공제 및 세액공제의 신고 등에 대해서는 사업소득세액의 연말정산 규정을 준용한다.

> **참고** 종교인소득에 대한 반기별 납부특례
>
> 종교단체로서 원천징수 관할세무서장으로부터 원천징수세액을 매 반기별로 납부할 수 있도록 승인을 받거나 국세청장이 정하는 바에 따라 지정을 받은 자는 원천징수세액을 그 징수일이 속하는 반기의 마지막 달의 다음 달 10일까지 납부할 수 있다. 즉, 종교단체는 상시고용인원에 관계없이 종교인소득에 대한 원천징수세액을 징수일이 속하는 반기의 마지막 달의 다음 달 10일까지 납부할 수 있다.

(2) 원천징수 예외

종교인소득(근로소득으로 보는 경우 포함)을 지급하는 자는 기타소득 또는 근로소득에 대한 소득세의 원천징수를 하지 아니할 수 있다. 이 경우 종교인소득을 지급받은 자는 종합소득과세표준을 신고하여야 한다.

(3) 종합과세

① 원칙

종교인소득도 다른 기타소득과 마찬가지로 종합소득과세표준에 합산한다.

② 예외 – 선택적분리과세

종교인소득을 포함한 일반적인 기타소득금액이 **300만 원 이하**이면서 **원천징수된 소득**은 납세의무자의 선택에 따라 종합소득과세표준에 합산하지 아니할 수 있다.

(4) 신고 및 납부

종교인소득이 있는 거주자의 경우에는 과세표준확정신고를 하여야 한다. 다만, 원천징수되는 기타소득으로서 종교인소득만 있는 자는 과세표준확정신고를 하지 아니해도 된다.

Ⅳ 종교인소득의 기타사항

(1) 구분 기록관리
종교단체는 소속 종교관련종사자에게 지급한 금액 및 물품(비과세 근로소득 및 비과세 종교인소득에 해당하는 금액 및 물품을 포함)과 그 밖에 종교 활동과 관련하여 지출한 비용을 구분하여 기록·관리한다.

(2) 지급명세서 제출
① 소득세 납세의무가 있는 개인에게 종교인소득을 국내에서 지급하는 자는 지급명세서를 그 지급일이 속하는 과세기간의 다음 연도 3월 10일(휴업, 폐업 또는 해산한 경우에는 휴업일, 폐업일 또는 해산일이 속하는 달의 다음다음달 말일)까지 원천징수 관할 세무서장, 지방국세청장 또는 국세청장에게 제출하여야 한다.
② 다만, 비과세되는 종교인소득(종교활동비 제외)에 대해서는 지급명세서 제출이 면제된다.

(3) 세무공무원의 질문 및 조사
① 종교단체가 소속 종교관련종사자에게 지급한 금액 및 물품과 그 밖에 종교 활동과 관련하여 지출한 비용을 정당하게 구분하여 기록·관리하는 경우 세무공무원은 질문·조사할 때 종교단체가 소속 종교관련종사자에게 지급한 금액 및 물품 외에 그 밖에 종교 활동과 관련하여 지출한 비용을 구분하여 기록·관리한 장부 또는 서류에 대해서는 조사하거나 그 제출을 명할 수 없다.
② 종교인소득에 대해서는 종교단체의 장부·서류 또는 그 밖의 물건 중에서 종교인소득과 관련된 부분에 한하여 조사하거나 그 제출을 명할 수 있다.

(4) 수정신고의 안내
세무에 종사하는 공무원은 종교인소득에 관한 신고내용에 누락 또는 오류가 있어 질문·조사권을 행사하려는 경우 미리 「국세기본법」에 따른 수정신고를 안내하여야 한다.

CHAPTER 06 소득금액계산의 특례

I 부당행위계산의 의의 및 대상소득

(1) 부당행위계산의 의의

납세지 관할 세무서장 또는 지방국세청장은 거주자의 행위 또는 계산이 그 거주자와 특수관계인과의 거래로 인하여 그 소득에 대한 조세부담을 부당하게 감소시킨 것으로 인정되는 경우에는 그 거주자의 행위 또는 계산과 관계없이 해당 과세기간의 소득금액을 계산할 수 있다.

(2) 부당행위계산의 대상소득(실제의 필요경비를 차감하는 소득)

① 출자공동사업자의 배당소득
② 사업소득
③ 기타소득
④ 양도소득

(3) 특수관계인의 범위

「국세기본법」에 따른 특수관계인으로서 친족관계, 경제적연관관계, 경영지배관계에 있는 자를 말한다. 이 경우 「소득세법」을 적용할 때 본인도 그 특수관계인의 특수관계인으로 본다(쌍방기준).

(4) 부당행위계산의 유형

조세부담을 부당하게 감소시킨 것으로 인정되는 경우는 다음 중 어느 하나에 해당하는 경우로 한다. 다만, ① ~ ③까지 및 이에 준하는 행위에는 현저한 이익의 요건도 적용된다.
① 특수관계인으로부터 시가보다 높은 가격으로 자산을 매입하거나 특수관계인에게 시가보다 낮은 가격으로 자산을 양도한 경우
② 특수관계인에게 금전이나 그 밖의 자산 또는 용역을 무상 또는 낮은 이율 등으로 대부하거나 제공한 경우
  ⊙ 단, 직계존비속에게 주택을 무상으로 사용하게 하고 직계존비속이 그 주택에 실제 거주하는 경우는 제외
③ 특수관계인으로부터 금전이나 그 밖의 자산 또는 용역을 높은 이율 등으로 차용하거나 제공받는 경우

> **참고** 현저한 이익 요건[1 또는 2]
> 1. 시가와 거래가액의 차액이 3억 원 이상
> 2. 시가의 5%에 상당하는 금액 이상

기출 Check 21년 9급

19 「소득세법」상 부당행위계산부인규정의 적용대상 소득으로 옳은 것만을 모두 고르면?

ㄱ. 양도소득
ㄴ. 기타소득
ㄷ. 사업소득
ㄹ. 공동사업에서 발생한 소득금액 중 출자공동사업자의 손익분배비율에 해당하는 금액

① ㄱ, ㄹ
② ㄱ, ㄴ, ㄷ
③ ㄴ, ㄷ, ㄹ
④ ㄱ, ㄴ, ㄷ, ㄹ

6 ④
모두 부당행위계산부인규정의 적용대상에 해당한다.

④ 특수관계인으로부터 무수익자산을 매입하여 그 자산에 대한 비용을 부담하는 경우
⑤ 그 밖에 특수관계인과의 거래에 따라 해당 과세기간의 총수입금액 또는 필요경비를 계산할 때 조세의 부담을 부당하게 감소시킨 것으로 인정되는 경우 시가의 산정 및 소득금액의 계산에 관하여는 「법인세법 시행령」의 규정을 준용한다.

> **참고** 「법인세법」과 「소득세법」의 부당행위계산부인 규정의 비교

구분	「법인세법」	「소득세법」
적용대상소득	제한 ×	① 출자공동사업자의 배당소득 ② 사업소득, 기타소득, 양도소득
부당행위 유형	손익거래 및 자본거래	손익거래(자본거래 ×)
인정이자	적용 ○	적용 ×
주택 무상사용	부당행위 ○	① 원칙: 부당행위 ○ ② 직계존비속에게 주택을 무상으로 사용하게 하고 직계존비속이 그 주택에 실제 거주하는 경우: 부당행위 ×

Ⅱ 공동사업에 대한 소득금액계산의 특례

(1) 공동사업에 대한 소득금액계산의 요약

구분	내용
① 공동사업장 소득금액	공동사업장을 1거주자로 보아 계산
② 소득금액 분배	㉠ 원칙: 손익분배비율(없으면 지분비율) ㉡ 예외: 공동사업합산과세
③ 공동사업자 납세의무	연대납세의무 ㉠ 소득세 　ⓐ 일반적인 경우: 연대납세의무 없음 　ⓑ 예외적으로 공동사업합산과세가 적용되는 경우 특수관계인 간에는 연대납세의무가 존재(단, 연대납세의무는 주된 사업자에게 합산되는 본인의 소득금액을 한도로 함) ㉡ 소득세 이외: 연대납세의무 적용

(2) 공동사업장에 대한 소득금액계산과 분배 ★

1) 공동사업장 소득금액계산

사업소득이 발생하는 사업을 공동으로 경영하고 그 손익을 분배하는 공동사업(출자공동사업자가 있는 공동사업을 포함)의 경우에는 **해당 사업을 경영하는 장소(공동사업장)를 1거주자로 보아 공동사업장별로 그 소득금액을 계산**하며, 기업업무추진비와 기부금 한도액도 공동사업장을 1거주자로 보아 계산한다. 단, 소득금액계산만 1거주자로 보는 것으로 이는 각각의 공동사업자별로 소득금액을 계산하게 되면 공동사업자의 수만큼 장부를 기장하고 세무조정해야 하는 번거로움을 줄일 수 있기 때문이다.

> **참고** 공동사업장 및 출자공동사업자
>
> 1. **공동사업장**: 사업소득이 발생하는 사업을 공동으로 경영하고 그 손익을 분배하는 공동사업(출자공동사업자가 있는 공동사업을 포함)의 경우 해당 사업을 경영하는 장소
> 2. **출자공동사업자**: 공동사업에 경영에 참여하지 아니하고 출자만 하는 자로서 다음 중 어느 하나에 해당하는 자는 제외한다.
>   ① 공동사업에 성명 또는 상호를 사용하게 한 자
>   ② 공동사업에서 발생한 채무에 대하여 무한책임을 부담하기로 약정한 자

2) 공동사업의 소득분배

공동사업에서 발생한 소득금액은 해당 공동사업을 경영하는 공동사업자(출자공동사업자 포함)간에 **약정된 손익분배비율(약정된 손익분배비율이 없는 경우 지분비율)에 의하여** 분배되었거나 분배될 소득금액에 따라 각 공동사업자별로 분배한다.

3) 공동사업합산과세

거주자 1인과 그의 특수관계인이 공동사업자에 포함되어 있는 경우로서 **손익분배비율을 거짓으로 정하는 등** 사유가 있는 경우에는 그 특수관계인의 소득금액은 **주된 공동사업자의 소득금액으로 본다.**

> **참고** 공동사업합산과세의 취지
>
> 공동사업의 지분을 가족에게 위장으로 분산시킴에 따라 소득세의 누진세율 부담을 회피하고자 하는 경우 이를 방지하기 위하여 동거가족의 소득까지 합산해 주된 공동사업자에게 과세하는 것이다.

① 공동사업합산과세의 요건(㉠ + ㉡)

> ㉠ 특수관계인
> ㉡ 손익분배비율을 허위로 정하는 등의 사유

㉠ 특수관계인

특수관계인이란 해당 과세기간 종료일 현재 거주자 1인과 생계를 같이하는 친족관계, 경제적 연관관계 및 경영지배관계에 있는 자를 말한다.

㉡ 손익분배비율을 허위로 정한 경우에 해당하는 사항
ⓐ 공동사업자가 제출한 신고서와 첨부서류에 기재한 사업의 종류, 소득금액내역, 지분비율, 약정된 손익분배비율 및 공동사업자간의 관계 등이 사실과 현저하게 다른 경우
ⓑ 공동사업자의 경영참가, 거래관계, 손익분배비율 및 자산·부채 등의 재무상태 등을 감안할 때 조세를 회피하기 위하여 공동으로 사업을 경영하는 것이 확인되는 경우

② 공동사업합산과세의 대상소득

공동사업장에서 발생하는 사업소득에 한한다. 이외의 소득은 항상 손익분배비율로 배분한다.

기출 Check 18년 9급

20 소득세법령상 공동사업에 대한 거주자의 소득세 납세의무에 대한 설명으로 옳지 않은 것은?
① 공동사업자가 과세표준확정신고를 하는 때에는 과세표준확정신고서와 함께 당해 공동사업장에서 발생한 소득과 그 외의 소득을 구분한 계산서를 제출하여야 한다.
② 특수관계자 아닌 자와 공동사업을 경영하는 경우 그 사업에서 발생한 소득금액은 공동사업을 경영하는 각 거주자 간에 약정된 손익분배비율의 존재여부와 관계없이 지분비율에 의하여 분배되었거나 분배될 소득금액에 따라 각 공동사업자별로 분배한다.
③ 공동사업에 관한 소득금액이 「소득세법」 제43조 제3항에 따른 주된 공동사업자에게 합산과세되는 경우 그 합산과세되는 소득금액에 대해서는 주된 공동사업자의 특수관계인은 법률 규정에 따른 손익분배비율에 해당하는 그의 소득금액을 한도로 주된 공동사업자와 연대하여 납세의무를 진다.
④ 공동사업에서 발생한 소득금액 중 법령에서 정하는 바에 따라 출자공동사업자에게 분배된 금액은 배당소득으로 과세한다.

❻ ②
해설 공동사업을 경영하는 공동사업자(출자공동사업자 포함) 간에 약정된 손익분배비율이 있는 경우 약정된 손익분배비율로 하고 약정된 손익분배비율이 없는 경우 지분비율에 의한다.

③ 주된 공동사업자의 판정기준

주된 공동사업자의 판정은 손익분배비율을 기준으로 한다. 다만, 특수관계인의 손익분배비율이 같은 경우 주된 공동사업자는 다음의 순서에 따른다.

㉠ 공동사업소득 외의 종합소득금액이 많은 자(종합소득금액이 아닌 퇴직소득금액, 양도소득금액은 고려하지 않는다)

㉡ 공동사업소득 외의 종합소득금액이 같은 경우에는 직전 과세기간의 종합소득금액이 많은 자

㉢ 직전 과세기간의 종합소득금액이 같은 경우에는 해당 사업에 대한 종합소득과세표준을 신고한 자. 다만, 공동사업자 모두가 해당 사업에 대한 종합소득과세표준을 신고하였거나 신고하지 아니한 경우에는 납세지 관할세무서장이 정하는 자로 한다.

④ 연대납세의무

주된 공동사업자에게 합산과세되는 경우 그 합산과세되는 소득금액에 대해서는 주된 공동사업자의 특수관계인은 손익분배비율에 해당하는 그의 소득금액을 한도로 주된 공동사업자와 연대하여 납세의무를 진다.

Ⅲ 공동사업장에 대한 특례

구분	내용
(1) 원천징수세액의 배분	공동사업장에서 발생한 소득금액에 대하여 원천징수된 세액은 각 공동사업자의 손익분배비율에 따라 배분한다.
(2) 가산세의 배분	① 사업과 관련된 가산세: 공동사업장의 사업과 관련되는 가산세는 각 공동사업자의 손익분배비율에 따라 배분한다. 　㉠ 원천징수납부 불이행 가산세 및 지급명세서 제출불성실 가산세 　㉡ 적격증빙서류 및 계산서 관련 가산세 　㉢ 사업장현황신고 불성실가산세 및 사업용계좌관련 가산세 　㉣ 현금영수증 및 신용카드 거부 가산세 등 ② 소득세의 신고 및 납부관련 가산세: 소득세 관련한 가산세는 개인별로 부담한다.
(3) 기장의무와 사업자등록	① 기장의무, 사업자등록, 휴·폐업신고, 납세번호 부여: 해당 공동사업장을 1거주자로 보아 공동사업장의 장부를 비치·기록하여야 하며, 1거주자로 보아 사업자등록을 하여야 한다. ② 사업자등록시 공동사업자(출자공동사업자 해당 여부에 관한 사항을 포함), 약정한 손익분배비율, 대표공동사업자, 지분·출자내역 및 그 밖에 필요한 사항을 사업장소재지 관할세무서장에게 신고하여야 한다.
(4) 공동사업장 소득금액의 결정·경정	공동사업에서 발생하는 소득금액의 결정 또는 경정은 대표공동사업자의 주소지 관할세무서장이 한다. 다만, 국세청장이 특히 중요하다고 인정하는 것에 대하여는 사업장 관할세무서장 또는 주소지관할지방국세청장이 한다.
(5) 과세표준 확정신고 및 납부	공동사업자가 과세표준확정신고를 하는 때에는 과세표준확정신고서와 함께 당해 공동사업장에서 발생한 소득과 그 외의 소득을 구분한 계산서를 제출하여야 한다. 이 경우 대표공동사업자는 당해 공동사업장에서 발생한 소득금액과 가산세액 및 원천징수된 세액의 각 공동사업자별 분배명세서를 제출하여야 한다.

(6) 결손금 및 이월결손금	① 공동사업장에서 발생한 결손금은 각 공동사업자별로 분배된 금액의 범위 내에서 각 공동사업자의 다른 사업장의 동일 소득 또는 다른 종합소득과 통산한다. ② 그 과세기간에 공제하지 못한 결손금은 각 공동사업자별로 이월되어 다음 과세기간 이후의 소득금액에서 이월결손금으로 공제받게 된다.
(7) 부당행위계산 부인의 적용	공동사업장의 소득금액을 계산함에 있어 부당행위계산 부인 규정을 적용하는 경우에는 공동사업자를 거주자로 보아 적용한다.

Ⅳ 결손금과 이월결손금의 공제

(1) 일반사업소득금액 및 주거용건물임대업의 결손금

사업소득금액의 필요경비가 총수입금액을 초과하는 경우 그 초과하는 금액을 '결손금'이라고 한다. 이러한 결손금은 다음의 순서에 따라 당기의 소득금액에서 공제한다.

① 근로소득금액	② 연금소득금액	③ 기타소득금액
④ 이자소득금액	⑤ 배당소득금액	

일반사업소득금액 및 주거용건물임대업 결손금은 부동산임대업에서 발생한 소득금액이 있는 경우 이를 공제하고 남은 결손금을 말한다.

(2) 부동산임대업의 결손금

부동산임대업에서 발생한 결손금은 해당 과세기간의 다른 소득금액에서 공제하지 않는다.

(3) 이월결손금

이월결손금은 당기의 결손금을 소득금액에서 공제하고도 남은 결손금으로 이월결손금은 해당 이월결손금이 발생한 과세기간의 종료일부터 15년(2020.1.1. 이전에 발생한 결손금은 10년) 이내에 끝나는 과세기간의 소득금액을 계산할 때 먼저 발생한 과세기간의 이월결손금부터 순서대로 다음의 구분에 따라 공제한다.

① 사업소득금액	② 근로소득금액	③ 연금소득금액
④ 기타소득금액	⑤ 이자소득금액	⑥ 배당소득금액

① 단, 국세부과의 제척기간이 지난 후에 그 제척기간 이전 과세기간의 이월결손금이 확인된 경우 그 이월결손금은 공제하지 아니한다.
② 부동산임대업에서 발생한 이월결손금은 부동산임대업의 소득금액에서 공제한다.
③ 자산수증익 또는 채무면제익으로 충당된 이월결손금은 공제할 수 없다.

(4) 결손금간 공제순서

① 사업소득(주거용 건물임대업 포함) 당기 결손금
② 사업소득(주거용 건물임대업 포함) 이월 결손금
③ 부동산임대업 소득 이월결손금

(5) 금융소득 종합과세시 세액계산특례의 경우

결손금 및 이월결손금을 공제할 때 금융소득 종합과세시 특례에 따라 산출세액을 계산 하는 경우 **종합과세되는 배당소득 또는 이자소득이 있으면 그 배당소득 또는 이자소득 중 원천징수세율을 적용받는 부분은 결손금 또는 이월결손금의 공제대상에서 제외하며**, 그 배당소득 또는 이자소득 중 기본세율을 적용받는 부분에 대해서는 사업자가 그 소득금액의 범위에서 공제여부 및 공제금액을 결정할 수 있다.

(6) 이월결손금 공제의 배제

① **이월결손금 공제 규정**은 해당 과세기간의 소득금액에 대해서 **추계신고(비치·기록한 장부와 증명서류에 의하지 않는 신고)를 하거나 추계조사결정하는 경우에는 적용하지 않는다.**
   ✓ 당기 결손금은 당기 추계소득금액에서 공제 가능하다.

② 다만, 천재지변이나 그 밖의 불가항력으로 장부나 그 밖의 증명서류가 멸실되어 추계신고를 하거나 추계조사결정을 하는 경우에는 그러하지 아니하다. **한편, 소득세 과세표준을 추계신고를 하거나 추계조사결정함으로 인하여 공제되지 아니한 이월결손금은 그 후의 과세기간에 공제할 수 있다.**

(7) 결손금소급공제

중소기업을 경영하는 거주자가 그 중소기업의 사업소득금액을 계산할 때 해당 과세기간의 이월결손금(**부동산임대업에서 발생한 이월결손금은 제외**)이 발생한 경우에는 직전 과세기간의 그 중소기업의 사업소득에 부과된 종합소득 결정세액을 한도로 하여 결손금소급공제를 신청할 수 있다. 이 경우 소급공제한 이월결손금에 대해서 그 이월결손금을 공제받은 금액으로 본다.

구분	법인세	소득세
① 소급공제 적용 요건	제한없음	소급공제 대상 이월결손금 ㉠ 결손금을 다른 소득에서 공제하고 남은 금액을 말한다. ㉡ 부동산임대업(주거용 건물임대업 포함)에서 발생한 이월결손금은 제외한다.
② 적용대상자	중소기업(내국법인)	중소기업(거주자)
③ 환급세액 한도	직전 사업연도의 법인세액을 한도	직전연도의 사업소득에 대한 종합소득세액을 한도

① 적용요건

과세표준 확정신고기한까지 결손금이 발생한 과세기간과 그 직전 과세기간의 소득에 대한 소득세의 과세표준 및 세액을 각각 신고한 경우에만 적용한다.

② 환급세액 = MIN[㉠, ㉡]
   ㉠ 직전 과세기간의 당해 중소기업에 대한 종합소득산출세액
   ㉡ 직전 과세기간의 종합소득과세표준에서 이월결손금으로서 소급공제를 받으려는 금액(직전 과세기간의 종합소득과세표준을 한도)을 뺀 금액에 직전 과세기간의 세율을 적용하여 계산한 해당 중소기업에 대한 종합소득산출세액

기출 Check 24년 9급

21 「소득세법」상 거주자의 사업소득의 결손금과 이월결손금의 공제에 대한 설명으로 옳은 것은? (단, 거주자는 장부와 증명서류를 비치·기록하고 있다)

① 해당 과세기간의 사업소득금액을 계산할 때 발생한 결손금은 그 과세기간의 종합소득 과세표준을 계산할 때 이자소득금액·배당소득금액·근로소득금액·연금소득금액·기타소득금액에서 순서대로 공제한다.
② 주거용 건물 임대업에서 발생한 결손금은 해당 과세기간의 종합소득 과세표준을 계산할 때 공제하지 아니한다.
③ 결손금 및 이월결손금을 공제할 때 해당 과세기간에 결손금이 발생하고 이월결손금이 있는 경우에는 이월결손금을 먼저 소득금액에서 공제한다.
④ 「국세기본법」 제26조의2에 따른 국세부과의 제척기간이 지난 후에 그 제척기간 이전 과세기간의 이월결손금이 확인된 경우 그 이월결손금은 공제하지 아니한다.

6 ④
해설 ① 해당 과세기간의 사업소득금액을 계산할 때 발생한 결손금은 그 과세기간의 종합소득 과세표준을 계산할 때 근로소득금액·연금소득금액·기타소득금액·이자소득금액·배당소득금액에서 순서대로 공제한다.
② 주거용 건물 임대업에서 발생한 결손금은 해당 과세기간의 종합소득 과세표준을 계산할 때 공제한다.
③ 결손금 및 이월결손금을 공제할 때 해당 과세기간에 결손금이 발생하고 이월결손금이 있는 경우에는 해당 기간에 발생한 결손금을 먼저 소득금액에서 공제한다.

③ 신청 및 환급

결손금 소급공제세액을 환급받으려는 자는 과세표준확정신고기한까지 납세지 관할 세무서장에게 환급을 신청하여야 한다. 납세지 관할 세무서장이 소득세의 환급신청을 받은 경우에는 지체 없이 환급세액을 결정하여 「국세기본법」에 따라 환급하여야 한다.

④ 사후관리

납세지 관할 세무서장은 소득세를 환급받은 자가 다음 중 어느 하나에 해당하는 경우에는 그 환급세액(㉠ 및 ㉡의 경우에는 과다하게 환급된 세액 상당액)을 그 이월결손금이 발생한 과세기간의 소득세로서 징수한다.

㉠ 결손금이 발생한 과세기간에 대한 소득세의 과세표준과 세액을 경정함으로써 이월결손금이 감소된 경우

㉡ 결손금이 발생한 과세기간의 직전 과세기간에 대한 종합소득과세표준과 세액을 경정함으로써 환급세액이 감소된 경우

㉢ 중소기업 요건을 갖추지 아니하여 환급을 받은 경우

Ⅴ 채권 등에 대한 소득금액계산 특례

(1) 채권 등에 대한 소득금액계산의 특례

거주자가 채권 등의 발행법인으로부터 해당 채권 등에서 발생하는 이자 또는 할인액을 지급(전환사채의 주식전환, 교환사채의 주식교환 및 신주인수권부사채의 신주인수권행사의 경우를 포함)받거나 해당 채권 등을 매도하는 경우에는 거주자에게 그 **보유기간별로 귀속되는 이자 등 상당액을 해당 거주자의 이자소득으로 보아 소득금액을 계산**한다.

(2) 채권 등에 대한 원천징수특례

① 원천징수의무자의 결정

㉠ 중도에 매도하는 경우

매도인(소득자)	매수인(지급자)	원천징수의무자
법인	법인	매도법인
법인	개인	매도법인
개인	법인	매수법인
개인	개인	원천징수 제외

㉡ 채권 발행법인이 이자를 지급하는 경우(만기 또는 이자지급일 도래): 채권발행법인이 원천징수

② 보유기간의 이자상당액

$$\text{보유기간 이자상당액} = \text{채권 등의 액면가액} \times \text{이자율} \times \frac{\text{보유기간 일수}}{365}$$

㉠ 이자율: 액면이자율 + 할인율 − 할증율(공개시장에서 발행하는 국채는 액면이자율)

㉡ 보유기간: 매수일의 다음날부터 매도일까지

③ 채권 등의 이자지급시 원천징수시기

해당 채권의 매도일 또는 이자지급일에 원천징수한다.

(3) 피상속인의 소득금액 계산

① 원칙 – 소득금액의 구분계산

피상속인의 소득금액에 대한 소득세로서 상속인에게 과세할 것과 상속인의 소득금액에 대한 소득세는 구분하여 계산하여야 한다.

② 예외: 배우자가 연금외수령 없이 해당 연금계좌를 상속으로 승계하는 경우

㉠ 연금계좌의 가입자가 사망하였으나 그 배우자가 연금외수령 없이 해당 연금계좌를 상속으로 승계하는 경우에는 **해당 연금계좌에 있는 피상속인의 소득금액은 상속인의 소득금액으로 보아 소득세를 계산한다.**

㉡ 상속인이 연금계좌를 승계하는 경우 해당 연금계좌의 소득금액을 **승계하는 날에 그 연금계좌에 가입한 것**으로 본다. 다만, 연금계좌의 가입일은 **피상속인의 가입일**로 하여 적용한다.

> **참고** 연금계좌 승계시 승계신청 및 세액정산
>
> 1. **연금계좌 승계신청**: 연금계좌를 승계하려는 상속인은 피상속인이 사망한 날이 속하는 달의 말일부터 6개월 이내에 연금계좌취급자에게 승계신청을 하여야 한다. 이 경우 상속인은 피상속인이 사망한 날부터 연금계좌를 승계한 것으로 본다.
> 2. **연금계좌 승계시 세액정산**: 승계신청을 받은 연금계좌취급자는 사망일부터 승계신청일까지 인출된 금액에 대하여 이를 피상속인이 인출한 소득으로 보아 이미 원천징수된 세액과 상속인이 인출한 금액에 대한 세액과의 차액이 있으면 세액을 정산하여야 한다.

Ⅵ 중도해지로 인한 이자소득금액계산의 특례

(1) 원칙 – 경정청구

종합소득과세표준 확정신고 후 예금 또는 신탁계약의 중도 해지로 이미 지난 과세기간에 속하는 이자소득금액이 감액된 경우 「국세기본법」에 따라 과세표준 및 세액의 경정을 청구하여야 한다.

(2) 특례

다만, 그 중도 해지일이 속하는 과세기간의 종합소득금액에 포함된 이자소득금액에서 그 감액된 이자소득금액을 차감할 수 있다.

Ⅶ 비거주자 등과의 거래에 대한 소득금액 계산의 특례

우리나라가 조세의 이중과세 방지를 위하여 체결한 조약(조세조약)의 상대국과 그 조세조약의 상호 합의 규정에 따라 거주자가 국외에 있는 비거주자 또는 외국법인과 거래한 그 금액에 대하여 권한 있는 당국간에 합의를 하는 경우에는 그 합의에 따라 납세지 관할 세무서장 또는 지방국세청장은 그 거주자의 각 과세기간의 소득금액을 조정하여 계산할 수 있다.

기출 Check 17년 9급

22 「소득세법」상 소득금액계산의 특례에 대한 설명으로 옳지 않은 것은?

① 납세지관할세무서장은 사업소득이 있는 거주자의 행위 또는 계산이 그 거주자와 특수관계인과의 거래로 인하여 그 소득에 대한 조세부담을 부당하게 감소시킨 것으로 인정되는 경우 그 거주자의 행위 또는 계산과 관계없이 해당 과세기간의 소득금액을 계산할 수 있다.

② 조세조약의 상호합의 규정에 따라 거주자와 국외에 있는 비거주자 간 거래금액에 대하여 권한 있는 당국 간에 합의를 하는 경우 그 합의에 따라 납세지관할세무서장은 그 거주자의 각 과세기간의 소득금액을 조정하여 계산할 수 있다.

③ 사업소득이 발생하는 사업을 공동으로 경영하고 그 손익을 분배하는 공동사업의 경우에는 해당 사업을 공동으로 경영하는 자 각각을 1거주자로 보아 거주자별로 소득금액을 계산한다.

④ 연금계좌의 가입자가 사망하였으나 그 배우자가 연금외수령 없이 해당 연금계좌를 상속으로 승계하는 경우 해당 연금계좌에 있는 피상속인의 소득금액은 상속인의 소득금액으로 보아 소득세를 계산한다.

🔑 ③

해설 사업소득이 발생하는 사업을 공동으로 경영하고 그 손익을 분배하는 공동사업의 경우에는 해당 공동사업장을 1거주자로 보아 공동사업장별로 소득금액을 계산한다.

CHAPTER 07 종합소득과세표준의 계산

제1절 종합소득공제의 기본구조

거주자의 종합소득 및 퇴직소득, 양도소득에 대한 과세표준은 각각 구분하여 계산한다. 종합소득과세표준은 종합소득금액에서 종합소득공제를 적용한 금액으로 한다.

구분	내용
(1) 인적공제	① 기본공제: 기본공제 대상자 1인당 150만 원 ② 추가공제: 기본공제 대상자 중 다음의 요건을 갖춘자는 추가하여 공제한다. 　예 장애인공제, 경로우대자공제, 부녀자공제, 한부모소득공제
(2) 특별소득공제	보험료공제, 주택자금공제
(3) 기타공제	연금보험료공제, 주택담보노후연금 이자비용공제
(4) 「조세특례제한법」에 따른 소득공제	① 신용카드 등 사용금액에 대한 소득공제 ② 소기업·소상공인 공제부금공제 ③ 벤처투자조합 출자 등에 대한 소득공제 ④ 우리사주조합에 대한 출연금의 소득공제 ⑤ 장기집합투자증권저축에 대한 소득공제

제2절 인적공제

인적공제는 납세의무자의 최저생활을 보장하고, 부담능력에 따른 과세를 실현하는 데 그 목적이 있다.

> 인적공제금액 = 기본공제 + 추가공제

◉ 인적공제의 합계액이 종합소득금액을 초과하는 경우 그 초과하는 공제액은 없는 것으로 한다.

I 기본공제

종합소득이 있는 거주자(자연인만 해당한다)에 대해서는 다음 중 어느 하나에 해당하는 사람의 수에 **1명당 연 150만 원**을 곱하여 계산한 금액을 그 거주자의 해당 과세기간의 종합소득금액에서 공제한다.

(1) 기본공제 대상자(① + ② + ③)

> ① 본인
> ② 배우자(연령요건 ×, 소득요건 ○)
> ③ 부양가족(연령요건 ○, 소득요건 ○) : 직계존속, 직계비속 및 입양자, 형제자매, 수급자 및 위탁아동만 포함한다.

(2) 기본공제 적용시 유의사항

구분	기본공제 대상자별 적용요건					
	배우자	거주자와 생계를 같이하는 부양가족				
		직계존속	직계비속·입양자	형제자매	위탁아동	기초수급자
연령요건	적용 ×	만 60세 이상	만 20세 이하	만 20세 이하 또는 60세 이상	적용 ×	적용 ×
소득요건	다음 중 어느 하나에 해당해야 한다. ① **소득금액이 1백만 원 이하인 것** ✓ 소득금액이란 종합소득금액, 퇴직소득금액 및 양도소득금액으로 분리과세 및 비과세, 비열거소득은 제외하고, 필요경비를 차감한 후의 금액에 해당한다. ② **총급여 500만 원 이하의 근로소득만 있는 경우**					

① 부양가족의 유의사항
  ㉠ **부양가족이 장애인에 해당하는 경우 연령 제한을 적용받지 않으며 소득요건은 적용받는다**(연령요건 ×, 소득요건 ○).
  ㉡ 배우자의 직계존속 및 형제자매도 포함한다 : 배우자의 직계존속(장인, 장모 등)뿐만 아니라 직계존속이 재혼한 경우 그 배우자도 포함하며, 거주자의 직계존속과 혼인(사실혼은 제외) 중임이 증명되는 사람과 거주자의 직계존속이 사망한 경우에는 해당 직계존속의 사망일 전날을 기준으로 혼인(사실혼은 제외) 중에 있었음이 증명되는 사람도 포함한다.
  ㉢ 직계비속과 그 직계비속의 배우자가 **모두 장애인**에 해당하는 경우에는 **그 배우자를 포함한다.**
  ㉣ 근로자 및 배우자의 형제자매는 기본공제대상에 포함될 수 있으나, 형제자매의 배우자(제수, 형수 등)는 기본공제대상에 포함하지 아니한다.

② 공제대상 위탁아동
당해 과세기간에 6개월 이상 직접 양육한 아동(「아동복지법」에 따라 보호기간이 연장된 경우로서 20세 이하인 위탁아동을 포함)을 말한다. 다만, 직전 과세기간에 소득공제를 받지 못한 경우에는 해당 위탁아동에 대한 직전 과세기간의 위탁기간을 포함하여 계산한다.

기출 Check

25년 9급

23 다음은 거주자 甲(50세, 남성)의 2024년 12월 31일 현재 배우자와 생계를 같이하는 부양가족 관련 자료이다. 소득세법령상 甲의 2024년 귀속 종합소득과세표준을 계산할 때 종합소득금액에서 공제되는 인적공제의 합계액은? (단, 배우자가 인적공제를 받거나 배우자와 부양가족이 다른 거주자의 인적공제 대상에 해당되는 경우가 아니며, 인적공제의 합계액은 종합소득금액을 초과하지 않는다)

구분	나이	비고
배우자	47세	근로소득만 있음 (총급여액 500만 원)
부친	80세	2024년 9월 1일 사망함. 소득 없음
모친	68세	소득 없음
장모	68세	소득 없음
아들	23세	장애인임. 사업소득금액 300만 원 있음
딸	18세	소득 없음

① 900만 원   ② 1,000만 원
③ 1,100만 원   ④ 1,200만 원

6 ②

해설 배우자는 총급여액 500만 원 이하의 소득만 있으므로 기본공제대상자에 해당한다. 아들은 사업소득금액이 300만 원 있으므로 소득금액이 1백만 원을 초과하여 기본공제대상자에 해당하지 아니한다.
1) 기본공제대상자
   = 본인 + 배우자 + 부친 + 모친 + 장모 + 딸
   = 6명
2) 인적공제액
   = 6명 × 150만 원 + 100만 원
   (부친의 경로우대자공제)
   = 1,000만 원

II 추가공제(기본공제대상자가 아래의 요건 해당시 추가로 적용)

기본공제대상자가 다음 중 어느 하나에 해당하는 경우에는 거주자의 해당 과세기간 종합소득금액에서 기본공제 외에 아래 구분별로 정해진 금액을 추가로 공제한다.

(1) 추가공제 내역(① + ② + ③ + ④)

> ① 경로우대자공제(만 70세 이상의 경우 인당 100만 원)
> ② 장애인공제(기본공제대상자가 장애인인 경우 인당 200만 원)
> ③ 한부모공제(100만 원)
> ④ 부녀자공제(50만 원)

(2) 장애인공제

① 장애인이란 「장애인 복지법」에 따른 장애인 및 「장애아동 복지지원법」에 따른 장애아동 중 기획재정부령으로 정하는 사람 및 「국가유공자 등 예우 및 지원에 관한 법률」에 의한 상이자 및 이와 유사한 사람으로서 근로능력이 없는 사람을 말한다.
② 장애인은 연령 제한은 적용받지 않으나 소득요건은 적용받는다.

(3) 부녀자공제 적용요건 - ① 또는 ②의 요건을 충족하는 경우

해당 과세기간에 종합소득과세표준을 계산할 때 합산하는 종합소득금액이 3천만 원 이하인 거주자로서 다음 중 어느 하나에 해당하는 자는 부녀자공제를 적용한다.
① 배우자가 없는 여성으로서 부양가족이 있는 세대주
② 배우자가 있는 여성인 경우

(4) 한부모공제 요건

해당 거주자가 배우자가 없는 사람으로서 기본공제대상자인 직계비속 또는 입양자가 있는 경우 한부모공제를 적용한다. 단, 한부모공제와 부녀자공제가 동시에 적용되는 경우 한부모공제만 적용한다.

III 인적공제에 공통으로 적용되는 사항

(1) 생계를 같이하는 부양가족의 범위

① 생계를 같이 하는 부양가족은 주민등록표의 동거가족으로서 해당 거주자의 주소 또는 거소에서 **현실적으로 생계를 같이 하는 사람**으로 한다.
② 유의할 사항
   ㉠ 배우자 및 직계비속·입양자의 경우 거주자와 별거하더라도 항상 생계를 같이 하는 부양가족으로 본다.
   ㉡ 거주자 또는 동거가족(직계비속·입양자 제외)이 취학·질병의 요양 등으로 본래의 주소 또는 거소에서 일시 퇴거한 경우에도 생계를 같이 하는 사람으로 본다.
   ㉢ 거주자의 부양가족 중 거주자(그 배우자를 포함한다)의 직계존속이 주거형편에 따라 별거하고 있는 경우에는 생계를 같이 하는 사람으로 본다.

(2) 공제대상 여부의 판정시기

① 원칙 – 과세기간 종료일 현재의 상황

인적공제를 적용할 때 공제대상자에 해당하는지 여부는 해당 과세기간 종료일 현재의 상황에 따른다.

㉠ 당기 과세기간 중 혼인: 배우자공제 적용 ○

㉡ 당기 과세기간 중 이혼: 배우자공제 적용 ×

② 예외

㉠ 사망자, 장애치유자: 사망일·장애치유일의 전날의 상황

ⓐ 과세기간 종료일 전에 사망한 사람에 대해서는 **사망일의 전날**의 상황에 따른다.

> 예 당기 과세기간 중 장애인인 모친 사망시: 기본공제 ○, 장애인공제 ○

ⓑ 과세기간 종료일 전에 장애가 치유된 사람에 대해서는 **치유일의 전날**의 상황에 따른다.

㉡ 과세기간 중 기준연령 해당시 공제여부

공제대상 부양가족을 판정할 때 적용대상 나이가 정해진 경우에는 해당 과세기간의 과세기간 중에 해당 나이에 해당되는 날이 있는 경우에 공제대상자로 본다.

> 예 해당 과세기간 말 20세 8개월인 자녀 ⇨ 기본공제 대상자 ○

(3) 2명 이상의 공제대상가족에 해당하는 경우 공제방법

① 원칙 – 1인에게만 공제대상가족으로 한다.

거주자의 공제대상가족이 동시에 다른 거주자의 공제대상가족에 해당되는 경우에는 해당 과세기간의 과세표준확정신고서에 기재된 바에 따라 **그 중 1인의 공제대상가족으로 한다.**

② 예외

둘 이상의 거주자가 공제대상가족을 서로의 공제대상가족으로 하여 신고서에 적은 경우 또는 누구의 공제대상가족으로 할 것인가를 알 수 없는 경우에는 다음의 기준에 따른다.

㉠ 거주자의 공제대상 배우자가 다른 거주자의 공제대상 부양가족에 해당하는 때에는 **공제대상 배우자**로 한다.

> 예 여성인 거주자 A씨의 부친과 남편이 동시에 A씨에 대한 부양가족 신청을 하는 경우는 부친에게 인적공제를 적용하지 않고 남편에게 배우자공제를 적용한다.

㉡ 거주자의 공제대상 부양가족이 다른 거주자의 공제대상 부양가족에 해당하는 때에는 **직전 과세기간에 부양가족으로 인적공제를 받은 거주자**의 공제대상 부양가족으로 한다. 다만, 직전 과세기간에 부양가족으로 인적공제를 받은 사실이 없는 때에는 **해당 과세기간의 종합소득금액이 가장 많은 거주자**의 공제대상 부양가족으로 한다.

㉢ 거주자의 추가공제대상자가 다른 거주자의 추가공제대상자에 해당하는 때에는 위 ㉠, ㉡의 규정에 따라 기본공제를 하는 거주자의 추가공제대상자로 한다.

③ 사망 또는 출국시의 인적공제

해당 과세기간의 중도에 사망하였거나 외국에서 영주하기 위하여 출국한 거주자의 공제대상 가족으로서 상속인 등 다른 거주자의 공제대상가족에 해당하는 사람에 대해서는 피상속인 또는 출국한 거주자의 공제대상가족으로 한다. 이 경우 피상속인 또는 출국한 거주자에 대한 인적공제액이 소득금액을 초과하는 때에는 그 초과액은 상속인 또는 다른 거주자의 해당 과세기간의 소득금액에서 공제할 수 있다.

제3절 물적공제

I 특별소득공제(근로소득자에 한하여 적용)

특별소득공제는 근로소득이 있는 거주자(일용근로자 제외)가 해당 연도에 지급한 금액 중 보험료공제액, 주택자금공제액을 해당 과세기간의 근로소득금액에서 공제하는 것을 말한다. 특별소득공제액이 그 거주자의 해당 과세기간의 합산과세되는 종합소득금액을 초과하는 경우 그 초과하는 금액은 없는 것으로 한다.

(1) 보험료공제

근로소득이 있는 거주자(일용근로자 제외)가 해당 과세기간에 「국민건강보험법」, 「고용보험법」 또는 「노인장기요양보험법」에 따라 근로자가 부담하는 보험료를 지급한 경우 그 금액을 해당 과세기간의 근로소득금액에서 공제한다.

> 보험료공제액 = 본인의 건강 · 고용 · 노인장기요양보험료 전액

① 보험료공제의 대상은 근로자가 부담하는 사용인 부담분을 의미하는 것이므로 **사용자가 사용인 부담분을 대리납부한 경우에도 보험료공제를 적용한다.**
② 직장가입자 또는 지역가입자인 개인사업자 본인의 건강보험료는 사업소득의 필요경비에 해당하므로 보험료공제의 대상은 아니다(개인사업자는 보험료공제 적용 ×).
③ 보험료공제의 대상은 본인의 건강 · 고용 · 노인장기요양보험료이므로 보장성보험의 보험료는 보험료공제가 아닌 보험료세액공제를 적용한다.

(2) 주택자금공제

근로소득이 있는 거주자로서 과세기간 종료일 현재 **주택을 소유하지 않은 세대의 세대주**로서 해당 과세기간에 일정한 주택자금을 지급한 경우, 다음의 금액을 근로소득금액에서 공제한다.

① 주택자금공제금액 및 공제한도

공제금액	공제한도
㉠ 청약저축(주택청약종합저축 포함) 납입액 × 40%	ⓐ ㉠ + ㉡ = 600만 원
㉡ 국민주택규모 주택의 임차 차입금 원리금상환액 × 40%	ⓑ ㉠ + ㉡ + ㉢ = 600만 원 ~ 2,000만 원 한도
㉢ 장기주택저당차입금 이자상환액 × 100%	

② 공제금액 판단시 유의사항

구분	내용
㉠ 청약저축	청약저축 등의 연 납입액은 240만 원을 한도로 한다.
㉡ 국민주택규모 주택임차	주택임차 차입금의 원리금 상환액 공제 대상이 되는 주택에는 주거에 사용하는 오피스텔을 포함한다.
㉢ 장기주택저당차입금 이자상환액	장기주택저당차입금의 경우 다음에 해당하는 경우별로 공제한도를 적용한다. ⓐ 만기 15년 이상 + 고정금리 + 비거치식 분할상환: 2,000만 원 ⓑ 만기 15년 이상 + 고정금리 또는 비거치식 분할상환: 1,800만 원 ⓒ 만기 15년 이상 + ⓐ 및 ⓑ 에 해당하지 않는 경우: 800만 원 ⓓ 만기 10년 이상 + 고정금리 또는 비거치식 분할상환: 600만 원

③ 주택자금공제대상자

구분	내용
㉠ 청약저축	무주택세대의 세대주로서 해당 과세기간의 총급여액이 7천만 원 이하인 자
㉡ 국민주택규모 주택임차	무주택 세대주(세대주가 주택자금소득공제를 받지 않은 경우 세대의 구성원을 말하며, 법 소정 외국인 포함) + 국민주택규모 이하의 주택을 임차 ⊙ 대부업을 하지 않는 거주자로부터의 차입금도 공제가능하나 총급여액이 5천만 원 이하인 자만 가능하다.
㉢ 장기주택저당차입금 이자상환액	무주택 또는 1주택 보유 세대주(세대주가 미적용시는 세대의 구성원을 말하며, 법 소정 외국인 포함) + 취득당시 기준시가 6억 원 이하인 주택 ⊙ 단, 과세기간 종료일 현재 2주택 이상을 보유한 경우는 제외한다.

> **참고** 고정금리 방식 및 비거치식 분할상환 방식
>
> 1. **고정금리방식**: 차입금의 70% 이상의 금액에 상당하는 부분에 대한 이자를 상환기간 동안 고정금리로 지급하는 경우
> 2. **비거치식 분할상환 방식**: 차입한 다음 과세기간부터 상환기간 말일이 속하는 과세기간까지 차입금의 70%를 상환기간 연수로 나눈 금액 이상의 차입금을 상환하는 경우

Ⅱ 그 밖의 소득공제

(1) 연금보험료공제(모든 소득자에게 적용)

종합소득이 있는 거주자가 공적연금 관련법에 따른 기여금 또는 개인부담금(연금보험료)을 납입한 경우에는 해당 과세기간의 종합소득금액에서 그 과세기간에 납입한 연금보험료를 공제한다.

> 연금보험료공제액 = 공적연금 관련법에 따른 연금보험료(기여금 또는 개인부담금) 전액

종합소득공제금액이 종합소득금액을 초과하는 경우 그 초과하는 금액을 한도로 연금보험료공제를 적용받지 아니한 것으로 본다.

기출 Check

21년 7급

24 「소득세법」상 거주자의 종합소득공제에 대한 설명으로 옳은 것만을 모두 고르면?

ㄱ. 기본공제대상자가 70세 이상인 경우 1명당 연 100만 원을 추가로 공제한다.
ㄴ. 거주자의 직계존속은 나이와 소득에 관계없이 기본공제대상자가 된다.
ㄷ. 분리과세이자소득, 분리과세배당소득, 분리과세연금소득과 분리과세기타소득만이 있는 자에 대해서는 종합소득공제를 적용하지 아니한다.
ㄹ. 주택담보노후연금에 대해서 발생한 이자비용 상당액은 연금소득금액을 초과하지 않는 범위에서 300만 원을 연금소득액에서 공제한다.

① ㄱ, ㄴ ② ㄱ, ㄷ
③ ㄴ, ㄹ ④ ㄷ, ㄹ

⑥ ②

해설 ㄴ: 거주자의 직계존속이 기본공제 대상자가 되기 위해서는 만 60세 이상의 연령요건과 소득요건을 모두 충족해야 한다.
ㄹ: 주택담보노후연금에 대한 공제액은 200만 원을 한도로 한다.

---

(2) 주택담보노후연금 이자비용공제(연금소득자에 한하여 적용)

연금소득이 있는 거주자로서 주택담보노후연금을 받은 경우에는 그 받은 연금에 대해서 **해당 과세기간에 발생한 이자비용 상당액을 해당 과세기간 연금소득금액에서 공제**한다. 다만, 연금소득금액을 초과하는 경우 그 초과금액은 없는 것으로 한다. 주택(연금소득이 있는 거주자의 배우자 명의의 주택 포함)의 기준시가가 12억 이하이여야 한다.

```
주택담보노후연금 이자비용공제액 = MIN[①, ②]
 ① 주택담보노후연금 이자상당액
 ② 200만 원
```

참고 연금보험료공제를 적용받지 아니한 것으로 보는 공제 종류

```
다음에 해당하는 공제를 모두 합한 금액이 종합소득금액을 초과하는 경우 그 초과하는 금액을 한도로
연금보험료공제를 받지 아니한 것으로 본다.
1. 인적공제
2. 연금보험료공제
3. 주택담보노후연금 이자비용공제
4. 특별소득공제
5. 「조세특례제한법」에 따른 소득공제
```

(3) 신용카드 등 사용금액에 대한 소득공제(근로소득자에 한하여 적용)

근로소득이 있는 거주자(일용근로자는 제외)가 법인 또는 개인사업자(외국법인 또는 비거주자의 국내사업장을 포함)로부터 재화나 용역을 제공받고 신용카드 등 사용금액의 연간 합계액(국외에서 사용한 금액은 제외)이 해당 과세연도의 최저사용금액을 초과하는 경우 신용카드 등 소득공제액을 해당 과세연도의 근로소득금액에서 공제한다.

① 소득공제액의 계산

```
소득공제 = MIN[1, 2]
 1. 소득공제 대상액 : ① 또는 ② 또는 ③
  ① 신용카드사용분 ≥ 총급여액×25% : ㉠ + ㉡ + ㉢
   ㉠ (전통시장사용분 + 대중교통이용분)×40%
   ㉡ (도서공연 등 사용분 + 직불카드사용분)×30%
   ㉢ (신용카드사용분 - 총급여×25%)×15%
  ② 신용카드사용분 < 총급여액×25% + (신용카드사용분 + 도서공연 등 사용분 + 직불카드 사용분) ≥ 총급여액×25% : ㉠ + ㉡
   ㉠ (전통시장사용분 + 대중교통이용분)×40%
   ㉡ (도서공연 등 사용분 + 직불카드사용분 + 신용카드사용분 - 총급여×25%)×30%
  ③ 신용카드사용분 + 도서공연 등 사용분 + 직불카드 사용분 < 총급여액×25% : (전통시장사용분 + 대중교통이용분 + 도서공연 등 사용분 + 직불카드사용분 +신용카드사용분 - 총급여×25%)×40%
```

2. 소득공제 한도 = ① + ②
① 일반한도

해당 과세기간의 총급여액	한도액
7천만 원 이하	MIN[총급여액×20%, 연 300만 원]
7천만 원 초과 1억 2천만 원 이하	연간 250만 원
1억 2천만 원 초과	연간 200만 원

② 추가한도 : MIN[전통시장사용분×40%, 100만 원] + MIN[대중교통이용분×40%, 100만 원] + MIN[도서공연 등 사용분×30%, 100만 원]
⊘ 일반한도에서 초과액이 발생하지 않는 경우 추가한도는 적용하지 않는다.

② 공제대상 신용카드 등 사용분의 범위

구분	내용
전통시장사용분	전통시장 구역 안의 법인 또는 사업자로 신용카드, 직불카드, 기명식선불카드, 현금영수증 사용액을 말한다. **참고** 전통시장 사용분에서 제외되는 대상 ㉠ 준대규모점포 ㉡ 사업자단위 과세사업자로서 전통시장 안의 사업장과 이외의 사업장의 신용카드 등 사용금액이 구분되지 않는 자
대중교통이용분	대중교통수단을 이용한 대가 + 신용카드, 직불카드, 기명식선불카드, 현금영수증 사용액
도서공연 등 사용분	도서·공연·신문·박물관·미술관 사용분은 다음에 해당하는 금액이다. 단, 해당 과세연도의 총급여액이 7천만 원 이하인 경우에만 도서·공연·박물관·미술관 사용분에 포함된다. ㉠ 간행물(유해간행물은 제외)의 구입, 신문 구독 또는 공연 관람을 위하여 문화체육관광부장관이 지정하는 법인 또는 사업자에게 지급한 금액 ㉡ 박물관 및 미술관에 입장하기 위하여 문화체육부장관이 지정하는 법인 또는 사업자에게 지급한 금액
직불카드사용분	직불카드, 기명식선불카드, 현금영수증(전통시장사용분, 대중교통이용분 및 도서공연 등 사용분 제외) ⊘ 직불전자지급수단, 기명식선불전자지급수단, 기명전자화폐 사용액도 포함
신용카드사용분	신용카드(전통시장사용분, 대중교통이용분 및 도서공연 등 사용분 제외)
공통사용액	전통시장사용분, 대중교통이용분 및 도서공연 등 사용분에 중복하여 해당하는 경우에는 그 중 하나에 해당하는 것으로 보아 소득공제를 적용한다.

③ 소득공제액 계산방법
  ㉠ 해당 과세연도의 총급여액이 7천만 원 이하인 경우

구분	최저사용금액	= 초과사용액	× 공제율	= 공제대상액
ⓐ 전통시장사용분			40%	A
ⓑ 대중교통이용분			40%	B
ⓒ 도서공연 등 사용분			30%	C
ⓓ 직불카드사용분			30%	D
ⓔ 신용카드사용분			15%	E
계	총급여액 × 25%			F

  ⊙ 최저사용금액은 상기 구분의 역순으로 차감하여 초과사용금액을 구한다. 즉, 신용카드사용분을 먼저 차감하고, 다음으로 도서등사용분 및 직불카드사용분을 차감하고, 마지막으로 대중교통이용분 및 전통시장사용분을 차감한다.

  ㉡ 해당 과세연도의 총급여액이 7천만 원 초과인 경우

구분	최저사용금액	= 초과사용액	× 공제율	= 공제대상액
ⓐ 전통시장사용분			40%	A
ⓑ 대중교통이용분			40%	B
ⓒ 직불카드사용분			30%	C
ⓓ 신용카드사용분			15%	D
계	총급여액 × 25%			E

④ 신용카드 등 공제대상자 및 사용금액의 범위

구분	내용
공제대상자	㉠ 거주자와 배우자로서 연간 소득금액의 합계액이 100만 원 이하인 자 ㉡ 거주자와 생계를 같이 하는 직계존비속, 입양자로서 연간 소득금액의 합계액이 100만 원 이하인 자. 이 경우 연령요건은 불문한다. 　⊙ 근로소득만 있는 경우 총급여액 500만 원 이하를 말한다. 　⊙ 공제대상자에 형제자매는 포함하지 않는다.
신용카드 사용액에 포함되지 않는 경우	㉠ 타소득의 비용에 해당하는 경우 : 사업소득과 관련된 비용 또는 법인의 비용에 해당액 ㉡ 가공매출, 위장가맹점 : 물품의 판매 또는 용역의 제공을 가장하거나 비정상적인 사용행위에 해당하는 경우 ㉢ 자동차를 구입하는 경우
신용카드 소득공제 배제금액	공제대상 신용카드 등 사용금액은 해당 과세기간의 신용카드 등 사용금액(국외사용금액은 제외)에서 다음 중 어느 하나에 해당하는 금액을 공제한 금액으로 한다. ㉠ 보험료 또는 공제료 ㉡ 교육비(유치원, 보육시설 포함) : 어린이집, 초·중·고·대학교(대학원 포함)에 납부하는 수업료, 입학금, 보육비용 기타 공납금(**취학전 아동의 학원·체육시설의 수강료 제외**) 　⊙ 사설학원비 및 의료비는 공제대상에 해당한다. ㉢ 국가에 납부하는 세금, 각종 공과금(전기료·수도료·가스료·전화료), 아파트관리비, TV시청료 및 고속도로 통행료 등 ㉣ 리스료(자동차대여업사업의 자동차대여료 포함) ㉤ 상품권 등 유가증권 구입비

ⓗ 취득세가 부과되는 재산(중고자동차 제외)
  ⊘ 중고자동차를 신용카드, 직불카드 등으로 구입하는 경우 그 중고자동차 구입금액 중 **중고자동차 구입금액의 10%**를 신용카드 등 사용금액에 포함한다.
ⓘ 국외사용액
ⓙ 국가 등에 지급하는 사용료·수수료 등의 대가(부가가치세 과세업종은 제외한다)
  예 여권발급수수료, 공영주차장 주차료, 휴양림이용료 등
ⓚ 차입금 이자상환액, 증권거래수수료 등 금융·보험용역과 관련한 지급액, 수수료, 보증료 및 이와 비슷한 대가
ⓛ 정당에 대한 정치자금(정치자금세액공제 및 기부금세액공제를 적용받은 경우에 한함)
ⓜ 월세세액공제를 적용받는 월세액
ⓝ 현금서비스
ⓞ 보세판매장, 지정면세점, 선박 및 항공기에서 판매하는 면세물품의 구입비용

(4) 소기업·소상공인 공제부금공제

① 공제대상자
  ㉠ 사업자
  ㉡ 법인의 대표자 + 총급여액 7,000만 원 이하

② 소득공제액

소득공제액 = MIN[㉠, ㉡]

㉠ 납부액 중 공제대상액 = MIN[ⓐ, ⓑ] × (1 − $\frac{\text{부동산임대업 소득금액}}{\text{사업소득금액}}$)

  ⓐ 소기업·소상공인 공제부금 납부액
  ⓑ 납부액한도

해당 과세연도의 사업소득금액(근로소득금액)	공제한도
4,000만 원 이하	500만 원
4,000만 원 초과 1억 원 이하	300만 원
1억 원 초과	200만 원

  ⊘ 법인의 대표자로서 총급여액이 7,000만 원 이하인 거주자의 경우에는 근로소득금액을 사업소득금액으로 보아 계산한다.
㉡ 소득금액 한도 = 사업소득금액 − 부동산임대업 소득금액

(5) 기타「조세특례제한법」상 소득공제

① 벤처투자조합 출자 등에 대한 소득공제
  ㉠ 공제대상 출자 또는 투자의 범위
    ⓐ 벤처투자조합, 신기술사업투자조합 또는 전문투자조합에 출자하는 경우
    ⓑ 벤처기업투자신탁의 수익증권에 투자하는 경우(1인당 3천만 원 한도)
    ⓒ 창업·벤처전문 경영참여형 사모집합투자기구에 투자하는 경우
    ⓓ 개인투자조합에 출자한 금액을 벤처기업 등에 투자하는 경우
    ⓔ 벤처기업 등에 투자하는 경우
    ⓕ 온라인소액투자중개의 방법으로 모집하는 창업 후 7년 이내의 중소기업으로서 벤처기업 등의 범위의 기업(3년은 7년으로 봄)의 지분증권에 투자하여, 투자일로부터 3년 이상 보유하는 경우

ⓒ 소득공제액

> 소득공제액 = MIN[ⓐ, ⓑ]
> ⓐ 출자 또는 투자액 × 10%
> ⓑ 해당 과세기간의 종합소득금액 × 50%

ⓒ 소득공제되는 과세연도
   ⓐ 원칙: 출자일 또는 투자일이 속하는 과세연도
   ⓑ 예외: 출자일 또는 투자일이 속하는 과세연도부터 출자 또는 투자 후 2년이 되는 날이 속하는 과세연도까지 1과세연도를 선택하여 공제시기 변경을 신청하는 경우에는 신청한 과세연도

② 우리사주조합에 대한 출연금의 소득공제(근로소득자만 적용)

우리사주조합원이 자사주를 취득하기 위하여 우리사주조합에 출연하는 경우 다음의 금액을 근로소득금액에서 공제한다. 단, 우리사주조합원 이외의 자가 우리사주조합에 출연하는 경우는 소득공제가 아니라 기부금으로 보아 세액공제 또는 필요경비로 적용한다.

> 소득공제액 = MIN[㉠, ㉡]
> ㉠ 해당 연도의 출자금액
> ㉡ 공제한도: 400만 원(벤처기업의 우리사주조합원의 경우에는 1,500만 원)

③ 장기집합투자증권저축에 대한 소득공제(근로소득자만 적용)

2015년 12월 31일까지 가입하는 경우 장기집합투자증권저축에 가입한 날로부터 10년 동안 다음의 금액을 근로소득금액에서 공제한다.

> 소득공제액 = MIN[①, ②]
> ① 각 과세기간에 납입한 금액 × 40%
> ② 해당 과세기간의 근로소득금액

장기집합투자증권저축은 가입 당시 직전 과세기간의 총급여액이 5천만 원 이하인 근로소득이 있는 거주자가 적립식저축으로서 1인당 연 600만 원 이내에서 납입한 것을 소득공제 대상으로 한다.

제4절 종합소득공제의 배제 및 소득공제 종합한도

I 종합소득공제의 배제

구분	사유
(1) 분리과세소득만 있는 경우	종합소득공제를 적용하지 아니한다.

(2) 증명서류를 제출하지 않은 경우	① 증명서류 미제출 : 과세표준확정신고를 하여야 할 자가 증명서류를 제출하지 않은 경우에는 기본공제 중 거주자 본인에 대한 분과 표준세액공제만을 공제한다.
	
	  | 대상 | 기본공제 | 표준세액공제 |
	  |---|---|---|
	  | 근로소득자 | 150만 원 | 13만 원 |
	  | 성실사업자 | 150만 원 | 12만 원 |
	  | 이외의 자 | 150만 원 | 7만 원 |
	
	② 단, 과세표준확정신고 여부와 관계없이 그 서류를 나중에 제출한 경우에는 소득공제를 적용한다.

(3) 수시부과 결정의 경우	기본공제 중 거주자 본인에 대한 기본공제 150만 원만 적용한다.

II 소득공제의 종합한도

거주자의 종합소득에 대한 소득세를 계산할 때 다음 중 어느 하나에 해당하는 공제금액의 합계액이 2,500만 원을 초과하는 경우에는 그 초과하는 금액은 없는 것으로 한다.

구분	한도적용대상 소득공제
「소득세법」	특별소득공제 중 주택자금소득공제
「조세특례제한법」	(1) 중소기업창업투자조합 출자 등에 대한 소득공제 (2) 소기업·소상공인 공제부금에 대한 소득공제 (3) 청약저축 등에 대한 소득공제 (4) 우리사주조합 출자에 대한 소득공제 (5) 장기집합투자증권저축 소득공제 (6) 신용카드 등 사용금액에 대한 소득공제

> **참고** 공동사업합산과세에 따른 소득공제 등 특례
>
> 공동사업합산과세 규정에 따라 소득금액이 주된 공동사업자의 소득금액에 합산되는 특수관계인이 지출한 금액이 있으면 주된 공동사업자의 소득에 합산과세되는 소득금액의 한도에서 주된 공동사업자가 지출 등을 한 금액으로 보아 주된 공동사업자의 합산과세되는 종합소득금액 또는 종합소득산출세액을 계산할 때에 소득공제 또는 세액공제를 받을 수 있다.
> 1. 연금보험료공제
> 2. 연금계좌세액공제
> 3. 조세특례제한법에 따른 소득공제

CHAPTER 08 종합소득세의 계산

제1절 일반적인 종합소득산출세액

I 종합소득세의 계산구조

종합소득과세표준	
× 기본세율	6 ~ 45% 8단계 초과누진세율
종합소득산출세액	① 일반적인 종합소득산출세액 ② 금융소득에 대한 세액계산 특례 ③ 부동산매매업자에 대한 세액계산 특례
− 세액공제	「소득세법」 및 「조세특례제한법」에 따른 세액공제
− 세액감면	「소득세법」 및 「조세특례제한법」에 따른 세액감면
= 종합소득결정세액	
− 기납부세액	원천징수세액 · 중간예납세액 · 예정신고납부세액 · 수시부과세액
= 차감납부세액	

II 종합소득세 기본세율

종합소득과세표준	산출세액
1,400만 원 이하	과세표준 × 6%
1,400만 원 초과 5,000만 원 이하	과세표준 × 15% − 126만원
5,000만 원 초과 8,800만 원 이하	과세표준 × 24% − 576만원
8,800만 원 초과 1억 5천만 원 이하	과세표준 × 35% − 1,544만원
1억 5천만 원 초과 3억 원 이하	과세표준 × 38% − 1,994만원
3억 원 초과 5억 원 이하	과세표준 × 40% − 2,594만원
5억 원 초과 10억 원 이하	과세표준 × 42% − 3,594만원
10억 원 초과	과세표준 × 45% − 6,594만원

제2절 종합소득세액계산의 특례

I 금융소득이 있는 경우 산출세액계산의 특례

(1) 금융소득금액이 2천만 원을 초과하는 경우

거주자의 종합소득과세표준에 포함된 금융소득이 2천만 원을 초과하는 경우에는 그 거주자의 종합소득 산출세액은 다음의 금액 중 큰 금액으로 한다.

> 종합소득산출세액 = MAX[①, ②]
> ① (종합소득과세표준 − 2천만 원) × 기본세율 + 2천만 원 × 14%
> ② (과세표준 − 금융소득금액) × 기본세율 + (비영업대금의 이익 × 25% + 위 외 금융소득 총수입금액 × 14%)

① 금융소득금액에는 귀속법인세 금액을 포함한다.
② 과세표준에서 금융소득금액을 차감한 값이 0보다 작은 경우 0으로 본다.
③ 금융소득에는 귀속법인세를 제외하며, 결손금 및 종합소득공제는 차감전 금액으로 한다 (금융소득에는 국외금융소득은 포함한다).

(2) 금융소득금액이 2천만 원을 초과하지 않는 경우 − 비교산출세액만 적용한다.

> 산출세액 = (과세표준 − 금융소득금액) × 기본세율 + 금융소득 × 원천징수세율

(3) 배당세액공제액의 계산

> 배당세액공제액 = MIN[①, ②]
> ① 귀속법인세: Gross-up 적용 배당소득 × 10%
> ② 한도: 산출세액 − 비교산출세액

(4) 출자공동사업자의 배당소득이 있는 경우 비교산출세액의 계산

출자공동사업자 배당소득에 대하여 최소 세율 14% 이상의 세부담을 지우기 위하여 기본세율을 적용하였을 때의 비교산출세액과 세율 14%을 적용하였을 때의 비교산출세액 중 큰 금액을 비교산출세액으로 한다.

> 비교산출세액 = MAX[①, ②]
> ① (과세표준 − 금융소득금액) × 기본세율 + 출자공동사업자 배당소득 × 14%(25%)
> ② (과세표준 − 금융소득금액 − 출자공동사업자 배당소득) × 기본세율 + 금융소득금액 × 원천징수세율 + 출자공동사업자 배당소득 × 14%

Ⅱ 부동산매매업자에 대한 세액계산의 특례

(1) 부동산매매업 개념

부동산매매업이란 한국표준산업분류에 따른 비주거용 건물건설업(건물을 자영건설하여 판매하는 경우만 해당)과 부동산 개발 및 공급업을 말한다. 다만, 한국표준산업분류에 따른 주거용 건물 개발 및 공급업(구입한 주거용 건물을 재판매하는 경우는 제외)은 제외한다.

(2) 적용대상자

① 비사업용 토지
② **미등기양도자산**
③ 부동산에 관한 권리 중 조정대상지역 내 주택의 입주자로 선정된 지위(조합원입주권은 제외)
④ 1세대 2주택(조합원 입주권 포함) 이상의 주택의 매매차익

(3) 산출세액의 계산

> 산출세액 = MAX[①, ②]
> ① 일반산출세액 = 종합소득 과세표준 × 기본세율
> ② 비교산출세액 = (매매가액 − 취득가액 − 자본적지출양도비 − 장기보유특별공제 − 양도소득기본공제) × 양도소득세율 + (종합소득과세표준 − 토지 등 매매소득금액) × 기본세율

Ⅲ 분리과세 주택임대소득에 대한 세액 계산의 특례

(1) 분리과세 주택임대소득

① 해당 과세기간에 주택임대수입금액(주거용 건물 임대업에서 발생한 총수입금액의 합계액)이 **2,000만 원 이하**인 자의 주택임대소득을 말한다.
② 사업자가 공동사업자인 경우에는 공동사업장에서 발생한 주택임대수입금액의 합계액을 손익분배비율에 의하여 공동사업자에게 분배한 금액을 각 사업자의 주택임대수입금액에 합산한다.

(2) 결정세액의 계산

분리과세 주택임대소득이 있는 거주자의 경우 종합소득 결정세액은 다음과 같이 계산한다.

> 종합소득 결정세액: 다음의 ① 또는 ② 중 선택
> ① 종합과세 방식: 분리과세 주택임대소득을 종합소득과세표준에 합산하여 계산한 종합소득 결정세액
> ② 분리과세 방식: ㉠ + ㉡
>   ㉠ 분리과세 주택임대소득에 대한 사업소득금액 × 14% − 소형주택임대사업자 세액감면
>   ㉡ 분리과세 주택임대소득 이외 종합소득 결정세액

(3) 분리과세 주택임대소득에 대한 사업소득금액

결정세액 산출방법 중 사업소득금액을 계산할때는 다음과 같이 산출한다.

구분	사업소득금액
① 등록임대주택	총수입금액 − 총수입금액×60% − 400만 원
② 미등록임대주택	총수입금액 − 총수입금액×50% − 200만 원

① 등록임대주택은 다음의 요건을 모두 충족하는 임대주택을 말한다.
  ㉠ 「민간임대주택에 관한 특별법」에 따른 임대사업자등록을 한 자가 임대 중인 「민간임대주택에 관한 특별법」에 따른 공공지원민간임대주택, 단기민간임대주택 또는 장기일반민간임대주택일 것
  ㉡ 「소득세법」에 따른 사업자등록을 한 사업자의 임대주택일 것
  ㉢ 임대보증금 또는 임대료의 증가율이 5%를 초과하지 않고, 임대계약 체결 또는 임대료 등 증액 후 1년 이내 증액 청구 불가할 것
② 분리과세 주택임대소득을 제외한 해당 과세기간의 종합소득금액이 2천만 원 이하인 경우에 한하여 400만 원 또는 200만 원을 차감한다.

(4) 소형주택임대사업자 세액감면

소형주택임대사업자가 임대주택을 1호 이상 임대하는 경우에는 2022년 12월 31일 이전에 끝나는 과세연도까지 해당 임대사업에서 발생한 소득세에 다음의 율을 곱한 세액을 감면한다(종합과세방식 및 분리과세 방식에 모두 적용된다).

① 임대주택을 1호 임대하는 경우
  30%(공공지원민간임대주택 또는 장기일반민간임대주택의 경우에는 75%)
② 임대주택을 2호 이상 임대하는 경우
  20%(공공지원민간임대주택 또는 장기일반민간임대주택의 경우에는 50%)

> **참고** 소형주택임대사업자 및 임대주택
>
> 1. **소형주택임대사업자**: 다음의 요건을 모두 충족하는 내국인을 말한다.
>   ① 「소득세법」에 따른 사업자등록을 하였을 것
>   ② 「민간임대주택에 관한 특별법」에 따른 임대사업자등록을 하였거나 공공주택 특별법에 따른 공공주택사업자로 지정되었을 것
> 2. **임대주택**: 소형주택임대사업자가 임대주택으로 등록한 「민간임대주택에 관한 특별법」 및 「공공주택특별법」에 따른 건설임대주택, 매입임대주택, 공공지원민간임대주택 또는 장기일반민간임대주택으로서 다음의 요건을 모두 충족하는 임대주택을 말한다.
>   ① 국민주택규모의 주택(주거에 사용하는 오피스텔 포함)일 것
>   ② 주택 및 이에 부수되는 토지의 기준시가의 합계액이 해당 주택의 임대개시일 당시 6억 원을 초과하지 아니할 것
>   ③ 임대보증금 또는 임대료의 증가율이 5%를 초과하지 않고, 임대계약 체결 또는 임대료 등 증액 후 1년 이내 증액 청구 불가할 것

해당 과세기간에 분리과세 주택임대소득이 있는 경우에도 종합소득과세표준 확정신고를 하여야 한다. 분리과세 주택임대소득만 있는 사업자의 경우에도 「소득세법」에 따른 사업자등록을 하여야 한다.

Ⅳ 분리과세 기타소득에 대한 세액 계산의 특례

(1) 원천징수되지 아니한 위약금과 배상금

계약금이 위약금·배상금으로 대체되는 경우에 해당하여 원천징수되지 아니한 위약금과 배상금을 종합소득 과세표준에 합산하지 아니한 경우 그 합산하지 아니한 기타소득에 대한 결정세액은 해당 기타소득금액에 20%의 세율을 적용하여 계산한 금액으로 한다.

(2) 가상자산소득(단, 가상자산소득에 대한 과세는 2027.1.1.부터 시행한다)

가상자산소득에 대한 결정세액은 가상자산 기타소득금액에서 250만 원을 뺀 금액에 20%의 세율을 적용하여 계산한 금액으로 한다. 해당 과세기간에 분리과세되는 위약금과 배상금 및 가상자산소득이 있는 경우에도 종합소득과세표준 확정신고를 하여야 한다.

제3절 세액감면

세액감면이란 특정한 소득에 대해 사후적으로 세금을 완전히 면제하거나 일정한 비율만큼 경감해주는 것을 말한다.

(1) 세액감면의 계산구조

$$감면세액 = 종합소득산출세액 \times \frac{감면대상\ 소득금액}{종합소득금액} \times 감면비율$$

(2) 세액감면의 종류

① 「소득세법」에 따른 세액감면
  ㉠ 사업소득: 거주자 중 대한민국 국적을 가지지 아니한 자와 비거주자가 선박과 항공기의 외국항행사업으로부터 얻은 소득(상호면세주의에 한함)
  ㉡ 근로소득: 정부간의 협약에 따라 우리나라에 파견된 외국인이 그 양쪽 또는 한쪽 당사국의 정부로부터 받는 급여

② 「조세특례제한법」에 따른 세액감면
  ㉠ 이자소득: 국제금융거래에 따른 일정한 이자소득
  ㉡ 배당소득: 영농조합법인 또는 영어조합법인으로부터 받는 일정한 배당소득 등
  ㉢ 사업소득: 「법인세법」상의 세액감면과 동일
  ㉣ 근로소득: 일정한 외국인 기술자가 국내에서 내국인에게 근로를 제공하고 지급받는 근로소득 등

◉ 당해연도 산출세액에서 차감되지 않은 세액감면에 대해서는 이월감면이 적용되지 않는다.

기출 Check 20년 9급

25 소득세법령상 조세에 관한 법률을 적용할 때 소득세의 감면에 관한 규정과 세액공제에 관한 규정이 동시에 적용되는 경우 그 적용순위를 순서대로 바르게 나열한 것은?

㉠ 이월공제가 인정되지 아니하는 세액공제
㉡ 해당 과세기간 중에 발생한 세액공제액
㉢ 이전 과세기간에서 이월된 미공제 세액공제액
㉣ 해당 과세기간의 소득에 대한 소득세의 감면

※ ㉡, ㉢은 이월공제가 인정되는 세액공제임

① ㉠→㉡→㉢→㉣
② ㉠→㉣→㉡→㉢
③ ㉣→㉠→㉡→㉢
④ ㉣→㉠→㉢→㉡

6 ④

(3) 세액감면과 세액공제의 적용순위
① 해당 과세기간의 소득에 대한 소득세 감면
② 이월공제 인정되지 아니하는 세액공제
③ 이월공제가 적용되는 세액공제
  ⊙ 단, 해당 과세기간 중에 발생한 세액공제액과 이전 과세기간에서 이월된 미공제액이 함께 있을 때에는 이월된 미공제액을 먼저 공제한다.

제4절 세액공제

	구분	이자소득	배당소득	사업소득	근로소득	연금소득	기타소득
「소득세법」	배당세액공제		○				
	기장세액공제			○			
	외국납부세액공제	○	○	○	○	○	○
	재해손실세액공제			○			
	근로소득세액공제				○		
	자녀세액공제	○	○	○	○	○	○
	연금계좌세액공제	○	○	○	○	○	○
	특별세액공제				○		
「조세특례제한법」	월세액에 대한 세액공제				○		
	성실사업자 등에 대한 의료비 세액공제			○			
	정치자금기부금 세액공제	○	○	○	○	○	○
	성실신고 확인비용에 대한 세액공제			○			

I 배당세액공제

배당세액공제액은 다음의 금액으로 한다.

배당세액공제액 = MIN[①, ②]
① 귀속법인세 = Gross-up 적용 배당소득 × 10%
② 한도 = 산출세액 − 비교산출세액

Ⅱ 기장세액공제

(1) 기장세액공제 적용대상자

「소득세법」상 **간편장부대상자**가 종합소득과세표준 확정신고를 할 때 **복식부기에 따라 기장**하여 소득금액을 계산하고 재무상태표·손익계산서 및 합계잔액시산표와 조정계산서를 제출하는 경우에는 기장세액공제액을 종합소득 산출세액에서 공제한다.

(2) 기장세액공제액

> 기장세액공제액 = MIN[①, ②]
> ① (종합소득산출세액 × $\dfrac{\text{복식부기로 기장된 사업소득금액}}{\text{종합 소득금액}}$) × 20%
> ② 한도 : 100만 원

(3) 적용배제 대상

다음 중 어느 하나에 해당하는 경우에는 기장세액공제를 적용하지 아니한다.
① 비치·기록한 장부에 의하여 신고하여야 할 소득금액의 20% 이상을 누락하여 신고한 경우
② 기장세액공제와 관련된 장부 및 증명서류를 해당 과세표준확정신고기간 종료일부터 5년간 보관하지 않은 경우(다만, 천재지변 등 부득이한 사유에 해당하는 경우 그러하지 아니하다)

> **참고** 사업자의 기장의무이행에 따른 혜택 및 제재사항
>
> **1. 기장세액공제 및 무기장가산세 적용개요**
> ① 복식부기 의무자는 기장세액공제의 적용대상자가 아니다.
> ② 간편장부대상자 중 소규모사업자는 무기장가산세를 적용하지 않으나 소규모사업자 이외의 간편장부대상자 및 복식부기 의무자가 기장을 하지 않은 경우 무기장가산세를 적용한다.
>
> **2. 간편장부대상자**
> 간편장부대상자란 다음 중 어느 하나에 해당하는 사업자를 말한다.
> ① 해당 과세기간에 신규로 사업을 개시한 자
> ② 직전 과세기간의 수입금액(결정·경정으로 증가된 수입금액을 포함하며, 사업용 유형자산을 양도함으로써 발생한 수입금액은 제외한다)의 합계액이 다음의 금액에 미달하는 사업자. 다만, 욕탕업의 경우에는 1억 5천만 원에 미달하는 사업자로 한다.
>
> | 업종 | 도·소매업,
부동산매매업 등 | 제조업, 숙박
및 음식점업 등 | 부동산임대업, 전문, 과학 및
기술서비스업 등 |
> |---|---|---|---|
> | 금액 | 3억 원 | 1억 5천만 원 | 7,500만 원 |
>
> **3. 간편장부배제대상자**
> ① 의료업, 수의업 및 약국을 개설하여 행하는 약사
> ② 변호사업, 변리사업, 법무사업, 공인회계사업, 세무사업 등 사업서비스업을 영위하는 사업자
>
> **4. 소규모사업자**
> ① 신규사업개시자
> ② 직전 총수입금액이 4,800만 원에 미달하는 자
> ③ 연말정산되는 사업소득만 있는자(간편장부대상자인 보험모집인, 방문판매원 등)

5. 무기장가산세

$$\text{무기장가산세} = \text{종합소득산출세액} \times \frac{\text{무기장, 미달기장 소득금액}}{\text{종합소득금액}} \times 20\%$$

6. 사업자의 구분경리 의무

둘 이상의 사업장을 가진 사업자가 「소득세법」 또는 「조세특례제한법」에 따라 사업장별로 감면을 달리 적용받는 경우에는 사업장별 거래 내용이 구분될 수 있도록 장부를 기록하여야 한다.

Ⅱ 전자계산서 발급 전송에 대한 세액공제

해당 과세기간에 신규로 사업을 개시한 사업자 및 직전 과세기간의 사업장별 총수입금액이 3억원 미만의 사업자가 전자계산서를 2027년 12월 31일까지 발급(전자계산서 발급명세를 국세청장에게 전송하는 경우로 한정한다)하는 경우에는 전자계산서 발급 건수 등을 고려하여 발급건수 당 200원을 해당 과세기간의 사업소득에 대한 종합소득산출세액에서 공제할 수 있다. 이 경우 공제한도는 연간 100만원으로 한다. 전자계산서 발급전송에 따른 세액공제를 적용받으려는 사업자는 과세표준확정신고를 할 때 전자계산서 발급 세액공제 신고서를 납세지 관할 세무서장에게 제출하여야 한다.

Ⅲ 외국납부세액공제

거주자의 종합소득금액 또는 퇴직소득금액에 국외원천소득이 합산되어 있는 경우로서 그 국외원천소득에 대하여 다음의 외국소득세액을 납부하였거나 납부할 것이 있을 때에는 공제한도금액 내에서 외국소득세액을 해당 과세기간의 종합소득산출세액 또는 퇴직소득 산출세액에서 공제할 수 있다.

(1) 공제대상금액

① 개인의 소득금액을 과세표준으로 하여 과세된 세액과 그 부가세액
② 유사한 세목에 해당하는 것으로서 소득 외의 수입금액 기타 이에 준하는 것을 과세표준으로 하여 과세된 세액

(2) 외국납부세액공제액

외국납부세액공제액 = MIN[①, ②]
① 외국납부세액 = 직접납부세액 + 의제외국납부세액
② 한도액 = 종합소득산출세액 또는 퇴직소득산출세액 $\times \dfrac{\text{국외원천 소득금액}}{\text{종합소득금액(퇴직소득금액)}}$

(3) 이월공제

외국정부에 납부하였거나 납부할 외국소득세액이 해당 과세기간의 공제한도금액을 초과하는 경우 그 **초과하는 금액은 해당 과세기간의 다음 과세기간 개시일부터 10년 이내에 끝나는 과세기간(이월공제기간)으로 이월**하여 그 이월된 과세기간의 공제한도금액 내에서 공제받을 수 있다. 다만, 외국정부에 납부하였거나 납부할 외국소득세액을 이월공제기간 내에 공제받지 못한 경우 그 공제받지 못한 외국소득세액은 이월공제기간의 종료일 다음날이 속하는 과세기간의 소득금액을 계산할 때 필요경비에 산입할 수 있다.

참고 외국납부세액의 「법인세법」과 「소득세법」의 비교

구분	「법인세법」	「소득세법」
적용대상소득	제한없음	제한없음
간접외국납부세액	적용 ○	적용 ×
세액공제 한도	과세표준 기준으로 안분	소득금액 기준으로 안분
이월공제	10년간 이월공제(미공제액은 다음 사업연도의 손금에 산입)	10년간 이월공제(미공제액은 다음 과세기간에 필요경비로 산입) ⊙ 퇴직소득 및 양도소득은 이월공제 불가

(4) 간접투자회사 등으로부터 지급받은 소득에 대한 외국납부세액공제 특례

거주자의 종합소득금액에 다음의 요건을 갖춘 소득이 합산되어 있는 경우 해당 금액을 과세기간의 종합소득산출세액에서 공제할 수 있다.

① 요건
   ㉠ 간접투자회사로부터 지급받은 소득일것
   ㉡ 간접투자회사 등이 거주자에게 지급한 소득에 대해 외국법인세액을 납부하였을 것

② 종합소득산출세액에서 공제하는 금액
   간접투자외국법인세액을 세후기준가격을 고려하여 대통령령으로 계산한 금액으로 한다.

$$한도 = 해당\ 과세기간의\ 종합소득산출세액 \times \frac{간접투자회사\ 등으로부터\ 지급받은\ 소득의\ 합계액}{해당\ 과세기간의\ 종합소득금액}$$

③ 해당 과세기간의 공제한도금액을 초과하는 경우 그 초과하는 금액은 해당 과세기간의 다음 과세기간 개시일부터 10년 이내에 끝나는 과세기간으로 이월하여 그 이월된 과세기간의 공제한도금액 내에서 공제할 수 있다.

Ⅳ 재해손실세액공제

(1) 공제대상자

해당 과세기간에 천재지변이나 재해로 자산총액의 20% 이상에 해당하는 자산을 상실한 사업자가 공제를 적용받을 수 있는 대상자다.

(2) 세액공제액

재해손실세액공제액 = MIN[①, ②]
① 사업소득에 대한 공제대상 소득세액 × 재해상실비율
② 한도: 상실된 자산의 가액

(3) 공제대상 소득세

구분	범위
미부과 또는 미납된 소득세	해당 사업 소득세
당해 과세기간 소득세	(산출세액 − 배당·기장·외국납부세액공제) × $\dfrac{\text{사업소득금액}}{\text{종합소득금액}}$

(4) 재해상실비율

$$\text{재해상실비율} = \dfrac{\text{상실된 자산가액}}{\text{상실전의 사업용자산총액}}$$

사업용자산총액에는 토지는 제외되지만 타인의 자산 중에서 변상의 책임이 있는 것은 포함한다. 또한, 보험금을 수령한 경우 보험금 수령액은 상실된 자산가액에서 차감하지 아니한다.

V 근로소득세액공제

(1) 일반근로자

근로소득이 있는 거주자에 대해서는 그 근로소득에 대한 종합소득산출세액에서 다음의 금액을 공제한다.

근로소득세액공제액 = MIN[①, ②]
① 공제대상액

근로소득 산출세액*	근로소득세액공제액
130만 원 이하	산출세액 × 55%
130만 원 초과	71만 5천 원 + (산출세액 − 130만 원) × 30%

* 근로소득 산출세액 = 종합소득 산출세액 × $\dfrac{\text{근로소득금액}}{\text{종합소득금액}}$

② 공제한도액

총급여액	공제한도
3,300만 원 이하	74만 원
3,300만 원 초과 7,000만 원 이하	MAX[①, ②] ① 74만 원 − [(총급여액 − 3,300만 원)] × 8/1,000] ② 66만 원
7,000만 원 초과 1.2억원 이하	66만원 − [(총급여액 − 7천만 원) × 1/2]. 다만, 위 금액이 50만 원보다 적은 경우에는 50만 원으로 한다.
1.2억원 초과	50만원 − [(총급여액 − 1억2천만 원) × 1/2]. 다만, 위 금액이 20만 원보다 적은 경우에는 20만 원으로 한다.

(2) 일용근로자

일용근로자의 근로소득에 대해서 원천징수를 하는 경우에는 해당 근로소득에 대한 산출세액의 55%에 해당하는 금액을 그 산출세액에서 공제한다.

> 일용근로자 근로소득세액공제액 = 근로소득산출세액 × 55%

VI 자녀세액공제

(1) 기본세액공제(자녀수 공제)

종합소득이 있는 거주자의 **기본공제대상자에 해당하는 자녀**(입양자 및 위탁아동을 포함) 및 **손자녀**로서 **8세 이상의 사람**에 대해서는 다음의 구분에 따른 금액을 종합소득산출세액에서 공제한다.

기본공제대상 자녀의 수	세액공제
① 1명인 경우	연 25만 원
② 2명인 경우	연 55만 원
③ 3명 이상인 경우	연 55만 원 + (자녀수 − 2명) × 연 40만 원

◎ 3명: 95만 원, 4명: 135만 원, 5명: 175만 원

(2) 출산·입양자녀 세액공제

해당 과세기간에 출산하거나 입양 신고한 공제대상자녀가 있는 경우 다음의 구분에 따른 금액을 종합소득산출세액에서 공제한다.

구분	세액공제
① 출산하거나 입양 신고한 공제대상자녀가 첫째인 경우	연 30만 원
② 출산하거나 입양 신고한 공제대상자녀가 둘째인 경우	연 50만 원
③ 출산하거나 입양 신고한 공제대상자녀가 셋째 이상인 경우	연 70만 원

VII 연금계좌세액공제

(1) 공제대상자

종합소득이 있는 거주자가 연금계좌에 납입한 금액 중 다음에 해당하는 금액을 제외한 금액이 있는 경우 연금계좌세액공제액을 해당 과세기간의 종합소득산출세액에서 공제한다.
① 소득세가 원천징수되지 아니한 퇴직소득 등 과세가 이연된 소득(이연퇴직소득)
② 연금계좌에서 다른 연금계좌로 계약을 이전함으로써 납입되는 금액

(2) 공제대상 연금계좌 납입액

공제대상금액 = MIN[①, ②]
① 연금계좌 납입액 = 연금저축계좌 납입액 + 퇴직연금계좌 납입액
② 한도 = ㉠ + ㉡
  ㉠ 일반한도 : 600만 원
  ㉡ 퇴직연금계좌에 납입한 금액 : 300만 원
단, 연금계좌 중 연금저축계좌에 납입한 금액이 연 600만 원을 초과하는 경우에는 그 초과하는 금액은 없는 것으로 하고, 연금저축계좌에 납입한 금액 중 600만 원 이내의 금액과 퇴직연금계좌에 납입한 금액을 합한 금액이 연 900만 원을 초과하는 경우에는 그 초과하는 금액은 없는 것으로 한다.

(3) 추가 고려사항

구분	내용
연금계좌 납입액	연금계좌에 납입한 금액 중 다음의 금액을 제외한 금액을 말한다. ① 이연퇴직소득 ② 연금계좌에서 다른 연금계좌로 계약을 이전함으로써 납입되는 금액
한도금액 상향	종합소득이 있는 거주자가 연금계좌에 납입한 금액 중 다음에 해당하는 금액을 해당 과세기간의 종합소득산출세액에서 공제한다. ① 일반한도 : 600만 원 ② 퇴직연금계좌 납입액 추가한도 : MIN[퇴직연금계좌 납입액, 300만 원]
전환금액	개인종합자산관리계좌의 계약기간이 만료된 날부터 60일 이내에 해당 계좌 잔액의 전부 또는 일부를 연금계좌로 납입한 금액을 전환금액이라고 하며, 전환금액을 납입한 날이 속하는 과세기간의 연금계좌 납입액에 포함한다.
기간에 걸쳐 있는 경우	개인종합자산관리계좌 전환금액을 직전 과세기간과 해당 과세기간에 걸쳐 납입하는 경우에는 300만 원에서 직전 과세기간에 적용된 금액을 차감한 금액으로 한다.
특례	연금계좌 가입자가 이전 과세기간에 연금계좌에 납입한 연금보험료 중 연금계좌세액공제를 받지 아니한 금액이 있는 경우로서 그 금액의 전부 또는 일부를 해당 과세기간에 연금계좌에 납입한 연금보험료로 전환하여 줄 것을 연금계좌취급자에게 신청한 경우에는 연금계좌세액공제를 적용할 때 그 전환을 신청한 금액을 가장 먼저 인출하여 그 신청한 날에 다시 해당 연금계좌에 납입한 연금보험료로 본다.

(4) 세액공제액의 계산

연금계좌세액공제액 = 공제대상 연금계좌 납입액 × 12%(또는 15%)

◎ 해당 과세기간의 종합소득금액이 4천5백만 원 이하(근로소득만 있는 경우에는 총급여액 5,500만 원 이하)인 거주자에 대해서는 15%를 적용한다. 총급여액 5,500만 원 초과(종합소득금액 4,500만 원) 시에는 12%를 적용한다.

Ⅷ 특별세액공제

(1) 특별세액공제 개요

구분	세액공제 적용

근로소득이 있는 거주자	① 항목별 세액공제 적용을 신청한 경우: 보장성보험료 세액공제 + 의료비세액공제 + 교육비 세액공제 + 기부금 세액공제
	② 항목별 세액공제 적용을 신청하지 아니한 경우: **표준세액공제(연 13만 원)**
	  ⊙ 단, 다음의 항목들을 적용받은 경우에는 표준세액공제를 선택할 수 없다 (항목별 세액공제, 특별소득공제, 월세세액공제).
	  ⊙ 정치자금기부금세액공제, 우리사주조합기부금세액공제 및 청약저축소득공제는 표준세액공제와 중복적용할 수 있다.

근로소득 외 종합소득자	① 일반 종합소득 있는 자: 기부금세액공제 + 표준세액공제(7만 원) ② 사업자

	「소득세법」상 성실사업자	기부금세액공제 + 표준세액공제(연 12만 원)
	「조세특례제한법」상 성실사업자	기부금세액공제 + 의료비, 교육비 세액공제 + 표준세액공제(연 12만 원) ⊙ 단, 표준세액공제는 의료비, 교육비 세액공제 및 월세세액공제와 중복은 불가하다.
	성실신고확인서 제출사업자	기부금세액공제 + 의료비, 교육비 세액공제 + 표준세액공제(연 7만 원) ⊙ 단, 표준세액공제는 의료비, 교육비 세액공제 및 월세세액공제와 중복은 불가하다.

⊙ 사업소득만 있는 자(연말정산대상 사업소득자는 제외)는 기부금세액공제를 적용하지 않는다. 기부금은 필요경비로 차감한다.

참고 성실사업자의 범위

「소득세법」상 성실사업자란 다음의 요건 중 1, 2, 3을 충족하는 사업자를 말하며, 「조세특례제한법」상 성실사업자란 다음의 요건을 모두 충족한 사업자를 말한다.
1. 다음 중 어느 하나에 해당하는 사업자일 것
    ① 신용카드가맹점 및 현금영수증가맹점으로 가입한 사업자(해당 과세기간에 신용카드매출전표 또는 현금영수증의 발급을 거부하거나 사실과 다르게 발급한 사실 등에 대하여 관할세무서장으로부터 해당 사실을 통보받은 사업자는 제외)
    ② 전사적기업자원관리설비 또는 판매시점정보관리시스템설비를 도입한 사업자 등 수입금액이 투명하게 노출되는 사업자
2. 사업용계좌를 신고할 것(해당 과세기간에 사업용계좌를 사용하여야 할 금액의 2/3 이상을 사용하지 아니한 사업자를 제외)
3. 장부를 비치·기장하고 그에 따라 소득금액을 계산하고 신고할 것(추계결정하는 경우는 제외)
4. 해당 과세기간의 수입금액으로 신고한 금액이 직전 3개 과세기간의 연평균수입금액의 50%를 초과할 것
5. 해당 과세기간 개시일 현재 2년 이상 계속하여 사업을 영위할 것
6. 국세의 체납사실, 조세범처벌사실, 세금계산서·계산서 등의 교부 및 수취의무위반 등의 사실 등을 고려하여 법소정 요건에 해당할 것

(2) 보장성보험료 세액공제

① 개요

근로소득이 있는 거주자(일용근로자는 제외)가 해당 과세기간에 보장성보험의 보험계약에 따라 지급하는 **보장성 보험료를 지급**한 경우 보험료세액공제액을 해당 과세기간의 종합소득산출세액에서 공제한다.

② 공제대상 보험료

> 공제대상 보험료 = ㉠ + ㉡
> ㉠ MIN(기본공제대상자를 피보험자로 하는 일반 보장성보험료, 100만 원 한도)
>   ⊙ 기본공제대상자: 연령요건 ○, 소득요건 ○
> ㉡ MIN(기본공제대상자 중 장애인전용보장성보험료, 100만 원 한도)
>   ⊙ 기본공제대상자 중 장애인: 연령요건 ×, 소득요건 ○

③ 보장성보험

만기환급금이 납입보험료를 초과하지 아니한 보험으로서 보험계약 등에 보험료공제대상임이 표시된 생명보험, 상해보험 등을 말한다.

㉠ 보험료 공제는 보험료를 지출한 연도에 세액공제를 적용(현금주의)하며, 저축성보험의 보험료는 공제하지 않는다.

㉡ 일반 보장성보험료에는 주택 임차보증금의 반환을 보증하는 것을 목적으로 하는 보험(보증대상 임차보증금이 3억 원을 초과하는 경우는 제외)에 대한 보험료를 포함한다.

④ 보험료세액공제액의 계산

> 보험료세액공제액 = ㉠ + ㉡
> ㉠ 공제대상 장애인전용 보장성보험료 × 15%
> ㉡ 공제대상 일반 보장성보험료 × 12%

(3) 의료비 세액공제

① 개요

근로소득이 있는 거주자가 기본공제대상자(나이 및 소득의 제한을 받지 않음)를 위하여 해당 과세기간에 의료비를 지급한 경우 의료비 세액공제액을 해당 과세기간의 종합소득산출세액에서 공제한다.

② 공제대상 의료비의 범위

공제대상 의료비	공제불능 의료비
㉠ 진찰·치료·질병예방을 위한 병원비 ㉡ 치료·요양을 위하여 「약사법」에 따른 의약품(한약을 포함)을 구입하고 지급하는 비용 ㉢ 장애인 보장구(의수족·휠체어 등) 및 의사 등의 처방에 따라 의료기기(인공신장기 등)를 직접 구입·임차하기 위하여 지출한 비용 ㉣ 시력보정용 안경 또는 콘택트렌즈를 구입하기 위하여 지출한 비용으로서 **기본공제대상자 1명당 연 50만 원 이내의 금액** ㉤ 보청기를 구입하기 위하여 지출한 비용 ㉥ 노인장기요양보험법에 따른 장기요양급여에 대한 비용으로서 실제 지출한 본인일부부담금 ㉦ 해당 과세기간의 총급여액이 7천만 원 이하(사업소득금액 6천만 원 이하 성실사업자 및 성실신고확인대상자)인 근로자가 「모자보건법」에 따른 산후조리원에 산후조리 및 요양의 대가로 지급하는 비용으로서 **출산 1회당 200만 원 이내의 금액**	㉠ 미용·성형수술을 위한 비용 ㉡ 건강증진을 위한 의약품 구입비용 ㉢ 국외소재 의료기관에 지급한 의료비

⊘ 단, 공제대상 의료비 중에서 보험회사 등으로부터 실손의료보험금을 지급받은 경우라면 그 실손의료보험금은 제외한다.

③ 세액공제 대상 의료비

구분	내용
공제대상 난임시술비	「모자보건법」에 따른 보조생식술에 소요된 비용
공제대상 본인 등 의료비	본인·경로우대자(65세 이상)·장애인·중증질환자, 희귀난치성 질환자 또는 결핵환자를 위한 의료비
공제대상 기타의료비	의료비 중 난임시술비와 본인 등 의료비를 제외한 의료비 MIN[기타의료비 − 총급여×3%, 700만 원]

㉠ 기타의료비에서 총급여액에 3% 곱하여 계산한 금액을 차감하여 계산된 금액이 부(−)인 경우 본인 등 의료비에서 차감하며, 본인 등 의료비를 차감한 후의 금액이 부(−)인 경우에는 다시 난임시술비에서 차감하여 공제대상 의료비를 계산한다.

㉡ 「조세특례제한법」상 성실사업자 및 성실신고확인서 제출 사업자의 경우에는 총급여를 사업소득금액으로 대체한다.

④ 세액공제액의 계산

> 의료비 세액공제액 = ㉠ + ㉡
> ㉠ 공제대상 난임시술비 × 20%
> ㉡ (공제대상 본인 등 의료비 + 공제대상 기타의료비) × 15%

(4) 교육비 세액공제

① 개요

근로소득이 있는 거주자(일용근로자 제외)가 그 거주자와 기본공제대상자(나이의 제한을 받지 아니한다)를 위하여 해당 과세기간에 교육비를 지급한 경우 교육비세액공제액을 해당 과세기간의 종합소득 산출세액에서 공제한다. 소득세 또는 증여세가 비과세되는 장학금 또는 학자금 등을 받은 경우에는 이를 차감한 금액을 교육비로 공제한다.

② 적용대상 기본공제대상자

배우자 · 직계비속 · 형제자매 · 입양자 및 위탁아동(직계존속 ×)

③ 공제대상 교육비

구분	공제대상 교육비
㉠ 본인	전액 공제대상 **참고** 본인인 경우만 공제되는 항목 1. 대학원 및 시간제과정(최고위과정) 2. 직능개발훈련시설(지원금 수령액은 차감한다) 3. 학자금 대출(등록금 대출에 한정한다) 원리금 상환액(단, 연체관련 지급액, 감면받은 금액, 생활비 대출상환액 및 지방자치단체 또는 공공기관으로부터 지원받아 상환한 금액은 제외), 대학입학전형료, 수능응시료 ⊙ 단, 보육시설, 학원, 체육시설 교육비는 본인인 경우 제외한다.
㉡ 배우자 및 부양가족 (직계존속 및 수급자 제외)	ⓐ 대학생은 1명당 900만 원을 한도로 공제한다. ⓑ 취학전아동, 초·중·고등학생: 1명당 300만 원을 한도로 공제한다. ⊙ 단, 보육시설, 학원, 체육시설은 취학전아동만 가능하다. ⊙ 배우자 및 부양가족이 학자금 대출을 받아 지급하는 교육비는 제외한다 (학자금 상환액 공제는 본인만 가능).
㉢ 장애인 특수교육비 (직계존속 및 수급자 포함)	전액 공제한다. ⊙ 단, 국가 또는 지방자치단체로부터 지원받는 금액은 제외한다. ⊙ 장애인에 대한 장애인특수교육비와 일반교육비는 중복적용 가능하다.

④ 교육비 세액공제액

교육비세액공제액 = MIN[㉠, ㉡] × 15%
㉠ 공제대상교육비 = 학교 등에 지급한 교육비와 보육시설 등에 지급한 교육비 − 비과세되는 학자금 · 장학금 수령액
㉡ 한도

구분	한도
본인	한도 없음
장애인특수교육비(연령요건 ×, 소득요건 ×)	한도 없음
초등학교 취학전 아동, 초·중·고등학생	1명당 연 300만 원
본인 외의 자로서 대학생	1명당 연 900만 원

⑤ 공제대상 교육비의 범위

㉠ 일반교육비
  ⓐ 유치원, 초·중·고등학교, 대학교(외국학교 포함) 등의 수업료, 입학금 등
  ⓑ 초등학교 취학 전 아동을 위하여 영유아보육법에 따른 어린이집, 학원의 설립·운영 및 과외교습에 관한 법률에 따른 학원 또는 체육시설에 지급한 교육비
  ⓒ 교복구입비용(중·고등학생만 해당, 학생 **1인당 연 50만 원** 한도)
  ⓓ 학교에서 구입한 교과서대금(초·중·고등학교의 학생만 해당)

ⓔ 학교, 유치원, 어린이집, 학원 및 체육시설(초등학교 취학전 아동의 경우만 해당)에서 실시하는 방과후 학교나 방과후 과정의 수업료 및 특별활동비(학교 등에서 구입한 도서의 구입비와 학교외에서 구입한 초·중·고등학교의 방과후 학교 수업용 도서의 구입비 포함)

ⓕ 「초·중등교육법」에 따른 학교(초·중·고·특수학교)에서 교육과정으로 실시하는 **현장체험학습에 지출한 비용(학생 1명당 연 30만 원 한도)**

ⓖ 대학(전공대학, 원격대학 및 학위취득과정을 포함) 또는 대학원의 1학기 이상에 해당하는 교육과정과 「고등교육법」 제36조에 따른 시간제 과정에 지급하는 교육비

ⓗ 「평생교육법」에 따라 고등학교 졸업 이하의 학력이 인정되는 학교 형태의 평생교육시설, 전공대학과 원격대학학위취득과정 평생교육시설 또는 과정을 위하여 지급한 교육비

ⓘ 학기 이상에 해당하는 교육과정과 「고등교육법」에 따른 시간제 과정에 지급하는 교육비

ⓙ 「근로자직업능력 개발법」에 따른 직업능력개발훈련시설에서 실시하는 직업능력개발훈련을 위하여 지급한 수강료

ⓛ 장애인특수교육비

다음 중 어느 하나에 해당하는 기관 등에게 장애인의 재활교육을 위하여 지급하는 비용이다(「장애아동복지지원법」에 따라 국가 또는 지방자치단체로부터 지원받는 금액은 제외).

ⓐ 법소정 사회복지시설 및 비영리법인

ⓑ 장애인의 기능향상과 행동발달을 위한 발달재활서비스를 제공하는 법소정 기관(과세기간 종료일 현재 18세 미만인 사람만 해당)

ⓒ ⓐ의 시설 또는 법인과 유사한 것으로서 외국에 있는 시설 또는 법인

> **참고** 보험료·의료비·교육비 세액공제 적용시 기본공제대상자의 범위
>
> 과세기간종료일 이전에 혼인·이혼·별거·취업 등의 사유로 기본공제대상자에 해당하지 아니하게 된 종전의 공제대상자를 위하여 이미 지급한 금액이 있는 경우 해당 사유가 발생한 날까지 지급한 금액에 대한 세액공제액을 해당 과세기간의 종합소득산출세액에서 공제한다.

(5) 기부금 세액공제

① 개요

종합소득이 있는 거주자(사업소득만 있는 자는 제외하되, 연말정산대상 사업소득만 있는 자는 포함)가 해당 과세기간에 지급한 기부금이 있는 경우 기부금 세액공제를 받을 수 있다.

구분	기부금의 처리방법
사업소득만 있는 자	필요경비 산입
사업소득 외의 종합소득이 있는 자	기부금 세액공제
연말정산대상 사업소득만 있는 자	
사업소득 + 이외의 종합소득도 있는 자	사업소득 필요경비 및 기부금세액공제 ⊙ 세액공제를 적용받을 수 있는 공제대상 기부금에는 필요경비로 산입된 금액은 제외한다.

② 공제대상 기부금

공제대상 기부금 = MIN[특례기부금·정치자금기부금, 한도액] + MIN[우리사주조합기부금, 한도액] + MIN[일반기부금, 한도액] − 필요경비에 산입한 기부금

구분		기부금의 한도액
㉠ 특례기부금·정치자금기부금		기준소득금액×100%
㉡ 우리사주조합기부금		(기준소득금액 − ㉠)×30%
㉢ 일반기부금	종교단체 제외	(기준소득금액 − ㉠ + ㉡)×30%
	종교단체 포함	(기준소득금액 − ㉠ + ㉡)×10% + MIN[종교단체 외 일반기부금, (기준소득금액 − ㉠ + ㉡)×20%]

⊙ 기준소득금액 = 종합소득금액 + 필요경비산입 기부금 − 원천징수세율적용 금융소득금액

③ 기부금 세액공제액의 계산

기부금 세액공제액 = MIN[㉠, ㉡]
㉠ 공제대상 기부금 중 1천만 원 이내 금액×15%(1천만 원 초과분 30%)
㉡ 한도 = 종합소득산출세액 × $\frac{\text{종합소득금액 − 사업소득금액}}{\text{종합소득금액}}$

④ 이월공제

기부금세액공제는 한도를 초과한 금액이 있는 경우 10년간 이월공제를 적용한다.

IX 기타의 「조세특례제한법」상 세액공제

(1) 전자신고 세액공제 − 2만 원

과세표준 확정신고의무를 면제하는 경우에 해당하는 자가 과세표준확정신고를 한 경우에는 추가로 납부하거나 환급받은 세액과 1만 원 중 적은 금액을 세액공제한다.

(2) 정치자금기부금 세액공제

> 정치자금기부금 세액공제 = ① + ②
> ① 공제대상 정치자금기부금 중 10만 원 이하 금액×100/110
> ② 공제대상 정치자금기부금 중 10만 원 초과 금액 중 3천만 원 이내의 금액×15%(3천만 원 초과 금액×25%)

① 공제대상 정치자금 기부금 = MIN[정치자금기부금, 기준소득금액]
② 사업자의 경우 공제대상 정치자금기부금 중 10만 원을 초과한 금액에 대해서는 이월결손금을 뺀 후의 소득금액의 범위 내에서 사업소득의 필요경비로 산입한다.

(3) 성실신고 확인비용에 대한 세액공제

성실신고확인대상사업자가 성실신고확인서를 제출하는 경우 120만 원의 한도 내에서 성실신고확인에 직접 사용한 비용의 60%를 세액공제한다.

(4) 고향사랑 기부금 세액공제

거주자가 「고향사랑 기부금에 관한 법률」에 따라 거주지를 제외한 지방자치단체에 기부한 금액(기부금공제 가능한 연간 한도액 500만 원)에 대하여 10만 원 이하 기부금은 고향사랑 기부금의 110분의 100을, 10만원 초과금액은 고향사랑 기부금의 15%를 공제받을 수 있다. 세액공제는 근로소득자의 종합소득 산출세액을 한도로 공제받을 수 있고 기부자가 사업자라면 이월결손금을 뺀 소득금액의 범위에서 손금으로 인정받을 수 있다.

X 세액감면액 및 세액공제액의 산출세액 초과시 적용방법

(1) 보험료·의료비·교육비·월세 세액공제의 합계액

① 보험료·의료비·교육비·월세 세액공제의 합계액은 해당 과세기간의 근로소득에 대한 종합소득산출세액을 한도로 하여 공제한다.
② 이월공제 불가: 한도를 초과한 금액은 이월하지 않는다.

(2) 자녀세액공제, 연금계좌세액공제, 특별세액공제, 정치자금기부금세액공제액

① 해당 세액공제는 당해 과세기간의 공제기준산출세액을 한도로 한다.

$$\text{공제기준산출세액} = \text{종합소득산출세액} \times \frac{\text{종합소득금액} - \text{원천징수세율적용금융소득}}{\text{종합소득금액}}$$

② 원칙: 이월공제 불가(한도를 초과한 금액은 이월하지 않는다.)
③ 예외: 한도를 초과한 금액에 기부금 세액공제액이 포함되어 있는 경우 해당 기부금과 일반기부금 한도액을 초과하여 공제받지 못한 일반기부금은 해당 과세기간의 다음 과세기간의 개시일부터 10년 이내에 끝나는 각 과세기간에 이월하여 기부금세액공제율(15% 또는 30%)을 적용한 기부금 세액공제액을 계산하여 그 금액을 공제기준산출세액에서 공제한다.

(3) 「소득세법」 또는 「조세특례제한법」에 의한 감면액 및 세액공제액의 합계액
  ① 한도액: 해당 과세기간의 종합소득산출세액
  ② 이월공제 불가: 한도를 초과한 금액은 이월하지 아니한다. 다만, 한도를 초과하여 공제받지 못한 금액을 한도로 연금계좌세액공제를 적용받지 아니한 것으로 본다.

XI 조세감면의 제한: 최저한세

사업소득에 대한 소득세를 계산할 때 최저한세 적용대상 조세감면 등을 적용받은 후의 세액(감면후세액)이 최저한세에 미달하는 경우 그 미달액에 대하여는 조세특례를 배제한다.

(1) 최저한세 적용대상
  ① 거주자의 사업소득에 대한 소득세
  ② 비거주자의 국내사업장에서 발생한 사업소득에 대한 소득세

(2) 최저한세 계산방법

> 최저한세 = MAX[①, ②]
> ① 감면 후 사업소득에 대한 세액
> ② 감면 전 사업소득에 대한 산출세액 × 최저한세율
> ⊙ 최저한세율 = 산출세액 3천만 원 이하분: 35%(3천만 원 초과분: 45%)

(3) 농어촌특별세

「조세특례제한법」에 의한 소득세 감면혜택을 받는 자는 해당 감면세액의 일부를 농어촌발전을 위한 목적으로 징수하는 농어촌특별세로 납부하여야 한다. 농어촌특별세를 소득세 과세표준확정신고기한 내에 신고·납부하여야 한다.

> 농어촌특별세 = 「조세특례제한법」에 의한 소득세 감면세액 × 20%

CHAPTER 09 퇴직소득세

제1절 퇴직소득세의 계산구조

환산급여	= (퇴직소득금액 − 근속연수공제) × $\dfrac{12}{\text{근속연수}}$
− 환산급여공제	
= 퇴직소득과세표준	
× 세율	
= 퇴직소득산출세액	= 퇴직소득과세표준 × 기본세율 × $\dfrac{\text{근속연수}}{12}$
− 외국납부세액공제	
= 퇴직소득결정세액	

제2절 퇴직소득의 범위

I 공적연금에 따른 퇴직급여

(1) 공적연금 관련법에 따라 받는 일시금

구분	내용
국민연금	과세대상 일시금 = MIN[①, ②] − 과세제외기여금 ① 과세기준일 이후 납입분(사용자부담분 포함) + 이자 및 가산이자 ② 일시금수령액 − 과세기준일 이전 납입분
국민연금 이외 일시금	일시금수령액 × $\dfrac{\text{과세기준일 이후 기여금 납입월수}}{\text{총 기여금 납입월수}}$ − 과세제외기여금

◎ 과세제외기여금 : 과세기준일 이후 납입분 중에서 연금보험료공제를 적용받지 않은 금액

(2) 공적연금 일시금을 지급하는 자가 일부 또는 전부를 지연하여 지급함에 따라 발생하는 이자(지연이자)

Ⅱ 기타 퇴직급여

① 현실적인 퇴직을 원인으로 하여 지급받는 사용자 부담금을 기초로 한 소득(일반적인 퇴직금)
사용자로부터 받는 대가의 명칭여하에 관계없이 퇴직을 원인으로 하여 지급받은 대가는 퇴직소득으로 과세한다.
② 「과학기술인공제회법」에 따라 지급받는 과학기술발전장려금
③ 「건설근로자의 고용개선 등에 관한 법률」에 따라 지급받는 퇴직공제금
④ 법소정 사유로 소기업·소상공인 공제에서 공제금을 수령한 경우 다음의 금액

> 퇴직소득 = 공제금 − 불입액 중 소득공제를 적용 받지 못한 금액

참고 법소정의 사유

공제금 수령시 퇴직소득으로 보는 법 소정의 사유란 다음 중 1 또는 2에 해당한다.
1. 폐업, 해산, 사망, 퇴사 및 노령(60세 이상 및 120개월 이상 불입)
2. 해지하기 6개월 전 이내에 발생한 천재지변의 발생, 공제가입자의 해외이주, 공제가입자의 3개월 이상의 치료를 요하는 상해·질병 등 불가피한 사유로 해지된 경우

Ⅲ 퇴직여부에 대한 판정

퇴직소득은 현실적인 퇴직을 원인으로 한다. 사유에 따라 현실적인 퇴직으로 보지 않는 경우도 있고 현실적인 퇴직으로 보아 퇴직소득세를 과세하는 경우도 있다.

(1) 현실적인 퇴직으로 보지 않는 경우

다음 중 어느 하나의 사유가 발생하였으나 퇴직급여를 실제로 수령하지 아니한 경우에는 퇴직으로 보지 아니할 수 있다(현실적 퇴직여부의 선택).
① 종업원이 임원이 된 경우
② 법인의 상근임원이 비상근임원이 된 경우
③ 합병·분할 등 조직변경, 사업양도, 직·간접으로 출자관계에 있는 법인으로의 전출 또는 동일한 사업자가 경영하는 다른 사업장으로의 전출이 이루어진 경우
④ 비정규직 근로자가 정규직 근로자로 전환된 경우

(2) 퇴직한 것으로 보는 경우

계속근로기간 중에 다음의 사유로 퇴직급여를 미리 지급받은 경우에는 **지급을 받은 날에 퇴직한 것으로 본다.**
① 근로자퇴직급여 보장법에 따른 퇴직금 중간정산사유
② 퇴직연금제도가 폐지되는 경우

Ⅳ 퇴직소득의 수입시기

구분	수입시기
일반적인 퇴직소득	퇴직한 날
「국민연금법」에 따른 일시금 및 건설근로자의 고용개선 등에 관한 법률에 따라 지급받는 퇴직공제금	소득을 지급받는 날(단, 분할하여 지급받는 경우에는 최초로 지급받는 날)

Ⅴ 퇴직소득 과세표준 및 산출세액

(1) 퇴직소득 과세표준

① 환산급여 = (퇴직소득금액 − 근속연수공제) × $\dfrac{12}{근속연수}$

② 퇴직소득과세표준 = 환산급여 − 환산급여공제

① 근속연수공제

근속연수는 근로시작일 또는 퇴직소득중간지급일의 다음날부터 퇴직한 날까지로 한다. 근로기간으로 보지 아니한 기간은 근속연수에서 제외하며, 근속연수가 1년에 미달하는 경우에는 1년으로 한다.

근속연수	근속연수공제액
5년 이하	100만 원 × 근속연수
5년 초과 10년 이하	500만 원 + 200만 원 × (근속연수 − 5년)
10년 초과 20년 이하	1,500만 원 + 250만 원 × (근속연수 − 10년)
20년 초과	4,000만 원 + 300만 원 × (근속연수 − 20년)

② 환산급여공제

환산급여	환산급여공제액
800만 원 이하	환산급여 × 100%
800만 원 초과 7,000만 원 이하	800만 원 + (환산급여 − 800만 원) × 60%
7,000만 원 초과 1억 원 이하	4,520만 원 + (환산급여 − 7,000만 원) × 55%
1억 원 초과 3억 원 이하	6,170만 원 + (환산급여 − 1억 원) × 45%
3억 원 초과	1억 5,170만 원 + (환산급여 − 3억 원) × 35%

(2) 퇴직소득 산출세액

퇴직소득산출세액 = 퇴직소득과세표준 × 기본세율 × $\dfrac{근속연수}{12}$

Ⅵ 퇴직소득의 과세방법

(1) 원천징수대상 근로소득자
① 원천징수대상인 근로소득자에게 퇴직급여를 지급하는 자는 퇴직소득결정세액을 원천징수한다.
② 퇴직소득의 결정세액이 적법하게 원천징수된 경우 확정신고의무는 면제된다.

(2) 원천징수 제외대상 근로소득자
원천징수 제외대상 근로소득자는 원천징수되지 않았으므로 확정신고 하여야 한다.

Ⅶ 퇴직소득의 과세이연

(1) 과세이연의 요건
퇴직소득이 다음에 해당하는 경우에는 해당 퇴직소득에 대한 퇴직소득세를 연금외수령하기 전까지 원천징수하지 아니한다.
① 퇴직일 현재 연금계좌에 있거나(기여형) 또는 연금계좌로 지급되는 경우(급여형)
② 지급받은 날부터 60일 이내에 연금계좌에 입금되는 경우
⊙ 소득세가 이미 원천징수 되었다면 해당 거주자는 원천징수세액에 대해 환급을 신청할 수 있다.

(2) 이연퇴직소득세
이연퇴직소득세는 퇴직일에 원천징수되지 않았거나 원천징수된 세액 중 환급된 금액을 말한다.

$$\text{이연퇴직소득세} = \text{퇴직소득산출세액} \times \frac{\text{연금계좌로 이전한 금액}}{\text{퇴직소득금액}}$$

CHAPTER 10 종합소득세의 납세절차

제1절 과세기간 중도의 신고, 납부, 결정 및 징수

I 중간예납세액

(1) 사업자의 중간예납

납세지 관할 세무서장은 종합소득이 있는 거주자에 대하여 1월 1일부터 6월 30일까지의 기간을 중간예납기간으로 하여 중간예납세액을 징수하여야 한다.

① 중간예납 의무자

사업소득이 있는 거주자로 다음의 중간예납의무가 없는 자에 해당하지 않는 자를 말한다.

㉠ 이자소득·배당소득·근로소득·연금소득 또는 기타소득만 있는 자

㉡ 사업소득 중 다음의 사업에서 발생한 소득

ⓐ 속기·타자 등 한국표준산업분류상 사무지원 서비스업

ⓑ 사회 및 개인서비스업 중 자영예술가와 자영경기업

ⓒ 보험모집인, 방문판매원

㉢ 사업소득 중 수시 부과하는 소득

㉣ 해당 과세기간의 개시일 현재 사업자가 아닌 자로서 그 과세기간 중 **신규로 사업을 시작하는 자**

㉤ 분리과세 주택임대소득

② 중간예납세액

> 중간예납세액 = 중간예납기준액 × 1/2

◎ 중간예납기준액 = [전년도의 중간예납세액 + 확정신고 납부세액 + 결정·경정에 따른 추가납부세액(가산세 포함) + 기한후신고·수정신고추가자진납부세액(가산세 포함)] − 환급세액

③ 중간예납세액의 계산 및 납부방법

㉠ 원칙 – 직전실적기준 고지·납부

납세지 관할세무서장은 중간예납세액을 결정하여 **11월 30일까지 그 세액을 징수하여야 한다.** 이 경우 납세지 관할 세무서장은 중간예납세액을 납부하여야 할 거주자에게 11월 1일부터 11월 15일까지의 기간에 중간예납세액의 납부고지서를 발급하여야 한다.

ⓛ 예외 – 당기실적기준 신고·납부(중간예납기간 실적기준으로 계산된 중간예납세액을 신고납부하여야 하는 자)
  ⓐ 종합소득이 있는 거주자가 중간예납추계액이 **중간예납기준액의 30%에 미달**하는 경우에는 11월 1일부터 11월 30일까지의 기간에 중간예납추계액을 중간예납세액으로 하여 납세지 관할 세무서장에게 신고할 수 있다.
  ⓑ 중간예납기준액(전년도에 납부하였거나 납부할 세액)이 없는 거주자 중 복식부기의무자가 해당 과세기간의 중간예납기간 중 사업소득이 있는 경우에는 11월 1일부터 11월 30일까지의 기간에 중간예납추계액을 중간예납세액으로 하여 납세지 관할 세무서장에게 신고하여야 한다.

(2) **소액부징수**

중간예납세액이 50만 원 미만인 때에는 해당 세액을 징수하지 아니한다.

(3) **기타 고려사항**
① 중간예납세액이 1천만 원 초과시 분납할 수 있다.
② 중간예납세액 중 1천 원 미만의 단수가 있을 때에는 그 단수금액은 버린다.
③ 중간예납기준액이 없는 거주자가 중간예납기간 중 종합소득이 있는 경우 중간예납추계액을 따라야 한다.

구분	「법인세법」	「소득세법」
중간예납대상자	모든 법인	사업소득이 있는 거주자
중간예납기간	사업연도개시일부터 6개월	1월 1일 ~ 6월 30일
중간예납세액	직전연도의 납부실적기준 또는 해당 연도의 중간예납기간실적기준 중 한가지를 **선택**하여 신고납부한다.	① 원칙: 직전과세기간 실적기준 고지·납부 ② 예외: 중간예납기간 실적기준으로 계산된 중간예납세액을 신고납부
납부기한	중간예납기간 종료일부터 2개월	11월 30일까지
신규사업자	중간예납의무 ×	중간예납의무 ×
분납	–	1천만 원 초과시 가능
소액부징수	중소기업으로서 직전연도 납부실적기준 세액이 50만 원 미만인 경우 납부하지 않음	50만 원 미만인 경우 징수하지 않음

II 토지 등 매매차익 예정신고납부

(1) **의의**

부동산매매업자가 토지 또는 건물을 처분한 경우 토지 또는 건물의 매매차익과 그 세액을 **매매일이 속하는 달의 말일부터 2개월이 되는 날**까지 납세지 관할 세무서장에게 신고하여야 한다. 토지 등의 매매차익이 없거나 매매차손이 발생하였을 때에도 또한 같다.

(2) 예정신고산출세액의 계산

양도가액	
− 취득가액	
− 자본적지출 및 양도비용	
− 장기보유특별공제	
= 토지 등 매매차익	
× 양도소득세율	토지 등 보유기간이 2년 미만인 경우 중과세율을 적용함에도 예정신고시에는 기본세율을 곱하여 계산한다.
= 예정신고산출세액	

(3) 납부 및 가산세

① 부동산매매업자는 산출세액을 예정신고 기한까지 납부하여야 한다.
② 부동산매매업자가 예정신고 및 납부의무를 위반한 경우 「국세기본법」에 따른 무신고가산세·과소신고가산세 및 납부지연가산세가 부과된다.

III 원천징수

(1) 원천징수의무자

국내에서 거주자나 비거주자에게 원천징수대상 소득을 지급하는 자는 그 거주자나 비거주자에 대한 소득세를 원천징수하여야 한다.
① 거주자
② 비거주자
③ 내국법인·외국법인의 국내지점 또는 국내영업소(출장소, 그 밖에 이에 준하는 것을 포함)
④ 그 밖에 「소득세법」에서 정하는 원천징수의무자
  ⊙ 원천징수 대상 사업소득을 지급하는 자의 경우에는 사업자, 법인세의 납세의무자 등에 한정한다.

(2) 원천징수대상소득 및 원천징수세율

구분	원천징수세율
① 이자소득	㉠ 일반적인 이자소득 : 14% ㉡ 비영업대금의 이익 : 25% 　⊙ 금융위원회에 등록한 온라인투자연계금융업자를 통하여 지급받는 이자소득 : 14% ㉢ 직장공제회 초과반환금 : 기본세율(연분연승법 적용) ㉣ 분리과세를 신청한 장기채권의 이자와 할인액 : 30% ㉤ 비실명 이자소득 : 45% 또는 90% ㉥ 개인종합자산관리계좌에서 분리과세되는 이자소득 : 9%
② 배당소득 (귀속법인세 제외)	㉠ 일반적인 배당소득 : 14% ㉡ 출자공동사업자의 배당소득 : 25% ㉢ 비실명 배당소득 : 45% 또는 90% ㉣ 개인종합자산관리계좌에서 분리과세되는 배당소득 : 9% ㉤ 공모부동산집합투자기구 배당소득, 특정사회기반시설 집합투자기구 배당소득 : 9%

기출 Check 21년 7급

26 소득세법령상 원천징수에 대한 설명으로 옳은 것은?
① 원천징수의무자는 소득세가 과세되지 아니하거나 면제되는 소득에 대해서도 원천징수를 하여야 한다.
② 법인세 과세표준을 결정 또는 경정하는 경우 「법인세법」에 따라 소득처분되는 배당에 대하여는 소득금액변동통지서를 받은 날에 그 배당소득을 지급한 것으로 보아 소득세를 원천징수한다.
③ 직전 연도의 상시고용인원이 30명인 원천징수의무자는 그 징수일이 속하는 반기의 마지막 달의 다음 달 10일까지 원천징수세액을 납부할 수 있다.
④ 직장공제회 초과반환금에 대한 원천징수세율은 100분의 14이다.

❻ ②
해설 ① 소득세가 과세되지 아니하거나 면제되는 소득에 대해서는 원천징수하지 아니한다.
③ 직전 연도의 상시고용인원이 20명이어야 반기별 특례를 적용할 수 있다.
④ 직장공제회 초과반환금의 원천징수세율은 기본세율이다.

③ 사업소득	㉠ 의료보건용역 및 면세대상 인적용역 : 3% ㉡ 접대부 등의 봉사료 수입금액 : 5% ㉢ 외국인 직업운동가(계약기간 무관) : 20%	
④ 근로소득	㉠ 일반급여자 : 간이세액표 적용 후 연말정산 ㉡ 일용근로자 급여 : 6%	
⑤ 연금소득	㉠ 공적연금소득 : 간이세액표 적용 후 연말정산 ㉡ 사적연금소득 : 5%, 4%, 3% 등	
⑥ 기타소득	㉠ 일반적인 기타소득 : 소득금액의 20% 　⊙ 뇌물, 알선수재 및 배임수재에 의하여 받은 금품, 계약금액이 위약금·배상금으로 대체되는 경우에 받은 위약금·배상금 및 가상자산소득 제외 ㉡ 연금계좌에서 연금외수령한 기타소득 : 소득금액의 15% ㉢ 소기업·소상공인 해지 일시금 및 연금계좌에서 연금외수령하는 소득 : 소득금액의 15% ㉣ 복권당첨소득 등 : 소득금액의 20%(3억 원 초과분은 30%)	
⑦ 퇴직소득	기본세율(연분연승법 적용) ⊙ 국외 근로자의 퇴직소득은 제외한다.	

(3) 원천징수의 배제

① 소득세가 과세되지 않거나 면제되는 소득을 지급할 때에는 소득세를 원천징수하지 아니한다.
② **아직 지급되지 않았으나 종합소득세가 과세된 경우** 그 소득을 지급할 때에는 소득세를 원천징수하지 아니한다.
③ 소액부징수 : 원천징수세액이 1천 원 미만인 경우 징수하지 아니한다(이자소득과 원천징수대상 사업소득 중 대통령령으로 정하는 사업소득은 제외한다).

> **참고** 회생기업관련 상여처분의 원천징수 특례
>
> 법인이 「채무자 회생 및 파산에 관한 법률」에 따른 회생절차에 따라 인수(특수관계인이 아닌 다른 법인에 합병되는 등 지배주주가 변경되는 것을 말함)된 이후 회생절차 개시 전에 발생한 사유로 인수된 법인의 대표자 등에 대하여 상여로 소득처분되는 소득에 대해서는 소득세를 원천징수하지 아니한다.

(4) 원천징수세액의 납부

구분	납부기한
원칙	원천징수의무자는 징수일이 속하는 달의 다음달 10일까지 원천징수세액을 납부하여야 한다.
예외 (반기별 납부특례)	① 다음 중 어느 하나에 해당하는 원천징수의무자로서 원천징수 관할 세무서장으로부터 원천징수세액을 매 반기별로 납부할 수 있도록 승인을 받거나 국세청장이 정하는 바에 따라 지정을 받은 자는 원천징수세액을 그 **징수일이 속하는 반기의 마지막 달의 다음달 10일까지** 납부할 수 있다. 　㉠ 직전 과세기간(신규로 사업을 개시한 사업자의 경우 신청일이 속하는 반기)의 상시고용인원이 20명 이하인 원천징수의무자(금융 및 보험업을 경영하는 자는 제외) 　㉡ 종교단체 ② 반기별 납부 승인대상자라고 하여도 징수일이 속하는 달의 다음달 10일까지 납부해야 하는 원천징수세액 　㉠ 「법인세법」에 따라 처분된 상여·배당 및 기타소득에 대한 원천징수세액 　㉡ 국제조세조정에 관한 법률에 따라 처분된 배당소득에 대한 원천징수세액 　㉢ 비거주연예인 등의 용역제공과 관련된 원천징수 절차 특례에 따른 원천징수세액

IV 납세조합

(1) 납세조합 대상자

① 농·축·수산물판매업자(복식부기 의무자는 제외), 노점상인, 기타 국세청장이 필요하다고 인정하는 사업자
② 원천징수 제외대상 근로소득자

(2) 납세조합의 납부의무

납세조합은 그 조합원의 소득에 대한 소득세를 매월 원천징수하여 다음달 10일까지 납부하여야 한다.

(3) 납세조합을 통한 납부시 혜택

납세조합을 통해 소득세를 납부시 **매월분 소득세의 3%에 해당하는 납세조합세액공제(근로자에 한함)**를 적용받는다.

V 수시부과

납세지 관할 세무서장 또는 지방국세청장은 거주자가 과세기간 중에 다음 중 어느 하나에 해당하는 경우 수시로 그 거주자에 대한 소득세를 부과할 수 있다.

① 사업부진이나 그 밖의 사유로 장기간 휴업 또는 폐업 상태에 있는 때로서 소득세를 포탈할 우려가 있다고 인정되는 경우
② 주소·거소 또는 사업장의 이동이 빈번하다고 인정되는 지역의 납세의무가 있는 자
③ 그 밖에 조세를 포탈할 우려가 있다고 인정되는 상당한 이유가 있는 경우

  ⊙ 수시부과를 한 경우에도 수시부과소득을 다른 소득과 합산하여 과세표준확정신고는 하여야 한다. 다만, 다른 소득이 없는 경우에는 확정신고의무가 면제된다.

VI 연말정산

(1) 연말정산의 의의

연말정산이란 일정한 소득을 지급하는 자가 소득을 지급받는 자의 소득이 자신이 지급한 소득만 있는 것으로 가정하여 소득을 지급받는 자의 연간 소득세 부담액을 계산한 뒤 이를 원천징수하여 납부한 세액과 부담액을 비교해 차액을 추가 징수하거나 환급하는 절차를 말한다.

(2) 연말정산 대상소득

① 원천징수대상 근로소득 및 납세조합에 가입한 원천징수 제외대상 근로소득
② 간편장부대상자인 보험모집인, 방문판매원, 음료품 배달원의 사업소득
③ 공적연금소득

(3) 연말정산 시기

구분	연말정산시기
일반적인 경우	다음 연도 2월분 소득을 지급하는 때
보험모집인, 방문판매원 및 음료품 배달원의 연말정산 사업소득	다음 연도 2월분 소득을 지급하는 때
공적연금소득의 경우	다음 연도 1월분 소득을 지급하는 때
근로소득자가 퇴직하는 경우	퇴직하는 달의 근로소득을 지급하는 때
보험모집인 등 거래계약을 해지하는 경우	해지하는 달의 사업소득을 지급할 때
연금소득자가 사망하는 경우	사망일이 속한 달의 다음 다음달 말일까지
종교인 소득	① 해당 과세기간의 다음 연도 2월분의 종교인소득을 지급할 때 ② 2월분의 종교인소득을 2월 말일까지 지급하지 않거나 2월분의 종교인소득이 없는 경우에는 2월 말일 ③ 해당 종교관련종사자와의 소속관계가 종료되는 달의 종교인소득을 지급시

(4) 소득 및 세액공제신고서의 제출

연말정산 대상자는 연말정산 전까지 원천징수의무자에게 소득 및 세액공제신고서를 제출해야 한다.

(5) 연말정산의 효과

연말정산된 소득만 있는 납세의무자는 확정신고 의무가 면제된다. 단, 연말정산된 소득 외의 종합과세되는 다른 소득이 있는 경우에는 확정신고의무가 면제되지 않는다.

제2절 사업장 현황신고

I 사업장 현황신고

(1) 개요

사업자(해당 과세기간 중 폐업·휴업한 사업자 포함)는 해당 사업장의 현황을 해당 과세기간의 다음 연도 2월 10일까지 사업장 소재지 관할 세무서장에게 신고하여야 한다.

(2) 사업장 현황신고 의제

다음 중 어느 하나에 해당하는 경우에는 신고하지 않아도 사업장 현황신고를 한 것으로 본다.
① 사업자가 사망하여 상속인이 상속개시일이 속하는 달의 말일부터 6개월이 되는 날(이 기간 중 상속인이 출국하는 경우에는 출국일 전날)까지 사망일이 속하는 과세기간에 대한 그 사업자의 과세표준을 신고한 경우
② 사업자가 출국함에 따라 출국일이 속하는 과세기간의 과세표준을 출국일 전날까지 신고한 경우

③ 「부가가치세법」에 따른 사업자가 예정신고 또는 확정신고한 경우(다만, 사업자가 「부가가치세법」상 과세사업과 면세사업 등을 겸영하여 면세사업 수입금액 등을 신고하는 경우에는 그 면세사업 등에 대하여 사업장 현황신고를 한 것으로 본다)

> **참고** 「부가가치세법」상 면세사업자
>
> 「부가가치세법」상 면세사업자는 사업장 현황신고를 하여야 한다. 다만, 다음에 해당하는 자는 사업장 현황신고를 하지 아니할 수 있다.
> 1. 납세조합에 가입하여 수입금액을 신고한 자
> 2. 독립된 자격으로 보험가입자의 모집 및 이에 부수되는 용역을 제공하고 그 실적에 따라 모집수당 등을 받는 자
> 3. 독립된 자격으로 일반 소비자를 대상으로 사업장을 개설하지 않고 음료품을 배달하는 계약배달 판매용역을 제공하고 판매실적에 따라 판매수당 등을 받는 자
> 4. 기타 기획재정부령으로 정하는 자

(3) 사업장 현황신고의 조사 및 확인

사업장 현황신고를 받은 사업장 소재지 관할 세무서장 또는 지방국세청장은 그 사업장의 현황을 조사·확인하거나 이에 관한 장부·서류·물건 등의 제출 또는 그 밖에 필요한 사항을 명할 수 있다.

Ⅱ 매입자발행계산서

사업자등록을 한 사업자 또는 법인으로부터 재화 또는 용역을 공급받은 거주자가 사업자 또는 법인의 소재불명 또는 연락두절 상태인 경우 휴업이나 그 밖의 부득이한 사유로 계산서를 발급받는 것이 곤란하다고 국세청장이 인정하는 경우 납세지 관할 세무서장의 확인을 받아 계산서(이하 "매입자발행계산서"라 한다)를 발행할 수 있다.

(1) 발행대상

거래건당 공급가액이 5만원 이상인 경우로 한다.

(2) 발행절차

① 신청인은 해당 재화 또는 용역의 공급시기가 속하는 과세기간(법인: 사업연도)의 종료일로부터 6개월 이내에 거래사실확인신청서에 거래사실을 객관적으로 입증할 수 있는 서류를 첨부하여 신청인 관할 세무서장에게 거래사실확인을 신청하여야 한다. 신청을 받은 관할 세무서장은 신청서에 공급자의 인적사항이 부정확하거나 신청서 기재방식에 흠이 있는 경우에는 신청일부터 7일 이내에 일정한 기간을 정하여 보정요구를 할 수 있다.
② 신청인의 관할 세무서장이 공급자의 관할 세무서장에게 관련서류를 7일 내 송부한다.
③ 공급자의 관할 세무서장은 신청일의 다음달 말일까지 거래사실여부 확인 및 매입자발행계산서 발행여부를 통지한다.
④ 신청인은 거래사실이 확인된 경우 매입자발행계산서를 발행한다.

제3절 ✦ 과세표준확정신고 및 납부

I 과세표준확정신고

(1) 과세표준확정신고 대상자

해당 과세기간의 종합소득금액·퇴직소득금액이 있는 거주자로 종합소득과세표준이 없거나 결손금이 있는 거주자를 포함한다.

(2) 과세표준확정신고시 제출서류

① 복식부기의무자는 확정신고시 **재무상태표, 포괄손익계산서와 그 부속서류, 합계잔액시산표, 조정계산서**를 반드시 제출하여야 한다. 복식부기의무자가 위 서류를 제출하지 아니한 경우에는 종합소득 과세표준확정신고를 하지 아니한 것으로 보아 **무신고가산세**가 적용된다.
② 간편장부대상자는 간편장부 소득금액 계산서를 제출하여야 한다.

(3) 과세표준 확정신고기한

구분	과세표준확정신고기한
① 일반적인 경우	다음 연도 5월 1일부터 5월 31일까지
② 확정신고대상자가 사망한 경우 (상속인이 승계한 연금계좌 소득금액 제외)	상속개시일이 속하는 달의 말일부터 6개월이 되는 날
③ 거주자가 국외이전을 위해 출국하는 경우	출국일 전날까지

> **참고** 인정상여·인정배당·인정기타소득에 대한 추가신고 및 납부
>
> 1. 납세의무자의 종합소득 확정신고기한 경과 후 배당·상여·기타소득의 처분이 발생한 경우: 해당 법인이 **소득금액변동통지서를 받은 날**(법인이 신고함으로써 소득금액의 변동이 발생한 경우에는 해당 법인의 신고기일)이 속하는 달의 다음 다음달 말일까지 추가신고한 경우에는 확정신고기한까지 신고한 것으로 본다.
> 2. 위의 1의 사유에 따라 추가납부할 세액이 발생한 경우: 1의 규정에 따른 추가신고기한까지 그 세액을 납부하여야 하며, 추가신고기한까지 세액을 납부한 경우에는 확정신고기한까지 납부한 것으로 본다.

(4) 과세표준확정신고납부

① 일반적인 납부기한

과세표준확정신고기한과 동일하다.

② 분납

거주자로서 **납부할 세액이 1천만 원을 초과하는 자**는 다음의 금액을 납부기한이 지난 후 2개월 이내에 분할납부할 수 있다. 단, 가산세 및 감면분추가납부세액에 대해서는 분납이 불가하다.

구분	분납세액
납부세액이 1천만 원 초과 2천만 원 이하인 경우	1천만 원 초과금액
납부세액이 2천만 원을 초과하는 경우	해당 세액의 50% 이하의 금액

Ⅱ 과세표준확정신고의무를 면제하는 경우

다음 중 어느 하나에 해당하는 거주자는 해당 소득에 대하여 과세표준확정신고를 하지 않을 수 있다.

구분	확정신고 예외대상자
(1) 연말정산대상소득만 있는 경우	① 근로소득만 있는 자 ② 공적연금소득만 있는 자 ③ 연말정산되는 사업소득만 있는 자 ④ 원천징수되는 기타소득으로서 종교인소득만 있는 자
(2) 퇴직소득만 있는 경우	⑤ 퇴직소득만 있는 자
(3) 연말정산소득 + 퇴직소득	⑥ 근로소득 및 퇴직소득만 있는 자 ⑦ 공적연금소득 및 퇴직소득만 있는 자 ⑧ 연말정산되는 사업소득 및 퇴직소득만 있는 자 ⑨ 종교인소득 및 퇴직소득만 있는 자
(4) 분리과세소득만 있는 경우	⑩ 분리과세이자소득·분리과세배당소득·분리과세연금소득 및 분리과세 기타소득(원천징수되지 아니한 위약금·배상금 및 가상자산소득 제외)만 있는 자
(5) 연말정산대상소득, 퇴직소득 및 분리과세소득만 있는 경우	⑪ 위 ①~⑨에 해당하는 자로서 분리과세이자소득·분리과세배당소득·분리과세연금소득 및 분리과세 기타소득(원천징수되지 아니한 위약금·배상금 및 가상자산소득 제외)만 있는 자
(6) 기타	⑫ 원천징수 제외대상 근로소득 또는 원천징수 제외대상 퇴직소득이 있는 자로서 납세조합에 가입한 자 ⑬ 소득세를 수시부과한 후 추가로 발생한 소득이 없는 자

① 연말정산되는 소득이 2개 이상인 경우에는 누진세율의 적용을 위해 확정신고를 하여야 한다.
② 연말정산대상소득 및 퇴직소득이 있는 자에 대하여 원천징수의무를 부담하는 자가 연말정산 규정에 따른 소득세를 원천징수하지 아니한 경우 확정신고의무가 있다.

제4절 성실신고확인제도

Ⅰ 성실신고확인제도의 개요

성실신고확인제도란 성실신고확인대상사업자가 종합소득과세표준 확정신고시 세무사 등에게 장부의 기장내용의 정확성 여부를 확인받아 신고하여야 하는 제도를 말한다.

Ⅱ 성실신고확인대상 사업자의 범위

해당 과세기간의 수입금액(사업용 유형자산을 양도함으로써 발생한 수입금액은 제외)이 업종별 일정 금액 이상인 개인사업자로 성실한 납세를 위하여 필요하다고 인정되는 경우

업종	도·소매업 부동산매매업 등	제조업, 숙박 및 음식점업 등	부동산임대업, 전문, 과학 및 기술서비스업 등
금액	15억 원	7억 5천만 원	5억 원

Ⅲ 성실신고확인서

(1) 성실신고확인서의 작성자

세무사(공인회계사 포함), 세무법인 또는 회계법인

- 단, 세무사가 성실신고확인대상사업자에 해당하는 경우에는 자신의 사업소득금액의 적정성에 대하여 해당 세무사가 성실신고확인서를 작성·제출해서는 아니된다.

(2) 성실신고확인서의 내용 및 제출

① 성실신고확인서란 비치·기록된 장부와 증명서류에 의하여 계산한 사업소득금액의 적정성을 세무사 등이 확인하고 작성한 확인서를 말한다.
② 성실신고확인대상사업자는 종합소득과세표준확정신고를 할 때에 확정신고제출서류에 더하여 성실신고확인서를 납세지 관할 세무서장에게 제출하여야 한다.
③ 납세지 관할 세무서장은 제출된 성실신고확인서에 미비한 사항 또는 오류가 있을 때에는 그 보정을 요구할 수 있다.

(3) 성실신고확인서 제출에 따른 특례

구분	내용
① 확정신고기한 연장	성실신고확인대상사업자가 성실신고확인서를 제출하는 경우 종합소득과세표준 확정신고를 그 과세기간의 다음 연도 5월 1일부터 6월 30일까지 하여야 한다.
② 세액공제	성실신고확인대상사업자로서 성실신고확인서를 제출한 자는 성실사업자와 같이 의료비·교육비·월세액공제액을 사업소득에 대한 소득세에서 공제한다.

③ 성실신고 확인비용에 대한 세액공제	성실신고확인대상사업자가 성실신고확인서를 제출(둘 이상의 업종을 영위하는 성실신고확인대상사업자가 일부 업종에 대해서만 성실신고확인서를 제출한 경우를 포함)하는 경우에는 다음의 금액을 사업소득(부동산임대업에서 발생하는 소득 포함)에 대한 소득세에서 공제한다.
	㉠ 세액공제액 = MIN[ⓐ, ⓑ]
	  ⓐ 성실신고 확인에 직접 사용한 비용 × 60%
	  ⓑ 한도: 120만 원
	㉡ 세액의 추징
	  ⓐ 과소 신고한 사업소득금액이 10% 이상인 경우 공제받은 세액을 추징한다.
	  ⓑ 경정일이 속하는 과세연도의 다음 과세연도부터 3개 과세연도 동안 성실신고 확인비용에 대한 세액공제는 불가하다.

(4) 성실신고확인서 미제출시 제재

구분	내용
① 성실신고확인서 미제출 가산세	성실신고확인대상사업자가 그 과세기간의 다음 연도 6월 30일까지 성실신고확인서를 납세지 관할 세무서장에게 제출하지 아니한 경우 다음의 금액을 결정세액에 더한다. $$\text{가산세} = \text{종합소득산출세액} \times \frac{\text{사업소득금액}}{\text{종합소득금액}} \times 5\%$$
② 수시선정 세무조사	세무공무원은 정기선정에 의한 조사 외에 납세자가 성실신고확인서의 제출 의무를 이행하지 아니한 경우에는 세무조사를 할 수 있다.

기출 Check  18년 7급

27 소득세법령상 성실신고확인서 제출에 대한 설명으로 옳지 않은 것은?

① 성실신고확인대상사업자가 성실신고확인서를 납세지 관할 세무서장에게 제출하지 아니한 경우에는 사업소득금액이 종합소득금액에서 차지하는 비율을 종합소득산출세액에 곱하여 계산한 금액의 100분의 20에 해당하는 금액을 결정세액에 더한다.
② 세무사가 성실신고확인대상사업자에 해당하는 경우에는 자신의 사업소득금액의 적정성에 대하여 해당 세무사가 성실신고확인서를 작성·제출해서는 아니된다.
③ 성실신고확인대상사업자가 성실신고확인서를 제출하는 경우에는 종합소득과세표준 확정신고를 그 과세기간의 다음 연도 5월 1일부터 6월 30일까지 하여야 한다.
④ 성실신고확인대상사업자는 종합소득과세표준 확정신고를 할 때에 사업소득금액의 적정성을 세무사 등이 확인하고 작성한 성실신고확인서를 납세지 관할 세무서장에게 제출하여야 한다.

b ①
해설 사업소득금액이 종합소득금액에서 차지하는 비율을 종합소득산출세액에 곱하여 계산한 금액의 100분의 5에 해당하는 금액을 결정세액에 더한다.

제5절 결정 및 경정

I 종합소득세 결정 및 경정

(1) 용어정리

① 결정

종합소득 또는 퇴직소득 과세표준확정신고를 하여야 할 자가 그 신고를 하지 않은 경우에는 과세관청이 납세의무를 확정하는데 이를 **결정**이라고 한다. 결정은 과세표준 신고기한으로부터 1년 이내로 한다.

② 경정

종합소득 또는 퇴직소득에 따른 과세표준확정신고를 한 자의 신고내역 또는 결정내역에 오류가 있는 경우 과세관청이 납세의무를 재확정하는 것을 **경정**이라고 한다.

(2) 경정의 사유

① 신고 내용에 탈루 또는 오류가 있는 경우
② 소득세를 원천징수한 내용에 탈루 또는 오류가 있는 경우로서 원천징수의무자의 폐업·행방불명 등으로 원천징수의무자로부터 징수하기 어렵거나 근로소득자의 퇴사로 원천징수의무자의 원천징수 이행이 어렵다고 인정되는 경우
③ 근로소득자 소득·세액 공제신고서를 제출한 자가 사실과 다르게 기재된 영수증을 받는 등 부당한 방법으로 종합소득공제 및 세액공제를 받은 경우로서 원천징수의무자가 부당공제 여부를 확인하기 어렵다고 인정되는 경우
④ 매출·매입처별 계산서합계표 또는 지급명세서의 전부 또는 일부를 제출하지 아니한 경우
⑤ 다음 중 어느 하나에 해당하는 경우로서 시설 규모나 영업 상황으로 보아 신고 내용이 불성실하다고 판단되는 경우
  ⊙ 사업용계좌를 이용하여야 할 사업자가 이를 이행하지 아니한 경우
  ⓒ 사업용계좌를 신고하여야 할 사업자가 이를 이행하지 아니한 경우
  ⓒ 신용카드가맹점 가입 요건에 해당하는 사업자가 정당한 사유 없이 「여신전문금융업법」에 따른 신용카드가맹점으로 가입하지 아니한 경우
  ⓔ 신용카드가맹점 가입 요건에 해당하여 가맹한 신용카드가맹점이 정당한 사유 없이 신용카드에 의한 거래를 거부하거나 신용카드매출전표를 사실과 다르게 발급한 경우
  ⓜ 요건에 해당하는 사업자가 정당한 사유 없이 현금영수증가맹점으로 가입하지 아니한 경우
  ⓗ 현금영수증가맹점으로 가입한 사업자가 정당한 사유 없이 현금영수증을 발급하지 아니하거나 사실과 다르게 발급한 경우

(3) 재경정 사유

과세관청은 과세표준과 세액을 결정 또는 경정한 후 그 결정 또는 경정에 탈루 또는 오류가 있는 것이 발견된 경우에는 **즉시 그 과세표준과 세액을 다시 경정**한다.

II 결정 및 경정의 방법

(1) 원칙 - 실지조사

과세표준과 세액의 결정 또는 경정은 과세표준확정신고서 및 그 첨부서류에 의하거나 실지조사에 의함을 원칙으로 한다.

(2) 예외 - 추계조사

다음 중 어느 하나에 해당하는 사유로 장부나 그 밖의 증명서류에 의하여 소득금액을 계산할 수 없는 경우 소득금액을 추계조사결정할 수 있다.
① 과세표준을 계산함에 있어서 필요한 장부와 증빙서류가 없거나 중요한 부분이 미비 또는 허위인 경우
② 기장의 내용이 시설규모, 종업원 수, 원자재, 상품 또는 제품의 시가, 각종 요금 등에 비추어 허위임이 명백한 경우
③ 기장의 내용이 원자재사용량, 전력사용량 기타 조업상황에 비추어 허위임이 명백한 경우

(3) 추계소득금액의 계산

① 추계소득금액의 대상자의 추계적용방식
  ㉠ 원칙: 기준경비율법 적용
  ㉡ 예외: 다음의 요건을 모두 충족하는 사업자는 단순경비율법을 선택할 수 있다.
    ⓐ 당기 수입금액이 간편장부대상자 기준금액에 미달하는 경우
    ⓑ 전기 수입금액 요건: 계속사업자의 경우 전기 수입금액이 단순경비율 기준금액에 미달하는 경우(단, 신규사업자는 전기 수입금액 요건은 없다)

② 추계소득금액

기준경비율법	단순경비율법
추계소득금액 = MIN[㉠, ㉡] ㉠ 수입금액 - 주요경비 - (수입금액×기준경비율) ㉡ 단순경비율 적용 소득금액×3.4배(간편장부대상자는 2.8배) ⊙ 무기장가산세 부과(소규모 사업자는 제외)	수입금액×(1 - 단순경비율) ⊙ 무기장가산세 부과(소규모 사업자는 제외)

㉠ 주요경비는 매입비용(사업용 유형·무형자산의 매입비용은 제외), 사업용 유형·무형자산의 임차료, 인건비 중 실제 증명서류에 의하여 입증되는 금액으로 한다.
㉡ 복식부기의무자는 기분경비율의 1/2를 곱하여 계산한다.
㉢ 공제할 금액이 수입금액을 초과하는 경우에는 그 초과금액은 없는 것으로 본다.
㉣ 간편장부대상자 및 단순경비율 대상자의 수입금액 기준금액은 다음과 같다.

업종	도·소매업 부동산매매업 등	제조업, 숙박 및 음식점업 등	부동산임대업, 전문, 과학 및 기술서비스업 등
간편	3억 원	1억 5천만 원	7,500만 원
단순	6,000만 원	3,600만 원	3,600만 원

> **참고** 단순경비율 제외대상자
>
> 다음 중 어느 하나에 해당하는 사업자는 단순경비율 적용대상자에 포함되지 않는다.
> 1. 의사, 약사, 변호사 등 전문직사업자
> 2. 현금영수증가맹점에 가입하여야 하는 사업자 중 현금영수증가맹점으로 가입하지 아니한 사업자(가입하지 아니한 해당 과세기간에 한함)
> 3. 해당 과세기간에 신용카드매출전표 발급의무 등을 위반하여 관할세무서장으로부터 해당 과세기간에 3회 이상 통보받고 그 금액의 합계액이 100만 원 이상이거나 5회 이상 통보받은 사업자(통보받은 내용이 발생한 날이 속하는 해당 과세기간에 한정)

(4) 예외적인 경우

① 연말정산되는 사업소득금액

> 연말정산 사업소득금액 = 수입금액 × 연말정산사업소득의 소득률(1 - 단순경비율)

② 기준경비율 또는 단순경비율이 결정되지 아니하였거나 천재지변 기타 불가항력으로 장부 기타 증빙서류가 멸실된 때에는 기장이 가장 정확하다고 인정되는 동일업종의 다른 사업자의 소득금액을 참작하여 그 소득금액을 결정 또는 경정하는 방법(동업자권형방법)

(5) 추계조사시 불이익 사항

① 이월결손금공제 적용배제
② 외국납부세액공제 적용배제
⊙ 단, 천재지변 등 사유로 장부 등이 멸실되어 추계결정하는 경우는 제외한다.

제6절 ✦ 징수, 환급 및 가산세

I 징수

(1) 납세지 관할 세무서장은 거주자가 다음 중 어느 하나에 해당하면 그 미납된 부분의 소득세액을 「국세징수법」에 따라 징수한다.

① 중간예납세액을 신고·납부하여야 할 자가 그 세액의 전부 또는 일부를 납부하지 아니한 경우
② 해당 과세기간의 소득세로 납부하여야 할 세액의 전부 또는 일부를 납부하지 아니한 경우

(2) 납세지 관할 세무서장은 징수하거나 납부된 거주자의 해당 과세기간 소득세액이 납세지 관할 세무서장 또는 지방국세청장이 결정 또는 경정한 소득세액에 미달할 때에는 그 미달하는 세액을 징수한다. 중간예납세액의 경우에도 또한 같다.

(3) 납세지 관할 세무서장은 원천징수의무자가 징수하였거나 징수하여야 할 세액을 그 기한까지 납부하지 아니하였거나 미달하게 납부한 경우에는 그 징수하여야 할 세액에 「국세기본법」 가산세액을 더한 금액을 그 세액으로 하여 그 원천징수의무자로부터 징수하여야 한다.

(4) 납세조합 관할 세무서장은 납세조합이 그 조합원에 대한 해당 소득세를 매월 징수하여 기한까지 납부하지 아니하였거나 미달하게 납부하였을 때에는 그 징수하여야 할 세액에 납세조합불납가산세액을 더한 금액을 세액으로 하여 해당 납세조합으로부터 징수하여야 한다.

Ⅱ 환급

납세지 관할세무서장은 중간예납, 수시부과 및 원천징수세액 등이 종합소득총결정세액과 퇴직소득 총결정세액을 초과하는 경우 그 초과하는 세액은 환급하거나 다른 국세, 가산금·체납처분비에 충당하여야 한다.

Ⅲ 가산세

(1) 신고관련 가산세

구분	가산세

① 무신고가산세	㉠ 복식부기의무자 외의 자
	  ⓐ 일반적인 경우: 무신고납부세액 × 20%
	  ⓑ 부정행위 등: 무신고납부세액 × 40%(국제거래 60%)
	㉡ 복식부기의무자
	  ⓐ 일반적인 경우: MAX(무신고납부세액 × 20%, 수입금액 × 7/10,000)
	  ⓑ 부정행위 등: MAX(무신고납부세액 × 40%(국제거래 60%), 수입금액 × 14/10,000)

② 과소신고가산세	㉠ 일반과소신고가산세: 일반과소신고납부세액 × 10%
	㉡ 부정과소신고가산세 = MAX[ⓐ, ⓑ]
	  ⓐ 부정과소신고납부세액 × 40%(역외거래 부정행위 60%)
	  ⓑ 부정과소신고 수입금액 × 14/10,000(복식부기의무자만 적용)

◎ 신고관련 가산세와 무기장가산세가 동시에 적용되는 경우에는 그 중 큰 금액에 해당하는 가산세만 적용하고, 가산세액이 같은 경우에는 신고관련 가산세를 적용한다.

(2) 납부불성실(환급불성실)가산세

> 납부불성실(환급불성실)가산세 = 미납·미달납부세액(초과환급세액) × 기간 × 3/10,000

(3) 무기장가산세

$$\text{무기장가산세} = \text{종합소득산출세액} \times \frac{\text{무기장, 미달기장소득금액}}{\text{종합소득금액}} \times 20\%$$

단, 소규모사업자의 경우는 무기장가산세를 적용하지 않는다(신규사업개시자, 직전연도 총수입금액이 4,800만 원 미만, 연말정산되는 사업소득만 있는 사업자).

(4) 적격증빙불비가산세 및 영수증수취명세서 미제출 가산세

구분	가산세
적격증명서류 불성실	미수취 또는 불명분 금액 × 2% ⇨ 단, 소규모사업자 및 소득금액이 추계되는 자는 제외
지급명세서 제출 불성실	미제출·불명분 지급금액 × 1%(3개월 이내 제출시 0.5%)
계산서불성실	① 불명분 공급가액 × 1% ② 미제출(불명)분 공급가액 × 0.5%(1개월 이내 제출시 0.3%) ③ 미발급 및 지연발급분 공급가액 × 2% ④ 가공수수 및 허위수수분 공급가액 × 2%
기부금영수증 불성실	① 사실과 다르게 발급된 금액 × 2% ② 작성 또는 보관하지 않은 금액 × 0.2%
현금영수증 불성실가산세	① 미가입기간의 수입금액 × 1% ② 건별 미발급액 및 불명분 금액 × 5%(건별 최소 5천 원)

CHAPTER 11 양도소득세

제1절 양도소득의 범위

I 양도의 개념

(1) 개념

양도란 자산에 대한 **등기 또는 등록과 관계없이** 매매, 교환, 대물변제, 현물출자, 수용, 공매, 부담부증여 등을 통하여 그 자산을 유상으로 사실상 이전하는 것을 말한다.

> **참고 부담부증여**
>
> 「상속세 및 증여세법」에서 배우자 및 직계존비속간의 부담부증여 거래로서 수증자에게 채무가 인수되는 경우 이를 양도로 본다. 다만, 수증자에게 채무가 인수되지 아니하여 증여추정이 적용되는 경우는 양도로 보지 않는다(채무의 실질적 이전이 있어야 부담부증여가 되어 양도로 본다).

① 등기 또는 등록여부와 무관
   미등기 전매도 과세하며, 양도시기도 원칙적으로 대금청산일이다.
② 자산을 무상으로 이전하는 것은 수증자에게 증여세 과세한다.
③ 사실상 이전
   98% 대금을 넘긴 경우에도 양도에 해당한다.

구분		적용세목	납세의무자
자산을 유상으로 이전하는 것		양도소득세	양도자
자산을 무상으로 이전하는 것		증여세	수증자
부담부증여	채무인수액	양도소득세	증여자
	위 외 부분	증여세	수증자

> **참고 이혼으로 인한 자산 이전시 양도세 과세**

구분	과세여부
1. 이혼 위자료로 부동산을 배우자에게 이전하는 경우	손해배상금을 부동산으로 대물변제한 것이므로 양도세를 과세한다.
2. 재산분할청구로 부동산을 배우자에게 이전하는 경우	신탁해지를 원인으로 하는 소유권이전등기와 동일하므로 양도세를 과세하지 않는다.

(2) 양도로 보지 않는 경우

① 「도시개발법」이나 그 밖의 법률에 따른 **환지처분**으로 지목 또는 지번이 변경되거나 **보류지로 충당**되는 경우

> **참고** 용어정리
> 1. **환지처분**: 도시개발사업 등에 의하여 사업시행자가 사업완료 후에 사업구역내의 토지소유자 또는 관계인에게 종전의 토지 대신에 그 구역내의 다른 토지로 바꿔주는 것
> 2. **보류지**: 토지구획정리사업 중 사업에 필요한 경비에 충당하거나 공공시설용지 및 지역주민생활에 필요한 공동설비를 설치하기 위하여 환지로 정하지 않고 남겨둔 토지(이 중 사업에 필요한 경비에 충당하기 위해 정해놓은 일부토지는 체비지라 한다)

② 다음의 요건을 모두 충족하는 토지의 교환
  ㉠ 토지 이용상 불합리한 지상경계를 합리적으로 바꾸기 위하여 「공간정보의 구축 및 관리 등에 관한 법률」 등에 따라 토지를 분할하여 교환할 것
  ㉡ ㉠에 따라 분할된 토지의 전체 면적이 분할 전 토지의 전체 면적의 20%를 초과하지 아니할 것

③ 위탁자와 수탁자간 **신임관계**에 기하여 위탁자의 자산에 신탁이 설정되고 그 신탁재산의 소유권이 수탁자에게 이전된 경우로서 **위탁자가 신탁설정을 해지하거나 신탁의 수익자를 변경할 수 있는 등 신탁재산을 실질적으로 지배하고 소유하는 것으로 볼 수 있는 경우**
  ⊙ 단, 위탁자가 신탁재산을 실질적으로 지배·소유하지 않는 경우는 양도에 해당한다.

④ 양도담보는 양도로 보지 아니한다.
  ⊙ 단, 계약을 체결한 후 채무불이행 등으로 인하여 당해 자산을 변제에 충당한 때에는 그 때에 이를 양도한 것으로 본다.

⑤ 법원의 확정판결에 의하여 신탁해지를 원인으로 소유권이전등기를 하는 경우
⑥ 매매원인 무효의 소에 의하여 그 **매매사실이 원인무효로 판시되어 환원**될 경우
⑦ 소유자산을 경매·공매로 인하여 자기가 재취득하는 경우
⑧ 공동소유의 토지를 **소유지분별로 단순히 분할**하거나 공유자지분 변경없이 2개 이상의 공유토지로 분할하였다가 그 공유토지를 소유지분별로 단순히 재분할하는 경우
  ⊙ 단, 공유지분이 변경되는 경우 변경되는 부분은 양도로 본다.
⑨ 이혼으로 인하여 혼인 중에 형성된 부부공동재산을 재산분할하는 경우

(3) 공유물의 양도

공동으로 소유한 자산에 대한 양도소득금액을 계산하는 경우에는 해당 자산을 공동으로 소유하는 각 거주자가 납세의무를 진다.

기출 Check 24년 7급

28 「소득세법」상 거주자의 양도소득세에 대한 설명으로 옳지 않은 것은?
① 양도란 자산에 대한 등기 또는 등록과 관계없이 매도, 교환, 법인에 대한 현물출자 등을 통하여 그 자산을 유상으로 사실상 이전하는 것을 말한다.
② 「도시개발법」에 따른 환지처분으로 지목 또는 지번이 변경되거나 보류지로 충당되는 경우에는 양도로 보지 아니한다.
③ 파산선고에 의한 처분으로 발생하는 소득에 대해서는 양도소득세를 과세한다.
④ 「소득세법」제104조 제3항에서 규정하는 미등기양도자산에 대하여는 「소득세법」 또는 「소득세법」외의 법률 중 양도소득에 대한 소득세의 비과세에 관한 규정을 적용하지 아니한다.

6 ③
해설 파산선고에 의한 처분으로 발생하는 소득에 대해서는 양도소득세를 과세하지 아니한다.

Ⅱ 양도소득세 과세대상자산

양도소득은 1그룹, 2그룹 및 4그룹 대상자산의 양도로 발생하는 소득과 3그룹 대상자산의 거래 또는 행위로 발생하는 소득으로 한다.

그룹	양도소득세 과세대상 범위
1그룹	① 토지와 건물 ② 부동산에 관한 권리: 지상권·전세권 및 등기된 부동산임차권, 부동산을 취득할 수 있는 권리
	기타자산 ① 사업에 사용하는 토지, 건물 및 부동산에 관한 권리와 함께 양도하는 영업권 ② 특정시설물이용권 ③ 특정주식 A ④ 특정주식 B
2그룹	① 주권상장주식 중 대주주 양도분과 장외양도분 ② 비상장주식 ③ 외국주식
3그룹	일정한 파생상품
4그룹	신탁수익권

(1) 1그룹

대상자산	양도소득세율

① 토지, 건물(건물에 부속된 시설물과 구축물을 포함)
② 부동산에 관한 권리
  ㉠ 부동산을 이용할 수 있는 권리
  ㉡ 부동산을 취득할 수 있는 권리
③ 기타자산
  ㉠ 사업에 사용하는 토지, 건물 및 부동산에 관한 권리와 함께 양도하는 영업권
  ㉡ 토지, 건물과 함께 양도하는 이축권
  ㉢ 특정시설물이용권
  ㉣ 특정주식 A
  ㉤ 특정주식 B
	① 원칙: 기본세율(6% ~ 45%)
	② 예외(기타자산은 적용 제외)
	
	| 구분
		세율

미등기자산	70%
분양권	60%
보유기간이 1년 미만	50%
21년 6월 1일부터 주택, 조합원입주권, 분양권	70%
보유기간이 1년 이상 2년 미만인 자산 중 주택 및 조합원입주권 이외의 자산	40%
21년 6월 1일부터 주택, 조합원입주권 및 분양권	60%
비사업용토지, 비사업용토지 과다보유법인주식	기본세율 + 10%	

① 토지와 건물
② 부동산에 관한 권리
　㉠ 부동산을 이용할 수 있는 권리: **지상권, 전세권, 등기된 부동산임차권**
　㉡ 부동산을 취득할 수 있는 권리(건물이 완성되는 때에 그 건물과 이에 딸린 토지를 취득할 수 있는 권리를 포함)
　　ⓐ 아파트분양권, 토지상환채권, 주택상환채권
　　ⓑ 부동산매매계약을 체결한 자가 계약금만 지급한 상태에서 양도하는 권리
　　✓ 공익사업을 위한 지상권의 대여소득은 기타소득으로 과세하며, 지상권, 전세권은 등기여부에 상관없이 양도소득으로 과세되지만, 부동산임차권의 경우 등기된 경우에 한해서만 양도소득으로 과세한다.

기출 Check　22년 9급

29 「소득세법」상 거주자의 양도소득의 범위에 대한 설명으로 옳은 것만을 모두 고르면?

> ㄱ. 토지 또는 건물의 양도로 발생하는 소득은 양도소득에 포함된다.
> ㄴ. 등기되지 않은 부동산임차권의 양도로 발생하는 소득은 양도소득에 포함된다.
> ㄷ. 지상권의 양도로 발생하는 소득은 양도소득에 포함되지 않는다.
> ㄹ. 영업권의 단독 양도로 발생하는 소득은 양도소득에 포함된다.

① ㄱ　　② ㄴ, ㄷ
③ ㄷ, ㄹ　　④ ㄱ, ㄴ, ㄹ

6 ①
해설 ㄴ: 등기된 부동산임차권의 양도로 발생하는 소득이 양도소득에 포함된다.
ㄷ: 지상권의 양도로 발생하는 소득은 양도소득에 포함된다.
ㄹ: 영업권을 단독으로 양도하는 경우는 기타소득에 해당한다.

③ 기타자산
　㉠ 사업에 사용하는 토지, 건물 및 부동산에 관한 권리와 함께 양도하는 영업권
　　　⊙ 단, 영업권을 단독으로 양도하는 경우는 기타소득에 해당한다.
　㉡ 토지, 건물과 함께 양도하는 이축권
　　　⊙ 단, 이축권의 경우 양도소득으로 과세하는 것이 원칙이지만, 감정평가한 금액을 별도로 구분 신고한 경우에는 기타소득으로 과세한다.
　㉢ 특정시설물이용권
　　이용권·회원권, 그 밖에 그 명칭과 관계없이 시설물을 배타적으로 이용하거나 일반이용자보다 유리한 조건으로 이용할 수 있도록 약정한 단체의 구성원이 된 자에게 부여되는 시설물 이용권(법인의 주식 등을 소유하는 것만으로 시설물을 배타적으로 이용하거나 일반이용자보다 유리한 조건으로 시설물 이용권을 부여받게 되는 경우 그 주식 등을 포함)
　　예 골프장회원권, 콘도미니엄 회원권, 종합체육시설권 등
　㉣ 특정주식 A, B

구분	특정주식 A	특정주식 B
발행법인	부동산비율 50% 이상	부동산비율 80%이상인 골프장·스키장·휴양콘도미니엄·전문휴양시설업을 영위
양도하는 주주	ⓐ 보유지분율(특수관계자포함) > 50% ⓑ 양도지분율 ≥ 50% (특수관계인을 포함하며, 3년간 소급하여 양도한 지분율을 의미)	—

참고 부동산비율의 계산

$$부동산비율 = \frac{토지·건물 + 부동산에 관한 권리 + 발행법인이 보유한 특정 주식}{총자산}$$

이축권: 개발제한구역의 건축물로서 공익사업의 시행 등에 따라 철거되는 경우 건축 허가를 받아 건축물을 옮겨 지을 수 있는 권리를 말한다.

(2) 2그룹

대상자산	양도소득세율
① 국내주식 　㉠ 주권상장주식 중 대주주 양도분 　㉡ 장외 양도분 　㉢ 비상장주식 ② 외국주식	① 국내주식 중 대주주 주식 | 구분 | 세율 | |---|---| | 비중소기업, 1년 미만 보유 | 30% | | 과세표준 중 3억 원 이하분 | 20% | | 과세표준 중 3억 원 초과분 | 25% | ② 대주주 이외 주식 : 20%(중소기업 10%) ③ 외국주식 : 20%(중소기업 10%)

① 국내주식(출자지분, 신주인수권, 증권예탁증권을 포함)
주식 중 다음의 어느 하나에 해당하는 것은 양도소득세의 과세대상이다.
　㉠ 국내 상장주식(유가증권시장, 코스닥시장, 코넥스시장)에서 다음의 요건을 충족한 경우
　　ⓐ 주권상장법인의 **대주주가 양도하는 주식**
　　ⓑ 대주주에 해당하지 않는 자가 **증권시장에서의 거래에 의하지 않고 양도하는 주식**(단, 전자장외거래는 인정한다)

ⓒ 국내 비상장주식

다음에 해당하는 주식은 양도소득세 과세대상에서 제외한다.

ⓐ 주권비상장법인의 대주주가 아닌 자가 한국금융투자협회가 행하는 장외매매거래에 의하여 양도하는 중소·중견기업의 주식

ⓑ 장외주식 호가중개시장에서 벤처기업의 주식을 대주주가 아닌 자가 양도하는 주식

② 외국주식

㉠ 외국법인이 발행한 주식으로 우리나라 증권시장에 상장된 주식과 기타자산에 해당하는 주식은 제외한다.

㉡ 내국법인이 발행한 주식(국외 예탁기관이 발행한 증권예탁증권을 포함)으로서 해외증권시장에 상장된 주식

참고 대주주의 판정기준

대주주란 주주 1인과 그 특수관계인의 주식합계가 양도일이 속하는 직전 사업연도 종료일(양도일이 속하는 사업연도에 새로 설립된 법인의 경우에는 해당 법인의 설립등기일) 현재 다음의 지분율기준과 시가총액기준 중 어느 한가지 기준을 충족하는 본인 및 특수관계인이다. 이 경우 전기 말 현재 지분율 요건은 불충족하였으나 그 후 추가적으로 주식을 취득함으로써 지분율 요건을 충족하게 된 경우 대주주로 본다. 단, 최대주주가 아닌 경우 본인보유 주식만 계산한다.

구분		지분율기준	시가총액 기준
상장주식	유가증권시장 상장법인	1% 이상	50억 원 이상
	코스닥시장 상장법인	2% 이상	
	코넥스시장 상장법인	4% 이상	
비상장주식	일반비상장법인	4% 이상	10억 원 이상
	협회 장외시장 벤처기업	4% 이상	40억 원 이상

구분	산정기준
상장법인 시가총액	주식 등의 양도일이 속하는 사업연도의 직전사업연도 종료일 현재의 최종시세가액으로 한다. 다만, 직전 사업연도 종료일 현재의 최종시세가액이 없는 경우에는 직전거래일의 최종시세가액에 따른다.
비상장법인의 시가총액	기준시가

1. 주식대차거래의 경우 대여한 날로부터 반환받은 날까지의 기간 동안 대여자의 주식으로 보아 대주주의 판정기준을 적용한다.
2. 상법상 주식의 포괄적 교환·이전 또는 주식의 포괄적 교환·이전에 대한 주식매수청구권 행사로 양도하는 주식 등은 장외 양도분에서 제외한다.

(3) 3그룹

대상자산	양도소득세율
① 국내 또는 해외 주가지수 장내파생상품 ② 주가지수 장외 파생상품 ③ 해외 파생상품시장에서 거래되는 파생상품 ④ 주식워런트증권(ELW) ⑤ 차액결제거래(CFD)	10%

◎ 단, 이자소득 및 배당소득에 해당하는 파생상품의 거래 또는 행위로부터의 이익은 양도소득에서 제외한다.

① **국내 또는 해외 주가지수 장내 파생상품**: 장내파생상품으로서 증권시장 또는 이와 유사한 시장으로서 외국에 있는 시장을 대표하는 종목을 기준으로 산출된 지수(해당 지수의 변동성을 기준으로 산출된 지수를 포함한다)를 기초자산으로 하는 상품

　예 코스피200 선물, 코스피200 옵션, 코스닥150 선물, 코스닥150 옵션, KRX300선물 등

② **주가지수 장외 파생상품**: 장외파생상품으로서 경제적 실질이 ①에 따른 장내파생상품과 동일한 상품

③ **해외 파생상품시장에서 거래되는 파생상품**

④ **주식워런트증권(ELW)**: 코스피200ELW, 코스닥150ELW 등

⑤ **차액결제거래(CFD)** – 다음의 요건을 모두 갖춘 파생상품
　㉠ 계약 체결 당시 약정가격과 계약에 따른 약정을 소멸시키는 반대거래 약정가격간의 차액을 현금으로 결제하고 계약 종료시점을 미리 정하지 않고 거래 일방의 의사표시로 계약이 종료되는 상품일 것
　㉡ 주식, 상장지수증권 등에 해당하는 기초자산의 가격과 연계하는 상품일 것

(4) 4그룹

대상자산	양도소득세율
신탁수익권(신탁의 이익을 받을 권리)	과세표준 중 3억 원 이하분: 20% 과세표준 중 3억 원 초과분: 25%

① **신탁수익권**

신탁수익권이란 신탁의 이익을 받을 권리를 뜻하며, 해당 권리의 양도로 인한 소득은 양도소득으로 과세한다. 다만, 신탁수익권의 양도를 통하여 신탁재산에 대한 지배·통제권이 사실상 이전되는 경우는 신탁재산 자체의 양도로 본다.

② **신탁수익권에서 제외되는 대상**

다음 중 어느 하나에 해당하는 수익권 또는 수익증권은 양도소득세 과세대상에서 제외한다.
　㉠ 자본시장과 금융투자업에 관한 법률에 따른 수익권 또는 수익증권
　㉡ 자본시장과 금융투자업에 관한 법률에 따른 투자신탁의 수익권 또는 수익증권으로서 해당 수익권 또는 수익증권의 양도로 발생하는 소득이 배당소득으로 과세되는 수익권 또는 수익증권
　㉢ 신탁의 이익을 받을 권리에 대한 양도로 발생하는 소득이 배당소득으로 과세되는 수익권 또는 수익증권
　㉣ 위탁자의 채권자가 채권담보를 위하여 채권 원리금의 범위 내에서 선순위 수익자로서 참여하고 있는 경우 해당 수익권

Ⅲ 비과세 양도소득

(1) 비과세 양도소득의 범위

다음의 양도소득에 대해서는 양도소득세를 과세하지 않는다.
① 1세대 1주택의 양도로 발생하는 소득
② **파산선고에 의한 처분**으로 발생하는 소득
③ **농지의 교환 또는 분합**으로 발생하는 소득
④ 「지적재조사에 관한 특별법」에 따른 경계의 확정으로 지적공부상의 면적이 감소되어 지급받는 조정금

(2) 1세대 1주택의 양도소득에 대한 비과세

다음 중 어느 하나에 해당하는 주택(고가주택 제외)과 이에 부수되는 주택부수토지의 양도로 발생하는 소득은 양도소득세를 과세하지 않는다.

1) 주택의 개념

주택이란 허가 여부나 공부(公簿)상의 용도구분과 관계없이 세대의 구성원이 독립된 주거생활을 할 수 있는 구조로서 대통령령으로 정하는 구조를 갖추어 사실상 주거용으로 사용하는 건물을 말한다. 이 경우 용도가 분명하지 아니하면 공부상의 용도에 따른다.

> **참고** 2022년부터 적용되는 주택의 부수토지 배수
>
> 1. 도시지역 내의 토지
>   ① 수도권 내의 토지 중 주거지역, 상업지역 및 공업지역 내의 토지: 3배
>   ② 수도권 내의 토지 중 녹지지역 내의 토지: 5배
>   ③ 수도권 밖의 토지: 5배
> 2. 도시지역 외의 토지: 10배

① 다가구주택: 한 가구가 독립하여 거주할 수 있도록 구획된 부분을 각각 하나의 주택으로 본다. 다만, 당해 다가구주택을 가구별로 양도하지 아니하고 하나의 매매단위로 하여 양도하는 경우에는 이를 단독주택으로 본다.

② 겸용주택

구분	건물	부수토지
주택의 연면적 > 기타건물연면적	전부 주택	전부 주택의 부수토지
주택의 연면적 ≤ 기타건물연면적	주택만 주택	연면적비율로 주택부수토지 안분

③ 고가주택(양도가액이 12억 원을 초과하는 주택)

비과세 주택임대소득 고가주택	과세기간 종료일 또는 해당 주택의 양도일 기준 기준시가 12억 원 초과주택
양도소득세 고가주택	양도 당시 **실지거래가액 합계액이 12억 원을 초과**하는 주택 및 그 부수토지

㉠ 고가주택이 1세대 1주택 비과세 요건을 충족하는 경우 양도가액 중 12억 원 초과분만 과세한다.
㉡ 겸용주택의 경우 주택으로 보는 상가도 포함하여 고가주택 여부를 판단한다.
㉢ 단독주택으로 보는 다가구주택의 경우에는 그 전체를 하나의 주택으로 보아 고가주택여부를 판정한다.

2) 비과세 요건

구분	비과세 요건

1세대 요건	① 원칙: 배우자가 있는 거주자(법률상 이혼은 하였으나 사실상 이혼으로 보기 어려운 관계에 있는 사람을 포함한다)
	② 예외: 배우자가 없어도 1세대로 보는 경우
	  ㉠ 배우자가 사망하거나 이혼한 경우
	  ㉡ 해당 거주자의 나이가 30세 이상인 경우
	  ㉢ 소득 중 기획재정부령으로 정하는 소득이 「국민기초생활 보장법」에 따른 기준 중위소득을 12개월로 환산한 금액의 100분의 40 수준 이상으로 소유하고 있는 주택 또는 토지를 관리·유지하면서 독립된 생계를 유지할 수 있는 경우(다만, 미성년자의 경우를 제외하되, 미성년자의 결혼, 가족의 사망 등의 사유로 1세대의 구성이 불가피한 경우에는 그러하지 아니하다.)

1주택 보유 요건	① 1주택의 판정기준
	  ㉠ 1주택의 여부는 양도시점을 기준으로 판정한다.
	  ㉡ 2이상의 주택을 같은 날에 양도하는 경우 양도주택의 순서를 선택할 수 있다.
	  ㉢ 여러 사람이 공동으로 1주택을 소유한 경우 공동소유자 각자가 그 주택을 소유한 것으로 간주한다.
	② 1세대 2주택에 대한 비과세 특례
	다음의 경우에는 양도 당시 2주택을 보유하고 있더라도 1주택을 보유한 것으로 보아 비과세한다.
	  ㉠ 일시적 2주택: 국내에 1주택을 소유한 1세대가 종전의 주택을 양도하기 전에 다른 주택을 취득(자기가 건설하여 취득한 경우를 포함)함으로써 일시적으로 2주택이 된 경우 종전의 주택을 취득한 날부터 1년 이상이 지난 후 다른 주택을 취득하고 다음의 규정에 따라 종전의 주택을 양도하는 경우에는 이를 1세대 1주택으로 보아 비과세 여부를 판정한다.
	    ⓐ 일반지역의 경우: 신규 주택을 취득한 날부터 3년 이내에 종전의 주택을 양도하는 경우
	    ⓑ 조정대상지역의 경우: 종전의 주택이 조정대상지역에 있는 상태에서 조정대상지역에 있는 신규 주택을 취득하는 경우에는 다음의 요건을 모두 충족한 경우
	      • 신규 주택의 취득일로부터 1년 이내에 그 주택으로 세대전원이 이사하고 전입신고를 마친 경우
	      • 신규 주택의 취득일부터 1년 이내에 종전의 주택을 양도하는 경우
	  ㉡ 직계존속의 동거봉양을 위한 일시적인 2주택: 1주택을 보유하고 1세대를 구성하는 자가 1주택을 보유하고 있는 60세 이상의 직계존속(배우자의 직계존속을 포함, 직계존속 중 어느 한 사람이 60세 미만인 경우를 포함)을 동거봉양하기 위하여 세대를 합침으로써 1세대가 2주택을 보유하게 되는 경우 **합친 날부터 10년 이내에 먼저 양도하는 주택은 이를 1세대 1주택으로 보아 비과세규정을 적용**한다(암, 희귀성질환 등 중대한 질병 등이 발생한 60세 미만의 직계존속과 합가한 경우 포함).
	  ㉢ 혼인으로 인한 일시적인 2주택: 1주택을 보유하는 자가 1주택을 보유하는 자와 혼인함으로써 1세대가 2주택을 보유하게 되는 경우 또는 1주택을 보유하고 있는 60세 이상의 직계존속을 동거봉양하는 무주택자가 1주택을 보유하는 자와 혼인함으로써 1세대가 2주택을 보유하게 되는 경우 **각각 혼인한 날부터 10년 이내에 먼저 양도하는 주택은 이를 1세대 1주택으로 보아 비과세규정을 적용**한다.
	    ⊙ 60세 이상의 직계존속에는 국민건강보험법의 법소정 요양급여를 받는 60세 미만의 직계존속으로서 기획재정부령으로 정하는 사람도 포함한다.

	㉣ 상속받은 주택과 일반주택을 국내에 각각 1개씩 소유하고 있는 1세대가 **일반주택을 양도하는 경우**
	   ⓐ 동일세대 구성원으로서 상속받은 경우 동거봉양을 위한 합가일 이전부터 보유하던 주택을 상속받은 경우에만 가능하다.
	   ⓑ 일반주택은 상속개시 당시 보유한 주택에 한정하며, 상속개시일부터 소급하여 2년 이내에 피상속인으로부터 증여받은 주택은 제외한다.
	   ⓒ 상속받은 주택에는 조합원입주권을 상속받아 사업시행 완료 후 취득한 신축주택을 포함한다.
	㉤ **문화재주택**: 지정문화재 및 등록문화재에 해당하는 주택과 일반주택을 국내에 각각 1개씩 소유하고 있는 1세대가 **일반주택을 양도하는 경우**에는 국내에 1개의 주택을 소유하고 있는 것으로 보아 1세대 1주택 비과세 여부를 판정한다.
	㉥ **농어촌주택**: 농어촌주택과 일반주택을 국내에 각각 1개씩 소유하고 있는 1세대가 **일반주택을 양도**하는 경우에는 국내에 1개의 주택을 소유하고 있는 것으로 보아 1세대 1주택 비과세 여부를 판정한다.
	   ⊘ 단, 영농 또는 영어의 목적으로 취득한 주택에 대해서는 그 주택을 취득한 날부터 5년 이내에 일반주택을 양도하는 경우에 한정한다.
	㉦ **취학, 근무상의 형편, 질병의 요양, 그 밖에 부득이한 사유**: 취학 등의 사유로 취득한 수도권 밖에 소재하는 주택과 일반주택을 국내에 각각 1개씩 소유하고 있는 1세대가 **부득이한 사유가 해소된 날부터 3년 이내에 일반주택을 양도**하는 경우에는 국내에 1개의 주택을 소유하고 있는 것으로 보아 1세대 1주택 비과세 여부를 판정한다.

2년 이상
보유 및
거주요건
	① 2년 이상 보유요건(조정대상지역은 2년 이상 거주요건도 추가적용)
	  ㉠ 일반적인 경우: 비과세되는 1세대 1주택은 그 보유기간이 2년 이상인 경우에 적용한다.
	    ⊘ 보유기간: 해당 주택의 취득일부터 양도일까지의 기간(사실상 주거용으로 사용한 날부터 양도한 날까지의 기간)
	  ㉡ 취득 당시에 조정대상지역에 있는 주택: 해당 주택의 보유기간이 2년 이상이고 그 보유기간 중 거주기간이 2년 이상이어야 한다.
	
	참고 공동상속주택의 거주기간
	
	공동상속주택의 거주기간은 해당 주택에 거주한 공동상속인 중 그 거주기간이 가장 긴 사람이 거주한 기간으로 판단한다.
	
	② 보유기간 기산일의 특례: 2주택 이상을 보유한 1세대가 1주택 외의 주택을 모두 처분(양도, 증여 및 건출법의 용도변경을 말하며, 주거용으로 사용하던 오피스텔을 업무용 건물로 사실상 용도변경하는 경우를 포함)한 경우에는 처분 후 1주택을 보유하게 된 날부터 보유기간을 기산한다.
	  ⊘ 2주택 보유시에도 1주택을 보유한 것으로 인정하는 1주택 보유기간의 특례를 적용받는 주택은 제외하되, 2주택 이상을 보유한 1세대가 1주택 외의 주택을 모두 처분한 후 신규주택을 취득하여 일시적 2주택이 된 경우는 제외하지 않는다.

보유기간 및 거주기간의 통산	① 재건축 주택의 경우 멸실주택과 재건축주택 보유기간 및 거주기간은 통산한다. ② 비거주자가 해당 주택에서 3년 이상 계속 보유 및 거주한 상태에서 거주자로 전환된 경우에는 그 주택에 대한 거주기간 및 보유기간을 통산한다. ⊘ 단, 동 주택의 1세대 1주택 비과세 보유기간 요건은 3년으로 한다. ③ 상속받은 주택으로서 상속인과 피상속인이 상속개시 당시 동일세대인 경우 상속개시 전에 동일세대로서 거주하고 보유한 기간을 통산한다.

| 보유기간 및 거주기간의 제한을 받지 않는 경우 | ① 민간건설임대주택 또는 공공건설임대주택을 취득하여 양도하는 경우로서 해당 건설임대주택의 **임차일부터 해당 주택의 양도일까지의 기간 중 세대전원이 거주**(기획재정부령으로 정하는 취학, 근무상의 형편, 질병의 요양, 그 밖에 부득이한 사유로 세대의 구성원 중 일부가 거주하지 못하는 경우를 포함)**한 기간이 5년 이상인 경우**
② 주택 및 그 부수토지(사업인정 고시일 전에 취득한 주택 및 그 부수토지에 한함)의 전부 또는 일부가 「공익사업을 위한 토지 등의 취득 및 보상에 관한 법률」에 의한 협의매수 · 수용 및 그 밖의 **법률에 의하여 수용되는 경우**
③ 「해외이주법」에 따른 해외이주로 세대전원이 출국하는 경우. 다만, 출국일 현재 1주택을 보유하고 있는 경우로서 출국일부터 2년 이내에 양도하는 경우에 한한다.
④ 1년 이상 계속하여 국외거주를 필요로 하는 취학 또는 근무상의 형편으로 세대전원이 출국하는 경우. 다만, 출국일 현재 1주택을 보유하고 있는 경우로서 출국일부터 2년 이내에 양도하는 경우에 한한다.
⑤ 1년 이상 거주한 주택을 취학, 근무상의 형편, 질병의 요양, 그 밖에 부득이한 사유로 양도하는 경우
　㉠ 「초 · 중등교육법」에 따른 학교(유치원 · 초등 · 중학교 제외) 및 「고등교육법」에 따른 학교에의 취학
　㉡ 1년 이상의 치료나 요양을 필요로 하는 질병의 치료 또는 요양
　㉢ 직장의 변경이나 전근 등 근무상의 형편
　㉣ 학교폭력으로 인한 전학(학교폭력대책자치위원회가 피해학생에게 전학이 필요하다고 인정하는 경우에 한함) |

Ⅳ 취득시기 및 양도시기, 기준시가

(1) 취득시기 및 양도시기

구분	취득시기 및 양도시기
① 일반적인 경우 (유상취득 · 양도)	㉠ 원칙: 대금청산일 ㉡ 대금을 청산한 날이 불분명한 경우: 등기부 · 등록부 또는 명부 등에 기재된 등기 · 등록접수일 또는 명의개서일 ㉢ 대금을 청산하기 전 소유권이전등기(등록 및 명의개서를 포함)를 한 경우: 등기 · 등록부 또는 명부 등에 기재된 등기접수일
② 장기할부조건	소유권이전등기(등록 및 명의개서를 포함) 접수일 · 인도일 또는 사용수익일 중 빠른 날
③ 자가건축물	㉠ 「건축법」에 따른 사용승인서 교부일 ㉡ 사용승인서 교부일 전 사실상 사용하거나 임시사용승인을 받은 경우: 그 사실상의 사용일 또는 임시사용승인을 받은 날 중 빠른 날 ㉢ 건축허가를 받지 아니하고 건축하는 건축물: 그 사실상의 사용일
④ 상속 또는 증여받은 자산	그 상속이 개시된 날 또는 증여를 받은 날
⑤ 점유취득 부동산	당해 부동산의 점유를 개시한 날(취득시효 완성일 X)
⑥ 공익사업을 위해 수용되는 경우	㉠ 대금을 청산한 날, 수용의 개시일 또는 소유권이전등기접수일 중 빠른 날 ㉡ 소유권에 관한 소송으로 보상금이 공탁된 경우: 소유권 관련 소송 판결 확정일
⑦ 환지처분으로 인한 토지 취득	㉠ 「도시개발법」 또는 그 밖의 법률에 따른 환지처분으로 인하여 취득한 토지의 취득시기: 환지 전의 토지의 취득일 ㉡ 교부받은 토지의 면적이 환지처분에 의한 권리면적보다 증가 또는 감소된 경우 그 증가 또는 감소된 면적의 토지에 대한 취득시기 또는 양도시기: 환지처분의 공고가 있는 날의 다음날
⑧ 특정주식(A)	주주 1인과 기타주주(특수관계인)가 주식 등을 양도함으로써 해당 법인의 주식 등의 합계액의 50% 이상이 양도되는 날 ⊙ 양도가액은 그들이 사실상 주식 등을 양도한 날의 양도가액에 의한다.

(2) 기준시가

구분	기준시가
① 토지	⊙ 일반지역: 개별공시지가 ⓒ 지정지역: 개별공시지가 × 국세청장이 정하는 배율
② 건물	국세청장 고시가액
③ 주택	공시된 개별주택가격 및 공동주택가격
④ 국세청장 지정지역 내의 오피스텔 및 상업용건물	국세청장 일괄 고시가액
⑤ 상장주식	양도일·취득일 이전 1개월간 종가평균액
⑥ 비상장주식	「상속세 및 증여세법」의 보충적 평가방법 준용
⑦ 신탁 수익권	「상속세 및 증여세법」을 준용하여 평가한 가액

부동산의 당년도 기준시가가 고시되기 전에 취득, 양도한 경우에는 직전연도의 기준시가를 적용한다.

제2절 양도소득세의 계산

I 양도소득과세표준 계산구조

양도가액	
− 취득가액	취득가액 및 기타필요경비 합계액
= 양도차익	자산별로 계산
− 장기보유특별공제	양도차익 × 장기보유특별공제율
= 양도소득금액	
− 양도소득기본공제	그룹별로 소득금액에서 연 250만 원을 공제
= 양도소득과세표준	
× 세율	기본세율 등
= 양도소득산출세액	
− 세액감면, 세액공제	
= 양도소득결정세액	
+ 가산세	환산취득가액적용가산세, 기장불성실가산세, 「국세기본법」 가산세
= 양도소득총결정세액	
− 기납부세액	예정신고산출세액, 수시부과세액
= 차감납부할세액	

Ⅱ 양도가액

(1) 원칙 – 실지양도가액

① 자산의 양도가액은 그 자산의 양도 당시에 양도자와 양수자간의 실지거래가액에 따른다. 실지거래가액이란 자산의 양도 당시에 양도자와 양수자가 실제로 거래한 가액으로서 해당 자산의 양도 대가관계에 있는 금전 그 밖의 재산가액을 말한다. 다만, 장부나 그 밖의 증명서류에 의하여 해당 자산의 양도 당시의 실지거래가액을 인정 또는 확인할 수 없는 경우에는 양도가액을 매매사례가액, 감정가액, 기준시가에 따라 추계조사 하여 결정 또는 경정할 수 있다.

② 구분
  ㉠ 매매사례가액: 양도일 전후 각 3개월 이내에 해당 자산(주권상장법인 등은 제외)과 동일성 또는 유사성이 있는 자산의 매매사례가 있는 경우 그 가액
  ㉡ 감정가액: 양도일 또는 취득일 전후 각 3개월 이내에 해당 자산(주식 등을 제외)에 대하여 둘 이상의 감정평가업자가 평가한 것으로서 신빙성이 있는 것으로 인정되는 감정가액(감정평가기준일이 양도일 또는 취득일 전후 각 3개월 이내인 것에 한정한다)이 있는 경우에는 그 감정가액의 평균액. 단, 기준시가가 10억 원 이하인 자산(주식 등은 제외한다)의 경우에는 양도일 또는 취득일 전후 각 3개월 이내에 하나의 감정평가업자가 평가한 것으로서 신빙성이 있는 것으로 인정되는 경우 그 감정가액(감정평가기준일이 양도일 또는 취득일 전후 각 3개월 이내인 것에 한정한다)으로 한다.
  ㉢ 기준시가: 양도 당시의 기준이 되는 가액으로서 「소득세법」에 규정된 가액

(2) 예외적인 양도가액 특례

① 저가양도
특수관계인으로부터 시가보다 낮은 가격으로 자산을 양도함으로써 현저한 이익이 제공되는 등의 요건을 충족하였다면, 부당행위계산의 부인 규정에 따라 **실지양도가액이 아닌 시가**에 따라 양도가액을 계산한다. 현저한 이익 요건은 시가와 거래가액 차액이 시가의 5% 이상이거나 3억 원 이상인 경우에 한한다.

② 고가양도
  ㉠ 특수관계법인과의 고가양도: 시가를 양도가액으로 본다.
  ㉡ 특수관계법인 외의 자에게 고가양도: 실제 양도가액 – 증여재산가액
    「상속세 및 증여세법」에 따라 해당 거주자의 증여재산가액으로 하는 금액이 있는 경우에는 그 양도가액에서 증여재산가액을 뺀 금액 양도 당시의 실지거래가액으로 본다.

③ 토지 및 건물 등을 일괄양도하여 양도가액의 구분이 불분명한 경우 – 안분계산(취득가액에 대해서도 동일하게 안분계산한다)
  ㉠ 토지와 건물 등의 구분가액이 안분규정에 따라 계산한 가액과 30% 이상 차이가 있는 경우 불분명한 경우로 간주하여 안분계산하여 양도가액을 결정한다.
  ㉡ 양도가액의 구분이 불분명하여 양도가액을 안분계산하는 경우 「부가가치세법」의 과세표준안분계산규정을 적용한다. 다만, 토지와 건물 외의 유형자산을 함께 양도하는 경우 토지와 건물 외의 유형자산에 대해서는 「부가가치세법」 과세표준 안분규정에서 정하고 있는 장부가액이 없는 경우에는 「상속세 및 증여세법」의 보충적 평가가액으로 안분계산한다.

Ⅲ 취득가액

(1) 원칙 - 실지취득가액(실거래가액)

양도자산의 취득가액은 해당 자산의 취득 당시 실거래가액에 의한다. 다만, 장부나 그 밖의 증명서류에 의하여 해당 자산의 양도 당시의 실지거래가액을 인정 또는 확인할 수 없는 경우 양도가액을 매매사례가액, 감정가액, 환산취득가액, 기준시가에 따라 추계조사하여 결정 또는 경정할 수 있다.

구분	취득가액
① 실지거래가액	취득가액은 매입가액에 부대비용을 가산한 금액으로 한다 ㉠ 감가상각비 : 사업소득의 필요경비에 산입하였거나 산입할 금액이 있을 때에는 그 금액을 취득가액에서 공제한다. ㉡ 현재가치할인차금 : 현재가치할인차금상각비를 사업소득금액에서 필요경비로 인정받은 경우 해당금액은 취득가액에서 차감한다.
② 장기할부조건의 취득	명목가액을 취득가액으로 한다. 명목가액에는 현재가치할인차금이 포함된 금액을 말한다.
③ 상속 또는 증여받은 자산	상속 또는 증여받은 자산에는 부담부증여의 채무액에 해당하는 부분도 포함한다. ㉠ 원칙 : 상속개시일 또는 증여일 현재 「상속세 및 증여세법」의 규정에 의하여 평가한다. ㉡ 예외 : 이월과세가 적용되는 경우에는 증여한 배우자, 직계존비속의 취득가액을 실지거래가액으로 본다.
④ 주식매수선택권	주식매수선택권을 행사하는 당시의 시가를 그 주식의 취득가액으로 한다.
⑤ 저가매입	㉠ 특수관계 법인과의 저가매입의 경우 실제매입가격에 사외유출로 소득처분된 금액을 가산한 금액으로 한다. ㉡ 특수관계 법인 이외의 저가매입 : 실제매입가액에 증여재산가액을 가산한 금액으로 한다.
⑥ 고가매입	㉠ 특수관계인이면서 현저한 이익 요건을 모두 충족한 경우에는 시가를 취득가액으로 한다. ⊙ 현저한 이익요건 : 시가와 거래가액 차액이 시가의 5% 이상이거나 3억 원 이상인 경우 ㉡ ㉠ 이외의 경우에는 실제 매입가액을 취득가액으로 한다.
⑦ 변칙적 거래에 따른 이익의 증여 및 증여의제규정에 의하여 증여세를 과세받은 경우	해당 증여재산가액 또는 그 증·감액을 취득가액에 가산하거나 차감한다. ⊙ 단, 명의신탁재산의 증여의제 규정은 제외한다.
⑧ 합병교부주식	기존 주식의 취득가액 + 합병시 의제배당 − 합병교부금

(2) 취득가액에 포함되는 항목

① 취득세는 납부영수증이 없는 경우에도 취득가액에 포함한다. 다만, 취득세가 감면된 경우의 해당 세액은 포함하지 않는다.
② 「부가가치세법」상 면세사업에의 전용 및 폐업시 잔존재화에 대한 공급의제 규정에 의하여 납부하였거나 납부할 부가가치세는 취득가액에 포함한다.
③ 취득에 관한 쟁송이 있는 자산에 대하여 그 소유권 등을 확보하기 위하여 직접 소요된 소송비용·화해비용 등의 금액은 취득가액에 포함한다. 다만, 타소득금액을 계산할 때 필요경비에 산입된 것은 제외한다.
④ 당사자간의 사전 약정에 따라 취득원가에 이자상당액을 가산하여 거래가액을 확정하는 경우 당해 이자상당액은 취득원가에 포함한다. 다만, 당초 약정에 의한 거래가액의 지급기일의 지연으로 인하여 추가로 발생하는 이자상당액은 취득원가에 포함하지 않는다.

(3) 실지거래가액을 인정 또는 확인할 수 없는 경우

구분	내용
양도가액	**실지거래가액** ⇨ **매매사례가액** ⇨ **감정가액** ⇨ **기준시가** ㉠ 매매사례가액: 취득일 전후 3개월 이내에 해당 자산(주권상장법인의 주식 등은 제외)과 동일성 또는 유사성이 있는 자산의 매매사례가 있는 경우 그 가액 ㉡ 감정가액: 취득일 전후 각 3개월 이내에 해당 자산(주식 또는 출자지분은 제외)에 대하여 둘 이상의 감정평가업자가 평가한 것으로서 신빙성이 있는 것으로 인정되는 감정가액이 있는 경우에는 그 감정가액의 평균액. 단, 기준시가 10억 원 이하 부동산에 대해 하나의 감정기관의 감정가액도 인정한다. ㉢ 기준시가: 과세관청이 정한 표준금액
취득가액	㉠ 기준시가 이외의 가액을 양도가액으로 적용한 경우에는 **실지거래가액** ⇨ **매매사례가액** ⇨ **감정가액** ⇨ **환산취득가액**의 순으로 적용한다. $$환산취득가액 = 양도가액 \times \frac{취득시\ 기준시가}{양도시\ 기준시가}$$ ⊙ 단, 신주인수권의 경우에는 환산취득가액을 적용하지 않는다. ㉡ 기준시가를 양도가액으로 적용한 경우에는 기준시가를 취득가액으로 한다.

⊙ 취득가액을 추계로 적용한 경우(매매사례가액, 감정가액, 환산취득가액, 기준시가)에는 사업소득 감가상각비의 인정액을 차감하며, 현재가치할인차금 상각비는 차감하지 않는다.

Ⅳ 양도차익의 계산

(1) 양도차익의 계산방법

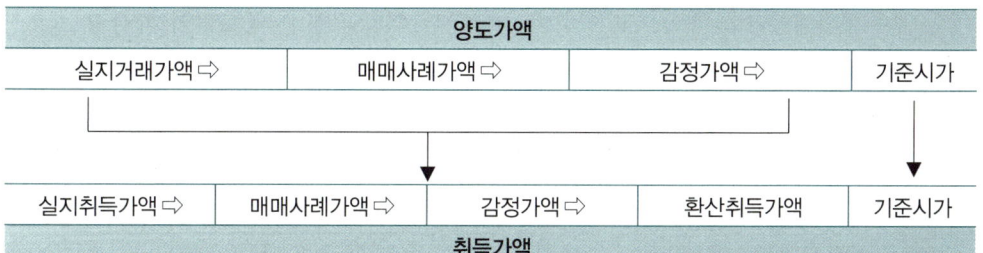

구분	내용	기타필요경비
실지거래가액	① 양도가액: 실지거래가액 ② 취득가액: 실지거래가액	자본적지출액 + 양도비용
추계취득가액	① 양도가액: 매매사례가액 ⇨ 감정가액 ⇨ 기준시가 ② 취득가액: 매매사례가액 ⇨ 감정가액 ⇨ 환산취득가액 ⇨ 기준시가	필요경비 개산공제

⊙ 취득가액이 실지거래가액이면 그와 관련된 기타 필요경비도 실지가액으로 하며, 취득가액이 추계인 경우에는 그와 관련된 기타 필요경비도 추계로 한다.

(2) 자본적지출 및 양도비용

구분	내용
① 자본적 지출액	㉠ 해당 자산의 가치를 증가시키거나 내용연수를 연장시키는 지출 ㉡ 양도자산의 용도변경·개량 또는 이용편의를 위하여 지출한 비용(재해·노후화 등 부득이한 사유로 인하여 건물을 재건축한 경우 그 철거비용을 포함한다) ㉢ 양도자산을 취득한 후 쟁송이 있는 경우에 그 소유권을 확보하기 위하여 직접 소요된 소송비용·화해비용 등의 금액으로서 그 지출한 연도의 각 소득금액의 계산에 있어서 필요경비에 산입한 것을 제외한 금액 ㉣ 법률에 따라 토지 등이 협의매수 또는 수용되는 경우로서 그 보상금의 증액과 관련하여 직접 소요된 소송비용·화해비용 등의 금액으로서 그 지출한 연도의 각 소득금액의 계산에 있어서 필요경비에 산입된 것을 제외한 금액(이 경우 증액보상금을 한도로 한다) ㉤ 개발부담금(개발부담금의 납부의무자와 양도자가 서로 다른 경우에는 양도자에게 사실상 배분될 개발부담금상당액) ㉥ 재건축초과이익 환수에 관한 법률에 따른 재건축부담금(재건축부담금의 납부의무자와 양도자가 서로 다른 경우에는 양도자에게 사실상 배분될 재건축부담금상당액)
② 양도비용	자산을 양도하기 위하여 직접 지출한 비용으로서 다음에 해당하는 비용을 말한다. ㉠ 「증권거래세법」에 따라 납부한 증권거래세 ㉡ 양도소득과세표준 신고서 작성비용 및 계약서 작성비용 ㉢ 공증비용, 인지대 및 소개비 ㉣ 매매계약에 따른 인도의무를 이행하기 위하여 양도자가 지출하는 명도비용 ㉤ 위의 비용과 유사한 비용으로서 기획재정부령으로 정하는 비용 ㉥ 부동산 취득시 법에 따라 취득한 채권(국민주택채권·토지개발채권 등)을 만기 전에 매각함에 따라 발생하는 처분손실. 단, 금융기관 외의 자에게 양도한 경우에는 동일한 날에 금융기관에 양도하였을 경우 발생하는 처분손실을 한도로 한다. ㉦ 재해나 노후 등 부득이한 사유로 건물을 재건축한 경우 그 철거비용

① 자본적지출 및 양도비용은 그 지출에 관한 적격증명서류(세금계산서, 계산서, 신용카드매출전표, 직불카드영수증, 기명식선불카드영수증, 현금영수증 등)를 수취·보관하거나 실제 지출사실이 금융거래 증명서류에 의하여 확인되는 경우에 한정한다.
② 부동산매매계약의 해약으로 인하여 지급하는 위약금 등은 양도차익 계산시 필요경비로 공제하지 아니한다.
③ 중개수수료가 통상의 부동산 취득에 따른 중개수수료에 비해 많다고 하더라도 실제로 지급된 금액이라면 필요경비에 산입한다.

(3) 필요경비개산공제

구분	필요경비개산공제
토지와 건물	취득 당시 기준시가 × 3%(미등기자산 0.3%)
부동산에 관한 권리	
① 부동산을 이용할 수 있는 권리 (지상권, 전세권, 등기된 부동산임차권)	취득 당시 기준시가 × 7%(미등기자산 1%)
② 부동산을 취득할 수 있는 권리	취득 당시 기준시가 × 1%
③ 기타자산 ④ 이외의 자산(주식 및 출자지분)	취득 당시 기준시가 × 1%

(4) 필요경비 산정의 특례

환산취득가액을 적용하는 경우 필요경비 산정시 다음의 가액 중 큰 금액으로 선택할 수 있다. 해당 규정은 환산취득가액을 적용하는 경우에만 적용되므로 이외의 추계적용시에는 적용되지 않는다.

> 필요경비 = MAX[①, ②]
> ① 환산취득가액 + 필요경비 개산공제액
> ② 자본적지출액 + 양도비용

Ⅴ 장기보유특별공제 및 양도소득기본공제

(1) 장기보유특별공제

양도차익은 오랜기간 누적된 차익이 일시에 과세되는 형태이며, 양도소득 과세표준에 적용되는 세율 또한 누진세율이다. 이에 따라 장기간 보유한 자산을 매도하는 경우 일시에 세부담이 급격히 증가하는 현상이 발생하게 되어 이러한 문제점을 완화하기 위해 장기보유특별공제를 양도차익 산출시 차감한다.

> 장기보유특별공제액 = 장기보유특별공제 적용대상자산 양도차익 × 공제율

(2) 장기보유특별공제 대상자산 및 적용배제자산

장기보유특별공제 대상자산	적용배제자산
다음의 요건을 모두 충족한 것을 말한다. ① 토지 및 건물, 조합원입주권으로서 보유기간이 3년 이상인 것 ② 미등기자산에 해당하지 않는 것 　⊘ 단, 조정대상지역에 있는 주택으로서 1세대 2주택 이상에 해당하여 특례 중과세율을 적용하는 주택은 제외한다. 　⊘ 조합원입주권의 경우 조합원으로부터 취득한 조합원입주권은 공제대상에서 제외하며, 관리처분계획 인가전 토지분 또는 건물분 양도차익만 공제대상으로 한다.	① 미등기양도자산 ② 조정대상지역에 있는 주택으로서 다음 중 어느 하나에 해당하는 주택 　㉠ 1세대 2주택에 해당하는 주택 및 1세대가 주택과 조합원입주권(또는 분양권)을 각각 1개씩 보유한 경우의 해당 주택 　㉡ 1세대 3주택 이상에 해당하는 주택 　㉢ 1세대가 주택과 조합원입주권을 보유한 경우로서 그 수의 합이 3 이상인 경우 해당 주택 ③ 주식 및 출자지분과 파생상품 등

(3) 장기보유특별공제 공제율

① 일반적인 경우

보유기간	공제율(2%씩 증가)
3년 이상 4년 미만	6%
4년 이상 5년 미만	8%
5년 이상 6년 미만	10%
6년 이상 7년 미만	12%
7년 이상 8년 미만	14%
8년 이상 9년 미만	16%
9년 이상 10년 미만	18%
15년 이상	30%

② 1세대 1주택 = 양도차익 × (보유기간별 공제율 + 거주기간별 공제율)

보유기간	공제율(4%씩 증가)	거주기간	공제율(4%씩 증가)
3년 이상 4년 미만	12%	2년 이상 3년 미만	8%
		3년 이상 4년 미만	12%
4년 이상 5년 미만	16%	4년 이상 5년 미만	16%
5년 이상 6년 미만	20%	5년 이상 6년 미만	20%
6년 이상 7년 미만	24%	6년 이상 7년 미만	24%
7년 이상 8년 미만	28%	7년 이상 8년 미만	28%
8년 이상 9년 미만	32%	8년 이상 9년 미만	32%
9년 이상 10년 미만	36%	9년 이상 10년 미만	36%
10년 이상	40%	10년 이상	40%

⊘ 보유기간은 자산의 취득일부터 양도일까지로 한다.

참고 취득일의 특례

1. 일반 이월과세규정이 적용되는 경우 : 증여한 배우자 또는 직계존비속의 취득일
2. 가업상속공제재산의 이월과세 적용시 가업상속공제가 적용된 비율에 해당하는 자산의 경우 : 피상속인의 취득일

(4) 양도소득기본공제

① 양도소득이 있는 거주자에 대해서는 1그룹, 2그룹, 3그룹, 4그룹 각각(자산별 X) 해당 과세기간의 양도소득금액에서 각각 연 250만 원을 공제한다. **양도소득기본공제는 모든 과세대상자산에 적용하지만 미등기양도자산은 제외**한다. 양도소득기본공제는 보유기간 및 거주기간의 제한은 없다.

② 양도소득금액에 감면소득금액이 있는 경우에는 그 감면소득금액 외의 양도소득금액에서 먼저 공제하고, 감면소득금액 외의 양도소득금액 중에서는 해당 과세기간에 먼저 양도한 자산의 양도소득금액에서부터 순서대로 공제한다.

③ 동일그룹에서 개별자산의 소득금액이 둘 이상인 경우에는 먼저 양도한 자산의 소득금액에서 공제한다. 다만, 동시에 양도한 경우에는 납세자가 선택한 자산의 양도소득금액에서 기본공제를 적용하지만 세부담의 최소화 관점에서 높은 세율의 소득금액에 적용한다.

VI 양도소득금액 계산 특례

(1) 양도차손의 공제

① 양도차손은 그룹별로 구분하여 계산한다.

② **결손금은 다른 그룹의 소득금액에서 공제 받을 수 없다.**

③ 그룹별로 양도소득금액을 계산할 때 양도차손이 발생한 자산이 있는 경우에는 다음 순서에 따라 그룹별 내 다른 자산의 양도소득금액에서 순차적으로 공제한다.
  ㉠ 양도차손이 발생한 자산과 같은 세율을 적용받는 자산의 양도소득금액
  ㉡ 양도차손이 발생한 자산과 다른 세율을 적용받는 자산의 양도소득금액. 이 경우 다른 세율을 적용받는 자산의 양도소득금액이 2 이상인 경우에는 각 세율별 양도소득금액의 합계액에서 당해 양도소득금액이 차지하는 비율로 안분하여 공제한다.

(2) 배우자·직계존비속간 증여재산에 대한 이월과세

① 개요
거주자가 **양도일부터 소급하여 10년 이내**(등기부상의 소유기간에 의함)에 일반주식의 경우 1년 이내에 배우자 또는 직계존비속으로부터 증여받은 토지·건물·부동산을 취득할 수 있는 권리 또는 특정시설물이용권, 일반주식을 양도함에 따른 양도차익을 계산할 때 양도가액에서 공제할 취득가액은 그 배우자 또는 직계존비속의 취득 당시 취득가액에 해당하는 금액으로 한다.

② 적용요건
  ㉠ 해당 자산을 증여받은 날부터 양도일까지의 기간이 10년 이내여야 한다.
  ㉡ 배우자 및 직계존비속으로부터 증여받아야 한다.
  ㉢ 토지, 건물, 특정시설물이용권, 부동산을 취득할 수 있는 권리(분양권, 조합원입주권)를 양도하였어야 한다.

③ 양도가액 및 취득가액
  ㉠ 양도가액은 양도자의 양도 당시 실지거래가액에 의한다.
  ㉡ 취득가액은 증여한 배우자 또는 직계존비속의 취득 당시 취득가액으로 한다.
④ 필요경비
  ㉠ 배우자·직계존비속간 증여재산에 대한 이월과세에 해당하더라도 일반적인 양도와 동일한 필요경비 계산을 준용한다.
  ㉡ 기 납부한 증여세액의 처리
  거주자가 증여받은 자산을 양도하는 것이므로 증여받은 자산에 대해 납부하였거나 납부할 **증여세 상당액이 있는 경우에는 이를 양도차익에서 필요경비로 공제**한다. 증여세의 필요경비 공제는 필요경비개산공제시에도 개산공제금액에 추가하여 공제한다.

> 필요경비에 산입할 증여세액 = 당초 증여세 산출세액 × $\dfrac{\text{양도한 자산에 대한 증여세과세가액}}{\text{당초 증여세과세가액}}$

⑤ 장기보유특별공제
  장기보유특별공제의 보유기간은 증여한 배우자 또는 직계존비속이 그 자산을 취득한 날을 취득일로 보아 계산한다.
⑥ 납세의무자
  양도소득세의 납세의무자는 증여받은 배우자 및 직계존비속이다.
⑦ 적용제외
  ㉠ 사망으로 배우자와의 혼인관계가 소멸된 경우(이외의 사유는 이월과세를 적용한다)
  ㉡ 사업인정고시일부터 소급하여 2년 이내에 증여받은 경우로서 공익사업을 위한 토지 등의 취득 및 보상에 관한 법률이나 그 밖의 법률에 따라 협의매수 또는 수용된 경우
  ㉢ 이월과세규정을 적용하는 경우 1세대 1주택 비과세 대상 주택(양도소득의 비과세 대상에서 제외되는 고가주택(이에 딸린 토지 포함)을 포함)의 양도에 해당하게 되는 경우
  ㉣ 이월과세규정을 적용하여 계산한 양도소득 결정세액이 이월과세를 적용하지 않고 계산한 양도소득 결정세액보다 적은 경우

(3) 우회양도에 대한 부당행위계산의 부인
① 의의
  거주자가 특수관계인(이월과세를 적용받는 배우자 및 직계존비속의 경우는 제외)에게 자산을 증여한 후 그 자산을 증여받은 자가 그 증여일부터 10년 이내에 다시 타인에게 양도한 경우로서 증여받은 자의 증여세와 양도소득세를 합한 세액이 증여자가 직접 양도하는 경우로 보아 계산한 양도소득세보다 적은 경우에는 증여자가 그 자산을 직접 양도한 것으로 본다.

> 증여받은 자의 증여세 + 양도소득세 < 증여자 직접 양도에 따른 양도소득세

기출 Check 18년 7급

30 소득세법령상 거주자 甲이 등기된 국내 소재의 상가건물을 아버지 乙에게서 증여받고 그 건물을 특수관계가 없는 거주자 丙(부동산임대업 영위)에게 양도한 경우에 대해 양도소득세 이월과세(「소득세법」 제97조의2 제1항)를 적용한다고 할 때, 이에 대한 설명으로 옳은 것만을 모두 고른 것은?

ㄱ. 甲이 양도일부터 소급하여 10년 이내에 乙에게서 증여를 받아야 한다.
ㄴ. 그 건물의 취득가액은 甲이 증여받은 당시 취득가액에 해당하는 금액으로 한다.
ㄷ. 甲이 그 건물에 대하여 납부한 증여세 상당액이 있는 경우 그 금액은 양도차익을 한도로 필요경비에 산입한다.
ㄹ. 장기보유특별공제에 관한 보유기간의 산정은 甲이 그 건물을 취득한 날부터 기산한다.

① ㄱ, ㄴ   ② ㄱ, ㄷ
③ ㄴ, ㄷ   ④ ㄷ, ㄹ

6 ②
해설 ㄴ: 건물의 취득가액은 증여한 乙의 취득 당시 취득가액으로 한다.
ㄹ: 장기보유특별공제의 보유기간은 증여한 乙이 그 자산을 취득한 날을 취득일로 보아 계산한다.

② 납세의무자: 증여자
③ 적용요건
  ㉠ 증여받은 자의 증여세(「상속세 및 증여세법」에 따른 산출세액에서 공제·감면세액을 뺀 세액)와 양도소득세(산출세액에서 공제·감면세액을 뺀 결정세액)를 합한 세액이 증여자의 직접 양도시의 양도소득세(세액공제 차감 후)보다 적어야 한다.
  ㉡ 증여일로부터 양도일까지의 기간이 10년 이내여야 한다.
  ㉢ 특수관계인(이월과세 규정을 적용받는 배우자 및 직계존비속의 경우는 제외)에게 증여하여야 한다.
④ 증여세의 처리: 부과취소
  증여 후 양도행위의 부인규정에 따라 증여자에게 양도소득세가 과세되는 경우에는 당초 증여받은 자산에 대해서는 증여세를 부과하지 않는다. 따라서 이미 수증자에게 증여세가 부과된 경우 부과를 취소하고 수증자에게 환급하여야 한다.
⑤ 증여자의 연대납세의무
  증여자와 수증자는 양도소득세에 대해 연대하여 납세의무를 진다.
⑥ 적용배제
  단, 양도소득이 해당 수증자에게 실질적으로 귀속된 경우에는 적용하지 않는다.

구분	증여재산 이월과세	우회양도의 부당행위계산의 부인
㉠ 증여자와의 관계	배우자 또는 직계존비속	특수관계인(이월과세를 적용받는 배우자 및 직계존비속의 경우는 제외)
㉡ 적용대상자산	토지·건물·부동산에 관한 권리·시설물이용권	양도소득세 과세대상 전부(제한없음)
㉢ 증여일부터 양도일까지의 기간	증여일로부터 10년 이내	증여일부터 10년 이내
㉣ 조세부담의 부당한 감소여부	조세부담의 부당한 감소 여부를 따지지 않는다.	조세부담의 부당한 감소가 있는 경우에만 적용한다.
㉤ 납세의무자	증여받은 배우자 또는 직계존비속	당초 증여자
㉥ 연대납세의무	없다.	수증자와 증여자는 연대납세의무를 진다.
㉦ 보유기간	증여자가 양도자산을 취득한 날부터 양도한 날까지	증여자가 양도자산을 취득한 날부터 양도한 날까지
㉧ 취득가액	증여자의 취득가액	증여자의 취득가액
㉨ 증여세 처리	필요경비로 공제(필요경비개산공제시에도 추가하여 공제)	부과취소하고 증여세는 수증자에게 환급

(4) 가업상속공제재산에 대한 이월과세

「상속세 및 증여세법」에 따른 가업상속공제가 적용된 자산의 양도차익을 계산할 때 양도가액에서 공제할 취득가액 및 취득시기는 다음에 구분에 따른다.

> 취득가액 = ① + ②
> ① 가업상속공제가 적용된 부분: 피상속인의 취득가액 × 가업상속공제적용률
> ② 위 이외의 부분: 상속개시일 현재 해당 자산가액 × (1 − 가업상속공제적용률)

① 가업상속공제적용률은 가업상속공제액을 가업상속재산가액으로 나눈 비율을 말한다.
② 가업상속공제가 적용된 자산별 가업상속공제액은 가업상속공제액을 상속 개시 당시의 해당 자산별 평가액을 기준으로 안분하여 계산한다.
③ 가업상속공제재산에 대한 취득시기는 피상속인이 자산을 취득한 날로 한다.

(5) 고가주택

고가주택은 양도 당시 기준시가가 12억 원을 초과하는 주택으로 고가주택의 양도차익은 다음과 같이 1세대 1주택의 비과세요건을 충족한 경우와 그렇지 않은 경우로 구분하여 산출한다.

① 양도차익
  ㉠ 1세대 1주택 비과세요건 충족한 고가주택 및 조합원입주권

  $$\text{양도차익} = \text{일반적인 양도차액} \times \frac{\text{양도가액} - 12\text{억 원}}{\text{양도가액}}$$

  ㉡ 비과세요건을 충족하지 않은 경우: 일반적인 양도차익

② 장기보유특별공제
  ㉠ 1세대 1주택에 해당하는 경우: 보유기간 1년에 4% 및 거주기간 1년에 4%씩의 공제율을 적용한다.
  ㉡ 1세대 2주택에 해당하는 경우: 보유기간 1년에 2%의 공제율을 적용한다.

> **참고** 겸용주택에 해당하는 고가주택 중 주택으로 보는 부분
>
> 하나의 건물이 주택과 주택외의 부분으로 복합되어 있는 경우와 주택에 딸린 토지에 주택 외의 건물이 있는 경우에는 주택 외의 부분은 주택으로 보지 아니한다.

(6) 부담부증여

부담부증여란 채무가 있는 증여재산을 증여자가 수증자에게 증여하면서 증여재산에 부과된 채무를 수증자가 부담하는 것을 조건으로 하는 증여를 말한다.

① 개요

부담부증여란 수증자가 일정한 채무를 부담하는 것을 조건으로 증여를 받는 것이다. 부담부증여는 증여세만 발생하는 것이 아니라 수증자는 증여자에게 채무상당액을 이전한 것이므로 증여자에게는 양도소득세가 부과된다.

② 증여자와 수증자의 세부담
  ㉠ 수증자: 증여재산가액에서 승계한 채무가액을 차감한 가액을 기준으로 한 증여세를 부과한다.
  ㉡ 증여자: 수증자에게 이전한 채무가액을 양도가액으로 보아 양도소득세를 부과한다.
③ 양도차익

$$① \text{ 양도가액} = \text{양도 당시 당해 자산의 가액} \times \frac{\text{채무액}}{\text{증여가액}}$$

$$② \text{ 취득가액} = \text{취득 당시 당해 자산의 가액} \times \frac{\text{채무액}}{\text{증여가액}}$$

  ㉠ 양도 당시의 당해 자산가액 및 증여가액은 「상속세 및 증여세법」에 의한 평가액(증여일 현재의 시가로 하되, 시가를 산정하기 어려운 경우 보충적 평가방법을 적용)을 적용한다.
  ㉡ 취득 당시 당해 자산의 가액은 양도차익 계산시 적용되는 취득가액의 규정을 준용한다. 양도가액이 임대보증금인 경우 취득가액은 기준시가에 의한다.
  ㉢ 과세대상인 자산과 과세대상이 아닌 자산을 함께 부담부증여하는 경우에는 다음의 기준에 따라 채무액을 계산한다.

$$\text{채무액} = \text{총채무액} \times \frac{\text{과세대상자산가액}}{\text{총자산가액}}$$

제3절 양도소득 산출세액

I 양도소득세율

(1) 과세대상자산별 세율
  ① 토지, 건물 및 부동산에 관한 권리

구분	적용세율
㉠ 미등기자산	70%
㉡ 분양권	60%(21년 6월부터 적용)
㉢ 보유기간이 1년 미만인 자산 중 　ⓐ 주택 및 조합원입주권(21년 6월 이후부터 분양권 포함) 　ⓑ 위 ㉢외의 자산	40%(21년 6월부터 70%) 50%
㉣ 보유기간이 1년 이상 2년 미만인 자산 중 　ⓐ 주택 및 조합원입주권(21년 6월 이후부터 분양권 포함) 　ⓑ 위 ⓐ외의 자산	기본세율(21년 6월부터 60%) 40%
㉤ 비사업용토지	기본세율 + 10%
㉥ 위 ㉠ ~ ㉤ 이외의 자산	기본세율

② 기타자산

구분	적용세율
㉠ 비사업용 토지 과다소유법인의 주식	기본세율 + 10%
㉡ 위 ㉠ 외의 기타자산	기본세율

③ 주식

구분	적용세율
㉠ 국내주식 & 대주주의 주식 중	
ⓐ 비중소기업으로서 1년 미만 보유	30%
ⓑ 이외의 경우 중 과세표준 3억 원 이하분	20%
ⓒ 이외의 경우 중 과세표준 3억 원 초과분	25%
㉡ 국내주식 & 대주주 이외의 주식	
ⓐ 중소기업의 주식	10%
ⓑ 중소기업 이외의 주식	20%
㉢ 외국주식	
ⓐ 중소기업주식	10%
ⓑ 중소기업 이외의 주식	20%

④ 파생상품

구분	적용세율
㉠ 주가지수 관련 장내 및 장외 파생상품 ㉡ 해외 파생상품시장에서 거래되는 파생상품	10%

⑤ 신탁수익권

구분	적용세율
㉠ 신탁의 이익을 받을 권리 중 과세표준 3억 원 이하분	20%
㉡ 신탁의 이익을 받을 권리 중 과세표준 3억 원 초과분	25%

(2) 투기지정지역 및 조정대상지역 중과세율 특례

① 투기지정지역

㉠ 다음에 해당하는 부동산을 양도하는 경우 기본세율(ⓐ의 경우에는 비사업용토지의 적용 세율을 기준)에 10%를 더한 세율을 적용한다.

ⓐ 투기지정지역에 있는 부동산으로서 비사업용 토지

ⓑ 그 밖에 부동산 가격이 급등하였거나 급등할 우려가 있어 부동산 가격의 안정을 위하여 필요한 경우에 대통령령으로 정하는 부동산

㉡ 단, 부동산 보유기간이 2년 미만인 경우에는 기본세율에 10%를 더한 세율을 적용하여 산출한 산출세액과 40%(1년 이상 2년 미만 보유시) 또는 50%(1년 미만 보유시)의 세율을 적용한 산출세액과 비교하여 더 큰 세액을 산출세액으로 결정한다.

기출 Check 19년 9급

31 「소득세법」상 거주자의 주식 등 양도로 발생하는 소득에 대한 양도소득세의 세율을 바르게 연결한 것은? (단, 법령에서 정하는 기타자산 및 국외자산에 해당하는 주식, 국외전출자 및 「조세특례제한법」상의 특례는 고려하지 않는다)

① 주권상장법인인 중소기업의 주식을 대주주가 아닌 자가 법령에 따른 증권시장에서의 거래에 의하지 아니하고 양도하는 경우: 20%

② 주권비상장법인인 중견기업의 주식을 대주주가 아닌 자가 양도하는 경우: 10%

③ 주권상장법인인 중소기업 외의 법인의 주식을 대주주가 1년 미만 보유하다 양도하는 경우: 30%

④ 주권상장법인의 주식을 대주주가 아닌 자가 법령에 따른 증권시장에서의 거래에 의하여 양도하는 경우: 10%

6 ③
해설
① 10%
② 20%
④ 주권상장법인의 주식을 대주주가 아닌 자가 증권시장에서 양도하는 경우 양도소득세가 과세되지 아니한다.

② 조정대상지역

다음에 해당하는 주택을 양도하는 경우 기본세율(ⓒ 및 ㉣의 경우에는 20%)에 10%를 더한 세율을 적용한다.

㉠ 조정대상지역에 있는 주택으로서 1세대 2주택에 해당하는 주택

㉡ 조정대상지역에 있는 주택으로서 1세대가 주택과 조합입주권 또는 분양권을 각각 1개씩 보유한 경우의 해당 주택

㉢ 조정대상지역에 있는 주택으로서 1세대 3주택 이상에 해당하는 주택

㉣ 조정대상지역에 있는 주택으로서 1세대가 주택과 조합입주권 또는 분양권을 보유한 경우로서 그 수의 합이 3 이상인 경우 해당 주택

ⓐ 단, 주택의 보유기간이 1년 미만인 경우에는 기본세율에 10%(ⓒ 및 ㉣의 경우에는 20%)를 더한 세율을 적용한 산출세액과 40%의 세율을 적용한 산출세액 중 큰 세액을 산출세액으로 한다.

ⓑ 2021년 6월 1일부터는 주택 보유기간이 2년 미만인 경우에는 기본세율에 20%(ⓒ 및 ㉣의 경우에는 30%)를 더한 세율을 적용한 산출세액과 60%(보유기간 1년 미만인 경우에는 70%)의 세율을 적용한 산출세액 중 큰 세액을 산출세액으로 한다.

> **참고 미등기양도자산에 대한 제재**
>
> 1. 미등기양도자산은 비과세규정을 적용받지 못한다.
> 2. 미등기양도자산은 필요경비개산공제율을 축소하여 적용한다.
> 3. 미등기양도자산은 세액감면을 적용받을 수 없다.
> 4. 미등기양도자산은 **장기보유특별공제와 양도소득기본공제를 적용받을 수 없다.**

> **참고 비사업용토지 및 주택 관련 제재**
>
> 1. 양도소득세
>   ① 투기지정지역의 비사업용토지 및 조정대상지역의 1세대 2주택(조합원입주권 또는 분양권의 수 포함) 이상에 해당하는 주택은 특례중과세율을 적용한다.
>   ② 투기지정지역의 비사업용토지 = 기본세율 + 10%
>   ③ 분양권 : 60%(1년 미만 보유시 70% : 2021년 6월 1일부터 적용)
>
> 2. 종합소득세
>   부동산매매업자가 분양권(21년 6월부터 시행), 비사업용토지, 미등기양도자산 및 특례 중과세율이 적용되는 조정대상지역의 1세대 2주택 이상에 해당하는 주택을 양도하는 경우에는 다음의 산식에 따라 둘 중 큰 금액으로 종합소득산출세액을 계산한다.
>   종합소득산출세액 = MAX[①, ②]
>   ① 과세표준 × 누진세율
>   ② (과세표준 − 주택 등 처분이익) × 누진세율 + (주택 등 처분이익 − 장기보유특별공제 − 기본공제) × 양도세율

Ⅱ 둘 이상의 자산을 양도하는 경우 산출세액계산의 특례

해당 과세기간에 1그룹의 자산을 둘 이상 양도하는 경우에는 양도소득 산출세액을 다음과 같이 계산한다.

> 양도소득 산출세액 = MAX[㉠, ㉡]
> ㉠ 당기 모든 과세표준의 합계액 × 누진세율
> ㉡ 동일세율별로 계산한 양도소득 산출세액의 합계액

① 양도소득세 감면액이 있는 경우에는 해당 감면세액을 차감한 산출세액을 말한다.
② 2의 금액을 계산하는 경우 비사업용토지와 비사업용토지 과다소유법인 주식은 동일한 자산으로 보고 한 필지의 토지가 비사업용 토지와 그 외의 토지로 구분되는 경우에는 각각을 별개의 자산으로 보아 양도소득 산출세액을 계산한다.
③ 2의 금액을 계산할 때 둘 이상의 자산에 대하여 동일한 세율이 적용되고, 그 적용세율이 둘 이상인 경우 해당 자산에 대해서는 각 자산의 양도소득과세표준을 합산한 것에 대하여 각 해당 세율을 적용하여 산출한 세액 중에서 큰 산출세액의 합계액으로 한다.

제4절 양도소득세의 납세절차

Ⅰ 양도소득과세표준 예정신고 및 자진납부

(1) 예정신고

양도소득세 과세대상 자산(파생상품은 제외)을 양도한 거주자는 양도소득과세표준을 다음의 구분에 따른 기간에 납세지 관할 세무서장에게 신고하여야 한다. **양도차익이 없거나 양도차손이 발생한 경우에도 예정신고는 하여야 한다.** 예정신고납부의무를 위반한 경우 「국세기본법」에 따른 신고불성실가산세 및 납부불성실가산세가 부과된다.

구분	예정신고기한
① 토지 또는 건물, 부동산에 관한 권리, 기타자산 (1그룹) 및 신탁수익권(4그룹)	양도일이 속하는 달의 말일부터 2개월 ⊙ 단, 부담부증여의 채무액에 해당하는 부분으로서 양도로 보는 경우는 해당 양도일이 속하는 달의 말일부터 3개월
② 주식 및 출자지분 중 국내주식(2그룹)	양도일이 속하는 반기의 말일부터 2개월

⊙ 3그룹에 해당하는 파생상품은 예정신고하지 아니한다.

(2) 예정신고산출세액

예정신고시 예정신고 산출세액은 다음 산식에 따라 계산한다.

> 산출세액 = (양도차익 − 장기보유특별공제 − 양도소득기본공제) × 양도소득세율

(3) 전자신고세액공제

납세자가 직접 전자신고의 방법으로 양도소득세에 대한 예정신고를 하는 경우 해당 납부세액에서 2만 원을 공제한다.

II 양도소득과세표준 확정신고 및 자진납부

(1) 양도소득과세표준 확정신고

① 양도소득과세표준 확정신고기한

해당 과세기간의 양도소득금액이 있는 거주자는 그 양도소득 과세표준을 그 과세기간의 **다음 연도 5월 1일부터 5월 31일까지** 납세지 관할 세무서장에게 신고하여야 한다. 이 경우 해당 과세기간의 과세표준이 없거나 결손금액이 있는 경우에도 적용한다.

② 확정신고의무가 있는 경우

이미 양도소득과세표준에 대하여 **예정신고 및 자진납부를 한 경우 다시 해당 소득에 대해 확정신고를 할 의무는 없다.** 단, 다음의 경우에 해당하는 경우 예정신고를 하였더라도 확정신고의무가 있다.

㉠ 당해연도에 누진세율의 적용대상 자산에 대한 예정신고를 2회 이상 한 자가 이미 신고한 양도소득금액과 합산하여 신고하지 않은 경우

㉡ 토지, 건물, 부동산에 관한 권리 및 기타자산을 2회 이상 양도한 경우로서 양도소득기본공제의 적용순위로 당초 신고한 양도소득산출세액이 달라지는 경우

㉢ 주식(외국주식 제외)을 2회 이상 양도한 경우로서 양도소득기본공제의 적용 순위로 당초 신고한 양도소득산출세액이 달라지는 경우

㉣ 1그룹 자산을 둘 이상 양도한 경우로서 산출세액계산 특례규정(자산별 양도소득세율을 적용한 산출세액과 기본세율을 적용하여 계산한 산출세액 중 큰 산출세액으로 과세하는 규정)을 적용할 경우 신고한 산출세액이 달라지는 경우

(2) 확정신고 자진납부

① 거주자는 해당 과세기간의 과세표준에 대한 양도소득 산출세액에서 감면세액과 세액공제액을 공제한 금액을 확정신고기한까지 납세지 관할 세무서, 한국은행 또는 체신관서에 납부하여야 한다.

② 확정신고납부를 하는 경우 예정신고 산출세액, 결정·경정한 세액 또는 수시부과세액이 있을 때에는 이를 기납부세액으로 공제한다.

③ 확정신고 산출세액에 대하여 **분납할 수 있다.** 거주자로서 납부할 세액이 각각 1천 만 원을 초과하는 자는 그 납부할 세액의 일부를 납부기한이 지난 후 2개월 이내에 분할납부할 수 있다.

> **참고** 주식 등에 대한 장부의 비치·기록의무
>
> 법인(중소기업을 포함한다)의 대주주가 양도하는 주식등에 대해서는 종목별로 구분하여 거래일자별 거래명세 등을 장부에 기록·관리하여야 하며 그 증명서류 등을 갖추어야 한다. 다만, 「자본시장과 금융투자업에 관한 법률」에 따른 투자매매업자 또는 투자중개업자가 발행한 거래명세서를 갖추어 둔 경우에는 장부를 비치·기록한 것으로 본다.

Ⅲ 양도소득에 대한 결정·경정 및 징수, 환급

(1) 양도소득에 대한 결정 및 경정 사유

① 결정의 사유

납세지 관할 세무서장 또는 지방국세청장은 예정신고를 하여야 할 자 또는 확정신고를 하여야 할 자가 그 신고를 하지 아니한 경우에는 해당 거주자의 양도소득과세표준과 세액을 결정한다.

② 경정의 사유

납세지 관할 세무서장 또는 지방국세청장은 예정신고를 한 자 또는 확정신고를 한 자의 신고 내용에 탈루 또는 오류가 있는 경우에는 양도소득과세표준과 세액을 경정한다.

또한, 납세지 관할 세무서장 또는 지방국세청장은 양도소득 과세표준과 세액을 결정 또는 경정한 후에도 탈루 또는 오류가 있는 것이 발견된 경우에는 즉시 다시 경정한다(재경정).

(2) 결정 및 경정방법

① 원칙 – 실지거래가액

납세지 관할 세무서장 또는 지방국세청장은 양도소득 과세표준과 세액을 결정 또는 경정하는 경우에는 양도가액과 취득가액을 실지거래가액에 따라야 한다. 양도가액 및 취득가액을 실지거래가액에 따라 양도소득 과세표준 예정신고 또는 확정신고를 한 경우로서 그 신고가액이 사실과 달라 납세지 관할 세무서장 또는 지방국세청장이 실지거래가액을 확인한 경우에는 그 확인된 가액을 양도가액 또는 취득가액으로 하여 양도소득 과세표준과 세액을 경정한다.

② 예외

  ㉠ 추계에 의하는 경우 : 양도가액 또는 취득가액을 실지거래가액에 따라 정하는 경우로서 장부나 그 밖의 증명서류에 의하여 해당 자산의 양도 당시 또는 취득 당시의 실지거래가액을 인정 또는 확인할 수 없는 경우에는 양도가액 또는 취득가액을 매매사례가액, 감정가액, 환산가액(실지거래가액·매매사례가액 또는 감정가액을 대통령령으로 정하는 방법에 따라 환산한 취득가액) 또는 기준시가 등에 따라 추계조사하여 결정 또는 경정할 수 있다.

  ㉡ 등기부에 기재된 가액으로 결정하는 경우 : 양도소득 과세표준과 세액 또는 신고의무자의 실지거래가액 소명 여부 등을 고려하여 납세지 관할 세무서장 또는 지방국세청장은 부동산등기법에 따라 등기부 기재가액을 실지거래가액으로 추정하여 양도소득 과세표준과 세액을 결정할 수 있다. 다만, 납세지 관할 세무서장 또는 지방국세청장이 등기부 기재가액이 실지거래가액과 차이가 있음을 확인한 경우에는 그렇지 않다.

(3) 양도소득에 대한 징수 및 환급

① 거래징수

납세지 관할 세무서장은 거주자가 해당 과세기간의 양도소득세로 납부하여야 할 세액의 전부 또는 일부를 납부하지 않은 경우에는 그 미납된 부분의 양도소득세액을 「국세징수법」에 따라 징수한다. 예정신고납부세액을 납부하지 않은 경우도 동일하다.

② 거래징수 기간

납세지 관할 세무서장은 양도소득과세표준과 세액을 결정 또는 경정한 경우 양도소득 총결정세액이 기납부세액을 그 초과하는 세액(이하 "추가납부세액"이라 한다)을 해당 거주자에게 알린 날부터 **30일 이내**에 징수한다.

③ 환급

납세지 관할 세무서장은 과세기간별로 기납부세액이 양도소득 총결정세액을 초과할 때에는 그 초과하는 세액을 환급하거나 다른 국세 및 강제징수비에 충당하여야 한다.

Ⅳ 가산세

(1) 신고 및 납부지연가산세

신고관련 가산세 및 납부지연가산세는 종합소득세의 신고관련 가산세 및 납부지연 가산세와 관련된 규정을 동일하게 적용한다.

(2) 감정가액 또는 환산취득가액 적용시 가산세

① 적용대상

거주자가 건물을 신축 또는 증축(증축의 경우 바닥면적 합계가 $85m^2$를 초과하는 경우에 한정)하고 그 신축한 건물의 취득일부터 5년 이내에 해당 건물을 양도하는 경우로서 감정가액 또는 환산취득가액을 그 취득가액으로 하는 경우

② 가산세: 다음의 가산세를 양도소득 결정세액에 더한다.

> 가산세 = 건물의 감정가액 또는 해당 건물 환산취득가액 × 5%

㉠ 건물을 증축한 경우에는 증축한 부분에 대한 감정가액 및 환산취득가액에 가산세율을 곱한다.

㉡ 양도소득의 산출세액이 없는 경우에도 해당 가산세는 적용한다.

(3) 기장불성실가산세

① 적용대상

법인(중소기업을 포함)의 대주주가 양도하는 주식 등에 대하여는 종목별로 구분하여 거래일자별 거래명세 등을 장부에 기록·관리하여야 하며 그 증명서류 등을 갖추어 두어야 하는데 대주주가 양도하는 주식(중소기업주식 포함)에 대해 기장의무를 위반한 경우 기장불성실가산세를 적용한다.

② 가산세

구분	기장불성실가산세
일반적인 경우	산출세액 × $\dfrac{\text{무기장, 누락기장 소득금액}}{\text{양도소득금액}}$ × 10%
산출세액이 없는 경우	거래금액 × $\dfrac{7}{10,000}$

기장불성실가산세와 신고관련가산세가 동시에 적용되는 경우에는 그 중 가산세액이 큰 가산세만 적용하며, 가산세액이 같은 경우에는 신고관련가산세만 적용한다.

제5절 국외자산 양도에 대한 양도소득세

Ⅰ 납세의무자와 과세대상자산

(1) 납세의무자

국외자산을 양도함에 따른 양도소득세를 납세해야 하는 납세의무자는 **해당 자산의 양도일까지 5년 이상 국내에 주소 또는 거소를 둔 거주자**로 한다.

(2) 양도소득의 범위

국외에 있는 다음의 자산을 양도한 경우의 소득으로 한다. 다만, 국외에서 외화를 차입하여 취득한 국외자산을 양도한 경우로서 환율변동으로 인하여 외화차입금으로부터 발생하는 환차익을 포함하고 있는 경우에는 해당 환차익에 대해서는 소득의 범위에서 제외한다.

구분	대상자산

1그룹	① 토지 또는 건물(건물에 부속된 시설물과 구축물 포함)
	② 부동산에 관한 권리(미등기양도자산 포함)
	   ㉠ 지상권, 전세권, 부동산임차권
	   ㉡ 부동산을 취득할 수 있는 권리(건물이 완성되는 때에 그 건물과 이에 딸린 토지를 취득할 수 있는 권리를 포함)
	③ 기타자산(영업권, 이축권, 특정시설물이용권, 특정주식A, 특정주식B)

Ⅱ 양도소득세의 계산

양도가액
− 취득가액
− 기타 필요경비
= 양도차익 = 양도소득금액
− 양도소득기본공제
= 과세표준

◎ 국외자산의 양도시에는 장기보유특별공제를 적용하지 않는다.
◎ 양도소득기본공제는 그룹별로 각각 연 250만 원을 공제한다. 양도소득기본공제는 미등기자산도 적용한다.

(1) 양도가액과 취득가액의 적용순서

① 1순위: 양도 및 취득 당시의 실지거래가액
② 2순위(실지거래가액을 확인할 수 없는 경우): 양도자산이 소재하는 국가의 양도 및 취득 당시의 현황을 반영한 시가
③ 3순위(시가를 산정하기 어려운 경우): 「상속세 및 증여세법」상 보충적평가방법을 준용하여 평가한 가액

(2) 과세표준의 계산

국외자산의 양도시에는 필요경비개산공제 및 장기보유특별공제는 적용하지 않는다. 다만, 양도소득기본공제는 적용한다.

(3) 양도차익 외화환산

양도가액 및 필요경비를 수령하거나 지출한 날 현재 「외국환거래법」에 의한 기준환율 또는 재정환율에 의하여 계산한다.

(4) 적용세율

국외자산의 양도소득에 대한 소득세는 해당 과세기간의 양도소득과세표준에 기본세율을 적용한다. 이 경우 하나의 자산이 둘 이상의 세율에 해당할 때에는 그 중 가장 높은 것을 적용한다.

(5) 외국납부세액공제

국외자산의 양도소득에 대하여 해당 외국에서 과세를 하는 경우 그 양도소득에 대하여 국외자산 양도소득세액을 납부하였거나 납부할 것이 있을 때에는 세액공제와 필요경비산입의 방법 중 한가지를 선택할 수 있다.

구분	계산방법
① 세액공제	다음의 금액을 해당 과세기간의 양도소득 산출세액에서 공제하는 방법 세액공제액 = MIN[㉠, ㉡] ㉠ 국외자산 양도소득세액 ㉡ 한도: 해당 과세기간의 양도소득 산출세액 × $\dfrac{\text{국외자산 양도소득금액}}{\text{해당 과세기간의 양도소득금액}}$
② 필요경비 산입	국외자산 양도소득에 대하여 납부하였거나 납부할 국외자산 양도소득세액을 해당 과세기간의 양도소득금액 계산상 필요경비에 산입

(6) 국외자산 양도소득세 적용시 준용하지 않는 규정

① 미등기 양도자산에 대한 비과세·감면 배제 규정
② 장기보유특별공제, 필요경비개산공제, 기준시가의 산정
③ 배우자·직계존비속간 이월과세와 가업상속공제 재산에 대한 이월과세
④ 양도소득세 분할납부

제6절 거주자의 출국시 국내주식 등에 대한 과세특례

2018년 1월 1일부터 거주자가 이민 등을 통해 국외전출하는 경우 국외전출일에 국내주식을 양도하는 것으로 보아 양도소득세를 과세하는 국외전출세가 도입되었다. 현행 조세조약에서 대부분 주식 양도소득은 거주지국에서만 과세하도록 규정하고 있어 거주자가 이민 등을 통해 비거주자가 된 후 국내 주식을 양도하는 경우 이를 과세하기가 어려웠다. 이러한 점을 방지하고자 국외전출세를 도입하여 이민 등을 통한 역외 조세회피를 방지하고자 하는데 그 의의가 있다.

I 납세의무자 및 과세대상

(1) 납세의무자

다음의 요건을 모두 갖추어 출국하는 거주자(국외전출자)는 출국 당시 소유한 양도소득세 과세대상 국내주식등의 평가이익에 대하여 소득세를 납부할 의무가 있다.
① 출국일 10년 전부터 출국일까지의 기간 중 국내에 주소나 거소를 둔 기간의 합계가 5년 이상일 것
② 출국일이 속하는 연도의 직전 연도 종료일 현재 소유하고 있는 주식 등의 비율·시가 총액 등을 고려하여 양도소득세에서 정하는 대주주에 해당할 것

(2) 과세대상
① 양도소득세 과세대상인 국내주식
② 특정주식 A와 특정주식 B

II 과세표준 및 세액의 계산

(1) 과세표준의 계산

양도가액
− 필요경비
= 양도소득금액
− 양도소득기본공제
= 양도소득과세표준

1) 양도가액
① 원칙: 출국일 당시의 시가
② 시가를 산정하기 어려운 경우
  ㉠ 주권상장법인의 주식 등: 기준시가(출국일 이전 1개월 동안 공표된 매일의 거래소 최종 시세가액의 평균액)
  ㉡ 비상장법인의 주식 등: 다음 ⓐ, ⓑ의 방법을 순차로 적용하여 계산한 가액
    ⓐ 출국일 전후 각 3개월 이내에 해당 주식 등의 매매사례가액
    ⓑ 기준시가

2) **필요경비**: 일반적인 국내자산 양도소득의 필요경비 계산규정을 준용한다.
① 취득가액(실지거래가액) + 기타필요경비(자본적지출액 + 양도비용)
② 실지거래가액 확인이 불가한 경우: 매매사례가액 ⇨ 환산취득가액 ⇨ 취득 당시 기준시가를 순차로 적용

3) **양도소득기본공제**: 연 250만 원

(2) 분류과세
국외전출자 국내주식등의 양도소득세과세표준은 종합소득, 퇴직소득 및 국내자산 양도에 따른 양도소득과세표준과 구분하여 계산한다.

Ⅲ 산출세액 및 세액공제

(1) 산출세액
① 양도소득세 과세표준 3억 원 이하분: 20%
② 양도소득세 과세표준 3억 원 초과분: 25%

(2) 조정공제
국외전출자가 출국한 후 국외전출자 국내주식 등을 실제 양도한 경우로서 실제 양도가액이 국외전출시 양도가액(출국 당시 시가)보다 낮은 때에는 다음의 계산식에 따라 계산한 조정공제액을 산출세액에서 공제한다.

$$조정공제액 = [국외전출시\ 양도가액(출국\ 당시의\ 시가) - 실제\ 양도가액] \times 20\%$$

(3) 외국납부세액공제
① 국외전출자가 출국한 후 국외전출자 국내주식 등을 실제로 양도하여 해당 자산의 양도소득에 대하여 외국정부(지방자치단체를 포함)에 세액을 납부하였거나 납부할 것이 있는 때에는 산출세액에서 조정공제액을 공제한 금액을 한도로 다음의 계산식에 따라 계산한 외국납부세액을 산출세액에서 공제한다.

$$외국납부세액공제 = MIN[㉠,\ ㉡]$$
㉠ 해당 자산에 대한 외국납부세액 $\times \dfrac{국외전출시\ 양도가액,\ 실제양도가액 - 필요경비}{실제\ 양도가액 - 필요경비}$
㉡ 한도 = 산출세액 - 조정공제액

② **외국납부세액공제의 배제**
다음의 어느 하나에 해당하는 경우에는 외국납부세액공제를 적용하지 아니한다.
㉠ 외국정부가 산출세액에 대하여 외국납부세액공제를 허용하는 경우
㉡ 외국정부가 국외전출자 국내주식 등의 취득가액을 국외전출시 양도가액(출국 당시의 시가)으로 조정하여 주는 경우

(4) 비거주자의 국내원천소득 세액공제

① 국외전출자가 출국한 후 국외전출자 국내주식 등을 실제로 양도하여 비거주자의 국내원천소득으로 국내에서 과세되는 경우에는 산출세액에서 조정공제액을 공제한 금액을 한도로 다음의 금액을 산출세액에서 공제한다.

> 세액공제액 = MIN[㉠, ㉡]
> ㉠ 국내원천소득 소득세 : MIN(실제 양도가액 × 10%, 양도차익 × 20%)
> ㉡ 한도 : 산출세액 − 조정공제액

② 상기 ①에 따른 공제를 적용하는 경우 외국납부세액의 공제를 적용하지 아니한다.

Ⅳ 양도소득세 납세절차

(1) 신고·납부

① 납세관리인과 국내주식 등 보유현황 신고

국외전출자는 국외전출자 국내주식 등의 양도소득에 대한 납세관리인과 출국일이 속하는 연도의 직전 연도 종료일 현재 국외전출자 국내주식 등의 보유현황을 출국일 전날까지 납세지 관할 세무서장에게 신고하여야 한다. 이 경우 국외전출자 국내주식 등의 보유현황은 신고일의 전날을 기준으로 작성한다.

② 양도소득과세표준 신고 및 납부

㉠ 신고 : 국외전출자는 양도소득과세표준을 **출국일이 속하는 달의 말일부터 3개월** 이내에 납세지 관할 세무서장에게 신고하여야 한다. 다만, 납세관리인을 신고한 경우에는 양도소득 과세표준 확정신고기한 내에 신고·납부하여야 한다.

㉡ 납부 : 국외전출자가 양도소득과세표준을 신고할 때에는 산출세액에서 이 법 또는 다른 조세에 관한 법률에 따른 감면세액과 세액공제액을 공제한 금액을 납세지 관할 세무서, 한국은행 또는 체신관서에 납부하여야 한다.

③ 경정청구

조정공제, 외국납부세액공제 및 비거주자의 국내원천소득 세액공제를 적용받으려는 자는 국외전출자 국내주식등을 실제 양도한 날부터 2년 이내에 대통령령으로 정하는 바에 따라 납세지 관할 세무서장에게 경정을 청구할 수 있다.

(2) 납부유예

국외전출자는 다음의 요건을 모두 충족하는 경우에는 납부규정에도 불구하고 출국일부터 국외전출자 국내주식 등을 실제로 양도할 때까지 납세지 관할 세무서장에게 양도소득세 납부의 유예를 신청하여 납부를 유예받을 수 있다.

① 납부유예의 요건

㉠ 「국세징수법」 규정에 따른 납세담보를 제공할 것

㉡ 납세관리인을 납세지 관할 세무서장에게 신고할 것

② **납부유예 후 5년 이내 미양도시 양도소득세 납부**
납부를 유예받은 국외전출자는 출국일부터 5년(국외전출자의 국외유학의 경우 10년) 이내에 국외전출자 국내주식 등을 양도하지 아니한 경우에는 출국일부터 5년이 되는 날이 속하는 달의 말일부터 3개월 이내에 국외전출자 국내주식 등에 대한 양도소득세를 납부하여야 한다.

③ **납부유예 후 5년 이내 실제 양도시**
납부유예를 받은 국외전출자는 국외전출자 국내주식 등을 실제 양도한 경우 양도일이 속하는 달의 말일부터 3개월 이내에 국외전출자 국내주식 등에 대한 양도소득세를 납부하여야 한다.

④ **이자상당액 가산**
납부를 유예받은 국외전출자는 상기 규정에 따라 국외전출자 국내주식등에 대한 양도소득세를 납부할 때 납부유예를 받은 기간에 대한 이자상당액을 가산하여 납부하여야 한다.

(3) **재전입 등에 따른 환급 등**

① 국외전출자(ⓒ의 경우 상속인)는 다음 중 어느 하나에 해당하는 사유가 발생한 경우 그 사유가 발생한 날부터 **1년 이내**에 납세지 관할 세무서장에게 납부한 세액의 환급을 신청하거나 납부유예 중인 세액의 취소를 신청하여야 한다.
  ㉠ 국외전출자가 출국일부터 5년 이내에 국외전출자 국내주식 등을 양도하지 아니하고 국내에 다시 입국하여 거주자가 되는 경우
  ㉡ 국외전출자가 출국일부터 5년 이내에 국외전출자 국내주식 등을 거주자에게 증여한 경우
  ㉢ 국외전출자의 상속인이 국외전출자의 출국일부터 5년 이내에 국외전출자 국내주식 등을 상속받은 경우
② 납세지 관할 세무서장은 신청을 받은 경우 지체 없이 국외전출자가 납부한 세액을 환급하거나 납부유예 중인 세액을 취소하여야 한다. 단, 국외전출자가 납부한 세액을 환급하는 경우에는「국세기본법」규정에도 불구하고 국세환급금에 국세환급가산금을 가산하지 아니한다.

CHAPTER 12 비거주자의 납세의무

I 납세의무의 범위 및 국내원천소득의 범위

(1) 납세의무의 범위

비거주자는 거주자가 아닌 개인으로 비거주자는 **국내원천소득**에 대해서만 납세의무를 부담한다.

(2) 국내원천소득의 범위

구분	국내원천소득의 범위
이자소득	① 국가, 지방자치단체(지방자치단체조합을 포함), 거주자, 내국법인, 「법인세법」에서 규정하는 외국법인의 국내사업장 또는 비거주자의 국내사업장으로부터 받는 소득 ② 외국법인 또는 비거주자로부터 받는 소득으로서 그 소득을 지급하는 외국법인 또는 비거주자의 국내사업장과 실질적으로 관련하여 그 국내사업장의 소득금액을 계산할 때 손금 또는 필요경비에 산입되는 것
배당소득	① 내국법인 또는 법인으로 보는 단체나 그 밖의 국내로부터 받는 배당소득 ② 국제조세조정에 관한 법률에 따라 외국주주에게 배당으로 처분된 금액
부동산소득	국내에 있는 부동산 또는 부동산상의 권리와 국내에서 취득한 광업권, 조광권, 지하수의 개발·이용권, 어업권, 토사석 채취에 관한 권리의 양도·임대, 그 밖에 운영으로 인하여 발생하는 소득. 단, 양도소득은 제외한다.
선박·항공기 임대소득	거주자·내국법인 또는 외국법인의 국내사업장이나 비거주자의 국내사업자에 선박, 항공기, 등록된 자동차·건설기계 또는 산업상·상업상·과학상의 기계·설비·장치, 그 밖에 용구를 임대함으로써 발생하는 소득
사업소득	비거주자가 경영하는 사업에서 발생하는 소득(조세조약에 따라 국내원천사업소득으로 과세할 수 있는 소득을 포함)으로서 대통령령으로 정하는 것(단, 인적용역소득은 제외한다)
인적용역소득	① 국내에서 인적용역을 제공함으로써 발생하는 소득(국외에서 제공하는 인적용역 중 기술용역 등을 제공함으로써 발생하는 소득이 조세조약에 따라 국내에서 발생하는 것으로 간주되는 경우 그 소득을 포함) ② 그 인적용역을 제공받는 자가 인적용역 제공과 관련하여 항공료, 숙박비 또는 음식비를 부담하는 경우에는 그 비용을 제외한 금액
근로소득	국내에서 제공하는 근로의 대가로서 받는 소득
연금소득	국내에서 지급받는 연금소득
유가증권 양도소득	다음 중 어느 하나에 해당하는 주식·출자지분(증권시장에 상장된 부동산 주식 등을 포함) 또는 그 밖의 유가증권의 양도로 발생하는 소득 ① 내국법인이 발행한 주식 또는 출자지분과 그 밖의 유가증권 ② 외국법인이 발행한 주식 또는 출자지분(증권시장에 상장된 것만 해당) 및 외국법인의 국내사업장이 발행한 그 밖의 유가증권
사용료소득	① 일정한 자산·정보 또는 권리를 국내에서 사용하거나 그 대가를 국내에서 지급하는 경우의 그 대가 ② 일정한 자산·정보 또는 권리의 양도로 발생하는 소득

기타소득	① 국내에서 지급되는 일시·우발적으로 발생하는 당첨소득 등 ② 인정기타소득
퇴직소득	국내에서 제공하는 근로의 대가로 받는 퇴직소득
양도소득	다음 중 어느 하나에 해당하는 자산·권리의 양도소득. 다만, 그 소득을 발생하게 하는 자산·권리가 국내에 있는 경우만 해당한다. ① 토지, 건물, 부동산에 관한 권리 ② 기타자산 중 사업용고정자산과 함께 양도하는 영업권과 특정시설물이용권 ③ 부동산 주식 등

Ⅱ 국내사업장

(1) 국내사업장의 의의

비거주자가 국내에 사업의 전부 또는 일부를 수행하는 고정된 장소를 가지고 있는 경우에는 국내사업장이 있는 것으로 한다.

(2) 국내사업장의 범위

① 국내사업장에 해당하는 장소
  ㉠ 지점, 사무소 또는 영업소
  ㉡ 상점이나 그 밖의 고정된 판매장소
  ㉢ 작업장, 공장 또는 창고
  ㉣ 6개월을 초과하여 존속하는 건축 장소, 건설·조립·설치공사의 현장 또는 이와 관련된 감독을 하는 장소
  ㉤ 고용인을 통하여 용역을 제공하는 장소로서 다음의 어느 하나에 해당하는 장소
    ⓐ 용역이 계속 제공되는 12개월 중 합계 6개월을 초과하는 기간 동안 용역이 수행되는 장소
    ⓑ 용역이 계속 제공되는 12개월 중 합계 6개월을 초과하지 아니하는 경우로서 유사한 종류의 용역이 2년 이상 계속적·반복적으로 수행되는 장소
  ㉥ 광산·채석장 또는 해저천연자원이나 그 밖의 천연자원의 탐사 장소 및 채취장소

② 국내사업장에 해당하지 않는 장소
  ㉠ 비거주자가 단순히 자산의 구입만을 위하여 사용하는 일정한 장소
  ㉡ 비거주자가 판매를 목적으로 하지 아니하는 자산의 저장 또는 보관만을 위하여 사용하는 일정한 장소
  ㉢ 비거주자가 광고·선전·정보의 수집·제공 및 시장조사를 하거나 그 밖에 그 사업의 수행상 예비적이며 보조적인 성격을 가진 활동을 하기 위하여 사용하는 일정한 장소
  ㉣ 비거주자가 자기의 자산을 타인으로 하여금 가공만 하게 하기 위하여 사용하는 일정한 장소

③ 의제국내사업장

비거주자가 국내사업장을 가지고 있지 않은 경우에 국내에 자기를 위하여 계약을 체결할 권한을 가지고 그 권한을 반복적으로 행사하는 자 또는 이에 준하는 자를 두고 사업을 경영하는 경우에는 그 자의 사업장 소재지(사업장이 없는 경우에는 주소지, 주소지가 없는 경우에는 거소지)에 국내사업장을 둔 것으로 본다.

Ⅲ 비거주자에 대한 과세방법

비거주자에 대하여 과세하는 소득세는 해당 국내원천소득을 종합하여 과세하는 경우와 분류하여 과세하는 경우 및 그 국내원천소득을 분리하여 과세하는 경우로 구분하여 계산한다.

(1) 종합과세
① 국내사업장이 있는 비거주자와 부동산소득이 있는 비거주자에 대해서는 국내원천소득(퇴직소득 및 양도소득은 제외)을 종합하여 과세한다.
② 원천징수되는 소득 중 인적용역소득이 있는 비거주자가 종합소득과세표준 확정신고를 하는 경우에는 국내원천소득(퇴직소득 및 양도소득은 제외)의 소득에 대하여 종합하여 과세할 수 있다.
③ 과세표준과 세액의 계산 및 신고·납부 규정은 거주자에 대한 소득세의 경우를 준용한다. 단, 인적공제 중 비거주자 본인 외의 자에 대한 공제와 특별소득공제, 자녀세액공제, 특별세액공제는 적용하지 않는다.

(2) 분리과세
① 국내사업장이 없는 비거주자에 대해서는 국내원천소득(퇴직소득 및 양도소득은 제외)의 소득별로 분리하여 과세한다.
② 국내사업장이 있는 비거주자의 국내원천소득이 국내사업장과 실질적으로 관련되지 않거나 그 국내사업장에 귀속되지 아니한 소득에 대해서는 소득별로 분리과세한다.

(3) 분류과세
① 퇴직소득 및 양도소득이 있는 비거주자에 대해서는 거주자와 같은 방법으로 분류하여 과세한다.
② 양도소득은 예납적 원천징수 후 예정·확정신고납부한다.

> **참고** 비거주자의 유가증권 양도소득에 대한 신고·납부 등의 특례
>
> 1. 국내사업장이 없는 비거주자가 동일한 내국법인의 주식 또는 출자지분을 같은 사업과세기간(해당 주식 또는 출자지분을 발행한 내국법인의 사업과세기간)에 2회 이상을 양도함으로써 조세조약에서 정한 과세기준을 충족하게 된 경우 양도 당시 원천징수되지 아니한 소득에 대한 원천징수세액 상당액을 양도일이 속하는 사업연도의 종료일부터 3개월 이내에 대통령령으로 정하는 바에 따라 납세지 관할 세무서장에게 신고·납부하여야 한다.
> 2. 납세지 관할 세무서장은 비거주자가 신고·납부를 하지 아니하거나 신고하여야 할 과세표준에 미달하게 신고한 경우 또는 납부하여야 할 세액에 미달하게 납부한 경우에는 거주자 또는 내국법인의 경우를 준용하여 징수하여야 한다.
> 3. 국내사업장이 있는 비거주자의 양도 당시 원천징수되지 아니한 소득으로서 그 국내사업장과 실질적으로 관련되지 아니하거나 그 국내사업장에 귀속되지 아니한 소득에 대해서도 동일하게 적용한다.
> 4. 비거주자의 국내원천소득에 대한 원천징수의무자는 기획재정부장관이 고시하는 구역 또는 지역에 소재하는 비거주자의 국내원천소득 중 이자소득·배당소득·지적재산권사용료 또는 유가증권양도소득에 대하여 소득세로서 원천징수하는 경우에는, 조세조약에 따른 비과세·면제 또는 제한세율에 관한 규정에도 불구하고 「소득세법」상 비거주자의 국내원천소득에 대한 원천징수세율을 우선 적용하여 원천징수하여야 한다. 다만, 조세조약에 따른 비과세 또는 제한세율에 관한 규정을 적용받을 수 있음을 국세청장이 사전 승인하는 경우에는 그러하지 아니한다.

신은미 세법개론

합격까지 박문각

PART 06

법인세법

Chapter 01 법인세법 총설
Chapter 02 법인세의 계산구조
Chapter 03 익금
Chapter 04 손금
Chapter 05 손익의 귀속사업연도와 자산·부채의 평가
Chapter 06 감가상각비
Chapter 07 충당금 및 준비금
Chapter 08 부당행위계산의 부인
Chapter 09 법인세 과세표준 및 세액의 계산
Chapter 10 법인세의 납세절차
Chapter 11 합병 및 분할 등에 대한 특례
Chapter 12 그 밖의 법인세

CHAPTER 01 법인세법 총설

제1절 법인세의 과세소득 및 납세의무자

I 법인세의 과세요건 및 과세소득의 범위

(1) 법인세의 과세소득

법인세는 법인이 얻은 소득에 대하여 해당 법인에게 부과하는 조세(직접세)다. 이러한 법인세의 과세소득에는 각 사업연도 소득, 청산소득, 토지 등 양도소득, 미환류소득이 있다.

(2) 법인세의 과세소득 범위

구분	과세소득 범위
① 각 사업연도 소득	해당 과세기간의 익금총액에서 손금총액을 차감한 금액으로 기업의 계속적인 영업활동 등을 통해 얻는 소득에 대해 과세한다.
② 청산소득	법인이 해산(합병·분할은 제외)으로 인하여 소멸하는 경우 청산과정에서 실현된 것으로 간주하는 소득을 말한다. 청산소득 = 잔여재산가액 - 자기자본
③ 토지 등 양도소득	개인의 경우는 양도소득세로 과세하지만 법인이 주택·별장 및 비사업용토지를 양도하는 경우 발생한 처분이익은 법인세의 과세소득에 포함한다.
④ 미환류소득	일정한 영리내국법인이 기업소득 중에서 투자액이나 임금증가액을 차감한 후 산출한 금액을 미환류소득이라 하여 법인세과세소득에 포함한다. 법소정 기업(주로 대기업)이 사내에 과다한 유보소득이 있는 경우 이에 대하여 과세함으로써 기업내 유보된 소득을 투자활동이나 임금증대 등으로 활용하도록 유도하고자 함이다.

> **참고 해산과 청산**
>
> 1. **해산**: 법인격을 소멸하는 법률적 사실로서 청산이 종료될 때 법인격이 소멸한다.
> 2. **청산**: 법인의 모든 법률관계를 종료시키고 법인의 재산관계를 정리한 뒤 이를 분배하고자 하는 절차이다. 청산시 법인의 모든 재산을 처분하여 채무자의 부채를 변제하고 남은 잔여재산가액은 주주에게 배분하게 된다.

(3) 「법인세법」의 과세대상 소득에 대한 학설 - 순자산증가설

법인의 순자산을 증가시킨 모든 거래에 대하여 과세하는 방식이다. 법에 열거된 소득만 과세하는 소득원천설과 달리 계속적·경상적·일시적·우발적 소득에 대해서도 모두 과세한다.

⊙ 일부 예외: 비영리법인의 경우는 열거주의를 적용한다.

Ⅱ 법인세의 납세의무자

(1) 개요
법인세 납세의무자는 법인이며, 「국세기본법」에 따라 법인으로 보는 단체도 포함된다.

(2) 법인의 분류

구분	내용
① 내국법인	본점, 주사무소 또는 사업의 실질적 관리장소가 국내에 있는 법인 ⊙ 영리법인은 본점, 비영리법인은 주사무소로 표현한다. ⊙ 내국법인 및 외국법인의 판단기준은 법인을 소유하고 있는 주주의 국적과는 무관하다.
② 외국법인	본점 또는 주사무소가 외국에 있는 단체(국내에 실질적 관리장소가 없는 경우)로서 다음 중 어느 하나에 해당하는 단체를 말한다. ㉠ 설립된 국가의 법에 따라 법인격이 부여된 단체 ㉡ 구성원이 유한책임사원으로만 구성된 단체 ㉢ 해당 외국단체와 동종 또는 유사한 국내의 단체가 상법 등 국내의 법률에 따른 국내 법인에 해당하는 경우 ⊙ 위의 요건을 충족하지 못한 경우 비거주자로 보아 소득세를 부과한다.
③ 영리법인	영리활동을 목적으로 설립된 법인(상법에 의하여 설립된 회사)
④ 비영리법인	종교·자선·학술 등 영리가 아닌 사업을 목적으로 설립된 법인 ⊙ 비영리법인도 수익사업을 영위하므로 영리인지의 판단은 구성원에게 수익을 분배하는지의 여부로 판단한다. ⊙ 법인 아닌 단체 중 법인으로 보는 단체는 비영리법인으로 분류한다.

(3) 법인종류별 납세의무의 범위

구분		각사업연도소득	청산소득	토지 등 양도소득	미환류소득
내국법인	영리법인	국내외 모든 소득	○	○	○
	비영리법인	국내외 원천소득 중 일정한 수익사업소득	×	○	×
외국법인	영리법인	국내 원천소득	×	○	×
	비영리법인	국내 원천소득 중 일정한 수익사업 소득	×	○	×

① 청산소득의 경우 비영리법인은 잔여재산가액을 국가 및 비영리법인에 귀속하여 공익적인 용도로 계속 사용되기 때문에 비영리법인에 대해서는 청산소득을 과세하지 않는다.
② 외국법인은 청산활동이 국외에서 이루어지기 때문에 청산소득에 대해 과세하지 않는다.
③ 미환류소득은 내국영리법인 중 자기자본이 500억 원을 초과하는 법인(중소기업 제외) 및 상호출자제한기업집단에 속하는 법인에 대해 부과한다.
④ 연결법인은 각 연결사업연도의 소득에 대한 법인세(각 연결법인의 토지 등 양도소득에 대한 법인세 및 미환류소득에 대한 법인세 및 투자·상생협력 촉진을 위한 과세특례를 적용하여 계산한 법인세를 포함)를 연대하여 납부할 의무가 있다.

💡 **법인 아닌 단체의 과세방법**
1. **법인 아닌 단체 중 법인으로 보는 단체**: 비영리법인으로 간주하여 법인세 과세
2. **법인 아닌 단체 중 개인으로 보는 경우**: 단체를 1거주자 등으로 보아 소득세를 과세
3. **법인 아닌 단체 중 개인이 공동사업을 영위하는 경우**: 구성원 각각 소득세를 과세

기출 Check   17년 7급
01 「법인세법」상 납세의무자에 대한 설명으로 옳은 것은 모두 몇 개인가?

- 영리외국법인은 토지 등 양도소득에 대한 법인세 납세의무는 있지만 청산소득에 대한 법인세 납세의무는 없다.
- 비영리외국법인은 국내원천소득 중 수익사업에서 생기는 소득에 대해 법인세 납세의무가 있다.
- 비영리내국법인은 토지 등 양도소득에 대한 법인세 납세의무는 있지만 미환류소득에 대한 법인세 납세의무는 없다.
- 연결법인은 각 연결사업연도의 소득에 대한 법인세(각 연결법인의 토지 등 양도소득에 대한 법인세와 미환류소득에 대한 법인세 포함)를 연대하여 납부할 의무가 있다.
- 외국의 정부 및 지방자치단체는 비과세법인에 해당하므로 법인세 납세의무가 없다.

① 2개   ② 3개
③ 4개   ④ 5개

6 ③
해설 외국의 정부 및 지방자치단체는 비영리외국법인에 해당하므로 국내원천소득 중 일정한 수익사업소득 및 토지 등 양도소득에 대한 법인세 납세의무가 있다.

> **참고** 국가 및 지방자치단체의 납세의무 ★
>
> 1. 우리나라 국가 및 지방자치단체: 비과세법인(법인세과세 ×)
> 2. 외국정부 및 외국 지방자치단체: 외국비영리법인
> ⊘ 미국 정부가 투기지역에 해당하는 토지를 처분하는 경우: 과세 ○

제2절 사업연도 및 납세지

Ⅰ 사업연도

(1) 개요

사업연도는 법령이나 법인의 정관 등에서 정하는 **1회계기간**으로 한다. 다만, 그 기간은 **1년**을 초과하지 못한다.

① 본래의 사업연도

구분	사업연도
정관·법률에 규정한 경우	규정한 기간을 사업연도로 한다.
정관·법률 등에 사업연도 규정이 없는 경우	별도로 사업연도를 정하여 법인설립신고 또는 사업자등록과 함께 납세지 관할 세무서장에게 사업연도를 신고하여야 한다.
법인이 사업연도 신고를 하지 않은 경우	매년 1월 1일부터 12월 31일까지를 그 법인의 사업연도로 한다.

> **참고** 외국법인의 사업연도 신고
>
> 1. 국내사업장이 있는 경우: 법령이나 정관 등에 사업연도에 관한 규정이 없는 경우 국내사업장 설치신고(국내사업장을 가지게 되었을 때부터 2개월 이내) 또는 사업자등록과 함께 납세지 관할 세무서장에게 사업연도를 신고하여야 한다.
> 2. 국내사업장이 없는 경우: 부동산소득 또는 부동산 등 양도소득이 있는 법인은 그 소득이 **최초로 발생하게 된 날부터 1개월 이내**에 납세지 관할 세무서장에게 사업연도를 신고하여야 한다.

② 최초 사업연도 개시일

㉠ 법인의 최초사업연도 개시일은 다음의 날로 한다.

구분	최초 사업연도 개시일
내국법인	설립등기일
외국법인	ⓐ 원칙: 국내사업장을 가지게 된 날 ⓑ 국내사업장이 없는 경우: 부동산소득 또는 양도소득이 최초로 발생한 날

㉡ 단, **최초사업연도의 개시일 전에 생긴 손익을 사실상 그 법인에 귀속시킨 것이 있는 경우** 조세포탈의 우려가 없을 때에는 최초사업연도의 기간이 1년을 초과하지 아니하는 범위 내에서 이를 당해 법인의 최초사업연도의 손익에 산입할 수 있다. 이 경우 최초사업연도의 개시일은 당해 법인에 귀속시킨 손익이 최초로 발생한 날로 한다.

> **참고** 「국세기본법」에 의하여 법인으로 보는 단체의 경우 최초 사업연도 개시일
>
> 1. 법령에 의하여 설립된 단체로서 당해 법령에 설립일이 정하여진 경우: 설립일
> 2. 주무관청의 인·허가를 받아 설립되거나 법령에 의하여 주무관청에 등록한 단체의 경우: 그 허가일·인가일 또는 등록일
> 3. 공익을 목적으로 출연된 기본재산이 있는 재단으로서 등기되지 아니한 단체: 기본재산의 출연을 받은 날
> 4. 납세지 관할 세무서장의 승인을 얻어 법인으로 의제되는 경우: 승인일

(2) 사업연도의 변경

① 변경신고기한

사업연도를 변경하려는 법인은 그 법인의 **직전 사업연도 종료일부터 3개월 이내**에 납세지 관할 세무서장에게 이를 신고하여야 한다. 단, 신설법인의 경우 최초사업연도가 지나기 전에는 사업연도를 변경할 수 없다.

② 사업연도 변경시 사업연도의 적용

사업연도가 변경된 경우에는 종전의 사업연도 개시일부터 변경된 사업연도 개시일 전날까지의 기간을 1사업연도로 한다. 다만, **그 기간이 1개월 미만인 경우 변경된 사업연도에 그 기간을 포함한다.** 이 경우 사업연도가 1년을 초과하더라도 예외적으로 허용한다.

```
사례_ 변경 전 사업연도는 1/1 ~ 12/31, 변경 사업연도는 7/1 ~ 6/30
⇨ 12/31일부터 3개월 이내인 3/31까지 납세지 관할세무서장에게 신고하는 경우
① 1사업연도: 1/1 ~ 6/30
② 1사업연도: 7/1 ~ 차기 6/30
```

③ 사업연도 변경을 신고하지 않은 경우(다음 사업연도부터 변경)

㉠ 원칙: 사업연도 변경 ×

법인이 그 신고를 기한까지 하지 않은 경우에는 그 법인의 사업연도는 변경되지 않은 것으로 본다. 즉, 그 다음 사업연도부터 사업연도가 변경된다.

㉡ 예외: 법령에 따라 사업연도가 정해지는 법인의 경우 관련 법령의 개정에 따라 사업연도가 변경된 경우에는 신고를 하지 않은 경우에도 그 법령의 개정 내용과 같이 사업연도가 변경된 것으로 간주한다.

기출 Check 22년 9급

02 법인세의 사업연도와 소득세의 과세기간에 대한 설명으로 옳지 않은 것은?

① 법인의 최초 사업연도의 개시일은 내국법인의 경우 설립등기일로 한다.
② 사업연도 신고를 하여야 할 법인이 그 신고를 하지 아니하는 경우에는 매년 1월 1일부터 12월 31일까지를 그 법인의 사업연도로 한다.
③ 소득세의 과세기간은 신규사업개시자의 경우 사업개시일부터 12월 31일까지로 하며, 폐업자의 경우 1월 1일부터 폐업일까지로 한다.
④ 사업연도를 변경하려는 법인은 그 법인의 직전 사업연도 종료일부터 3개월 이내에 납세지 관할 세무서장에게 이를 신고하여야 한다.

6 ③

해설 소득세의 과세기간은 개시일, 폐업일과 관계없이 1월 1일부터 12월 31일까지 1년으로 한다.

(3) 사업연도의 의제

법인에게 특수한 사유가 발생한 경우 본래의 사업연도에 불구하고 그 사유 발생일을 기준으로 사업연도를 나누어 일정한 기간을 1사업연도로 의제한다.

구분	사업연도 의제일
① 해산(합병 또는 분할에 따른 해산과 조직변경은 제외)한 경우	다음의 기간을 각각 1사업연도로 본다. ㉠ 그 사업연도 개시일부터 **해산등기일**(파산으로 인하여 해산한 경우 파산등기일, 법인으로 보는 단체의 경우 해산일)까지의 기간 ㉡ 해산등기일 다음 날부터 그 사업연도 종료일까지의 기간
② 합병, 분할에 따라 해산한 경우	그 사업연도 개시일부터 **합병등기일 또는 분할등기일**까지의 기간을 그 해산한 법인의 1사업연도로 본다.
③ 청산법인의 잔여재산가액이 확정된 경우	그 사업연도 개시일부터 **잔여재산가액 확정일**까지의 기간
④ 청산중에 있는 내국법인이 사업을 계속하는 경우	그 사업연도 개시일부터 **계속등기일**(계속등기를 하지 아니한 경우에는 사실상의 사업계속일)까지의 기간
⑤ 연결납세방식을 적용받는 경우	그 사업연도 개시일부터 **연결사업연도 개시일 전날**까지의 기간을 1사업연도로 본다.
⑥ 국내사업장이 있는 외국법인이 사업연도 중에 그 국내사업장을 가지지 아니하게 된 경우	그 사업연도 개시일부터 그 사업장을 가지지 아니하게 된 날까지의 기간을 1사업연도로 본다. ⊘ 단, 국내에 다른 사업장을 계속하여 가지고 있는 경우에는 사업연도 의제 규정을 적용하지 않는다.

① 합병 후 존속하는 법인은 변경등기일, 합병으로 설립되는 법인은 설립등기일을 합병, 분할등기일로 한다.
② 법인의 조직변경은 사업연도 의제사유에 해당하지 않으므로 조직변경 전의 사업연도가 계속되는 것으로 본다.
③ 국내사업장이 없는 외국법인이 사업연도 중에 국내원천 부동산소득 또는 국내원천 부동산 등 양도소득이 발생하지 아니하게 되어 납세지 관할 세무서장에게 그 사실을 신고한 경우에는 그 사업연도 개시일부터 신고일까지의 기간을 1사업연도로 본다.

기출 Check 18년 7급

03 「법인세법」상 사업연도에 대한 설명으로 옳지 않은 것은?
① 법령이나 정관 등에 사업연도에 관한 규정이 없는 내국법인은 따로 사업연도를 정하여 법인 설립신고 또는 사업자등록과 함께 납세지 관할 세무서장에게 사업연도를 신고하여야 한다.
② 사업연도를 변경하려는 법인은 그 법인의 직전 사업연도 종료일부터 6개월 이내에 납세지 관할 세무서장에게 신고하여야 한다.
③ 내국법인이 사업연도 중에 파산으로 인하여 해산한 경우에는 그 사업연도 개시일부터 파산등기일까지의 기간과 파산등기일 다음 날부터 그 사업연도 종료일까지의 기간을 각각 1사업연도로 본다.
④ 청산 중에 있는 내국법인의 잔여재산의 가액이 사업연도 중에 확정된 경우에는 그 사업연도 개시일부터 잔여재산의 가액이 확정된 날까지의 기간을 1사업연도로 본다.

❻ ②
해설 사업연도를 변경하려는 법인은 그 법인의 직전 사업연도 종료일부터 3개월 이내에 납세지 관할 세무서장에게 신고하여야 한다.

Ⅱ 납세지

납세지란 **납세의무자가 납세의무를 이행하고 과세관청이 부과징수를 행하는 기준이 되는 장소**를 말한다. 법인세는 납세지를 관할하는 세무서장 또는 지방국세청장이 과세한다.

(1) 법인유형별 법인세 납세지

구분	납세지
내국법인	① 원칙: 법인의 등기부상 본점이나 주사무소의 소재지 ② 국내에 본점 또는 주사무소가 없는 경우: 사업의 실질적 관리장소의 소재지

외국법인	① 국내사업장이 있는 경우: 국내사업장의 소재지
	   ⊘ 단, 둘 이상의 사업장 또는 부동산을 가지고 있는 단체의 경우는 주된 사업장 또는 주된 부동산의 소재지
	② 국내사업장이 없는 외국법인으로서 부동산소득 또는 양도소득이 있는 경우: 각 자산의 소재지
	   ⊘ 단, 둘 이상의 자산이 있는 경우에는 외국법인이 신고한 장소

법인으로 보는 단체	① 원칙: 해당 단체의 사업장 소재지
	② 주된 소득이 부동산임대소득인 경우: 그 부동산의 소재지
	   ⊘ 단, 둘이상의 사업장 또는 부동산을 가지고 있는 단체의 경우에는 주된 사업장 또는 주된 부동산의 소재지
	③ 사업장이 없는 단체의 경우: 당해 단체의 정관 등에 기재된 주사무소의 소재지
	   ⊘ 정관 등에 주사무소에 관한 규정이 없는 단체의 경우에는 그 대표자 또는 관리인의 주소지

참고 원천징수한 법인세의 납세지

원천징수한 법인세의 납세지는 해당 원천징수의무자의 소재지로 한다.

구분	원천징수 납세지
원칙	① 당해 법인의 본점·주사무소 또는 국내에 본점 등의 소재지 ② 법인으로 보는 단체: 그 단체의 법인세 납세지 ③ 외국법인의 경우: 당해 법인의 주된 국내사업장의 소재지
예외	법인의 지점·영업소 기타 사업장이 독립채산제에 의하여 독자적으로 회계사무를 처리하는 경우 그 사업장의 소재지(그 사업장의 소재지가 국외에 있는 경우는 제외한다)

⊘ 법인이 지점·영업소 기타 사업장에서 지급하는 소득에 대한 원천징수세액을 본점 등에서 전자계산조직 등에 의하여 일괄계산하는 경우로서 본점 등의 관할 세무서장에게 신고하거나 「부가가치세법」에 따라 사업자단위로 관할 세무서장에게 등록한 경우에는 해당 법인의 본점 등을 해당 소득에 대한 법인세 원천징수세액의 납세지로 할 수 있다. 이 경우 해당 법인의 본점 등을 해당소득에 대한 법인세 원천징수세액의 납세지로 할 수 있다.

(2) 납세지의 지정

① 납세지의 지정

관할 지방국세청장이나 국세청장은 납세지가 그 법인의 납세지로 적당하지 않다고 인정되는 경우로서 다음 중 어느 하나에 해당하는 경우 그 **납세지를 지정할 수 있다.** 이 경우 새로이 지정될 납세지가 그 관할을 달리하는 경우에는 국세청장이 그 납세지를 지정할 수 있다.

② 납세지의 지정사유

㉠ 본래의 납세지가 그 법인의 납세지로서 적당하지 아니하다고 인정되는 경우란 다음의 어느 하나에 해당하는 경우를 말한다.

㉡ 해당하는 경우

ⓐ 내국법인의 본점 등의 소재지가 등기된 주소와 동일하지 아니한 경우

ⓑ 내국법인의 본점 등의 소재지가 자산 또는 사업장과 분리되어 있어 조세포탈 우려가 있다고 인정되는 경우

ⓒ 둘 이상의 국내사업장을 가지고 있는 외국법인의 경우로서 주된 사업장의 소재지를 판정할 수 없는 경우

ⓓ 국내사업장이 없이 부동산소득 또는 부동산 등 양도소득이 발생하는 둘 이상의 자산이 있는 외국법인의 경우로서 납세지 신고를 하지 않은 경우

③ 납세지 지정의 통지기한

관할 지방국세청장이나 국세청장은 납세지를 지정한 경우에는 **그 법인의 당해 사업연도 종료일부터 45일 이내**에 해당 법인에 통지하여야 한다. 기한 내에 통지를 하지 않은 경우에는 종전의 납세지를 그 법인의 납세지로 한다.

(3) 납세지의 변경

① 변경신고기한

법인은 납세지가 변경된 경우 **변경된 날부터 15일 이내에 변경 후의 납세지 관할 세무서장에게 이를 신고하여야 한다.** 이 경우 납세지가 변경된 법인이 「부가가치세법」에 따라 사업자등록정정신고를 한 경우에는 납세지 변경신고를 한 것으로 본다.

② 변경신고를 하지 않은 경우(무신고)

법인이 납세지 변경신고를 하지 않은 경우에는 종전의 납세지를 그 법인의 납세지로 한다.

③ 기한후 신고한 경우

신고기한을 경과하여 변경신고를 한 경우에는 **변경신고를 한 날부터 그 변경된 납세지를 그 법인의 납세지로 한다.**

④ 외국법인

외국법인이 국내에 납세지를 가지지 아니하게 된 경우에는 그 사실을 납세지 관할 세무서장에게 신고하여야 한다.

CHAPTER 02 법인세의 계산구조

제1절 법인세의 계산구조

익금총액
− 손금총액
= 차가감소득금액
+ 기부금 한도초과액
− 기부금 한도초과이월액
= 각 사업연도 소득금액
− 이월결손금, 비과세소득, 소득공제
= 법인세 과세표준

제2절 세무조정

Ⅰ 세무조정의 방법 및 주체

(1) 세무조정의 의의

각 사업연도의 소득은 익금총액에서 손금총액을 공제한 금액으로 한다.

단, 익금총액과 손금총액은 별도로 산정하지 않고 기업회계기준에 의한 손익계산서상 당기순이익을 기준으로 「법인세법」과의 차이를 조정하여 각사업연도 소득금액을 산출한다. 법인세의 각 사업연도 소득금액을 산출하기 위해 결산서상 당기순이익과 「법인세법」과의 차이를 조정하는 과정을 '세무조정'이라고 한다. 세무조정은 회계상의 장부금액과 세법금액과의 차이를 조정하는 것이지 회계기준과 세법의 차이를 조정하는 것이 아니다.

회계	세무조정	세법
수익	(+) 익금산입 (−) 익금불산입	익금

회계	세무조정	세법
비용	(+) 손금산입 (−) 손금불산입	손금

(2) 세무조정 관련 양식

① 소득금액조정합계표(세무조정사항을 기재하는 양식)

익금산입, 손금불산입			손금산입, 익금불산입		
과목	금액	처분	과목	금액	처분

  ◎ 가산조정의 익금산입과 손금불산입을 구분하지 않는다. 즉, 익금산입 대신 손금불산입으로 표현하여도 되며, 차감조정의 경우도 손금산입 대신 익금불산입으로 표현하여도 된다.

② 법인세 과세표준 및 세액조정계산서: 법인세의 계산구조를 서식화 한 양식

(3) 세무조정의 시기와 주체
① 법인세를 신고하는 경우 : 세무조정은 법인이 수행한다.
② 법인세를 결정, 경정하는 경우 : 과세관청이 세무조정을 수행한다.

Ⅱ 세무조정의 유형(결산조정사항과 신고조정사항)

(1) 결산조정사항
① 결산조정사항의 의의
회계 결산서에 수익 또는 비용으로 계상한 경우에만 익금 또는 손금으로 각 사업연도 소득금액에 반영되는 것을 결산조정사항이라고 한다. 예를들어, 결산서에 금액이 과소계상된 경우 세법에서 이를 손금산입의 세무조정을 할 수는 없는 것이 결산조정사항이다.

② 결산조정사항
㉠ 반드시 장부에 비용으로 계상하여야만 손금으로 인정하는 항목이다.
㉡ **외부거래 없이 손금산입 여부가 법인의 선택 또는 판단에 맡겨져 있는 사항**이다.
㉢ 결산조정사항에 대해 경정청구는 불가능하다.

③ 결산조정사항 대상항목
손금항목 중 열거된 특정항목이 대상이며, 대부분 추정을 통해 결산서에 비용으로 계상되는 항목들이다.

구분	관련내용
자산의 감액손실	㉠ 파손이나 부패로 인한 재고자산의 감액손실 ㉡ 천재지변, 화재, 수용, 폐광 등으로 인한 유형자산 감액손실 ㉢ 생산설비의 시설개체, 기술낙후로 인한 폐기손실 ㉣ 상장주식 및 특수관계가 아닌 비상장주식의 부도 등으로 인한 감액손실 ㉤ 파산으로 인한 주식 감액손실
결산조정사항에 해당하는 대손금	다음의 사유가 발생한 후 장부에 계상한 연도의 손금으로 한다. ㉠ 부도발생일로부터 6개월 이상 경과한 수표, 어음, 중소기업의 외상매출금 ㉡ 채무자의 파산·사망·행방불명·형의 집행 등 ㉢ 회수기일이 6개월을 경과한 채권 중 30만 원 이하 채권 ㉣ 민사소송법에 따른 화해 또는 화해권고 결정 등 ㉤ 중소기업의 외상매출금 및 미수금 중 회수기일부터 2년이 경과된 채권 ㉥ 수출채권 중 한국무역보험공사로부터 회수불능으로 확인된 채권
각종 충당금	대손충당금 및 퇴직급여충당금, 구상채권상각충당금(퇴직연금충당금은 신고조정사항)
감가상각비	국제회계기준을 미적용하는 법인의 감가상각비
손금산입의 신고조정이 허용되는 충당금 등	㉠ 일시상각충당금·압축기장충당금 ㉡ 외부감사 비영리법인의 고유목적사업준비금, 국제회계기준 적용 보험업법인의 비상위험준비금(단, 잉여금의 처분을 전제로 한 신고조정은 허용된다.) ㉢ 판매보증충당금, 하자보수충당금 등의 설정은 인정하지 않는다.
기타	㉠ 소액미술품의 취득가액 손금산입 ㉡ 단기소모성자산, 주기적 수선비 등

(2) 신고조정사항

① 신고조정사항의 개념
결산서에 수익 또는 비용이 과소계상된 경우 반드시 익금산입, 손금산입의 세무조정을 하여야 하는 항목을 신고조정사항이라고 한다. 신고조정사항은 외부와의 거래로 인하여 발생하는 손익이므로 익금과 손금이 명백하기 때문에 이러한 차이를 강제로 세무조정해야 한다.

② 신고조정사항의 귀속시기
익금 및 손금의 귀속시기가 강제된다.
- 신고조정사항에 대한 경정청구는 가능하다.

③ 신고조정항목
결산조정사항 및 임의신고조정사항을 제외한 모든 신고조정사항이 대상이다.

> **참고** 임의신고조정사항
>
> 기업회계기준에서는 비용으로 인정하지 않지만 세법상 손금으로 인정하는 항목으로, 법인이 손금산입 여부를 선택할 수 있는 사항을 임의신고조정사항이라고 한다.
> 1. K-IFRS 도입기업의 유형자산·비한정내용연수 무형자산 감가상각비
> 2. 중소·중견기업의 설비투자자산에 대한 감가상각비
> 3. 일시상각충당금(또는 압축기장충당금)
> 4. K-IFRS 적용 보험업법인의 비상위험준비금
> 5. 외감대상 비영리법인의 고유목적사업준비금
> 6. 조세특례제한법에 따른 준비금

(3) 항목별 세무조정 사항

① 감가상각비
㉠ 결산조정사항: 고정자산의 감가상각비
㉡ 강제신고조정사항
  ⓐ 업무용승용차의 감가상각비
  ⓑ 감가상각의제
  ⓒ 종속회사의 감가상각비 특례
㉢ 임의신고조정사항
  ⓐ 한국채택국제회계기준 도입기업의 유형자산·비한정내용연수 무형자산의 감가상각비
  ⓑ 중소·중견기업의 설비투자자산에 대한 감가상각비

② 준비금
㉠ 결산조정사항: 책임준비금, 비상위험준비금, 고유목적사업준비금 설정
㉡ 임의신고조정사항
  ⓐ 한국채택국제회계기준 적용 보험업법인의 비상위험준비금
  ⓑ 외부감사대상 비영리법인의 고유목적사업준비금

③ 충당금
㉠ 결산조정사항: 일시상각충당금, 압축기장충당금
㉡ 임의신고조정사항: 한국채택국제회계기준 적용법인에 한하여 임의신고조정 가능

기출 Check 10년 9급

04 다음 중 결산조정과 신고조정에 관한 설명으로 옳지 않은 것은?
① 파손·부패로 인한 재고자산의 평가차손의 손금산입은 결산조정사항이다.
② 일시상각충당금의 손금산입은 본래 결산조정사항이나, 신고조정도 허용된다.
③ 「상법」에 따른 소멸시효가 완성된 외상매출금 및 미수금의 손금산입은 결산조정사항이다.
④ 대손충당금의 손금산입은 결산조정사항이다.

6 ③

해설 「상법」에 따른 소멸시효가 완성된 외상매출금 및 미수금의 손금산입은 신고조정사항이다.

제3절 소득처분

회계장부상의 손익과 세법상 손익의 차이는 가산조정(익금산입, 손금불산입)과 차감조정(손금산입, 익금불산입)으로 표현하며, 회계장부상의 자산, 부채, 자본과 세법상 자산, 부채, 자본의 차이는 소득처분으로 표현한다.

소득처분은 각 사업연도 소득에 대한 법인세 납세의무가 있는 모든 법인에 대하여 적용된다. 즉, 영리법인은 물론이고 비영리법인에게도 적용되며, 내국법인은 물론이고 외국법인에게도 적용된다.

I 소득처분의 유형

세무조정금액에 대한 소득처분은 사외유출과 사내유보(유보 또는 기타)로 나누어진다.

구분	사외유출	사내유보	
		회계상 순자산 ≠ 세법상 순자산	회계상 순자산 = 세법상 순자산
가산조정	외부 귀속자에 따라 배당, 상여, 기타사외유출로 소득처분	유보	기타
차감조정	−	△유보	기타

◎ 사외유출의 경우 법인의 소득이 증가하는 경우에만 가능하므로 사외유출의 소득처분은 가산조정에만 존재한다.

II 유보(△유보)

(1) 유보의 개념

유보(또는 △유보)란 세무조정한 금액이 사외로 유출되지 않고 사내에 남아있는 것으로서 결산서상 순자산과 세법상 순자산의 차이로 발생하는 소득처분이다.

CASE 1 [회계상 순자산 < 세법상 순자산]

회계상 결산서와 세법과의 차이		세무조정
결산서(회계)	세법	
자산 1,000	자산 1,100	회계상 순자산 1,000 < 세법상 순자산 1,100 ⇨ 익금산입·손금불산입 100 (유보)

사례_ 제2기 재고자산의 외상판매에 따른 매출 100을 누락하여 신고한 경우

구분	회계상 결산서	세법	
회계처리	−	(차) 매출채권 100	(대) 매출 100

① 회계상 수익 < 세법상 수익: 100 (익금산입)
② 회계상 순자산 < 세법상 순자산: 100 (유보)
  ⇨ **매출채권(또는 매출) 100 익금산입(유보)**

CASE 2 [회계상 순자산 < 세법상 순자산]

회계상 결산서와 세법과의 차이		세무조정
결산서(회계)	세법	
부채 1,000	부채 900	회계상 순자산 1,000 < 세법상 순자산 1,100 ⇨ 익금산입·손금불산입 100 (유보)

사례_ 회계: 20×2년 말 결산서에 제품보증충당부채 100을 설정
　　　 세법: 실제 보증비용을 지출하는 경우 손금산입

구분	회계상 결산서		세법
회계처리	(차) 보증비용 100	(대) 충당부채 100	－

① 회계상 비용 > 세법상 비용: 100 (손금불산입)
② 회계상 순자산 < 세법상 순자산: 100 (유보)
　⇨ **제품보증충당부채(또는 제품보증비) 100 손금불산입 (유보)**

CASE 3 [회계상 순자산 > 세법상 순자산]

회계상 결산서와 세법과의 차이		세무조정
결산서(회계)	세법	
자산 1,000	자산 900	회계상 순자산 1,000 > 세법상 순자산 900 ⇨ 손금산입·익금불산입 100 (△유보)

사례_ 회계: 20×2년 말 미수이자 100을 계상
　　　 세법: 실제 현금으로 이자를 수령시 이자소득으로 과세

구분	회계상 결산서		세법
회계처리	(차) 미수이자 100	(대) 이자수익 100	－

① 회계상 수익 > 세법상 수익: 100 (익금불산입)
② 회계상 순자산 > 세법상 순자산: 100 (△유보)
　⇨ **미수이자(또는 이자수익) 100 익금불산입 (△유보)**

CASE 4 [회계상 순자산 > 세법상 순자산]

회계상 결산서와 세법과의 차이		세무조정
결산서(회계)	세법	
부채 1,000	부채 1,100	회계상 순자산 1,000 > 세법상 순자산 900 ⇨ 손금산입·익금불산입 100 (△유보)

사례_ 회계: 당기 급여 100에 대한 지급누락
　　　 세법: 해당 과세기간의 급여에 해당하므로 급여에 대해 손금처리

구분	회계상 결산서	세법	
회계처리	－	(차) 급여 100	(대) 미지급급여 100

① 회계상 비용 < 세법상 비용: 100 (손금산입)
② 회계상 순자산 > 세법상 순자산: 100 (△유보)
　⇨ **미지급급여(또는 급여) 100 손금산입 (△유보)**

(2) 유보의 추인

① 추인
추인이란 당기의 유보가 미래에 △유보로 조정되거나 당기의 △유보가 미래에 플러스 유보로 자동조정되는 것을 의미한다. 유보는 소멸되는 경우 회계와 세법간의 차이가 사라지기 때문에 유보(또는 △유보)를 일시적차이라고도 한다.

② 유보추인의 이해
자산은 미래의 비용(또는 수익의 감소)이며, 부채는 미래의 수익(또는 비용의 감소)이라고 할 수 있다. 회계상 자산보다 세법상 자산이 더 많은 경우 현시점은 자산이 더 많은 세법상의 소득이 많지만, 추후 자산이 소멸하는 경우 반대로 세법상 비용처리되는 금액이 더 크기 때문에 소멸시점의 소득은 세법상 소득이 더 작다.

결국 현재의 유보는 미래에 자산이 소멸하게 되는 경우 반대의 소득처분을 가져오기 때문에 유보는 추인을 통해 소멸한다라고 칭한다.

③ 유보의 추인시점
유보란 회계와 세법의 자산 및 부채의 차이기 때문에 이러한 자산, 부채의 차이가 소멸하는 시점에 유보 추인의 세무조정을 수행하게 된다.

> ㉠ 자산 및 부채가 소멸하는 경우
> ㉡ 회계와 세법의 자산 및 부채 잔액이 같아지는 경우

- ㉠ 자산 및 부채가 소멸하는 경우
    - ⓐ 자산의 처분이나 자산의 감액
        - ⊙ 일부 자산을 처분한 경우에는 유보잔액에 양도비율을 곱한 만큼 추인한다.
    - ⓑ 자산의 감가상각
    - ⓒ 수취채권의 회수
    - ⓓ 미지급비용의 지급, 차입금의 상환 등
- ㉡ 회계와 세법의 자산 및 부채 잔액이 같아지는 경우
    당초 회계상의 회계처리와 세법상의 회계처리가 달라 유보가 발생하였으나, 이후 연도에 회계와 세법의 자산 등의 잔액이 동일하게 되는 회계상의 회계처리가 발생하는 경우에는 회계와 세법의 순자산 차이가 없으므로 유보를 추인하여야 한다.

④ 유보의 사후관리 방법
- ㉠ 자본금과 적립금 조정명세서(을) : 유보의 변동내역 및 기말잔액을 기록하는 양식

> 기초유보잔액 + 당기 증가 − 당기 감소 = 기말유보잔액

- ⊙ 자적을표의 증가란에는 당기 중에 새로 발생한 유보를 기재하며, 감소란에는 기존에 존재하던 유보가 추인되는 금액을 기재한다.
- ㉡ 자본금과 적립금 조정명세서(갑) : 세법상 자본을 관리하는 양식

> 세법상 자본 = 회계상 자본 ± 기말유보(△유보) − 손익미계상법인세

- ⊙ 유보는 순자산의 차이기 때문에 유보가 존재하는 경우 유보만큼 세법상 순자산과 회계상 순자산은 차이가 발생한다.

Ⅲ 기타

(1) 기타의 소득처분의 이해

회계상 순자산과 세법상 순자산의 차이는 없지만 회계와 세법에 변화를 기재하는 방식에 있어 차이가 있을 때 기타의 소득처분을 행한다.

예를 들어, 회계는 순자산 100의 증가를 기록할 때 손익거래로 기록하였으나, 세법은 동일하게 순자산 100의 증가는 반영하면서도 자본거래로 인식하는 경우 회계상 순자산과 세법상 순자산은 모두 100의 증가라는 금액은 동일하게 반영되나 이에 대한 거래는 각각 손익거래, 자본거래로 파악함으로써 영구적인 차이가 발생하게 된다.

(2) 기타 소득처분의 특징

① 기타의 소득처분은 영구적 차이이므로 자산·부채의 차이는 발생하지 않는다. 자산·부채의 차이를 발생시키지 않으므로 순자산에도 영향을 주지 않는다.
② 기타의 소득처분은 가산조정, 차감조정 모두에서 발생한다.
③ 대표적인 사례로 자기주식처분손익(회계는 자본거래, 세법은 손익거래), 수입배당금익금불산입, 국세환급금이자 등이 있다.

> **사례**_ 회계: 당기 보유중이던 장부금액 20의 자기주식을 현금 30을 수령하고 처분하여 자기주식처분이익 10이 발생하였다.
> 세법: 당기 자기주식을 처분하여 발생한 이익 10은 익금으로 한다.

구분	회계상 결산서	세법
회계처리	(차) 현금 30 (대) 자기주식 20 자기주식처분이익 10	(차) 현금 30 (대) 자기주식 20 자기주식처분이익 10

① 회계상 수익 < 세법상 수익 : 10 (익금산입)
② 회계상 순자산 = 세법상 순자산 : 기타
   ⇨ **자기주식처분이익 10 익금산입 (기타)**

⊙ 회계상 손익거래는 마감을 통해 이익잉여금에 집계됨으로써 순자산을 증감시키며, 자본거래는 직접적으로 순자산을 증감시킨다. 결국 손익거래, 자본거래 모두 순자산을 증감시키는 것이므로 손익거래와 자본거래 모두 순자산에는 동일한 영향을 주게 된다.

Ⅳ 사외유출

(1) 사외유출의 개요

사외유출도 앞서 기타의 세무조정과 마찬가지로 회계상 순자산과 세법상 순자산의 차이가 발생하지는 않는다. 다만, 부당하게 유출된 소득의 경우 이를 외부 귀속자에게 부과징수하기 위하여 별도로 사외유출의 소득처분을 하게 된다.

즉, 사외유출은 세무조정한 금액이 기업 외부의 자에게 귀속된 것으로 보는 소득처분으로 해당 소득처분의 귀속자에게 법인의 이익이 분여된 것이기 때문에 그 귀속자에게 법인세 또는 소득세가 부과되게 된다.

(2) 사외유출의 특징

① 사외유출도 영구적 차이이므로 자산·부채의 차이는 발생하지 않는다. 이에 따라 순자산의 차이도 유발하지 않는다.
② 사외유출은 익금산입·손금불산입과 관련된 가산조정에서만 발생한다.

사례_ 회계: 당기 주주의 개인차량에 대한 수선비 100을 지출하였다.
세법: 주주의 개인차량에 대한 수선비는 부당한 유출에 해당하므로 손금으로 인정하지 않는다. 세법은 이를 손익거래가 아닌 자본거래로 인식한다.

구분	회계상 결산서		세법	
회계처리	(차) 수선비 100 (손익거래)	(대) 현금 100	(차) 사외유출 100 (자본거래)	(대) 현금 100

① 회계상 비용 > 세법상 비용: 100 (손금불산입)
② 회계상 순자산 = 세법상 순자산: 사외유출
⇨ 수선비 100 손금불산입 사외유출(배당)

(3) 사외유출의 소득처분 유형

① 귀속자가 분명한 경우

귀속자	소득처분	과세방법	원천징수
주주·출자자	배당	배당소득	○ (결산확정일)
임원·직원	상여	근로소득	○ (근로제공한 날)
법인 또는 개인사업자 국가·지방자치단체	기타사외유출	-	-
기타	기타소득	기타소득	○ (결산확정일)

㉠ 기타사외유출: 분여된 이익이 내국법인 또는 외국법인의 국내사업장의 각 사업연도의 소득이나 거주자 또는 비거주자의 국내사업장의 사업소득을 구성하는 경우 기타사외유출로 소득처분한다. 법인의 경우 순자산증가설에 입각하여 과세하기 때문에 특별히 별도의 과세방법을 정하지 않아도 사외유출된 소득이 법인의 각사업연도소득에 합산되어 과세되므로 기타사외유출로 소득처분한다.
㉡ 귀속자가 **주주법인 및 주주개인사업자**인 경우 **기타사외유출**로 소득처분한다.
㉢ 귀속자가 **출자임원 또는 출자직원**인 경우 **상여**로 소득처분한다.

② 귀속자가 불분명한 경우

구분	내용
일반적인 경우	사외유출된 것은 분명하나 귀속자가 불분명한 경우 **대표자에 대한 상여**로 처분한다.
추계인 경우	① 대표자 상여로 소득처분하는 대상금액 　= 추계에 의하여 결정된 과세표준 − 결산서상 법인세비용 차감 전 순이익 ② 예외 − 기타사외유출 　천재지변이나 그 밖의 불가항력으로 장부나 그 밖의 증빙서류가 멸실되어 추계결정하는 경우에는 기타사외유출로 소득처분한다. 이 경우 법인이 결손신고를 한 때에는 그 결손은 없는 것으로 본다.

기출 Check 18년 7급

05 법인세법령상 내국법인의 소득처분에 대한 설명으로 옳지 않은 것은?
① 대표자가 2명 이상인 법인에서 익금에 산입한 금액이 사외에 유출되고 귀속이 불분명한 경우에는 사실상의 대표자에게 귀속된 것으로 본다.
② 익금에 산입한 금액이 사외에 유출되지 아니한 경우에는 사내유보로 처분한다.
③ 세무조사가 착수된 것을 알게 된 경우로 경정이 있을 것을 미리 알고 법인이 「국세기본법」 제45조의 수정신고 기한내에 매출누락 등 부당하게 사외유출된 금액을 익금에 산입하여 신고하는 경우의 소득처분은 사내유보로 한다.
④ 사외유출된 금액의 귀속자가 불분명하여 대표자에게 귀속된 것으로 보아 대표자에 대한 상여로 처분한 경우 해당 법인이 그 처분에 따른 소득세를 대납하고 이를 손비로 계상함에 따라 익금에 산입한 금액은 기타사외유출로 처분한다.

6 ③
해설 세무조사가 착수된 것을 알게 된 경우 법인이 수정신고 기한 내에 매출누락 등 부당하게 사외유출된 금액을 익금에 산입하고 신고하는 경우에도 유보로 소득처분하지 아니한다.

> **참고** 부당하게 사외유출된 금액을 회수하고 수정신고하는 경우
>
> 「국세기본법」의 수정신고기한 내에 매출누락, 가공경비 등 부당하게 사외유출된 금액을 회수하고 세무조정으로 익금에 산입하여 신고하는 경우의 소득처분은 **유보**로 한다. 다만, 다음 중 어느 하나에 해당하는 경우로서 **경정이 있을 것을 미리 알고 사외유출된 금액을 익금산입하는 경우에는 그러하지 아니하다.**
> ㉠ 세무조사의 통지를 받은 경우
> ㉡ 세무조사가 착수된 것을 알게 된 경우
> ㉢ 세무공무원이 과세자료의 수집 또는 민원 등을 처리하기 위하여 현지출장이나 확인업무에 착수한 경우
> ㉣ 납세지 관할세무서장으로부터 과세자료 해명 통지를 받은 경우
> ㉤ 수사기관의 수사 또는 재판 과정에서 사외유출 사실이 확인된 경우
> ㉥ 위 규정에 따른 사항과 유사한 경우로서 경정이 있을 것을 미리 안 것으로 인정되는 경우

> **참고** 대표자의 판정
>
> 1. 원칙: 법인등기부상의 대표자
> 2. 예외
>   ① 소액주주 등이 아닌 주주 등인 임원 및 그와 특수관계에 있는 자가 소유하는 주식 등을 합하여 해당 법인의 발행주식총수 또는 출자총액의 100분의 30 이상을 소유하고 있는 경우의 그 임원이 법인의 경영을 사실상 지배하고 있는 경우 그 자를 대표자로 하고, 대표자가 2명 이상인 경우 사실상의 대표자로 한다.
>   ② 사업연도 중 대표자가 변경된 경우: 사업연도 중에 대표자가 변경된 경우 귀속이 분명한 금액은 이를 대표자 각각에게 구분하여 처분하고, 귀속이 불분명한 경우에는 재직기간의 일수에 따라 구분하여 대표자 각각에게 상여처분한다.

③ 무조건 기타사외유출로 처분하는 경우

다음의 세무조정사항은 귀속자를 묻지 않고 무조건 기타사외유출로 처분한다.
㉠ 차입금 과다보유 법인의 임대보증금에 대한 간주임대료 익금산입액
㉡ 기업업무추진비(접대비) 한도초과액의 손금불산입액 및 적격증명서류 미수취 기업업무추진비(건당 3만 원(경조사비는 20만 원)을 초과한 금액으로서 영수증을 수취한 기업업무추진비) 손금불산입액
㉢ 기부금(특례·일반) 한도초과액 및 비지정기부금 손금불산입액
㉣ **채권자 불분명 사채이자 및 지급받은 자가 불분명한 채권·증권의 이자·할인액 또는 차익에 대한 원천징수세액에 상당하는 금액**
㉤ 업무무관자산 및 업무무관 가지급금 관련 지급이자의 손금불산입액
㉥ 업무용 승용차 중 감가상각비 상당액 한도초과액(12개월 기준 800만 원) 및 업무용 승용차 처분손실(12개월 기준 800만 원) 중 한도초과액
㉦ **사외유출된 금액의 귀속이 불분명하여 대표자에 대한 상여로 처분한 경우 및 추계결정·경정에 따라 대표자에 대한 상여로 소득처분한 경우 당해 법인이 그 처분에 따른 소득세 등을 대납하고 이를 비용으로 계상하거나 그 대표자의 특수관계인에 해당하지 아니할 때까지 회수하지 아니함에 따라 익금에 산입한 금액**
㉧ 불공정자본거래에 대한 부당행위계산의 부인규정에 따라 익금에 산입한 금액으로서 귀속자에게 「상속세 및 증여세법」에 의하여 증여세가 과세되는 금액

기출 Check 14년 9급

06 「법인세법」상 소득처분에 대한 설명으로 옳지 않은 것은?

① 외국법인의 국내사업장의 각 사업연도의 소득에 대한 법인세의 과세표준을 신고하거나 결정 또는 경정함에 있어서 익금에 산입한 금액이 그 외국법인 등에 귀속되는 소득은 기타사외유출로 처분한다.
② 익금에 산입한 금액이 사외에 유출된 것이 분명한 경우에 그 귀속자가 사업을 영위하는 개인의 경우에는 상여로 처분한다.
③ 법인세를 납부할 의무가 있는 비영리내국법인과 비영리외국법인에 대하여도 소득처분에 관한 규정을 적용한다.
④ 익금에 산입한 금액의 귀속자가 임원 또는 사용인인 경우에는 그 귀속자에 대한 상여로 처분한다.

6 ②
해설 그 귀속자가 법인 또는 개인사업자 국가·지방자치단체인 경우 기타사외유출로 처분한다.

ⓩ 외국법인의 국내사업장의 각 사업연도의 소득에 대한 법인세의 과세표준을 신고하거나 결정 또는 경정함에 있어서 익금에 산입한 금액이 동 외국법인 본점 등에 귀속되는 소득과 「국제조세조정에 관한 법률」에 따른 정상가격 등에 의한 과세조정으로 익금에 산입한 금액이 국외특수관계인으로부터 반환되지 않은 소득
ⓩ 천재지변 등 기타 불가항력에 따른 장부 멸실로 인하여 추계결정 또는 추계경정하는 경우

제4절 익금과 손금의 개념

I 과세소득에 대한 학설

구분	내용
소득원천설	열거된 소득에 대해서만 과세(경상적인 소득만 과세) ⇨ 현행 「소득세법」의 관점
순자산증가설	열거된 소득 이외에도 순자산을 증가시키는 소득을 모두 과세(포괄주의 형식을 취하며 비경상적인 소득도 과세) ⇨ 현행 「법인세법」의 관점

II 익금과 손금에 관한 「법인세법」의 규정

구분	내용
익금	법인의 순자산을 증가시키는 거래로 인하여 발생하는 수익의 금액
손금	법인의 순자산을 감소시키는 거래로 인하여 발생하는 손비의 금액

CHAPTER 03 익금

제1절 ◆ 익금과 익금불산입

I 일반적인 익금항목

(1) 익금의 개념

① 법인의 순자산을 증가시키는 거래로 인하여 발생하는 수익의 금액을 익금으로 한다. 다만, 자본 또는 출자의 납입 및 「법인세법」에서 규정하는 익금불산입항목은 제외한다.
② 법인의 순자산을 증가시키는 거래로 인하여 발생한 수익의 금액이라면 충분하며, 발생원천에 관계없이 모두 익금에 해당한다. 또한, 익금을 얻게 된 원인관계에 대한 법률적 평가가 반드시 적법하고 유효하여야 하는 것은 아니다.

(2) 일반적인 익금항목

다음의 경우는 대표적인 익금항목이다. 다만, 하단에 예시하지 않은 것이라도 순자산을 증가시키는 거래에 해당하면 익금이다.

> ① 사업수입금액(매출에누리금액 및 매출할인금액은 제외)
> ② 자산의 양도금액
> ③ 자기주식의 양도금액
> ④ 자산의 임대료
> ⑤ 자산의 평가차익
> ⑥ 자산수증이익·채무면제이익(채무 출자전환시 채무면제이익 포함)
> ⑦ 손금에 산입한 금액 중 환입된 금액
> ⑧ 불공정자본거래로 인하여 특수관계인으로부터 분여받은 이익
> ⑨ 특수관계인으로부터 유가증권을 저가매입한 경우 시가와 매입가액의 차액
> ⑩ 임대보증금에 대한 간주익금
> ⑪ 의제배당
> ⑫ 세액공제되는 간접외국납부세액
> ⑬ 동업기업으로부터 배분받은 소득금액
> ⑭ 기타의 수익으로서 그 법인에게 귀속되었거나 귀속될 금액

① 사업수입금액

회계에서 말하는 매출액을 의미하며, 매출에누리, 매출환입, 매출할인을 차감한 후의 금액이다.

② 자산의 양도금액

세법은 양도금액을 익금으로 양도된 자산의 장부가액을 손금으로 각각 계상하는 총액법을 적용한다.

③ 자기주식(합병법인이 합병에 따라 피합병법인이 보유하던 합병법인의 주식을 취득하게 된 경우를 포함)의 양도금액

자기주식의 양도금액은 익금에 해당하며, 자기주식의 장부금액은 손금에 해당한다. 자기주식의 처분이익은 익금산입 기타로 세무조정하며, 자기주식의 처분손실은 손금산입 기타로 세무조정한다.

④ 자산의 임대료

⑤ 자산의 평가차익

세법은 권리의무확정주의에 따라 실현되지 않은 소득에 대해 과세하지 않는 것이 원칙이다. 즉, 자산의 임의평가증(예 이사회 결의에 의한 평가증, 기업회계기준에 따른 평가증)의 경우에는 익금에 산입하지 않는다. **다만, 법률에 의한 유형자산 및 무형자산의 평가증에 한하여 익금으로 인정한다.**

⑥ 자산수증이익·채무면제이익(채무 출자전환시 채무면제이익 포함)

  ㉠ 자산수증이익 : 법인이 대주주 등으로부터 무상으로 자산을 받은 경우 받은 자산의 가액을 자산수증이익으로 회계처리한다.

| (차) 자산 | ××× | (대) 자산수증이익 | ××× |

해당 거래의 결과로 법인의 순자산이 증가하는 것이니 익금에 해당한다.

  ㉡ 채무면제이익 : 법인의 채무를 면제 받거나 채무가 소멸되는 경우 부채가 감소함에 따라 순자산이 증가한다.

| (차) 채무(부채의 감소) | ××× | (대) 채무면제이익 | ××× |

해당 거래의 결과로 법인의 순자산이 증가하는 것이니 익금에 해당한다.

  ㉢ 예외 : **법인이 자산수증이익 또는 채무면제이익을 해당 법인의 세무상 이월결손금에 충당한 경우 충당된 금액은 익금에 산입하지 않는다.**

⑦ 손금에 산입한 금액 중 환입된 금액

구분	사례
지출당시 손금으로 인정된 경우	해당 금액이 환입되는 경우 **익금**으로 한다. 예 재산세, 손금인정 대손금 등
지출당시 손금으로 인정되지 않은 경우	해당 금액이 환입되는 경우 **익금불산입** 한다. 예 법인세, 손금불산입 대손금 부인액 등

○ 단, 지출당시 손금으로 처리하지 않고 자산의 취득원가로 계상한 금액(예 취득세)이 환입되는 경우에는 취득원가에서 차감한다.

⑧ 불공정 자본거래로 인하여 특수관계인으로부터 분여받은 이익

⑨ 정당한 사유 없이 회수하지 않은 가지급금 등의 금액

  ㉠ 가지급금 및 그 이자 등으로서 다음 중 어느 하나에 해당하는 금액은 채권포기액으로 보아 익금에 해당한다. 다만, 채권·채무에 대한 쟁송으로 회수가 불가능한 경우 등 정당한 사유가 있는 경우는 제외한다.

  ㉡ 해당하는 금액
    ⓐ 특수관계인에 해당하지 않을 때까지 회수하지 아니한 가지급금과 이와 관련된 이자

ⓑ 특수관계가 소멸되지 아니한 경우로서 가지급금의 이자를 이자발생일이 속하는 사업연도 종료일부터 1년이 되는 날까지 회수하지 아니한 경우 그 이자
⑩ 기타의 수익으로써 그 법인에게 귀속되었거나 귀속될 금액(포괄주의)
  ㉠ 이자수익·배당금수익
  ㉡ 자산취득에 충당할 공사부담금·국고보조금
  ㉢ 보험차익

Ⅱ 특수한 익금항목

(1) 의제배당

(2) 세액공제되는 간접외국납부세액

(3) 동업기업으로부터 배분받은 소득금액(결손금)

구분	내용
① 수동적 동업자인 경우	배당소득(결손금은 배분 불가)
② 수동적 동업자 외의 동업자인 경우	㉠ 배분받은 소득금액: 익금 ㉡ 배분받은 결손금: 손금

(4) 유가증권의 저가매입에 따른 차액
① 특수관계인인 개인으로부터 유가증권을 시가보다 낮은 가액으로 매입하는 경우 시가와 그 매입가액의 차액에 상당하는 금액은 익금으로 본다.
② 특수관계인 개인으로부터 유가증권을 저가매입한 경우
세법상 취득가액은 시가로 한다. 시가와 매입가액의 차액은 익금산입하여 유보로 소득처분한다.
③ 위 외의 대상자로부터 유가증권을 저가매입한 경우
세법상 취득가액은 매입가액으로 하며, 별도의 소득처분은 없다.

(5) 임대보증금에 대한 간주임대료
건물을 임대하는 경우 월세는 임대료수익으로 과세하며, 전세보증금의 경우는 수령한 보증금을 금융기관 등에 예치하여 금융수익(이자수익, 배당수익, 유가증권 처분이익) 등으로 과세하게 된다. 과세관청의 경우 임대료수익과 금융수익을 과세하므로 어떤 방식으로 임대하는지 중요하지 않지만 다음의 두가지 경우에는 부동산 투기 등을 막기 위해 임대보증금 등에 대해서 정기예금이자 상당액을 임대료로 간주하여 익금에 산입하도록 하고 있다.
① 추계하는 경우
추계란 법인이 장부를 기장하지 않아 법인의 소득을 추정하는 것이다. 추계는 과세관청이 관련 자료를 조사하여 과세하게 되는데 월세는 임대료수익으로 과세할 수 있지만 전세보증금은 부채이므로 과세소득이 될 수 없다. 따라서 과세관청은 전세보증금 수령시에도 월세로 임대료를 수령한 경우와 마찬가지로 소득을 추정하여 과세하기 위해 간주임대료를 계산하도록 하고 있다.

기출 Check 22년 9급

07 「법인세법」상 내국법인의 익금의 계산에 대한 설명으로 옳은 것만을 모두 고르면?

ㄱ. 손금에 산입하지 아니한 법인세를 환급받은 금액은 익금에 산입한다.
ㄴ. 자본감소의 경우로서 그 감소액이 주식의 소각, 주금의 반환에 든 금액과 결손의 보전에 충당한 금액을 초과한 경우의 그 초과금액은 익금에 산입하지 않는다.
ㄷ. 외국자회사로부터 받는 수입배당금액이 포함되어 있는 경우 그 외국자회사의 소득에 대하여 부과된 외국법인세액 중 그 수입배당금액에 대응하는 것으로서 세액공제의 대상이 되는 금액은 익금으로 본다.
ㄹ. 채무의 변제로 인한 부채의 감소액 중 대통령령이 정하는 이월결손금을 보전하는 데에 충당한 금액은 익금에 산입하지 않는다.

① ㄱ, ㄴ ② ㄱ, ㄷ
③ ㄷ, ㄹ ④ ㄴ, ㄷ, ㄹ

6 ④
해설 ㄱ. 손금에 산입하지 아니한 법인세를 환급받은 금액은 익금에 산입하지 않는다.

㉠ 간주임대료 익금산입 적용대상: 추계결정하는 모든 법인에 대하여 적용한다.
㉡ 간주임대료 계산방법

$$간주임대료 = 보증금\ 적수 \times 정기예금이자율 \times \frac{1}{365}$$

- 보증금 적수에는 주택 보증금을 포함한다.
- 적수는 매일의 계정잔액을 합계한 금액을 의미하며, 초일은 산입하고 말일은 불산입한다. **간주임대료의 초일은 임대개시일(수령일 X)로 한다.**

② 추계하지 않는 경우(장부를 기장한 경우)

법인이 장부를 기장한 경우에는 별도로 간주임대료를 과세할 필요가 없다. 다만, 법인이 전세보증금을 부동산 투기에 사용하는 경우 금융수익이 적정하게 발생하지 않을 수 있다. 이에따라, 과세관청은 부동산투기법인의 경우 보증금에 대하여 발생할 최소한의 금융수익을 추정하여 일정액을 임대료로 간주하여 익금에 산입한다.

㉠ 간주임대료 익금산입 적용대상: 다음의 요건을 모두 갖춘 법인에 한한다.
  ⓐ **부동산임대업을 주업으로 하는 영리내국법인**: 부동산임대업에 관련된 자산이 총자산의 50% 이상인 법인
  ⓑ **차입금 과다법인**: 차입금적수가 자기자본적수의 2배를 초과하는 법인
  ⓒ 부동산·부동산상의 권리를 대여하고 임대보증금을 받는 법인

㉡ 간주임대료 계산

$$간주임대료 = (보증금적수 - 건설비적수) \times 정기예금이자율 \times \frac{1}{365} - 임대사업 관련 금융수익$$

  ⓐ 보증금 적수에 주택 보증금은 제외하며, 적수는 초일(임대개시일)을 산입한다.
  ⓑ 건설비 적수는 다음의 내용을 고려하여 결정한다.
   - 건설비적수는 건물의 취득원가에 자본적지출액을 가산한다.
   - 건설비 적수에서 토지는 제외하며, 감가상각누계액 및 재평가차액을 차감하지 않는다.
   - 총건설비는 면적의 비율로 배분한다.
   - 적수 산출의 일수는 취득원가의 경우 보증금적수와 같고, 자본적지출은 개시일 이전의 경우 보증금적수로 하고, 개시일 이후에는 실제 지출일부터로 한다.
  ⓒ 임대사업 관련 금융수익: 이자수익, 배당수익, 신주인수권처분이익, 유가증권처분이익(단, 처분익에서 처분손을 차감한 금액이 (-)인 경우 이를 0으로 한다)

㉢ 간주임대료에 대한 소득처분: 무조건 **익금산입(기타사외유출)**로 소득처분한다.

Ⅲ 익금불산입

익금불산입항목은 법인의 순자산은 증가하지만 자본거래로 인한 순자산의 증가이거나 조세정책상의 목적 등으로 인하여 익금으로 보지 아니하는 항목이다.

(1) 주식발행초과금

① 개념

주식발행초과금은 주주에게 주식을 발행할 때 액면금액 이상으로 주식을 발행한 경우 그 액면금액을 초과한 금액(무액면주식을 발행한 경우에는 주식의 발행가액 중 자본금으로 계상한 금액을 초과하는 금액)을 말한다.

② 원칙

주식발행초과금은 순자산이 증가하지만 손익거래가 아닌 자본거래에 해당하므로 각 사업연도 소득금액 계산상 익금에 산입하지 아니한다.

③ 예외

「상법」상 주식발행초과금 중 출자전환 채무면제이익에 해당하는 금액은 익금으로 한다. 채무의 출자전환으로 주식 등을 발행하는 경우에는 그 주식등의 시가(시가가 액면가액에 미달하는 경우에는 액면가액)를 초과하여 발행된 금액은 채무면제이익으로 본다.

구분	출자전환 채무면제이익
발행하는 주식의 시가 > 액면가액	시가를 초과하여 발행된 금액(시가 − 발행가액)
발행하는 주식의 시가 < 액면가액	액면가를 초과하여 발행된 금액(액면가 − 발행가액)

(2) 감자차익(자본거래)

자본이 감소하는 경우로 그 감소액이 주식의 소각, 주금의 반환에 든 금액과 결손의 보전에 충당한 금액을 초과한 경우의 그 **초과금액**을 말한다. 감자차익은 손익거래가 아닌 자본거래에서 발생한 것이므로 익금불산입 항목이다.

(3) 주식의 포괄적 교환차익·이전차익

구분	내용
주식의 포괄적 교환차익	「상법」에 따른 주식의 포괄적 교환을 한 경우로서 자본금 증가의 한도액이 완전모회사의 증가한 자본금을 초과한 경우의 그 초과액
주식의 포괄적 이전차익	「상법」에 따른 주식의 포괄적 이전을 한 경우로서 자본금의 한도액이 설립된 완전모회사의 자본금을 초과한 경우의 그 초과액

기출 Check
20년 9급

08 법인세법령상 각 사업연도 소득금액을 구하기 위해 세무조정을 해야 하는 것은?

① 영업자가 조직한 단체로서 법인이거나 주무관청에 등록된 조합 또는 협회에 지급한 일반회비를 손익계산서상 비용 계상하였다.
② 전기요금의 납부지연으로 인한 연체가산금을 납부하고 손익계산서상 비용 계상하였다.
③ 부동산의 임차보증금에 대한 부가가치세 매입세액을 임차법인이 납부하고 손익계산서상 비용 계상하였다.
④ 대통령령으로 정하는 이월결손금을 보전하는 데에 충당한 무상으로 받은 자산의 가액(「법인세법」제36조에 따른 국고보조금 등이 아님)을 손익계산서상 수익 계상하였다.

❻ ④
해설 무상으로 받은 자산의 가액 중 이월결손금을 보전하는 데에 충당한 금액은 익금에 산입하지 아니한다.

(4) 합병차익, 분할차익

구분	내용
합병차익	「상법」에 따른 합병의 경우로서 소멸된 회사로부터 승계한 재산의 가액이 그 회사로부터 승계한 채무액, 그 회사의 주주에게 지급한 금액과 합병 후 존속하는 회사의 자본금증가액 또는 합병에 따라 설립된 회사의 자본금을 초과한 경우의 그 초과금액을 합병차익이라고 한다. ⊙ 단, 소멸된 회사로부터 승계한 재산가액이 그 회사로부터 승계한 채무액, 그 회사의 주주에게 지급한 금액과 주식가액을 초과하는 경우로서 이 법에서 익금으로 규정한 금액은 제외한다.
분할차익	「상법」에 따른 분할 또는 분할합병으로 설립된 회사 또는 존속하는 회사에 출자된 재산의 가액이 출자한 회사로부터 승계한 채무액, 출자한 회사의 주주에게 지급한 금액과 설립된 회사의 자본금 또는 존속하는 회사의 자본금증가액을 초과한 경우의 그 초과금액을 분할차익이라고 한다. ⊙ 단, 분할 또는 분할합병으로 설립된 회사 또는 존속하는 회사에 출자된 재산의 가액이 출자한 회사로부터 승계한 채무액, 출자한 회사의 주주에게 지급한 금액과 주식가액을 초과하는 경우로서 이 법에서 익금으로 규정한 금액은 제외한다.

(5) 자산수증이익과 채무면제이익 중 이월결손금 보전에 충당한 금액

무상으로 받은 자산의 가액(국고보조금 등은 제외)과 채무의 면제 또는 소멸로 인한 부채의 감소액 중 다음 중 어느 하나에 해당하는 이월결손금을 보전하는 데에 충당한 금액은 익금에 산입하지 아니한다.

구분	내용
① 보전대상 결손금의 범위	㉠ 발생연도 제한이 없는 세법상 결손금(단, 결손금 소급공제, 이월결손금 공제, 자산수증이익 등으로 보전된 결손금은 제외) ㉡ 적격합병·적격인적분할시 승계받은 결손금은 제외 ㉢ 다음의 결손금 포함한다. 　ⓐ 「채무자 회생 및 파산에 관한 법률」에 따른 회생계획인가 결정을 받은 법인의 결손금으로서 법원이 확인한 것 　ⓑ 「기업구조조정 촉진법」에 의한 기업개선계획의 이행을 위한 약정 체결법인의 금융채권자협의회가 의결한 결손금
② 충당여부	이월결손금 보전에 충당할 것인지는 선택사항이며, 경정청구도 가능하다.
③ 추가고려사항	㉠ 자산수증이익 등으로 결손금 보전에 충당하는 경우 결손금은 소멸한다. ㉡ 자산수증이익 중 국고보조금은 결손금 보전대상에서 제외한다.

사례_ 시가 100 상당의 토지를 무상으로 수증받고 이를 이월결손금 보전에 충당하기로 하였다.

구분	회계상 결산서		세법	
회계처리	(차) 토지　100	(대) 자산수증이익 100	(차) 토지　100	(대) 결손금　100

자산수증이익(익금)을 이월결손금 보전에 충당하는 경우 익금으로 보지 아니한다.
⇨ 세무조정: 자산수증이익 100 익금불산입(기타)

(6) 법정 출자전환의 채무면제이익 중 결손금 보전에 충당할 금액

① 법정 출자전환

법정 출자전환이란 다음 중 어느 하나에 해당하는 경우를 말한다.

㉠ 「채무자 회생 및 파산에 관한 법률」에 따라 채무를 출자전환 내용이 포함된 회생계획인가의 결정을 받은 법인이 채무를 출자전환하는 경우

㉡ 「기업구조조정 촉진법」에 따라 출자전환 내용이 포함된 기업개선계획 이행 약정을 체결한 부실징후기업이 채무를 출자전환하는 경우

㉢ 금융기관 등과 채무를 출자전환하는 내용이 포함된 경영정상화계획의 이행을 위한 협약을 체결한 법인이 채무를 출자전환하는 경우

㉣ 「기업 활력 제고를 위한 특별법」에 따른 사업재편계획승인을 받은 법인이 채무를 출자전환하는 경우

② 출자전환 채무면제이익의 과세이연 방법

구분	방법
법정 출자전환의 경우	과거 이월결손금 보전 및 미래 결손금보전
법정 출자전환 이외의 경우	과거 이월결손금 보전만 가능

③ 미래 결손금의 보전 방법

㉠ 이월결손금을 보전하는 데에 충당한 후의 잔액은 그 이후의 각 사업연도에서 발생하는 결손금의 보전에 충당할 수 있다(선택사항).

㉡ 이미 당기에 결손금보전에 충당한 금액은 소멸하므로 이후 과세표준 계산시에 공제는 불가하다.

㉢ 실제 결손금 발생전에 사업을 폐지하거나 해산하는 경우에는 그 사유가 발생한 날이 속하는 사업연도의 소득금액계산에 있어서 결손금의 보전에 충당하지 아니한 금액 전액을 익금에 산입한다.

사례_ 채무 1,000을 출자전환하는 경우(시가 700, 액면가 500, 이월결손금 100)

구분	회계상 결산서		세법	
회계처리	(차) 채무 1,000	(대) 자본금 500 주발초 500	(차) 채무 1,000	(대) 자본금 500 주발초 200 채무면제이익 300

① 과거 이월결손금 100 보전 ⇨ 채무면제이익 100 익금불산입(기타)
② 미래발생결손금 200 보전 ⇨ 채무면제이익 200 익금불산입(기타)

---

(7) 이미 과세된 소득

이미 과세된 소득은 중복하여 익금에 산입하지 아니한다. 이미 과세된 소득에는 각 사업연도의 소득으로 이미 과세된 소득으로 비과세 또는 면제되는 소득을 포함한다.

(8) 법인세(또는 법인지방소득세)의 환급액

법인세는 지출당시에 손금불산입 하므로 손금불산입된 법인세를 환급하는 경우 익금불산입한다.

기출 Check 25년 9급

09 「법인세법」상 내국법인의 익금의 계산에 대한 설명으로 옳지 않은 것은?

① 익금은 자본 또는 출자의 납입 및 「법인세법」에서 규정하는 것은 제외하고 해당 법인의 순자산을 증가시키는 거래로 인하여 발생하는 이익 또는 수입의 금액으로 한다.

② 자본감소의 경우로서 그 감소액이 주식의 소각, 주금의 반환에 든 금액과 결손의 보전에 충당한 금액을 초과한 경우의 그 초과금액은 각 사업연도의 소득금액을 계산할 때 익금에 산입한다.

③ 주식의 소각으로 인하여 주주인 내국법인이 취득하는 금전과 그 밖의 재산가액의 합계액이 해당 주식을 취득하기 위하여 사용한 금액을 초과하는 금액은 다른 법인의 주주인 내국법인의 각 사업연도의 소득금액을 계산할 때 그 다른 법인으로부터 이익을 배당받았거나 잉여금을 분배받은 금액으로 본다.

④ 지방세의 과오납금의 환급금에 대한 이자는 각 사업연도의 소득금액을 계산할 때 익금에 산입하지 아니한다.

6 ②

해설 자본감소의 경우로서 그 감소액이 주식의 소각, 주금의 반환에 든 금액과 결손의 보전에 충당한 금액을 초과한 경우의 그 초과금액은 감자차익으로 자본거래에 해당하여 각 사업연도의 소득금액을 계산할 때 익금에 산입하지 아니한다.

(9) 국세 또는 지방세의 과오납금의 환급금에 대한 이자

국세 또는 지방세의 과오납금의 환급금에 대한 이자는 초과납부에 따른 보상성격이므로 익금에 산입하지 아니한다.

사례_ 재산세 환급액 100을 수령(환급가산금 20 포함)

구분	회계상 결산서				세법			
회계처리	(차) 현금	100	(대) 수익	100	(차) 현금	100	(대) 수익 자본	70 30

과오납금의 환급금에 대한 가산금 20은 익금불산입한다.
⇨ 세무조정: 환급가산금 20 익금불산입(기타)

(10) 자산의 평가차익

구분	내용
① 임의평가증	자산의 임의평가증은 익금에 산입하지 아니한다.
② 예외 (법률에 따른 평가증)	다음의 법률에 따른 평가증은 익금에 산입한다. ㉠ 「보험업법」이나 그 밖의 법률에 따른 고정자산의 평가이익 ㉡ 「자본시장과 금융투자업에 관한 법률」에 따른 투자회사 등이 보유한 유가증권 등의 평가이익 ㉢ 화폐성외화자산·부채의 환율변동으로 인한 평가이익

(11) 부가가치세 매출세액

부가가치세는 납세의무자와 담세자가 다른 대표적인 간접세이다. 부가가치세의 매출세액은 매입자에게 거래징수한 것이기 때문에 익금으로 보지 아니한다. 마찬가지로 부가가치세 매입세액은 매출세액에서 공제되어 회수되기 때문에 순자산의 감소에 해당하지 않아 손금에 산입하지 아니한다.

(12) 연결자법인 또는 연결모법인으로부터 지급받았거나 지급받을 연결법인세액

연결법인세를 적용하는 법인의 경우 연결모법인이 연결자법인이 부담해야 하는 법인세액을 합산하여 지급하는데 해당 금액은 결국 연결자법인의 세부담액이므로 연결모법인은 이를 익금에 산입하지 아니한다.

제2절 의제배당

주식회사는 이익잉여금을 주주들에게 배당의 형태로 배분한다. 가장 일반적인 배당의 형태는 현금배당으로 법인이 현금배당을 결정하게 되면 법인의 이익잉여금이 주주들의 배당으로 배분되게 되며, 현금배당을 받은 주주들에게는 배당소득으로 과세된다. 이처럼 현금배당의 경우는 주주에게 배당소득으로 하여 과세가 되는데 현금배당은 아니지만 현금배당과 동일한 경제적 효과가 발생하는 그 밖의 사례도 있다.

만약, 현금배당에 대해서만 과세하는 경우 동일한 경제적 효과가 발생하는 그 밖의 사례로 금액을 주주들에게 지급하여 배당소득으로 과세되는 것을 회피하고자 할 수 있으니 과세관청은 다음의 사례에 따라 주주에게 지급되는 금액도 배당으로 의제하여 배당소득으로 과세한다.

I 의제배당의 의의 및 종류

(1) 의제배당의 의의

의제배당이란 법인의 잉여금이 특정 사건에 의하여 주주에게 귀속됨에 따라 이익배당과 동일한 경제적 효과를 가질 때 이를 배당으로 의제하여 과세하는 것을 말한다. 의제배당소득은 주주의 과세소득을 구성하며 주주가 개인인 경우에는 소득세, 주주가 법인인 경우 법인세가 과세된다.

구분	과세소득
① 의제배당을 수령한 주주가 법인인 경우	법인세
② 의제배당을 수령한 주주가 개인인 경우	소득세

(2) 의제배당의 유형

① 잉여금의 자본전입으로 인한 의제배당(무상증자, 주식배당)
② 자본감소, 해산·합병·분할 등으로 인한 의제배당

II 잉여금의 자본전입으로 인한 의제배당(무상증자, 주식배당)

회계기준에 따른 잉여금은 크게 이익잉여금(손익거래)와 자본잉여금(자본거래)로 나뉜다. 손익거래를 재원으로 하는 이익잉여금을 배당으로 지급하는 경우는 주주에게 배당소득으로 과세한다. 다만, 무상증자나 주식배당의 경우 기업의 순자산이 감소하지 않기 때문에 회계기준에서는 이를 수익으로 보지 않는다. 그러나 세법에서는 회계상 자본잉여금을 재원으로 하여도 일정한 경우에는 이를 손익거래로 인한 잉여금과 마찬가지로 배당으로 간주하기 때문에 회계와 세법의 잉여금에 대한 해석의 여부를 구분할 수 있어야 한다.

기출 Check
14년 7급

10 「법인세법」상 의제배당에 관한 설명으로 옳지 않은 것은?

① 의제배당이란 법인의 잉여금 중 사내에 유보되어 있는 이익이 일정한 사유로 주주나 출자자에게 귀속되는 경우 이를 실질적으로 현금배당과 유사한 경제적 이익으로 보아 과세하는 제도이다.
② 주식의 소각으로 인하여 주주가 취득하는 금전과 그 밖의 재산가액의 합계액이 주주가 해당 주식을 취득하기 위하여 사용한 금액을 초과하는 경우 그 초과 금액을 의제배당 금액으로 한다.
③ 감자 절차에 따라 주식을 주주로부터 반납받아 소각함으로써 발생한 일반적 감자차익은 자본에 전입하더라도 의제배당에 해당하지 않는다.
④ 자기주식을 소각하여 생긴 이익은 소각 당시 시가가 취득가액을 초과하지 아니하는 경우라면 소각 후 2년 내에 자본에 전입하더라도 의제배당에 해당하지 않는다.

6 ④

해설 자기주식소각이익을 2년 이내에 자본에 전입하는 경우 시가가 취득가액을 초과하지 아니하더라도 의제배당에 해당한다.

(1) 의제배당의 범위

배당으로 전입된 잉여금의 종류	주주에 대한 의제배당 여부
① 회계상 이익잉여금 = 세법상 이익잉여금	의제배당 ○
② 회계상 자본잉여금 ≠ 세법상 이익잉여금	의제배당 ○
③ 회계상 자본잉여금 = 세법상 자본잉여금	의제배당 ×
④ 회계상 자본잉여금 = 세법상 자본잉여금(예외)	의제배당 ○

① 회계상 이익잉여금 = 세법상 이익잉여금

회계상 이익잉여금은 항상 세법에서도 이익잉여금으로 분류되므로 회계상 이익잉여금은 항상 의제배당재원이 된다.

② 회계상 자본잉여금 ≠ 세법상 이익잉여금

회계상으로는 자본잉여금으로 분류되지만 세법에서는 이를 익금으로 분류하는 경우 세법상 이익잉여금이 되어 의제배당의 재원이 될 수 있다.
㉠ 자기주식처분이익
㉡ 출자전환채무면제이익
㉢ 1% 재평가적립금

참고 재평가적립금

과거에는 자산재평가법이 있어 감가상각대상자산 및 토지를 시가로 평가증 할 수 있었으며, 기업회계기준은 이를 손익으로 계상하지 않고 재평가적립금으로 회계처리 하였다.

1. 재평가적립금에 대한 세법상의 과세

대상자산	재평가세	세법상 과세여부
감가상각대상자산	3%	익금 ×
토지	1%	익금 ○

2. 재평가적립금의 의제배당 여부

구분	내용
① 3%의 재평가적립금을 전입하여 무상주 교부	의제배당 ×(세법상 익금에 해당하지 않음)
② 1%의 재평가적립금을 전입하여 무상주 교부	의제배당 ○(세법상 익금에 해당함)

◇ 단, 재평가적립금의 일부를 자본전입하는 경우 1% 적립금과 3% 적립금이 평균적으로 전입된 것으로 가정한다.

④ 회계상 자본잉여금 = 세법상 자본잉여금(예외)

회계상으로도 자본잉여금이고 세법상으로도 자본잉여금인 경우 의제배당에 해당하지 않는 것이 원칙이다. 다만, 다음의 경우는 예외적으로 의제배당의 재원으로 분류한다.
㉠ 자기주식소각이익
  ⓐ 자기주식 소각일로부터 2년 이내에 자본전입시
  ⓑ 소각 당시의 시가 > 취득가액
㉡ 피투자회사가 자기주식을 보유하여 자본전입한 후 자기주식 이외의 주주 지분비율이 증가하는 경우: 자기주식 이외의 주주에게만 무상주를 배정함에 따라 자기주식 이외의 주주 지분율이 증가하여 이익이 분배되기 때문에 세법상 자본잉여금을 재원으로 하였으나 배당으로 과세한다.

㉢ 상환주식의 주식발행액면초과액 중 이익잉여금으로 상환된 금액

위의 거래들은 법인의 순자산이 변동되지 않으므로 굳이 하지 않아도 될 거래이다. 그럼에도 불구하고 주주들에게 이익을 분여하기 위해 다음과 같은 거래를 수행한 것으로 보아 회계와 세법이 모두 자본잉여금으로 동일하게 판단함에도 별도로 무상주를 수령한 주주들에게 의제배당으로 과세하는 것이다.

자본전입일	소각당시 시가 > 취득가액	소각당시 시가 < 취득가액
소각일로부터 2년 이내	의제배당 ○	의제배당 ○
소각일로부터 2년 이후	의제배당 ○	의제배당 ×

(2) 의제배당금액의 계산

① 지분율 방식: 자본에 전입된 잉여금 중 의제배당 대상 잉여금 × 지분율

② 주식수 방식: 무상주 수령주식수 × 액면가액 × $\dfrac{\text{의제배당대상 재원 잉여금}}{\text{자본전입된 잉여금총액}}$

① 무액면주식의 액면가액은 자본전입된 잉여금총액을 신규발행주식수로 나누어 산출한다.
② 투자회사 등이 취득하는 주식 등의 경우에는 0으로 한다.
③ 취득주식을 시가로 평가할 때 불공정 자본거래로 인해 특수관계인으로부터 얻은 이익이 있는 경우에는 그 금액을 차감한 금액을 취득주식의 가액으로 하여 의제배당금액을 계산한다.

Ⅲ 자본감소, 해산·합병·분할 등으로 인한 의제배당액의 계산

법인이 감자, 해산 및 합병(분할)시에는 주주의 보유주식은 소멸하고 주식의 소멸대가를 수령하게 된다. 주주의 원금에 해당하는 취득가액보다 감자등의 대가가 더 크다면 평소에는 이를 주주에게 분배하고 있지 않다가, 감자 등의 과정을 통해 주주에게 이전된 것이므로 이를 의제배당으로 하여 과세하는 것이다.

의제배당액 = 감자·해산·합병·분할 등의 대가 − 소멸주식의 세무상 취득가액

(1) 감자·해산·합병·분할 등의 대가

구분	대가의 산정
① 일반적인 경우 (자본금감소, 법인의 해산, 일반적인 합병·분할)	취득 당시의 시가
② 적격합병 및 적격인적분할	㉠ 합병·분할의 대가를 주식으로만 받은 경우(합병교부금을 수령하지 않은 경우): 소멸주식 취득원가 ㉡ 합병·분할 대가 중 일부를 금전이나 그 밖의 재산으로 받은 경우: MIN[시가, 소멸주식 취득원가] ⊙ 단, 투자회사·투자목적회사 등에 해당하는 법인이 취득하는 주식 등의 경우에는 "0"으로 함

(2) 소멸주식의 세무상 취득가액

구분	세무상 취득가액
① 일반적인 경우	㉠ 실제로 지출된 금액(단, 여러번에 걸쳐 주식을 취득한 경우 평균법) ㉡ 소멸하는 주식 등이 잉여금의 자본금 전입에 따라 교부받은 무상주(주식배당 주식 포함)인 경우: 세무상 취득가액 = 취득가액 ± 주식 관련 유보
② 예외(단기소각주식)	과세되지 않은 무상주를 취득한 후 2년 이내에 주식의 소각(자본금 감소 포함)이 있는 경우에는 자본금 감소로 인한 의제배당금액을 계산할 때 과세되지 않은 무상주(단기소각주식)를 먼저 소각한 것으로 본다(선입선출법). 이때, 주식 등의 당초 취득가액은 "0"으로 한다.

Ⅳ 의제배당의 귀속시기

구분	의제배당 귀속시기
무상주 의제배당	주주총회 · 사원총회 또는 이사회에서 주식의 소각, 자본 또는 출자의 감소를 결의한 날 (자본전입결의일)
감자 등 의제배당	① 감자로 인한 의제배당: 자본감소결의일 　⊙ 단, 자본감소결의일의 주주와 「상법」에 따라 회사가 정한 기준일(의결권을 행사할 주주를 정하는 날)의 주주가 다른 경우에는 상법상기준일로 한다. ② 법인의 해산: 잔여재산가액이 확정된 날(해산등기일 ×) ③ 법인의 합병: 합병등기일 ④ 법인의 분할: 분할등기일

제3절 | 배당소득에 대한 이중과세의 조정

배당소득은 법인이 지급하는 것으로 이미 법인세가 과세된 금액을 재원으로 한다. 이 경우 지급하는 법인 단계에서 법인세가 과세된 뒤 이를 지급받는 주주 단계에서 다시 법인세(지급받는 자가 법인인 경우) 또는 소득세(지급받는 자가 개인)가 과세되면 동일한 소득에 대해 두 번 과세하는 이중과세 문제가 발생한다. 이러한 이중과세 조정을 위하여 법인주주가 얻은 배당소득에 대해서는 익금불산입하며, 개인주주가 얻은 배당소득에 대해서는 Gross-up을 한 뒤 배당세액공제를 적용하여 이러한 문제를 해결하고 있다.

Ⅰ 일반적인 법인의 수입배당금액 익금불산입

(1) 개요

내국법인(고유목적사업준비금을 손금에 산입하는 비영리내국법인은 제외한다.)이 해당 법인이 출자한 다른 내국법인으로부터 받은 수입배당금액 중 일정금액을 수입배당금 익금불산입으로 하여 각 사업연도 소득금액 계산시 익금에 산입하지 아니한다.

(2) 수입배당금 익금불산입액

> 익금불산입액 = (수입배당금액 − 차입금이자 차감액) × 익금불산입률

① 다음 산식에 따라 산출된 익금불산입액이 음수(−)인 경우에는 이를 없는 것으로 본다.
② **수입배당금의 익금불산입의 산정은 각 피출자법인별로 계산하며, 소득처분은 기타로 한다.**
③ 차입금이자는 손익계산서의 이자비용에서 지급이자 손금불산입된 금액, 연지급수입이자, 현재가치할인차금상각액을 차감하여 산출한다.
④ 수입배당금액에는 현금배당, 주식배당 및 의제배당을 모두 포함한다.
⑤ 차입금이자 차감액은 차입금이자가 자산총액적수 중 익금불산입 대상 주식의 장부가액 적수가 차지하는 비율로 산출한다.

(3) 익금불산입률

피출자법인에 대한 출자비율	익금불산입률
50% 이상	100%
20% 이상 50% 미만	80%
20% 미만	30%

II 지주회사의 수입배당금액의 익금불산입

(1) 지주회사 및 자회사

① 지주회사
  ㉠ 내국법인 중 「독점규제 및 공정거래에 관한 법률」에 따른 지주회사, 금융지주회사, 공공연구기관첨단기술지주회사 및 산학연협력기술지주회사를 말한다.
  ㉡ 금융지주회사란 금융업 또는 보험업을 영위하는 자회사의 주식을 소유하는 지주회사를 말한다.
    ⊙ 금융지주회사 이외의 지주회사를 일반지주회사라 칭한다.

② 자회사
해당 지주회사가 직접 해당 내국법인의 발행주식총수의 40%(주권상장법인 또는 벤처기업의 경우 20%) 이상을 해당 내국법인의 배당기준일 현재 3개월 이상 계속하여 보유하고 있는 내국법인으로서 다음의 요건을 갖춘 법인을 말한다.
  ㉠ 금융지주회사의 자회사는 금융기관 또는 금융업의 영위와 밀접한 관련이 있는 법인일 것
  ㉡ 일반지주회사의 자회사는 금융업 또는 보험업을 영위하지 않는 법인일 것

(3) 수입배당금 익금불산입액 계산

> 익금불산입액 = (수입배당금액 − 차입금이자 차감액) × 익금불산입률

(4) 익금불산입률

피출자법인에 대한 출자비율	익금불산입률
50% 이상	100%
20% 이상 50% 미만	80%
20% 미만	30%

III 외국자회사 수입배당금액 익금불산입

(1) 외국자회사

내국법인(제57조의2제1항에 따른 간접투자회사등은 제외한다)이 해당 법인이 출자한 외국자회사[내국법인이 의결권 있는 발행주식총수 또는 출자총액의 100분의 10(「조세특례제한법」제22조에 따른 해외자원개발사업을 하는 외국법인의 경우에는 100분의 5) 이상을 출자하고 있는 외국법인으로서 대통령령으로 정하는 요건을 갖춘 법인을 말한다.

(2) 외국자회사 수입배당금액 익금불산입

① 외국자회사로부터 받은 수입배당금액(외국자회사로부터 받은 이익의 배당금 또는 잉여금의 분배금, 배당금 또는 분배금으로 보는 금액)의 100분의 95에 해당하는 금액은 각 사업연도의 소득금액을 계산할 때 익금에 산입하지 아니한다.

② 내국법인이 해당 법인이 출자한 외국법인(외국자회사는 제외한다)으로부터 자본준비금을 감액하여 받는 배당으로서 익금에 산입되지 아니하는 배당에 준하는 성격의 수입배당금액을 받는 경우 그 금액의 100분의 95에 해당하는 금액은 각 사업연도의 소득금액을 계산할 때 익금에 산입하지 아니한다.

③ 「국제조세조정에 관한 법률」에 따라 특정외국법인의 유보소득에 대하여 내국법인이 배당받은 것으로 보는 금액 및 해당 유보소득이 실제 배당된 경우의 수입배당금액에 대해서는 제1항을 적용하지 아니한다.

(3) 익금에 산입하는 수입배당금액

다음 각 호의 어느 하나에 해당하는 금액은 각 사업연도의 소득금액을 계산할 때 익금에 산입한다.

① 「국제조세조정에 관한 법률」의 요건을 모두 충족하는 특정외국법인으로부터 받은 수입배당금액으로서 대통령령으로 정하는 수입배당금액

② 혼성금융상품(자본 및 부채의 성격을 동시에 가지고 있는 금융상품으로서 대통령령으로 정하는 금융상품을 말한다)의 거래에 따라 내국법인이 지급받는 수입배당금액

③ ① 및 ②와 유사한 것으로서 대통령령으로 정하는 수입배당금액

(4) 기타사항

① 수입배당금액 익금불산입을 적용받으려는 내국법인은 외국자회사 수입배당금액 명세서를 납세지 관할 세무서장에게 제출하여야 한다.

② 수입배당금액 익금불산입 규정을 적용할 때 내국법인의 외국자회사에 대한 출자비율의 계산방법, 익금불산입액의 계산방법, 외국자회사 수입배당금액 명세서의 제출 등에 필요한 사항은 대통령령으로 정한다.

CHAPTER 04 손금

제1절 | 손금과 손금불산입

I 손금

(1) 손금의 개요

손금은 해당 법인의 순자산을 감소시키는 거래로 자본 또는 출자의 환급, 잉여금의 처분 및 「법인세법」에서 규정하는 것은 제외한 금액을 말한다. 손비는 「법인세법」 및 다른 법률에서 달리 정하고 있는 것을 제외하고는 그 법인의 사업과 관련하여 발생하거나 지출된 손실 또는 비용으로서 일반적으로 인정되는 통상적인 것이거나 수익과 직접 관련된 것으로 한다.

(2) 손금항목

다음의 항목들은 세법에서 예시한 것이므로 예시하지 않은 항목이더라도 법인의 순자산을 감소시키는 거래는 손금에 해당한다.

① **매출원가**(단, 매입에누리, 매입환출, 매입할인 등은 차감한 후의 금액)
② 판매한 상품 또는 제품의 보관료, 포장비, 운반비, 판매장려금 및 판매수당 등 판매와 관련된 부대비용(**판매장려금 및 판매수당의 경우 사전약정 없이 지급하는 경우를 포함**한다)
③ 양도한 자산의 장부가액
④ 인건비(내국법인이 발행주식총수 또는 출자지분의 100분의 100을 직접 또는 간접 출자한 해외현지법인에 파견된 임원 또는 직원의 인건비로서 「소득세법」에 따라 근로소득세가 원천징수된 인건비(해당 내국법인이 지급한 인건비가 해당 내국법인 및 해외출자법인이 지급한 인건비 합계의 100분의 50 미만인 경우로 한정한다.)
⑤ 유형자산의 수선비 및 유형자산 및 무형자산에 대한 감가상각비
⑥ 임차료
⑦ 차입금이자
⑧ 회수할 수 없는 부가가치세 매출세액미수금(부가가치세법에 따라 대손세액공제를 받지 아니한 것에 한정한다)
⑨ 법에서 정한 일정한 자산의 평가차손
⑩ 제세공과금(외국납부세액공제를 적용하지 않는 경우의 외국법인세액을 포함)
⑪ **영업자가 조직한 단체로서 법인이거나 주무관청에 등록된 조합 또는 협회**에 지급한 **일반회비**

구분	내용
⊙ **일반회비**(손금 ○)	조합 또는 협회가 법령 또는 정관이 정하는 바에 따른 정상적인 회비징수 방식에 의하여 경상경비 충당 등을 목적으로 조합원 또는 회원에게 부과하는 회비
ⓒ **특별회비**(손금 ×)	일반회비 이외의 회비로 특별회비는 손금불산입 항목이다.

기출 Check 17년 9급

11 「법인세법」상 손금에 해당하는 것만을 모두 고른 것은?

ㄱ. 자기주식처분손실
ㄴ. 우리사주조합에 출연하는 자사주(장부가액)
ㄷ. 주식할인발행차금
ㄹ. 출자임원(지분율 1%)이 사용하는 사택의 유지관리비용
ㅁ. 업무무관자산의 유지관리비
ㅂ. 법인의 임직원이 아닌 지배주주에 대하여 지급한 교육훈련비

① ㄱ, ㄴ
② ㄱ, ㄴ, ㄹ
③ ㄴ, ㄷ, ㅂ
④ ㄷ, ㄹ, ㅁ

❽ ①
ㄷ. 자본거래
ㄹ. 출자임원의 사택 유지관리비용은 손금불산입 항목이다.
ㅁ. 업무무관자산의 유지관리비는 손금불산입 항목이다.
ㅂ. 법인의 임직원이 아닌 지배주주에 대하여 지급한 교육훈련비는 손금불산입 항목이다.

⑫ 광업의 탐광비(탐광을 위한 개발비를 포함)
⑬ 보건복지부장관이 정하는 무료진료권 또는 새마을진료권에 의하여 행한 무료진료의 가액
⑭ 식품 등 기부 활성화에 관한 법률에 따른 식품 및 생활용품의 제조업·도매업 또는 소매업을 영위하는 내국법인이 해당 사업에서 발생한 잉여식품 등을 제공자 또는 제공자가 지정하는 자에게 무상으로 기증하는 경우 기증한 잉여 식품 등의 장부가액(이 경우 그 금액은 기부금에 포함하지 않음)
⑮ **업무와 관련있는 해외시찰·훈련비, 임직원 할인금액**
⑯ 교육훈련비
  ㉠ 근로청소년을 위한 특별학급 또는 산업체부설중·고등학교의 운영비
  ㉡ 교육기관이 당해 법인과의 계약에 의하여 채용을 조건으로 설치·운영하는 직업교육훈련과정·학과 등의 운영비
  ㉢ 현장실습수업(인턴쉽)에 참여하는 학생들에게 지급하는 수당
⑰ **우리사주조합에 출연하는 자사주의 장부가액 또는 금품**
⑱ 장식·환경미화 등의 목적으로 사무실·복도 등 여러 사람이 볼 수 있는 공간에 상시 전시하는 미술품의 취득가액을 그 취득한 날이 속하는 사업연도의 손금으로 계상한 경우에는 그 취득가액(취득가액이 거래단위별로 1천만 원 이하인 것으로 한정)
⑲ **광고 선전 목적으로 기증한 물품의 구입비용(특정인에 기증한 물품의 경우에는 연간 5만 원 이내의 금액에 한하며 개당 3만 원 이하의 물품은 5만 원 한도는 적용하지 않는다)**
⑳ 금융지주회사 또는 해외모법인으로부터 부여받거나 지급받은 주식매수선택권 또는 주식기준보상을 행사하거나 지급받는 경우 해당 주식매수선택권 등을 부여하거나 지급한 법인에 그 행사 또는 지급비용으로서 보전하는 금액
㉑ 「상법」,「벤처기업육성에 관한 특별조치법」,「소재·부품전문기업 등의 육성에 관한 특별조치법」 등에 따른 주식매수선택권 또는 금전을 부여받거나 지급받은 자에 대한 다음의 금액(다만, 해당 법인의 발행주식총수의 10% 범위에서 부여하거나 지급한 경우로 한정한다)
  ㉠ 주식매수선택권을 부여받은 경우로서 약정된 주식매수시기에 약정된 주식의 매수가액과 시가의 차액을 금전 또는 해당 법인의 주식으로 지급하는 경우의 해당 금액(차액보상형)
  ㉡ 주식매수선택권을 부여받은 경우로서 약정된 주식매수시기에 주식매수선택권 행사에 따라 주식을 시가보다 낮게 발행하는 경우 그 주식의 실제 매수가액과 시가의 차액(주식결제형)
  ㉢ 주식기준보상으로 금전을 지급하는 경우 해당 금액
㉒ 중소기업 및 중견기업이 핵심인력 성과보상기금에 납입하는 기여금
㉓ 임원 또는 직원(지배주주 등인 자는 제외)의 사망 이후 유족에게 학자금 등으로 일시적으로 지급하는 금액으로서 임원 또는 직원의 사망 전에 정관이나, 주주총회·사원총회 또는 이사회의 결의에 의하여 결정되어 임원 또는 직원에게 공통적으로 적용되는 지급기준에 따라 지급되는 것, 「주택도시기금법」에 따른 주택도시보증공사가 적립한 책임준비금 증가액(할인율의 변동에 따른 책임준비금 평가액의 증가분은 제외)으로서 보험감독회계기준에 따라 비용으로 계상된 금액

㉔ 해당 내국법인 또는 협력중소기업이 설립한 사내근로복지기금·공동근로복지기금에 출연하는 금품
㉕ 동업기업으로부터 배분받은 결손금
㉖ 그 밖의 손비로서 그 법인에 귀속되었거나 귀속될 금액

Ⅱ 손금불산입

다음에 해당하는 항목은 손금불산입항목으로 한다.

(1) 자본거래 등으로 인한 손금불산입

다음의 금액은 내국법인의 각 사업연도의 소득금액을 계산할 때 손금에 산입하지 아니한다.
① 결산을 확정할 때 잉여금의 처분을 손비로 계상한 금액
② 주식할인발행차금(액면미달로 신주를 발행하는 경우 그 미달하는 금액과 신주발행비의 합계액) 및 감자차손

(2) 과다경비 등의 손금불산입

① 임원 또는 직원이 아닌 지배주주 등에게 지급한 여비 또는 교육훈련비
② 공동경비 중 법 소정 기준에 의한 분담금액을 초과하는 금액

참고 공동경비 분담기준

구분	분담기준
출자공동사업자	출자비율
비출자공동사업자	① 특수관계인간의 경우: 전기 또는 당기 매출액 비율과 전기 또는 당기 총자산 가액 비율 중 선택 　◎ 단, 선택하지 않은 경우는 직전 매출액을 선택한 것으로 간주하며, 5년간 지속적으로 적용한다. ② 위 외의 경우: 약정비율(약정비율이 없는 경우에는 특수관계인 규정을 준용한다)

◎ **추가로 선택가능한 기준**
1. **공동행사비** 등 참석 인원수에 비례하는 손비: 참석인원비율
2. **공동구매비** 등 구매금액에 비례하는 손비: 구매금액 비율
3. **공동광고선전비**
   ① 국외 공동광고선전비: 수출액 비율
   ② 국내 공동광고선전비: 국내 매출액 비율
4. **무형자산의 공동사용료**: 직전 사업연도 자본 총합계액 비율

(3) 업무무관비용

① 해당 법인이 직접 사용하지 않고 타인(비출자임원, 소액주주 임원 및 직원 제외)이 주로 사용하고 있는 장소·건축물·물건 등의 유지비·관리비·사용료와 이와 관련되는 비용
　◎ 단, 법인이 「대·중소기업 상생협력 촉진에 관한 법률」에 따른 사업을 제조업을 영위하는 중소기업에 이양하기 위하여 무상으로 해당 중소기업에 대여하는 생산설비와 관련된 지출금 등은 제외한다.
② 주주 또는 출자임원(소액주주임원 제외) 및 그 친족이 사용하는 사택의 유지관리비

구분	사택 유지비	사택제공시 시가미달임대료	주택구입자금 대여 (시가미달금액의 이자)
출자임원	손금불산입(상여)	익금산입(상여)	익금산입(상여)
비출자임원, 직원	손금 ○	×	익금산입(상여)

　◎ 단, 중소기업 직원의 주택구입자금 대여금은 가지급금에서 제외되므로 중소기업 직원인 경우에는 익금산입(상여)의 세무조정은 없다.

◎ **소액주주**
발행주식총수 또는 출자총액의 1%에 미달하는 주식 또는 출자지분을 소유한 주주 등(해당 법인의 국가, 지방자치단체가 아닌 지배주주 등의 특수관계인인 자는 제외)

③ 업무무관자산을 취득하기 위하여 지출한 자금의 차입과 관련되는 비용
④ 해당 법인이 공여한 형법 또는 국제상거래에 있어서 외국공무원에 대한 뇌물방지법에 따른 뇌물에 해당하는 금전 및 금전 외의 자산과 경제적 이익의 합계액
⑤ 「노동조합 및 노동관계조정법」을 위반하여 노조전임자에게 지급하는 급여
⑥ 채무보증구상채권 및 업무무관가지급금에 해당하는 채권의 처분손실

III 손금의 일반원칙 및 증명서류

(1) 비용배분의 원칙

법인에게 귀속되는 모든 비용은 기업회계기준과 동일하게 당기손금 및 자산(미래손금)으로 배분한다.

참고 인건비 손금의 배분

구분	비용배분
1. 본사 판매부 직원 인건비(판매관리비)	당기의 손금
2. 건설본부 인건비(건설중인 자산)	미래의 손금(건설중인 자산으로 자산 처리 후 미래에 감가상각 및 처분을 통해 손금처리)
3. 공장직원 인건비(제조원가)	① 당기 판매분: 당기 손금 ② 기말재고: 미래 손금

(2) 증명서류

① 증명서류의 보관기한

법인세 신고기한이 경과한 날로부터 **5년간** 보관하여야 한다. 단, 결손금을 5년 넘게 이월하여 공제하는 경우에는 공제하는 사업연도 신고기한으로부터 1년이 되는 날까지로 한다.

② 적격증명서류의 종류

세금계산서, 계산서, 신용카드매출전표, 직불카드 영수증, 기명식선불카드 영수증, 현금영수증 등(직불전자지급수단, 기명식선불전자지급수단 등 포함)

참고 적격증명서류를 수취하지 않은 경우의 제재

구분		「법인세법」상 처리
기업업무추진비 (접대비)	건당 3만 원 초과	전액 손금불산입
	건당 3만 원 이하	기업업무추진비로 인정하나 기업업무추진비한도초과액 시부인 대상이다.
업무관련지출	건당 3만 원 초과	손금 ○ ⊙ 단, 가산세부과(거래가액×2%)
	건당 3만 원 이하	손금 ○, 가산세 ×

제2절 제세공과금

Ⅰ 각종 조세

(1) 일반적인 원칙 – 손금항목

구분	종류
① 당기 손금	재산세, 종합부동산세, 자동차세, 주민세 등
② 미래 손금(자산취득원가 구성)	취득세, 등록면허세, 관세 등

(2) 예외 – 손금불산입

소득처분	종류
기타사외유출	① 법인세비용(법인지방소득세 및 법인세에 부과되는 농어촌특별세 포함) ② 세법에 따른 의무불이행으로 인한 세액(가산세 포함) ③ 연결모법인 또는 연결자법인에 지급하였거나 지급할 금액
유보	① 부가가치세 매입세액(부가가치세가 면제되거나 그 밖에 대통령령으로 정하는 경우의 세액은 제외) ② 반출하였으나 판매하지 아니한 제품에 대한 개별소비세 또는 주세(酒稅)의 미납액. 다만, 제품가격에 그 세액에 상당하는 금액을 가산한 경우에는 예외로 한다.

Ⅱ 공과금

(1) 원칙 – 손금항목

① 당기 손금: 교통유발부담금, 폐기물처리부담금 등
② 미래 손금: 개발부담금, 하수종말처리장설치부담금 등

(2) 예외 – 손금불산입(기타사외유출)

① 법령에 따라 의무적으로 납부하는 것이 아닌 공과금(임의성 공과금): 임의출연금
② 법령에 따른 의무의 불이행 또는 금지·제한 등의 위반을 이유로 부과되는 공과금(제재성 공과금): 폐수배출부담금

Ⅲ 벌금·과료·과태료, 가산금, 강제징수비

(1) 법률 규정을 위반하여 지급하는 경우 – 손금불산입(기타사외유출)

다음의 항목은 징벌적 효과를 감소시키지 않기 위해 손금불산입한다.

① 업무와 관련하여 발생한 교통사고**벌과금**
② 「관세법」을 위반하여 발생한 **벌과금**
③ 「고용보험 및 산업재해보상보험의 보험료 징수 등에 관한 법률」에 따라 징수하는 산업재해보상보험료의 **가산금**
④ 최저예금지급준비금과 관련하여 금융회사 등이 한국은행에 납부하는 **과태료**
⑤ 「국민건강보험법」에 따라 징수하는 연체금
⑥ 외국의 법률에 따라 국외에서 납부하는 벌금

💡 **개발부담금**

개발부담금은 토지에 대하여 부과되는 공과금으로서 토지에 대한 자본적 지출로 본다. 그러므로 개발부담금을 지출한 경우 즉시 손금으로 인정하지 않고 토지의 취득원가를 구성한 후 처분과정을 거치며 손금에 산입된다.

기출 Check 23년 7급

12 법인세법령상 내국법인의 각 사업연도 소득금액을 계산할 때 손금에 산입하지 않는 것은?

① 「상법」 제417조에 따라 주식을 액면미달의 가액으로 신주를 발행하는 경우 그 미달하는 금액과 신주 발행비의 합계액
② 회수할 수 없는 부가가치세 매출세액미수금(「부가가치세법」 제45조에 따라 대손세액공제를 받지 아니한 것에 한정함)
③ 영업자가 조직한 단체로서 법인이거나 주무관청에 등록된 조합 또는 협회에 지급한 일반회비
④ 우리사주조합에 출연하는 자사주의 장부가액 또는 금품

6 ①

해설 「상법」 제417조에 따라 주식을 액면미달의 가액으로 신주를 발행하는 경우 그 미달하는 금액과 신주발행비의 합계액은 주식할인발행차금으로 자본거래에 해당하여 내국법인의 각 사업연도의 소득금액을 계산할 때 손금에 산입하지 아니한다.

(2) 벌금 등에 해당하지 않는 경우 - 손금 항목

다음의 항목들은 사계약상 의무불이행에 따라 지급하는 것으로 손금에 산입한다.
① 사계약상 의무불이행으로 인한 **지체상금**
② 철도화차 사용료 미납액에 대한 **연체이자**
③ 국유지 사용료의 납부지연으로 인한 **연체료**
④ 산업재해보상보험료 **연체금**
⑤ 전기요금의 납부지연으로 인한 연체가산금
⑥ 보세구역 내 수출용원자재의 장치기간 경과에 따른 국고귀속분

Ⅳ 징벌적 목적의 손해배상금

내국법인이 지급한 손해배상금 중 실제 발생한 손해를 초과하여 지급하는 금액으로서 다음 중 어느 하나에 해당하는 금액은 내국법인의 각 사업연도의 소득금액을 계산할 때 **손금에 산입하지 아니한다.**

(1) 실제 발생한 손해를 초과하여 지급하는 금액

① 「가맹사업거래의 공정화에 관한 법률」,「개인정보 보호법」,「공익신고자 보호법」,「기간제 및 단시간근로자보호 등에 관한 법률」,「제조물 책임법」,「파견근로자보호 등에 관한 법률」,「하도급거래 공정화에 관한 법률」 등의 규정에 따라 지급한 손해배상금 중 실제 발생한 손해액을 초과하는 금액
② 외국의 법령에 따라 지급한 손해배상액 중 실제 발생한 손해액을 초과하는 금액

(2) 발생한 손해액이 불분명한 경우

위 규정을 적용할 때 실제 발생한 손해액이 분명하지 않은 경우에는 다음 계산식에 따라 계산한 금액을 손금불산입 대상 손해배상금으로 한다.

$$\text{손금불산입 대상 손해배상금} = \text{손해배상액} \times \frac{\text{해당 법령에서 정한 손해배상액의 상한이 되는 배수}-1}{\text{해당 법령에서 정한 손해배상액의 상한이 되는 배수}}$$

제3절 인건비

I 급여

(1) 급여의 개념

근로제공의 대가로 지급되는 각종 비용으로서, 임원과 직원에게 지급되는 급여·임금·제수당·상여금·퇴직급여 및 복리후생비 등을 모두 포함한다.

참고 용어의 정리

구분	대상자
사용자	법인 또는 개인기업주
임원	다음 중 어느 하나의 직무에 종사하는 자를 말한다. ① 법인의 회장, 사장, 부사장, 이사장, 대표이사, 전무이사, 상무이사 등 이사회의 구성원 전원과 청산인 ② 합명회사, 합자회사 및 유한회사의 업무집행사원 또는 이사 ③ 유한책임회사의 업무집행자 ④ 감사 ⑤ 기타 위에 준하는 직무에 종사하는 자
직원	임원이 아닌 사람으로서 고용관계나 근로관계 또는 그 밖의 유사한 법률관계에 따라 근로를 제공하는 사람 예 사원, 대리, 과장, 팀장, 부장 등

(2) 일반적인 급여 - 손금항목

① 일반급여는 원칙적으로 손금에 산입한다.
② 단, 중소기업 및 중견기업(내국법인)이 발행주식총수 또는 출자지분의 100%를 직접 또는 간접으로 출자한 해외 현지법인에 파견된 임원 또는 직원의 인건비(해당 내국법인이 지급한 인건비가 해당 내국법인 및 해외출자법인이 지급한 인건비 합계액의 50% 미만인 경우로 한정)를 포함한다. 법인의 해산에 의하여 퇴직하는 임원 또는 직원에게 지급하는 해산수당 또는 퇴직위로금 등은 최종 사업연도의 손금으로 한다.

구분	종류
⊙ 당기 손금	본사 판매부서 직원의 인건비 등
ⓒ 미래 손금(자산취득원가 구성)	제조공장 생산직 직원의 인건비 등

(3) 예외에 해당하는 급여 - 손금불산입(상여)

법인이 지배주주 등(특수관계에 있는 자를 포함)인 임원 또는 직원에게 정당한 사유 없이 동일 직위에 있는 지배주주 등 외의 임원 또는 직원에게 지급하는 금액을 초과하여 보수를 지급한 경우 그 초과금액은 이를 손금에 산입하지 아니한다.
① 지배주주 혹은 지배주주 관련자(특수관계에 있는 자)의 **직급을 초과**하여 지급한 금액
② 상근이 아닌 법인의 임원에게 지급하는 보수 중 **부당행위계산**에 해당하는 경우
  ⊙ 단, 비상근임원(사외이사, 고문 등)에게 정당하게 지급하는 보수는 손금항목이다.

기출 Check 12년 9급

13 「법인세법」상 인건비의 손금산입에 대한 설명으로 옳지 않은 것은?
② 비상근임원에게 건전한 사회통념 및 상거래 관행에 따라 지급하는 보수는 손금에 산입하지 아니한다.
③ 임원에 대한 상여금의 지급이 정관·주주총회 또는 이사회에서 결정된 급여지급규정을 초과하여 지급하는 경우에는 그 초과금액은 손금에 산입하지 아니한다.
④ 법인의 해산에 의하여 퇴직하는 임원 또는 사용인에게 지급하는 해산수당은 최종사업연도의 손금으로 한다.

6 ②
해설 비상근임원에게 건전한 사회통념 및 상거래 관행에 따라 지급하는 보수는 손금이다.

❤ 지배주주 등
법인의 발행주식총수 또는 출자총액의 1% 이상의 주식 또는 출자지분을 소유한 주주 등으로서 그와 특수관계에 있는 자와의 소유 주식 또는 출자지분의 합계가 해당 법인의 주주 등 중 가장 많은 경우의 해당 주주 등을 말한다.

Ⅱ 상여금

(1) 일반적인 상여금 – 손금항목

일반적으로 법인이 지급하는 상여금은 손금항목이다.
단, 지출부서의 성격에 따라 당기손금 또는 미래손금으로 분류한다.

구분	종류
① 당기 손금	본사 판매부서 직원의 상여금 등
② 미래 손금(자산취득원가 구성)	제조공장 생산직 직원의 상여금 등

(2) 예외에 해당하는 상여금 – 손금불산입(상여)

법인이 임원에게 지급하는 상여금 중 정관·주주총회·사원총회 또는 이사회의 결의에 의하여 결정된 급여지급기준에 의하여 지급하는 금액을 초과하여 지급한 경우 그 **초과금액은 이를 손금에 산입하지 아니한다.**

상여금한도	내용
① 지급규정(정관, 주주총회, 이사회 등)이 있는 경우	규정상의 금액을 기준으로 함
② 지급규정이 없는 경우	"0"(없는 것으로 함)

> **참고** 항상 손금으로 인정되는 상여금
>
> 1. 직원에게 지급하는 상여금은 한도 없이 전액 손금항목이다.
> 2. 직원이 주주에 해당하더라도 **주주직원에게 지급하는 상여금은 전액 손금항목이다.**

(3) 잉여금 처분에 의한 상여

법인이 그 임원 또는 직원에게 **이익처분에 의하여 지급하는 상여금은 이를 손금에 산입하지 아니한다.** 이 경우 합명회사 또는 합자회사의 노무출자사원에게 지급하는 보수는 이익처분에 의한 상여로 본다.

Ⅲ 퇴직급여

법인이 임원 또는 직원에게 지급하는 퇴직급여(근로자퇴직급여 보장법에 따른 급여)는 임원 또는 직원이 현실적인 퇴직을 하는 경우일 때 지급하는 것에 한하여 이를 손금에 산입한다.

(1) 현실적인 퇴직을 원인으로 지급하는 퇴직급여 – 손금항목

법인의 임원 또는 직원이 현실적인 퇴직을 원인으로 지급하는 금액은 손금에 산입한다.

구분	내용
① 설정시 손금	회계상 장부에 퇴직급여충당금을 설정하는 경우
② 지급시 손금	회계상 장부에 퇴직급여충당금을 설정하지 않는 경우

참고 현실적인 퇴직과 비현실적인 퇴직의 구분

현실적인 퇴직	비현실적인 퇴직
1. 직원이 임원으로 취임한 경우	1. 임원이 연임된 경우
2. 상근임원이 비상근임원으로 된 경우	2. 외국법인의 국내지점 종업원이 본점(본국)으로 출국한 경우
3. 법인의 임원 또는 직원이 그 법인의 조직변경·합병·분할 또는 사업양도에 의하여 퇴직한 경우	3. 법인의 대주주 변동으로 인하여 계산의 편의, 기타 사유로 전직원에게 퇴직급여를 지급한 경우
4. 근로자퇴직급여 보장법에 따라 퇴직급여를 중간정산하여 지급한 경우(단, 중간정산시점부터 새로 근무연수를 기산하여 퇴직급여를 계산하는 경우에 한정)	4. 정부투자기관 등이 민영화됨에 따라 전종업원의 사표를 일단 수리한 후 다시 채용한 경우
5. 정관 등에 따라 퇴직급여를 중간정산하여 임원에게 지급한 때(단, 중간정산시점부터 새로 근무연수를 기산하여 퇴직급여를 계산하는 경우에 한정)	5. 근로자퇴직급여 보장법에 따라 퇴직급여를 중간정산하기로 하였으나 이를 실제로 지급하지 않은 경우

(2) 예외에 해당하는 퇴직급여 – 손금불산입(상여)

법인이 임원에게 지급한 퇴직급여 중 **다음 중 어느 하나에 해당하는 금액을 초과하는 금액**은 손금에 산입하지 아니한다.

퇴직급여 한도	내용
정관에 규정이 있는 경우	정관 규정상의 금액
정관에 규정이 없는 경우	퇴직전 1년간 총급여 × 10% × 근속연수

① 퇴직전 1년간 총급여에는 급여 및 상여금을 포함한다. 급여 및 상여금에는 「소득세법」상 근로소득의 총급여(비과세급여는 제외)에서 인정상여, 퇴직함으로써 받는 소득으로서 퇴직소득에 속하지 않는 소득, 직무발명보상금은 제외한 것으로 한다.
② 직원이었던 자가 임원이 된 경우 임원이 될 때 퇴직금을 지급하지 않은 경우라면 근속연수에는 직원으로서의 근무기간도 포함한다.
③ 근속연수는 역년에 따라 계산하며 1년 미만의 기간은 월수로 계산하되, 1개월 미만의 기간은 절사한다.

Ⅳ 복리후생비

(1) 법인이 임원 또는 직원(파견근로자를 포함)을 위하여 지출한 복리후생비 중 다음 중 어느 하나에 해당하는 비용 외의 비용은 손금에 산입하지 아니한다.

(2) **손금에 해당하는 복리후생비 종류**
① 직장체육비·직장문화비·직장회식비
② 우리사주조합의 운영비
③ 「국민건강보험법」 및 「노인장기요양보험법」, 「고용보험법」에 따라 사용자로서 부담하는 보험료 및 부담금
  ⊙ 단, 법인이 근로자의 부담분까지 부담한 경우에도 해당 법인의 손금으로 인정한다.
④ 「영유아보육법」에 의하여 설치된 직장어린이집의 운영비
⑤ 그 밖에 사회통념상 타당하다고 인정되는 범위에서 지급하는 경조사비 등 위와 유사한 비용

제4절 ✦ 기업업무추진비

I 기업업무추진비(접대비)의 개념과 범위

(1) 기업업무추진비의 개념

> 💡 **기업업무추진비**
> 24년 1월 1일부터 접대비의 명칭을 기업업무추진비로 변경하였다.

기업업무추진비란 접대, 교제, 사례 또는 그 밖에 어떠한 명목이든 상관없이 이와 유사한 성질의 비용으로서 내국법인이 직접 또는 간접적으로 업무와 관련이 있는 자와 업무를 원활하게 진행하기 위하여 지출한 금액을 말한다.

구분		지출의 분류	손금 여부
업무와 관련 ○	불특정 다수에게 제공	광고선전비	전액 손금

	특정인에게 제공	기업업무추진비	① 한도 내 : 손금
			② 한도 초과액
			  ⓐ 기업업무추진비 : 손금불산입(기타사외유출)
			  ⓑ 기부금 : 이월하여 손금산입

업무와 무관한 지출		기부금	

(2) 기업업무추진비의 분류 – 실질내용에 따라 판단

구분	세법상 처리방법
① 주주 또는 출자자나 임원 또는 직원이 부담하여야 할 성질의 기업업무추진비	손금불산입(임직원 : 상여, 주주 : 배당)
② **직원이 조직한 조합 또는 단체에 복리시설비를 지출한 경우**	㉠ 법인인 경우 : 기업업무추진비 ㉡ 법인이 아닌 경우 : 경리의 일부
③ 현물접대(사업상증여) 매출세액	기업업무추진비로 분류
④ 접대 관련 불공제매입세액	기업업무추진비로 분류
⑤ 채권의 전부 또는 일부를 포기	㉠ 정당한 사유 ○ : 손금에 산입 ㉡ 정당한 사유 × + 업무관련 ○ : 기업업무추진비 ㉢ 정당한 사유 × + 업무관련 × : 기부금

① 정당한 사유란 특수관계자 외의 자와의 거래에서 발생한 채권으로서 채무자의 부도발생 등으로 장래에 회수가 불확실한 어음·수표상의 채권 등을 조기에 회수하기 위하여 당해 채권의 일부를 불가피하게 포기한 경우를 말한다.
② 특수관계인과의 거래에서 발생한 채권의 회수를 포기한 경우에는 부당행위계산부인 규정을 적용한다.

(3) 기타 기업업무추진비로 보지 않는 경우

① 판매장려금(사전약정 없는 경우도 포함한다.)
　판매장려금은 상품·제품과 직접적인 관련성이 있고 사업과 관련된 것이므로 기업업무추진비로 보지 않는다.
② 광고 선전 목적의 견본품, 달력 등
　⊙ 단, 특정인에게 기증한 물품의 경우에는 연간 5만 원 이내의 금액은 전액 손금으로 인정하며, 개당 구입비용이 3만 원 이하의 물품이라면 연간 5만 원 한도를 적용하지 아니한다.

II 현물접대비의 평가

기업업무추진비를 금전 외의 자산으로 제공한 경우 해당 자산의 가액은 이를 제공한 때의 시가(시가가 장부가액보다 낮은 경우에는 장부가액)에 따른다.

> 현물접대비 평가액 = MAX[시가, 장부가액]

현물접대비를 시가로 평가하는 이유는 기업업무추진비의 경우 한도까지만 손금으로 인정되기 때문에 시가로 평가하는 경우 기업업무추진비의 한도를 초과할 가능성이 높아 손금불산입의 소득처분을 통한 제재의 측면이 있다.

다만, 시가가 원가보다 작은 경우에는 시가로 평가하게 되는 경우 자산의 미실현손실을 손금으로 인정할 수 있는 문제가 있으므로 세법은 원가와 시가 중 큰 금액으로 평가하도록 하고 있다.

III 기업업무추진비의 손금귀속시기

기업업무추진비의 손금귀속시기는 **접대행위가 이루어진 사업연도**로 한다. 따라서 접대행위가 발생하였으나 미지급된 금액도 그 사업연도의 기업업무추진비로 인정하며, 반대로 법인이 기업업무추진비를 지출한 사업연도의 비용으로 처리하지 않고 이연처리한 경우 이를 지출한 사업연도에 기업업무추진비로서 세무조정한다.

사례1_ 당년도의 기업업무추진비(미지급)를 지급시점인 차기에 비용으로 계상하는 경우

구분	당기	차기
회계	회계처리 ×	(차) 기업업무추진비 100 (대) 현금 100
세법	(차) 기업업무추진비 100 (대) 미지급비용 100	(차) 미지급비용 100 (대) 현금 100
세무조정	미지급비용(기업업무추진비) 100 손금산입(△유보)	미지급비용(기업업무추진비) 100 손금불산입(유보)

사례2_ 당년도의 기업업무추진비를 선급비용으로 계상하는 경우

구분	당기	차기
회계	(차) 선급비용 100 (대) 현금 100	(차) 기업업무추진비 100 (대) 선급비용 100
세법	(차) 기업업무추진비 100 (대) 현금 100	−
세무조정	선급비용(기업업무추진비) 100 손금산입(△유보)	선급비용(기업업무추진비) 100 손금불산입(유보)

Ⅳ 기업업무추진비(접대비)의 증빙요건

다음과 같이 기업업무추진비를 지출하였다는 증빙요건을 갖추지 못한 경우 손금불산입의 세무조정을 하게 된다.

(1) 증빙이 없는 경우 – 손금불산입(상여)

기업업무추진비로 계상한 금액 중 지출증명서류가 없는 기업업무추진비는 손금불산입하고 귀속자에 따라 소득처분한다. **단, 귀속자가 불분명한 경우 대표자에 대한 상여**로 처분한다.

(2) 적격증빙을 미수취한 경우 – 손금불산입(기타사외유출)

① 내국법인이 접대에 지출한 건당 3만 원 초과의 금액을 적격증빙서류가 아닌 영수증(개인명의 신용카드전표, 위장가맹점 신용카드전표 포함)을 수취한 경우 손금불산입하고 기타사외유출로 처분한다.
② 신용카드 등은 **해당 법인의 명의로 발급받은 신용카드** 등으로 한다. 따라서 임직원 명의 신용카드 지출금액 중 1만 원 초과(경조사비 20만 원)액은 적격증명미수취 기업업무추진비로 보아 손금불산입(기타사외유출)로 처리한다.

> **참고** 증빙요건(증빙누락, 적격증빙 미수취)를 적용하지 않는 경우
>
> 다음 중 어느 하나에 해당하는 기업업무추진비는 위 1, 2의 손금불산입 규정을 적용하지 않는다.
> 1. 적격증빙을 구비하기 어려우나 지출사실이 객관적으로 명백한 경우 중 다음에 해당하는 경우
>   ① 적격증빙을 수취하기 불가한 국외지역의 기업업무추진비
>   기업업무추진비가 지출된 국외지역의 장소(해당 장소가 소재한 인근 지역 안의 유사한 장소를 포함)에서 현금 외에 다른 지출수단이 없어 적격증거자료를 구비하기 어려운 경우의 해당 국외지역에서의 지출
>   ② 농·어민으로부터 재화를 매입한 경우
>   농·어민(한국표준산업분류에 따른 농업 중 작물재배업·축산업·복합농업, 임업 또는 어업에 종사하는 자를 말하며, 법인은 제외)으로부터 직접 재화를 공급받는 경우의 지출로서 **그 대가를 금융회사 등을 통하여 지급한 경우**(단, 이 경우 해당 법인은 과세표준 신고시 금액의 송금사실을 적은 송금명세서를 첨부하여 납세지 관할 세무서장에게 제출하여야 한다)
> 2. 법인이 직접 생산한 제품 등을 제공하는 현물접대비(**자가생산 현물접대비**)
> 3. 기업업무추진비로 보는 **채권포기액**(약정에 의한 채권포기액)

Ⅴ 기업업무추진비(접대비) 한도액

내국법인이 각 사업연도에 지출한 기업업무추진비(적격증빙미수취 등으로 손금에 산입하지 아니하는 금액은 제외)로서 다음의 한도액을 초과하는 금액은 해당 사업연도의 소득금액을 계산할 때 손금에 산입하지 아니한다.

(1) **일반기업업무추진비 한도액**

일반기업업무추진비 한도액 = ① + ②

① 12,000,000원(중소기업 36,000,000원) × $\dfrac{\text{사업연도 월수}}{12}$

② 매출액기준 = (일반수입금액 × 적용률) + (특정수입금액 × 적용률 × 10%)

① 매출액은 기업회계기준에 따라 계산한 매출액을 의미하며, 사업연도 중에 중단된 사업부문의 매출액을 포함한다.
  ㉠ 매출액에는 매출에누리, 매출할인, 매출환입은 제외한다.
  ㉡ 매출액에는 중단사업매출 및 부산물매각액은 포함한다.
  ㉢ 법인의 업종을 판단하여 매출여부를 결정하며, 영업외수익, 부당행위계산부인에 의하여 익금에 산입한 금액 및 간주임대료는 제외한다.
② 특정수입금액은 특수관계인과의 거래에서 발생한 수입금액을 의미하며, 일반수입금액은 특정수입금액을 제외한 나머지 수입금액을 의미한다.

(2) **적용률**

적용률은 일반수입금액에 우선적으로 높은 적용률을 적용한다.

매출액	적용률
100억 원 이하	$\dfrac{3}{1,000}$
100억 원 초과 500억 원 이하	$\dfrac{2}{1,000}$
500억 원 초과	$\dfrac{3}{10,000}$

(3) **문화기업업무추진비 종류**

문화기업업무추진비 국내 문화관련 지출로서 다음의 용도로 지출한 기업업무추진비를 말한다.
① 문화예술의 공연이나 전시회 또는 박물관의 입장권 구입
② 체육활동의 관람을 위한 입장권의 구입
③ 비디오물, 음반 및 음악영상물의 구입
④ 간행물의 구입
⑤ 문화관광축제의 관람 또는 체험을 위한 입장권·이용권의 구입
⑥ 관광공연장의 입장권 구입
⑦ 박람회, 지정문화재·등록문화재 관람을 위한 입장권 구입
⑧ 문화예술 관련 강연 입장권 구입 및 초빙강연료 등
⑨ 자체시설 또는 임대시설을 활용해 해당 기업이 직접 개최하는 공연 등 문화예술행사비
⑩ 문화체육관광부의 후원을 받아 진행하는 문화예술, 체육행사에 지출하는 경비
⑪ 미술품의 구입(취득가액이 거래단위별로 100만 원 이하인 것으로 한정)

(4) 문화기업업무추진비 한도액

> 기업업무추진비한도액 = 일반기업업무추진비한도액 + 문화기업업무추진비한도액

⊙ 문화기업업무추진비한도액 = MIN[①, ②]
  ① 문화기업업무추진비
  ② 일반기업업무추진비 한도액 × 20%

참고 법소정 소규모 부동산임대업 법인에 대한 기업업무추진비 한도 규제

법소정 소규모 부동산임대업 법인은 당초 기업업무추진비 한도의 50%만 그 한도로 인정한다.

법소정 부동산임대업 법인의 기업업무추진비 한도액 = ① + ② + ③
① 기업업무추진비 기초액 한도액 × 50%
② 매출액기준 한도액 × 50%
③ MIN[문화기업업무추진비, (① + ②) × 50% × 20%]

> 법소정 소규모 부동산임대업 법인이란 다음의 조건에 모두 해당하는 법인을 말한다.
> 1. 해당 사업연도 종료일 현재 내국법인의 지배주주 등이 보유한 주식 등의 합계가 해당 내국법인의 발행주식총수 또는 출자총액의 100분의 50을 초과할 것
> 2. 부동산 임대업이 주업이거나, 부동산임대업소득과 이자소득과 배당소득의 합계액이 기업회계기준에 따른 매출액의 70% 이상일 것
> 3. 해당 사업연도의 상시근로자 수가 5인 미만일 것

제5절 기부금

I 기부금의 개념 및 범위

(1) 기부금의 개념
기부금이란 내국법인이 사업과 직접적인 관계없이 무상으로 지출하는 금액(의제기부금 포함)을 말한다. 기부금은 사업과 직접적인 관계가 없기 때문에 원칙적으로는 손금에 포함되지 않지만 법인의 사회적책임 등을 장려하기 위해 일정한 한도 내에서 손금으로 산입한다.

(2) 기부금의 범위
① 본래의 기부금
   내국법인이 사업과 직접적인 관계없이 무상으로 지출하는 금액을 말한다.
② 의제기부금
   내국법인이 특수관계인 외의 자에게 정당한 사유 없이 자산을 정상가액보다 낮은 가액(시가 × 70%)으로 양도하거나 정상가액보다 높은 가액(시가 × 130%)으로 하여 실질적으로 그 차액을 증여한 것을 의제기부금이라 한다.

참고 의제기부금

CASE 1 정상가액이 1,000인 토지를 1,500에 매입한 경우(고가매입)
(세법상 기부금한도액은 300이라고 가정)

회계				세법			
(차) 토지	1,500	(대) 현금	1,500	(차) 토지	1,000	(대) 현금	1,500
				기부금	500		

① 회계상 순자산 > 세법상 순자산: 500(△유보)
② 기부금한도초과액 200 손금불산입(기타사외유출)
⇨ 토지 500 손금산입(△유보)
   기부금한도초과액 200 손금불산입(기타사외유출)

CASE 2 정상가액이 700인 토지를 500에 양도한 경우(토지의 장부가액 800)
(세법상 기부금한도액은 50이라고 가정)

회계				세법			
(차) 현금	500	(대) 토지	800	(차) 현금	500	(대) 토지	800
처분손실	300			처분손실	100		
				기부금	200		

① 회계상 순자산 = 세법상 순자산
② 기부금한도초과액 150 손금불산입(기타사외유출)
   ⇨ 기부금한도초과액 150 손금불산입(기타사외유출)

참고 의제기부금과 부당행위계산의 부인

1. 특수관계인에 대한 부의 무상이전은 부당행위계산부인에 해당하지만 그 지출액이 특례기부금·일반기부금에 해당할 때에는 **기부금 규정을 우선 적용**한다.
2. 특수관계인에게 저가양도하거나 특수관계인으로부터 고가매입한 경우 부당행위계산부인규정이 적용되므로 기부금에 해당하지 않는다.

Ⅱ 기부금의 구분

기부금은 특례기부금, 우리사주조합기부금, 일반기부금과 전액 손금불산입 항목인 비지정기부금으로 구분한다.

(1) 특례기부금 – 특례기부금은 50%의 한도를 적용받는 기부금이다.
  ① **국가나 지방자치단체에 무상으로 기증**하는 물품의 가액(기부금품의 모집 및 사용에 관한 법률의 적용을 받는 기부금품은 같은 법에 따라 접수하는 것만 해당)
  ② 국방헌금과 국군장병 위문금품의 가액
  ③ **천재지변(특별재난지역으로 선포된 경우 포함)으로 생기는 이재민을 위한 구호금품의 가액**
  ④ 사회복지사업, 그 밖의 사회복지활동의 지원에 필요한 재원을 모집·배분하는 것을 주된 목적으로 하는 비영리법인으로서 대통령령으로 정하는 요건을 갖춘 법인에 지출하는 기부금 예 사회복지공동모금회법에 따른 사회복지공동모금회, 재단법인 바보의 나눔

⑤ 사립학교, 비영리교육재단, 기능대학, 전공대학 명칭을 사용할 수 있는 평생교육시설 및 원격대학, 법 소정 외국교육기관 및 국제학교 산학협력단, 과학기술원, 국립대학법인 서울대학교 및 인천대학교, 기획재정부장관이 지정·고시하는 한국학교 등에 시설비·교육비·장학금·연구비로 지출하는 기부금
⑥ 국립대학병원, 국립대학치과병원, 서울대학교병원, 서울대학교치과병원, 사립학교가 운영하는 병원, 국립암센터, 지방의료원 및 대한적십자사에 시설비·교육비 또는 연구비로 지출하는 기부금, 특례기부금 단체에 해당하는 병원이 설립하는 의료기술협력단
⑦ 「한국장학재단 설립 등에 관한 법률」에 따른 한국장학재단에 대한 기부금

(2) 우리사주조합기부금
① 법인이 **우리사주조합에 지출하는 기부금**을 우리사주조합기부금이라 한다. 우리사주조합기부금이란 법인이 우리사주제도를 실시하는 회사의 법인주주 등이 우리사주 취득을 위한 재원 마련을 위해서 우리사주조합에 지출하는 기부금을 의미한다.
② 법인이 우리사주조합에 출연하는 자사주의 장부가액 또는 금품은 전액 손금으로 인정하므로 기부금에 해당하지 아니한다.

(3) 일반기부금 - 10%의 한도를 적용하는 기부금이다.
① 다음의 비영리법인(단체 및 비영리외국법인 포함)에 고유목적사업비로 지출하는 기부금
  ㉠ 「사회복지사업법」에 따른 사회복지법인 및 「영유아보육법」에 따른 어린이집
  ㉡ 「유아교육법」에 따른 「유치원, 초·중등교육법」 및 「고등교육법」에 따른 학교, 「근로자직업능력 개발법」에 따른 기능대학, 「평생교육법」에 따른 전공대학 형태의 평생교육시설 및 원격대학 형태의 평생교육시설
  ㉢ 「의료법」에 따른 의료법인, 일반기부금 단체에 해당하는 병원이 설립하는 의료기술협력단
  ㉣ 종교의 보급, 그 밖의 교화를 목적으로 문화체육관광부장관 또는 지방자치단체의 장의 허가를 받아 설립한 비영리법인(그 소속 단체를 포함)
  ㉤ 비영리법인, 비영리외국법인, 사회적협동조합, 「공공기관의 운영에 관한 법률」에 따른 공공기관, 법률에 따라 직접 설립 또는 등록된 기관 중 법정요건을 충족한 것으로서 국세청장의 추천을 받아 기획재정부장관이 지정하여 고시한 법인
    예 국민건강보험공단, 근로복지공단, 독립기념관, 대한적십자사, 한국과학창의재단(단, 22년 12월 31일까지는 특례기부금단체) 등
② 다음에 해당하는 기부금
  ㉠ 「유아교육법」에 따른 유치원, 「초·중등교육법」 및 「고등교육법」에 따른 학교, 「근로자직업능력 개발법」에 따른 기능대학, 「평생교육법」에 따른 전공대학 형태의 평생교육시설 및 원격대학 형태의 평생교육시설의 장이 추천하는 개인에게 교육비·연구비 또는 장학금으로 지출하는 기부금
  ㉡ 「상속세 및 증여세법」 시행령 제14조의 요건을 갖춘 공익신탁으로 신탁하는 기부금
  ㉢ 사회복지·문화·예술·교육·종교·자선·학술 등 공익목적으로 지출하는 기부금으로서 기획재정부장관이 지정하여 고시하는 기부금(불우이웃을 돕기 위하여 지출하는 기부금, 근로복지진흥기금 출연금, 국민체육진흥기금 출연금)
③ 사회복지시설 또는 기관 중 무료 또는 실비로 이용할 수 있는 시설 또는 기관에 기부하는 금품의 가액(아동복지시설, 노인복지시설, 장애인복지시설 등)

④ 다음의 요건을 모두 갖춘 국제기구로서 기획재정부장관이 지정하여 고시하는 국제기구에 지출하는 기부금
  ㉠ 사회복지·문화·예술·교육·종교·자선·학술 등 공익을 위한 사업을 수행할 것
  ㉡ 우리나라가 회원국으로 가입하였을 것
⑤ 법인으로 보는 단체 중 고유목적사업준비금의 설정대상이 아닌 단체가 수익사업에서 발생한 소득을 고유목적사업비로 지출한 금액

> **고유목적사업비**
> 해당 비영리법인 또는 단체에 관한 법령 또는 정관에 규정된 설립목적을 수행하는 사업으로서 수익사업(보건업 및 사회복지 서비스업 중 보건업은 제외) 외의 사업에 사용하기 위한 금액

(4) 비지정기부금 - 전액 손금에 산입하지 아니하는 금액

특례기부금, 우리사주조합기부금, 일반기부금 외의 기부금은 모두 비지정기부금에 속한다.
① 동창회, 종친회, 향우회, 새마을금고, 신용협동조합에 지출하는 기부금
② 법인이 정당에 지출하는 기부금

> **참고** 비지정기부금의 소득처분
>
> 비지정기부금을 지출한 법인은 전액 손금불산입하며, 기부받은 자의 경우는 다음의 구분에 따라 소득처분한다.
> 1. 주주: 배당
> 2. 임직원: 상여
> 3. 이외의 자: 기타사외유출

Ⅲ 현물기부금의 평가

법인이 기부금을 금전 외의 자산(현물기부금)으로 제공한 경우 해당 자산의 가액은 다음의 구분에 따라 산정한다.

구분		현물기부금 평가
(1) 특례기부금		장부가액
(2) 일반기부금	① 일반적인 경우	장부가액
	② 특수관계인에게 기부	MAX[시가, 장부가액]
(3) 비지정기부금		MAX[시가, 장부가액]

일반기부금에 해당하지만 특수관계인에게 기부한 것이라면 일반기부금단체를 통한 편법적인 상속 및 증여의 소지가 있으므로 시가와 장부가액 중 큰 금액으로 평가한다.

> **기출 Check** 22년 9급
>
> **14** 법인세법령상 기업업무추진비(접대비)와 기부금에 대한 설명으로 옳지 않은 것은?
> ① 법인이 그 직원이 조직한 단체에 복리시설비를 지출한 경우 해당 단체가 법인인 때에는 이를 접대비로 본다.
> ② 주주가 부담하여야 할 성질의 기업업무추진비를 법인이 지출한 것은 이를 접대비로 보지 아니한다.
> ③ 법인이 천재지변으로 생기는 이재민을 위한 구호금품을 금전 외의 자산으로 제공한 경우 해당 자산의 가액은 기부했을 때의 시가에 따라 산정한다.
> ④ 법인이 기부금을 미지급금으로 계상한 경우 실제로 이를 지출할 때까지는 당해 사업연도의 소득금액 계산에 있어서 이를 기부금으로 보지 아니한다.
>
> **6** ③
> **해설** 법인이 천재지변으로 생기는 이재민을 위한 구호금품을 금전 외의 자산으로 제공한 경우 해당 자산의 가액은 장부가액에 따라 산정한다.

Ⅳ 기부금의 귀속시기

구분	귀속시기
(1) 일반적인 경우	지출한 날이 속하는 사업연도(현금주의)
(2) 어음을 발행한 경우	어음이 실제로 결제된 날
(3) 수표를 발행한 경우	당해 수표를 교부한 날
(4) 선일자수표를 발행한 경우	선일자수표가 실제로 결제된 날
(5) 설립인가중인 법인에게 지출한 경우	법인의 설립인가일

정부로부터 인·허가를 받기 이전의 설립 중인 공익법인 및 단체 등에 일반기부금에 해당하는 기부금을 지출하는 경우에는 그 법인 및 단체가 정부로부터 인가 또는 허가를 받은 날이 속하는 사업연도의 일반기부금으로 한다.

Ⅴ 기부금의 한도

(1) 차가감소득금액의 계산

$$차가감소득금액 = 당기순이익 + 익금산입·손금불산입 - 손금산입·익금불산입$$

차가감소득금액은 기부금한도계산의 결과를 제외한 모든 세무조정이 반영된 후의 금액이므로 비지정기부금, 귀속시기, 고가매입 의제기부금 등의 기부금 자체에 대한 세무조정을 모두 반영하여야 한다.

(2) 기준소득금액의 계산

$$기준소득금액 = 차가감소득금액 + 특례·우리사주조합 및 일반기부금 지출액$$

⊙ 기준소득금액에는 합병·인적분할로 발생하는 양도소득은 제외한다.

(3) 기부금 한도액

구분	기부금 한도액
① 특례기부금	(기준소득금액 - 이월결손금) × 50%
② 우리사주조합기부금	(기준소득금액 - 이월결손금 - 특례기부금 손금) × 30%
③ 일반기부금	(기준소득금액 - 이월결손금 - 특례기부금 손금 - 우리사주조합기부금 손금) × 10%(사회적기업 20%)

⊙ 과세표준 계산에 있어 공제대상이 되는 이월결손금은 15년 이내(2019년 이전 발생분은 10년)의 결손금이 대상이다.
⊙ 이월결손금 공제 적용시 각사업연도소득의 60%를 한도로 적용받는 법인은 기준소득금액의 60%를 한도로 한다.

(4) 각 사업연도 소득금액 계산

> 각 사업연도 소득금액 = 차가감소득금액 + 기부금한도초과액 − 기부금한도초과이월액 손금산입

① 기부금한도계산의 결과액도 일종의 세무조정사항이기 때문에 기부금한도계산의 결과액까지 반영한 후의 소득금액이 각사업연도소득금액이 된다.
② 신고서식을 작성할 때 차가감소득금액과 각사업연도소득금액을 구분하여 기재하여야 한다.
③ 기부금한도계산의 결과는 소득금액조정합계표에 기재하지 않고, 과세표준세액조정계산서에 바로 기재된다.

VI 기부금의 이월손금산입

(1) 기부금의 공제 순서

① 내국법인이 각 사업연도에 지출하는 기부금 중 한도초과로 이월된 기부금은 해당 사업연도에 지출한 기부금보다 먼저 손금에 산입한다. 이월된 기부금을 먼저 손금에 산입한 후 남은 한도에서 해당 연도 지출액을 손금에 산입한다.
② 이월된 기부금이 여러 건이라면 먼저 발생한 이월금액부터 손금에 산입한다.

(2) 이월손금산입 대상 기부금

구분	이월기간
특례기부금 한도초과액	10년간 이월하여 손금에 산입한다.
일반기부금 한도초과액	10년간 이월하여 손금에 산입한다.

① 우리사주조합기부금은 이월의 제도가 없다.
② 2012년까지 지출액은 5년간 이월하며, 2013년도 지출액부터 10년간 이월한다.

제6절 업무용승용차 관련비용

I 업무용승용차 및 관련비용의 범위

(1) 업무용승용차

업무용승용차란 개별소비세의 과세대상이 되는 승용자동차로 다음에 해당하지 않는 것을 말한다.

> 운수업, 자동차판매업, 자동차임대업(렌트카회사), 운전학원업, 경비업의 출동차량, 시설대여업(리스회사)에서 사업상 수익 창출을 위해 직접적으로 사용하는 승용자동차, 장례식장 및 장의관련 서비스업을 영위하는 법인이 소유하거나 임차한 운구용 승용차, 임시운행허가를 받은 자율주행자동차 제외

(2) 업무용승용차의 관련비용

업무용승용차의 관련비용에는 감가상각비, 임차료, 유류비, 보험료, 수선비, 자동차세, 통행료, 금융리스에 대한 이자비용 등 업무용승용차의 취득 및 유지와 관련된 비용을 말한다.

Ⅱ 업무용승용차 관련비용의 규제

(1) 업무용승용차 관련비용의 손금불산입

업무용승용차 관련비용 중에서 업무사용금액에 해당하지 아니하는 금액은 전액 손금불산입(기타사외유출)의 소득처분을 한다.

(2) 업무용승용차별 감가상각비 한도초과액 및 이월손금산입

① 업무사용금액 중 업무용승용차별 감가상각비가 세법상 한도(800만 원)을 초과하는 금액은 당기에 손금에 산입하지 않고 손금불산입(유보)한다.
② 다음 사업연도부터 업무용승용차의 업무사용금액 중 감가상각비가 800만 원에 미달하는 경우에는 그 미달금액을 한도로 하여 손금산입(△유보)으로 추인한다.
  ⊙ 보유기간이 1년 미만인 경우에는 800만 원×(보유월수/12)로 계산한다.

(3) 업무용승용차별 처분손실 한도초과액 및 이월손금산입

① 업무용승용차별 처분손실이 세법상 한도(800만 원)를 초과하는 금액은 당기에 손금으로 산입하지 않고 손금불산입(기타사외유출)한다.
② 다음 사업연도부터 800만 원을 균등하게 손금(기타)에 산입한다.
③ 이월된 금액의 누적 잔액이 800만 원 미만인 사업연도에는 해당 잔액을 모두 손금(기타)에 산입한다.
  ⊙ 사업연도가 1년 미만인 경우에는 800만 원×(사업연도월수/12)로 계산한다.

Ⅲ 업무사용금액의 계산

(1) 당기 전체기간(임차한 승용차는 당기 중에 임차한 기간)에 대하여 업무용자동차보험에 가입한 경우

> 업무사용금액 = 업무용승용차 관련비용 × 업무사용비율

> **참고** 업무전용자동차보험
>
> 업무전용자동차보험은 해당 사업연도 전체 기간(임차한 승용차의 임차한 기간)동안 다음의 어느 하나에 해당하는 사람이 운전하는 경우만 보상하는 보험을 말한다.
> 1. 해당 법인의 임원 또는 직원
> 2. 계약에 따라 해당 법인의 업무를 위하여 운전하는 사람
> 3. 해당 법인의 운전자 채용을 위한 면접에 응시한 지원자

(2) 업무전용자동차보험에 가입하지 아니한 경우 – 업무사용금액은 없는 것으로 한다.

Ⅳ 업무사용비율의 계산

구분		업무사용비율
(1) 운행기록을 작성한 경우		$\dfrac{업무용주행거리}{총주행거리}$
(2) 운행기록 미작성	업무용승용차 관련비용이 1,500만 원 이하	100%
	업무용승용차 관련비용이 1,500만 원 초과	$\dfrac{1,500만\ 원}{업무용승용차관련비용}$

① 업무용 주행거리란 제조·판매시설 등 사업장을 방문하거나 거래처·대리점 방문, 회의참석, 판촉활동, 그 외 출·퇴근 등의 업무수행을 위해 주행한 거리를 말한다. 다만, 해당 업무용승용차에 기획재정부령으로 정하는 자동차등록번호판을 부착하지 않은 경우에는 영(0)원으로 한다.

② 보유기간이 1년 미만인 경우 1,500만 원 × (보유월수/12)로 계산한다.

Ⅴ 업무용승용차의 감가상각비 부인 및 감가상각의제

(1) 업무용승용차의 감가상각비 부인

① 업무사용금액 중 업무용승용차 감가상각비

> 감가상각비 한도시부인 대상액 = 업무용승용차별 감가상각비 × 업무사용비율

② 업무용승용차별 감가상각비 한도 = 800만 원 × (보유월수/12)

③ 감가상각비 한도초과액 = ① – ②

(2) 업무용승용차의 감가상각의제

업무용승용차의 감가상각비는 정액법을 상각방법으로 하고, 내용연수를 5년으로 하여 계산한 금액을 손금에 산입하여야 한다.

> **참고** 소규모 부동산임대업 법인에 대한 업무용승용차 관련비용 규제
>
> 1. **소규모 부동산임대업 법인**
>   ① 해당 사업연도 종료일 현재 지배주주등이 보유한 주식이 발행주식총수의 50%를 초과할 것
>   ② 부동산임대업이 주업이거나, 부동산임대업소득과 이자소득, 배당소득의 합계액이 기업회계기준에 따른 매출액의 70% 이상일 것
>   ③ 해당 사업연도의 상시근로자 수가 5인 미만일 것
> 2. **소규모 부동산임대업 법인에 대한 규제**
>   ① 운행기록 등을 작성·비치하지 않은 경우의 최대 업무사용 인정금액을 500만 원(12개월 기준)으로 한다.
>   ② 감가상각비 한도액, 임차료 중 감가상각비 상당액의 한도액, 처분손실 한도액을 400만 원(12개월 기준)으로 한다.

제7절 지급이자

I 지급이자의 개요 및 지급이자 손금부인액의 순서

(1) 지급이자의 개요

법인은 다양한 차입금을 조달하여 영리활동을 수행한다. 원칙적으로 차입금에서 발생하는 지급이자는 법인의 순자산을 감소시키는 손비이며, 사업관련성이 있기 때문에 손금으로 인정된다. 다만, 일정한 지급이자의 경우에는 손금에 산입하지 아니한다.

(2) 지급이자의 손금부인액 부인순서

지급이자의 손금불산입에 관한 규정이 동시에 적용되는 경우에는 아래의 순서에 따라 적용한다.

부인순서	구분	손금부인액 및 소득처분
1순위	채권자 불분명 사채이자	지급이자 전액을 손금불산입(대표자 상여)
2순위	비실명 채권·증권이자	지급이자 전액을 손금불산입(대표자 상여)
3순위	특정차입금 이자	지급이자 전액을 손금불산입(유보)
	일반차입금 이자(선택)	다음 산식에 따른 금액을 손금불산입(유보) $$일반차입금이자 \times \frac{건설비적수 - 특정차입금적수}{일반차입금\ 적수}$$
4순위	업무무관자산 지급이자	다음 산식에 따른 금액을 손금불산입(기타사외유출) $$지급이자 \times \frac{업무무관자산\ 등\ 적수}{차입금\ 적수}$$

⊙ 대표자 상여로 소득처분된 금액에 대한 원천징수세액은 기타사외유출로 처분한다.

II 채권자 불분명 사채이자

(1) 채권자 불분명 사채이자의 범위

채권자 불분명 사채이자란 사채(私債)차입금의 이자수령자가 불분명한 이자지급액으로 다음 중 어느 하나에 해당하는 차입금의 이자를 의미한다. 해당 이자에는 알선수수료·사례금 등 명목여하에 불구하고 사채를 차입하고 지급하는 금품을 포함한다. 다만, 거래일 현재 주민등록표에 의하여 그 거주사실 등이 확인된 채권자가 차입금을 변제받은 후 소재불명이 된 경우의 차입금에 대한 이자를 제외한다.
① 채권자의 주소 및 성명을 확인할 수 없는 차입금
② 채권자의 능력 및 자산상태로 보아 금전을 대여한 것으로 인정할 수 없는 차입금
③ 채권자와의 금전거래사실 및 거래내용이 불분명한 차입금

(2) 채권자 불분명 사채이자에 대한 세무처리

① 채권자 불분명 사채이자는 전액 손금불산입하며, **대표자에 대한 상여**로 소득처분한다. 단, 대표자에 대한 상여로 소득처분한 금액에 대한 **원천징수세액**(소득세 45% + 개인지방소득세 4.5% = 49.5%)은 **손금불산입하며 기타사외유출**로 소득처분한다.
② 채권자 불분명사채의 알선수수료에 대해서도 동일하게 손금불산입 규정을 적용한다.

Ⅲ 비실명 채권·증권이자

비실명 채권·증권이자란 회사가 발행한 회사채의 이자수령자가 불분명한 이자지급액을 말한다. 비실명 채권·증권에 대한 세무처리는 채권자 불분명사채이자의 규정과 동일하게 적용한다.

Ⅳ 건설자금이자(차입원가 자본화)

(1) 건설자금이자에 대한 개요

건설자금이자란 그 명목여하에도 불구하고 사업용 유형자산 및 무형자산의 매입·제작 또는 건설에 소요되는 차입금에 대한 지급이자 등을 말한다. 단, 자산의 건설 등에 소요된지의 여부가 분명하지 아니한 차입금은 제외한다.

구분	국제회계기준(IFRS)	「법인세법」
대상자산	적격자산	사업용 유형자산 및 무형자산
특정차입금 이자	전액 자본화(취득원가 가산)	전액 취득원가 가산(강제사항)
일반차입금 이자	일정범위내 취득원가에 가산	취득원가 가산 또는 손금산입 방법 중 선택

(2) 건설자금이자 중 특정차입금 이자(강제사항)

① 특정차입금에 대한 지급이자에는 지급보증료 등의 차입부대비용도 포함한다.
② 특정차입금에 대한 지급이자는 준공일까지만 계상한다.

> **참고** 준공일
> 1. 토지 매입의 경우: 잔금청산일과 사업 사용일 중 빠른 날
> 2. 건축물의 경우: 취득일 또는 사용개시일 중 빠른 날
> 3. 기타 사업용고정자산의 경우: 사용개시일

③ 특정차입금의 일시예금에서 생기는 수입이자는 원본에 가산하는 취득가액에서 차감한다.
④ **특정차입금의 일부를 운영자금에 전용한 경우에는 그 부분에 상당하는 지급이자는 이를 손금으로 한다.**
⑤ 특정차입금의 연체이자는 건설자금이자에 포함하여 자산화 하지만, 연체이자의 이자는 건설자금이자에서 제외하고 당기손금으로 한다.

(3) 특정차입금에 대한 세무조정

① 건설자금이자를 과소계상한 경우

구분	당기 세무조정	차기 세무조정
㉠ 비상각자산(예 토지)	손금불산입(유보)	손금산입(△유보)
㉡ 건설중인 사업연도	손금불산입(유보)	상각·처분시 손금산입(△유보)
㉢ 건설이 완료된 사업연도	즉시상각의제	

◉ 차기 이후 감가상각을 할 경우 건설자금이자 손금불산입액은 상각부인액으로 간주하여 감가상각비 시인부족액 발생시 추인한다.

② 건설자금이자를 과대계상한 경우

구분	당기 세무조정	차기 세무조정
㉠ 비상각자산(예 토지)	손금산입(△유보)	손금불산입(유보)
㉡ 상각자산(예 건물)	손금산입(△유보)	상각·처분시 손금불산입(유보)

(4) 건설자금이자 중 일반차입금 이자

건설자금이자에서 특정차입금 이자를 차감한 금액으로서 다음에 해당하는 금액은 취득원가에 가산하거나 당기에 손금에 산입하는 방법 중 법인이 선택할 수 있다.

> 일반차입금 자본화 금액
> = (연평균 건설비 지출액 − 연평균 특정차입금) × 일반차입금 연평균이자율
> = 일반차입금이자 × $\dfrac{건설비적수 - 특정차입금적수}{일반차입금 적수}$
>
> ◉ 한도: 건설기간에 실제로 발생한 일반차입금의 지급이자
>
> ㉠ 연평균 건설비 지출액 = $\dfrac{건설비적수}{365일}$
>
> ㉡ 연평균 특정차입금 = $\dfrac{특정차입금적수}{365일}$
>
> ㉢ 일반차입금 연평균이자율 = $\dfrac{일반차입금에서 발생한 이자의 합계액}{해당 사업연도 일반차입금의 적수 \div 해당 사업연도 일수}$

V 업무무관자산 등에 대한 지급이자

업무무관자산을 취득·보유하고 있거나 특수관계인에게 해당 법인의 업무와 관련 없이 지급한 가지급금 등을 지급하고 있는 경우는 법인이 업무무관자산에 대해 투자하는 것을 규제하기 위하여 다음에 해당하는 금액을 손금불산입한다.

(1) 업무무관자산에 대한 지급이자 손금불산입액의 계산

> 손금불산입액 = 지급이자 × $\dfrac{업무무관자산적수 + 업무무관가지급금적수(차입금적수한도)}{차입금적수}$

기출 Check 20년 7급

15 법인세법령상 건설자금에 충당한 차입금의 이자에 대한 설명으로 옳지 않은 것은?

① 특정차입금에 대한 지급이자는 건설등이 준공된 날까지 이를 자본적 지출로 하여 그 원본에 가산하되, 특정차입금의 일시예금에서 생기는 수입이자는 원본에 가산하는 자본적 지출금액에서 차감한다.

② 특정차입금의 일부를 운영자금에 전용한 경우에는 그 부분에 상당하는 지급이자는 이를 손금으로 한다.

③ 특정차입금의 연체로 인하여 생긴 이자를 원본에 가산한 경우 그 가산한 금액은 이를 해당 사업연도의 자본적 지출로 하고, 그 원본에 가산한 금액에 대한 지급이자는 이를 손금으로 한다.

④ 건설자금에 충당한 차입금의 이자에서 특정차입금에 대한 지급이자를 뺀 금액으로서 대통령령으로 정하는 금액은 내국법인의 각 사업연도의 소득금액을 계산할 때 손금에 산입해야 한다.

6 ④

해설 건설자금에 충당한 차입금의 이자에서 특정차입금에 대한 지급이자를 뺀 금액으로서 대통령령으로 정하는 금액은 취득원가에 가산하거나 당기에 손금에 산입하는 방법 중 법인이 선택할 수 있다.

① 지급이자

> 지급이자 = 총 지급이자 − 선순위 손금불산입 지급이자(채권자불분명사채이자, 비실명채권이자, 건설자금이자)

② 지급이자의 대상범위

지급이자 대상범위에 포함	지급이자 대상범위에 불포함
㉠ 금융어음할인료 ㉡ 금융리스료 ㉢ 사채할인발행차금 상각액	㉠ 상업어음할인료 ㉡ 운용리스료 ㉢ 현재가치할인차금 상각액 ㉣ 연지급수입이자 ㉤ 기업구매자금 대출금 이자

③ 차입금적수

> 차입금적수 = 총차입금적수 − 선순위에서 손금불산입된 이자비용의 차입금적수
>
> 차입금적수의 계산 = 차입금잔액 × 차입일수 = $\dfrac{\text{이자비용}}{\text{이자율}} \times 365$

(2) 규제대상자산의 범위

① 업무무관자산의 적수

> 업무무관자산의 적수 = 업무무관자산의 취득가액(특수관계인에게 고가매입시 시가초과액 포함) × 일수

② 가지급금적수

> 가지급금적수 = 가지급금 × 일수

㉠ 가지급금이란 특수관계인에게 업무와 무관하게 대여한 금액을 말한다. 해당 대여금에 대한 적정이자를 수령한 가지급금도 포함된다.
㉡ 동일인에 대한 가지급금 등과 가수금 등이 함께 있는 경우에는 이를 상계한 금액으로 한다. 다만, 가지급금 등과 가수금의 발생시에 각각 상환기간 및 이자율 등에 관한 약정이 있어 상계할 수 없는 경우는 상계하지 아니한다.

참고 업무무관 가지급금의 범위

1. 업무무관 가지급금에는 명칭여하에 불구하고 특수관계인에게 해당 법인의 업무와 관련이 없는 자금의 대여액(금융회사 등의 경우 주된 수익사업으로 볼 수 없는 자금의 대여액을 포함) 및 채권의 성질상 대여금에 준하는 것도 포함된다. 가지급금의 업무관련성 여부는 해당 법인의 목적사업이나 영업내용 등을 기준으로 객관적으로 판단한다.
2. 법인이 특수관계 있는 자와의 거래에서 발생된 외상매출금 등의 회수가 지연되는 경우로서 해당 매출채권이 실질적인 소비대차로 전환된 것으로 인정되는 때에는 업무무관 가지급금으로 본다. 다만, 거래상대방의 자금사정 등으로 불가피하게 그 회수가 지연되는 등 매출채권의 회수가 지연되는 데 정당한 사유가 있다고 인정되는 경우에는 해당 매출채권의 지연에 따른 연체료 상당액을 받기로 한 경우에도 해당 매출채권이 업무와 관련없는 가지급금으로 전환된 것으로 보지 아니한다.
3. **업무무관 가지급금에서 제외되는 경우**
   ① 내국법인이 해외현지법인의 시설 및 운영자금을 대여한 경우에 그 자금의 대여가 사실상 내국법인의 영업활동과 관련된 것인경우
   ② 미지급소득(잉여금처분 배당 및 잉여금처분 상여를 결의일로부터 3개월까지 미지급함에 따라 지급시기 의제가 적용되는 배당금과 상여금)에 대한 소득세 대납액
   ③ 국외에 자본을 투자한 내국법인이 해당 국외투자법인에 종사하거나 종사할 자의 여비·급료 기타 비용을 대신하여 부담한 금액
   ④ 우리사주조합에 주식취득자금을 대여한 금액
   ⑤ 귀속자불분명 대표자 인정상여에 대한 소득세 대납액
   ⑥ 직원에 대한 급여범위내 가불금, 경조사비 대여금, 학자금 대여금
   ⑦ 중소기업 직원(지배주주인 직원은 제외)에 대한 주택구입 또는 전세자금의 대여액
   ⑧ 「국민연금법」에 의하여 근로자가 지급받은 것으로 보는 퇴직금전환금(당해 근로자가 퇴직할 때까지의 기간에 상당하는 금액에 한함)
   ⑨ 한국자산관리공사가 출자총액의 전액을 출자하여 설립한 법인에 대여한 금액

CHAPTER 05 손익의 귀속사업연도와 자산·부채의 평가

제1절 손익의 귀속사업연도

법인세 손익의 일반적인 귀속사업연도는 **권리의무확정주의**에 의한다. 즉, 내국법인의 각 사업연도의 익금과 손금의 귀속사업연도는 그 **익금과 손금이 확정된 날**이 속하는 사업연도로 한다.

I 자산의 판매

(1) 일반원칙 - 인도기준

구분	손익의 귀속시기
① 재고자산(부동산 제외)의 일반판매	그 상품 등을 인도한 날 ◎ 단, 검수조건부판매시 검사완료일
② 재고자산(부동산 제외)의 시용판매	㉠ 상품 등에 대한 **매입의사 표시일** ㉡ 일정기간 내에 반송하거나 거절의 의사를 표시하지 아니하면 특약 등에 의하여 그 판매가 확정되는 경우: 그 기간의 만료일
③ 상품 등 외의 자산의 양도 (부동산 포함)	㉠ 대금청산일 ㉡ 대금을 청산하기 전에 소유권 등의 이전등기·등록을 하거나 당해 자산을 인도하거나 상대방이 당해 자산을 사용수익하는 경우: **대금청산일, 소유권이전등기일·인도일 또는 사용수익일 중 빠른 날** ◎ 재고자산에 해당하는 부동산도 동일
④ 자산의 위탁매매	수탁자가 위탁자산을 매매한 날
⑤ 증권시장에서 보통거래 방식의 유가증권의 매매	매매계약 체결일

◎ 매출할인의 경우 약정일(약정일이 없는 경우에는 **지급일**)이 속하는 연도의 매출액에서 차감한다.

참고 인도일

상품 등을 인도한 날의 판정을 함에 있어서 다음의 경우에는 규정된 날로 한다.

구분	인도일
① 납품계약 또는 수탁가공계약에 의하여 물품을 납품하거나 가공하는 경우	당해 물품을 계약상 인도하여야 할 장소에 보관한 날
② 물품을 수출하는 경우	수출물품을 계약상 인도하여야 할 장소에 보관한 날
③ 상품 등 외의 자산	대금청산일, 소유권이전등기일, 인도일 또는 사용수익일 중 빠른 날

(2) 장기할부판매

① 장기할부판매의 요건

장기할부판매는 다음의 요건을 모두 갖춘 판매를 말한다.

구분	장기할부 적용 요건
㉠ 분할요건	자산의 판매금액 또는 수입금액을 월부·연부 기타의 지불방법에 따라 2회 이상 분할하여 수입하는 것
㉡ 기간요건	당해 목적물의 인도일의 다음날부터 최종 할부금의 지급기일까지의 기간이 1년 이상인 것

② 일반적인 장기할부판매의 인식기준

회계상 결산서	「법인세법」
명목가액 인도기준 계상	명목가액 인도기준 인정
현재가치 인도기준 계상	현재가치 인도기준 인정
회수기일 도래기준 계상	회수기일(약정일) 도래기준 인정

㉠ 현재가치 인도기준 인정 : 법인이 장기할부조건 등에 의하여 자산을 판매하거나 양도함으로써 발생한 채권에 대하여 기업회계기준이 정하는 바에 따라 현재가치로 평가하여 현재가치할인차금을 계상한 경우 해당 현재가치할인차금상당액은 해당 채권의 회수기간동안 기업회계기준이 정하는 바에 따라 환입하였거나 환입할 금액을 각 사업연도의 익금에 산입한다.

㉡ 회수기일 도래기준 인정(결산조정) : 법인이 장기할부조건으로 자산을 판매하거나 양도한 경우로서 판매 또는 양도한 자산의 인도일(재고자산 외 자산은 빠른 날)이 속하는 사업연도의 결산을 확정함에 있어서 해당 사업연도에 회수하였거나 회수할 금액과 이에 대응하는 비용을 각각 수익과 비용으로 계상한 경우에는 그 장기할부조건에 따라 각 사업연도에 회수하였거나 회수할 금액과 이에 대응하는 비용을 각각 해당사업연도의 익금과 손금에 산입한다.

㉢ 회수기일 도래기준 적용시 주의사항
  ⓐ 인도일 이전에 회수하였거나 회수할 금액은 인도일을 귀속시기로 간주한다.
  ⓑ 법인이 회수기간 중에 폐업한 경우에는 그 폐업일 현재 익금에 산입하지 아니한 금액과 이에 대응하는 비용을 폐업일이 속하는 사업연도의 익금과 손금에 각각 산입한다.

㉣ 중소기업 장기할부판매 인식기준

중소기업의 회수기일 도래기준 신고조정 허용 : 중소기업이 장기할부조건으로 자산을 판매하거나 양도한 경우에는 결산상 회계처리와 상관없이 그 장기할부조건에 따라 각 사업연도에 회수하였거나 회수할 금액과 이에 대응하는 비용을 각각 해당 사업연도의 익금과 손금에 산입할 수 있다.

회계상 결산서	「법인세법」
ⓐ 명목가액 인도기준 계상	회수기일 도래기준 선택가능
ⓑ 현재가치 인도기준 계상	회수기일 도래기준 선택가능
ⓒ 회수기일 도래기준 계상	회수기일 도래기준 인정

> **참고** 중소기업의 장기할부판매 매출액의 산정

회계상 결산서	「법인세법」	세무조정
1. 매출 1,000(명목가액)	매출 500(회수기일)	매출 500 익금불산입(△유보)
2. 매출 700(현재가치)	매출 500(회수기일)	매출 200 익금불산입(△유보)
3. 매출 500(회수기일)	매출 500(회수기일)	−

> 📌 회수하였거나 회수할 금액
> 1. 회수한 금액: 회수기일이 도래한 금액 중 실제로 회수한 금액
> 2. 회수할 금액: 회수기일이 도래하였으나 아직 회수하지 못한 금액으로 미회수분은 포함하지만 선회수분은 포함하지 않는다.

Ⅱ 용역의 제공

(1) 일반적인 인식기준 − 진행기준

① 건설·제조 기타 용역(도급공사 및 예약매출 포함)의 제공으로 인한 익금과 손금은 그 목적물의 건설 등의 착수일이 속하는 사업연도부터 그 목적물의 인도일(용역제공의 경우에는 그 제공을 완료한 날)이 속하는 사업연도까지 그 목적물의 작업진행률을 기준으로 하여 계산한 수익과 비용을 각각 해당 사업연도의 익금과 손금에 산입한다.

② 작업진행률의 산정기준
  ㉠ 세법에서 적용하는 작업진행률의 산정기준에는 원가기준법, 투입량기준법, 산출량기준법을 모두 인정한다.

$$작업진행률 = \frac{해당\ 사업연도\ 말까지\ 발생한\ 총공사비\ 누적액}{총공사예정비}$$

  ㉡ 단, 진행률을 산정하기 불가능한 경우에는 인도기준을 적용한다. 용역제공은 완성기준을 적용한다.
  ㉢ 공사손실충당금 및 하자보수충당금의 설정은 인정하지 아니하며, 이를 실제로 지출한 때의 손금으로 한다.

구분	진행률 산정시 유의사항
공사손실충당금	발생한 공사원가에서 제외한다.
하자보수비	법인이 채택한 기업회계기준과 동일하게 처리한다(일반기업회계기준: 하자보수비를 포함, 국제기업회계기준: 하자보수비를 제외함).

③ 공사계약 해약시: 작업진행률에 의한 익금 또는 손금이 공사계약의 해약으로 인하여 확정된 금액과 차액이 발생된 경우에는 그 차액을 해약일이 속하는 사업연도의 익금 또는 손금에 산입한다.

(2) 예외에 해당하는 용역제공기준 - 인도기준 또는 완성기준 중 선택가능

① 선택가능한 사유

다음 중 어느 하나에 해당하는 경우에는 그 목적물의 인도일이 속하는 사업연도의 익금과 손금에 산입할 수 있다.

㉠ 중소기업의 단기건설: 중소기업인 법인이 수행하는 계약기간이 1년 미만인 건설 등의 경우

㉡ 기업회계기준에 따라 인도기준 또는 완성기준으로 손익을 계상한 경우

② 인도기준을 강제하는 경우

다음 중 어느 하나에 해당하는 경우에는 그 목적물의 **인도일**이 속하는 사업연도의 익금과 손금에 각각 산입한다.

㉠ 지급배당 소득공제를 적용받는 유동화전문회사 등 법인으로서 국제회계기준을 적용하는 법인이 수행하는 예약매출의 경우

㉡ 작업진행률을 계산할 수 없다고 인정되는 경우로서 법인이 기록·보관한 장부가 없거나 장부의 내용이 충분하지 않아 해당 사업연도 종료일까지 실제로 사용된 총공사비누적액 또는 작업시간 등을 확인할 수 없는 경우

Ⅲ 이자소득 등의 귀속사업연도

이자수익 및 이자비용의 익금과 손금 귀속사업연도는 다음에 의한다.

(I) 이자수익 및 이자비용의 귀속사업연도

① 원칙(수령일 또는 약정일)

이자수익과 이자비용의 수입시기는 「소득세법」에 따른 수입시기에 해당하는 날이 속하는 사업연도에 의한다.

참고 「소득세법」상 주요 이자소득의 수입시기

구분	수입시기
1. 무기명 공·사채의 이자소득	수령일
2. 기명 공·사채의 이자소득	약정일
3. 예금·적금의 이자소득	수령일
4. 비영업대금의 이익	수령일과 약정일 중 빠른날

② 특례 귀속시기
  ㉠ 발생주의 허용: 기업이 결산확정시 기간경과분에 대응하는 이자와 할인액을 해당 사업연도의 수익으로 장부에 계상(미수이자 및 미지급비용 계상)한 경우에는 그 계상한 사업연도의 익금 또는 손금으로 한다.
  ㉡ 금융보험업을 영위하는 법인
    ⓐ 금융보험업을 영위하는 법인의 이자소득은 실제로 수입된 날(선수입이자 및 할인액은 제외)을 귀속사업연도로 한다.
    ⓑ 특례: 기간경과분을 수익으로 계상한 경우에는 그 계상한 사업연도의 익금으로 한다(원천징수되는 이자 및 할인액은 제외).

> **발생주의 특례가 적용되지 않는 경우**
> 1. 원천징수되는 이자수익
> 2. 차입일로부터 이자지급일이 1년을 초과하는 특수관계인과의 거래에 따른 이자비용

(2) **배당금수익의 귀속사업연도**

배당금수익의 귀속사업연도는 「소득세법」의 수입시기를 준용한다.

참고 「소득세법」상 주요 배당소득 수입시기

구분	수입시기
1. 일반적인 배당소득	잉여금처분결의일
2. 무기명주식의 배당소득	실제 배당금을 수령한 날(수령일)
3. 무상주 의제배당, 감자시 의제배당	자본전입결의일, 감자결의일
4. 합병·분할시 의제배당	합병·분할등기일
5. 해산시 의제배당	잔여재산가액 확정일

단, 금융회사 등이 금융채무 등 불이행자의 신용회복 지원과 채권의 공동추심을 위하여 공동으로 출자하여 설립한 유동화전문회사로부터 수입하는 배당금은 실제로 지급받은 날이 속하는 사업연도의 익금에 산입한다.

(3) **기타 귀속사업연도**

① 투자회사 등이 결산을 확정할 때 증권 등의 투자와 관련된 수익 중 이미 경과한 기간에 대응하는 이자 및 할인액과 배당소득을 해당 사업연도의 수익으로 계상한 경우에는 그 계상한 사업연도의 익금으로 한다.
② 「자본시장과 금융투자업에 관한 법률」에 따른 신탁업자가 운용하는 신탁재산(투자신탁재산은 제외)에 귀속되는 이자소득금액과 투자신탁의 이익의 귀속사업연도는 그 원천징수일이 속하는 사업연도로 한다.
③ 정형화된 거래방식으로 증권을 매매하는 경우 그 수수료의 귀속사업연도는 매매계약이 체결된 날이 속하는 사업연도로 한다.

IV 임대료 등 기타손익에 대한 귀속사업연도

(1) 단기 임대료 및 임차료의 귀속사업연도

① 원칙 – 약정일

자산의 임대 및 임차로 인한 익금과 손금의 귀속사업연도는 다음의 날이 속하는 사업연도로 한다.

㉠ 계약 등에 의하여 임대료, 임차료의 지급기일이 정해진 경우: 그 지급일
㉡ 계약 등에 의하여 임대료, 임차료의 지급기일이 정해지지 아니한 경우: 그 지급을 받은 날(즉, 단기 임대료 및 임차료는 귀속시기가 도래하지 않은 기간경과분은 인정하지 않는 것이 원칙이다)

② 특례 – 발생주의 수용

기업이 결산을 확정시 기간경과분에 대응하는 임대료, 임차료 상당액의 수익과 비용을 해당 사업연도의 수익과 손비로 계상한 경우에 한하여 당기의 익금 또는 손금으로 인정한다.

(2) 장기 임대료 및 임차료의 귀속사업연도 – 발생주의

장기 임대료 및 임차료는 임대료 및 임차료의 지급기간이 1년을 초과하는 경우를 의미한다. 회계결산서상 발생주의로 회계처리 하는 것을 세법도 수용하여 **기업이 결산을 확정시 기간경과분에 대응하는 임대료, 임차료 상당액의 수익과 비용을 해당 사업연도의 수익과 손비로 계상한 경우에 한하여 당기의 익금 또는 손금으로 인정한다.**

> **참고** 지급기간과 임대기간의 비교
>
> 1. 5년간 임대계약을 맺고 매월 임대료를 수령하는 경우: 임대료의 지급기간은 1개월로 단기이지만, 임대기간은 5년으로 장기에 해당한다.
> 2. 5년간 임대계약을 맺고 5년치 임대료를 임대개시일에 전액 수령하는 경우: 지급기간이 5년이므로 장기이며, 임대기간도 5년으로 장기에 해당한다.

기출 Check 23년 7급

16 법인세법령상 손익의 귀속시기에 대한 설명으로 옳지 않은 것은?

① 건설·제조 기타 용역(도급공사 및 예약매출을 포함한다)의 제공에 대하여 기업회계기준에 따라 그 목적물의 인도일이 속하는 사업연도의 수익과 비용으로 계상한 경우 그 목적물의 인도일이 속하는 사업연도의 익금과 손금에 산입할 수 있다.

② 장기할부조건 등에 의하여 자산을 판매하거나 양도함으로써 발생한 채권에 대하여 기업회계기준이 정하는 바에 따라 현재가치로 평가하여 현재가치할인차금을 계상한 경우 해당 현재가치할인차금 상당액은 해당 채권의 회수기간동안 기업회계기준이 정하는 바에 따라 환입하였거나 환입할 금액을 각 사업연도의 익금에 산입한다.

③ 부동산 양도로 인한 손익의 귀속시기는 대금청산일, 소유권이전 등기(등록)일, 인도일 또는 사용수익일 중 빠른 날로 한다.

④ 법인이 매출할인을 하는 경우 그 매출할인금액은 상대방과의 약정에 의한 지급기일이 속하는 사업연도의 매출액에서 차감하고, 그 지급기일이 정하여 있지 아니한 경우에는 매출한 날이 속하는 사업연도의 매출액에서 차감한다.

❻ ④

해설 법인이 매출할인을 하는 경우 그 매출할인금액은 상대방과의 약정에 의한 지급기일이 속하는 사업연도의 매출액에서 차감하고, 그 지급기일이 정하여 있지 아니한 경우에는 지급일이 속하는 사업연도의 매출액에서 차감한다.

(3) 기타거래의 귀속사업연도

거래의 유형	귀속사업연도
① 금전등록기 설치법인	인도기준 또는 현금주의 중에서 선택할 수 있다. ⊙ 영수증을 작성·교부할 수 있는 업종을 영위하는 법인이 금전등록기를 설치·사용하는 경우 그 수입하는 물품대금과 용역대가의 귀속사업연도는 그 금액이 실제로 수입된 사업연도로 할 수 있다.
② 사채할인발행차금	기업회계기준을 준용한다. 법인이 사채를 발행하는 경우에 상환할 사채금액의 합계액에서 사채발행가액(사채발행수수료와 사채발행을 위하여 직접 필수적으로 지출된 비용을 차감한 후의 가액)의 합계액을 공제한 금액(사채할인발행차금)은 기업회계기준에 의한 사채할인발행차금의 상각방법에 따라 이를 손금에 산입한다.
③ 자산유동화 거래	「자산유동화에 관한 법률」에 의하여 보유자산을 양도하는 경우 및 매출채권 또는 받을어음을 배서양도하는 경우에는 기업회계기준에 의한 손익인식방법에 따라 관련 손익의 귀속사업연도를 정한다.<table><tr><th>회계</th><th>세법</th></tr><tr><td>회계상 매각거래</td><td>세법상 매각거래</td></tr><tr><td>회계상 차입거래</td><td>세법상 차입거래</td></tr></table>
④ 목적물을 인도하지 않고 차액만 정산하는 파생상품 거래의 손익	계약의 목적물을 인도하지 아니하고 목적물의 가액변동에 따른 차액을 금전으로 정산하는 파생상품의 거래로 인한 손익은 그 거래에서 정하는 **대금결제일**이 속하는 사업연도의 익금과 손금으로 한다.
⑤ 개발완료 전 취소된 개발비	법인이 개발비로 계상하였으나 해당 제품의 판매 또는 사용이 가능한 시점이 도래하기 전에 개발을 취소한 경우에는 다음의 요건을 모두 충족하는 날이 속하는 사업연도의 손금에 산입한다. ㉠ 해당 개발로부터 상업적인 생산 또는 사용을 위한 해당 재료·장치·제품·공정·시스템 또는 용역을 개선한 결과를 식별할 수 없을 것 ㉡ 해당 개발비를 전액 손비로 계상하였을 것
⑥ 분배이익금	법인이 아닌 조합 등으로부터 받는 분배이익금의 귀속사업연도는 당해 조합 등의 결산기간이 종료하는 날이 속하는 사업연도로 한다.
⑦ 리스료	리스이용자가 리스로 인하여 수입하거나 지급하는 리스료(리스개설직접원가를 제외)의 익금과 손금의 귀속사업연도는 기업회계기준으로 정하는 바에 따른다. 다만, 한국채택국제회계기준을 적용하는 법인의 금융리스 외의 리스자산에 대한 리스료의 경우에는 리스기간에 걸쳐 정액기준으로 손금에 산입한다.

제2절 자산의 취득가액 및 자산·부채의 평가기준

I 자산의 취득가액

(1) 기본원칙

구분	취득가액
① 타인으로부터 매입한 자산	매입가액 + 취득부대비용 ◉ 취득부대비용: 취득세(농어촌특별세 및 지방교육세 포함), 등록면허세, 그 밖의 부대비용
② 일괄취득	토지·건물·구축물을 일괄취득하여 그 가액이 불분명한 경우 「법인세법」상 시가에 비례하여 안분계산
③ 자가제작	제작에 소요된 제작원가 + 취득부대비용 ◉ 제작에 소요된 제작원가 + 취득부대비용 = 원재료비·노무비·운임·하역비·보험료·수수료·공과금(취득세와 등록세를 포함)·설치비 기타 부대비용의 합계
④ 단기금융자산	매입가액(부대비용은 제외)
⑤ 공익법인 등이 기부받은 자산	「상속세 및 증여세법」상 과세가액불산입 대상 공익법인 등이 기부받은 일반기부금에 해당하는 자산은 증여자에 따라 다음과 같이 구분한다. ㉠ 특수관계인 외의 자로부터 기부받은 경우: 기부한 자의 기부당시 장부가액 ◉ 단, 증여세 과세가액에 산입되지 아니한 출연재산이 향후 과세요인이 발생하여 증여세 전액이 부과되는 경우에는 기부 당시의 시가 ㉡ 특수관계인으로부터 기부받은 경우: 취득당시의 시가
⑥ 정부로부터 무상으로 할당받은 온실가스배출권	「온실가스 배출권의 할당 및 거래에 관한 법률」에 따라 정부로부터 무상으로 할당받은 배출권은 0(영)으로 한다.
⑦ 이외의 경우(교환, 증여, 현물출자)	취득 당시 취득한 자산의 시가

(2) 채무 출자전환에 의하여 채권자가 취득하는 주식의 취득가액

구분	취득원가
일반적인 경우	취득 당시의 시가 ◉ 단, 채권가액에 미달하게 주식가액을 수령한 경우에는 채권의 포기로 간주하여 손금, 기업업무추진비, 기부금, 부당행위 등으로 간주한다.
법정요건을 충족한 출자전환	채권의 장부가액(가지급금, 채무보증구상채권 제외)

(3) 합병·분할 등으로 취득하는 경우

구분	적격합병·적격분할	적격 물적분할·현물출자
자산	해당 자산의 장부가액	해당 자산의 시가
주식	당초보유주식의 장부가액 + 의제배당 + 불공정자본거래 이익분여액 − 합병분할 교부금	① 물적분할 및 법인을 신설하는 현물출자: 양도한 순자산 또는 현물출자한 자산의 시가 ② ① 외의 현물출자: 취득한 주식의 시가

구분	비적격합병·비적격분할	비적격 물적분할·현물출자
자산	해당 자산의 시가	해당 자산의 시가
주식	주식의 경우는 적격거래와 동일하다.	

(4) 취득가액 산정의 특수문제

① 저가매입 및 고가매입

㉠ 저가매입

구분	취득가액
일반적인 경우	미실현이익은 과세하지 않으므로 시가와 매입가액의 차액을 취득가액에 가산하지 않는다.
특수관계인인 개인으로부터 유가증권을 저가에 취득	특수관계인으로부터 유가증권을 저가에 매입한 매수법인에게 미실현이익을 과세하고자 시가와 매입가액의 차액에 상당하는 금액을 취득가액에 포함한다.

㉡ 고가매입

거래상대방	취득가액
특수관계인	특수관계인으로부터 고가매입시 취득가액은 **시가**로 한다. 시가보다 초과지급한 금액은 부당행위계산 부인규정에 따라 사외유출로 소득처분한다.
특수관계인 이외의 자	특수관계인 이외의 자로부터 고가매입시 취득가액은 시가에 130%를 곱한 금액을 취득가액으로 한다. 매입가액에서 취득가액을 제외한 초과지급액은 의제기부금으로 보아 기부금 한도에 포함한다.

② 자산의 취득과 관련된 이자비용

㉠ 유형자산 및 무형자산의 취득시 건설자금에 충당한 차입금의 이자 및 일반차입금이자는 취득가액에 포함한다.

㉡ 연지급수입이자(D/A이자, Shipper's Usance이자, Banker's Usance이자)

회계상 결산서	「법인세법」
회계상 장부에 취득원가에 포함	세법도 취득원가에 포함
회계상 장부에 이자비용으로 계상	세법도 이자비용으로 계상하여 취득원가에 포함하지 않음

㉢ 현재가치에 따른 평가의 기업회계기준 수용

ⓐ 장기연불조건으로 매입한 자산(장기할부취득)

회계상 결산서	「법인세법」
회계상 장부에 명목가액으로 계상	세법도 명목가액으로 취득가액 인정
회계상 장부에 현재가치된 금액으로 취득원가를 계상	세법도 현재가치된 금액으로 취득가액 인정

ⓑ 장기금전대차거래

장기금전대차거래의 세법상 취득가액은 **채무의 명목가액**을 그 취득가액으로 한다. 즉, 기업회계기준의 현재가치 평가를 허용하지 않는다.

> **참고** 현재가치할인차금상각액과 연지급수입이자에 미적용되는 규정
>
> 1. 지급이자의 손금불산입
> 2. 수입배당금의 익금불산입 계산시 지급이자 차감
> 3. 원천징수
> 4. 지급명세서 제출의무

② 유형고정자산의 취득과 함께 국·공채를 매입한 경우 취득가액
    기업회계기준에 따라 그 국·공채의 매입가액과 현재가치의 차액을 해당 유형고정자산의 취득가액으로 계상한 경우 해당 국·공채의 취득가액은 채권의 공정가치로 한다.
⑰ 「부가가치세법」상 의제매입세액공제액은 취득가액에서 제외한다.

Ⅱ 자산·부채의 평가기준

구분	자산·부채의 평가기준
(1) 일반적인 경우	내국법인이 보유하는 자산과 부채의 장부가액을 평가(감가상각은 제외)한 경우에는 그 평가일이 속하는 사업연도 및 그 후의 각 사업연도의 소득금액을 계산할 때 그 자산과 부채의 장부가액은 평가하기 전의 가액으로 한다. 즉, 원가법을 원칙으로 하여 평가이익이나 평가손실을 인정하지 않는다.

(2) 평가손익	구분	내용
	① 평가이익 인정	보험업법이나 그 밖의 법률에 따른 유형·무형자산의 평가이익(평가증만 인정하지 평가손은 인정하지 않는다)
	② 평가손실 인정	재고자산에 대해 기업회계기준에 따라 저가법으로 평가하여 평가손실을 계상한 경우
	③ 평가손익 인정	화폐성외화자산·부채에 대하여 시가법으로 평가하는 방법을 선택하는 경우의 평가손익 ※ 단, 투자회사 등이 보유한 집합투자재산은 시가법을 인정하므로 평가손익을 인정한다.

(3) 감액손실	자산의 감액손실은 손금으로 인정하지 않는다. 다만, 다음 중 어느 하나에 해당하는 자산은 그 장부가액을 해당 감액사유가 발생한 사업연도에 시가로 평가하여 장부가액과 시가의 차액을 감액손실로 감액할 수 있고, 그 감액한 금액을 손금으로 계상할 수 있다. 즉, **감액사유가 발생한 날이 속하는 사업연도**(천재지변 등 사유의 경우에는 파손·멸실이 확정된 사업연도 포함)에만 감액손실을 **결산서에 계상(결산조정사항)**한 경우에 손금으로 인정한다.	
	구분	내용
	① 재고자산	재고자산이 파손·부패 등의 사유로 정상가격으로 판매할 수 없는 경우 ⊙ 해당 사유의 경우 별도의 저가법신고는 필요하지 않다.
	② 유형자산	㉠ 천재지변·화재, 법령에 의한 수용, 채굴예정량의 채진으로 인한 폐광으로 파손되거나 멸실된 경우 ㉡ 생산설비가 시설개체·기술낙후로 인해 폐기한 경우(비망가액 1천 원) ㉢ 임차한 사업장의 원상회복을 위해 시설물을 철거한 경우(비망가액 1천 원)
	③ 주식	㉠ 주식을 발행한 법인이 파산한 경우(비망가액 1천 원) ㉡ 주식발행법인이 부도가 발생한 경우 또는 「채무자 회생 및 파산에 관한 법률」에 따른 회생계획인가의 결정을 받았거나 「기업구조조정 촉진법」에 따른 부실징후기업이 된 경우(비망가액 1천 원) ⊙ 단, 상장주식 및 특수관계가 아닌 비상장주식에 한정하며, 특수관계 판정시 소액주주의 기준은 지분율 5% 이하 및 취득가액 10억 원 이하로 판정한다.

기출 Check 24년 9급

17 법인세법령상 내국법인의 손익의 귀속시기와 자산·부채의 평가에 대한 설명으로 옳은 것은?
① 받을어음을 배서양도하는 경우에는 기업회계기준에 의한 손익인식방법에 따라 관련 손익의 귀속사업연도를 정한다.
② 「보험업법」이나 그 밖의 법률에 따른 유형자산의 평가손실은 평가일이 속하는 사업연도의 소득금액을 계산할 때 손금에 산입한다.
③ 유형자산의 취득과 함께 공채를 매입하는 경우 기업회계기준에 따라 그 공채의 매입가액과 현재가치의 차액을 해당 유형자산의 취득가액으로 계상하더라도 그 차액은 취득가액에 포함하지 아니한다.
④ 「특정 금융거래정보의 보고 및 이용 등에 관한 법률」 제2조제3호에 따른 가상자산은 개별법에 따라 평가해야 한다.

6 ①
해설 ② 「보험업법」이나 그 밖의 법률에 따른 유형자산의 평가는 평가증만 허용된다.
③ 유형자산의 취득과 함께 공채를 매입하는 경우 기업회계기준에 따라 그 공채의 매입가액과 현재가치의 차액을 해당 유형자산의 취득가액으로 계상하는 경우 그 차액은 취득가액에 포함한다.
④ 「특정 금융거래정보의 보고 및 이용 등에 관한 법률」 제2조제3호에 따른 가상자산은 선입선출법에 따라 평가해야 한다.

참고 주식의 감액손실 구분

구분	상장법인	비상장법인	
		특수관계 ×	특수관계 ○
파산	○	○	○
부도발생	○	○	×

Ⅲ 재고자산의 평가

(1) 재고자산의 평가

구분	내용
① 평가대상	㉠ 제품, 상품(부동산매매업자의 부동산 포함) ㉡ 반제품, 재공품 ㉢ 원재료 ㉣ 저장품 ⊙ 단, 증권회사의 유가증권은 재고자산에 포함하지 아니한다. 유가증권은 별도의 평가규정을 두고 있다.
② 단위	법인은 재고자산을 평가할 때 해당 자산을 자산별로 구분하여 **종류별·영업장별로 각각 다른 방법**에 의하여 평가할 수 있다. 단, 종류별·영업장별로 각각 다른 방법으로 평가하는 경우 수익과 비용을 영업의 종목별 또는 영업장별로 각각 구분하여 기장하고, 종목별·영업장별로 제조원가보고서와 포괄손익계산서를 작성하여야 한다.

(2) 재고자산의 평가방법

구분	내용
① 원칙	재고자산은 취득원가로 기록하며, 개별법, 선입선출법, 후입선출법, 총평균법, 이동평균법, 소매재고법(매출가격환원법)의 6가지 방법만 인정한다.
② 예외 (저가법)	법인이 재고자산에 대하여 기업회계기준이 정하는 바에 따라 취득원가와 시가 중 낮은 가액으로 평가하는 저가법을 적용한 경우 재고자산은 원가법에 따른 평가액과 기업회계기준에 따라 시가로 평가한 가액 중 작은 금액으로 기록한다. ⊙ 단, 법인이 저가법으로 신고하는 경우 시가와 비교되는 원가법을 함께 신고하여야 한다.

(3) 재고자산 평가방법의 신고기한

법인이 재고자산의 평가방법을 신고하고자 하는 때에는 다음의 기한 내에 재고자산 평가방법신고서(변경신고시에는 변경신고서)를 납세지 관할 세무서장에게 제출하여야 한다. 해당 신고서를 국세정보통신망에 의해 제출한 경우도 포함한다.

구분	내용
① 최초신고	신설법인과 새로 수익사업을 개시한 비영리내국법인은 **당해 법인의 설립일 또는 수익사업개시일이 속하는 사업연도의 법인세 과세표준의 신고기한까지 최초신고**를 하여야 한다. 재고자산 평가방법은 신고로 족하며 승인을 요하지 아니한다.
② 변경신고	재고자산 평가방법을 신고한 법인으로서 기존의 평가방법을 변경하고자 하는 법인은 **변경할 평가방법을 적용하고자 하는 사업연도의 종료일 이전 3개월이 되는 날까지 변경신고**를 하여야 한다.

기출 Check 13년 9급

18 「법인세법」상 재고자산의 평가에 관한 설명으로 옳지 않은 것은?

① 법정 기한내에 재고자산 평가방법을 신고하지 아니한 경우 매매를 목적으로 소유하는 부동산은 납세지 관할세무서장이 선입선출법에 의하여 평가한다.
② 재고자산은 영업장별로 다른 방법에 의하여 평가할 수 있다.
③ 신설법인이 재고자산 평가방법을 신고하고자 하는 때에는 설립일이 속하는 사업연도의 법인세과세표준 신고기한내에 신고하여야 한다.
④ 법인이 신고한 재고자산 평가방법을 변경하고자 하는 경우 변경할 평가방법을 적용하고자 하는 사업연도의 종료일 이전 3월이 되는 날까지 신고하여야 한다.

6 ①

해설 법정 기한내에 재고자산 평가방법을 신고하지 아니한 경우 매매를 목적으로 소유하는 부동산은 개별법 의하여 평가한다.

법인이 신고기한이 경과된 후에 최초신고한 경우에는 신고일이 속한 사업연도까지는 무신고로 간주한다. 단, 변경신고기한 내에 변경신고한 경우에는 변경신고한 연도부터 신고한 평가방법을 적용한다.

(4) 무신고 및 임의로 평가방법을 변경한 경우 재고자산 평가방법

구분	내용
① 무신고	법인의 위의 평가방법 신고기한까지 재고자산 평가방법을 신고하지 않은 경우 **선입선출법**으로 평가한다. ◎ 단, 재고자산이 **부동산인 경우에는 개별법**을 적용한다.
② 임의변경	법인이 신고한 평가방법 외의 방법으로 평가한 경우 또는 기한 내에 재고자산의 평가방법변경 신고를 하지 않고 그 방법을 변경한 경우에는 임의변경으로 본다. 임의변경시 평가방법 = MAX[㉠, ㉡] ㉠ 선입선출법(부동산은 개별법) ㉡ 당초 적법하게 신고한 평가방법 단, 재고자산평가방법을 신고하고 신고한 방법에 따라 평가하였으나 기장 또는 계산상의 착오가 있는 경우에는 재고자산의 평가방법을 달리하여 평가한 것으로 보지 아니한다.

Ⅳ 유가증권의 평가방법

(1) 유가증권의 평가대상 및 평가방법

구분	내용
① 평가대상	㉠ 주식 등 ㉡ 채권 ㉢ 「자본시장과 금융투자업에 관한 법률」에 따른 집합투자재산 ㉣ 「보험업법」의 특별계정에 속하는 자산
② 평가방법	유가증권의 평가는 다음에 해당하는 방법 중 법인이 납세지 관할 세무서장에게 신고한 방법에 의한다. | 구분	내용
㉠ 주식(원가법)	총평균법, 이동평균법
㉡ 채권(원가법)	개별법, 총평균법, 이동평균법
㉢ 집합투자재산(시가법)	장부가액을 시가로 평가한 가액 | ◎ 기업회계기준에서는 주식 및 채권에 대하여 당기손익 - 공정가치 측정 금융자산, 기타포괄손익 - 공정가치 측정 금융자산으로 분류한 경우 기말공정가치로 평가하지만 「법인세법」에서는 임의평가에 따른 평가손익을 인정하지 않는다. 더불어 상각후원가측정금융자산으로 분류한 채권의 경우 할인액 또는 할증액의 상각액을 인정하지 않는다.

기출 Check 19년 9급

19 법인세법령상 내국법인의 자산·부채의 평가에 대한 설명으로 옳지 않은 것은?

① 자산을 법령에 따른 장기할부조건 등으로 취득하는 경우 발생한 채무를 기업회계기준이 정하는 바에 따라 현재가치로 평가하여 현재가치할인차금으로 계상한 경우의 당해 현재가치할인차금은 취득가액에 포함하지 아니한다.

② 유형자산의 취득과 함께 국·공채를 매입하는 경우 기업회계기준에 따라 그 국·공채의 매입가액과 현재가치의 차액을 해당 유형자산의 취득가액으로 계상한 금액은 유형자산의 취득가액에 포함한다.

③ 기업회계기준에 따라 단기매매항목으로 분류된 금융자산 및 파생상품의 취득가액은 매입가액으로 한다.

④ 내국법인이 보유하는 「보험업법」이나 그 밖의 법률에 따른 유형자산 및 무형자산 등의 장부가액을 증액 또는 감액 평가한 경우에는 그 평가일이 속하는 사업연도 및 그 후의 사업연도의 소득금액을 계산할 때 그 장부가액은 평가한 후의 금액으로 한다.

6 ④
해설 「보험업법」이나 그 밖의 법률에 따른 유형·무형자산의 평가이익은 평가증만 인정하지 평가손은 인정하지 않는다.

(2) 유가증권 평가방법의 신고기한 – 재고자산과 동일하다.

구분	내용
① 최초신고	신설법인과 새로 수익사업을 개시한 비영리내국법인은 당해 법인의 설립일 또는 수익사업개시일이 속하는 사업연도의 법인세 과세표준의 신고기한까지 최초신고를 하여야 한다. 재고자산 평가방법은 신고로 족하며 승인을 요하지 아니한다.
② 변경신고	재고자산 평가방법을 신고한 법인으로서 기존의 평가방법을 변경하고자 하는 법인은 **변경할 평가방법을 적용하고자 하는 사업연도의 종료일 이전 3개월이 되는 날까지** 변경신고를 하여야 한다.

(3) 무신고 및 임의로 평가방법을 변경한 경우 유가증권 평가방법

구분	내용
① 무신고	법인의 위의 평가방법 신고기한까지 유가증권의 평가방법을 신고하지 않은 경우 **총평균법**을 적용한다.
② 임의변경	법인이 신고한 평가방법 외의 방법으로 평가한 경우 또는 기한 내에 재고자산의 평가방법변경 신고를 하지 않고 그 방법을 변경한 경우에는 임의변경으로 본다.

> 임의변경시 평가방법 = MAX[㉠, ㉡]
> ㉠ 총평균법
> ㉡ 당초 적법하게 신고한 평가방법

V 외화자산·외화부채의 평가

(1) 외화채권·외화채무의 외환차손익

① 외환차손익은 외화채권, 외화채무가 실제로 실현되었을때의 손익이다. 외화채권, 외화채무의 실현시 발생하는 외환차손익은 각각 **익금 및 손금**으로 인정한다.
② 내국법인이 상환받거나 상환하는 외화채권·채무의 원화금액과 원화기장액의 차익 또는 차손은 **당해 사업연도의 익금 또는 손금**에 이를 산입한다.
③ 「한국은행법」에 따른 한국은행의 외화채권·채무 중 외화로 상환받거나 상환하는 금액(외화금액)의 환율변동분은 한국은행이 정하는 방식에 따라 해당 외화금액을 매각하여 원화로 전환된 사업연도의 익금 또는 손금에 산입한다.

기출 Check 23년 9급

20 법인세법령상 손금의 범위와 자산·부채의 평가에 대한 설명으로 옳지 않은 것은?

① 장식의 목적으로 사무실 등 여러 사람이 볼 수 있는 공간에 항상 전시하는 미술품의 취득가액을 그 취득한 날이 속하는 사업연도의 손비로 계상한 경우, 그 취득가액이 거래단위별로 2천만 원이라면 전액 손비의 범위에 포함된다.
② 판매한 제품에 대한 원료의 매입가액(기업회계기준에 따른 매입에누리금액 및 매입할인금액을 제외한다)과 그 부대비용은 손비의 범위에 포함된다.
③ 유형자산으로서 화재로 파손되거나 멸실된 것은 대통령령으로 정하는 방법에 따라 그 장부가액을 감액할 수 있다.
④ 재고자산으로서 파손·부패 등의 사유로 정상가격으로 판매할 수 없는 것은 대통령령으로 정하는 방법에 따라 그 장부가액을 감액할 수 있다.

6 ①

해설 장식의 목적으로 사무실 등 여러 사람이 볼 수 있는 공간에 항상 전시하는 미술품의 취득가액을 그 취득한 날이 속하는 사업연도의 손비로 계상한 경우, 그 취득가액이 거래단위별로 1천만 원이라면 전액 손비의 범위에 포함된다.

(2) 외화자산·외화부채의 평가손익

① 일반법인의 평가대상 및 평가방법

구분	내용		
㉠ 평가대상	구분	자산	부채
	화폐성 자산	현금, 예금, 매출채권, 대여금, 미수금, 보증금	매입채무, 미지급금, 차입금, 사채
	비화폐성자산	선급금, 선급비용, 재고자산, 유형자산, 무형자산	선수금, 선수수익
	외화자산·외화부채의 평가대상은 화폐성외화자산·화폐성외화부채만이며, 비화폐성자산은 해당하지 아니한다.		
㉡ 평가방법	금융회사 등 외의 법인이 보유하는 화폐성외화자산·부채와 환율변동위험을 회피하기 위한 파생상품(통화선도, 통화스왑 및 환변동보험)등은 다음 중 어느 하나에 해당하는 방법 중 관할 세무서장에게 **신고한 방법에 따라 평가**하여야 한다.		
	구분	평가방법	
	ⓐ 거래일(발생일)의 환율을 적용하는 방법(원가법)	화폐성 외화자산·부채 등을 취득일 또는 거래일의 매매기준율 및 재정환율을 적용하는 방법으로 외화환산손익을 인식하지 않는다.	
	ⓑ 마감일(종료일)의 환율을 적용하는 방법(시가법)	화폐성 외화자산·부채 등을 사업연도 종료일 현재의 매매기준율 및 재정환율을 적용하여 평가하는 방법으로 외화환산손익(익금 또는 손금)을 인식한다.	

② 일반법인의 외화자산·부채 평가방법의 신고 및 적용

구분	내용
㉠ 선택신고	법인은 원가법 또는 시가법 중에서 선택하여 신고한다.
㉡ 시가법을 신고하지 않은 경우	최초로 시가법을 신고하여 적용하기 이전 사업연도의 경우에는 **원가법을 적용**하여야 한다. 법인이 신고한 평가방법은 그 후의 사업연도에도 계속하여 적용하여야 한다. 다만, **시가법을 적용한 사업연도를 포함하여 5개 사업연도가 지난 후**에는 다른 방법으로 신고를 하여 변경된 평가방법을 적용할 수 있다.

③ 금융회사의 외화자산·부채의 평가

구분	평가방법
화폐성외화자산·부채(시가법 강제)	사업연도 종료일 현재의 매매기준율 등으로 평가하는 시가법을 적용해야 한다. 금융회사의 경우 화폐성외화자산·부채에 대하여 평가손익 인식을 강제하고 있다.
통화선도, 통화스왑 및 환변동보험	일반법인과 동일하게 원가법과 시가법 중 선택할 수 있다. 다만, 최초로 시가법의 방법을 신고하여 적용하기 이전 사업연도의 경우에는 원가법을 적용하여야 한다.

(3) 가상자산의 평가

가상자산은 **선입선출법**에 따라 평가하여야 한다(2027년부터 시행).

CHAPTER 06 감가상각비

제1절 감가상각대상자산의 범위

I 감가상각대상자산

구분	감가상각대상자산
(1) 유형자산	기업회계기준에 따른 유형자산 분류와 대부분 동일하다. ① 건물(부속설비를 포함) 및 구축물 ② 차량운반구, 비품 ③ 선박 및 항공기, 기계장치 등
(2) 무형자산	① 영업권 : 합병·분할로 인한 영업권은 감가상각대상자산에서 제외 　⊙ 합병·분할시 발생한 회계상 영업권은 세법상 합병매수차손으로 상호·거래관계 기타 영업상의 비밀 등으로 사업상 가치가 있어 대가를 지급한 경우에만 5년간 손금에 산입한다. ② 디자인권, 실용신안권, 상표권, 그 밖에 이와 유사한 무형자산(무신고시 5년간 균등상각) ③ 특허권, 어업권, 해저광물자원 개발법에 의한 채취권, 전기가스공급시설이용권, 공업용수도시설이용권, 수도시설이용권, 열공급시설이용권 ④ 광업권, 전신전화전용시설이용권, 전용측선이용권, 하수종말처리장시설관리권, 수도시설관리권, 댐사용권, 주파수이용권 및 공항시설관리권, 항만시설관리권 ⑤ 개발비(기업회계기준에 따른 개발비 요건을 갖춘 금액) 　⊙ 기업회계기준에 따라 개발비를 미계상한 경우에는 지급이 확정된 사업연도의 손금에 산입한다. 　⊙ 기업회계기준에 따라 개발비로 계상하였으나 판매시점 이전에 개발을 취소한 경우 다음의 요건이 모두 충족되는 사업연도의 손금에 산입한다. 　　ⓐ 해당 개발로부터 상업적 생산 또는 사용을 위한 개선의 결과를 식별할 수 없는 경우 　　ⓑ 해당 개발비를 회계상 전액 비용으로 계상한 경우 ⑥ 사용수익 기부자산가액 : 금전 이외의 자산을 국가 또는 지방자치단체 또는 공익단체(특례기부금 및 일반기부금을 기부 받는 단체)법인에게 기부한 후 그 자산을 사용하거나 그 자산으로부터 수익을 얻는 경우 **해당 자산의 장부가액**(단, 비일반기부금에 해당하는 경우 무형자산으로 인정하지 않는다)

II 감가상각대상자산의 포함 여부

(1) 감가상각대상자산에 포함되는 자산

① 장기할부매입 감가상각대상자산

장기할부조건 등으로 매입한 감가상각대상자산의 경우 법인이 해당 자산의 가액 전액을 자산으로 계상하고 사업에 사용하는 경우에는 그 대금의 청산 또는 소유권의 이전 여부에 관계없이 이를 감가상각대상자산에 포함한다.

② 금융리스자산

(2) 감가상각대상자산에서 제외되는 자산

① 사업에 사용하지 않는 자산(단, 유휴설비는 감가상각대상자산에 포함한다.)

> **참고 유휴설비**
>
> 유휴설비란 적극적인 사용상태가 아닌 일시적인 조업중단인 자산을 포함한다.
> 단, 유휴설비에는 철거한 기계장치나 취득 후 사용하지 않고 보관 중인 기계장치는 제외한다.

② **건설중인 자산**(설치 중인 자산 또는 그 성능을 시험하기 위한 시운전기간에 있는 자산을 포함)
  - 단, 건설중인 자산의 일부가 완성되어 당해 부분이 사업에 사용되는 경우 그 부분은 이를 감가상각대상자산에 해당하는 것으로 본다.

③ 시간의 경과에 따라 그 가치가 감소되지 않는 자산(서화 및 골동품)

④ 운용리스자산

> **참고 리스자산의 감가상각여부**
>
> 1. 리스회사가 대여하는 리스자산 중 기업회계기준에 따른 금융리스자산은 리스이용자의 감가상각대상자산으로, 금융리스 외의 리스자산은 리스회사의 감가상각대상자산으로 한다.
>   ① **금융리스자산**: 리스이용자의 감가상각대상자산
>   ② **운용리스자산**: 리스제공자의 감가상각대상자산
> 2. 「자산유동화에 관한 법률」에 의한 유동화전문회사가 자산유동화계획에 따라 금융리스의 자산을 양수한 경우 당해 자산에 대하여는 **리스이용자의 감가상각대상자산**으로 한다.

제2절 ✦ 감가상각비의 시부인 계산구조

Ⅰ 회계상 감가상각비와 세법상 상각범위액의 비교

(1) 내국법인이 각 사업연도의 결산을 확정할 때 감가상각대상자산에 대한 감가상각비를 손비로 계상한 경우에는 상각범위액의 범위에서 그 계상한 감가상각비를 해당 사업연도의 소득금액을 계산할 때 손금에 산입하고, 그 계상한 금액 중 상각범위액을 초과하는 금액은 손금에 산입하지 아니한다.

사례	당기 세무조정	차기 이후 세무조정
① 회사가 계상한 감가상각비 > 세법상 상각범위액 : 상각부인액	상각부인액에 대해 손금불산입(유보)	차기 이후 시인부족액이 발생한 경우 손금산입(△유보)
② 회사가 계상한 감가상각비 < 세법상 상각범위액 : 시인부족액	㉠ 원칙: 세무조정 × ㉡ 전기에서 이월된 상각부인액이 존재하면 시인부족액의 범위 내에서 손금산입(△유보)	

(2) 전기이월상각부인액의 손금산입

법인이 각 사업연도에 손금으로 계상한 감가상각비 중 상각부인액은 그 후의 사업연도에 있어서 법인의 손금으로 계상한 감가상각비가 상각범위액에 미달하는 경우에 그 시인부족액을 한도로 하여 이를 손금으로 추인한다. 이 경우 법인이 감가상각비를 손금으로 계상하지 않은 경우에도 상각범위액을 한도로 하여 그 상각부인액을 손금으로 추인한다. 시인부족액은 그 후 사업연도의 상각부인액에 이를 충당하지 못한다.

기출 Check 23년 7급

21 다음은 제조업을 영위하는 영리내국법인 (주)A의 제23기(2023.1.1.~2023.12.31.) 감가상각과 관련된 자료이다. 제23기 감가상각비 세무조정과 소득처분으로 옳은 것은? (단, 전기 이전의 모든 세무조정은 적정하였다)

- 기계장치 취득가액 : 30,000,000원
- 기계장치 취득일 : 2021년 1월 1일
- 감가상각방법 : 정률법(상각률 : 0.5)
- 감가상각비 장부상 계상금액
  - 2021년 : 16,500,000원
  - 2022년 : 7,000,000원
  - 2023년 : 3,500,000원

① 익금산입·손금불산입 625,000원(유보)
② 손금산입·익금불산입 250,000원(△유보)
③ 손금산입·익금불산입 625,000원(△유보)
④ 손금산입·익금불산입 750,000원(△유보)

해설

구분	2021년	2022년	2023년
장부상 계상금액	16,500,000원	7,000,000원	3,500,000원
세법상 한도금액	15,000,000원	7,500,000원	3,750,000원
세무조정	손금불산입 1,500,000원(유보)	손금산입 500,000원(△유보)	손금산입 250,000원(△유보)

➡ ②

Ⅱ 감가상각제도의 특징

(1) 결산조정사항(손금의 귀속시기를 선택할 수 있다)

감가상각비는 법인이 회계상 장부에 감가상각비로 계상하여야 「법인세법」도 손금으로 계상하는 결산조정사항이다. 단, 법인이 감가상각비를 손금으로 계상하지 않은 경우에도 상각범위액을 한도로 하여 그 상각부인액을 손금으로 추인한다.

(2) 감가상각비를 손금에 계상하는 방법

법인이 각 사업연도에 감가상각대상자산의 감가상각비를 손금으로 계상하거나 손금에 산입하는 경우에는 다음의 방법 중 선택하여야 한다.

구분	내용
직접차감법	해당 감가상각대상자산의 장부가액을 직접 감액하는 방법
감가상각누계액법	장부가액을 감액하지 아니하고 감가상각누계액으로 계상하는 방법

법인이 감가상각비를 감가상각누계액으로 계상하는 경우에는 개별 자산별로 계상하되, 개별 자산별로 구분하여 작성된 감가상각비조정명세서를 보관하고 있는 경우에는 감가상각비 총액을 일괄하여 감가상각누계액으로 계상할 수 있다.

(3) 감가상각비 시부인 계산 적용 단위

감가상각비에 대한 시부인계산은 **개별 자산별**로 한다.

(4) 감가상각제도의 기타 특징

① 「법인세법」에서의 내용연수는 상각기간을 의미하지 않는다. 즉, 미상각잔액이 있는 경우 내용연수가 지나도 상각할 수 있다.
② 내용연수는 상각율 결정요소에 해당한다.

제3절 감가상각범위액의 결정요소

1. 취득가액
2. 잔존가액
3. 내용연수
4. 상각방법

I 감가상각대상자산의 취득가액

(1) 일반적인 취득가액

5장의 세법상 취득가액을 기준으로 한다.

(2) 취득가액의 변동

① 감가상각대상자산에 대한 법률의 평가증이 있는 경우
   법률에 의한 평가증에 따라 감가상각대상자산을 평가한 경우 그 평가액을 취득가액으로 한다.
② 자본적 지출
   해당 감가상각대상자산에 대해 자본적지출이 있는 경우 자본적 지출은 취득가액에 포함하지만 수익적 지출은 취득가액에 포함하지 아니한다.

자본적 지출(취득가액 가산)	수익적 지출(취득가액 가산 ×)
자본적 지출은 법인이 소유하는 감가상각대상자산의 내용연수를 연장시키거나 당해 자산의 가치를 현실적으로 증가시키기 위하여 지출한 수선비를 말한다. ㉠ 본래의 용도를 변경하기 위한 개조 ㉡ 엘리베이터 또는 냉난방장치의 설치 ㉢ 빌딩 등에 있어서 피난시설 등의 설치 ㉣ 재해 등으로 인하여 멸실 또는 훼손되어 본래의 용도에 이용할 가치가 없는 건축물·기계·설비 등의 복구 ㉤ 기타 개량·확장·증설 등 위와 유사한 성질의 것	수익적 지출자산의 원상회복 및 능력유지를 위한 지출을 말한다. ㉠ 건물 또는 벽의 도장 ㉡ 파손된 유리나 기와의 대체 ㉢ 기계의 소모된 부속품·벨트의 대체 ㉣ 자동차 타이어의 대체 ㉤ 재해를 입은 자산에 대한 외장의 복구·도장 및 유리의 삽입 ㉥ 기타 조업가능한 상태의 유지 등 위와 유사한 것

II 잔존가액

구분	내용
(1) 일반원칙	상각범위액을 계산함에 있어서 감가상각대상자산의 잔존가액은 "0"으로 한다. 즉, 취득가액 전액을 감가상각할 수 있다.
(2) 예외(정률법 상각률 계산시)	정률법에 의하여 상각범위액을 계산하는 경우에는 **취득가액의 5%**에 상당하는 금액으로 하되, 그 금액은 당해 감가상각대상자산에 대한 미상각잔액이 최초로 취득가액의 5% 이하가 되는 사업연도의 상각범위액에 가산한다.
(3) 비망가액	MIN[1,000원, 취득가액 × 5%] 감가상각이 종료되는 감가상각대상자산에 대하여는 취득가액의 5%와 1천 원 중 적은 금액을 당해 감가상각대상자산의 장부가액으로 하고, 동 금액에 대하여는 이를 손금에 산입하지 않는다. 추후 해당 자산이 처분될 때 손금산입 1천 원(△유보)로 추인한다.

III 내용연수

내용연수란 기업이 자산을 사용할 수 있을 것으로 예상하는 기간이나 자산에서 얻을 것으로 예상하는 생산량이다.

(1) 기준내용연수와 신고내용연수

구분	내용연수
① 기준내용연수	개별자산의 구조 및 자산별·업종별로 규정한 법정내용연수
② 신고내용연수	내용연수범위 안에서 법인이 선택하여 납세지 관할 세무서장에게 신고한 내용연수로 승인은 불필요하다. ㉠ 신고내용연수는 기준내용연수의 ±25%의 범위 내에서 선택하여 신고한다. 단, 시험연구용자산, 무형자산(개발비 및 사용수익기부자산 등 제외)은 선택할 수 없다. ㉡ 신고내용연수를 무신고한 경우 기준내용연수를 선택한 것으로 간주한다. ㉢ 내용연수는 연단위로 선택한다. ㉣ 선택된 기준내용연수 또는 신고내용연수는 계속하여 적용되어야 한다.

(2) 중고자산의 수정내용연수

① 중고자산

중고자산이란 해당 법인의 기준내용연수의 50% 이상이 경과된 자산으로서 다음과 같이 취득한 자산을 말한다.
  ㉠ 합병·분할에 의하여 승계한 중고자산
  ㉡ 법인사업자 또는 개인사업자로부터 취득한 중고자산
    ⊙ 단, 일반 개인으로부터 취득시에는 중고자산에 해당하지 아니한다.

② 수정내용연수의 적용범위

내국법인이 중고자산을 취득한 경우 **그 자산의 기준내용연수의 50%에 상당하는 연수와 기준내용연수의 범위에서 선택**하여 납세지 관할 세무서장에게 신고한 연수를 내용연수로 할 수 있다. 단, 수정내용연수 산정에 있어 1년 미만은 없는 것으로 한다.

(3) 내용연수의 특례 또는 변경

법인은 다음의 어느 하나에 해당하는 경우에는 기준내용연수에 기준내용연수의 50%(결산내용연수 변경사유에 해당하는 경우 25%)을 가감하는 범위에서 사업장별로 납세지 관할 지방국세청장의 승인을 얻어 내용연수범위와 달리 내용연수를 적용하거나 적용하던 내용연수를 변경할 수 있다.

① 적용사유

기준내용연수 ± 기준내용연수 × 50%	기준내용연수 ± 기준내용연수 × 25%
㉠ 사업장의 특성으로 자산의 부식·마모 및 훼손의 정도가 현저한 경우 ㉡ 영업개시 후 3년이 경과한 법인으로서 당해 사업연도의 생산설비(건축물 제외)의 가동률이 직전 3개 사업연도의 평균가동률보다 현저히 증가한 경우 ㉢ 새로운 생산기술 및 신제품의 개발·보급 등으로 기존 생산설비의 가속상각이 필요한 경우 ㉣ 경제적 여건의 변동으로 조업을 중단하거나 생산설비의 가동률이 감소한 경우	㉠ 국제회계기준을 최초로 적용하는 사업연도에 결산내용연수를 변경한 경우 ⓐ 결산내용연수가 연장된 경우에는 내용연수 연장, 결산내용연수가 단축된 경우에는 내용연수의 단축만 해당한다. ⓑ 내용연수를 단축하는 경우 결산내용연수보다 짧은 내용연수로 변경할 수는 없다. ㉡ 기준내용연수가 변경된 경우(내용연수를 단축하는 경우 결산내용연수보다 짧은 내용연수로 변경할 수는 없다)

② 재변경 제한

감가상각대상자산의 내용연수를 변경(재변경 포함)한 법인이 해당 자산의 내용연수를 다시 변경하고자 하는 경우 변경한 내용연수를 최초로 적용한 사업연도종료일부터 3년이 경과하여야 한다.

참고 내용연수 신고기한

구분	신고기한
1. 신고내용연수	법인이 내용연수를 신고할 때에는 내용연수신고서를 다음의 날이 속한 사업연도의 법인세 과세표준 신고기한까지 납세지 관할 세무서장(국세정보통신망에 의한 제출을 포함)하여야 한다. ① 신설법인, 새로 수익사업을 개시한 비영리내국법인: 영업을 개시한 날 ② 신종자산 취득 또는 새로운 업종의 사업을 개시한 경우: 해당 자산을 취득한 날 또는 새로운 업종의 사업을 개시한 날

2. 특례내용연수	변경할 내용연수를 적용하고자 하는 법인은 다음에 해당하는 날까지 내용연수 변경신고서를 제출하여야 한다. ① 특례내용연수를 최초 적용하는 경우: 영업개시일 또는 새로운 자산의 취득일부터 3개월 이내에 신청 ② 내용연수 변경승인신청: 납세지 관할 세무서장은 신청서의 접수일이 속하는 사업연도 종료일부터 1개월 이내에 관할 세무서장으로부터 통보받은 승인 여부에 관한 사항을 통지한다.
3. 수정내용연수	수정내용연수는 내국법인이 다음에 규정하는 기한 내에 내용연수변경신고서를 제출한 경우에 한하여 적용한다. ① 중고자산을 취득한 경우: 그 취득일이 속하는 사업연도의 법인세 과세표준 신고기한 ② 합병·분할로 승계한 자산의 경우: 합병·분할등기일이 속하는 사업연도의 법인세 과세표준 신고기한

제4절 ✦ 상각범위액의 계산방법

I 감가상각방법 및 신고기한

(1) 감가상각방법

구분		선택 가능한 방법	무신고시 적용방법
유형고정자산	일반적인 경우	정액법 또는 정률법	정률법
	건축물	정액법	정액법
	광업용 유형자산	정액법·정률법·생산량비례법	생산량비례법
	폐기물 매립시설	정액법·생산량비례법	생산량비례법
무형고정자산	일반적인 경우	정액법	정액법
	광업권(해저광물자원개발법상 채취권 포함)	정액법·생산량비례법	생산량비례법
	개발비	관련제품의 판매 또는 사용이 가능한 시점부터 20년 이내의 범위에서 신고한 내용연수에 따라 매사업연도별 경과월수에 비례하여 상각	관련제품의 판매 또는 사용이 가능한 시점부터 5년 동안 매년 균등액을 상각
	사용수익기부자산가액	사용수익기간(사용수익기간에 관한 특약이 없는 경우 신고내용연수)에 따라 균등하게 안분한 금액을 상각한다(단, 해당 기간 중에 당해 기부자산이 멸실되거나 계약이 해지된 경우는 그 잔액).	
	주파수이용권, 공항시설관리권, 항만시설관리권	주무관청에 고시하거나 등록한 기간의 범위 내에서 해당 무형자산의 사용기간에 따라 균등액을 상각한다.	

(2) 감가상각방법의 신고기한

감가상각방법의 신고는 영업개시연도(신종자산의 취득연도)의 과표신고기한까지로 한다.

기출 Check 23년 9급

22 법인세법령상 감가상각비에 대한 설명으로 옳지 않은 것은?
① 건축물과 무형자산은 정률법 또는 정액법에 의하여 상각범위액을 계산한다.
② 상각부인액은 그 후의 사업연도에 해당 법인이 손비로 계상한 감가상각비가 상각범위액에 미달하는 경우에 그 미달하는 금액을 한도로 손금에 산입하며, 이 경우 법인이 감가상각비를 손비로 계상하지 않은 경우에도 상각범위액을 한도로 그 상각부인액을 손금에 산입한다.
③ 시인부족액은 그 후 사업연도의 상각부인액에 이를 충당하지 못한다.
④ 감가상각자산을 양도한 경우 당해 자산의 상각부인액은 양도일이 속하는 사업연도의 손금에 이를 산입한다.

❻ ①
해설 건축물과 무형자산은 정액법에 의하여 상각범위액을 계산한다.

Ⅱ 특수한 경우의 상각범위액 계산

(1) 사업연도가 1년 미만인 경우

① 정관상 사업연도가 1년 미만인 경우: 환산내용연수를 적용

$$환산내용연수 = 신고내용연수 \cdot 기준내용연수 \times \frac{12}{사업연도월수}$$

② 일시적으로 사업연도가 1년 미만인 경우: 월할하여 상각

$$상각범위액 = 사업연도가 1년인 경우의 상각범위액 \times \frac{해당\ 사업연도의\ 월수}{12}$$

(2) 당기 중에 신규로 취득한 자산 – 월할하여 상각

사업연도 중에 신규로 취득하여 사업에 사용한 감가상각대상자산에 대한 상각범위액은 사업에 사용한 월부터 당해 사업연도 종료일까지의 월수에 따라 계산한다. 이 경우 월수는 역에 따라 계산하되 1월 미만의 일수는 1월로 한다.

$$상각범위액 = 일반적인\ 상각범위액 \times \frac{당해\ 사업연도에\ 사용한\ 월수}{당해\ 사업연도\ 월수}$$

(3) 자본적 지출의 경우

자본적 지출액은 자본적 지출이 발생한 후의 월수를 고려하지 않고 감가상각대상자산의 취득가액에 포함하여 취득가액 상각기간과 동일하게 상각한다.

(4) 당기에 처분한 자산의 경우

① 당기 중 처분한 자산의 경우 처분한 사업연도에는 감가상각비에 대한 세무조정을 하지 않는다. 당기에 감가상각비에 대한 세무조정이 처분과정에서 추인되므로 감가상각비에 대한 세무조정을 하지 않은 것과 동일한 세무조정 결과를 가져온다.

② 단, 당기 중 처분하는 자산에 대해 전기부터 이월된 상각부인액 유보가 있다면 이러한 유보를 추인하는 세무조정은 필요하다.

III 감가상각방법의 변경

(1) 감가상각방법의 변경사유

법인이 다음의 사유에 해당하는 경우에는 납세지 관할세무서장의 **승인을 얻어** 그 상각방법을 변경할 수 있다.
① 상각방법이 서로 다른 법인이 합병·분할합병한 경우
② 상각방법이 서로 다른 사업자의 사업을 인수 또는 승계한 경우
③ 「외국인투자촉진법」에 의하여 외국투자자가 내국법인의 주식 등을 20% 이상 인수 또는 보유하게 된 경우
④ 경제적 여건의 변동으로 인하여 종전의 상각방법을 변경할 필요가 있는 경우
⑤ 국제회계기준을 최초로 적용한 사업연도에 결산상각방법을 변경하는 경우(변경한 결산상각방법과 같은 방법으로 변경하는 경우만 해당)

법인이 변경승인을 얻지 않고 상각방법을 변경한 경우 상각범위액은 변경하기 전의 상각방법에 의하여 계산한다.

(2) 감가상각방법의 변경절차

① 변경승인의 신청

상각방법의 변경승인을 얻고자 하는 법인은 그 **변경할 상각방법을 적용하고자 하는 최초사업연도의 종료일까지** 감가상각방법변경신청서를 납세지 관할 세무서장에게 제출(국세정보통신망에 의한 제출을 포함)하여야 한다.

② 납세지 관할 세무서장의 승인

신청서를 접수한 납세지 관할 세무서장은 신청서의 접수일이 속하는 사업연도 종료일부터 1개월 이내에 그 승인 여부를 결정하여 통지하여야 한다.

(3) 감가상각방법 변경 후 상각범위액

상각방법 변경 후 상각범위액은 세법상 미상각잔액에 변경 후 상각률을 적용한다.
① 세법상 미상각잔액 = 세법상 장부가액 + 전기이월상각한도초과액
② 변경 후 상각률 = 당초 신고내용연수(또는 기준내용연수)에 의한 상각률 적용

IV 감가상각비의 시부인 계산

(1) 감가상각비 시부인 계산의 기본구조

> 회사 계상 상각비 = 당기 회계상 감가상각누계액 증가액 + 당기 즉시상각의제

(2) 회계상 감가상각누계액의 증가액

① 감가상각은 결산조정사항이므로 회계상 장부에 감가상각누계액을 계상한 것은 감가상각의 선택에 대한 의사표시를 표명한 것이다. 단, 장부에서 감가상각누계액을 감소하는 회계처리를 하는 것은 과거 선택의 의사표시를 뒤집는 사건이기 때문에 세법은 감가상각누계액의 감소를 허용하지 않는다.

> 💡 **세법상 상각범위액**
> 1. **정액법**: 세법상 당기말 취득가액 × 상각률
> 2. **정률법**: 세법상 미상각잔액(세법상 당기말 취득가액 − 세법상 전기말 누계액) × 상각률

② 회계상 장부에 감가상각누계액을 증가시키면서 감가상각비 계정 대신 세금과공과, 손상차손, 전기오류수정손실 등으로 기재하였더라도 세법상 상각범위액과 비교하여 한도초과 여부를 판단한다.

③ 손상차손

감가상각대상자산이 진부화, 물리적 손상 등에 따라 시장가치가 급격히 하락하여 법인이 기업회계기준에 따라 손상차손을 계상한 경우(천재지변 등으로 인한 자산의 감액손실 인정사유에 따른 손상차손은 제외)에는 해당 금액을 감가상각비로서 손금으로 계상한 것으로 본다.

④ 전기오류수정손실

전기 이전에 회계상 장부에 과소계상한 감가상각비를 전기오류수정손실로 당기비용으로 계상한 경우에는 당기 감가상각비로 간주한다.

(3) 즉시상각의제

① 즉시상각의제의 정의

법인이 감가상각대상자산을 취득하기 위하여 지출한 금액과 감가상각대상자산에 대한 자본적 지출에 해당하는 금액을 비용으로 처리한 경우 해당 지출액을 일단 자산으로 처리한 다음 즉시 감가상각한 것으로 의제한다.

② 즉시상각의제의 효과

취득가액이 될 금액을 비용으로 계상한 경우 세법은 이를 취득가액으로 기록하고 동시에 해당 금액을 감가상각비로 비용계상한 것으로 보는 즉시상각의제는 다음의 효과가 있다.
㉠ 장부상 취득가액에는 없지만 즉시상각의제금액만큼 장부상 취득가액이 증가한다.
㉡ 장부상 감가상각비에는 없지만 즉시상각의제금액만큼 장부상 감가상각비가 증가한다.
㉢ 장부상 감가상각누계액에는 없지만 즉시상각의제만큼 장부상 감가상각누계액이 증가한다.

③ 예외 – 즉시상각의제로 보지 않는 경우

다음의 항목은 중요성의 관점에서 손금으로 인정한다.

구분	즉시상각의제에 해당하지 않는 경우
취득단계	㉠ **소액취득자산**: 취득가액이 100만 원 이하인 감가상각대상자산 　◎ 단, 고유업무의 성질상 대량으로 보유하는 자산 및 사업의 개시 또는 확장을 위해 취득한 자산은 소액취득자산에서 제외한다. ㉡ **단기사용자산**: 다음의 사례에 해당하는 단기사용자산은 즉시상각의제 대상에 해당하지 아니한다. 　ⓐ 전화기(휴대용 전화기 포함) 및 개인용 컴퓨터(주변기기 포함) 　ⓑ 어업에 사용되는 어구(어선용구 포함) 　ⓒ 영화필름, 공구, 가구, 전기기구, 가스기기, 가정용 기구·비품, 시계, 시험기기, 측정기기 및 간판 　ⓓ 대여사업용 비디오테이프 및 음악용 콤팩트디스크로서 취득가액 30만 원 미만인 것

기출 Check 22년 9급

23 법인세법령상 즉시상각의 의제에 대한 설명으로 옳지 않은 것은?
① 법인이 개별자산별로 수선비로 지출한 금액이 600만 원 미만인 경우로서 그 수선비를 해당 사업연도의 손비로 계상한 경우에는 자본적 지출에 포함하지 않는다.
② 자본적 지출이란 법인이 소유하는 감가상각대상자산의 내용연수를 연장시키거나 해당 자산의 가치를 현실적으로 증가시키기 위하여 지출한 수선비를 말한다.
③ 재해를 입은 자산에 대한 외장의 복구·도장 및 유리의 삽입에 대한 지출은 자본적 지출에 포함한다.
④ 시설의 개체 또는 기술의 낙후로 인하여 생산설비의 일부를 폐기한 경우에는 해당 자산의 장부가액에서 1천 원을 공제한 금액을 폐기일이 속하는 사업연도의 손금에 산입할 수 있다.

❻ ③
해설 재해를 입은 자산에 대한 외장의 복구·도장 및 유리의 삽입에 대한 지출은 수익적 지출에 포함한다.

보유단계	다음 중 어느 하나에 해당하는 **소액수선비**는 즉시상각의제 대상에 해당하지 아니한다.
	⊙ **자본적지출 및 수익적지출의 합계액이 600만 원 미만인 경우** 　⊘ 단, 2020년 1월 1일 전에 개시한 사업연도 분에 대해서는 종전의 규정에 따라 300만 원을 적용한다. ⓒ 자본적지출 및 수익적지출의 합계액이 직전연도 재무상태표상 장부가액의 5% 미만인 경우 ⓒ 3년 미만의 주기적인 수선비인 경우
폐기단계	⊙ 생산설비가 시설개체·기술낙후로 인해 폐기한 경우(비망가액 1천 원) ⓒ 사업을 폐지하거나 사업장 이전으로 임대차 계약에 따라 임차한 사업장의 원상회복을 위하여 시설물을 철거한 경우(비망가액 1천 원)

(4) 건설자금이자 관련 세무조정

① 건설자금이자를 비용으로 계상한 경우

구분	세무조정
⊙ 비상각자산	결산서상 비용으로 계상한 금액을 손금불산입하고 유보로 소득처분한다.
ⓒ 상각자산 (건설중인 연도)	건설중인자산의 건설자금이자를 비용으로 계상한 경우 즉시상각의제에 해당하며, 한도를 적용하지 않으므로 전액을 손금불산입 유보(상각부인액)로 소득처분한다. ⊘ 단, 상각부인액을 이후 시인부족액이 발생하는 경우 추인한다.
ⓒ 상각자산 (건설완료된 연도)	건설이 완료된 자산에 대한 건설자금이자를 비용으로 계상한 경우 즉시상각의제에 해당하며 감가상각비 한도규정에 따라 감가상각비 시부인을 통해 소득처분한다.

② 건설자금이자가 아닌 금액을 자산으로 계상한 경우

건설자금이자가 아닌 금액을 자산으로 계상한 경우 해당 금액은 손금에 산입하고 △유보로 소득처분한다.

Ⅴ 상각부인액의 사후관리

(1) 감가상각대상자산을 양도한 경우

당기에 감가상각대상자산을 양도한 경우 당기 양도자산의 세무조정은 다음과 같이 적용한다.
① 감가상각대상자산을 처분한 사업연도에는 감가상각비의 세무조정을 하지 않는다.
② 당해 자산의 상각부인액은 양도일이 속하는 사업연도의 **손금**에 이를 산입한다.
③ 감가상각대상자산의 일부만 양도한 경우

$$\text{손금에 산입하는 금액} = \text{상각부인액} \times \frac{\text{취득 당시의 양도한 부분의 장부가액}}{\text{해당 감가상각대상자산의 취득 당시 전체장부가액}}$$

(2) 감가상각대상자산을 평가증한 경우

구분	내용
① 상각부인액의 처리	㉠ 법률에 의한 평가증의 경우 법인이 감가상각대상자산의 장부가액을 평가증한 경우 해당 감가상각대상자산의 상각부인액을 추인한다. 상각부인액 추인 = MIN[유보잔액, 회계상 평가증한 금액] 평가증의 한도를 초과하는 금액은 이를 그 후의 사업연도에 이월할 상각부인액으로 하며, 시인부족액은 소멸하는 것으로 한다. ㉡ 임의평가증의 경우 세법은 임의평가증을 인정하지 않으므로 취득가액 증가액을 부인한다.
② 감가상각과 평가증의 순서 (선상각, 후평가)	법인이 감가상각대상자산에 대하여 감가상각과 평가증을 적용하는 경우 먼저 감가상각을 한 후 평가증을 한 것으로 보아 상각범위액을 계산한다.

Ⅵ 감가상각의제

(1) 개요

구분	내용
① 정의	각 사업연도의 소득에 대하여 법인세를 면제받거나 감면받은 법인이 상각범위액보다 미달하게 상각하는 경우 개별 자산에 대한 감가상각비가 상각범위액이 되도록 감가상각비를 손금에 산입하여야 한다. 해당 사항은 신고조정사항에 해당한다. ⊙ 단, 국제회계기준을 적용하는 법인은 국제회계기준 적용 법인의 감가상각비 손금산입 특례규정에 따라 개별자산에 대한 감가상각비를 추가로 손금에 산입할 수 있다. 추가 손금산입은 신고조정을 허용한다.
② 추계결정 · 경정 등	다음에 해당하는 사유로 추계결정 또는 경정하는 경우 감가상각대상자산(사업용 건축물 제외)에 대한 감가상각비를 손금에 산입한 것으로 본다. ㉠ 소득금액을 계산함에 있어서 필요한 장부 또는 증빙서류가 없거나 그 중요한 부분이 미비 또는 허위인 경우 ㉡ 기장의 내용이 시설규모, 종업원수, 원자재, 상품 등 각종 요금의 시가 등에 비추어 허위인 것이 명백한 경우 ㉢ 기장의 내용이 원자재사용량 등 기타 조업상황 등에 비추어 허위인 것이 명백한 경우

(2) 감가상각의제의 취지

감가상각비의 계상은 결산조정사항으로 법인이 손금산입의 시기를 선택할 수 있다. 이에 따라 법인세가 감면되는 사업연도에는 감가상각비를 계상하지 않고, 이후 사업연도에 감가상각비를 계상하는 경우 법인세 부담을 이중으로 감소시킬 수 있다. 이러한 조세회피 등의 문제를 방지하고자 감가상각비를 의제하고 있다.

(3) 감가상각의제액의 계산

감가상각의제대상법인은 결산서에 계상한 감가상각비가 상각범위액에 미달하는 경우 그 미달하는 금액을 추가로 손금에 산입하여 유보로 소득처분한다.

감가상각의제액 = 상각범위액 − (장부에 계상한 상각비 + 전기이월상각부인액의 손금산입액)

> **참고** 국제회계기준 적용 법인의 감가상각비 손금산입

국제기업회계기준의 도입으로 내용연수를 증가시키거나 상각방법을 정률법에서 정액법으로 변경하는 경우 장부에 계상한 감가상각비가 국제기업회계기준 도입 이전에 비하여 감소하게 되어 손금인정액이 줄어드는 문제를 해결하기 위해 손금인정액을 신고조정으로 손금에 산입할 수 있다. 감가상각비를 손금에 계상한 내국법인은 감가상각비에 관한 명세서를 납세지 관할 세무서장에게 제출하여야 한다.

구분	내용
1. 개요	국제기업회계기준 적용법인은 일반 감가상각비 시부인으로 인한 손금인정액이 종전감가상각비 또는 기준감가상각비에 미달하는 경우 그 미달액을 신고조정으로 손금에 산입할 수 있다. ① 2013년 12월 31일 이전 취득분: 종전의 감가상각비 ② 2014년 1월 1일 이후 취득분: 기준감가상각비
2. 대상	국제기업회계기준 적용법인으로서 유형자산과 내용연수가 비한정인 무형자산

내용연수가 비한정인 무형자산(① 또는 ②)
① 결산내용연수를 확정할 수 없는 것으로서 다음 요건을 모두 갖춘 것
  ㉠ 법령·계약에 따른 사용기간이 무한하거나 취득가액의 10% 미만의 비용으로 기간을 갱신할 수 있을 것
  ㉡ 국제회계기준에 따라 내용연수가 비한정인 무형자산으로 분류될 것
  ㉢ 결산을 확정할 때 해당 무형자산에 대한 감가상각비를 계상하지 아니할 것
② 국제회계기준을 최초로 적용하는 사업연도 전에 취득한 영업권

CHAPTER 07 충당금 및 준비금

제1절 퇴직급여충당금

I 퇴직급여 지급시 세무조정

(1) 퇴직급여충당금과의 우선상계

① 퇴직급여충당금의 손금 산입은 결산조정사항으로 해당 법인이 퇴직급여충당금에 해당하는 금액을 재무상태표상 부채로 계상한 경우「법인세법」상의 한도액의 범위에서 이를 인정한다. 해당 규정에 따라 퇴직급여충당금을 손금에 산입한 내국법인은 임원 또는 직원에게 퇴직급여를 지급하는 경우 당해 퇴직급여충당금에서 먼저 지급하여야 한다.

② 단, 퇴직급여충당금을 초과하여 지급한 퇴직급여가 있는 경우 해당 초과지급액은 비용으로 계상한다. 전기말 1년 미만의 근무자에 해당하여 전기에 퇴직급여충당금으로 설정한 금액이 없는 경우에도 퇴직급여충당금과 상계한다.

(2) 세법상 퇴직급여충당금 기초잔액을 초과한 지급액이 있는 경우

퇴직급여충당금설정액 중 손금불산입된 금액이 있는 법인이 퇴직급여를 지급하는 경우 손금산입한 퇴직급여충당금과 상계하고 남은 금액에 대해서는 이미 손금불산입된 금액을 손금으로 추인한다.

II 퇴직급여 지급액의 손금인정 범위

(1) 현실적으로 퇴직하는 경우

① 법인이 임원 또는 직원에게 지급하는 퇴직급여는 임원 또는 직원이 현실적으로 퇴직하는 경우에 지급하는 것에 한하여 이를 손금에 산입한다.

② 비현실적인 퇴직자에게 퇴직금을 지급한 경우에는 세법상 퇴직급여충당금의 감소로 처리하지 않고 해당 임직원에 대한 업무무관가지급금으로 처리한다.

(2) 임원 퇴직급여 한도를 초과하여 지급하는 경우

퇴직급여의 지급대상자가 확정기여형 퇴직연금대상자인 경우 퇴직시까지 부담한 연금부담금의 합계액을 퇴직급여로 보아 한도시 부인하며, 한도초과액은 모두 퇴직연도에 손금불산입 상여로 세무조정한다.

III 퇴직급여충당금의 설정

구분	내용
(1) 회사설정액	재무상태표상 기말 퇴직급여충당금 설정액
(2) 한도액	MIN[①, ②] ① 퇴직급여 지급대상 임직원에게 지급한 당기 총급여액 × 5% ② (퇴직급여추계액 × 0% + 퇴직금전환금 기말잔액) − 세법상 퇴직급여충당금 설정전 잔액
(3) 한도초과액	퇴직급여충당금한도초과 손금불산입(유보) ⊙ 한도에 미달하는 경우 별도의 세무조정은 없다.

(1) 퇴직급여충당금대상 임직원의 총급여

① 총급여 산정 대상자의 범위
  ㉠ 퇴사자는 제외
  ㉡ 1년 미만 근무자는 제외하나, 1년 미만 근무자에게도 퇴직급여를 지급하는 규정이 있는 경우에는 포함한다.
  ㉢ 확정기여형퇴직연금 대상자 제외
  ㉣ 중간정산일까지의 퇴직급여는 지급되었으므로 중간정산일 이전의 급여는 제외

② 총급여의 범위
  ㉠ 「소득세법」상 근로소득의 총급여에 해당하는 것으로서 다음에 해당하는 것은 제외
    ⓐ 인정상여
    ⓑ 퇴직함으로써 받는 소득으로서 퇴직소득에 속하지 않는 소득
    ⓒ 직무발명보상금
  ㉡ 손금부인된 금액 제외
  ㉢ 비과세 근로소득에 해당하는 금액은 제외

(2) 퇴직금추계액 = MAX[일시퇴직추계액, 보험수리기준추계액]

① 일시퇴직추계액
  사업연도 종료일 현재 재직하는 임직원(확정기여형 포함)이 일시에 퇴직할 경우에 지급할 퇴직급여금액(회사의 퇴직급여규정이 있는 경우 해당 규정으로 계산하되, 별도의 규정이 없는 경우는 근로자퇴직급여보장법 규정에 의한다.)

② 보험수리추계액 = ㉠ + ㉡
  ㉠ 퇴직연금 가입자: 「근로자퇴직급여보장법」에 따라 매 사업연도 말 현재 급여에 소요되는 비용예상액의 현재가치와 부담금 수입예상액의 현재가치를 고려하여 산정한 금액
  ㉡ 퇴직연금 미가입자: 사업연도 종료일 현재 재직하는 임직원(확정기여형 포함) 중 퇴직연금 미가입자 및 가입자 중 미가입기간이 있는 자는 미가입부분에 대하여 일시퇴직추계액을 적용
  ⊙ 단, ㉠, ㉡의 금액에 확정기여형 퇴직연금 부담금 지급액 중 손금산입된 금액 및 임원의 퇴직급여추계액 계산시 임원퇴직급여한도초과액에 해당하는 금액은 이를 차감한다.

(3) 퇴직금전환금

퇴직금전환금 제도는 과거에 폐지되었으나 아직 종업원에게 지급되지 않은 당기말 잔액이 있는 경우 이를 가산한다.

(4) 세법상 퇴직급여충당금 설정전 잔액의 계산

> 전기말 재무상태표상 설정전 잔액 − 퇴직급여충당금 당기 감소액 − 퇴직급여충당금 유보잔액

IV 기타 규정

구분	내용
(1) 관계회사간 전출입	임원(지배주주 및 그와 특수관계에 있는 자 제외) 및 직원이 관계회사에 전출하는 경우 퇴직금지급은 다음의 방법을 모두 인정한다. ① 특수관계회사 전출시 현실적인 퇴직으로 보아 퇴직급여를 지급하는 방법 ② 특수관계회사에 전출한 것을 현실적인 퇴직으로 보지 않고 전입법인에서 퇴사하는 시점에 근속기간을 통산하여 지급하는 방법 | 구분 | 내용 | |---|---| | ⊙ 전입법인에 퇴직급여충당금을 현금으로 인계 | 전입하는 시점에 전입법인에서 인수한 퇴직급여충당금은 이를 기초잔액에 가산하며, 퇴사시 지급하는 퇴직급여 전액을 전입법인의 퇴직급여로 인정한다. | | ⓒ 전입법인에 퇴직급여충당금을 인계하지 않은 경우 | 전입하는 시점에서 수행할 회계처리는 없으며 임직원이 퇴사하는 시점에 지급하는 퇴직급여를 안분(전입법인과 전출법인 각각의 근속기간에 따른 퇴직급여 비율)하여 각 법인의 퇴직급여로 인정한다. |
(2) 합병	합병 등으로 퇴직급여충당금을 인계한 경우 퇴직급여충당금을 손금에 산입한 내국법인이 합병(분할)할 때 합병(분할)등기일 현재의 퇴직급여충당금 중 합병법인이 승계한 금액을 그 합병법인 등이 합병(분할)등기일에 가지고 있는 퇴직급여충당금으로 본다.

제2절 퇴직연금충당금

I 확정급여형 퇴직연금제도

(1) 확정급여형 퇴직연금제도의 세무조정

퇴직연금충당금의 설정은 신고조정사항에 해당한다. 퇴직연금충당금 설정 법인이 퇴직연금충당금을 결산서에 부채로 계상한 경우 이를 세법상 손금산입범위액을 한도로 인정하며, 법인이 결산서에 별도로 비용으로 계상하지 않아도 세법상 손금산입액의 범위까지 한도미달액을 손금산입(△유보)으로 세무조정한다.

(2) 퇴직연금충당금의 설정

구분	내용
① 회사설정액	퇴직연금충당금을 결산서에 부채로 설정한 금액
② 세법상 한도액	MIN[㉠, ㉡] − 세법상 퇴직연금충당금 설정전잔액 ㉠ 기말 퇴직급여추계액 − 기말 세무상 퇴직급여충당금잔액 ㉡ 기말 퇴직연금운용자산 예금잔액 = 기초 퇴직연금운용자산 − 기중 감소액 + 기중 납입액(은용수익)
③ 한도초과액	퇴직연금충당금 한도초과액 손금불산입(유보)
④ 한도미달액	퇴직연금충당금 한도미달액 손금산입(△유보)

(3) 퇴직연금운용자산(예금) 지급액의 처리

퇴직부담금을 손금에 산입한 법인의 임직원이 현실적으로 퇴직하여 지급하는 퇴직급여 상당액은 다음의 순서에 따라 처리한다.
① 퇴직연금충당금과의 상계
② 퇴직급여충당금과의 상계
③ 퇴직급여로 손금산입

II 확정기여형 퇴직연금제도

(1) 개요

확정기여형(DC)은 퇴직급여의 지급을 위하여 사용자가 부담하여야 할 부담금 수준이 사전에 결정되어 있는 제도로 사용자는 연간 임금의 1/12 이상의 부담금을 근로자 개인별로 설정한 금융회사의 개인계좌에 별도로 적립하는 제도이다.

(2) 확정기여형 퇴직연금제도의 회계처리

확정기여형 퇴직연금제도를 도입한 법인은 퇴직연금 부담금을 납입할 때 전액 퇴직급여(비용)으로 회계처리한다.

(3) 세무조정

퇴직연금을 납입하는 경우 회사의 비용처리를 세법도 인정하므로 세법도 전액 손금으로 반영하며, 별도의 세무조정은 없다.

기출 Check
22년 9급

24 법인세법령상 내국법인의 대손금에 대한 설명으로 옳지 않은 것은?

① 「민법」에 따른 소멸시효가 완성된 대여금은 해당 사유가 발생한 날이 속하는 사업연도의 손금으로 한다.
② 부도발생일부터 6개월 이상 지난 어음상의 채권(해당 법인이 채무자의 재산에 대하여 저당권을 설정하고 있는 경우는 제외한다)은 해당 사유가 발생한 날이 속하는 사업연도의 손금으로 한다.
③ 채무자의 파산으로 회수할 수 없는 채권은 해당 사유가 발생하여 손비로 계상한 날이 속하는 사업연도의 손금으로 한다.
④ 회수기일이 6개월 이상 지난 채권 중 채권가액이 30만 원 이하(채무자별 채권가액의 합계액을 기준으로 한다)인 채권은 해당 사유가 발생하여 손비로 계상한 날이 속하는 사업연도의 손금으로 한다.

⊙ ②

해설 부도발생일부터 6개월 이상 지난 어음상의 채권은 결산조정사항으로 회계상 장부에 손금으로 계상하여야 손금에 반영된다.

제3절 대손금과 대손충당금

I 대손금

(1) 개요

내국법인이 보유하고 있는 채권 중 대통령령으로 정하는 사유로 인해 금액을 회수할 수 없는 경우에는 이를 대손금으로 하여 손금에 산입한다. 단, 「법인세법」의 경우 기업회계기준과 달리 대손처리할 수 있는 사유 및 대손금을 손금에 산입할 수 있는 시기를 별도로 정하고 있다.

(2) 대손금의 범위

신고조정사항은 손금에 산입이 강제되는 사항이나 결산조정사항은 법인이 해당 사유가 발생하여 손비로 계상한 경우 계상한 날이 속하는 사업연도의 손금에 산입한다.

(3) 신고조정사항

① 「상법」에 따른 소멸시효가 완성된 채권
② 「채무자 회생 및 파산에 관한 법률」에 따른 회생계획인가의 결정 또는 법원의 면책결정에 따라 회수불능으로 확정된 채권
③ 「어음법」·「수표법」에 따른 소멸시효가 완성된 어음·수표
④ 「민법」에 따른 소멸시효가 완성된 대여금 및 선급금
⑤ 「민사집행법」에 따라 채무자의 재산에 대해 경매가 취소된 압류채권
⑥ 「서민의 금융생활 지원에 관한 법률」에 따른 채무조정을 받아 신용회복지원협약에 따라 면책으로 확정된 채권

(4) 결산조정사항

① 채무자의 파산, 강제집행, 형의 집행, 사업의 폐지, 사망, 실종 또는 행방불명으로 회수할 수 없는 채권
② **부도발생일부터 6개월 이상 지난 수표 또는 어음상의 채권 및 중소기업의 외상매출금**
   ㉠ ②의 외상매출금은 부도발생일 이전의 것만 해당한다.
   ㉡ 채무자의 재산에 대해 이미 저당권을 설정해 둔 경우에는 대손금에서 제외한다.
   ㉢ ②의 사유로 대손금 처리시 비망계정 1,000원을 남긴다. 어음, 수표는 1매당 1,000원으로 하며, 외상매출금은 채무자별로 1,000원을 비망기록한다.
   ㉣ 부도발생일이란 부도수표나 부도어음의 지급기일을 말한다. 단, 지급기일 전에 해당 수표나 어음을 제시하여 금융회사 등으로부터 부도확인을 받은 경우에는 그 부도확인일로 한다.
③ 회수기일이 6개월 이상 지난 채권 중 채권가액이 30만 원 이하(채무자별 채권가액의 합계액을 기준)인 채권
④ 중소기업의 외상매출금 및 미수금으로서 회수기일이 2년 이상 지난 채권
   ⊙ 단, 특수관계인과의 거래로 인한 채권 등은 제외한다.
⑤ 「민사소송법」에 따른 화해 또는 화해권고결정, 「민사조정법」에 따른 결정 또는 조정에 따라 회수불능으로 확정된 채권
⑥ 물품의 수출 또는 외국에서의 용역제공으로 발생한 채권으로서 한국무역보험공사로부터 회수불능으로 확인된 채권

⑦ 금융회사 등의 채권 중에서 다음에 해당하는 것
    ㉠ 금융감독원장으로부터 대손금으로 승인받은 것
    ㉡ 금융감독원장이 대손처리를 요구한 채권으로서 대손금으로 계상한 것
⑧ 중소기업창업투자회사의 창업자에 대한 채권으로서 중소벤처기업부장관이 기획재정부장관과 협의하여 정한 기준에 해당한다고 인정한 것

결산조정사항 요건을 충족한 채권을 합병·분할한 사업연도까지 회계상 장부에 대손으로 처리하지 않은 경우 합병법인에 승계하지 않고 합병·분할한 사업연도의 손금으로 한다.

(5) 대손금이 될 수 없는 채권의 범위

다음 중 어느 하나에 해당하는 채권에 대하여는 대손사유가 충족하더라도 대손금으로 손금산입할 수 없으며, 대손충당금의 설정대상에서도 제외된다.
① 특수관계인에게 업무와 관련없이 지급한 업무무관가지급금
    ⊙ 특수관계인에 대한 판단은 대여시점을 기준으로 한다.
② 채무보증으로 인하여 발생한 구상채권
③ 「부가가치세법」상 대손세액공제를 받은 대손금

참고 손금에 산입하는 채무보증으로 인한 구상채권

> 다음의 채무보증으로 인하여 발생한 구상채권에 대한 대손금을 계상하는 경우에는 손금에 산입한다.
> 1. 은행 등 금융회사 등이 행한 채무보증, 「독점규제 및 공정거래에 관한 법률」에 따른 채무보증
> 2. 법률에 따라 신용보증사업을 영위하는 법인이 행한 채무보증
> 3. 위탁기업이 수탁기업협의회의 구성원인 수탁기업에 대하여 행한 채무보증
> 4. 건설업 및 전기통신업을 영위하는 내국법인이 건설사업과 직접 관련하여 특수관계인에 해당하지 않는 자에 대한 채무보증
> 5. 해외자원개발사업자(해외자원개발을 하는 해외건설사업자 포함)가 해외자원개발사업과 관련하여 해외 현지법인에 행한 채무보증

(6) 회계상 대손처리한 채권을 회수한 경우

구분	내용
① 과거에 손금인정된 대손금의 회수	과거에 대손처리시점에 손금으로 인정된 대손금을 회수하는 경우 수익·비용 대응의 관점에 따라 당기에 **익금으로 산입**한다.
② 과거에 손금불산입(유보)된 대손금의 회수	「법인세법」의 대손요건에 해당하지 아니하여 대손충당금과 상계한 채권을 익금에 산입(유보)한 법인이 당해 사업연도 이후에 그 대손충당금과 상계한 채권액이 회수되어 이를 기업회계기준에 따라 대손충당금의 증가로 회계처리한 경우에 당해 대손충당금의 증가로 회계처리한 금액을 **익금불산입(△유보)**한다.

Ⅱ 대손충당금에 대한 세무조정

(1) 대손충당금 설정한도

내국법인이 각 사업연도에 외상매출금 등 이에 준하는 채권의 대손에 충당하기 위하여 대손충당금을 손금으로 계상한 경우에는 「법인세법」상 대손충당금 한도액의 범위 내에서 해당 사업연도의 소득금액을 계산할 때 이를 손금에 산입한다.

> 대손충당금 한도액 = 기말 현재 「법인세법」상 설정대상채권 × MAX[1%, 대손실적률]

기출 Check   22년 7급

25 법인세법령상 내국법인의 대손금의 손금불산입에 대한 설명으로 옳은 것은?

① 「민사소송법」에 따른 화해에 따라 회수불능으로 확정된 채권은 해당 사유가 발생하여 손비로 계상한 날이 속하는 사업연도의 소득금액을 계산할 때 손금에 산입한다.
② 「채무자 회생 및 파산에 관한 법률」에 따른 회생계획인가의 결정에 따라 회수불능으로 확정된 채권은 해당 사유가 발생한 날이 속하는 사업연도와 관계없이 해당 채권을 실제 손비로 계상한 날이 속하는 사업연도의 소득금액을 계산할 때 손금에 산입한다.
③ 채무보증(법인세법 시행령 제19조의2제6항에 정하는 채무보증은 제외)으로 인하여 발생한 구상채권은 해당 구상채권을 회수할 수 없는 사실이 확정된 날이 속하는 사업연도의 소득금액을 계산할 때 손금에 산입한다.
④ 「법인세법」제19조의2제1항에 따라 손금에 산입한 대손금을 그 다음 사업연도에 회수한 경우 그 회수금액은 해당 대손금을 손금에 산입한 사업연도에 익금 산입한다.

6 ①

해설 ② 「채무자 회생 및 파산에 관한 법률」에 따른 회생계획인가의 결정에 따라 회수불능으로 확정된 채권은 해당 사유가 발생한 날이 속하는 사업연도의 소득금액을 계산할 때 손금에 산입한다. (신고조정사항)
③ 채무보증(법인세법 시행령 제19조의2제6항에 정하는 채무보증은 제외)으로 인하여 발생한 구상채권은 대손사유가 충족하더라도 대손금으로 손금에 산입할 수 없다.
④ 「법인세법」제19조의2 제1항에 따라 손금에 산입한 대손금을 그 다음 사업연도에 회수한 경우 그 회수금액은 회수한 사업연도에 익금으로 산입한다.

(2) 「법인세법」상 설정대상채권의 당기말잔액

> 기말 재무상태표상 채권의 잔액 ± 채권의 당기말 유보잔액 − 제외채권 당기말잔액

구분	내용
① 재무상태표상 채권	㉠ 회계상의 채권(매출채권, 미수금, 공사미수금, 대여금 등) 　⊙ 매출채권, 미수금, 공사미수금에는 부가가치세 매출세액을 포함한다. ㉡ 동일인에 대하여 채권과 채무가 동시에 존재하는 경우 상계하지 않는 것이 원칙이다. 단, 당사자간에 상계약정이 있는 경우 상계한 순액에 대해 대손충당금을 설정한다. ㉢ 대손발생가능성이 없는 국가 등에 대한 채권이나 담보가 100%로 설정된 채권 등도 포함한다.
② 유보잔액	채권의 당기말 유보잔액은 채권의 기초 유보잔액에 채권 유보액의 기중 발생액을 가감한다.
③ 제외채권	다음의 채권은 「법인세법」상 설정대상채권에서 제외한다. ㉠ 특수관계인에게 법인의 업무와 관련없이 지급한 가지급금 ㉡ 채무보증으로 인하여 발생한 구상채권 ㉢ 부당행위계산 부인규정 적용에 따른 시가초과로 고가매입한 채권 ㉣ 매각거래에 해당하는 할인어음, 배서양도어음 　⊙ 단, 어음의 할인이 차입거래에 해당하는 경우에는 대손충당금 설정대상 채권에 해당한다.

(3) 대손실적률

$$\text{대손실적률} = \frac{\text{해당 사업연도의 세법상 대손금}}{\text{직전 사업연도 종료일 세법상 채권가액}}$$

⊙ 단, 대손실적률이 1% 이하인 경우에는 1%를 적용한다.

Ⅲ 기타의 규정

(1) 합병 등으로 인한 대손충당금의 인계

대손충당금을 손금에 산입한 내국법인이 합병 또는 분할한 경우 그 법인의 합병등기일 또는 분할등기일 현재의 해당 대손충당금 중 합병법인 등에 인계한 금액은 그 합병법인 등이 합병등기일이나 분할등기일에 가지고 있는 대손충당금으로 본다. 다만, 이러한 대손충당금의 승계는 이에 대응하는 채권이 동시에 인계되는 경우에 한한다.

피합병법인의 대손충당금 및 대손충당금의 유보를 승계한 경우 합병법인의 대손충당금 및 대손충당금의 유보잔액에 가산하여 세무조정을 수행한다.

(2) 채권·채무 조정에 대한 특례

기업회계기준에 의한 채권·채무조정에 따라 채권의 장부가액과 현재가치의 차액을 비용으로 계상한 경우에는 이를 손금에 산입하며, 손금에 산입한 금액은 기업회계기준의 환입방법에 따라 이를 익금에 산입한다.

> **참고** 기업회계기준에 의한 채권·채무조정
>
> 채무자의 변제능력이 현저히 하락하여 채권의 회수기일을 연장함에 따른 현재가치 평가와 이로 인한 손상차손의 인식을 의미한다.

제4절 | 일시상각충당금과 압축기장충당금

I 일시상각충당금 및 압축기장충당금의 기본구조

(1) 개요

국고보조금·공사부담금 및 보험차익은 「법인세법」상 원칙적으로 익금에 해당한다. 단, 법인이 국고보조금·공사부담금 및 보험차익 등으로 자산을 취득한 경우에는 법인세의 세부담을 이연시키기 위하여 일시상각충당금(=비상각자산: 압축기장충당금)으로 손금산입하고, 추후 감가상각비와 상계 또는 처분시 익금에 산입하여 법인세를 과세한다.

(2) 일시상각충당금 및 압축기장충당금의 설정요건

① 국고보조금 설정요건: ㉠ 또는 ㉡의 요건 충족시
  ㉠ 내국법인이 국고보조금 등을 지급받아 그 지급받은 날이 속하는 사업연도의 종료일까지 사업용자산(유·무형자산과 석유류)을 취득·개량하는 데에 사용한 경우
  ㉡ 사업용자산을 취득·개량하고 이에 대한 국고보조금 등을 사후에 지급받은 경우 해당 사업용자산의 가액 중 취득 또는 개량에 사용된 국고보조금

국고보조금으로 취득·개량한 사업용자산가액은 그 사업연도의 소득금액을 계산할 때 손금에 산입할 수 있다.

② 공사부담금 설정요건: ㉠ 또는 ㉡의 요건 충족시
  전기사업, 도시가스사업, 액화석유가스 충전사업, 집단에너지공급사업 등을 경영하는 내국법인이
  ㉠ 그 사업에 필요한 시설을 하기 위하여 전기·가스·열 등의 수요자 또는 편익자로부터 그 시설을 구성하는 토지 등 사업용자산을 제공받은 경우
  ㉡ 금전 등(공사부담금)을 제공받아 그 제공받은 날이 속하는 사업연도의 종료일까지 그 시설을 구성하는 사업용자산(유형자산 및 무형자산)의 취득에 사용하거나 사업용자산을 취득하고 이에 대한 공사부담금을 사후에 제공받은 경우

공사부담금으로 취득한 사업용자산의 가액은 그 사업연도의 소득금액을 계산할 때 손금에 산입할 수 있다.

③ 보험차익

내국법인이 고정자산의 멸실이나 손괴로 인하여 보험금을 지급받아 그 지급받은 날이 속하는 사업연도의 종료일까지 그 멸실한 고정자산에 대체하여 동일한 종류의 고정자산(재고자산은 해당하지 않음)을 취득하거나 손괴된 고정자산을 개량(그 취득한 고정자산의 개량을 포함)하는 경우 그 고정자산의 가액 중 그 고정자산을 취득하거나 개량하는 데에 사용된 보험차익에 상당하는 금액은 그 사업연도의 소득금액을 계산할 때 손금에 산입할 수 있다.

Ⅱ 일시상각충당금 및 압축기장충당금의 손입산입 시기 및 환입

(1) 일시상각충당금과 압축기장충당금의 손금산입시기 및 사용기한

국고보조금·공사부담금 및 보험차익을 지급받은 날이 속하는 사업연도의 종료일까지 사업용 고정자산을 취득하거나 내국법인이 그 사업연도의 다음 사업연도 개시일부터 1년(보험차익의 경우에는 2년)이내에 사업용자산을 취득하거나 개량하려는 경우에는 사용계획서를 제출하여 그 지급받은 날이 속하는 사업연도의 손금에 산입할 수 있다. 금액을 지급받은 사업연도에 실제 사용하지 않았더라도 사용계획서를 제출하면 지급받은 사업연도에 손금으로 산입할 수 있다.

구분	국고보조금	공사부담금	보험차익
손금산입액	국고보조금으로 취득·개량한 사업용자산가액	공사부담금으로 취득한 사업용자산가액	보험차익으로 취득·개량한 유형자산가액
손금산입시기	지급받은 사업연도		
사용기한	지급받은 다음 사업연도의 개시일부터 1년 이내		지급받은 다음 사업연도의 개시일부터 2년 이내

(2) 일시상각충당금과 압축기장충당금의 환입

손비로 계상한 일시상각충당금과 압축기장충당금은 다음 중 어느 하나에 해당하는 방법으로 익금에 산입한다.

구분	환입
① 감가상각비 계상시	일시상각충당금은 해당 사업용자산의 감가상각비(취득가액 중 해당 일시상각충당금에 상당하는 부분에 대한 것에 한함)와 다음의 식에 따라 계산된 금액을 환입한다. $$환입액 = 일시상각충당금 \times \frac{세법상\ 감가상각비(손금인정액)}{세법상\ 취득가액}$$ 단, 해당 자산을 처분하는 경우에는 상계하고 남은 잔액을 전액 그 처분한 날이 속하는 사업연도에 익금에 산입한다.
② 처분시	일시상각충당금 및 압축기장충당금은 당해 사업용 자산을 처분하는 사업연도에 미상계된 잔액이 있는 경우 이를 전액 익금에 산입한다. ◉ 단, 해당 사업용자산의 일부를 처분하는 경우에는 해당 사업용자산의 가액 중 일시상각충당금 또는 압축기장충당금이 차지하는 비율로 안분계산한 금액을 익금에 산입한다.

(3) 충당금 미사용액의 익금산입

국고보조금 등을 해당 규정에 따라 손금에 산입한 내국법인이 손금에 산입한 금액을 기한 내에 사업용자산의 취득 또는 개량에 사용하지 아니하거나 사용하기 전에 폐업 또는 해산하는 경우에는 미사용액을 해당 사유가 발생한 날이 속하는 사업연도의 소득금액을 계산할 때 **일시에 익금에 산입**한다. 다만, 합병하거나 분할하는 경우로서 합병법인 등이 그 금액을 승계한 경우는 제외하며, 이 경우 미사용액은 합병법인 등이 손금에 산입한 것으로 본다.

제5절 | 준비금

준비금이란 미래에 지출하거나 지급할 비용 등에 충당하기 위하여 일정한 금액을 손금산입 후 환입하거나 비용과 상계하는 것으로서 충당부채의 일종이다.

I 「법인세법」상 준비금

(1) 종류

① 비영리법인의 고유목적사업준비금
② 보험회사의 책임준비금 및 비상위험준비금

(2) 설정방법

구분	내용
① 원칙	법인이 장부에 비용으로 계상해야만 가능한 결산조정사항이다.
② 예외	다음의 준비금은 잉여금처분에 의한 신고조정이 가능하다. ㉠ 외부감사를 받는 비영리법인의 고유목적사업준비금 ㉡ 국제기업회계기준을 적용하는 보험회사의 비상위험준비금

II 「조세특례제한법」상 준비금

(1) 종류

① 연구 및 인력개발준비금
② 손실보전준비금 등

(2) 세무조정

「조세특례제한법」상의 준비금 설정도 결산조정을 원칙으로 하되, 잉여금처분에 의한 신고조정을 허용한다.

CHAPTER 08 부당행위계산의 부인

제1절 부당행위계산의 부인 일반

I 부당행위계산의 개요

구분	내용
(1) 의의	내국법인의 행위 또는 소득금액의 계산이 특수관계인과의 거래로 인하여 그 법인의 소득에 대한 조세의 부담을 부당하게 감소시킨 것으로 인정되는 경우에는 그 법인의 행위 또는 소득금액의 계산에 관계없이 그 법인의 각 사업연도의 소득금액을 계산하는 것을 부당행위계산의 부인이라 한다.
(2) 판단기준	부당행위계산의 부인규정을 적용할 때에는 건전한 사회 통념 및 상거래 관행과 특수관계인이 아닌 자 사이의 정상적인 거래에서 적용되거나 적용될 것으로 판단되는 가격(요율·이자율·임대료 및 교환 비율과 그 밖에 이에 준하는 것을 포함하며, 이하 "시가"라 한다)을 기준으로 한다.
(3) 목적	부당행위계산에 해당하는 경우 시가와의 차액 등을 익금에 산입하여 당해 법인의 각 사업연도의 소득금액을 계산한다. 결국 시가를 각 사업연도 소득금액의 기준이 되도록 함으로써 부당한 조세회피 행위를 방지하고 과세형평을 구현하는 데 그 목적이 있다. ⊙ 단, 부당행위계산의 부인은 세법에서만 적용하는 것으로 부당행위계산의 부인에 해당한다고 하여 **법인과 그 특수관계인 사이의 사법상 효력이 부인되는 것은 아니다.**

II 부당행위부인계산의 적용요건

다음의 요건 3가지를 모두 충족해야 한다.

(1) 특수관계인간의 거래
(2) 조세의 부당한 감소
(3) 현저한 이익의 분여

(1) **특수관계인**

① 특수관계인 판정시점

거래의 상대방이 특수관계인인지 여부는 **행위당시를 기준**으로 판단하며, 당해법인과 특수관계인 간의 거래(특수관계인 외의 자를 통하여 이루어진 거래 포함)에 대하여 부당행위 규정을 적용한다.

> 💡 **특수관계인 판단시점의 예외**
> 불공정합병에 대한 부당행위계산 규정을 적용함에 있어서 특수관계인 판정시점은 합병등기일이 속하는 사업연도의 직전 사업연도의 개시일(개시일이 서로 다른 법인이 합병하는 경우에는 먼저 개시한 날)부터 합병등기일까지의 기간에 의한다.

② 특수관계인의 범위

특수관계인이란 법인과 경제적 연관관계 또는 경영지배관계 등에 있는 자를 말하며, 본인도 특수관계인의 특수관계인(쌍방관계)으로 본다. 특수관계인의 범위는 다음과 같다.

㉠ 임원의 임면권의 행사, 사업방침의 결정 등 당해 법인의 경영에 대하여 사실상 영향력을 행사하고 있다고 인정되는 자(상법상 이사로 보는 자를 포함)와 그 친족

㉡ 주주 등(소액주주 등을 제외)과 그 친족
- 소액주주는 지분율이 발행주식총수의 1% 미만인 주주(출자자를 포함하되 국가·지방자치단체는 제외)로 해당 법인의 지배주주등의 특수관계인인 자는 소액주주에서 제외한다.

㉢ 법인의 임원·직원 또는 주주 등의 직원(주주 등이 영리법인인 경우에는 그 임원을, 비영리법인인 경우에는 그 이사 및 설립자)이나 직원 외의 자로서 법인 또는 주주 등의 금전 기타 자산에 의하여 생계를 유지하는 자와 이들과 생계를 함께 하는 친족
- 비소액주주의 임원(비소액주주가 비영리법인인 경우에는 이사 및 설립자)은 특수관계인에 포함한다.

㉣ 해당 법인이 직접 또는 그와 ㉠부터 ㉢까지의 관계에 있는 자를 통하여 어느 법인의 경영에 대하여 지배적인 영향력을 행사하고 있는 경우 그 법인

㉤ 해당 법인이 직접 또는 그와 ㉠부터 ㉣까지의 관계에 있는 자를 통하여 어느 법인의 경영에 대하여 지배적인 영향력을 행사하고 있는 경우 그 법인

㉥ 당해 법인에 30% 이상을 출자하고 있는 법인에 30%를 출자하고 있는 법인이나 개인

㉦ 당해 법인이 독점규제 및 공정거래에 관한 법률에 의한 기업집단에 속하는 법인의 경우 그 기업집단에 소속된 다른 계열회사 및 그 계열회사의 임원

참고 지배적인 영향력 행사의 판단

다음의 요건에 해당하는 경우 해당 법인의 경영에 대하여 지배적인 영향력을 행사하고 있는 것으로 본다.

구분	지배적인 영향력 행사의 판단
영리법인	① 법인의 발행주식총수 또는 출자총액의 30% 이상을 출자 ② 임원의 임면권 행사, 사업방침의 결정 등 당해 법인의 경영에 대하여 사실상 영향력을 행사하고 있다고 인정되는 자
비영리법인	① 법인 이사의 과반수를 차지하는 경우 ② 법인의 출연재산(설립을 위한 출연재산만 해당)의 30% 이상을 출연하고 그 중 1인이 설립자인 경우

(2) 부당행위계산 부인의 유형

구분	내용
① 자산의 고가매입	자산을 특수관계인으로부터 시가보다 높은 가액으로 매입하거나 현물출자를 받은 경우 또는 자산을 과대상각한 경우
② 자산의 저가양도	자산을 특수관계인으로부터 무상 또는 시가보다 낮은 가액으로 양도 하거나 저가로 현물출자한 경우 - 단, 적격주식매수선택권 등의 행사 또는 지급에 따라 주식을 양도하는 경우는 부당행위계산 부인에서 제외한다.
③ 용역의 고가매입	금전, 그 밖의 자산 또는 용역을 무상 또는 시가보다 높은 이율·요율이나 임차료로 차용하거나 제공받은 경우

기출 Check 20년 9급

26 법인세법령상 조세의 부담을 부당하게 감소시킨 것으로 인정되는 경우(부당행위계산)에 해당하는 것은? (단, 다른 요건은 모두 충족된 것으로 본다)

① 내국법인이 자산을 시가보다 낮은 가격으로 매입한 경우
② 내국법인이 자산을 시가보다 높은 가격으로 현물출자한 경우
③ 내국법인이 용역을 시가보다 낮은 요율로 제공받은 경우
④ 내국법인이 무수익자산을 매입하는 경우

❻ ④
해설 ① 내국법인이 자산을 시가보다 높은 가격으로 매입한 경우
② 내국법인이 자산을 시가보다 높은 가격으로 현물출자를 받은 경우
③ 내국법인이 용역을 시가보다 낮은 요율로 제공한 경우

기출 Check 12년 9급

27 「법인세법」상 '조세의 부담을 부당히 감소시킨 것으로 인정되는 경우'에 해당하지 않는 것은?

① 자산을 시가보다 높은 가액으로 매입 또는 현물출자받았거나 그 자산을 과대상각한 경우
② 무수익 자산을 매입 또는 현물출자받았거나 그 자산에 대한 비용을 부담한 경우
③ 불량자산을 차환하거나 불량채권을 양수한 경우
④ 주식매수선택권의 행사에 따라 주식을 양도하는 경우로서 주식을 시가보다 낮은 가액으로 양도한 경우

❻ ④
해설 주식매수선택권의 행사에 따라 주식을 양도하는 경우로서 주식을 시가보다 낮은 가액으로 양도하는 것은 부당행위로 보지 아니한다.

④ 용역의 저가양도	금전, 그 밖의 자산 또는 용역을 무상 또는 시가보다 낮은 이율·요율이나 임대료로 대부하거나 제공한 경우	
	참고 부당행위에서 제외되는 용역의 저가양도 1. 비출자임원(소액주주인 임원을 포함) 및 직원에게 사택을 제공하는 경우 2. 연결납세방식을 적용받는 연결법인간의 연결법인세액의 변동이 없는 등 기획재정부령으로 정하는 요건을 갖추어 용역을 제공하는 경우	
⑤ 불균등 자본거래	㉠ 불균등자본거래(불공정합병, 불공정증자, 불공정감자)로 인하여 주주등인 법인이 특수관계인인 다른 주주 등에게 이익을 분여한 경우 ⊘ 단, 「자본시장과 금융투자업에 관한 법률」에 따라 합병(분할합병 포함)·분할하는 경우는 제외한다. ㉡ ㉠ 외의 기타 증자·감자, 합병(분할합병 포함)·분할, 전환사채 등에 따른 주식의 전환·인수 교환 등 법인의 자본(출자액 포함)을 증가시키거나 감소시키는 거래를 통하여 법인의 이익을 분여한 경우	
⑥ 기타사항	㉠ 무수익 자산을 매입 또는 현물출자 받았거나 그 자산에 대한 비용을 부담한 경우 ㉡ 출연금을 대신 부담한 경우 ㉢ 불량자산을 차환하거나 불량채권을 양수한 경우 ㉣ 파생상품에 근거한 권리를 행사하지 아니하거나 그 행사기간을 조정하는 등의 방법으로 이익을 분여하는 경우 ㉤ 기타 특수관계인과의 거래가 부당행위계산 부인의 요건을 갖춘 경우(포괄주의)	

단, **법소정 주식매수선택권의 행사 또는 주식기준보상**에 따라 주식을 양도하거나 금전을 제공하거나(현금결제형), 주식을 발행(주식결제형)하는 경우에는 각각 자산거래·금전대차거래·자본거래에 있어 **부당행위로 보지 아니한다.**

(3) 현저한 이익의 분여 요건

특수관계인과의 거래가 부당행위계산에 해당하려면 다음의 요건을 충족하여야 한다.

구분	내용
① 손익거래	부당행위계산의 부인 유형이 위의 ①에서 ④에 해당하는 경우에는 시가와 거래가액의 차액이 3억 원 이상이거나 시가의 5%에 상당하는 금액 이상인 경우에 한하여 부당행위계산 부인규정을 적용한다. (시가 − 거래가) ≥ 시가×5% 또는 3억 원 ⊘ 단, 주권상장법인이 발행한 주식(상장주식)을 거래한 경우에는 현저한 이익의 분여 요건을 적용하지 아니한다.
② 불공정 자본거래	특수관계인과의 거래가 불공정자본거래에 해당하는 경우 현저한 이익의 분여 요건은 다음의 구분에 따라 판정한다. ㉠ 일반적인 경우 : 시가×30% 또는 3억 원 ㉡ 단, 저가발행에 따른 재배정 및 고가발행에 따른 재배정의 경우에는 현저한 이익의 요건은 적용하지 아니한다.

Ⅲ 부당행위계산 부인의 세무조정

특수관계인과의 거래가 부당행위에 해당하는 경우 세무조정은 반드시 사외유출의 소득처분이 나오게 된다.
① 회계상 장부에 비용을 증가시키거나 수익을 감소시키는 거래로 처리된 경우: 시가와 거래가액의 차액을 익금산입하고 사외유출로 소득처분
② 해당 사외유출 금액이 장부에 자산의 증가로 처리된 경우: 시가와 거래가액의 차액을 익금산입하고 사외유출로 소득처분 + 시가와 거래가액의 차액을 손금에 산입하고 △유보로 소득처분

> **기출 Check** 17년 9급
> 28 영리내국법인 ㈜C는 제10기(2017년 1월 1일 ~ 12월 31일) 중 출자사용인으로부터 토지(시가 150백만 원)를 구입하면서 현금지급액 200백만 원을 장부에 계상하였다. 매입한 토지와 관련하여 ㈜C가 수행해야 할 제10기 세무조정으로 옳은 것은?
>
> 🔑 1. 회계상 순자산(200백만 원) ≠ 세법상 순자산(150백만 원)
> ⇨ 손금산입 50(△유보)
> ⇨ 사외유출 소득처분(상여)
> 2. 손금산입 토지 50백만 원 (△유보)
> 익금산입 부당행위계산부인 50백만 원 (상여)

Ⅳ 부당행위계산 부인의 기준

(1) 일반적인 시가산정방법

부당행위계산의 부인을 적용할 때 기준이 되는 시가는 다음의 순서대로 적용한다.

구분	내용
1순위	해당 거래와 유사한 상황에서 해당 법인이 특수관계인 외의 불특정다수인과 계속적으로 거래한 가격 또는 특수관계인이 아닌 제3자간에 일반적으로 거래된 가격
2순위	감정평가법인 등이 감정한 가액이 있는 경우 그 가액(감정한 가액이 2 이상인 경우에는 그 감정한 가액의 평균액) ⊙ 단, 주식 및 가상자산은 감정가액을 적용하지 아니한다.
3순위	「상속세 및 증여세법」의 보충적 평가방법 ① 부동산: 「양도소득세법」상의 기준시가 ② 상장주식: 상속기준일 전후 2개월 간의 종가평균 ③ 비상장주식: $\dfrac{순손익가치 \times 3 + 순자산가치 \times 2}{5}$ (단, 부동산과다보유법인은 2 : 3의 비율을 적용)

> **참고** 주권상장법인이 발행한 주식(상장주식)의 시가
>
> 1. 주권상장법인이 발행한 주식을 다음에 해당하는 방법으로 거래하는 경우에는 시가는 그 거래일의 **거래소 최종시세가액**(거래소 휴장 중에 거래한 경우 그 거래일의 직전 최종시세가액)으로 하되, 사실상 경영권 이전이 수반되는 경우 「상속세 및 증여세법」의 할증평가규정을 준용하여 20%를 가산한다.
>   ① 「자본시장과 금융투자업에 관한 법률」에 따른 증권시장 외에서 거래하는 방법
>   ② 대량매매로 거래하는 방법(거래소의 증권시장업무규정에서 일정 수량 또는 금액 이상의 요건을 충족하는 경우에 한정하여 매매가 성립하는 거래방법)
> 2. 사실상 경영권의 이전이 수반되는 경우란 다음의 어느 하나에 해당하는 경우를 말한다.
>   ① 최대주주 또는 최대출자자가 변경되는 경우
>   ② 최대주주 등 간의 거래에서 주식 등의 보유비율이 1% 이상 변동되는 경우

> 제3자에게 제공한 유사 용역 또는 제3자간의 일반적인 용역의 원가이익률
> $$= \frac{\text{기업회계기준에 따라 계산한 매출액} - \text{원가}}{\text{원가}}$$

(2) 시가산정방법의 특례

① 자산 또는 용역의 제공

자산(금전 제외) 또는 용역의 제공에 있어 일반적인 시가 산정방법을 적용할 수 없는 경우에는 다음의 규정에 의하여 계산한 금액을 시가로 한다.

구분	내용
유형·무형자산을 제공하거나 제공받는 경우	(해당 자산의 시가 × 50% − 보증금 등의 수령액) × 정기예금이자율 × $\frac{\text{일수}}{365}$
건설 기타 용역을 제공하거나 제공받는 경우	용역원가(직접비 + 간접비) × (1 + 유사용역의 원가이익률)

② 금전거래의 시가

구분	시가
원칙	가중평균차입이자율
예외	법 소정 사유에 해당하는 경우 또는 법인이 당좌대출이자율 적용을 선택하는 경우 당좌대출이자율

제2절 가지급금 인정이자

I 가지급금 인정이자의 개요 및 세무조정

(1) 가지급금 인정이자의 개요

특수관계인에게 금전을 무상 또는 시가보다 낮은 이율로 대여하거나 제공한 경우에는 시가와 실제 수령한 이자 간에 차이가 발생하게 된다. 이를 가지급금에 대한 인정이자라고 하며, 해당 차이금액은 이를 익금에 산입한 뒤 귀속자에 따라 소득처분한다.

(2) 가지급금 인정이자의 범위

① 가지급금은 해당 법인의 업무와 관련없이 특수관계인에게 지급한 자금의 대여액으로 금융회사 등의 경우에는 주된 수익사업으로 볼 수 없는 자금의 대여액을 포함한다.
② 단, 적정한 이자를 받는 가지급금의 경우에는 업무와 무관하지만 법인이 손실을 본 경우는 아니므로 적정이자를 받는 가지급금은 제외한다.
③ 동일인에 대한 가지급금과 가수금이 함께 있는 경우 이를 상계한 금액으로 한다. 다만, 가지급금과 가수금의 발생시 각각 상환기간 및 이자율 등에 관한 약정이 있어 상계할 수 없는 경우에는 상계하지 아니한다.

(3) 가지급금 인정이자의 세무조정

$$\text{가지급금 인정이자} = \text{가지급금 적수} \times \text{이자율} \times 1/365$$

① 가지급금 인정이자에 대한 익금산입액은 가지급금 인정이자에서 이자수령약정액(발생주의)을 차감한 차액으로 한다.
② 가지급금 인정이자에 대한 익금산입은 귀속자를 구분할 수 없는 경우 대표자에 대한 상여로 소득처분한다.
③ 모든 가지급금은 업무무관자산이므로 업무무관자산관련이자 손금불산입 대상이다.
④ 모든 가지급금은 대손금이 될 수 없으며, 대손충당금 설정대상 채권에서도 제외된다.

II 인정이자율(시가이자율)의 계산

(1) 원칙 – 가중평균차입이자율

구분	내용
① 의의	가중평균차입이자율이란 자금대여일 현재의 차입금잔액으로 가중평균하여 계산한 이자율을 의미한다.
② 산출식	$\dfrac{\Sigma \text{대여시점의 개별차입금 잔액} \times \text{해당 차입금이자율}}{\Sigma \text{대여시점의 차입금 잔액}}$
③ 유의사항	㉠ 가중평균차입이자율은 차입금적수가 아닌 대여법인의 자금대여시점 현재의 차입금 잔액을 적용한다. ㉡ 특수관계인으로부터의 차입금과 채권자불분명이자 및 비실명채권이자와 관련된 차입금은 제외한다(건설자금이자 차입금은 포함). ㉢ 변동금리인 경우에는 대여일 현재의 변동된 이자율을 적용한다.

(2) 예외 – 당좌대출이자율

다음의 경우에는 가중평균차입이자율이 아닌 당좌대출이자율을 적용한다.
① 가중평균차입이자율의 적용이 불가능한 경우: 해당 대여금 또는 차입금에 한하여 당좌대출이자율을 적용한다.
　㉠ 특수관계인이 아닌 자로부터 차입한 금액이 없는 경우
　㉡ 차입금 전액이 채권자가 불분명한 사채 등으로 조달된 경우
　㉢ 대여법인의 가중평균차입이자율 또는 대여이자율이 차입법인의 가중평균차입이자율보다 높은 경우
② 대여일부터 해당 사업연도 종료일까지의 기간이 5년을 초과하는 대여금
　해당 대여금 또는 차입금에 한하여 당좌대출이자율을 적용한다. 대여일은 계약을 갱신한 경우에는 그 갱신일로 보며, 당기 중 상환하는 경우 상환일을 대여일로 한다.
③ 과세표준 신고시 당좌대출이자율을 선택한 경우
　기업이 가지급금 인정이자 계산에 당좌대출이자율을 선택한 경우 선택한 사업연도를 포함하여 3개 사업연도간에 당좌대출이자율을 적용하여야 한다.

Ⅲ 이자수령약정액(발생주의)

이자수령약정액은 간주임대료 계산시 차감하는 금융수익과 동일한 개념으로 발생주의를 적용한다.

(1) **인정이자 및 미수이자 세무조정**

법인이 인정이자를 결산상 미수이자로 계상한 경우는 아래의 사례에 따라 세무조정한다.

구분	내용
부당행위 관련	부당행위와 관련된 인정이자는 익금산입하고 사외유출로 소득처분한다.
당기 발생 미수이자	① 이자율 및 상환기간에 대한 약정이 없는 경우 미수이자 계상액은 가공자산이므로 익금불산입(△유보)한다. ② 이자율 및 상환기간에 대한 약정이 있는 경우

구분	내용
⊙ 당기 귀속시기도래분	귀속시기가 도래한 미수이자 계상액은 세법상 익금으로 인정하며, 미수이자 관련 별도의 세무조정은 없다.
ⓒ 당기 기간경과분	당기 기간이 경과한 미수이자에 대해서 미수이자 익금불산입(△유보)으로 처리한다.

(2) **특수관계가 소멸되는 날까지 정당한 사유 없이 회수되지 않은 가지급금 및 미수이자**

① 특수관계인과의 특수관계가 소멸되는 날까지 정당한 사유 없이 회수되지 않은 가지급금 및 미수이자는 사외유출된 것으로 간주하여 익금산입한다.

② 가지급금에 대해서는 익금불산입(△유보)처리하고, 부당행위에 해당하는 부분은 익금산입하여 소득자에 따라 사외유출로 처분한다.

> **참고** 회수되지 않은 가지급금 및 미수이자에 대해 정당한 사유가 있는 경우
>
> 다음의 경우에는 회수되지 않은 가지급금 및 미수이자에 해당하여도 정당한 사유에 해당하기 때문에 사외유출의 소득처분을 하지 아니한다.
> 1. 특수관계인이 회수할 채권에 상당하는 재산을 담보로 제공하였거나 특수관계인의 소유재산에 대한 강제집행으로 채권을 확보하고 있는 경우
> 2. 채권·채무에 대한 쟁송으로 회수가 불가능한 경우
> 3. 해당 채권과 상계할 수 있는 채무를 보유하고 있는 경우
> 4. 그 밖에 위 1부터 3까지와 비슷한 사유로서 회수하지 아니하는 것이 정당하다고 인정되는 경우

제3절 | 사택의 제공

I 출자임원

(1) 사택유지비

출자임원에게 사택유지비를 제공하는 경우 업무무관비용으로 보아 손금불산입하고 상여로 소득처분한다. 단, 출자임원에는 소액주주(지분율 1% 미만)임원은 제외한다.

(2) 사택을 무상 또는 시가보다 낮은 임대료로 제공한 경우

출자임원에게 무상 또는 시가보다 낮은 임대료로 제공한 경우 부당행위계산부인규정을 적용하여 시가와 회사계상 임대료와의 **차액을 익금산입하고 상여**로 소득처분한다.

> 시가 = (해당 자산의 시가 × 50% − 전세금 또는 보증금) × 정기예금이자율

(3) 주택자금을 무상 또는 시가보다 낮은 이자율로 대여한 경우

주택자금을 무상 또는 저리로 대여한 경우 가지급금에 대한 인정이자 규정을 적용하여 인정이자 상당액과 회사계상액과의 **차액을 익금산입하고 상여**로 소득처분한다.

II 비출자임원 및 소액주주임원, 직원

(1) 사택유지비

비출자임원(소액주주임원 포함) 및 직원에게 사택의 유지비를 제공하는 경우 손금으로 인정한다.

(2) 사택을 무상 또는 시가보다 낮은 임대료로 제공한 경우 및 주택자금을 무상 또는 시가보다 낮은 이자율로 대여한 경우

비출자임원(소액주주임원 포함) 및 직원에게 시가미달의 임대료를 수령하거나 주택자금을 저리 또는 무상으로 대여한 경우에도 부당행위계산의 부인 규정을 적용하지 아니한다.

제4절 ✦ 불공정자본거래로 인한 이익의 무상이전

I 의의 및 세무조정

(1) 의의

① 불공정 자본거래란 법인이 불공정하게 합병, 증자, 감자 등을 수행함으로 인하여 해당 법인의 주주 중 일부는 손실을 보고 일부는 이익을 보게 되는 것을 의미하는데 불공정 자본거래로 주주 등인 법인이 특수관계인인 다른 주주 등에게 이익을 분여한 경우 이익을 얻은 주주는 무상으로 부가 이전된 것이기에 주주 등에게는 증여세를 과세하게 된다.
② 더불어 불공정자본거래로 인한 제재를 법인주주에게도 확대하기 위해 「법인세법」에서는 불공정자본거래를 부당행위의 일종으로 간주하고 있다.

(2) 세무조정

① 법인주주 중 손실주주에게는 부당행위부인규정을 적용하여 손실을 사외유출로 처분한다.
② 법인주주 중 이익주주에게는 자본거래로 발생한 미실현이익을 자본거래한 시점에 익금으로 과세한다. 더불어 증여세에서도 자본거래시점에 개인주주에게 증여세를 과세한다.

	손실주주		이익주주
법인	익금불산입 기타사외유출	법인	익금산입 주식 유보
		개인	증여세 과세
개인	과세문제가 발생하지 않음	법인	익금산입 주식 유보
		개인	증여세 과세

II 불공정자본거래의 적용 요건

(1) 불공정합병

① 의의
불공정합병이란 특수관계인인 법인간의 합병(분할합병을 포함)에 있어서 주식 등을 시가보다 높거나 낮게 평가하여 불공정한 비율로 합병한 경우 법인이 특수관계인인 다른 주주에게 현저한 이익을 분여하는 것을 말한다.

② 적용요건
불공정합병은 주주간 특수관계 요건을 충족해야 하며, 현저한 이익요건(이익의 30%이상이거나 3억 원 이상)을 충족하여야 한다. 특수관계여부는 합병등기일 직전 사업연도 개시일부터 합병등기일까지로 한다.

(2) 불공정감자

① 의의
불공정감자란 법인의 감자에 있어 주주 등의 소유주식 비율에 의하지 아니하고 일부 주주 등의 주식 등을 소각함으로써 법인이 특수관계인인 다른 주주에게 현저한 이익을 분여하는 것을 말한다.

② 적용요건
불공정감자는 주주간 특수관계가 있어야 하며, 현저한 이익요건(이익의 30%이상이거나 3억 원 이상)을 충족하여야 한다.

(3) 불공정증자

① 의의
불공정증자란 법인이 자본(출자액을 포함)을 증가시키는 거래에 있어 신주(전환사채, 신주인수권부사채 또는 교환사채 등을 포함)를 배정·인수받을 수 있는 권리의 전부 또는 일부를 포기하거나(실권) 신주를 저가 또는 고가로 발행한 권리를 재발행하는 등의 형태로 법인이 특수관계인인 다른 주주에게 현저한 이익을 분여하는 것이다.

② 적용요건
저가발행 또는 고가발행 증자의 경우 재배정은 주주간 특수관계 요건만 충족하면 되지만, 실권하는 경우에는 주주간 특수관계 요건 및 현저한 이익 요건(이익의 30% 이상이거나 3억 원 이상)을 충족하여야 한다.

CHAPTER 09 법인세 과세표준 및 세액의 계산

제1절 과세표준의 계산

내국법인의 각 사업연도의 소득에 대한 법인세의 과세표준은 각 사업연도의 소득의 범위에서 이월결손금, 비과세소득, 소득공제액을 차례로 공제한 금액으로 한다. 해당 사업연도의 과세표준을 계산할 때 공제되지 아니한 비과세소득 및 소득공제액은 해당 사업연도의 다음 사업연도 이후로 이월하여 공제할 수 없다.

I 이월결손금의 공제

(1) 공제대상 이월결손금

구분	내용
미소멸 결손금	대상 기간 이내에 발생한 결손금으로서 그 후 각 사업연도의 과세표준을 계산할 때 공제되지 아니한 금액으로 결손금 소급공제, 이월결손금 공제 및 자산수증이익·채무면제이익보전에 충당되지 않은 결손금을 의미한다.
대상 기간	당해 사업연도 개시일 전 15년(2019.12.31. 이전 개시 사업연도 발생분은 10년) 이내에 개시한 사업연도에서 발생한 세법상 미소멸 결손금
세법상 결손금	대상 기간 내에 과세표준을 신고하거나 결정·경정되거나, 「국세기본법」에 따라 수정신고한 과세표준에 포함된 결손금만 해당한다. ① 해당 결손금에는 합병·분할시 피합병법인·분할법인으로부터 승계받은 결손금을 포함한다. ② 회생계획인가 결정을 받은 법인으로서 법원이 확인한 것 및 워크아웃체결법인의 채권단이 의결한 결손금은 세법상 결손금에 해당하지 않으므로 제외한다.

(2) 이월결손금의 공제순서

이월결손금을 공제할 때에는 먼저 발생한 사업연도의 결손금부터 차례대로 공제한다. 법인이 임의로 결손금의 공제연도를 선택할 수 없는 강제사항이다.

(3) 추계결정·경정의 경우 이월결손금 공제 배제

법인세의 과세표준계산에 있어서 공제할 결손금에는 법인세의 과세표준과 세액을 추계결정 또는 경정하는 경우에는 이월결손금 공제규정을 적용하지 않는다. 단, **천재지변 등으로 장부나 그 밖의 증빙서류가 멸실되어 추계하는 경우에는 그러하지 아니한다.**

(4) 이월결손금 공제한도

구분	공제한도
중소기업 및 특정법인	중소기업 및 특정법인은 각 사업연도의 100%를 공제한도로 한다.
일반법인, 연결법인, 합병·분할법인, 외국법인	일반법인은 각 사업연도에 적용비율을 곱한 금액을 공제한도로 한다. ① 2016.1.1. 이후 개시 사업연도: 80% ② 2018.1.1. 이후 개시 사업연도: 70% ③ 2019.1.1. 이후 개시 사업연도: 60% ④ 2023.1.1. 이후 개시 사업연도: 80%

참고 각 사업연도소득의 100%를 공제한도로 적용하는 특정법인

특정법인은 다음 중 어느 하나에 해당하는 법인을 말한다.
1. 「채무자 회생 및 파산에 관한 법률」에 따라 법원이 인가결정한 회생계획을 이행 중인 법인
2. 「기업구조조정 촉진법」에 따라 기업개선계획의 이행을 위한 약정을 체결하고 기업개선계획을 이행 중인 법인
3. 금융회사 등이나 금융업무 또는 기업 구조조정 업무를 하는 공공기관과 경영정상화계획의 이행을 위한 협약을 체결하고 경영정상화계획을 이행 중인 법인
4. 「기업 활력 제고를 위한 특별법」에 따른 사업재편계획 승인을 받은 법인
5. 유동화자산을 기초로 유동거래할 목적으로 설립된 법인으로서 일정한 요건을 모두 갖춘 법인
   ① 「상법」 또는 그 밖의 법률에 따른 주식회사 또는 유한회사일 것
   ② 한시적으로 설립된 법인으로서 상근하는 임원 또는 직원을 두지 아니할 것
   ③ 정관 등에서 법인의 업무를 유동화거래에 필요한 업무로 한정하고 유동화거래에서 예정하지 아니한 합병, 청산 또는 해산이 금지될 것
   ④ 유동화거래를 위한 회사의 자산 관리 및 운영을 위하여 업무위탁계약 및 자산관리위탁계약이 체결될 것, 2015년 말까지 유동화자산의 취득을 완료할 것
6. 사업재편계획을 이행 중인 법인

Ⅱ 결손금 소급공제

(1) 결손금 소급공제에 따른 법인세액의 환급신청

중소기업은 각 사업연도에 결손금이 발생한 경우 당연도의 결손금을 직전연도 과세표준에 소급공제하여 직전 사업연도의 법인세액을 환급신청할 수 있다. 단, 직전 사업연도의 소득에 대하여 과세된 법인세액을 한도로 계산한 금액을 한도로 하며, 환급신청한 결손금에 대해서는 이월결손금 공제규정을 적용 할 때 이를 공제받은 금액으로 본다.

구분	내용
① 요건	㉠ 중소기업에서 발생한 결손금에 한한다. ㉡ 결손금이 발생한 연도와 직전연도의 신고기한을 준수해야 한다. ㉢ 강제사항이 아닌 선택사항으로 법인이 결손금 발생연도 과세표준신고기한 내에 신청하여야 한다. ㉣ 소급공제는 결손금이 발생한 직전연도 소득에서만 적용가능하다.
② 환급신청	㉠ 법인세액을 환급받으려는 중소기업은 신고기한까지 납세지 관할 세무서장에게 신청하여야 한다. ㉡ 납세지 관할 세무서장은 환급신청을 받은 경우 지체 없이 환급세액을 결정하여 「국세기본법」에 따라 환급하여야 한다.

③ 환급세액	MIN[㉠, ㉡]
	㉠ 환급대상액 = 직전연도 산출세액 − (직전 사업연도 과세표준 − 소급공제 결손금) × 직전연도 세율
	⊙ 직전연도 산출세액에는 토지 등 양도소득에 대한 법인세는 제외한다.
	㉡ 한도액 = 직전연도 산출세액 − 직전연도 공제·감면세액

(2) 과다환급세액의 추징

납세지 관할 세무서장은 다음 중 어느 하나에 해당하는 경우 추징세액을 결손금이 발생한 사업연도의 법인세로서 징수한다.

① 과다환급세액을 징수하는 경우
  ㉠ 소급공제 후 결손금이 발생한 연도에 대한 법인세 과세표준과 세액을 경정함으로써 결손금이 감소된 경우
  ㉡ 결손금 발행 직전연도의 과세표준과 세액을 경정함으로써 환급세액이 감소된 경우
  ㉢ 중소기업에 해당하지 아니하는 법인이 법인세를 환급받은 경우

② 추징세액

$$추징세액 = 환급취소세액 + 이자상당액(과다환급세액 \times 기간 \times \frac{2.2}{10,000})$$

  ㉠ 이자상당액의 산출기간은 당초 환급세액의 통지일의 다음날부터 추징세액의 고지일까지의 일수로 한다.
  ㉡ 이자상당액의 이자율은 납세자가 법인세액을 과다하게 환급받은데 정당한 사유가 있는 때에는 국세환급가산금의 이자율(3/10,000)을 적용한다.

③ 환급취소세액
결손금이 감소된 경우의 환급취소세액은 다음과 같이 계산한다.

$$환급취소세액 = 당초 환급세액 \times \frac{감소된\ 결손금 - 소급공제\ 미신청\ 결손금}{소급공제\ 결손금}$$

다만, 결손금 중 일부 금액만 소급공제 받은 경우에는 소급공제받지 아니한 결손금이 먼저 감소된 것으로 본다.

(3) 기타 고려사항

① 납세지 관할 세무서장은 당초 환급세액을 결정한 후 당해 환급세액의 계산 기초가 된 직전 사업연도의 법인세액 또는 과세표준금액이 달라진 경우에는 즉시 당초 환급세액을 재결정하여 추가로 환급하거나 과다하게 환급한 세액 상당액을 징수하여야 한다.
② 당초 환급세액을 재결정함에 따라 소급공제 결손금액이 과세표준금액을 초과하는 경우에는 그 초과하는 결손금액은 소급공제 결손금액으로 보지 아니한다.

Ⅲ 비과세소득

내국법인의 각 사업연도 소득 중에서 (1), (2)에 해당하는 항목은 법인세를 과세하지 아니한다. 비과세소득은 각사업연도소득에서 이월결손금차감 후의 소득을 한도로 차감하며, 미차감된 잔액은 이월되지 않는다. 비과세소득이 당기순이익에 포함되어 있더라도 익금불산입의 세무조정을 하지는 않는다.

(1) 「법인세법」

「공익신탁법」에 따른 공익신탁의 신탁재산에서 생기는 소득은 비과세소득이다.

(2) 「조세특례제한법」

① 중소기업창업투자회사 등의 주식양도차익 등에 대해 비과세한다.
② 중소기업창업투자회사 등의 소재·부품·장비전문기업 주식양도차익 등에 대해 비과세한다.

Ⅳ 소득공제

(1) 「법인세법」에 따른 유동화전문회사 등에 대한 소득공제

① 대상법인((paper company, 명목회사)

유동화전문회사·투자회사·투자목적회사·투자유한회사·투자합자회사(사모집합투자기구 제외)·투자유한책임회사·기업구조조정투자회사·기업구조조정 부동산투자회사·위탁관리 부동산투자회사·선박투자회사·문화산업전문회사·해외자원개발투자회사 등을 유동화전문회사 등이라고 한다.

② 소득공제 대상액

㉠ 유동화전문회사 등에 해당하는 내국법인이 배당가능이익의 100분의 90 이상을 배당한 경우에는 그 금액을 배당을 결의한 잉여금처분대상 사업연도의 소득금액에서 공제한다. 20×1년도의 소득을 20×2년 2월에 배당한 경우 20×1년도 소득에서 공제한다.

㉡ 배당가능이익

> 배당가능이익
> = 기업회계기준에 의한 당기순이익 + 이월이익잉여금 − 이월결손금 − 이익준비금

배당가능이익에는 당기순이익, 이월이익잉여금, 이월결손금 중 유가증권 평가손익은 제외하며, 「상법」에 따라 자본준비금을 감액하여 받는 배당금액(내국법인이 보유한 주식의 장부가액을 한도로 한다)은 배당가능이익에 포함하지 아니한다.

ⓒ 초과배당금액

배당금액이 해당 사업연도의 소득금액을 초과하는 경우 그 초과하는 금액(초과배당금액)은 해당 사업연도의 다음 사업연도 개시일부터 5년 이내에 끝나는 각 사업연도로 이월하여 그 이월된 사업연도의 소득금액에서 공제할 수 있다. 다만, 내국법인이 이월된 사업연도에 배당가능이익의 100분의 90 이상을 배당하지 아니하는 경우에는 그 초과배당금액을 공제하지 아니한다. 이월된 초과배당금액을 해당 사업연도의 소득금액에서 공제하는 경우에는 다음 각 호의 방법에 따라 공제한다.
ⓐ 이월된 초과배당금액을 해당 사업연도의 배당금액보다 먼저 공제할 것
ⓑ 이월된 초과배당금액이 둘 이상인 경우에는 먼저 발생한 초과배당금액부터 공제할 것

③ 소득공제 요건
㉠ 유동화전문회사 등이 배당가능이익의 90% 이상을 배당한 경우
㉡ 유동화전문회사 등이 법인세 과세표준신고와 함께 소득공제 적용을 신청한 경우

(2) 「조세특례제한법」에 의한 소득공제

① 프로젝트금융투자회사에 대한 소득공제 대상법인 및 소득공제
유동화전문회사 등에 대한 소득공제 대상 법인과 유사한 투자회사로서 법정 요건을 갖춘 법인을 말하며, 유동화전문회사 등에 대한 소득공제액과 동일하다.

② 자기관리부동산투자회사에 대한 소득공제
자기관리부동산투자회사에 대한 소득공제도 유동화전문회사 등의 소득공제 규정을 준용한다.

제2절 산출세액의 계산

법인세의 산출세액은 각 사업연도 소득에 대한 산출세액, 토지 등 양도소득 산출세액, 미환류소득에 대한 산출세액의 합으로 한다.

I 일반적인 산출세액

(1) 법인세의 세율

과세표준	세율
2억 원 이하	과세표준 × 9%
2억 원 초과 2백억 원 이하	2천만 원 + (과세표준 - 2억 원) × 19%
2백억 원 초과 3천억 원 이하	39억 8천만 원 + (과세표준 - 2백억 원) × 21%
3천억 원 초과	655억 8천만 원 + (과세표준 - 3천억 원) × 24%

내국법인의 각 사업연도 소득에 대한 법인세 산출세액은 과세표준에 다음의 세율을 적용하여 계산한 금액으로 한다.

(2) 사업연도가 1년 미만인 경우의 산출세액

$$산출세액 = (과세표준 \times \frac{12}{사업연도\ 월수} \times 법인세율) \times \frac{사업연도\ 월수}{12}$$

월수는 역에 따라 계산하되, 1월 미만의 일수는 1월로 한다.

Ⅱ 토지 등 양도소득에 대한 법인세 산출세액

내국법인이 과세대상에 해당하는 토지 등을 양도한 경우 과세대상별 세율에 따라 계산된 토지 등 양도소득에 대한 법인세 산출세액을 각 사업연도 소득의 산출세액에 추가하여 납부하여야 한다.

(1) 과세대상 및 세액

과세대상	세액
법 소정 주택(부수토지 포함)	양도소득×20%(미등기자산 40%)
법 소정 비사업용 토지	양도소득×10%(미등기자산 40%)
조합원입주권 및 분양권	양도소득×20%

> **참고** 법 소정 주택
>
> 국내에 소재하는 주택으로서 다음 각 항목에 해당하지 않는 주택으로 여기에는 상시 주거용으로 사용하지 않고 휴양 등의 용도로 사용하는 별장을 포함하며, 일정한 범위 및 기준에 해당하는 농어촌주택은 제외한다.
> 1. 「임대주택법」에 따른 매입임대주택 및 건설임대주택으로서 5년 이상 임대한 기준시가 6억 원 이하의 주택(법 소정 면적 이하의 주택만 해당)
> 2. 비출자임원(소액주주임원 포함) 및 직원에게 10년 이상 제공된 사택
> 3. 저당권 실행 또는 채권변제를 대신하여 취득한 주택으로서 취득일부터 3년이 경과하지 아니한 주택
> 4. 기타 부득이한 사유로 보유하는 주택으로서 기획재정부령으로 정하는 주택

(2) 비과세 대상

① 파산선고에 의한 토지 등의 처분으로 인하여 발생하는 소득
② 법인이 직접 경작하던 농지로서 양도소득세의 비과세요건을 충족하는 농지의 교환 또는 분할·통합으로 인하여 발생하는 소득
③ 「도시개발법」 및 그 밖의 법률에 의한 환지처분 또는 체비지로 충당됨으로써 발생하는 소득
④ 적격분할·적격합병·적격 물적분할·적격 현물출자·조직변경 및 교환(과세이연 요건을 갖춘 것에 한함)으로 인하여 발생하는 소득
⑤ 한국토지주택공사가 토지개발사업으로 조성한 토지 중 주택건설용지로 양도함으로써 발생하는 소득
⑥ 주택을 신축하여 판매(임대주택법에 의한 건설임대주택을 분양하거나 다른 임대사업자에게 매각하는 경우 포함)하는 법인이 그 주택 및 주택에 부수되는 토지로서 건물정착면적의 5배(도시지역 밖의 토지는 10배) 이내의 토지를 양도함으로써 발생하는 소득

⑦ 「민간임대주택에 관한 특별법」에 따른 기업형 임대사업자에게 토지를 양도함으로써 발생하는 소득
⑧ 공공매입임대주택을 건설할 자에게 해당 주택 건설을 위한 토지를 양도하여 발생하는 소득 등
⑨ 그 밖에 공공목적을 위한 양도 등으로 기획재정부령이 정하는 사유로 인해 발생하는 소득

(3) 양도소득금액의 계산

> 토지 등 양도소득금액 = 토지 등의 양도금액 − 양도 당시의 장부가액

① 과세대상이 되는 둘 이상의 토지 등을 양도한 경우에는 양도한 자산별로 계산한 금액을 합산한 금액을 토지 등 양도소득금액으로 한다.
② 양도한 자산 중 양도차손이 있는 경우에는 그 양도차손을 다른 자산의 양도소득에서 차감한다. 양도차손이 발생한 자산과 같은 세율을 적용받는 자산의 양도소득에서 먼저 차감하고, 남은 금액을 다른 세율을 적용받는 자산에서 차감한다.
③ 「소득세법」상 양도소득과 달리 양도과정에서 발생한 양도비용은 차감하지 아니한다.

(4) 양도소득의 귀속시기

① 원칙
  각사업연도소득의 귀속시기를 준용한다(대금청산일, 소유권이전등기(등록)일·인도일 또는 사용수익일 중 빠른 날).
② 예외
  장기할부판매에 대해서 회사가 회수약정기준에 의해 회계처리한 경우, 각사업연도소득의 규정과는 달리 이를 인정하지 아니하고 위의 원칙을 적용한다.

제3절 세액감면

I 세액감면의 계산구조

법인세 산출세액
− 세액공제, 세액감면
+ 가산세, 감면분 추가납부세액
= 총부담세액
− 기납부세액
= 차감납부세액

(1) 세액감면의 의의

세액감면이란 특정 소득에 대한 산출세액을 완전히 면제하거나 일정한 비율만큼 경감해 주는 것을 말한다.

(2) 세액감면의 계산

$$세액감면 = 법인세산출세액 \times \frac{감면소득\ 과세표준}{과세표준} \times 감면비율$$

① 법인세 산출세액에는 토지 등 양도소득에 대한 법인세와 미환류소득에 대한 법인세를 포함하지 않은 금액을 말한다.
② 감면소득 과세표준은 감면대상 소득금액에서 감면대상 소득관련 이월결손금, 비과세소득, 소득공제를 차감한 값으로 한다.
③ 이월결손금 감면사업 해당 여부가 불분명한 경우에는 소득금액에 비례하여 안분한다.

(3) 세액감면의 특징

① 당해연도 산출세액에서 차감되지 않은 세액감면에 대하여는 이월감면이 적용되지는 않는다.
② 세액감면은 「조세특례제한법」에 따른 일정한 목적으로 특정한 소득에 대한 산출세액을 완전히 면제하거나 일정한 비율만큼 경감해 주는 것으로 「법인세법」에는 규정되어 있지 않고 「조세특례제한법」에만 규정되어 있다.

Ⅱ 주요 세액감면의 종류

구분	주요 항목
기간제한이 있는 세액감면	(1) 창업중소기업 등에 대한 세액감면 (2) 수도권 밖으로 공장 또는 본사를 이전하는 기업에 대한 세액감면 (3) 사회적기업 및 장애인 표준사업장에 대한 세액감면 (4) 외국인투자에 대한 세액감면(2018년까지 신청시 적용)
기간제한이 없는 세액감면	(1) 중소기업에 대한 특별세액감면 (2) 기술이전에 대한 세액감면 (3) 소형주택 임대사업자에 대한 세액감면 등

Ⅲ 주요 세액감면의 내용

종류	감면대상	감면기간, 감면비율
(1) 법인의 공장 및 본사를 수도권 밖으로 이전하는 경우 법인세 등 감면	수도권과밀억제권역에 3년(중소기업은 2년) 이상 공장을 둔 기업이 수도권(중소기업은 수도권 과밀억제권역) 밖으로 이전하여 사업을 개시하거나 수도권과밀억제권역에 3년 이상 본사를 둔 법인이 수도권 밖으로 이전하여 사업을 개시한 경우(부동산업, 소비성서비스업 등 일부 제외)	이전일 이후 최초 소득발생 과세연도 및 그 다음 6년간 100%, 그 다음 3년간 50%
(2) 중소기업에 대한 특별세액감면	① 수도권지역 　㉠ 도·소매업, 의료업 등 경영 소기업 　㉡ 기타의 감면대상업종 경영 소기업 　㉢ 지식기반산업 경영 중기업	10% 20% 10%
	② 수도권 이외의 지역 　㉠ 도·소매업, 의료업 등 경영 중소기업 　㉡ 기타의 감면대상업종 경영 중소기업	소기업 10%, 중기업 5% 소기업 30%, 중기업 15%

Ⅳ 세액감면과 세액공제의 적용순위

(1) 동시 적용시 적용순위

「법인세법」 및 다른 법률을 적용할 때 법인세의 감면에 관한 규정과 세액공제에 관한 규정이 동시에 적용되는 경우 그 적용순위는 별도의 규정이 있는 경우 외에는 다음의 순서대로 적용한다.
① 1순위: 세액감면
② 2순위: 이월공제가 인정되지 않는 세액공제
③ 3순위: 이월공제가 인정되는 세액공제
④ 4순위: 사실과 다른 회계처리로 인한 경정에 따른 세액공제

(2) 초과하는 금액

이 경우 1순위와 2순위의 금액 합계액이 법인이 납부할 법인세액(토지 등 양도소득에 대한 법인세액, 기업의 미환류소득에 대한 법인세 및 가산세액은 제외)을 초과하는 경우 초과하는 금액은 없는 것으로 본다.

(3) 기타사항

당해 사업연도 중 발생한 세액공제액과 이월된 미공제액이 함께 있는 경우 이월된 미공제액을 먼저 공제한다.

제4절 세액공제

구분	내용
「법인세법」	1. 외국납부세액공제(10년간 이월공제) 2. 재해손실세액공제(이월공제 ×) 3. 사실과 다른 회계처리로 인한 경정에 따른 세액공제(기간제한 없음)
「조세특례제한법」	1. 연구 및 인력개발비 세액공제(10년간 이월공제) 2. 통합투자세액공제(10년간 이월공제) 3. 기타의 세액공제(10년간 이월공제)

Ⅰ 외국납부세액공제

(1) 개요

내국법인의 각 사업연도 소득에 대한 과세표준에 국외원천소득이 포함되어 있는 경우 해당 국외원천소득에 대하여 외국법인세액을 납부하였거나 납부할 것이 있는 경우에는 공제한도금액 내에서 외국법인세액을 해당 사업연도의 산출세액에서 공제할 수 있다.

(2) 외국납부세액공제액의 계산

MIN[①, ②]
① 외국납부세액 = 직접외국납부세액 + 의제외국납부세액 + 간접외국납부세액
② 한도액(국외소득산출세액) = 산출세액 × $\dfrac{\text{국외소득 과세표준}}{\text{과세표준}}$

① 산출세액 계산시 토지 등 양도소득에 대한 법인세와 미환류소득에 대한 법인세는 제외한다.
② 국외소득과세표준은 국외의 각사업연도소득에서 국외지역 소득관련 이월결손금, 비과세소득, 소득공제를 차감한 값이다. 이월결손금이 국외소득관련 여부가 불분명한 경우에는 소득금액에 비례하여 안분한다.
③ 국외각사업연도소득의 경우 발생장소에 따라 다음과 같이 구분한다.

지점	지점의 당기순이익 + 직접외국납부세액(의제납부세액은 합산하지 않음)
자회사	배당금(원천징수차감후) + 직접외국납부세액 + 간접외국납부세액

(3) 외국납부세액의 범위

구분	내용
① 직접외국 납부세액	해당 법인이 외국정부(지방자치단체를 포함)에 납부하였거나 납부할 세액(가산세 및 가산금은 제외)을 의미하며, 손금불산입(기타사외유출)로 소득처분한다. 예 국외지점에서 납부한 외국법인세, 국외자회사 배당소득에 대한 원천징수세액 등
② 의제외국 납부세액	국외원천소득이 있는 내국법인이 조세조약의 상대국에서 해당 국외소득에 대하여 법인세를 감면하는 경우 그 감면받은 세액상당액을 의제외국납부세액이라 한다. 외국에서의 법인세 감면효과를 국내 법인세 과세시에도 유지하기 위하여 외국에서 실제로 납부하지 않은 감면세액을 납부하는 것으로 의제한다.
③ 간접외국 납부세액	내국법인의 각 사업연도의 소득금액에 외국자회사로부터 받은 수입배당액이 포함되어 있는 경우 그 외국자회사의 소득에 대하여 부과된 외국법인세액 중에서 그 수입배당금액 대응하는 것으로 다음의 산식에 따라 산출된 금액은 간접외국납부세액으로 익금산입(기타사외유출)로 소득처분한다. 간접외국납부세액 = 외국자회사법인세액 × $\dfrac{\text{수입배당금(원천징수전)}}{\text{외국자회사소득금액} - \text{외국자회사법인세액}}$

외국에 자회사로 전출시에도 지점 전출시와 동일한 세부담을 유지하고, 배당의 이중과세 조정을 위하여 자회사의 법인세를 모회사가 납부한 것으로 간주한다.

(4) 국외사업장이 둘 이상인 경우의 한도액의 계산

① 국외사업장이 둘 이상의 국가에 있는 경우 외국납부세액공제의 한도액은 국가별로 구분하여 계산한다.
② 특정국가의 사업장 국외소득금액이 결손인 경우에는 국내소득금액을 포함하여 국가별로 배분하여 공제한다.

기출 Check 20년 9급

29 (주)대한은 「법인세법」에 따른 외국자회사(A국 소재)로부터 4천만 원의 배당금을 받았는데 당해 외국자회사의 해당 사업연도의 소득금액과 법인세액은 각각 1억 원과 2천만 원이다. (주)대한의 외국납부세액공제 또는 손금산입되는 외국법인세액은? (단, 외국자회사는 외국납부세액공제 대상이 되는 요건을 충족하며, 제시된 자료 이외는 고려하지 않는다)

① 8백만 원 ② 1천만 원
③ 1천2백만 원 ④ 2천만 원

6 ②
해설 2천만 원×(4천만 원/8천만 원)
= 1천만 원

간접외국납부세액 공제의 적용요건
① **의결권 있는 지분율의 확보**: 내국법인이 직접으로 의결권 있는 발행주식총수 또는 출자총액의 10%(해외자원개발사업을 하는 외국법인의 경우 5%) 이상을 출자하고 있는 외국법인
② **주식의 보유기간**: 외국법인의 배당확정일(배당결의일) 현재 6개월 이상 계속하여 보유하고 있는 법인

(5) 외국납부세액공제의 기타사항

① 세액공제의 신청
  ㉠ 외국납부세액을 적용받고자 하는 내국법인은 법인세의 과세표준 신고와 함께 외국납부세액공제세액계산서를 납세지 관할 세무서장에게 제출하여야 한다.
  ㉡ 내국법인은 외국정부의 국외원천소득에 대한 법인세의 결정·통지의 지연, 과세기간의 차이 등으로 인하여 법인세 과세표준 신고와 함께 외국납부세액공제세액계산서를 제출할 수 없는 경우 외국정부의 국외원천소득에 대한 법인세결정통지를 받은 날부터 3개월 이내에 외국납부세액공제세액계산서에 증빙서류를 첨부하여 제출할 수 있다.

② 이월공제
외국법인세액이 해당 사업연도의 공제한도금액을 초과하는 경우 한도초과액은 **해당 사업연도의 다음 사업연도 개시일부터 10년 이내**에 끝나는 각 사업연도로 이월하여 공제받을 수 있다.

③ 이월공제 후 손금산입
외국정부에 납부하였거나 납부할 외국법인세액을 10년의 이월공제기간 내에 공제받지 못한 경우 그 금액은 이월공제기간 종료일의 다음날이 속하는 사업연도의 소득금액을 계산할 때 손금에 산입할 수 있다.

④ 추계결정시 외국납부세액공제의 적용 배제
법인세의 과세표준과 세액을 추계하는 경우 외국납부세액공제를 적용하지 아니한다. 단, 천재지변 등으로 장부나 그 밖의 증명서류가 멸실되어 추계하는 경우에는 그러하지 아니한다.

(6) 간접투자회사 등으로부터 지급받은 소득에 대한 외국납부세액공제 특례

① 내국법인의 각 사업연도의 과세표준에 다음 각 호의 요건을 갖춘 소득이 합산되어 있는 경우에는 다음의 금액을 해당 사업연도의 산출세액에서 공제할 수 있다.
  ㉠ 간접투자회사등으로부터 지급받은 소득일 것
    ⓐ 「자본시장과 금융투자업에 관한 법률」에 따른 투자회사, 투자목적회사, 투자유한회사, 투자합자회사(같은 법 제9조제19항제1호의 기관전용 사모집합투자기구는 제외한다), 투자유한책임회사, 투자신탁, 투자합자조합 및 투자익명조합
    ⓑ 「부동산투자회사법」에 따른 기업구조조정 부동산투자회사 및 위탁관리 부동산투자회사
    ⓒ 제5조제2항에 따라 내국법인으로 보는 신탁재산
  ㉡ 간접투자회사등이 내국법인에 지급한 소득에 대하여 외국법인세액(간접투자회사등이 다른 간접투자회사등이 발행하는 증권을 취득하는 구조로 투자한 경우로서 그 다른 간접투자회사등이 납부한 같은 규정에 따른 외국법인세액이 있는 경우 해당 세액을 포함)을 납부하였을 것

② 산출세액에서 공제하는 금액
  ㉠ 간접투자회사등으로부터 지급받은 소득: 「자본시장과 금융투자업에 관한 법률」 제238조 제6항에 따른 기준가격(간접투자외국법인세액이 차감된 가격을 말하며, 이하 이 조 및 제73조에서 "세후기준가격"이라 한다)을 기준으로 계산된 금액. 다만, 증권시장에 상장된 간접투자회사등의 증권의 매도에 따라 간접투자회사등으로부터 지급받은 소득은 대통령령으로 정하는 바에 따라 계산한 금액으로 한다.
  ㉡ 산출세액에서 공제하는 금액: 간접투자외국법인세액을 세후기준가격을 고려하여 대통령령으로 정하는 바에 따라 계산한 금액

> 공제한도금액 = A × B/C
> A: 해당 사업연도 산출세액(토지 등 양도소득에 대한 법인세액 및 조세특례제한법에 따른 투자 상생협력 촉진을 위한 과세특례를 적용하여 계산한 법인세액은 제외)
> B: 간접투자회사등으로부터 지급받은 소득(해당 소득에 대하여 간접투자외국법인세액이 납부된 경우로 한정)의 합계액
> C: 해당 사업연도의 소득에 대한 과세표준

II 재해손실세액공제

(1) 재해손실세액공제 적용요건

내국법인이 각 사업연도 중 천재지변이나 그 밖의 재해로 인한 재해상실비율이 20% 이상에 해당하여 납세가 곤란하다고 인정되는 경우 재해손실세액공제를 적용받을 수 있다.

(2) 재해손실세액공제액

> 재해손실세액공제액 = MIN[①, ②]
> ① 공제대상 법인세액 × 재해상실비율
> ② 한도액 = 상실된 자산가액

(3) 공제대상 법인세

구분	내용
① 재해발생일 현재 부과되지 아니한 법인세와 부과된 법인세로서 미납된 법인세(가산금 포함)	당해 법인세(가산세 포함)
② 재해가 발생한 연도의 당기 법인세	법인세 산출세액 + 가산세 − 「조세특례제한법」상 공제감면세액

◉ 가산세는 무기장가산세, 무신고·과소신고가산세, 납부불성실가산세 및 원천징수 등 납부지연가산세를 말한다. 증빙불비가산세 등은 해당하지 아니한다.

(4) 재해상실비율

$$재해상실비율 = \frac{재해로\ 상실된\ 자산가액}{상실전의\ 사업용\ 자산총액(토지\ 제외)}$$

① 자산가액은 재해발생일 현재의 장부가액으로 하되, 장부가 소실 또는 분실되어 장부가액을 알 수 없는 경우 납세지 관할세무서장이 조사하여 확인한 재해발생일 현재의 가액에 의하여 계산한다.
② 타인 소유의 자산으로서 그 상실로 인한 변상책임이 당해 법인에게 있는 것은 상실된 재산가액에 포함한다.
③ 재해자산이 보험에 가입되어 있어 보험금을 수령한 때에도 재해로 상실된 자산가액은 동 보험금을 차감하지 않는다.
④ 예금, 외상매출금 등은 당해 채권추심에 관한 증서가 멸실된 경우에도 이를 재해로 상실된 자산가액에 포함하지 않는다.

(5) 신청기한

구분	내용
① 과세표준 신고기한이 경과되지 않은 법인세	해당 법인세의 신고기한 ⊙ 단, 재해발생일부터 신고기한까지의 기간이 1월 미만인 경우 재해발생일로부터 1월 내에 신청하여야 한다.
② 이외의 미납된 법인세·납부하여야 할 법인세	재해발생일부터 1월 내에 신청하여야 한다.

Ⅲ 사실과 다른 회계처리로 인한 경정에 따른 세액공제

(1) 개요

내국법인이 다음의 요건을 모두 충족하는 사실과 다른 회계처리를 하여 과세표준 및 세액을 과다하게 계상함으로써 「국세기본법」에 따라 경정을 청구하여 경정을 받은 경우에는 과다 납부한 세액을 환급하지 아니하고 그 경정일이 속하는 사업연도부터 각 사업연도의 법인세액에서 과다 납부한 세액을 공제한다.
① 「자본시장과 금융투자업에 관한 법률」에 따른 사업보고서 및 「주식회사 등의 외부감사에 관한 법률」에 따른 감사보고서를 제출할 때 수익 또는 자산을 과다 계상하거나 손비 또는 부채를 과소 계상할 것
② 내국법인, 감사인 또는 그에 소속된 공인회계사가 법에서 정하는 경고·주의 등의 조치를 받을 것

(2) 세액공제의 한도 및 이월

① 각 사업연도 별로 공제하는 금액은 과다 납부한 세액의 20%를 한도로 하고, 공제 후 남아 있는 과다 납부한 세액은 이후 사업연도에 이월하여 공제한다.

② 내국법인이 해당 사실과 다른 회계처리와 관련하여 그 경정일이 속하는 사업연도 이전의 사업연도에 「국세기본법」에 따른 수정신고를 하여 납부할 세액이 있는 경우에는 그 납부할 세액에서 과다 납부한 세액을 과다 납부한 세액의 20%를 한도로 먼저 공제하여야 한다.

③ 「국세기본법」에 의한 일반적인 경정청구와 사실과 다른 회계처리로 인한 경정청구를 동시에 적용하는 경우 다음과 같이 계산한 금액에 대하여 세액공제를 적용한다.

$$세액공제액 = 과다납부한 세액 \times \frac{사실과 다른 회계처리로 인하여 과다계상한 과세표준}{과다계상한 과세표준의 합계액}$$

(3) 해산하는 경우

과다 납부한 세액을 공제받은 내국법인으로서 과다납부한 세액이 남아 있는 내국법인이 해산하는 경우에는 다음에 따른다.

① 합병 또는 분할에 따라 해산하는 경우: 합병법인 또는 분할신설법인(분할합병의 상대방 법인을 포함)이 남아 있는 과다 납부한 세액을 승계하여 세액공제한다.

② 위 ① 외의 방법에 따라 해산하는 경우: 납세지 관할 세무서장 또는 관할지방국세청장은 남아 있는 과다 납부한 세액에서 청산소득에 대한 법인세 납부세액을 빼고 남은 금액을 즉시 환급하여야 한다.

(4) 세액공제의 적용순서

사실과 다른 회계처리에 기인한 경정에 따른 세액공제는 세액감면 및 다른 세액공제를 한 후의 법인세액에서 공제한다.

Ⅳ 「조세특례제한법」상 세액공제

(1) 연구·인력개발비 세액공제

연구·인력개발비 세액공제액 = ① + ②
① 일반연구·인력개발비(아래 2)에 해당하지 않거나 2)를 선택하지 않은 경우) = MAX[㉠, ㉡]
  ㉠ (당기 발생액 − 전기 발생액) × 25%(중견기업: 40%, 중소기업: 50%)
  ㉡ 당기발생액 × (0% ~ 2%) (중견기업: 8%, 중소기업: 25%)
② 신성장·원천기술 연구개발비(선택가능)
  = 당기발생액 × (20% + @) (코스닥 상장 중견기업: 25% + @, 중소기업: 30% + @)

(2) 통합투자세액공제

① 공제대상자: 소비성 서비스업, 부동산임대 및 공급업 외의 사업을 하는 내국인
② 공제대상자산(중고품 및 금융리스 이외 리스자산은 제외한다)
  ㉠ 기계장치 등 사업용 유형자산(토지, 건물은 제외)
  ㉡ ㉠ 외의 유형자산과 무형자산 중 다음에 해당하는 자산: 에너지절약시설, 환경보전시설, 근로자복지증진시설, 안전시설, 중소기업인 운수업의 차량 및 운반구, 건설업 기계장비 등

③ 세액공제액

> 통합투자세액공제액 = ㉠ + ㉡
> ㉠ 기본공제액 = 당기 투자액 × 1%(중견기업 3%, 중소기업 10%)
> ㉡ 추가공제액 = (당기 투자액 - 직전 3년간 연평균 투자액) × 3%

투자가 2개 이상의 과세연도에 걸쳐서 이루어지는 경우에는 그 투자가 이루어지는 과세연도마다 해당 과세연도에 투자한 금액에 대하여 세액공제를 적용한다.

④ 세액공제액의 추징

통합투자세액공제를 적용받은 법인이 투자완료일로부터 2년(건축물·구축물은 5년) 이내에 그 자산을 다른 목적으로 전용하는 경우에는 공제받은 세액에 이자 상당액을 가산하여 납부하여야 한다. 이자상당액은 세액공제를 적용받은 사업연도 과세표준 신고일 다음날부터 추징사유가 발생한 사업연도 과세표준 신고일까지의 기간에 대하여 1일 1만분의 2.5의 율을 곱하여 계산한 금액으로 한다.

제5절 최저한세

I 최저한세의 의의 및 적용방법

(1) **최저한세의 의의**

최저한세란 기업이 「조세특례제한법」상의 적용특례로 인하여 세금이 경감되는 경우에도 최소한의 세금(최저한세)은 부담하도록 하여 「조세특례제한법」상의 특례를 일부 배제함으로써 과도한 조세감면을 제한하고, 조세부담의 형평성을 제고하기 위한 제도이다.

(2) **최저한세의 적용방법**

구분	내용
1단계	최저한세의 적용과는 무관하게 일반적인 법인세를 계산한다.
2단계	감면 후 세액(산출세액 - 최저한세 적용대상 세액감면·공제)을 계산한다.
3단계	최저한세를 계산한다.
4단계	감면후세액과 최저한세를 비교하여 큰 금액으로 세부담을 결정한다.

최저한세가 감면후세액보다 크다면 최저한세 적용대상 조세특례를 배제하고 감면후세액을 최저한세까지 증가시킨다. 감면후세액 다음 단계에 있는 최저한세 적용제외 세액감면, 세액공제, 가산세 등을 적용하여 최종 세부담을 계산한다.

(3) 최저한세의 적용대상

최저한세의 적용대상이 되는 세액감면 및 세액공제는 대부분 「조세특례제한법」상의 세액감면 및 세액공제에 해당한다.
① 중소기업의 기업업무추진비 기본한도 특례
② 공장의 대도시 밖 이전에 따른 양도차익 익금불산입
③ 연구 및 인력개발준비금의 손금산입
④ 각종 투자세액공제
⑤ 비중소기업의 연구 및 인력개발비 세액공제
⑥ 전자신고세액공제
⑦ 중소기업특별세액감면

Ⅱ 최저한세 및 감면후세액의 계산

(1) 감면후세액

> 감면후세액 = 일반법인세의 산출세액 − 최저한세 적용대상 세액감면·공제

(2) 최저한세

> 최저한세 = 감면 전 과세표준 × 최저한세율

◎ 감면 전 과세표준 = 감면 후 과세표준 + 과세표준계산시 적용된 「조세특례제한법」상 특례

참고 최저한세율

구분		최저한세율
중소기업		7%
일반법인	과세표준 100억 원 이하	10%
	과세표준 100억 원 초과 1천억 원 이하 부분	12%
	과세표준 1천억 원 초과 부분	17%

(3) 총부담세액

① **감면후세액 ≥ 최저한세**: 조세특례를 모두 적용하여 총부담세액을 결정한다.
② **감면후세액 < 최저한세**: 감면후세액이 최저한세에 미달하는 부분만큼 조세특례를 배제하여 총부담세액을 결정한다.

Ⅲ 조세감면의 배제순위

(1) 법인이 자진신고하는 경우
법인이 조세감면의 배제순위를 선택하는 경우 납세의무자의 선택에 따라 적용배제 순위를 결정한다.

(2) 법인세를 경정 또는 결정하는 경우
다음 순서로 배제하며, 동일한 항목 안에서는 조문 순서에 의한다.
① 손금산입 및 익금불산입
② 세액공제
③ 세액감면
④ 소득공제 및 비과세

Ⅳ 최저한세가 적용되지 않는 주요사항

(1) 「법인세법」상 조세감면
「법인세법」상의 조세감면은 최저한세 적용대상이 아니다.

구분	내용
준비금	책임준비금, 비상위험준비금, 고유목적사업준비금
비과세	공익신탁의 신탁재산에서 생기는 소득
소득공제	유동화전문회사 등에 대한 소득공제
세액공제	① 외국납부세액공제 ② 재해손실세액공제 ③ 분식회계로 인한 경정에 따른 세액공제

(2) 「조세특례제한법」상의 특례 중 주요항목
「조세특례제한법」상의 특례규정은 대부분 최저한세의 적용대상이지만 다음의 항목은 최저한세 적용이 제외된다.

구분	내용
① 손금불산입 및 익금불산입	회생계획인가 등의 결정을 받은 법인의 채무면제이익에 대한 익금불산입 등
② 비과세	중소기업창업투자회사 등의 소재·부품·장비전문기업 주식양도차익 비과세
③ 소득공제	㉠ 프로젝트금융투자회사에 대한 소득공제 ㉡ 자기관리부동산투자회사에 대한 소득공제 중 일부
④ 세액공제	중소기업의 연구 및 인력개발비 세액공제
⑤ 세액감면	㉠ 수도권 밖으로 공장 또는 본사를 이전하는 기업에 대한 세액감면 ㉡ 제주첨단과학기술단지·제주투자진흥지구 또는 제주자유무역지역 입주기업에 대한 세액감면 ㉢ 외국인 투자기업에 대한 세액감면 ㉣ 사회적기업 및 장애인 표준사업장에 대한 세액감면 등

Ⅴ 농어촌특별세

(1) 법인세에 대한 농어촌특별세

「조세특례제한법」에 의한 감면혜택을 받는 법인은 해당 **감면세액의 20%**를 곱한 농어촌특별세를 법인세액에 부가하여 납부하여야 한다.

> 농어촌특별세 = 조세특례제한법에 의한 법인세 감면세액 × 20%

(2) 농어촌특별세를 과세하지 않는 주요항목

다음의 항목은 법인세가 면제되는 세액이지만 농어촌특별세를 부과하지 않는다.
① 연구·인력개발비 세액공제
② 중소기업에 대한 특별세액감면
③ 수도권 밖으로 공장 및 본사를 이전하는 기업에 대한 세액감면
④ 전자신고세액공제 등

(3) 농어촌특별세의 신고·납부 및 회계처리

본세인 법인세를 신고·납부(중간예납 제외)하는 때에 그에 대한 농어촌특별세도 함께 신고·납부하여야 한다. 법인세에 대한 농어촌특별세는 법인세로 보아 사외유출로 처리한다.

CHAPTER 10 법인세의 납세절차

제1절 사업연도 중도의 신고·납부와 결정·징수

I 중간예납

(1) 중간예납의무자

중간예납 대상법인은 당기 과세기간 중 일부를 미리 법인세로 예납하여야 한다.

구분	내용
대상 법인	각 사업연도의 기간이 6개월을 초과하는 법인
대상 기간	당해 사업연도 개시일부터 6개월간
대상 제외	① 「초·중등교육법」 및 「고등교육법」에 따른 사립학교를 경영하는 학교법인, 산학협력단, 국립대학법인 ② 신설법인의 최초사업연도(합병·분할로 신설 법인 제외) ③ 청산법인과 국내사업장이 없는 외국법인 ④ 직전 사업연도의 중소기업으로서 직전 사업연도의 산출세액을 기준으로 계산한 중간예납세액이 50만 원 미만인 내국법인 ⑤ 중간예납기간 중 휴업 등의 사유로 수입금액이 없는 것을 납세지 관할 세무서장이 확인한 법인

(2) 중간예납세액의 계산방법

중간예납세액의 납부 대상법인은 다음의 두 가지 방법 중 하나를 선택하여 중간예납세액을 산출할 수 있다.

① 직전 사업연도 산출세액 기준 계산방법

$$(직전사업연도의\ 법인세\ 산출세액 - 직전사업연도의\ 공제·감면세액 - 직전\ 사업연도의\ 원천납부세액·수시부과세액) \times \frac{6}{직전사업연도의\ 월수}$$

㉠ 직전연도의 산출세액 계산시 토지 등 양도소득에 대한 법인세와 미환류소득에 대한 법인세는 제외한다.

㉡ 직전연도 산출세액 계산시 전기 과세기간의 가산세는 포함하며, 전기 감면분추가 납부세액과 중간예납세액은 반영하지 않는다.

> 직전 사업연도 산출세액 방식이 아닌 중간예납기간의 법인세 기준의 방식을 적용하는 경우
> ① 직전 사업연도의 법인세 산출세액(가산세 제외)이 없는 법인(유동화전문회사 등에 대한 소득공제 및 프로젝트금융투자회사에 대한 소득공제 대상 법인은 제외)
> ② 직전 사업연도의 법인세액이 그 중간예납기간 만료일까지 확정되지 아니한 법인
> ③ 분할신설법인 및 분할합병의 상대방법인의 분할 후 최초사업연도에 해당하는 경우

② 해당 중간예납기간의 법인세 기준

$$(중간예납기간의\ 과세표준 \times \frac{12}{6} \times 세율) \times \frac{6}{12} - 중간예납기간의\ 공제감면세액 \cdot 원천납부세액 \cdot 수시부과세액$$

중간예납기간의 법인세 기준 방식을 적용하여야 하는 대상법인에 해당하지 않는 경우로서 중간예납세액의 납부기한이 지난 경우에는 과세관청이 중간예납세액을 결정하여 고지하므로 과세관청의 계산편의 등을 고려하여 직전 사업연도의 산출세액 방식만 적용한다.

(3) 중간예납에 대한 기타 사항

구분	내용
① 신고·납부 기한	중간예납기간이 지난 날부터 2개월 이내
② 분납	중간예납세액 1,000만 원 초과시 분납가능
③ 수정신고 및 경정청구	중간예납은 수정신고와 경정청구의 대상이 아니다.
④ 가산세	중간예납세액 미납시 납부지연가산세 부과(신고관련 가산세는 적용하지 않음)

납세지 관할 세무서장은 내국법인이 중간예납세액의 전부나 일부를 납부하지 아니하는 경우 그 미납된 세액을 「국세징수법」에 따라 징수하여야 한다.

Ⅱ 원천징수

(1) 개요

원천징수 대상	법인이 수령하는 경우	개인이 수령하는 경우
이자소득	14%(비영업대금의 이익 25%)	14%(비영업대금 이익 25%)
투자신탁의 이익	14%	14%
일반 배당소득	–	14%

(2) 원천징수대상 이자소득

① 원천징수대상 이자소득에는 금융회사 등에게 지급되는 채권이자 및 집합투자기구로부터의 이익을 포함한다.

② **국외에서 지급하는 이자소득은 원천징수하지 아니한다.** 다만, 외국법인이 발행한 채권 또는 증권에서 발생하는 원천징수대상 소득을 내국법인에게 지급하는 경우에는 국내에서 그 지급을 대리하거나 그 지급권한을 위임 또는 위탁받은 자가 원천징수한다.

③ 국내 이자소득이지만 원천징수가 제외되는 대상
  ㉠ 법인세가 부과되지 아니하거나 면제되는 소득
  ㉡ 신고한 과세표준에 이미 산입되었으나 아직 지급되지 않은 소득 등
  ㉢ 은행·증권회사·보험회사 등 금융기관의 수입금액(채권이자, 집합투자기구로부터의 이익 제외)
  ㉣ 투자신탁재산에 귀속되는 소득 등

④ 원천징수세액 계산시 1천 원 미만인 경우에는 소액부징수에 따라 원천징수하지 아니한다.

(3) 원천징수세액의 납부

구분	납부기한
일반적인 경우	징수일이 속하는 달의 다음 달 10일
반기별 납부 승인대상자	징수일이 속하는 반기의 마지막 달의 다음 달 10일

원천징수는 원천징수할 세액이 발생하는 경우 징수일이 속하는 달의 다음달 10일까지 납세지 관할 세무서등에 납부하여야 한다. 다만, 「소득세법」의 비영업대금의 이익에 대해서는 100분의 25의 세율을 적용하되, 「온라인투자연계금융업 및 이용자 보호에 관한 법률」에 따라 금융위원회에 등록한 온라인투자연계금융업자를 통하여 지급받는 이자소득에 대해서는 100분의 14의 세율을 적용한다. 직전연도(신규사업자의 경우 신청일이 속하는 반기) 매월 말일 현재 상시 고용인원의 평균인원수가 20인 이하인 원천징수의무자(금융보험업 영위 법인 제외)로서 관할세무서장의 승인을 얻거나 국세청장이 정하는 바에 따라 지정을 받은 자는 징수일이 속하는 반기의 마지막 달의 다음달 10일까지 원천징수세액을 납부할 수 있다.

(4) 간접투자외국법인세액의 원천징수

투자신탁이익에 대하여 간접투자외국법인세액이 납부되어 있는 경우 투자신탁이익(세후기준가격을 기준으로 계산된 금액)에 대한 원천징수세액에서 간접투자외국법인세액을 세후기준가격을 고려하여 대통령령으로 정하는 바에 따라 계산한 금액을 뺀 금액을 원천징수한다.

① 추가고려사항
  ㉠ 간접투자외국법인세액을 세후기준가격을 고려하여 대통령령으로 정하는 바에 따라 계산한 금액이 투자신탁이익에 대한 원천징수세액을 초과하는 경우에는 해당 간접투자외국법인세액의 납부일부터 10년이 지난 날이 속하는 연도의 12월 31일까지의 기간 중에 투자신탁이익을 지급받는 때에 해당 투자신탁이익에 대한 원천징수세액을 한도로 공제할 수 있다.
  ㉡ 법인세가 부과되지 아니하거나 면제되는 소득 등 대통령령으로 정하는 소득에 대해서는 법인세를 원천징수하지 아니한다.
  ㉢ 소득금액이 「자본시장과 금융투자업에 관한 법률」에 따른 투자신탁재산에 귀속되는 시점에는 해당 소득금액이 지급되지 아니한 것으로 보아 원천징수하지 아니한다.

② 대리인의 원천징수
  ㉠ 원천징수의무자를 대리하거나 그 위임을 받은 자의 행위는 수권(授權) 또는 위임의 범위에서 본인 또는 위임인의 행위로 본다.
  ㉡ 대통령령으로 정하는 금융회사 등이 내국법인(거주자를 포함한다. 이하 이 항에서 같다)이 발행한 어음이나 채무증서를 인수·매매·중개 또는 대리하는 경우에는 금융회사 등과 그 내국법인 간에 대리 또는 위임의 관계가 있는 것으로 본다.
  ㉢ 외국법인이 발행한 채권 또는 증권에서 발생하는 제1항 각 호의 소득을 내국법인에 지급하는 경우에는 국내에서 그 지급을 대리하거나 그 지급권한을 위임받거나 위탁받은 자가 그 소득에 대한 법인세를 원천징수하여야 한다.

Ⅲ 수시부과세액

(1) 다음의 경우와 같이 법인세를 포탈할 우려가 있는 경우에는 위의 일반적인 기간에도 불구하고 세액을 수시부과할 수 있다.

① 신고를 하지 않고 본점 등을 이전한 경우
② 사업부진 기타 사유로 인하여 휴업 또는 폐업상태에 있는 경우
③ 기타 조세를 포탈할 우려가 있다고 인정되는 상당한 이유가 있는 경우

(2) 단, 수시부과를 한 경우에도 각 사업연도소득에 대한 정기분 과세표준 신고는 하여야 하며, 수시부과세액에 대해서는 가산세 규정은 적용하지 아니한다.

제2절 | 법인세 과세표준의 신고와 자진납부

Ⅰ 법인세 과세표준의 신고

(1) **개요**

납세의무가 있는 내국법인은 **각 사업연도의 종료일이 속하는 달의 말일부터 3개월(내국법인이 성실신고확인서를 제출하는 경우에는 4개월로 한다)**이내에 그 사업연도의 소득에 대한 법인세의 과세표준과 세액을 납세지 관할 세무서장에게 신고하여야 한다. 내국법인으로서 각 사업연도의 소득금액이 없거나 결손금이 있는 법인의 경우에도 법인세 신고를 하여야 한다. 만약, 법인세를 무신고한 경우 무신고 가산세를 적용한다.

(2) **제출서류**

법인세를 신고하는 경우 법인세 과세표준 및 세액신고서에 다음의 서류를 첨부하여야 한다. 법인세 과세표준 신고시 필수적 첨부서류를 첨부하지 아니하는 경우에는 무신고로 보아 무신고가산세가 부과된다.

① 필수적 서류
 ㉠ 기업회계기준을 준용하여 작성한 개별 내국법인의 재무상태표, 포괄손익계산서 및 이익잉여금처분계산서(또는 결손금처리계산서), 과세표준 및 세액조정계산서
 ㉡ 법인세과세표준 및 세액신고서

② 기타 서류
 ㉠ 세무조정계산서 부속서류 및 기업회계기준에 따라 작성한 현금흐름표(「주식회사의 외부감사에 관한 법률」에 따라 외부감사의 대상이 되는 법인만 해당)
 ㉡ 표시통화재무제표 : 기업회계기준에 따라 원화 외의 통화를 기능통화로 채택한 경우 원화를 표시통화로 하여 기업회계기준에 따라 기능통화재무제표를 환산한 재무제표
 ㉢ 원화재무제표 : 기업회계기준에 따라 원화 외의 통화를 기능통화로 채택한 법인이 과세표준계산방법을 적용하는 경우 원화 외의 기능통화를 채택하지 아니하고 계속하여 기업회계기준을 준용하여 원화로 재무제표를 작성할 경우에 작성하여야 할 재무제표

단, 「국세기본법」에 따른 전자신고로 과세표준을 신고한 법인의 경우에는 부속서류 중 기획재정부령으로 정하는 서류를 제출하지 아니할 수 있다.

> **참고** 외부감사 대상법인의 외부감사 미종결시 신고기한의 연장
>
> 「주식회사의 외부감사에 관한 법률」에 따라 감사인에 의한 감사를 받아야 하는 연결모법인 또는 연결자 법인이 해당 사업연도의 감사가 종결되지 아니하여 결산이 확정되지 아니하였다는 사유로 신고기한의 연장을 신청한 경우에는 그 신고기한을 1개월의 범위에서 연장할 수 있다.
> ① **연장신청기한**: 신고기한의 연장을 적용받으려는 내국법인은 법인세 과세표준 신고기한의 종료일 3일 전까지 신고기한 연장신청서를 제출하여야 한다.
> ② **이자의 추징**: 신고기한이 연장된 내국법인은 법인세액을 납부할 때에는 이자상당액을 가산하여 납부하여야 한다.
>
> $$\text{이자상당액} = \text{법인세액} \times \text{기한연장일수} \times \text{국세환급가산금의 이자율}$$
>
> ⊙ 기한연장일수는 본래의 신고기한 다음날부터 신고·납부한 날 또는 연장된 날까지의 일수로 한다.

(3) 성실신고확인서의 제출

다음 중 어느 하나에 해당하는 내국법인은 성실한 납세를 위하여 법인세의 과세표준과 세액을 신고할 때 **필수적 첨부서류에 더하여 성실신고확인서**(비치·기록된 장부와 증명서류에 의하여 계산한 과세표준금액의 적정성을 세무사, 공인회계사, 세무법인 또는 회계법인이 대통령령으로 정하는 바에 따라 확인하고 작성한 확인서)를 **납세지 관할 세무서장에게 제출하여야 한다**. 다만, 「주식회사의 외부감사에 관한 법률」에 따라 감사인에 의한 감사를 받은 내국법인 및 유동화전문회사 등은 이를 제출하지 아니할 수 있다. 납세지 관할 세무서장은 제출된 성실신고확인서에 미비한 사항 또는 오류가 있을 때에는 보정할 것을 요구할 수 있다.

① 성실신고확인대상법인
  ㉠ 법소정 소규모 부동산임대업 법인(부동산임대업을 주된 사업으로 하는 기업업무추진비 50% 한도 축소대상에 해당하는 내국법인)
  ㉡ 「소득세법」에 따른 성실신고확인대상사업자가 사업용자산의 현물출자, 사업의 양도·양수 방법에 따라 내국법인으로 전환한 경우 그 내국법인(단, 사업연도 종료일 현재 법인으로 전환한 후 3년 이내의 내국법인으로 한정한다)

② 성실신고확인서 관련 혜택

구분	내용
① 법인세 과세표준과 세액의 신고기한	내국법인이 성실신고확인서를 제출하는 경우 법인세의 과세표준과 세액을 각 사업연도의 종료일이 속하는 달의 말일부터 4개월 이내에 납세지 관할 세무서장에게 신고하여야 한다(1개월 연장).
② 성실신고확인비용 세액공제	세액공제액 = MIN[성실신고확인비용 × 60%, 한도: 150만 원]

③ 성실신고확인대상법인에 대한 제재
  ㉠ 성실신고확인서 미제출 가산세
    성실신고확인대상인 내국법인이 각 사업연도의 종료일이 속하는 달의 말일부터 4개월 이내에 성실신고확인서를 납세지 관할 세무서장에게 제출하지 않은 경우에는 법인세 산출세액에 5%를 곱하여 계산한 금액을 납부할 세액에 더한다.

$$\text{성실신고확인서 미제출 가산세액} = \text{법인세 산출세액} \times 5\%$$

기출 Check 21년 9급

30 「법인세법」상 내국법인(비영리법인은 제외)의 각 사업연도의 소득에 대한 과세표준과 세액의 신고에 대한 설명으로 옳지 않은 것은?

① 과세표준과 세액의 신고를 할 때에는 그 신고서에 기업회계기준을 준용하여 작성한 개별 내국법인의 재무상태표를 첨부하여야 한다.
② 내국법인이 합병으로 해산하는 경우에 과세표준과 세액의 신고를 할 때에는 그 신고서에 합병등기일 현재의 피합병법인의 재무상태표와 합병법인이 그 합병에 따라 승계한 자산 및 부채의 명세서를 첨부하여야 한다.
③ 과세표준과 세액의 신고를 할 때에는 그 신고서에 세무조정계산서를 첨부하여야 한다.
④ 「주식회사의 외부감사에 관한 법률」에 따라 감사인에 의한 감사를 받은 내국법인의 성실신고확인서는 과세표준과 세액을 신고할 때 반드시 제출해야 하는 서류에 해당한다.

6 ④
해설 「주식회사의 외부감사에 관한 법률」에 따라 감사인에 의한 감사를 받은 내국법인 및 유동화전문회사 등은 성실신고확인서를 제출하지 아니할 수 있다.

ⓒ 수시선정 세무조사
세무공무원은 정기선정에 의한 조사 외에 납세자가 성실신고확인서의 제출의무를 이행하지 않은 경우에는 세무조사를 할 수 있다.
ⓒ 과세표준 과소신고시 세액공제액 추징
성실신고확인대상 내국법인이 과세표준을 과소신고한 경우로서 과소신고한 과세표준이 경정된 과세표준의 10% 이상인 경우에는 성실신고확인비용 세액공제액을 전액 추징하고 다음 3개 사업연도 동안 해당 세액공제를 적용하지 아니한다.

(4) 매입자발행계산서

사업자등록을 한 사업자 또는 법인으로부터 재화 또는 용역을 공급받은 거주자가 사업자 또는 법인의 부도·폐업, 공급 계약의 해제·변경 또는 그 밖에 대통령령으로 정하는 사유로 계산서를 발급받지 못한 경우 납세지 관할 세무서장의 확인을 받아 계산서(이하 "매입자발행계산서"라 한다)를 발행할 수 있다.

① 발행대상: 거래건당 공급가액이 5만원 이상인 경우
② 발행절차
   ㉠ 신청인은 과세기간(법인: 사업연도) 종료일로부터 6개월 이내에 관할 세무서장에게 거래사실확인을 신청하여야 한다.
   ㉡ 신청인의 관할 세무서장이 공급자의 관할 세무서장에게 관련서류를 7일 내 송부한다.
   ㉢ 공급자의 관할 세무서장은 신청일의 다음달 말일까지 거래사실여부 확인 및 매입자발행계산서 발행여부를 통지한다.
   ㉣ 신청인은 거래사실이 확인된 경우 매입자발행계산서를 발행한다.

Ⅱ 법인세의 자진납부

(1) 법인세 자진납부세액의 계산

법인세 산출세액
− 공제 및 감면세액
+ 가산세
− 중간예납세액, 원천징수세액, 수시부과세액
= **자진납부세액**

자진납부세액이 있는 내국법인의 법인세 납부기한은 법인세의 과세표준신고기한과 동일하다. 단, 납세지 관할 세무서장은 내국법인이 각 사업연도의 소득에 대한 법인세로서 납부해야 할 세액의 전부나 일부를 납부하지 아니하면 그 미납된 법인세액을 「국세징수법」의 예에 따라 징수하여야 한다.

(2) 분납

구분	내용
① 분납 요건	납부하여야 할 법인세액이 1,000만 원을 초과하는 경우
② 분납대상액	㉠ 납부할 세액이 2,000만 원 이하: 1,000만 원을 초과하는 금액 ㉡ 납부할 세액이 2,000만 원 초과: 납부할 세액의 50% 이하 금액
③ 분납기한	법인세의 신고납부기한으로부터 1개월 이내에 분납한다. 단, 중소기업의 경우 분납기한은 2개월로 한다.
④ 분납을 적용하지 않는 경우	다음의 경우에는 분납을 적용하지 아니한다. ㉠ 가산세 ㉡ 감면분추가납부세액

제3절 결정, 경정과 징수 및 환급

I 법인세의 결정과 경정

(1) 결정

① 의의: 결정이란 과세관청이 과세표준과 세액의 납세의무를 최초로 확정하는 처분을 말한다.

② 법인세의 결정사유

납세지 관할 세무서장 또는 관할 지방국세청장은 내국법인이 과세표준신고를 하지 않은 경우에는 그 법인의 각 사업연도의 소득에 대한 법인세의 과세표준과 세액을 결정한다.

③ 결정기한

법인세의 결정은 과세표준 신고기한으로부터 1년 이내에 완료하여야 한다.
다만, 국세청장이 조사기간을 따로 정하거나 부득이한 사유로 인하여 국세청장의 승인을 얻은 경우에는 그러하지 아니하다.

(2) 경정

① 의의

경정이란 신고내역 또는 결정내역에 오류가 있는 경우 과세관청이 이미 확정된 납세의무를 변경하는 처분을 말한다. 과세표준과 세액을 결정·경정한 후 그 결정·경정에 오류나 누락이 있는 것이 발견된 경우에는 즉시 이를 다시 경정한다.

② 경정사유

납세지 관할 세무서장 또는 관할 지방국세청장은 과세표준신고를 한 내국법인이 다음 중 어느 하나에 해당하는 경우에는 그 법인의 각 사업연도의 소득에 대한 법인세의 과세표준과 세액을 경정한다.

㉠ 신고내용에 **오류 또는 누락**이 있는 경우
㉡ 지급명세서, 매출·매입처별 계산서합계표의 전부 또는 일부를 제출하지 아니한 경우

ⓒ 다음의 어느 하나에 해당하는 경우로서 시설 규모나 영업 현황으로 보아 신고내용이 불성실하다고 판단되는 경우
  ⓐ 신용카드가맹점 가입 요건에 해당하는 법인이 정당한 사유 없이 신용카드가맹점(법인만 해당)으로 가입하지 아니한 경우
  ⓑ 신용카드가맹점이 정당한 사유 없이 신용카드에 의한 거래를 거부하거나 신용카드 매출전표를 사실과 다르게 발급한 경우
  ⓒ 현금영수증가맹점으로 가입하여야 하는 법인 및 현금영수증 가맹점 가입 대상자로 지정받은 법인이 정당한 사유 없이 현금영수증가맹점으로 가입하지 아니한 경우
  ⓓ 현금영수증가맹점이 정당한 사유 없이 현금영수증 발급을 거부하거나 사실과 다르게 발급한 경우
ⓔ 사실과 다른 회계처리로 인하여 당해 법인·감사인(또는 소속 공인회계사)이 경고·주의 등의 조치를 받은 경우로서 과세표준 및 세액을 과다하게 계상하여 「국세기본법」에 의한 경정을 청구한 경우

Ⅱ 법인세의 결정 및 경정방법

(1) 원칙 – 실지조사

납세지 관할 세무서장 또는 지방국세청장은 법인세 과세표준과 세액을 결정 또는 경정하는 경우 장부나 그 밖의 증명서류를 근거로 하여야 한다.

(2) 예외 – 추계조사

구분	내용
① 추계조사 사유	㉠ 소득금액 계산에 필요한 장부 또는 증빙서류가 없거나 그 중요한 부분이 미비 또는 허위인 경우 ㉡ 장부의 기장 내용이 시설규모, 종업원수, 원자재·상품·제품 또는 각종 요금의 시가 등에 비추어 허위임이 명백한 경우 ㉢ 기장의 내용이 원자재사용량·전력사용량 기타 조업상황에 비추어 허위임이 명백한 경우
② 추계의 방법 (일반적인 경우)	기준경비율법을 적용하여 추계에 따른 과세표준을 계산한다. 과세표준 = 사업수입금액×(1 − 기준경비율) − 증명서류로 확인되는 주요경비 + 가산액 ㉠ 증명서류로 확인되는 주요경비에는 매입비용(유형·무형자산 매입비용 제외), 임차료(유형·무형자산 임차료에 한정), 인건비를 말한다. ㉡ 기준경비율의 과세표준에 가산하는 가산액은 다음과 같다. 　ⓐ 영업외수익(영업외수익에 대응하는 원가상당액, 손비환입액, 보증금 수입이자를 차감한 후의 금액으로 한다.) 　ⓑ 부당행위계산부인 규정에 따라 익금에 산입하는 금액 　ⓒ 대손충당금 및 「조세특례제한법」상 준비금·충당금의 환입액

③ 동업자권형법	기준경비율이 결정되지 않았거나 천재지변 등 불가항력으로 장부 등이 멸실된 경우에는 동일 업종의 다른 법인이 있는 경우 동업자권형법에 의해 과세표준을 계산한다. ⊘ 동업자권형법은 기장이 가장 정확하다고 인정되는 동일업종의 다른 법인 소득금액을 참작하여 결정하는 방법을 말한다.	
④ 법 소정 소기업이 폐업하는 때	법 소정 소기업이 폐업하는 때에는 다음의 금액 중 작은 금액을 과세표준으로 결정 또는 경정한다. 과세표준 = MIN[㉠, ㉡, ㉢] ㉠ 단순경비율법에 의한 금액 ㉡ 수입금액 × 직전 사업연도의 소득률 ㉢ 기준경비율법에 의한 금액	

> **참고** 추계조사시 불이익
>
> 1. 간주임대료 익금산입
> 2. 이월결손금 공제 및 외국납부세액 공제의 배제(천재지변의 경우는 가능)
> ⊘ 추계조사의 경우 대표자 상여로 소득처분한다. 단, 천재지변의 경우에는 기타사외유출로 처분한다.

Ⅲ 법인세의 징수 및 환급

(1) 징수

납세지 관할 세무서장은 내국법인이 각 사업연도의 소득에 대한 법인세로서 납부하여야 할 세액의 전부 또는 일부를 납부하지 아니하면 그 미납된 법인세액을 「국세징수법」에 따라 징수하여야 한다.

(2) 환급

납세지 관할 세무서장은 중간예납·수시부과 또는 원천징수한 법인세액이 각 사업연도 소득에 대한 법인세액(가산세를 포함)을 초과하는 경우 그 초과하는 금액은 「국세기본법」에 따라 환급하거나 다른 국세, 가산금 및 체납처분비에 충당하여야 한다.

제4절 가산세

Ⅰ 신고관련 가산세

(1) 무신고가산세

구분	내용
① 일반적인 경우	MAX[㉠, ㉡] ㉠ 무신고납부세액 × 20% ㉡ 수입금액 × $\dfrac{7}{10,000}$ ⊘ 무신고납부세액은 신고로 납부하여야 할 세액으로 가산세와 세법에 따라 가산하여 납부하여야 할 이자상당 가산액은 제외한다.

② 부정행위에 해당하는 경우	MAX[㉠, ㉡] ㉠ 무신고납부세액 × 40%(역외거래인 경우 60%) ㉡ 수입금액 × $\frac{14}{10,000}$

(2) 과소신고가산세

구분	내용
① 일반과소신고	일반과소신고납부세액 × 10% ◎ 과소신고납부세액은 납부할 세액을 적게 신고한 금액 및 환급받을 세액을 많이 신고한 금액을 말한다. 단, 가산세와 세법에 따라 가산하여 납부하여야 할 이자상당가산액은 제외한다.
② 부정과소신고	MAX[①, ②] ① 부정과소신고납부세액 × 40%(역외거래인 경우 60%) ② 부정과소신고 수입금액 × $\frac{14}{10,000}$

① 일반과소신고납부세액과 부정과소신고납부세액의 구분이 곤란한 경우 다음에 따라 산출한다.

> ㉠ 부정과소신고납부세액 = 과소신고납부세액 × $\dfrac{\text{부정행위로 과소신고한 과세표준}}{\text{신고하여야 할 과세표준}}$
>
> ㉡ 일반과소신고납부세액 = 과소신고납부세액 − 부정과소신고납부세액

② 부정행위에 해당하는 경우
  ㉠ 이중장부의 작성 등 장부의 거짓 기장
  ㉡ 거짓 증빙 또는 거짓 문서의 작성 및 수취
  ㉢ 장부와 기록의 파기
  ㉣ 재산의 은닉, 소득·수익·행위·거래의 조작 또는 은폐
  ㉤ 고의적인 장부의 미작성 또는 계산서·세금계산서 및 그 합계표의 조작
  ㉥ 전사적 기업자원관리설비의 조작 또는 전자세금계산서의 조작
  ㉦ 그 밖에 위계에 의한 행위 또는 부정한 행위 등

(3) 신고관련 가산세의 감면율

구분		감면율
무신고	법정신고기한이 지난 후 1개월 이내 기한후신고	50% 감면
	법정신고기한이 지난 후 1개월 초과 3개월 이내	30% 감면
	법정신고기한이 지난 후 3개월 초과 6개월 이내	20% 감면
과소신고	법정신고기한이 지난 후 1개월 이내 수정신고	90% 감면
	법정신고기한이 지난 후 1개월 초과 3개월 이내	75% 감면
	법정신고기한이 지난 후 3개월 초과 6개월 이내	50% 감면
	법정신고기한이 지난 후 6개월 초과 1년 이내	30% 감면
	법정신고기한이 지난 후 1년 초과 1년 6개월 이내	20% 감면
	법정신고기한이 지난 후 1년 6개월 초과 2년 이내	10% 감면

(4) 무기장가산세

> 무기장가산세 = MAX[①, ②]
> ① 세무서장이 결정한 산출세액 × 20%
> ② 수입금액 × $\frac{7}{10,000}$

① 비영리 내국법인에 대해서는 무기장으로 인한 가산세는 적용하지 아니한다.
② 신고관련 가산세와 무기장 가산세가 동시에 적용되는 경우에는 큰 금액을 적용한다. 신고관련 가산세와 무기장 가산세가 같은 경우 신고관련 가산세를 적용한다.

Ⅱ 납부지연가산세

(1) 납부지연가산세

> 납부지연가산세 = ① + ②
> ① 지연이자 부분 = 미납세액(또는 초과환급세액) × 기간 × $\frac{2.2}{10,000}$
> ② 체납제재 부분 = 미납부세액 × 3%
> ⊙ 체납제재 부분은 국세를 납부고지서에 따른 납부기한까지 완납하지 않은 경우에 한정한다.

(2) 지연이자 부분의 계산시 고려사항

구분	내용
① 대상기간	⊙ 세액을 미납한 경우 법정납부기한의 다음날부터 납부일까지의 일수로 한다. 단, 납부고지일부터 납부고지서 납부기한까지의 기간은 제외한다. ⓒ 초과환급을 받은 경우 환급받은 날의 다음날부터 납부일까지의 일수로 한다. 단, 납부고지일부터 납부고지서 납부기한까지의 기간은 제외한다.
② 한도	납부고지서 납부기한의 다음 날부터 납부일까지의 기간(「국세징수법」에 따라 지정납부기한과 독촉장에서 정하는 기한을 연장하는 경우에는 그 연장기간은 제외)이 5년을 초과하는 경우에는 그 기간은 5년으로 하며, 체납된 국세의 납부고지서별·세목별 세액이 100만원 미만인 경우 납부고지서 납부기한의 다음날부터 지연이자 부분은 적용하지 아니한다.

(3) 기타 고려사항

① 세법에 따라 가산하여 납부하여야 할 이자 상당 가산액이 있는 경우에는 미납부세액(또는 초과환급세액)에 그 금액을 가산한다.
② 과세기간을 잘못 적용하여 신고납부한 경우 실제 신고납부한 날에 그 금액의 범위에서 당초 신고납부하였어야 할 과세기간에 대한 법인세를 자진납부한 것으로 본다. 다만, 부정무신고와 부정과소신고에 해당하는 경우에는 그러하지 아니하다.

Ⅲ 그 밖의 가산세

(1) 원천징수 등 납부지연가산세

$$\text{원천징수 등 납부지연가산세} = \text{미납세액} \times 3\% + \text{미납세액} \times \text{기간} \times \frac{2.2}{10,000}$$

① 가산세 적용 기간은 법정납부기한의 다음 날부터 납부일까지로 한다. 단, 납부고지일부터 납부고지서상 납부기한까지의 기간은 제외한다.
② 원천징수 등 납부지연가산세는 미납세액의 50%를 한도로 한다. 다만, 미납세액에 3%를 곱한 금액과 법정납부기한의 다음 날부터 납부고지일까지의 기간으로 계산한 금액을 합한 금액은 미납세액의 10%를 한도로 한다.

(2) 적격증명서류불성실가산세

$$\text{적격증명서류불성실가산세} = \text{적격증명서류불비금액} \times 2\%$$

① 법인 및 개인사업자로부터 재화 또는 용역을 공급받고 적격증명서류를 미수취 하거나 사실과 다른 증명서를 수취하는 경우 적용한다.
② 단, 다음의 항목에 대해서는 가산세를 적용하지 아니한다.
　㉠ 부가가치세를 포함한 3만 원 이하의 영수증
　㉡ 증빙불비로 손금불산입되는 기업업무추진비
　㉢ 국가, 지방자치단체, 비영리법인(수익사업부분 제외) 및 농·어민으로부터 공급받는 경우
③ 적격증명서류불성실가산세의 대상금액은 손금으로 인정되는 금액에 한정한다.
　㉠ 적격증명서류를 미수취한 경우: 받지 아니한 금액
　㉡ 사실과 다른 증명서류를 수취한 경우: 사실과 다르게 받은 금액

(3) 지급명세서, 간이지급명세서 제출 불성실가산세

$$\text{지급명세서 제출 불성실가산세} = \text{기한까지 미제출한 지급명세서 및 불명분 지급액} \times 1\%$$

⊙ 단, 제출기한의 경과 후 3개월 이내에 제출하는 경우 0.5%를 적용한다.
① 원천징수의무자가 다음연도 2월말까지 지급명세서를 제출하지 아니한 경우 지급명세서 제출 불성실가산세를 적용한다.
② 간이지급명세서의 경우 제출하지 아니한 분의 지급금액의 1만분의 25(제출기한이 지난 후 1개월 이내에 제출하는 경우에는 지급금액의 10만분의 125로 한다)를 가산세로 한다.

(4) 주주 등의 명세서 등 제출 불성실가산세

① 주주 등의 명세서 미제출·누락제출·불분명 해당 주주 등이 보유한 주식의 액면금액 × 0.5%

② 주식등변동상황명세서 미제출·누락제출·불분명 주식 등의 액면금액 × 1%

CHAPTER 11 합병 및 분할 등에 대한 특례

제1절 합병에 대한 특례

I 합병에 대한 개요 및 과세체계

(1) 개요

합병이란 둘 이상의 회사가 하나의 회사로 합쳐지는 것을 말한다. 합병으로 인하여 소멸하는 회사를 피합병법인이라 하고, 합병 후 존속하는 회사 또는 합병으로 신설된 회사를 합병법인이라고 한다. 합병으로 인하여 존속하는 회사 또는 합병으로 신설된 회사는 소멸하는 회사의 모든 권리·의무를 포괄승계한다.

(2) 합병시 과세체계

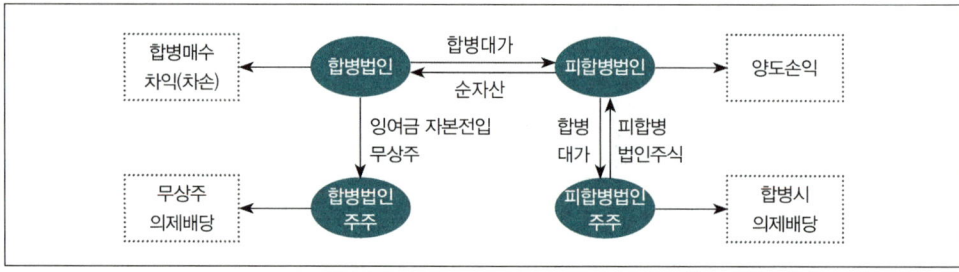

II 합병법인 및 피합병법인의 과세체계

(1) 비적격합병

비적격합병의 경우 법인의 자산을 합병법인에 매각한 것으로 간주한다. 이 경우 그 양도에 따라 발생하는 양도손익은 피합병법인이 합병등기일이 속하는 사업연도의 소득금액을 계산할 때 익금 또는 손금에 산입한다. 합병은 피합병법인이 해산하여 소멸하는 과정에서 발생하지만 청산소득이 아닌 각사업연도소득으로 과세한다.

① 피합병법인의 양도차익(양도차손)

피합병법인의 순자산을 합병법인에게 양도하는 것으로 간주하여 양도차손익을 익금 또는 손금에 산입한다.

> 양도차익(차손) = 양도가액 − 소멸하는 법인의 세법상 순자산 장부가액

㉠ 양도가액의 계산

> 양도가액 = 합병교부주식가액 + 합병교부금 + 포합주식에 대한 간주교부주식 + 피합병법인의 법인세

ⓐ 합병교부주식은 합병대가로 피합병법인의 주주에게 교부하는 주식을 말한다. 일반합병의 경우에는 합병법인주식, 삼각합병의 경우에는 합병법인의 완전 모회사 주식에 해당한다.
ⓑ 합병교부금은 합병대가로 피합병법인의 주주에게 지급하는 금전을 말한다.
ⓒ 포합주식은 합병법인이 합병등기일 전 취득한 피합병법인의 주식으로서 이러한 합병포합주식이 있는 경우에는 그 합병포합주식 등에 대하여 합병교부주식 등을 교부하지 아니하더라도 그 지분비율에 따라 합병교부주식을 교부한 것으로 보아 합병교부주식 등의 가액을 계산한다.
ⓓ 피합병법인의 법인세는 합병법인이 납부하는 피합병법인의 법인세(양도차익에 대한 법인세 포함)와 법인지방소득세를 말한다.

㉡ 세법상 순자산 장부가액의 계산

> 피합병법인의 순자산 장부가액 ± 유보 + 법인세 환급액

② 합병법인의 매수차익(차손)

합병법인이 합병으로 피합병법인의 자산을 승계한 경우에는 그 자산을 피합병법인으로부터 합병등기일 현재의 **시가로 양도**받은 것으로 본다. 자산 취득가액을 시가로 하여 산출한 금액을 양도가액과 비교하여 시가에 미달하게 양도가액을 지급한 경우 이익을 인식하고, 시가를 초과하여 양도가액을 지급한 경우 손실을 인식한다.

이 경우 피합병법인의 각 사업연도의 소득금액 및 과세표준을 계산할 때 익금 또는 손금에 산입하거나 산입하지 아니한 금액, 그 밖의 자산·부채 등은 대통령령으로 정하는 것만 합병법인이 승계할 수 있다.

㉠ 순자산 시가 > 지급한 양도가액: **합병매수차익**

합병법인은 피합병법인의 자산을 시가로 양도받은 것으로 보는 경우로서 피합병법인에 지급한 양도가액이 피합병법인의 합병등기일 현재의 순자산시가보다 적은 경우에는 그 차액을 **합병등기일부터 5년간 균등하게 나누어 익금에 산입**한다.

㉡ 순자산 시가 < 지급한 양도가액: **합병매수차손**

합병법인은 제1항에 따라 피합병법인의 자산을 시가로 양도받은 것으로 보는 경우에 피합병법인에 지급한 양도가액이 합병등기일 현재의 순자산시가를 초과하는 경우로서 영업권에 해당하는 경우에만 합병등기일부터 5년간 균등하게 나누어 손금에 산입한다.

ⓐ 피합병법인의 상호·거래관계, 기타 영업상의 비밀 등에 대하여 사업상 가치가 있다고 보아 대가를 지급한 경우(영업권이 발생하는 경우): 합병등기일부터 5년간 균등분할하여 손금(△유보)에 산입한다. 손금산입액은 월할상각하며, 초월은 산입하고 말월은 불산입한다.

기출 Check 18년 9급

31 「법인세법」상 내국법인 간 합병과 관련한 설명으로 옳지 않은 것은?

④ 합병법인은 피합병법인의 자산을 시가로 양도받은 것으로 보는 경우에는 피합병법인에 지급한 양도가액이 피합병법인의 합병등기일 현재의 자산총액에서 부채총액을 뺀 금액보다 적은 경우에는 그 차액을 합병등기일부터 3년간 균등하게 나누어 손금에 산입한다.

6 ④

해설 차액을 합병등기일부터 5년간 균등하게 나누어 익금에 산입한다.

$$\text{손금산입액} = \text{합병매수차손} \times \frac{\text{당해연도월수}}{60월}$$

ⓑ ⓐ 외의 경우: 손금에 산입하지 아니하며 손금불산입(기타사외유출)로 처분한다.

(2) 적격합병

현행 「법인세법」은 다음의 적격합병 요건을 모두 충족하는 경우 합병으로 인하여 발생하는 조세를 과세이연하는 특례규정을 적용할 수 있다.

① 적격합병의 요건

구분	내용
사업목적의 합병	합병등기일 현재 1년 이상 사업을 계속하던 내국법인 간의 합병일 것(다른법인과 합병하는 것을 유일한 목적으로 하는 기업인수목적회사(SPAC)는 제외한다) ◎ 합병의 양당사자 중 어느 하나의 법인이라도 사업기간이 1년 미만이거나 외국법인인 경우에는 요건을 불충족한다.
지분의 연속성	㉠ 피합병법인의 주주 등이 합병으로 인하여 받은 합병대가의 총합계액 중 합병법인의 주식 등의 가액이 80% 이상이거나 합병법인의 모회사의 주식 등의 가액이 80% 이상인 경우로서 피합병법인의 일정한 지배주주 등에 대한 주식의 배정기준에 따라 배정하여야 한다. 배정주식수 = 합병교부주식 합계액 × 각 지배주주 등의 지분비율 ㉡ 주식의 보유 요건: 지배주주 등이 합병등기일이 속하는 사업연도 종료일까지 그들이 교부받은 전체 주식의 50%를 초과하여 보유하여야 한다. ⓐ 합병교부주식을 지배주주 등 서로 간에 처분하는 것은 해당 지배주주 등이 그 주식을 처분한 것으로 보지 아니한다. ⓑ 지배주주 등이 합병법인 주식을 처분하는 경우 각 주식의 실제 처분시기와 관계없이 합병법인이 선택한 주식을 처분한 것으로 본다.
사업의 계속성	합병법인이 합병등기일이 속하는 사업연도의 종료일까지 피합병법인으로부터 승계받은 사업을 계속할 것. 단, 합병법인이 합병등기일이 속하는 사업연도의 종료일 이전에 피합병법인으로부터 승계한 고정자산가액의 50% 이상을 처분하거나 사업에 사용하지 않는 경우에는 사업의 계속성요건을 갖추지 않는 것으로 한다.
고용승계	합병등기일 1개월 전 당시 피합병법인에 종사하는 「근로기준법」에 따라 근로계약을 체결한 근로자 중 합병법인이 승계한 근로자의 비율이 80% 이상이고, 합병등기일이 속하는 사업연도의 종료일까지 그 비율을 유지할 것

◎ 합병교부주식에는 포합주식에 대한 간주 교부주식을 포함하며, 지배주주 등은 본인 및 본인과 특수관계에 있는 자의 소유 주식합계가 해당 법인의 주주 중 가장 많은 경우의 본인 및 특수관계에 있는 자를 말한다.

참고 적격합병요건별 충족 시점 또는 충족 기간

구분	내용
1. 사업목적의 합병 2. 지분의 연속성 중 주식교부비율 및 주식배정요건	합병하는 시점에 충족하여야 한다.
3. 지분의 연속성 중 주식보유요건 4. 사업의 계속성 5. 고용승계	합병등기일이 속하는 사업연도의 종료일까지 충족하여야 한다.

◎ 합병등기일의 다음 사업연도 개시일부터 2년(고용승계 요건의 경우는 3년) 이내에 해당 요건을 충족하지 못하는 경우 과세이연특례를 중단한다.

② 완전모자회사간의 합병 또는 완전자회사간의 합병시 과세이연
다음의 적격합병요건 규정에도 불구하고 다음의 경우에는 적격합병의 요건을 충족한 것으로 본다. 완전모자회사 및 완전자회사간의 합병은 적격합병의 요건 없이 과세이연의 특례를 적용하였으므로 과세이연의 중단은 없다.
   ㉠ 내국법인이 발행주식총수 또는 출자총액을 소유하고 있는 다른 법인을 합병하거나 그 다른 법인에 합병되는 경우(완전모자회사간의 합병)
   ㉡ 동일한 내국법인이 발행주식총수 또는 출자총액을 소유하고 있는 서로 다른 법인 간에 합병하는 경우(완전자회사간 합병)

③ 피합병법인의 양도차익(차손)
적격합병에 해당하는 경우 합병법인으로부터 받은 양도가액을 피합병법인의 합병등기일 현재의 순자산 장부가액으로 보아 양도손익이 없는 것으로 할 수 있다.

$$양도차익(차손) = 양도가액 - 소멸하는\ 세법상\ 순자산\ 장부가액 = 0$$

이 경우 양도받은 자산 및 부채의 가액을 합병등기일 현재의 시가로 계상하되, 시가에서 피합병법인의 장부상 장부가액을 뺀 금액은 자산조정계정으로 계상하여야 한다.

④ 합병법인의 자산조정계정
   ㉠ 적격합병시 특례: 적격합병을 한 합병법인은 피합병법인의 자산을 장부가액으로 양도받은 것으로 한다.
   ㉡ 적격합병시 자산조정계정의 설정: 합병법인은 양도받은 자산 및 부채의 가액을 합병등기일 현재의 시가로 계상하되, 시가에서 피합병법인의 장부상 장부가액을 뺀 금액은 자산조정계정으로 계상하여야 한다.

$$자산조정계정 = 자산의\ 시가 - 피합병법인의\ 장부가액$$

   ㉢ 자산조정계정의 추인: 자산조정계정은 해당 자산의 상각이나 처분시 익금 또는 손금에 산입한다.

구분	내용
감가상각	ⓐ 자산조정계정이 △유보인 경우: 다음의 금액을 익금산입(유보)로 추인 $$익금산입액 = 해당\ 자산의\ 감가상각비 \times \frac{자산조정계정(△유보)}{해당\ 자산의\ 취득가액}$$ ⓑ 자산조정계정이 유보인 경우: 다음의 금액을 손금산입(△유보)로 추인 $$손금산입액 = 해당\ 자산의\ 감가상각비 \times \frac{자산조정계정(유보)}{해당\ 자산의\ 취득가액}$$
처분	미상계잔액을 그 처분하는 사업연도에 전액 익금 또는 손금에 산입한다. 단, 자기주식을 소각하는 경우에는 익금 또는 손금에 산입하지 않고 소멸한다.
비상각	해당 자산을 처분하는 사업연도에 전액 익금 또는 손금에 산입한다. ⓐ 자산조정계정이 △유보인 경우: 익금산입(유보) ⓑ 자산조정계정이 유보인 경우: 손금산입(△유보)

⑤ 적격합병 과세이연의 중단

적격합병요건에 대한 과세이연 중단사유가 발생하는 경우에는 적격합병 과세특례를 중단하고 비적격합병의 경우처럼 회계처리한다.

구분	내용
중단사유	합병등기일이 속하는 사업연도의 다음 사업연도 개시일부터 2년(아래 ⓒ의 경우에는 3년) 이내에 다음 중 어느 하나에 해당하는 사유가 발생하는 경우를 말한다. ㉠ 합병법인이 피합병법인으로부터 승계받은 사업을 폐지하는 경우 ㉡ 피합병법인의 일정한 지배주주 등이 합병법인으로부터 받은 전체 주식의 50% 이상을 처분하는 경우 ㉢ 각 사업연도 종료일 현재 합병법인에 종사하는 근로기준법에 따라 근로계약을 체결한 근로자 수가 합병등기일 1개월 전 당시 피합병법인과 합병법인에 각각 종사하는 근로자 수의 합의 80% 미만으로 하락하는 경우
중단효과	㉠ 자산조정계정 일시 익금산입: 자산조정계정 잔액의 총합계액이 0보다 큰 경우(즉, △유보인 경우)에는 총합계액을 익금에 산입한다. 단, 총합계액이 0보다 작은 경우(유보)에는 없는 것으로 간주한다. ㉡ 합병매수차손익의 익금 및 손금산입 ㉢ 승계받은 결손금 중 공제한 금액 전액을 익금에 산입 ㉣ 승계한 세무조정사항을 추인 ㉤ 승계받아 공제한 감면·세액공제액 등을 해당 사업연도의 법인세에 더하여 납부한 후 해당 사업연도부터 감면·세액공제를 적용하지 아니한다.

참고 합병매수차익과 합병매수차손의 처리

구분	중단사유 발생연도	중단사유 발생연도 이후부터 합병등기일부터 5년이 되는 사업연도
1. 차익	① 합병매수차익을 익금불산입(△유보)한다. ② 해당 금액을 익금산입(유보)한다. 합병매수차익 × 합병등기이후 월수 / 60월	다음의 금액을 익금산입(유보)한다. 합병매수차익 × 해당 사업연도 월수 / 60월
2. 차손	① 합병매수차익을 손금불산입(유보)한다. ② 해당 금액을 손금산입(△유보)한다. 합병매수차손 × 합병등기이후 월수 / 60월	다음의 금액을 손금산입(△유보)한다. 합병매수차손 × 해당 사업연도 월수 / 60월

⊙ 단, 합병매수차손은 가치가 인정되는 영업권인 경우에 한정한다.

Ⅲ 피합병법인 주주의 과세체계

(1) 비적격합병

법인간 합병이 비적격합병에 해당하는 경우 피합병법인의 주주에게는 의제배당에 대한 법인세 또는 소득세가 과세된다.

> 합병시 의제배당 = 합병대가(시가) − 소멸한 피합병법인 주식의 취득가액

① 합병대가는 합병교부주식(시가)와 합병교부금을 합한 금액을 말한다. 단, 간주교부주식 및 피합병법인 법인세는 제외한다.

(2) 적격합병

법인간 합병이 적격합병에 해당하는 경우에도 피합병법인의 주주에게는 의제배당에 대한 법인세 또는 소득세가 과세된다.

구분	내용
① 합병 요건	법인의 적격합병 요건 중에서 사업목적의 합병 및 지분의 연속성 중 주식교부비율 요건 및 주식배정 요건만 적용한다.
② 의제배당	합병시 의제배당 = 합병대가 − 소멸되는 피합병법인 주식의 장부가액 ㉠ 합병대가는 합병교부주식과 합병교부금의 합계로 한다. ㉡ 합병교부주식은 합병교부금을 수령하지 않은 경우 소멸주식의 장부가액으로 하며, 합병교부금을 수령한 경우 시가와 소멸주식 장부가액 중 작은 금액으로 한다.

Ⅳ 합병법인 주주의 과세체계

(1) 비적격합병

법인간 합병이 비적격합병에 해당하는 경우 합병법인의 주주에게는 합병법인 주주의 합병차익을 자본에 전입시 무상주 의제배당에 해당하여 법인세 또는 소득세가 과세된다.

① 합병차익

합병으로 승계한 순자산의 가액이 합병대가로 교부한 주식의 액면가와 합병교부금을 초과하는 금액을 합병차익이라 한다.

> 합병차익 = 승계한 순자산 가액 − (교부주식 액면가 + 합병교부금)

② 합병차익 중 무상주 의제배당 해당액
  ㉠ 합병대가 중 주식발행초과금(합병대가 − 교부주식의 액면가 및 교부금의 합계)에 해당하는 부분은 자본전입시 의제배당에 해당하지 아니한다.
  ㉡ 승계한 순자산 가액과 합병대가의 차액에 해당하는 합병매수차익은 이를 자본전입시 무상주 의제배당에 해당한다.

(2) 적격합병

① 합병법인의 주주에게 합병차익을 자본에 전입하는 경우 무상주 의제배당에 해당한다.
② 의제배당에 해당하는 합병차익 구성요소
  ㉠ 합병으로 인한 자산평가증액: 합병법인의 승계가액 − 피합병법인의 회계상 장부가액
  ㉡ 피합병법인의 의제배당대상 자본잉여금 상당액
  ㉢ 피합병법인의 이익잉여금 상당액
    ⊙ 단, 의제배당 대상 잉여금은 합병차익을 한도로 한다.
③ 합병차익 중 일부만 자본전입한 경우
  합병차익 중에서 의제배당 대상이 아닌 잉여금을 먼저 자본에 전입한 것으로 보아 의제배당액을 계산한다.

Ⅴ 합병시 이월결손금 및 세무조정사항의 승계·공제제한

(1) 적격합병시 이월결손금 승계

법인간 합병이 적격합병인 경우 피합병법인의 합병등기일 현재 세무상 이월결손금을 승계한다. 단, 비적격합병인 경우 세무상 이월결손금을 승계할 수 없다.

구분	내용
① 공제적용	㉠ 승계받은 사업에서 공제: 승계받은 사업에서 발생한 소득금액의 범위에서 합병법인의 각 사업연도의 과세표준을 계산할 때 공제한다. ㉡ 승계받은 결손금은 과세표준 계산시 공제되며 자산수증이익, 채무면제이익의 익금불산입은 적용하지 아니한다.
② 승계대상	㉠ 합병사업연도: 합병등기일 현재의 이월결손금(사업연도 개시일 전 15년, 2019년 이전 사업연도분은 10년) 이내에 개시한 사업연도의 미소멸 이월결손금 ㉡ 합병 이후 사업연도: 매년 순차적으로 1년이 지난 것으로 보아 15년을 적용한다.
③ 중단사유	합병법인은 합병등기일이 속하는 사업연도의 다음 사업연도 개시일부터 2년 또는 3년 이내에 과세이연중단사유가 발생한 경우에는 승계받은 결손금 중 공제한 금액을 그 사유가 발생한 날이 속하는 사업연도의 소득금액을 계산할 때 익금에 산입한다.

(2) 이월결손금 공제의 적용한도

① 합병법인의 합병등기일 현재의 결손금

> 합병법인의 합병등기일 현재의 결손금
> = (합병법인 소득금액 − 승계사업 소득금액) × 60%(또는 100%)

단, 합병법인의 합병등기일 현재 세무상 결손금은 합병법인의 각 사업연도의 과세표준을 계산할 때 피합병법인으로부터 승계받은 사업에서 발생한 소득금액의 범위에서는 공제하지 않는다.

② 승계된 피합병법인의 결손금

> 승계된 피합병법인의 결손금 = 승계한 사업의 소득금액 × 60%(또는 100%)

(3) 적격합병시 자산의 처분손실 손금산입의 제한
① 적격합병을 한 합병법인과 피합병법인이 합병 전 보유하던 자산의 처분손실(합병등기일 현재 해당 자산의 시가가 장부가액보다 낮은 경우로서 그 차액을 한도로 한다.)을 각각 합병 전 해당 법인의 사업에서 발생한 소득금액(해당 처분손실을 공제하기 전 소득금액)의 범위에서만 손금으로 인정한다.
② 손금으로 인정하는 처분손실은 합병등기일 이후 5년 이내에 끝나는 사업연도에 발생한 것만 해당한다.

(4) 구분경리
① 서로 다른 내국법인을 합병하는 경우 자산, 부채, 손익을 승계받은 사업과 이외의 것으로 구분하여 기록하여야 한다. 단, 중소기업 간 또는 동일사업을 영위하는 법인간의 합병은 제외한다.
② 합병법인에 결손금이 있거나 결손금을 승계한 경우 결손금 공제기간까지 구분경리하며, 이외의 경우는 합병 후 5년간 구분경리한다.
③ 구분경리의 예외에 해당하는 경우 법인간 소득금액의 구분은 합병등기일 현재 합병법인과 피합병법인의 사업용 자산가액(유형·무형자산 및 투자자산의 가액)의 비율로 안분한다.

제2절 분할

I 분할의 유형

분할이란 회사가 회사의 재산, 사원 등 일부분을 분리하여 다른 회사에 출자하거나 새로 회사를 설립함으로써 한 회사를 복수의 회사로 만드는 것을 말한다.

(1) 단순분할과 분할합병
① 단순분할: 분할된 사업부가 분할 이후 다른 법인과 다시 합병하지 않고 독립된 회사(분할신설회사)로 설립되는 유형
② 분할합병
  ㉠ 흡수분할합병: 분할된 사업부가 다른 회사(분할합병의 상대방 법인)에 흡수되는 유형
  ㉡ 신설분할합병: 분할된 사업부가 다른 회사(소멸한 분할합병의 상대방 법인)와 합하여 새로운 회사(분할신설법인)로 설립되는 유형

(2) 완전분할과 불완전분할
① 완전분할(소멸분할): 분할법인이 어느 사업부를 분리한 후에 소멸하는 유형
② 불완전분할(존속분할): 분할법인이 분리한 이후에도 계속 존속하는 유형

(3) 인적분할과 물적분할

① **인적분할**: 분할대가를 분할법인의 주주에게 교부하는 유형
② **물적분할**: 분할대가를 분할법인에게 교부하는 유형
   ⊙ 인적분할은 합병과 과세체계가 동일하며, 물적분할은 현물출자와 과세체계가 동일하다.

Ⅱ 인적분할에 대한 과세체계

(1) 적격분할의 요건

구분	내용
① 사업목적의 분할	분할등기일 현재 5년 이상 사업을 계속하던 내국법인이 다음의 요건을 모두 갖추어 분할하는 것일 것(분할합병의 경우 소멸한 분할합병의 상대방 법인 및 분할합병의 상대방법인이 분할등기일 현재 1년 이상 사업을 계속하던 내국법인일 것) ㉠ 분리하여 사업이 가능한 독립된 사업부문을 분할하는 것일 것 ㉡ 분할하는 사업부문의 자산과 부채가 포괄적으로 승계될 것(단, 공동으로 사용하던 자산, 채무자의 변경이 불가능한 부채 등 분할하기 어려운 법 소정의 자산과 부채 등은 제외함) ㉢ 분할법인 등만의 출자에 의하여 분할하는 것일 것
② 지분의 연속성	㉠ 주식교부비율 요건 및 주식배정 요건 <table><tr><td>구분</td><td>내용</td></tr><tr><td>ⓐ 교부비율</td><td>분할대가의 전액이 주식일 것(분할합병의 경우에는 분할대가의 80% 이상이 분할신설법인 등의 주식인 경우 또는 분할대가의 80% 이상이 분할합병의 상대방 법인의 발행주식총수 또는 출자총액을 소유하고 있는 내국법인의 주식의 경우를 말함)</td></tr><tr><td>ⓑ 주식배정</td><td>분할법인주주의 지분율에 따라 배정될 것(분할합병의 경우에는 지배주주 등에게 '분할교부주식 × 지분비율' 이상의 주식을 각각 배정할 것)</td></tr></table> ㉡ 주식보유요건: 분할법인의 지배주주등이 분할등기일이 속하는 사업연도의 종료일까지 그들이 교부받은 전체 주식의 50%를 초과하여 보유할 것
③ 사업의 계속성	분할신설법인이 승계받은 사업을 분할등기일이 속하는 사업연도의 종료일까지 계속 영위할 것
④ 고용승계	분할등기일 1개월 전 당시 분할하는 사업부문에 종사하는 「근로기준법」에 따라 근로계약을 체결한 내국인 근로자 중 분할신설법인등이 승계한 근로자의 비율이 80% 이상이고, 분할등기일이 속하는 사업연도의 종료일까지 그 비율을 유지할 것

> **참고** 적격분할로 보지 아니하는 경우
>
> 다음의 어느 하나에 해당하는 사업부문을 분할하는 경우에는 적격분할로 보지 아니한다.
> 1. 부동산임대업을 주업으로 하는 사업부문
> 2. 분할법인으로부터 승계한 사업용 자산가액 중 토지, 건물 및 부동산에 관한 권리의 가액이 80% 이상인 사업부문

(2) 적격인적분할시 분할차익 자본전입시 의제배당

다음 항목의 합계액에 해당하는 금액(분할차익을 한도로 함)은 의제배당 대상인 잉여금으로 본다. 단, 분할차익 일부를 자본전입하는 경우 의제배당 대상이 아닌 부분을 먼저 전입한 것으로 본다.
① 분할로 인한 자산평가증액
② 분할법인의 자본금 및 의제배당 대상이 아닌 자본잉여금의 감소액이 분할한 사업부문의 분할등기일 현재 순자산 장부가액에 미달하는 경우 그 미달액(분할법인의 분할 전 의제배당대상 자본잉여금 및 이익잉여금에 상당하는 금액의 합계액을 한도로 함)

(3) 적격인적분할에 대한 개별적인 과세제도

적격인적분할에 대한 개별적인 과세제도는 합병시와 동일하다.

(4) 소멸분할시 이월결손금의 승계 및 공제제한

① 적격인적분할로서 소멸분할의 경우 적격합병과 동일하게 이월결손금을 승계한다. 단, 존속분할의 경우에는 결손금을 승계하지 못한다.
② 분할합병의 상대방법인의 분할등기일 현재 결손금 및 분할신설법인 등이 승계한 분할법인 등의 결손금 한도, 적격분할합병시 자산의 처분손실 손금산입 제한 규정도 합병과 동일하게 적용한다.

Ⅲ 물적분할 및 현물출자에 대한 과세특례

(1) 물적분할에 대한 과세체계

① 물적분할의 과세체계

구분	내용
㉠ 분할법인	사업부를 분할하면서 발생한 분할사업부 처분이익에 대해 과세한다.
㉡ 분할신설법인 및 분할법인의 주주	분할시는 주주의 거래가 없으므로 과세문제는 없다.

② 과세이연요건
　㉠ 사업목적의 분할, 사업의 계속성 및 고용승계 규정은 인적분할의 과세이연 요건과 동일하다.
　㉡ **지분의 연속성**: 분할법인이 분할신설법인으로부터 받은 분할대가의 전액이 주식으로서 분할등기일이 속하는 사업연도 종료일까지 그 주식의 50%를 초과하여 보유하여야 한다. 인적분할의 경우 분할대가를 분할법인의 주주가 수령하지만, 물적분할의 경우 분할법인이 취득하므로 분할법인의 지배주주 등에 대한 주식배정요건은 적용되지 않으며, 해당 주식의 보유요건도 분할법인에게 적용된다.

③ 분할법인에 대한 과세이연제도

구분	내용
⊙ 압축기장충당금	분할사업부의 처분이익에 해당하는 만큼 분할등기일이 속하는 사업연도에 취득한 주식(분할신설법인주식)에 대하여 압축기장충당금을 설정하여 손금에 산입할 수 있다.
ⓒ 충당금의 환입	손금에 산입한 압축기장충당금은 다음 중 어느 하나에 해당하는 사유가 발생하는 사업연도에 다음의 금액을 익금에 산입한다. ⓐ 분할법인이 분할신설법인으로부터 받은 주식을 처분하는 경우 ⓑ 분할신설법인이 분할법인으로부터 승계받은 감가상각대상자산(유휴설비 포함), 토지 및 주식을 처분하는 경우(이 경우 분할신설법인은 그 자산의 처분사실을 처분일로부터 1개월 이내에 분할법인에게 알려야 한다)
ⓒ 과세이연의 중단	분할등기일이 속하는 사업연도의 다음 사업연도 개시일부터 다음에 제시된 기간 이내에 다음의 사유가 발생하는 경우 과세이연을 중단하고, 압축기장충당금 잔액을 전액 익금에 산입한다. ⓐ 2년 이내에 분할법인이 분할신설법인의 발행주식총수의 50% 미만으로 주식을 보유 ⓑ 2년 이내에 분할신설법인이 승계받은 사업을 폐지하는 경우 ⓒ 3년 이내에 각 사업연도 종료일 현재 분할신설법인에 종사하는 근로자 수가 분할등기일 1개월 전 당시 분할하는 사업부문에 종사하는 근로자 수의 80% 미만으로 하락한 경우

참고 압축기장충당금의 환입액 계산

$$\text{압축기장충당금 잔액} \times (\text{주식처분비율} + \text{자산처분비율} - \text{주식처분비율} \times \text{자산처분비율})$$

1. 압축기장충당금 잔액은 직전 사업연도 종료일(분할등기한 사업연도는 분할등기일) 현재의 잔액을 말한다.
2. 분할법인의 주식처분비율 = $\dfrac{\text{당기에 처분한 분할교부주식의 장부가액}}{\text{전기말(분할등기일) 현재 분할교부주식의 장부가액}}$
3. 분할신설법인의 자산처분비율 = $\dfrac{\text{당기에 처분한 승계자산의 양도차익}}{\text{전기말(분할등기일) 현재 승계자산의 양도차익}}$

(2) 현물출자의 과세이연요건

① 출자법인이 현물출자일 현재 5년 이상 사업을 계속한 법인일 것
② 다른 내국인 또는 외국인과 공동으로 출자하는 경우 공동으로 출자한 자가 출자법인의 특수관계인이 아닐 것
③ 출자법인(공동으로 출자한 자 포함)이 현물출자일 다음 날 현재 피출자법인의 발행주식총수 또는 출자총액의 80% 이상의 주식을 보유하고, 현물출자일이 속하는 사업연도의 종료일까지 그 주식의 50%를 초과하여 보유할 것
④ 피출자법인이 그 현물출자일이 속하는 사업연도 종료일까지 출자법인이 현물출자한 자산으로 영위하던 사업을 계속할 것

IV 합병 및 분할에 대한 기타의 처리

(1) 세무조정사항의 승계

① 적격합병 또는 적격인적분할의 경우 세무조정사항을 모두 승계한다.
② 비적격합병, 비적격 물적분할, 모든 물적분할은 퇴직급여충당금·대손충당금을 합병법인이 승계한 경우 그와 관련된 세무조정사항을 승계하나, 그 밖의 세무조정사항은 승계하지 아니한다.

(2) 승계된 기부금 한도초과액의 손금산입 한도

① 합병법인(분할합병의 상대방 법인)의 합병등기일(분할등기일) 현재 기부금 한도초과액 : 합병(분할합병) 전 합병법인(분할합병의 상대방 법인)의 사업에서 발생한 소득금액을 기준으로 계산한 기부금의 한도액 범위내에서 손금에 산입한다. 이 경우 합병(분할)으로 승계한 피합병법인(분할법인)의 기부금 한도초과액은 제외한다.
② 합병법인(분할신설법인등)이 승계한 피합병법인(분할법인 등)의 기부금 한도초과액 : 피합병법인(분할법인 등)으로부터 승계받은 사업에서 발생한 소득금액을 기준으로 계산한 기부금 한도액의 범위 내에서 손금에 산입한다. 분할의 경우 승계받은 사업에 속하는 기부금 한도초과액은 분할등기일 현재 분할법인 등의 기부금 한도초과액을 분할법인 등의 사업용 자산가액 중 분할신설법인 등이 승계한 사업용 자산가액 비율로 안분계산한 금액으로 한다.

(3) 감면 및 세액공제액의 승계

① 감면 또는 세액공제를 적용받던 법인이 합병 또는 분할(인적분할)하는 경우에는 과세이연요건을 충족한 경우에 한하여 합병법인 또는 분할신설법인 등이 승계받은 사업에서 발생한 소득금액 또는 이에 해당하는 법인세액의 범위에서 감면 또는 세액공제의 적용을 받을 수 있다. 이 경우 해당 감면 또는 세액공제의 요건이 있는 경우에는 합병법인 또는 분할신설법인 등이 그 요건을 모두 갖춘 경우에만 이를 적용한다.
② 단, 승계한 이후 과세이연 중단사유가 발생한 경우에는 승계하여 공제한 세액공제액 상당액을 해당 사유가 발생한 사업연도의 법인세에 더하여 납부하며, 해당 사유가 발생한 사업연도부터 적용하지 아니한다.

CHAPTER 12 그 밖의 법인세

제1절 비영리법인의 각 사업연도 소득에 대한 법인세

I 비영리법인의 범위

비영리법인에는 비영리내국법인과 비영리외국법인이 있으며, 다음과 같이 구분한다.

구분	대상
(1) 비영리내국법인	① 학술, 종교, 자선, 기예, 사교 기타 영리 아닌 사업을 목적으로 하는 사단 또는 재단으로서 「민법」 제32조에 따라 설립된 법인 ② 「사립학교법」이나 그 밖의 특별법에 따라 설립된 법인(조합법인이 아닌 법인으로서 구성원에게 이익을 배당할 수 있는 법인은 제외한다) ⊙ 조합법인 등(농협, 수협, 산림조합)은 이익의 배당 여부에도 불구하고 항상 비영리법인으로 간주한다. ③ 「국세기본법」에 따른 법인으로 보는 단체
(2) 비영리외국법인	외국법인 중 외국의 정부·지방자치단체 및 영리를 목적으로 하지 아니하는 법인(법인으로 보는 단체를 포함)

II 비영리법인의 납세의무 및 과세소득의 범위

(1) 비영리법인의 납세의무

구분	각 사업연도 소득	토지 등 양도소득	청산소득	미환류소득
① 비영리 내국법인	국내·국외 원천소득 중 일정한 수익사업소득	납세의무 ○	납세의무 ×	납세의무 ×
② 비영리 외국법인	국내원천소득 중 일정한 수익사업소득	납세의무 ○	납세의무 ×	납세의무 ×

(2) 과세소득의 범위

비영리법인의 과세소득은 아래에 열거된 수익사업에서 생기는 소득을 말한다.

구분	내용
① 사업소득	제조업, 건설업, 도매업·소매업, 소비자용품수리업, 부동산·임대 및 사업서비스업 등의 사업으로서 한국표준산업분류에 따른 각 사업 중 수입이 발생하는 것(「소득세법」상 사업소득과 대응되는 개념으로 「소득세법」에서 과세하지 않는 연구 및 개발업은 제외한다.)
② 금융소득	이자소득, 배당소득, 채권매매차익

③ 처분소득	유형자산 및 무형자산의 처분소득 ㉠ 고정자산의 처분소득에서 3년 이상 고유목적사업에 사용한 것은 제외한다. ㉡ 당해 자산의 유지·관리 등을 위한 관람료·입장료 수입 등 부수수익이 있는 경우에도 이를 고유목적 사업에 직접 사용한 것으로 본다. ㉢ 수익사업에 속하는 자산을 고유목적사업에 전입한 후 처분하는 경우에는 전입 시 시가로 평가한 가액을 그 자산의 취득가액으로 하여 과세대상에서 제외할 처분수입을 계산한다.
④ 양도소득세 과세대상	양도소득세 과세대상에 해당하는 다음의 소득 ㉠ 부동산에 관한 권리 및 기타자산의 양도로 인하여 생기는 수입 ㉡ 주식·신주인수권 또는 출자지분의 양도로 인하여 생기는 수입

참고 수익사업에서 제외되는 사업

1. 축산업(축산관련서비스업을 포함)·조경관리 및 유지 서비스업 외의 농업
2. 연구개발업(계약 등에 의하여 그 대가를 받고 연구 및 개발용역을 제공하는 사업을 제외)
3. 유치원, 학교, 외국교육기관 등 평생교육시설을 경영하는 사업
4. 보건업 및 사회복지서비스업 중 법 소정 사회복지시설에서 제공하는 사회복지사업
5. 연금 및 공제업 중 「국민연금법」에 의한 국민연금사업과 특정 단체가 영위하는 기금조성 및 급여사업
6. 사회보장보험업 중 의료보험사업과 산업재해보상보험사업
7. 주무관청에 등록된 종교단체가 공급하는 용역 중 부가가치세가 면제되는 용역을 공급하는 사업
8. 금융 및 보험 관련 서비스업 중 각종 법률에 의한 예금보험제도를 운영하는 사업 등
9. 「대한적십자사 조직법」에 의한 대한적십자사가 행하는 혈액사업
10. 「한국주택금융공사법」에 따른 주택담보노후연금보증제도를 운영하는 사업
11. 「국민기초생활보장법」에 따른 수급권자 등에게 창업비 등으로 무담보대출하는 사업
12. 교육환경개선을 목적으로 설립된 비영리법인이 외국인학교 운영자에게 학교시설을 제공
13. 대한체육회에 가맹한 경기단체 및 국기원의 승단·승급 심사사업
14. 수도권매립지관리공사가 행하는 폐기물처리와 관련한 사업
15. 한국장학재단이 학자금대출계정을 통해 운영하는 학자금 대출사업
16. 기타 이와 비슷한 사업으로서 기획재정부령으로 정하는 사업

(3) 구분경리

비영리법인이 수익사업을 하는 경우에는 자산·부채 및 손익을 그 수익사업에 속하는 것과 수익사업이 아닌 그 밖의 사업에 속하는 것을 각각 다른 회계로 구분하여 기록하여야 한다.

① 재무상태표 항목의 구분경리

㉠ 수익사업과 기타의 사업에 공통되는 자산과 부채는 이를 수익사업에 속하는 것으로 한다.

㉡ 수익사업과 기타사업간 자산의 전출입

ⓐ 비영리법인이 기타의 사업에 속하는 자산을 수익사업에 지출 또는 전입한 경우: 그 자산의 시가를 수익사업의 자본증가로 처리한다.

ⓑ 비영리법인이 수익사업에 속하는 자산을 기타의 사업에 지출한 경우: 그 자산가액을 고유목적사업준비금 중 손금산입된 금액, 고유목적사업준비금 중 손금부인된 금액, 법인세과세 후의 수익사업소득금액(잉여금 포함), 자본의 원입액과 순차적으로 상계한다.

② 손익계산서 항목의 구분경리

구분		구분경리방법
㉠ 공통익금		수입금액(또는 매출액)에 비례하여 안분
㉡ 공통손금	동일한 업종인 경우	수입금액(또는 매출액)에 비례하여 안분
	다른 업종인 경우	개별손금액에 비례하여 안분

(4) 비영리법인에 대한 과세특례

① 고유목적사업준비금의 설정

비영리내국법인에 대하여는 각 사업연도의 결산을 확정할 때 그 법인의 고유목적사업 또는 일반기부금에 지출하기 위하여 고유목적사업준비금을 손비로 계상한 경우 일정금액 범위 안에서 이를 손금으로 산입하도록 하여 고유목적사업 등에 사용할 재원을 비영리내국법인 내에 유보할 수 있다.

구분	내용
㉠ 설정대상	ⓐ 법인격이 있는 비영리내국법인 ⓑ 법인으로 보는 단체 중 일반기부금단체와 법령에 따라 설치된 기금, 공동주택의 입주자 대표회의·임차인 대표회의 또는 이와 유사한 관리기구
㉡ 손금인식	ⓐ 원칙: 결산조정사항 ⓑ 주식회사의 외부감사에 관한 법률에 따른 감사인의 회계감사를 받는 비영리내국법인의 경우: 잉여금처분에 의한 임의신고조정가능
㉢ 설정한도	설정한도액 = ⓐ + ⓑ ⓐ (이자소득금액 + 배당소득금액) × 100% ⓑ (수익사업에서 발생한 소득금액* − 이자소득 등의 금액 − 이월결손금 − 특례기부금 손금산입액) × 50% * 수익사업에서 발생한 소득금액: 고유목적사업준비금, 특례기부금을 손금에 산입하기 전 소득금액 ⓐ 이자소득금액은 「소득세법」에 따른 이자소득금액으로 비영업대금의 이익은 제외한다. ⓑ 배당소득금액은 「소득세법」에 따른 배당소득금액으로 공익법인 등의 출연재산에 대한 상속세 또는 증여세 과세가액 불산입 배제규정에 따라 상속세 또는 증여세 과세가액에 산입되거나 증여세가 부과되는 주식 등으로부터 발생한 배당소득금액은 제외한다. ⓒ 이월결손금은 과세표준 계산시 공제받은 이월결손금을 말한다. ⓓ 「공익법인의 설립·운영에 관한 법률」에 따라 설립된 법인으로서 고유목적사업 등에 대한 지출액 중 50% 이상을 장학금으로 지출하는 법인은 50% 대신 80%의 율을 적용한다.

② 고유목적사업준비금의 사용 및 상계

㉠ 고유목적사업준비금으로 설정한 금액은 5년 이내에 고유목적사업이나 일반기부금 지출에 사용하여야 한다.

㉡ 고유목적사업이나 일반기부금 지출에 사용한 금액은 먼저 계상한 사업연도의 고유목적사업준비금부터 차례로 상계한다.

③ 고유목적사업준비금의 환입

사용금액과 상계 후 고유목적사업준비금의 잔액이 있는 비영리내국법인이 다음 중 어느 하나에 해당하게 되는 사유가 발생하는 경우 그 잔액은 해당 사유가 발생한 날이 속하는 사업연도의 익금에 산입한다.

구분	내용
㉠ 일시환입	ⓐ 해산한 경우(고유목적사업준비금을 승계한 경우는 제외) ⓑ 고유목적사업을 전부 폐지한 경우 ⓒ 법인으로 보는 단체가 「국세기본법」에 따라 승인취소되거나 거주자로 변경된 경우 ⓓ 고유목적사업 외 용도로 지출한 경우
㉡ 미사용액 환입	ⓔ 고유목적사업준비금을 손금으로 계상한 사업연도의 종료일 이후 5년이 되는 날까지 고유목적사업 등에 사용하지 않은 경우
㉢ 중도 선택환입	ⓕ 고유목적사업준비금을 손금으로 계상한 사업연도 종료일 이후 5년 이내에 고유목적사업준비금 잔액 중 일부를 환입하여 익금으로 계상한 경우

◎ 고유목적사업준비금을 손금에 산입한 비영리내국법인이 사업에 관한 모든 권리와 의무를 다른 비영리내국법인에 포괄적으로 양도하고 해산하는 경우 해산등기일 현재 고유목적사업준비금 잔액은 그 다른 비영리내국법인이 승계할 수 있다.

④ 고유사업목적준비금 미사용액의 이자추징

손금에 산입한 고유목적사업준비금의 환입 사유 중 ⓓ와 ⓔ에 해당하는 경우 다음의 이자상당액을 환입하는 과세연도의 감면분추가납부세액으로 납부하여야 한다.

$$\text{이자상당액} = \text{감소한 법인세} \times \text{기간} \times \frac{2.2}{10,000}$$

㉠ 감소한 법인세 = (설정대상연도 과세표준 + 미사용 준비금) × 설정대상연도 법인세율 − 설정대상연도 산출세액
㉡ 이자상당액의 계산기간은 준비금을 설정한 사업연도의 다음 사업연도 개시일부터 미사용분을 환입하는 사업연도 종료일까지의 일수로 한다.

(5) 그 밖의 비영리법인에 대한 과세특례

① 이자소득의 분리과세 선택
㉠ 비영리내국법인은 원천징수된 이자소득(비영업대금의 이익은 제외하고, 투자신탁의 이익을 포함)에 대해서는 과세표준신고를 하지 않을 수 있다.
㉡ 과세표준신고를 하지 않은 이자소득은 각 사업연도의 소득금액에 포함하지 않으며, 수정신고·기한후신고 또는 경정 등에 의해서도 이를 과세표준에 포함시킬 수 없다.

② 양도소득과세대상자산 특례
㉠ 특례 적용 대상법인: 사업소득의 수익사업이 없는 비영리법인
㉡ 해당 대상법인이 양도소득세 과세대상 자산의 양도소득을 법인세 과세표준에 포함하지 않고 양도소득세의 규정을 준용하여 산출한 세액을 법인세로 하여 예정신고 및 자진 납부하는 방법을 선택할 수 있다.

> **중복적용의 배제**
> 「법인세법」 또는 「조세특례제한법」에 의한 비과세·면제, 준비금의 손금산입, 소득공제 또는 세액감면(세액공제를 제외함)을 적용받는 경우에는 고유목적사업준비금을 설정할 수 없다. 다만, 고유목적사업준비금만을 적용받는 것으로 수정신고한 경우는 제외한다.

③ 기장의무
  ㉠ 본래 납세의무가 있는 법인은 장부를 갖추어 두고 복식부기방식으로 장부를 기장하여야 하며, 장부와 관계있는 중요한 증명서류를 비치·보존하여야 한다.
  ㉡ 비영리법인은 사업소득과 채권매매익에 해당하는 수익사업(비영리외국법인의 경우 해당 수익사업 중 국내원천소득이 발생하는 경우만 해당)을 하는 경우로 한정한다. 즉, 사업소득과 채권매매익에 해당하는 수익사업을 하는 비영리법인에게만 복식부기 장부의 비치·기장의무가 있다.
  ㉢ 모든 비영리법인에 대하여 무기장가산세 규정을 적용하지 않는다.
  ㉣ 사업소득·채권매매익에 해당하는 수익사업을 영위하지 않는 비영리내국법인이 과세표준신고를 하는 경우에는 필수적 첨부서류를 첨부하지 않아도 신고를 한 것으로 본다.

제2절 청산소득에 대한 법인세

I 청산소득의 개요 및 과세표준

(1) **청산소득의 개요**

① 청산소득은 법인 설립시부터 해산으로 소멸하는 시점까지의 법인의 소득 중 각사업연도의 소득으로 과세되지 않은 소득을 청산소득으로 과세하는 것으로, 청산소득은 주로 자산의 가치상승분이나 각사업연도소득에서 누락된 금액 등이 이에 해당한다.

② 납세의무자
  ㉠ 청산소득에 대한 법인세 납세의무자는 해산(합병·분할에 의한 해산은 제외)으로 소멸하는 영리내국법인이다.
  ㉡ 비영리내국법인과 외국법인은 청산소득에 대한 납세의무를 지지 아니한다.

③ 조직변경에 대한 비과세
  내국법인이 다음 중 어느 하나에 해당하면 청산소득에 대한 법인세를 과세하지 않는다.
  ㉠ 「상법」에 따라 조직변경하는 경우
  ㉡ 특별법에 따라 설립된 법인이 그 특별법의 개정이나 폐지로 인하여 「상법」에 따른 회사로 조직변경하는 경우
  ㉢ 「변호사법」에 따라 법무법인이 법무법인(유한)으로 조직변경하는 경우, 「관세사법」에 따라 관세사법인이 관세법인으로 조직변경하는 경우, 「변리사법」에 따라 특허법인이 특허법인(유한)으로 조직변경하는 경우
  ㉣ 「협동조합 기본법」에 따라 법인 등이 협동조합으로 조직변경하는 경우, 「지방공기업법」에 따라 지방공사가 지방공단으로 조직변경하거나 지방공단이 지방공사로 조직변경하는 경우

(2) **과세표준**

내국법인의 청산소득에 대한 법인세의 과세표준은 다음과 같이 계산한 청산소득금액으로 한다.

> 과세표준 = 잔여재산가액 − 해산등기일 현재의 자기자본총액

① 잔여재산가액

> 잔여재산가액 = 자산총액 − 부채총액

  ㉠ 자산총액은 해산등기일 현재의 자산의 합계액을 말한다.
  ㉡ 이때, 추심할 채권과 환가처분할 자산은 추심 또는 환가처분한 날 현재의 금액으로 하며, 추심 또는 환가처분 전에 분배한 경우 그 분배한 날 현재의 시가에 의한다.

② 자기자본총액

> 자기자본총액 = 납입자본금 + 세무상잉여금 + 환급법인세액 − 이월결손금

  ㉠ 세무상잉여금은 회계상 잉여금에 유보를 가감한 금액이다. 청산소득 금액을 계산할 때 해산등기일 전 2년 이내에 자본금 또는 출자금에 전입한 잉여금이 있는 경우에는 해당 금액을 자본금 또는 출자금에 전입하지 아니한 것으로 보아 같은 항을 적용한다.
  ㉡ 내국법인의 해산에 의한 청산소득의 금액을 계산할 때 그 청산기간에 「국세기본법」에 따라 환급되는 법인세액이 있는 경우 이에 상당하는 금액은 그 법인의 해산등기일 현재의 자기자본의 총액에 가산한다.
  ㉢ 내국법인의 해산에 의한 청산소득 금액을 계산할 때 해산등기일 현재 그 내국법인에 대통령령으로 정하는 이월결손금이 있는 경우에는 그 이월결손금은 그날 현재의 그 법인의 자기자본의 총액에서 그에 상당하는 금액과 상계하여야 한다. 다만, 상계하는 이월결손금의 금액은 자기자본의 총액 중 잉여금의 금액을 초과하지 못하며, 초과하는 이월결손금이 있는 경우에는 그 이월결손금은 없는 것으로 본다.
  ㉣ 대통령령으로 정하는 이월결손금이란 이월결손금을 말한다. 다만, 자기자본의 총액에서 이미 상계되었거나 상계된 것으로 보는 이월결손금을 제외한다.

③ **청산기간 중에 생기는 소득의 처리**

청산기간 중에 생기는 소득은 청산소득에 포함하지 않고 해당 각 사업연도의 소득금액에 산입한다.

Ⅱ 청산소득의 적용세율 및 신고·납부

(1) 적용세율
청산소득에 대한 법인세의 세율은 각 사업연도의 소득에 대한 법인세의 세율과 동일하다.

(2) 신고·납부

① 확정신고·납부

구분	확정신고납부기한
㉠ 법인이 해산하는 경우	잔여재산가액확정일이 속하는 달의 말일부터 3개월 이내
㉡ 청산 중인 법인이 사업을 계속 영위하는 경우	계속등기일이 속하는 달의 말일부터 3개월 이내

㉠ 청산소득의 금액이 없는 경우에도 청산소득에 대한 확정신고는 하여야 한다.
㉡ 내국법인으로서 확정신고를 한 법인은 그 해산으로 인한 청산소득의 금액에 적용하여 계산한 세액에서 납부한 세액의 합계액을 공제한 금액을 법인세로서 신고기한까지 납세지 관할 세무서 등에 납부하여야 한다.

② 중간신고납부
다음에 해당하는 경우에는 그 정해진 날이 속하는 달의 말일부터 1개월 이내에 청산소득에 대한 법인세를 중간신고하고 납부하여야 한다(유동화 전문회사 등에 대한 소득공제 및 프로젝트금융투자회사에 대한 소득공제 대상법인은 제외).
㉠ 해산에 의한 잔여재산가액이 확정되기 전에 그 일부를 주주 등에게 분배한 경우: 그 분배한 날
㉡ 해산등기일부터 1년이 되는 날까지 잔여재산가액이 확정되지 아니한 경우: 그 1년이 되는 날

③ 기타 고려사항
㉠ 관할 세무서장은 청산소득에 대한 법인세의 미납세액이 있는 경우 납부기한이 지난 날부터 2개월 이내에 징수하여야 한다.
㉡ 청산소득에 대한 법인세를 징수할 때에는 「국세징수법」에 따른 가산금과 중가산금을 적용하지 아니한다.

제3절 연결납세제도

I 연결납세제도의 개요

(1) 연결납세제도의 의의

법인세의 과세방식은 개별납세방식으로 각 사업연도 소득에 대한 법인세는 각 법인별로 납세의무를 부담하는 것이 원칙이다. 다만, 개별납세방식은 자회사의 결손금이 같은 기업집단에 속한 다른 회사의 소득금액과 통산되지 않기 때문에 세제상 불리하며, 법적형식 보다는 경제적 실질을 우선시하는 회계상의 장부작성 방식과도 일치하지 않는 부분이 많았다. 또한, 많은 국가에서 기업집단을 하나의 과세단위로 하여 법인세를 과세하는 제도를 이미 시행하고 있기에 우리나라도 기업들이 선택하는 조직형태에 따라 조세의 중립성과 형평성을 높이고, 기업과세제도의 선진화를 통한 기업경영의 효율화를 위하여 2010년부터 연결납세제도를 도입하였다. 연결납세방식은 둘 이상의 법인을 하나의 과세단위로 보아 소득을 통산하여 법인세를 과세하는 방식이다.

(2) 연결납세방식의 용어

구분	내용
연결가능모법인	연결집단 중 다른 연결법인을 연결지배하는 연결법인
연결가능자법인	연결모법인의 연결지배를 받는 연결법인

① 연결법인은 연결납세방식을 적용받는 내국법인을 말하며, 외국법인은 제외한다.
② 연결지배란 내국법인이 다른 내국법인의 발행주식총수 또는 출자총액의 100분의 90 이상을 보유하고 있는 경우를 말한다. 이 경우 그 보유비율은 다음 각 목에서 정하는 바에 따라 계산한다.
  ㉠ 의결권 없는 주식 또는 출자지분을 포함할 것
  ㉡ 「상법」 또는 「자본시장과 금융투자업에 관한 법률」에 따라 보유하는 자기주식은 제외할 것
  ㉢ 「근로복지기본법」에 따른 우리사주조합을 통하여 근로자가 취득한 주식 및 그 밖에 대통령령으로 정하는 주식으로서 발행주식총수의 100분의 5 이내의 주식은 해당 법인이 보유한 것으로 볼 것
  ㉣ 다른 내국법인을 통하여 또 다른 내국법인의 주식 또는 출자지분을 간접적으로 보유하는 경우로서 대통령령으로 정하는 경우에는 대통령령으로 정하는 바에 따라 합산할 것
③ 연결모법인의 완전지배를 받는 연결가능자법인이 둘 이상인 때에는 해당 법인 모두가 연결납세방식을 적용한다.
④ 연결납세제도는 연결모법인의 납세지 관할지방국세청장의 승인이 필요하다.

기출 Check 10년 7급

32 「법인세법」상 주요 용어에 관한 설명으로 옳지 않은 것은?
① "연결납세방식"이란 둘 이상의 내·외국법인을 하나의 과세표준과 세액을 계산하는 단위로 하여 법인세를 신고·납부하는 방식을 말한다.

6 ①
해설 연결법인은 연결납세방식을 적용받는 내국법인을 말하며, 외국법인은 제외한다.

(3) 연결법인간의 납세의무

연결법인은 각 연결사업연도의 소득에 대한 법인세(각 연결법인의 토지 등 양도소득에 대한 법인세, 미환류소득에 대한 법인세 및 투자·상생협력 촉진을 위한 과세특례를 적용하여 계산한 법인세를 포함)를 **연대하여 납부할 의무가 있다.** 단, 법인의 청산과 관련한 청산소득에 대한 법인세는 개별로 납세한다.

Ⅱ 연결납세제도의 적용 및 취소

(1) 연결납세방식의 적용

① 연결지배관계의 의미

구분	내용
직접 보유	내국법인과 해당 내국법인이 90% 이상 지배(연결지배)하는 다른 내국법인

구분	내용
㉠ 발행주식총수	ⓐ 발행주식총수에는 의결권 없는 주식도 포함한다. ⓑ 자기주식 외의 주식을 전부 보유하는 경우 그 자기주식은 제외한다.
㉡ 제외되는 주식	완전지배여부의 판단시 다음의 주식으로서 발행주식총수의 5% 이내의 주식은 제외한다. ⓐ 우리사주조합이 보유한 주식 및 우리사주조합을 통하여 근로자가 취득한 주식 ⓑ 주식매수선택권의 행사에 따라 발행되거나 양도된 주식(주식매수선택권을 행사한 자가 제3자에게 양도한 주식을 포함)

구분	내용
간접 보유	내국법인과 해당 내국법인이 90% 이상 지배하는 자법인을 통해 간접적으로 90% 이상을 지배하는 경우도 포함한다. 간접보유비율 = (연결가능자법인에 대한 주식 또는 출자지분 보유비율) × (연결가능자법인이 다른 내국법인에 대한 주식 또는 출자지분 보유비율)

② 연결납세방식의 적용제외 법인

연결모법인 및 연결가능자법인 모두가 될 수 없는 법인	연결모법인이 될 수 없는 법인
㉠ 해산으로 청산 중인 법인 ㉡ 유동화전문회사 및 프로젝트금융투자회사에 대한 소득공제 대상 법인 ㉢ 성실납세방식을 적용하는 법인 ㉣ 동업기업과세특례를 적용하는 동업기업 ㉤ 해운기업에 대한 법인세 과세표준계산특례를 적용하는 법인	㉠ 비영리내국법인 ㉡ 다른 내국법인(비영리내국법인은 제외)으로부터 완전지배를 받는 법인

③ 연결사업연도 등
   ㉠ 연결납세방식을 적용받는 각 연결법인의 사업연도는 연결사업연도와 일치하여야 한다. 이 경우 연결사업연도의 기간은 1년을 초과하지 못하며, 연결사업연도의 변경에 관하여는 사업연도의 변경을 준용한다.
   ㉡ 연결법인의 사업연도가 법령 등에 규정되어 있어 연결사업연도와 일치시킬 수 없는 연결가능자법인으로서 다음의 요건을 갖춘 내국법인인 경우에는 연결사업연도를 해당 내국법인의 사업연도로 보아 연결납세방식을 적용할 수 있다.
      ⓐ 연결가능자법인이 금융투자업, 보험회사, 상호저축은행에 해당하는 경우로서 사업연도가 법령 등에 규정되어 있어 임의로 변경하는 것이 불가능할 것
      ⓑ 법령, 기업회계기준 등에 따라 연결사업연도 말에 분기별 또는 반기별 재무제표를 작성하여 감사인의 감사의견을 받을 것
   ㉢ **연결법인의 납세지는 연결모법인의 납세지로 한다.**
④ 연결납세방식의 적용신청 및 승인
   ㉠ 연결납세방식을 적용받으려는 내국법인과 해당 내국법인의 연결대상법인 등은 **최초의 연결사업연도 개시일부터 10일 이내**에 연결납세방식 적용 신청서를 해당 내국법인의 납세지 관할 세무서장을 경유하여 관할 지방국세청장에게 제출하여야 한다.
   ㉡ 연결납세방식을 신청하는 경우 연결사업연도를 함께 신고하여야 하며, 연결사업연도와 사업연도가 다른 연결대상법인 등은 사업연도의 변경을 신고한 것으로 본다.
   ㉢ 연결납세방식 적용 신청을 받은 관할 지방국세청장은 최초의 연결사업연도 개시일부터 2개월이 되는 날까지 승인 여부를 서면으로 통지하여야 하며, 그 날까지 통지하지 않은 경우 승인한 것으로 본다.

> 💡 **사업연도 중에 연결납세방식을 적용받는 경우**
> 내국법인이 사업연도 중에 연결납세방식을 적용받는 경우에는 그 사업연도 개시일부터 연결사업연도 개시일의 전 날까지의 기간을 1사업연도로 본다.

(2) 연결납세방식의 취소

구분	내용
① 취소사유	연결모법인의 납세지 관할 지방국세청장은 다음 중 어느 하나에 해당하는 경우에는 연결납세방식의 적용 승인을 취소할 수 있다. ㉠ 연결법인의 사업연도가 연결사업연도와 일치하지 않는 경우 ㉡ 연결모법인이 연결지배하지 않는 내국법인에 대하여 연결납세방식을 적용하는 경우 ㉢ 연결모법인의 연결가능자법인에 대하여 연결납세방식을 적용하지 않는 경우 ㉣ 추계결정·경정 사유와 동일한 사유로 인해 장부나 그 밖의 증명서류에 의해 연결법인의 소득금액을 계산할 수 없는 경우 ㉤ 연결법인에 수시부과사유가 있는 경우 ㉥ 연결모법인이 다른 내국법인(비영리내국법인은 제외)의 연결지배를 받는 경우
② 재적용제한	연결납세방식의 적용 승인이 취소된 연결법인은 **취소된 날이 속하는 사업연도와 그 다음 사업연도의 개시일부터 4년 이내에 끝나는 사업연도**까지는 연결납세방식의 적용 당시와 동일한 법인을 연결모법인으로 하여 연결납세방식을 적용받을 수 없다.
③ 5년 이내 승인 취소시 결손금 환원	의무적용기간(연결납세방식을 적용받은 연결사업연도와 그 다음 연결사업연도의 개시일부터 4년 이내에 끝나는 연결사업연도) 중에 승인이 취소된 경우 다음과 같이 승인이 취소된 사업연도의 익금 또는 손금에 각각 산입하여야 한다. ㉠ 연결사업연도 동안 다른 연결법인의 결손금과 합한 소득금액은 결손금을 공제받은 법인이 익금에 산입한다. ㉡ 연결사업연도 동안 다른 연결법인의 소득금액과 합한 결손금은 결손법인이 손금에 산입한다.

(3) 연결납세방식의 포기

구분	내용
① 포기기한	연결납세방식의 적용을 포기하려는 연결법인은 연결납세방식을 적용하지 않으려는 사업연도 개시일 전 3개월이 되는 날까지 연결모법인의 납세지 관할 지방 국세청장에게 신고하여야 한다.
② 포기제한	연결납세방식을 최초로 적용받은 연결사업연도와 그 다음 연결사업연도의 개시일부터 4년 이내에 끝나는 연결사업연도까지는 연결납세방식의 적용을 포기할 수 없다.
③ 포기 후 5년간 재적용 제한	적용을 포기한 연결법인은 연결납세방식이 적용되지 않는 최초사업연도 및 그 다음 사업연도의 개시일부터 4년 이내에 끝나는 사업연도까지는 동일한 연결모법인으로 연결납세방식 적용받을 수 없다.

(4) 연결자법인의 추가

① 내국법인이 자법인을 새로 90% 이상 지배(연결지배)하는 경우 90% 이상 지배(연결지배)가 성립된 날이 속하는 연결사업연도의 다음 연결사업연도부터 해당 내국법인은 연결납세방식을 적용하여야 한다.

② 법인의 설립등기일부터 연결모법인이 연결지배하는 내국법인은 **설립등기일이 속하는 사업연도부터 연결납세방식을 적용**하여야 한다.

(5) 연결자법인의 배제

구분	내용
① 배제대상	**내국법인이 자법인을 90% 이상 지배하지 않게 되거나 해산한 연결자법인은** 해당 사유가 발생한 날이 속하는 연결사업연도의 개시일부터 연결납세방식을 적용하지 아니한다. 다만, 연결자법인이 다른 연결법인에 흡수합병되어 해산하는 경우에는 해산등기일이 속하는 연결사업연도에 연결납세방식을 적용할 수 있다.
② 5년 이내 연결자법인 배제시 결손금 환원	의무적용기간 중에 연결자법인의 배제가 적용된 경우 다음과 같이 배제사유가 발생한 사업연도의 익금 또는 손금에 각각 산입하여야 한다(연결자법인이 파산함에 따라 해산하는 경우 또는 연결자법인이 다른 연결법인에 흡수합병되어 해산하는 경우는 제외). ⊙ 연결배제법인(연결납세방식을 적용하지 아니하게 된 개별법인)은 연결사업연도 동안 다른 연결법인의 결손금과 합한 소득금액은 익금에, 다른 연결법인의 소득금액과 합한 결손금은 손금에 산입한다. ⓒ 다른 연결법인은 연결사업연도 동안 연결배제법인의 결손금과 합한 소득금액은 익금에, 연결배제법인의 소득금액과 합한 결손금은 손금에 산입한다.

Ⅲ 과세표준의 계산

```
각 연결사업연도의 소득
- 이월결손금
- 각 연결법인의 비과세소득 합계액
- 각 연결법인의 소득공제액 합계액
= 과세표준
```

각 연결사업연도의 소득에 대한 과세표준은 각 연결사업연도 소득의 범위에서 다음 각 호에 따른 금액을 차례로 공제한 금액으로 한다. 다만, 금액에 대한 공제는 연결소득 개별귀속액의 100분의 80(중소기업과 회생계획을 이행 중인 기업 등 대통령령으로 정하는 연결법인의 경우는 100분의 100)을 한도로 한다.

(1) 연결사업연도의 결손금 이월공제

구분	내용
① 결손금	연결사업연도의 결손금은 처분손실 특례에 따라 연결사업연도의 소득금액을 계산할 때 손금에 산입하지 않는 처분손실과 각 연결사업연도의 소득이 0보다 적은 경우 해당 금액으로서 과세표준의 신고, 결정·경정 및 수정신고한 과세표준에 포함된 결손금을 말한다.
② 이월공제	각 연결사업연도의 개시일 전 15년(2019년 말 이전 개시 사업연도분은 10년) 이내에 개시한 연결사업연도의 결손금(연결법인의 연결납세방식의 적용 전에 발생한 결손금 포함)으로서 그 후의 각 연결사업연도의 과세표준을 계산할 때 공제되지 아니한 금액은 연결과세표준 계산시 각 연결사업연도의 소득에서 먼저 발생한 사업연도의 결손금부터 공제한다. 다만, 중소기업 및 특정법인을 제외한 연결법인의 이월결손금 공제의 범위는 연결개별소득귀속액의 60%로 한다.

(2) 결손금 이월공제의 한도

결손금을 이월공제하는 경우 다음의 결손금은 해당 금액을 한도로 공제한다.

구분	공제한도액
① 연결법인의 연결납세방식의 적용 전에 발생한 결손금	연결소득개별귀속액
② 연결모법인이 적격합병에 따라 피합병법인의 자산을 양도받는 경우 합병등기일 현재 피합병법인(합병등기일 현재 연결법인이 아닌 법인에 한정)의 공제대상 결손금	연결모법인의 연결소득개별귀속액 중 피합병법인으로부터 승계받은 사업에서 발생한 소득
③ 연결모법인이 적격분할합병에 따라 소멸한 분할법인의 자산을 양도받는 경우 분할등기일 현재 소멸한 분할법인의 공제대상 결손금 중 연결모법인이 승계받은 사업에 귀속하는 금액	연결모법인의 연결소득개별귀속액 중 소멸한 분할법인으로부터 승계받은 사업에서 발생한 소득

(3) 이월결손금의 승계

연결납세방식의 적용 승인이 취소된 경우 이월결손금 중 각 연결법인에 귀속하는 금액(해당 법인에서 발생한 결손금으로서 각 연결사업연도의 과세표준을 계산할 때 공제되지 아니한 금액)은 해당 연결법인의 개별 이월결손금으로 본다.

(4) 과세표준 개별귀속액

> 개별귀속액 = 해당 연결법인의 연결소득개별귀속액 − 해당 연결법인의 이월결손금
> − 해당 연결법인의 비과세소득·소득공제

해당 연결법인의 이월결손금은 각 연결사업연도의 과세표준 계산시 공제된 금액으로서 해당 연결법인의 연결소득개별귀속액에서 공제된 금액을 의미한다. 둘 이상의 연결법인의 연결소득개별귀속액에서 다른 연결법인의 결손금을 공제하는 경우에는 각 연결소득개별귀속액(해당 법인에서 발생한 결손금을 뺀 금액)의 크기에 비례하여 공제한다.

Ⅳ 총부담세액의 계산

연결과세표준
× 세율(일반세율과 동일)
= 연결산출세액
− 각 연결법인의 감면세액 합계액
+ 각 연결법인의 가산세 합계액
= 총부담세액

(1) 연결법인별 산출세액

> 연결법인별 산출세액 = 과세표준 개별귀속액 × 연결세율

① 연결법인에 토지 등 양도소득에 대한 법인세가 있는 경우 이를 가산한다.

② 연결세율 = $\dfrac{\text{연결산출세액(토지 등 양도소득에 대한 법인세 제외)}}{\text{연결사업연도 소득에 대한 과세표준}}$

(2) 각 연결법인의 감면세액

> 각 연결법인의 감면세액 = 감면소득(과세표준 개별귀속액 한도) × 연결세율

각 연결법인의 감면세액·세액공제액은 연결법인별 산출세액을 해당 법인의 산출세액으로 보아 「법인세법」 및 「조세특례제한법」에 따른 세액감면과 세액공제를 적용하여 계산한 금액으로 하며, 연결집단을 하나의 내국법인으로 보아 최저한세 규정을 적용한다.

Ⅴ 신고 및 납부

(1) 연결과세표준의 신고

① 연결모법인은 **각 연결사업연도의 종료일이 속하는 달의 말일부터 4개월 이내**에 해당 연결사업연도의 소득에 대한 법인세의 과세표준과 세액을 납세지 관할 세무서장에게 신고하여야 한다. 각 연결사업연도의 소득금액이 없거나 결손금이 있는 연결모법인의 경우에도 신고의무가 있다.

> **참고** 필수적 첨부서류
>
> 1. 연결소득금액 조정명세서
> 2. 연결집단의 연결대차대조표, 연결손익계산서
> 3. 기업회계기준을 준용하여 작성한 개별 내국법인의 재무상태표·포괄손익계산서 및 이익잉여금처분계산서(또는 결손금처리계산서), 세무조정계산서, 세무조정계산서 부속서류 및 현금흐름표
> ⊙ 필수적 첨부서류를 첨부하지 않은 경우 무신고로 본다.

② 「주식회사 등의 외부감사에 관한 법률」에 따라 감사인에 의한 감사를 받아야 하는 연결모법인 또는 연결자법인이 해당 사업연도의 감사가 종결되지 아니하여 결산이 확정되지 아니하였다는 사유로 신고기한의 연장을 신청한 경우에는 **그 신고기한을 1개월의 범위에서 연장할 수 있다.**

(2) 연결법인세액의 납부

구분	내용
① 자진납부	연결모법인은 연결법인세를 연결과세표준 신고기한까지 자진납부 하여야 한다.
② 연결자법인의 지급의무	연결자법인은 연결자법인별 납부세액을 연결법인세납부기한까지 연결모법인에게 지급하여야 한다.
③ 연대납세의무	연결법인은 연결법인세(토지 등 양도소득에 대한 법인세와 미환류소득에 대한 법인세 포함)에 대하여 연대납세의무가 있다.
④ 분납	연결법인세액도 일반 법인세의 규정을 준용하여 분납할 수 있다.

(3) 연결법인에 대한 중소기업 관련 규정의 적용

중소기업에 관한 규정은 연결집단을 하나의 내국법인으로 보아 중소기업에 해당하는 경우에만 적용한다.

신은미 세법개론

합격까지 박문각

PART
07

상속세 및 증여세법

Chapter 01 상속세
Chapter 02 증여세
Chapter 03 재산의 평가

CHAPTER 01 상속세

제1절 상속세 총론

I 상속세 개요

(1) 용어의 정의

구분	내용
① 상속	「민법」에 따른 상속을 말하며, 다음의 것을 포함한다. ㉠ 유증 ㉡ **사인증여**: 민법에 따른 증여자의 사망으로 인하여 효력이 생길 증여(상속개시일 전 10년 이내에 피상속인이 상속인에게 진 증여채무 및 상속개시일 전 5년 이내에 피상속인이 상속인이 아닌 자에게 진 증여채무의 이행 중에 증여자가 사망한 경우의 그 증여를 포함) ㉢ 특별연고자에 대한 상속재산의 분여 ㉣ **유언대용신탁**: 신탁계약에 의해 위탁자의 사망 시 수익자가 수익권을 취득하는 신탁 또는 위탁자의 사망 시 수익자가 신탁재산에 기한 급부를 받는 신탁 ㉤ **수익자연속신탁**: 수익자가 사망한 경우 그 수익자가 갖는 수익권이 소멸하고 타인이 새로 수익권을 취득하는 신탁
② 증여	그 행위 또는 거래의 명칭·형식·목적 등과 관계없이 직접 또는 간접적인 방법으로 타인에게 무상으로 유형·무형의 재산 또는 이익을 이전(현저히 낮은 대가를 받고 이전하는 경우를 포함한다)하거나 타인의 재산가치를 증가시키는 것을 말한다. 다만, 유증, 사인증여, 유언대용신탁 및 수익자연속신탁은 제외한다.
③ 상속 개시일	피상속인이 사망한 날을 말한다. 다만, 피상속인의 실종선고로 인하여 상속이 개시되는 경우에는 실종선고일을 말한다.
④ 상속인	「민법」에 따른 상속인을 말하며, 「민법」에 따라 상속을 포기한 사람 및 특별연고자를 포함한다.
⑤ 수유자	다음에 해당하는 자를 말한다. ㉠ 유증을 받은 자 ㉡ 사인증여에 의하여 재산을 취득한 자 ㉢ 유언대용신탁 및 수익자연속신탁에 의하여 신탁의 수익권을 취득한 자
⑥ 거주자	국내에 주소를 두거나 183일 이상 거소를 둔 사람을 말한다.
⑦ 비거주자	거주자가 아닌 사람을 말한다.
⑧ 수증자	증여재산을 받은 거주자(본점이나 주된 사무소의 소재지가 국내에 있는 비영리법인을 포함) 또는 비거주자(본점이나 주된 사무소의 소재지가 외국에 있는 비영리법인을 포함)를 말한다.
⑨ 특수관계인	본인과 친족관계, 경제적 연관관계 또는 경영지배관계 등 법소정 관계에 있는 자를 말한다. 이 경우 본인도 특수관계인의 특수관계인으로 본다.

> **특별연고자**
> 민법에 따른 피상속인과 생계를 같이 하고 있던 자, 피상속인의 요양간호를 한 자 및 그 밖에 피상속인과 특별한 연고가 있던 자

(2) 무상취득자의 구분에 따른 과세체계

부의 무상취득자		법인세 또는 소득세	상속세 또는 증여세
법인	영리법인	법인세	–
	비영리법인	–	상속세 또는 증여세
개인	사업과 직접 관련된 경우	소득세	–
	사업과 무관한 경우	–	상속세 또는 증여세

(3) 상속세의 과세유형

구분	내용	공동상속의 경우
유산과세형	피상속인의 유산총액에 대해 과세	분할 전 유산총액에 누진세율 적용
취득과세형	각 상속인의 유산취득가액에 대해 과세	분할된 각 상속인의 유산취득가액에 각각 누진세율 적용

> 우리나라의 상속세는 유산과세형을 택하고 있다.

II 상속세의 과세대상과 납부의무자

(1) 상속재산

① 상속세는 **상속개시일**(피상속인이 사망한 날 또는 실종선고일을 말한다) 현재 **상속재산**에 대하여 상속세를 부과한다. **상속재산은 피상속인에게 귀속되는 모든 재산**을 말하며, 다음의 물건과 권리를 포함한다. 다만, 피상속인의 일신에 전속되는 것으로서 피상속인의 사망으로 인하여 소멸되는 것은 제외한다.
  ㉠ 금전으로 환산할 수 있는 경제적 가치가 있는 모든 물건
  ㉡ 재산적 가치가 있는 법률상 또는 사실상의 모든 권리
② 상속개시일 현재 인정상여 등과 같이 실질적으로 재산이 없는 경우에는 상속재산에 포함하지 아니하며 배당금, 무상주 수령권리 등 실질적으로 재산이 있는 경우에는 상속재산에 포함한다.

(2) 상속세의 과세대상

상속개시일 현재 다음의 구분에 따른 상속재산에 대하여 상속세를 부과한다.

구분	과세대상
피상속인이 거주자인 경우	모든 상속재산(무제한 납세의무)
피상속인이 비거주자인 경우	국내에 있는 모든 상속재산(제한 납세의무)

상속세의 과세대상은 상속인이 거주자 여부가 아니라 피상속인의 거주자 여부에 따라 달라진다.

(3) 상속세의 납부의무자

① 납부의무자 및 그 부담비율

상속인(특별연고자 중 영리법인은 제외) 또는 수유자(영리법인 제외)는 상속재산(상속재산에 가산하는 증여재산 중 상속인이나 수유자가 받은 증여재산 포함) 중 각자가 받았거나 받을 재산을 기준으로 정하는 비율에 따라 계산한 금액을 상속세로 납부할 의무가 있다.

$$\text{상속세 부담비율} = \frac{\text{상속인별 상속세 과세표준 상당액}}{\text{상속세 과세표준} - \text{가산한 증여재산중 상속인, 수유자가 아닌 자에게 증여한 재산에 대한 과세표준}}$$

② 특별연고자 또는 수유자가 영리법인인 경우

수유자(또는 특별연고자)가 영리법인인 경우에는 그 영리법인은 상속세 납부의무자에서 제외한다. 그런데 수유자(또는 특별연고자)가 영리법인인 경우로서 그 영리법인의 주주 또는 출자자 중 상속인과 그 직계비속이 있는 경우에는 다음과 같이 계산한 지분상당액의 상속세를 그 상속인 및 직계비속이 납부할 의무가 있다.

$$\text{지분상당액의 상속세} = (\text{영리법인에게 면제된 상속세} - \text{영리법인에게 과세된 법인세}) \times \text{상속인과 그 직계비속의 주식·출자지분의 비율}$$

㉠ 영리법인에게 면제된 상속세는 영리법인이 받았거나 받을 상속재산에 대한 상속세 상당액을 말한다.

㉡ 영리법인에게 과세된 법인세 = 영리법인이 과세받았거나 받을 상속재산가액 × 10%

③ 상속인·수유자의 연대납세의무

상속세는 상속인 또는 수유자 각자가 받았거나 받을 재산을 한도로 연대하여 납부할 의무를 진다. 각자가 받았거나 받을 재산이란 상속으로 인하여 얻은 자산(상속재산에 가산하는 증여재산가액 포함)의 총액에서 부채총액과 그 상속으로 인하여 부과되거나 납부할 상속세 및 상속재산에 가산한 증여재산에 대한 증여세를 공제한 가액을 말한다.

(4) 상속세의 과세관할

상속세는 피상속인의 주소지(주소지가 없거나 분명하지 아니한 경우에는 거소지)를 관할하는 세무서장(국세청장이 특히 중요하다고 인정하는 것에 대해서는 관할 지방국세청장)이 과세한다.

① 피상속인의 주소지 등이 국외인 경우에는 상속재산 소재지를 관할하는 세무서장 등이 과세한다.

② 상속재산이 둘 이상의 세무서장등의 관할구역에 있을 경우에는 주된 재산의 소재지를 관할하는 세무서장 등이 과세한다.

(5) 상속세의 계산구조

총상속재산가액
－ 공과금, 장례비용, 채무 등
＋ 증여재산 가산액
＝ 상속세 과세가액
－ 상속공제, 감정평가수수료공제
＝ 상속세 과세표준
× 세율(10% ~ 50% 5단계 초과누진세율)
＝ 상속세 산출세액
－ 징수유예세액, 세액공제액
＝ 신고납부세액
－ 연부연납·물납세액
＝ 자진납부세액

제2절 ✦ 상속세 과세가액

Ⅰ 총상속재산가액

(1) 상속재산의 범위

상속재산이란 피상속인에게 귀속되는 재산으로서 금전으로 환산할 수 있는 경제적 가치가 있는 모든 물건과 재산적 가치가 있는 법률상 또는 사실상의 모든 권리를 말한다.

> 총상속재산가액 ＝「민법」에 따른 상속재산 ＋ 유증재산 ＋ 사인증여재산 ＋ 의제상속재산

(2) 의제상속재산가액

본래의 상속재산은 아니지만 일정한 재산은 이를 상속재산으로 간주하여 상속세를 과세한다. 상속은 사망으로 재산이 무상으로 이전되는 것이기에 그 형식이 상속·유증 또는 사인증여가 아니더라도 이에 대하여 상속세를 과세함으로써 과세의 형평을 기하기 위함에 그 취지가 있다.

구분	의제상속재산
① 보험금	피상속인의 사망으로 인하여 받는 생명보험 또는 손해보험의 보험금으로서 피상속인이 보험계약자인 보험계약에 의하여 받는 것(보험계약자가 피상속인이 아닌 경우에도 피상속인이 실질적으로 보험료를 납부하였을 때에는 피상속인을 보험계약자로 보아 적용) 상속재산으로 보는 보험금＝ 보험금 × $\dfrac{\text{피상속인 부담한 보험료}}{\text{피상속인 사망시까지 납입된 보험료 총 합계액}}$

② 신탁재산	⊙ 피상속인이 신탁한 재산(「상속세 및 증여세법」상 신탁이익의 증여규정에 따라 수익자의 증여재산가액으로 하는 해당 신탁의 이익을 받을 권리의 가액은 제외)
	ⓒ 피상속인이 신탁으로 인하여 타인으로부터 신탁의 이익을 받을 권리를 소유하고 있는 경우에는 그 이익에 상당하는 가액
	ⓒ 수익자연속신탁의 수익자가 사망함으로써 타인이 새로 신탁의 수익권을 취득하는 경우 그 타인이 취득한 신탁의 이익을 받을 권리의 가액은 사망한 수익자의 상속재산에 포함
③ 퇴직금	퇴직금·퇴직수당·공로금·연금 또는 이와 유사한 것으로서 피상속인에게 지급될 것이 피상속인의 사망으로 인하여 지급되는 것

참고 상속재산에서 제외되는 퇴직금 등의 범위

다음의 어느 하나에 해당하는 것은 상속재산으로 보지 아니한다.
1. 「국민연금법」에 따라 지급되는 유족연금 또는 사망으로 인하여 지급되는 반환일시금
2. 「공무원연금법」 또는 「사립학교교직원 연금법」에 따라 지급되는 유족연금, 유족연금부가금, 유족연금일시금, 유족일시금 또는 유족보상금
3. 「군인연금법」에 따라 지급되는 유족연금, 유족연금부가금, 유족연금일시금, 유족일시금 또는 재해보상금
4. 「산업재해보상보험법」에 따라 지급되는 유족보상연금, 유족보상일시금, 유족특별급여 또는 진폐유족연금
5. 근로자의 업무상 사망으로 인하여 「근로기준법」 등을 준용하여 사업자가 그 근로자의 유족에게 지급하는 유족보상금 또는 재해보상금과 그 밖에 이와 유사한 것

(3) 상속의 추정(추정상속재산가액)

피상속인이 피상속인의 재산을 처분하였거나 채무를 부담한 경우로서 다음 중 어느 하나에 해당하는 경우에는 이를 상속인이 상속받은 것으로 추정하여 상속세 과세과액에 산입한다.

구분	내용
① 재산처분	피상속인이 재산을 처분하여 받은 금액이나 피상속인의 재산에서 인출한 금액이 다음 중 어느 하나에 해당하는 경우로서 용도가 객관적으로 명백하지 않은 경우 ⊙ 상속개시일 전 1년 이내에 재산종류별로 계산하여 2억 원 이상인 경우 ⓒ 상속개시일 전 2년 이내에 재산종류별로 계산하여 5억 원 이상인 경우
② 채무부담	피상속인이 부담한 채무를 합친 금액이 다음 중 어느 하나에 해당하는 경우로서 용도가 객관적으로 명백하지 않은 경우 ⊙ 상속개시일 전 1년 이내에 2억 원 이상인 경우 ⓒ 상속개시일 전 2년 이내에 5억 원 이상인 경우

① 재산종류별
   ⊙ 현금·예금 및 유가증권
   ⓒ 부동산 및 부동산에 관한 권리
   ⓒ 그 외의 재산
② 용도가 객관적으로 명백하지 않은 경우
   다음 중 어느 하나에 해당하는 경우이다.
   ⊙ 거래상대방(피상속인이 재산을 처분하거나 채무를 부담하고 받은 금전 등을 지출한 거래상대방을 말한다)이 거래증빙의 불비 등으로 확인되지 않는 경우
   ⓒ 거래상대방이 금전 등의 수수사실을 부인하거나 거래상대방의 재산상태 등으로 보아 금전 등의 수수사실이 인정되지 않는 경우

기출 Check 21년 9급

01 「상속세 및 증여세법」상 상속재산에 대한 설명으로 옳지 않은 것은?
① 「국민연금법」에 따라 지급되는 유족연금은 상속재산으로 본다.
② 피상속인이 신탁으로 인하여 타인으로부터 신탁의 이익을 받을 권리를 소유하고 있는 경우에는 그 이익에 상당하는 가액을 상속재산에 포함한다.
③ 피상속인의 사망으로 인하여 받는 생명보험의 보험금으로서 피상속인이 보험계약자인 보험계약에 의하여 받는 것은 상속재산으로 본다.
④ 수익자연속신탁의 수익자가 사망함으로써 타인이 새로 신탁의 수익권을 취득하는 경우 그 타인이 취득한 신탁의 이익을 받을 권리의 가액은 사망한 수익자의 상속재산에 포함한다.

답 ①
해설 「국민연금법」에 따라 지급되는 유족연금 또는 사망으로 인하여 지급되는 반환일시금은 상속재산으로 보지 아니한다.

ⓒ 거래상대방이 피상속인과 특수관계인인 자로서 사회통념상 지출사실이 인정되지 않는 경우
ⓔ 피상속인이 재산을 처분하거나 채무를 부담하고 받은 금전 등으로 취득한 다른 재산이 확인되지 않는 경우
ⓜ 피상속인의 연령·직업·경력·소득 및 재산상태 등으로 보아 지출사실이 인정되지 않는 경우

③ 상속세 과세가액에 산입할 금액

> 추정상속재산가액 = 재산처분액·채무부담액 − 용도가 입증된 금액 − MIN[재산처분액·채무부담액 × 20%, 2억 원]

용도가 불분명한 금액이 다음의 기준금액에 미달하는 경우에는 용도가 객관적으로 명백하지 않은 것으로 추정하지 않으며, 기준금액 이상인 경우에는 그 기준금액을 차감한 금액만을 용도가 객관적으로 명백하지 않은 것으로 추정한다.

Ⅱ 상속세 비과세

(1) 전사자 등에 대한 상속세 비과세

전쟁 또는 전쟁에 준하는 공무의 수행 중 사망하거나 해당 전쟁 또는 공무의 수행 중 입은 부상 또는 그로 인한 질병으로 사망하여 상속이 개시되는 경우에는 상속세를 부과하지 아니한다.

(2) 기타 비과세되는 상속재산

① 국가·지방자치단체·공공단체에 유증(사인증여 포함)을 한 재산
② 상속재산 중 상속인이 상속세 과세표준신고기한 내에 국가·지방자치단체 또는 공공단체에 증여한 재산
③ 국가지정문화재 및 시·도지정문화재와 당해 문화재(또는 문화재자료)가 속해있는 보호구역 안의 토지
④ 정당에 유증 등을 한 재산
⑤ 사내근로복지기금·우리사주조합·공동근로복지기금 및 근로복지진흥기금에 유증 등을 한 재산
⑥ 사회통념상 인정되는 이재구호금품, 치료비, 불우한 자를 돕기 위하여 유증 등을 한 재산
⑦ 제사를 주재하는 상속인(다수의 상속인이 공동으로 제사를 주재하는 경우에는 그 공동으로 주재하는 상속인 전체를 말한다)을 기준으로 다음에 해당하는 재산(㉠와 ㉡의 재산가액의 합계액이 2억 원을 초과하는 경우에는 2억 원을 한도로 하고, ㉢의 재산가액의 합계액이 1천만 원을 초과하는 경우에는 1천만 원을 한도로 한다)
  ㉠ 분묘에 속한 9,900m² 이내의 금양임야
  ㉡ 분묘에 속한 1,980m² 이내의 묘토인 농지
  ㉢ 족보와 제구

Ⅲ 상속세 과세가액 불산입

(1) 공익법인 등의 출연재산에 대한 과세가액불산입

상속재산 중 피상속인 또는 상속인이 공익법인 등(종교·자선·학술 기타 공익을 목적으로 하는 사업을 영위하는 자를 말한다)에 출연한 재산의 가액은 상속세 과세표준신고기한 이내에 출연한 경우에 한하여 상속세과세가액에 산입하지 아니한다.

(2) 공익신탁재산에 대한 과세가액불산입

상속재산 중 피상속인 또는 상속인이 공익신탁(종교·자선·학술 기타 공익을 목적으로 하는 신탁을 말한다)을 통하여 공익법인 등에 출연하는 재산의 가액은 상속세과세가액에 산입하지 아니한다.

Ⅳ 공과금·장례비용 및 채무

상속세 과세가액은 다음의 금액을 차감하여 계산한다. 단, 과세가액공제액이 상속재산의 가액을 초과하는 경우 그 초과액은 없는 것으로 본다.

(1) 공과금

상속개시일 현재 피상속인이 납부할 의무가 있는 것으로서 상속인에게 승계된 조세, 공공요금 및 「국세기본법」에 따른 공과금(공공요금에 해당하는 것은 제외)을 말한다. 공과금에는 피상속인 귀책사유는 포함하나 상속인 귀책사유는 제외한다.

(2) 장례비 - ① + ②

① 피상속인의 사망일부터 장례일까지 직접 소요된 금액
500만 원 미만인 경우 500만 원으로 하고, 1천만 원을 초과하는 경우 1천만 원으로 한다.

② 봉안시설, 자연장지의 사용에 소요된 금액
최대 500만 원(단, 비거주자의 사망시에는 장례비 공제는 불가하다)

(3) 채무

상속개시 당시 피상속인의 채무로서 명칭 여하에 불구하고 피상속인이 부담하여야 할 확정된 채무로서 공과금 이외의 모든 부채(보증채무, 연대채무, 증여채무 포함)로서 입증된 것을 말한다.

> **참고** 공제하지 않는 채무
>
> 다음의 채무는 채무로서 공제하지 아니한다.
> 1. 상속개시일 전 10년 이내에 피상속인이 상속인에게 진 증여채무
> 2. 상속개시일 전 5년 이내에 피상속인이 상속인 이외의 자에게 진 증여채무
> 3. 피상속인이 국가·지방자치단체·금융회사 등이 아닌 자에 대하여 부담한 채무로서 상속인이 변제할 의무가 없는 것으로 추정되는 경우

V 증여재산 가산액

(1) 합산대상 증여재산

피상속인이 다음의 합산기간 이내에 증여한 재산가액(증여세가 비과세되는 증여재산, 증여세 과세가액불산입 증여재산 및 합산배제증여재산의 가액은 합산 대상에서 제외)은 상속재산가액에 가산하되, 비거주자의 사망으로 인하여 상속이 개시되는 경우에는 국내에 있는 재산을 증여한 경우에만 가산한다.

구분	합산대상 증여재산
피상속인이 상속인에게 증여한 재산	상속개시일 전 10년 이내에 증여한 재산
피상속인이 상속인 외의 자에게 증여한 재산	상속개시일 전 5년 이내에 증여한 재산

(2) 합산대상 증여재산의 평가 및 증여세액공제

① 평가

상속재산에 합산하는 증여재산가액은 상속개시일 현재의 가액이 아니라 **증여일 현재의 가액**으로 한다.

② 증여세액공제

합산되는 증여재산에 대한 증여세액은 상속세 산출세액에서 공제한다.

제3절 상속세 과세표준의 계산

I 인적공제

(1) 기초공제

거주자 또는 비거주자의 사망으로 상속이 개시되는 경우에는 상속세 과세가액에서 **2억원**을 공제한다. 비거주자의 사망으로 인해 상속이 개시되는 경우에는 기초공제만을 적용한다.

(2) 배우자상속공제

① 배우자상속공제의 개요: 거주자의 사망으로 상속이 개시되어 배우자가 실제 상속받은 금액의 경우 다음의 금액을 한도로 상속세 과세가액에서 공제한다.

> 배우자상속공제 = MIN[㉠, ㉡]
> ㉠ 배우자가 실제 상속받은 금액
> ㉡ 한도: MIN[ⓐ, ⓑ]
>   ⓐ 상속재산가액 × 배우자의 법정상속분 − 상속재산에 합산한 증여재산가액 중 배우자에게 증여한 재산에 대한 증여세 과세표준
>   ⓑ 30억 원

㉠ 총상속재산가액이란 민법에 따른 상속재산가액, 유증·사인증여재산가액, 의제(추정)상속재산가액의 합계액을 말한다. 증여재산 가산액은 포함하지 않으나 비과세재산가액과 과세가액불산입은 포함되어 있다.

기출 Check 17년 7급

02 「상속세 및 증여세법」상 거주자인 피상속인의 사망으로 상속이 개시되는 경우 상속재산에 대한 설명으로 옳지 않은 것은?

① 피상속인의 사망으로 인하여 받는 생명보험 또는 손해보험의 보험금으로서 피상속인이 보험계약자인 보험계약(피상속인이 사망시까지 보험료 전액을 납입함)에 의하여 받는 것은 상속재산으로 본다.
② 피상속인이 신탁으로 인하여 타인으로부터 신탁의 이익을 받을 권리를 소유하고 있는 경우에는 그 이익에 상당하는 가액을 상속재산에 포함한다.
③ 상속개시일 전 8년 전에 피상속인이 상속인에게 증여한 재산가액은 상속개시 당시의 시가로 평가하여 상속재산에 가산한다.
④ 「공무원연금법」 또는 「사립학교직원 연금법」에 따라 지급되는 유족연금, 유족연금부가금, 유족연금일시금, 유족일시금 또는 유족보상금은 상속재산으로 보지 아니한다.

답 ③

해설 상속개시일 전 8년 전에 피상속인이 상속인에게 증여한 재산가액은 증여일 현재의 가액으로 상속재산에 가산한다.

| 기출 Check | 24년 9급 |

03 「상속세 및 증여세법」상 거주자의 사망으로 상속이 개시된 경우 상속세 과세표준에 대한 설명으로 옳지 않은 것은? (단, 공제 적용의 한도와 피상속인의 배우자가 단독으로 상속받는 경우는 고려하지 아니한다)
① 「상속세 및 증여세법」 제67조 또는 「국세기본법」 제45조의3에 따른 신고가 없는 경우에는 상속세 과세가액에서 5억 원을 공제한다.
② 「정당법」에 따른 정당에 유증(遺贈)등을 한 재산에 대해서는 상속세를 부과하지 아니한다.
③ 상속세의 과세표준이 50만 원 미만이면 상속세를 부과하지 아니한다.
④ 상속개시일 전 10년 이내에 피상속인이 상속인에게 진 증여채무는 상속재산의 가액에서 뺀다.

6 ④
해설 상속세 과세가액은 공과금, 장례비, 채무를 차감하여 계산한다. 채무는 상속개시 당시 피상속인의 채무로서 명칭 여하에 불구하고 피상속인이 부담하여야 할 확정된 채무로서 공과금 이외의 모든 부채(보증채무, 연대채무, 증여채무 포함)로서 입증된 것을 말한다. 단, 다음의 채무는 채무로서 공제하지 아니한다.
1. 상속개시일 전 10년 이내에 피상속인이 상속인에게 진 증여채무
2. 상속개시일 전 5년 이내에 피상속인이 상속인 이외의 자에게 진 증여채무
3. 피상속인이 국가·지방자치단체·금융회사 등이 아닌 자에 대하여 부담한 채무로서 상속인이 변제할 의무가 없는 것으로 추정되는 경우

ⓒ 배우자 법정상속분은 「민법」에서 규정된 배우자 법정상속분을 말하되, 공동상속인 중 상속을 포기한 사람이 있는 경우에는 그 사람이 포기하지 아니한 경우의 배우자 법정상속분을 말한다.

② 배우자상속공제의 최저한
배우자가 실제로 상속받은 금액이 없거나 5억 원 미만이면(배우자상속공제의 한도액이 없거나 5억 원 미만인 경우 포함) 상속세의 신고 여부에 관계없이 위의 규정에도 불구하고 5억 원을 공제한다.

참고 배우자상속재산의 분할과 신고

1. **배우자상속재산의 분할과 신고**: 배우자상속공제는 상속세 과세표준 신고기한의 다음날부터 **9개월이 되는 날**(배우자상속재산분할기한)까지 배우자의 상속재산을 분할(등기·등록·명의개서 등이 필요한 경우에는 그 등기·등록·명의개서 등이 된 것에 한정한다)한 경우에 적용한다. 이 경우 상속인은 상속재산의 분할사실을 배우자상속재산분할기한까지 납세지 관할세무서장에게 신고하여야 한다.
2. **배우자상속재산분할기한의 연장**: 다음의 부득이한 사유로 배우자상속재산분할기한까지 배우자의 상속재산을 분할할 수 없는 경우로서 배우자상속재산분할기한(부득이한 사유가 소의 제기나 심판청구로 인한 경우에는 소송 또는 심판청구가 종료된 날)의 다음날부터 6개월이 되는 날(배우자상속재산분할기한의 다음날부터 6개월을 경과하여 과세표준과 세액의 결정이 있는 경우에는 그 결정일)까지 상속재산을 분할하여 신고하는 경우에는 배우자상속재산분할기한 이내에 분할한 것으로 본다. 다만, 상속인이 그 부득이한 사유를 배우자상속재산분할기한까지 납세지 관할세무서장에게 신고하는 경우에 한정한다.
   ① 상속인 등이 상속재산에 대하여 상속회복청구의 소를 제기하거나 상속재산분할의 심판을 청구한 경우
   ② 상속인이 확정되지 아니하는 부득이한 사유 등으로 배우자상속분을 분할하지 못하는 사실을 관할 세무서장이 인정하는 경우

(3) 기타 인적공제

자녀공제 및 미성년자공제 대상에 태아도 포함한다.

구분	공제대상자	공제액(1인당)
① 자녀공제	자녀	5천만 원
② 연로자공제	상속인 및 동거가족 중 65세 이상인 자(배우자 제외)	5천만 원
③ 미성년자공제	상속인 및 동거가족 중 미성년자(배우자 제외)	1천만 원 × 19세에 달하기까지의 연수
④ 장애인공제	상속인 및 동거가족 중 장애인	1천만 원 × 기대여명의 연수

① 동거가족은 상속개시일 현재 피상속인이 사실상 부양하고 있는 직계존비속(배우자의 직계존속을 포함한다) 및 형제자매를 말한다. 자녀, 미성년자에 태아도 포함한다.
② 미성년자공제 및 장애인공제를 적용할 때 1년 미만의 기간은 1년으로 한다.
③ 기대여명이란 특정 연령대에 속한 사람이 앞으로 생존할 것으로 기대되는 평균 생존 연수를 말하는 것으로 상속개시일 현재 「통계법」에 따라 통계청장이 승인하여 고시하는 통계표에 따른 성별·연령별 기대여명의 연수로 한다.

(4) 기타 인적공제 특징

① **중복적용의 배제**: 기타 인적공제는 중복하여 적용될 수 없다. 다만, 다음의 경우에는 각각 그 금액을 합산하여 공제한다.
   ㉠ 자녀공제에 해당하는 자가 미성년자공제에도 해당하는 경우

ⓒ 장애인공제에 해당하는 자가 다른 기타 인적공제 또는 배우자상속공제에도 해당하는 경우

② 일괄공제

거주자의 사망으로 상속이 개시되는 경우에 상속인 또는 수유자는 기초공제와 기타 인적공제의 합계액과 5억 원 중 큰 금액으로 공제할 수 있다. 다만, 다음의 경우에는 예외로 한다.

㉠ 과세표준신고 또는 기한 후 신고가 없는 경우: 5억 원 공제

㉡ 피상속인의 배우자가 단독으로 상속받는 경우: 기초공제와 배우자상속공제만 적용 피상속인의 배우자가 단독으로 상속받는 경우라 함은 상속인이 그 배우자 단독인 경우를 의미하며 상속포기, 유증 등으로 배우자가 단독으로 상속받는 경우에는 일괄공제가 적용된다.

II 물적공제

(1) 가업상속공제와 영농상속공제

거주자의 사망으로 상속이 개시되는 경우로서 다음 중 어느 하나에 해당하는 경우에는 다음의 구분에 따른 금액을 상속세 과세가액에서 공제한다. 다만, 동일한 상속재산에 대해 가업상속공제와 영농상속공제를 동시에 적용하지 않는다.

구분	내용
① 가업상속	가업상속공제액 = MIN[㉠, ㉡] ㉠ 가업상속 재산가액에 상당하는 금액 ㉡ 한도 　ⓐ 피상속인이 10년 이상 20년 미만 계속하여 경영한 경우: 300억 원 　ⓑ 피상속인이 20년 이상 30년 미만 계속하여 경영한 경우: 400억 원 　ⓒ 피상속인이 30년 이상 계속하여 경영한 경우: 600억 원
② 영농상속	영농상속공제액 = MIN[영농상속재산가액, 한도액 20억 원]

① 가업상속의 범위

가업상속이란 중소기업 또는 중견기업(상속이 개시되는 소득세 과세기간 또는 법인세 사업연도의 직전 3개 소득세 과세기간 또는 법인세 사업연도의 매출액의 평균금액이 4천억 원 이상인 기업은 제외)으로서 피상속인이 10년 이상 계속하여 경영한 기업을 말한다.

② 가업상속의 적용요건

구분	적용요건
피상속인	㉠ 중소기업 또는 중견기업의 최대주주 또는 최대출자자인 경우로서 피상속인과 그의 특수관계인의 주식 등을 합하여 해당 기업의 발행주식총수의 40%(거래소에 상장되어 있는 법인은 20%) 이상을 10년 이상 계속하여 보유할 것 ㉡ 피상속인이 가업의 영위기간 중 다음의 어느 하나에 해당하는 기간을 대표이사(개인사업자인 경우 대표자)로 재직할 것 　ⓐ 50% 이상의 기간 　ⓑ 상속개시일부터 소급하여 10년 중 5년 이상의 기간 　ⓒ 10년 이상의 기간(상속인이 피상속인의 대표이사등의 직을 승계하여 승계한 날부터 상속개시일까지 계속 재직한 경우로 한정한다)

기출 Check  23년 9급

04 「상속세 및 증여세법」상 거주자의 사망으로 상속이 개시되는 경우 상속공제에 대한 설명으로 옳은 것만을 모두 고르면?

> ㄱ. 배우자가 실제 상속받은 금액이 없거나 상속받은 금액이 5억 원 미만이면 5억 원을 공제한다.
> ㄴ. 상속개시일 현재 상속재산가액 중 순금융재산의 가액이 2천만 원인 경우에는 2천만 원을 상속세 과세가액에서 공제한다.
> ㄷ. 상속인(배우자는 제외한다) 및 동거가족 중 미성년자에 대해서는 2천만 원에 19세가 될 때까지의 연수를 곱하여 계산한 금액을 상속세 과세가액에서 공제한다.
> ㄹ. 법령의 요건을 모두 갖춘 경우에는 상속주택가액의 100분의 100에 상당하는 금액을 상속세 과세가액에서 공제하되, 그 공제할 금액은 5억 원을 한도로 한다.

① ㄱ　　② ㄱ, ㄴ
③ ㄷ, ㄹ　④ ㄴ, ㄷ, ㄹ

6 ②

해설 ㄷ. 상속인(배우자는 제외한다) 및 동거가족 중 미성년자에 대해서는 1천만 원에 19세가 될 때까지의 연수를 곱하여 계산한 금액을 상속세 과세가액에서 공제한다.
ㄹ. 법령의 요건을 모두 갖춘 경우에는 상속주택가액의 100분의 100에 상당하는 금액을 상속세 과세가액에서 공제하되, 그 공제할 금액은 6억 원을 한도로 한다.

상속인	상속인이 다음의 모든 경우에 해당하여야 한다. 이 경우 그 상속인의 배우자가 다음의 요건을 모두 갖춘 경우에는 상속인이 그 요건을 갖춘 것으로 본다. ㉠ 상속개시일 현재 18세 이상일 것 ㉡ 상속개시일 전에 2년 이상 직접 가업에 종사하였을 것(피상속인이 65세 이전에 사망하거나 천재지변, 인재 등 부득이한 사유로 사망하는 경우에는 제외) ㉢ 상속세과세표준 신고기한까지 임원으로 취임하고, 상속세 신고기한부터 2년 이내에 대표이사 등으로 취임할 것

③ 영농상속의 범위

영농은 한국표준산업분류에 따른 농업, 임업 및 어업을 주된 업종으로 영위하는 것을 말한다. 피상속인은 상속개시일 8년 전부터 계속하여 직접 영농(농업, 임업, 어업)에 종사하며, 농지·초지·산림지가 소재하는 시·군·구 또는 해당 농지 등으로부터 30km 이내에 거주하여야 한다. 공제한도는 30억이며, 피상속인 또는 상속인이 탈세, 회계 부정으로 징역형, 벌금형을 받은 경우 영농상속공제를 배제한다.

(2) 금융재산상속공제

거주자의 사망으로 상속이 개시되는 경우로서 상속개시일 현재 상속재산가액 중 순금융재산의 가액(금융재산의 가액에서 금융채무의 가액을 뺀 가액)이 있는 경우에는 다음의 금액을 상속세 과세가액에서 공제하되, 그 금액이 2억 원을 초과하면 2억 원을 공제한다.

순금융재산가액	공제액
2천만 원 이하인 경우	순금융재산가액 전액
2천만 원 초과 1억 원 이하	2천만 원
1억 원 초과	MIN[순금융재산가액 × 20%, 2억 원]

금융재산에는 최대주주(또는 최대출자자)가 보유하고 있는 주식(또는 출자지분)과 상속세 과세표준 신고기한까지 신고하지 않은 타인 명의의 금융재산은 제외한다.

(3) 재해손실공제

거주자의 사망으로 상속이 개시되는 경우로서 상속세 신고기한 이내에 화재, 붕괴, 폭발, 환경오염사고 및 자연재해 등으로 인하여 상속재산이 멸실, 훼손된 경우에는 그 손실가액을 상속세과세가액에서 공제한다. 보험금 수령이나 구상권 등의 행사에 의해 손실된 재산가액을 보전받을 수 있는 경우에는 이를 제외한다.

(4) 동거주택상속공제

거주자의 사망으로 상속이 개시되는 경우로서 다음의 요건을 모두 갖춘 경우에는 동거주택 상속공제를 적용한다.

> 동거주택 상속공제 = MIN[①, ②]
> ① (상속주택가액 − 상속개시일 현재 주택에 담보된 피상속인의 채무) × 100%
> ② 한도: 6억 원

피상속인과 상속인이 징집, 취학, 근무상의 형편, 질병의 요양, 이와 비슷한 사유로 동거하지 못한 경우에는 계속하여 동거한 것으로 보되, 그 동거하지 못한 기간은 동거 기간에 산입하지 않는다. 상속개시일 현재 피상속인이 일시적으로 2주택을 소유한 경우에는 상속개시일 현재 피상속인과 상속인이 동거하는 주택을 동거주택으로 본다.

> **참고** 동거주택의 범위
>
> 동거주택은 다음의 요건을 모두 갖춘 상속주택을 말한다.
> 1. 피상속인과 상속인(직계비속 및 대습상속으로 상속인이 된 그 직계비속의 배우자인 경우로 한정하며, 이하 같다)이 상속개시일부터 소급하여 **10년 이상**(상속인이 미성년자인 기간은 제외) 계속하여 하나의 주택에서 동거할 것
> 2. 피상속인과 상속인이 상속개시일부터 소급하여 **10년 이상 계속하여 1세대를 구성**하면서 1세대 1주택(고가주택 포함)에 해당할 것
>   ① 피상속인이 다른 주택을 취득(자기가 건설하여 취득한 경우를 포함)하여 일시적으로 2주택을 소유한 경우. 다만, 다른 주택을 취득한 날부터 2년 이내에 종전의 주택을 양도하고 이사하는 경우만 해당한다.
>   ② 상속인이 상속개시일 이전에 1주택을 소유한 자와 혼인한 경우. 다만, 혼인한 날부터 5년 이내에 상속인의 배우자가 소유한 주택을 양도한 경우만 해당한다.
>   ③ 피상속인이 「문화재보호법」에 따른 등록문화재에 해당하는 주택을 소유한 경우
>   ④ 피상속인이 이농주택, 귀농주택을 소유한 경우
>   ⑤ 피상속인 및 상속인이 피상속인의 사망 전에 발생된 상속으로 인하여 여러 사람이 공동으로 소유하는 주택을 소유한 경우. 다만, 피상속인 및 상속인이 해당 주택의 공동소유자 중 가장 큰 상속지분을 소유한 경우에는 그러하지 아니한다.
> 3. 상속개시일 현재 **무주택자이거나 피상속인과 공동으로 1세대 1주택을 보유한 자**로서 피상속인과 동거한 상속인이 상속받은 주택일 것

Ⅲ 상속공제의 종합한도

상속공제의 합계액은 다음의 금액을 한도로 한다.

> 상속공제 종합한도 = 상속세 과세가액 − 선순위 상속인이 아닌 자에게 유증, 사인증여한 재산가액 − 선순위 상속인의 상속포기로 그 다음 순위의 상속인이 상속받은 재산가액 − 증여재산가액 합산액(증여공제를 받은 경우에는 이를 차감한 가액)

⊙ 증여재산가액 합산액의 차감은 상속세 과세가액이 5억 원을 초과하는 경우에만 적용한다.

Ⅳ 감정평가수수료공제

상속세를 신고, 납부하기 위하여 상속재산을 평가하는데 소요되는 수수료로서 다음 중 어느 하나에 해당하는 금액은 이를 상속세 과세가액에서 공제한다. 단, 평가된 가액으로 상속세를 신고, 납부하는 경우에 한하여 감정평가수수료공제를 적용한다.

공제대상 수수료	한도액
(1) 감정평가업자의 평가에 따른 수수료(상속세 납부목적용으로 한정)	5백만 원
(2) 판매용이 아닌 서화, 골동품 등 예술적 가치가 있는 유형재산의 평가에 따른 수수료	5백만 원
(3) 평가심의위원회의 비상장주식 평가에 따른 수수료	평가대상 법인의 수 및 평가를 의뢰한 신용평가 전문기관의 수별로 각각 1천만 원

제4절 상속세 신고납부세액의 계산

상속세 과세표준	
× 세율	10% ~ 50% 5단계 초과누진세율
= 상속세 산출세액	세대생략상속에 대한 할증세액 가산
− 문화재등징수유예세액	문화재자료 및 박물관자료에 대한 징수유예
− 세액공제	증여세액공제, 외국납부세액공제, 단기재상속, 신고세액공제
= 신고납부세액	

I 상속세 산출세액

(1) 상속세 세율

과세표준	세율
1억 원 이하	과세표준의 10%
1억 원 초과 5억 원 이하	1천만 원 + 1억 원을 초과하는 금액의 20%
5억 원 초과 10억 원 이하	9천만 원 + 5억 원을 초과하는 금액의 30%
10억 원 초과 30억 원 이하	2억 4천만 원 + 10억 원을 초과하는 금액의 40%
30억 원 초과	10억 4천만 원 + 30억 원을 초과하는 금액의 50%

단, 과세표준이 50만 원 미만이면 상속세를 부과하지 아니한다.

(2) 세대를 건너뛴 상속에 대한 할증과세

상속인 또는 수유자가 피상속인의 자녀를 제외한 직계비속인 경우에는 상속재산산출세액에 다음의 금액을 가산한다. 다만, 대습상속의 경우에는 그러하지 아니한다.

$$할증과세액 = 상속세\ 산출세액 \times \frac{세대를\ 건너뛴\ 상속,\ 유증재산}{총\ 상속재산가액} \times 30\%(또는\ 40\%)$$

① 상속재산에 가산한 증여재산 중 상속인 또는 수유자가 받은 증여재산을 포함한다.
② 피상속인의 자녀를 제외한 직계비속이면서 미성년자에 해당하는 상속인 또는 수유자가 받았거나 받을 상속재산의 가액이 20억 원을 초과하는 경우에는 40%를 적용한다.

II 문화재자료 등에 대한 징수유예

(1) 상속세액의 징수유예

납세지 관할세무서장은 상속재산에 문화재자료(국가지정 문화재 및 시·도지정문화재 제외)또는 박물관자료(미술관자료 포함)가 포함되어 있는 경우에는 다음에 해당하는 상속세액의 징수를 유예한다.

$$징수유예세액 = 상속세\ 산출세액 \times \frac{문화재자료\ 및\ 박물관자료의\ 가액}{상속재산가액(증여재산합산액\ 포함)}$$

(2) 징수유예세액의 추징

다음 사유가 발생한 경우에는 즉시 그 징수를 유예한 상속세를 징수하여야 한다.
① 상속인 또는 수유자가 문화재자료 또는 박물관자료를 유상으로 양도한 경우
② 박물관 또는 미술관의 등록취소, 폐관, 문화관광부에 등록된 박물관자료 또는 미술관자료에서 제외 등의 사유로 박물관자료를 인출하는 경우

(3) 부과결정의 철회

징수유예의 기간 중에 문화재자료 또는 박물관자료를 소유하고 있는 상속인 또는 수유자의 사망으로 다시 상속이 개시되는 경우에는 그 징수유예한 상속세액의 부과결정을 철회하고 그 철회한 상속세액을 다시 부과하지 아니한다.

Ⅲ 증여세액공제

상속재산가액에 증여재산가액이 포함되어 있는 경우에는 이중과세를 조정하기 위하여 상속재산에 가산한 증여재산에 대한 증여세액(증여세 산출세액)을 상속세 산출세액에서 공제하며, 이에 대한 한도액은 다음과 같다.

증여재산의 수증자	한도액
(1) 상속인, 수유자인 경우	상속인 등 각자가 납부할 상속세산출세액 × $\dfrac{\text{상속인 등 각자의 증여재산에 대한 증여세 과세표준}}{\text{상속인 등 각자가 받았거나 받을 상속재산에 대한 상속세과세표준상당액}}$
	⊙ 각자가 납부할 상속세에서 증여세액을 공제한다.
(2) 그 외의 경우	상속세산출세액 × $\dfrac{\text{증여재산에 대한 증여세 과세표준}}{\text{상속세 과세표준}}$
	⊙ 상속세 산출세액에서 증여세액을 공제한다.

단, 상속세과세가액에 가산하는 증여재산에 대하여 제척기간의 만료로 인하여 증여세가 부과되지 않는 경우와 상속세 과세가액이 5억 원 이하인 경우에는 이러한 증여세액공제를 적용하지 않는다.

Ⅳ 외국납부세액공제

거주자의 사망으로 인해 상속세를 부과하는 경우에 외국에 있는 상속재산에 대하여 외국의 법령에 의하여 상속세를 부과받은 경우에는 다음의 금액을 상속세 산출세액에서 공제한다.

외국납부세액공제액 = MIN[①, ②]
① 외국에서 부과된 상속세액
② 한도액 = 상속세산출세액 × $\dfrac{\text{외국의 법령에 의한 상속세 과세표준}}{\text{상속세 과세표준}}$

V 단기재상속세액공제

상속개시후 10년 이내에 상속인 또는 수유자의 사망으로 다시 상속이 개시되는 경우에는 전의 상속세가 부과된 상속재산(상속재산에 가산하는 증여재산 중 상속인이나 수유자가 받은 증여재산 포함) 중 재상속되는 상속재산에 대한 전의 상속세 상당액을 상속세 산출세액에서 공제한다.

$$전의\ 상속세산출세액 \times \frac{재상속분의\ 재산가액 \times \frac{전의상속세과세가액}{전의상속세재산가액}}{전의상속세과세가액} \times 공제율$$

(1) 공제율

재상속기간	공제율	재상속기간	공제율
1년 이내	100%	6년 이내	50%
2년 이내	90%	7년 이내	40%
3년 이내	80%	8년 이내	30%
4년 이내	70%	9년 이내	20%
5년 이내	60%	10년 이내	10%

(2) 단기재상속세액공제액은 상속세 산출세액에서 증여세액공제액 및 외국납부세액공제액을 차감한 금액을 한도로 한다.

VI 신고세액공제

상속세 신고기한 이내에 과세표준신고를 한 경우에는 상속세산출세액에서 다음의 금액을 공제한다. **신고세액공제는 상속세의 세액을 납부하지 않은 경우에도 적용한다.**

신고세액공제 = (상속세산출세액(할증과세액 포함) − 문화재 등 징수유예세액 − 공제·감면세액) × 3%

제5절 상속세의 납세절차

I 상속세의 신고와 납부

(1) 상속세의 과세표준신고

상속세 납부의무가 있는 상속인 또는 수유자는 **상속개시일이 속하는 달의 말일부터 6월 (피상속인 또는 상속인이 외국에 주소를 둔 경우에는 9월)** 이내에 상속세의 과세가액 및 과세표준을 납세지 관할 세무서장에게 신고하여야 한다. 신고기한은 유언집행자 또는 상속재산관리인에 대해서 그들이 과세표준신고기한 이내에 지정되거나 선임되는 경우에 한정하며, 그 지정되거나 선임되는 날부터 계산한다.

(2) 상속세의 자진납부

① 상속세의 신고를 하는 자는 신고기한 이내에 산출세액에서 징수유예세액, 공제 또는 감면되는 세액, 연부연납 신청금액 및 물납 신청금액을 차감한 금액을 납세지 관할 세무서, 한국은행 또는 체신관서에 납부하여야 한다.

② 납부할 금액이 1천만 원을 초과하는 경우에는 다음의 금액을 납부기한 경과 후 2개월 이내에 분납할 수 있다. 다만, 연부연납을 허가받은 경우에는 그러하지 아니하다.

구분	분납할 수 있는 금액
납부할 세액이 2천만 원 이하인 경우	1천만 원을 초과하는 금액
납부할 세액이 2천만 원을 초과하는 경우	납부할 세액의 50% 이하의 금액

II 연부연납 및 물납

(1) 연부연납

① 납세지 관할 세무서장은 **상속세 납부세액이 2천만 원을 초과**하는 경우 납세의무자의 신청을 받아 연부연납을 허가할 수 있다. 이 경우 납세의무자는 담보를 제공하여야 하며, 「국세징수법」의 규정에 따른 납세담보 중 금전, 법 소정 유가증권, 납세보증보험증권 및 납세보증서를 제공하여 연부연납 허가를 신청하는 경우에는 그 신청일에 허가받은 것으로 본다.

② 연부연납의 기간은 다음의 구분에 따른 기간의 범위에서 해당 납세의무자가 신청한 기간으로 한다. 다만, 각 회분의 분납세액이 1천만 원을 초과하도록 연부연납기간을 정하여야 한다.

구분	연부연납기간
㉠ 일반적인 경우	연부연납 허가일부터 10년
㉡ 기업상속재산의 경우	
ⓐ 기업상속비율이 40% 이상인 경우	연부연납 허가일부터 20년 또는 10년 거치 후 10년
ⓑ 이외의 경우	연부연납 허가일부터 20년 또는 10년 거치 후 10년
㉢ 증여세의 경우	연부연납 허가일부터 5년

(2) 연부연납하는 경우의 납부금액 및 연부연납 가산금

① 각 회분으로 분할납부하여야 할 세액: $\dfrac{\text{연부연납대상금액}}{\text{연부연납기간}+1}$

② 연부연납의 허가를 받은 자는 연부연납 가산금을 분할납부 세액에 가산하여 납부해야 한다.

(3) 물납

납세지 관할 세무서장은 다음의 요건을 모두 갖춘 경우에는 납세의무자의 신청을 받아 물납을 허가할 수 있다. 다만, 물납을 신청한 재산의 관리·처분이 적당하지 아니하다고 인정되는 경우에는 물납허가를 하지 아니할 수 있다.

① 상속재산(상속재산에 가산하는 증여재산 중 상속인 및 수유자가 받은 증여재산 포함) 중 부동산과 유가증권(국내에 소재하는 부동산 등 물납에 충당할 수 있는 재산으로 한정)의 가액이 해당 상속재산가액의 1/2을 초과할 것
② 상속세 납부세액이 2천만 원을 초과할 것
③ 상속세 납부세액이 상속재산가액 중 금융재산의 가액(상속재산에 가산하는 증여재산액은 포함하지 아니함)을 초과할 것, 금융재산이란 금전과 금융회사 등이 취급하는 예금, 적금, 부금, 계금, 출자금, 특정금전신탁, 보험금, 공제금 및 어음을 말한다.

(4) 물납재산의 범위

물납에 충당할 수 있는 부동산 및 유가증권은 다음의 것으로 한다.
① 국내에 소재하는 부동산
② 국채, 공채, 주권 및 내국법인이 발행한 채권 또는 증권과 그 밖에 기획재정부령으로 정하는 유가증권. 다만, 다음의 어느 하나에 해당하는 유가증권은 제외한다.
   ㉠ 거래소에 상장된 것. 다만, 최초로 거래소에 상장되어 물납허가통지서 발송일 전일 현재 「자본시장과 금융투자업에 관한 법률」에 따라 처분이 제한된 경우에는 그러하지 아니하다.
   ㉡ 비상장주식. 다만, 상속의 경우로서 그 밖의 다른 상속재산이 없거나 국채 및 공채, 상장된 유가증권 및 국내에 소재하는 부동산의 상속재산으로 상속세 물납에 충당하더라도 부족하면 그러하지 아니하다.

(5) 물납에의 충당순위

물납에 충당하는 재산은 세무서장이 인정하는 정당한 사유가 없는 한 다음의 순서에 의하여 신청 또는 허가하여야 한다.

① 국채 및 공채
② 상장된 유가증권(①은 제외)
③ 국내에 소재하는 부동산(⑥은 제외)
④ 유가증권(①, ②, ⑤ 제외)
⑤ 비상장주식
⑥ 상속개시일 현재 상속인이 거주하는 주택 및 부수토지

물납에 충당할 부동산 및 유가증권의 수납가액은 원칙적으로 상속재산의 가액으로 한다.

기출 Check 19년 9급

05 상속세 및 증여세법령상 물납에 대한 설명으로 옳은 것은?

① 법령에 따라 물납에 충당하는 재산은 세무서장이 인정하는 정당한 사유가 없는 한 국내에 소재하는 부동산을 국채 및 공채보다 먼저 신청 및 허가하여야 한다.
② 세무서장은 법령에 의하여 물납신청을 받은 재산이 지상권·지역권·전세권·저당권 등 재산권이 설정되어 관리·처분상 부적당하다고 인정하는 경우에는 물납허가를 하지 아니할 수 있다.
③ 국외에 소재하는 부동산도 물납에 충당할 수 있다.
④ 재산을 분할하거나 재산의 분할을 전제로 하여 물납신청을 하는 경우에는 물납을 신청한 재산의 가액이 분할 전보다 감소되더라도 물납을 허가할 수 있다.

6 ②

해설 ① 법령에 따라 물납에 충당하는 재산은 세무서장이 인정하는 정당한 사유가 없는 한 국채 및 공채를 국내소재 부동산보다 먼저 신청 및 허가하여야 한다.
③ 국내에 소재하는 부동산만 물납에 충당할 수 있다.
④ 재산을 분할하거나 재산의 분할을 전제로 하여 물납신청을 하는 경우에는 물납을 신청한 재산의 가액이 분할 전보다 감소되는 경우 물납을 허가할 수 없다.

(6) 문화재 등에 대한 물납

① 다음의 요건을 모두 갖춘 납세의무자는 상속재산에 문화재 및 미술품(이하 "문화재 등")이 포함된 경우 관할세무서장에게 해당 문화재 등에 대한 물납을 신청할 수 있다. 단, 해당 규정은 2023년 1월 1일 이후 상속이 개시되는 경우부터 적용한다.
  ㉠ 상속세 납부세액이 2천만 원을 초과할 것
  ㉡ 상속세 납부세액이 상속재산가액 중 금융재산의 가액(상속재산에 가산하는 증여재산의 가액은 포함하지 않는다)을 초과할 것

② 문화재 등에 대한 물납신청이 있는 경우 관할세무서장은 해당 물납 신청 내역 등을 문화체육부장관에게 통보해야 한다. 문화체육관광부장관은 물납을 신청한 문화재 등이 역사적·학술적·예술적 가치가 있는 등 물납이 필요하다고 인정되는 경우 관할세무서장에게 해당 문화재 등에 대한 물납을 요청해야 한다. 관할세무서장은 해당 문화재 등이 국고 손실의 위험이 크지 않다고 인정되는 경우 물납을 허가한다.

Ⅲ 상속세의 결정과 경정

(1) 과세표준과 세액의 결정

납세지 관할세무서장(국세청장이 특히 중요하다고 인정하는 것에 대해서는 관할지방국세청장)은 **과세표준신고기한으로부터 9월 이내**에 상속세의 과세표준과 세액을 결정하여야 하며, 이를 상속인 또는 수유자에게 통지하여야 한다. 이 경우 상속인 또는 수유자가 2인 이상이면 그 상속인이나 수유자 모두에게 통지하여야 한다.

(2) 고액상속인에 대한 사후관리

세무서장 등은 결정된 **상속재산가액이 30억 원 이상**인 경우로서 상속개시일부터 **5년이내**에 상속인이 보유한 부동산·주식 등 주요 재산의 가액이 상속개시 당시에 비하여 현저히 증가한 경우에는 그 결정한 과세표준과 세액에 탈루 또는 오류가 있는지의 여부를 조사하여야 한다. 다만, 상속인이 그 증가한 재산에 관한 자금출처를 입증한 경우에는 그러하지 아니하다.

(3) 경정 등의 청구특례

상속세과세표준 및 세액을 신고한 자 또는 상속세과세표준 및 세액의 결정 또는 경정을 받은 자로서 다음 중 어느 하나에 해당하는 사유가 발생한 경우에는 **그 사유가 발생한 날부터 6월 이내에 결정 또는 경정을 청구할 수 있다.** 해당 규정은 「국세기본법」에 따른 후발적 사유로 인한 경정 등 청구기한(3개월 이내)에 대한 특례규정에 해당한다.

① 상속재산에 대한 상속회복청구소송 등의 사유로 인하여 상속개시일 현재 상속인간 상속재산가액의 변동이 있는 경우
② 상속개시 후 1년이 되는 날까지 상속재산의 수용 등 법 소정의 사유로 인하여 상속재산의 가액이 현저히 하락한 경우

CHAPTER 02 증여세

제1절 ✦ 증여세 총설

Ⅰ 증여세의 의의와 과세체계

(1) 증여세의 의의

증여세는 재산을 증여받은 자(이하 "수증자"라 한다)에 부과하는 조세다. 상속으로 상속재산이 무상으로 이전되는 것과 형평을 맞추기 위해 생전증여를 통한 상속세 회피를 방지하고자 상속세에 대한 보완세로 증여세를 과세한다.

(2) 증여세의 과세유형

상속세는 유산과세형을 채택하고 있으며, 증여세에 관해서는 취득과세형을 취하고 있다. 즉, 현행 증여세는 수증자가 증여받은 재산가액에 대하여 그 수증자에게 증여세를 부과한다.

(3) 증여세의 과세체계

구분	내용
① 증여자별·수증자별 과세	증여세는 타인의 증여(사인증여는 제외)에 따라 재산을 취득하는 자에게 부과하되, 원칙적으로 증여자별·수증자별로 과세가액을 계산하여 과세한다.
② 누적합산과세	해당 증여일 전 10년 이내에 동일인(증여자가 직계존속인 경우 그 직계존속의 배우자 포함)으로부터 받은 증여재산가액의 합계액(합산배제증여재산의 가액은 제외)이 1천만 원 이상인 경우에는 그 가액을 증여세 과세가액에 가산한다.

Ⅱ 증여세의 과세대상과 납부의무자

(1) 증여세의 과세대상

① 증여재산의 개념(완전포괄주의)

증여란 그 행위 또는 거래의 명칭·형식·목적 등과 관계없이 직접 또는 간접적인 방법으로 타인에게 무상으로 유형·무형의 재산 또는 이익을 이전하거나 타인의 재산가치를 증가시키는 것을 말한다. 증여재산은 다음과 같이 증여로 인하여 수증자에게 귀속되는 모든 재산 또는 이익을 말하며, 다음의 물건, 권리 및 이익을 포함한다.
㉠ 금전으로 환산할 수 있는 경제적 가치가 있는 모든 물건
㉡ 재산적 가치가 있는 법률상 또는 사실상의 모든 권리
㉢ 금전으로 환산할 수 있는 모든 경제적 이익

② 증여세 과세대상

수증자는 다음의 구분에 따른 증여재산에 대하여 증여세를 납부할 의무가 있다.

구분	과세대상자산의 범위
㉠ 수증자가 거주자(본점이나 주된 사무소의 소재지가 국내에 있는 비영리법인 포함)인 경우	증여세 과세대상이 되는 모든 증여재산(무제한 납세의무)
㉡ 수증자가 비거주자(본점이나 주된 사무소의 소재지가 외국에 있는 비영리법인 포함)인 경우	증여세 과세대상이 되는 국내에 있는 모든 증여재산

(2) 증여세의 납부의무자

구분	내용
① 본래의 납부의무자	수증자는 증여재산에 대하여 증여세를 납부할 의무가 있다. 다만, 명의신탁재산의 증여의제에 따라 재산을 증여한 것으로 보는 경우(명의자가 영리법인인 경우 포함)에는 실제소유자가 해당 재산에 대하여 증여세를 납부할 의무가 있다. 한편, 법인격이 없는 사단·재단 또는 그 밖의 단체는 「국세기본법」에 따라 법인으로 보는 단체에 해당하는 경우에는 비영리법인으로, 그 외의 경우에는 거주자(또는 비거주자)로 보아 「상속세 및 증여세법」을 적용한다.
② 영리법인의 주주	영리법인이 증여받은 재산 또는 이익에 대하여 「법인세법」에 따른 법인세가 부과되는 경우(법인세가 「법인세법」 또는 다른 법률에 따라 비과세되거나 감면되는 경우 포함) 해당 영리법인의 주주 등에 대해서는 증여세를 부과하지 않는다.
③ 연대납세의무	증여자는 다음 중 어느 하나에 해당하는 경우에는 수증자가 납부할 증여세를 연대하여 납부할 의무가 있다. ㉠ 수증자의 주소나 거소가 분명하지 않은 경우로서 증여세에 대한 조세채권을 확보하기 곤란한 경우 ㉡ 수증자가 증여세를 납부할 능력이 없다고 인정되는 경우로서 강제징수를 하여도 증여세에 대한 조세채권을 확보하기 곤란한 경우 ㉢ 수증자가 비거주자인 경우

참고 증여자가 연대납부의무를 지지 않는 경우

다음에 해당하는 경우에는 증여자는 수증자가 납부할 증여세에 대해서 연대하여 납부할 의무를 부담하지 아니한다.
1. 신탁이익의 증여, 보험금의 증여 외의 변칙적 거래에 따른 이익의 증여
2. 재산취득자금 및 채무상환자금의 증여추정
3. 특수관계법인과의 거래를 통한 이익의 증여, 특수관계법인으로부터 제공받은 사업기회로 발생한 이익의 증여의제, 특정법인과의 거래를 통한 이익의 증여의제
4. 공익법인 등의 출연받은 재산에 대해 사후관리에 따라 공익법인에게 증여세가 부과되는 경우로서 출연자가 해당 공익법인의 운영에 책임이 없는 경우

(3) 증여세의 과세관할

① 증여세는 **수증자의 주소지(주소지가 없거나 분명하지 아니한 경우에는 거소지)**를 관할하는 세무서장(국세청장이 특히 중요하다고 인정하는 것에 대해서는 관할 지방국세청장)이 과세한다.
② 단, 다음의 어느 하나에 해당하는 경우에는 증여자의 주소지를 관할하는 세무서장 등이 과세한다.
　㉠ 수증자가 비거주자인 경우
　㉡ 수증자의 주소 및 거소가 분명하지 아니한 경우
　㉢ 명의신탁재산 증여의제 규정에 따라 재산을 증여한 것으로 보는 경우
③ 다음의 어느 하나에 해당하는 경우에는 증여재산의 소재지를 관할하는 세무서장 등이 과세한다.
　㉠ 수증자와 증여자가 모두 비거주자인 경우
　㉡ 수증자와 증여자 모두의 주소 또는 거소가 분명하지 아니한 경우
　㉢ 수증자가 비거주자이거나 주소 또는 거소가 분명하지 아니하고, 증여자가 합병에 따른 이익의 증여, 증자에 따른 이익의 증여, 현물출자에 따른 이익의 증여, 특수관계법인과의 거래를 통한 이익의 증여의제 및 특수관계법인으로부터 제공받은 사업기회로 발생한 이익의 증여의제 규정에 따라 의제된 경우

(4) 증여세의 계산구조

증여재산가액	
− 비과세 재산가액	국가 등으로부터 증여받은 재산가액 등
− 과세가액 불산입액	공익법인에 출연한 재산, 장애인 수증재산 등
− 부담부증여시 채무인수액	
+ 합산대상증여재산가액	10년 이내에 동일인으로부터 증여받은 재산가액
= 증여세과세가액	
− 증여공제	증여재산공제 및 재해손실공제
− 감정평가수수료공제	
= 증여세과세표준	
× 세율	10% ~ 50%의 초과누진세율
= 산출세액	세대생략한 증여에 대해서는 30%(또는 40%) 할증
− 징수유예세액	박물관자료에 대한 징수유예
− 세액공제	기납부·외국납부·신고세액공제
+ 가산세	신고불성실가산세, 납부불성실가산세
= 신고납부세액	
− 연부연납신청금액	분할납부할세액
= 자진납부세액	과세표준신고기한 내에 납부할 세액

제2절 증여세 과세가액의 계산

I 증여재산가액의 계산 및 취득시기

(1) 증여재산가액계산의 일반원칙

구분	증여재산가액
① 재산을 무상으로 이전받은 경우	증여재산의 시가(보충적평가방법에 따라 평가한 가액 포함) 상당액
② 재산 또는 이익을 현저히 낮은 대가를 주고 이전받거나 현저히 높은 대가를 받고 이전한 경우	시가와 대가의 차액
③ 재산 취득 후 해당 재산의 가치가 증가한 경우	재산가치상승금액
④ 변칙적인 증여거래, 증여추정, 변칙적인 증여거래와 경제적 실질이 유사한 경우 및 증여의제	해당 규정에 따라 계산한 금액

(2) 일반적인 증여재산의 취득시기

구분	취득시기
① 권리의 이전이나 그 행사에 등기·등록을 요하는 재산	등기·등록일(「민법」에 따른 등기를 요하지 아니하는 부동산의 취득(상속, 공용징수, 판결, 경매 기타 법률의 규정에 의한 부동산에 관한 물권이 취득)에 대하여는 실제로 부동산의 소유권을 취득한 날)
② 증여할 목적하에 수증인 명의로 완성한 건물 또는 수증인 명의로 취득한 분양권	건물의 사용승인서 교부일. 다만, 사용승인 전에 사실상 사용 또는 임시사용승인을 얻은 경우 그 사실상의 사용일 또는 임시사용승인일
③ 타인의 기여에 의하여 재산가치가 증가한 경우	㉠ **개발사업의 시행**: 개발구역으로 지정고시된 날 ㉡ **형질변경**: 해당 형질변경허가일 ㉢ **공유물의 분할**: 공유물 분할등기일 ㉣ **사업의 인가·허가 또는 지하수개발·이용권 등**: 해당 인가·허가일 ㉤ **주식 등의 상장 및 비상장주식의 등록, 법인의 합병**: 주식 등의 상장일 또는 비상장주식의 등록일, 법인의 합병등기일 ㉥ **생명보험 또는 손해보험**: 보험사고 발생일 ㉦ ㉠ ~ ㉥까지의 규정 외의 경우: 재산가치 증가사유가 발생한 날
④ 주식 또는 출자지분	수증자가 배당금의 지급이나 주주권의 행사 등에 의하여 해당 주식 등을 인도받은 사실이 객관적으로 확인되는 날
⑤ 무기명 채권	해당 채권에 대한 이자지급사실 등에 의하여 취득사실이 객관적으로 확인되는 날 ⊙ 취득일이 불분명한 경우에는 해당 채권에 대하여 취득자가 이자지급을 청구한 날 또는 해당 채권의 상환을 청구한 날
⑥ 위 이외의 자산	인도한 날 또는 사실상의 사용일

II 비과세되는 증여재산

다음 중 어느 하나에 해당하는 금액에 대해서는 증여세를 부과하지 않는다.
① 국가 또는 지방자치단체로부터 증여받은 재산의 가액
② 내국법인의 종업원으로서 우리사주조합에 가입한 자가 당해 법인의 주식을 우리사주조합을 통하여 취득한 경우로서 그 조합원이 소액주주기준에 해당하는 경우 그 주식의 취득가액과 시가와의 차액으로 인하여 받은 이익에 상당하는 가액
③ 정당법의 규정에 의한 정당이 증여받은 재산의 가액
④ 사내근로복지기금·우리사주조합·공동근로복지기금 및 근로자복지진흥기금이 증여받은 재산의 가액
⑤ 사회통념상 인정되는 이재구호금품, 치료비, 피부양자의 생활비, 교육비 기타 이와 유사한 것으로서 법 소정 항목
  ㉠ 학자금 또는 장학금 기타 이와 유사한 금품
  ㉡ 기념품·축하금·부의금 기타 이와 유사한 금품으로서 통상 필요하다고 인정되는 금품
  ㉢ 혼수용품으로서 통상 필요하다고 인정되는 금품
  ㉣ 타인으로부터 기증 받아 외국에서 국내에 반입된 물품으로서 관세의 과세가격 1백만 원 미만인 물품
  ㉤ 무주택근로자가 건물 총연면적 $85m^2$ 이하인 주택을 취득 또는 임차하기 위하여 사내근로복지기금으로부터 증여받은 주택취득보조금 중 그 주택가액의 5% 이하의 것과 주택임차보조금 중 전세가액의 10% 이하의 것
  ㉥ 불우이웃을 돕기 위하여 언론기관을 통하여 증여한 금품
⑥ 신용보증기금·기술보증기금 및 신용보증재단 등의 단체가 증여받은 재산의 가액
⑦ 국가·지방자치단체 또는 공공단체가 증여받은 재산의 가액
⑧ 장애인을 보험금수취인으로 하는 보험의 보험금(연간 4천만 원을 한도로 비과세함)
⑨ 국가유공자의 유족이나 의사자의 유족이 증여받은 성금 및 물품 등 재산의 가액
⑩ 비영리법인의 설립근거가 되는 법령의 변경으로 비영리법인이 해산되거나 업무가 변경됨에 따라 해당 비영리법인의 재산과 권리·의무를 다른 비영리법인이 승계받은 경우 승계받은 해당 재산의 가액

III 증여세 과세가액 불산입

(1) 공익법인 등이 출연받은 재산에 대한 과세가액불산입

공익법인 등이 출연받은 재산의 가액은 증여세 과세가액에 산입하지 아니한다.

(2) 공익신탁재산에 대한 과세가액불산입

증여재산 중 증여자가 공익신탁(종교·자선·학술·기타 공익을 목적으로 하는 신탁)을 통하여 공익법인 등에 출연하는 재산의 가액은 증여세과세가액에 산입하지 않는다.

(3) 장애인이 증여받은 재산의 과세가액불산입

구분	내용
① 자익신탁	장애인이 재산(금전, 유가증권, 부동산)을 증여받고 그 재산을 본인을 수익자로 하여 신탁한 경우(자익신탁)로서 해당 신탁이 다음의 요건을 모두 충족하는 경우에는 그 증여받은 재산가액은 증여세 과세가액에 산입하지 아니한다. ㉠ 신탁업자에게 신탁되었을 것 ㉡ 그 장애인이 신탁의 이익 전부를 받는 수익자일 것 ㉢ 신탁기간이 그 장애인이 사망할 때까지로 되어 있을 것(다만, 장애인이 사망하기 전에 신탁기간이 끝나는 경우에는 신탁기간을 장애인이 사망할 때까지 계속 연장하여야 한다)
② 타익신탁	타인이 장애인을 수익자로 하여 재산(금전, 유가증권, 부동산)을 신탁(타익신탁)한 경우로서 해당 신탁이 다음의 요건을 모두 충족하는 경우에는 장애인이 증여받은 그 신탁의 수익은 증여세 과세가액에 산입하지 아니한다. ㉠ 신탁업자에게 신탁되었을 것 ㉡ 그 장애인이 신탁의 이익 전부를 받는 수익자일 것(다만, 장애인이 사망한 후의 잔여재산에 대해서는 그러하지 아니하다) ㉢ 다음 각 목의 내용이 신탁계약에 포함되어 있을 것 ⓐ 장애인이 사망하기 전에 신탁이 해지 또는 만료되는 경우에는 잔여재산이 그 장애인에게 귀속될 것 ⓑ 장애인이 사망하기 전에 수익자를 변경할 수 없을 것 ⓒ 장애인이 사망하기 전에 위탁자가 사망하는 경우에는 신탁의 위탁자 지위가 그 장애인에게 이전될 것
③ 한도	자익신탁의 경우 그 증여받은 재산가액(그 장애인이 살아 있는 동안 증여받은 재산가액을 합친 금액을 말함) 및 타익신탁 원본의 가액(그 장애인이 살아 있는 동안 그 장애인을 수익자로 하여 설정된 타익신탁의 설정 당시 원본가액을 합친 금액을 말함)을 합산한 금액은 **5억 원을 한도**로 한다.

제3절 ✦ 증여세 과세표준과 세액의 계산

Ⅰ 증여세 과세표준의 계산

일반적인 증여재산에 대한 증여세 과세표준은 증여세 과세가액에서 증여공제(증여재산공제, 재해손실공제)와 증여재산의 감정평가수수료를 뺀 금액으로 한다. 단, **증여세 과세표준이 50만 원 미만이면 증여세를 부과하지 아니한다.**

(1) 증여재산공제

거주자가 다음 중 어느 하나에 해당하는 사람으로부터 증여를 받은 경우 다음의 구분에 따른 금액을 증여세 과세가액에서 공제한다.

구분	공제액
① 배우자로부터 증여를 받은 경우	6억 원
② 직계존속으로부터 증여를 받은 경우	5천만 원(미성년자는 2천만 원)
③ 직계비속으로부터 증여를 받은 경우	5천만 원
④ 이외의 친족으로부터 증여를 받은 경우	1천만 원

① 직계존속에는 수증자의 직계존속과 혼인(사실혼은 제외)중인 배우자를 포함한다. 직계비속에는 수증자와 혼인(사실혼은 제외) 중인 배우자의 직계비속을 포함한다.
② 수증자를 기준으로 당해 증여 전 10년 이내에 공제받은 금액과 당해 증여가액에서 공제받을 금액의 합계액이 위의 금액을 초과하는 경우에는 그 초과하는 부분은 이를 공제하지 아니한다. 즉, 위의 금액은 증여 1건당 공제액이 아니라 합산기간 동안의 공제액이다.

(2) 혼인·출산 증여재산 공제

① 거주자가 직계존속으로부터 혼인일(「가족관계의 등록 등에 관한 법률」에 따른 혼인관계증명서상 신고일을 말한다) **전후 2년 이내에** 증여를 받는 경우에는 **1억원을 증여세 과세가액에서 공제한다.** 이 경우 그 증여세 과세가액에서 공제받을 금액과 수증자가 이미 전단에 따라 공제받은 금액을 합한 금액이 1억원을 초과하는 경우에는 그 초과하는 부분은 공제하지 아니한다.

② 거주자가 직계존속으로부터 자녀의 출생일(「가족관계의 등록 등에 관한 법률」에 따른 출생신고서상 출생일을 말한다) 또는 입양일(「가족관계의 등록 등에 관한 법률」에 따른 입양신고일을 말한다)부터 **2년 이내에** 증여를 받는 경우 **1억원을 증여세 과세가액에서 공제한다.** 이 경우 그 증여세 과세가액에서 공제받을 금액과 수증자가 이미 전단에 따라 공제받은 금액을 합한 금액이 1억원을 초과하는 경우에는 그 초과하는 부분은 공제하지 아니한다.

③ 증여세 과세가액에서 공제받았거나 받을 금액을 합한 금액이 1억원을 초과하는 경우에는 그 초과하는 부분은 공제하지 아니한다.

④ 거주자가 ①에 따른 공제를 받은 후 약혼자의 사망 등 대통령령으로 정하는 부득이한 사유가 발생하여 해당 증여재산을 그 사유가 발생한 달의 말일부터 3개월 이내에 증여자에게 반환하는 경우에는 처음부터 증여가 없었던 것으로 본다.

⑤ 혼인 전에 ①에 따른 공제를 받은 거주자가 증여일(공제를 적용받은 증여가 다수인 경우 최초 증여일을 말한다. 이하 이 항에서 같다)부터 2년 이내에 혼인하지 아니한 경우로서 증여일부터 2년이 되는 날이 속하는 달의 말일부터 3개월이 되는 날까지 「국세기본법」 제45조에 따른 수정신고 또는 같은 법 제45조의3에 따른 기한 후 신고를 한 경우에는 가산세의 전부 또는 일부를 부과하지 아니하되, 대통령령으로 정하는 바에 따라 계산한 이자상당액을 증여세에 가산하여 부과한다.

⑥ ①에 따른 공제를 받은 거주자가 혼인이 무효가 된 경우로서 혼인무효의 소에 대한 판결이 확정된 날이 속하는 달의 말일부터 3개월이 되는 날까지 「국세기본법」 제45조에 따른 수정신고 또는 같은 법 제45조의3에 따른 기한 후 신고를 한 경우에는 대통령령으로 정하는 바에 따라 같은 법 제47조의2부터 제47조의4까지에 따른 가산세의 전부 또는 일부를 부과하지 아니하되, 대통령령으로 정하는 바에 따라 계산한 이자상당액을 증여세에 가산하여 부과한다.

(3) 재해손실공제

거주자가 타인으로부터 재산을 증여받은 경우로서 증여세 신고기한 이내에 화재·붕괴·폭발·환경오염사고 및 자연재해 등으로 인하여 증여재산이 멸실·훼손된 경우에는 그 손실가액을 증여세과세가액에서 공제한다. 보험금 수령이나 구상권 등의 행사에 의해 손실된 재산가액을 보전받을 수 있는 경우에는 이를 제외한다.

(4) 감정평가수수료공제

증여세를 신고·납부하기 위하여 증여재산을 평가하는데 소요되는 수수료로서 다음 중 어느 하나에 해당하는 금액은 이를 증여세 과세가액에서 공제한다. 단, 평가된 가액으로 증여세를 신고·납부하는 경우에 한하여 감정평가수수료공제를 적용한다.

공제대상 수수료	한도액
① 감정평가업자의 평가에 따른 수수료(증여세 납부목적용으로 한정)	5백만 원
② 판매용이 아닌 서화, 골동품 등 예술적 가치가 있는 유형재산의 평가에 따른 수수료	5백만 원
③ 평가심의위원회의 비상장주식 평가에 따른 수수료	평가대상 법인의 수 및 평가를 의뢰한 신용평가 전문기관의 수별로 각각 1천만 원

Ⅱ 증여세 산출세액의 계산

(1) 증여세의 세율

증여세 산출세액은 증여세 과세표준에 상속세와 동일한 세율을 적용하여 계산한다.

(2) 직계비속에 대한 증여의 할증과세

수증자가 증여자의 자녀가 아닌 직계비속인 경우에는 다음의 금액을 산출세액에 가산한다. 단, 증여자의 최근친인 직계비속이 사망하여 그 사망자의 최근친인 직계비속이 증여받은 경우에는 그러하지 아니하다.

> 세대생략 증여에 대한 할증과세 = 증여세 산출세액 × 30%(40%)

수증자가 증여자의 자녀가 아닌 직계비속이면서 미성년자인 경우로 증여재산가액이 20억 원을 초과하는 경우에는 40%로 한다.

Ⅲ 세액공제 등

(1) 박물관자료에 대한 징수유예

납세지 관할세무서장은 증여재산 중 박물관자료(미술관자료)가 포함되어 있는 경우 그 가액에 상당하는 증여세액의 징수를 유예한다.

(2) 기납부세액공제

누적합산과세규정에 따라 증여세 과세가액에 가산한 증여재산의 가액에 대하여 납부하였거나 납부할 증여세액(증여 당시의 해당 증여재산에 대한 증여세 산출세액)은 증여세 산출세액에서 공제한다. 다만, 증여세 과세가액에 가산하는 증여재산에 대하여 제척기간의 만료로 인하여 증여세가 부과되지 않는 경우에는 그러하지 아니하다.

(3) 외국납부세액공제

타인으로부터 재산을 증여받은 경우로서 외국에 있는 증여재산에 대하여 외국의 증여세를 부과받은 경우에는 외국에서 부과받은 증여세액을 한도로 과세표준의 비율에 해당하는 금액을 증여세 산출세액에서 공제한다.

(4) 신고세액공제

증여세 신고기한 이내에 과세표준신고를 한 경우에는 증여세 산출세액에서 다음의 금액을 공제한다.

> (증여세 산출세액 − 박물관자료 징수유예세액 − 공제·감면세액) × 3%

Ⅳ 증여세의 납세절차

(1) 증여세 과세표준신고

증여세 납부의무가 있는 자는 **증여받은 날이 속하는 달의 말일부터 3개월 이내**에 증여세의 과세가액 및 과세표준을 납세지 관할세무서장에게 신고해야 한다.

(2) 증여세의 자진납부

증여세를 신고하는 자는 신고기한까지 증여세 산출세액(할증세액 포함)에서 징수유예세액, 공제 또는 감면되는 세액, 신고세액공제액, 연부연납을 신청한 금액을 뺀 금액을 납세지 관할세무서·한국은행 또는 우체국에 납부해야 한다. **증여세도 분할납부 및 연부연납은 허용되나 물납은 허용되지 아니한다.** 증여세의 연부연납기간은 연부연납허가일부터 5년 이내에서 해당 납세의무자가 신청한 기간만 허용된다.

(3) 증여세의 결정과 경정

납세지 관할세무서장(국세청장이 특히 중요하다고 인정하는 것에 대해서는 관할지방국세청장)은 **증여세과세표준 신고기한으로부터 6개월 이내**에 증여세의 과세표준과 세액을 결정해야 하며, 이렇게 결정한 과세표준과 세액을 수증자에게 통지하여야 한다. 그 외의 내용은 상속세의 경우와 동일하다.

제4절 | 증여추정

I 배우자 등에게 양도한 재산의 양도시 증여추정

(1) 개요

배우자 또는 직계존비속에게 양도한 재산은 양도자가 당해 재산을 양도한 때에 그 재산의 가액을 배우자 등이 증여받은 것으로 추정하여 이를 배우자 등의 증여재산가액으로 한다. 증여추정규정에 따라 외관상 양수자가 대가를 수반하는 유상이전이었다는 사실을 입증하면 진실한 양도로 인정하여 양도자에게 양도소득세를 부과하며, 반대로 대가지급사실을 입증하지 못하는 경우 외관상 양수자에게 그 재산가액에 대해 증여세를 부과한다.

(2) 우회양도한 경우

특수관계인에게 양도한 재산을 그 특수관계인이 양수일부터 3년 이내에 당초 양도자의 배우자 또는 직계존비속에게 다시 양도한 경우에는 그 특수관계인이 당해 재산을 양도한 당시의 재산가액을 배우자 등이 증여받은 것으로 추정하여 이를 배우자 등의 증여재산가액으로 한다. 다만, 당초 양도자 및 그 특수관계인이 부담한 소득세의 결정세액 합계액이 당초 배우자 등이 증여받은 것으로 추정할 경우 증여세액보다 큰 경우에는 그러하지 아니한다.
① 양수자가 3년 이내에 당초 양도자의 배우자 또는 직계존비속에게 양도할 것
② 당초 양도자 및 양수자가 부담한 소득세 결정세액의 합계액이 증여로 추정할 경우 증여세액보다 적을 것
③ 당초 양도자의 배우자 또는 직계존비속이 대가지급사실을 입증하지 못할 것 이상의 요건을 충족하여 당초 양도자의 배우자 또는 직계존비속에게 증여세가 부과된 경우에는 「소득세법」의 규정에 불구하고 당초 양도자 및 양수자에게 당해 재산양도에 따른 소득세를 부과하지 아니한다.

(3) 증여추정 배제

다음의 경우에는 증여추정규정을 적용하지 아니한다.
① 법원의 결정으로 경매절차에 의하여 처분된 경우
② 파산선고로 인하여 처분된 경우
③ 「국세징수법」에 의하여 공매된 경우
④ 증권시장을 통하여 유가증권이 처분된 경우(다만, 불특정 다수인간의 거래에 따라 처분된 것으로 볼 수 없는 경우(시간외시장에서 매매된 것)는 제외한다)
⑤ 배우자 등에게 대가를 지급받고 양도한 사실이 명백히 인정되는 경우
  ㉠ 권리의 이전이나 행사에 등기·등록을 요하는 재산을 서로 교환한 경우
  ㉡ 해당 재산의 취득을 위하여 이미 과세(비과세 또는 감면받은 경우 포함)받았거나 신고한 소득금액 또는 상속·수증재산의 가액으로 그 대가를 지급한 사실이 입증되는 경우
  ㉢ 해당 재산의 취득을 위하여 소유재산의 처분금액으로 그 대가를 지출한 사실이 입증되는 경우

Ⅱ 재산취득자금 및 채무상환자금의 증여추정

(1) 재산취득자금의 증여추정

재산 취득자의 직업·연령·소득 및 재산상태 등으로 보아 재산을 자력으로 취득하였다고 인정하기 어려운 경우로서 자금출처로 입증된 금액이 취득재산가액에 미달하는 경우에는 당해 재산을 취득한 때에 **당해 재산의 취득자금을 그 재산 취득자가 증여받은 것으로 추정하여 이를 그 재산 취득자의 증여재산가액으로 한다.**

한편, 「금융실명거래 및 비밀보장에 관한 법률」에 따라 실명이 확인된 계좌 또는 외국의 관계법령에 따라 이와 유사한 방법으로 **실명이 확인된 계좌에 보유하고 있는 재산은 명의자가 그 재산을 취득한 것으로 추정하여 증여추정규정을 적용한다.**

(2) 채무상환자금의 증여추정

채무자의 직업·연령·소득·재산상태 등으로 보아 채무를 자력으로 상환(일부상환 포함)하였다고 인정하기 어려운 경우로서 자금출처로 입증된 금액이 채무상환자금에 미달하는 경우에는 그 채무를 상환한 때에 **당해 상환자금을 당해 채무자가 증여받은 것으로 추정하며 이를 당해 채무자의 증여재산가액으로 한다.**

(3) 자금출처의 입증

자금출처의 입증은 다음의 금액에 따른다.
① 신고하였거나 과세(비과세 또는 감면받은 금액 포함) 받은 소득금액
② 신고하였거나 과세받은 상속 또는 수증재산의 가액
③ 재산을 처분한 대가로 받은 금전이나 부채를 부담하고 받은 금전으로 해당 재산의 취득 또는 해당 채무의 상환에 직접 사용한 금액

(4) 증여추정의 배제

다음의 경우에는 재산취득자금·채무상환자금의 증여추정규정을 적용하지 않는다.
① 취득자금 또는 상환자금이 국세청장이 정한 일정액 이하인 경우
② 취득자금 또는 상환자금의 출처에 관한 충분한 소명이 있는 경우
③ 자금출처가 입증되지 않은 금액이 다음의 기준금액에 미달하는 경우

> 기준금액 = MIN[취득재산가액 또는 채무상환가액 × 20%, 2억 원]

> 일정액이란 재산취득일 전 또는 채무상환일 전 10년 이내에 해당 재산취득자금 또는 해당 채무상환자금의 합계액이 5천만 원 이상으로서 연령, 직업 등을 고려하여 국세청장이 정한 금액을 말한다.

CHAPTER 03 재산의 평가

제1절 재산의 평가 개요

I 재산의 평가 체계

(1) **기본원칙**

상속세 또는 증여세가 부과되는 재산의 가액은 **평가기준일(상속개시일 또는 증여일) 현재의 시가**에 의하며, 상속재산의 가액에 가산하는 증여재산의 가액은 증여일 현재의 시가에 의한다. 다만 시가를 산정하기 어려운 경우에는 **보충적 평가방법**에 의한다.

(2) **시가**

시가란 불특정 다수인 사이에 자유로이 거래가 이루어지는 경우에 통상 성립된다고 인정되는 가액을 말하며, 이러한 시가에는 매매 등의 가액을 포함한다.

구분	내용
① 시가에 포함되는 금액	평가기간(상속재산은 평가기준을 전후 6개월, 증여재산은 평가기준일 전 6개월부터 평가기준일 후 3개월까지)이내의 기간 중 매매 등(매매, 감정, 수용, 경매 또는 공매)이 있는 경우 그 매매 등의 가액
② 매매사실이 있는 경우	거래가격(다만, 특수관계인과의 거래 등 부당하다고 인정되는 경우 등은 제외한다) ㉠ 유사자산의 매매 등의 가액도 시가에 포함한다. ㉡ 시가로 보는 가액이 둘 이상인 경우 평가기준일부터 가장 가까운 날에 해당하는 가액(그 가액이 둘 이상인 경우에는 그 평균액)을 시가로 적용한다. 다만, 해당 재산의 매매 등의 가액이 있는 경우에는 유사자산의 매매 등의 가액을 적용하지 아니한다. ㉢ **평가기간에 해당하지 아니하는 기간으로서 평가기준일 전 2년 이내의 기간 중에 매매 등이 있거나 평가기간이 경과한 후부터 과세표준과 세액의 결정기한까지의 기간 중에 매매 등이 있는 경우에도** 매매 등이 있는 날까지의 기간 중에 주식발행회사의 경영상태, 시간의 경과 및 주위환경의 변화 등을 감안하여 가격변동의 특별한 사정이 없다고 보아 상속세 또는 증여세 납부의무가 있는 자, 지방국세청장 또는 관할 세무서장이 신청하는 때에는 평가심의위원회의 심의를 거쳐 당해 매매 등의 가액을 시가로 보는 가액에 포함시킬 수 있다.
③ 감정가액	해당 재산(주식 및 출자지분은 제외)에 대하여 둘 이상의 감정기관이 평가한 감정가액이 있는 경우 **감정가액의 평균액**
④ 수용·공매 등	해당 재산에 대하여 수용·경매 또는 공매사실이 있는 경우 **보상가액·경매가액 또는 공매가액**

> **참고** 시가로 인정되지 않는 경매가격 또는 공매가액
>
> 다만, 다음 중 어느 하나에 해당하는 경우는 제외한다.
> 1. 물납한 재산을 상속인·증여자·수증자 또는 그의 특수관계인이 경매·공매로 취득한 경우
> 2. 경매·공매로 취득한 비상장주식의 가액이 해당 법인 발행주식총액의 1%에 해당하는 금액과 3억 원(액면가액의 합계액) 중 적은 금액 미만인 경우
> 3. 경매 또는 공매절차의 개시 후 수의계약에 따라 취득하는 경우
> 4. 최대주주 등의 상속인 또는 최대주주 등의 특수관계인이 최대주주 등이 보유하고 있던 비상장주식 등을 경매 또는 공매로 취득한 경우

> **참고** 시가로 인정되는 가액이 평가기간 이내인지를 판단하는 기준일
>
> 시가로 인정되는 가액은 다음의 구분에 따른 날을 기준으로 판단한다.
> 1. 해당 재산에 대한 매매사실이 있는 경우 거래가액: **매매계약일**
> 2. 해당 재산에 대하여 둘 이상의 감정기관이 평가한 감정가액이 있는 경우: **가격산정기준일과 감정가액평가서 작성일**
> 3. 해당 재산에 대하여 수용·경매 또는 공매사실이 있는 경우: **보상가액·경매가액 또는 공매가액이 결정된 날**

Ⅱ 재산평가의 특례

(1) 저당권 등이 설정된 재산 평가의 특례

저당권이 설정된 재산은 위의 규정에도 불구하고 다음의 금액으로 평가한다.

> 평가액 = MAX[①, ②]
> ① 평가기준일 당시의 시가(시가가 불분명한 경우 보충적 평가방법에 의한 금액)
> ② 당해 재산이 담보하는 채권액

당해 재산이 담보하는 채권액

구분	내용
① 저당권, 담보권 또는 질권이 설정된 재산, 양도담보재산	해당 재산이 담보하는 채권액
② 공동저당권이 설정된 재산	해당 재산이 담보하는 채권액을 공동저당권 재산의 평가기준일 현재의 가액으로 안분하여 계산한 가액
③ 근저당권이 설정된 재산	평가기준일 현재 해당 재산이 담보하는 채권액
④ 전세권이 등기된 재산(임대보증금을 받고 임대한 재산 포함)	등기된 전세금(임대보증금을 받고 임대한 경우에는 임대보증금)
⑤ 위탁자의 채무이행을 담보할 목적으로 신탁계약을 체결한 재산	신탁계약 또는 수익증권에 따른 우선수익자인 채권자의 수익한도 금액

(2) 보충적 평가방법으로 평가한 가액을 시가로 보는 특례

상장주식과 가상자산은 보충적 평가방법으로 평가한 가액을 시가로 본다.

(3) 국외재산에 대한 평가

외국에 있는 상속 또는 증여재산으로서 위의 평가방법을 적용하는 것이 부적당한 경우에는 당해 재산이 소재하는 국가에서 양도소득세·상속세 또는 증여세 등의 부과목적으로 평가한 가액을 평가액으로 한다. 만약 이러한 평가액이 없는 경우에는 세무서장 등이 둘 이상의 국내 또는 외국의 감정기관에 의뢰하여 감정한 가액을 참작하여 평가한 가액을 평가액으로 한다. 외화자산 및 부채는 평가기준일 현재 「외국환거래법」에 의한 기준환율 또는 재정환율에 의해 환산한 가액으로 이를 평가한다.

제2절 | 부동산 등의 보충적 평가방법

I 부동산의 평가방법

(1) 부동산의 평가방법

구분	보충적 평가방법
① 토지	㉠ 일반지역: 개별공시지가 ㉡ 지정지역: 개별공시지가 × 국세청장이 정하는 배율
② 건물	건물의 신축가격·구조·용도·위치·신축연도 등을 고려하여 매년 1회 이상 국세청장이 산정·고시하는 가액
③ 주택(부수토지 포함)	㉠ 공동주택: 국토교통부장관이 결정·공시한 공동주택가격(국세청장이 결정·고시한 공동주택가격이 있는 때는 그 가격) ㉡ 단독주택: 시장·군수·구청장이 결정·공시한 개별주택가격
④ 국세청장 지정지역 내의 오피스텔 및 상업용 건물	매년 1회 이상 국세청장이 토지와 건물에 대하여 일괄하여 산정·고시한 가액

다만, 해당 주택의 고시주택가격이 없거나 고시주택가격 고시 후에 해당 주택을 대수선 또는 리모델링하여 고시주택가격으로 평가하기에 적절하지 않은 경우 관할세무서장이 인근 유사주택의 고시주택가격을 고려하여 평가한 금액으로 한다.

(2) 부동산에 관한 권리 및 시설물이용권의 평가방법

구분	보충적 평가방법
① 지상권	지상권 설정 토지가액에 연 2%를 곱한 금액을 지상권의 잔존연수(민법상 지상권의 존속기간을 기준으로 함)를 감안하여 현재가치(10% 이자율)로 평가한 금액
② 부동산을 취득할 수 있는 권리 및 시설물 이용권	㉠ 기준시가가 있는 경우: 기준시가 ㉡ 기준시가가 없는 경우: 평가기준일까지의 납입액 + 평가기준일 현재의 프리미엄 상당액

II 그 밖의 유형재산 평가방법

(1) 선박 등 그 밖의 유형재산의 평가

구분	보충적 평가방법
① 기타 시설물 및 구축물(토지 또는 건물과 일괄하여 평가하는 것은 제외)	재취득가액 등 − 설치일부터 평가기준일까지의 감가상각비상당액
② 선박·항공기·차량·기계장비 및 입목	재취득가액(재취득가액이 확인되지 아니한 경우에는 장부가액 및 「지방세법」상 시가표준액을 순차로 적용)
③ 재고자산 기타 이에 준하는 동산 및 소유권의 대상이 되는 동산	처분할 때 취득할 수 있다고 예상되는 가액(단, 재취득가액이 확인되지 아니한 경우에는 장부가액)
④ 판매용이 아닌 서화·골동품 등 예술적 가치가 있는 유형재산	MAX[㉠, ㉡] ㉠ 둘 이상의 전문가가 감정한 가액의 평균액 ㉡ 감정평가심의위원회에서 감정한 감정가액
⑤ 소유권의 대상이 되는 동물 및 따로 평가방법을 규정하지 않은 기타 유형재산	처분할 때 취득할 수 있다고 예상되는 가액(단, 재취득가액이 확인되지 아니한 경우에는 장부가액)

기출 Check 14년 9급

06 「상속세 및 증여세법」상 상속재산의 평가에 대한 설명으로 옳지 않은 것은?

① 신탁의 이익을 받을 권리에 대해서는 해당 권리의 성질, 내용, 남은 기간 등을 기준으로 법령으로 정하는 방법으로 그 가액을 평가한다.
② 서화에 대해서는 해당 재산의 종류, 규모, 거래상황 등을 고려하여 법령으로 정하는 방법으로 평가한다.
③ 지가가 급등하지 않은 지역으로서 개별공시지가가 없는 토지의 가액은 납세지 관할세무서장이 인근 유사 토지의 개별공시지가를 고려하여 법령으로 정하는 방법으로 평가한 금액으로 한다.
④ 양도담보재산은 그 재산이 담보하는 채권액을 그 재산의 가액으로 평가한다.

6 ④
해설 양도담보재산은 평가기준일 당시의 시가와 당해 재산이 담보하는 채권액 중 큰 금액을 그 재산의 가액으로 평가한다.

(2) 임대차계약이 체결된 자산의 평가특례

사실상 임대차계약이 체결되거나 임차권이 등기된 재산은 위의 규정에 불구하고 다음의 금액으로 평가한다.

> 평가액 = MAX[①, ②]
> ① 위의 방법에 의하여 평가한 금액
> ② 임대보증금 + $\dfrac{1년간 임대료}{12\%}$

제3절 | 주식 및 출자지분에 대한 보충적 평가방법

I 원칙적인 평가방법

(1) 주권상장법인의 주식(또는 출자지분)의 평가방법

① 유가증권 상장주식 및 코스닥시장 상장주식은 다음의 평가액을 시가 및 보충적 평가방법에 의한 금액으로 한다.

> 평가액 = 평가기준일 이전·이후 각 2개월간에 공표된 매일의 최종시세가액의 평균액

② 최종시세가액은 거래실적의 유무를 불문한다.
③ 평가기준일 이전·이후 각 2월의 기간 중에 증자·합병 등의 사유가 발생하여 당해 평균액에 의하는 것이 부적당한 경우에는 다음의 기간의 평균액에 의한다.

구분	기간
㉠ 평가기준일 이전에 증자·합병 등의 사유가 발생한 경우	사유가 발생한 날의 다음날부터 평가기준일 이후 2월이 되는 날까지의 기간
㉡ 평가기준일 이후에 증자·합병 등의 사유가 발생한 경우	평가기준일 이전 2월이 되는 날부터 동 사유가 발생한 날의 전일까지의 기간
㉢ 평가기준일 이전·이후에 증자·합병 등의 사유가 발생한 경우	평가기준일 이전 동 사유가 발생한 날의 다음날부터 평가기준일 이후 동 사유가 발생한 날의 전일까지의 기간

④ 평가기준일 전후 2개월 이내에 거래소가 정하는 기준에 따라 매매거래가 정지되거나 관리종목으로 지정된 기간의 일부 또는 전부가 포함되는 주식(적정하게 시가를 반영하여 정상적으로 매매거래가 이루어지는 경우로서 기획재정부령으로 정하는 경우는 제외)은 비상장주식의 평가방법을 적용한다.

(2) 비상장법인의 주식(또는 출자지분)의 평가방법

비상장주식 등(유가증권시장 상장주식과 코스닥시장 상장주식 이외의 주식)은 다음과 같이 법정산식에 의한 금액을 평가액으로 한다.

> 평가액 = MAX[①, ②]
> ① 가중평균평가액
>   ㉠ 일반법인의 가중평균평가액 = $\dfrac{1주당\ 순손익가치 \times 3 + 1주당\ 순자산가치 \times 2}{5}$
>   ㉡ 부동산과다보유법인의 가중평균평가액 = $\dfrac{1주당\ 순손익가치 \times 2 + 1주당\ 순자산가치 \times 3}{5}$
> ② 한도: 1주당 순자산가치 × 80%
> ⊘ 부동산과다보유법인: 당해 법인의 자산총액 중 토지·건물 및 부동산에 관한 권리의 자산가액의 합계액이 50% 이상인 법인

> **참고** 비상장주식 등을 순자산가치로 평가하는 경우
>
> 다음에 해당하는 경우에는 상기 규정에도 불구하고 순자산가치를 비상장주식 등의 평가액으로 한다.
> 1. 상속세 및 증여세 과세표준신고기한 이내에 평가대상 법인의 청산절차가 진행 중이거나 사업자의 사망 등으로 인하여 사업의 계속이 곤란하다고 인정되는 법인의 주식
> 2. 사업개시전의 법인, 사업개시후 3년 미만의 법인과 휴·폐업 중에 있는 법인의 주식(다만, 적격분할 또는 적격물적분할로 신설된 법인의 사업기간은 분할 전 동일 사업부분의 사업개시일부터 기산한다)
> 3. 법인의 자산 총액 중 토지·건물 및 부동산에 관한 권리 등의 자산가액 합계액이 차지하는 비율이 80% 이상인 법인
> 4. 법인의 자산총액 중 주식의 가액의 합계액이 차지하는 비율이 80% 이상인 법인의 주식
> 5. 법인의 설립시 정관에 존속기한이 확정된 법인으로서 평가기준일 현재 잔여 존속기한이 3년 이내인 법인의 주식

Ⅱ 예외적인 평가방법: 기업공개 준비 중인 주식 등

다음 중 어느 하나에 해당하는 주식(또는 출자지분)에 대해서는 위의 규정에도 불구하고 다음의 방법으로 평가한다.

(1) 기업공개를 목적으로 금융위원회에 유가증권신고를 한 법인의 주식 등

코스닥상장법인·비상장법인의 주식(또는 출자지분) 중 유가증권신고 직전 6개월(증여세가 부과되는 주식 등의 경우에는 3개월)부터 거래소에 상장하기 전까지의 주식(또는 출자지분)은 다음과 같이 평가한다.

> 평가액 = MAX[①, ②]
> ① 금융위원회가 정하는 기준에 따라 결정된 공모가격
> ② 코스닥상장법인 주식에 대한 원칙적인 평가방법에 따라 평가한 해당 주식의 가액(이 가액이 없는 경우 비상장주식에 대한 원칙적인 평가방법에 따라 평가한 가액)

(2) 거래소에 상장신청한 법인의 주식

비상장법인의 주식(또는 출자지분)으로서 유가증권신고 전 6개월(증여세가 부과되는 주식 등의 경우에는 3개월)부터 코스닥시장에 상장하기 전까지의 기간 중의 주식(또는 출자지분)은 다음과 같이 평가한다.

> 평가액 = MAX[①, ②]
> ① 금융위원회가 정하는 기준에 따라 결정된 공모가격
> ② 비상장주식에 대한 원칙적인 평가방법에 따라 평가한 가액

(3) 상장법인주식 중 평가기준일 현재 미상장된 주식

거래소에 상장되어 있는 법인의 주식 중 해당 법인의 증자로 인하여 취득한 새로운 주식으로서 평가기준일 현재 상장되지 않은 주식은 다음과 같이 평가한다.

> 평가액 = 주권상장법인의 주식에 대한 원칙적인 평가액 − 배당차액

Ⅲ 최대주주의 보유주식 할증평가

최대주주의 보유주식(중소기업 주식 제외)에 대하여는 「상속세 및 증여세법」에 의하여 평가한 금액에 20%를 곱한 금액을 가산하여 계산한다.

구분	할증평가액
(1) 일반기업	일반적인 평가액 × 20%
(2) 중소기업기본법(제2조)에 따른 중소기업	할증평가를 적용하지 않는다.

최대주주란 주주 1인과 그의 특수관계인에 해당하는 주주의 보유주식을 합하여 그 보유주식의 합계가 가장 많은 경우에 당해 주주 1인 및 그 외 특수관계인에 해당하는 주주를 말한다. 이러한 최대주주 등의 지분비율은 해당 주식 등의 평가기준일부터 소급하여 1년 이내에 양도하거나 증여한 주식 등을 합산하여 계산한다.

참고 할증평가 제외대상

다음에 해당하는 경우에는 최대주주의 주식임에도 할증평가를 적용하지 않는다.
1. 평가기준일이 속하는 사업연도 전 3년 이내의 사업연도부터 계속하여 「법인세법」에 따른 결손금이 있는 경우
2. 평가기준일 전후 6월(증여재산의 경우에는 평가기준일 전 6개월부터 평가기준일 후 3개월로 한다) 이내의 기간중 최대주주가 보유하는 주식이 전부 매각된 경우
3. 불공정합병에 따른 이익, 불공정증자에 따른 이익, 불공정감자에 따른 이익, 현물출자에 따른 이익 및 전환사채 등의 주식전환 등에 따른 이익을 계산하는 경우
4. 평가대상인 주식 등을 발행한 법인이 다른 법인이 발행한 주식 등을 보유함으로써 그 다른 법인의 최대주주 등에 해당하는 경우 그 다른 법인의 주식 등을 평가하는 경우
5. 평가기준일부터 소급하여 3년 이내에 사업을 개시한 법인으로서 사업개시일이 속하는 사업연도부터 평가기준일이 속하는 사업연도의 직전사업연도까지 각 사업연도의 기업회계기준에 의한 영업이익이 모두 영 이하인 경우
6. 상속세과세표준신고기한 또는 증여세과세표준신고기한 이내에 평가대상 주식 등을 발행한 법인의 청산이 확정된 경우
7. 주식의 실제소유자와 명의자가 다른 경우로서 명의신탁재산 증여의제 규정에 따라 해당 주식을 명의자가 실제소유자로부터 증여받은 것으로 보는 경우 등

제4절 기타의 재산에 대한 보충적 평가방법

I 국·공채 등 기타의 유가증권의 평가방법

구분	보충적 평가방법

(1) 국·공채 및 사채	① 거래소에서 거래되는 국·공채 및 사채: MAX[㉠, ㉡]
	  ㉠ 평가기준일 전 2개월간 공표된 매일의 최종시세가액의 평균액
	  ㉡ 평가기준일 이전 최근일의 최종시세가액
	② 이외의 경우
	  ㉠ **타인으로부터 매입한 경우(발행기관·발행회사로부터 액면가액으로 매입한 경우 제외)**: 매입가액 + 평가기준일까지의 미수이자
	  ㉡ **이외의 경우**: 처분예상가액에 의하되, 처분예상가액을 산정하기 어려운 때에는 둘 이상의 증권회사에서 평가한 금액의 평균액으로 할 수 있음

(2) 전환사채	① 거래소에서 거래되는 전환사채: 국·공채 및 사채 평가방법 적용 ② 이외의 경우: 법 소정의 방식
(3) 대부금·매출채권	① 원본의 회수기간이 3년을 초과하거나 회사정리절차 또는 화의절차의 개시 등의 사유로 당초 채권의 내용이 변경된 경우: 각 연도에 회수할 금액(원본 + 이자상당액)을 적정 할인율에 의하여 현재가치로 할인한 금액의 합계액 ② 위 ① 외의 채권의 경우: 원본의 가액 + 평가기준일까지의 미수이자 상당액 ◉ 채권의 전부 또는 일부가 평가기준일 현재 회수불가능한 것으로 인정되는 경우에는 그 가액을 산입하지 않는다.
(4) 집합투자증권	평가기준일 현재의 거래소의 기준가격으로 하거나 집합투자업자 또는 투자회사가 산정 또는 공고한 기준가격(평가기준일 현재의 기준가격이 없는 경우에는 평가기준일 현재의 환매가격 또는 평가기준일전 가장 가까운 날의 기준가격)
(5) 예금·저금·적금	평가기준일 현재의 예입총액 + 경과기간 미수이자 − 원천징수세액

 **적정할인율**
3년 만기 회사채의 유통수익률을 감안하여 기획재정부령으로 정하는 이자율

II 무체재산권 등의 평가

(1) 무체재산권의 평가액

> 평가액 = MAX[①, ②]
> ① 재산의 취득가액 − 취득한 날부터 평가기준일까지의 「법인세법」상의 감가상각비
> ② 장래의 경제적 이익 등을 고려하여 평가한 금액

(2) 장래의 경제적 이익 등을 고려하여 평가한 금액

구분	평가액
① 영업권 및 어업권	초과이익금액을 평가기준일 이후의 영업권지속연수(원칙적으로 5년으로 한다)를 감안하여 현재가치(10% 이자율)로 환산한 가액 ㉠ 초과이익금액 = 최근 3년간 순손익액의 가중평균액×50% − 자기자본×10% ㉡ 최근 3년간 가중평균순손익은 비상장주식의 경우를 준용하여 계산하며 3년에 미달하는 경우에는 당해 연수만을 가중평균한다. ㉢ 매입한 무체재산권으로서 그 성질상 영업권에 포함시켜 평가되는 무체재산권의 경우에는 이를 별도로 평가하지 아니하되, 당해 무체재산권의 평가액이 환산한 가액보다 큰 경우에는 당해 가액을 영업권의 평가액으로 한다.

② 특허권·실용신안권·상표권·의장권·저작권	그 권리에 따라 장래에 받을 각 연도의 인세 기타 보상금을 각각 현재가치로 환산한 금액의 합계액으로 평가한다. ◎ 평가기준일부터 경과연수(20년을 한도)는 해당 권리의 존속기간에서 평가기준일 전일까지 경과된 연수를 차감하여 계산한다.
③ 광업권·채석권	평가기준일 이후의 채굴가능연수에 대하여 평가기준일 전 3년간 평균소득(실적이 없는 경우에는 예상순소득)을 각 연도마다 현재가치로 환산한 금액의 합계액으로 평가한다. 다만, 조업할 가치가 없는 경우에는 설비 등만 평가한다.

(3) 기타 조건부권리 등의 평가방법

구분	보충적 평가방법
① 조건부 권리	본래의 권리의 가액을 기초로 하여 평가기준일 현재의 조건내용을 구성하는 사실, 조건성취의 확실성 기타 모든 사정을 고려한 적정가액
② 존속기간이 불확정한 권리	평가기준일 현재의 권리의 성질, 목적물의 내용연수 기타 제반사정을 감안한 적정가액
③ 소송 중의 권리	평가기준일 현재의 분쟁관계의 진상을 조사하고 소송진행의 상황을 감안한 적정가액
④ 신탁의 이익을 받을 권리	신탁의 이익을 받을 권리의 가액은 다음의 어느 하나에 따라 평가한 가액에 의한다. 다만, 평가기준일 현재 신탁계약의 철회, 해지, 취소 등을 통해 받을 수 있는 일시금이 다음에 따라 평가한 가액보다 큰 경우에는 그 일시금의 가액에 의한다. ㉠ 원본을 받을 권리와 수익을 받을 권리의 수익자가 동일한 경우: 평가기준일 현재 「상속세 및 증여세법」에 따라 평가한 신탁재산의 가액 ㉡ 원본을 받을 권리와 수익을 받을 권리의 수익자가 다른 경우 　ⓐ 원본을 받을 권리를 수익하는 경우: 평가기준일 현재 상속세 및 증여세법에 따라 평가한 신탁재산의 가액에서 ⓑ의 계산식에 따라 계산한 금액의 합계액을 차감한 금액 　ⓑ 수익을 받을 권리를 수익하는 경우: 평가기준일 현재 추산한 장래 받을 각 연도의 수익금에 대하여 수익의 이익에 대한 원천징수세액 상당액 등을 감안하여 다음 산식에 따라 계산한 금액의 합계액 $$\frac{\text{각 연도에 받을 이익의 수익} - \text{원천징수세액상당액}}{(1 + 3\%)^n}$$ n: 평가기준일부터 수익시기까지의 연수 단, 신탁의 수익시기가 정해지지 않은 경우 평가기준일부터 수익시기까지의 연수는 정기금을 받을 권리의 ⓐ와 ⓑ을 준용하여 20년 또는 기대여명의 연수로 한다.
⑤ 정기금을 받을 권리	정기금을 받을 권리의 가액은 다음의 어느 하나에 따라 평가한 가액에 의한다. 다만, 평가기준일 현재 계약의 철회, 해지, 취소 등을 통해 받을 수 있는 일시금이 다음에 따라 평가한 가액보다 큰 경우에는 그 일시금의 가액에 의한다. ㉠ 유기정기금: 잔존기간에 각 연도에 받을 정기금액을 현재가치로 환산한 금액의 합계. 다만, 1년분 정기금액의 20배를 초과할 수 없음 ㉡ 무기정기금: 1년분 정기금 × 20배 ㉢ 종신정기금: 정기금을 받을 권리가 있는 자의 기대여명의 연수 중 각 연도에 받을 정기금액을 기준으로 현재가치로 환산한 금액의 합계액
⑥ 가상자산 (2027년부터 시행)	㉠ 가상자산 사업자 중 국세청장이 고시하는 사업자의 사업장에서 거래되는 가상자산: 해당 가상자산 사업자가 공시하는 평가기준일 이전·이후 각 1개월 동안의 일평균 가액의 평균액 ㉡ ㉠ 외의 가상자산: 가상자산 사업자 및 그에 준하는 사업자의 사업장에서 공시하는 거래일의 일평균가액 또는 종료시각에 공시된 시세가액 등 합리적으로 인정되는 가격

MEMO

신은미 세법개론

합격까지 박문각

제2편 국세기본법 핵심 체크하기
제3편 국세징수법 핵심 체크하기
제4편 부가가치세법 핵심 체크하기
제5편 소득세법 핵심 체크하기
제5편 소득세법 – 양도소득세 핵심 체크하기
제6편 법인세법 핵심 체크하기

부록 제2편 국세기본법 핵심 체크하기

빈칸 핵심 체크하기

01 국세기본법

01 (　　　　)은 국세에 관한 기본적이고 공통적인 사항과 납세자의 권리·의무 및 권리구제에 관한 사항을 규정함으로써 국세에 관한 법률관계를 명확하게 하고, 과세(課稅)를 공정하게 하며, 국민의 납세의무의 원활한 이행에 이바지함을 목적으로 한다.

02 원천징수

02 (　　　　)란 세법에 따라 원천징수의무자가 국세(이와 관계되는 가산세는 제외한다)를 징수하는 것을 말한다.

03 가산세

03 (　　　　)란 이 법 및 세법에서 규정하는 의무의 성실한 이행을 확보하기 위하여 세법에 따라 산출한 세액에 가산하여 징수하는 금액을 말한다.

04 공과금

04 (　　　　)이란 「국세징수법」에서 규정하는 강제징수의 예에 따라 징수할 수 있는 채권 중 국세, 관세, 임시수입부가세, 지방세와 이와 관계되는 강제징수비를 제외한 것을 말한다.

05 납세의무자

05 (　　　　)란 세법에 따라 국세를 납부할 의무(국세를 징수하여 납부할 의무는 제외한다)가 있는 자를 말한다.

06 납세자

06 (　　　　)란 납세의무자(연대납세의무자와 납세자를 갈음하여 납부할 의무가 생긴 경우의 제2차 납세의무자 및 보증인을 포함한다)와 세법에 따라 국세를 징수하여 납부할 의무를 지는 자를 말한다.

07 제2차 납세의무자

07 (　　　　)란 납세자가 납세의무를 이행할 수 없는 경우에 납세자를 갈음하여 납세의무를 지는 자를 말한다.

08 과세기간

08 (　　　　)이란 세법에 따라 국세의 과세표준 계산의 기초가 되는 기간을 말한다.

09 과세표준

09 (　　　　)이란 세법에 따라 직접적으로 세액산출의 기초가 되는 과세대상의 수량 또는 가액(價額)을 말한다.

10 과세표준신고서

10 (　　　　)란 국세의 과세표준과 국세의 납부 또는 환급에 필요한 사항을 적은 신고서를 말한다.

11 과세표준수정신고서

11 (　　　　)란 당초에 제출한 과세표준신고서의 기재사항을 수정하는 신고서를 말한다.

12	세법에 따라 국세에 관한 사무를 세관장(稅關長)이 관장하는 경우의 그 세관장 또는 그 소속 공무원도 (　　　)으로 본다.	12 세무공무원
13	(　　　)란 과세표준신고서 등 이 법 또는 세법에 따른 신고 관련 서류를 국세청장이 정하여 고시하는 정보통신망을 이용하여 신고하는 것을 말한다.	13 전자신고
14	(　　　)이란 본인과 다음 각 목의 어느 하나에 해당하는 관계에 있는 자를 말한다. 이 경우 이 법 및 세법을 적용할 때 본인도 그 특수관계인의 특수관계인으로 본다. (1) 혈족・인척 등 대통령령으로 정하는 친족관계 (2) 임원・사용인 등 대통령령으로 정하는 경제적 연관관계 (3) 주주・출자자 등 대통령령으로 정하는 경영지배관계	14 특수관계인
15	영리법인의 경우 해당 법인의 경영에 대하여 지배적인 영향력을 행사하고 있는 것으로 보는 특수관계인은 법인의 발행주식총수 또는 출자총액의 100분의 (　　　) 이상을 출자한 경우에 해당한다.	15 30
16	(　　　)란 국세의 과세표준과 세액을 결정 또는 경정하기 위하여 질문을 하거나 해당 장부・서류 또는 그 밖의 물건(이하 "장부 등"이라 한다)을 검사・조사하거나 그 제출을 명하는 활동을 말한다.	16 세무조사
17	이 법 또는 세법에서 규정하는 기간의 계산은 이 법 또는 그 세법에 특별한 규정이 있는 것을 제외하고는 (　　　)에 따른다.	17 「민법」
18	신고, 신청, 청구, 그 밖에 서류의 제출, 통지, 납부 또는 징수에 관한 기한이 토요일, 일요일, 공휴일 및 「근로자의 날 제정에 관한 법률」에 따른 근로자의 날일 때에는 토요일, 일요일, 공휴일 또는 근로자의 날의 (　　　)을 기한으로 한다.	18 다음날
19	이 법 또는 세법에서 규정하는 신고기한 만료일 또는 납부기한 만료일에 국세정보통신망이 대통령령으로 정하는 장애로 가동이 정지되어 전자신고나 전자납부(이 법 또는 세법에 따라 납부할 국세를 정보통신망을 이용하여 납부하는 것을 말한다)를 할 수 없는 경우에는 그 장애가 복구되어 신고 또는 납부할 수 있게 된 날의 (　　　)을 기한으로 한다.	19 다음날
20	우편으로 과세표준신고서, 과세표준수정신고서, 경정청구서 또는 과세표준신고・과세표준수정신고・경정청구와 관련된 서류를 제출한 경우 「우편법」에 따른 우편날짜도장이 찍힌 날(우편날짜도장이 찍히지 아니하였거나 분명하지 아니한 경우에는 통상 걸리는 (　　　)를 기준으로 발송한 날로 인정되는 날)에 신고되거나 청구된 것으로 본다.	20 배송일수
21	신고서 등을 국세정보통신망을 이용하여 제출하는 경우에는 해당 신고서 등이 국세청장에게 (　　　)에 신고되거나 청구된 것으로 본다.	21 전송된 때

22 기한	22	납세자가 화재, 전화(戰禍), 그 밖의 재해를 입거나 도난을 당한 경우나 납세자 또는 그 동거가족이 질병이나 중상해로 6개월 이상의 치료가 필요하거나 사망하여 상중(喪中)인 경우 등의 사유에 해당하면 (　　　　)을 연장할 수 있다.
23 대표자, 국세를 징수하기에 유리한 자	23	연대납세의무자에게 서류를 송달할 때에는 그 (　　　　)를 명의인으로 하며, 대표자가 없을 때에는 연대납세의무자 중 (　　　　)를 명의인으로 한다.
24 납부의 고지와 독촉	24	(　　　　)에 관한 서류는 연대납세의무자 모두에게 각각 송달하여야 한다.
25 상속재산관리인의 주소 또는 영업소	25	상속이 개시된 경우 상속재산관리인이 있을 때에는 그 (　　　　)에 송달한다.
26 교정시설의 장 또는 국가경찰관서의 장	26	송달받아야 할 사람이 교정시설 또는 국가경찰관서의 유치장에 체포·구속 또는 유치(留置)된 사실이 확인된 경우에는 해당 (　　　　)에게 송달한다.
27 전자송달	27	서류 송달은 교부, 우편 또는 (　　　　)의 방법으로 한다.
28 등기우편	28	납부의 고지·독촉·강제징수 또는 세법에 따른 정부의 명령과 관계되는 서류의 송달을 우편으로 할 때에는 (　　　　)으로 하여야 한다.
29 50만 원	29	중간예납세액의 납부고지서, 국세에 대한 과세표준신고서를 법정신고기한까지 제출하였으나 과세표준신고액에 상당하는 세액의 전부 또는 일부를 납부하지 아니하여 발급하는 납부고지서로서 (　　　　) 미만에 해당하는 납부고지서는 일반우편으로 송달할 수 있다.
30 다른 장소	30	송달을 받아야 할 자가 송달받기를 거부하지 아니하면 (　　　　)에서 교부할 수 있다.
31 정당한 사유 없이	31	서류를 송달받아야 할 자 또는 그 사용인이나 그 밖의 종업원 또는 동거인으로서 사리를 판별할 수 있는 사람이 (　　　　) 서류 수령을 거부할 때에는 송달할 장소에 서류를 둘 수 있다.
32 송달서	32	수령인이 서명 또는 날인을 거부하면 그 사실을 (　　　　)에 적어야 한다.
33 30일	33	전자송달의 신청을 철회한 자가 전자송달을 재신청하는 경우에는 철회 신청일부터 (　　　　)이 지난날 이후에 신청할 수 있다.
34 3회, 다음날	34	국세정보통신망에 접속하여 서류를 열람할 수 있게 하였음에도 불구하고 해당 납세자가 (　　　　) 연속하여 전자송달된 서류를 열람하지 않은 경우에는 세 번째로 열람하지 아니한 서류에 대한 다음 각 호의 구분에 따른 날의 (　　　　)에 전자송달 신청을 철회한 것으로 본다.

35 국세정보통신망의 장애로 전자송달을 할 수 없는 경우나 그 밖에 대통령령으로 정하는 사유가 있는 경우에는 (　　　)으로 송달할 수 있다.

35 교부 또는 우편의 방법

36 공시송달은 서류의 주요 내용을 공고한 날부터 (　　　)이 지나면 서류 송달이 된 것으로 본다.

36 14일

37 (　　　)을 이용하여 공시송달을 할 때에는 다른 공시송달 방법과 함께 하여야 한다.

37 국세정보통신망

38 송달하는 서류는 송달받아야 할 자에게 (　　　)부터 효력이 발생한다.

38 도달한 때

39 전자송달의 경우에는 송달받을 자가 지정한 전자우편주소에 (　　　)[국세정보통신망에 저장하는 경우에는 (　　　)]에 그 송달을 받아야 할 자에게 도달한 것으로 본다.

39 입력된 때, 저장된 때

40 (　　　)
다음의 어느 하나에 해당하는 것으로서 수익을 구성원에게 분배하지 아니하는 것은 법인으로 보아 이 법과 세법을 적용한다.
(1) 주무관청의 허가 또는 인가를 받아 설립되거나 법령에 따라 주무관청에 등록한 사단, 재단, 그 밖의 단체로서 등기되지 아니한 것
(2) 공익을 목적으로 출연된 기본재산이 있는 재단으로서 등기되지 아니한 것

40 법인으로 보는 단체

41 법인 아닌 단체 중 대표자나 관리인이 관할 세무서장에게 신청하여 (　　　)을 받은 것도 법인으로 보아 이 법과 세법을 적용한다.

41 승인

42 법인으로 보는 법인 아닌 단체는 그 신청에 대하여 관할 세무서장의 승인을 받은 날이 속하는 과세기간과 그 과세기간이 끝난 날부터 (　　　)이 되는 날이 속하는 과세기간까지는 「소득세법」에 따른 거주자 또는 비거주자로 변경할 수 없다.

42 3년

43 과세의 대상이 되는 소득, 수익, 재산, 행위 또는 거래의 귀속이 명의(名義)일 뿐이고 사실상 귀속되는 자가 따로 있을 때에는 (　　　)를 납세의무자로 하여 세법을 적용한다.

43 사실상 귀속되는 자

44 세법 중 과세표준의 계산에 관한 규정은 소득, 수익, 재산, 행위 또는 거래의 명칭이나 형식과 관계없이 그 (　　　) 내용에 따라 적용한다.

44 실질

45 납세자가 그 의무를 이행할 때에는 (　　　) 하여야 한다. 세무공무원이 직무를 수행할 때에도 또한 같다.

45 신의에 따라 성실하게

46 해당 국세 과세표준의 조사와 결정은 그 장부와 이와 관계되는 (　　　)에 의하여야 한다.

46 증거자료

| 47 성립, 소급 | 47 | 국세를 납부할 의무(세법에 징수의무자가 따로 규정되어 있는 국세의 경우에는 이를 징수하여 납부할 의무)가 (   )한 소득, 수익, 재산, 행위 또는 거래에 대해서는 그 성립 후의 새로운 세법에 따라 (   )하여 과세하지 아니한다.

| 48 납세자 | 48 | 세법의 해석이나 국세행정의 관행이 일반적으로 (   )에게 받아들여진 후에는 그 해석이나 관행에 의한 행위 또는 계산은 정당한 것으로 보며, 새로운 해석이나 관행에 의하여 소급하여 과세되지 아니한다.

| 49 기업회계 | 49 | 세무공무원이 국세의 과세표준을 조사·결정할 때에는 해당 납세의무자가 계속하여 적용하고 있는 (   )의 기준 또는 관행으로서 일반적으로 공정·타당하다고 인정되는 것은 존중하여야 한다.

50
(1) 과세기간이 끝나는 때
(2) 그 법인이 해산을 하는 때
(3) 상속이 개시되는 때
(4) 증여에 의하여 재산을 취득하는 때
(5) 과세기간이 끝나는 때, 수입신고를 하는 때
(6) 과세문서를 작성한 때
(7) 해당 매매거래가 확정되는 때
(8) 과세기간이 끝나는 때
(9) 과세기준일
(10) 소득금액 또는 수입금액을 지급하는 때
(11) 그 과세표준이 되는 금액이 발생한 달의 말일
(12) 중간예납기간 또는 예정신고기간·예정부과기간이 끝나는 때
(13) 수시부과할 사유가 발생한 때

50 국세를 납부할 의무의 성립시기는 다음 각 호의 구분에 따른다.
(1) 소득세·법인세: (   )
(2) 청산소득에 대한 법인세: (   )
(3) 상속세: (   )
(4) 증여세: (   )
(5) 부가가치세: (   ) [다만, 수입재화의 경우에는 세관장에게 (   )]
(6) 인지세: (   )
(7) 증권거래세: (   )
(8) 금융·보험업자의 수익금액에 부과되는 교육세: (   )
(9) 종합부동산세: (   )
(10) 원천징수하는 소득세·법인세: (   )
(11) 납세조합이 징수하는 소득세 또는 예정신고납부하는 소득세: (   )
(12) 중간예납하는 소득세·법인세 또는 예정신고기간·예정부과기간에 대한 부가가치세: (   )
(13) 수시부과하여 징수하는 국세: (   )

| 51 결정하거나 경정하는 때 | 51 | 납세의무자가 과세표준과 세액의 신고를 하지 아니하거나 신고한 과세표준과 세액이 세법에서 정하는 바와 맞지 아니한 경우에는 정부가 과세표준과 세액을 (   )에 확정된다.

52
(2) 원천징수
(3) 납세조합
(4) 법인세

52 납세의무가 성립하는 때에 특별한 절차 없이 그 세액이 확정되는 경우:
(1) 인지세
(2) (   )하는 소득세 또는 법인세
(3) (   )이 징수하는 소득세
(4) 중간예납하는 (   )(세법에 따라 정부가 조사·결정하는 경우는 제외한다)
(5) 납부지연가산세 및 원천징수 등 납부지연가산세

53 국세의 수정신고(과세표준신고서를 법정신고기한까지 제출한 자의 수정신고로 한정한다)는 당초의 신고에 따라 확정된 과세표준과 세액을 (　　　)하여 확정하는 효력을 가진다.

53 증액

54 국세의 수정신고는 당초 신고에 따라 확정된 세액에 관한 이 법 또는 세법에서 규정하는 권리·의무관계에 영향을 (　　　).

54 미치지 아니한다

55 법인이 합병한 경우 (　　　) 또는 (　　　)은 합병으로 소멸된 법인에 부과되거나 그 법인이 납부할 국세 및 강제징수비를 납부할 의무를 진다.

55 합병 후 존속하는 법인, 합병으로 설립된 법인

56 상속인이 2명 이상일 때에는 각 상속인은 피상속인에게 부과되거나 그 피상속인이 납부할 국세 및 강제징수비를 (　　　)에서 연대하여 납부할 의무를 진다.

56 상속으로 받은 재산의 한도

57 상속인이 있는지 분명하지 아니할 때에는 상속인에게 하여야 할 납부의 고지·독촉이나 그 밖에 필요한 사항은 (　　　)에게 하여야 한다.

57 상속재산관리인

58 공유물(共有物), 공동사업 또는 그 공동사업에 속하는 재산과 관계되는 국세 및 강제징수비는 (　　　)가 연대하여 납부할 의무를 진다.

58 공유자 또는 공동사업자

59 법인이 분할되거나 분할합병된 후 분할되는 법인이 존속하는 경우 분할등기일 이전에 분할법인에 부과되거나 납세의무가 (　　　) 국세 및 강제징수비에 대하여 (　　　)을 한도로 연대하여 납부할 의무가 있다.

59 성립한, 분할로 승계된 재산가액

60 국세 및 강제징수비를 납부할 의무는 다음에 해당하는 때에 소멸한다.
(1) 납부·(　　　)되거나 부과가 (　　　)
(2) 국세부과제척기간이 끝난 때
(3) 국세징수권의 (　　　)가 완성된 때

60 (1) 충당, 취소된 때
(3) 소멸시효

61 국세를 부과할 수 있는 기간은 국세를 부과할 수 있는 날부터 (　　　)으로 한다. 다만, 역외거래의 경우에는 국세를 부과할 수 있는 날부터 (　　　)으로 한다.

61 5년, 7년

62 납세자가 대통령령으로 정하는 사기나 그 밖의 부정한 행위로 국세를 포탈하거나 환급·공제를 받은 경우: 그 국세를 부과할 수 있는 날부터 (　　　)[역외거래에서 발생한 부정행위로 국세를 포탈하거나 환급·공제받은 경우 (　　　)]

62 10년, 15년

63 상속세·증여세의 부과제척기간은 국세를 부과할 수 있는 날부터 (　　　)으로 하고, 부정행위에 해당하는 경우에는 (　　　)으로 한다.

63 10년, 15년

64 (1) 1년
(2) 1년
(3) 2개월
(4) 1년

64 지방국세청장 또는 세무서장은 다음의 구분에 따른 기간이 지나기 전까지 경정이나 그 밖에 필요한 처분을 할 수 있다.
(1) 이의신청, 심사청구, 심판청구, 「감사원법」에 따른 심사청구 또는 「행정소송법」에 따른 소송에 대한 결정이나 판결이 확정된 경우: 결정 또는 판결이 확정된 날부터 (　　　　)
(2) 결정이나 판결이 확정됨에 따라 그 결정 또는 판결의 대상이 된 과세표준 또는 세액과 연동된 다른 세목이나 과세기간의 과세표준 또는 세액의 조정이 필요한 경우: 결정 또는 판결이 확정된 날부터 (　　　　)
(3) 경정청구 또는 조정권고가 있는 경우 그 경정청구 또는 조정권고의 대상이 된 과세표준 또는 세액과 연동된 다른 과세기간의 과세표준 또는 세액의 조정이 필요한 경우: 경정청구일 또는 조정권고일부터 (　　　　)
(4) 최초의 신고·결정 또는 경정에서 과세표준 및 세액의 계산 근거가 된 거래 또는 행위 등이 그 거래·행위 등과 관련된 소송에 대한 판결(판결과 같은 효력을 가지는 화해나 그 밖의 행위를 포함한다. 이하 이 호에서 같다)에 의하여 다른 것으로 확정된 경우: 판결이 확정된 날부터 (　　　　)

65 실제로 사업을 경영한 자

65 명의대여 사실이 확인된 경우 당초의 부과처분을 취소하고 그 결정 또는 판결이 확정된 날부터 1년 이내에 (　　　　)에게 경정이나 그 밖에 필요한 처분을 할 수 있다.

66 (1) 10년
(2) 5년

66 국세징수권은 다음 기간 동안 행사하지 아니하면 소멸시효가 완성된다.
(1) 5억 원 이상의 국세: (　　　　)
(2) (1) 외의 국세: (　　　　)

67 법정 신고납부기한의 다음날

67 국세징수권을 행사할 수 있는 때는 과세표준과 세액의 신고에 의하여 납세의무가 확정되는 국세의 경우 그 (　　　　)을 기한으로 한다.

68 고지에 따른 납부기한의 다음날

68 국세징수권을 행사할 수 있는 때는 과세표준과 세액을 정부가 결정, 경정 또는 수시부과결정하는 경우 납부고지한 세액에 대해서는 그 (　　　　)을 기한으로 한다.

69 (1) 납부고지
(3) 교부청구

69 소멸시효는 다음의 사유로 중단된다.
(1) (　　　　)
(2) 독촉
(3) (　　　　)
(4) 압류

70 법정기일이란 다음 각 호의 어느 하나에 해당하는 기일을 말한다.
   (1) 과세표준과 세액의 신고에 따라 납세의무가 확정되는 국세의 경우 신고한 해당 세액 : (　　　)
   (2) 과세표준과 세액을 정부가 결정·경정 또는 수시부과 결정을 하는 경우 고지한 해당 세액 : (　　　)
   (3) 인지세와 원천징수의무자나 납세조합으로부터 징수하는 소득세·법인세 및 농어촌특별세 : (　　　)
   (4) 제2차 납세의무자(보증인을 포함한다)의 재산에서 징수하는 국세 : 「국세징수법」에 따른 (　　　)
   (5) 납세자의 재산을 압류한 경우에 그 압류와 관련하여 확정된 국세 : (　　　)

70 (1) 신고일
   (2) 납부고지서의 발송일
   (3) 납세의무의 확정일
   (4) 납부고지서의 발송일
   (5) 압류등기일 또는 등록일

71 납세자가 국세의 법정기일 전 (　　　) 내에 특수관계인 중 대통령령으로 정하는 자와 전세권·질권 또는 저당권 설정계약, 임대차 계약, 가등기 설정계약 또는 양도담보 설정계약을 한 경우에는 짜고 한 거짓 계약으로 추정한다.

71 1년

72 제2차 납세의무의 한도는 다음의 구분에 따른다.
   (1) 청산인 : (　　　)
   (2) 잔여재산을 분배받거나 인도받은 자 : (　　　)

72 (1) 분배하거나 인도한 재산의 가액
   (2) 각자가 받은 재산의 가액

73 법인(주권상장법인 제외)의 재산으로 그 법인에 부과되거나 그 법인이 납부할 국세 및 강제징수비에 충당하여도 부족한 경우 그 국세의 납세의무 (　　　) 현재 무한책임사원, (　　　)는 그 부족한 금액에 대하여 제2차 납세의무를 진다.

73 성립일, 과점주주

74 법인이 제2차 납세의무를 부담하는 경우
   (1) 정부가 출자자의 소유주식 또는 출자지분을 재공매하거나 (　　　)으로 매각하려 하여도 매수희망자가 없는 경우
   (2) 법률 또는 그 법인의 정관에 의하여 출자자의 소유주식 또는 출자지분의 (　　　)가 제한된 경우

74 (1) 수의계약
   (2) 양도

75 사업이 양도·양수된 경우에 양도일 이전에 양도인의 납세의무가 (　　　) 그 사업에 관한 국세 및 강제징수비를 양도인의 재산으로 충당하여도 부족할 때에는 대통령령으로 정하는 사업의 양수인은 그 부족한 금액에 대하여 (　　　)로 제2차 납세의무를 진다.

75 확정된, 양수한 재산의 가액을 한도

76 (　　　)이란 당사자 간의 계약에 의하여 납세자가 그 재산을 양도하였을 때에 실질적으로 양도인에 대한 채권담보의 목적이 된 재산을 말한다.

76 양도담보재산

77 국세의 (　　　) 전에 담보의 목적이 된 양도담보재산에 대해서는 물적납세의무를 부담하지 아니한다.

77 법정기일

78 없다	78 과세표준신고서가 관할세무서장 외의 세무서장에게 제출된 경우에도 그 신고의 효력에는 영향이 ( ).
79 납세지를 관할하는 세무서장	79 국세의 과세표준과 세액의 결정 또는 경정결정은 그 처분 당시 그 ( )이 한다.
80 결정 또는 경정하여 통지하기 전	80 과세표준신고서를 법정신고기한까지 제출한 자 및 기한후과세표준신고서를 제출한 자는 관할 세무서장이 각 세법에 따라 해당 국세의 과세표준과 세액을 ( )까지 과세표준수정신고서를 제출할 수 있다.
81 5년	81 국세의 과세표준 및 세액의 결정 또는 경정을 법정신고기한이 지난 후 ( ) 이내에 관할 세무서장에게 청구할 수 있다.
82 3개월	82 결정 또는 경정으로 인하여 증가된 과세표준 및 세액에 대하여는 해당 처분이 있음을 안 날(처분의 통지를 받은 때에는 그 받은 날)부터 ( ) 이내에 경정을 청구할 수 있다.
83 3개월	83 최초의 신고·결정 또는 경정에서 과세표준 및 세액의 계산 근거가 된 거래 또는 행위 등이 그에 관한 소송에 대한 판결(판결과 같은 효력을 가지는 화해나 그 밖의 행위를 포함한다)에 의하여 다른 것으로 확정되었을 때는 그 사유가 발생한 것을 안 날부터 ( ) 이내에 결정 또는 경정을 청구할 수 있다.
84 3개월	84 소득이나 그 밖의 과세물건의 귀속을 제3자에게로 변경시키는 결정 또는 경정이 있을 때에는 그 사유가 발생한 것을 안 날부터 ( ) 이내에 결정 또는 경정을 청구할 수 있다.
85 2개월	85 결정 또는 경정의 청구를 받은 세무서장은 그 청구를 받은 날부터 ( ) 이내에 과세표준 및 세액을 결정 또는 경정하거나 결정 또는 경정하여야 할 이유가 없다는 뜻을 그 청구를 한 자에게 통지하여야 한다.
86 3개월	86 기한후과세표준신고서를 제출하거나 기한후신고서를 제출한 자가 과세표준수정신고서를 제출한 경우 관할 세무서장은 세법에 따라 신고일부터 ( ) 이내에 해당 국세의 과세표준과 세액을 결정 또는 경정하여 신고인에게 통지하여야 한다.
87 가산세	87 해당 국세를 감면하는 경우에는 ( )는 그 감면대상에 포함시키지 아니하는 것으로 한다.
88 천재지변	88 가산세의 부과 원인이 되는 사유가 ( ) 등으로 인한 기한연장 사유인 경우 가산세를 부과하지 아니한다.

89	인지세의 납부를 하지 아니하거나 과소납부한 경우에는 납부하지 아니한 세액 또는 과소납부분 세액의 100분의 (　　　)에 상당하는 금액을 가산세로 한다.	89 300
90	중간예납·예정신고납부 및 중간신고납부와 관련하여 납부지연가산세가 부과되는 부분에 대해서는 (　　　)와 관련하여 해당 가산세를 적용하지 아니한다.	90 확정신고납부
91	부가가치세법에 따라 납세의무가 면제되는 경우 (　　　) 및 과소신고·초과환급신고가산세를 적용하지 아니한다.	91 무신고가산세
92	원천징수의무자가 우리나라에 주둔하는 미군이거나 국가·지방자치단체 또는 지방자치단체조합인 경우 (　　　)를 적용하지 아니한다.	92 원천징수 등 납부지연가산세
93	과세표준신고서를 법정신고기한까지 제출한 자가 법정신고기한이 지난 후 수정신고한 경우에는 다음 각 목의 구분에 따른 금액의 가산세를 감면한다. (1) 법정신고기한이 지난 후 1개월 이내에 수정신고한 경우: 해당 가산세액의 100분의 (　　　)에 상당하는 금액 (2) 법정신고기한이 지난 후 3개월 초과 6개월 이내에 수정신고한 경우: 해당 가산세액의 100분의 (　　　)에 상당하는 금액	93 (1) 90 (2) 50
94	과세표준신고서를 법정신고기한까지 제출하지 아니한 자가 법정신고기한이 지난 후 기한 후 신고를 한 경우 다음 각 목의 구분에 따른 금액의 가산세를 감면한다. (1) 법정신고기한이 지난 후 1개월 이내에 기한 후 신고를 한 경우: 해당 가산세액의 100분의 (　　　)에 상당하는 금액 (2) 법정신고기한이 지난 후 3개월 초과 6개월 이내에 기한 후 신고를 한 경우: 해당 가산세액의 100분의 (　　　)에 상당하는 금액	94 (1) 50 (2) 20
95	세법에 따른 예정신고기한까지 예정신고를 하지 않았으나 확정신고기한까지 과세표준신고를 한 경우 해당기간에 부과되는 무신고가산세의 (　　　)를 감면한다.	95 100분의 50
96	과세전적부심사의 결정·통지기간에 그 결과를 통지하지 않은 경우 결정·통지가 지연됨으로써 해당 기간에 부과되는 납부지연가산세의 (　　　)를 감면한다.	96 100분의 50
97	지급명세서제출불성실가산세, 계산서불성실가산세 등 단순위반과 관련된 가산세의 경우 그 의무위반의 종류별로 각각 (　　　)을 한도로 한다.	97 5천만 원
98	세무서장은 납세의무자가 국세 및 강제징수비로서 납부한 금액 중 잘못 납부하거나 초과하여 납부한 금액이 있거나 세법에 따라 환급하여야 할 환급세액이 있을 때에는 즉시 그 잘못 납부한 금액, 초과하여 납부한 금액 또는 환급세액을 (　　　)으로 결정하여야 한다.	98 국세환급금

99 강제징수비, 납부고지	**99** 국세환급금을 충당할 경우에는 같은 항 제2호의 체납된 국세 및 (　　　)에 우선 충당해야 한다. 다만, 납세자가 같은 항 제1호의 납부고지에 따라 납부하는 국세에 충당하는 것을 동의하거나 신청한 경우에는 (　　　)에 따라 납부하는 국세에 우선 충당해야 한다.
100 동의	**100** 세법에 따라 자진납부하는 국세에의 충당은 납세자가 그 충당에 (　　　)하는 경우에만 한다.
101 충당청구를 한 날	**101** 납세자가 세법에 따라 환급받을 환급세액이 있는 경우에는 그 환급세액을 국세에 충당할 것을 청구할 수 있다. 이 경우 충당된 세액의 (　　　)에 해당 국세를 납부한 것으로 본다.
102 30일	**102** 국세환급금 중 충당한 후 남은 금액은 국세환급금의 결정을 한 날부터 (　　　) 내에 대통령령으로 정하는 바에 따라 납세자에게 지급하여야 한다.
103 실질귀속자	**103** 과세의 대상이 되는 소득, 수익, 재산, 행위 또는 거래의 귀속이 명의일 뿐이고 사실상 귀속되는 자가 따로 있어 명의대여자에 대한 과세를 취소하고 실질귀속자를 납세의무자로 하여 과세하는 경우 명의대여자 대신 실질귀속자가 납부한 것으로 확인된 금액은 실질귀속자의 기납부세액으로 먼저 공제하고 남은 금액이 있는 경우에는 (　　　)에게 환급한다.
104 물납재산, 국세환급가산금	**104** 납세자가 「상속세 및 증여세법」에 따라 상속세를 물납(物納)한 후 그 부과의 전부 또는 일부를 취소하거나 감액하는 경정 결정에 따라 환급하는 경우에는 해당 (　　　)으로 환급하여야 한다. 이 경우 (　　　)은 지급하지 아니한다.
105 20만 원, 1년	**105** 국세환급금 중 충당한 후 남은 금액이 (　　　) 이하이고, 지급결정을 한 날부터 (　　　) 이내에 환급이 이루어지지 아니하는 경우에는 국세에 충당할 수 있다.
106 고충민원	**106** 대통령령으로 정하는 (　　　)의 처리에 따라 국세환급금을 충당하거나 지급하는 경우에는 국세환급가산금을 가산하지 아니한다.
107 양도	**107** 납세자는 국세환급금에 관한 권리를 타인에게 (　　　)할 수 있다.
108 5년	**108** 납세자의 국세환급금과 국세환급가산금에 관한 권리는 행사할 수 있는 때부터 (　　　)간 행사하지 아니하면 소멸시효가 완성된다.
109 중단	**109** 소멸시효는 세무서장이 납세자의 환급청구를 촉구하기 위하여 납세자에게 하는 환급청구의 안내·통지 등으로 인하여 (　　　)되지 아니한다.

110 착오납부, 이중납부 또는 납부 후 그 납부의 기초가 된 신고 또는 부과를 경정하거나 취소함에 따라 발생한 국세환급금의 기산일은 ( )이다.

110 납부일

111 적법하게 납부된 국세의 감면으로 발생한 국세환급금의 기산일은 그 ( )로 한다.

111 감면결정일

112 적법하게 납부된 후 법률의 개정으로 발생한 국세환급금의 기산일은 그 개정된 법률의 ( )로 한다.

112 시행일

113 경정청구에 따라 납부한 세액(또는 환급한 세액)을 경정함으로써 환급하는 경우 ( )을 기산일로 한다.

113 납부일

114 국세기본법 또는 세법에 따른 처분으로서 ( )을 받거나 필요한 처분을 받지 못함으로 인하여 권리나 ( )을 침해당한 자는 그 처분의 취소 또는 변경을 청구하거나 필요한 처분을 청구할 수 있다(불복청구).

114 위법 또는 부당한 처분, 이익

115 「조세범 처벌절차법」에 따른 통고처분은 ( )를 제기할 수 없다.

115 불복청구

116 동일한 처분에 대해서는 심사청구와 심판청구를 중복하여 제기할 수 ( ).

116 없다

117 국세에 관한 행정쟁송은 「국세기본법」에 따른 불복 또는 감사원의 심사청구에 의해 이루어지며, 이를 적법하게 거치지 않은 경우 ( )을 제기할 수 없다.

117 행정소송

118 심사청구 또는 심판청구에 대한 ( )에 대해서는 이의신청, 심사청구 또는 심판청구를 제기할 수 ( ).

118 처분, 없다

119 재조사 결정에 따른 처분청의 처분에 대해서는 해당 재조사 결정을 한 재결청에 대하여 심사청구 또는 심판청구를 제기할 수 ( ).

119 있다

120 국세 처분에 대한 행정소송은 심사청구·심판청구에 대한 결정의 통지를 받은 날부터 ( ) 이내에 제기하여야 한다.

120 90일

121 결정기간 내에 결정의 통지를 받지 못한 경우에는 결정의 통지를 받기 전이라도 해당 결정기간이 지난날부터 ( )을 제기할 수 있다.

121 행정소송

122 이의신청, 심사청구 또는 심판청구는 세법에 특별한 규정이 있는 것을 제외하고는 해당 처분의 ( )에 효력을 미치지 아니한다.

122 집행

123 이의신청을 받은 세무서장과 지방국세청장은 그 신청을 받은 날부터 ( ) 이내에 각각 국세심사위원회의 심의를 거쳐 결정하여야 한다.

123 30일

124 90일	124 조세심판원장이 심판청구를 받으면 그 청구를 받은 날부터 ( ) 이내에 조세심판관회의를 거쳐 결정한다.
125 세무사	125 이의신청인, 심사청구인 또는 심판청구인과 처분청은 변호사, ( ) 또는 공인회계사를 대리인으로 선임할 수 있다.
126 취하	126 대리인은 본인을 위하여 그 신청 또는 청구에 관한 모든 행위를 할 수 있다. 다만, 그 신청 또는 청구의 ( )는 특별한 위임을 받은 경우에만 할 수 있다.
127 각하	127 요건심리의 결과 청구가 형식적으로 부적합한 경우 본안심리를 하지 않고 청구 자체를 물리치는 ( )결정을 한다.
128 기각결정	128 본안심리의 결과 청구가 이유 없다고 판단하여 청구인의 주장을 거부하는 결정을 ( )이라고 한다.
129 60일	129 재조사 결정이 있는 경우 처분청은 재조사 결정일로부터 ( ) 이내에 결정서 주문에 기재된 범위에 한정하여 조사하며, 그 결과에 따라 취소·경정하거나 필요한 처분을 하여야 한다.
130 행정소송	130 불복청구에 대한 결정에 대하여 당사자가 일정한 청구기간 내에 다음 심급에 불복청구를 하지 않거나 일정한 제소기간 내에 ( )을 제기하지 않는 경우 그 결정은 형식적으로 확정된다.
131 불리한	131 조세심판관회의가 심판청구에 대한 결정을 할 때 심판청구를 한 처분보다 청구인에게 ( ) 결정을 하지 못한다(불이익변경의 금지).
132 20일	132 국세청장은 심사청구의 내용이나 절차가 이 법 또는 세법에 적합하지 아니하나 보정(補正)할 수 있다고 인정되면 ( ) 이내의 기간을 정하여 보정할 것을 요구할 수 있다. 다만, 보정할 사항이 경미한 경우에는 직권으로 보정할 수 있다.
133 납세자권리헌장	133 세무공무원은 세무조사 및 사업자등록증을 발급하는 경우 ( )을 납세자에게 내주어야 한다.
134 낭독	134 세무공무원은 세무조사를 시작할 때 조사원증을 납세자 또는 관련인에게 제시한 후 납세자권리헌장을 교부하고 그 요지를 직접 ( )해 주어야 하며, 조사사유, 조사기간, 납세자보호위원회에 대한 심의 요청사항·절차 및 권리구제 절차 등을 설명하여야 한다.
135 성실, 진실	135 세무공무원은 납세자가 수시선정에 따른 세무조사 사유에 해당하는 경우를 제외하고는 납세자가 ( )하며 제출한 신고서 등이 ( )한 것으로 추정하여야 한다.

136	세무공무원은 적정하고 공평한 과세를 실현하기 위하여 필요한 ( )의 범위에서 세무조사(「조세범 처벌절차법」에 따른 조세범칙조사를 포함)를 하여야 하며, 다른 목적 등을 위하여 조사권을 남용해서는 아니 된다.	136 최소한
137	세무공무원은 조세탈루의 혐의를 인정할 만한 명백한 자료가 있는 경우 등에 해당하면 같은 세목 및 기간에 대해 ( )를 할 수 있다.	137 재조사
138	세무조사는 ( ) 관할 세무서장 또는 지방국세청장이 수행한다. 다만, 납세자의 주된 사업장 등이 납세지와 관할을 달리하거나 납세지 관할 세무서장 또는 지방국세청장이 세무조사를 수행하는 것이 부적절한 경우 등 대통령령으로 정하는 사유에 해당하는 경우에는 ( )이 그 관할을 조정할 수 있다.	138 납세지, 국세청장
139	최근 ( ) 이상 같은 세목의 세무조사를 받지 아니한 납세자에 대하여 업종, 규모, 경제력 집중 등을 고려하여 대통령령으로 정하는 바에 따라 신고 내용이 적정한지를 검증할 필요가 있는 경우 ( ) 세무조사를 할 수 있다.	139 4과세기간, 정기선정
140	납세자가 무자료거래, 위장·가공거래 등 거래 내용이 사실과 다른 혐의가 있는 경우, 납세자에 대한 구체적인 탈세 제보가 있는 경우, 신고 내용에 탈루나 오류의 혐의를 인정할 만한 명백한 자료가 있는 경우, 납세자가 세무공무원에게 직무와 관련하여 금품을 제공하거나 금품제공을 알선한 경우 등에 해당하면 정기선정에 의한 조사 외에 ( )를 할 수 있다.	140 수시조사(세무조사)
141	소규모 ( )에 대해서는 정기선정에 따른 세무조사를 하지 아니할 수 있다.	141 성실사업자
142	세무공무원은 과세관청의 ( )에 의하여 과세표준과 세액이 확정되는 세목의 경우 과세표준과 세액을 결정하기 위하여 세무조사를 할 수 있다.	142 조사결정
143	세무공무원은 세무조사를 하는 경우에는 조사를 받을 납세자에게 조사를 시작하기 ( ) 전에 사전통지 하여야 한다.	143 20일
144	사전통지를 받은 납세자가 천재지변이나 그 밖에 대통령령으로 정하는 사유로 조사를 받기 곤란한 경우에는 관할 세무관서의 장에게 조사를 ( )해 줄 것을 신청할 수 있다.	144 연기
145	세무공무원은 세무조사 기간을 정할 경우 조사대상 과세기간 중 연간 수입금액 또는 ( )이 가장 큰 과세기간의 연간 수입금액 또는 양도가액이 ( ) 미만인 납세자에 대한 세무조사 기간은 ( ) 이내로 한다.	145 양도가액, 100억 원, 20일
146	기간을 정한 세무조사를 연장하는 경우로서 ( ) 연장하는 경우에는 관할 세무관서의 장의 ( )을 받아야 하고, 2회 이후 연장의 경우에는 관할 상급 세무관서의 장의 승인을 받아 각각 ( ) 이내에서 연장할 수 있다.	146 최초로, 승인, 20일

147 받지 아니한다	147 무자료거래, 위장·가공거래 등 거래 내용이 사실과 다른 혐의가 있어 실제 거래 내용에 대한 조사가 필요한 경우 등에 해당하면 세무조사 기간의 제한 및 세무조사 연장기간의 제한을 ( ).
148 없다	148 세무공무원은 세무조사의 중지기간 중에는 납세자에 대하여 국세의 과세표준과 세액을 결정 또는 경정하기 위한 질문을 하거나 장부등의 검사·조사 또는 그 제출을 요구할 수 ( ).
149 단축, 조기에 종결	149 세무공무원은 세무조사 기간을 ( )하기 위하여 노력하여야 하며, 장부기록 및 회계처리의 투명성 등 납세성실도를 검토하여 더 이상 조사할 사항이 없다고 판단될 때에는 조사기간 종료 전이라도 조사를 ( )할 수 있다.
150 임의로	150 세무공무원은 세무조사의 목적으로 납세자의 장부 등을 세무관서에 ( ) 보관할 수 없다.
151 동의, 일시	151 세무공무원은 조사 목적에 필요한 최소한의 범위에서 납세자, 소지자 또는 보관자 등 정당한 권한이 있는 자가 임의로 제출한 장부등을 납세자의 ( )를 받아 세무관서에 ( ) 보관할 수 있다.
152 14일, 14일	152 세무공무원은 일시 보관하고 있는 장부 등에 대하여 납세자가 반환을 요청한 경우에는 그 반환을 요청한 날부터 ( ) 이내에 장부등을 반환하여야 한다. 다만, 조사목적을 달성하기 위하여 필요한 경우에는 납세자보호위원회의 심의를 거쳐 한 차례만 ( ) 이내의 범위에서 보관 기간을 연장할 수 있다.
153 통합하여	153 세무조사는 납세자의 사업과 관련하여 세법에 따라 신고·납부의무가 있는 세목을 ( ) 실시하는 것을 원칙으로 한다(통합조사의 원칙).
154 2회	154 부분조사는 같은 세목 및 같은 과세기간에 대하여 ( )를 초과하여 실시할 수 없다.
155 20일, 40일	155 세무공무원은 세무조사를 마쳤을 때에는 그 조사를 마친 날부터 ( )[공시송달 사유에 해당하는 경우에는 ( )일] 이내에 조사결과를 납세자에게 설명하고, 이를 서면으로 통지하여야 한다.
156 세무공무원	156 ( )은 납세자가 세법에서 정한 납세의무를 이행하기 위하여 제출한 자료나 국세의 부과·징수를 위하여 업무상 취득한 자료 등(이하 "과세정보"라 한다)을 타인에게 제공 또는 누설하거나 목적 외의 용도로 사용해서는 아니 된다.
157 100만 원	157 납부고지하려는 세액이 ( ) 이상인 경우 세무서장 또는 지방국세청장은 미리 납세자에게 그 내용을 서면으로 통지하여야 한다(과세예고통지).

158 세무조사 결과에 대한 서면통지나, 과세예고 통지를 받은 자는 통지를 받은 날부터 (　　　) 이내에 통지를 한 세무서장이나 지방국세청장에게 과세전적부심사를 청구할 수 있다.

158 30일

159 법령과 관련하여 국세청장의 유권해석을 변경하여야 하거나 새로운 해석이 필요한 경우 등에 대해서는 (　　　)에게 과세전적부심사를 청구할 수 있다.

159 국세청장

160 과세전적부심사 청구를 받은 세무서장, 지방국세청장 또는 국세청장은 각각 국세심사위원회의 심사를 거쳐 결정을 하고 그 결과를 청구를 받은 날부터 (　　　) 이내에 청구인에게 통지하여야 한다.

160 30일

161 과세전적부심사결과 납세자의 청구가 이유 없다고 판단되면 (　　　)한다.

161 불채택

162 세무조사결과의 서면통지 또는 과세예고통지를 받은 자는 (　　　)를 청구하지 아니하고 통지를 한 세무서장이나 지방국세청장에게 통지받은 내용의 전부 또는 일부에 대하여 과세표준 및 세액을 (　　　) 결정하거나 경정결정해 줄 것을 신청할 수 있다.

162 과세전적부심사, 조기에

163 납세자 권리보호에 관한 사항을 심의하기 위하여 국세청에 (　　　)를 둔다.

163 납세자보호위원회

164 납세자보호위원회 위원이 공정한 심의를 기대하기 어려운 사정이 있는 경우 위원회에서 (　　　)되거나 회피하여야 한다.

164 제척

165 납세자가 국내에 주소 또는 거소를 두지 않거나 국외로 주소 또는 거소를 이전하는 경우 국세에 관한 사항 처리를 위해 (　　　)을 정해야 한다.

165 납세관리인

166 (　　　)는 세무공무원의 적법한 질문·조사, 제출명령에 대하여 성실하게 협력하여야 한다.

166 납세자

167 고지할 국세(인지세는 제외한다) 및 강제징수비를 합친 금액이 (　　　) 미만일 때에는 그 금액은 없는 것으로 본다.

167 1만 원

168 납세자는 장부 및 증거서류를 그 거래사실이 속하는 과세기간에 대한 해당 국세의 법정신고기한이 지난날부터 (　　　)간 보존해야 한다.

168 5년

169 국세청장은 비밀유지에 관한 규정에도 불구하고 (　　　) 수령단체, 조세포탈범, 해외금융계좌 신고의무 위반자의 인적사항을 공개할 수 있다.

169 불성실기부금

170 세원의 투명성, 국민의 알권리 보장 및 국세행정의 신뢰증진을 위하여 국세청장은 (　　　)를 국세정보위원회의 심의를 거쳐 일반 국민에게 정기적으로 공개하여야 한다.

170 통계자료

부록 — 제3편 국세징수법 핵심 체크하기

빈칸 핵심 체크하기

01 「국세징수법」	**01** ( )은 국세의 징수에 필요한 사항을 규정함으로써 국민의 납세의무의 적정한 이행을 통하여 국세수입을 확보하는 것을 목적으로 한다.
02 법정납부기한, 지정납부기한	**02** 납부기한이란 납세의무가 확정된 국세(가산세를 포함)를 납부하여야 할 기한으로서 국세의 종목과 세율을 정하고 있는 법률에서 정한 기한은 ( ), 관할 세무서장이 납부고지를 하면서 지정한 기한을 ( )이라 한다.
03 체납	**03** ( )이란 국세를 지정납부기한까지 납부하지 아니하는 것을 말한다.
04 강제징수비, 가산세	**04** 체납액의 징수 순위는 다음 각 호의 순서에 따른다. (1) ( ) (2) 국세(가산세는 제외한다) (3) ( )
05 ○	**05** 국세징수법은 외국인에게도 적용될 수 있다. (○ / ×)
06 납세증명서	**06** 「출입국관리법」에 따른 외국인등록 또는 「재외동포의 출입국과 법적 지위에 관한 법률」에 따른 국내거소신고를 한 외국인이 체류기간 연장허가 등 대통령령으로 정하는 체류 관련 허가 등을 법무부장관에게 신청하는 경우, 내국인이 해외이주 목적으로 외교부장관에게 해외이주신고를 하는 경우 ( )를 제출하여야 한다.
07 양도인과 양수인	**07** 대금을 지급받는 자가 원래의 계약자가 아닌 자로 채권양도로 인한 경우에는 ( )의 납세증명서를 제출하여야 한다.
08 압류채권자	**08** 법원의 전부명령에 따르는 경우 ( )의 납세증명서를 제출하여야 한다.
09 행정정보의 공동이용	**09** 국세청장 또는 관할 세무서장에게 조회하거나 납세자의 동의를 받아 ( )을 통하여 그 체납사실 여부를 확인하는 경우에는 납세증명서를 제출받은 것으로 볼 수 있다.
10 30일	**10** 납세증명서의 유효기간은 그 증명서를 발급한 날로부터 ( )간으로 하는 것을 원칙으로 한다.
11 지정납부기한	**11** 발급일 현재 신청인에게 납부고지된 국세가 있는 경우 납세증명서의 유효기간은 해당 국세의 ( )까지로 할 수 있다.

12 주거용 건물 또는 상가건물을 임차하여 사용하려는 자는 해당 건물에 대한 임대차계약을 하기 전에 (　　　)의 동의를 받아 그 자가 납부하지 아니한 국세 또는 체납액의 열람을 세무서장에게 신청할 수 있다.

12 임대인

13 미납국세의 열람 범위에 해당하는 사유는 다음과 같다.
(1) 세법에 따른 과세표준 및 세액의 신고기한까지 신고한 국세 중 (　　　)하지 아니한 국세
(2) 납부고지서를 발급한 후 (　　　)이 도래하지 아니한 국세
(3) (　　　)

13 납부, 지정납부기한, 체납액

14 열람신청을 받은 경우 각 세법에 따른 과세표준 및 세액의 신고기한까지 건물 소유자가 신고한 국세 중 납부하지 않은 국세에 대해서는 신고기한부터 (　　　)[종합소득세의 경우에는 (　　　)]이 지났을 때부터 열람 신청에 따라 열람할 수 있게 해야 한다.

14 30일, 60일

15 관할 세무서장은 국세징수 또는 (　　　)을 위하여 필요한 경우 체납자의 인적사항 및 체납액에 관한 자료를 제공할 수 있다. 다만, 체납된 국세와 관련하여 (　　　)이 계속 중인 경우에는 체납자료를 제공할 수 없다.

15 공익 목적, 심판청구 등

16 체납 발생일부터 (　　　)이 지나고 체납액이 (　　　) 이상인 자, 1년에 (　　　) 이상 체납하고 체납액이 500만 원 이상인 자에 대해서는 체납자료를 요구하는 경우 이를 제공할 수 있다.

16 1년, 500만 원, 3회

17 국세청장·지방국세청장 또는 관할 세무서장은 「금융실명거래 및 비밀보장에 관한 법률」에도 불구하고 「소득세법」 및 「법인세법」에 따라 제출받은 이자소득 또는 배당소득에 대한 (　　　) 등 금융거래에 관한 정보를 체납자의 재산조회와 강제징수를 위하여 사용할 수 있다.

17 지급명세서

18 관할 세무서장은 허가등을 받아 사업을 경영하는 자가 해당 사업과 관련된 소득세, 법인세 및 부가가치세를 (　　　) 이상 체납하고 그 체납된 금액의 합계액이 (　　　) 이상인 경우 해당 주무관청에 사업의 정지 또는 허가 등의 취소를 요구할 수 있다.

18 3회, 500만 원

19 관할 세무서장은 관허사업의 허가 취소를 요구를 한 후 해당 국세를 징수한 경우 (　　　) 그 요구를 철회하여야 한다.

19 즉시

20 국세청장은 정당한 사유 없이 (　　　) 이상의 국세를 체납한 자 중 배우자 또는 직계존비속이 국외로 이주(국외에 3년 이상 장기체류 중인 경우 포함)한 사람에 대해 관할 세무서장이 조세채권을 확보할 수 없고, 체납처분을 회피할 우려가 있다고 인정되는 사람에 대하여 (　　　)를 요청하여야 한다.

20 5천만 원, 출국금지

21 1년, 3회, 6개월	21 출국금지 요청일을 기준으로 최근 ( )간 체납된 국세가 5천만 원 이상인 상태에서 사업 목적, 질병 치료, 직계존비속의 사망 등 정당한 사유 없이 국외 출입 횟수가 ( ) 이상이거나 국외 체류 일수가 ( ) 이상인 사람에 대해 조세채권을 확보할 수 없는 등의 우려가 있는 경우 출국금지를 요청하여야 한다.
22 즉시	22 국세청장은 체납액 징수, 체납자 재산의 압류 및 담보 제공 등으로 출국금지 사유가 없어진 경우 ( ) 법무부장관에게 출국금지의 해제를 요청하여야 한다.
23 1년, 2억 원	23 국세청장은 체납 발생일부터 ( )이 지난 국세의 합계액이 ( ) 이상인 경우 체납자의 인적사항 및 체납액 등을 공개할 수 있다. 다만, 체납된 국세와 관련하여 심판청구 등이 계속 중인 경우에는 공개할 수 없다.
24 30일, 감치	24 법원은 검사의 청구에 따라 국세를 3회 이상 체납하고 있고, 체납 발생일부터 각 1년이 경과하였으며, 체납된 국세의 합계액이 2억 원 이상인 경우 체납된 국세가 납부될때까지 ( )의 범위에서 그 체납자를 ( )에 처할 수 있다.
25 검사	25 국세청장은 체납자가 감치사유에 해당하는 경우 체납자의 주소 또는 거소를 관할하는 지방검찰청 또는 지청의 ( )에게 체납자의 감치를 신청할 수 있다.
26 ○	26 감치에 처하여진 체납자는 동일한 체납 사실로 인해 다시 감치되지 아니한다. (○ / ×)
27 납부서	27 납세자는 세법에서 정하는 바에 따라 국세를 관할 세무서장에게 신고납부하는 경우 그 국세의 과세기간, 세목(稅目), 세액 및 납세자의 인적사항을 ( )에 적어 납부하여야 한다.
28 납부고지	28 확정된 조세채권에 대하여 납부기한을 정하고 그 이행을 청구하는 행위를 ( )라고 하며, 이는 임의적 징수절차에 해당한다.
29 납부고지서	29 관할 세무서장은 납세자로부터 국세를 징수하려는 경우 국세의 과세기간, 세목, 세액, 산출 근거, 납부하여야 할 기한(납부고지를 하는 날부터 30일 이내의 범위로 정한다) 및 납부장소를 적은 ( )를 납세자에게 발급하여야 한다.
30 징수처분	30 납부고지는 부과처분으로서의 성질과 확정된 조세채무의 이행을 명하는 ( )으로서의 성격을 동시에 가진다.
31 즉시, 다음날	31 납부고지서는 징수결정 ( ) 발급하여야 한다. 다만, 납부고지를 유예한 경우 유예기간이 끝난 날의 ( )에 발급한다.

32 관할 세무서장은 납세자에게 다음의 어느 하나에 해당하는 사유가 있는 경우 납부기한 전이라도 이미 납세의무가 (　　　) 국세를 징수할 수 있다.

> ① 국세, 지방세 또는 공과금의 체납으로 강제징수 또는 (　　) 이 시작된 경우
> ② 「민사집행법」에 따른 강제집행 및 담보권 실행 등을 위한 경매가 시작되거나 「채무자 회생 및 파산에 관한 법률」에 따른 (　　)를 받은 경우
> ③ 「어음법」 및 「수표법」에 따른 어음교환소에서 거래정지처분을 받은 경우
> ④ 법인이 (　　)한 경우
> ⑤ 국세를 포탈(逋脫)하려는 행위가 있다고 인정되는 경우
> ⑥ 납세관리인을 정하지 아니하고 국내에 주소 또는 거소를 두지 아니하게 된 경우

32 확정된, 체납처분, 파산선고, 해산

33 관할 세무서장은 납세자가 국세를 지정납부기한까지 완납하지 아니한 경우 지정납부기한이 지난 후 (　　　) 이내에 체납된 국세에 대한 (　　　)을 발급하여야 한다.

33 10일, 독촉장

34 국세를 납부기한 전에 징수하거나 체납된 국세가 (　　　) 미만인 경우 등 대통령령으로 정하는 경우에는 독촉장을 발급하지 아니할 수 있다.

34 1만 원

35 관할 세무서장은 독촉장을 발급하는 경우 독촉을 하는 날부터 (　　　) 이내의 범위에서 기한을 정하여 발급한다.

35 20일

36 독촉장에 의한 지정납부기한까지 체납액을 납부하지 아니하면 (　　　) 요건이 충족된다.

36 압류

37 납부기한 전 징수를 위한 고지의 경우 해당 고지서가 도달한 날에 이미 단축된 기한이 지난 경우 그 (　　　)을 납부하여야 할 기한으로 하며, 해당 고지서의 도달 후 단축된 기한이 도래하는 경우에는 그 (　　　)을 납부기한으로 한다.

37 도달한 날, 단축된 기한

38 관할 세무서장은 독촉에도 불구하고 납부되지 아니한 체납액을 징수하기 위하여 한국자산관리공사에 (　　　)를 위탁할 수 있다. 이 경우 한국자산관리공사는 위탁받은 업무를 제3자에게 다시 위탁할 수 없다.

38 징수 관련 사실행위

39 신용카드, 직불카드 및 통신과금서비스 등으로 국세를 납부하는 경우에는 국세납부대행기관의 (　　　)을 납부일로 본다.

39 승인일

40 납세자는 전자적 장치를 활용한 납부확인서 등 납부증명서류로 세법에서 정한 수납기관이 발급한 (　　　)을 갈음하여 사용할 수 있다.

40 영수증

41 납세자는 납부고지를 받은 국세를 자동이체하는 방법으로 납부할 수 있다. 다만, (　　　)이 지난 국세는 자동이체하는 방법으로 납부할 수 없다.

41 지정납부기한

42 ○	42 납세자를 위해 제3자가 납세자 명의로 국세 및 강제징수비를 납부할 수 있으나, 그 납부한 금액의 반환을 청구할 수는 없다. (○ / ×)
43 부도, 도산, 동거가족, 6개월	43 관할 세무서장은 납세자가 다음의 사유로 납부기한까지 국세를 납부할 수 없다고 인정되는 경우에는 납부기한 등을 연장할 수 있다. ① 납세자가 재난 또는 도난으로 재산에 심한 손실을 입은 경우 ② 납세자가 경영하는 사업에 현저한 손실이 발생하거나 (　　) 또는 (　　)의 우려가 있는 경우 ③ 납세자 또는 그 (　　)이 질병이나 중상해로 (　　) 이상의 치료가 필요한 경우 또는 사망하여 상중(喪中)인 경우
44 관보, 정보통신망	44 관할 세무서장은 납부기한 연장의 문서 통지원칙에도 불구하고 사유가 전국적으로 일시에 발생하거나, 연장 또는 유예의 통지 대상자가 불특정 다수인 경우 및 대상자에게 개별적으로 통지할 시간적 여유가 없는 경우에는 (　　　　), 일간신문 또는 (　　　　)을 통하여 공고하는 방법으로 통지를 갈음할 수 있다.
45 9개월, 2년	45 납부기한 등의 연장을 한 경우 그 연장 또는 유예 기간을 연장 또는 유예한 날의 다음 날부터 (　　　　) 이내로 정하며, 특별재난지역 등에 해당하는 경우에는 (　　　　) 이내로 정할 수 있다.
46 3개월, 균등액	46 관할 세무서장은 연장 또는 유예기간이 6개월을 초과하는 경우, 연장 또는 유예기간 시작 후 6개월이 지난날부터 (　　　　) 이내에 (　　　　)을 분납하도록 정하여야 한다.
47 납부지연가산세	47 납부기한 등을 연장하거나 납부고지를 유예한 경우, 그 연장 또는 유예기간 동안에는 (　　　　) 및 원천징수 등 납부지연가산세를 부과하지 아니한다.
48 14일	48 납부고지서 또는 독촉장의 송달이 지연되어 도달한 날부터 14일 이내에 지정납부기한 등이 도래하는 경우 도달한 날부터 (　　　　)이 지난날을 지정납부기한 등으로 한다.
49 3일	49 납세자가 납부기한 등의 연장 또는 납부고지의 유예를 신청하려는 경우에는 납부기한 또는 독촉장에서 정하는 기한 또는 납부고지 예정인 국세를 납부해야 할 기한의 만료일 (　　　　) 전까지 신청서를 관할 세무서장에게 제출하여야 한다.
50 10일	50 납세자가 납부고지 예정인 국세의 납부하여야 할 기한의 만료일 (　　　　) 전까지 신청을 하였으나 관할 세무서장이 신청일부터 10일 이내에 승인 여부를 통지하지 아니한 경우에는 신청일부터 10일이 되는 날에 신청을 승인한 것으로 본다.

51	관할 세무서장은 지정납부기한의 연장을 취소한 경우 그 국세에 대하여 다시 지정납부기한등의 연장을 할 수 없다. (O / ×)	51 O
52	관할 세무서장은 납부기한등의 연장 또는 납부고지의 유예를 하는 경우 그 연장 또는 유예와 관계되는 금액에 상당하는 (　　　　)의 제공을 요구할 수 있다.	52 납세담보
53	납세자가 사업에서 심각한 손해를 입거나 그 사업이 중대한 위기에 처한 경우로서 관할 세무서장이 그 연장된 납부기한등까지 해당 국세를 납부할 수 있다고 인정하는 경우에는 (　　　　)를 요구하지 아니한다.	53 납세담보
54	납부고지서 또는 독촉장을 송달한 경우 도달한 날에 이미 지정납부기한이 지난 경우에는 도달한 날부터 (　　　　)이 지난날을 지정납부기한으로 한다.	54 14일
55	납세담보를 제공하는 경우에는 담보할 국세의 100분의 (　　　　)[금전, 납세보증보험증권 또는 은행의 납세보증서로 제공하는 경우에는 100분의 (　　　　)] 이상의 가액에 상당하는 담보를 제공하여야 한다. 다만, 국세가 (　　　　)되지 아니한 경우에는 국세청장이 정하는 가액에 상당하는 담보를 제공하여야 한다.	55 120, 110, 확정
56	납세담보의 가액은 납세보증보험증권은 (　　　　), 납세보증서는 (　　　　)으로 한다.	56 보험금액, 보증금액
57	금전이나 유가증권을 납세담보로 제공하려는 자는 이를 공탁하고 그 (　　　　)을 관할 세무서장에게 제출하여야 한다.	57 공탁수령증
58	등록된 유가증권의 경우에는 담보 제공의 뜻을 등록하고 그 (　　　　)을 제출하여야 한다.	58 등록확인증
59	납세보증보험증권이나 납세보증서를 납세담보로 제공하려는 자는 그 (　　　　)이나 (　　　　)를 관할 세무서장에게 제출하여야 한다.	59 보험증권, 보증서
60	토지, 건물, 공장재단, 광업재단, 선박, 항공기 또는 건설기계를 납세담보로 제공하려는 자는 그 (　　　　), 등기완료통지서를 관할 세무서장에게 제시하여야 하며, 화재보험에 든 건물, 공장재단, 광업재단, 선박, 항공기 또는 건설기계를 납세담보로 제공하려는 자는 그 (　　　　)도 관할 세무서장에게 제출하여야 한다.	60 등기필증, 화재보험증권
61	화재보험증권의 보험기간은 납세담보를 필요로 하는 기간에 (　　　　) 이상을 더한 것이어야 한다.	61 30일

62 요구	62 관할 세무서장은 납세담보물의 가액 감소, 보증인의 자력 감소 또는 그 밖의 사유로 그 납세담보로는 국세 및 강제징수비의 납부를 담보할 수 없다고 인정할 때에는 담보를 제공한 자에게 담보물의 추가 제공 또는 보증인의 변경을 (　　　)할 수 있다.
63 금전, 금전	63 납세담보로서 (　　　)을 제공한 자는 그 (　　　)으로 담보한 국세 및 강제징수비를 납부할 수 있다.
64 담보, 납세자	64 관할 세무서장은 납세담보를 제공받은 국세 및 강제징수비가 그 담보의 기간에 납부되지 않으면 그 (　　　)로서 국세 및 강제징수비를 징수한다. 징수해야 할 국세 및 강제징수비를 충당하고 남은 금전이 있는 경우 (　　　)에게 지급한다.
65 지체없이	65 관할 세무서장은 납세담보를 제공받은 국세 및 강제징수비가 납부되면 (　　　) 담보 해제 절차를 밟아야 한다.
66 완납, 강제징수	66 관할 세무서장은 납세자가 독촉 또는 납부기한 전 징수의 고지를 받고 지정된 기한까지 국세 또는 체납액을 (　　　)하지 아니한 경우 재산의 압류, 압류재산의 매각·추심 및 청산의 절차에 따라 (　　　)를 한다.
67 사해행위의 취소	67 관할 세무서장은 강제징수를 할 때 납세자가 국세의 징수를 피하기 위하여 한 재산의 처분이나 그 밖에 재산권을 목적으로 한 법률행위에 대하여 「신탁법」 및 「민법」을 준용하여 (　　　) 및 원상회복을 법원에 청구할 수 있다.
68 가압류, 가처분	68 관할 세무서장은 재판상의 (　　　) 또는 (　　　) 재산이 강제징수 대상인 경우에도 이 법에 따른 강제징수를 한다.
69 합병	69 체납자의 재산에 대하여 강제징수를 시작한 후 체납자가 사망하였거나 체납자인 법인이 (　　　)으로 소멸된 경우에도 그 재산에 대한 강제징수는 계속 진행하여야 한다.
70 상속인	70 체납자가 사망한 후 체납자 명의의 재산에 대하여 한 압류는 그 재산을 상속한 (　　　)에 대하여 한 것으로 본다.
71 5일	71 압류한 재산에 대하여 소유권을 주장하고 반환을 청구하려는 제3자는 그 재산의 매각 (　　　) 전까지 소유자로 확인할 만한 증거서류를 관할 세무서장에게 제출하여야 한다.
72 15일	72 관할 세무서장은 제3자가 통지를 받은 날부터 (　　　) 이내에 그 재산에 대하여 체납자를 상대로 소유권에 관한 소송을 제기한 사실을 증명하지 아니하면 즉시 강제징수를 계속하여야 한다.

73	압류재산을 보관하는 과정에서 작성하는 문서에 관하여는 (　　　)를 면제한다.	73 인지세
74	관할 세무서장은 체납 발생일부터 (　　　)이 지난 국세의 합계액이 2억 원 이상인 경우 체납자의 수입물품에 대한 강제징수를 (　　　)에게 위탁할 수 있다.	74 1년, 세관장
75	과세권자가 국세채권을 실현하기 위해 체납자의 특정재산에 대한 처분을 금지시키는 과세관청의 행위를 (　　　)라고 한다.	75 압류
76	관할 세무서장은 납세자에게 납부기한 전 징수의 사유가 있어 국세가 확정된 후 그 국세를 징수할 수 없다고 인정할 때에는 국세로 (　　　)의 한도에서 납세자의 재산을 압류할 수 있다.	76 확정되리라고 추정되는 금액
77	관할 세무서장은 납세자가 납세담보를 제공하고 압류 해제를 요구한 경우나, 압류를 한 날부터 (　　　)이 지날 때까지 압류에 따라 징수하려는 국세를 확정하지 아니한 경우 (　　　) 압류를 해제하여야 한다.	77 3개월, 즉시
78	관할 세무서장은 압류를 한 후 압류에 따라 징수하려는 국세를 확정한 경우 압류한 재산이 (　　　), 납부기한 내 추심 가능한 예금 또는 유가증권인 경우 납세자의 (　　　)이 있으면 압류한 재산의 한도에서 확정된 국세를 징수한 것으로 볼 수 있다.	78 금전, 신청
79	관할 세무서장은 국세를 징수하기 위하여 필요한 재산 외의 재산을 압류할 수 없다. 다만, (　　　) 등 부득이한 경우에는 압류할 수 있다.	79 불가분물
80	세무공무원은 체납자의 재산을 압류하는 경우 (　　　)를 작성하여야 한다.	80 압류조서
81	압류재산이 동산 또는 유가증권, 채권, 그 밖의 재산권에 해당하는 경우 (　　　)을 체납자에게 내주어야 한다.	81 압류조서등본
82	세무공무원은 재산을 압류하기 위하여 필요한 경우에는 체납자의 주거·창고·사무실·선박·항공기·자동차 또는 그 밖의 장소를 (　　　)할 수 있고, 해당 주거 등의 폐쇄된 문·금고 또는 기구를 열게 하거나 (　　　).	82 수색, 직접 열 수 있다
83	체납자 또는 제3자가 제3자의 주거등에 체납자의 재산을 감춘 혐의가 있다고 인정되는 경우, 체납자의 재산을 점유·보관하는 제3자가 재산의 인도 또는 이전을 거부하는 경우 제3자의 주거 등을 (　　　)할 수 있고, 해당 주거등의 폐쇄된 문·금고 또는 기구를 열게 하거나 (　　　).	83 수색, 직접 열 수 있다
84	수색은 해가 뜰 때부터 해가 질 때까지만 할 수 있다. 다만, 해가 지기 전에 시작한 수색은 (　　　) 계속할 수 있다.	84 해가 진 후에도

85 야간	85	주로 ( )에 영업을 하는 장소에 대해서는 해가 진 후에도 영업중에는 수색을 시작할 수 있다.
86 가족·동거인	86	세무공무원은 수색 또는 검사를 하는 경우 그 수색 또는 검사를 받는 사람, 그 ( )이나 사무원 또는 그 밖의 종업원을 참여시켜야 한다.
87 신분, 압류·수색 등 통지서	87	세무공무원은 압류, 수색, 질문 및 검사를 하는 경우 그 ( )을 나타내는 증표 및 ( )를 지니고 이를 관계자에게 보여 주어야 한다.
88 국외	88	( )에 소재하는 재산은 압류대상재산에 해당하지 아니한다.
89 3개월, 인감도장, 제사, 장례, 족보, 제복, 훈장, 서적, 공표되지 아니한 것	89	체납자 또는 그 동거가족에게 필요한 ( )간의 식료품 또는 연료, ( )이나 그 밖에 직업에 필요한 도장, ( ) 또는 예배에 필요한 물건, 비석 또는 묘지, 체납자 또는 그 동거가족의 ( )에 필요한 물건, ( )·일기 등 체납자 또는 그 동거가족에게 필요한 장부 또는 서류, 직무 수행에 필요한 ( ), ( )이나 그 밖의 명예의 증표, 체납자 또는 그 동거가족의 학업에 필요한 ( )과 기구, 발명 또는 저작에 관한 것으로서 ( ) 등은 압류할 수 없다.
90 사망급여금	90	법령에 따라 지급되는 ( ) 또는 상이급여금은 압류할 수 없다.
91 2분의 1	91	급료, 연금, 임금, 봉급, 상여금, 세비, 퇴직연금, 그 밖에 이와 비슷한 성질을 가진 급여채권에 대해서는 그 총액의 ( )에 해당하는 금액은 압류가 금지되는 금액으로 한다.
92 250만 원	92	급여채권 총액의 2분의 1에 해당하는 금액이 표준적인 가구의 최저생계비를 고려하여 정하는 금액( )에 미달하는 경우 압류가 금지된다.
93 체납자	93	세무공무원이 재산을 압류한 경우 ( )는 압류한 재산에 관하여 양도, 제한물권의 설정, 채권의 영수, 그 밖의 처분을 할 수 없다.
94 법정과실	94	압류의 효력은 압류재산으로부터 생기는 천연과실 또는 ( )에도 미친다.
95 천연과실	95	체납자 또는 제3자가 압류재산의 사용 또는 수익을 하는 경우 그 재산의 매각으로 인하여 권리를 이전하기 전까지 이미 거두어들인 ( )에 대해서는 압류의 효력이 미치지 아니한다.
96 압류등기	96	부동산 등의 압류의 효력은 그 ( ) 또는 압류의 등록이 완료된 때에 발생한다.

97	압류의 효력은 해당 압류재산의 소유권이 이전되기 전에 「국세기본법」에 따른 ( )이 도래한 국세의 체납액에 대해서도 미친다.	97 법정기일
98	동산 또는 유가증권의 압류는 세무공무원이 ( )함으로써 하고, 압류의 효력은 세무공무원이 ( )에 발생한다.	98 점유, 점유한 때
99	운반하기 곤란한 동산은 체납자 또는 ( )에게 보관하게 할 수 있다. 이 경우 봉인이나 그 밖의 방법으로 압류재산임을 명백히 하여야 한다.	99 제3자
100	동산은 원칙적으로 사용·수익이 ( ).	100 허용되지 않는다
101	관할 세무서장이 ( )을 압류한 경우에는 그 금전 액수만큼 체납자의 압류에 관계되는 체납액을 징수한 것으로 본다.	101 금전
102	세무서장이 채권을 추심하였을 때에는 ( )에서 체납자의 압류와 관계되는 체납액을 징수한 것으로 본다.	102 추심한 채권의 한도
103	관할 세무서장은 채권을 압류하려는 경우 그 뜻을 ( )에게 통지하여야 한다.	103 제3채무자
104	채권 압류의 효력은 채권 압류 통지서가 제3채무자에게 ( ) 발생한다.	104 송달된 때
105	관할 세무서장은 체납액을 한도로 하여 체납자인 채권자를 ( )한다. 채권자를 대위하는 경우 압류 후 ( ) 이내에 제3채무자에 대한 이행의 촉구와 채무 이행의 소송을 제기하여야 한다.	105 대위, 1년
106	압류하려는 채권에 국세보다 우선하는 질권이 설정되어 있어 압류에 관계된 체납액의 징수가 확실하지 아니한 경우 등 필요하다고 인정되는 경우 채권 ( )을 압류할 수 있다.	106 전액
107	급료, 임금, 봉급, 세비, 퇴직연금 또는 그 밖에 ( ) 거래관계에서 발생하는 이와 유사한 채권에 대한 압류의 효력은 체납액을 한도로 하여 ( )에 발생할 채권에도 미친다.	107 계속적, 압류 후
108	관할 세무서장은 체납자가 국가 또는 지방자치단체의 재산을 매수한 경우 소유권 이전 전이라도 그 재산에 관한 체납자의 국가 또는 지방자치단체에 대한 권리를 ( )한다.	108 압류
109	관할 세무서장은 신원보증금, 계약보증금 등의 ( )을 그 조건 성립 전에도 압류할 수 있다.	109 조건부채권

110 취소, 전부, 즉시	110	관할 세무서장은 압류와 관계되는 체납액의 전부가 납부 또는 충당된 경우, 국세 부과의 전부를 (　　　)한 경우, 일부 재산의 공매대금으로 체납액 (　　　)를 징수한 경우, 총 재산의 추산가액이 강제징수비를 징수하면 남을 여지가 없어 강제징수를 종료할 필요가 있는 경우에 해당하는 경우 (　　　) 압류를 해제하여야 한다.
111 해제할 수 있다	111	관할 세무서장은 압류 후 재산가격이 변동하여 체납액 전액을 현저히 초과한 경우 압류재산의 전부 또는 일부에 대하여 압류를 (　　　).
112 압류 해제 조서	112	관할 세무서장은 압류를 해제한 경우 압류의 등기 또는 등록을 한 것에 대해서는 (　　　)를 첨부하여 압류 말소의 등기 또는 등록을 관할 등기소 등에 촉탁하여야 한다.
113 교부청구	113	체납자의 재산에 대하여 이미 다른 기관에 의한 강제환가절차가 개시된 경우 집행기관에게 강제환가대금의 배분을 청구하는 (　　　)를 할 수 있다.
114 납부, 충당	114	관할 세무서장은 (　　　), (　　　), 국세 부과의 취소나 그 밖의 사유로 교부를 청구한 체납액의 납부의무가 소멸된 경우 그 교부청구를 해제하여야 한다.
115 참가압류 통지서, 송달	115	관할 세무서장은 압류하려는 재산이 이미 다른 기관에 압류되어 있는 경우 (　　　)를 그 재산을 선행압류기관에 (　　　)함으로써 교부청구를 갈음하고 그 압류에 참가할 수 있다.
116 참가압류의 등기 또는 등록이 완료된 때, 선행압류기관에 송달된 때	116	참가압류를 한 후에 선행압류기관이 그 재산에 대한 압류를 해제한 경우 권리의 변동에 등기 또는 등록이 필요한 재산은 (　　　), 권리의 변동에 등기 또는 등록이 필요하지 아니한 재산은 참가압류 통지서가 (　　　)에 소급하여 압류의 효력을 갖는다.
117 촉구	117	참가압류를 한 관할 세무서장은 선행압류기관이 그 압류재산을 장기간이 지나도록 매각하지 아니한 경우 이에 대한 매각을 선행압류기관에 (　　　)할 수 있다.
118 3개월	118	참가압류를 한 관할 세무서장은 매각의 촉구를 받은 선행압류기관이 촉구를 받은 날부터 (　　　) 이내에 공매공고, 수의계약 대행 의뢰서 송부 등의 행위를 하지 아니한 경우 해당 압류재산을 매각할 수 있다.
119 1년	119	관할 세무서장은 압류 후 (　　　) 이내에 매각을 위한 수의계약 사실의 통지, 공매공고, 대행의뢰서의 송부 등에 해당하는 행위를 하여야 한다.
120 경쟁입찰	120	공매를 집행하는 공무원이 공매예정가격을 제시하고, 매수신청인에게 문서로 매수신청을 하게 하여 공매예정가격 이상의 신청가격 중 최고가격을 신청한 자를 매수인으로 정하는 방법을 (　　　)이라 한다.

121	공매를 집행하는 공무원이 공매예정가격을 제시하고, 매수신청인에게 구두 등의 방법으로 신청가격을 순차로 올려 매수신청을 하게 하여 최고가 매수신청인을 매수인으로 정하는 방법을 (　　　)라 한다.	121 경매
122	압류한 재산은 그 압류와 관계되는 국세의 납세 의무가 (　　　)되기 전에는 공매할 수 없다.	122 확정
123	심판청구등이 계속 중인 국세의 체납으로 압류한 재산은 그 신청 또는 청구에 대한 결정이나 소(訴)에 대한 판결이 (　　　)되기 전에는 공매할 수 없다.	123 확정
124	부패·변질 또는 감량되기 쉬운 재산으로서 속히 매각하지 아니하면 그 재산가액이 줄어들 우려가 있는 경우, 압류한 재산의 추산가격이 (　　　) 미만인 경우, 법령으로 소지(所持) 또는 매매가 금지 및 제한된 재산인 경우, 제1회 공매 후 1년간 (　　　) 이상 공매하여도 매각되지 아니한 경우 등에 해당하는 경우 (　　　)으로 매각할 수 있다.	124 1천만 원, 5회, 수의계약
125	관할 세무서장은 압류재산을 공매하려면 (　　　)을 결정하여야 한다.	125 공매예정가격
126	공매예정가격을 결정하기 어려운 경우 (　　　)에게 평가를 의뢰하여 그 가액을 참고할 수 있다.	126 감정인
127	공매보증금액은 공매예정가격의 100분의 (　　　) 이상으로 한다.	127 10
128	매수인이 매수대금을 납부하기 전에 체납자가 매수인의 동의를 받아 압류와 관련된 체납액을 납부하여 압류재산의 매각결정이 취소된 경우 (　　　)에게 공매보증을 반환한다.	128 매수인
129	관할 세무서장은 최고가 매수신청인이 개찰 후 매수계약을 체결하지 아니한 경우, 압류재산의 매각결정이 취소된 경우 공매보증을 강제징수비, 압류와 관계되는 국세의 순으로 충당한 후 남은 금액은 (　　　)에게 지급한다.	129 체납자
130	관할 세무서장은 공매공고를 하는 경우 동일한 재산에 대한 향후의 여러 차례의 공매에 관한 사항을 (　　　) 공고할 수 있다.	130 한꺼번에
131	공매공고 기간은 (　　　) 이상으로 한다. 다만, 그 재산을 보관하는 데에 많은 비용이 들거나 재산의 가액이 현저히 줄어들 우려가 있으면 이를 단축할 수 있다.	131 10일
132	매각으로 소멸되지 아니하는 전세권을 가진 자는 배분을 받으려는 경우 (　　　)까지 배분을 요구하여야 한다.	132 배분요구의 종기

133 우선매수	133 공유자는 공매재산이 공유물의 지분인 경우 매각결정기일 전까지 최고가 매수신청인이 있는 경우에는 최고가 매수신청가격, 최고가 매수신청인이 없는 경우에는 공매예정가격을 제공하고 공매재산을 (　　　　)하겠다는 신청을 할 수 있다.
134 배우자	134 체납자의 (　　　　)는 공매재산이 압류한 부부공유의 동산 또는 유가증권인 경우 공매재산을 우선매수하겠다는 신청을 할 수 있다.
135 공유지분의 비율	135 공유자 간의 특별한 협의가 없으면 (　　　　)에 따라 공매재산을 매수하게 한다.
136 체납자	136 (　　　　), 세무공무원, 매각 부동산을 평가한 감정평가법인 등은 자기 또는 제3자의 명의나 계산으로 압류재산을 매수하지 못한다.
137 개찰	137 (　　　　)은 공매를 집행하는 공무원이 공개적으로 각각 적힌 매수신청가격을 불러 입찰조서에 기록하는 방법으로 한다.
138 추첨	138 최고가 매수신청가격이 둘 이상이면 즉시 (　　　　)으로 최고가 매수신청인을 정한다.
139 재입찰	139 공매를 집행하는 공무원은 공매예정가격 이상으로 매수신청한 자가 없는 경우 즉시 그 장소에서 (　　　　)을 실시할 수 있다.
140 매각결정을 한 때	140 매각결정의 효력은 매각결정기일에 (　　　　)에 발생한다.
141 7일, 30일	141 대금납부기한은 매각결정을 한 날부터 (　　　　) 이내로 한다. 다만, 관할세무서장이 필요하다고 인정하는 경우에는 그 대금납부기한을 (　　　　)의 범위에서 연장할 수 있다.
142 재공매	142 재산을 공매하여도 매수신청인이 없거나 매수신청가격이 공매예정가격 미만인 경우 (　　　　)를 한다.
143 10, 50	143 관할 세무서장은 재공매를 할 때마다 최초의 공매예정가격의 100분의 (　　　　)에 해당하는 금액을 차례로 줄여 공매하며, 최초의 공매예정가격의 100분의 (　　　　)에 해당하는 금액까지 차례로 줄여 공매하여도 매각되지 아니할 때에는 새로 공매예정가격을 정하여 재공매를 할 수 있다.
144 완납한 때	144 매수인은 매수대금을 (　　　　)에 공매재산을 취득한다. 관할 세무서장이 매수대금을 수령한 때에는 체납자로부터 매수대금만큼의 체납액을 징수한 것으로 본다.
145 소멸	145 공매재산에 설정된 모든 질권·저당권 및 가등기담보권은 매각으로 (　　　　)된다.

| 146 | 강제징수절차로 취득한 금전에 대하여 조세채권 등에 배분할 금액을 확정시키는 행정처분을 (　　　)이라 한다. 이 중 압류한 금전을 배분할 경우 그 압류 또는 교부청구에 관계되는 체납액에 충당한다. | 146 청산 |

| 147 | 압류한 국가 또는 지방자치단체의 재산에 관한 체납자의 권리를 매각한 경우 국가 또는 지방자치단체가 체납자로부터 지급받지 못한 매각대금을 우선 배분한 후 (　　)에 배분한다. | 147 체납액 |

| 148 | 금전을 배분하는 경우 배분계산서 원안을 작성하고, 이를 배분기일 (　　　) 전까지 갖추어 두어야 한다. | 148 7일 |

| 149 | 관할 세무서장은 전문지식이 필요하거나 그 밖에 직접 공매 등을 하기에 적당하지 아니하다고 인정되는 경우 (　　　)에 공매 등을 대행하게 할 수 있다. | 149 한국자산관리공사 |

| 150 | 관할 세무서장은 압류한 재산이 (　　　)가 있어 가격을 일률적으로 책정하기 어렵고, 그 매각에 전문적인 식견이 필요하여 직접 매각을 하기에 적당하지 아니한 물품인 경우 직권이나 납세자의 신청에 따라 예술품 등의 매각에 전문성과 경험이 있는 기관 중에서 전문매각기관을 선정하여 예술품 등의 감정, 매각기일·기간의 진행 등 매각에 관련된 사실행위를 대행하게 할 수 있다. | 150 예술적·역사적 가치 |

| 151 | 전문매각기관이 매각관련사실행위를 대행하는 경우 전문매각기관의 임직원은 「형법」 제129조에서 제132조까지의 규정을 적용할 때에는 (　　　)으로 본다. | 151 공무원 |

| 152 | 관할 세무서장은 체납자가 국세청장이 (　　　)로 인정하는 기준에 해당하는 경우, 재산의 압류나 압류재산의 매각을 유예함으로써 체납자가 사업을 정상적으로 운영할 수 있게 되어 체납액의 징수가 가능하게 될 것이라고 관할 세무서장이 인정하는 경우에 해당하는 경우 체납자의 (　　　) 또는 (　　　)으로 그 체납액에 대하여 강제징수에 따른 재산의 압류 또는 압류재산의 매각을 유예할 수 있다. | 152 성실납세자, 신청, 직권 |

| 153 | 재산의 압류를 유예하거나 압류를 해제하는 경우 그에 상당하는 (　　　)의 제공을 요구할 수 있다. | 153 납세담보 |

| 154 | 국세의 체납정리에 관한 사항을 심의하기 위하여 지방국세청과 대통령령으로 정하는 세무서에 (　　　)를 둔다. | 154 국세체납정리위원회 |

부록 | 제4편 부가가치세법 핵심 체크하기

빈칸 핵심 체크하기

01 담세자, 간접세

01 국내의 부가가치세 특징은 부가가치세에 대한 납부의무를 부담하는 납세의무자와 실제 부가가치세를 부담하는 ( )가 다른 ( )에 해당한다.

02 사업장별

02 부가가치세는 ( )로 납세의무를 부담한다.

03 재화, 재산적 가치

03 ( )란 재산 가치가 있는 물건 및 권리를 말한다. 재화에는 상품, 제품, 원료, 기계, 건물 등 모든 유체물, 전기, 가스, 열 등 관리할 수 있는 자연력을 포함한다. 권리는 광업권, 특허권, 저작권 등 물건 외에 ( )가 있는 모든 것으로 한다.

04 관계없이, 독립적, 사업자

04 사업 목적이 영리이든 비영리이든 ( ) 사업상 ( )으로 재화 또는 용역을 공급하는 자를 ( )라고 한다.

05 간이과세자

05 직전 연도의 재화와 용역의 공급에 대한 대가(부가가치세가 포함된 대가를 말한다)의 합계액이 일정 금액에 미달하는 사업자로서, 간편한 절차로 부가가치세를 신고·납부하는 개인사업자를 ( )라고 한다.

06 포함, 재화를 수입하는 자

06 부가가치세의 납세의무자에는 개인, 법인[국가·지방자치단체와 지방자치단체조합을 ( )], 법인격이 없는 사단·재단 또는 그 밖의 단체로 사업자 및 ( )를 말한다.

07 수탁자

07 신탁재산과 관련된 재화 또는 용역을 공급하는 때에는 ( )가 신탁재산별로 각각 별도의 납세의무자로서 부가가치세를 납부할 의무가 있다.

08 위탁자

08 신탁재산과 관련된 재화 또는 용역을 위탁자 명의로 공급하는 경우, 위탁자가 신탁재산을 실질적으로 지배·통제하는 경우 등에 해당하는 경우에는 ( )가 부가가치세를 납부할 의무가 있다.

09 연대하여

09 수탁자가 납세의무자가 되는 신탁재산에 둘 이상의 수탁자가 있는 경우 공동수탁자는 부가가치세를 ( ) 납부할 의무가 있다. 이 경우 공동수탁자 중 신탁사무를 주로 처리하는 수탁자(대표수탁자)가 부가가치세를 신고·납부하여야 한다.

10 수익자

10 수탁자가 납부하여야 하는 부가가치세 또는 강제징수비를 신탁재산으로 충당하여도 부족한 경우에는 그 신탁의 ( )는 지급받은 수익과 귀속된 재산의 가액을 합한 금액을 한도로 하여 그 부족 금액에 대하여 납부할 의무를 진다.

11 부가가치세를 납부하여야 하는 위탁자가 부가가치세 등을 체납한 경우로서 그 위탁자의 다른 재산에 대하여 강제징수를 하여도 징수할 금액에 미치지 못할 때에는 해당 신탁재산의 (　　　)는 그 (　　　)으로써 위탁자의 부가가치세등을 납부할 의무(물적납세의무)가 있다.

11 수탁자, 신탁재산

12 부가가치세는 (　　　)가 행하는 재화 또는 용역의 공급, (　　　)에 과세한다.

12 사업자, 재화의 수입

13 간이과세자는 (　　　)까지를 과세기간으로 하며, 일반과세자의 1과세기간은 (　　　)까지, 2과세기간은 7월 1일부터 12월 31일까지로 한다.

13 1월 1일부터 12월 31일, 1월 1일부터 6월 30일

14 신규로 사업을 시작하는 자에 대한 최초의 과세기간은 (　　　)부터 그 날이 속하는 과세기간의 종료일까지로 한다. 다만, 사업개시일 이전에 사업자등록을 신청한 경우 그 신청한 날부터 그 (　　　)까지로 한다.

14 사업개시일, 신청일이 속하는 과세기간의 종료일

15 사업자가 폐업하는 경우의 과세기간은 폐업일이 속하는 과세기간의 개시일부터 (　　　)까지로 한다.

15 폐업일

16 일반과세자가 간이과세자로 변경되는 경우 과세기간은 (　　　)로 하며, 간이과세자가 일반과세자로 변경되는 경우에는 그 변경 이전 1월 1일부터 6월 30일까지를 과세기간으로 한다.

16 변경 이후 7월 1일부터 12월 31일까지

17 사업개시일 전 사업자등록을 한 자로서 사업자등록을 한 날부터 (　　　)이 되는 날까지 재화와 용역의 공급실적이 없는 자에 대해서는 그 6개월이 되는 날을 (　　　)로 본다.

17 6개월, 폐업일

18 재화를 수입하는 자의 납세지는 「관세법」에 따라 수입신고를 하는 (　　　)의 소재지로 한다.

18 세관

19 사업장은 사업자가 사업을 하기 위하여 거래의 전부 또는 일부를 하는 (　　　)라고 하며, 사업장을 두지 아니하면 사업자의 (　　　)를 사업장으로 한다.

19 고정된 장소, 주소 또는 거소

20 사업자 단위 과세 사업자는 각 사업장을 대신하여 그 사업자의 (　　　)의 소재지를 부가가치세 납세지로 한다.

20 본점 또는 주사무소

21 부동산상의 권리만을 대여하거나 한국자산관리공사, 예금보험공사, 전기통신사업자 등의 사업자가 부동산을 임대하는 경우에는 (　　　)를 사업장으로 한다.

21 그 사업에 관한 업무를 총괄하는 장소

22 사업자가 자기의 사업과 관련하여 생산하거나 취득한 재화를 직접 판매하기 위하여 특별히 판매시설을 갖춘 장소인 (　　　)은 사업장으로 본다.

22 직매장

23 무인자동판매기, 없다	23 ( )를 통하여 재화·용역을 공급하는 사업의 경우에는 사업장 외의 장소도 사업자의 신청에 따라 추가로 사업장으로 등록할 수 ( ).
24 하치장, 임시사업장	24 재화를 보관하고 관리할 수 있는 시설만 갖춘 장소로서 대통령령으로 정하는 바에 따라 ( )으로 신고된 장소, 각종 경기대회나 박람회 등 행사가 개최되는 장소에 개설한 ( )은 사업장으로 보지 아니한다.
25 세관장	25 재화를 수입하는 자에 대한 부가가치세는 납세지를 관할하는 ( )이 과세한다.
26 20일, 신규	26 사업자는 사업장마다 사업 개시일부터 ( ) 이내에 사업장 관할 세무서장에게 사업자등록을 신청하여야 한다. 다만, ( )로 사업을 시작하려는 자는 사업 개시일 이전이라도 사업자등록을 신청할 수 있다.
27 본점 또는 주사무소	27 사업장이 둘 이상인 사업자(사업장이 하나이나 추가로 사업장을 개설하려는 사업자를 포함한다)는 사업자단위로 해당 사업자의 ( ) 관할 세무서장에게 등록을 신청할 수 있다(사업자단위 과세 사업자).
28 20일	28 사업자 단위 과세 사업자로 변경하려면 사업자 단위 과세 사업자로 적용받으려는 과세기간 개시 ( ) 전까지 사업자의 본점 또는 주사무소 관할 세무서장에게 변경등록을 신청하여야 한다.
29 신탁재산	29 수탁자가 납세의무자가 되는 경우 수탁자는 해당 ( )을 사업장으로 보아 사업자등록을 신청하여야 한다.
30 폐업, 지체 없이	30 등록된 사업자가 ( )한 경우거나, 등록신청을 하고 사실상 사업을 시작하지 아니하게 되는 경우 ( ) 사업자등록을 말소하여야 한다.
31 2일, 5일	31 사업장 관할 세무서장은 사업자의 인적사항과 그 밖에 필요한 사항을 적은 사업자등록증을 신청일부터 ( ) 이내에 신청자에게 발급하여야 한다. 다만, 사업장시설이나 사업현황을 확인하기 위하여 국세청장이 필요하다고 인정하는 경우에는 발급기한을 ( ) 이내에서 연장하고 조사한 사실에 따라 사업자등록증을 발급할 수 있다.
32 조사, 거부	32 사업자가 사업자등록을 하지 아니하는 경우 사업장 관할 세무서장이 ( )하여 등록할 수 있다. 사업자등록의 신청을 받은 사업장 관할 세무서장은 신청자가 사업을 사실상 시작하지 아니할 것이라고 인정될 때에는 등록을 ( )할 수 있다.
33 업무를 총괄하는 장소	33 수탁자가 사업자등록을 신청하는 경우로서 둘 이상의 신탁재산을 하나의 사업장으로 보아 신탁사업에 관한 ( )를 관할하는 세무서장에게 사업자등록을 신청할 수 있다.

| 34 | 사업장 관할 세무서장은 사업자등록의 신청 내용을 보정할 필요가 있다고 인정될 때에는 (　　　) 이내의 기간을 정하여 보정을 요구할 수 있다. | 34 10일 |

| 35 | 사업자등록번호는 (　　　)마다 관할 세무서장이 부여한다. 다만, 사업자 단위로 등록신청을 한 경우에는 사업자 단위 적용 사업장에 (　　　)의 등록번호를 부여한다. | 35 사업장, 한 개 |

| 36 | 사업자등록을 한 사업자가 휴업 또는 폐업을 하거나 사업자등록을 한 자가 사실상 사업을 시작하지 않게 되는 경우에는 (　　　)의 휴업(폐업)신고서를 관할 세무서장에게 제출(국세정보통신망에 의한 제출을 포함한다)해야 한다. | 36 지체 없이 |

| 37 | 사업자가 상호를 변경하고자 하는 경우 (　　　) 사업자등록 정정신고서에 사업자등록증을 첨부하여 관할세무서장에게 제출하여야 한다. 정정신청을 받은 관할세무서장은 (　　　)에 정정하여 사업자등록증을 재발급하여야 한다. | 37 지체 없이, 당일 |

| 38 | 사업개시일 이전에 등록신청을 하고 사실상 사업을 시작하지 아니하게 된 경우 사업장 관할세무서장은 (　　　) 사업자등록증을 회수하여야 한다. | 38 지체 없이 |

| 39 | 사업자등록을 이행하지 않은 경우 매입세액을 공제하지 아니하되, (　　　) 과세기간이 끝난 후 (　　　) 이내에 사업자등록을 신청한 경우 신청일부터 공급시기가 속하는 과세기간 (　　　)까지 역산한 기간 내의 매입세액은 공제한다. | 39 공급시기가 속하는, 20일, 기산일 |

| 40 | 사업개시일부터 사업자등록을 신청한 날의 직전일까지의 공급가액에 (　　　)를 곱한 값을 (　　　)로 납부하여야 한다. | 40 1%, 미등록가산세 |

| 41 | 재화의 공급은 계약상 또는 법률상의 모든 원인에 따라 재화를 인도하거나 (　　　)하는 것으로 한다. | 41 양도 |

| 42 | 자기가 주요자재의 전부 또는 일부를 부담하고 상대방으로부터 인도받은 재화를 가공하여 새로운 재화를 만드는 (　　　)에 따라 재화를 인도하는 것은 재화 공급의 범위에 포함한다. | 42 가공계약 |

| 43 | 경매, 수용, (　　　)와 그 밖의 계약상 또는 법률상의 원인에 따라 재화를 인도하거나 양도하는 것은 재화 공급의 범위에 포함한다. | 43 현물출자 |

| 44 | 국내로부터 보세구역에 있는 창고에 임치된 (　　　)을 국내로 다시 반입하는 것은 재화의 공급에 해당한다. | 44 임치물 |

| 45 | 보세구역에 있는 거래소의 지정창고에 보관된 물품에 대하여 같은 거래소의 지정창고가 발행하는 창고증권의 양도로서 (　　　)이 수반되지 아니하는 것은 재화의 공급으로 보지 아니한다. | 45 임치물의 반환 |

46 대가 없이	46	사업자가 위탁가공을 위하여 원자재를 국외의 수탁가공 사업자에게 (　　　) 반출하는 것은 재화의 공급으로 보지 아니한다.
47 공매	47	「국세징수법」에 따른 (　　　)에 따라 재화를 인도하거나 양도하는 것은 재화의 공급으로 보지 아니한다.
48 면세사업	48	사업자가 자기의 과세사업과 관련하여 생산하거나 취득한 재화로서 이를 자기의 (　　　)을 위하여 직접 사용하거나 소비하는 것은 재화의 공급으로 본다.
49 반출	49	사업장이 둘 이상인 사업자가 자기의 사업과 관련하여 생산 또는 취득한 재화를 판매할 목적으로 자기의 다른 사업장에 (　　　)하는 것은 재화의 공급으로 본다.
50 물납	50	법률에 따라 조세를 (　　　)하는 것은 재화의 공급으로 보지 아니한다.
51 사업용 부동산의 임대용역	51	사업자가 대가를 받지 아니하고 타인에게 용역을 공급하는 것은 용역의 공급으로 보지 아니한다. 다만, 사업자가 대통령령으로 정하는 특수관계인에게 (　　　) 등을 공급하는 것은 용역의 공급으로 본다.
52 근로를 제공하는 것	52	고용관계에 따라 (　　　)은 용역의 공급으로 보지 아니한다.
53 선적	53	수출신고가 수리된 물품으로서 (　　　)되지 아니한 물품을 보세구역에서 반입하는 것은 재화의 수입에 해당하지 아니한다.
54 기부채납	54	국가 또는 지방자치단체에 기부채납하고 무상사용, 수익권을 얻는 경우의 공급거래는 과세대상에 해당한다. 사업자가 생산, 취득한 재화를 국가나 지방자치단체에 무상으로 (　　　)하는 경우에는 과세대상에서 제외한다.
55 영세율	55	내국신용장 또는 구매확인서에 의해 재화를 공급받아 (　　　)을 적용받는 재화를 면세사업에 전용하는 경우 재화의 공급으로 간주한다.
56 포괄적	56	사업을 (　　　)으로 양도하는 경우에는 재화의 공급으로 보지 아니한다.
57 개인적인, 낮은	57	사업자가 자기생산·취득재화를 사업과 직접적인 관계없이 자기의 (　　　) 목적이나 그 밖의 다른 목적을 위하여 사용·소비하거나 그 사용인 또는 그 밖의 자가 사용·소비하는 것으로서 사업자가 그 대가를 받지 아니하거나 시가보다 (　　　) 대가를 받는 경우는 재화의 공급으로 본다.
58 10만 원	58	경조사와 관련된 재화로서 사용인 1명당 연간 (　　　) 이하의 재화를 제공하는 경우 재화의 공급으로 보지 아니한다.

59	사업자가 자기생산·취득재화를 자기의 고객이나 불특정 다수에게 ( )하는 경우는 재화의 공급으로 본다.	59 증여
60	사업자가 폐업할 때 자기생산·취득재화 중 ( )는 자기에게 공급하는 것으로 본다.	60 남아 있는 재화
61	위탁매매 또는 대리인에 의한 매매를 할 때에는 ( ) 또는 ( )이 직접 재화를 공급하거나 공급받은 것으로 본다.	61 위탁자, 본인
62	건설업의 경우 건설사업자가 건설자재의 전부 또는 일부를 부담하더라도 ( )으로 본다.	62 용역의 공급
63	질권, 저당권 또는 ( )의 목적으로 부동산을 제공하는 것은 재화의 공급으로 보지 아니한다.	63 양도담보
64	신탁재산의 소유권 이전으로 수탁자로부터 ( )에게 신탁재산을 이전하는 경우 재화의 공급에 해당한다.	64 위탁자
65	( )과 관련하여 지역권·지상권을 설정하거나 대여하는 사업은 부가가치세가 과세되는 부동산업으로 보지 아니한다.	65 공익사업
66	주된 재화 또는 용역의 공급에 부수되어 공급되는 것으로서 해당 대가가 주된 재화 또는 용역의 공급에 대한 대가에 ( )으로 포함되어 공급되는 재화 또는 용역의 공급은 ( ) 재화 또는 용역의 공급에 포함되는 것으로 본다.	66 통상적, 주된
67	거래의 관행으로 보아 통상적으로 주된 재화 또는 용역의 공급에 ( )하여 공급되는 것으로 인정되는 재화 또는 용역의 공급은 ( ) 재화 또는 용역의 공급에 포함되는 것으로 본다.	67 부수, 주된
68	주된 사업과 관련하여 ( ) 또는 ( )으로 공급되는 재화 또는 용역의 공급은 별도의 공급으로 보되, 과세 및 면세 여부 등은 주된 사업의 과세 및 면세 여부 등을 따른다.	68 우연히, 일시적
69	주된 사업과 관련하여 주된 재화의 생산 과정이나 용역의 제공 과정에서 ( )으로 생기는 재화의 공급은 별도의 공급으로 보되, 과세 및 면세 여부 등은 주된 사업의 과세 및 면세 여부 등을 따른다.	69 필연적
70	재화의 이동이 필요한 경우 공급시기는 재화가 ( ), 재화의 이동이 필요하지 아니한 경우 공급시기는 재화가 ( )로 한다.	70 인도되는 때, 이용가능하게 되는 때

71 할부판매, 이용가능하게 되는 때	71	현금판매, 외상판매 또는 (　　　　)의 경우 재화가 인도되거나 (　　　　)를 공급시기로 한다.
72 인도되는 때	72	상품권 등을 현금 또는 외상으로 판매하고 그 후 그 상품권 등이 현물과 교환되는 경우 재화가 실제로 (　　　　)를 공급시기로 한다.
73 인도하는 때	73	재화의 공급으로 보는 가공의 경우 가공된 재화를 (　　　　)를 공급시기로 한다.
74 장기할부판매, 중간지급조건부, 계속적, 대가의 각 부분을 받기로 한 때	74	기획재정부령으로 정하는 (　　　　), 완성도기준지급조건부로 재화를 공급하는 경우, 기획재정부령으로 정하는 (　　　　)로 재화를 공급하는 경우, 전력이나 그 밖에 공급단위를 구획할 수 없는 재화를 (　　　　)으로 공급하는 경우 (　　　　)를 재화의 공급시기로 본다.
75 현금을 꺼내는 때	75	무인판매기를 이용하여 재화를 공급하는 경우 해당 사업자가 무인판매기에서 (　　　　)를 재화의 공급시기로 본다.
76 수입신고 수리일	76	사업자가 보세구역 안에서 보세구역 밖의 국내에 재화를 공급하는 경우가 재화의 수입에 해당할 때에는 (　　　　)을 재화의 공급시기로 본다.
77 폐업일	77	사업자가 폐업 전에 공급한 재화의 공급시기가 폐업일 이후에 도래하는 경우에는 그 (　　　　)을 공급시기로 본다.
78 외국에서 해당 재화가 인도되는 때	78	위탁가공무역 방식의 수출할 원료의 전부 또는 일부를 거래 상대방에게 수출하거나 외국에서 조달하여 가공한 후 가공물품 등을 외국으로 인도하는 방식의 수출의 경우 (　　　　)를 공급시기로 한다.
79 위탁자와 수탁자	79	거래 및 재화의 특성상 위탁자 및 본인을 알 수 없는 위탁판매에 의한 매매의 경우 (　　　　) 또는 본인과 대리인 사이에도 별개의 공급이 이루어진 것으로 보아 공급시기의 규정을 적용한다.
80 종료일, 대가를 받기로 한 때	80	간주임대료의 공급시기는 예정신고기간 또는 과세기간의 (　　　　)이며, 한 과세기간 내에 부동산임대용역을 제공하는 경우 공급시기는 (　　　　)이다.
81 발급하는 때	81	사업자가 재화 또는 용역의 공급시기가 되기 전에 재화 또는 용역에 대한 대가의 전부 또는 일부를 받고, 그 받은 대가에 대하여 세금계산서 또는 영수증을 발급하면 그 세금계산서 등을 (　　　　)를 각각 그 재화 또는 용역의 공급시기로 본다.
82 7일	82	사업자가 재화 또는 용역의 공급시기가 되기 전에 세금계산서를 발급하고 그 세금계산서 발급일부터 (　　　　) 이내에 대가를 받으면 해당 세금계산서를 발급한 때를 재화 또는 용역의 공급시기로 본다.

83	거래 당사자 간의 계약서·약정서 등에 대금 청구시기(세금계산서 발급일을 말한다)와 지급시기를 따로 적고, 대금 청구시기와 지급시기 사이의 기간이 ( ) 이내인 경우 재화 또는 용역을 공급하는 사업자가 그 재화 또는 용역의 공급시기가 되기 전에 세금계산서를 발급하고 그 세금계산서 발급일부터 ( )이 지난 후 대가를 받더라도 해당 ( )를 재화 또는 용역의 공급시기로 본다.	83 30일, 7일, 세금계산서를 발급한 때
84	재화 또는 용역의 공급시기가 ( )에 도래하는 경우 재화 또는 용역을 공급하는 사업자가 그 재화 또는 용역의 공급시기가 되기 전에 세금계산서를 발급하고 그 세금계산서 발급일부터 7일이 지난 후 대가를 받더라도 해당 세금계산서를 발급한 때를 재화 또는 용역의 공급시기로 본다.	84 세금계산서 발급일이 속하는 과세기간 내
85	장기할부판매로 재화를 공급하거나 장기할부조건부로 용역을 공급하는 경우 공급시기가 되기 전에 세금계산서 또는 영수증을 발급하는 경우 그 ( )를 각각 그 재화 또는 용역의 공급시기로 본다.	85 발급한 때
86	재화의 수입시기는 「관세법」에 따른 ( )로 한다.	86 수입신고가 수리된 때
87	재화가 공급되는 장소는 재화의 이동이 필요한 경우 ( )로 하며, 재화의 이동이 필요하지 아니한 경우 재화가 공급되는 시기에 재화가 있는 장소를 공급장소로 한다.	87 재화의 이동이 시작되는 장소
88	용역이 공급되는 장소는 역무가 제공되거나 시설물, 권리 등 ( )로 하며, 국내 및 국외에 걸쳐 용역이 제공되는 국제운송의 경우 사업자가 비거주자 또는 외국법인이면 여객이 탑승하거나 화물이 적재되는 장소로 한다.	88 재화가 사용되는 장소
89	재화의 공급이 수출에 해당하면 그 재화의 공급에 대하여는 ( )을 적용한다.	89 영세율
90	내국물품[대한민국 선박에 의하여 채집되거나 잡힌 수산물을 ( )한다]을 외국으로 반출하는 것은 재화의 수출에 해당한다.	90 포함
91	( )방식의 거래 등 대통령령으로 정하는 것으로서 국내 사업장에서 계약과 대가 수령 등 거래가 이루어지는 것은 재화의 수출에 해당한다.	91 중계무역
92	영세율은 거주자 또는 내국법인에 대해 적용되는 것을 원칙으로 하며, 비거주자 또는 외국법인에 대해서는 ( )에 따라 영세율 적용여부를 결정한다.	92 상호주의
93	원료를 대가 없이 국외의 ( ) 사업자에게 반출하여 가공한 재화를 양도하는 경우에 그 원료를 반출하거나 「관세법」에 따른 ( )의 물품으로서 보세구역에 보관하는 물품의 외국으로의 반출은 재화의 수출에 해당한다.	93 수탁가공, 수입신고 수리 전

94 25일	94	사업자가 내국신용장 또는 구매확인서에 의해 공급하는 재화는 영세율을 적용한다. 내국신용장이나 구매확인서는 재화의 공급시기가 속하는 과세기간이 끝난 후 ( ) 이내 개설·발급한 것에 한정한다.
95 영세율	95	선박 또는 항공기에 의한 외국항행용역의 공급에 대하여 ( )을 적용한다.
96 세금계산서	96	국내 선박 또는 국내 항공기에서 외국항행용역을 공급하는 경우로서 해당 용역을 공급받는 자가 국내의 과세사업자인 경우 ( )를 발급하여야 한다.
97 과세사업	97	국내에서 비거주자 또는 외국법인에 공급되는 일정한 사업에 해당하는 용역으로 영세율을 적용받기 위해서는 비거주자·외국법인이 지정하는 국내사업자에게 인도되는 재화로서 해당 사업자의 ( )에 사용되는 재화 등의 요건을 충족하여야 한다.
98 영세율	98	우리나라에 상주하는 외교공관, 영사기관, 그에 준하는 국제기구 및 국제연합군 또는 미합중국군대에 공급하는 재화나 용역은 ( )을 적용하며, 대금결제방법에 따라 그 여부가 달라지지 아니한다.
99 외국산	99	농·축·수·임산물로서 미가공식료품은 국산과 ( ) 모두 면세하지만, 식용으로 판매될 수 없는 것은 국산만 면세한다.
100 면세, 애완견	100	가축에 대한 진료용역, 수산동물에 대한 진료용역, 장애인 보조견표지를 발급받은 장애인 보조견에 대한 진료용역은 ( )하지만, ( ) 진료용역은 과세한다.
101 면세, 과세	101	토지의 공급은 ( )한다. 「도로교통법」에 따른 자동차운전학원은 ( )한다.
102 면세, 과세	102	신문, 관보, 도서는 ( )하지만, 광고는 ( )한다.
103 면세	103	교육용역에 필요한 교재·실습자재·기타 교육용구의 대가를 수강료 등에 포함하여 받지 않고 별도로 받는 경우에도 교육용역으로 보므로 ( )한다.
104 면세	104	약사가 제공하는 의약품조제용역은 ( ) 대상이나, 의약품 자체를 판매하는 것은 재화의 공급으로 과세한다.
105 3년간	105	면세의 포기를 신고한 사업자는 신고한 날부터 ( ) 부가가치세를 면제받지 못한다.
106 양수	106	면세포기신고를 한 사업자가 사업을 포괄적으로 양도하는 경우 면세포기의 효력은 사업을 ( )한 사업자에게 승계된다.

107 재화 또는 용역의 공급에 대한 부가가치세의 ( )은 해당 과세기간에 공급한 재화 또는 용역의 공급가액을 합한 금액으로 한다.

107 과세표준

108 재화의 수입에 대한 부가가치세의 과세표준은 그 재화에 대한 관세의 과세가격과 ( ), 개별소비세, 주세, 교육세, 농어촌특별세 및 ( )를 합한 금액으로 한다.

108 관세, 교통·에너지·환경세

109 공급가액은 대금, 요금, 수수료, 그 밖에 어떤 명목이든 상관없이 재화 또는 용역을 공급받는 자로부터 받는 금전적 가치 있는 모든 것을 포함하되, ( )는 포함하지 아니한다.

109 부가가치세

110 금전으로 대가를 받는 경우 공급가액은 그 대가이나 금전 외의 대가를 받는 경우 자기가 ( ) 재화 또는 용역의 ( )를 공급가액으로 한다.

110 공급한, 시가

111 외상판매 및 할부판매의 경우 공급가액은 공급한 재화의 총가액으로 하며, 장기할부판매, 완성도기준지급조건부, ( )로 재화·용역을 공급하는 경우 공급가액은 ( )으로 한다.

111 중간지급조건부, 계약에 따라 받기로 한 대가의 각 부분

112 기부채납의 경우 해당 기부채납의 근거가 되는 법률에 따라 ( )을 공급가액으로 하되, 기부채납된 가액에 부가가치세가 포함된 경우 그 부가가치세는 ( ) 한다.

112 기부채납된 가액, 제외

113 장기할부판매 또는 할부판매의 이자상당액은 공급가액에 포함하지만, 공급에 대한 대가의 지급이 지체되었음을 이유로 받는 ( )는 공급가액에 포함하지 않는다.

113 연체이자

114 공급받는 자에게 도달하기 전에 ( )되거나 훼손, 멸실한 재화의 가액은 ( )에 포함하지 않는다.

114 파손, 공급가액

115 재화 또는 용역의 공급과 직접 관련되지 아니하는 ( )과 공공보조금은 공급가액에 포함하지 않는다.

115 국고보조금

116 통상적으로 용기 또는 포장을 해당 사업자에게 ( )할 것을 조건으로 그 용기대금과 포장비용을 공제한 금액으로 공급하는 경우에는 그 용기대금과 포장비용은 ( )에 포함하지 아니한다.

116 반환, 공급가액

117 사업자가 재화 또는 용역을 공급받는 자에게 지급하는 ( )이나 이와 유사한 금액 및 ( )은 과세표준에서 공제하지 아니한다.

117 장려금, 대손금

118 110분의 100	118 사업자가 재화 또는 용역을 공급하고 그 대가로 받은 금액에 부가가치세가 포함되어 있는지가 분명하지 아니한 경우에는 그 대가로 받은 금액에 (　　　)을 곱한 금액을 공급가액으로 한다.
119 자기적립마일리지	119 자기적립마일리지를 적립하는 경우 해당 (　　　)로 결제받은 금액은 공급가액에 포함하지 않는다.
120 현물, 시가	120 사업자가 판매장려금을 현금으로 지급하는 경우에는 과세표준에서 공제하지 않지만 (　　　)로 지급하는 경우에는 사업상 증여에 해당하여 (　　　)로 과세표준에 포함한다.
121 환가한 금액, 기준환율, 재정환율	121 대가를 외국통화나 그 밖의 외국환으로 받은 경우 공급시기가 되기 전에 원화로 환가한 경우 (　　　)을 공급가액으로 하며, 공급시기 이후에 외국통화나 그 밖의 외국환 상태로 보유하거나 지급받는 경우 공급시기의 「외국환거래법」에 따른 (　　　) 또는 (　　　)에 따라 계산한 금액으로 한다.
122 공급한 재화 또는 용역의 시가	122 특수관계인에 대한 재화 또는 용역(수탁자가 위탁자의 특수관계인에게 공급하는 신탁재산과 관련된 재화 또는 용역을 포함한다)의 공급이 조세의 부담을 부당하게 감소시킬 것으로 인정되는 경우에는 (　　　)를 공급가액으로 본다.
123 20	123 건물의 간주공급으로 인한 과세표준은 취득가액 × (1 − 20%) × 경과된 과세기간수로 하되, 경과된 과세기간 수는 (　　　)을 한도로 한다.
124 5%, 5천만 원	124 과세사업에 제공한 감가상각자산을 면세사업에 일부 사용하는 경우로서 재화를 공급하는 날이 속하는 과세기간의 직전 과세기간의 총공급가액 중 면세공급가액이 (　　　) 미만인 경우에는 전부를 과세사업에 사용한 것으로 본다. 다만, 해당 재화의 공급가액이 (　　　) 이상인 경우는 제외한다.
125 실지거래가액	125 사업자가 토지와 그 토지에 정착된 건물 또는 구축물 등을 함께 공급하는 경우에는 건물 또는 구축물 등의 (　　　)을 공급가액으로 한다.
126 기준시가, 장부가액	126 사업자가 건물가액과 토지가액을 산정할 때 적용해야 하는 순서는 실지거래가액(감정평가가액) → (　　　) → (　　　) → 취득가액의 순이다.
127 사용하기로 약정한 날	127 임대보증금에 대한 간주임대료의 계산은 해당 부동산을 (　　　)부터 일수에 포함시켜 계산하는 것을 원칙으로 한다.
128 구분징수, 포함하지 아니한다	128 임차인이 부담하여야 할 보험료·수도료 및 공공요금을 별도로 (　　　)하여 납입을 대행하는 경우 해당 금액은 과세표준에 (　　　).

129 대손세액공제를 적용받기 위해서는 과세되는 재화·용역을 공급한 후 그 공급일로부터 (　　　　)이 지난날이 속하는 과세기간에 대한 (　　　　　)까지 대손이 확정되어야 한다.

129 10년, 확정신고기한

130 대손되었던 금액을 회수한 경우 공급자는 대손세액을 (　　　　)이 속하는 과세기간의 매출세액에 가산하며, 공급받는 자는 (　　　　)이 속하는 과세기간의 매입세액에 가산한다.

130 회수한 날, 변제한 날

131 사업자가 재화 또는 용역을 공급하는 경우에는 공급가액에 세율을 적용하여 계산한 부가가치세를 재화 또는 용역을 공급받는 자로부터 (　　　　)하여야 한다.

131 거래징수

132 세금계산서의 필요적 기재사항은 다음과 같다. 필요적 기재사항이 누락된 경우 해당 세금계산서는 효력이 없다.

① (　　　) 사업자의 등록번호와 성명 또는 명칭
② 공급받는 자의 (　　　). 다만, 공급받는 자가 사업자가 아니거나 등록한 사업자가 아닌 경우에는 고유번호 또는 공급받는 자의 (　　　)
③ (　　　)과 부가가치세액
④ 작성 연월일

132 공급하는, 등록번호, 주민등록번호, 공급가액

133 세금계산서 임의적 기재사항을 누락한 경우 해당 세금계산서는 효력이 없다. (○ / ×)

133 ×

134 영세율 적용 사업자는 세금계산서 발급의무를 부담하지만, (　　　　)는 세금계산서 발급의무를 부담하지 않는다.

134 면세사업자

135 법인사업자와 직전 연도의 사업장별 재화 및 용역의 공급가액(면세공급가액을 포함)의 합계액이 (　　　　) 이상인 개인사업자는 전자세금계산서를 발급하여야 한다. 전자세금계산서를 발급하여야 하는 사업자가 종이세금계산서를 발급하는 경우 종이세금계산서는 효력이 없다.

135 8천만 원

136 개인사업자가 전자세금계산서 의무발급 개인사업자에 해당하는 경우에는 전자세금계산서를 발급하여야 하는 기간이 시작되기 (　　　　) 전까지 그 사실을 해당 개인사업자에게 통지하여야 한다.

136 1개월

137 전자세금계산서가 재화 또는 용역을 공급받는 자가 지정하는 수신함에 (　　　　) 되거나 전자세금계산서 발급 시스템에 (　　　　)에 재화 또는 용역을 공급받는 자가 그 전자세금계산서를 수신한 것으로 본다.

137 입력, 입력된 때

138 전자세금계산서를 발급한 경우 전자세금계산서 발급일의 (　　　　)까지 전자세금계산서 발급명세를 국세청장에게 전송하여야 한다.

138 다음날

#	답	#	문제
139	세금계산서합계표	139	전자세금계산서 발급명세를 전송한 경우 별도로 (　　　)를 제출할 필요는 없다.
140	공급대가, 5만 원	140	매입자발행 세금계산서를 발급받고자 하는 자는 거래 건당 (　　　)가 (　　　) 이상인 경우에 가능하며, 이때 기재된 부가가치세액은 공제할 수 있는 매입세액으로 한다.
141	1년	141	매입자발행 세금계산서를 발행하려는 자는 해당 재화 또는 용역의 공급시기가 속하는 과세기간의 종료일로부터 (　　　) 이내에 입증서류를 첨부하여 관할 세무서장에게 신청서를 제출하고 거래사실의 확인을 요청하여야 한다.
142	위탁자 또는 본인, 수탁자 또는 대리인의 등록번호	142	위탁판매 또는 대리인에 의한 판매의 경우 수탁자 또는 대리인이 재화를 인도할 때에는 수탁자 또는 대리인이 (　　　)의 명의로 세금계산서를 발급하며, 위탁자 또는 본인이 직접 재화를 인도하는 때에는 위탁자 또는 본인이 세금계산서를 발급할 수 있다. 이 경우 (　　　)를 덧붙여 적어야 한다.
143	공급자 또는 세관장	143	납세의무가 있는 사업자가 시설대여업자로부터 시설 등을 임차하고, 그 시설 등을 공급자 또는 세관장으로부터 직접 인도받는 경우에는 (　　　)이 그 사업자에게 직접 세금계산서를 발급할 수 있다.
144	수정세금계산서	144	세금계산서나 전자세금계산서의 기재사항을 잘못 적거나 발급한 이후 변경사유가 발생하는 경우 (　　　)나 수정전자세금계산서를 발급할 수 있다.
145	재화가 환입된 날, 붉은색	145	처음 공급한 재화가 환입(還入)된 경우 (　　　)을 작성일로 적고 비고란에 처음 세금계산서 작성일을 덧붙여 적은 후 (　　　) 글씨로 쓰거나 음(陰)의 표시를 하여 수정세금계산서를 발급한다.
146	계약해제일	146	계약의 해제로 재화 또는 용역이 공급되지 아니한 경우 계약이 해제된 때에 그 작성일은 (　　　)로 적고 비고란에 처음 세금계산서 작성일을 덧붙여 적은 후 붉은색 글씨로 쓰거나 음(陰)의 표시를 하여 수정세금계산서를 발급한다.
147	증감 사유가 발생한 날, 검은색, 붉은색	147	계약의 해지 등에 따라 공급가액에 추가되거나 차감되는 금액이 발생한 경우 (　　　)을 작성일로 적고 추가되는 금액은 (　　　) 글씨로 쓰고, 차감되는 금액은 (　　　) 글씨로 쓰거나 음(陰)의 표시를 하여 수정세금계산서를 발급한다.
148	제외	148	필요적 기재사항 등이 착오로 잘못 적힌 경우[과세표준 또는 세액을 경정할 것을 미리 알고 있는 경우는 (　　　)한다] 처음에 발급한 세금계산서의 내용대로 세금계산서를 붉은색 글씨로 쓰거나 음(陰)의 표시를 하여 발급하고, 수정하여 발급하는 세금계산서는 검은색 글씨로 작성하여 발급한다.

| 149 | 세관장은 수입하는 재화에 대하여 부가가치세를 징수할 때에는 수입된 재화에 대한 세금계산서를 (　　　)에게 발급한다. | 149 수입하는 자 |

| 150 | 소매업 또는 미용, 욕탕 및 유사 서비스업을 경영하는 자가 공급하는 재화 또는 용역은 세금계산서 발급의무가 면제된다. 다만, (　　　)의 경우에는 공급받는 자가 세금계산서 발급을 요구하지 아니하는 경우로 한정한다. | 150 소매업 |

| 151 | 간이과세자는 영수증 및 (　　　)를 발급할 수 있다. | 151 세금계산서 |

| 152 | 부동산임대용역 중 (　　　)에 해당하는 부분은 세금계산서 또는 영수증 발급의무가 면제된다. | 152 간주임대료 |

| 153 | 사업자는 (　　　)를 예정신고 또는 확정신고 시에 제출하여야 하며, 전자세금계산서를 발급하거나 발급받고 전자세금계산서 발급명세를 해당 재화 또는 용역의 공급시기가 속하는 과세기간 마지막 날의 다음달 (　　　)까지 국세청장에게 전송한 경우 세금계산서합계표의 제출의무를 지지 않는다. | 153 세금계산서합계표, 11일 |

| 154 | 수입세금계산서를 발급한 세관장은 매출처별 세금계산서합계표를 해당 (　　　)를 관할하는 세무서장에게 제출하여야 한다. | 154 세관 소재지 |

| 155 | 세금계산서를 발급받은 국가는 부가가치세의 납세의무가 없는 경우에도 매입처별 세금계산서합계표를 해당 과세기간이 끝난 후 (　　　) 이내에 납세지 관할 세무서장에게 제출하여야 한다. | 155 25일 |

| 156 | 부가가치세 납부세액은 매출세액[(　　　)을 뺀 금액으로 한다]에서 매입세액, 그 밖에 이 법 및 다른 법률에 따라 공제되는 매입세액을 뺀 금액으로 한다. 이 경우 매출세액을 초과하는 부분의 매입세액은 (　　　)으로 한다. | 156 대손세액, 환급세액 |

| 157 | 매출세액에서 공제하는 매입세액은 사업자가 자기의 사업을 위하여 (　　　) 목적으로 공급받은 재화 또는 용역에 대한 부가가치세액 및 사업자가 자기의 사업을 위하여 (　　　) 목적으로 수입하는 재화의 수입에 대한 부가가치세액이다. | 157 사용하였거나 사용할, 사용하였거나 사용할 |

| 158 | 매입세액은 재화 또는 용역을 (　　　)가 속하는 과세기간의 매출세액에서 공제한다. 재화의 수입에 따른 매입세액은 재화의 (　　　)가 속하는 과세기간의 매출세액에서 공제한다. | 158 공급받는 시기, 수입시기 |

| 159 | (　　　) 및 이와 유사한 비용의 지출에 관련된 매입세액, 면세사업등에 관련된 매입세액, (　　　)에 관련된 매입세액은 매출세액에서 공제하지 아니한다. | 159 접대비, 토지 |

160 20일, 기산일	**160** 사업자등록을 신청하기 전의 매입세액은 공제하지 아니하나, 공급시기가 속하는 과세기간이 끝난 후 (　　　) 이내에 등록을 신청한 경우 등록신청일부터 공급시기가 속하는 과세기간 (　　　)까지 역산한 기간 내의 것은 제외한다.
161 실지귀속	**161** 사업자가 과세사업과 면세사업 등을 겸영하는 경우에 과세사업과 면세사업등에 관련된 매입세액의 계산은 (　　　)에 따라 하되, 실지귀속을 구분할 수 없는 매입세액은 총공급가액에 대한 면세공급가액의 비율 등을 적용하여 안분한다.
162 매입세액	**162** 사업자가 부가가치세를 면제받아 공급받거나 수입한 면세농산물 등을 원재료로 하여 제조·가공한 재화 또는 창출한 용역의 공급에 대하여 부가가치세가 과세되는 경우에는 면세농산물 등을 공급받거나 수입할 때 (　　　)이 있는 것으로 보아 면세농산물등의 가액에 일정율을 곱하여 계산한 금액을 매입세액으로 공제할 수 있다(의제매입세액공제).
163 간이과세자	**163** 의제매입세액공제는 사업자등록을 한 과세사업 영위 사업자에 적용되며, (　　　)에게는 적용이 불가능하다.
164 농·어민	**164** 제조업을 영위하는 사업자가 (　　　)으로부터 면세농산물 등을 직접 공급받는 경우 매입과 관련된 증빙 없이도 의제매입세액공제 적용이 가능하다.
165 납부세액	**165** 사업자가 구입일이 속하는 과세기간에 의제매입세액공제를 받은 면세농산물 등이 이후 과세기간에 공제요건을 위배하게 되는 경우 공제했던 의제매입세액을 (　　　)에 가산하거나 환급세액에서 공제하여야 한다.
166 감가상각자산, 사용하거나 소비하는 날	**166** 사업자는 매입세액이 공제되지 아니한 면세사업등을 위한 (　　　)을 과세사업에 사용하거나 소비하는 경우 대통령령으로 정하는 바에 따라 계산한 금액을 그 과세사업에 (　　　)이 속하는 과세기간의 매입세액으로 공제할 수 있다.
167 5%	**167** 면세사업에 사용하던 감가상각자산을 전부가 아닌 일부 전환하는 경우 과세공급가액의 비율이 (　　　) 미만일 때에는 매입세액공제를 적용하지 아니한다.
168 재고품, 건설 중인 자산	**168** 간이과세자가 일반과세자로 변경되면 그 변경 당시의 (　　　), (　　　) 및 감가상각자산에 대하여 대통령령으로 정하는 바에 따라 계산한 금액을 매입세액으로 공제할 수 있다.
169 100만 원	**169** 재화 및 용역의 공급가액 등을 고려하여 대통령령으로 정하는 개인사업자가 전자세금계산서를 2027년 12월 31일까지 발급하는 경우 전자세금계산서 발급 건수 등을 고려하여 대통령령으로 정하는 금액을 해당 과세기간의 부가가치세 납부세액에서 공제할 수 있다. 이 경우 공제한도는 연간 (　　　)으로 한다.

170 사업자는 각 과세기간 중 예정신고기간이 끝난 후 (　　　) 이내에 각 예정신고기간에 대한 과세표준과 납부세액 또는 환급세액을 납세지 관할 세무서장에게 신고하여야 한다. 다만, 신규로 사업을 시작하거나 시작하려는 자에 대한 최초의 예정신고기간은 (　　　)부터 그 날이 속하는 예정신고기간의 (　　　)까지로 한다.

170 25일, 사업 개시일, 종료일

171 개인사업자에 대해서는 예정신고의무를 면제하며, 예정신고의무를 부담하지 않는 대신 관할 세무서장이 직전 과세기간에 대한 납부세액의 (　　)로 결정하여 징수한다.

171 50%

172 징수하여야 할 금액이 (　　　) 미만인 경우, 간이과세자에서 해당 과세기간 개시일 현재 (　　　)로 변경된 경우 등에는 부가가치세 예정고지세액을 징수하지 아니한다.

172 50만 원, 일반과세자

173 부가가치세 예정신고시에는 가산세, (　　　), 납부세액의 재계산 규정은 배제된다.

173 대손세액공제

174 사업자는 각 과세기간에 대한 과세표준과 납부세액 또는 환급세액을 그 과세기간이 끝난 후 25일[폐업하는 경우 (　　　) 이내]에 납세지 관할 세무서장에게 신고하여야 한다. 다만, 예정신고를 한 사업자 또는 조기에 환급을 받기 위하여 신고한 사업자는 이미 신고한 과세표준과 납부한 납부세액 또는 환급받은 환급세액은 (　　　).

174 폐업일이 속한 달의 다음달 25일, 신고하지 아니한다

175 납세의무자가 재화의 수입에 대하여 「관세법」에 따라 (　　　)를 세관장에게 신고하고 납부하는 경우에는 (　　　)를 함께 신고하고 납부하여야 한다.

175 관세, 재화의 수입에 대한 부가가치세

176 세관장은 매출액에서 수출액이 차지하는 비율 등 대통령령으로 정하는 요건을 충족하는 (　　　)가 물품을 제조·가공하기 위한 원재료 등 대통령령으로 정하는 재화의 수입에 대하여 부가가치세의 (　　　)를 미리 신청하는 경우에는 해당 재화를 수입할 때 부가가치세의 납부를 유예할 수 있다.

176 중소·중견사업자, 납부유예

177 사업장이 둘 이상인 사업자(사업장이 하나이나 추가로 사업장을 개설하려는 사업자를 포함한다)가 주된 사업장의 관할 세무서장에게 (　　　)를 신청한 경우에는 (　　　)을 주된 사업장에서 총괄하여 납부할 수 있다. 주된 사업장은 법인의 본점 또는 개인의 주사무소로 한다. 다만, 법인의 경우에는 (　　　)(분사무소를 포함한다)을 주된 사업장으로 할 수 있다.

177 주사업장총괄납부, 납부할 세액, 지점

178 주된 사업장에서 총괄하여 납부하는 사업자가 되려는 자는 그 납부하려는 과세기간 개시 (　　　) 전에 주사업장 총괄 납부 신청서를 주된 사업장의 관할 세무서장에게 제출하여야 한다.

178 20일

179 「소득세법」 또는 「법인세법」에 따른 국내사업장이 없는 (　　　)으로부터 국내에서 용역 또는 권리를 공급받는 자는 그 (　　　)에 그 대가를 받은 자로부터 부가가치세를 징수하여야 한다(대리납부제도).

179 비거주자 또는 외국법인, 대가를 지급하는 때

180 양수받는 자, 대가를 지급하는 때	180 사업의 양도에 따라 그 사업을 (　　　　)는 그 (　　　　)에 그 대가를 받은 자로부터 부가가치세를 징수하여 그 대가를 지급하는 날이 속하는 달의 다음달 25일까지 사업장 관할 세무서장에게 납부할 수 있다.
181 매출처별 세금계산서합계표	181 사업자는 세금계산서 또는 수입세금계산서를 발급하였거나 발급받은 경우에는 (　　　　)와 매입처별 세금계산서합계표를 해당 예정신고 또는 확정신고를 할 때 함께 제출하여야 한다.
182 즉시	182 납세지 관할 세무서장등은 결정하거나 경정한 과세표준과 납부세액 또는 환급세액에 오류가 있거나 누락된 내용이 발견되면 (　　　　) 다시 경정한다(재경정).
183 30일	183 납세지 관할 세무서장은 각 과세기간별로 그 과세기간에 대한 환급세액을 확정신고한 사업자에게 그 확정신고기한이 지난 후 (　　　　) 이내에 환급하여야 한다.
184 영세율, 15일	184 사업자가 (　　　　)을 적용받는 경우, 사업자가 사업 설비를 신설·취득·확장 또는 증축하는 경우, 사업자가 재무구조개선계획을 이행 중인 경우 관할세무서장장은 환급세액을 각 예정신고기간별로 그 예정신고 기한이 지난 후 (　　　　) 이내에 예정신고한 사업자에게 환급하여야 한다(조기환급).
185 1%	185 사업자가 사업자등록 기한까지 등록을 신청하지 아니한 경우에는 사업 개시일부터 등록을 신청한 날의 직전일까지의 공급가액 합계액의 (　　　　)를 납부세액에 더하거나 환급세액에서 뺀다.
186 공급대가	186 직전 연도의 (　　　　)의 합계액이 1억 4백만 원에 미달하는 개인사업자는 간이과세자에 해당한다.
187 간이과세	187 신규로 사업을 시작하는 개인사업자는 사업을 시작한 날이 속하는 연도의 공급대가의 합계액이 1억 4백만 원에 미달될 것으로 예상되면 등록을 신청할 때 납세지 관할 세무서장에게 (　　　　)의 적용 여부를 함께 신고하여야 한다.
188 사업을 양수한 이후	188 사업의 포괄적 양도 규정에 따라 일반과세자로부터 사업을 양수한 사업자는 (　　　　) 공급대가의 합계액이 1억 4백만 원에 미달하는 경우 간이과세자에 관한 규정을 적용받을 수 있다.
189 다음해의 7월 1일부터 그 다음해의 6월 30일	189 간이과세자에 관한 규정이 적용되거나 적용되지 아니하게 되는 기간은 1역년의 공급대가의 합계액이 1억 4백만 원에 미달하거나 그 이상이 되는 해의 (　　　　)까지로 한다.
190 세금계산서	190 간이과세자는 (　　　　)를 발급하는 것을 원칙으로 하지만, 일반과세자와 달리 매출세액에서 매입세액을 공제하는 방식으로 부가가치세를 신고납부하지 않는다.

191 과세유형이 변경되는 경우 해당 사업자의 납세지 관할 세무서장은 그 변경되는 과세기간 개시 (　　　) 전까지 해당 사실을 통지하여야 하며, 사업자등록증을 정정하여 과세기간 개시 당일까지 발급하여야 한다.

191 20일

192 간이과세를 포기하고 일반과세를 적용받으려는 자는 (　　　)의 전달 마지막 날까지 납세지 관할세무서장에게 간이과세포기신고서를 제출하여야 한다.

192 일반과세자에 관한 규정을 적용받으려는 달

193 간이과세에 대한 포기를 신청한 경우, 일반과세자에 관한 규정을 적용받으려는 달의 1일부터 (　　　)이 되는 날이 속하는 과세기간까지는 간이과세자에 관한 규정을 적용받지 못한다.

193 3년

194 간이과세자의 해당 과세기간에 대한 공급대가의 합계액이 (　　　) 미만이면 그 과세기간의 납부세액의 납부의무를 면제한다. 단, 재고납부세액은 부담한다.

194 4,800만 원

195 (　　　)로 변경되면 변경 당시의 재고품, 건설 중인 자산 및 감가상각자산에 대하여 대통령령으로 정하는 바에 따라 계산한 금액을 납부세액에 더하여야 한다(재고납부세액).

195 일반과세자가 간이과세자

196 (　　　)로 변경되면 재고매입세액을 납부세액에서 차감한다.

196 간이과세자가 일반과세자

197 간이과세자의 공제세액의 합계액이 납부세액을 초과하더라도 (　　　)하지 아니한다.

197 환급

198 간이과세자가 세금계산서를 발급하여야 하는 사업자로부터 재화 또는 용역을 공급받고 세금계산서를 발급받지 아니한 경우 그 (　　　)를 납부세액에 더하거나 환급세액에서 뺀다.

198 공급대가의 0.5%

199 간이과세자는 예정고지에 의한 부가가치세 징수 외에도 예정부과기간의 과세표준과 납부세액을 예정부과기한까지 사업장 관할 세무서장에게 (　　　).

199 신고할 수 있다

200 사업자가 사업장에 통상적으로 머무르지 아니하는 경우, 사업자가 6개월 이상 국외에 체류하려는 경우에는 부가가치세에 관한 신고·납부·환급, 그 밖에 필요한 사항을 처리하는 (　　　)을 정하여야 한다.

200 납세관리인

부록 — 제5편 소득세법 핵심 체크하기

01 부담능력

01 소득세법은 개인의 소득에 대하여 소득의 성격과 납세자의 (　　　　) 등에 따라 적정하게 과세함으로써 조세부담의 형평을 도모하고 재정수입의 원활한 조달에 이바지함을 목적으로 한다.

02 주소, 거소

02 거주자란 국내에 (　　　　)를 두거나 183일 이상의 (　　　　)를 둔 개인을 말한다.

03 비거주자

03 (　　　　)란 거주자가 아닌 개인을 말한다.

04 거소

04 (　　　　)는 주소지 외의 장소 중 상당기간에 걸쳐 거주하는 장소로서 주소와 같이 밀접한 일반적 생활관계가 형성되지 아니한 장소로 한다.

05 직업, 가족

05 국내에 거주하는 개인이 다음의 어느 하나에 해당하는 경우에는 국내에 주소를 가진 것으로 본다.

> ① 계속하여 183일 이상 국내에 거주할 것을 통상 필요로 하는 (　　　) 을 가진 때
> ② 국내에 생계를 같이하는 (　　　)이 있고, 그 직업 및 자산상태에 비추어 계속하여 183일 이상 국내에 거주할 것으로 인정되는 때

06 승무원, 국내

06 외국을 항행하는 선박 또는 항공기의 (　　　　)의 경우 그 승무원과 생계를 같이 하는 가족이 거주하는 장소 또는 그 승무원이 근무기간 외의 기간 중 통상 체재하는 장소가 국내에 있는 때에는 당해 승무원의 주소는 (　　　　)에 있는 것으로 보고, 그 장소가 국외에 있는 때에는 당해 승무원의 주소가 국외에 있는 것으로 본다.

07 주소, 183일

07 비거주자가 거주자로 되는 시기는 국내에 (　　　　)를 둔 날, 국내에 주소를 가지거나 국내에 주소가 있는 것으로 보는 사유가 발생한 날, 국내에 거소를 둔 기간이 (　　　　)이 되는 날로 한다.

08 출국하는 날의 다음날

08 거주자가 비거주자로 되는 시기는 거주자가 주소 또는 거소의 국외 이전을 위하여 (　　　　), 국내에 주소가 없거나 국외에 주소가 있는 것으로 보는 사유가 발생한 날의 다음날로 한다.

09 국내원천소득

09 비거주자는 (　　　　)에 대해 소득세 납세의무를 부담한다.

10 원천징수한 소득세를 납부할 의무를 지닌 자는 다음과 같다.

① 거주자
② (   )
③ 내국법인
④ 외국법인의 (   )
⑤ 그 밖에 소득세법에서 정하는 원천징수의무자

10 비거주자, 국내지점 또는 국내영업소

11 법인 아닌 단체 중 법인으로 보는 단체 외의 법인 아닌 단체는 국내에 주사무소 또는 사업의 실질적 관리장소를 둔 경우에는 (   )로, 그 밖의 경우에는 (   )로 보아 「소득세법」을 적용한다.

11 1거주자, 1비거주자

12 내국법인의 국외사업장 또는 해외현지법인(내국법인이 발행주식총수 또는 출자지분의 100%를 직접 또는 간접 출자한 경우에 한정) 등에 파견된 임원 또는 직원이나 국외에서 근무하는 공무원은 (   )로 본다.

12 거주자

13 공동사업에 관한 소득금액을 계산하는 경우에는 해당 (   )로 납세의무를 진다. 다만, 주된 공동사업자에게 (   )되는 경우 그 합산과세되는 소득금액에 대해서는 주된 공동사업자의 특수관계인은 손익분배비율에 해당하는 그의 소득금액을 한도로 주된 공동사업자와 (   )하여 납세의무를 진다.

13 공동사업자별, 합산과세, 연대

14 피상속인의 소득금액에 대해서 과세하는 경우에는 (   )이 납세의무를 진다.

14 상속인

15 원천징수되는 소득으로서 종합소득과세표준에 합산되지 아니하는 소득이 있는 자는 그 원천징수되는 소득세에 대해서 (   )를 진다.

15 납세의무

16 공동으로 소유한 자산에 대한 양도소득금액을 계산하는 경우에는 해당 자산을 (   )가 납세의무를 진다.

16 공동으로 소유하는 각 거주자

17 신탁재산에 귀속되는 소득은 그 신탁의 이익을 받을 (   )(수익자가 사망하는 경우에는 그 상속인)에게 귀속되는 것으로 본다. 단, 수익자가 특별히 정하여지지 아니하거나 존재하지 아니하는 신탁 또는 위탁자가 신탁재산을 실질적으로 통제하는 경우 그 신탁재산에 귀속되는 소득은 (   )에게 귀속되는 것으로 본다.

17 수익자, 위탁자

18 소득세의 과세기간은 (   )까지를 원칙으로 한다. 다만, 거주자가 사망한 경우 1월 1일부터 (   )까지를 과세기간으로 본다.

18 1월 1일부터 12월 31일, 사망한 날

19 거주자가 주소 또는 거소를 국외로 이전하여 비거주자가 되는 경우의 과세기간은 1월 1일부터 (   )까지로 한다.

19 출국한 날

20	해당 과세기간 종료일 (　　　　) 전부터 국내에 주소나 거소를 둔 기간의 합계가 (　　　　) 이하인 외국인 거주자에게는 과세대상 소득 중 국외에서 발생한 소득의 경우 국내에서 지급되거나 (　　　　)에 대해서만 과세한다.	20 10년, 5년, 국내로 송금된 소득
21	거주자의 소득세 납세지는 그 (　　　　)로 한다. 다만, 주소지가 없는 경우에는 그 (　　　　)로 한다.	21 주소지, 거소지
22	비거주자의 소득세 납세지는 (　　　　)의 소재지로 한다. 다만, 국내사업장이 둘 이상 있는 경우에는 (　　　　)의 소재지로 하고, 국내사업장이 없는 경우에는 (　　　　)이 발생하는 장소로 한다.	22 국내사업장, 주된 국내사업장, 국내원천소득
23	주소지가 둘 이상인 때에는 (　　　　)에 의하여 등록된 곳을 납세지로 하고, 거소지가 둘 이상인 때에는 생활관계가 보다 밀접한 곳을 납세지로 한다.	23 「주민등록법」
24	국내에 둘 이상의 사업장이 있는 비거주자의 경우 그 주된 사업장을 판단하기가 곤란한 때에는 당해 비거주자가 납세지로 (　　　　)를 납세지로 한다.	24 신고한 장소
25	원천징수하는 자가 거주자인 경우 그 거주자의 (　　　　)를 납세지로 한다. 다만, 주된 사업장 외의 사업장에서 원천징수를 하는 경우에는 (　　　　), 사업장이 없는 경우에는 그 거주자의 주소지 또는 거소지로 한다.	25 주된 사업장 소재지, 그 사업장의 소재지
26	원천징수하는 자가 법인인 경우 그 법인의 (　　　　)를 납세지로 한다.	26 본점 또는 주사무소의 소재지
27	납세조합이 그 조합원에 대한 소득세를 징수하는 경우 그 (　　　　)를 납세지로 한다.	27 납세조합의 소재지
28	거주자 또는 비거주자가 사망하여 그 상속인이 피상속인에 대한 소득세의 납세의무자가 된 경우 그 소득세의 납세지는 그 피상속인·상속인 또는 납세관리인의 주소지나 거소지 중 상속인 또는 납세관리인이 그 관할 세무서장에게 납세지로서 (　　　　)하는 장소로 한다.	28 신고
29	납세지의 지정이 취소된 경우에도 그 취소 전에 한 소득세에 관한 신고, 신청, 청구, 납부, 그 밖의 행위의 효력에는 영향을 (　　　　).	29 미치지 아니한다
30	거주자나 비거주자는 납세지가 변경된 경우 변경된 날부터 15일 이내에 그 (　　　　)의 납세지 관할 세무서장에게 신고하여야 한다.	30 변경 후
31	국가나 지방자치단체가 발행한 채권 또는 증권의 이자와 할인액, 내국법인이 발행한 채권 또는 증권의 이자와 할인액, 채권 또는 증권의 환매조건부 매매차익, 저축성보험의 보험차익 등은 (　　　　)으로 본다.	31 이자소득

| 32 | 직장공제회 초과반환금, (　　　)의 이익은 이자소득으로 본다. | 32 비영업대금 |

| 33 | 이자소득금액은 해당 과세기간의 (　　　)으로 한다. | 33 총수입금액 |

| 34 | 직장공제회 초과반환금은 (　　　)을 계산할 때 합산하지 아니한다. | 34 종합소득과세표준 |

| 35 | 거주자가 일정기간 후에 같은 종류로서 같은 양의 채권을 반환받는 조건으로 채권을 대여하고 해당 채권의 차입자로부터 지급받는 해당 채권에서 발생하는 이자에 상당하는 금액은 (　　　)에 포함된다. | 35 이자소득 |

| 36 | 이자소득을 발생시키는 거래 또는 행위와 파생상품이 일정하게 결합된 경우 해당 파생상품의 거래 또는 행위로부터의 이익으로 법정 요건을 갖춘 것은 (　　　)으로 과세한다. | 36 이자소득 |

| 37 | 「소득세법」상 채권 등으로서 기명인 것의 이자소득은 (　　　)을 수입시기로 한다. | 37 약정에 의한 지급일 |

| 38 | 직장공제회 초과반환금은 (　　　)에 따른 납입금 초과이익 및 반환금 추가이익의 지급일을 이자소득 수입시기로 한다. | 38 약정 |

| 39 | 저축성보험의 보험차익은 보험금 또는 환급금의 (　　　)을 이자소득의 수입시기로 하며, 소득세법상 이자소득이 발생하는 상속재산이 상속되는 경우에는 (　　　)을 이자소득의 수입시기로 한다. | 39 지급일, 상속개시일 |

| 40 | 내국법인으로부터 받는 이익이나 잉여금의 배당 또는 분배금, 법인으로 보는 단체로부터 받는 배당금 또는 분배금, 의제배당, 「법인세법」에 따라 배당으로 처분된 금액, 국내 또는 국외에서 받는 집합투자기구로부터의 이익 등은 (　　　)으로 본다. | 40 배당소득 |

| 41 | 공동사업에서 발생한 소득금액 중 (　　　)의 손익분배비율에 해당하는 금액은 (　　　)으로 본다. | 41 출자공동사업자, 배당소득 |

| 42 | 법인의 잉여금의 전부 또는 일부를 자본 또는 출자의 금액에 전입함으로써 취득하는 주식 또는 출자의 가액은 (　　　)에 해당한다. | 42 의제배당 |

| 43 | 해산한 법인(법인으로 보는 단체를 포함한다)의 주주·사원·출자자 또는 구성원이 그 법인의 해산으로 인한 잔여재산의 분배로 취득하는 금전이나 그 밖의 재산의 가액이 해당 주식·출자 또는 자본을 취득하기 위하여 사용된 금액을 (　　　)하는 금액은 의제배당에 해당한다. 단, 「상법」에 따라 (　　　)하는 경우는 의제배당에 해당하지 아니한다. | 43 초과, 조직변경 |

| 44 | 공동사업에 성명 또는 (　　　)를 사용하게 하거나 공동사업에서 발생한 채무에 대하여 (　　　)을 부담하기로 약정한 자는 출자공동사업자에 해당하지 않는다. | 44 상호, 무한책임 |

| 45 총수입금액 | 45 | 배당소득금액은 해당 과세기간의 (　　　　)으로 한다. |

| 46 법인세, 내국법인 | 46 | 배당소득금액에 가산하는 Gross-up 대상 배당소득은 법인단계에서 (　　　　)가 과세된 소득을 재원으로 지급받은 배당에 해당하여야 하며, (　　　　)으로부터 받은 배당임과 동시에 종합과세 대상 배당소득이면서 기본세율이 적용되는 것이다. |

| 47 잔여재산의 가액이 확정된 날 | 47 | 「소득세법」상 법인이 해산으로 인하여 소멸한 경우 의제배당의 배당소득 수입시기는 (　　　　)로 한다. |

| 48 과세기간 종료일 | 48 | 출자공동사업자의 배당소득은 (　　　　)을 수입시기로 한다. |

| 49 이익을 지급받은 날 | 49 | 「소득세법」상 집합투자기구로부터의 이익은 그 (　　　　)을 배당소득의 수입시기로 한다. |

| 50 무조건 종합과세 | 50 | 국내에서 원천징수되지 않은 국외금융소득은 (　　　　) 대상이다. |

| 51 100분의 25 | 51 | 출자공동사업자의 배당소득에 대한 원천징수세율은 (　　　　)이다. |

| 52 계속적·반복적, 사업소득 | 52 | 개인사업자가 영리를 목적으로 자기의 계산과 책임하에 (　　　　)으로 행하는 활동을 통하여 얻는 소득을 (　　　　)이라고 한다. |

| 53 지역권·지상권 | 53 | 부동산업에서 발생하는 소득은 사업소득에 해당한다. 다만, 「공익사업을 위한 토지 등의 취득 및 보상에 관한 법률」에 따른 공익사업과 관련하여 (　　　　)(지하 또는 공중에 설정된 권리를 포함한다)을 설정하거나 대여함으로써 발생하는 소득은 제외한다. |

| 54 전속계약금 | 54 | 연예인 및 직업운동선수 등이 사업활동과 관련하여 받는 (　　　　)은 사업소득으로 본다. |

| 55 사업소득 | 55 | 가구내 고용활동에서 발생하는 소득, 공장재단 또는 광업재단을 대여하는 소득은 (　　　　)으로 본다. |

| 56 사업소득 | 56 | 광업권자 등이 자본적지출이나 수익적지출의 일부 또는 전부를 제공하는 것을 조건으로 광업권·조광권 또는 채굴에 관한 권리를 대여하고 덕대 또는 분덕대로부터 받는 분철료는 (　　　　)으로 본다. |

| 57 작물생산, 10억 원 | 57 | 논·밭을 (　　　　)에 이용하게 함으로써 발생하는 소득은 사업소득으로 과세하지 아니한다. 곡물 및 기타 식량을 제외한 작물재배업에서 발생하는 소득은 해당 과세기간의 수입금액 합계액이 (　　　　) 이하인 것에 대해서는 비과세한다. |

58	사업소득금액은 해당 과세기간의 총수입금액에서 이에 사용된 (　　　)를 공제한 금액으로 하며, 필요경비가 총수입금액을 초과하는 경우 그 초과하는 금액을 (　　　)이라 한다.	58 필요경비, 결손금
59	거주자가 소득세 또는 개인지방소득세를 환급받았거나 환급받을 금액 중 다른 세액에 충당한 금액은 해당 과세기간의 소득금액을 계산할 때 (　　　)에 산입하지 아니한다.	59 총수입금액
60	거주자가 무상(無償)으로 받은 자산의 가액과 채무의 면제 또는 소멸로 인한 부채의 감소액 중 (　　　)의 보전(補塡)에 충당된 금액은 해당 과세기간의 소득금액을 계산할 때 총수입금액에 산입하지 아니한다.	60 이월결손금
61	거주자의 사업소득금액을 계산할 때 이전 과세기간으로부터 (　　　)은 해당 과세기간의 소득금액을 계산할 때 총수입금액에 산입하지 아니한다.	61 이월된 소득금액
62	부가가치세의 (　　　)은 해당 과세기간의 소득금액을 계산할 때 총수입금액에 산입하지 아니한다.	62 매출세액
63	건설업을 경영하는 거주자가 자기가 생산한 물품을 자기가 도급받은 건설공사의 자재로 사용한 경우 그 사용된 부분에 상당하는 금액은 해당 과세기간의 소득금액을 계산할 때 (　　　)에 산입하지 아니한다.	63 총수입금액
64	「국세기본법」에 따른 (　　　), 「지방세기본법」에 따른 지방세환급가산금, 그 밖의 과오납금(過誤納金)의 환급금에 대한 이자는 해당 과세기간의 소득금액을 계산할 때 총수입금액에 산입하지 아니한다.	64 국세환급가산금
65	사업소득금액을 계산할 때 (　　　)에 산입할 금액은 해당 과세기간의 총수입금액에 대응하는 비용으로서 일반적으로 용인되는 (　　　)의 합계액으로 한다.	65 필요경비, 통상적인 것
66	사업자가 외상매출금, 미수금, 그 밖에 이에 준하는 채권에 대한 (　　　)을 필요경비로 계상한 경우에는 이를 해당 과세기간의 소득금액을 계산할 때 필요경비에 산입한다. 필요경비에 산입한 대손충당금의 잔액은 다음 과세기간의 소득금액을 계산할 때 (　　　)에 산입한다.	66 대손충당금, 총수입금액
67	사업자가 유형자산의 멸실 또는 파손으로 인하여 보험금을 지급받아 그 멸실한 유형자산을 대체하여 (　　　)을 취득하거나 대체 취득한 자산 또는 그 파손된 유형자산을 개량한 경우에는 해당 자산의 가액 중 그 자산의 취득 또는 개량에 사용된 보험차익 상당액을 (　　　)이 속하는 과세기간의 소득금액을 계산할 때 필요경비에 산입할 수 있다.	67 같은 종류의 자산, 보험금을 받은 날

68 산입하지 아니한다	68	소득세와 개인지방소득세, 벌금·과료(통고처분에 따른 벌금 또는 과료에 해당하는 금액을 포함한다)와 과태료, 「국세징수법」이나 그 밖에 조세에 관한 법률에 따른 가산금과 강제징수비, 가사(家事)의 경비와 이에 관련되는 경비 등은 필요경비에 (　　　).
69 매입세액, 면제, 간이과세자	69	부가가치세의 (　　　)은 필요경비에 산입하지 아니한다. 다만, 부가가치세가 (　　　)되거나 부가가치세 (　　　)가 납부한 부가가치세액은 제외한다.
70 건설자금에 충당, 채권자	70	차입금 중 (　　　)한 금액의 이자, (　　　)가 불분명한 차입금의 이자, 법령에 따라 의무적으로 납부하는 것이 아닌 공과금이나 법령에 따른 의무의 불이행 또는 금지·제한 등의 위반에 대한 제재로서 부과되는 공과금은 필요경비에 산입하지 아니한다.
71 산입하지 아니한다	71	선급비용은 필요경비에 (　　　).
72 손해배상금	72	업무와 관련하여 고의 또는 중대한 과실로 타인의 권리를 침해한 경우에 지급되는 (　　　)은 사업소득금액을 계산할 때 필요경비로 산입하지 아니한다.
73 산입하지 아니한다	73	사업소득의 대상인 사업자에 대한 급여는 필요경비에 (　　　).
74 사업소득, 양도소득	74	복식부기의무자가 토지·건물 외의 자산을 양도하여 발생하는 소득은 (　　　)으로 본다. 다만, 양도소득세 과세대상 자산인 경우에는 (　　　)으로 과세한다.
75 기부금	75	(　　　)이란 사업자가 사업과 직접적인 관계없이 무상으로 지출하는 금액을 말한다.
76 기업업무추진비(접대비)	76	(　　　)란 접대, 교제, 사례 또는 그 밖에 어떠한 명목이든 상관없이 이와 유사한 목적으로 지출한 비용으로서 사업자가 직접적 또는 간접적으로 업무와 관련이 있는 자와 업무를 원활하게 진행하기 위하여 지출한 금액(사업자가 종업원이 조직한 조합 또는 단체에 지출한 복지시설비 중 대통령령으로 정하는 것을 포함한다)을 말한다.
77 800만 원	77	복식부기의무자가 업무용승용차를 처분하여 발생하는 손실로서 업무용승용차별로 (　　　)을 초과하는 금액은 이월 등의 방법에 따라 필요경비에 산입한다.
78 확정된 날	78	거주자의 각 과세기간 총수입금액 및 필요경비의 귀속연도는 총수입금액과 필요경비가 (　　　)이 속하는 과세기간으로 한다.
79 확정신고기한	79	복식부기의무자는 사업용계좌를 변경하거나 추가하는 경우 과세표준 (　　　)까지 이를 신고해야 한다.

80	사업자(해당 과세기간 중 사업을 폐업 또는 휴업한 사업자를 포함한다)는 해당 사업장의 현황을 해당 과세기간의 다음 연도 (　　　　)까지 사업장 소재지 관할 세무서장에게 신고하여야 한다.	80 2월 10일
81	사업자가 「부가가치세법」상 과세사업과 면세사업 등을 겸영하여 면세사업 수입금액 등을 신고하는 경우에는 그 (　　　　) 등에 대하여 사업장 현황신고를 한 것으로 본다.	81 면세사업
82	근로를 제공함으로써 받는 봉급·급료·보수·세비·임금·상여·수당과 이와 유사한 성질의 급여, 법인의 주주총회·사원총회 또는 이에 준하는 의결기관의 결의에 따라 상여로 받는 소득, 「법인세법」에 따라 상여로 처분된 금액은 (　　　　)으로 분류한다.	82 근로소득
83	종업원이 퇴직함으로써 받는 소득으로서 퇴직소득에 속하지 아니하는 소득은 (　　　　)에 해당한다.	83 근로소득
84	판공비 등의 명목으로 지급받은 것으로서 업무를 위해 사용된 것이 분명하지 아니한 급여는 (　　　　)으로 과세한다.	84 근로소득
85	퇴직 전에 부여받은 주식매수선택권을 퇴직 후에 행사하거나 고용관계 없이 주식매수선택권을 부여받아 이를 행사함으로써 얻은 이익은 (　　　　)에 해당한다.	85 기타소득
86	종업원등 또는 대학의 교직원이 지급받는 직무발명보상금으로서 연 (　　　　) 이하의 금액은 비과세한다.	86 700만 원
87	임직원의 고의(중과실 포함) 외의 업무상 행위로 인한 (　　　　)를 보험금의 지급사유로 하고 임직원을 피보험자로 하는 보험의 보험료를 사용자가 부담하는 경우 비과세한다.	87 손해의 배상청구
88	계약기간 만료 전 또는 만기에 (　　　　)에게 귀속되는 단체환급부보장성보험의 환급금은 근로소득으로 과세한다.	88 종업원
89	식사와 식사대를 동시에 제공받는 경우 (　　　　)는 전액 (　　　　)하되, 식사대는 금액과 상관없이 전액 과세한다.	89 식사, 비과세
90	근로소득금액은 총급여액에서 (　　　　)를 적용한 금액으로 한다.	90 근로소득공제
91	일용근로자는 근로를 제공한 날 또는 시간에 따라 근로대가를 계산하여 받는 사람으로서 근로계약에 따라 동일한 고용주에게 (　　　　) 이상(건설공사 종사자는 1년, 하역작업종사자는 기간 불문) 계속하여 고용되어 있지 (　　　　) 사람을 말한다.	91 3개월, 아니한

번호	답		문제
92	분리과세	92	일용근로자는 상용근로자와 다르게 근로소득공제를 적용하며, (　　　)로 납세의무를 종결한다.
93	6%	93	일용근로소득의 지급자가 일용근로자에게 급여액을 지급할 때 (　　　)의 원천징수세율을 적용하며, 해당 세액을 다음달 10일까지 납부함으로써 납세의무가 종결된다.
94	인정상여, 근로를 제공한 날	94	법인세법에 따른 (　　　)가 임원 등에 대한 근로소득으로 과세되는 경우 해당 사업연도 중의 (　　　)을 그 수입시기로 한다.
95	근로소득 간이세액표	95	근로소득을 지급하는 자는 매월분의 근로소득을 지급할 때 (　　　)에 따라 소득세를 원천징수한다.
96	2월분	96	근로소득에 대한 연말정산은 해당 과세기간의 다음연도 (　　　)의 근로소득을 지급할 때 수행한다.
97	공적연금소득, 세액공제, 운용실적	97	연금소득은 (　　　)과 연금계좌 또는 퇴직연금계좌에서 연금형태 등으로 인출하는 경우의 그 연금으로 원천징수되지 아니한 퇴직소득, (　　　)를 받은 연금계좌 납입액, 연금계좌의 (　　　)에 따라 증가된 금액, 그 밖에 연금계좌에 이체 또는 입금되어 해당 금액에 대한 소득세가 이연된 소득으로서 대통령령으로 정하는 소득이 포함된다.
98	55세, 5년	98	연금수령은 연금형태로 인출하는 것으로 가입자가 (　　　) 이후 연금계좌취급자에게 연금수령 개시를 신청하여야 하며, 연금계좌의 가입일부터 (　　　)이 경과된 후에 인출하여야 한다. 과세기간 개시일(연금수령 개시를 신청한 날이 속하는 과세기간에는 연금수령개시신청일) 현재를 기준으로 연금수령한도 이내에서 인출하는 요건을 모두 갖추어야 한다.
99	이자	99	공적연금소득을 지급하는 자가 연금소득의 일부 또는 전부를 지연하여 지급하면서 지연지급에 따른 (　　　)를 함께 지급하는 경우 이를 공적연금소득으로 본다.
100	연금수령분, 연금외수령분	100	연금계좌에서 인출된 금액이 연금수령한도를 초과하는 경우 (　　　)이 먼저 인출되고 그 다음으로 (　　　)이 인출되는 것으로 본다.
101	연금소득공제, 9백만 원, 9백만 원	101	연금소득금액은 총연금액에서 (　　　)를 적용한 금액으로 한다. 거주자의 연금소득공제액이 (　　　)을 초과하는 경우에는 (　　　)을 공제한다.
102	종합과세, 공적연금소득	102	연금소득은 (　　　)하므로 확정신고를 하여야 한다. 다만, (　　　)만 있는 경우 연말정산으로 과세가 종결되므로 확정신고를 하지 않아도 된다.
103	기타소득	103	이자소득·배당소득·사업소득·근로소득·연금소득·퇴직소득 및 양도소득 외의 소득으로서 법에 열거하는 소득을 (　　　) 이라 한다.

104 기타소득에는 상금, 현상금, 포상금, 보로금 또는 이에 준하는 금품, 복권, 경품권, 그 밖의 추첨권에 당첨되어 받는 금품, 「사행행위 등 규제 및 처벌특례법」에서 규정하는 행위에 참가하여 얻은 재산상의 이익, 승마투표권, 승자투표권, 소싸움경기투표권 및 「국민체육진흥법」에 따른 체육진흥투표권의 구매자가 받는 환급금 등으로 적법한 행위로 인한 것만 해당한다. (○/×)

104 ×(발생 원인이 되는 행위의 적법 또는 불법 여부는 고려하지 아니한다.)

105 저작자 또는 실연자(實演者)·음반제작자·방송사업자 (　　　　)가 저작권 또는 저작인접권의 양도 또는 사용의 대가로 받는 금품은 (　　　　)에 해당한다.

105 외의 자, 기타소득

106 「공익사업을 위한 토지 등의 취득 및 보상에 관한 법률」 제4조에 따른 공익사업과 관련하여 (　　　　)을 설정하거나 대여함으로써 발생하는 소득은 (　　　　)으로 과세한다.

106 지역권·지상권, 기타소득

107 계약의 위약 또는 해약으로 인하여 받는 소득으로서 위약금, 배상금, 부당이득 반환 시 지급받는 이자는 (　　　　)으로 과세한다. 단, 계약금이 위약금·배상금으로 대체되는 경우의 위약금·배상금은 (　　　　)를 하지 아니한다.

107 기타소득, 원천징수

108 거주자·비거주자 또는 법인의 특수관계인이 그 특수관계로 인하여 그 거주자·비거주자 또는 법인으로부터 받는 경제적 이익으로서 급여·배당 또는 증여로 보지 아니하는 금품은 (　　　　)으로 과세한다.

108 기타소득

109 문예·학술·미술·음악 또는 사진에 속하는 창작품에 대한 (　　　　)로서 받는 (　　　　), 저작권사용료인 인세, 미술·음악 또는 사진에 속하는 창작품에 대하여 받는 대가는 기타소득으로 과세한다.

109 원작자, 원고료

110 (　　　　) 다수인에게 강연을 하고 강연료 등 대가를 받는 용역, 변호사, 공인회계사, 세무사, 건축사, 측량사, 변리사, 그 밖에 전문적 지식 또는 특별한 기능을 가진 자가 그 지식 또는 기능을 활용하여 보수 또는 그 밖의 대가를 받고 제공하는 인적용역을 (　　　　)으로 제공하고 받는 대가는 기타소득에 해당한다.

110 고용관계 없이, 일시적

111 뇌물, 알선수재 및 배임수재에 의하여 받는 금품은 기타소득에 해당하며, (　　　　) 하지 않고 무조건 (　　　　)한다.

111 원천징수, 종합과세

112 「특정 금융거래정보의 보고 및 이용에 관한 법률」에 따른 (　　　　)을 양도하여 발생하는 소득 중 (　　　　)을 초과하는 금액은 기타소득으로 과세한다.

112 가상자산, 250만 원

113 소득세법에 따라 세액공제를 받은 연금계좌 납입액 및 연금계좌의 운용실적에 따라 증가된 금액을 (　　　　)한 경우 이를 기타소득으로 본다.

113 연금외수령

114 기타소득, 근로소득	**114** 종교관련 종사자가 종교 관련 활동과 관련하여 종교단체로부터 받는 소득은 (　　　　)에 포함한다, 단, (　　　　)으로 원천징수하거나 과세표준확정신고를 한 경우는 제외한다.
115 박물관 또는 미술관	**115** 서화·골동품 등을 (　　　　)에 양도함으로써 발생하는 소득은 비과세한다.
116 지급을 받은 날	**116** 미술·음악 또는 창작품에 대한 대가로서 원작자가 받는 소득은 그 (　　　　)을 기타소득의 수입시기로 한다.
117 지체상금, 80%	**117** 계약의 위약 또는 해약으로 인하여 받는 위약금과 배상금 중 주택입주자의 (　　　　)은 거주자가 받은 금액에 (　　　　)를 필요경비로 인정한다.
118 60%, 1억 원	**118** 공익사업과 관련하여 지역권·지상권을 설정 또는 대여하고 받는 금품, 일시적인 문예창작소득은 거주자가 받은 금액의 (　　　　)를 필요경비로 인정하며, 서화·골동품의 양도로 인하여 받은 금액 중 (　　　　) 이하의 금액은 90%를 필요경비로 인정한다.
119 3억 원, 무조건 분리과세	**119** 복권당첨금 중 (　　　　)을 초과하는 금액은 30%의 세율로 원천징수하며, (　　　　)한다.
120 필요경비	**120** 기타소득금액은 해당 과세기간의 총수입금액에서 이에 사용된 (　　　　)를 공제한 금액으로 한다.
121 단위투표금액, 투입한 금액	**121** 승마투표권, 승자투표권, 소싸움경기투표권, 체육진흥투표권의 구매자가 받는 환급금에 대하여는 그 구매자가 구입한 적중된 투표권의 (　　　　)을 필요경비로 한다. 당첨금품 등에 대하여는 그 당첨금품등의 당첨 당시에 슬롯머신 등에 (　　　　)을 필요경비로 한다.
122 사업소득, 기타소득, 특수관계인, 부당하게	**122** 납세지 관할 세무서장 또는 지방국세청장은 출자공동사업자의 배당소득, (　　　　) 또는 (　　　　)이 있는 거주자의 행위 또는 계산이 그 거주자와 (　　　　)과의 거래로 인하여 그 소득에 대한 조세 부담을 (　　　　) 감소시킨 것으로 인정되는 경우에는 그 거주자의 행위 또는 계산과 관계없이 해당 과세기간의 소득금액을 계산할 수 있다(부당행위계산의 부인).
123 사법적 효과	**123** 세법상 부당행위계산의 부인이 적용되더라도 (　　　　)가 부인되는 것은 아니다.
124 1거주자	**124** 사업소득이 발생하는 사업을 공동으로 경영하고 그 손익을 분배하는 공동사업(경영에 참여하지 아니하고 출자만 하는 출자공동사업자 포함)의 경우에는 해당 사업을 경영하는 장소를 (　　　　)로 보아 공동사업장별로 그 소득금액을 계산한다.

| 125 | 공동사업에서 발생한 소득금액은 해당 공동사업을 경영하는 각 거주자간에 약정된 (　　　)에 의하여 분배되었거나 분배될 소득금액에 따라 각 공동사업자별로 분배한다. 약정된 손익분배비율이 없는 경우에는 (　　　)로 한다. | 125 손익분배비율, 지분비율 |

| 126 | 거주자 1인과 그의 (　　　)이 공동사업자에 포함되어 있는 경우로서 손익분배비율을 거짓으로 정하는 등의 사유가 있는 경우에는 그 특수관계인의 소득금액은 그 (　　　)의 소득금액으로 본다. | 126 특수관계인, 손익분배비율이 큰 공동사업자 |

| 127 | 피상속인의 소득금액에 대한 소득세로서 상속인에게 과세할 것과 상속인의 소득금액에 대한 소득세는 (　　　) 계산하여야 한다. | 127 구분하여 |

| 128 | 연금계좌의 가입자가 사망하였으나 그 배우자가 (　　　) 없이 해당 연금계좌를 상속으로 승계하는 경우에는 해당 연금계좌에 있는 피상속인의 소득금액은 (　　　)의 소득금액으로 보아 소득세를 계산한다. | 128 연금외수령, 상속인 |

| 129 | 거주자가 채권 등을 내국법인에게 매도하는 경우 거주자에게 그 (　　　)별로 귀속되는 이자 등 상당액을 해당 거주자의 (　　　)으로 보아 소득금액을 계산한다. | 129 보유기간, 이자소득 |

| 130 | 사업자가 비치·기록한 장부에 의하여 해당 과세기간의 사업소득금액을 계산할 때 발생한 결손금은 그 과세기간의 종합소득과세표준을 계산할 때 (　　　)·(　　　)·(　　　)이자소득금액·배당소득금액에서 순서대로 공제한다. | 130 근로소득금액·연금소득금액·기타소득금액 |

| 131 | (　　　)에서 발생한 결손금은 다른 종합소득에서 공제하지 아니한다. 다만, 주거용건물 임대업에서 발생한 결손금은 다른 종합소득에서 공제할 수 있다. | 131 부동산임대업 |

| 132 | 부동산임대업에서 발생한 결손금과 이월결손금은 해당 이월결손금이 발생한 과세기간의 종료일부터 (　　　) 이내에 끝나는 과세기간의 소득금액을 계산할 때 먼저 발생한 과세기간의 이월결손금부터 순서대로 공제한다. 다만, 「국세기본법」에 따른 (　　　)이 지난 후에 그 제척기간 이전 과세기간의 이월결손금이 확인된 경우 그 이월결손금은 공제하지 아니한다. | 132 15년, 국세부과의 제척기간 |

| 133 | 결손금 및 이월결손금을 공제하는 경우 (　　　)을 소득금액에서 먼저 공제한다. | 133 그 과세기간의 결손금 |

| 134 | 사업소득(부동산임대업 영위)이 있는 거주자에 대하여 당해 연도의 소득금액을 (　　　)하는 경우[천재지변 기타 불가항력으로 장부 기타 증빙서류가 멸실되어 (　　　)하는 경우는 제외]에는 (　　　) 공제를 적용하지 아니한다. | 134 추계결정, 추계결정, 이월결손금 |

| 135 | 결손금 및 이월결손금을 공제시 (　　　)되는 배당소득·이자소득이 있으면 (　　　)을 적용받는 부분은 결손금 또는 이월결손금의 공제대상에서 제외한다. | 135 종합과세, 원천징수세율 |

136 150만 원, 100만 원, 500만 원, 60세, 20세	**136** 종합소득이 있는 거주자(자연인만 해당한다)에 대해서는 다음의 어느 하나에 해당하는 사람의 수에 1명당 연 ( )을 곱하여 계산한 금액을 그 거주자의 해당 과세기간의 종합소득금액에서 공제한다(기본공제). ① 해당 거주자 ② 거주자의 배우자로서 해당 과세기간의 소득금액이 없거나 해당 과세기간의 소득금액 합계액이 ( ) 이하인 사람[총급여액 ( ) 이하의 근로소득만 있는 배우자를 포함한다] ③ 거주자의 직계존속으로서 ( ) 이상인 사람 ④ 거주자의 직계비속으로서 ( ) 이하인 사람(이 경우 해당 직계비속 또는 입양자와 그 배우자가 모두 장애인에 해당하는 경우에는 그 배우자를 포함) ⑤ 거주자의 형제자매로서 20세 이하 또는 60세 이상인 사람 ⑥ 「국민기초생활 보장법」에 따른 수급권자 중 대통령령으로 정하는 사람 ⑦ 「아동복지법」에 따른 가정위탁을 받아 양육하는 위탁아동 단, ③~⑦항의 경우 해당 과세기간의 소득금액 합계액이 100만 원 이하인 사람(총급여액 500만 원 이하의 근로소득만 있는 부양가족을 포함한다)만 기본공제대상자이며, 장애인은 연령요건은 불문한다.
137 추가공제	**137** 기본공제대상자에 해당하지 않는 경우 ( )는 적용하지 아니한다.
138 100만 원, 200만 원	**138** 기본공제대상자가 70세 이상인 경우 1명당 연 ( )을 추가공제하며, 장애인인 경우 1명당 연 ( )을 추가로 공제한다.
139 배우자, 50만 원	**139** 해당 거주자(해당 과세기간에 종합소득과세표준을 계산할 때 합산하는 종합소득금액이 3천만 원 이하인 거주자로 한정한다)가 ( )가 없는 여성으로서 부양가족이 있는 세대주이거나 배우자가 있는 여성인 경우 연 ( )을 추가공제한다.
140 한부모공제	**140** 부녀자공제와 한부모공제가 모두 적용되는 경우 ( )를 적용한다.
141 사망일의 전날, 치유일 전날	**141** 기본공제대상자의 적용 여부는 과세기간 종료일 전에 사망한 사람의 경우 ( )의 상황에 따르며, 장애가 치유된 사람은 ( )에 따른다.
142 종합소득, 종합소득금액	**142** ( )이 있는 거주자가 공적연금 관련법에 따른 기여금 또는 연금보험료를 납입한 경우에는 해당 과세기간의 ( )에서 그 과세기간에 납입한 연금보험료를 공제한다.

143 (　　　)이 있는 거주자가 주택담보노후연금을 받은 경우에는 그 받은 연금에 대해서 해당 과세기간에 발생한 (　　　) 상당액을 해당 과세기간 연금소득금액에서 공제한다. 이 경우 공제할 이자 상당액이 (　　　)을 초과하는 경우에는 (　　　)을 공제하고, 연금소득금액을 초과하는 경우 그 초과금액은 없는 것으로 한다.

143 연금소득, 이자비용, 200만 원, 200만 원

144 (　　　)이 있는 거주자(일용근로자는 제외)가 해당 과세기간에 「국민건강보험법」, 「고용보험법」 또는 「노인장기요양보험법」에 따라 부담하는 보험료를 지급한 경우 그 금액을 해당 과세기간의 근로소득금액에서 공제한다.

144 근로소득

145 분리과세이자소득, 분리과세배당소득, 분리과세연금소득과 분리과세기타소득만이 있는 자에 대해서는 (　　　)를 적용하지 아니한다.

145 종합소득공제

146 과세표준확정신고를 하여야 할 자가 서류를 제출하지 아니한 경우에는 기본공제 중 (　　　)에 대한 분(分)과 (　　　)만을 공제한다. 다만, 과세표준확정신고 여부와 관계없이 그 서류를 나중에 제출한 경우에는 그러하지 아니하다.

146 거주자 본인, 표준세액공제

147 (　　　) 결정의 경우에는 기본공제 중 거주자 본인에 대한 분만을 공제한다.

147 수시부과

148 근로소득이 있는 거주자에 대해서는 근로소득세액공제를 적용하는데 총급여액이 3천 300만 원 이하인 경우 (　　　)을 적용한다. 단, 일용근로자의 근로소득에 대해서 원천징수를 하는 경우에는 해당 근로소득에 대한 산출세액의 (　　　)에 해당하는 금액을 그 산출세액에서 공제한다.

148 74만 원, 55%

149 (　　　)가 과세표준확정신고를 할 때 복식부기에 따라 기장(記帳)하여 소득금액을 계산하고 관련 서류를 제출하는 경우에는 해당 장부에 의하여 계산한 사업소득금액이 종합소득금액에서 차지하는 비율을 종합소득 산출세액에 곱하여 계산한 금액의 (　　　)에 해당하는 금액을 종합소득 산출세액에서 공제한다. 다만, 공제세액이 (　　　)을 초과하는 경우에는 (　　　)을 공제한다(기장세액공제).

149 간편장부대상자, 20%, 100만 원, 100만 원

150 거주자의 종합소득금액 또는 퇴직소득금액에 (　　　)이 합산되어 있는 경우로서 그 (　　　)에 대하여 외국에서 납부하였거나 납부할 것이 있을 때에는 공제한도금액 내의 외국소득세액을 공제할 수 있다. 공제한도금액을 초과하는 금액은 해당 과세기간의 다음 과세기간부터 (　　　) 이내에 끝나는 과세기간으로 이월하여 그 이월된 과세기간의 공제한도금액 내에서 공제받을 수 있다.

150 국외원천소득, 국외원천소득, 10년

151 사업자가 해당 과세기간에 천재지변이나 그 밖의 재해로 자산총액의 (　　　) 이상에 해당하는 자산을 상실하여 납세가 곤란하다고 인정되는 경우에는 재해손실세액공제를 적용한다. 이 경우 자산의 가액에 (　　　)의 가액을 포함하지 아니한다.

151 20%, 토지

152 (　　　　　)이 있는 거주자의 기본공제대상자에 해당하는 자녀(입양자 및 위탁아동을 포함)로서 (　　　　) 이상의 사람에 대해서는 다음의 구분에 따른 금액을 종합소득산출세액에서 공제한다(자녀세액공제).

> ① 1명인 경우: 연 (　　　　)
> ② 2명인 경우: 연 (　　　　)
> ③ 3명 이상: 연 35만 원과 2명을 초과하는 1명당 연 30만 원을 합한 금액

해당 과세기간에 출산하거나 입양 신고한 공제대상자녀가 있는 경우 다음의 구분에 따른 금액을 종합소득산출세액에서 공제한다.

> ① 출산하거나 입양 신고한 공제대상자녀가 첫째인 경우: 연 (　　　　)
> ② 출산하거나 입양 신고한 공제대상자녀가 둘째인 경우: 연 50만 원
> ③ 출산하거나 입양 신고한 공제대상자녀가 셋째 이상인 경우: 연 (　　　　)

153 (　　　　　)이 있는 거주자의 종합소득금액이 4천만 원 이하인 경우[(　　　　　)만 있는 경우에는 총급여액 5천500만 원 이하] 연금저축계좌 납입액의 100분의 (　　　　)에 해당하는 금액을 해당 과세기간의 종합소득 산출세액에서 공제한다. 위의 경우 외에는 100분의 (　　　　)를 종합소득 산출세액에서 공제한다.

154 (　　　　　)이 있는 거주자가 그 거주자와 기본공제대상자(나이의 제한을 받지 아니하되, 과세기간 종료일 현재 18세 미만인 사람만 해당한다)를 위하여 해당 과세기간에 대통령령으로 정하는 교육비를 지급한 경우 100분의 (　　　　)에 해당하는 금액을 해당 과세기간의 종합소득 산출세액에서 공제한다. 다만, 소득세 또는 증여세가 비과세되는 대통령령으로 정하는 교육비는 공제하지 아니한다.

155 근로소득이 있는 거주자로서 「조세특례제한법」에 따른 소득공제나 세액공제 신청을 하지 아니한 경우 연 (　　　　)의 표준세액공제를 적용한다.

156 종합소득이 있는 거주자(근로소득이 있는 자는 제외한다)로서 「조세특례제한법」에 따른 세액공제 신청을 하지 아니한 경우 사업용계좌의 신고 등 대통령령으로 정하는 요건에 해당하는 사업자(이하 "성실사업자"라 한다)의 경우: 연 (　　　　) 그 외의 경우에는 연 (　　　　)의 표준세액공제를 적용한다.

157 조세에 관한 법률을 적용할 때 소득세의 감면에 관한 규정과 세액공제에 관한 규정이 동시에 적용되는 경우 그 적용순위는 다음의 순서로 한다.

> ① 해당 과세기간의 소득에 대한 소득세의 (　　)
> ② 이월공제가 인정되지 (　　) 세액공제
> ③ 이월공제가 인정되는 세액공제(이 경우 해당 과세기간 중에 발생한 세액공제액과 이전 과세기간에서 이월된 미공제액이 함께 있을 때에는 이월된 미공제액을 먼저 공제한다)

157 감면, 아니하는

158 내국인 직업운동가가 직업상 독립된 사업으로 제공하는 인적 용역의 공급에서 발생하는 소득은 (　　　　)을 적용하여 원천징수한다.

158 100분의 3

159 원천징수는 원천징수소득을 지급하는 자가 원천징수하지만, 서화·골동품의 양도로 발생하는 소득에 대하여는 양수자인 원천징수의무자가 (　　　　) 또는 외국법인에 해당하여 원천징수를 하지 못하는 경우 서화·골동품의 양도로 발생하는 소득을 (　　　　)를 원천징수의무자로 본다.

159 국내사업장이 없는 비거주자, 지급받는 자

160 소득세가 과세되지 않거나 면제되는 소득의 경우 원천징수의무자가 (　　　　)를 하지 않아도 된다.

160 원천징수

161 법인세 과세표준을 결정 또는 경정하는 경우 법인세법에 따라 소득처분되는 배당에 대하여는 (　　　　)에 그 배당소득을 지급한 것으로 보아 소득세를 원천징수한다.

161 소득금액변동통지서를 받은 날

162 수시부과 후 추가로 발생한 소득이 없는 경우에는 과세표준 (　　　　)를 하지 않고 수시부과로만 과세를 종결할 수 있다.

162 확정신고

163 법인이 해산한 경우 원천징수를 하여야 할 소득세를 징수하지 아니하였거나 징수한 소득세를 납부하지 아니하고 잔여재산을 분배한 경우 (　　　　)은 그 분배액을 한도로 하여 (　　　　)와 연대하여 납세의무를 진다.

163 청산인, 분배를 받은 자

164 부동산매매업자는 토지 등의 매매차익(매매차익이 없거나 매매차손이 발생한 경우 포함)과 그 세액을 매매일이 속하는 달의 말일부터 (　　　　)이 되는 날까지 납세지 관할세무서장에게 신고하여야 한다.

164 2개월

165 거주자로서 납부할 세액이 각각 (　　　　)을 초과하는 자는 그 납부할 세액의 일부를 납부기한이 지난 후 (　　　　) 이내에 분할납부할 수 있다.

165 1천만 원, 2개월

166 퇴직소득은 종합소득 과세표준에 합산하지 않고 (　　　　)한다.

166 분류과세

167 퇴직소득은 공적연금 관련법에 따라 받는 일시금, 사용자 부담금을 기초로 하여 (　　　　)을 원인으로 지급받는 소득 등이 해당한다.

167 현실적인 퇴직

168 근로소득	168	임원의 퇴직소득금액이 한도를 초과하는 경우에는 그 초과하는 금액은 ( )으로 본다.
169 퇴직한 날	169	퇴직소득의 총수입금액 수입시기는 원칙적으로 ( )이다.
170 퇴직급여충당금	170	사업자가 종업원의 퇴직급여에 충당하기 위하여 ( )을 필요경비로 계상한 경우에는 대통령령으로 정하는 범위에서 이를 해당 과세기간의 소득금액을 계산할 때 필요경비에 산입한다.
171 퇴직소득, 환산급여	171	( )이 있는 거주자에 대해서는 ( )에서 퇴직소득공제를 적용한다.
172 성실신고확인서	172	성실한 납세를 위하여 필요하다고 인정되어 수입금액이 업종별로 대통령령으로 정하는 일정 규모 이상의 사업자(성실신고확인대상사업자)는 종합소득과세표준 확정신고를 할 때에 비치·기록된 장부와 증명서류에 의하여 계산한 사업소득금액의 적정성을 세무사 등이 확인하고 작성한 확인서( )를 납세지 관할 세무서장에게 제출하여야 한다.
173 5월 1일부터 6월 30일	173	성실신고확인대상사업자가 성실신고확인서를 제출하는 경우에는 종합소득과세표준 확정신고를 그 과세기간의 다음 연도 ( )까지 하여야 한다.
174 5	174	성실신고확인대상자가 성실신고확인서를 제출하지 아니하는 경우 사업소득금액이 종합소득금액에서 차지하는 비율을 종합소득산출세액에 곱하여 계산한 금액의 100분의 ( )에 해당하는 금액을 결정세액에 가산한다.
175 작성할 수 없다	175	세무사가 성실신고확인대상자인 경우 자신의 사업소득금액에 대해 성실신고확인서를 ( ).
176 사업장현황신고서	176	사업자(해당 과세기간 중 사업을 폐업 또는 휴업한 사업자 포함)는 ( )를 해당 과세기간의 다음 연도 2월 10일까지 사업장 소재지 관할 세무서장에게 신고하여야 한다.
177 1년	177	납세지 관할 세무서장 또는 지방국세청장은 과세표준확정신고를 하여야 할 자가 신고를 하지 않은 경우 과세표준확정신고기일부터 ( ) 이내에 해당 과세표준과 세액을 결정하여야 한다.
178 1천 원, 중간예납세액	178	다음의 어느 하나에 해당하는 경우에는 해당 소득세를 징수하지 아니한다(소액부징수). ① 원천징수세액이 ( ) 미만인 경우 ② 납세조합의 징수세액이 1천 원 미만인 경우 ③ ( )이 50만 원 미만인 경우

부록 제5편 소득세법-양도소득세 핵심 체크하기

빈칸 핵심 체크하기

01 양도란 자산에 대한 등기 또는 등록과 (　　　) 매도, 교환, 법인에 대한 (　　　) 등을 통하여 그 자산을 (　　　)으로 사실상 이전하는 것을 말한다.

01 관계없이, 현물출자, 유상

02 부담부증여시 (　　　)가 부담하는 (　　　)에 해당하는 부분은 양도로 본다.

02 수증자, 채무액

03 「도시개발법」이나 그 밖의 법률에 따른 (　　　)으로 지목 또는 지번이 변경되거나 (　　　)(保留地)로 충당되는 경우에는 양도로 보지 아니한다.

03 환지처분, 보류지

04 위탁자와 수탁자 간 신임관계에 기하여 위탁자의 자산에 신탁이 설정되고 그 신탁재산의 소유권이 수탁자에게 이전된 경우로서 (　　　)가 신탁 설정을 해지하거나 신탁의 수익자를 변경할 수 있는 등 신탁재산을 실질적으로 지배하고 소유하는 것으로 볼 수 있는 경우에는 양도로 보지 아니한다.

04 위탁자

05 (　　　)이란 자산의 양도 또는 취득 당시에 양도자와 양수자가 실제로 거래한 가액으로서 해당 자산의 양도 또는 취득과 대가관계에 있는 금전과 그 밖의 재산가액을 말한다.

05 실지거래가액

06 주택이란 허가 여부나 공부(公簿)상의 용도구분과 관계없이 (　　　)으로 사용하는 건물을 말한다. 이 경우 그 용도가 분명하지 아니하면 공부상의 용도에 따른다.

06 사실상 주거용

07 부동산에 관한 권리의 양도로 발생하는 소득에는 부동산을 취득할 수 있는 권리(건물이 완성되는 때에 그 건물과 이에 딸린 토지를 취득할 수 있는 권리를 포함한다), (　　　), 전세권과 (　　　)이 해당한다.

07 지상권, 등기된 부동산임차권

08 사업용 고정자산인 부동산과 함께 (　　　)을 양도하는 경우 양도소득으로 과세한다.

08 영업권

09 주권상장법인의 주식등으로서 소유주식의 비율·시가총액 등을 고려하여 대통령령으로 정하는 주권상장법인의 (　　　)가 양도하는 주식, 대주주에 해당하지 아니하는 자가 장외에서 양도하는 주식은 양도소득세 과세대상이다. 다만, 「상법」에 따른 주식의 포괄적 교환·이전 또는 같은 법에 따른 주식의 포괄적 교환·이전에 대한 (　　　) 행사로 양도하는 주식 등은 제외한다.

09 대주주, 주식매수청구권

10 (　　　)의 주식, 외국법인이 발행하였거나 외국에 있는 시장에 상장된 주식 등으로서 대통령령으로 정하는 것은 양도소득세 과세대상이다.

10 주권비상장법인

11 (　　　)의 양도로 발생하는 소득은 양도소득에 해당한다.

11 신탁수익권

12 ( )에 의한 처분으로 발생하는 소득, ( )의 교환 또는 분합(分合)으로 발생하는 소득은 양도소득세를 과세하지 아니한다.

13 1세대가 1주택을 보유하는 경우[주택 및 이에 딸린 토지의 양도 당시 실지거래가액의 합계액이 ( )을 초과하는 고가주택은 제외한다]에는 양도소득세를 과세하지 아니한다.

14 상속받은 주택과 그 밖의 주택을 국내에 각각 1개씩 소유하고 있는 1세대가 ( )을 양도하는 경우 국내에 1개의 주택을 소유하고 있는 것으로 보아 1세대 1주택 비과세 여부를 판정한다.

15 ( )에 대하여는 이 법 또는 이 법 외의 법률 중 양도소득에 대한 소득세의 비과세에 관한 규정을 적용하지 아니한다.

16 거주자의 양도소득에 대한 과세표준은 ( ) 및 퇴직소득에 대한 과세표준과 ( )하여 계산한다(분류과세).

17 양도소득금액은 양도소득의 총수입금액(양도가액)에서 필요경비를 공제하고, 그 금액(양도차익)에서 ( )을 공제한 금액으로 한다.

18 양도소득과세표준은 양도소득금액에서 양도소득( )를 차감한 금액으로 한다.

19 자산의 보유기간은 그 자산의 취득일부터 ( )까지로 한다.

20 대금을 청산하기 전 소유권이전등기를 한 경우 등기부에 기재된 ( )을 양도소득금액 계산시 자산의 취득시기 및 양도시기로 한다.

21 점유로 부동산의 소유권을 취득하는 경우 그 부동산의 ( )을 양도소득금액 계산시 자산의 취득시기 및 양도시기로 한다.

22 건축허가를 받지 아니하고 건축물을 자가건설한 경우 그 건축물의 ( )을 양도소득금액 계산시 취득시기 및 양도시기로 한다.

23 자산의 양도가액은 그 자산의 양도 당시의 양도자와 양수자 간에 ( )에 따른다.

24 실지거래가액에 따른 양도차익 산정시 토지와 건물 등을 함께 취득하거나 양도한 경우로서 그 토지와 건물 등을 구분기장한 가액이 대통령령으로 정하는 바에 따라 안분계산한 가액과 100분의 ( ) 이상 차이가 있는 경우 토지와 건물 등의 가액구분이 불분명한 것으로 본다.

25 양도가액 및 취득가액의 추계 산정시 매매사례가액, ( ), 환산취득가액, ( )의 순서로 적용한다.

26	양도차익 계산시 양도가액을 기준시가로 산정하는 경우 취득가액도 (　　　)에 따른다.	26 기준시가
27	거주자의 양도차익을 계산할 때 양도가액에서 공제할 필요경비는, ① 취득가액, ② (　　　) 등으로서 대통령령으로 정하는 것, ③ 양도비 등으로서 대통령령으로 정하는 것으로 규정한다.	27 자본적지출액
28	필요경비를 계산할 때 양도자산 보유기간에 그 자산에 대한 (　　　)로서 각 과세기간의 사업소득금액을 계산하는 경우 (　　　)에 산입하였거나 산입할 금액이 있을 때에는 이를 공제한 금액을 그 취득가액으로 한다.	28 감가상각비, 필요경비
29	거주자가 양도일부터 소급하여 (　　　) 이내에 그 배우자(양도 당시 혼인관계가 소멸된 경우를 포함하되, 사망으로 혼인관계가 소멸된 경우는 제외한다) 또는 (　　　)으로부터 증여받은 자산이나 그 밖에 대통령령으로 정하는 자산의 양도차익을 계산할 때 취득가액은 그 (　　　)의 취득 당시 가액으로 한다. 이 경우 거주자가 증여받은 자산에 대하여 납부하였거나 납부할 (　　　) 상당액이 있는 경우에는 필요경비에 산입한다.	29 10년, 직계존비속, 배우자 또는 직계존비속, 증여세
30	(　　　)에게 자산을 증여한 후 그 자산을 증여받은 자가 증여일부터 10년 이내에 타인에게 해당 자산을 양도한 경우 증여받은 자의 증여세와 양도소득세를 합한 세액이 증여자가 직접 자산을 양도하는 경우로 보아 계산한 양도소득세보다 적은 경우에는 (　　　)가 그 자산을 직접 타인에게 양도한 것으로 본다. 다만, 양도소득이 해당 수증자에게 실질적으로 귀속된 경우에는 그러하지 아니하다.	30 특수관계인, 증여자
31	양도소득이 있는 거주자에 대해서는 (　　　)로 각각 연 250만 원의 기본공제를 적용한다. 단, 양도차손은 다른 그룹에 속하는 다른 자산에서 발생한 양도소득금액에서 공제할 수 없다.	31 자산 그룹별
32	자산의 양도차익을 계산할 때 그 취득시기 및 양도시기는 대금을 청산한 날이 분명하지 아니한 경우 등 대통령령으로 정하는 경우를 제외하고는 해당 자산의 (　　　)로 한다. 이 경우 자산의 대금에는 해당 자산의 양도에 대한 양도소득세 및 양도소득세의 부가세액을 (　　　)가 부담하기로 약정한 경우에는 해당 양도소득세 및 양도소득세의 부가세액은 제외한다.	32 대금을 청산한 날, 양수자
33	고시한 기준시가에 이의가 있는 소유자나 그 밖의 이해관계인은 기준시가 고시일부터 (　　　) 이내에 서면으로 국세청장에게 재산정 및 고시를 신청할 수 있다.	33 30일
34	납세지 관할 세무서장 또는 지방국세청장은 양도소득이 있는 거주자의 행위 또는 계산이 그 거주자의 (　　　)과의 거래로 인하여 그 소득에 대한 조세 부담을 부당하게 감소시킨 것으로 인정되는 경우에는 그 거주자의 행위 또는 계산과 관계없이 해당 과세기간의 소득금액을 계산할 수 있다.	34 특수관계인

35 70	35 미등기양도자산은 양도소득 과세표준의 100분의 (　　　)을 양도소득세율로 한다.
36 30	36 소유주식의 비율·시가총액 등을 고려하여 대통령령으로 정하는 대주주가 1년 미만 보유한 주식 등으로서 중소기업 외의 법인의 주식을 양도하는 경우 양도소득 과세표준의 100분의 (　　　)의 양도소득세율을 적용한다.
37 20	37 1년 미만을 보유하는 대주주의 주식 양도소득이 아닌 경우 양도소득과세표준이 3억 원 이하이면 100분의 (　　　)의 양도소득세율을 적용한다.
38 말일부터 2개월	38 양도소득세 대상 자산을 양도한 경우 그 양도일이 속하는 달의 (　　　) 내에 양도소득 과세표준의 예정신고를 하여야 한다. 예정신고는 양도차익이 없거나 양도차손이 발생한 경우에도 적용한다.
39 3개월	39 부담부증여의 채무액에 해당하는 부분으로서 이를 양도로 보는 경우 그 양도일이 속하는 달의 말일부터 (　　　) 이내에 양도소득과세표준을 납세지 관할 세무서장에게 신고하여야 한다.
40 5월 1일부터 5월 31일	40 해당 과세기간의 양도소득금액이 있는 거주자는 그 양도소득 과세표준을 그 과세기간의 다음 연도 (　　　)까지 납세지 관할 세무서장에게 신고하여야 한다(확정신고).
41 예정신고, 누진세율	41 (　　　)를 한 자는 해당 소득에 대한 확정신고를 하지 아니할 수 있다. 다만, 해당 과세기간에 (　　　) 적용대상 자산에 대한 예정신고를 2회 이상 하는 경우에는 그러하지 아니하다.
42 1천만 원, 2개월	42 거주자로서 양도소득세를 납부할 세액이 각각 (　　　)을 초과하는 자는 그 납부할 세액의 일부를 납부기한이 지난 후 (　　　) 이내에 분할납부할 수 있다.
43 5년	43 거주자[해당 자산의 양도일까지 계속하여 (　　　) 이상 국내에 주소 또는 거소를 둔 자만 해당한다]의 국외에 있는 자산의 양도에 대한 양도소득은 해당 과세기간에 국외에 있는 자산을 양도함으로써 발생하는 소득으로 한다.
44 세액공제, 필요경비	44 국외자산의 양도소득에 대하여 해당 외국에서 과세를 하는 경우로서 국외자산 양도소득세액을 납부하였거나 납부할 것이 있을 때에는 외국납부세액의 (　　　)방법과 외국납부세액의 (　　　) 산입방법 중 하나를 선택하여 적용할 수 있다.
45 장기보유특별공제, 250만 원	45 국외자산의 양도소득에 대해서는 (　　　)를 적용하지 않으며, 국외자산의 양도소득에 대한 양도소득기본공제는 등기여부와 관계없이 양도소득이 있는 거주자에 대해 해당 과세기간의 양도소득금액에서 연 (　　　)을 공제한다.

부록 제6편 법인세법 핵심 체크하기

빈칸 핵심 체크하기

01 (　　　　)이란 본점, 주사무소 또는 사업의 실질적 관리장소가 국내에 있는 법인을 말한다.

01 내국법인

02 (　　　　)이란 내국법인 중 「민법」 제32조에 따라 설립된 법인, 「사립학교법」이나 그 밖의 특별법에 따라 설립된 법인으로서 「민법」 제32조에 규정된 목적과 유사한 목적을 가진 법인(대통령령으로 정하는 조합법인 등이 아닌 법인으로서 그 주주(株主)·사원 또는 출자자(出資者)에게 이익을 배당할 수 있는 법인은 제외한다), 「국세기본법」에 따른 (　　　　)를 말한다.

02 비영리내국법인, 법인으로 보는 단체

03 (　　　　)이란 본점 또는 주사무소가 외국에 있는 단체(사업의 실질적 관리장소가 국내에 있지 아니하는 경우만 해당)로서 대통령령으로 정하는 기준에 해당하는 법인을 말한다.

03 외국법인

04 비영리외국법인이란 외국법인 중 (　　　　) 및 영리를 목적으로 하지 아니하는 법인(법인으로 보는 단체를 포함한다)을 말한다.

04 외국의 정부·지방자치단체

05 (　　　　)이란 둘 이상의 내국법인을 하나의 과세표준과 세액을 계산하는 단위로 하여 법인세를 신고·납부하는 방식을 말한다.

05 연결납세방식

06 내국법인, (　　　　)이 있는 외국법인은 법인세를 납부할 의무가 있다. 단, 내국법인 중 (　　　　)는 그 소득에 대한 법인세를 납부할 의무가 없다.

06 국내원천소득, 국가와 지방자치단체

07 연결법인은 각 연결사업연도의 소득에 대한 법인세를 (　　　　) 납부할 의무가 있다. 「법인세법」에 따라 법인세를 원천징수하는 자는 해당 법인세를 납부할 의무가 있다.

07 연대하여

08 법인세법은 소득의 개념을 (　　　　)에 따라 포괄적으로 해석한다.

08 순자산증가설

09 법인세의 과세소득이 되는 금액의 계산에 관한 규정은 소득이나 수익 등의 명칭, 법적 형식에도 불구하고 (　　　　)에 따라 적용한다.

09 거래의 실질

10 내국법인에 법인세가 과세되는 소득은 다음의 소득으로 한다.
① 각 사업연도의 소득
② (　　　　)
③ (　　　　)

10 청산소득, 토지 등 양도소득

11 토지 등 양도소득	11	비영리내국법인은 각 사업연도의 소득과 ( )에 대해 법인세를 납부할 의무가 있다.
12 수익사업에서 생기는 국내원천소득	12	외국법인에 법인세가 과세되는 소득은 ( ), 토지 등 양도소득으로 한다.
13 수익자, 위탁자, 위탁자	13	신탁재산에 귀속되는 소득에 대해서는 그 신탁의 이익을 받을 ( )가 그 신탁재산을 가진 것으로 보고 이 법을 적용한다. 단, 수익자가 특별히 정하여지지 아니하거나 존재하지 아니하는 신탁 또는 ( )가 신탁재산을 실질적으로 통제하는 신탁의 경우에는 신탁재산에 귀속되는 소득에 대하여 그 신탁의 ( )가 법인세를 납부할 의무가 있다.
14 사업연도	14	( )는 법령이나 법인의 정관 등에서 정하는 1회계기간으로 한다. 다만, 그 기간은 1년을 초과하지 못한다.
15 1개월	15	국내사업장이 없는 외국법인으로서 소득이 있는 법인은 따로 사업연도를 정하여 그 소득이 최초로 발생하게 된 날부터 ( ) 이내에 납세지 관할 세무서장에게 사업연도를 신고하여야 한다. 사업연도를 신고 하여야 할 법인이 그 신고를 하지 아니하는 경우에는 매년 1월 1일부터 12월 31일까지를 그 법인의 사업연도로 한다.
16 3개월	16	사업연도를 변경하려는 법인은 그 법인의 직전 사업연도 종료일부터 ( ) 이내에 납세지 관할 세무서장에게 이를 신고하여야 한다. 법인이 신고를 기한까지 하지 아니한 경우에는 그 법인의 사업연도는 변경되지 아니한 것으로 본다.
17 변경된 사업연도 개시일 전날, 변경된 사업연도	17	사업연도가 변경된 경우에는 종전의 사업연도 개시일부터 ( )까지의 기간을 1사업연도로 한다. 다만, 그 기간이 1개월 미만인 경우에는 ( )에 그 기간을 포함한다.
18 해산등기일, 해산등기일	18	내국법인이 사업연도 중에 해산한 경우에는 그 사업연도 개시일부터 ( )까지의 기간, ( ) 다음날부터 그 사업연도 종료일까지의 기간을 각각 1사업연도로 본다.
19 합병등기일 또는 분할등기일	19	내국법인이 사업연도 중에 합병 또는 분할에 따라 해산한 경우에는 그 사업연도 개시일부터 ( )까지의 기간을 그 해산한 법인의 1사업연도로 본다.
20 1년, 최초 사업연도 손익	20	최초 사업연도의 개시일 전에 생긴 손익을 사실상 그 법인에 귀속시킨 경우 조세포탈의 우려가 없는 경우에는 최초 사업연도의 기간이 ( )을 초과하지 않는 범위 내에서 이를 해당 법인의 ( )에 산입할 수 있다.
21 잔여재산가액 확정일	21	청산 중인 내국법인의 잔여재산가액이 사업연도 중에 확정된 경우, 그 사업연도 개시일부터 ( )까지의 기간을 1사업연도로 본다.

| 22 | 내국법인이 사업연도 중에 연결납세방식을 적용받는 경우 그 사업연도 개시일부터 ( )까지의 기간을 1사업연도로 본다. | 22 연결사업연도 개시일 전날 |

| 23 | 국내사업장이 없는 외국법인이 사업연도 중에 국내원천 부동산소득 또는 국내원천 부동산양도소득이 발생하지 아니하게 되어 납세지 관할 세무서장에게 그 사실을 신고한 경우 그 사업연도 개시일부터 ( )까지의 기간을 1사업연도로 본다. | 23 신고일 |

| 24 | 내국법인의 법인세 납세지는 그 법인의 등기부에 따른 ( )의 소재지로 한다. 단, 국내에 본점 또는 주사무소가 있지 아니하는 경우에는 사업을 ( )의 소재지로 한다. | 24 본점이나 주사무소, 실질적으로 관리하는 장소 |

| 25 | 외국법인의 법인세 납세지는 ( )의 소재지로 한다. | 25 국내사업장 |

| 26 | 둘 이상의 국내사업장이 있는 외국법인에 대하여는 ( )의 소재지를 납세지로 하고, 둘 이상의 자산이 있는 법인에 대하여는 대통령령으로 정하는 장소를 납세지로 한다. | 26 주된 사업장 |

| 27 | 원천징수한 법인세의 납세지는 해당 ( )의 소재지로 한다. | 27 원천징수의무자 |

| 28 | 법인으로 보는 단체의 납세지는 ( )로 하되, 주된 소득이 부동산임대소득인 경우 그 부동산의 소재지로 한다. | 28 사업장 소재지 |

| 29 | 내국법인의 본점등의 소재지가 등기된 주소와 동일하지 아니하거나 내국법인의 본점등의 소재지가 자산 또는 사업장과 분리되어 있어 ( )의 우려가 있다고 인정되는 경우 등에는 관할 지방국세청장이나 국세청장이 납세지를 지정할 수 있다. | 29 조세포탈 |

| 30 | 납세지의 지정통지는 그 법인의 당해 사업연도종료일부터 ( ) 이내에 이를 하여야 한다. | 30 45일 |

| 31 | 법인은 납세지가 변경된 경우에는 그 변경된 날부터 ( ) 이내에 ( )의 납세지 관할 세무서장에게 이를 신고하여야 한다. 납세지 변경신고를 하지 아니한 경우에는 종전의 납세지를 그 법인의 납세지로 한다. | 31 15일, 변경 후 |

| 32 | 회사가 회계상 결산서에 손비로 계상하는 경우에만 세법에서도 손비로 인정하는 조정사항을 ( )이라 한다. ( ) 이외의 항목은 신고조정사항이다. | 32 결산조정사항, 결산조정사항 |

| 33 | 세무조정에 따른 회계상 결산서와 세법상 순자산의 차이 금액이 법인 내부에 남아 있는 경우 ( )로 소득처분하며, 세무조정금액이 법인 외부로 유출된 경우 ( )로 소득처분한다. | 33 유보, 사외유출 |

34 배당, 상여, 기타사외유출	34	사외유출의 소득처분한 금액의 귀속자가 주주 등인 경우 (　　　　)으로 소득처분하며, 해당 금액의 귀속자가 임원 또는 직원인 경우 (　　　　)로 소득처분한다. 또한, 익금산입한 금액의 귀속자가 국가 또는 지방자치단체인 경우에는 (　　　　)로 소득처분한다.
35 유보	35	경정이 있을 것을 미리 알고 사외유출된 금액을 익금산입하는 경우 (　　　　)로 소득처분하지 못한다.
36 간주익금, 채권자 불분명, 기타사외유출	36	접대비의 손금불산입액, 임대보증금 등의 (　　　　), 업무무관자산 등에 대한 지급이자 손금불산입액, (　　　　) 사채 이자에 대한 원천징수세액 등은 무조건 (　　　　)로 소득처분한다.
37 원천징수	37	배당, 상여, 기타소득으로 사외유출의 소득처분을 한 경우 해당 법인은 각 귀속자에 대한 해당 소득에 대하여 (　　　　)를 해야 한다.
38 자본금과 적립금 조정명세서(을)	38	유보와 관련된 소득처분은 사후관리를 위해 (　　　　)에 이를 작성한다.
39 익금, 손금	39	내국법인의 각 사업연도의 소득은 그 사업연도에 속하는 (　　　　)의 총액에서 그 사업연도에 속하는 (　　　　)의 총액을 뺀 금액으로 한다.
40 결손금	40	내국법인의 각 사업연도의 (　　　　)은 그 사업연도에 속하는 손금의 총액이 그 사업연도에 속하는 익금의 총액을 초과하는 경우에 그 초과하는 금액으로 한다.
41 제외, 순자산	41	익금은 자본 또는 출자의 납입 및 이 법에서 규정하는 것은 (　　　　)하고 해당 법인의 (　　　　)을 증가시키는 거래로 인하여 발생하는 이익 또는 수입의 금액으로 한다.
42 익금	42	특수관계인인 개인으로부터 유가증권을 시가보다 낮은 가액으로 매입하는 경우 시가와 그 매입가액의 차액에 상당하는 금액은 이를 (　　　　)으로 본다.
43 배당, 잉여금을 분배	43	주식의 소각, 자본의 감소, 사원의 퇴사·탈퇴 또는 출자의 감소로 인하여 주주등인 내국법인이 취득하는 금전과 그 밖의 재산가액의 합계액이 해당 주식 또는 출자지분을 취득하기 위하여 사용한 금액을 초과하는 금액은 주주등인 내국법인의 각 사업연도의 소득금액을 계산할 때 그 다른 법인으로부터 이익을 (　　　　) 받았거나 (　　　　) 받은 금액으로 본다.
44 익금, 손금	44	자기주식의 처분손익은 (　　　　) 및 (　　　　)으로 본다.
45 익금불산입, 감자차익	45	자본거래로 인한 수익은 (　　　　)한다. 대표적인 자본거래에는 주식발행액면초과액, 주식의 포괄적 교환차익, 주식의 포괄적 이전차익, (　　　　), 합병차익, 분할차익등이 있다.

| 46 | 특수관계인으로부터 분여받은 자본거래이익은 (　　　)에 해당한다. | 46 익금 |

47 「채무자 회생 및 파산에 관한 법률」에 따라 채무를 출자로 전환하는 내용이 포함된 회생계획인가의 결정을 받은 법인이 채무를 출자전환하는 경우의 주식발행액면초과액이나 「기업구조조정 촉진법」에 따라 채무를 출자로 전환하는 내용이 포함된 기업개선계획의 이행을 위한 약정을 체결한 부실징후기업이 채무를 출자전환하는 경우로서 해당 주식등의 시가(시가가 액면가액에 미달하는 경우에는 액면가액)를 초과하는 금액은 해당 사업연도의 익금에 산입하지 아니하고 그 이후의 각 사업연도에 발생한 (　　　)의 보전(補塡)에 충당할 수 있다.   47 결손금

48 내국법인이 익금에 산입하지 아니한 금액 전액을 결손금의 보전에 충당하기 전에 사업을 (　　　)하거나 (　　　)하는 경우에는 그 사유가 발생한 날이 속하는 사업연도의 소득금액계산에 있어서 결손금의 보전에 충당하지 아니한 금액 전액을 익금에 산입한다.   48 폐지, 해산

49 자산의 평가이익은 (　　　)에 산입하지 아니한다. 다만, 「보험업법」이나 그 밖의 법률에 따른 유형자산 및 무형자산 등의 평가로 인한 이익은 익금에 산입한다. 「보험업법」에 따른 평가는 장부가액을 (　　　)한 경우만 해당한다.   49 익금, 증액

50 각 사업연도의 소득으로 이미 과세된 소득(이 법과 다른 법률에 따라 비과세되거나 면제되는 소득을 포함한다), (　　　)에 산입하지 아니한 법인세 또는 법인지방소득세를 환급받았거나 환급받을 금액을 다른 세액에 충당한 금액은 익금에 산입하지 아니한다.   50 손금

51 국세 또는 지방세의 과오납금의 (　　　)에 대한 이자, 부가가치세의 (　　　), 자산수증이익과 채무면제이익 중 (　　　)을 보전하는 데에 충당한 금액은 익금에 산입하지 아니한다.   51 환급금, 매출세액, 이월결손금

52 자산을 임대하고 받는 (　　　)는 익금에 해당한다. 또한, (　　　)에 의하여 소득금액을 계산하거나 부동산임대업을 주로 하는 모든 법인은 (　　　)를 익금에 산입한다.   52 임대료, 추계, 간주임대료

53 수입배당금 익금불산입 규정에 따라 주권상장법인인 피출자법인이 20% 이상 50% 미만을 출자한 경우 익금불산입률은 (　　　)이다.   53 80%

54 수입배당금 익금불산입 규정에 따라 주권상장법인인 피출자법인이 20% 미만을 출자한 경우 익금불산입률은 (　　　)이다.   54 30%

55 지주회사가 자회사 주식을 보유하여 수취한 배당금에 대해 수입배당금 익금불산입률을 적용받기 위해서는 그 주식을 배당기준일 현재 (　　　) 이상 계속 보유하고 있어야 한다.   55 3개월

| 56 외국법인, 소득공제 | 56 ( )으로부터 받은 수입배당금이거나 「법인세법」에 따른 지급배당에 대한 ( )를 적용받는 유동화전문회사로부터 받은 수입배당금에 대해서는 수입배당금 익금불산입규정을 적용하지 아니한다. |

| 57 손금 | 57 ( )은 자본 또는 출자의 환급, 잉여금의 처분 및 이 법에서 규정하는 것은 제외하고 해당 법인의 순자산을 감소시키는 거래로 인하여 발생하는 손실 또는 비용(손비)의 금액으로 한다. |

| 58 손금, 회수한 날이 속하는 사업연도 | 58 내국법인이 보유하고 있는 채권 중 채무자의 파산 등 대통령령으로 정하는 사유로 회수할 수 없는 채권의 금액은 대통령령으로 정하는 사업연도의 소득금액을 계산할 때 ( )에 산입한다. 손금에 산입한 대손금 중 회수한 금액은 그 ( )의 소득금액을 계산할 때 익금에 산입한다. |

| 59 할인발행차금 | 59 주식( )은 손금에 산입하지 아니한다. |

| 60 손금, 법인세, 가산세, 매입세액, 벌금·과료, 공과금, 연결모법인 | 60 다음의 세금과 공과금은 내국법인의 각 사업연도의 소득금액을 계산할 때 ( )에 산입하지 아니한다.

① 각 사업연도에 납부하였거나 납부할 ( ) 또는 법인지방소득세와 각 세법에 규정된 의무 불이행으로 인하여 납부하였거나 납부할 세액[( )를 포함한다] 및 부가가치세의 ( )(부가가치세가 면제되거나 그 밖에 대통령령으로 정하는 경우의 세액은 제외한다)
② 판매하지 아니한 제품에 대한 반출필의 개별소비세, 주세 또는 교통·에너지·환경세의 미납액(다만, 제품가격에 그 세액상당액을 가산한 경우에는 예외로 한다)
③ ( )(통고처분에 따른 벌금 또는 과료에 상당하는 금액을 포함한다), 과태료(과료와 과태금을 포함한다), 가산금 및 강제징수비
④ 법령에 따라 의무적으로 납부하는 것이 아닌 ( )
⑤ 법령에 따른 의무의 불이행 또는 금지·제한 등의 위반에 대한 제재(制裁)로서 부과되는 공과금
⑥ ( )에 지급하였거나 지급할 금액 |

| 61 손해배상금 | 61 내국법인이 지급한 ( ) 중 실제 발생한 손해를 초과하여 지급하는 금액으로서 대통령령으로 정하는 금액은 내국법인의 각 사업연도의 소득금액을 계산할 때 손금에 산입하지 아니한다. |

| 62 평가손실 | 62 내국법인이 보유하는 자산의 ( )은 각 사업연도의 소득금액을 계산할 때 손금에 산입하지 아니한다. |

| 63 판매장려금 | 63 ( )은 사전약정 없이 지급하는 경우에도 손금에 해당한다. |

64	회수할 수 없는 부가가치세 매출세액 미수금은 「부가가치세법」에 따른 (　　　　)를 적용받지 않은 것만 손금에 해당한다.	64 대손세액공제
65	영업자가 조직한 단체로서 법인이거나 주무관청에 등록된 조합 또는 협회에 지급한 (　　　　)는 손금에 해당한다. 특별회비는 손금에 산입하지 아니한다.	65 일반회비
66	장식·환경미화 등의 목적으로 사무실·복도 등 여러 사람이 볼 수 있는 공간에 상시 전시하는 미술품은 취득가액이 (　　　　) 이하인 경우 해당 취득가액을 취득한 날이 속하는 사업연도의 손금으로 한다.	66 1,000만 원
67	감가상각자산에 대해 계상한 (　　　　)를 해당 사업연도의 소득금액을 계산할 때 손금에 산입하고, 그 계상한 금액 중 (　　　　)을 초과하는 금액은 손금에 산입하지 아니한다.	67 감가상각비, 상각범위액
68	(　　　　)이란 법인이 소유하는 감가상각자산의 내용연수를 연장시키거나 해당 자산의 가치를 현실적으로 증가시키기 위하여 지출한 수선비를 말한다.	68 자본적 지출
69	법인이 각 사업연도에 지출한 수선비가 개별자산별로 지출한 금액이 (　　　　) 미만인 경우, 개별자산별로 직전 사업연도종료일 현재 재무상태표상의 자산가액의 (　　　　)에 미달하는 경우, (　　　　) 미만의 기간마다 주기적인 수선을 위하여 지출하는 경우에는 해당 수선비를 자본적 지출에 포함하지 않는다.	69 600만 원, 100분의 5, 3년
70	취득가액이 거래단위별로 (　　　　) 이하인 감가상각자산에 대해서는 그 사업에 사용한 날이 속하는 사업연도의 손비로 계상한 것에 한정하여 손금에 산입한다. 단, 그 고유업무의 성질상 (　　　　)으로 보유하는 자산, 그 사업의 개시 또는 확장을 위하여 취득한 자산은 제외한다.	70 100만 원, 대량
71	인건비 중에서 합병회사·합자회사의 (　　　　)에 지급하는 보수, 법인이 (　　　　) 등인 임원 또는 직원에게 정당한 사유 없이 동일 직위에 있는 임직원보다 초과하여 지급하는 보수, (　　　　)에게 지급하는 보수 중 부당행위계산부인에 해당하는 것은 손금에 산입하지 아니한다.	71 노무출자사원, 지배주주, 비상근임원
72	직원에게 지급하는 (　　　　)은 한도 없이 전액 손금으로 인정된다.	72 상여금
73	법인의 해산에 의하여 퇴직하는 임원 또는 직원에게 지급하는 해산수당 또는 퇴직위로금 등은 (　　　　)의 손금으로 한다	73 최종사업연도
74	법인이 임원 또는 직원을 위해 지출한 법에 따른 (　　　　) 사용자 부담분, (　　　　)와 직장문화비, 사회통념상 타당하다고 인정되는 범위에서 지급되는 (　　　　)는 손금에 산입한다.	74 국민건강보험료, 직장체육비, 경조사비

| 75 교육훈련비 | 75 | 법인이 임원 또는 직원이 아닌 지배주주 등에게 지급한 여비 또는 (　　　　)는 해당 사업연도의 소득금액을 계산할 때 손금에 산입하지 아니한다. |

| 76 처분가능한 시가 | 76 | 재고자산이 파손·부패 등의 사유로 정상가격으로 판매할 수 없는 것은 사업연도 종료일 현재의 (　　　　)로 평가한 금액으로 감액하고 그 감액한 금액을 해당 사업연도의 손비로 계상할 수 있다. |

| 77 3만 원, 5만 원 | 77 | 광고선전 목적으로 기증한 물품의 구입비용은 전액 손금으로 인정한다. 다만, 특정인에게 기증한 물품[개당 (　　　) 이하의 물품은 제외]은 연간 (　　　) 이내의 금액으로 한정하여 손금에 산입하며, 해당 금액을 초과한 경우 전액을 접대비로 보아 한도시부인 계산한다. |

| 78 손금불산입 | 78 | 업무무관자산에 대한 감가상각비, 유지비, 수선비 등은 (　　　　)한다. |

| 79 1%, 사택 | 79 | 해당 법인의 발행주식총수의 (　　　)에 미달하는 주식을 소유한 주주가 사용하고 있는 (　　　)의 유지비, 관리비 및 이와 관련되는 지출금액은 손금에 산입한다. |

| 80 급여 | 80 | 노동조합의 전임자(노동조합의 업무에만 종사하는 근로자)의 (　　　)는 손금에 산입하지 아니한다. |

| 81 800만 원 | 81 | 업무용승용차별 감가상각비와 임차료 중 감가상각비 상당액이 해당 사업연도에 각각 (　　　)(단, 부동산임대업을 주업으로 하는 법인은 50%만 적용)을 초과하는 경우 감가상각비 한도초과액의 계산방법에 따라 계산된 한도초과액은 이월한 후 손금에 산입한다. |

| 82 기타사외유출 | 82 | 업무용승용차를 처분하여 발생하는 손실로 업무용승용차별 800만 원을 초과하는 금액은 (　　　)로 소득처분한다. |

| 83 확정된 날 | 83 | 내국법인의 각 사업연도의 익금과 손금의 귀속사업연도는 그 익금과 손금이 (　　　)이 속하는 사업연도로 한다. |

| 84 인도한 날, 구입의 의사, 대금을 청산한 날, 빠른 날 | 84 | 상품(부동산을 제외한다)·제품 또는 기타의 생산품의 판매는 그 상품 등을 (　　　), 상품 등의 시용판매는 상대방이 그 상품 등에 대한 (　　　)를 표시한 날. 상품 등 외의 자산을 양도하는 경우에는 (　　　)을 손익의 귀속사업연도로 한다. 다만, 대금을 청산하기 전에 소유권 등의 이전등기(등록을 포함한다)를 하거나 당해 자산을 인도하거나 상대방이 당해 자산을 사용수익하는 경우에는 그 이전등기일(등록일을 포함한다)·인도일 또는 사용수익일 중 (　　　)로 한다. |

| 85 수탁자, 체결한 날 | 85 | 자산의 위탁매매는 (　　　)가 그 위탁자산을 매매한 날, 증권시장에서 보통거래 방식으로 한 유가증권의 매매는 매매계약을 (　　　)을 귀속사업연도로 한다. |

86 법인이 (　　　)으로 자산을 판매하거나 양도한 경우로서 판매 또는 양도한 자산의 인도일이 속하는 사업연도의 결산을 확정함에 있어서 해당 사업연도에 회수하였거나 회수할 금액과 이에 대응하는 비용을 각각 수익과 비용으로 계상한 경우에는 그 장기할부조건에 따라 각 사업연도에 회수하였거나 회수할 금액과 이에 대응하는 비용을 각각 해당사업연도의 익금과 손금에 산입한다.

　86 장기할부조건

87 인도일 이전에 회수하였거나 회수할 금액은 (　　　)에 회수한 것으로 보며, 법인이 장기할부기간 중에 폐업한 경우에는 그 폐업일 현재 익금에 산입하지 아니한 금액과 이에 대응하는 비용을 (　　　)이 속하는 사업연도의 익금과 손금에 각각 산입한다.

　87 인도일, 폐업일

88 장기할부조건이라 함은 자산의 판매 또는 양도(국외거래에 있어서는 소유권이전 조건부 약정에 의한 자산의 임대를 포함한다)로서 판매금액 또는 수입금액을 월부·연부 기타의 지불방법에 따라 (　　　) 이상으로 분할하여 수입하는 것 중 당해 목적물의 (　　　)의 다음날부터 최종의 할부금의 지급기일까지의 기간이 (　　　) 이상인 것을 말한다.

　88 2회, 인도일, 1년

89 법인이 매출할인을 하는 경우 그 매출할인금액은 상대방과의 (　　　)(그 지급기일이 정하여 있지 아니한 경우에는 지급한 날)이 속하는 사업연도의 매출액에서 (　　　)한다.

　89 약정에 의한 지급기일, 차감

90 법인이 장기할부조건 등에 의하여 자산을 판매하거나 양도함으로써 발생한 채권에 대하여 기업회계기준이 정하는 바에 따라 현재가치로 평가하여 (　　　)을 계상한 경우 해당 (　　　)상당액은 해당 채권의 회수기간 동안 기업회계기준이 정하는 바에 따라 환입하였거나 환입할 금액을 각 사업연도의 (　　　)에 산입한다.

　90 현재가치할인차금, 현재가치할인차금, 익금

91 납품계약 또는 수탁가공계약에 의하여 물품을 납품하거나 가공하는 경우에는 당해물품을 계약상 (　　　)을 인도한 날로 본다. 다만, 계약에 따라 검사를 거쳐 인수 및 인도가 확정되는 물품의 경우에는 (　　　)로 한다.

　91 인도하여야 할 장소에 보관한 날, 당해검사가 완료된 날

92 단기할부판매의 경우 (　　　)을 손익의 귀속사업연도로 한다.

　92 인도한 날

93 건설·제조 기타 용역(도급공사 및 예약매출을 포함)의 제공으로 인한 익금과 손금은 (　　　)을 기준으로 하여 계산한 수익과 비용을 각각 해당 사업연도의 익금과 손금에 산입한다.

　93 작업진행률

94 (　　　)인 법인이 수행하는 계약기간이 1년 미만인 건설, 기업회계기준에 따라 그 목적물의 인도일이 속하는 사업연도의 수익과 비용으로 계상한 경우에는 그 목적물의 (　　　)이 속하는 사업연도의 익금과 손금에 산입할 수 있다.

　94 중소기업, 인도일

95 특수관계인, 계상한 사업연도	95	법인이 결산 확정시 이미 경과한 기간에 대응하는 이자 및 할인액(차입일로부터 이자지급일이 1년을 초과하는 (　　　)과의 거래에 따른 이자 및 할인액은 제외)을 해당 사업연도의 손비로 계상한 경우 원천징수 여부와 상관없이 그 (　　　)의 손금으로 한다.
96 실제로 수입된 날	96	금융보험업을 영위하는 법인이 수입하는 보험료·부금·보증료 또는 수수료의 귀속사업연도는 그 보험료 등이 (　　　)이 속하는 사업연도로 한다.
97 1년	97	임대료 지급기간이 (　　　)을 초과하는 경우 이미 경과한 기간에 대응하는 임대료 상당액과 비용은 이를 각각 당해 사업연도의 익금과 손금으로 한다.
98 실제로 수입	98	법인이 금전등록기를 설치·사용하는 경우 그 수입하는 물품대금과 용역대가의 귀속사업연도는 그 금액이 (　　　)된 사업연도로 할 수 있다.
99 손금	99	법인이 사채를 발행하는 경우에 상환할 사채금액의 합계액에서 사채발행가액의 합계액을 공제한 금액(사채할인발행차금)은 기업회계기준에 의한 사채할인발행차금의 상각방법에 따라 이를 (　　　)에 산입한다.
100 개발비, 손비	100	법인이 (　　　)로 계상하였으나 해당 제품의 판매 또는 사용이 가능한 시점이 도래하기 전에 개발을 취소한 경우에는 다음의 요건을 모두 충족하는 날이 속하는 사업연도의 손금에 산입한다. ① 해당 개발로부터 상업적인 생산 또는 사용을 위한 해당 재료·장치·제품·공정·시스템 또는 용역을 개선한 결과를 식별할 수 없을 것 ② 해당 개발비를 전액 (　　　)로 계상하였을 것
101 대금결제일	101	계약의 목적물을 인도하지 아니하고 목적물의 가액변동에 따른 차액을 금전으로 정산하는 파생상품의 거래로 인한 손익은 그 거래에서 정하는 (　　　)이 속하는 사업연도의 익금과 손금으로 한다.
102 부대비용, 제작원가	102	타인으로부터 매입한 자산의 취득가액은 매입가액에 (　　　)을 더한 금액으로 하며, 자기가 제조·생산 또는 건설하거나 그 밖에 이에 준하는 방법으로 취득한 자산은 (　　　)에 부대비용을 더한 금액을 취득가액으로 한다.
103 매입가액	103	단기매매항목으로 분류된 금융자산 및 파생상품의 취득가액은 (　　　)으로 하며, 부대비용은 발생 당시의 손금에 산입한다.
104 시가	104	무상으로 취득한 자산은 그 (　　　)를 자산수증익으로 익금에 산입한다.

105 특수관계인으로부터 자산을 고가매입한 경우 해당 취득가액이 시가와 거래가액의 차액이 (　　　) 이상이거나 시가의 (　　　) 이상인 경우(상장주식 제외) 부당행위계산부인규정에 따라 자산의 (　　　)를 취득가액으로 계상한다.

105 3억 원, 5%, 시가

106 자산을 법령에 따른 장기할부조건으로 취득하는 경우 발생한 채무를 기업회계기준이 정하는 바에 따라 현재가치로 평가하여 (　　　)을 계상한 경우 당해 (　　　)은 취득가액에 포함하지 아니한다.

106 현재가치할인차금, 현재가치할인차금

107 재고자산의 평가는 원가법[개별법, 선입선출법, (　　　), 총평균법, 이동평균법, (　　　)]에 해당하는 방법 중 법인이 납세지 관할세무서장에게 신고한 방법에 의한다.

107 후입선출법, 매출가격환원법

108 법인이 재고자산의 평가방법을 변경하고자 하는 법인은 변경할 평가방법을 적용하고자 하는 사업연도의 종료일 이전 (　　　)이 되는 날까지 재고자산 등 평가방법 신고(변경신고)서를 납세지 관할세무서장에게 제출(국세정보통신망에 의한 제출을 포함한다)하여야 한다.

108 3월

109 법인이 기한내에 재고자산의 평가방법을 신고하지 아니한 경우 납세지 관할세무서장이 (　　　)[매매를 목적으로 소유하는 부동산의 경우에는 (　　　)으로 한다]에 의하여 재고자산을 평가한다.

109 선입선출법, 개별법

110 유가증권의 평가는 개별법(채권의 경우에 한함), (　　　), (　　　) 중 법인이 납세지 관할세무서장에게 신고한 방법에 의한다. 법인이 유가증권평가방법을 신고하지 않은 경우 (　　　)으로 유가증권을 평가한다.

110 총평균법, 이동평균법, 총평균법

111 유가증권평가방법의 변경신고를 하지 않고 임의로 변경한 경우 (　　　)시의 평가방법과 당초 적법한 신고방법에 따른 가액 중 (　　　) 금액으로 평가한다.

111 무신고, 큰

112 투자회사 등이 보유한 집합투자자산은 (　　　)에 따라 평가한다.

112 시가법

113 금융회사 외의 법인이 보유하는 기업회계기준에 따른 (　　　) 외화자산과 부채는 (　　　) 현재의 매매기준율로 평가하는 방법을 관할 세무서장에게 신고한 경우 이에 의할 수 있다.

113 화폐성, 사업연도 종료일

114 가상자산은 (　　　)에 따라 평가해야 한다.

114 선입선출법

115 (　　　)이란 형식상 배당은 아니지만 사실상 회사의 이익이 주주 등에게 귀속되는 경우에 이를 배당으로 간주하는 제도를 말한다.

115 의제배당

116	시가, 2년	116 자기주식소각이익 중 소각 당시 (　　　)가 취득가액을 초과하지 않고 소각일로부터 (　　　)이 지난 후에 자본에 전입하는 것은 의제배당에 해당하지 아니한다.
117	소각, 초과	117 주식의 (　　　) 등으로 인해 주주 등인 내국법인이 취득한 금전과 그 밖의 재각가액의 합계액이 해당 주식 또는 출자지분을 취득하기 위해 사용한 금액을 (　　　)하는 경우 해당 금액은 의제배당으로 과세한다.
118	피합병법인, 합병대가	118 (　　　)의 주주 등이 합병법인으로부터 그 합병으로 인하여 취득하는 (　　　)가 그 피합병법인의 주식 등을 취득하기 위하여 사용한 금액을 초과하는 경우 그 초과하는 금액은 의제배당에 해당한다.
119	주주총회	119 주식의 소각으로 인한 의제배당의 귀속시기는 당해 법인의 (　　　)에서 주식의 소각을 결의한 날로 한다.
120	분할등기일, 합병등기일	120 법인이 분할한 경우의 의제배당 귀속시기는 당해 법인의 (　　　)로 하며, 합병으로 인한 의제배당의 귀속시기는 당해 법인의 (　　　)로 한다.
121	즉시상각의제	121 회사가 자산의 취득가액을 구성하는 항목을 비용으로 처리한 경우 해당 금액을 즉시 전액 감가상각한 것으로 의제하는 것을 (　　　)라 한다.
122	1,000원	122 시설의 개체, 기술의 낙후 등으로 인하여 생산설비의 일부를 폐기한 경우 당해 자산의 장부가액에서 (　　　)을 공제한 금액을 폐기일이 속하는 사업연도의 손금에 산입할 수 있다.
123	최초사업연도의 종료일	123 감가상각방법의 변경승인을 얻고자 하는 법인은 그 변경할 상각방법을 적용하고자 하는 (　　　)까지 감가상각방법변경신청서를 납세지 관할 세무서장에게 제출(국세정보통신망에 의한 지출 포함)해야 한다.
124	채권자 불분명, 건설자금	124 법인의 지급이자 중 손금불산입에 해당하는 규정이 동시에 적용되는 경우 (　　　) 사채이자 → 지급받은 자가 불분명한 채권·증권의 이자 → (　　　)에 충당한 차입금이자 → 업무무관자산 등에 대한 지급이자 순으로 적용한다.
125	대표자에 대한 상여, 원천징수세액	125 채권자가 불분명한 사채의 이자는 손금에 산입하지 아니한다. 해당 손금불산입액은 (　　　)로 소득처분하며, 이에 대한 (　　　) 상당액은 기타사외유출로 소득처분한다.
126	연체이자, 자본적지출	126 특정차입금에 대한 건설자금이자의 경우 준공기간 중의 이자는 금융기관으로부터 차입하는 때 지급하는 (　　　)를 포함한다. 이때 연체로 인해 생긴 이자를 원본에 가산한 경우 그 가산한 금액은 이를 해당 사업연도의 (　　　)로 하고, 그 원본에 가산한 금액에 대한 지급이자는 이를 손금으로 한다.

127 건축물의 준공일은 취득일과 ( ) 중 빠른날로 한다.   **127** 사용개시일

128 지출한 접대비 중 증명서류가 없는 경우 이를 손금불산입하고 귀속자에 대한 ( )으로 소득처분한다.   **128** 상여나 배당

129 한 차례에 지출한 접대비 중 3만 원[경조사비는 ( )]을 초과하는 접대비로서 적격증빙서류를 미수취한 경우 ( )로 소득처분한다.   **129** 20만 원, 기타사외유출

130 지출사실은 객관적으로 명백하나 ( )에서 현금 외 다른 지출수단이 없어 적격 증빙서류를 갖추지 못한 경우 이를 접대비로 본다.   **130** 국외

131 특수관계인이 아닌 자에게 금전 외의 자산으로 기부한 경우 해당 자산의 가액은 이를 기부한 때의 ( )으로 한다. 단, 법인이 특수관계인에게 금전 외의 자산으로 기부한 경우에는 기부한 때의 ( )와 장부가액 중 큰 금액으로 한다.   **131** 장부가액, 시가

132 대손충당금을 손금으로 계상한 내국법인은 대손금이 발생한 경우 그 대손금을 ( )과 먼저 상계하여야 하며, 상계하고 남은 대손충당금의 금액은 다음 사업연도의 소득금액을 계산할 때 ( )에 산입한다.   **132** 대손충당금, 손금

133 전기 대손충당금 중 한도초과액은 당기에 ( )하며, 당기 대손충당금 한도초과액은 ( )한다.   **133** 익금불산입, 손금불산입

134 「상법」에 따른 ( )가 완성된 외상매출금 및 미수금은 해당 사유가 발생한 사업연도의 손금으로 한다. 채무자 회생 및 파산에 관한 법률에 따른 회생계획인가의 결정 또는 법원의 면책결정에 따라 회수불능으로 확정된 채권은 ( )이 속하는 사업연도의 손금으로 한다.   **134** 소멸시효, 해당 사유가 발생한 날

135 회수기일이 6개월 이상 지난 채권 중 채권가액이 ( )인 채권은 해당 사유가 발생하여 ( )이 속하는 사업연도의 손금으로 한다.   **135** 30만 원, 손비로 계상한 날

136 법인이 다른 법인과 합병하거나 분할하는 경우 채무자의 파산으로 회수할 수 없는 채권에 해당하는 대손금을 ( )이 속하는 사업연도까지 손비로 계상하지 않은 경우 이를 ( )이 속하는 사업연도의 손비로 한다.   **136** 합병등기일 또는 분할등기일, 합병등기일 또는 분할등기일

137 법인이 국고보조금, ( ), ( )로 인한 자산양도차익이 발생한 경우 이에 대해 압축기장충당금을 설정할 수 있다.   **137** 보험차익, 물적분할

138 납세지 관할 세무서장 또는 관할지방국세청장은 내국법인의 행위 또는 소득금액의 계산이 ( )과의 거래로 인하여 그 법인의 소득에 대한 조세의 부담을 부당하게 감소시킨 것으로 인정되는 경우에는 그 법인의 행위 또는 소득금액의 계산과 관계없이 그 법인의 각 사업연도의 소득금액을 계산한다.   **138** 특수관계인

139 조세의 부담을 부당하게 감소시킨 것으로 인정되는 경우는 다음과 같다.

> ① 자산을 시가보다 (　　) 가액으로 매입 또는 현물출자받았거나 그 자산을 과대상각한 경우
> ② (　　)자산을 매입 또는 현물출자받았거나 그 자산에 대한 비용을 부담한 경우
> ③ 자산을 (　　) 또는 시가보다 낮은 가액으로 양도 또는 현물출자한 경우
> ④ 불량자산을 차환하거나 불량채권을 양수한 경우
> ⑤ 출연금을 대신 부담한 경우
> ⑥ 금전, 그 밖의 자산 또는 용역을 무상 또는 시가보다 (　　) 이율·요율이나 임대료로 대부하거나 제공한 경우
> ⑦ 금전, 그 밖의 자산 또는 용역을 시가보다 (　　) 이율·요율이나 임차료로 차용하거나 제공받은 경우
> ⑧ 자본거래로 인하여 주주 등인 법인이 특수관계인인 다른 주주등에게 이익을 분여한 경우

[139] 높은, 무수익, 무상, 낮은, 높은

140 시가와 거래가액의 차액이 시가의 (　　)에 상당하는 금액 이상이거나 (　　) 이상인 경우에만 부당행위계산의 부인규정을 적용한다.

[140] 5%, 3억 원

141 주권상장법인이 발행한 주식을 증권시장 외에서 거래하는 방법으로 거래한 경우 해당 주식의 시가는 그 거래일의 거래소 (　　)으로 하며, 법으로 정하는 바에 따라 사실상 경영권의 이전이 수반되는 경우에는 그 가액에 20%를 가산한다.

[141] 최종시세가액

142 시가가 불분명한 경우에는 주식·출자지분·가상자산에 대해 「상속세 및 증여세법」에 따른 (　　)을 적용한 가액을 그 시가로 한다.

[142] 보충적평가방법

143 부당행위계산의 부인 규정 적용시 상장주식, 출자지분 및 가장자산 외의 자산은 시가가 불분명한 경우 감정평가업자의 (　　)을 1순위로 적용하며, 해당 가액이 불분명한 경우에는 「상속세 및 증여세법」에 따른 (　　)을 준용한 평가액을 적용한다.

[143] 감정가액, 보충적평가방법

144 금전의 대여 또는 차용에서 부당행위계산부인의 적용 여부를 판단시 적용하는 이자율은 (　　)로 한다.

[144] 가중평균차입이자율

145 법인세의 과세표준은 각 사업연도의 소득에서 (　　), 비과세소득, 소득공제액을 공제하여 계산한다.

[145] 이월결손금

146 결손금은 21년 개시 사업연도부터 발생한 경우 (　　)간 이월하여 공제한다.

[146] 15년

147 (　　)의 경우에는 당해 발생한 결손금을 소급공제할 수 있다.

[147] 중소기업

148 법인세를 추계결정, 경정하는 경우에는 (　　　　) 공제규정은 적용하지 아니한다. | **148** 이월결손금

149 법인의 소득 중 (　　　　)의 신탁재산에서 생기는 소득은 비과세소득에 해당하므로 법인세를 과세하지 아니한다. | **149** 공익신탁

150 「기업구조조정투자회사법」에 따른 기업구조조정투자회사가 법령으로 정하는 배당가능이익의 100분의 (　　　　) 이상을 배당한 경우 그 금액은 해당 배당을 결의한 잉여금 처분의 대상이 되는 사업연도의 소득금액에서 공제한다. | **150** 90

151 납세의무가 있는 내국법인은 각 사업연도의 종료일이 속하는 달의 말일부터 (　　　　)[내국법인이 성실신고확인서를 제출하는 경우에는 (　　　　)로 한다] 이내에 그 사업연도의 소득에 대한 법인세의 과세표준과 세액을 납세지 관할 세무서장에게 신고하여야 한다. | **151** 3개월, 4개월

152 「주식회사 등의 외부감사에 관한 법률」에 따라 감사인에 의한 감사를 받아야 하는 내국법인이 해당 사업연도의 감사가 종결되지 아니하여 결산이 확정되지 아니하였다는 사유로 대통령령으로 정하는 바에 따라 신고기한의 연장을 신청한 경우에는 그 신고기한을 (　　　　)의 범위에서 연장할 수 있다. | **152** 1개월

153 외국정부(지방자치단체를 포함)에 납부하였거나 납부할 세액으로서 내국법인의 각 사업연도의 과세표준에 포함된 국외원천소득에 대하여 직접적으로 납부하였거나 납부할 것으로 확정된 세액을 (　　　　)이라 하며, 내국법인의 각 사업연도 소득금액에 외국자회사로부터 받는 수입배당금액이 포함되어 있는 경우 외국자회사가 납부한 법인세액 중 일정액을 내국법인이 납부한 것으로 간주하는 세액을 (　　　　)이라 한다. | **153** 직접외국납부세액, 간접외국납부세액

154 둘 이상의 국외사업장이 있는 경우 이를 (　　　　)로 구분하여 외국납부세액공제의 한도액을 계산한다. | **154** 국가별

155 외국납부세액이 해당 사업연도의 공제한도를 초과하는 경우 그 초과하는 금액은 해당 사업연도의 다음 사업연도 개시일부터 (　　　　) 이내에 끝나는 각 사업연도로 이월하여 그 이월된 사업연도의 공제한도 내에서 공제받을 수 있다. | **155** 10년

156 내국법인이 각 사업연도 중 천재지변이나 그 밖의 재해로 인하여 자산총액의 100분의 (　　　　) 이상을 상실하여 납세가 곤란하다고 인정되는 경우에는 그 상실된 자산의 가액이 상실 전의 자산총액에서 차지하는 비율을 곱하여 계산한 금액(상실된 자산의 가액을 한도로 한다)을 그 세액에서 공제한다(재해손실 세액공제). | **156** 20

157 법인세가 (　　　　)되거나 면제되는 소득은 원천징수하지 아니한다. | **157** 비과세

| 158 각 사업연도의 소득, 이월공제 | 158 | 「법인세법」 및 다른 법률을 적용할 때 법인세의 감면에 관한 규정과 세액공제에 관한 규정이 동시에 적용되는 경우에 그 적용순위는 별도의 규정이 있는 경우 외에는 다음의 순서에 따른다. |

① (　　　)에 대한 세액 감면(면제를 포함한다)
② (　　　)가 인정되지 아니하는 세액공제
③ 이월공제가 인정되는 세액공제(이 경우 해당 사업연도 중에 발생한 세액공제액과 이월된 미공제액이 함께 있을 때에는 이월된 미공제액을 먼저 공제한다)
④ 사실과 다른 회계처리로 인한 경정에 따른 세액공제

159 재무상태표·포괄손익계산서, 세무조정계산서
159 법인세 과세표준을 신고 할 때에는 그 신고서에 기업회계기준을 준용하여 작성한 개별 내국법인의 (　　　) 및 이익잉여금처분계산서(또는 결손금처리계산서), 대통령령으로 정하는 바에 따라 작성한 (　　　)를 첨부하여야 한다.

160 합병등기일
160 내국법인이 합병으로 해산하는 경우에는 과세표준과 세액의 신고를 할 때 그 신고서에 (　　　) 현재의 피합병법인의 재무상태표와 합병법인이 그 합병에 따라 승계한 자산 및 부채의 명세서를 첨부하여야 한다.

161 1개월, 2개월
161 납부할 세액이 1천만 원을 초과하고 2천만 원 이하인 경우 1천만 원을 초과하는 금액을 납부기한이 지난날부터 (　　　), 중소기업은 (　　　) 이내에 분납할 수 있다.

162 1년
162 납세지 관할 세무서장 또는 관할지방국세청장은 내국법인이 신고를 하지 아니한 경우에는 그 법인의 각 사업연도의 소득에 대한 법인세의 과세표준과 세액을 법인세 과세표준신고기한으로부터 (　　　) 내에 결정해야 한다.

163 대표자에 대한 상여
163 추계결정에 따른 과세표준과 결산서상 법인세비용차감전순이익과의 차이가 발생한 경우 이를 (　　　)로 소득처분한다.

164 수시부과
164 납세지 관할 세무서장 또는 관할지방국세청장은 내국법인이 그 사업연도 중에 법인세를 포탈(逋脫)할 우려가 있다고 인정되는 경우에는 그 법인에 대한 법인세를 (　　　) 할 수 있다. 이 경우에도 각 사업연도의 소득에 대하여 법인세 과세표준에 따른 신고를 하여야 한다.

165 국내외
165 비영리내국법인은 (　　　) 수익사업소득에 대해 법인세 납세의무가 있다.

166 고유목적사업
166 비영리법인의 유형자산 및 무형자산의 처분으로 인한 수입은 수익사업에 해당하므로 납세의무가 있다. 다만, (　　　)에 직접 사용한 자산의 처분으로 인하여 생기는 수입은 제외한다.

167 비영리법인은 수익사업을 영위하는 경우 자산·부채 및 손익을 수익사업에 속하는 것과 수익사업에 속하지 아니하는 것으로 (　　　)하여야 한다.

167 구분경리

168 비영리내국법인이 수익사업을 영위하지 않는 경우 (　　　)를 부담하지 아니한다.

168 기장의무

169 비영리내국법인은 수익사업에 대해 복식부기로 장부를 기장하고 비치할 의무가 있으나 이를 이행하지 않았을 경우에도 (　　　)를 부과하지 아니한다.

169 무기장가산세

170 국내원천 (　　　)이 있는 외국법인은 종합과세 대상에 해당한다.

170 부동산소득

171 외국법인이 국내에서 사업의 전부 또는 일부를 수행하는 고정된 장소를 (　　　)이라 한다. 외국법인이 (　　　)을 초과하여 존속하는 건축장소는 (　　　)에 해당한다.

171 국내사업장, 6개월, 국내사업장

172 피합병법인이 합병으로 해산하는 경우에는 그 법인의 자산을 (　　　)에 양도한 것으로 본다. 단, (　　　)에 해당하는 경우 양도손익이 없는 것으로 할 수 있다.

172 합병법인, 적격합병

173 다음의 요건을 모두 갖춘 합병을 적격합병이라 한다.

① 합병등기일 현재 1년 이상 사업을 계속하던 (　　　) 간의 합병일 것
② 피합병법인의 주주 등이 합병으로 인하여 받은 합병대가의 총합계액 중 합병법인의 주식 등의 가액이 (　　) 이상이거나 합병법인의 모회사의 주식 등의 가액이 (　　) 이상인 경우로서 그 주식 등이 대통령령으로 정하는 바에 따라 배정되고, 합병법인의 주주 등이 합병등기일이 속하는 사업연도의 종료일까지 그 주식 등을 보유할 것
③ 합병법인이 합병등기일이 속하는 사업연도의 종료일까지 피합병법인으로부터 승계받은 사업을 계속할 것.
④ 합병등기일 1개월 전 당시 피합병법인에 종사하는 대통령령으로 정하는 근로자 중 합병법인이 승계한 (　　)의 비율이 100분의 80 이상이고, 합병등기일이 속하는 사업연도의 종료일까지 그 비율을 유지할 것

173 내국법인, 100분의 80, 100분의 80, 근로자

174 합병법인이 합병으로 피합병법인의 자산을 승계한 경우에는 그 자산을 피합병법인으로부터 합병등기일 현재의 (　　　)로 양도받은 것으로 본다. 이 경우 피합병법인의 각 사업연도의 소득금액 및 과세표준을 계산할 때 익금 또는 손금에 산입하거나 산입하지 아니한 금액, 그 밖의 자산·부채 등은 (　　　)이 승계할 수 있다.

174 시가, 합병법인

175 합병법인은 합병매수차익을 세무조정계산서에 계상하고 합병등기일부터 (　　　) 간 균등하게 나누어 익금에 산입한다.

175 5년

176 3년, 결손금	**176** 적격합병을 한 합병법인은 (　　　　　) 이내의 범위에서 승계받은 사업을 폐지하는 등의 사유가 발생한 경우 그 사유가 발생한 날이 속하는 사업연도의 소득금액을 계산할 때 양도받은 자산의 장부가액과 시가와의 차액, 승계받은 (　　　　) 중 공제한 금액 등을 대통령령으로 정하는 바에 따라 익금에 산입하고, 피합병법인으로부터 승계받아 공제한 감면·세액공제액 등을 해당 사업연도의 법인세에 더하여 납부한 후 해당 사업연도부터 감면 또는 세액공제를 적용하지 아니한다.
177 공제하지 아니한다	**177** 합병법인의 합병등기일 현재 결손금 중 합병법인이 승계한 결손금을 제외한 금액은 합병법인의 각 사업연도의 과세표준을 계산할 때 피합병법인으로부터 승계받은 사업에서 발생한 소득금액의 범위에서는 (　　　　).
178 승계받은 사업	**178** 합병법인이 승계한 피합병법인의 결손금은 피합병법인으로부터 (　　　　)에서 발생한 소득금액의 범위에서 합병법인의 각 사업연도의 과세표준을 계산할 때 공제한다.
179 물적분할	**179** 내국법인이 분할로 해산하는 경우[(　　　　)은 제외]에는 그 법인의 자산을 분할신설법인 또는 분할합병의 상대방 법인에 양도한 것으로 본다.
180 적격분할	**180** 부동산임대업을 주업으로 하는 사업부문 등을 분할하는 경우에는 (　　　　)로 보지 아니한다.
181 시가, 주식발행초과금	**181** 분할신설법인이 취득한 자산은 (　　　　)로 평가하며, 취득한 자산의 시가와 발행한 주식의 액면가액과의 차액은 (　　　　)으로 한다.
182 5년, 적격분할	**182** 분할등기일 현재 (　　　　) 이상 사업을 계속하던 내국법인이 분리하여 사업이 가능한 독립된 사업부문을 분할하는 것일 것, 분할하는 사업부문의 자산 및 부채가 포괄적으로 승계될 것, 분할법인 등만의 출자에 의하여 분할하는 것일 것과 같은 요건을 모두 갖추어 분할하는 것을 (　　　　)이라 한다.
183 5년간	**183** 분할신설법인 등은 염가매수차익을 세무조정계산서에 계상하고 분할등기일부터 (　　　　) 균등하게 나누어 익금에 산입한다.
184 연결가능모법인, 연결가능자법인	**184** 다른 내국법인을 연결지배하는 내국법인과 그 다른 내국법인은 대통령령으로 정하는 바에 따라 (　　　　)의 납세지 관할지방국세청장의 승인을 받아 연결납세방식을 적용할 수 있다. 이 경우 (　　　　)이 둘 이상일 때에는 해당 법인 모두가 연결납세방식을 적용하여야 한다.
185 연결사업연도, 1년	**185** 연결납세방식을 적용받는 각 연결법인의 사업연도는 (　　　　)와 일치하여야 한다. 이 경우 연결사업연도의 기간은 (　　　　)을 초과하지 못한다.

186 연결지배란 내국법인이 다른 내국법인의 발행주식총수 또는 출자총액의 100분의 90이상 「근로복지기본법」에 따른 우리사주조합을 통하여 근로자가 취득한 주식 등 대통령령으로 정한 주식으로서 발행주식총수의 (　　　)이내의 주식은 제외]을 보유하는 경우를 말한다. — **186** 5%

187 연결모법인에는 (　　　)은 제외하며, 연결자법인에는 청산중인 법인은 제외한다. — **187** 비영리내국법인

188 연결법인의 납세지는 (　　　)의 납세지로 한다. — **188** 연결모법인

189 연결사업연도는 (　　)을 초과하지 못한다. — **189** 1년

190 연결납세방식의 적용 신청을 받은 납세지 관할 지방국세청장은 최초의 연결사업연도 개시일부터 (　　　)이 되는 날까지 승인 여부를 통지하여야 한다. — **190** 2개월

191 연결납세방식을 적용받은 각 연결법인은 연결납세방식을 적용받은 연결사업연도와 그 다음 연결사업연도의 개시일부터 (　　　) 이내에 끝나는 연결사업연도 중에 연결납세방식의 적용 승인이 취소된 경우 소득금액이나 결손금을 연결납세방식의 적용 승인이 취소된 사업연도의 익금 또는 손금에 각각 산입하여야 한다. — **191** 4년

192 연결납세방식의 적용 승인이 취소된 연결법인은 취소된 날이 속하는 사업연도와 그 다음 사업연도의 개시일부터 (　　　) 이내에 끝나는 사업연도까지는 연결납세방식의 적용 당시와 동일한 법인을 연결모법인으로 하여 연결납세방식을 적용받을 수 없다. — **192** 4년

193 연결납세방식을 적용받은 연결법인이 연결납세방식의 적용 승인이 취소된 경우 취소된 날이 속하는 연결사업연도의 개시일부터 그 연결사업연도의 종료일까지의 기간과 취소된 날이 속하는 연결사업연도 종료일의 다음 날부터 (　　　)까지의 기간을 각각 1사업연도로 본다. — **193** 본래사업연도 개시일 전날

194 연결모법인이 새로 다른 내국법인을 연결지배하게 된 경우에는 연결지배가 성립한 날이 속하는 연결사업연도의 (　　　) 부터 해당 내국법인은 연결납세방식을 적용하여야 한다. — **194** 다음 연결사업연도

195 법인의 설립등기일부터 연결모법인이 연결지배하는 내국법인은 (　　　)이 속하는 사업연도부터 연결납세방식을 적용하여야 한다. — **195** 설립등기일

MEMO

신은미

주요 약력

숙명여대 경영학, 정보방송학
세무사, CFP
(주)대우증권
(주)미래에셋증권
세무법인 다솔
서울법학원 회계학
나무경영아카데미 재무회계
대한민국 우수인재상
숙명여대 전체수석
세무사 성적우수 표창
전) 세무사시험 출제검토위원

주요 저서

공무원 세법개론 기본서(박문각)
공무원 회계학 기본서(박문각)
공무원 회계학 단원별 기출문제집(박문각)
공무원 회계학 예상문제집(박문각)
감정평가사 / 관세사 / 공무원 회계학 기본서(박문각)
감정평가사 / 관세사 / 공무원 회계학 문제집(박문각)
감정평가사 회계학 기출문제집(박문각)
감정평가사 회계원리 기본서(박문각)
중급회계 요약집
재무회계연습 요약집
IFRS 회계원리
1차대비 실전모의고사
2차대비 실전모의고사

신은미 세법개론

초판 인쇄 | 2025. 6. 5.　　**초판 발행** | 2025. 6. 10.　　**편저자** | 신은미
발행인 | 박 용　　**발행처** | (주)박문각출판　　**등록** | 2015년 4월 29일 제2019-000137호
주소 | 06654 서울시 서초구 효령로 283 서경 B/D 4층　　**팩스** | (02)584-2927
전화 | 교재 문의 (02)6466-7202

저자와의 협의하에 인지생략

이 책의 무단 전재 또는 복제 행위를 금합니다.

정가 48,000원
ISBN 979-11-7262-898-7